मूर्तिदेवी जैन ग्रन्थमाला : प्राकृत ग्रन्थांक 31

[श्रीमद्-भगवत्कुन्दकुन्दाचार्य-विरचित]

रयणसार

ग्रन्थ पर रचित संस्कृत टीका

रत्नत्रयवर्धिनी

पूर्वार्द्ध

(गाथा 1 से 76 तक)

'रत्नत्रयवर्धिनी' संस्कृत टीकाकार

प. पू. गणाचार्य श्री 108 डॉ. विरागसागरजी महाराज

सम्पादन एवं हिन्दी अनुवाद

प्रो. डॉ. दामोदर शास्त्री

भारतीय ज्ञानपीठ

दूसरा संस्करण : 2021 ❑ मूल्य : 650 रुपये

ISBN 978-81-263-5563-6 (Set)
978-93-263-5564-3 (Vol.I)

भारतीय ज्ञानपीठ

(स्थापना : फाल्गुन कृष्ण 9; वीर नि. सं. 2470; विक्रम सं. 2000; 18 फरवरी 1944)

पुण्यश्लोका माता मूर्तिदेवी की स्मृति में
साहू शान्तिप्रसाद जैन द्वारा संस्थापित
एवं
उनकी धर्मपत्नी श्रीमती रमा जैन द्वारा सम्पोषित

मूर्तिदेवी जैन ग्रन्थमाला

इस ग्रन्थमाला के अन्तर्गत प्राकृत, संस्कृत, अपभ्रंश, हिन्दी, कन्नड़, तमिल आदि प्राचीन भाषाओं में उपलब्ध आगमिक, दार्शनिक, पौराणिक, साहित्यिक, ऐतिहासिक आदि विविध विषयक जैन साहित्य का अनुसन्धानपूर्ण सम्पादन तथा उनके मूल और यथासम्भव अनुवाद आदि के साथ प्रकाशन हो रहा है। जैन-भण्डारों की ग्रन्थसूचियाँ, शिलालेख-संग्रह, कला एवं स्थापत्य पर विशिष्ट विद्वानों के अध्ययन-ग्रन्थ और लोकहितकारी जैन साहित्य ग्रन्थ भी इस ग्रन्थमाला में प्रकाशित हो रहे हैं।

प्रकाशक
भारतीय ज्ञानपीठ
18, इन्स्टीट्यूशनल एरिया, लोदी रोड, नयी दिल्ली-110 003

मुद्रक : विकास कम्प्यूटर ऐंड प्रिंटर्स, दिल्ली-110 032

Moortidevi Jain Granthamala : Prakrit Grantha No. 31

RAYAṆASĀRA

of

ĀCHĀRYA KUNDAKUNDA

with

Ratnatrayavardhinī

Sanskrit Commentary and Hindi Translation

Vol. I

(Gatha 1 to 76)

'Ratnatrayavardhinī' Sanskrit Commentary by

Parampujya Ganacharya Shri 108 Dr. Viragsagar Ji Maharaj

Edited and Translated by

Prof. Dr. Damodar Shastri

BHARATIYA JNANPITH

Second Edition : 2021 ☐ Price : Rs. 650

ISBN 978-81-263-5563-6 (Set)
978-93-263-5564-3 (Vol.I)

BHARATIYA JNANPITH

(Founded on Phalguna Krishna 9; Vira N. Sam. 2470; Vikrama Sam. 2000; 18th Feb. 1944)

MOORTIDEVI GRANTHAMALA

FOUNDED BY

Sahu Shanti Prasad Jain

In memory of his illustrious mother Smt. Moortidevi

and

promoted by his benevolent wife

Smt. Rama Jain

In this Granthamala critically edited Jain agamic, philosophical, puranic, literary, historical and other original texts in Prakrit, Sanskrit, Apabhramsha, Hindi, Kannada, Tamil etc. are being published in the original form with their translations in modern languages. Catalogues of Jain bhandaras, inscriptions, studies on art and architecture by competent scholars and popular Jain literature are also being published.

Published by
Bharatiya Jnanpith
18, Institutional Area, Lodi Road, New Delhi-110 003

Printed at : Vikas computer and Printers, Delhi-110 032

तीर्थंकर भगवान महावीर स्वामी

सील-पाहुड
परम पूज्य आचार्य श्री कुन्दकुन्द स्वामी
परम पूज्य आचार्य श्री आदिसागर जी महामुनिराज
"अंकलीकर"
परम पूज्य आचार्य श्री
महावीर कीर्ति जी महामुनिराज

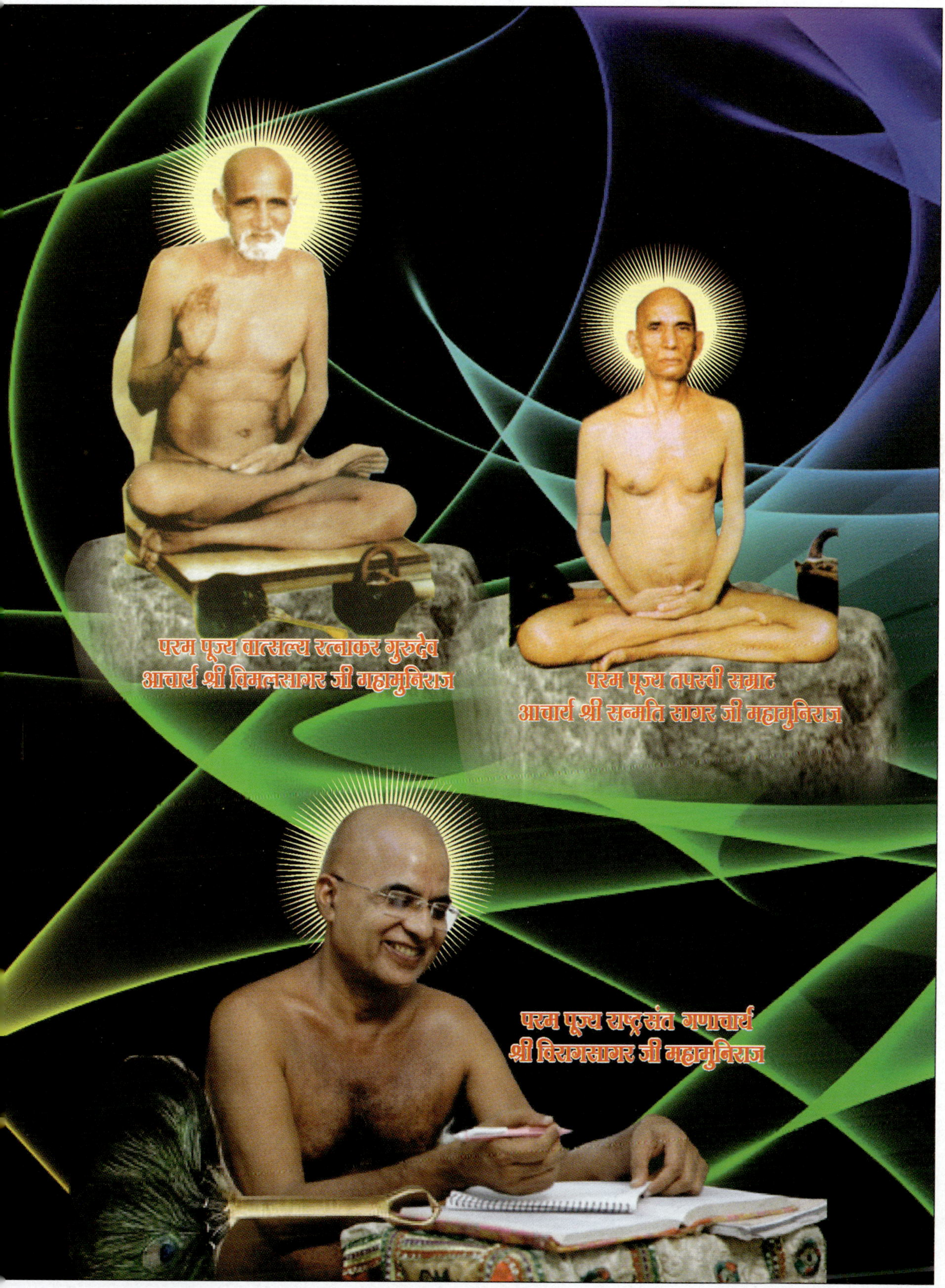
परम पूज्य वात्सल्य रत्नाकर गुरुदेव
आचार्य श्री विमलसागर जी महामुनिराज
परम पूज्य तपस्वी सम्राट
आचार्य श्री सन्मति सागर जी महामुनिराज
परम पूज्य राष्ट्रसंत गणाचार्य
श्री विरागसागर जी महामुनिराज

श्रद्धावनत

श्री किशोरीलाल जैन, हजारी बाग

श्रीकृष्ण जैन-श्रीमती राधिका जैन सपरिवार
भिण्ड (म.प्र.)

श्रीमती सुगंधी जैन की पुण्य स्मृति में
श्री शादीलाल जैन,
महावीर गंज, भिण्ड (म.प्र.)

श्री ऋषभ कुमार जैन, फतेहपुर

श्री चक्रेश जैन श्रीमती रेखा जैन
(पैट्रोल पम्प वाले, भिण्ड-म.प्र.)

श्री सुरेश चन्द्र जैन
प्रमोद कुमार रायपुर (छत्तीसगढ़)

प्रस्तुति

विश्व में भारतीय संस्कृति अपनी विविधता के लिए जानी जाती है। इस संस्कृति में मुख्यतः दो धाराएँ मिलती हैं — वैदिक और श्रमण। इस संस्कृति के सर्वांगीण विकास में इन दोनों धाराओं को विशेष योगदान है, क्योंकि इन दोनों धाराओं ने भारतीय संस्कृति और सभ्यता को विपुल साहित्य का भंडार प्रदान किया है। श्रमण परम्परा में ही जैन परम्परा का एक विशिष्ट योगदान है।

भारतीय साहित्य रचना की जितनी भी विधाएँ हैं प्रायः उन सभी में जैन आचार्यों व मनीषियों की मेधाशक्ति से युक्त लेखनी निर्बाध चली है। वे किसी भाषा या लिपि से बँधकर नहीं रहे, अपितु उन्होंने कालानुक्रम से प्राकृत, संस्कृत, अपभ्रंश और अन्य कई लोकभाषाओं को अपना माध्यम बनाया। उनके द्वारा रचित साहित्य संख्या व गुणवत्ता — दोनों दृष्टिओं से श्रेष्ठ रहा है। इस विपुल साहित्य भंडार को क्रमशः प्रकाशित कर सर्वजन-सुलभ बनाने की दृष्टि से 1944 ई. में भारतीय ज्ञानपीठ की स्थापना हुई और यह प्रसन्नता का विषय है कि जैन साहित्य के प्राचीन, दुर्लभ व महत्त्वपूर्ण ग्रन्थों के प्रकाशन में यह संस्था निरन्तर अग्रसर रही है। यह संस्था अब तक भारतीय चिन्तन, अध्यात्म, धर्म-दर्शन और संस्कृति आदि से सम्बन्धित प्राकृत -संस्कृत-अपभ्रंश-कन्नड आदि अनेक प्राचीन भाषाओं के अनेकानेक दुर्लभ ग्रन्थों का सम्पादन व अनुवाद के साथ प्रकाशन कर स्वयं को गौरवान्वित अनुभव करती है।

भारतीय ज्ञानपीठ की मूर्तिदेवी ग्रन्थमाला की प्राकृत भाषा के अन्तर्गत **रत्नत्रयवर्धिनी** टीका के साथ श्रीमद्भगवत्कुन्दकुन्दाचार्य विरचित **रयणसार** नामक ग्रन्थ पाठकों के लिए प्रस्तुत है। यह ग्रन्थ अतिप्राचीन तो है ही, अपनी विषयवस्तु की दृष्टि से अत्यन्त उपादेय भी है। इस ग्रन्थ की महत्ता यह है कि यह आज से करीब दो हजार वर्ष पूर्व रचा गया। इस ग्रन्थ का मूल प्रतिपाद्य विषय है —व्यवहार-रत्नत्रय का प्रतिपादन । अन्य रचनाओं की भाँति इसमें भी शुद्ध आत्मतत्त्व को लक्ष्यकर, गृहस्थ और मुनि के संयमचारित्र का निरूपण किया गया है। मुख्य रूप से यह **आचारशास्त्र** है।

यह कृति मूलतः प्राकृत भाषा में निबद्ध है। आचार्य कुन्दकुन्द की दृष्टि इसमें विषयवस्तु के नपे-तुले शब्दों में प्रस्तुत करने की रही है। अतः यह ग्रन्थ एक प्रौढ़ व विस्तृत व्याख्यान की अपेक्षा रखता है। इस अपेक्षा की पूर्ति रत्नत्रयवर्धिनी टीका द्वारा सम्पन्न हुई है , जिसके रचनाकार वर्तमान में जैन परम्परा के एक विशिष्ट आचार्य श्री विरागसागर महाराज।

इस टीका की यह विशेषता है कि श्रावक धर्म और मुनि धर्म का जो सांगोपांग निरूपण करने वाला यह ग्रन्थ सामान्य श्रावकों के लिए भी रुचिकर बन सके, इस उद्देश्य से इस बृहद् ग्रन्थ को सरल, सरस, सारभूत शैली के प्रयोग से यह सहज सुगम्य हो गया है। ग्रन्थ की विषयगत व्यवस्था को अठारह अधिकारों में संयोजन कर टीकाकार ने गहन चिन्तन की दिशा में उच्च आयामों को उपस्थित किया है। इस सरल और सुबोध संस्कृत टीका का सरल हिन्दी भाषा में अनुवाद विद्वान् प्रो. दामोदर शास्त्री द्वारा किया गया, जिससे मूलग्रन्थ को समझना सामान्य श्रावक के लिए सुगम्य हो गया।

अन्त में, मैं श्रीमद् गणाचार्य विरागसागर जी महाराज के प्रति भी अपना हार्दिक श्रद्धाभाव व्यक्त करता हूँ, जिन्होंने भारतीय ज्ञानपीठ संस्था को इस ग्रन्थराज के प्रकाशन का सुअवसर प्रदान कर गौरवान्वित किया है।

साहू अखिलेश जैन

10 मार्च, 2017

प्रबन्ध न्यासी, भारतीय ज्ञानपीठ

प्रस्तावना खण्ड

[मूल ग्रन्थकार, मूल ग्रन्थ, टीका, टीकाकार का परिचय एवं सम्पादकीय]

गुरु परम्परा

प.पू. 108 अध्यात्म शिरोमणि
श्रमणाचार्य श्री कुन्दकुन्ददेव जी

प.पू. 108 मुनिकुंजर श्रमणाचार्य
श्री आदिसागर जी महाराज (अंकलीकर)

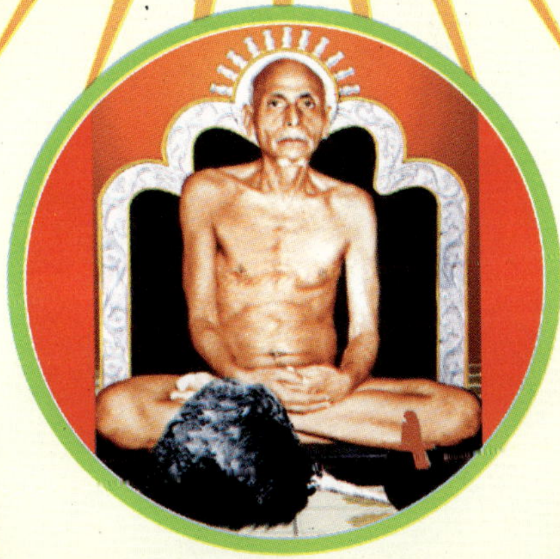

प.पू. 108 तीर्थ भक्त शिरोमणि श्रमणाचार्य
श्री महावीर कीर्ति जी महाराज

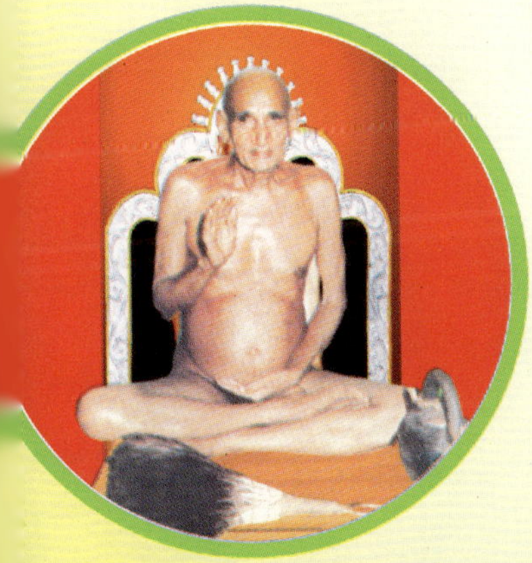

प.पू. 108 वात्सल्य दिवाकर श्रमणाचार्य
श्री विमलसागर जी महाराज

प.पू. 108 तपस्वी सम्राट श्रमणाचार्य
श्री सन्मतिसागर जी महाराज

प.पू. साहित्य महोदधि गणाचार्य
श्री 108 विरागसागर जी महाराज

प्रस्तावना

आचार्य श्री कुंदकुंद देव और उनका कृतित्व व व्यक्तित्व

० प.पू. गणाचार्य विरागसागर जी महाराज

दिगम्बर जैन श्रमण-परम्परा में प.पू. आचार्य श्री कुंदकुंद देव का महत्त्वपूर्ण स्थान रहा है। यही कारण है कि उन्हें भगवान् महावीर स्वामी तथा गौतम गणधर के बाद स्मरण किया जाता है। यथा-

मंगलं भगवान् वीरो, मंगलं गौतमो गणी।
मंगलं कुंदकुंदार्यो, जैनधर्मोस्तु मंगलम्।।

अतः हम इन अध्यात्म-मानसरोवर के राजहंस आचार्य श्री कुंदकुंद के, संक्षिप्त में किन्तु प्रामाणिक तौर पर, जीवन-झरोखे का दर्शन करेंगे।

आचार्य कुंदकुंद देव का समय : डॉ. ए. एन. उपाध्ये ने प्रवचनसार की प्रस्तावना में, श्री जुगलकिशोर मुख्तार ने 'समंतभद्राचार्य' की प्रस्तावना में, डॉ. ए. चक्रवर्ती ने 'पञ्चास्तिकाय' की प्रस्तावना में, पं. श्री कैलाशचन्द जी शास्त्री ने 'कुंदकुंद प्राभृत संग्रह' में आचार्य कुंदकुंद को प्रथम शताब्दी का माना है। श्री पी.वी. देसाई का भी यही मत है। विशेष जानने के इच्छुक अवश्य ही उन उन ग्रंथों को देखें। संक्षेप में मात्र इतना ही जानना चाहिए कि कुंदकुंद स्वामी के समय की निर्धारणा विषयक अनेक मत हैं।

प्रथम मत के अनुसार प्रो. हार्नले ने नंदिसंघ की पट्टावलियों के आधार पर आ. कुंदकुंद देव को विक्रम की प्रथम शताब्दी (वि.सं. 49) का आचार्य माना है। अन्य मत के अनुसार, कुछ पट्टावलियों के आधार पर ये विक्रम की द्वितीय शताब्दी के उत्तरार्द्ध अथवा तीसरी शताब्दी के आचार्य थे। इस बात का समर्थन पं. श्री नाथूराम जी प्रेमी तथा पं. जुगलकिशोर मुख्तार आदि ने किया है।

कृतित्व व व्यक्तित्व के झरोखे में दिगम्बराचार्य कुंदकुंद :

श्रमण संस्कृति के उन्नायक, आगम, सिद्धान्त और अध्यात्म के सेतु, आगमनिष्ठ, पंचगुरु के परमाराधक, अन्यमत-विभंजन के लिये केसरी, स्थितिकरण और वात्सल्य की अप्रतिम मूर्ति, संघ, गण, गच्छ परम्परा के श्रेष्ठ संवाहक, दिव्यातिशयसम्पन्न आचार्य श्री कुंदकुंद देव को कौन नहीं जानता है? हाँ! नाम से तो जानते आये हैं, हम उन्हें जीवन-झरोखे में भी देखने का एक लघु-प्रयास करें।

कुंदकुंदाचार्य का पूर्वभव :

आचार्य श्री कुंदकुंद देव पूर्वभव में 'कोड्कोंडेश' नाम का ग्वाला था (उम्र 15 वर्ष), जो गायों को चराया करता था। एक दिन उसे शिला पर विराजमान दिगम्बर जैन मुनि के दर्शन हुए। उसने दूर से ही मुनिराज के प्रवचन सुने और घर चला गया। कालान्तर में उस वन में आग लग गई। इससे जंगल के सारे वृक्ष जल गये, किन्तु एक वृक्ष नहीं जला। उसे देख ग्वाला उस वृक्ष के पास पहुँचा और उसने वृक्ष की कोटर में एक ताड़पत्र को देखा और प्रसन्न हो गया। वह विचार करने लगा कि इसी धर्मशास्त्र का प्रभाव है कि यह वृक्ष नहीं जला। अत: ग्वाले ने ग्रन्थ को बड़े सम्मान से उठाया और लाकर उक्त मुनिराज को भेंट किया। कालांतर में सर्पदंश से उस ग्वाले की मृत्यु हो गई, और अगले भव में उसने कोंडकुंदपुर में जन्म लिया।

ग्राम – श्री पी.बी. देसाई ने 'जैनिज्म इन साउथ इंडिया' में आंध्र प्रदेश के जिला अनंतपुर के गुट्टी तहसील के गुन्टकल रेलवे से लगभग चार मील दूर कोन्कोण्डल (कोन्मण्डल) ग्राम है, जिसका मूलनाम कौण्डकुंद था। 'कौण्ड' कन्नड़ शब्द है जिसका अर्थ पहाड़ी है। पहाड़ी के निकट होने के कारण ही इस ग्राम का नाम 'कौण्डकुन्द' प्रसिद्ध हुआ। यद्यपि यह ग्राम आन्ध्र और कर्नाटक की सीमा पर स्थित है, अत: आंध्रपदेश में भी 'कन्नड़' का यह नाम प्रचलित हो सकता है अथवा संभवत: पहले यह ग्राम कर्नाटक की सीमा में आता हो। ए. पन्नालाल सरस्वती भवन, मुम्बई से प्राप्त एक गुटके में कौण्डकुंदपुर को जिला पोदधनाडु में बताया है। उक्त गुटके में ऐसा भी उल्लेख है कि ये पाँचवें स्वर्ग से चय करके माता के गर्भ में आये थे।

माँ के स्वप्न पर भविष्यवाणी :

जब ये (आ. कुंदकुंद) अपनी माँ के गर्भ में थे, तब माता ने रात्रि के समय एक स्वप्न देखा, और उसके फल को नगर में विराजमान अष्टांगनिमित्त के ज्ञाता श्री जिनचन्द्राचार्य से जानना चाहा। आचार्य श्री जिनचंद्र ने कहा कि-

हे सौभाग्ये! तेरी कुक्षी से कालान्तर में निकटभव्य जीव जन्म लेगा, जो तीर्थंकरोपदिष्ट वीतराग धर्म का प्रवर्तन करेगा। भगवान् महावीर और गौतम गणधर के बाद उसका नाम लिया जायेगा। पूर्वभव में उसने कोण्डेश ग्वाले के रूप में किसी मुनिराज को शास्त्र दान दिया था, जिसके फलस्वरूप वह महाविद्वान् होगा। आज से नौ माह बाद माघशुक्ल पंचमी (वसंत पंचमी) को उसका जन्म होगा। सूर्यप्रकाश ग्रंथ में भी ऐसा ही कहा है और अन्य प्रतियों में पौष कृष्ण 8 का भी उल्लेख मिलता है।

आचार्य कुंदकुंद का जन्म-नाम :

पंचास्तिकाय की तात्पर्यवृत्ति में श्री जयसेनाचार्य ने आचार्य श्री कुंदकुंद सहित वक्रगीव, ऐलाचार्य, गृद्धपिच्छ तथा पद्मनंदी —इन पाँच नामों का उल्लेख किया है। षट्प्राभृत के टीकाकार श्री श्रुतसागर जी ने भी उक्त पाँच नामों का उल्लेख किया है। नन्दीसंघ की पट्टावली में भी उक्त पाँच नामों का उल्लेख है। विजयनगर के शिलालेख में भी आपके पूर्वोक्त पाँच नाम ही हैं। किन्तु अन्य शिलालेखों में केवल पद्मनंदी तथा कोण्डकुंद

व कुंदकुंद इन दो नामों का ही उल्लेख मिलता है। अन्य ग्रंथों में महामति और तिरुवल्लूर —इन दो नामों का भी उल्लेख मिलता है। किन्हीं विद्वानों की मान्यता है कि इन पाँच नामों में ''पद्मनंदी'' यह आपके बचपन का नाम था तो किन्हीं विद्वानों का मत है कि पद्मनंदी यह नाम बचपन व मुनि अवस्था का है। प्राचीनकाल में नाम-परिवर्तन की परम्परा नहीं थी, अथवा किन्हीं विद्वानों का मानना है कि दक्षिण भारत में जन्म-ग्राम पर भी नाम रखने की परम्परा रही, जैसे अंकलीकर स्वामी, भौंसेकर स्वामी आदि। इसी कारण आपका नाम कौण्डकुंदपुर के निवासी होने के कारण इंद्रनंदि आचार्य उन्हें कौण्डकुंद कहते हैं। श्रवणबेलगोला के कितने ही शिलालेखों में भी यही नाम उत्कीर्ण है। कहीं कोण्डकुंदे भी नाम मिलता है। आज भी उक्त ग्राम के वासी कोण्डकुंदि कहते हैं। अतः यह प्रतीत होता है कि 'कुन्दकुन्द' यह उनका जन्म नाम रहा है।

किन्हीं विद्वानों का ऐसा भी मानना है कि दक्षिण में पुत्र का माता-पिता के संयुक्त नाम रखने की भी पद्धति रही है, जैसे उमास्वाती, 'उमा' माँ 'स्वाति' पिता और 'उमास्वाती' या उमास्वामी उनके पुत्र। इसी प्रकार 'कुंद' पिता, 'कुंदलता' इनकी माँ, अतः दोनों कुंद+कुंद = कुंदकुंद नाम पड़ा। कुछ विद्वानों का कहना है कि उनके बचपन का तथा मुनिदीक्षा का नाम पद्मनंदी है तथा कुंदकुंद यह उपनाम है।

माता-पिता :

इनके पिता का नाम श्रेष्ठी श्री करमुण्ड तथा माता का नाम श्रीमती था। बम्बई की प्रति में इनके पिता का नाम श्रेष्ठी श्रीकुंद तथा माता का नाम श्रीमती कुंदलता प्राप्त होता है। माता का नाम कहीं-कहीं मदालसा या शान्तला भी सुना जाता है। 8 वर्ष की उम्र से ही ये श्री जिनसेन महाराज से प्रभावित हुये थे। श्रीजिनचंद्राचार्य ने ''शान्तला'' को बताया कि जन्म-नाम उसका ''पद्मप्रभ'' रखा जायेगा।

तेरे द्वारा गाई गई आध्यात्मिक लोरियाँ उसे प्रभावित करेंगी—

शुद्धोऽसि बुद्धोऽसि निरंजनोऽसि, संसारमायापरिवर्जितोऽसि।
शरीरभिन्नस्त्यज सर्वचेष्टां, त्वं शान्तलावाक्यमुपास्स्व पुत्र।।
ज्ञाताऽसि द्रष्टाऽसि परमात्मरूपः, अखण्डरूपोऽसि गुणालयोऽसि।

अर्थात् हे पुत्र! तू (निश्चयनय से) शुद्ध, बुद्ध, निरंजन हो, संसार की माया से रहित हो, शरीर से भिन्न हो। अतः सब चेष्टाओं को छोड़ो और (अपनी माँ) शान्तला के वचनों को धारण करो। तुम ज्ञाता हो, द्रष्टा हो, परमात्मस्वरूप हो, अखण्ड रूप हो और गुणों के आलय, निवासस्थान हो।

दीक्षा :

इन्होंने लगभग वि.सं. 60 में 11 वर्ष की उम्र में निर्ग्रन्थ दिगम्बर मुनि दीक्षा धारण की थी।

गुरु :

श्री जयसेनाचार्य ने पञ्चास्तिकाय की तात्पर्यवृत्ति में कुंदकुंदाचार्य के गुरु का नाम 'कुमारनंदि सिद्धान्तिदेव' लिखा है तथा नंदिसंघ की पट्टावली में उन्हें जिनचन्द्र का शिष्य बतलाया है। परंतु कुन्दकुन्दाचार्य

ने बोधपाहुड की गा. 61-62 में स्वयं को भद्रबाहु का शिष्य लिखा है। यथा-

सद्दवियारो हूओ, भासासुत्तेसु जं जिणे कहियं।
सो तह कहियं णायं, सीसेण य भद्दबाहुस्स।।

बारसअंगवियाणं, चउदसपुव्वंगविउलवित्थरणं।
सुयणाणिभद्दबाहू, गमयगुरू भयवओ जयओ।।

यहाँ पूज्य आचार्य श्री ने अपने आपको भद्रबाहु का शिष्य कहा है और दूसरी गाथा में उन्हीं का जयघोष किया है। यहाँ अंतिम श्रुतकेवली भद्रबाहु ही ग्राह्य जान पड़ते हैं, क्योंकि समयसार जी के मंगलाचरण में भी स्पष्ट कहा है-

वंदित्तु सव्वसिद्धे, धुवमचलमणोवमं गइं पत्ते।
वोच्छामि समयपाहुडमिणमो सुयकेवलीभणियं।।

अब यहाँ प्रश्न उठता है कि यदि कुंदकुंदाचार्य भद्रबाहु के साक्षात् शिष्य थे तो वे विक्रम शताब्दि के 300 वर्ष के ठहरते हैं और ऐसा मानने पर ग्यारह अंग 14 पूर्वधर आचार्यों के रहते उनकी इतनी प्रतिष्ठा कैसे रह सकती है और कैसे उनका अन्वय चल सकता है तथा भद्रबाहु के समकालीन एवं पश्चात् भी घटते क्रम में अंग पूर्व के ज्ञाता आचार्य रहे तो उनके ज्ञान का कोई महत्त्व नहीं रहेगा अथवा कुंदकुंद को भी अंगपूर्व का ज्ञाता मानना पड़ेगा। फिर उन्हें कुंदकुंद साहित्य के आचार्य पुष्पदंत भूतबलीकृत षट्खण्डागम के भी पूर्व मानना पड़ेगा, जो कि किसी भी प्राज्ञ के लिये स्वीकृत नहीं होगा।

अत: यहाँ यह बात सिद्ध हुई कि प. पू. आचार्य श्री कुंदकुंद भद्रबाहु के साक्षात् शिष्य नहीं थे। अपितु अंतिम श्रुतकेवली भद्रबाहु के द्वारा उपदिष्ट तत्त्व उन्हें गुरु-परम्परा से प्राप्त हुआ था। यही कारण है कि आचार्य कुंदकुंद ने परम्परा-गुरु के रूप में भद्रबाहु को तथा अपने आपको उनका शिष्य स्वीकार किया। श्रुतसागर सूरि ने अष्टपाहुड की टीका में कहा है कि '**भद्रबाहुशिष्येण अर्हद्बलि-गुप्तिगुप्तापरनामद्वयेन विशाखाचार्यनाम्ना दशपूर्वधारिणामेकादशाचार्याणां मध्ये प्रथमेन ज्ञातम्**। अर्थात् भद्रबाहु के शिष्य से यहाँ विशाखाचार्य का ग्रहण है। इन विशाखाचार्य के ही अर्हद्बलि और गुप्तिगुप्त —ये दो नाम और भी थे तथा ये दशपूर्वधराचार्यों में प्रथम थे। भद्रबाहु अंतिम श्रुतकेवली थे, जैसा कि श्रुतसागर सूरि ने बोधपाहुड की 62वीं गाथा की टीका में कहा है कि ''**पञ्चानां श्रुतकेवलिनां मध्येऽन्त्यो भद्रबाहुः** अर्थात् भद्रबाहु 5 श्रुतकेवलियों में अंतिम श्रुतकेवली थे। 'गमयगुरु' का अर्थ श्रुतसागर जी ने ज्ञान-प्रदाता 'उपाध्याय' किया है। अत: उनकी शिष्य-परम्परा से प्राप्त ज्ञान के कारण उन्हें 'गमक गुरु' सुयकेवली-भणियं तथा 'सीसेण भद्दबाहुस्स' विशेषण दिया है। अत: यह बात स्पष्ट हुई कि आचार्य श्री कुंदकुंद के, परम्परा से विद्यागुरु, भद्रबाहु थे, किन्तु वास्तव में प्राकृत पट्टावली के अनुसार इनके मुनि-दीक्षा-गुरु आचार्य श्री जिनचंद्र थे।

बालब्रह्मचारी -ये बाल ब्रह्मचारी संत थे।

आचार्य पद - वि.सं. 93 में जब ये लगभग 44 वर्ष के थे तथा 33 वर्ष की मुनिदीक्षा के व्यतीत होने पर इन्हें आचार्य पद पर प्रतिष्ठित किया गया।

ये 33 वर्षों तक मुनि अवस्था में रहे तथा 51 वर्ष 10 माह तक इनका आचार्य-काल रहा।

तपस्थली - तमिलनाडु मलयदेश के अन्तर्गत हेम ग्रम था जिसे वर्तमान में 'पौन्नूर' के नाम से जाना जाता है। उसके पास नीलगिरि पर्वत श्रृंखला में कुंदकुंद पौन्नूरमलय के नाम से प्रसिद्ध है। यहाँ से विदेह क्षेत्र गमन का भी उल्लेख मिलता है। गहराई से देखें, वे विदेह क्षेत्र नहीं गये थे। पारुदि में जिनकांचीपुरम्, शिवकाञ्चीपुर और वैष्णव काञ्चीपुरम् कहते हैं।

पौन्नूर मलय - तमिल भाषा में 'पोन्न' शब्द का अर्थ सुवर्ण है और 'मलय' का अर्थ पर्वत है अर्थात् पौन्नूर मलय का अर्थ हुआ सोने का पहाड़। इस पर्वत का दूसरा नाम पौन्नूरवार भी था। कन्नड़ भाषा में पोन्न का अर्थ सोना तथा 'वार' का अर्थ पर्वत है अर्थात् सोने का पहाड़ सार्थक नाम सिद्ध होता है। इस पर्वत पर 2000 वर्ष पुराना चंपक नाम का वृक्ष है। वहीं एक शिला पर आचार्य कुंदकुंद की अत्यंत प्राचीन चरण-पादुका उत्कीर्ण है। चरण-पादुका के दक्षिण भाग में लगभग 100 फीट की दूरी पर दो प्राकृतिक गुफा हैं, जिसमें एक ही व्यक्ति अंदर जाकर बैठ सकता है। इसी में ही कुंदकुंद आचार्य को पश्चिमी गुफा में ध्यान-साधना से अनेकों ऋद्धियाँ उत्पन्न हुई थीं। इनकी वीतराग साधना से प्रभावित हो मलय देश के राजा 'शिवमृगेश' ने कुलधर्म का त्याग कर जैन धर्म धारण किया था और उसके संबोधनार्थ इन्होंने 'तिरुवक्कुरल' काव्य नामक ग्रन्थ लिखा था।

एक दिन आचार्य श्री कुंदकुंद के दर्शनार्थ राजाधिराज, मलयदेशवल्लभ, पल्लवकुलगगनचंद, कुंदकुंदपादपद्मोपजीवी, सत्यप्रिय श्री शिवस्कंधवर्मा, जिनका अपरनाम 'शिवकुमार राजा' था, वे आये, अपने पू. आचार्य श्री को नमस्कार किया तथा जैनधर्म में कथित पञ्चास्तिकाय को समझने की जिज्ञासा प्रगट की, तब इनके संबोधनार्थ पञ्चास्तिकाय ग्रंथ, प्रवचनसार ग्रंथ तथा भावपाहुड ग्रंथ की आचार्य कुंदकुंद ने रचना की थी। उस वक्त शिवकुमार राजा ने भावपाहुड़ की यह गाथा सुनी-

एगो मे सस्सदो अप्पा, णाणदंसणलक्खणो।
सेसा मे बाहिरा भावा, सव्वे संजोगलक्खणा।।

अर्थात् ज्ञान, दर्शन लक्षण से युक्त शाश्वत रहने वाली एक आत्मा ही मैं हूँ। शेष सभी बाह्य पदार्थ सभी (क्षणिक) संयोगज लक्षण वाले हैं। पर हैं मुझसे भिन्न।

इस गाथा को सुनते ही राजा को वैराग्य हो गया था, तब उसने सम्पूर्ण वस्त्राभूषण को त्याग कर आचार्य श्री कुंदकुंद से ही निर्ग्रन्थ दिगम्बर मुनि दीक्षा धारण की थी। कालान्तर में उसके पुत्र ने भी 'मुनिदीक्षा' ली थी। इसी प्रकार और भी अनेकों राजाओं ने इनसे प्रभावित हो निर्ग्रन्थ दिगम्बर दीक्षा धारण की थी। इन्हीं की प्रेरणा से कितने ही राजाओं ने सैकड़ों दिगम्बर जैन मंदिर बनवाये थे तथा जैन धर्म की अपूर्व प्रभावना की थी।

विदेहगमन - कतिपय आचार्यों एवं विद्वानों के अनुसार वे विदेह क्षेत्र नहीं गये थे। विदेहक्षेत्रगमन के समर्थन में प्रमाण इस प्रकार है—

देवसेनाचार्य (10वीं शताब्दी) ने अपने दर्शनसार (गा. 43) में लिखा है कि-

जइ पउमणंदिणाहो, सीमंदरसामिदिव्वणाणे।
ण विबोहइ तो समणा, कह सुमग्गं पयाणंति।।

अर्थात् यदि पद्मनंदिनाथ (कुंदकुंदाचार्य) सीमंधर स्वामी द्वारा प्राप्त दिव्य ज्ञान से बोध न देते तो श्रमण मुनिजन सच्चे मार्ग को कैसे जानते?

जयसेनाचार्य (12वीं शताब्दी) पञ्चास्तिकाय की टीका में लिखते हैं कि-

"अथ श्रीकुमारनंदिसिद्धान्तदेवशिष्यैः प्रसिद्धकथान्यायेन पूर्वविदेहे गत्वा वीतरागसर्वज्ञ-श्रीमंदरस्वामितीर्थंकरपरमदेवं दृष्ट्वा तन्मुखकमलविनिर्गतदिव्यवाणीश्रवणावधारित-पदार्थाच्छुद्धात्मतत्त्वादिसार्थं गृहीत्वा पुनरप्यागतैः श्रीमत्कुंदकुंदाचार्यदेवैः पद्मनन्द्याद्यपराभिधेयैरन्त-स्तत्त्वबहिस्तत्त्वगौणमुख्यप्रतिपत्त्यर्थं अथवा शिवकुमारमहाराजादिसंक्षेपरुचिशिष्यप्रतिबोधनार्थं विरचिते पञ्चास्तिकायप्राभृतशास्त्रे यथाक्रमेणाधिकारशुद्धिपूर्वकं तात्पर्यार्थव्याख्यानं कथ्यते।"

अर्थ - जो कुमारनंदि सिद्धान्तदेव के शिष्य थे, प्रसिद्ध कथा के अनुसार पूर्व विदेह क्षेत्र जाकर वीतराग सर्वज्ञ श्रीमंधर स्वामी तीर्थंकर परमदेव के दर्शन कर तथा उनके मुखकमल से विनिर्गत दिव्यध्वनि के श्रवण से अवधारित पदार्थों से शुद्ध आत्मतत्त्व आदि सारभूत अर्थ को ग्रहण कर जो पुनः वापिस आये थे तथा पद्मनंदि आदि जिनके दूसरे नाम थे, ऐसे श्री कुंदकुंदाचार्य देव के द्वारा अंतस्तत्त्व की मुख्य रूप से और बहिस्तत्व की गौण रूप से प्रतिपत्ति कराने के लिये अथवा शिवकुमार महाराज आदि संक्षेपरुचि रखने वाले शिष्यों को समझाने के लिये पञ्चास्तिकाय प्राभृतशास्त्र रचा गया।

श्री श्रुतसागर सूरि (विक्रम 16वीं शताब्दी) ने षट्पाहुड ग्रंथ की टीका के अंत में लिखते हैं-

"श्रीमत्पद्मनंदिकुंदकुंदाचार्यवक्रग्रीवाचार्यैलाचार्यगृद्धपिच्छाचार्यनामपञ्चकविराजितेन तत्प्राप्तश्रुतज्ञानसम्बोधितभारतवर्षभव्यजीवेन श्रीजिनचंद्रसूरिभट्टारकपट्टाभरणभूतेन कलिकालसर्वज्ञेन विरचिते षट्प्राभृतग्रन्थे।"

अर्थ- श्रीमान् पद्मनंदि, कुंदकुंदाचार्य, वक्रग्रीवाचार्य, ऐलाचार्य, गृद्धपिच्छाचार्य —इन पाँच नामों से जो युक्त थे, चार अंगुल ऊपर आकाशगमन की ऋद्धि जिन्हें प्राप्त थी, पूर्व विदेह क्षेत्र के पुण्डरीकिणी नगर में जाकर श्रीमंधर अपरनाम स्वयंप्रभ जिनेन्द्र की जिन्होंने वंदना की थी, उनसे प्राप्त श्रुतज्ञान के द्वारा जिन्होंने भरत क्षेत्र के भव्यजीवों को संबोधित किया था, जो जिनचंद्र सूरिभट्टारक के पट्ट के आभूषण स्वरूप थे तथा कलिकाल के सर्वज्ञ थे, ऐसे कलिकालसर्वज्ञ द्वारा विरचित षट्-प्राभृत ग्रंथ में कहा गया है।

श्री कुंदकुंद देव ने ध्यान में ही विदेह क्षेत्रस्थ सीमंधर स्वामी को समवसरण सहित दर्शन कर तीन प्रदक्षिणा दे नमस्कार किया, उसी समय सीमंधर स्वामी ने धर्मवृद्धि का आशीर्वाद दिया। अतः पद्मनाभ चक्रवर्ती ने आश्चर्य के साथ पूछा कि हे भगवन्! अभी तो आपको यहाँ किसी ने नमस्कार नहीं किया? फिर आपने कौन से महाभाग्य को आशीर्वाद दिया। उत्तर में सीमंधर स्वामी ने कहा कि भरत क्षेत्र के आर्यावर्त में

रामगिरि/पौन्नूर पर्वत पर स्थित महाप्रभावशाली श्री कुंदकुंदाचार्य ने ध्यान की एकाग्रता से मुझे नमस्कार किया, अत: उन्हें मैंने धर्मवृद्धि दी है। भगवान् के मुख से समाधान सुन सभी को आश्चर्य हुआ। पश्चात् पद्मनाभ चक्रवर्ती ने पूछा कि उन मुनिराज का यहाँ किस प्रकार से आगमन हो सकता है? तब सीमंधर स्वामी ने कहा कि यहाँ बैठे हुए रविकेतु और चंद्रकेतु नामक दो देव श्री कुंदकुंद मुनिराज के पूर्वभव के मित्र हैं। ये दोनों ही उन मुनिराज को यहाँ लायेंगे। यह सुन पूर्व सम्बन्धी जानकर वे दोनों देव भरत क्षेत्र के आर्यखण्डस्थ धरणीभूषण पर्वत पर गये। रात्रि का समय था आचार्य कुंदकुंद ध्यानस्थ थे, पास में ही उनके शिष्य थे। अत: दोनों देव भगवान् सीमंधर स्वामी का सारा वृत्तान्त सुनाकर धर्मवृद्धि का समाचार दे प्रस्थान कर वापिस सीमंधर स्वामी के पास चले गये। इधर प्रात: कुंदकुंदाचार्य को शिष्यों ने रात्रि में आये देवों की सारी बात कही, जिसे सुनकर वे अत्यधिक आनंदित हुये। वे सीमंधर भगवान् के दर्शन के लिये इतने विह्वल हुये कि उन्होंने प्रतिज्ञा ले ली कि जब तक मुझे प्रत्यक्ष दर्शन नहीं होंगे, तब तक मेरा चारों प्रकार के आहार का त्याग, यह कहकर वे ध्यानस्थ हो गये। 2-4 दिन में पुन: उन्होंने सीमंधर स्वामी को ध्यान में नमस्कार किया, जिससे सीमंधर स्वामी ने उन्हें पुन: 'धर्मवृद्धि' कहा। देवों ने पुन: इसका कारण पूछा तो भगवान् सीमंधर स्वामी ने यह कहा कि मेरे दर्शन हेतु उन्होंने चारों प्रकार के आहार का त्याग किया है और वे अपनी साधना में निश्चल हैं। यह समाचार सुन उक्त दोनों देवों ने कहा हे प्रभो! हम लोग वहाँ गये थे, पर मुनिराज मौन थे। अत: वापिस आ गये। भगवान् सीमंधर स्वामी ने बताया कि रात्रि में मुनि मौन रहते हैं। अत: दोनों देव मध्यान्ह के समय उक्त स्थान पर पहुँचे और श्रमणाचार्य श्री कुंदकुंद देव को नमस्कार कर प्रार्थना की हे स्वामी! आप सीमंधर भगवान् के दर्शनार्थ चलें, हम लोग आपको लेने आये हैं। समाचार सुन श्रमणाचार्य श्री कुंदकुंद देव प्रसन्न हुये। देवों ने उन्हें अपनी विद्या से विमान में बैठाकर प्रस्थान किया।

सामायिक का समय होने के कारण श्रमणाचार्य कुंदकुंद ध्यानस्थ थे और उसी समय उनके हाथ से पिच्छी गिर गई। गति तेज होने के कारण पिच्छी कहाँ गिरी, इसका कुछ भी पता नहीं रहा, अत: संयमोपकरण के बिना मुनिजन सात कदम से आगे नहीं चलते हैं, अत: वे जमीन पर उतरे। वहाँ गृद्ध के पंख पड़े थे, उन्हें उठाकर उन्होंने गृद्ध पांख की पिच्छी बना कर ली, अत: तब से ही आपका नाम 'गृद्धपिच्छाचार्य' भी पड़ा था। पश्चात् दोनों देव श्रमणाचार्य को ले आगे बढ़े और दूर से ही विदेहक्षेत्रस्थ पुण्डरीक नगरी के सीमंधर भगवान् का समवसरण देख नीचे उतरे और फिर श्रमणाचार्य श्री कुंदकुंद देव ने नि:सही का 3 बार उच्चारण करते हुए समवसरण में प्रवेश किया। भगवान् जिनेन्द्र देव की तीन प्रदक्षिणा कर वे भगवान् सीमंधर स्वामी के सिंहासन के नीचे ही बैठ गये। उसी समय पद्मनाभ चक्रवर्ती ने भगवान् के दर्शन-पूजन कर सिंहासन के नीचे आचार्य कुंदकुंद को देखा और उन्हें कीड़े की तरह अपने हाथों की हथेली पर उठाकर रखा और भगवान् से पूछा— हे भगवन्! यह मनुष्य-आकार का कौन-सा जीव है? उत्तर में भगवान् की दिव्यध्वनि खिरी कि यह भरत क्षेत्र के वे ही मुनिराज हैं, जिनके विषय में तुमने पूछा था कि आपने किसे धर्मवृद्धि दी। यह बात सुनकर चक्रवर्ती समझ गया, अत: उसने उनकी स्तुति-वंदना कर एलाचार्य नाम दिया।

चक्रवर्ती ने उन्हें आहार की बेला के समय उठने को कहा, परन्तु कुंदकुंदाचार्य ने कहा मैं भरतक्षेत्रज हूँ, वहां रात्रि है। यद्यपि यहाँ दिन है, तथापि लोक-मर्यादा के अनुसार मैं इस समय आहार नहीं करूँगा। अत: वे जब तक वहाँ रहे, उन्होंने उपवास किये। उनके 8 उपवासों की किंवदंती है।

श्रमणाचार्य श्री कुंदकुंद देव ने वहाँ सात दिन रहकर साक्षात् तीर्थंकर तथा गणधर परमेष्ठी के उपदेश पाकर मुख्य रूप से चार ग्रंथ रचे थे-

84000	श्लोक प्रमाण	–	मतान्तर-निर्णय
82000	श्लोक प्रमाण	–	सर्वशास्त्र
72000	श्लोक प्रमाण	–	कर्मप्रकाश
62000	श्लोक प्रमाण	–	न्यायप्रकाश

इन चार ग्रंथों को लेकर वे भगवान् की आज्ञा ले भरत क्षेत्र में देवों द्वारा वापिस आये।

यहाँ आकर उन्होंने 84 पाहुड की रचना की थी तथा उनसे प्रभावित हो 594 मुनिराज दीक्षित हुये तथा अनेकों आर्यिकायें दीक्षित हुईं।

चारणऋद्धिधारी मुनि भी 'श्रमणकुलतिलक' श्री कुंदकुंद देव के दर्शनार्थ विदेह क्षेत्र से आये थे।

ये अपने ऋद्धिबल से विदेह क्षेत्र जाकर आये थे, तब साधु संघ ने इनकी स्तुति निम्न संस्कृत श्लोक से की थी-

मंगलं भगवान् वीरो, मंगलं गौतमो गणी।
मंगलं कुन्दकुन्दाद्यो, जैनधर्मोऽस्तु मंगलम्।।

यही श्लोक प्राकृत में इस प्रकार से है-

मंगलं भगवदो वीरो, मंगलं गोतमो गणी।
मंगलं कोण्डकुंदाई, जेण्हधम्मोत्थु मंगलं।।

उपर्युक्त उल्लेखों से साक्षात् सर्वज्ञदेव सीमंधर स्वामी की वाणी सुनने के कारण कुंदकुंद स्वामी की अपूर्व महिमा प्रख्यापित की गई है।

(विदेहक्षेत्रगमन में विप्रतिपत्ति) किन्तु कुंदकुंद स्वामी के ग्रंथों में उनके स्वमुख से कहीं भी विदेह-गमन की चर्चा उपलब्ध नहीं होती। समयसार के मङ्गलाचरण में श्रुतकेवली द्वारा कथित —यह कहा है न कि सीमंधर स्वामी द्वारा कथित। यथा-

वंदित्तु सव्वसिद्धे, धुवमचलमणोवमं गइं पत्ते।
वोच्छामि समयपाहुडमिणमो सुयकेवलीभणियं।। (समयसार, गाथा-1)

अर्थात् मैं ध्रुव, अचल तथा अनुपम गति को प्राप्त सभी सिद्धों को नमस्कार कर श्रुतकेवली के द्वारा कथित समयसार को कहूँगा।

इस ग्रंथ के ऊपर आत्मख्याति टीकाकार श्री अमृचंद्राचार्य जी ने इस गाथा के 'सुयकेवलीभणियं'

इस पद की टीका में कहा है कि–

अनादिनिधनश्रुतप्रकाशितत्वेन, निखलार्थसाक्षात्कारिकेवलिप्रणीतत्वेन, श्रुतकेवलिभिः स्वयमनुभवद्भिरभिहितत्वेन च प्रमाणतामुपगतस्य।

''अर्थात् अनादिनिधन परमागम, शब्दब्रह्म द्वारा प्रकाशित होने से तथा सब पदार्थों के समूह का साक्षात् करने वाले केवली भगवान् सर्वज्ञदेव के द्वारा प्रणीत होने से और स्वयं अनुभव करनेवाले श्रुतकेवलियों के द्वारा कहे जाने से जो प्रमाणता को प्राप्त है।''

तो भी इस कथन से स्पष्ट नहीं होता कि उन्होंने सीमंधर केवली की वाणी को प्रत्यक्ष सुना है। यहाँ तो मूलकर्त्ता की अपेक्षा केवली का उल्लेख जान पड़ता है।

द्वितीय टीकाकार श्री जयसेनाचार्य ने भी ''सुयकेवलीभणियं'' इस पद की व्याख्या में–

''श्रुतपरमागमे केवलिभिः सर्वज्ञैर्भणितं श्रुतकेवलिभणितम्। अथवा श्रुतकेवलिभणितं गणधरकथितमिति।।''

उक्त कथन से भी यह ध्वनित नहीं होता कि उन्होंने साक्षात् केवली की वाणी सुनी थी तथा उन्होंने जो जो भी ग्रन्थ लिखे, उनके किसी के मंगलाचरण में भी उन्होंने सीमंधर स्वामी के नाम का उल्लेख नहीं किया है। उन्होंने प्राकृत दशभक्ति तथा उनकी अञ्चलिकायें लिखीं, पर कहीं भी सीमंधर स्वामी का नामोल्लेख या गमनागमन का उल्लेख नहीं है। जिन्होंने साक्षात् तीर्थंकर सीमंधर स्वामी के दर्शन किये हों, 7–8 दिन वहाँ रहे हों, फिर भी उनका नामोल्लेख न करें, ये कैसे संभव है– ये शोध का विषय है। किन्तु परम्परा से जो श्रुति चली आ रही थी, उसका ही अनुसरण कर आचार्य श्रुतसागर जी ने दर्शनपाहुड टीका में निबद्ध किया है तथा उसी का अनुसरण जिनसेनादि आचार्यों ने भक्ति के रूप में किया है। भक्ति का कोई सिद्धान्त नहीं होता, और न ही तर्क। तभी वह स्तुति कहलाने के योग्य होती है। यथा–

गुणस्तोकं तदुल्लंघ्य तद्बहुत्वा कथास्तुतिः

अर्थात् थोड़े को भी बढ़ा-चढ़ाकर कहना स्तुति है। स्तुति में राई को भी पहाड़ तथा बिन्दु को भी सिंधु कहा जा सकता है। अतः भक्ति की भाषा में उनका विदेहक्षेत्रगमन मानना अनुचित नहीं होगा।

प्राकृत साहित्य – शेषगिरि राव ने ''द एज ऑफ कुंदकुंद'' नामक लेख में बताया है कि ''प्राकृत'' भाषा आंध्र और कलिंग देशों में जन सामान्य की आम भाषा के रूप में व्यवहृत थी। इस युग की उपलब्ध रामतीर्थम् की मिट्टी की सीलें तथा अमरावती के शिलालेख की भाषा इस प्राकृत बोली से साम्यता रखती है।

भारतीय आर्य भाषाओं में कुंदकुंद साहित्य में प्रयुक्त प्राकृत अंतःस्वरीय ध्वनिग्रामिक संरचना के निकट है। शक संवत् 388 में उत्कीर्ण मर्करा के ताम्रपत्रों में कौण्डकुन्दान्वय की परम्परा के छः प्राचीन आचार्यों का उल्लेख मिलता है।

जिनकांचीपुरम् को अभी कांजीपुरम् कहते हैं, जो शिवकांचीपुरम् तथा विष्णुकांजीपुर से भी अधिक

प्राचीनतम है। जिनकांचीपुरम् जैन धर्म का केन्द्र माना जाता था और यहाँ पर ही कुंदकुंदाचार्य जी ने अपना अधिक समय व्यतीत किया था। कहा जाता है कि इनकी ध्यान-साधना के प्रभाव से सिंह आदि भी शांत भाव को धारण करते थे।

(कुंदकुंद साहित्य-सुषमा) दि. जैन श्रमण परम्परा के कुंदकुंदाचार्य द्वारा रचित साहित्य अपना एक अलग ही महत्त्व रखता है। उनकी वर्णन-शैली सहज, सुबोध तथा सुगम्य है। पाठकगण बड़ी सरलता से उसका अनुगम कर लेता है। अनावश्यक शब्द-परिग्रह से रहित सारभूत तत्त्व को कहना, इन ग्रंथों की सहज शैली है। कुंदकुंद देव की प्राकृत शब्दावली सीधे हृदय पर अपना असर/प्रभाव डालती है।

84 पाहुड और उनके नाम-

1. अंग पाहुड	2. अष्ट पाहुड	3. अभिषेक पाहुड
4. आचार पाहुड	5. आलाप पाहुड	6. आयरिय भत्ति
7. उत्पाद पाहुड	8. उध्रात पाहुड	9. एयक्त पाहुड
10. कर्मविपाक पाहुड	11. त्रिज्या पाहुड	12. क्रम पाहुड
13. कुरल काव्य	14. क्षपणसार	15. क्रियासार
16. गयपाहुड	17. चारणपाहुड	18. चारित्रपाहुड
19. चूर्णिपाहुड	20. चूलिपाहुड	21. चिक्कपाहुड
22. जीवपाहुड	23. जोड़ीपाहुड	24. तत्वसारपाहुड
25. दर्शनपाहुड	26. द्रव्यपाहुड	27. दिव्यपाहुड
28. दृष्टिपाहुड	29. नयपाहुड	30. नियमसारपाहुड
31. निदानपाहुड	32. नित्यपाहुड	33. निलायपाहुड
34. नोकर्मपाहुड	35. पंचपाहुड	36. पञ्चास्तिकायपाहुड
37. पर्यायपाहुड	38. प्रमाणपाहुड	39. पुष्पपाहुड
40. प्रकृतिपाहुड	41. प्रवचनसारपाहुड	42. प्रतिक्रमण
43. बंधपाहुड	44. पंचवर्णपाहुड	45. बुद्धिपाहुड
46. बोधपाहुड	47. वारस अणुवेक्खा	48. परिकर्म टीका
49. भावसारपाहुड	50. भक्तिपाहुड	51. भयापाहुड

52. भावपाहुड
53. मोक्षपाहुड
54. मूलाचार
55. योगसार पाहुड
56. यिहय पाहुड
57. रत्नसार
58. रयणसार
59. लब्धिपाहुड
60. लोकपाहुड
61. लिंगपाहुड
62. वस्तुपाहुड
63. विद्यापाहुड
64. विहियापाहुड
65. सीलपाहुड
66. सिक्खापाहुड
67. षट्दर्शनपाहुड
68. समयसारपाहुड
69. समवायपाहुड
70. संस्थान पाहुड
71. सातमीपाहुड
72. सूत्रपाहुड
73. सिद्धान्तपाहुड
74. स्थानपाहुड
75. सत्यपंथपरिकर्म
76. सूनापाहुड
77. सरणपाहुड
78. दशभक्ति
79. श्रमणसार
80. तोयपाहुड
81. द्रव्यसार
82. सिद्धभक्ति
83. पञ्चगुरुभक्ति
84. शोधपाहुड

(उक्त ग्रंथों की लिस्ट श्री सूरजमल जी खासगीवाला, 'बी.काम्., खांसगी नगर, आदर्श सोसायटी, भिवंडी से प्राप्त हुई है।)

(तिरक्कुरल ग्रन्थ-)

तिरुक्कुरल ग्रंथ भी आचार्य श्री कुंदकुंद की ही कृति है। जैन व शैव दोनों ही इसे अपना पवित्र ग्रंथ मानते हैं। 'नीलकेशी' नामक बौद्ध ग्रंथ के विशद भाष्यकार श्वेताम्बर मुनि समय दिवाकर इस ग्रंथ को महान मानते हैं- यद्यपि इस ग्रंथ के मंगलाचरण में किसी भी भगवान् का नामोल्लेख न करते हुये मात्र गुणपरक नमस्कार किया है, किन्तु 'कमलगामी' और 'अष्टगुण युक्त' विशेषण दिये हैं, जो कि नियम से अरहंत और सिद्ध परमेष्ठी के ही घटित होते हैं। 'कमलगामी' यह विशेषण तीर्थंकरों को केवलज्ञान हो जाने के बाद उनका शरीर परमौदारिक हो जाता है तथा धरातल से 5000 धनुष ऊपर उठ जाता है, उसी के अनुसार समवसरण की रचना कुबेर करता है तथा जब वे विहार करते हैं तो इन्द्र उनके प्रत्येक पग तले 256-256 नये-नये स्वर्ण-कमल की रचना करता है अत: यह विशेषण जैन तीर्थङ्करों/अर्हन्तों में ही घटित होता है, अन्य मतों में नहीं घटित होता है।

'अष्टगुणयुत' यह विशेषण केवल सिद्धों में घटित होता है, क्योंकि अष्टकर्मों के क्षय के बाद सिद्धों की आत्मा के 8 स्वाभाविक गुण प्रगट हो जाते हैं, वे इस प्रकार हैं-

सम्मत्तणाण दंसण, वीरिय सुहुमं तहेव अवगहणं।
अगुरुलघुमव्वावाहं, अट्ठ गुणा होंति सिद्धाणं।।

(लघु सिद्धभक्ति)

अतः इस विशेषण से ही सिद्ध होता है, सिद्ध–स्तुतिपरक मंगलाचरण होने से यह ग्रंथ आचार्य कुंदकुंद का ही है। और भी ऐसे अनेकों विशेषण हैं जो मात्र जैन परमेष्ठियों में ही घटित होते हैं।

यद्यपि प्रचलित धारणा के अनुसार इसके रचयिता 'तिरुवल्लुवर' अर्थात् संत वल्लुवर हैं और यह ग्रंथ तमिल का वेद है। किन्तु कनकस भाई पिल्लै, एस.वियपुरी पिल्लै तथा टी.वी. कल्याणसुन्दर मुदलियार ने इसे जैन ग्रंथ ही माना है। पाश्चात्य विद्वान एलिस और ग्राउल का भी यही विचार है।

प्रो. ए. चक्रवर्ती, अणुव्रतपरामर्षक मुनि श्री नगराज जी तथा प्रो. के. भुजबली शास्त्री इसे कुंदकुंदकृत ही मानते हैं। मूल ताड़पत्रों में थीवर और ऐलाचार्य ही नाम मिलता है। एक प्रति में स्पष्ट लिखा है कि 'एलाचार्यविरचिते थिरुकुरल'।

जैन विद्वान 'जीवक चिंतामणि' ग्रंथ के टीकाकार 'नचिनार किनियार' ने अपनी टीका में रचनाकार का नाम सर्वत्र थीवर ही दिया है। तिरु, थिरु और थीवर —ये शब्द कोई नाम नहीं, किन्तु विशेषण हैं। तमिल साहित्य में थीवर शब्द का प्रयोग सामान्यतः दिगम्बर जैन श्रमणों के अर्थ में आता है। अतः अधिक ऊहापोह न करते हुए यह सही है कि यह ग्रंथ भी आचार्य कुंदकुंद–प्रणीत ही है। इस विषय में विशेष जानकारी अन्य ग्रंथों से ली जा सकती है। अत्यंत उपयोगी होने से मैंने यहाँ उसका संकेत मात्र किया है।

ये कलिकालसर्वज्ञ भी कहे जाते हैं। अपने पौन्नूर मलय पर निवास करते हुए अनेकों पाहुड ग्रंथों की रचना की थी। आपने चारों अनुयोगों का लेखन किया था। उसकी विशेषता यह है–

1. बनती है भूमिका प्रथमानुयोग से

2. आती है योग्यता चरणानुयोग से

3. पकती है पात्रताएँ करणानुयोग से

4. तब झलकती है आत्मा द्रव्यानुयोग से।

इन्होंने नीलगिरी पर्वत–श्रृंखला में अनेकों चातुर्मास किये थे। आचार्य श्री कुंदकुंद के समय में प्रमुख रूप से पाँच तरह के धर्मपंथ प्रवर्तमान थे—

1. **गोपिच्छक** – (गोपुच्छ) चामरी गाय के पूंछ के बालों की पिच्छी रखने वाले
2. **यापनीय** – शास्त्र लिखना और मंदिर जी में रखना (दिगम्बर, श्वेताम्बर के मध्य मार्ग प्रवर्तक)
3. **निस्पिच्छक** – ये पिच्छि रखने वालों का तथा नहीं रखने वालों का विरोध नहीं करते थे।
4. **श्वेत पट्ट** – श्वेत अम्बर धारण करते थे तथा उनकी विधि धारण करते हैं। ये ही श्वेताम्बर मत कहलाता है।
5. **द्रविड़** – साहित्य की रक्षा करना तथा संरचना करना इस संघ का प्रमुख काम था।

प. पू. आचार्य श्री कुंदकुंद स्वामी की गिरनार यात्रा :

प.पू. दिगम्बर आचार्य श्री कुंदकुंद स्वामी के संघ में 700 मुनि, 1400 आर्यिकाएँ, 35000 श्रावक, 70000 श्राविकाएँ थीं। अंतिम पड़ाव गिरनार जी की तलहटी जूनागढ़ में था। उसी समय श्वेताम्बर शुक्लाचार्य का संघ वहाँ आया। उनके साथ 240 साधु 200000 (दो लाख) श्रावक तथा कर्मचारी आदि थे तथा 84 गच्छ के 12000 यति तथा ओसवाल आदि जातियों के 252000 श्रावक थे।

सर्वप्रथम श्री कुंदकुंदाचार्य सहित दिगम्बर जैन संघ ने जूनागढ़ के जिनालय की पूजा, वंदना करके गाजे-बाजे के साथ महोत्सवपूर्वक गिरनार जी के लिये प्रस्थान किया। तब श्वेताम्बरों ने दिगम्बर संघ को रोकते हुए कहा कि प्रथम हम लोग यात्रा करेंगे, क्योंकि हमारा धर्म सबसे प्राचीन है। यह समाचार सुन आचार्य कुंदकुंद देव ने अपने संघ के प्रमुख संघपति श्री सेठ वसुपाल के द्वारा संदेशा भेजा कि सबसे प्राचीन दिगम्बर ही था, है और रहेगा। इस सत्य का उल्लंघन नहीं करना चाहिए। फिर भी यदि आप लोगों को अपने मत की प्राचीनता का अभिमान है तो हमारे प.पू. आचार्य श्री कुंदकुंद देव से वाद (शास्त्रार्थ) कीजिये। जो विजयी होगा, वही प्रथम यात्रा करेगा। उक्त समाचार सुन श्वेताम्बर लोग अपने प्रमुख शुक्लाचार्य को लेकर कुंदकुंदाचार्य के सन्मुख पहुँचे।

शास्त्रार्थ प्रारंभ :

सर्वप्रथम शुक्लाचार्य ने कुंदकुंदाचार्य के सन्मुख अपने प्रश्न रखे। तत्काल ही आचार्य श्री कुंदकुंद ने स्याद्वाद न्याय के द्वारा न्याय और नीति के अनुसार समाधान दिया तथा उनके हर तर्क को तर्क के द्वारा निरस्त कर दिया और शुक्लाचार्य को पराजित कर दिया।

पद्मनंदि नाम :

तब शुक्लाचार्य ने मंत्र विद्या का आश्रय ले चमत्कार द्वारा पराजित करने हेतु कुंदकुंदाचार्य के कमंडल में मछलियाँ उत्पन्न कर दीं और अपने कुछ शिष्यों को नेत्र के इशारे से भेजा और कहा उनसे पूछो कि आपके कमण्डल में क्या है? शुक्लाचार्य के शिष्यों ने तत्काल कुंदकुंदाचार्य से पूछा कि आपके कमण्डल में क्या है? श्री कुंदकुंदाचार्य उनके इस छल को समझ गये। अतः उन्होंने भी अपने मंत्र-बल से अपने कमंडल में मछलियों के कमल बना दिये और कहा कि जाकर अपने गुरु से पूछो कि इसमें क्या है? क्योंकि वे अपने आपको सर्वदर्शी मानते हैं। शुक्लाचार्य से उन सभी शिष्यों ने सारी बात कही।

तब शुक्लाचार्य ने भी बड़े अभिमानवश सभी से कहा कि हे यतियों! देखो! देखो! यह दिगम्बर मुनि के वेश को धारण कर भी जीवभक्षी है, अपने कमंडल में मछलियाँ रखता है।

यह सुन कुंदकुंदाचार्य ने सीमंधर स्वामी को स्मरण कर सभा में कहा कि देखो यतियों! तुम्हारा गुरु झूठ बोल रहा है और सभी के समक्ष अपना कमंडल उल्टा कर दिया तो उसमें से कमल के फूल गिरे, जिससे सारी सभा को अत्यंत आनंद हुआ और आचार्य कुंदकुंद के जयकारों से आकाश गूँज गया। तभी से इनका नाम पद्मनंदी भी पड़ गया।

अपने को पराजित देख शुक्लाचार्य ने कुंदकुंदाचार्य की पिच्छी आकाश में उठा दी और कहा कि यदि आपको मंत्र–शक्ति प्राप्त है तो अपनी पिच्छी वापिस ले लो। कुंदकुंदाचार्य ने अपने मंत्र–बल से अपनी पिच्छी वापिस अपने पास बुला ली तथा मंत्र–बल से शुक्लाचार्य तथा श्वेताम्बर यतियों के समस्त वस्त्र उठाकर आकाश में स्थापित कर दिये और कहा कि यदि आप में मंत्र–शक्ति है तो ग्रहण कर लें। शुक्लाचार्य ने काफी मंत्रों का स्मरण किया, पर वे अपने वस्त्रों को नीचे नहीं कर सके और आचार्य कुंदकुंद से ही अपने वस्त्रों की प्रार्थना करने लगे, तब कुंदकुंदाचार्य ने दयार्द्र हो उनके वस्त्र उन्हें दे दिये।

सरस्वती गच्छ/बलात्कार गण :

कुंदकुंदाचार्य ने कहा कि हे शुक्लाचार्य! यदि अब भी अपनी प्राचीनता का अभिमान रखते हो तो यहाँ की प्रसिद्ध पाषाण की सरस्वती देवी से कहलवाओ कि प्राचीन धर्म कौन है? दिगम्बर या श्वेताम्बर। यह सुन शुक्लाचार्य बहुत ही प्रसन्न हुए और उन्होंने कहा ''एवमेवास्तु'' (ऐसा ही हो)। इतना कह शुक्लाचार्य ने सुरार्च्य मंत्रों की आराधना तथा देवी की उपासना करनी प्रारंभ कर दी। काफी प्रयत्न करने पर भी जब देवी कुछ नहीं बोली तब शुक्लाचार्य का चेहरा उतर गया और उन्होंने अपनी असमर्थता प्रगट कर दी, तब कुंदकुंदाचार्य की बारी आई। उन्होंने बिना देवी की उपासना के ही देवी के सिर पर जैसे ही पिच्छी लगाई और बलात् कहा— बोल देवी! कौन प्राचीन धर्म है? आचार्यश्री के वचन सुन उस पत्थर की मूर्ति से मेघ की गर्जनावत् जोर से शब्द निकला कि ''आदि दिगम्बरः, आदि दिगम्बरः, आदि दिगम्बरः'' यह शब्द सुन शुक्लाचार्य आदि सभी यति तथा श्वेताम्बर समाज ने अपनी हार मान ली और तब सर्वप्रथम दिगम्बर जैनाचार्य कुंदकुंद देव के साथ दिगम्बर संघ पर्वत पर वंदनार्थ गया। पश्चात् श्वेताम्बर शुक्लाचार्य अपने संघ सहित वंदनार्थ गये। तभी से सरस्वती गच्छ तथा बलात्कार गण का प्रचलन प्रारंभ हुआ।

आचार्य कुंदकुंद की समाधि-साधना :

कुंदकुंदाचार्य ने समस्त पृथ्वीतल पर विहार कर जैनधर्म की प्रभावना की तथा धरणीभूषण पर्वत पर पुनः आये। कालान्तर में निमित्त से अपनी आयु एक माह शेष जान समाधिमरण की तैयारियाँ प्रारम्भ कर दी थीं तथा उस धरणीभूषण पर्वत पर किसी एक प्रासुक स्थान पर चित्त की शुद्धि के लिये क्रमशः चार प्रकार के आहारों का परित्याग किया। फिर कर्म के नाश के लिये सीमंधर भगवान् का ध्यान किया।

उस समय नंदिसंघ के आचार्य की आज्ञा व निर्देश में कुंदकुंदाचार्य की परिचर्या में क्षपक निमग्न थे। कितने ही शिष्य सिद्धान्त ग्रन्थों का पाठ करते थे। कितने ही चार आराधनाओं के स्वरूप का निरूपण करते थे। कितने ही णमोकार महामंत्र का स्मरण कराते थे। कितने ही उनकी प्रतिष्ठापन शुद्धि की परिचर्या करते थे तथा कितने ही उनके पगमर्दन आदि हर तरह से वैयावृत्ति करते थे।

आचार्यश्री कुंदकुंद का शरीर, ध्यान और तप के प्रभाव से अत्यंत शुष्क हो गया था। वे निरंतर आत्मज्ञान और ध्यान में लीन रहते थे। जब उनकी आयु का अंत समय अत्यंत निकट आया, तब त्रियोगों की शुद्धि पूर्वक पद्मासन लगाकर ''नमोः अर्हद्भ्यः, नमोः सिद्धेभ्यः, नमोः आचार्येभ्यः, नमोः पाठकेभ्यः, नमोः सर्वसाधुभ्यः'' इस मंत्र के द्वारा उन्होंने अपनी आत्मा में पंचपरमेष्ठी की स्थापना कर तीन प्रकार की शुद्धिपूर्वक देवाधिदेव सीमंधर स्वामी को उनके पद की प्राप्ति के लिये बारंबार नमस्कार किया और प्राणान्त समय 'नमो

अर्हद्भ्यः' कहकर एकाग्रमन से अपने आत्मस्वरूप में लीन हो, शांति से प्राणों का विसर्जन किया।

प्रमाण – 16वीं शताब्दि का एक गुटका संभवनाथ दिगम्बर जैन मंदिर, ईडर से प्राप्त है, उसमें संवत् 1605 लिखा है।

समाधि – वि.सं. 144 में 95 वर्ष 10 माह 15 दिन की आयु में इनकी समाधि हुई थी। डॉ. ए. चक्रवर्ती ने 'पञ्चास्तिकाय' की प्रस्तावना में इसी मत का समर्थन किया है।

1. श्री कुंदकुंद की प्रभा धारण करने वाली जिनकी कीर्ति द्वारा चारों दिशायें विभूषित हुई हैं, जो चारणों के, चारणऋद्धिधारी महामुनियों के सुन्दर कर-कमलों के भ्रमर थे और जिस पवित्रात्मा ने भरत क्षेत्र में श्रुत की प्रतिष्ठा की है, वे विभु कुंदकुंद इस पृथ्वी पर किसके द्वारा वंद्य नहीं है? (चन्द्रगिरि शिलालेख)

वन्द्यो विभुर्भुवि न कैरिह कोण्डकुन्दः, कुन्दप्रभाप्रणयिकीर्तिविभूषिताशः।
यश्चारुचारणकराम्बुजचञ्चरीकश्चक्रे श्रुतस्य भरते प्रयतः प्रतिष्ठाम्।।

(श्र.बे.शि. 55/69/492)

2. यतीश्वर (कुंदकुंद स्वामी) रजःस्थान पृथ्वीतल को छोड़कर चार अंगुल ऊपर गमन करते थे, जिससे वे अंतरंग में रागादि मल से तथा बाह्य में धूल से अस्पृष्ट थे। मुनिवर चारणऋद्धिधारी थे। उन्हें जमीन से चार अंगुल ऊपर चलने की सिद्धि प्राप्त थी, जिसके कारण वे आकाश से गमन कर विदेह क्षेत्र में जाकर भगवान् सीमंधर स्वामी के दर्शन एवं आत्मकल्याणपरक दिव्यवाणी सुन सके थे।(चंद्रगिरि शिलालेख)

रजोभिरस्पृष्टतमत्वमन्तर्बाह्योऽपि, संव्यञ्जयितुं यतीशः।
रजःपदं भूमितलं विहाय, चचार मन्ये चतुरङ्गुलं सः।।

(श्र.बे.शि. 105)

3. मुनीन्द्रों में श्रेष्ठ प्रभावशाली महान गौतमादि रत्नों के रत्नाकर आचार्य-परम्परा में नंदिगण में श्रेष्ठ चारित्र के धनी, चारणऋद्धिधारी पद्मनंदी नाम के मुनिराज हुए, जिनका दूसरे नाम का आदि शब्द आचार्य और अंत में जिसके कौण्डकुंद था अर्थात् कुंदकुंदाचार्य था। (चंद्रगिरि शिलालेख)

श्रीपद्मनंदीत्यनवद्यनामा ह्याचार्यशब्दोत्तरकोण्डकुन्दः।
द्वितीयमासोदभिधानमुद्यच्चरित्रसंजातसुचारणर्द्धिः।।

(श्र.बे.शि. 42, 43, 47, 50)

श्री कुंदकुंदाचार्य को जो ज्ञान प्राप्त था, वह ज्ञान भगवान् महावीर स्वामी, गौतम गणधर एवं अन्य श्रुतकेवलियों से निर्विवादित सुरक्षित उपलब्ध हुआ। उस ज्ञान द्वारा यदि वे बोध न देते तो उस समय के मुनिजन व आज तक के मुनिजन सच्चे मार्ग को कैसे जानते? (दर्शनसार)

ये द्रविड़ संघ के आचार्य चक्रवर्ती थे। सम्राट् चंद्रगुप्त (मुनिराज) जो आचार्य श्री विशाखाचार्य के नाम से प्रसिद्ध हुये, जो 11 अंग और 14 पूर्व के धारी थे, उनके प्रसिद्ध वेश में पद्मनंदि संज्ञा वाले श्री कुंदकुंद मुनीश्वर हुये हैं। उन्होंने मुख्यतः द्रव्यानुयोग के श्रेष्ठ ग्रन्थों की रचना की।

(नंदिसंघ बलात्कारगण की गुर्वावली)

संघ-भेद होने के पश्चात् और इन संघ-भेदों के विवादों से बचने के लिये मूलसंघ के नाम से प्रशस्तियों में तथा प्रतिमाओं पर निम्न श्लोक-वाक्य उत्कीर्ण किये जाने लगे- "**स्वस्ति श्रीवीरनिर्वाण संवत्................श्री कुन्दकुन्दाचार्याम्नाये मूलसंघे सरस्वतीगच्छे, बलात्कारगणे**" आदि। साथ ही सूर्यमंत्रप्रदाता आचार्य मुनि के साथ ही प्रतिष्ठाचार्य एवं मूर्तिनिर्माता का नाम भी उत्कीर्ण किया जाने लगा।

—o—

'रयणसार' ग्रन्थ परिचय

० स्व. पं. देवेन्द्रकुमार शास्त्री, नीमच

भूमिका

भारतीय तत्त्व-चिन्तन के इतिहास में आगम-परम्परा का संवहन करते हुए महान् तत्त्वान्वेषी, स्वानुभूति-स्वसंवेद्य परमात्म-परमानन्द को प्राप्त, आचार्य-शिरोमणि, चारित्रचक्रवर्ती, आध्यात्मिक ज्ञान-गंगा प्रवाहित करनेवाले भगवत् कुन्दकुन्दाचार्य का व्यक्तित्व सूर्य और चन्द्र के समान स्वयं प्रकाशित है। उनके तत्त्वज्ञान में जहाँ निर्मल ज्ञान के भास्वर दिनकर-निकर की छटाएँ लक्षित होती हैं, वहीं अहिंसा, करुणा, समता और वैराग्य की शीतलता भी प्राप्त होती है। यह अद्भुत समन्वय हमें भारतीय चिन्तकों में केवल आचार्य कुन्दकुन्द में ही परिलक्षित होता है। उन्होंने अपने युग की जनसामान्य बोली में परमतत्त्व का जो सार निबद्ध किया है, वह वास्तव में अनुपम है। भारतीय मनीषी उस परमतत्त्व को केवल स्वानुभूति से ही उपलब्ध कर सकता है। किन्तु उस अखण्ड, अतीन्द्रिय, स्वसंवेद्य और परब्रह्म स्वरूप परमात्म तत्त्व को उपलब्ध करने की विधि क्या है? आचार्य कुन्दकुन्द का चिन्तन स्पष्ट है कि आत्मज्ञान के बिना परमतत्त्व की उपलब्धि नहीं हो सकती। आत्मज्ञान स्वात्मानुभूति का विषय है। स्वात्मानुभूति को उपलब्ध करने के लिए सर्वप्रथम दृष्टि सम्यक् होनी चाहिए। सम्यक्दृष्टि बनने के लिए आचार-विचार में निर्मलता और आत्मतत्त्व में रुचि होना आवश्यक है। जब तक दृष्टि नहीं पलटती है, तब तक दुःख नहीं छूटता है। इस प्रकार जगत्, जीवन और आत्मा की संश्लेषात्मक तथा विश्लेषात्मक दशाओं का एक वैज्ञानिक रूप से वर्णन उनके द्वारा किया गया है। आचार्य कुन्दकुन्द ने भाव की सत्ता को शाश्वत, अव्यय और अविनाशी बताया है। इसी प्रकार उनके द्वारा शब्द को पौद्गलिक, स्कन्धों को विभाज्य तथा पुद्गल के स्कन्धदेश, स्कन्धप्रदेश और परमाणु आदि भेद बताये गये हैं, वे आज अत्याधुनिक विज्ञान के क्षेत्र में अत्यन्त महत्त्वपूर्ण एवं मौलिक चिन्तन के निर्देशक हैं।

आचार्य कुन्दकुन्द का जन्म दक्षिण भारत में हुआ था। श्रवणबेलगोल के शिलालेख में उनका नाम 'कौण्डकुन्द' मुनीश्वर कहा गया है। 'कोंडकुंदपुर' के निवासी होने के कारण उनका नाम 'कुंदकुंद' प्रचलित हुआ बताया जाता है। पुरातत्त्वीय प्रमाणों के आधार पर अब यह निश्चित हो चुका है कि आचार्य कुन्दकुन्द का जन्म-स्थान आधुनिक 'कोन्कोण्डल' ग्राम है, जो अनन्तपुर जिले में गुट्टी तालुक में गुन्टकल रेल्वे-स्टेशन से लगभग चार मील की दूरी पर स्थित है। 'कोण्ड' कन्नड़ भाषा का शब्द है, जिसका अर्थ 'पहाड़ी' है। पर्वत पर या पहाड़ी स्थान के निकट बसा होने के कारण यह 'कोण्डकुण्ड' कहा जाता था। यह आज भी

पर्वतमालाओं से सटा हुआ है। यद्यपि आज यह आन्ध्रप्रदेश में है, पर उस समय में यह कर्नाटक प्रदेश में था। शिलालेखों में स्पष्ट रूप से कई स्थानों पर इसका उल्लेख मिलता है।

यद्यपि आचार्य कुन्दकुन्द के मूल नाम का पता नहीं है, किन्तु सम्भवतः उनका मूल नाम पद्मनन्दि था। यह नाम मुनि अवस्था का था। उनके अन्य नाम व्यक्तित्व के परिचायक हैं। आचार्य कुन्दकुन्द के वक्रग्रीव, महामति, ऐलाचार्य, गृद्धपृच्छ और पद्मनन्दी —इन पाँच नामों का उल्लेख मिलता है। एक गुरु-पट्टावली के अनुसार आचार्य कुन्दकुन्द का जन्म वि. संवत् 49 में पौष कृष्ण अष्टमी को हुआ था। वे केवल ग्यारह वर्ष की अवस्था तक घर में रहे। उनके जन्मकाल से ही माता अध्यात्मरस में अवगाहन करने लगी थी और घंटों तक बालक को पालने में झुलाती हुई 'शुद्धोऽसि बुद्धोऽसि निरंजनोऽसि, संसार-मायापरिवर्जितोऽसि' की लोरियाँ गा-गाकर सुनाया करती थीं। इसलिए छोटी अवस्था में ही वे संसार से विरक्त हो अध्ययन-मनन में लीन हो गए। युवाकाल में उन्होंने संन्यास ग्रहण किया था। वे इक्यावन वर्षों तक आचार्य पद को अलंकृत करते रहे। उनकी आयु 95 वर्ष, 10 मास, 15 दिन की कही गयी है।

समय तथा भाषा :

शेषगिरि राव ने अपने लेख 'द एज ऑव कुन्दकुन्द' में विस्तारपूर्वक लिखते हुए कहा है कि मेरे पास तमिल साहित्य में और लोकबोली में इस बात के अनेक प्रमाण हैं कि जिस प्रकार की प्राकृत में आचार्य कुन्दकुन्द ने अपने ग्रन्थ निबद्ध किये हैं, वह केवल समझी ही नहीं जाती थी, वरन् आन्ध्र और कलिंग प्रदेशों में जनसामान्य के द्वारा व्यवहृत थी। इस युग की उपलब्ध रामतीर्थम् की मिट्टी की सीलें और अमरावती के शिलालेख इस प्राकृत बोली से साम्य रखते हैं। अतएव मेरी समझ में यह युग ईसा की प्रारम्भिक प्रथम या द्वितीय शताब्दी होना चाहिए (द्रष्टव्य है : जैन गजट, 15 अप्रैल, 1922, पृ. 91)। भाषा की दृष्टि से विचार करने पर यह कथन पूर्णतः सत्य प्रतीत होता है। क्योंकि आचार्य कुन्दकुन्द की रचनाओं में प्रयुक्त प्राकृत भाषा भारतीय आर्यभाषाओं की अन्तःस्वरीय ध्वनिग्रामिक संरचना के अधिक निकट है। शक संवत् 399 में उत्कीर्ण मर्करा के ताम्रपत्रों में कोण्डकुन्दान्वय की परम्परा के छह प्राचीन आचार्यों का उल्लेख मिलता है। डॉ. ए. चक्रवर्ती ने 'पंचास्तिकाय' की प्रस्तावना में और डॉ. ए.एन. उपाध्ये ने 'प्रवचनसार' के परिचय में, पं. जुगलकिशोर मुख्तार ने समन्तभद्राचार्य की प्रस्तावना में, पं. कैलाशचन्द्र जी शास्त्री ने कुंदकुंद प्राभृतसंग्रह में तथा पी.वी. देसाई ने आचार्य कुन्दकुन्द का समय ईसा की प्रथम शताब्दी माना है। मूल में 'कोण्डकुंद' कन्नड़ शब्द है, जो 'पर्वत' अर्थ का वाचक है। ऐतिहासिक दृष्टि से इस कन्नड़ शब्द का इतिहास तथा दक्षिण भारत में उपलब्ध प्राचीनतम सांस्कृतिक सामग्री ईसा से कई शताब्दी पूर्व जैनधर्म का अस्तित्व सिद्ध करती है। श्री पी.बी. देसाई प्रबल प्रमाणों के साथ आचार्य कुन्दकुन्द को ईसा की प्रथम शताब्दी में उत्पन्न मानते हैं। उनके समर्थन में एक अन्य प्रमाण भी उपलब्ध होता है कि तिरुवल्लुवर तथाकथित 'तिरुक्कुरल' के रचनाकार और आचार्य कुन्दकुन्द एक ही थे। तिरुवल्लुवर का रचना-काल ईसा की प्रथम शताब्दी के लगभग माना जाता है। 'तिरुवल्लुवर' में 'तिरु' आदरसूचक उपसर्ग है। उनका वास्तविक नाम अज्ञात है। उनकी प्रसिद्ध रचना 'तिरुक्कुरल' या 'थिरुकुरल' मानी जाती है। प्रो. ए. चक्रवर्ती के अनुसार निश्चित ही यह तिरुक्कुरल एलाचार्य अर्थात् आचार्य कुन्दकुन्द की अमर रचना है। इसका सबसे बड़ा प्रमाण यही है कि इस रचना में प्रयुक्त अपरिग्रह, मूढ़ता, अरम-अमण (श्रमण) तथा थेर आदि जैनों के पारिभाषिक

शब्द हैं। इस कृति का रचनाकाल ईसा की प्रथम और द्वितीय शताब्दी अथवा इससे पूर्व मानने वालों में श्री के.एन. शिवराज पिल्लै, श्री टी.एस. कन्दसामी मुदलियार, श्री वी.आर. रामचन्द्र दीक्षितार, श्री पूर्ण सोमासुन्दरम्, मु.गो. वेन्कटकृष्णन, डॉ. ओमप्रकाश, श्री टी.पी. मीनाक्षीसुन्दरम्, श्री अवधनन्दन, जी.एस. दुरैस्वामी इत्यादि अनेक विद्वान् हैं। (डॉ. रवीन्द्रकुमार सेठ, तिरुवल्लुवर एवं कबीर का तुलनात्मक अध्ययन, पृ. 6)

यह भी द्रष्टव्य है कि तमिल का प्राचीनतम साहित्य जैन साहित्य है। पं. के. भुजबली शास्त्री के अनुसार तमिल संघकाल की रचनाओं में तिरुक्कुरल ही अन्तिम रचना है। तमिल भाषा के आदि कवि जैन ही हैं।

आचार्य कुन्दकुन्द निश्चित रूप से ईसा की प्रथम शताब्दी के लगभग हुए थे। इसका सबसे प्रबल प्रमाण 'प्रवचनसार' की वह गाथा है, जो प्रथम शती के प्राकृत के महाकवि विमलसूरि के 'पउमचरिय' में उपलब्ध होती है। 'प्रवचनसार' की यह गाथा है-

जं अण्णाणी कम्मं खवेदि भवसयसहस्सकोडीहिं।
तं णाणी तिहिं गुत्तो खवेदि उस्सासमेत्तेण।। (3/38)

इसी गाथा का भाव पं. दौलतराम कृत 'छहढाला' में वर्णित है-

कोटि जन्म तप तपै, ज्ञान बिन कर्म झरें जे।
ज्ञानी के छिन माँहि, त्रिगुप्ति तें सहज टरें ते।।

उक्त गाथा कुछ शब्दों के हेर-फेर के साथ 'पउमचरिय' में है-

जं अन्नाण तवस्सी खवेइ भवसयसहस्सकोडीहिं।
कम्मं तं तिहि गुत्तो खवेइ नाणी मुहुत्तेणं।। (120, 177)

इससे मिलती-जुलती गाथा 'तित्थोगाली' में उपलब्ध होती है, जो एक अंगबाह्य रचना मानी जाती है और जो कई स्थलों पर आचार्य कुन्दकुन्द के मूलाचार से साम्य रखती है। गाथा है-

जं अन्नाणी कम्मं खवेइ बहुयाहिं वासकोडीहिं।
तं नाणी तिहिं गुत्तो खवेइ उस्सासमेत्तेणं।। (1213)

गुरुपट्टावली के अनुसार विभिन्न पट्टावलियों में उन्हें मूलसंघ का नायक कहा गया है। प्रो. हॉर्नले द्वारा निर्मित पट्टावली के अनुसार आचार्य कुन्दकुन्द का समय ई. 8 कहा गया है। (इण्डियन एन्टिक्वेरी, जिल्द 21, पृ. 60-60)। किन्ही पट्टावलियों के अनुसार आप विक्रम की द्वितीय शताब्दी से उत्तरार्द्ध तथा तृतीय शताब्दी के पूर्वार्द्ध के आचार्य थे। इस बात का समर्थन पं. नाथूरामजी प्रेमी तथा पं. श्री जुगलकिशोर मुख्तार ने भी किया है।

उमास्वामी आचार्य कुन्दकुन्द के परवर्ती हैं। अधिकतर पट्टावलियों में उनका जन्म संवत् 101, कार्तिक शुक्ल अष्टमी कहा गया है। किसी-किसी गुर्वावली में उनसे काष्ठासंघ की उत्पत्ति मानी गयी है। उन

दोनों आचार्यों की रचनाओं का तुलनात्मक अध्ययन करने से भी यही प्रतीत होता है कि आचार्य कुन्दकुन्द उमास्वामी के पूर्व हुए थे।

जन्मस्थानादि-परिचय

प्राकृत पट्टावली में आचार्य कुन्दकुन्द के दीक्षागुरु का नाम जिनचन्द्राचार्य लिखा हुआ मिलता है। उनके पिताश्री का नाम करमुण्ड और माताजी का नाम श्रीमती था। वे महाजन श्रेष्ठी थे। आचार्य कुन्दकुन्द आजन्म ब्रह्मचारी रहे। साधक अवस्था में उन्होंने घोर तपश्चर्याएँ की थीं। मलयदेश के अन्तर्गत हेम ग्राम था, जो कि वर्तमान में पोन्नूर के सन्निकट नीलगिरि पर्वत की श्रृङ्खला में कुन्दकुन्दाद्रि के नाम से प्रसिद्ध है। कहा जाता है कि यह नीलगिरि-शिखर आचार्य कुन्दकुन्द की पावन चरण-रज से परिव्याप्त है। इसी प्रकार से कांचीपुर (वर्तमान कांजीपुरम्) उस युग में जैनधर्म का महान् केन्द्र था। आचार्य कुन्दकुन्द का अधिकांश समय यहीं पर व्यतीत हुआ था।

रचनाएँ

'मूलाचार' और 'थिरुकुरल' भी आचार्य कुन्दकुन्द की रचनाएँ प्रमाणित हो चुकी हैं। इस प्रकार आचार्य कुन्दकुन्द की रची हुई चौबीस रचनाएँ उपलब्ध होती हैं। इनके अतिरिक्त कुछ स्तोत्र भी लिखे हुए मिलते हैं।

(मूलाचार ग्रन्थ)

डॉ. ए.एन. उपाध्ये प्रवचनसार की भूमिका में यह निर्णय पहले ही कर चुके हैं कि मूलाचार आचार्य कुन्दकुन्द की रचना है। स्व. आचार्य शान्तिसागर जी महाराज आचार्य कुन्दकुन्द के मूलाचार को शोलापुर से प्रकाशित करवा चुके हैं। उनकी रचनाओं से भी यह प्रमाणित होता है कि आचार्य कुन्दकुन्द मुनिचर्या के सम्बन्ध में अत्यन्त सावधान एवं जागरूक थे। अतएव आचारसम्बन्धी किसी ग्रन्थ की रचना अवश्य की थी।

थिरकुरल

यह एक अत्यन्त आश्चर्यजनक बात है कि जैन और शैव दोनों ही तिरुक्कुरल को पवित्र ग्रन्थ मानते हैं। नीलकेशी नामक बौद्ध ग्रन्थ के विशद भाष्यकार जैन मुनि समयदिवाकर इस ग्रन्थ को महान् बताते हैं। यद्यपि इस रचना के प्रारम्भिक मंगलाचरण में कवि ने किसी भगवान् की संस्तुति का स्पष्ट उल्लेख नहीं किया है, फिर भी कमलगामी, अष्टगुणयुक्त (सिद्धों के अष्टगुण) प्रयुक्त विशेषणों से तथा उपलब्ध जैन पारिभाषिक शब्दावली से यह स्पष्ट है कि इस कृति के रचनाकार जैन थे। कवि के कुछ स्तुतिपरक वाक्य इस प्रकार हैं- धन्य है उस पुरुष को जो आदि परमपुरुष के पादारविन्द में रत रहता है, जो न किसी से राग करता है और न किसी से द्वेष (ईश्वरस्तुति प्रकरण, 4)। "यदि तुम सर्वज्ञ परमेश्वर के श्रीचरणों की पूजा नहीं करते हो, तो तुम्हारी यह सम्पूर्ण विद्वत्ता किस काम की है?"

"जो लोग उस परम जितेन्द्रिय पुरुष के दर्शाए हुए धर्ममार्ग का अनुसरण करते हैं, वे अमरपद प्राप्त करते हैं।"

"जो मनुष्य अष्टगुण संयुक्त परब्रह्म के चरणकमलों में नमन नहीं करता, वह उस अशक्त इन्द्रिय के

समान है, जिसमें अपने गुण को ग्रहण करने की शक्ति नहीं है।''

यद्यपि प्रचलित धारणा के अनुसार इस काव्य के रचयिता तिरुवल्लुवर अर्थात् सन्त वल्लुवर हैं और यह 'तमिलवेद' है, किन्तु कनकसभाई पिल्लै, एस. वियपुरी पिल्लै और टी. वी. कल्याणसुन्दर मुदलियार ने स्पष्ट रूप से इसमें अहिंसा धर्म का प्रतिपादन होने के कारण इसे जैन रचना बताया है। पाश्चात्य विद्वानों में एलिस और ग्राउल का भी यही निश्चित विचार है। प्रो. ए. चक्रवर्ती, अणुव्रतपरामर्शक मुनि श्री नगराजजी तथा पं. के. भुजबली शास्त्री इसे आचार्य कुन्दकुन्द की ही रचना मानते हैं। प्रो. ए. चक्रवर्ती के अनुसार तमिल के प्रसिद्ध कवि मामूलनार का समय ईसा की प्रथम शताब्दी माना जाता है। उनका स्पष्ट कथन है कि कुरल के वास्तविक रचयिता थीवर हैं, न कि वल्लुवर। किन्तु अज्ञानी लोग वल्लुवर को उसका रचयिता बताते हैं। परन्तु बुद्धिमान लोग मूर्खों की ऐसी बातें स्वीकार नहीं करते। स्वयं प्रो. चक्रवर्ती ने आचार्य कुन्दकुन्द के थीवर और एलाचार्य इन दो नामों का उल्लेख किया है। मूल ताड़पत्र प्रतियों के अध्ययन से पता चलता है कि इस ग्रन्थ के टीकाकार भी जैन थे। एक प्रति में स्पष्ट रूप से लिखा हुआ मिलता है– एलाचार्यविरचितं थिरुक्कुरल।

जैन विद्वान् 'जीवकचिन्तामणि' ग्रन्थ के टीकाकार नचिनार किनियर ने अपनी टीका में सर्वत्र रचनाकार का नाम थीवर निर्दिष्ट किया है। वास्तव में तिरु, थिरु या थीवर कोई नाम न होकर विशेषण है। इसलिए यह कहा गया है कि तमिल साहित्य में सामान्यतः 'थीवर' शब्द का प्रयोग जैन श्रमण के अर्थ में किया जाता है। इतिहास के अध्ययन से पता चलता है कि ईसा पूर्व शताब्दी में मिस्र में जैन श्रमण तपस्वियों को 'थेरापूते' कहा जाता था। थेरापूते का अर्थ है– मौनी, अपरिग्रही। यथार्थ में 'थेर' या 'थेरा' अथवा 'थीवर' शब्द मूल 'स्थविर' शब्द से निष्पन्न हुआ है। 'स्थविर' शब्द का अर्थ है– निर्ग्रन्थ मुनि। कन्नड़ में 'थेर' का अर्थ है– तत्त्वज्ञानी। इसके अन्य अर्थ हैं– रथ, ऊँचा। स्वयं आचार्य कुन्दकुन्द ने 'स्थविर' के लिए 'थेर' शब्द का प्रयोग किया है। उनके ही शब्दों में–

'गुरु-आयरिय- उवज्झायाणं पव्वतित्थेरकुलयराणं णमंसामि।' (निषिद्धिका दण्डक)

'पव्वतित्थेरकुलयराणं' का अर्थ है– **'प्रवर्तितस्थविरकुलकराणां'**।

इस प्रकार 'थिरुकुरल' दो शब्दों से मिलकर बना है– 'थिरु' और 'कुरल'। थिरु का अर्थ स्थविर है और कुरल का अर्थ एक छन्द है। स्थविर ने कुरल छन्द में जिसे गाया था, वह थिरुक्कुरल है। कुरल छन्द संस्कृत के अनुष्टुप श्लोक से भी छोटा कहा गया है। यह तमिल का विशिष्ट छन्द है, जो 'थिरुक्कुरल' की रचना के अनन्तर प्रचलित हुआ।

'सार' अन्तवाली कृतियाँ और रयणसार :

जिस प्रकार 'प्रवचनसार' में आगम के सारभूत शुद्धात्म तत्त्व का वर्णन किया गया है, उसी प्रकार 'नियमसार' में नियम के साररूप शुद्ध रत्नत्रय का और 'समयसार' में शुद्ध आत्मा का वर्णन किया गया है। ये तीनों ही ग्रन्थ सातवें गुणस्थानवर्ती श्रमण को ध्यान में रखकर लिखे गए हैं और अन्त में सहजलिंग से ही मुक्ति का प्रतिपादन किया गया है। इस भाव को आचार्य जयसेन ने अपनी टीका में अत्यन्त विशदता और स्पष्टता के साथ निरूपित किया है। उनके ही शब्दों में–

''यद्यप्ययं व्यवहारनयो बहिर्द्रव्यावलम्बत्वेनाभूतार्थस्तथापि रागादिबहिर्द्रव्यावलम्बन-रहितविशुद्धज्ञानस्वभाव-स्वावलम्बनसहितस्य परमार्थस्य प्रतिपादकत्वाद्दर्शयितुमुचितो भवति। यदा पुनर्व्यवहारनयो न भवति तथा शुद्धनिश्चयनयेन त्रसस्थावरजीवा न भवन्तीति मत्वा निःशंकोपमर्दनं कुर्वन्ति जनाः।''

यथार्थ में अध्यात्मशास्त्र को समझने के लिए व्यवहार और निश्चय दोनों ही दृष्टियों की अपेक्षा है। निरपेक्षनय मिथ्या कहे गये हैं। व्यवहारनय अपनी अपेक्षा से सत्य है, पर निश्चय नय की अपेक्षा से असत्यार्थ एवं अभूतार्थ है। आचार्य अमृतचन्द्र के शब्दों में -

''न चैतद्विप्रतिषिद्धं निश्चयव्यवहारयोः साध्यसाधनभावत्वात् सुवर्णस्वर्णपाषाणवत्। अतएवोभयनयायत्ता पारमेश्वरी तीर्थप्रवर्तनेति।'' (पंचास्तिकाय, 159वीं गाथा की टीका)

निश्चय साध्य है और व्यवहार साधन। इन दोनों दृष्टियों को लेकर आचार्य कुन्दकुन्द ने अपने ग्रन्थों की रचना की है। अतएव 'ज्ञानी ज्ञान का कर्ता है' यह कथन भी व्यवहार है। व्यवहार कारण है और निश्चय कार्य। कहा भी है-

मोक्षहेतुः पुनर्द्वेधा निश्चयाद्व्यवहारतः।
तत्राद्यः साध्यरूपः स्याद, द्वितीयस्तस्य साधनम्।।

(तत्त्वानुशासन, 28)

तथा-

जीवोऽप्रविश्य व्यवहारमार्गं, न निश्चयं ज्ञातुमुपैति शक्तिम्।
प्रभाविकाशेक्षणमन्तरेण, भानूदयं को वदते विवेकी।।

(आराधनासार, 7, 30)

रयणसार ग्रन्थ

स्वसंवेदन की अनुभूति शब्दों में वर्णित नहीं की जा सकती। इसलिए जनसामान्य को ध्यान में रखकर 'अष्टपाहुड' आदि जिन ग्रन्थों की रचना की गयी, उनमें 'रयणसार' व्यवहार-रत्नत्रय का प्रतिपादन करने वाला ग्रन्थ है। अन्य रचनाओं की भाँति इसमें भी शुद्ध आत्मतत्त्व को लक्ष्य में रखकर, गृहस्थ और मुनि के संयमचारित्र का निरूपण किया गया है। मुख्य रूप से यह आचारशास्त्र है। निम्नलिखित समानताओं के कारण यह आचार्य कुन्दकुन्द की रचना सिद्ध होती है-

1. संघटना की दृष्टि से आचार्य कुन्दकुन्द की रचनाओं को दो वर्गों में विभाजित किया जा सकता है- सारमूलक रचनाएँ और पाहुडमूलक। भक्ति और स्तुतिविषयक रचनाएँ इनसे भिन्न हैं। प्रवचनसार, समयसार और रत्नसार (रयणसार) के अन्त में 'सार' शब्द का संयोग ही रचना-सादृश्य को सूचित करता है।

2. प्रवचनसार, नियमसार और रयणसार का प्रारम्भ तीर्थंकर महावीर के मंगलाचरण से होता है। 'नियमसार' की भाँति 'रयणसार' में भी ग्रन्थ का निर्देश किया गया है। यथा-

णमिऊण जिणं वीरं अणंतवरणाणदंसणसहावं।
वोच्छामि णियमसारं केवलिसुदकेवलीभणिदं।।

(नियमसार, 1)

णमिऊण वड्ढमाणं परमप्पाणं जिणं तिसुद्धेण।
वोच्छामि रयणसारं सायारणयारधम्मीणं।।

(रयणसार, 1)

उक्त गाथाओं में शब्दसाम्य भी द्रष्टव्य है। 'समयसार' में भी 'वोच्छामि समयपाहुड' इत्यादि कहा गया है।

3. इन सभी ग्रन्थों के अन्त में रचना का पुनः नामोल्लेख किया गया है और सागार (गृहस्थ) और अनगार (मुनि) दोनों के लिए आगम का सार बताया गया है। कहा है-

बुज्झदि सासणभेयं सागारणगारचरियया जुत्तो।
जो सो पवयणसारं लहुणा कालेण पप्पोदि।।

(प्रवचनसार, 3/75)

सम्मत्तणाणं वेरग्गतवोभावं णिरीहवित्तिचारित्तं।
गुणसीलसहावं उप्पज्जइ रयणसारमिणं।।

(रयणसार, 152)

4. इसके अतिरिक्त रयणसार में दो-तीन स्थलों पर (गाथा 148, 84, 105) 'प्रवचनसार' के अभ्यास का उल्लेख किया गया है, जो शुद्ध आत्मा रूप आगम के सार तत्त्व और प्रवचनसार ग्रन्थ का भी सूचक हो सकता है। पंचास्तिकाय में भी कहा गया है-

"**एवं पवयणसारं पंचत्थिसंगहं वियाणित्ता।**" (103)

5. रयणसार में कहा गया है-

णिच्छयववहारसरूवं जो रयणत्तयं ण जाणइ सो।
जं कीरइ तं मिच्छारूवं सव्वं जिणुद्दिट्ठं।।

(र.सा., 109)

समयसार में भी-

दंसणणाणचरित्ताणि, सेविदव्वाणि साहुणा णिच्चं।
ताणि पुण जाण तिण्णिवि अप्पाणं चेव णिच्छयदो।।

(समयसार, 16)

आचार्य अमृतचन्द्र कहते हैं- "**येनैव हि भावेनात्मा साध्यः साधनं च स्यात्तेनैवायं नित्यमुपास्य इति स्वयमाकूय परेषां व्यवहारेण साधुना दर्शनज्ञानचारित्राणि नित्यमुपास्यानीति प्रतिपाद्यते।**" अर्थात्

साधु को दर्शन, ज्ञान और चारित्र रूप रत्नत्रय को भेद (साधन) और अभेद (साध्य) जिस भाव से भी हो, नित्य सेवन करना चाहिए। आचार्य जयसेन ने इसका विस्तार से स्पष्टीकरण किया है। वास्तव में रत्नत्रय मोक्षमार्ग है, जिसका चारित्र के रूप में लगभग सभी रचनाओं में वर्णन किया गया है। किन्तु 'रयणसार' में यह वर्णन सरल है।

6. रयणसार की अन्तिम गाथा है-

इदि सज्जणपुज्जं रयणसारगंथं णिरालसो णिच्चं।
जो पढइ सुणइ भावइ सो पावइ सासयं ठाणं।। (155)

मोक्षपाहुड के वचन हैं-

जो पढइ सुणइ भावइ सो पावइ सासयं सोक्खं।। (106)

भावपाहुड में भी कहा गया है-

जो पढइ सुणइ भावइ सो पावइ अवचिलं ठाणं।। (164)

द्वादशानुप्रेक्षा का कथन है-

जो भावइ सुद्धमणो सो पावइ परमणिव्वाणं।। (91)

समयपाहुड में उल्लेख है-

जो समयपाहुडमिणं पढिदूण---सो पावदि उत्तमं सोक्खं। (415)

उक्त सभी पंक्तियों में एक क्रम तथा शब्द-साम्य परिलक्षित होता है।

7. सम्यग्दर्शन और सम्यग्दृष्टि की महिमा आचार्य कुन्दकुन्द की सभी रचनाओं में प्रकारान्तर से वर्णित मिलती है। 'रयणसार' की अधिकतर गाथाओं में सम्यग्दर्शन का व्याख्यान है। जैसे कि- (अ) सम्यग्दर्शन रूपी सुदृष्टि के बिना देव, गुरु, धर्म आदि का दर्शन नहीं होता। (आ) सम्यक्त्व सूर्य के समान है, (इ) सम्यक्त्व कल्पतरु के समान है, (ई) सम्यक्त्व औषध है, कहा है-

पुव्वं सेवइ मिच्छामलसोहणहेउ सम्मभेसज्जं।
पच्छा सेवइ कम्मामयणासणचरियसम्मभेसज्जं।। (62)

अर्थात् प्रथम मिथ्यात्वमल की शुद्धि के लिए सम्यक्त्वरूपी औषधि का सेवन करे, पश्चात् कर्मरूपी रोग को मिटाने के लिए चारित्ररूपी औषधि का सेवन करना चाहिए।

आचार्य जयसेन की टीका से युक्त समयसार की गाथा 233 में लगभग यही भाव व्यक्त किया गया है।

सम्यग्दर्शन के आठ अंग होते हैं। सम्यग्दृष्टि सातों व्यसन, सात प्रकार के भय, पच्चीस शंकादिक दोषों से रहित तथा संसार, शरीर और भोगों की आसक्ति से हटकर नि:शंकादिक आठ गुणों से सहित पाँच परमेष्ठियों में शुद्ध भक्तिभावना रखता है। 'रयणसार' में कहा है-

भयविसणमलविवज्जिय संसारसरीरभोगणिव्विण्णो।
अट्ठगुणंगसमग्गो दंसणसुद्धो हु पंचगुरुभत्तो।। (5)

'समयसार' के वचन हैं-

सम्मादिट्ठी जीवा णिस्संका होंति णिब्भया तेण।
सत्तभयविप्पमुक्का जम्हा तम्हा दु णिस्संका।। (228)

अर्थात् सम्यग्दृष्टि निःशंक एवं निर्भय होते हैं, क्योंकि वे सातों भयों से रहित होते हैं।

सम्यक्त्व के बिना दान, पूजा, जप, तप आदि सब निरर्थक कहा गया है। यह भाव 'रयणसार' की गाथा 9 और 142 तथा जयसेनाचार्य की टीका से युक्त समयसार की गाथा सं. 292 में लगभग समान रूप से वर्णित है।

8. 'मोक्खपाहुड' और 'रयणसार' की निम्नलिखित गाथाओं में साम्य लक्षित होता है-

देहादिसु अणुरत्ता विसयासत्ता कसायसंजुत्ता।
अप्पसहावे सुत्ता ते साहू सम्मपरिचत्ता।।

(रयणसार, 93)

तथा-

जो सुत्तो ववहारे सो जोई जगए सकज्जम्मि।
जो जग्गदि ववहारे सो सुत्तो अप्पणे कज्जे।।

(मोक्खपाहुड, 31)

अण्णाणी विसयविरत्तादो होइ सयसहस्सगुणो।
णाणी कसायविरदो विसयासत्तो जिणुद्दिट्ठं।।

(रयणसार, 63)

एवं-

उग्गतवेणण्णाणी जं कम्मं खवदि भवहि बहुएहिं।
तं णाणी तिहिं गुत्तिहिं खवेइ अंतोमुहुत्तेण।।

(मोक्खपाहुड, 53)

सम्मत्त विणा रुई भत्ति विणा दाणं दया विणा धम्मो।
गुरुभत्ति विणा तवचरियं णिप्फलं जाण।।

(रयणसार, 73)

इसी प्रकार-

तच्चरुई सम्मत्तं तच्चग्गहणं च हवइ सण्णाणं।
चारित्तं परिहारो परूवियं जिणवरिंदेहिं।।

(मोक्खपाहुड, 38)

कम्मादविहावसहावगुणं जो भाविऊण भावेण।
णियसुद्धप्पा रुच्चइ तस्स य णियमेण होइ णिव्वाणं।।

(रयणसार, 113)

तथा–

अप्पा अप्पमि रओ रायादिसु सयलदोसपरिचत्तो।
संसारतरणहेऊ धम्मोत्ति जिणेहिं णिद्दिट्ठो।।

(भावपाहुड, 85)

9. यही भाव 'पद्मनन्दिपंचविंशतिका' में भी प्राप्त होता है। यथा–

तत्प्रति प्रीतिचित्तेन येन वार्तापि हि श्रुता।
निश्चितं स भवेद् भव्यो भाविनिर्वाणभाजनम्।। (23)

10. रयणसार में 'पत्तविसेस' का (उत्तम पात्र का) बहुत वर्णन किया गया है। अन्य पात्रों में अविरत, देशविरत, महाव्रत, तत्त्वविचारक और आगमरुचिक आदि कई प्रकार के पात्रों का निर्देश किया गया है। कहा है–

अविरददेसमहव्वय आगमरुइणं वियारतच्चण्हं।
पत्तंतरं सहस्सं णिद्दिट्ठं जिणवरिंदेहिं।।

(रयणसार, 106)

आचार्य कुन्दकुन्द ने 'द्वादशानुप्रेक्षा' में भी पात्रों के इन भेदों का उल्लेख किया है। उनके ही शब्दों में–

उत्तमपत्तं भणियं सम्मत्तगुणेण संजुदो साहू।
सम्मादिट्ठी-सावय मज्झिमपत्तो हु विण्णेयो।।
णिद्दिट्ठो जिणसमये अविरदसम्मो जहण्णपत्तोति।
सम्मत्तरयणरहिओ अपत्तमिदि संपरिक्खेज्जो।।

(द्वादशानुप्रेक्षा, 17, 18)

तथा–

'उत्तमपत्तु मुणिंदु जगि मज्झिमु सावउ सिद्ध।
अविरयसम्माइट्ठि जणु पभणिउ पत्तु कणिट्ठु।।'

(सावयधम्मदोहा, 79)

11. इसी तरह 'मूलाचार' और 'रयणसार' के भावों में कहीं-कहीं साम्य लक्षित होता है। उदाहरण के लिए-

पुव्वं जो पंचेंदिय तणुमणुवचिहत्थपायमुंडाउ।
पच्छा सिरमुंडाउ सिवगईपहणायगो होई।।

(रयणसार, 69)

पंच वि इंदियमुंडा वचमुंडा हत्थपायमणमुंडा।
तणु मुंडेण वि सहिया दसमुंडा वण्णिया समये।।

(मूलाचार, 3, 9)

12. भावों की दृष्टि से 'समयसार' और 'रयणसार' में निम्नलिखित साम्य परिलक्षित होता है। 'ज्ञान के बिना मोक्ष नहीं होता' यह भाव दोनों में समान रूप से वर्णित है।

देखिए-

णाणब्भासविहीणो सपरं तच्चं ण जाणए किं वि।
झाणं तस्स ण होइ दु जाव ण कम्मं खवेहु णहु मोक्खो।।

(रयणसार, 82)

तथा-

णाणगुणेण विहीणा एयं तु पयं बहू वि ण लहंते।
तं गिण्ह णियदभेदं जदि इच्छसि कम्मपरिमोक्खं।।

(समयसार, 205)

दोनों ही ग्रन्थों में ध्यान को अग्निरूप कहा गया है। द्रष्टव्य है- रयणसारगाथा 149-205 और आचार्य जयसेन की टीका से युक्त समयसार, गाथा 234। इसी प्रकार मुनि जब तक जिनलिंग धारण नहीं करता, तब तक वह मोक्ष-मार्ग का नायक नहीं होता। यह भाव रयणसार में गा. 150 और आचार्य जयसेन की टीका से युक्त समयसार में 245-251 में विर्णत हैं। इसी प्रकार, सम्यक्त्व के बिना कोरे व्रतादिक करना व्यर्थ है — यह भाव रयणसार गा. 111 में और जयसेनाचार्य की टीका युक्त समयसार की 292 गाथा में वर्णित है। यही नहीं, रयणसार में ज्ञानी कर्त्ता, कर्म-भाव से रहित, द्रव्य, गुण, और पर्यायों से स्व-पर समय को जानने वाला कहा गया है। 'समयसार' में भी कर्तृकर्माधिकार में आत्मा के कर्तृत्व और कर्मत्व का निषेध किया गया है। यथा-

दव्वगुणपज्जएहिं जाणइ परसमयससमयादिविभेयं।
अप्पाणं जाणइ सो सिवगइपहणायगो हाई।। (रयणसार, 127)

और-

णवि परिणमदि ण गिण्हदि उप्पज्जदि ण परदव्वपज्जाए।
णाणी जाणंतो वि हु पुग्गलकम्मं अणेयविहं।।

(समयसार, 76)

स्वसमय और परसमय का वर्णन भी दोनों ग्रन्थों में समान लक्षित होता है।

इसी प्रकार शुद्ध पारिणामिक परमभाव को एवं निर्मल आत्मा को दोनों ग्रन्थों में उपादेय कहा गया है। मुनिराज इसी प्रकार के निर्मल स्वभाव से युक्त होते हैं। ज्ञानी को दोनों ग्रन्थों में 'भावयुक्त' एवं 'आत्मस्वभाव में लीन' कहा गया है। द्रष्टव्य है- रयणसार, गाथा 93 और जयसेनाचार्य की टीकायुक्त, समयसार की गाथा 303। कहा भी है-

ण य रायदोसमोहं कुव्वदि णाणी कसायभावं वा।
सयमप्पणो ण सो तेण कारगो तेसिं भावाणं।।

(समयसार, 280)

'रयणसार' में कहा गया है कि जो विकथाओं से उन्मुक्त अध:कर्म ओर औद्देशिक (अध:कर्म आदि पुद्गल द्रव्य के दोषों को वास्तव में नहीं करता, क्योंकि वे परद्रव्य के परिणाम हैं) से रहित, धर्मोपदेश देने में कुशल और बारह भावनाओं से युक्त होता है, वह ज्ञानी मुनि है। उनके ही शब्दों में-

विकहाइविप्पमुक्को आहाकम्माइविरहिओ णाणी।
धम्मुद्देसणकुसलो अणुपेहाभावणाजुदो जोई।।

(रयणसार, 87)

तथा-

आधाकम्माईया पुग्गलदव्वस्स जे इमे दोसा।
कह ते कुव्वइ णाणी परदव्वगुणाउ जे णिच्चं।।

(समयसार, 286)

अन्त में, सम्यक् दर्शन-ज्ञान-चारित्ररूप रत्नत्रय के ये तीन भाव व्यवहार से कहे जाते हैं, निश्चय से नहीं। कहा है-

ववहारेणुवदिस्सदि णाणिस्स चरित्तदंसणं णाणं।
णवि णाणं ण चरित्तं ण दंसणं जाणगो सुद्धो।। (समयसार, गा. 7)

तथा-

रयणत्तयकरणत्तयगुत्तित्तयविसुद्धेहिं।
संजुतो जोई सो सिवगईपहणायगो होई।।

(रयणसार, 131)

इसी प्रकार, अन्य स्थलों पर भी कतिपय विशिष्ट एवं पारिभाषिक शब्दों के सटीक प्रयोग तथा वाक्य-विन्यास का सादृश्य देखा जा सकता है। विस्तार के भय से उन सब बातों का उल्लेख एवं विवेचन करना उचित न होगा।

मुनि श्री विद्यानन्द जी ने '**रयणसार -आ. कुन्दकुन्द की मौलिक कृति**' शीर्षक लेख में —जो 'वीरवाणी' में प्रकाशित हो चुका है- आचार्य समन्तभद्र के 'रत्नकरण्डश्रावकाचार' पर 'रयणसार' के प्रभाव को सप्रमाण दर्शाते हुए कहा है कि 'रयणसार' का 'रत्नकरण्ड' पर पूरा प्रभाव है। प्रतीत होता है कि आ. उमास्वामी, आ. सिद्धसेन, आ. पूज्यपाद, आ. अमितगति, दौलतराम प्रभृति आचार्य कुन्दकुन्द के 'रयणसार' से प्रभावित थे। समन्तभद्र स्वामी ने तो 'रत्नकरण्ड' यह नाम ही 'रयणसार' के सादृश्य में रचा है। प्राकृत के 'रयण' का संस्कृत 'रत्न' से और 'सार' व 'करण्ड' शब्दों में बहुत कुछ भाव-साम्य है।''

ग्रन्थ की अन्तरङ्ग परीक्षा से यह स्पष्ट हो जाता है कि 'रयणसार' की रचना 'प्रवचनसार' और 'नियमसार' के पश्चात् की गई थी। किन्तु इसके रचयिता कोई भट्टारक या मुनि नहीं थे, जैसा कि भ्रमवश समझा जाता है। क्योंकि अनुकरण करने वाला यदि आचार्य कुन्दकुन्द के नाम पर कोई रचना लिखता, तो उनकी किसी रचना को ध्यान में रखकर गाथाओं की संख्या, विषय-प्रवर्तन, संरचना आदि में ताल-मेल अवश्य बैठाता। परन्तु इस रचना में गाथाओं की संख्या सबसे कम है, विषय एक निश्चित क्रम से जनसामान्य के लिए वर्णित किया गया है। इसके अतिरिक्त, इसमें 'प्रवचनसार' और 'नियमसार' के कुछ विचारों की पूरक गाथाएँ भी मिलती हैं। उदाहरण के लिए-

जीवो ववगदमोहो उवलद्धो तच्चमप्पणो सम्मं।
जहदि जदि रागदोसे सो अप्पाणं लहदि सुद्धं।।

(प्रवचनसार, 82)

अर्थात् जो मोह को दूर कर सम्यक् आत्मतत्त्व को उपलब्ध कर लेता है, वह जीवात्मा यदि राग-द्वेष को छोड़ता है, तो शुद्ध आत्मा को प्राप्त करता है। इसके ही पूरक वचन हैं-

णियतच्चुवलद्धि विणा सम्मत्तुवलद्धि णत्थि णियमेण।
सम्मत्तुवलद्धि विणा णिव्वाणं णत्थि जिणुद्दिट्ठं।।

(रयणसार, 79)

अर्थात् आत्मज्ञान की प्राप्ति के बिना नियम से सम्यक्त्व प्राप्त नहीं होता। सम्यक्त्व को पाए बिना मोक्ष नहीं होता, ऐसा जिनदेव ने कहा है।

प्रथम गाथा में मोह को दूर किए बिना आत्मतत्त्व की उपलब्धि नहीं होती, कहा गया है और दूसरी

में आत्मज्ञान के बिना सम्यक् तत्त्व (आत्मतत्त्व) उपलब्ध नहीं होता, यह कथन परस्परसापेक्ष होने के कारण एक दूसरे के पूरक हैं। इसी प्रकार नियमसार का कथन है-

दव्वगुणपज्जयाणं चित्तं जो कुणइ सोवि अण्णवसो।
मोहांधयारववगयसमणा कहयंति एरिसयं।। (नियमसार, 145)

अर्थात् जो मोह-अन्धकार से रहित निर्मल आत्मा हैं, ऐसे श्रमणों का कथन है कि जो अपने चित्त से द्रव्य, गुण और उनकी पर्यायों में लीन हैं, वे अपने शुद्ध स्वभाव में नहीं हैं तथा परवश हैं।

इसके आगे के वचन हैं-

दव्वगुणपज्जएहिं जाणइ परसमयससमयादिविभेयं।
अप्पाणं जाणइ सो सिवगइपहणायगो होई।।

(रयणसार, 127)

अर्थात् जो जीवात्मा की अशुद्ध अवस्था के साथ ही अपने शुद्ध स्वभाव को भी द्रव्य, गुण, पर्याय के रूप में जानता है, वह शिव-पथ का नायक होता है यानी मोक्ष प्राप्त करता है। इसी को स्पष्ट एवं विशद करते हुए कहा गया है कि जो चारित्र, दर्शन और ज्ञान में अवस्थित है, वह 'स्वसमय' है। परमात्मा 'स्वसमय' है।

अशुभ भाव वाले जीव बहिरात्मा और शुभभावी जीव अन्तरात्मा हैं। ये दोनों ही 'परसमय' हैं। यही भाव 'समयसार' में इस प्रकार वर्णित है-

जीवो चरित्तदंसणणाणट्ठिउ तं हि ससमयं जाण।
पुग्गलकम्मपदेसट्ठियं च तं जाण परसमयं।।

(समयसार, 2)

अर्थात् जीव दो प्रकार के हैं- मुक्त और संसारी। जो दर्शन, ज्ञान और चारित्र में तन्मय होकर रहते हैं, वे मुक्त जीव हैं और जो पुद्गल-प्रदेशों में अवस्थित होकर रहता है, उसे संसारी जीव कहते हैं।

'रयणसार' में यह भी कहा गया है कि प्रथम तीन गुणस्थानों में रहने वाले जीव बहिरात्मा हैं। चौथे गुणस्थान के सम्यग्दृष्टि जीव जघन्य अन्तरात्मा हैं। पाँचवें गुणस्थान से लेकर ग्यारहवें गुणस्थान तक भावों की विशुद्धि की तारतम्यता के अनुसार जीव मध्यम अन्तरात्मा हैं। बारहवें गुणस्थानवर्ती जीव अन्तरात्मा हैं और तेरहवें-चौदहवें गुणस्थान वाले जीव परमात्मा हैं। 'मोक्षपाहुड' में 'तत्त्वरुचि को 'सम्यक्त्व' कहा गया है और 'रयणसार' में 'सम्यक्त्व' के बिना रुचि नहीं, ये दोनों पूरक कथन है।

इस विषय-विवेचन से अत्यन्त स्पष्ट है कि आचार्य कुन्दकुन्द के सिवाय अन्य कोई ऐसी सटीक रचना नहीं लिख सकता था। रचना सरल होने पर भी गूढ़ अर्थ से गुम्फित है। रचना-साम्य की दृष्टि से भी कुछ स्थल द्रष्टव्य हैं-

1. **कालमणंतं जीवो मिच्छत्तसरूवेण पंचसंसारे।** (रयणसार, 140)
   कालमणंतं जीवो जम्मजरा। (भावपाहुड, 34)

2. **पावारंभणिवित्ती पुण्णारंभे पउत्तिकरणं पि।** (रयणसार, 84)

असुहादो विणिवित्ती सुहे पवित्ती य जाण चारित्तं। (द्वादशानुप्रेक्षा, 42)

3. **जाव ण जाणइ अप्पा अप्पाणं दुक्खमप्पणो ताव।** (रयणसार, 78)

जाव ण वेदि विसेसंतरं तु आदासवाण दोह्णंपि। (समयसार, 69)

4. **दया विणा धम्मो।** (रयणसार, 73)

धम्मो दयाविसुद्धो (बोधपाहुड, 24)

5. **अज्जवसप्पिणिभरहे धम्मज्झाणं पमादरहियमिदि।** (रयणसार, 51)

भरहे दुस्समकाले धम्मज्झाणं हवेइ साहुस्स। (मोक्षपाहुड, 76)

भावसाम्य की दृष्टि से कुछ अन्य स्थल हैं-

जो सो होइ कुदिट्ठी ण होइ जिणमग्गलग्गरवो। (रयणसार, 3)

तथा-

सम्माइट्ठी सावयधम्मं जिणदेवदेसियं कुणदि।
विवरीयं कुव्वंतो मिच्छादिट्ठी मुणेयव्वो।। -मोक्षपाहुड, 94

इसी प्रकार-

णाणेण झाणसिज्झी झाणादो सव्वकम्मणिज्जरणं।
णिज्जरणफलं मोक्खं णाणब्भासं तदो कुज्जा।।

(रयणसार, 138)

और-

दंसणणाणसमग्गं झाणं णो अण्णदव्वसंजुत्तं।
जायदि णिज्जरहेदू सभावसहिदस्स साधुस्स।।

(पंचास्तिकाय, 152)

एवं-

णाणब्भासविहीणो सपरं तच्चं ण जाणए किंपि।
झाणं तस्स ण होइ दु ताव ण कम्मं खवेइ ण हु मोक्खं।। (रयणसार, 82)

तथा-

णाणप्पगमप्पाणं परं च दव्वत्तणाहिसंबद्धं।
जाणदि जदि णिच्छयदो जो सो मोहक्खयं कुणदि।।

(प्रवचनसार, 89)

इसी प्रकार-

विकहाइविप्पमुक्को आहाकम्माइविरहियो णाणी। (रयणसार, 87)

और-

आधाकम्मादीया पुग्गलदव्वस्स जे इमे दोसा।
कह ते कुव्वदि णाणी परदव्वगुणा हु जे णिच्चं।।

(समयसार, 286)

इसी प्रकार-

संजम-तव-झाणज्झयणविण्णाणं गिण्ह पडिग्गहणं।
वंचइ गिण्हइ भिक्खु णु सक्कदे वज्जिदुं दुक्खं।।

(रयणसार, 103)

तथा-

ण हि णिरवेक्खो चागो ण हवदि भिक्खुस्स आसयविसुद्धो।
अविसुद्धस्स य चित्ते कहं णु कम्मक्खओ विहिओ।।

(प्रवचनसार, 220)

एवं-

देहादिसु अणुरत्ता विसयासत्ता कसायसंजुत्ता।
अप्पसहावे सुत्ता ते साहू सम्मपरिचत्ता।।

(रयणसार, 93)

और-

इहलोगणिरवेक्खो अप्पडिबद्धो परम्मि लोयम्मि।
जुत्ताहारविहारो रहिदकसाओ हवे समणो।।

(प्रवचनसार, 3/26)

इसी प्रकार-

वयगुणसीलपरीसहजयं च चरियं तवं छडावसयं।
झाणज्झयणं सव्वं सम्मविणा जाण भवबीयं।।

(रयणसार, 111)

तथा-

किं काहदि वणवासो कायकलेसो विचित्तउववासो।
अज्झयणमोणपहुदी समदारहियस्स समणस्स।।

(नियमसार, 124)

एवं-

उवसमणिरीहझाणज्झयणाइ महागुणा जहा दिट्ठा।
जेसिं ते मुणिणाहा उत्तमपत्ता तहा भणिया।।

(रयणसार, 107)

और-

झाणणिलीणो साहू परिचागं कुणइ सव्वदोसाणं।

तम्हा दु झाणमेव हि सव्वदिचारस्स पडिकमणं।।

(नियमसार, 93)

'मोक्षपाहुड' में कहा गया है कि सम्यग्दृष्टि श्रावकधर्म का पालन करता है। यदि वह उससे विपरीत करता है, तो मिथ्यादृष्टि है। कहा है-

सम्माइट्ठी सावयधम्मं जिणदेवदेसियं कुणदि।
विवरीयं कुव्वंतो मिच्छादिट्ठी मुणेयव्वो।।

(मोक्षपाहुड, 94)

'रयणसार' में श्रावकधर्म में दान, पूजा को मुख्य बताया गया है और मुनिधर्म में ध्यान और अध्ययन को। आचार्य कुन्दकुन्द के ही शब्दों में-

दाणं पूया मुक्खं सावयधम्मे ण सावया तेण विणा।
झाणाज्झयणं मुक्खं जइधम्मे तं विणा तहा सो वि।।

(रयणसार, 10)

उसमें यह भी कहा गया है कि दान, पूजा, ब्रह्मचर्य, उपवास तथा अनेक प्रकार के व्रत सम्यग्दर्शन के साथ पालन करने पर मोक्ष को देने वाले हैं और सम्यग्दर्शन के बिना दीर्घ संसार के कारण हैं (रयणसार, गाथा 10)। ये पुण्य के कारण अवश्य हैं। ''भावपाहुड' में भी कहा गया है कि व्रत सहित पूजा, दान आदिक जिनशासन में पुण्य के कारण कहे गए हैं। निश्चय धर्म तो आत्मा में है और वह मोह, राग-द्वेष से रहित समता परिणामों में प्रकट होता है। आचार्य के शब्दों में-

पूयादिसु वयसहियं पुण्णं हि जिणेहिं सासणे भणियं।
मोहक्खोहविहीणो परिणामो अप्पणो धम्मो।। (भावपाहुड, 83)

यहाँ धर्म को ही चारित्र कहा गया है। आचार्य कुन्दकुन्द की यह चिन्तना उनकी सभी रचनाओं में समान रूप से व्याप्त मिलती है। यथा-

चारित्तं खलु धम्मो जो सो समो त्ति णिद्दिट्ठो।
मोहक्खोहविहीणो परिणामो अप्पणो हु समो।।

(प्रवचनसार, 7)

जैन विद्वानों के अनुसार जिन बातों के कारण 'रयणसार' ग्रन्थ पूर्णरूप से आचार्य कुन्दकुन्द की रचना या प्रकृति से मेल नहीं खाता, उनमें एक गण-गच्छादि का उल्लेख भी है। किन्तु जैन साहित्य का इतिहास इस बात का प्रमाण है कि आचार्य मूलसंघ के नायक थे और देशीगण से उनके अन्वय का घनिष्ठ सम्बन्ध था। मर्करा के ताम्रपत्र में देशीगण के साथ कुन्दकुन्दान्वय का भी उल्लेख है, जो आचार्य कुन्दकुन्द के अन्वय का ही उल्लेख है (द्रष्टव्य है : जैन साहित्य और इतिहास पर विशद प्रकाश, पृ. 604)। निश्चित रूप से आचार्य कुन्दकुन्द के समय में संघ, गण, गच्छ और कुल आदि प्रचलित थे। आचार्य उमास्वामी ने उल्लेख किया है-

आचार्योपाध्यायतपस्विशैक्ष्यग्लानगणकुलसंघसाधुमनोज्ञानाम्। (तत्त्वार्थसूत्र अ. 9, सू. 24)

इसी प्रकार से शिलालेखों में तथा ग्रन्थ-प्रशस्तियों में उल्लेख मिलते हैं। कहा भी है-

सिरिमूलसंघ-देसियगण-पुत्थयगच्छ-कोंडकुंदाणं।
परमण्ण-इंगलेसर-बलिम्मि-जादस्स मुणिपहाणस्स।।

(भावत्रिभंगी, 118, परमागमसार, 226)

आचार्य शिवार्य का कथन है-

तो आयरियउवज्झायसिस्ससाधम्मिगे कुलगणे य। (भगवती आराधना, 5, 710)

आचार्य कुन्दकुन्द के समय में श्रमणों का एक अलग ही गण बन चुका था। उनके ही वचन हैं-

समणं गणिं गुणड्ढं कुलरूववयोविसिट्ठमिट्ठदरं।
समणेहि तं पि पणदो पडिच्छ मं चेदि अणुगहिदो।।

(प्र.सा., 203)

तथा-

''रत्नत्रयोपेतः श्रमणगणः संघः''। (सर्वार्थसिद्धि 6, 13)

यथार्थ में आचार्य कुन्दकुन्द के समय में ही गण-गच्छ उत्पन्न हो रहे थे। इसलिये उनका कथन है कि मुनियों को गण-गच्छ आदि के विकल्पों में नहीं पड़ना चाहिये (गा. 144)। क्योंकि मुनियों का गण-गच्छ तो 'रत्नत्रय' है। उन्हें अपनी निर्मल आत्मा में लीन रहना चाहिए। वही उनके लिये गण-गच्छ, संघ और समय है। उनके ही शब्दों में-

रयणत्तमेव गणं गच्छं गमणस्स मोक्खमग्गस्स।
संघो गुणसंघाओ समयो खलु णिम्मलो अप्पा।।

(रयणसार, 153)

आचार्य कुन्दकुन्द के समय में शिथिलाचार बढ़ रहा था। यहाँ तक कि तीन सौ तिरेसठ मतों का प्रचलन था। अतः विधि-निषेध करना आवश्यक हो गया था। ''भावपाहुड' में कहा गया है-

पासंडी तिण्णिसया तिसट्ठिभेया उमगग मुत्तूण।
रुंभहि मणु जिणमग्गे असप्पलावेण किं बहुणा।।

(भाव. पा. 142)

''लिंगपाहुड'' में मुनिचर्या के सम्बन्ध में अनेक ज्ञातव्य तथ्यों का उल्लेख किया गया है, जो उस युग की धार्मिक परिस्थितियों पर प्रकाश डालने वाले हैं। ''रयणसार'' और ''भावपाहुड'' दोनों रचनाओं में ''भाव'' का महत्त्व प्रतिपादित किया गया है। भाव एक पारिभाषिक शब्द है, जो निश्चयसम्यक्त्व का व शुद्ध आत्मा की अनुभूति रूप श्रद्धान एवं समभाव का वाचक है। कहा है-

भावसहिदो य मुणिणो पावइ आराहणाचउक्कं च।
भावरहिदो य मुणिवर भमइ चिरं दीहसंसारे।।

(भाव. पा., 99)

मुनि के लिए भावसंयम नितान्त अनिवार्य बताया गया है। भावश्रमण मुनि निश्चय ही सुख प्राप्त करते हैं। जो भावसंयमी होते हैं, वे कषायों के अधीन नहीं रहते। श्रमण समभावी होते हैं -'सम मणइ तेण सो समणो।' कहा भी है-

उपसमतवभावजुदो णाणी सो भावसंजुदो होई।
णाणी कसायवसगो असंजदो होइ सो ताव।।

(रयणसार, 60)

इसी प्रकार ''सम्मं'' शब्द का प्रयोग भी 'रयणसार' और 'अष्टपाहुड' में समान रूप से अपने यथार्थ अर्थ में मिलता है। यथा-

दंसणणाणावरणं मोहणियं अंतराइयं कम्मं।
णिट्ठवइ भवियजीवो सम्मं जिणभावणाजुत्तो।।

(भावपाहुड, 149)

तथा-

सुदणाणब्भासं जो ण कुणइ सम्मं ण होइ तवयरणं।
कुव्वंतो मूढमई संसारसुहाणुरत्तो सो।।

(रयणसार, 85)

इसी प्रकार सम्मत्तगुण, सम्माइट्ठी, सावय आदि का वर्णन अष्टपाहुड की भाँति किया गया है। कहीं-कहीं समान भाव हैं और कहीं-कहीं पूरक वचन हैं। अतएव ग्रन्थ की अन्तरङ्ग परीक्षा से निश्चित होता है कि यह (रयणसार) आचार्य कुन्दकुन्द की ही रचना है।

''मोक्षपाहुड'' में भी रत्नत्रय का वर्णन किया गया है-

जो रयणत्तयजुत्तो कुणइ तवं संजदो ससत्तीए।
सो पावइ परमपयं झायंतो अप्पयं सुद्धं।। (मोक्षपा., 43)

अष्टपाहुड में भी व्यवहार और परमार्थ (निश्चय) दोनों दृष्टियों से वर्णन किया गया है। अतएव कहा है-

तच्चरुई सम्मत्तं तच्चग्गहणं च हवइ ससण्णाणं।
चारित्तं परिहारो य जंपियं जिणवरिंदेहिं।।

(मोक्षपा., 38)

मोक्षपाहुड और रयणसार दोनों ही रचनाओं में सम्यग्दर्शन को प्रधान तथा वीतराग मुनिधर्म को श्रेष्ठ कहा गया है। सम्यग्दर्शन के उपदेश का सार यही है कि यह श्रावक और मुनियों, दोनों के लिए समान रूप से हितकारी है। ज्ञानी स्वसंवेद्य-परिणति में लीन होकर बहिर्मुखी प्रवृत्तियों से हट जाता है और वीतराग मुनिधर्म (वीतराग चारित्र) को मानने लगता है। आचार्य कुन्दकुन्द के ही शब्दों में-

णियसुद्धप्पणुरत्तो बहिरप्पावत्थवज्जिओ णाणी।
जिणमुणिधम्मं मण्णइ गयदुक्खो होइ सद्दिट्ठी।।

(रयणसार, 6)

सम्यग्दर्शन की व्याख्या इन रचनाओं में कई प्रकार से की गई है। उदाहरण के लिए सार रूप वचन इस प्रकार हैं-

1. तत्त्व में रुचि होना अथवा सात तत्त्वों का श्रद्धान करना 'सम्यग्दर्शन' है।

2. 'सम्यग्दर्शन' धर्म का मूल है।

3. जीवादि सात तत्त्वों का श्रद्धान करना 'व्यवहार सम्यक्त्व' है और अपनी आत्मा का श्रद्धान करना 'निश्चय सम्यक्त्व' है।

4. आत्मा का दर्शन करना 'सम्यग्दर्शन' है।

5. जिनदेव का श्रद्धान करना और सम्यक्त्व के आठों अंगों का पालन करना 'सम्यग्दर्शन' है।

6. सर्वज्ञ की वाणी पर श्रद्धा रखना और उनके वचनों को ज्यों का त्यों कहना 'सम्यग्दर्शन' है।

यथार्थ में सम्यक्त्व श्रद्धान का विषय है। बिना जीवादि सात तत्त्वों की प्रतीति के, 'सम्यग्दर्शन' नहीं हो सकता है। यही भाव अनेक प्रकार से प्रसंगतः वर्णित किया गया है। इस प्रकार यदि 'अष्टपाहुड' आचार्य कुन्दकुन्द की रचना है, तो 'रयणसार' भी उनकी ही रचना है। भाषा और विषय की दृष्टि से इन रचनाओं में बहुत कुछ साम्य लक्षित होता है। अतएव रचना की अन्तरङ्ग परीक्षा से भी स्पष्ट है कि यह एक प्रामाणिक रचना है।

आगम-परम्परा के संवाहक : आचार्य कुन्दकुन्द

जहाँ तक जिन-सिद्धान्त और अनेकान्त-दर्शन का सम्बन्ध है, आचार्य कुन्दकुन्द ने अपनी ओर से कुछ भी नहीं कहा। उन्होंने वही कहा जो आगम-परम्परा से प्रचलित था। श्रुत-केवली के वचनों के अनुसार ही आचार्य कुन्दकुन्द ने समयसार, नियमसार और रयणसार आदि की रचना की। उनके ही वचन प्रमाण हैं-

वोच्छामि समयपाहुडमिणमो सुदकेवलीभणिदं। (समयसार, 1)

वोच्छामि णियमसारं केवलिसुदकेवलीभणिदं। (नियमसार, 1)

पुव्वं जिणेहिं भणियं जहट्ठियं गणहरेहिं वित्थरियं।
पुव्वाइरियकमेण जो बोल्लइ सो हु सद्दिट्ठी।। (रयणसार, 2)

निर्मल आत्मा के शुद्ध स्वरूप के साक्ष्य का स्वसंवेदनज्ञान के रूप में वर्णन करते हुए आचार्य ने स्पष्ट कहा कि शुद्धात्मा का वर्णन मैं बतला सकूं तो उसे स्वीकार कर लेना ओर यदि उसमें कहीं चूक जाऊँ, तो छल ग्रहण नहीं करना। उनके ही शब्दों में-

तं एयत्तविभत्तं दाएहं अप्पणो सविहवेण।
जदि दाएज्ज पमाणं चुक्किज्ज छलं ण घेत्तव्वं।।

(समयसार, 5)

जिन्होंने शुद्ध चैतन्य स्वभाव में वर्तन किया है और जो प्रमत्त तथा अप्रमत्त दोनों अवस्थाओं से ऊपर उठकर परमहंस दशा को भी पार कर चुके हैं, ऐसे परमात्मा ने जो कहा है, वही कहा जाता है। शुद्ध आत्मा की अनुभूति का वर्णन वास्तव में शब्दों में नहीं किया जा सकता। परमानन्द या परमात्मा के आनन्द की दशा ऐसी है कि जो जानता है, वह कह नहीं सकता और जो कहता है, वह वास्तव में जानता नहीं है। फिर, आचार्य कुन्दकुन्द उसका वर्णन कैसे करते? परमार्थ रूप से अखण्ड आत्मा का वर्णन हो नहीं सकता, इसलिये व्यवहार का सहारा लेकर उसका वर्णन किया गया है। आचार्य कुन्दकुन्द कहते हैं कि जिस प्रकार किसी अनाड़ी मनुष्य को उसी भाषा में बिना बोले उसे समझाया नहीं जा सकता, उसी प्रकार परमार्थ का उपदेश भी बिना व्यवहार के नहीं हो सकता। 'समयसार' की भूमिका में ये ही विचार निबद्ध हैं। निर्मल आत्मा समयसार की प्राप्ति के लिये सभी आगम ग्रन्थों में एक ही उपाय बताया है और वह है-निर्ग्रन्थ होकर शुद्धोपयोग में लीन रहना। आचार्य कुन्दकुन्द के शब्द हैं-

णिग्गंथमोहमुक्का बावीसपरीसहा जियकसाया।
पावारंभविमुक्का ते गहिया मोक्खमग्गम्मि।। (मोक्षपाहुड, 80)

यही भाव रयणसार में भी इन शब्दों में व्यक्त किया गया है-

बहिरब्भंतरगंथविमुक्को सुद्धोवजोयसंजुत्तो।
मूलुत्तरगुणपुण्णो सिवगइपहणायगो होई ।।

(रयणसार, 132)

दार्शनिक चिन्तन :

आचार्य कुन्दकुन्द के दार्शनिक चिन्तन में स्पष्ट रूप से अनेकान्त का पुट परिलक्षित होता है। अनेकान्त जैनागम की मूल दृष्टि है, जो जिनमत में प्रवेश करना चाहता है, उसे व्यवहार और निश्चय नय (दृष्टि) को नहीं छोड़ना चाहिए, क्योंकि व्यवहार के बिना तीर्थ (लौकिक-रीति) का क्षय हो जाएगा और परमार्थ (निश्चय) के बिना तत्त्व (वस्तु-स्वरूप) नष्ट हो जाएगा। कहा है-

जइ जिणमयं पवज्जह तो मा ववहारणिच्छए मुयह।
एगेण विणा छिज्जइ तित्थं अण्णेण पुण तच्चं।।

(जयधवल : अनगारधर्मामृत टीका)

व्यवहार और निश्चय में परस्पर कोई विरोध नहीं है। जिस प्रकार स्वर्णपाषाण (जिस पत्थर में से सोना निकलता हो) व्यवहार से स्वर्ण का साधन है, उसी प्रकार से व्यवहार नय निश्चय या परमार्थ को समझने का साधन है। जहाँ आचार्य कुन्दकुन्द व्यवहार और निश्चयनय को एक-दूसरे का पूरक तथा आध्यात्मिक दृष्टि प्राप्त करने के लिए आवश्यक मानते हैं, वहीं नय के विकल्पों को शुद्ध जीव का स्वरूप नहीं मानते। उनका कथन है कि शुद्ध आत्मा व्यवहार और निश्चय, इन दोनों से दूर है। जीवात्मा में कर्म चिपके हुए हैं, यह व्यवहारिक पक्ष है और आत्मा कर्मों से बंधी हुई नहीं है, यह परमार्थ पक्ष है। परन्तु निर्मल आत्मा इन दोनों पक्षों से परे है। इसी को स्पष्ट करते हुए आचार्य अमृतचन्द्र सूरि ने कहा है कि जो व्यवहार और निश्चय को भलीभांति जानकर मध्यस्थ होता है, वही परमतत्त्व को प्राप्त करता है। वस्तुतः यह आचार्य कुन्दकुन्द की अनेकान्त-दृष्टि है। इस दार्शनिक चिन्तना के अनुसार किसी एक द्रव्य का सात प्रकार (सप्तभंग) से कथन किया जाता है। श्वेताम्बर और दिगम्बर दोनों ही आगम-परम्परा में 'सिया अत्थि, सिया णत्थि' आदि शब्दों के द्वारा द्रव्य के वास्तविक स्वरूप का निर्वचन किया जाता है। आचार्य कुन्दकुन्द के शब्दों में-

सिय अत्थि णत्थि उहयं अव्वत्तव्वं पुणो य तत्तिदयं।
दव्वं खु, सत्तभंगं आदेसवसेण संभवदि।।

(पंचास्तिकाय, 14)

जिस प्रकार उपनिषदों में परमतत्त्व को 'नेति नेति' कहकर मन, बुद्धि, इन्द्रिय और वाणी के अगोचर बताया गया है, उसी प्रकार से स्याद्वाद की भाषा में प्रत्येक द्रव्य अपने मूल रूप में 'अवक्तव्य' है। वाणी के द्वारा हम उसे ठीक-ठीक प्रकट नहीं कर सकते।

तात्त्विक विवेचन में मौलिकता :

"आचार्य कुन्दकुन्द के प्राकृत-वाङ्मय की भारतीय संस्कृति को देन" शीर्षक निबन्ध में डॉ. दरबारीलाल कोठिया ने लिखा है कि आचार्य कुन्दकुन्द के प्राकृत-वाङ्मय का बहुभाग तात्त्विक निरूपणपरक ही है, जो मौलिक है। समयसार और नियमसार में जो शुद्धात्मा का विशद विवेचन उपलब्ध है, वह अन्यत्र है। मोक्षपाहुड (गा. 4-7) में आत्मा के बहिरात्मा, अन्तरात्मा और परमात्मा —इन तीन भेदों तथा उनके स्वरूप का प्रतिपादन भी अद्वितीय है। नियमसार (गा. 159) में व्यवहार नय से आत्मा को सर्वज्ञ और

निश्चयनय से आत्मज्ञ निरूपित करना कुन्दकुन्द का अपना एक नया विचार है। इसी ग्रन्थ (गा. 160) में ज्ञान और दर्शन के यौगपद्य का सर्वप्रथम समर्थन मिलता है। पुद्गल के दो तथा छह भेदों का निरूपण (गा. 20-24), परमाणु का स्वरूप-कथन (नियमसार, 26), कर्मभूमिज और भोगभूमिज ये मनुष्यों के दो भेद (नियम-16) इसी में उपलब्ध हैं। अध्यात्म-विवेचन में आचार्य कुन्दकुन्द ने जो निश्चय और व्यवहार नयों का अवलम्बन लिया है, वह भी उनके प्राकृत-वाङ्मय की अपूर्व विचारणा है। इन नयों की प्ररूपणा हमें इससे पहले के साहित्य में नहीं मिलती। कुन्दकुन्द की यह दृष्टि उत्तरकालीन ग्रन्थकारों के द्वारा आदृत एवं पुष्ट हुई है और इसी कारण उन्हें सर्वाधिक सम्मान मिला और मूलसंघ के नायक घोषित किये गये। मेरा अपना विचार है कि आचार्य कुन्दकुन्द ने जिन-शासन के मार्गदर्शक के रूप में व्यवहार और परमार्थ के अतिरिक्त गृहस्थ और संन्यास-जीवन का जो स्पष्ट तथा विशद विवेचन किया और यह बताया कि श्रावकधर्म के बिना मुनिधर्म का पालन नहीं हो सकता, इस व्याख्या के कारण उन्हें मूलसंघ का नायक बनाया गया। क्योंकि उनके समय में लोग यह समझने लगे थे कि जैन धर्म नितान्त निवृत्तिमार्गी है। श्री दलसुख मालवणिया ने "आचारांग का श्रमण मार्ग" परिभाषित करते हुए लिखा है- "ब्राह्मण से श्रमण का मुख्य व्यावर्तक लक्षण है- गृहस्थी का त्याग कर त्यागी बन जाना। श्रमणों के मार्ग में गृहस्थ-धर्म का त्याग करना अत्यन्त आवश्यक समझा गया है। संभवतः श्रमणमार्ग में उसके प्राचीन रूप में गृहस्थ वर्ग का कोई स्थान नहीं था।" परन्तु आचार्य कुन्दकुन्द के प्रतिपादन से यह मेल नहीं खाता है। इसलिए उन्होंने श्रावक और मुनिधर्म दोनों का एक साथ व्यवहार और परमार्थ दोनों रूपों में वर्णन किया है। यद्यपि सम्पूर्ण जैन वाङ्मय में मोक्षमार्ग के लिए मुनि बनने की आवश्यकता का कथन किया गया है और बताया है कि मोक्ष की प्राप्ति मुनिधर्म के सम्यक् पालन से ही सम्भव है, परन्तु श्रावकधर्म की उपेक्षा नहीं की गई है, बल्कि यह कहा गया है-

वदसमिदिगुत्तीओ सीलतवं जिणवरेहिं पण्णत्तं।
कुव्वंतोवि अभव्वो अण्णाणी मिच्छादिट्ठी दु।। (समयसार, 272)

जिनवाणी कहती है कि घर-द्वार छोड़ देने मात्र से कोई ज्ञानी नहीं बन जाता। व्रत, समिति, मन-वाणी व शरीर का संयम, ब्रह्मचर्य व तप का आचरण करता हुआ भी अभव्य जीव अज्ञानी तथा मूढ बना रहता है। इसी प्रकार सम्यक्त्व की विशुद्धि के बिना समस्त तत्त्वों को जान लेने से भी क्या? अनेक तप आदि क्रियाएँ भी शुद्ध सम्यग्दर्शन के बिना संसार की जनक हैं। कहा है-

किं जाणिऊण सयलं तच्चं किच्चा तवं च किं बहुलं।
सम्मविसोहिविहीणं णाणतवं जाण भवबीयं।।

(रयणसार, 110)

इसी प्रकार से वनवास करना, काया को कष्ट देकर उपवास करना, अध्ययन, मौन आदि समतारहित श्रमण के कार्य निष्फल हैं। आचार्य कुन्दकुन्द के शब्दों में-

किं काहदि वणवासो कायकलेसो विचित्तउववासो।
अज्झयणमोणपहुदी समदारहियस्स समणस्स।।

(नियमसार, 124)

श्री योगीन्द्रदेव भी यही कहते हैं। यथा-

गिरिगहनगुहाद्यारण्यशून्यप्रदेशस्थितिकरणनिरोधध्यानतीर्थोपसेवा।
प्रपठनजपहोमैर्ब्रह्मणो नास्ति सिद्धिः, मृगय तदपरं त्वं भोः प्रकारं गुरुभ्यः।।

दंसणरहिय जि तउ करहिं ताहं णिप्फल विणिट्ठ।

(सावयधम्मदोहा, 55)

जिसके चित्त में ज्ञान का स्फुरण नहीं हुआ, ऐसा मुनि सम्पूर्ण शास्त्रों को जानता हुआ भी कर्मों का साधन करता हुआ सुख प्राप्त नहीं करता। मुनि रामसिंह के शब्दों में-

जसु मणि णाणु ण विप्फुरइ कम्महं हेउ करंतु।
सो मुणि पावइ सुक्खु ण वि सयलइं सत्थ मुणंतु।।

(पाहुडदोहा, 24)

श्रावकधर्म के सम्बन्ध में जैन आचार्यों की दृष्टि व्यापक एवं उदार रही है। जो इस धर्म का आचरण करता है और मद्य-मांसादि का सेवन नहीं करता, वह ब्राह्मण, शूद्र, चाहे जो हो, वही श्रावक है। कहा भी है-

एहु धम्मु जो आयरइ बंभणु सुहु वि कोइ।
सो सावउ किं सावयहं अण्णु कि सिरि मणि होइ।।

मज्जु मंसु महु परिहरइ संपइ सावउ सोइ।

(सावयधम्मदोहा, 76-77)

आचार्य कुन्दकुन्द ने यह भी बताया कि जैन लोग निरपेक्ष रूप से गृहस्थ और मुनिधर्म में स्थित हो करुणा भाव से दूसरों का उपकार करते हैं। उनके ही शब्दों में-

जेण्णाणं णिरवेक्खं सागारणगारचरियजुत्ताणं।
अणुकम्पयोवयारं कुव्वदु लेवो जदि वि अप्पो।।

(प्रवचनसार, 251)

द्रव्य का विवेचन :

द्रव्य का लक्षण सत् है। सत् या भाव का कभी विनाश नहीं होता। अभाव या असत् कभी उत्पन्न नहीं होता। भावों के केवल गुण और पर्यायों में रूपान्तरण होता रहता है। हमें पदार्थ में जो भी परिवर्तन लक्षित होता है, वह उसका परिवर्तनशील बाह्य रूप है। उसके आन्तरिक मूल रूप में कभी भी परिवर्तन नहीं होता। कहा है-

भावस्स णत्थि णासो णत्थि अभावस्स चेव उप्पादो।
गुणपज्जयेसु भावा उप्पादवए पकुव्वंति।।

(पंचास्तिकाय, 15)

आचार्य कुन्दकुन्द ने यहाँ पर बताया है कि भाव (सत्) का विनाश और अभाव (असत्) की उत्पत्ति नहीं होती। यही भाव हमें गीता में भी मिलता है। यथा-

नासतो विद्यतो भावो नाभावो विद्यते सतः।
उभयोरपि दृष्टान्तोऽन्तस्त्वनयोस्तत्त्वदर्शिभिः।।

(श्रीमद्भगवद्गीता, 2/16)

इस प्रकार द्रव्य (आत्मा) की दृष्टि से सत् का विनाश और असत् की उत्पत्ति नहीं होती। फिर, व्यवहार में जो यह कहा जाता है कि देव आकर जन्म लेता है, मनुष्य मर रहा है, यह बस जीवों के गतिनामकर्म के समय-सूचना की दृष्टि से कहा जाता है कि यह मनुष्य (जीव) इतने समय तक इस गति में, शरीर में निवास करता रहा, अब उसे छोड़कर जा रहा है। कहा है-

एवं सदो विणासो असदो जीवस्स णत्थि उप्पादो।
तावदिओ जीवाणं देवो मणुसो त्ति गदिणामो।।

(पंचास्तिकाय, 19)

द्रव्य का अर्थ है- जिसमें गुण और पर्यायें व्याप्त रहती हैं। द्रव्य न तो पर्यायों से वियुक्त है और न गुणों से। इसलिये गुण और पर्यायों के परिवर्तन से अथवा उत्पत्ति और विनाश से द्रव्य की उत्पत्ति या विनाश माना जाता है। यथार्थ में द्रव्य के मूल रूप में कोई उत्पत्ति या विनाश नहीं होता। परमार्थ से द्रव्य शाश्वत एवं नित्य है और व्यवहार से परिवर्तनशील है। दूसरे शब्दों में, द्रव्य में रूपान्तरण या विकार नहीं होता, पर उसके गुणों और पर्यायों में अर्थान्तरण या परिवर्तन होता रहता है। द्रव्य का यह विवेचन नय-प्रमाण एवं अनेकान्त पर आधारित है। इसीलिए समयसार में कहा गया है-

दोण्ह वि णयाण भणियं जाणइ णवरिं तु समयपडिबद्धो।
ण दु णयपक्खं गिण्हदि किंचिवि णयपक्खपरिहीणो।।

(समयसार, 143)

निर्मल आत्मा की अनुभूति करने वाला दोनों नयों के कथन को जानता अवश्य है, पर किसी एक नय के पक्ष को स्वीकार नहीं करता। वह दोनों को सापेक्ष रूप से मानता है और पक्षपात से दूर रहता है। आचार्य सिद्धसेन ने भी यही कहा है कि जो अपने पक्ष का आग्रह करते हैं, वे सभी नय-दुर्नय या मिथ्या-दृष्टि हैं। नय सापेक्ष हैं और अन्योन्याश्रित हैं। कहा भी है-

तम्हा सव्वे वि णया मिच्छादिट्ठी सपक्खपडिबद्धा।
अण्णोण्णणिस्सिया उण हवंति सम्मत्तसब्भावा।।

(सन्मतितर्क, 1/21)

शब्द : पुद्गल :

शब्द पुद्गल की पर्याय है। पुद्गल रूपान्तरित होता रहता है। रूपान्तरण (Modification) की क्रिया के कारण पुद्गल रूपवान कहा जाता है। यहां रूप का अर्थ पदार्थ और ऊर्जा (Matter and Energy)

है। शब्द एक पुद्गल-स्कन्ध के साथ दूसरे स्कन्ध के टकराने से ध्वनि रूप में उत्पन्न होता है, जो श्रवणेन्द्रिय के द्वारा ग्रहण किया जाता है। स्कन्ध स्वयं अशब्द है। आचार्य कुन्दकुन्द की वाणी है-

सद्दो खंधप्पभवो खंधो परमाणुसंगसंघादो।
पुट्ठेसु तेसु जायदि सद्दो उप्पादिगो णियदो।।

(पंचास्तिकाय, 79)

विज्ञान के अनुसार भी पदार्थ के प्रकम्पन से शब्द उत्पन्न होता है, परन्तु पदार्थ स्वयं अशब्द है। अणु-परमाणु से कभी शब्द उत्पन्न नहीं होता है। परमाणु (Atom) तो प्रत्येक क्षण स्कन्धों (Molecular) में प्रकम्पित होते रहते हैं। इस प्रकार स्कन्धों के संघर्षण से शब्द उत्पन्न होता है। लगभग दो हजार वर्षों के पूर्व आचार्य कुन्दकुन्द ने जो यह दार्शनिक एवं तात्त्विक विचार आगमानुकूल विवेचित किया था, वह आज भी विज्ञान की कसौटी पर खरा उतरता है। इसी प्रकार शब्द ध्वन्यात्मक तो होते हैं, पर सभी शब्द भाषात्मक नहीं होते। इन पुद्गलों के स्कन्धों की यह विशेषता है कि वे ध्वनियों को रोककर अपने में समाहित कर रखते हैं, भेजते हैं और धर्मद्रव्य की सहायता से गतिशील बनाते हैं।

इसका विस्तृत विवेचन जैन आगम ग्रन्थों में वर्णित है, जिसमें यह कहा गया है कि पुद्गल में अनन्त शक्ति है। उसमें संकोच और विस्तार भी होता है। उसे खण्ड-खण्ड कर जोड़ा भी जा सकता है और जो भी सम्भव प्रक्रियाएँ हैं, उन सब के द्वारा उसका रूपान्तरण किया जा सकता है। आचार्य कुन्दकुन्द ने स्पष्ट रूप से इन्द्रियों के द्वारा उपभोग्य विषय, इन्द्रियाँ, शरीर, मन, कर्म और अन्य जो कुछ मूर्त है, सभी को पुद्गल बताया है (पञ्चास्तिकाय, 82)। पुद्गल के उन्होंने चार भेदों का विवेचन किया है-स्कन्ध, स्कन्धदेश, स्कन्धप्रदेश और परमाणु (पंचा. 75)। स्कन्ध के भी छह भेद कहे गये हैं- पृथ्वी, जल, छाया, नेत्र के अतिरिक्त इन्द्रियों के विषयों को ग्रहण करने वाले, कर्मयोग्य और कर्म-अयोग्य स्कन्ध (नियमसार, 20)।

इन सब का वर्णन भौतिक विज्ञान के फलित निष्कर्षों के रूप में किया गया है और बताया गया है कि आत्मा अनादिकाल से राग-द्वेष आदि कर्म-रज से उत्थित पुद्गल कर्म-वर्गणाओं से संश्लिष्ट होकर जन्म-मरण के अनेक दुःखों को भोग रहा है। आत्मा से कर्म-रज की चिपकन को ही बन्ध की संज्ञा दी गई है। बन्ध संसार का कारण है और बन्ध की मुक्ति अखण्ड आनन्द की साधिका है। यह जीवात्मा जब राग-द्वेष के संयोग से शुभ-अशुभ भावों में परिणमन करता है, तब कर्म-रज नाना नाम-रूपों में आत्मा में प्रवेश करती है। कहा भी है-

परिणमदि जदा अप्पा सुहम्मि असुहम्मि रागदोसजुदो।
तं पविसदि कम्मरयं णाणावरणादिभावेहिं।।

(प्र.सा., 187)

उक्त वैज्ञानिक मान्यता का प्रतिपादन कर चुकने पर 'रयणसार' में कर्मों की बीमारी को दूर करने का उपाय बताते हुए आचार्य कहते हैं कि सबसे पहले मिथ्यात्व रूपी मल की शुद्धि करने हेतु सम्यक्त्व रूपी औषध का सेवन करो। एक सुविज्ञ वैद्य जब तक पुराने रोगी का मल-शोधन नहीं करता, तब तक उसे

दवा लाभ नहीं पहुँचाती। यहाँ पर भी आचार्य कुन्दकुन्द एक पूर्ण आध्यात्मिक वैज्ञानिक की भाँति कहते हैं कि जब तक पहले की गन्दगी, कर्मों का कचरा साफ नहीं करते, तब तक आत्मा में शुद्धि नहीं आ सकती। आत्मा की शुद्धि के बिना गन्दे पात्र में आप अमृत कैसे धारण कर सकते हैं? आत्मा की शुद्धि होने पर ही धर्म (परमार्थ रूप से वास्तविक) धारण किया जा सकता है। धर्म आत्मा के शुद्ध समभाव का नाम है और वही निश्चय से चारित्र है। उनके ही शब्दों में-

पुव्वं सेवइ मिच्छामलसोहणहेउ सम्मभेसज्जं।
पच्छा सेवइ कम्मामयणासणचरियभेसज्जं।।

(रयणसार, 62)

इसी प्रकार से-

रायाइमलजुदाणं णियप्परूवं ण दीसए किं पि।
समलादरिसे रूवं ण दीसए जह तहा णेयं।।

(रयणसार, 90)

जैसे धुँधले दर्पण में अपना प्रतिबिम्ब स्पष्ट नहीं दिखलाई पड़ता, वैसे ही रागादिक मिथ्यात्व-मल से मलिन रहते हुए आत्मा का शुद्ध स्वरूप अनुभव और ज्ञान में नहीं आता।

ज्ञान की सर्वश्रेष्ठता का प्रतिपादन

आचार्य कुन्दकुन्द की रचनाओं का सार है- शुद्ध आत्म-ज्ञान की प्राप्ति। वे कहते हैं कि ज्ञान से ध्यान की सिद्धि होती है, ध्यान से सम्पूर्ण कर्मों की निर्जरा होती है और निर्जरा का फल मुक्ति है। इसलिये मुक्ति प्राप्त करने के लिये ज्ञानाभ्यास करना चाहिए। यथा-

णाणेण झाणसिज्झी झाणादो सव्वकम्मणिज्जरणं।
णिज्जरणफलं मोक्खं णाणब्भासं तदो कुज्जा।।

(रयणसार, 138)

आत्मज्ञान, ध्यान और अध्ययन से उत्पन्न होने वाला सुख अमृत के समान है। कहा भी है-

अप्पणियणाण-झाणज्झयणं सुहामयरसायणप्पाणं।
मोत्तूणक्खाणसुहं जो भुंजइ सो हु बहिरप्पा।।

(रयणसार, 116)

ज्ञान मनुष्य-जीवन का सार है। जिससे तत्त्व-ज्ञान होता है, जिससे चित्त का व्यापार रुक जाता है और जिससे आत्मा विशुद्ध होती है, उसे जिनशासन में ज्ञान कहा गया है। स्वयं उनके ही शब्दों में-

जेण तच्चं विबुज्झेइ जेण चित्तं णिरुज्झदि।
जेण अत्ता विसुज्झेइ तं णाणं जिणसासणे।।

(मूलाचार, 267)

'रयणसार' का संक्षिप्त सार यही है कि इसमें सम्यक्त्व, ज्ञान, वैराग्य और तप का वर्णन किया गया है, जो आत्मा के वास्तविक स्वभाव को प्रकट करने वाले हैं। कहा है-

सम्मत्तणाण वेरग्गतवोभावं णिरीहवित्तिचरित्तस्स।
गुणसीलसहावं उप्पज्जइ रयणसारमिणं।। (रयणसार, 152)

निरपेक्ष वृत्तियों का कोई महत्त्व नहीं है, क्योंकि तप से रहित ज्ञान और ज्ञान से रहित तप व्यर्थ है। ज्ञान और तप से युक्त मनुष्य ही मुक्ति को प्राप्त करता है। कहा भी है-

तवरहियं जं णाणं णाणविजुत्तो तवो वि अकयत्थो।
तम्हा णाणतवेणं संजुत्तो लहइ णिव्वाणं।।

(मोक्षपाहुड, 59)

आचार्य कुन्दकुन्द ने ज्ञान से आत्मा को भिन्न नहीं माना है। इसलिये उनका कथन है कि जो जानता है, सो ज्ञान है। जानने वाला जीवात्मा है। ज्ञान आत्मा में रहता है। आत्मा से भिन्न अन्यत्र ज्ञान का अस्तित्व नहीं है। अतएव जीव ज्ञान है। उनके ही शब्दों में-

जो जाणदि सेा णाणं ण हवदि णाणेण जाणगो आदा।
तम्हा णाणं जीवो णेयं दव्वं तिहा समक्खादं।।

प्रवचनसार, 35-36

धर्म का स्वरूप :

धर्म विषयक मान्यता के सम्बन्ध में आचार्य कुन्दकुन्द की दृष्टि बहुत गहरी और सुलझी हुई लक्षित होती है। उन्होंने स्पष्ट शब्दों में चारित्र को धर्म उद्घोषित किया है। चारित्र का तीनों स्तरों पर उनका विवेचन अपूर्व है। यह सभी जानते हैं कि व्यवहार में सदाचार धर्म है। यदि व्यक्ति सदाचारी न हो, सब दुराचारी हों, तो समाज का टिकना कठिन ही नहीं, असम्भव हो जाएगा। समाज की रक्षा के लिए शील या सदाचार अमोघ अस्त्र के समान है। धर्म प्राणीमात्र को जीना सिखाता है। श्रावक का जीवन धर्म को सुनने वाले और सुनकर उसे अपने जीवन में उतारने वाले लोगों का जीवन है। आरामतलबी और ऐयाशी का जीवन कभी श्रावक का जीवन नहीं हो सकता, क्योंकि श्रावक 'श्रमण' की तैयारी का जीवन है। श्रावक का आदर्श श्रमण का जीवन है।

इसका यह अर्थ नहीं है कि दुनिया के सब लोग घर-द्वार छोड़कर साधु हो जाएँ। वास्तव में विषय-कषायों को घटाना ही श्रमण तथा श्रावक का लक्ष्य है। 'श्रमण' श्रम के उपासक कहे गये हैं। वे दुर्धर तप करते हैं। श्रावक को भी परिश्रमी तथा कर्मनिष्ठ होना चाहिए। यदि मनुष्य ईमानदार ओर मेहनती नहीं है, तो वह श्रावक का बाना भले ही धारण कर ले, पर श्रावक नहीं हो सकता। साधु के वेश को धारण कर लेने पर भी जो पाप से लिप्त रहते हैं, वे दुर्गति को प्राप्त करते हैं। आचार्य कुन्दकुन्द के शब्दों में-

जे पावमोहियमई लिंगं घेत्तूण जिणवरिंदाणं।
पावं कुणंति पावा ते चत्ता मोक्खमग्गम्मि।।

(मोक्षपाहुड 78)

इस प्रकार के मिथ्या आचरण करनेवाले वास्तविक साधु नहीं होते, क्योंकि वे न तो निर्मल आत्मा के दर्शन करते हैं, न अपने को देखते हैं, न जानते हैं और न अपनी आत्मा का श्रद्धान करते हैं, इसलिए वे केवल साधु-वेश को बोझ की तरह धारण करते हैं। कहा है-

अप्पाणं पि ण पिच्छइ ण सुणइ ण वि सद्दहइ ण भावेइ।
बहुदुक्खभारमूलं लिंगं घेत्तूण किं कुणई।।

(रयणसार, 77)

परन्तु न्याय व ईमानदारी के साथ धन का उपार्जन करता हुआ श्रावक यदि अपनी शक्ति के अनुसार जिन-पूजा करता है, उत्तम पात्रों को दान देता है और सम्यक्त्व पूर्वक धर्म का पालन करता है, तो उसे धार्मिक व मुक्तिमार्ग में लगा हुआ समझना चाहिए। उनके ही शब्दों में-

जिणपूया मुणिदाणं करेइ जो देइ सत्तिरूवेण।
सम्माइट्ठी सावयधम्मी सो होइ मोक्खमग्गरओ।।

(र.सा., 12)

व्यवहार में चारित्र धर्म है। दया के बिना कोई धर्म नहीं हो सकता। इसलिये जहाँ दया है, वहाँ धर्म है। विशुद्ध दया या अहिंसा समान अर्थ के प्रकाशक हैं। संसार के सब धर्मों में अहिंसा का महत्त्व बताया गया है। बिना अहिंसा के कोई वास्तविक धर्म नहीं हो सकता।

निश्चय से समभावी होना चारित्र है। इसके दो स्तर कहे जा सकते हैं- प्रथम स्तर की भूमिका में मनुष्य जिस समय जो काम करना चाहता है, उसके साथ ही कषाय यानी क्रोध, मान, माया, लोभ आदि परिणामों में मन्दता होनी चाहिए। द्वितीय भूमिका में शुद्ध आत्मानुभूति की ओर सदा लक्ष्य रखना चाहिए तथा परिणामों की विशुद्धता के साथ मोही-अज्ञानी जीवों तथा उनकी अशुद्ध व्यावहारिक क्रियाओं को देखकर उनकी उपेक्षा तथा निन्दा नहीं करनी चाहिए। तृतीय भूमिका में आत्मज्ञान हो जाने पर सदा विशुद्ध-अखण्ड परमात्मा की स्वसंवेदनात्मक अनुभूति में लीन रहना चाहिए। इनका अलग-अलग विस्तर से वर्णन आचार्य कुन्दकुन्द की रचनाओं में मिलता है। वे स्पष्ट शब्दों में कहते हैं-

देहादिसु अणुरत्ता विसयासत्ता कसायसंजुत्ता।
अप्पसहावे सुत्ता ते साहू सम्मपरिचत्ता।।

(रयणसार, 93)

द्रव्य रूप से, गुण रूप से और पर्याय रूप से जो जीवात्मा को और शुद्ध निर्मल अपनी आत्मा को जानता है, वह मुक्तिपथ का नायक होता है। यथा-

दव्वगुणपज्जएहिं जाणइ परसमयससमयादिभेदं।
अप्पाणं जाणइ सो सिवगइपहणायगो होइ।।

(रयणसार, 127)

चारित्र का स्वरूप बताते हुए आचार्य कुन्दकुन्द कहते हैं-

चारित्तं खलु धम्मो धम्मो जो सो समो त्ति णिद्दिट्ठो।
मोहक्खोहविहीणो परिणामो अप्पणो हु समो।।

(प्रवचनसार, 7)

अर्थात् निश्चय से चारित्र धर्म है। ऐसा कहा गया है कि जो साम्य है, वह धर्म है। मोह और क्षोभ से रहित आत्मा का परिणाम साम्य है।

'रयणसार' में भी यही कहा गया है कि आत्मा साम्यभाव में उपलब्ध होता है। किन्तु यह जीवात्मा मिथ्याबुद्धि के कारण मोह-मदिरा में उन्मत्त होकर अपने आप को भूल गया है और इसलिए आत्मा के सच्चे स्वरूप को नहीं पहचान पाता है। कहा है-

मिच्छामइमयमोहासवमत्तो बोलए जहा भुल्लो।
तेण ण जाणइ अप्पा अप्पाणं सम्मभावाणं।।

(रयणसार, 47)

ज्ञानी अपनी शुद्ध आत्मा में सदा लीन रहता है। यथा-

णियसुद्धप्पणुरत्तो बहिरप्पावत्थवज्जिओ णाणी। (रयणसार, 6)

लोक-कल्याण की भावना

आचार्य कुन्दकुन्द की रचनाओं में लोक-कल्याण की भावना स्पष्ट रूप से परिलक्षित होती है। रचना में प्रवृत्त होने का एकमात्र कारण जनता की भलाई रहा है। वे कहते हैं कि जितने वचनपन्थ हैं, उतने नयवाद हैं और जितने नयवाद हैं, उतने मत हैं। सभी मत और सम्प्रदाय मानव के लिए हैं। मानव मत और सम्प्रदाय के पीछे नहीं हैं। इसलिए किसी भी मत और धर्म के पालन के लिए मनुष्य की रोक-टोक नहीं होनी चाहिए। मानव अपने गुणों के कारण संसार के सब प्राणियों में श्रेष्ठ है। शरीर वन्दन योग्य नहीं होता, कुल और जाति भी वन्दनीय नहीं होती। गुणहीन श्रमण और श्रावक की कोई वन्दना नहीं करता। उनके ही शब्दों में-

ण वि देहो वंदिज्जइ ण वि य कुलो ण वि य जाइसंजुत्तो।
को वंदइ गुणहीणो ण हु सवणो णेय सावओ होइ।।

(दंसणपाहुड, 27)

अतएव आचार्य कुन्दकुन्द कहते हैं कि जो मनुष्य दान नहीं देते, पूजा नहीं करते, शील या सदाचार का पालन नहीं करते और गुणों को धारण नहीं करते, वे चारित्रवान नहीं होते। दुश्चरित्र लोग मरकर बुरी गतियों में जाते हैं, या फिर कुत्सित मनुष्य होते हैं। कहा भी है-

णहि दाणं णहि पूया णहि सीलं णहि गुणं ण चारित्तं।
जे जइणा भणिया ते णरया हुंति कुमाणुसा तिरिया।। (रयणसार, 36)

आचार्य कुन्दकुन्द ने विधि-निषेध सम्बन्धी जो भी बातें कहीं हैं, वे केवल जैन लोगों के लिए नहीं

हैं, वरन् प्राणीमात्र के लिए समानरूप से हितकारी हैं। इसलिए यह नहीं समझना चाहिए कि जो जैनधर्म मानता है, वह मिथ्यादृष्टि नहीं है और जो नहीं मानता है, वह मिथ्यादृष्टि है। वास्तव में यह हमारा भ्रम है। आचार्य कुन्दकुन्द ने मिथ्याबुद्धि वाले मनुष्य को जो योग्य-अयोग्य, नित्य-अनित्य, हेय-उपादेय, सत्य-असत्य, भव्य-अभव्य को अर्थात् अच्छे-बुरे को नहीं जानता, उसे भी मिथ्यादृष्टि कहा है। यथा-

णवि जाणइ जोग्गमजोग्गं णिच्चमणिच्चं हेयमुवादेयं।
सच्चमसच्चं भव्वमभव्वं सो सम्मउम्मुक्को।।

(रयणसार, 38)

मूढ़ प्राणी अपने मोह को नहीं छोड़ता। इसलिए वह अनेक तरह के दारुण कर्मों को करता हुआ संसार में भटकता रहता है, संसार का पार नहीं पाता। इस प्रकार वह अनेक दुःखों को भोगता है। कहा है-

मोह ण छिज्जइ अप्पा दारुणकम्मं करेइ बहुवारं।
णहु पावइ भवतीरं किं बहुदुक्खं वहेइ मूढमई।।

(रयणसार, परिशिष्ट, 9)

आचार्य कुन्दकुन्द ने स्पष्ट रूप से गृहस्थ और साधु दोनों के लिए मिथ्या-बुद्धि एवं अन्धविश्वास त्याग करने का उपदेश दिया है। उनका कथन है कि हम कहीं भी और किसी भी अवस्था में हों, जब तक दृष्टि नहीं पलटती है, तब तक सच्चा आत्मविश्वास, आत्मज्ञान और आत्मचारित्र प्रकट नहीं होता है। कहा है-

सम्मविणा सण्णाणं सच्चारित्तं ण होइ णियमेण।
तो रयणत्तयमज्झे सम्मगुणक्किट्ठमिदि जिणुद्दिट्ठं।।

(रयणसार, 43)

आगम-दृष्टि से ही आत्मदृष्टि उपलब्ध होती है। सम्यक्त्व की प्राप्ति में आगम-दृष्टि निमित्त है। सम्यग्दृष्टि ही आगम और जिनवाणी को भलीभाँति समझते हैं। इस दृष्टि के बिना उनकी मान्यता अन्धविश्वास ही कही जाती है। कहा भी है-

देवगुरुधम्मगुणचारित्तं तवायारमोक्खगइभेयं।
जिणवयणसुदिट्ठि विणा दीसइ किह जाणए सम्मं।।

(रयणसार, 45)

जिनकी दृष्टि बहिर्मुखी है और जो लोक-रंजन में लगे हुए हैं, वे सम्यक्त्व से रहित हैं। सम्यग्दृष्टि सांसारिक कार्यों में आसक्त नहीं होते। उनकी प्रवृत्ति अन्तर्मुखी होती है। वे विषय-कषायों तथा संग्रहवृत्ति से उदासीन रहते हैं। इसलिये वे 'लोयववहारपउरा' नहीं होते-

जे पावारंभरया कसायजुत्ता परिग्गहासत्ता।
लोयववहारपउरा ते साहू सम्मउम्मुक्का।।

(रयाणसार, 97)

अन्य ग्रन्थों में उल्लिखित 'रयणसार' के सन्दर्भ

न तो 'रयणसार' की कोई प्राचीन संस्कृत टीका मिलती है और न सत्रहवीं शताब्दी के पूर्व के ग्रन्थों में कोई उद्धरण ही मिलते हैं। पं. भूधरदास जी के 'चर्चा समाधान' में निर्माल्य के प्रसंग में 'रयणसार' का उल्लेख मिलता है। उसमें पृ. 76 पर गाथा सं. 32, 33, 35 और 36 इन चारों के उद्धरण के साथ लिखा हुआ मिलता है- ''दूजे देवधन के ग्रहण का फल कुन्दकुन्दाचार्यकृत रयणसारविषें कहा है। तथाहि, गाथा-.....''

इसी प्रकार से पं. दौलतराम कृत 'क्रियाकोष' में पृ. 8 पर 'रयणसार' की गाथा उद्धृत कर श्रावक की त्रेपन क्रियाओं का उल्लेख किया गया है। पं. सदासुखदासजी ने 'रत्नकरण्डश्रावकाचार' की वचनिका में लिखा है- 'कुन्दकुन्दस्वामी समयसार, प्रवचनसार, पंचास्तिकाय, रयणसार, अष्टपाहुडकूं आदि लेय अनेक ग्रन्थ रचे ते अवार प्रत्यक्ष वांचने, पढ़ने में आवैं हैं।'' (पंचम अधिकार, पृ. 236)

स्व. मुनि श्री ज्ञानसागर जी महाराज ने 'समयसार' की प्रस्तावना के अन्तर्गत लिखा है- तथापि 'रयणसार' की निम्न (131, 132) गाथाओं द्वारा श्री कुन्दकुन्दाचार्य ने यह स्पष्ट कर दिया है कि परमात्मा (अर्हंत और सिद्ध) तो स्वसमय है और क्षीणमोह गुणस्थान तक जीव 'परसमय' है। इससे स्पष्ट कि असंयत सम्यग्दृष्टि 'स्वसमय' नहीं है, परसमय है।''

पाठ-सम्पादन-पद्धति :

अभी तक 'रयणसार' के प्रकाशित पाठों में दो तरह के पाठ मिलते हैं। एक पाठ के अनुसार इस ग्रन्थ की पद्य-संख्या 167 है और दूसरे के अनुसार 155 है। माणिकचन्द-ग्रन्थमाला से प्रकाशित 'षट्प्राभृतादिसंग्रह' में प्रथम पाठ देखने को मिलता है। दूसरा पाठ मुख्य रूप से 1909 में प्रकाशित पं. कलापा भरमापा के मराठी अनुवाद वाले संस्करण में मिलता है। इनके अतिरिक्त कन्नड़ में टी.बी. नागप्पा के द्वारा सम्पादित तथा चामराजनगर से प्रकाशित संस्करण में 165 गाथाएँ मिलती हैं। कन्नड़ के इस ग्रन्थ में प्रकाशित 167 गाथाओं में से आठवीं और 154वीं गाथाएँ लक्षित नहीं होतीं। सन् 1942 में मैसूर से प्रकाशित श्री ब्रह्मसूरि शास्त्री के द्वारा सम्पादित इस ग्रन्थ में पद्य-संख्या 167 ही है। यह हिन्दी अनुवाद सहित है और साथ में पद्यानुवाद भी दिया गया है। पद्यानुवाद किसी पुराने कवि का लिखा हुआ जान पड़ता है। हिन्दी पद्यानुवाद की एक हस्तलिखित प्रति जयपुर से प्राप्त हुई है। यह दिगम्बर जैन तेरहपंथी बड़ा मन्दिर, जयपुर की वेष्टन सं. 1523 में पृ. 45-56 में संकलित है। इसमें पद्यानुवाद करने वाले के नाम का उल्लेख नहीं है। इसमें कुल 156 पद्य हैं, किन्तु अन्तिम दो प्रशस्ति के हैं, इसलिए 154 पद्यों का यह अनुवाद है। इसकी रचना-तिथि वि.सं. 1768 है। कहा भी है-

कुन्दकुन्दमुनि मूल कवि गाथा प्राकृत कीन।
ता अनुक्रम भाषा रच्यौं गुन प्रभावना लीन।। 155।।

सतरह सै अठसठि अधिक जेठ सुकुल ससिपूर।
जे पंडित चातुर निरखि दोष करै सब दूर।। 156।।

इति श्रीरयणसार ग्रंथ यतिश्रावकाचार सम्पूर्ण समाप्तः। शुभं भवतु।। श्री दिगम्बर जैन सरस्वती-भण्डार, धर्मपुरा, नया मन्दिर, दिल्ली में रयणसार की हस्तलिखित चार प्रतियाँ वर्तमान हैं। इनमें से एक प्रति

में 154 गाथाएँ मिलती हैं। लगभग इन्हीं गाथाओं के आधार पर हिन्दी पद्यानुवाद किया गया जान पड़ता है। मूल प्रति और हिन्दी पद्यानुवाद में केवल एक ही गाथा का अन्तर लक्षित होता है। मूल प्रति में सैंतीसवीं गाथा उपलब्ध है, पर हिन्दी पद्यानुवाद में अनुपलब्ध है। इसके विपरीत मूल प्रति में गाथा सं. 101 नहीं है, पर हिन्दी में उपलब्ध है। हिन्दी पद्यानुवाद में उसकी संख्या 88 है। इससे निश्चत रूप से एक पाठ-परम्परा का पता चलता है।

'रयणसार' की कई प्रकाशित तथा हस्तलिखित प्रतियाँ उपलब्ध होती हैं। इन सबमें अधिकतर 167 गाथाएँ उपलब्ध होती हैं। वि.सं. 1977 में प्रकाशित पं. पन्नालाल सोनी द्वारा सम्पादित 'रयणसार' में 167 गाथाएँ मिलती हैं, किन्तु उनका क्रम कुछ भिन्न है। हिन्दी अनुवाद तथा अन्य प्रतियों में भी गाथाओं के क्रम में कुछ भिन्नता मिलती है। यह भिन्नता ताड़पत्रीय प्रतियों में भी मिलती है। इस प्रकार इस ग्रन्थ के सम्पादन के मूल में दो समस्याएँ लक्षित होती हैं- गाथाओं की मूल संख्या कितनी है ओर उनका क्रम क्या है?

गाथा-प्रक्षेप

ग्रन्थ-सम्पादन के आरम्भ से ही इस बात के बाराबर संकेत मिलते रहे हैं कि इसमें कुछ गाथाएँ प्रक्षिप्त हैं। किन्तु गाथाएँ प्रक्षिप्त हैं, इसके क्या प्रमाण हैं? हमें इस बात का सबसे पहला संकेत तथा प्रमाण 'रयणसार' की प्रकाशित पुस्तक की आठवीं गाथा में प्राप्त होता है। यह गाथा किसी भी प्राचीन हस्तलिखित प्रति में तथा ताड़पत्रीय प्रतियों में नहीं है। इसका हिन्दी अनुवाद भी नहीं मिलता है। गाथाओं की अन्तरङ्ग परीक्षा से भी यह स्पष्ट हो जाता है कि इस रचना में गाथा-प्रक्षेप परवर्ती काल का है। जितनी भी प्राचीन प्रतियाँ हमारे देखने में आई हैं, वे प्राय: 152 गाथाओं से लेकर 155 गाथाओं की हैं। किन्तु परवर्ती काल में इनकी संख्या 156 से लेकर 170 तक पहुँच गई। गाथाओं की सबसे कम संख्या वीरवाणी विलास जैन सिद्धान्तभवन, मूटबिद्री की ताड़पत्रीय प्रति सं. 41 (कन्नड़) में 152 गाथाएँ हैं। उसमें प्रकाशित प्रति की 167 गाथाओं में से- 8, 34, 37, 46, 55, 57, 66, 67, 80, 83, 92, 111, 122, 123, 167 ये गाथाएँ नहीं हैं। ब्यावर की प्रति में गाथाओं की संख्या सबसे अधिक 176 मिलती हैं। यद्यपि प्रति के अन्त में 155 संख्या दी हुई है, पर 123 गाथा के अनन्तर 5, 6 क्रम से 55 तक संख्या मिलती है। इस प्रति में 154, 161, 52, 53, 54, 91, 96, 160, 162 गाथाओं की पुनरुक्ति मिलती है। अतएव 167 संख्या ही मिलती है। दिल्ली के श्री दिगम्बर जैन नया मन्दिर की ख और ग इन दो प्रतियों में 170 गाथाएँ लिखी हुई मिलती हैं। परन्तु क्रम-संख्या की भूल इन प्रतियों में भी मिलती हैं। केवल 'ग' प्रति में एक अतिरिक्त गाथा उपलब्ध होती है, जो इस प्रकार है-

पूयसूयरसाणाणं खाराभियभक्खणाणपि।
मणु जाइ जहो मज्झे बहिरप्पाणं तहा णयं।। 141।।

पाठ अशुद्ध है।

आमेर शास्त्र-भण्डार, तथा महावीर भवन, जयपुर की हस्तलिखित प्रति वेष्टन सं. 1810 को ध्यान से देखने पर स्पष्ट हो जाता है कि प्रति में एक नहीं, अनेक प्रक्षिप्त गाथाएँ हैं। यद्यपि इस प्रति पर

लेखन संवत् का उल्लेख नहीं है, पर प्रति प्राचीन है। इसमें गाथाओं की कुल संख्या 155 है। प्रति जीर्ण है और उपलब्ध प्रतियों में प्राचीनतम है। इस प्रति की एक विशेषता यह है कि इसमें गाथाओं की मूल संख्या 155 है, पर हाशिए में किसी ने ऊपर से बारीक अक्षरों में जहाँ-तहाँ बारह गाथाएँ अतिरिक्त लिख दी हैं, जिन पर क्रम-संख्या अंकित नहीं हैं। इससे स्पष्ट हो जाता है कि रचना में प्रक्षिप्त गाथाएँ किसी ने परवर्ती काल में मिश्रित कर दी हैं। इसका एक प्रमाण यह भी है कि अधिकतर ताड़पत्रीय प्रतियों में गाथाओं की संख्या 155 है। जैन मठ का भण्डार, मूडबिद्री की ताड़पत्रीय प्रति सं. 336 में तथा मैसूर विश्वविद्यालय की कन्नड़ टीका सहित सं. 53 (क) में भी गाथाओं की संख्या 155 हैं। गाथाओं की सबसे कम संख्या 152 वीरवाणी विलास जैन सिद्धान्त भवन, मूडबिद्री की प्रति में है। इसी प्रकार से जैन मठ का भण्डार, मूडबिद्री की प्रति सं. 815 में भी गाथाओं की संख्या 152 है। इस प्रकार अधिकतर प्रतियों में उपलब्ध गाथा-संख्या और पाठ-सम्पादन की विधि से निर्धारित गाथा की संख्या, दोनों ही दृष्टियों से गाथाओं की संख्या 155 निश्चित की गई है।

इस ग्रन्थ के संशोधन में जिन हस्तलिखित प्रतियों का उपयोग किया गया है, उनका परिचय इस प्रकार है-

(अ) प्रति - यह आमेर शास्त्र-भण्डार, जयपुर स्थित प्राचीनतम प्रति है। वे सं. 1820/10/+4।। पत्र सं. 10, गाथा सं. 155। इसमें 170 गाथाओं में से 8, 17, 34, 37, 46, 55, 57, 62, 63, 66, 67, 96, 111, 122 और 123 गाथाएँ नहीं हैं।

श्री दिगम्बर जैन सरस्वती भण्डार, धर्मपुरा, नया मन्दिर, दिल्ली में 'रयणसार' की 4 हस्तलिखित प्रतियाँ विद्यमान हैं। उनका संक्षिप्त परिचय इस प्रकार है—

(क) प्रतिक्रम सं. 32 क। पत्र सं. 8। गाथा सं. 170 । प्रति नवीन है।

(ख) प्रतिक्रम सं. 32 ख । पत्र सं. 8। गाथा सं. 170 । प्रति नवीन है।

(ग) प्रतिक्रम सं. 32 ग। पत्र सं. 10। गाथा सं. 170 । प्रति पुरानी नहीं है।

(घ) प्रतिक्रम सं. 32 घ। पत्र सं. 12। गाथा सं. 154। प्रति प्राचीन जान पड़ती है।

रयणसार की 170 गाथाओं में से 8, 34, 46, 53, 54, 55, 57, 60, 63, 67, 96, 101, 111, 122, 123, 136 ये सोलह गाथाएँ नहीं हैं।

(प) प्रति श्री दिगम्बर जैन पाटोदी मन्दिर, जयपुर। वेष्टन सं. 946, पत्र सं. 10। गाथा सं. 153। संस्कृत टिप्पण सहित।

इस प्रति में गाथा सं. 8, 17, 34, 37, 46, 55, 57, 63, 66, 67, 96, 119, 122, 123 नहीं हैं।

(फ) प्रति श्री दिगम्बर जैन तेरहपंथी बड़ा मन्दिर, जयपुर। वेष्टन सं. 1522।पत्र सं. 7-17। गाथा सं. 155। प्रति प्राचीन है।

इस प्रति में गाथा सं. 8, 34, 37, 46, 57, 63, 66, 67, 69, 96, 111, 122 और 123 नहीं हैं।

श्री दिगम्बर जैन तेरहपंथी बड़ा मन्दिर, जयपुर में तीन अन्य हस्तलिखित प्रतियाँ भी मिलती हैं, जो वि.सं. 1883 की लिखी हुई हैं। इनमें से एक प्रति में 155 गाथाएँ हैं और अन्य दो में 170 गाथाएँ हैं।

(ब) प्रति – पन्नालाल दिगम्बर जैन सरस्वती भवन, ब्यावर। क्रम सं. 3591–839। पत्र सं. 11। गाथा सं. 175। ले. सं. वैशाख बदी 8, शनिवार, वि.सं. 1995। इस प्रति में कई गाथाओं के लेखन में आवृत्ति हुई है। दो बार लिखी जाने वाली गाथाओं की संख्या इस प्रकार है–

52, 53, 54, 60, 91, 122, 126, 154, 166, 167, 168, 171, 173।

इनमें से 126 संख्या की गाथा का उल्लेख तीन बार मिलता है। इस प्रकार गाथाओं की कुल संख्या 161 है।

(म) प्रति – जैन मठ का भण्डार, मूडबिद्री। ताड़पत्र प्रति। क्र.सं. 336। गाथा सं. 155।

इस प्रति में मुद्रित 167 गाथाओं में से निम्नलिखित 12 गाथाएँ नहीं हैं–

8, 34, 37, 46, 55, 57, 66, 67, 111, 122, 123। वस्तुतः यह संख्या 11 ही है।

(ब) प्रति– वीर–वाणी–विलास जैन सिद्धान्त भवन, मूडबिद्री। क्र.सं. 41। गाथा सं. 155। इस प्रति में मुद्रित 167 गाथाओं में से निम्नलिखित 12 गाथाएँ नहीं हैं–

8, 34, 37, 46, 55, 57, 66, 67, 83, 111, 122, 123।

यद्यपि गाथाओं की संख्या 152 उल्लिखित है, पर आगे पीछे होने के कारण संख्या में कुछ गड़बड़ी प्रतीत होती है। पाठ–भेद के अनुसार केवल 12 गाथाएँ कम हैं।

इसी प्रकार से उत्तर भारत की प्रतियों में भी क्रम–संख्या ठीक न होने से लोगों को भ्रम हुआ प्रतीत होता है। कई प्रतियों में भीतर की क्रमसंख्या कम या अधिक हो गई है। जब हमने प्रतियों का अन्तरङ्ग परीक्षण किया तो 170 गाथा वाली प्रतियों में 167 गाथाओं में से एक भी गाथा अधिक नहीं मिली। यही स्थिति 175 गाथाओं वाली प्रतियों की है। उसमें एक ही गाथा कहीं–कहीं एक से अधिक बार दुहराई गई है। गाथाओं की पुनरावृत्ति होने से भी बड़ा भ्रम फैला है।

यद्यपि 'रयणसार' की कई प्रतियाँ दक्षिण भारत से लेकर उत्तर भारत तक के विविध शास्त्र–भण्डारों में उपलब्ध होती हैं, जिनको देखकर सामान्य रूप से यह कहा जा सकता है कि इस ग्रन्थ के पठन–पाठन का प्रचार तथा प्रचलन रहा है और इसलिये कोई कारण नहीं है, जो इसकी प्रामाणिकता के सम्बन्ध में सन्देह प्रकट किया जाए। किन्तु असुविधावश उन प्रतियों को प्राप्त करने और देखने का सुयोग नहीं मिल सकता है। हमारी जानकारी में इसकी दो प्रतियाँ क्रम सं. 282 और 286 जैन मठ, श्रवणबेल्गोल में विद्यमान है। इसकी एक प्रति विश्वविद्यालय, मैसूर में क्रम सं. 53 (क) उपलब्ध है, जिसमें गाथा सं. 155 है। जैन मठ भण्डार, मूडबिद्री में इसकी एक अन्य प्रति क्रम सं. 815 मिलती है, जिसमें गाथाओं की संख्या 152 है।

वहीं पर क्रम संख्या 186 की प्रति में गाथाओं की संख्या 156 बताई गई है। ये सभी ताड़पत्रीय प्रतियाँ हैं। इनकी लिपि कन्नड़ है। क्रम सं. 815 वाली प्रति में कन्नड़ टीका भी उपलब्ध है, किन्तु उसमें प्रारम्भिक पत्र नहीं हैं।

श्री दिगम्बर जैन पंचायती मन्दिर, दिल्ली में भी इसकी एक हस्तलिखित प्रति थी, जो एक बार देखने के पश्चात् पुनः मिलान करने के लिए नहीं मिल सकी। इस प्रति में निम्नलिखित गाथाएँ नहीं मिलतीं-

8, 42, 46, 52, 53, 57, 60, 63, 66, 67, 91, 96, 101, 102, 108, 109, 110, 111, 113, 125, 150, 151, 152।

किन्तु यह संख्या प्रामाणिक प्रतीत नहीं होती। अन्तरङ्ग परीक्षा से ही इसका निश्चय किया जा सकता है। अन्त में हिन्दी पद्यानुवाद को भी ध्यान में रखा गया है। हिन्दी के पद्यानुवाद में इसकी संख्या 154 है। इसमें जिन गाथाओं का पद्यानुवाद नहीं है, उनकी क्रमसंख्या है-

8, 34, 37, 46, 55, 57, 60, 63, 66, 67, 111, 122, 123, 136। इस प्रकार कुल संख्या 14 है। हिन्दी पद्यानुवाद की प्रति को ध्यान से देखने पर यह भी पता चलता है कि लगभग ढाई सौ वर्षों के पूर्व तक परम्परा ठीक चल रही थी। आचार्य कुन्दकुन्द की रचना का भाव भी बराबर समझते थे। किन्तु बीच में पठन-पाठन में शिथिलता आने के कारण पाठ-भेदों में गड़बड़ी, लिपि में अशुद्धियों की अधिकता और प्रक्षेपक गाथाओं का समावेश मिलता है।

-o-

रत्नत्रयवर्धिनी टीका का वैशिष्ट्य

० डॉ. सनतकुमार जैन, जयपुर

भाषा एवं समुन्नत साहित्य देश, समाज और संस्कृति के विकास के परिचायक होते हैं। इसीलिए द्वादशांग रूप में प्राप्त आगम साहित्य पर व्याख्याओं तथा मौलिक शास्त्रों की रचना के क्रम में पुराकाल से ही ऋषियों-मुनीश्वरों द्वारा जन-जन के कल्याणार्थ प्राकृत, अपभ्रंश व संस्कृत भाषा में विशिष्ट साहित्य का सृजन होता रहा है। वर्तमान में प्रसूत साहित्य उसका ही प्रतिफल है।

अध्यात्म की यह चिन्तन धारा भविष्य का दिग्दर्शक बने, मानवीय मूल्यों के साथ-साथ आत्मोत्कर्ष की विशाल परम्परा के विस्तृत क्षितिज पर उद्भूत अद्भुत और अद्वितीय अहिंसा व अनेकान्त के सिद्धान्त की पताका उदीयमान रहे —इसी उदात्त भाव के संवाहक वर्तमान युग के विशाल श्रमण संघ के नायक राष्ट्रसंत गणाचार्य श्री 108 विरागसागर जी मुनिराज ने इक्कीसवीं सदी के प्रथम दशक में युगप्रमुख आचार्यश्री कुन्दकुन्द देव द्वारा प्रणीत ''वारसाणुवेक्खा'' प्राकृत ग्रन्थ की संस्कृत भाषा में सारभूत सरलतम ''सर्वोदया टीका'' के प्रणयन के पश्चात् ही आचार्य कुन्दकुन्द-प्रणीत द्वितीय प्राकृत ग्रन्थ ''रयणसार'' पर जनकल्याणी 'रत्नत्रयवर्धिनी'' संस्कृत भाषामय विस्तृत टीका का प्रणयन कर आगम साहित्य के संवर्धन व संरक्षण में गौरवशाली अतीत को (इक्कीसवीं सदी में) उपस्थापित कर, श्रमण-परम्परा व साहित्य-जगत् को गौरवान्वित किया है।

वस्तुतः निर्ग्रन्थ श्रमण सहजता का महाकाव्य होता है, निर्द्वन्द्व छन्द में बंधे उनके व्यक्तित्व में अस्तित्व का मधुर संगीत गीयमान होता है, उसकी गति-स्थिति-प्रवृत्ति प्रकृति के साथ लयबद्ध होती है।

संत का जीवन केवल आश्चर्यों का महालेख नहीं होता, किन्तु उसमें चेतना का उन्मेष होता है, उसके हर चरण-आचरण में मनुष्य नये उच्छ्वास, नई प्रेरणा तथा नई ऊर्जा का अनुभव करता है। संत अपनी परम्पराओं के अथ से इति तक का अध्याय है। अपने भीतर वह समाज, राष्ट्र एवं विश्व को किसी सुन्दर सपने की तरह सहेज लेता है। उसका जीवन निपट अपना होकर भी समस्त को समर्पित होता है।

आज से लगभग दो हजार वर्ष पूर्व आचार्य भगवन्तों द्वारा रचे गये ग्रन्थों पर इक्कीसवीं सदी में आगमानुकूल सारभूत तात्त्विक टीका करना अथवा अनुवाद आदि कार्य परकायाप्रवेश की प्रक्रिया के सदृश है। क्योंकि टीकाकार को मूल ग्रन्थकर्ता के भावों के साथ एकाकार हो जाना होता है। मूल ग्रन्थकर्ता और उसके प्रतिपाद्य विषय एवं भावों के प्रति ईमानदारी रख पांना एक सफल टीकाकार के लिए पहली शर्त है।

चूंकि मूल ग्रन्थकार के भावों की गहनता को बिना परिवर्तित किये, अपनी स्वतंत्र शैली एवं भावों द्वारा पाठकों तक आवश्यकता केअनुसार विस्तृत स्पष्टीकरण के साथ बोधगम्य शैली में पहुँचाना एक विशाल सेतु के कार्य की तरह होता है, क्योंकि पाठकों की श्रद्धा टीकाकार के प्रति मूल ग्रन्थकार से किसी मायने में कम नहीं होती, अपितु टीकाकार के प्रति विशेष बहुमान तो इसलिए भी होता है, चूंकि मूल ग्रन्थकार के गहन विचारों का निचोड़ तो टीकाकार के माध्यम से ही उसे सरल शैली में प्राप्त होता है। इन सभी अपेक्षाओं से 'रयणसार' ग्रन्थ पर इक्कीसवीं सदी में प्रौढ़पाण्डित्यपूर्ण संस्कृत भाषा में लिखित प्रस्तुत 'रत्नत्रयवर्धिनी' टीका अत्यन्त महत्त्वपूर्ण श्रेष्ठ टीका है।

यद्यपि आचार्य कुन्दकुन्द के ग्रन्थों पर टीका लिखना ज्ञान को कसौटी पर कसने जैसा है, क्योंकि भारतीय तत्त्वचिन्तन के इतिहास में आगम-परम्परा का संवहन करते हुए महान तत्त्वान्वेषी एवं आध्यात्मिक ज्ञान-गंगा प्रवाहित करने वाले प्रथम सदी के युगपुरुष आचार्य कुन्दकुन्द देव का व्यक्तित्व सूर्य और चन्द्रमा के समान स्वयं प्रकाशित है। उन्होंने अपने युग की जनसामान्य बोली में परम तत्त्व का जो सार निबद्ध किया है, वह वास्तव में अनुपम है। आचार्य कुन्दकुन्द देव का चिन्तन स्पष्ट है कि आत्मज्ञान के बिना परम तत्त्व की उपलब्धि नहीं हो सकती। आत्मज्ञान स्वात्मानुभूति का विषय है। स्वात्मानुभूति के लिए सर्वप्रथम दृष्टि सम्यक् होनी चाहिए और सम्यक् दृष्टि बनने के लिए आचार-विचार में निर्मलता और आत्मतत्त्व में रुचि होना आवश्यक है। जब तक दृष्टि नहीं पलटती है, तब तक दुःख का अन्त नहीं होता। निर्ग्रन्थ दिगम्बर मुनि इसी रत्नत्रय के बल से शुद्धोपयोग को प्राप्त कर, कर्मों का नाश कर निर्वाण प्राप्त करते हैं। इस प्रकार आचार्य कुन्दकुन्द के ग्रन्थों में जगत्, जीवन और आत्मा की संश्लेषात्मक तथा विश्लेषात्मक दशाओं का एक वैज्ञानिक चिन्तन उपलब्ध है। कुन्दकुन्दाचार्य का विस्तृत परिचय पूर्व में दिया ही गया है।

रत्नत्रयवर्धिनी टीका :

रयणसार ग्रंथ पर लगभग 2000 वर्ष से आज तक कोई टीका नहीं हुई थी। काफी वर्षों से यह बात मुनि-संघों व विद्वत्-जगत् में चर्चित थी, पर कहीं से कोई कदम नहीं उठाया गया। अन्त में वारसाणुवेक्खा ग्रंथ पर प. पू. गणाचार्य श्री विरागसागर जी महाराज द्वारा लिखी गई इस शताब्दी की महत्त्वपूर्ण टीका-सर्वोदया को देख विद्वानों ने पूज्य आचार्यश्री से ही 'रयणसार' ग्रंथ पर टीका लिखने का आग्रह किया। फलस्वरूप पूज्य आचार्यश्री ने गुजरात प्रांत के षट्खण्डागम तीर्थ अंकलेश्वर ग्राम में माघ कृष्ण तीज, मंगलवार को अपरान्हिक बेला में श्री पार्श्वनाथ दिगम्बर जैन मंदिर में अतिशयकारी लालवर्णीय तीर्थंकर पार्श्वनाथ भगवान की मूर्ति के सन्मुख, चतुर्विध संघ तथा उपस्थित जनसमूह के मध्य, ग्रंथ-लेखन प्रारम्भ

किया था, जो कि अनवरत लेखन चलते, आठ माह सत्ताईस दिन में गान्धीनगर (गुजरात) में कार्तिक कृष्ण अमावस्या के दिन, ऐतिहासिक प्रभावना के साथ पूर्ण हुआ। यह वृहद ''रत्नत्रयवर्धिनी संस्कृत टीका'' 12568 श्लोक प्रमाण है।

सम्यग्दर्शन, सम्यग्ज्ञान और सम्यक् चारित्र —ये रत्नत्रय हैं, जो कि मुनियों में पूर्ण रूपेण तथा श्रावकों में एकदेश रूप से पाये जाते हैं। 'रयणसार' ग्रंथ में इन दोनों (मुनि व श्रावक) का वर्णन है। यह रत्नत्रय निश्चय से आत्मा का धर्म है जो कि आत्मा को छोड़कर अन्य द्रव्यों में नहीं पाया जाता है। आत्मा में ही पाया जाता है, किन्तु कर्मोदय के कारण 1-3 गुणस्थान तक तो किंचित् भी नहीं पाया जाता है। चतुर्थगुणस्थानवर्ती जीवों में सम्यग्दर्शन व सम्यग्ज्ञान ही पाया जाता है, संयमस्वरूप चारित्र किंचित् भी नहीं पाया जाता है, क्योंकि गोम्मटसार (जीवकाण्ड, गाथा-12) में कहा है कि-

चारित्तं णत्थि जदो अविरदअंतेसु ठाणेसु।

अर्थात् अविरत सम्यग्दृष्टि तक के गुणस्थानों में चारित्र नहीं पाया जाता है, क्योंकि चौथे गुणस्थान तक के जीवों को बुद्धिपूर्वक एक भी व्रत न होने के कारण 'अविरत' कहा है। पंचम गुणस्थानवर्ती जीव को सम्यग्दर्शन, सम्यग्ज्ञान और एकदेश रत्नत्रय का धारी कहा है। मुनिराज सम्पूर्ण महाव्रत के धारी होते हैं, अतः उन्हें सकलरत्नत्रयवान् कहा गया है।

अध्यात्म ग्रंथों के अनुसार अप्रमत्त ध्यानलीन वीतराग निर्विकल्प निश्चयरत्नत्रय स्वरूप शुद्धोपयोग का प्रारम्भ सप्तम गुणस्थान से होकर क्रमशः 14वें गुणस्थान तक बढ़ता जाता है और चौदहवें गुणस्थान के अंत में यह जीव, चारित्र को पूर्ण कर परम सिद्ध अवस्था को प्राप्त कर लेता है, अतः इस टीका का ''रत्नत्रयवर्धिनी टीका'' सार्थक नाम पूज्य गणाचार्यश्री ने रखा है।

पातनिका :

रत्नत्रयवर्धिनी टीका की सर्वश्रेष्ठ यह बात है कि टीकाकार आचार्य विरागसागर जी ने आचार्य जयसेन-कृत तात्पर्यवृत्ति तथा ब्रह्मदेवसूरिकृत वृहद्द्रव्यसंग्रह टीका की तरह रत्नत्रयवर्धिनी टीका के प्रत्येक अध्याय के प्रारम्भ में उस अध्याय की गाथाक्रमानुसार पातनिका, प्रस्तावना दी है कि आगे किस गाथा में क्या कहेंगे। इससे टीका का मूल्यांकन और अधिक बढ़ गया है।

प्रामाणिकता :

रत्नत्रयवर्धिनी टीकाकार की सबसे महत्त्वपूर्ण यह भूमिका रही है कि उन्होंने इस टीका में सर्वत्र आगम प्रमाणों को देकर आज तक की टीकाओं की अपेक्षा एक अनुपम एवं विलक्षणता दी है। इससे जान पड़ता है कि आचार्यश्री ने अपने भीषण संघर्षकाल, उपसर्ग काल में भी जिनागम का गहन अध्ययन कर जो अपनी समता को निखारा है और हम सबको जो पाथेय दिया है, वह सदैव अजर-अमर रहेगा और प्रत्येक युग उनके प्रति ऋणी रहता हुआ उनकी यशोगाथा को सश्रद्ध गाता रहेगा।

विषय-प्रतिपादना :

उक्त 'रत्नत्रयवर्धिनी' टीका को पढ़कर ऐसा लगता है कि प.पू. गणाचार्य श्री विरागसागर जी ने मानों एक-एक विषय पर सांगोपांग सैकड़ों निबंध ही लिख दिये हों जो कि विद्वत्-जगत् के लिये तथा आज के अध्येताओं, विशेषकर विश्वविद्यालय के शोधछात्रों के लिये शोधोपयोगी एक सहायक डिक्सनरी, पारिभाषिककोष एवं संतुलित सामग्री ही प्रदान कर उपदेशकों एवं स्वाध्यायशीलों तथा विद्वत्-गोष्ठी के लिये समग्र ग्रंथों के प्रमाणों से भरपूर मानों जीवन्त सरस्वती ही प्रदान की है। अधिक क्या कहें, मैं केवल इतना ही कहूँगा कि केवल एकमात्र इस एक टीका के सहारे ही सामान्य व्यक्ति विद्वत्-जगत् में सर्वोच्च स्थान पा सकता है।

रयणसार में छंद :

टीकाकार प. पू. गणाचार्य श्री जी ने एक और महनीय कार्य किया है। रयणसार ग्रंथ की गाथाएँ एक ही छंद में निबद्ध नहीं हैं, अपितु वे विभिन्न छंदों में निबद्ध हैं— ऐसा प्रतिपादन कर, उन पाठकों के लिये एक नयी दिशा दी है, जो सभी को केवल गाथा रूप ही मानते थे। जो इस प्रकार है-

1. उग्गाहा छंद - इस छंद में कुल 21 पद्य हैं- जैसे पद्य नं. 5, 13, 28, 36, 44, 46, 48, 50, 54, 63, 64, 72, 81, 82, 89, 94, 105, 123, 133, 135 और 149 है।

2. चपला छंद - इस छंद में 9 पद्य हैं- जैसे पद्य नं. 8, 32, 41, 55, 68, 117, 127, 152 और 165 है।

3. सिंहणी छंद - इस छंद में कुल 7 पद्य हैं, जैसे पद्य नं. 11, 19, 20, 21, 24, 77 और 159 है।

4. गाहा छंद - इस छंद में कुल दो ही पद्य हैं, जैसे पद्य नं. 14 और 153 है।

5. गाहिणी छंद - इस छंद में कुल 6 पद्य हैं, जैसे पद्य नं. 25, 39, 47, 75, 90 और 110 है।

6. अनुष्टुप् छंद - इस छंद में पद्य नं. 45 केवल एक ही पद्य है।

रयणसार में प्रयुक्त दृष्टान्त :

इस ग्रन्थ में स्पष्टीकरण एवं सरलीकरण की दृष्टि से आचार्य कुन्दकुन्द देव ने 37 दृष्टान्तों का प्रयोग किया है।

रयणसार और क्षेपक गाथाएँ :

रयणसार ग्रंथ की किसी प्रति में 155, किसी प्रति में 167, तथा किसी प्रति में 171 पद्य प्राप्त होते हैं। प. पू. गणाचार्य श्री विरागसागर जी ने उन सब पर अर्थात् 171 पद्यों पर विशालतम टीका लिखकर महान उपकार किया है।

रयणसार ग्रन्थ की 'रत्नत्रयवर्धिनी' टीका का यह वैशिष्ट्य है कि श्रावक धर्म और मुनि धर्म का निरूपण करने वाला आचार्य कुन्दकुन्द-कृत यह ग्रन्थ सामान्य श्रावकों को स्वाध्याय में रुचि उत्पन्न करनेवाला बन सकेगा। ग्रन्थ का आकार बृहद् होने पर भी सरल, सरस, सारभूत शैली के प्रयोग से यह सहज सुगम्य है। ग्रन्थ की विषयगत व्यवस्था को अठारह अधिकारों में संयोजन कर टीकाकार ने गहन चिन्तन की दिशा में उच्च आयामों को उपस्थित किया है-

प्रकीर्णक ग्रंथ :

कतिपय विद्वानों ने 'रयणसार' ग्रंथ को प्रकीर्णक शैली में रचित माना है। जैसा कि प्रकीर्णक की परिभाषा लिखते हुए आचार्यश्री ने 'उपासकाध्ययन' में कहा है कि-

"प्रकीर्णकत्वं च ग्रंथस्य विषयविभागेन विना प्रवृत्तत्वमुच्यते।"

अर्थात् ग्रंथ में विषय के अनुसार वर्गीकरण न कर प्रकरणानुसार विषय का प्रतिपादन करना 'प्रकीर्णक' कहा जाता है। अथवा "विप्रकीर्णार्थवाक्यानुमुक्तिरुक्तं प्रकीर्णकम्" (सोमदेवाचार्य कृत-नीतिवाक्यामृत)

अर्थात् जिसमें समुद्र की तरह सूक्ति रूपी रत्नों का विन्यास एवं निबंधन होता है, उसे 'प्रकीर्णक' कहते हैं।

परन्तु टीकाकार पूज्य आचार्य श्री विरागसागर जी ने उक्त टीका को 18 अधिकारों में विभक्त किया है।

1. प्रथम अधिकार में - प. पू. गणाचार्य श्री विरागसागर जी ने प्राचीन आचार्यों का अनुकरण करते हुए 'रत्नत्रयवर्धिनी टीका' की निर्विघ्न समाप्ति के लिये अपने आराध्य इष्ट देव श्री ऋषभनाथ, वासुपूज्य, नेमिनाथ, पार्श्वनाथ, महावीर स्वामी एवं गणधरों को नमस्कार किया है।

चूकि टीका-लेखन का शुभारंभ गुजरात के षट्खण्डागम-तीर्थ अंकलेश्वर ग्राम के श्री पार्श्वनाथ दि. जैन मंदिर के लालवर्णीय भगवान पार्श्वनाथ के श्रीचरणों में बैठकर माघकृष्ण 3 मंगलवार के दिन चतुर्विध संघ व समाज की उपस्थिति में शुभारंभ किया। यही कारण है कि तीर्थंकर पार्श्वनाथ को सर्वप्रथम नमस्कार किया गया है।

तदनन्तर, रयणसार ग्रंथ के मूल लेखक आचार्य श्री कुन्दकुन्द देव को भक्तिपूर्वक नमस्कार करते हुए, श्रुतभक्तिवश रत्नत्रयवर्धिनी टीका-लेखन की प्रतिज्ञा करते हुए उन्होंने अपने मुनि-दीक्षागुरु प.पू. आचार्य श्री विमलसागर जी व क्षुल्लक दीक्षा-गुरू प. पू. तपस्वी-सम्राट् आचार्य श्री सन्मतिसागर जी महाराज का स्मरण कर, गुरु-भक्ति पूर्वक कृतज्ञता का परिचय दिया है। तदनन्तर, उन्होंने समग्र ग्रंथ की पीठिका का वर्णन कर रयणसार ग्रंथ का मंगलाचरण कर मंगलाचरण के महत्त्व का वर्णन करते हुए कुल 24 पृष्ठों में प्रथम अधिकार पूर्ण किया है।

2. दूसरे अधिकार में नौ (9) गाथायें हैं, जिसमें सम्यग्दृष्टि के आचरण का प्रमुखता से वर्णन है। 25 से 122 कुल 98 पृष्ठों में द्वितीय अधिकार पूर्ण किया गया है।

3. तीसरे अधिकार में (11-13) कुल 3 गाथाएँ हैं, जिसमें श्रावक का मुख्य धर्म सत्पात्र को दान देना और जिनेन्द्र देव की पूजा करना, इसका साङ्गोपाङ्ग वर्णन किया गया है। मुनियों का ध्यान-अध्ययन यह प्रमुख धर्म है —यह लिखते हुए पूज्य आचार्य श्री ने ध्यान का वर्णन कर स्वाध्याय कब, कैसे और कहाँ करना चाहिए —इन सब बातों का विस्तृत वर्णन किया है। यह अधिकार (123 से 196 तक) कुल 74 पृष्ठों में पूर्ण हुआ है।

4. चौथा अधिकार - इस अधिकार में गाथा सं. 14 से लेकर 31वीं गाथा पर्यन्त कुल 18 गाथायें हैं, जिनकी टीका में जिनेन्द्र-पूजा के भेदों का विस्तार से वर्णन है।

सत्पात्र कौन है, उनके कितने भेद हैं, उन्हें किस विधि से आहार देना चाहिए, उन्हें आहार देने का क्या फल है, इत्यादि का साङ्गोपाङ्ग वर्णन है। इस अधिकार में ऐलक, क्षुल्लक आदि को भी अर्घ देना, चौके आदि में चंदोवा लगाना, यज्ञोपवीत धारण करना शास्त्रसम्मत प्राचीन परम्परा है —इन सब के आगम प्रमाण देकर आचार्यश्री ने लोगों के दिग्भ्रम को दूर किया है। यह अधिकार पृष्ठ 197 से 320 तक, कुल 124 पृष्ठों में पूर्ण हुआ है।

5. पाँचवाँ अधिकार - इस अधिकार में (गाथा सं. 32 से 37 तक) कुल 6 गाथाएँ हैं, जिसमें बताया गया है कि निर्माल्य द्रव्य के सेवन से तथा धर्म-कार्यों में विघ्न करने से महान् दुष्कर्मों का बंध होता है, जिससे उभय लोक में दारुण दुःख की प्राप्ति होती है। यह अधिकार (पृष्ठ 321 से 370 तक) कुल 50 पृष्ठों में पूर्ण हुआ है।

6. छठा अधिकार - इस अधिकार में 38वीं गाथा से लेकर 76वीं गाथा पर्यन्त कुल 39 गाथा हैं। इसमें रत्नत्रय, कर्मों का क्षय करने की विधि तथा शुभाशुभ कर्मबंध का वर्णन है। इस अधिकार में पृष्ठ 371 से 592 तक, कुल 222 पृष्ठ हैं। इस प्रकार 'रत्नत्रयवर्धिनी' टीका का पूर्वार्द्ध 6 अधिकारों, 76 गाथाओं, तथा 592 पृष्ठों में पूर्ण हुआ है।

7. सातवाँ अधिकार - इस अधिकार से ग्रंथ का उत्तरार्द्ध भाग प्रारम्भ हुआ है। इस अधिकार में 77वीं गाथा से लेकर 80 गाथा तक कुल चार गाथाएँ हैं। इनमें गुरु-भक्ति और उसकी महिमा का वर्णन है, तथा गुरु-भक्ति से हीन प्राणियों की निष्फल पदार्थों से तुलना की गई है। इस अधिकार में पृष्ठ सं. 593 से 620 तक, कुल 28 पृष्ठ हैं।

8. आठवाँ अधिकार - इस अधिकार में गाथा 81 से 92 तक कुल 12 गाथाएँ हैं, जिनमें शुद्धात्मा के ज्ञान की ही मोक्षमार्ग में महिमा है, वही निश्चयसम्यग्ज्ञान है तथा उसका ही अभ्यास करने की प्रेरणा दी गई है। इस अधिकार में पृष्ठ सं. 621 से 692 तक, कुल 52 पृष्ठ हैं।

9. नौवाँ अधिकार - इसमें गाथा 93 से 105 गाथा पर्यन्त कुल 13 गाथा हैं, जिसमें संयमी-

असंयमी, मुनि-श्रावक (गृहस्थ) में अन्तर तथा मुनियों के स्वरूप को बताते हुए कहा गया है कि यदि कोई मुनि होकर भी दूसरे मुनियों की महिमा को देखकर ईर्ष्या करते हैं, विकथा करते हैं, मुनि होकर भी मुनि-संघ का विरोध करते हैं, राजा आदि की सेवा करते हैं, ज्योतिष-मंत्र-वैद्यक आदि से अपनी आजीविका करते हैं, वे मुनि नहीं हैं, सम्यग्दर्शन आदि से रहित हैं, आदि। इस अधिकार में पृष्ठ 693 से 790 तक, कुल 98 पृष्ठ हैं।

10. दसवाँ अधिकार - इस अधिकार में गाथा 106 से 113 गाथा तक, कुल 8 गाथाएँ है जिसमें मुनियों की आहार-चर्या का वर्णन करते हुए कहा गया है कि आहार-चर्या में क्या-क्या दोष हैं, जो उन्हें नहीं छोड़ते हैं, वे किसके समान है, आहार-ग्रहण के क्या प्रयोजन हैं, शुद्ध आहार-पिण्ड ही भवतारण-समर्थ होता है, —इत्यादि निरूपण किया गया है। इस अधिकार में पृष्ठ 791 से 834 तक, कुल 44 पृष्ठ है।

11. ग्यारहवाँ अधिकार - इसमें 114वीं गाथा से 118 तक कुल 5 गाथाएँ हैं, जिनमें सत्पात्रों के भेदों के साथ उनके स्वरूप का वर्णन करते हुए यह बताया गया है कि सत्पात्रों को ही दिया गया दान मोक्षमार्ग में प्रयोजनीय है। इस अधिकार में यह बताया गया है कि आर्यिकाओं को विधि अर्थात् नवधाभक्ति के साथ आहारदान देना चाहिए। यहाँ यह भी कहा गया है कि मासिक अशुद्धि के समय में भी वे आर्यिकाएँ ही रहती हैं, श्राविकाएँ नहीं हो जाती हैं। वे बिना पिच्छी के सात कदम भी यदि चलें तो उन्हें प्रायश्चित्त लेना पड़ता है। ऐलक, क्षुल्लक आदि सत्पात्रों की भी नवधा भक्ति शास्त्रसम्मत है, इत्यादि अनेक विषयों का इस अधिकार में वर्णन है। इस अधिकार में 835 पृष्ठ सं. से 876 पृष्ठ तक, कुल 42 पृष्ठ हैं।

12. बारहवाँ अधिकार - इस अधिकार में गाथा 119 से गाथा 125 तक, कुल सात गाथाएँ हैं। इस अधिकार में निश्चय-व्यवहार रत्नत्रय के बिना धारण किया गया मुनिव्रत भवबीज है, अत: उभय रत्नत्रय के धारकों को ही मुक्ति प्राप्त होती है, ऐसा कहा है। इस अधिकार में पृष्ठ 877 से 932 पृष्ठ तक, कुल 56 पृष्ठ हैं।

13. तेरहवाँ अधिकार - इस अधिकार में गाथा 126 से गाथा 132 तक, कुल 7 गाथाएँ हैं। इनमें कहा गया है कि बहिरात्मा जीव इन्द्रिय-विषयों में आसक्त होता हुआ विवेकविहीन मिथ्यादृष्टि है। इस अधिकार में पृष्ठ 933 से 960 पृष्ठ तक, कुल 28 पृष्ठ हैं।

14. चौदहवाँ अधिकार - इस अधिकार में गाथा 133 से 139 तक कुल 7 गाथाएँ हैं, जिनमें अंतरात्मा की प्रधानता से तीनों प्रकार की आत्माओं का वर्णन है। इस अधिकार में पृष्ठ 961 से 998 तक, कुल 38 पृष्ठ हैं।

15. पन्द्रहवाँ अधिकार - इस अधिकार में गाथा 140 और 141वीं गाथा सहित कुल दो गाथाएँ हैं, जिनमें तीनों आत्माओं को यथासंभव गुणस्थानों में घटित किया गया है। इस अधिकार में पृष्ठ 999 से 1008 तक, कुल 10 पृष्ठ हैं।

16. सोलहवाँ अधिकार – इस अधिकार में गाथा 142 से 152 तक कुल ग्यारह गाथाएँ हैं। इस अधिकार में आत्मविशुद्धि के विभिन्न कारणों के बारे में वर्णन है, तथा आर्यिका-प्रवज्या का, तथा निषेध व विधि के साथ श्रावकों की 53 क्रियाओं का वर्णन है। इस अधिकार में 1009 से 1088 गाथा तक, कुल 80 पृष्ठ हैं।

17. सत्रहवाँ अधिकार – इस अधिकार में गाथा 153 से 165 गाथा तक कुल 13 गाथाएँ हैं। इनमें सम्यग्दर्शन का विशेष रूप से वर्णन है, तथा पंच लब्धियों एवं ध्यान का भी वर्णन है। इस अधिकार में पृष्ठ 1089 से 1146 पृष्ठ तक, कुल 58 पृष्ठ हैं।

18. अठारहवाँ अधिकार – इस अधिकार में गाथा 166 से 168 तक, कुल तीन गाथाएँ हैं। इनमें रयणसार ग्रन्थ के महत्त्व का वर्णन है। इस अधिकार में पृष्ठ 1147 से 1159 तक, कुल 13 पृष्ठ हैं। इस प्रकार उत्तरार्द्ध भाग में कुल गाथाएँ (77 से 168) 92 हैं तथा अधिकार (7 से 18) 12 हैं। पृष्ठ (593 से 1159) 567 हैं। अन्य प्रतियों में चार अन्य क्षेपक गाथाएँ भी प्राप्त हुई हैं, जिन पर भी पू. आचार्य श्री ने टीका लिखकर ग्रंथ को सांगोपांग/सर्वांगीण दृष्टि से पूर्ण किया है। इन क्षेपक गाथाओं की व्याख्या (1160 से 1186 पृ. तक) कुल 27 पृष्ठों में हुई है। अन्त में प्रशस्ति के कुल 6 पृष्ठ जोड़े गए हैं।

अतः समग्र रत्नत्रयवर्धिनी टीका दो भागों में, 18 अधिकारों में, (168+4) 172 गाथाओं के साथ कुल 1192 पृष्ठों में पूर्ण हुई है।

परिशिष्ट – इसमें अनेक उपयोगी विवरण दिये गये हैं।

1. इसमें अकार आदि क्रम से रयणसार (उत्तरार्द्ध) की गाथाएँ सूचीबद्ध हैं।

2. इसमें रत्नत्रयवर्धिनी टीका में प्रयुक्त संदर्भित प्राकृत व संस्कृत ग्रंथों की सूची है।

3. इसमें टीका में प्रयुक्त गाथाओं/पद्यों आदि की अकार आदि के क्रम से सूची दी गई है।

4. इसमें रत्नत्रयवर्धिनी टीका में चर्चित प्रमुख विषयों एवं भेद-प्रभेदों का निर्देश है।

अन्त में, पूज्य आचार्यश्री ने रत्नत्रयवर्धिनी टीका का समापन गांधीनगर (गुजरात) में श्री दिगम्बर जैन महावीर मंदिर के मध्य विराजमान देवाधिदेव भ. महावीर स्वामी के पादमूल में बैठकर चतुर्विध संघ एवं सकल दिगम्बर जैन समाज के सन्मुख, मंगल घंटानाद की ध्वनि के साथ, 2536 वीर निर्वाण महोत्सव के अवसर पर पूर्ण करते हुए, देवाधिदेव श्री भगवान महावीर स्वामी को नमस्कार कर, अपने गुरु प. पू. आचार्य श्री विमलसागर जी तथा प. पू. तपस्वी-सम्राट् आचार्य श्री सन्मतिसागर जी के युगल-चरणों में नमस्कार करते हुए, ग्रंथ चिरंजीवी रहता हुआ प्राणी-जगत् को जिनेन्द्र देव की वाणी का रसपान कराता रहेगा —ऐसी मंगल उद्घोषणा के साथ टीका पूर्ण की। मैं परमपूज्य प्रातःस्मरणीय, श्रुतसेवी, साहित्यमहोदधि, सिद्धान्तरत्न, अध्यात्मयोगी, चारित्रशिरोमणी, उपसर्गजयी श्रमणाचार्य श्री 108 विरागसागर जी महाराज के महान् कार्य की भूरि-भूरि प्रशंसा व स्तवन करता

हुआ उनके चरणों में सादर शीश झुकाता हूँ।

जहाँ चार पृष्ठ का एक लेख लिखने में भी पसीना आ जाता है, वहाँ पर उन्होंने वारसाणुवेक्खा पर सर्वोदया टीका, रयणसार ग्रंथ पर रत्नत्रयवर्द्धिनी टीका, लिङ्गपाहुड़ ग्रंथ पर श्रमणप्रबोधनी टीका, शीलपाहुड़ ग्रंथ पर श्रमणसंबोधनी टीका जैसी विशाल संस्कृत टीकाएँ लिखकर जो महान् कार्य किया, उसके लिये समस्त विद्वद्गण एवं विश्व की समस्त जैन-जैनेतर समाज ऋणी रहेगी।

'रयणसार' ग्रन्थ टीका व अनुवाद के बिना सामान्य श्रावकों के लिए पठनीय नहीं हो पा रहा था। किन्तु उक्त ग्रन्थ पर पूज्य गणाचार्य श्री विरागसागर जी मुनिराज ने 'रत्नत्रयवर्धिनी' संस्कृत टीका के रूप में विस्तृत व्याख्या कर विषय को विस्तार से समझाने का, सम-सामायिक श्रुत-निधि को जन-सामान्य तक पहुँचाने का तथा स्वाध्यायप्रेमियों को स्वाध्यायशील होने में महनीय उपकार किया है। यह जैन साहित्य के लिए इक्कीसवीं सदी के आरम्भ की एक विशेष उपलब्धि भी है, क्योंकि कहा भी है-

श्रमण सत्-साहित्य का सूर्य होता है। साहित्यकार तपते हुए सूर्य की तरह स्व-पर प्रकाशक होता है। अतः साहित्यकार की सत्-साधना का प्रतिफल साहित्य के रूप में समाज को प्राप्त होता है। इसीलिए साहित्य समाज का गुरु होता है। साहित्य अंतश्चेतना का आत्मभूत ज्ञान होता है। समाज को जीवन की अनेक आवश्यक उपलब्धियाँ साहित्य से प्राप्त होती हैं। साथ ही हमारे अतीत, वर्तमान और भविष्य के ज्ञान का कोष साहित्य होता है। ऐसे उत्कृष्ट साहित्य के लेखकों, टीकाकारों की शृंखला में पू. गणाचार्य श्री विरागसागर जी अग्र-गण्य हैं। श्रुतधर श्रमण शिष्यों की परम्परा की भी ये अनुपम देन हैं। श्रुत और श्रमण के संरक्षण-सम्वर्द्धन से सम्बद्ध उनके प्रयास से साहित्य व समाज उपकृत हुआ है। ऐसे पूज्य गणाचार्य श्री विरागसागर जी मुनिराज वर्तमान युग के आदर्श श्रमण हैं।

प्रस्तुत 'रत्नत्रयवर्धिनी' संस्कृत टीका के टीकाकार गणाचार्य श्री विरागसागर जी द्वारा प्रयुक्त गद्य-पद्य शैली में पूर्वाचार्यों की शैली की अर्थबोधकता अन्तर्निहित है। इस टीका की विशेषता यह भी है कि टीकाकार ने अपने विवेच्य विषय की पुष्टि हेतु प्राचीन आचार्यों के ग्रन्थों से प्रमाण स्वरूप अनेक गाथाओं, श्लोकों आदि के जो भी सन्दर्भ उद्धृत किये हैं, उन ग्रन्थों या आचार्यों के नाम, संख्या आदि के विवरण भी निष्ठापूर्वक सन्दर्भित किये हैं।

आभार - रत्नत्रयवर्धिनी टीका, लिखना जितना कठिन था, उतना ही कठिन कार्य सम्पादन का था, इसके लिये पं. श्री नेमिचंद जी खुरई, डॉ. श्री सन्मत जी जयपुर, पं. श्री मोतीलाल जी सागर ने सर्वप्रथम प्रयास किया था, पर अन्त में सभी ने यही निर्णय लिया कि यह कार्य डॉ. दामोदर शास्त्री, लाडनूं ही कर सकेंगे, क्योंकि वे विलक्षण बुद्धि व क्षमता के धनी हैं। प्राकृत, संस्कृत में उनका अनुपम पांडित्य है तथा जैनागम का भी गहरा ज्ञान है। परिणामस्वरूप यह कार्य उन्हें ही सौंपा गया। तब तक टीका की और भी अपेक्षित सामग्री जुड़ती गई। टाईप होते-होते भी नये-नये चिंतन और आगम-वाक्यों ने टीका को वृहद्रूप

दिया। डॉ. दामोदर शास्त्री ने जैन विश्वभारती संस्थान में विभागाध्यक्ष जैसे कार्य में व्यस्त होते हुए भी सम्पादन-कार्य को अत्यन्त हर्ष और उत्साह से अपने हाथ में लिया और बड़ी निष्ठा के साथ स्वास्थ्य-मौसम आदि विभिन्न कठनाइयों को झेलते हुए भी लगभग पाँच वर्ष में यह कार्य पूर्ण किया। उनका मानना रहा है, समय भले ज्यादा लगे, पर कार्य उत्तमोत्तम होना चाहिए। प्राकृत साहित्य के क्षेत्र में उत्कृष्ट सेवा के लिए उन्हें भारत सरकार के 'राष्ट्रपति पुरस्कार' से भी इस वर्ष सम्मानित किया गया है। उनकी प्रतिभा का श्रेष्ठ सम्मान देख हम यही कहेंगे कि यह सम्मान उनके द्वारा किये गये टीकाद्वय के सम्पादन कार्य के फलस्वरूप आचार्य श्री विरागसागर जी द्वारा प्रदत्त शुभाशीष का ही फल है।

इस टीका के टाइप करने में श्री आनन्द शास्त्री का भी सराहनीय कार्य था कि जिन्होंने अच्छे, सुन्दर और शुद्ध रूप से टीका को टाइप किया। अनेकों बार पूज्य आचार्यश्री के पास भेजा तथा आचार्यश्री द्वारा बार-बार किये गये संशोधन एवं नये-नये मेटर को जोड़ने में भी कभी खिन्नता प्रकट नहीं की और समग्र कार्य को बड़ी लगन से पूर्ण किया।

अंत में, मैं भारतीय ज्ञानपीठ संस्था का भी आभार मानता हूँ, जिसने इस ग्रंथ को हार्दिक रुचि के साथ संपन्न, प.पू. गणाचार्य श्री विरागसागर जी के राष्ट्रीय रजत आचार्य पदारोहण वर्ष में इसे प्रकाशित कर सुधी श्रावकों को मानों महोत्सव का प्रसाद ही वितरण कर एक सराहनीय कार्य किया, इसके लिये उस संस्था के प्रति तथा अन्य भी प्रत्यक्ष व अप्रत्यक्ष रूप से सहयोग करने वालों के प्रति हम आभार व्यक्त करते हुए हार्दिक बधाई देते हैं।

सर्वजनहिताय, सर्वजनसुखाय रचित 'रत्नत्रयवर्धिनी' टीका की संस्कृत भाषा का सरल हिन्दी अनुवाद करने के लिए भारतीय दर्शन, साहित्य तथा प्राकृत, संस्कृत भाषाओं के विशेषज्ञ ख्यातिप्राप्त मनीषी प्रो. दामोदर शास्त्री जी को मैं अपनी ओर से हार्दिक बधाई प्रेषित करता हूँ। उनकी यह सतत साहित्य-साधना अक्षुण्ण दैदीप्यमान रहे, यह वीर प्रभु से प्रार्थना है।

—0—

रत्नत्रयवर्धिनी-टीकाकार

(प. पू. गणाचार्य श्री 108 विरागसागर जी महामुनिराज)

का

तपःपूत संघीय व साहित्यिक व्यक्तित्व

○ **श्रमणी आर्यिका विशिष्टश्री माताजी**

भारत की पावन धरती भी, जिनके गीत सुनाती है,
चर्या की खुशबू हर पल ही, हम सब को महकाती है।
जिनके आदर्शों की महिमा, सारी जग-सृष्टि गाती है,
ऐसे गुरुवर के चरणों में, जगती झुक-झुक जाती है।।

जी हाँ, समय-समय पर भारतीय वसुंधरा ने अनेकों महापुरुषों को जन्म देने का सौभाग्य प्राप्त किया है। सम्प्रति युग की महान विभूतियों में से एक अतिशय महिमावंत विभूति, जो क्षितिज पर दैदीप्यमान आदित्य की तरह दमक रहे हैं, जिनके बहुआयामी व्यक्तित्व को हम न तो कह सकते हैं, न लिख सकते हैं, फिर भी सूरज को दीपक दिखाने की सूक्ति को सार्थक कर रहे हैं, उनके अनुपम जीवन-चारित्र पर...

1. बुन्देलखण्ड की पावन धरा पर पूर्व में सिद्धक्षेत्र कुण्डलपुर तथा उत्तर में सिद्धक्षेत्र नैनागिरी के दक्षिण में पटेरिया, बीना-बारहा, रहली, पश्चिम में मंगलगिरि सागर के मध्य कटनी रेल्वे लाईन पर तथा सागर-दमोह हाईवे के किनारे सुनार नदी के तट एवं अरावती पर्वत-शृंखला के तट पर बसा पथरिया (जिला दमोह, म.प्र.) नगर है, जहां पहले एक मंदिर तथा समाज के 40 घर थे, पर आज 7 मंदिर और 400 घर हैं।

2. परदादा - श्रीमान् बंशीलाल जी, गोलापूर्व - फुसकेलेवंश के एक नक्षत्र थे, जिनके हरप्रसाद जी, श्री बाबूलाल जी, श्री जमनाप्रसाद जी पुत्र थे। दादा-दादी— श्रीमान् बाबूलाल जी - श्रीमती गुमाना बाई की पुत्री शांतिबाई (बुआ) एवं पुत्र कपूरचंद जी थे (समाधिस्थ - मुनि विश्ववंद्यसागर जी) एवं पुत्रवधू - श्यामा देवी जी (समाधिस्थ - आ. विशांतश्री माता जी) की कुक्षी से चार पुत्र श्री अरविन्द कुमार, विजय कुमार, सुरेन्द्र कुमार, नरेन्द्र कुमार तथा दो पुत्री श्रीमती मीना-वसंतकुमार जैन (नोहटा), श्रीमती विमला-सुरेशकुमार जैन (सागर) ने जन्म लिया।

3. प्रथम पुत्र अरविन्द का जन्म 2 मई 1963 गुरुवार (वि.सं. 2020 वैशाख शुक्ल 9) को रात्रि 9:00 बजे हुआ था। आप ही कालान्तर में इस बुंदेली धरती के देवता परम पूज्य गुरुदेव गणाचार्य विरागसागर जी के नाम से प्रसिद्ध हुए।

4. जब आप गर्भस्थ थे, तब माँ को मुनियों को आहार देने, उनके सत्संग में रहने तथा तीर्थयात्रा करने के दोहले हुआ करते थे।

5. जन्म के बाद जब आप शैशव अवस्था में थे तो हर किसी के साथ मंदिर जाते थे।

6. लगभग दो वर्ष की उम्र में आपने बिच्छू के साथ क्रीड़ा की थी।

7. लगभग तीन वर्ष की उम्र में आपने एक दिन हाथ में झाडू-लोटा ले अपनी माँ से कहा था- माँ मुझे पड़गाओ, मैं मुनि महाराज हूँ।

8. 8-9 वर्ष की उम्र में आपने माँ के लिए लकवा होने व जल जाने के समय बड़ी निष्ठा के साथ मातृसेवा का एवं अपने अनुजों को संभालने का महत्त्वपूर्ण दायित्व निभाया था।

9. प्रारम्भिक प्रायमरी शिक्षा आपकी पथरिया (म.प्र.) में ही हुई। 10 वर्ष की उम्र में आपने श्री शांतिनिकेतन जैन संस्कृत विद्यालय, कटनी में प्रवेश लेकर जैन धर्म के मूर्धन्य विद्वान पं. श्री जगनमोहन लाल जी, पं. धन्यकुमार जी-इन्दौर, पं. पद्मचंद जी, पं. हीराप्रसाद जी-इन्दौर, पं. श्रुतसागर जी-शाहपुर आदि से रत्नकरण्डश्रावकाचार, तत्त्वार्थसूत्र, पुरुषार्थसिद्ध्युपाय, गोम्मटसार, सर्वार्थसिद्धि जैसे ग्रंथों का अध्ययन कर परीक्षा में उत्तीर्णता प्राप्त की थी। साथ ही पं. दादूराम जी त्रिपाठी से संस्कृत व्याकरण (लघु सिद्धान्तकौमुदी एवं मध्य सिद्धान्तकौमुदी), न्याय, दर्शन तथा साहित्य में निष्णातता पायी थी।

10. 14-15 वर्ष की लघु वय में आप ट्यूशन पढ़ते नहीं, किन्तु पढ़ाते थे।

11. लगभग 16 वर्ष की उम्र में आपने प.पू. तपस्वी-सम्राट आचार्य श्री सन्मतिसागर जी से शूद्रजल का आजीवन त्याग एवं ब्रह्मचर्य व्रत लिया।

12. आप ब्रह्मचारी अवस्था में केवल 20 घंटे रहे, पश्चात् आपकी 20 फरवरी 1980 (वि.सं. 2036 फाल्गुन शुक्ल 5) को बुढ़ार, म. प्र. में 16 वर्ष (16 वर्ष 7 माह 17 दिन 20 घण्टे) माह की उम्र में लगभग सायं 4:50 पर क्षुल्लक दीक्षा हो गई।

13. क्षुल्लक अवस्था में आपको गुरुदेव आचार्य सन्मतिसागर जी के ही कमरे में रहने, प्रतिदिन उनके ही साथ आहार करने एवं गुरु-सेवा निकट से करने का सौभाग्य मिला।

14. आपने प.पू. गुरुदेव की आज्ञा से कारंजा (लाड) में लगातार दो वर्ष तक सिद्धान्तप्रवेशिका, गुणस्थान-दर्पण, समयसार, प्रवचनसार, पंचास्तिकाय, पंचाध्यायी, व्याकरण, सर्वार्थसिद्धि आदि ग्रंथों की पढ़ाई की। ब्रह्मचारी माणिकचन्द्र जी, पं. धन्यकुमार भोरे, पं. विष्णु साव जी, ब्र. श्री मञ्जाताई, श्रीमती विजयाताई पढ़ाने वालों में प्रमुख थे।

15. इसी बीच, कर्मोदय से आपको तपेदिक की बीमारी हो गई। जो सेकेण्ड स्टेज पर पहुँच चुकी थी। डॉक्टरों, वैद्यों ने इंग्लिश दवा लेने का आग्रह किया, पर आप अशुद्ध दवाएँ, इंजेक्सन, कैप्सूल आदि नहीं लेना चाहते थे। विद्वानों, श्रेष्ठियों, तथा समाज का विशेष आग्रह था, किन्तु बार-बार मना करने पर जब कोई न माना तो आपने चन्द्रप्रभू भगवान के समक्ष भीष्म प्रतिज्ञा लेते हुए कहा- हे प्रभो! मैं अपने व्रतों में

दोष नहीं लगने देना चाहता हूँ, अतः देशी दवा ही लूँगा, इँग्लिश नहीं। यदि ठीक हो गया तो शीघ्र ही निर्ग्रन्थ दिगम्बर दीक्षा ले लूँगा, अन्यथा समाधि लूँगा, आदि प्रतिज्ञा का इतना अच्छा प्रभाव पड़ा कि आप थोड़े ही दिनों में पूर्णतः स्वस्थ हो गये।

16. अतिशय क्षेत्र कचनेर में जब प.पू. आचार्य श्री विमलसागर जी ससंघ विराजमान थे, तब आप उनके दर्शनार्थ गये। साथ में ब्र.श्री कुमार भी थे। पूज्य आचार्य श्री ने दोनों को देखते हुए कहा- ये दो बाल वत्स दीक्षार्थ आये हैं, इनकी यहाँ दीक्षा होगी। दोनों चौंके जरूर, पर कहा कि हम लोग दर्शनार्थ आये हैं। पूज्य आचार्यश्री ने कहा कि भले ही दर्शनार्थ आये हो, पर दीक्षा लेकर ही जाओगे। और ऐसा ही हुआ, 20 वर्ष (20 वर्ष 7 माह 6 दिन 18 घण्टे) की उम्र में 9 दिसम्बर 1983 (वि.सं. 2040 मगसर शुक्ल 5) दोपहर 3:00 बजे आपकी मुनि दीक्षा एवं ब्र. श्रीकुमार की ऐलक दीक्षा हुई। दोनों का नाम क्रमशः मुनि विरागसागर तथा ऐलक सिद्धान्तसागर रखा गया।

17. आपने दीक्षा-शिक्षा-गुरु के मुख से द्रव्यसंग्रह, परीक्षामुख सूत्र, कातंत्रव्याकरण, मूलाचार, भगवती आराधना, पुरुषार्थसिद्ध्युपाय (लालाराम कृत टीका), न्यायदीपिका, प्रमेयरत्नमाला, प्रमेयकमलमार्तण्ड आदि ग्रंथ पढ़े।

18. प.पू. वात्सल्यदिवाकर गुरुदेव आ. श्री विमलसागर जी के साथ सन् 1987 में जयपुर का वर्षायोग किया तथा प.पू. तपस्वी-सम्राट आचार्य श्री सन्मतिसागर जी के साथ 1980, 1981 तथा 2007 के वर्षायोग क्रमशः दुर्ग, नागपुर एवं उदगांव में सानंद किये।

19. आप क्षुल्लक अवस्था में जब तक तपस्वी-सम्राट आचार्य सन्मतिसागर जी के साथ रहे, प्रायः उन्हीं के कमरे में रहते थे तथा उन्हीं के साथ आहारार्थ जाया करते थे। 2007 के वर्षायोग में तो इनकी एक साथ परिक्रमा तथा एक साथ पूजा होती थी। कार्यक्रमों तथा नगर-प्रवेश या विहार के समय तो दो थालियों में एक साथ पाद प्रक्षालन होते थे। दोनों आचार्य एक ही पाटे पर बैठते थे। वार्षिक प्रतिक्रमण पूज्य आचार्य श्री ने समस्त संघ को पूज्य आचार्य श्री विरागसागर जी के सान्निध्य में करने का आदेश दिया था तथा प्रायश्चित्त भी पूज्य आचार्य विरागसागर जी से ही दिलाया था।

20. आपके लिये प्रायः 10 आचार्यों ने आचार्य पद की घोषणाएँ की। अंत में प.पू. आचार्य श्री विमलसागर जी एवं आचार्य श्री सन्मतिसागर जी महाराज की आज्ञा से तथा आचार्य सुमतिसागर जी द्वारा प्रेषित नूतन पिच्छी एवं पूज्य आचार्य श्री विद्यासागर जी ने आशीर्वाद भेजा। शताधिक विद्वानों एवं पन्द्रह हजार जनसमूह के बीच सिंहासन सहित उठाकर स्वस्तिक पर विराजमान कर (वि.सं. 2049 कार्तिक शुक्ला 13) 8.11.1992 में 30 वर्ष (29 वर्ष 6 माह 5 दिन 18 घण्टे) की उम्र में लगभग तीन बजे सायं द्रोणगिरी सिद्धक्षेत्र में आचार्य पद पर प्रतिष्ठित किया गया था।

21. जैन धर्म के सर्वाधिक प्राचीन ग्रंथाधिराज षट्खण्डागम-धवला टीका की 16 पुस्तकों की पाँच वर्ष में क्रमशः श्रेयांसगिरि (म.प्र.), दमोह (म.प्र.), द्रोणगिरी, टीकमगढ़, शाहगढ़, बीना, कटनी, सागर, ललितपुर, छतरपुर, पन्ना, देवेन्द्रनगर, सतना में सारगर्भित वाचनाएँ हुईं तथा ग्रंथाधिराज कषायपाहुड़ की 16 पुस्तकों में से सात पुस्तकों की जबलपुर, उस्मानपुरा (गुजरात), तारंगा जी (गुजरात), ऋषभदेव जी (राजस्थान), बांसवाड़ा (राजस्थान), केकड़ी (राजस्थान), ब्रजपुर (म.प्र.), ललितपुर (उ.प्र.), मुरैना (म.प्र.) में वाचनाएँ

हुईं, जिसे देख मूड़बिद्री के भट्टारक श्री चारुकीर्ति ने आपको 'सिद्धान्तरत्न' की उपाधि दी थी।

22. विभिन्न स्थानों पर अनकों विद्वत गोष्ठियाँ हुईं, जिनमें अधिकतम शताधिक विद्वानों ने भाग लिया।

23. आपने आचार्य कुन्दकुन्द देव कृत बारसाणुवेक्खा ग्रंथ पर सर्वोदया नामक ग्यारह सौ पृष्ठीय संस्कृत टीका लिखी, जिस ग्रंथ पर शताधिक विद्वानों की संगोष्ठी हुई, जिसमें लगभग 65 विद्वानों के आलेख वाचन पर 'सर्वोदया टीका अनुशीलन ग्रंथ' का (400 पृष्ठों में) प्रकाशन हुआ।

24. सर्वोदया टीका लेखन पर जो राष्ट्रीय ओपन यूनिवर्सिटी, मुम्बई की डीन प्रेसीडेंट मास्टर मेहर मेडम मूस आदि द्वारा आपको डॉक्ट्रेट उपाधि से सम्मानित किया गया।

25. आचार्य कुन्दकुन्द देव द्वारा ही रचित 'रयणसार' ग्रंथ पर भी आपने लगभग 1300 पृष्ठीय - रत्नत्रयवर्धिनी संस्कृत टीका लिखी, जिसका सन् 2017 में झाँसी में आयोजित यति सम्मेलन युग प्रतिक्रमण के वृहत आयोजन के अवसर पर शताधिक विद्वानों की उपस्थिति में विमोचन व विद्वत संगोष्ठी कार्यक्रम सम्पन्न हुआ था।

26. सर्वोदय टीका व रत्नत्रयवर्धिनी के अलावा आपके द्वारा आचार्य श्री कुन्दकुन्द के पाहुडद्वय पर लिखित 'श्रमण प्रबोधिनी' एवं 'श्रमणसम्बोधिनी' संस्कृत टीका का प्रकाशन भारतीय ज्ञानपीठ से होने जा रहा है तथा आचार्य माघनन्दि-कृत शास्त्रसारसमुच्चय ग्रन्थ पर तीन हजार चूर्णिसूत्र भी लिखे हैं। आपने आचार्य कुन्दकुन्द-कृत प्राकृत भक्तियों में शेष रही प्राकृत चेईय भत्ति, दंसण पाठो णिव्वाण भत्ति, सिरी तित्थयर भति, नंदीसर भत्ति, अरहद् भत्ति, संति थुति, संति भत्ति, समाहि भत्ति, गुरु भत्ति लिखी हैं तथा अनेक पाइयवत्ता, पाइयकहा एवं प्राकृत - संस्कृत भक्तियाँ भी लिखी है। इसके अतिरिक्त, अनेक लघुग्रन्थों की रचना भी आपके द्वारा की गई है, जिनमें से कुछ का उल्लेख यहाँ किया जा रहा है— **शोधपूर्ण साहित्य** (1) शुद्धोपयोग (इस ग्रंथ पर शताधिक विद्वानों द्वारा समीक्षाएँ लिखी जा चुकी हैं), (2) सम्यग्दर्शन (इस ग्रंथ पर भी अनेकों विद्वानों के अनुशीलन प्रकाशित हो चुके हैं), (3) आगमचक्खू साहू (इस ग्रंथ को अनेकों आचार्य-संघों में सराहा गया है), (4) सल्लेखना से समाधि (इस ग्रन्थ पर भी विद्वत गोष्ठी हो चुकी है), (5) परम दिगम्बर जैन मुनि (यह ग्रंथ लगभग 5 भाषाओं में प्रकाशित हुआ है), (6) संत साधना के प्रेरक प्रसंग (7) सर्वोदयी दिगम्बर जैन धर्म (8) तीर्थंकर दिव्य दर्शन (9) तीर्थंकर दर्शन (10) व्यसन विचार (11) फूल नहीं हैं काटें (12) संस्कार सुरभि (13) जिनेन्द्र दर्शन-जिनेन्द्र पूजन (14) आध्यात्मिक शंका समाधान (15) आध्यात्मिक तत्त्व चर्चा **चिन्तन साहित्य** (16) चैतन्य चिंतन-भाग - 1, 2, 3, (17) **बालोपयोगी साहित्य** बाल विज्ञान, भाग 1, 2, 3, 4, (18) कर्म विज्ञान भाग - 1,2,3, **कथा साहित्य** (19) नैतिक कथा मंजूषा भाग - 1,2 **अनुवाद साहित्य** (20) वारसाणुवेक्खा (21) परम रत्नार्चना संग्रह (22) सामायिक पाठ **पद्य साहित्य** (23) भावों के विशुद्ध क्षण (24) मुक्ताञ्जलि, भाग 1, 2, (25) नवदेवता निर्वाण क्षेत्र पूजा **संकलित/सम्पादित साहित्य** (26) पद्मपुराण प्रश्नोत्तरी, (27) स्तोत्र भारती, (28) छहढाला, (29) तत्त्वार्थ सूत्र, (30) द्रव्य संग्रह, (31) इष्टोपदेश (32) साधना से समाधि (33) विमल नित्य पाठावली, (34) आराधना (35) सुभाषित सहस्र (36) आप्त अर्चना, (37) मानतुंग की अमर भक्ति (38) साधना (39) अनुप्रेक्षा (40) जिनागम दीप (41) सम्मेद शिखर विधान (42) चारित्र शुद्धिव्रत (43) करुणामूर्ति संत (44) तपस्वी सम्राट (45) यज्ञोपवीत विधि (46) साधना के सोपान **एकांकी/नाटक साहित्य** (47) सत्यमित्र सत्यदृष्टि (48) प्रद्युम्नहरण **प. पू. आचार्य श्री पर आधारित साहित्य** (49) विरागाभिवन्दन (50) निःस्पृही संत (51) विरागसेतु (52) संतकाव्य की परम्परा में आचार्य विरागसागर (53) कमल से महाकमल (54) घटनाएँ ये जीवन की

(55) दिगम्बरत्व के चितेरे (56) विरागसिंधु की ऊर्मियां (57) विरागवाटिका (58) भक्ति की झंकार भाग - 1,2,3 **प्रवचन साहित्य** (59) धर्म पीयूष (60) ऐसे चलो मिलेगी राह (61) दूर नहीं है मंजिल (62) उड़ रे पंछी धीरे-धीरे (63) तीर्थंकर वर्धमान (64) पहले देव-पूजा फिर काम दूजा (65) तीर्थंकर ऐसे बनो (66) तट की ओर (67) सिर्फ दो प्रवचन (68) इष्टोपदेश (69) कल्याणक महोत्सव (70) दान तीर्थ (71) धर्म के दश सोपान (72) जीवों पर दया करो, शुद्ध शाकाहार करो (73) बुराइयाँ ही जेल, अच्छाइयाँ ही मुक्ति (74) प्रवचन वर्षा (75) कर्तव्यमेव कर्तव्यं (76) श्रद्धा प्रसून (77) मोक्ष की राह (78) विरागामृत (79) समाधितंत्र (80) समयोचित शिक्षाएँ, भाग 1, 2, 3, (81) विराग मंथन (82) रजत पुष्प (83) अक्षय निधि (84) कहानी सबसे सुहानी (85) संस्कार की लहरें (86) चलो-चलें प्रभु दर्शन को (87) आध्यात्मिक दश धर्म प्रवचन (88) घर-घर की कहानी (89) पर्यूषण निधि (90) ऐसे बनायें घर को स्वर्ग (पद्मनंदि पंचविशतिं : (91) अधिकार 1 धर्मोपदेशामृतम् (92) अधिकार 2 दानोपदेश (प्रवचन), (93) अधिकार 3 अनित्य पंचाशत् , (94) अधिकार 4-5 एकत्व सप्तति तथा यतिभावनाष्टकम्, (95) अधिकार 6 उपासक संस्कार, (96) अधिकार 8-9 सिद्ध स्तुति एवं आलोचना (97) आचार्य विरागसागर साहित्य दर्शन, (98) मेरी भावना (प्रवचन), (99) फॉर यूथ प्रोग्रेस 1-2, (100) रत्न करण्ड श्रावकाचार (प्रवचन भाग -1), (101) सामायिक पाठ (प्रवचन), (102) विराग संध्या, (103) विराग अर्चना, (104) स्वर्ण पुष्प, (105) अपनी -अपनी आभायें (षट् लेश्या) (प्रवचन), (106) क्यूँ इतना अभिमान है, (107) सिद्धों का खजाना, (108) अपने नैतिक कर्तव्य, (109) श्रुतज्ञानवर्धक विधान, (110) अंग-अंग से झरता बोध, (111) मानतुंग की अमर भक्ति, **स्मारिका साहित्य** (112) अहिंसा व्यसनमुक्ति एवं शाकाहार (113) विराग वाणी (114) विरागोत्सव, (115) विरागादर्श, विरागप्रभावना (116) स्वर्णिम विरागाञ्जलि आदि अनेक ग्रन्थ-पुष्पों द्वारा संसारी प्राणियों के लिए सन्मार्गदर्शक बन कर, रत्नत्रय की ओर अग्रसित करने में आप यत्नशील हैं।

28. आपके शोधात्मक ग्रंथों में शुद्धोपयोग, सम्यग्दर्शन, आगमचक्खू साहू, परम दिगम्बर जैन मुनि, सर्वोदयी दिगम्बर जैन धर्म, तीर्थंकर वर्धमान महावीर, तीर्थंकर दिव्य दर्शन, सल्लेखना से समाधि, व्यसन विचार, जिनेन्द्र-दर्शन-जिनेन्द्र पूजन, श्रमण आहारचर्या, आर्यिकाचर्या आदि कृतियाँ प्रसिद्ध हैं। वैसे तो आप द्वारा रचित पद्य, संकलन, संपादन एवं प्रवचन साहित्य के रूप में अंग्रेजी, हिंदी, तमिल, मराठी, गुजराती, कन्नड़ आदि भाषाओं में लगभग शताधिक कृतियाँ हैं।

29. स्कूल, कॉलेज, भिण्ड-दुर्ग-उदयपुर-जयपुर-चित्तौड़गढ़-इंदौर-पन्ना-नागपुर आदि के जेल, अजमेर न्यायालय, सार्वजनिक चौराहे, आदि पर आपके मार्मिक प्रवचन हुए। समय-समय पर आपके दर्शनार्थ भारत के भूतपूर्व राष्ट्रपति अब्दुल कलाम, श्रीमती प्रतिभा पाटिल, भूतपूर्व प्रधानमंत्री श्री एच.डी. देवगौड़ा, पूर्व उपप्रधानमंत्री श्री लालकृष्ण आडवाणी, मुख्यमंत्री श्री दिग्विजय सिंह (म.प्र.), श्री एच.डी. कुमारस्वामी (कर्नाटक), श्री अशोक गहलोत (राजस्थान), सुश्री उमा भारती (उ.प्र.), जस्टिस श्री एन. के. जैन, श्री ए.के. जैन, श्री जनार्दन व्यास, अजमेर, चीफ जस्टिस श्रीमती विमला जैन, श्री के. त्यागी अमंती राव (इलाहाबाद उच्चन्यायालय, उच्च न्यायाधीश) एवं अनेक मंत्री, सांसद, विधायक, कलेक्टर व न्यायाधीश पधारे।

30. सर्वधर्मसम्मेलनों में प्रसिद्ध दिगम्बराचार्य, भट्टारक जी, श्वेताम्बराचार्य, बौद्धाचार्य, शंकराचार्य, सिक्ख, दरगाह से सदर, ईसाई फादर, नन तथा प्रजापति ब्रह्मकुमारी आश्रम की बहिनें पधारीं।

31. आपने अनेकों स्थानों पर धार्मिक शिक्षण एवं प्रशिक्षण शिविर लगाये हैं।

32. आपकी प्रेरणा से भिण्ड में प्रायमरी मिडिल स्कूल, पन्ना में प्रायमरी हाईस्कूल, ब्रजपुर में मिडिल स्कूल, बीना में मिडिल, बी.एड. कॉलेज चल रहे हैं।

33. आपने अभी तक मध्यप्रदेश, उत्तरप्रदेश, राजस्थान, महाराष्ट्र, कर्नाटक, तमिलनाडु, छत्तीसगढ़, बिहार, झारखण्ड, गुजरात, उड़ीसा, हरियाणा, दिल्ली, पश्चिम बंगाल —इन 14 प्रान्तों में स्थित समस्त सिद्ध तथा अतिशय तीर्थ क्षेत्रों की पैदल-पैदल लगभग एक लाख (1,00000) कि.मी. की यात्रा कर ली है। आपने अभी तक 41 वर्षायोग किये हैं। क्षुल्लक अवस्था में (4) 1980 से दुर्ग (छत्तीसगढ़), नागपुर (महाराष्ट्र), कारंजा (महाराष्ट्र), कारंजा (महाराष्ट्र), मुनि अवस्था में (9) 1984 से भावनगर (गुजरात), पाँचवा (राजस्थान), निमाज (राजस्थान), जयपुर (राजस्थान), भिण्ड (मध्यप्रदेश), भिण्ड (म.प्र.), टीकमगढ़ (मध्यप्रदेश), अतिशय क्षेत्र श्रेयांसगिरी (मध्यप्रदेश), सिद्धक्षेत्र द्रौणगिरी (मध्यप्रदेश), आचार्य अवस्था में (24) 1993 से अ. क्षे. श्रेयांसगिरी (मध्यप्रदेश), बीना (म.प्र.), ललितपुर (उ.प्र.), जबलपुर (म.प्र.), भिण्ड (मध्यप्रदेश), भिण्ड (मध्यप्रदेश), भिण्ड (म.प्र.), सि.क्षे. सम्मेदशिखर जी (झारखण्ड), गया (बिहार), श्रेयांसगिरी (मध्यप्रदेश), भिलाई (छत्तीसगढ़), कारंजा (महाराष्ट्र), अ. क्षे. मूड़बिद्रि (कर्नाटक), अ.क्षे. मेलचित्तामूर (तमिलनाडु), ऊदगांव (महाराष्ट्र), मुम्बई (महाराष्ट्र), गाँधीनगर (गुजरात), लोहारिया (राजस्थान), अजमेर (राजस्थान),जयपुर (राजस्थान), इंदौर (मध्यप्रदेश), अ.क्षे. श्रेयांसगिरी (म.प्र.), पथरिया (म.प्र.), भिण्ड (म.प्र.), एनसीआर दिल्ली गाजियाबाद (उ.प्र.), सम्मेद शिखर (झारखण्ड), कोलकाता (पं. बंगाल), भिण्ड (म.प्र.)।

34. प.पू. दीक्षासिद्धहस्त अनेकसमाधिनिर्यापकाचार्य गणाचार्य श्री 108 विरागसागर जी गुरुदेव द्वारा तथा उनके शिष्यों द्वारा सन् 2019 तक प्रदत्त दीक्षाओं एवं समाधि का विवरण—

पदस्थ	कुल दीक्षित	निर्यापकत्व में समाधि	समाधि सहयोग	स्वास्थ्य लाभ	अन्य दीक्षित	बहिष्कृत	वर्तमान शिष्य	उपसंघ	दीक्षित प्रशिष्य	समाधिस्थ प्रशिष्य	वर्तमान प्रशिष्य
श्रमणाचार्य	9						9	11	1		1
श्रमण मुनि	90	43	3	8	1	1	42	33	87	12+2*	73
गणिनी आर्यिका	4		2				4	4			
श्रमणी आर्यिका	71	22	7	5	1	3	41	14	58	11+1*	46
ऐलक	5			1	1	2	1		4	1*	3
क्षुल्लक	23	4	–	3	4	2	10	2	14	5+2*	7
क्षुल्लिका	30	5	1	3			22	1	22	8	14
गृ.व्रती श्रावक	5000	10	2								
गृ. व्रती श्राविका	8000	18	4								
योग	232	102	19	20	7	8	129	65	186	36+6*	144

कुल दीक्षित शिष्य - प्रशिष्य = 232 + 186 = 418

कुल समाधिस्थ (शिष्य-प्रशिष्य) = (102+19)+36=157 तथा अनेक पशु-पक्षी तिर्यंच (लगभग 25)

वर्तमान (शिष्य + प्रशिष्य) = 129 + 144 = 273

*स्वास्थ्य लाभ/अन्य दीक्षित प्रशिष्यगण

प. पू. गुरुदेव द्वारा समय-समय पर वैराग्य भावों से ओतप्रोत मुमुक्षुओं को वृहद संख्या में जैनेश्वरी दीक्षाएँ प्रदान की गयी जिसमें श्रवणवेलगोला, उदयपुर में 26, जयपुर व दिल्ली में 25-25 ललितपुर में 21 , सागर में 17, देवेन्द्रनगर, बरासौं व पथरिया में 13-13, किशनगढ़ में 11, नागपुर व गांधीनगर में 8-8 एवं भिंड, आहारजी, शौरीपुर-बटेश्वर, गिरनार जी, इन्दौर व सम्मेद शिखर जी में प्रदान की गई 7-7 दीक्षाएँ प्रमुख हैं।

इस विशाल संघ को देख प.पू. गणधराचार्य श्री कुन्थुसागर जी महाराज ने आपको **'श्रमणरत्नाकर'** उपाधि से संबोधा।

35. **वात्सल्य** - आप इतने वात्सल्यस्वभावी हैं कि आपकी शरण में आबालवृद्ध सभी साधक आश्रय चाहते हैं।

36. **दिशानिर्देश** - आप प्राय: प्रतिदिन अपने शिष्यों को प्रशिक्षण भी देते हैं तथा यथाविधि प्रोत्साहन व सहयोग करते हैं। प्रतिदिन शास्त्रीय शिक्षा के साथ नैतिक शिक्षा भी देते हैं।

37. **शिक्षा** - आपके संघ में सभी साधुओं के मध्य 3 बार स्वाध्याय होता है। विभिन्न आगम ग्रंथों की कक्षाएँ भी लगती हैं तथा पठित विषय की लिखित व मौखिक परीक्षा भी होती है। आप आगम की गूढ़तम बातों को सरलतम तरीके से समझाते हैं। यही कारण है कि श्रवणबेलगोला के भट्टारक जी ने आपके संघ को 'चलती-फिरती यूनिवर्सिटी' कहा था।

38. **अनुशासन** - आपके संघस्थ साधुगण अपने क्रमिक नं. से ही उठना-बैठना, चलना-सोना व आहार चर्या को जाना आदि करते हैं। विहार में भी सभी एक साथ चलते हैं। कोई भी सामग्री की आवश्यकता हो तो बिना गुरु-आज्ञा से नहीं लेते-देते हैं, गुरु से ही मांगते हैं। अन्य से नहीं, गुरु भी उचित समय शीघ्र ही, उसकी आपूर्ति करा देते हैं।

39. **संघ-व्यवस्था**- संघस्थ साधुगण प्रत्येक साधक की अस्वस्थता में सेवा व वैय्यावृत्ति करते, आहार कराने जाते हैं, पाठ सुनाते हैं, आवश्यक क्रियाओं को कराते हैं।

40. संघ में माता-बहिनें जरूर रहती हैं, पर वे सभी अपनी अपनी मर्यादाओं में रहती हैं। वे स्वतंत्र रूप से परस्पर चर्चा, कोई भी सामग्री का आदान-प्रदान नहीं कर सकते हैं। संघ में मंत्र-तंत्र नहीं होता है। एक बार किसी साधक ने उक्त मर्यादा का उल्लंघन कर दिया। वे माता बहिनों से स्वतंत्र चर्चाएँ करने लगे, झूठी दैविक घोषणाएँ करने लगे कि 'यहाँ मन्दिर गड़ा हैं, मूर्ति गड़ी है, धन गड़ा है, अनेकों देवों ने मुझ से कहा है, छ: माह में निकलेगा, आदि पर आज तक नहीं निकला, महाराज एवं माताएँ मंत्र, तंत्र, गड़ा, ताबीज देने लगे, तब पूज्य आचार्य श्री ने प्रथम तो उन सबको अनेकों बार समझाया कि ऐसा न करें। जब नहीं माने ग्रुपबाजी करने लगे तब फिर उन्हें डाँटा, जिससे वे रुष्ट हो गये तथा उन लोगों ने ग्रुप बना लिया और पूज्य

आचार्य श्री के विरोध में बात करने लगे। उल्टा चोर कोतवाल को डाँटे-एक ब्रह्मचारी भी इस ग्रुप में शामिल हुए। प.पू. आचार्य श्री ने भिण्ड में सभी की शंकाओं का समाधान किया तथा उठाई गई चर्चाओं का प्रमाण मांगा। पर वे एक भी प्रमाण न दे सके, बल्कि हम भ्रम में थे, आवेग में थे, हमें क्षमा किया जाये आदि कहते हुए उन सबने पूज्य आचार्य श्री से, तथा सभी संघ के तथा समाज के प्रमुख लोगों के समक्ष क्षमा मांगी तथा प्रायश्चित्त मांगा और कहा कि यदि प्रायश्चित्त नहीं मिला तो हम समाधि ले लेंगे, आदि। अतः उन सबको प्रायश्चित्त दिया गया। पर कालान्तर में पुनः यथा, तथा हो गये, अतः उन्हें पुनः समाधान के लिये बुलाया गया। जब वे नहीं आये, तब सर्वसंघ ने उन्हें संघ से बहिष्कृत कर दिया और उनके द्वारा उठाई गई शंकाओं का समाधान श्रेयांसगिरी में सप्रमाण खुले मंच से किया गया और इसके बाद संघ ने पूर्ण मध्यस्थता रख ली, पर उनका प्रतिशोध और भड़कता गया, लेकिन संघ मध्यस्थ रहा। समस्त समाज को उद्वेलित करने वाले भिलाई के अपहरण काण्ड में तो प.पू. आचार्यश्री ने 36 घंटे की अखण्ड ध्यान-साधना के द्वारा अग्निपरीक्षा में उत्तीर्णता प्राप्त की। फिर भी उक्त लोगों ने झूठा मायाजाल रचने का प्रयास किया, पर उसका खण्डन जब उसी प्रमुख पात्र ने कर दिया, तब फिर वे शांत हुए। लेकिन आचार्य श्री ने कहीं भी अनुशासन-शिथिलता में समझौता नहीं किया। यदा-कदा और भी ऐसे प्रसंग आये, पर पूज्य आचार्यश्री अडिग रहे, तब कहीं समग्र समाज ने आचार्यश्री को घनघोर उपसर्गविजेता के रूप में पाया। तथा ईर्ष्यालु लोगों को "उपसर्ग पर उत्कर्ष की यात्रा" ने शांत कर दिया। इस यात्रा में अनेकों वरिष्ठ आचार्यों , विद्वानों, श्रेष्ठियों तथा भक्तों का भी महत्त्वपूर्ण योगदान रहा, जिसका हमें गौरव है। पू. गुरुदेव को समग्र छत्तीसगढ़ समाज ने 'उपसर्गविजेता' तथा कारंजा समाज ने 'चारित्रशिरोमणी' उपाधि से सम्मानित किया।

41. **व्रत** - कर्मदहन, भक्तामर, णमोकार पैंतीसी, सहस्रनाम, चारित्रशुद्धि, कर्मनिर्जरा, षड्रसी, नीतिसार, वचनगुप्ति, प्रत्याख्यान, अज्ञान-निवारण, समवसरण, चौंसठ ऋद्धि, दर्शनविशुद्धि, जिनगुणसंपत्ति, कल्याणमंदिर, तत्त्वार्थसूत्र, पंचविंशतिकल्याणभावना, मोक्षलक्ष्मीनिवास, भवसागर निवारण, केवल सुखदाष्टमी, सम्यक्त्व चतुर्विंशति ज्ञानाचार, केवलज्ञानव्रत, सप्तादि व्रत, भवरोगहराष्टमी व्रत, निश्चयनय व्रत, कल्पामर व्रत आदि।

42. **जाप** - वर्तमान 24 तीर्थंकर, बृहद् शांतिमंत्र, णमोकार मंत्र आदि अनेक मंत्रों की 3 करोड़ 80 लाख से अधिक जाप कर चुके हैं।

43. **तप-त्याग** - दही, तेल, सिंघाड़ा, बेर, करोंदा, टिंडा, जामुन, कमरख, कटहल, लबेड़े, कद्दू, तरबूज, खिन्नी, आलूबुखारा, अंगीठा, फालसा, स्ट्रॉबेरी, चेरी, भिंडी, रामफल, सीताफल,खुरवानी, तरकल, कुंदरू, नाशपाती, ककड़ी (पानी वाला) , आडू, नग, ककोरा तथा मटर के अलावा सभी प्रकार की फली एवं हरी पत्ती का त्याग है- (औषधि के रूप में छूट)। आजीवन दही-तेल रसपरित्याग तथा ऊनोदर तप का नियम है।

44. **विशेष नियम** - कूलर, पंखा, ए.सी., मोबाईल, नेलकटर, लेपटॉप का त्याग।

45. आपने 1008 दिन में सहस्रनाम का पाठ किया, 48 दिन तक भक्तामर का पाठ किया, 7-7 दिन में तीन बार पद्मपुराण पढ़ा, 5 दिन में 1 बार वर्द्धमान चरित्र पढ़ा, 3 दिन में 1 बार श्रेणिक चरित्र पढ़ा।

46. **चमत्कारिक प्रभाव** - देवों द्वारा वैय्यावृत्ति —भिण्ड, पाटे पर चरण उभरे-सागर, कारंजा, इचलकरंजी (दो बार), टीकमगढ़, जमीन पर चरण उभरे - कुरूंदवा, लोहरिया (तीन बार), अजमेर (दो बार),

लौड़ी (लवकुशनगर) में 1 बार, थाली में चरण उभरे- इंदौर में लगभग 5-6 जगह, श्रेयांसगिरी में 2 बार, पथरिया में 3 बार, चरणोदक का चमत्कार - कुएँ में पानी आया, आँखों की रोशनी आई, अनेकों लोगों के रोग शमन हुए।

47. **पंच कल्याणक** - गजरथ लगभग 82

48. **वेदी प्रतिष्ठा** - लगभग 65

49. **विशेष विधान** - 257

50. **तीर्थोद्धार नव निर्माण** - 130 जगह

51. **परीषह-जय—** कई बार आपने - ज्येष्ठ वैशाख माह की कड़ी धूप में खुली छत पर सामायिक की।

अनेकों बार-सामायिक में घनघोर पानी बरसता रहा, पर आप विचलित नहीं हुए।

अनेक बार - खेत की मिट्टी में शयन किया।

अनेक बार - आपने 6-6 घण्टे की सामायिक की।

अनेक बार - श्मशान घाटों में सामायिक की।

52. जंगलों में साधना - पाँचवा, किसनगढ़, निवाई, सम्मेदशिखर जी, राजगिरी, शाहगढ़, डेरापहाड़ी (छतरपुर), जयपुर (चूलगिरी), सोनागिरी जी, श्रेयांसगिरी, द्रोणगिरी, नैनागिरी जी, उदयगिरि-खण्डगिरि आदि तथा जंगलों में साधना एवं विहार करते समय सर्प, बिच्छू, जंगली भैंस, रोझ, नील गाय, हिरण आदि जानवर अनेक बार मिले, पर आप अपने पथ से विचलित नहीं हुए।

53. अनेकों बार आपकी व्रत-परिसंख्यान तप में विधि नहीं मिलने से उपवास हुए। यथा- एक कलश, तीन बादाम, मिट्टी का कलश, चीकू, अनार, तीन मिट्टी के कलश, पानी से भरा कलश, रंगोली, पुष्पराज आदि।

54. प.पू. आचार्य श्री भरत सागर जी की समाधि के पश्चात् पट्टाचार्य पद के लिये आपको प्रस्तावित किया गया, पर आपने लेने से इन्कार कर दिया। इसी प्रकार प.पू. तपस्वी-सम्राट आचार्य श्री सन्मतिसागर जी ने भी औरंगाबाद एवं ऊदगाँव में चर्चा के दौरान पट्टाचार्य की बात कही तथा संघस्थ साधुओं व संघपतियों ने पट्ट पर विराजमान होने की बात कही, पर आपने बड़ी नम्रता से कहा- मेरा इतना विशाल संघ है, फिर मैं पूज्य आचार्यश्री के संघ को कैसे संभाल सकूँगा। किसी अन्य सुयोग्य साधु का चयन करें, आदि। यह थी आपकी निःस्पृहता। जहां पद के लिये लड़ाई होती है, वहाँ आपने अलिप्तता दिखाई।

55. कुन्थुगिरी, श्रमणबेलगोला में विभिन्न संघों के लगभग 250 साधु-साध्वियों ने, ऊदगाँव में विभिन्न संघों के लगभग 80 साधु-साध्वियों ने आपके संघ को अनुशासित एवं चर्यानिष्ठ देख गौरवपूर्ण बहुमान दिया।

56. प. पू. तपस्वी-सम्राट आचार्य श्री सन्मतिसागर जी महाराज के सान्निध्य में आपका ''रजत मुनि दीक्षा दिवस'' सम्पूर्ण संघ एवं समाज की उपस्थिति में बड़े ही धूमधाम से मनाया तथा पूज्य आचार्य श्री सन्मतिसागर जी महाराज ने स्वयं का पिच्छी-कमण्डल प.पू. गणाचार्य श्री विरागसागर को भेंट किया तथा

''विमलकीर्ति'' की उपाधि से सम्मानित किया।

57. स्वर्ण जयन्ती महोत्सव पर आपके डेढ़ सौ (150) से अधिक शिष्य-प्रशिष्यों का बृहद् यति-सम्मेलन, युग-प्रतिक्रमण जयपुर में हुआ। उसमें 50 से अधिक त्यागी व्रती थे। लगभग 10,000 लोगों ने बड़ी चौपड़, जयपुर में अगवानी की, जिसमें 11 हाथी, 11 ऊँट, 21 घोड़े, 11 बैण्ड, 51 बग्घि तथा हेलीकॉप्टर से पुष्प वर्षा की गई। 7000 इन्द्र-इन्द्राणियों ने कल्पद्रुम महामण्डल में भाग लिया। लगभग 25,000 लोग लगातार 6:00 घण्टे चले युग-प्रतिक्रमण में अनुशासित रूप में शामिल थे। अखिलभारतवर्षीय विद्वत् गोष्ठी में शताधिक विद्वानों ने भाग लिया। यह एक ऐसी गोष्ठी थी जिसमें विद्वत् परिषद, शास्त्री परिषद्, ऋषभदेव परिषद् तथा टोडरमल स्मारक के प्रमुख सभी विद्वान् शामिल थे। पू. आचार्यश्री के द्वारा लिखी गई 'सर्वोदया' संस्कृत टीका का विमोचन राजस्थान के पूर्व मुख्यमंत्री अशोक जी गहलोत, केन्द्रीय मंत्री प्रदीप जी आदित्य ने किया था। इस आयोजना में महासभा, तीर्थक्षेत्र कमेटी एवं महासमिति के प्रायः सभी पदाधिकारी सम्मिलित हुए थे। आयोजना के आयोजक श्री मालचंद जी रावका ने इस सारे आयोजन को भवानी निकेतन में 4 एकड़ की जमीन पर ''विराग नगर'' के रूप में आयोजित किया था। इसमें 80 × 150 के 7 बड़े रूम थे, 15 × 12 के 90 प्लाई के कमरे, साधु-संघ के लिये थे, 15 × 12 के 90 चौके के लिये कमरे थे, 15 × 12 के 250 विशिष्ट यात्री रूम थे, 15 × 12 के 50 ए.सी. रूम थे, 100 यातायात बसें थीं, 1000 कर्मचारी थे, 200 सुरक्षा कर्मी थे, 50 सी.सी. कैमरे थे। चौकों की मर्यादित सामग्री के 3 स्टोर रूम थे, जिनकी बची सामग्री दूसरे दिन जनरल भोजनालय में भेज दी जाती थी। उस स्थान पर शुद्ध ताजी सामग्री रखी जाती थी। कार्यक्रम में लगभग 10 मंत्री एवं 20 विधायक आये। प्रतिदिन लगभग 50 हजार लोग भोजन करते थे। इसमें नौ रथ थे। कल्पद्रुम विधान में 150 पुजारी तथा 100 विद्वान थे।

58. राष्ट्रीय रजत आचार्य पदारोहण महोत्सव वर्ष के अवसर पर लगभग पौने दो सौ शिष्य-प्रशिष्य का यति सम्मेलन युग प्रतिक्रमण महामहोत्सव 16 से 25 मई 2017 तक अतिशय क्षेत्र करगुवाँ जी झाँसी (उ.प्र.) में अतिभव्यतापूर्वक आयोजित किया गया जहाँ ऐतिहासिक आगवानीपूर्वक 25 कल्पद्रुम महामंडल विधान का भव्यातिभव्य आयोजन किया गया जिसमें 25 सौधर्म इंद्र, 25 चक्रवर्ती आदि पात्रों सहित हजारो श्रद्धालुओं ने महार्चना में भाग लिया। लगभग 20 हजार लोगों ने लगातार 4:00 घंटे चले युग प्रतिक्रमण में उपस्थित रहकर अपने दोषों का प्रछालन किया। 21 मई को रयणसार ग्रंथ पर भारतीय ज्ञानपीठ से 1300 पृष्ठों में प्रकाशित प. पू. गुरुदेव द्वारा दो भागों में लिखी गई रत्नत्रयवर्धिनी टीका का चतुर्विध संघ, प्रमुख विद्वानों, राजनैतिक, शासकीय, प्रशासकीय प्रबुद्धगणों व समाज श्रेष्टियों द्वारा विमोचन किया गया समस्त विद्वत संगठनों के लगभग 150 विद्वानों की उपस्थिति में आयोजित विद्वत संगोष्ठी में प्राचीन ग्रंथो के विविध प्रमाणों को समायोजित कर लिखी गई विशालतम, सरल, सुबोध, संस्कृत टीका की सभी विद्वानों ने अपने-अपने आलेख वाचन में भूरि-भूरि प्रशंसा की।

इस अवसर पर आयोजित राष्ट्रीय पत्रकार सम्मेलन, राष्ट्रीय महिला सम्मेलन, युवा सम्मेलन, राष्ट्रीय पत्रकार सम्मेलन एवं दिग. जैन महासमिति, महासभा, उत्तरांचल तीर्थ क्षेत्र कमेटी, दिग. जैन परिषद् के राष्ट्रीय सम्मेलन में विविध सामाजिक, धार्मिक व राष्ट्रीय स्तर पर उत्थान व विकास के बिंदुओं पर विचार-विमर्श कर यथासंभव कदम उठाये गये। राष्ट्रीय विद्वत पुरस्कार व प्रतिभा सम्मान समारोह में विद्वानों व नई प्रतिभाओं

को प्रोत्साहित किया गया। इस महामहोत्सव में केन्द्रीय मंत्री सुश्री उमाभारती जी, श्री सत्येन्द्र जैन स्वास्थ्य मंत्री दिल्ली सरकार, उपमुख्यमंत्री श्री केशव प्रसाद जी मौर्य राज्यमंत्री श्री हरगोंविद कुशवाहा व राज्य मंत्री मन्नुलाल कोठारी आदि ने कार्यक्रमों में भाग लिया।

59. पू. गुरुदेव के प्रतिभाशाली व्यक्तित्व से प्रभावित होकर साहित्यकार सुरेश सरल जी ने 'निःस्पृही संत', प्रो. उदयचंद जी, उदयपुर ने प्राकृत महाकाव्य 'विरागसेतु', श्री ज्ञानचंद जी पिडरूआ ने 'विराग काव्यांजलि' काव्य, श्रमणी आर्यिका विविक्तश्री माता जी ने 'घटनायें ये जीवन की, श्रीकांतकुमार जी करुण ने 'विरागसागर की ऊर्मियां', पं. श्री कमलकुमार जी, छतरपुर ने कमल से महाकमल, श्रीमती माधुरी जैन ने' 'दिगम्बरत्व के चितेरे' विरागसागर दर्शन, श्रमण मुनि श्री सुव्रतसागर जी महाराज ने "आत्मानुशासक" कृति आदि जीवन की झांकियों को लेखनी से साहित्य के रूप में लिपिबद्ध किया है तथा श्रीमती अल्पना जैन (ग्वालियर) भी ऐसी ही कृति का आलेखन कर रही हैं।

60. आपके व्यक्तित्व एवं कृतित्व के ऊपर लोकेश खरे ने पी-एच.डी. कर डॉक्ट्रेट की उपाधि प्राप्त की है।

61. भारत देश के म.प्र., उ.प्र., महाराष्ट्र, कर्नाटक, तमिलनाडु, बिहार, झारखण्ड, गुजरात, राजस्थान, छत्तीसगढ़ आदि प्रमुख 14 प्रांतों में "अहिंसा, व्यसनमुक्ति एवं शाकाहार" अभियान को सफलतम चलाया है तथा जिसके तहत लगभग 27 लाख से भी अधिक लोगों ने अपने को व्यसनमुक्त एवं शाकाहारी तथा अहिंसक बनाया है।

62. सन् 2017 के चातुर्मास के उपरांत प. पू. गुरुदेव की शाश्वत सिद्ध क्षेत्र सम्मेदशिखर जी की विशाल पद यात्रा अहिंसा, व्यसनमुक्ति, शाकाहार, बेटी पढ़ाओं-बेटी बचाओं, स्वच्छता अभियान के साथ देश के सात प्रान्तो दिल्ली, हरियाणा, राजस्थान, मध्यप्रदेश, उत्तरप्रदेश, बिहार, झारखण्ड के 43 जिलों के 881 ग्राम नगरों में अभियान के सूत्रों का संदेश देती हुई 3732 किमी. दूरी 3 डिग्री से 48 डिग्री तापमान में यात्रा की, जिसमें 39 तीर्थों की वंदना सहित 269 जिनमंदिरों के दर्शन, 43 विभिन्न कार्यक्रम जिनमें लाल-किला दिल्ली पर ऐतिहासिक 27 जैनेश्वरी दीक्षा कार्यक्रमों सहित विशाल पद यात्रा में 72 स्थानों पर 128 धर्म सभाएँ हुई जिसमें लगभग 104700 लोगों को अहिंसा अर्थात् किसी जीव को न मारना (संकल्पी हिंसा का त्याग), शराब का सेवन नहीं करना, मांस अण्डे का सेवन नहीं करना, भ्रूण हत्या न करना, न कराना, न करने की सलाह देना न अनुमोदना करना अपने घर, मोहल्ले, गली व नगर को स्वच्छ रखना इन 5 सूत्रों का संकल्प कराया। 19 केन्द्रीय व राज्यों के मंत्रियों, 11 सांसद, 29 विधायक, 46 मेयर 9 न.पा. अध्यक्ष व राजनेता, 11 ग्राम पंचायतों के सरपंचों तथा 24 प्रशासनिक अधिकारियों ने इस अभियान में अपनी सहभागिता दी। प.पू. गणाचार्य श्री संघ के अलावा 112 दिग. जैन साधु-साध्वियों, 11 श्वेताम्बर साधु साध्वियों 30 हिन्दु साधु, 15 सिक्ख संत, 9 बौद्ध भिक्षु, 10 क्रिश्चियन पादरी, 25 मुस्लिम मौलवी ने प.पू. गुरुदेव के दर्शन कर वात्सल्यमयी आशीर्वाद प्राप्त किया। इस विशाल तीर्थ पद यात्रा में प. पू. गुरुदेव गणाचार्य श्री जहाँ-जहाँ गये वहाँ-वहाँ एक नया इतिहास रच गया। 18 जुलाई 2018 को प.पू. गुरुदेव की तीर्थराज सम्मेदशिखर पर विभिन्न साधुगणों, विविध संस्थाओं के वरिष्ठ पदाधिकारियों द्वारा ऐतिहासिक भव्य आगवानी की गई।

63. आपने अपनी अचिंत्य साधना के फलस्वरूप ही आमेर (जयपुर) में यक्षरक्षित भूगर्भस्थित 200 जिन-प्रतिमाओं को एवं 63 यंत्रों के दर्शन कराये हैं।

64. आपकी प्रेरणा से औषधालय, स्कूल, कॉलेज, विरागोदय तीर्थ (पथरिया), विराग फाउण्डेशन (अहमदाबाद), विराग विद्या पीठ साहित्य प्रकाशन, विरागवाणी पत्रिका का संचालन हो रहा है तथा अनेक विद्वत, प्रतिभा एवं साहित्य-सम्बन्धी पुरस्कार दिये गये हैं।

65. आपकी प्रेरणा से द्रोणगिरी, श्रेयांसगिरी, मेलचित्तामूर, डेरापहाड़ी, बारासों क्षेत्र, बरही, साँवर, भिण्ड, पावई, ऊमरी, जाम्ना, सुकाण्ड, सिहौंनिया आदि प्राचीन क्षेत्रों का जीर्णोद्धार करवाया गया है।

66. अनुशासन, गहन चिंतन, करुणा, वात्सल्य, दूरदर्शिता, ज्ञान की गहराई आदि गुणों के आधार प. पू. गुरुदेव को समय-समय पर देश की विविध समाजों, संस्थाओं द्वारा विविध उपाधियों की घोषणा की गई जिसमें क्रांतिकारी संत, बुन्देलखंड के प्रथमाचार्य , न्यायमार्तण्ड, संत शिरोमणि, उपसर्ग विजेता, चारित्र शिरोमणि, सिद्धान्त रत्न, आध्यात्म योगी, समतामूर्ति, गणाचार्य, राष्ट्रसंत, विमल कीर्ति, चर्या चूड़ामणि, सिद्धान्त चक्रवर्ती, सूरीगच्छाचार्य, युगप्रतिक्रमण प्रवर्तक, अनुशासन रत्न, श्रमण शिल्पी, जीवन्त समयसार, प्रज्ञाशिरोमणि, डॉक्ट्रेट, आचार्य विज्ञ, आध्यात्मसूरि, श्रमण संस्कृति उन्नायक आदि अलंकरण प्रमुख है।

67. प. पू. गुरुदेव आचार्य श्री के सम्पूर्ण जीवन के विविध पहलुओं घटनाक्रम धर्म प्रसंगों से समन्वित हिंदी फिल्म "श्रमण संस्कृति उन्नायक" का फिल्मांकन श्रमण मुनि श्री विशेषसागर जी की प्रेरणा से महाराष्ट्र समाज द्वारा किया गया। जिसे सम्पूर्ण देश में सराहा गया।

प्रसिद्ध गायक रवीन्द्र जैन, अनुराधा पौडवाल, राजेन्द्र जी मुंबई, अवशेष जैन , रूपेश जैन, नंदकुमार जी, प्रसन्न कुमार, अजित पांडया आदि ने प. पू. गुरुदेव के जीवन पर भक्ति व आस्था से भाव विभोर हो अनेकानेक भजनों का सृजन कर प्रस्तुत किया।

आपके संघ में जो भी चर्या सम्पन्न होती है, वे सभी आगमिक तथा गुरु-परम्परा से चली आई है। यथा—

संघ की आगमिक चर्या एवं गुरु-परम्परा-

1. संस्कारवान् बनाने की प्रारम्भिक प्रक्रिया में अष्टमूलगुण के प्रतीक स्वरूप यज्ञोपवीत पहनवाना -

(अ) आदिनाथ भगवान् ने यज्ञोपवीत धारण किया- (आ.पु. 16/235)

(ब) ऋषभदेव द्वारा भरत चक्रवर्ती का यज्ञोपवीत संस्कार - आ. पु. 15/164,

(स) भद्रबाहु स्वामी के उपनयन संस्कार - पुण्यास्रव कथाकोश पृ. 215 आदि, तिलोयपण्णत्ति, उत्तरपुराण, रत्नत्रयवर्धिनी टीका, गुरुपरम्परा आदि।

2. चंदोवा लगवाना - जिसके ऊपर चन्द्रोपक (चंदोवा) लगा है, ऐसी शुद्ध भोजनशाला में मुनि को ले जाकर आहार कराने का उल्लेख इन ग्रन्थों में हैं— धर्मसंग्रहश्रावकाचार 78, पुरुषार्थानुशासन श्रावकाचार 174, प्रश्नोत्तर श्रावकाचार 20/225, क्रियाकोश, रत्नत्रयवर्धिनी टीका, गुरुपरम्परा आदि।

3. रात्रिभोजन (आलू-प्याज) आदि का त्याग करवाना - अव्रती देवों से चन्द्रगुप्तादि मुनियों ने आहार लिया तो सभी ने प्रायश्चित्त लिया। भद्रबाहुचारित्र, घत्ता 20 पृ. 40-41, रत्नत्रयवर्धिनी टीका, पुण्यास्रवकथा कोश, पृ. 220।

4. संघ में आर्यिका दीक्षा-सीता, रुक्मणी, कुंती, द्रौपदी, सुभद्रा आदि ने दीक्षा ली (द्र.).....प्रवचनसार, ता. वृ. गा. 224-8, तत्वार्थराजवार्तिक 7/16, मूलाचार गा. 911, 190, उत्तरपुराण 29/212, आदिपुराण 24/15, कार्तिकेयानुप्रेक्षा 360-361, वरांग चरित्र 31/2, सुदर्शन चरित्र 5/87-88, 11/89, गुरुपरम्परा आदि।

5. संघ में आर्यिका नवधा भक्ति (पूजा) - आर्यिका को विधि (नवधा भक्ति)के साथ आहार दिया - उत्तरपुराण 172/428, श्रमण संघसंहिता पृ. 241, दानशासन पृ. 99, पद्मपुराण 113/40, गुरुपरम्परा आदि।

6. क्षुल्लकादि के पाद-प्रक्षालन - श्रीकृष्ण ने क्षुल्लक धारक नारद के पाद-प्रक्षालन किये - प्रद्युम्नचरित्र, सर्ग 3, श्लोक 112,, पद्मपुराण 102/3, गुरुपरम्परा आदि।

7. क्षुल्लकादि के अर्घ चढ़ाना - कोटीध्वज राजा ने प्रियधर्म क्षुल्लक को अर्घ चढ़ाया - चंद्रप्रभुचरित्र-टीका, सर्ग 6 श्लोक 77, 78, शांतिपुराण 1/91-92, गुरुपरम्परा, श्रावक धर्म टीका प्रदीप 277 आदि।

8. चतुर्विध संघ साथ रहता है- (द्र.) तीर्थंकर समवसरण वर्णन, वरांगचरित्र 31/6, सुदर्शन चरित्र 5/87-88, आचार्य कुन्दकुन्द परिचय, गुरुपरम्परा आदि।

9. वाहनादि से लाया गया पानी आहार में नहीं लेते-गुरुपरम्परा एवं गुरु-आज्ञा से।

10. हीनाधिक अंगोपांग तथा सफेद दाग वालों से आहार नहीं लेते-अंधा या जिसे कम दिखता है, वह आहार नहीं दे सकता। विधवा-विवाह, अन्तरजातीय विवाह वालों से भी आहार नहीं लेते। (द्र. मूलाचार 463-475 दायक दोष, प्राचीन संस्कृत विधान, गुरुपरम्परा आदि)।

आगमिक पद्धति एवं गुरुपरम्परा से चलने वाले एवं अपने शिष्यों को चलाने वाले आगमचर्याचूड़ामणि गुरुवर अनेक गुणों से सम्पन्न बहुआयामी प्रतिभाओं के धनी सम्प्रति एकमात्र ऐसे वात्सल्यस्वभावी आचार्य हैं जो सभी साधु-संतों से मिलते ही नहीं, अपितु अनुपम ऐसा अपनत्व-प्रेम बांटते हैं कि सभी उनके हो जाते हैं। आप कभी समाज को पंथवाद, संतवाद, परम्परावाद, साधुवाद, मंदिरवाद आदि में नहीं बाँटते, अपितु सभी को एकता-संगठन, सभी के प्रति आदर-सम्मान के सूत्र बांटते हैं। ऐसे संतों में श्रेष्ठ, ज्येष्ठ गुरुवर को पाकर समाज, नगर, प्रांत, देश क्या सारा विश्व गौरवान्वित है। वस्तुतः गुरुदेव जैसे संत ही इस धरा पर सच्चे भगवंत हैं। तभी सारे प्राणी उनके चरणों में विनयवंत हैं।

स्वाती की बूँद भी सीप में मोती बन जाती है।
घृत की बूँद भी दीप में ज्योति बन जाती है।
विराग के सागर में जो भी गोता लगा लेता है।
उसे संसार-बन्धन से मुक्ति मिल ही जाती है।

—0—

सम्पादकीय

० प्रो. दामोदर शास्त्री

रम् धातु से न प्रत्यय होकर रत्न शब्द बना है। रमते अत्र लोकः इति रत्नम् अर्थात् रत्न वह होता है, जो लोगों के आकर्षण (रमण) का केन्द्र हो। रत्न अपने आकर्षक स्वरूप, अपनी प्रभा-दीप्ति, उपयोगिता-उपकारिता आदि विशेष गुणों के कारण श्रेष्ठ, दुर्लभ, शुभाशुभ रूप में चमत्कारी, संग्रहणीय, अतिविशिष्ट पदार्थों में परिगणित होता है। वह चेतन भी हो सकता है और अचेतन भी।

लौकिक रत्न

हमारी पृथ्वी को 'रत्नगर्भा' और समुद्र को 'रत्नाकर' कहा जाता है। पृथ्वी व समुद्रों में रत्नों का भण्डार छिपा है, किन्तु इसे प्राप्त करने के लिए समुद्र-मन्थन या पृथ्वी-खनन आदि रूप में महान् श्रम करना पड़ता है। इस दृष्टि से अत्यन्त दुर्लभ व श्रेष्ठ धातुविशेष या चेतन-अचेतन पदार्थ-विशेष को 'रत्न' नाम से अभिहित किया जाता है। समस्त षट्खण्ड पृथ्वी को जीतनेवाले चक्रवर्ती का वैभव विशिष्ट चेतन-अचेतन वस्तुओं से प्रतिफलित होता है, उन्हें चौदह रत्नों के नाम से जाना जाता है। इसी तरह वैदिक परम्परा में अमृत, कामधेनु, चिन्तामणि, लक्ष्मी —ये सब (प्रायः चौदह) रत्नों में परिगणित हैं, जिन्हें समुद्र-मन्थन कर प्राप्त किया गया था। इसके अतिरिक्त, साहित्यिक दृष्टि से किसी भी श्रेष्ठ वस्तु को रत्न रूप में अभिहित किया जाता है, जो सर्वविदित है।

रयणसार ग्रन्थरत्न

धर्मप्रधान भारतीय वसुन्धरा ने भी जैन धर्म के आचार्यों के रूप में अनेक मानवरत्न दिये हैं, उनमें भी विशिष्ट रत्न आचार्य कुन्दकुन्द का विशिष्ट स्थान है। उन आचार्यरत्न के द्वारा रचित ग्रन्थों में भी विशिष्ट रत्नभूत एवं 'रयणसार' रत्नसार नाम से भी प्रसिद्ध प्रस्तुत ग्रन्थ पाठकों के समक्ष है, जिसमें धार्मिक विशिष्ट रत्नों-'रत्नत्रय' का निरूपण है।

धर्मरत्न : परमार्थ रत्न

वस्तुतः अध्यात्मप्रेमियों की दृष्टि में समुद्र-मन्थन से या पृथ्वी के गर्भ से निकलने वाले चिन्तामणि,

हीरे, मणि आदि रत्न रत्नाभास (नकली या अधम कोटि के) हैं। यथार्थ रत्न तो 'धर्म रत्न' ही है, जिसके समक्ष सभी तथाकथित रत्न, यहाँ तक कि लक्ष्मी भी दासतुल्य ही हैं। ज्ञानार्णव (2/152) में कहा गया है—

चिन्तामणिर्निधिर्दिव्यः, स्वर्धेनुः कल्पपादपः।
धर्मस्यैते श्रिया सार्द्धं मन्ये भृत्याश्चिरन्तनाः।।

आदिपुराण (2/34, 22) में धर्म को अन्य रत्नों के समान तथा कुछ दृष्टियों से उनसे विलक्षण व अपेक्षाकृत श्रेष्ठ रत्न के रूप में भी वर्णित किया गया है—

धर्मः कामदुधा धेनुर्धर्मश्चिन्तामणिर्महान्।
धर्मः कल्पतरुः स्थेयान् धर्मो हि निधिरक्षयः।। (2/34)

संकल्प्यं कल्पवृक्षस्य चिन्त्यं चिन्तामणेरिव।
असंकल्प्यमसंचिन्त्यं फलं धर्मादवाप्यते।। (2/22)

अर्थात् धर्म चिन्तामणि, कामधेनु, कल्पवृक्ष एवं अक्षयनिधि है। वस्तुतः कल्पवृक्ष तो संकल्पित वस्तु को तथा चिन्तामणि भी चिन्तित वस्तु को ही प्रदान करता है, किन्तु धर्म अकल्पित व अचिन्तित वस्तु को भी प्रदान करता है (इसलिए उन सब रत्नों से बढ़कर है)।

उत्कृष्ट तीन धर्मरत्न

धर्म रूप रत्न त्रितयात्मक है, अर्थात् तीन (जुडवाँ) रत्नों का समूह है। ये तीन रत्न हैं— सम्यग्दर्शन, सम्यग्ज्ञान व सम्यक्चारित्र। कहा भी है—

रयणत्तयं च धम्मो। (कार्तिकेयानुप्रेक्षा, 478)

यह रत्नत्रयात्मक धर्म ही मोक्षमार्ग है, समस्त दुःखों से छूट कर शाश्वत परमसुख प्राप्त करने का मार्ग या साधना है—

मार्गस्तावद् शुद्धरत्नत्रयम्। (नियमसार, गा. 3 पर वृत्ति)

वस्तुतः यह आत्मा ही धर्मरत्न है, रत्नत्रयरूप है, मोक्षमार्गरूप है, अतः रत्नों का भण्डार भी यही है। बृ. द्रव्यसंग्रह (गाथा-40) में कहा भी है—

रयणत्तयं ण वट्टइ अप्पाणं मुइत्तु अण्णदवियम्हि।
तम्हा तत्तियमइउ होदि हु मुक्खस्स कारणं आदा।।

इसी दृष्टि से आत्मा को समयसारकलश (141) में 'चैतन्यरत्नाकर' कहा गया है। इस चैतन्यरत्नाकर आत्मा में रत्नाकर की तरह ही तप, विनय, शील आदि रत्न निहित हैं—

उदधीव रदणभरिदो तवविणयसीलदाणरयणाणं।
सोहे तोय ससीलो णिव्वाणमणुत्तरं पत्तो।।

(शीलप्राभृत, 28)

मोक्षमार्ग का साधक यही प्रयत्न करता है कि इन तीनों रत्नों से आत्मा की महिमा, तेजस्विता, निर्मलता, उज्ज्वलता, भास्वरता प्रकट हो और भूमिकानुरूप तप, दान, जिन-भक्ति आदि अपनी प्रशस्त क्रियाओं से जैनधर्म का व्यावहारिक महत्त्व उजागर हो। आचार्य अमृतचन्द्र का स्पष्ट परामर्श है—

आत्मा प्रभावनीयः रत्नत्रयतेजसा सततमेव।
दानतपोजिनपूजाविद्यातिशयैश्च जिनधर्मः।।

(पुरुषार्थसिद्ध्युपाय-30)

रत्नत्रय के घटक रत्नों का वैशिष्ट्य

सम्यग्दर्शन, सम्यग्ज्ञान व सम्यक्चारित्र —इन तीनों रत्नों का समुदित रूप 'रत्नत्रय' माना गया है। जिस प्रकार लक्ष्य-वेध में बाण की उपादेयता सर्वविदित है, उसी प्रकार मोक्ष रूप लक्ष्य की प्राप्ति में रत्नत्रय कार्यकारी माना गया है (द्र. मोक्षप्राभृत, गाथा 19-22)। यद्यपि इन तीनों के समुदित रूप से ही मोक्ष की प्राप्ति होती है, तथापि भूमिकानुरूप या दृष्टिविशेष के आधार पर प्रत्येक घटक रत्न का भी अपना-अपना विशिष्ट महत्त्व है।

वैदिक परम्परा में ब्रह्म, विष्णु व शिव —ये तीन देव सृष्टि के संचालक-नियामक माने गये हैं। ब्रह्म सृष्टिकर्त्ता है, विष्णु सृष्टि-रक्षक है तो शिव संहारक है, इन तीनों का समुदित रूप सृष्टि से लेकर प्रलय तक की प्रक्रिया को सम्पन्न करता है। इन तीनों देवों में प्रत्येक का अपना-अपना विशिष्ट स्थान है, कोई किसी से कम नहीं, प्रत्येक देव महत्त्वपूर्ण है। उसी तरह रत्नत्रय में प्रत्येक रत्न की महत्ता समझनी चाहिए। आचार्य हेमचन्द्र ने रत्नत्रय को उक्त देवत्रय का प्रतीक मानकर व्याख्यायित भी किया है—

ज्ञानं विष्णुः सदा प्रोक्तम्, चारित्रं ब्रह्म उच्यते।
सम्यक्त्वं तु शिवं प्रोक्तम्, अर्हन्मूर्तिस्त्रयान्विता।।

(महादेवस्तोत्र-33)

अर्थात् अर्हन्तदेव (महादेव) त्रिमूर्तिरूप हैं, उनका ज्ञान विष्णु रूप है, सम्यक्त्व शिव रूप है और सम्यक्चारित्र ब्रह्म रूप है।

इसी चिन्तन-क्रम में यह भी निरूपित किया गया है कि जिस प्रकार वैदिक परम्परा के शिव का त्रिशूल अन्धकासुर का विनाशक है, वैसे ही उक्त रत्नत्रय भी कर्म-शत्रु का नाशक है। धवला ग्रन्थराज में रत्नत्रय को शिव के त्रिशूल के समान मानकर यह कथन किया गया है—

तिरयण-तिसूलधारिय मोहंधासुरकबंधविंदहरा।
सिद्धसयलप्परूवा अरहंता दुण्णयकतंता।।

(धवला, पु. 1, पद्य-25, पृ. 46)

अर्थात् अरहंत परमेष्ठी शिव रूप हैं, जिन्होंने सम्यग्दर्शनादि रत्नत्रय रूप त्रिशूल के द्वारा मोह रूपी अन्धकासुर के कबन्ध-जड़ (धड़) को विदारित किया है, जिन्होंने सम्पूर्ण (शुद्ध) आत्मस्वरूप को प्राप्त कर लिया है और जो दुर्नय का अन्त करनेवाले हैं।

रत्नत्रय की परिणति (वीतराग धर्म-शुक्ल ध्यान के माध्यम से) निर्विकल्प समाधि में जब होती है, तब मोक्ष का द्वार सुलभ हो जाता है। इसीलिए मोक्षप्राभृत (गाथा-43) में कहा गया है कि रत्नत्रयधारी साधक ध्यान व तपश्चर्या से परम पद प्राप्त कर लेता है—

जो रयणत्तयजुत्तो कुणइ तवं संजदो ससत्तीए।
सो पावइ परमपयं झायंतो अप्पयं सुद्धं।।

रत्नत्रय-प्रतीक : यज्ञोपवीत

पौराणिक मान्यता के अनुसार, भरत चक्रवर्ती ने काकिणी रत्न से विशिष्ट श्रावकों के शरीर पर रत्नत्रय-प्रतीक रूप में यज्ञोपवीत से चिह्नित किया था। रत्नत्रय भावसूत्र है तथा तीन धागों का सूत्र (यज्ञोपवीत) द्रव्यसूत्र है— यह मान्यता प्रचलित हो गई। जैनश्रावक के लिए यज्ञोपवीत की उपादेयता इसी दृष्टि से निर्दिष्ट होती है। भरत चक्रवर्ती द्वारा इस परम्परा के प्रवर्तित किये जाने के सम्बन्ध में जैन हरिवंशपुराण (11/106) का यह वचन प्रमाण रूप में प्रस्तुत है—

काकिण्या लक्षणं कृत्वा सुरत्नत्रयसूत्रकम्।
संपूज्य स ददौ तेभ्यो भक्तिदानं कृते युगे।।

सम्यक्त्व रत्न-महारत्न

प्रस्तुत ग्रन्थ रयणसार (की गाथा-115) में सम्यक्त्व को चिन्तामणि रत्न व कामधेनु रत्न की तरह महिमाशाली व श्रेष्ठ-उत्कृष्ट बताया गया है—

कामदुहिं कप्पतरुं चिंतारयणं रसायणं परमं।
लद्धो भुंजदि सोक्खं जहच्छिदं जाण तह सम्मं।।

किन्तु रत्नत्रय में इसे सर्वश्रेष्ठ मानते हुए 'महारत्न' की भी संज्ञा दी गई है। उदाहरणार्थ—

रयणाण महारयणं सम्मत्तं सव्वरिद्धियरं। (कार्तिकेयानुप्रेक्षा-325)

सद्दर्शनमहारत्नं, विश्वलोकैकभूषणम्।

मुक्तिपर्यन्तकल्याणदानदक्षं प्रकीर्तितम्।।

(ज्ञानार्णव-6/53)

सम्यक्त्व महारत्न अपनी आठ अंगरूपी किरणों से प्रकाशित होता है, जिसके कारण इसकी सब रत्नों में श्रेष्ठता व महनीयता स्थापित होती है। इस प्रसंग में आदिपुराण के ये वचन प्रस्तुत हैं—

तस्य निःशंकितत्वादीन्यष्टावङ्गानि निश्चिनु।
यैरंशुभिरिवाभाति रत्नं सद्दर्शनाह्वयम्।। (9/24)

अलंकरिष्णु रोचिष्णु रत्नसारमनुत्तरम्।
सम्यक्त्वं हृदये धत्स्व, मुक्तिश्रीहारविभ्रमम्।। (9/133)

उपर्युक्त निरूपण के परिप्रेक्ष्य में इस रत्न को तीनों रत्नों में प्रधान, मुख में नेत्र की तरह परमोपयोगी व श्रेष्ठतम माना गया है—

उत्तमाङ्गमिवाङ्गेषु नेत्रद्वयमिवानने।
मुक्त्यङ्गेषु प्रधानाङ्गमाप्ताः सद्दर्शनं विदुः।।

(आदिपुराण-9/139)

सम्यग्ज्ञान रत्न

रत्नत्रय के घटक सम्यग्ज्ञान रत्न की श्रेष्ठता को ध्यान में रखकर जैन आचार्यों ने इसे कामविध्वंसक शिव के तृतीय नेत्र के समान निरूपित किया है। उदाहरणार्थ-

तृतीयं लोचनं नृणां सम्यग्ज्ञानं तदुच्यते।

(उपासकाध्ययन-21/256)

निशातं विद्धि निस्त्रिंशं भवारातिनिपातने।
तृतीयमथवा नेत्रं विश्वतत्त्वप्रकाशने।। (ज्ञानार्णव-7/15)

कर्मशत्रु के संहार में सम्यग्ज्ञानी को विशेष सामर्थ्य प्राप्त है। अज्ञानी जीव करोड़ों जन्मों में तप करके जितना कर्मक्षय करता है, उतना कर्मक्षय सम्यग्ज्ञान-रत्नधारक आधे क्षण में ही कर देता है। इस दृष्टि से सम्यग्ज्ञान की शिव के तृतीय नेत्र से तुलना करना युक्तियुक्त ही है। जैन आचार्यों ने कहा भी है—

यज्जन्मकोटिभिः पापं जयत्यज्ञस्तपोबलात्।
तद् विज्ञानी क्षणार्धेन दहत्यतुलविक्रमः।।

(ज्ञानार्णव-7/18)

उग्गतवेणण्णाणी, जं कम्मं खवदि भवेहि बहुएहिं।
तं णाणी तिहिं गुत्तो खवेइ अंतोमुहुत्तेण।।

(मोक्षप्राभृत-53)

जं अण्णाणी कम्मं खवेदि भवसयसहस्सकोडीहिं।
तं णाणी तिहिं गुत्तो खवेदि उस्सासमेत्तेण।।

(प्रवचनसार-3/38)

वैदिक परम्परा के महनीय ग्रन्थ भगवद्गीता में भी इसी तथ्य का समर्थन दृष्टिगोचर होता है—

ज्ञानाग्निः सर्वकर्माणि भस्मसात्कुरुते तथा।। (गीता-437)

सम्यक्चारित्र रत्न

रत्नत्रय के अन्तिम घटक सम्यक्चारित्र रूपी रत्न की सर्वश्रेष्ठता स्वतः स्पष्ट है, क्योंकि इसमें अन्य दोनों सम्यग्ज्ञान व सम्यग्दर्शन रत्नों की सहचारिता समाहित होती ही है। चूंकि सम्यग्ज्ञान के बिना सम्यक्चारित्र होता नहीं, और सम्यग्दर्शन के बिना सम्यग्ज्ञान होता नहीं, इसलिए जहाँ सम्यक्चारित्र है, वहाँ उक्त दोनों रत्न होते ही हैं। कहा भी है—

हतं ज्ञानं क्रियाहीनं, हता चाज्ञानिनः क्रिया।। (ज्ञानार्णव-4/26)

सम्यग्ज्ञान की ही सम्यक्चारित्र के रूप में व्यावहारिक परिणति होती है। इस प्रकार, सम्यक्चारित्र रत्न की महिमा सम्यग्ज्ञान की महिमा में अन्तर्भूत मानी जा सकती है। इसी दृष्टि से आचार्यों ने कहा है—

जेण रागा विरज्जेज्ज, जेण सेएसु रज्जदि।
जेण मित्ती पभावेज्ज, तं णाणं जिणसासणे।।

(मूलाचार-268)

वस्तुतः सम्यग्ज्ञान रूपी रत्न के विशद आलोक में ही मोक्षमार्ग पार करना सुकर होता है। इसीलिए भगवती-आराधना (गाथा-768-69) में **(णाणुज्जोवो जीवो, णाणं पयासयं)** ज्ञान को उद्योत तथा प्रकाशक कहा गया है।

रयणसार ग्रन्थ नाम की सार्थकता

सार शब्द के अनेक अर्थ होते हैं— उत्कृष्ट, उत्तम, श्रेष्ठ, शाश्वत तत्त्व, फल आदि। यहाँ कौन-सा अर्थ अभिप्रेत है— इस पर विचार करते हुए ग्रन्थ-नाम पर विचार करना उपयुक्त होगा।

आदिपुराण (9/133) में सम्यक्त्व को 'रत्नसार' रूप में निरूपित किया है— रत्नसारमनुत्तरम् सम्यक्त्वम्। रयणसार ग्रन्थ में प्रमुखतः सम्यक्त्व-केन्द्रित निरूपण ही है। सम्यक्त्व-महत्त्व, सम्यग्दृष्टि श्रावक

व मुनि का चारित्र, मिथ्यादृष्टि व मिथ्यादर्शन, बहिरात्मा-अन्तरात्मा व परमात्मा, रत्नत्रय आदि सम्यक्त्व-सम्बद्ध विषयों का निरूपण करनेवाले इस ग्रन्थ का नाम रयणसार सर्वथा उपयुक्त प्रतीत होता है।

रत्न व सार —इन दो शब्दों से निर्मित रयणसार नाम में ग्रन्थकार का क्या आशय गर्भित है, इस पर अन्य प्रकार से भी समझा जा सकता है।

यहाँ रत्न पद से प्रकरणानुरूप रत्नत्रय अर्थ लेना उपयुक्त होगा। 'सार' शब्द 'विपरीतपरिहार' अर्थ का द्योतक है। नियमसार (गाथा-3) की वृत्ति में सार शब्द का यही अर्थ स्वीकृत किया गया है। अतः रत्नसार का तात्पर्य होगा कि ये तीनों रत्न ही वास्तविक रत्न हैं, अन्य लोकप्रसिद्ध चौदह रत्न आदि नहीं, क्योंकि वे रत्नाभास नकली रत्न ही हैं। स्व-कल्याण की सिद्धि रत्नत्रय से ही सम्भव है, अन्य रत्नों से नहीं —इस भाव को भी रयणसार नाम द्योतित कर रहा है।

कोशकारों ने सार शब्द के उत्तम, श्रेष्ठ, उत्कृष्ट, सारभूत, सत्त्वयुक्त, बल (स्वरूपाधायक तत्त्व), शाश्वत रूप आदि अनेक अर्थ बताये हैं। तदनुसार, रयणसार के अर्थ सम्भावित हैं—

1. सारभूत, श्रेष्ठ व उत्तम रत्न

2. रत्नत्रय का सारभूत निरूपण

3. रत्नत्रय का फल (इसके आचरण का फल) आदि।

तीनों रत्नों में सारभूत (मूल आधारभूत) सम्यक्त्व रत्न —यह अर्थ तो पहले भी किया जा चुका है। स्वयं ग्रन्थकार ने इसी ग्रन्थ में (गाथा-161) कहा है कि निर्दोष सम्यक्त्व से भव्य प्राणी शीघ्र मोक्ष प्राप्त करता है, और गाथा 120-121 में यह भी कहा है कि सम्यक्त्व के बिना ज्ञान व तप आदि सभी व्यर्थ हैं, और उक्त कथनों से ग्रन्थकार ने सम्यक्त्व के महत्त्व को ही रेखांकित किया है। किन्तु ज्ञातव्य है कि ग्रन्थकार अन्य रत्नों की श्रेष्ठता को नकारते नहीं हैं, इसलिए ग्रन्थ के अन्त में (गाथा 162-163) उन्होंने जिनागम व धर्मध्यान के अभ्यास की भी प्रेरणा दी है।

ग्रन्थ-महत्ता

प्रस्तुत ग्रन्थ के अन्त (अठारहवें अधिकार में, गाथा 166-168) में ग्रन्थ की महत्ता व उपादेयता को स्वयं रेखांकित किया गया है। सम्यग्दृष्टि के लिए पठन-श्रवण-मनन के लिए यह ग्रन्थ उपादेय है (गाथा-167)। यह ग्रन्थ सज्जनों-धार्मिकों के लिए पूजनीय है, इसके पठन-श्रवण-मननादि से शाश्वत स्थान मोक्ष की प्राप्ति होती है (गाथा-168)। वस्तुतः यह ग्रन्थ प्रत्येक सम्यग्दृष्टि के लिए तो पठनीय है ही, मिथ्यादृष्टि भी इसे पढ़कर मिथ्यात्व के दुष्फलों को एवं सम्यक्त्व के महत्त्व को जानते हुए सम्यक्त्व धारण करने में तत्पर हो सकता है।

रत्नत्रयवर्धिनी टीका

जैन आचार्यों की परम्परा में विशिष्ट रत्नभूत आचार्य कुन्दकुन्द द्वारा रचित अनेक ग्रन्थरत्नों में इस ग्रन्थरत्न का विशिष्ट स्थान है। इस पर अभी तक संस्कृत में टीका नहीं थी, इस अपेक्षा की पूर्ति परमपूज्य गणाचार्य श्री विरागसागर जी म. ने इस ग्रन्थ पर विस्तृत रत्नत्रयवर्धिनी टीकारत्न की रचना द्वारा की है। उन्हें कोटिशः नमोऽस्तु।

इस टीका में प्रमुखतः एक सौ सत्तरह ग्रन्थों से, (83 संस्कृत, 34 प्राकृत ग्रन्थों से) उद्धरण दिये गये हैं और उनके माध्यम से अपने मन्तव्य को प्रामाणिकता के साथ उपस्थित करते हुए ग्रन्थराज के हार्द को गम्भीर विवेचन के साथ, यथाशक्य सरल-सुबोध्य भाषा में व्यक्त किया गया है।

यह ग्रन्थराज स्वयं तो महत्त्वपूर्ण है ही, इस पर रचित रत्नत्रयवर्धिनी टीका में जैनतत्त्वज्ञान, श्रावक व मुनियों का आचार, ध्यान-साधना, मोक्षमार्ग आदि विषयों से सम्बद्ध इतनी अधिक ज्ञानसम्पदा समाहित हो गई है, जिससे यह कृति एक मौलिक ग्रन्थ व महनीय लघु विश्वकोश के रूप में विद्वज्जनों में आदृत होगा। निश्चित ही, इस टीका में परम पूज्य गणाचार्य श्री विरागसागर जी का तप:पूत एवं अभीक्ष्णज्ञानोपयोगी व्यक्तित्व स्पष्ट रूप से प्रस्फुटित हुआ है।

इस ग्रन्थ का प्रस्तावना खण्ड तथा अन्त में जोड़ा गया परिशिष्ट खण्ड —दोनों इस ग्रन्थ की उपयोगिता में चार-चाँद लगा रहे हैं।

सम्पादन व अनुवाद

मेरा सौभाग्य है कि मुझे इस विराट् ग्रन्थरत्न की टीका के हिन्दी अनुवाद का तथा सम्पादन का गुरुतर दायित्व दिया गया। आचार्यश्री का मुझ पर जो अकृत्रिम स्नेह व प्रमोद भाव है, उसकी रक्षा करने का मैंने यथाशक्य प्रयास किया है। समय-समय पर आचार्यश्री की ओर से मार्गनिर्देशन व बहुमूल्य परामर्श प्राप्त होते रहे हैं, जिनसे मेरी ज्ञानवृद्धि ही हुई और मेरा कार्य क्रमशः सुकर होता गया है। मैं उनके प्रति पुनः श्रद्धावनत होकर पुनः 'नमोऽस्तु' निवेदन करता हूँ।

—0—

रत्नत्रयवर्धिनी टीका

पूर्वार्द्ध (गाथा-1 से 76 तक)

।।अनुक्रमणिका।।

[श्रीमद्-भगवत्कुन्दकुन्दाचार्यदेव-विरचितकृतिः]

रयणसार (रत्नसारः)

तदुपरि रचिता संस्कृत टीका

रत्नत्रयवर्धिनी

(रत्नत्रयवर्धिनीटीकायाः मङ्गलाचरणम्)

तीर्थेशपार्श्वनाथाय, सर्वविघ्नविनाशिने।
विघ्नकर्मविनाशार्थम्, नमोऽस्तु मम सर्वदा।।१।।

(अनुष्टुप्)

नमो वृषभनाथाय, वासुपूज्यजिनाय च।
नेमीनाथाय वीराय, तद्गणिभ्यो नमो नमः।।२।।

(अनुष्टुप्)

(रत्नत्रयवर्धिनी टीका का मङ्गलाचरण)

विघ्नरूप कर्मों को नष्ट करने के लिए सर्वविघ्नविनाशक तीर्थंकर पार्श्वनाथ को मेरा सर्वदा बारम्बार नमस्कार है।।1।।

तीर्थंकर वृषभनाथ, जिनेन्द्र तीर्थंकर वासुपूज्य, तीर्थंकर नेमीनाथ, तीर्थंकर महावीर एवं उनके सभी गणधरों को मेरा बारम्बार नमस्कार है।।2।।

अध्यात्मयोगरसिकं भुवि धर्ममूर्तिम्, तीर्थंकरप्रवचनार्णवपारगं च।
दिग्वाससां सुयमिनां प्रथमं प्रपूज्यम्, श्रीकुन्दकुन्दमुनिराजमहं नमामि।।४।।

(वसन्ततिलका)

आचार्यकुन्दकुन्दैः, रचिता रयणसारनामिका सुकृतिः।
भव्यजनानां च कृते, महदुपकारित्वमावहति।।५।।

तदुपरि काचिट्टीका विदुषां वर्येण केनचिद् रचिता।
नाद्यावधि सरलार्था संस्कृतवाण्यां हि संदृष्टा।।६।।

तस्मात् सुरगिरि कुर्वे विस्ताररुचिभव्यशिष्यलाभाय।
श्रुतभक्तिवशीभूतः रत्नत्रयवर्धिनीं टीकाम्।।७।।

प्रणमाम्यहमाचार्यान् गुरुवर्यान् विमलसागरान् पूज्यान्।
सन्मतिसागरसूरीन् टीकारम्भे विनीतोऽहम् ।।८।।

(आर्या)

अध्यात्मयोग के रसिक, पृथ्वी पर साक्षात् धर्म की मूर्ति, तीर्थंकर के प्रवचन रूपी समुद्र के पारगामी, दिगम्बर मुनिराजों के प्रथम वन्दनीय-पूजनीय आचार्य श्री कुन्दकुन्द स्वामी को मेरा नमस्कार हो।। 4।।

आचार्य कुन्दकुन्द स्वामी द्वारा रचित **'रयणसार'** नामक एक श्रेष्ठ कृति है जो भव्यजनों के लिए महान् उपकारी है। उसके ऊपर किसी विद्वान् द्वारा संस्कृत में रचित ऐसी कोई सरल टीका आज तक दृष्टिगोचर नहीं हुई।। 5-6।।

इसलिए मैं श्रुतभक्ति के वशीभूत होकर विस्ताररुचि भव्य शिष्यों के लाभार्थ इस ग्रन्थ पर सुरगिरा— संस्कृत में **रत्नत्रयवर्धिनी** नामक टीका की रचना कर रहा हूँ।। 7 ।।

मैं (गणाचार्य श्री विरागसागर) इस टीका के आरम्भ में अपने पूज्य गुरुवर आचार्य श्री विमलसागर जी महाराज को तथा पूज्य सूरीश्वर श्री सन्मतिसागर जी महाराज को विनयपूर्वक नमन करता हूँ।। 8।।

रत्नत्रयवर्धिनी टीका—

श्रीकुन्दकुन्दाचार्यविरचित-द्वादशानुप्रेक्षावद् रयणसार-ग्रन्थस्योपरि अपि अद्यपर्यन्तं काऽपि संस्कृतटीका नैव दृष्टिपथमायाता, तेन कारणेन श्रुतभक्तिवशीकृतचेतसा तथा बालबोधनार्थं किमपि अल्पश्रुतेन रत्नत्रयवर्धिनीनाम्नी संस्कृतटीका मया प्रारभ्यते—

अथ सागारानगारधर्मप्रतिपादनपरः, पद्मनन्दि-गृद्धपिच्छ-वक्रग्रीव-कुन्दकुन्द-एलाचार्येति-नामपञ्चकधारकैः पूज्याचार्यवरैः विस्ताररुचिशिष्यप्रतिबोधनाय विरचितस्य रयणसारग्रन्थस्यास्य अधिकारशुद्धिपूर्वकं तात्पर्यार्थव्याख्यानं पातनिकासहितं च विधीयते। ग्रन्थेऽत्र यन्निरूपितं तस्य का कर्तव्यता, औचित्यं वेति विचारणा, तथा पूर्वगाथाया अनन्तरोक्त गाथायाश्च परस्परं कः सम्बन्धः, किं तत्रौचित्यमिति विचारणा च पातनिकारूपेण विधीयते —इति ज्ञातव्यम्। तत्रादौ 'णमिदूण वड्ढमाणं' **इत्यादिका प्रथमा गाथा, या मङ्गलाचरणात्मके प्रथमाधिकारे स्वतन्त्रगाथारूपेण प्रस्तुता।**

रत्नत्रयवर्धिनी टीका—

श्रीकुन्दकुन्दाचार्य-विरचित द्वादशानुप्रेक्षा (बारस अणुवेक्खा) की तरह, रयणसार ग्रन्थ के ऊपर भी आज तक कोई भी संस्कृत टीका दृष्टिगोचर नहीं हुई, इस कारण से श्रुत-भक्ति के वशीभूत चित्तवाला मैं अल्पश्रुत भी बाल जनों के बोध हेतु यह संस्कृत टीका प्रारम्भ कर रहा हूँ।

अब, सागार (गृहस्थ) व अनगार (मुनि) के धर्म का प्रतिपादन करने वाले, तथा पद्मनन्दि, गृद्धपिच्छ, वक्रग्रीव, कुन्दकुन्द व एलाचार्य —इन पाँच नामों (या विशेषणों) वाले पूज्य आचार्यवर द्वारा विस्तार‌रुचि शिष्यों को प्रतिबोधित करने की दृष्टि से विरचित इस 'रयणसार' नामक ग्रन्थ की अधिकार-शुद्धि-पूर्वक (इसके विविध प्रकरणों में क्या-क्या प्रतिपाद्य है —यह बताते हुए) तथा पातनिका के साथ (गाथाओं के) परस्पर सम्बन्ध व क्रम-औचित्य का निर्देश करते हुए तात्पर्य-अर्थपूर्ण व्याख्या की जा रही है। इस ग्रन्थ में जो निरूपण किया जा रहा है, उसके पीछे क्या कर्तव्यता या औचित्य है, तथा पूर्वगाथा का बाद में कही गई गाथा के साथ परस्पर क्या सम्बन्ध है, उसका औचित्य क्या है —इस तरह की विचारणा 'पातनिका' के रूप में की जाती है —यह जानें। यहाँ सर्वप्रथम **'णमिदूण वड्ढमाणं'** इत्यादि प्रथम गाथा है, जो मङ्गलाचरण-रूप प्रथम अधिकार में एक स्वतन्त्र गाथा के रूप में प्रस्तुत की गई है।

ततश्च, 'पुव्वं जिणेहिं भणिदं' (गाथा-२) **इत्यादित आरभ्य** 'दाणं पूया सीलं' (गाथा-१०) **इत्यादिगाथां यावत् द्वितीयाधिकारः, यत्र च नवगाथासु सम्यग्दृष्टीनामाचरणं मुख्यतया प्रतिपादितमस्ति। ततश्च,** 'दाणं पूया मुक्खं' (गाथा-११) **इत्यादित आरभ्य** 'जिणपूया मुणिदाणं' (गाथा-१३) **इत्यादिकां गाथां यावत्— गाथात्रयात्मकस्तृतीयोऽधिकारः श्रावककर्तव्यतां मुख्यतया विवृणोति। ततश्च** 'पूयफलेण तिलोक्के' (गाथा-१४) **इत्यादिगाथामारभ्य** 'पत्त विणा दाणं च' (गाथा-३१) **इत्यादिगाथां यावद् अष्टादशगाथात्मकश्चतुर्थोऽधिकारो वर्तते, यस्मिन् देयवस्तुसत्पात्रदान-फलादिनिरूपणमाध्यमेन निर्दिष्टमस्ति यत् सप्तक्षेत्रेषु सत्पात्रेभ्यश्च कृतं दानं श्रेष्ठमुत्तमं वा सुखं प्रयच्छति, सम्यग्दृष्टिकृतं दानं कल्पवृक्ष इव सुफलदायि भवति, लोभेन यद्वा ऐहिककामनया कृतं दानं न मोक्षमार्गे कल्याणकरम् —इति। एतदनन्तरं** 'जिणणुद्धार-पदिट्ठा' (गाथा-३२) **इत्यादि-गाथामारभ्य** 'णरइ-तिरियाइ-दुगदी (गाथा-३७) **इत्यादिकां गाथां यावत् पञ्चमाधिकारो वर्तते, यत्र षट्सु गाथासु धर्मार्थविसृष्टद्रव्य-उपभोगो निर्माल्यसेवनमस्ति, तेन तथा धर्मकार्येषु अन्तरायकरणेन च महद् दुष्फलं प्राप्यते —इति प्रतिपादितमस्ति।**

तब (मङ्गलाचरण के बाद) **'पुव्वं जिणेहिं भणिदं'** (गाथा-2) इत्यादि गाथा से लेकर **'दाणं पूया सीलं'** (गाथा-10) इत्यादि गाथा तक द्वितीय अधिकार है, जिसमें कुल नौ गाथाओं में मुख्यतया, सम्यग्दृष्टि जीवों का आचरण कैसा होता है —यह बताया गया है। तदनन्तर, **'दाणं पूया मुक्खं'** (गाथा-11) इत्यादि गाथा से लेकर **'जिणपूया मुणिदाणं'** (गाथा-13) इत्यादि गाथा तक तीन गाथाओं वाला तृतीय अधिकार है, जिसमें श्रावक के कर्तव्यों का मुख्यतया स्पष्टीकरण किया गया है। इसके बाद, **'पूयफलेण तिलोक्के '** (गाथा-14) इत्यादि गाथा से लेकर **'पत्त विणा दाणं च'** (गाथा-31) इत्यादि गाथा तक अठारह गाथाओं वाला चतुर्थ अधिकार है जिसमें देय वस्तु, सत्पात्र, दान-फल इत्यादि के स्वरूप का निरूपण करते हुए कहा गया है कि सात क्षेत्रों में सत्पात्रों को दिया गया दान श्रेष्ठ व उत्तम सुख प्रदान करता है, सम्यग्दृष्टि द्वारा किया गया दान कल्पवृक्ष की तरह प्रशस्त फलदायक होता है, तथा लोभ से या ऐहिक कामना रखकर किया गया दान मोक्षमार्ग की दृष्टि से कल्याणकारी नहीं होता है। इसके बाद, **'जिणणुद्धार-पदिट्ठा'** (गाथा-32) इत्यादि गाथा से लेकर **'णरइ-तिरियाइ-दुगदी'** (गाथा-37) इत्यादि गाथा तक पाँचवाँ अधिकार है, जिसमें कुल छः गाथाओं में यह प्रतिपादित किया गया है कि धर्मार्थ प्रदत्त द्रव्य का उपभोग निर्माल्य सेवन है, इससे तथा धर्म-कार्यों में विघ्न करने से महान् दुष्फल प्राप्त होता है।

तत्पश्चात् 'सम्मविसोही-तवगुण' (गाथा-३८) **इत्यादिगाथामारभ्य** 'पुव्वं जो पंचिंदिय' (गाथा-७६) **इत्यादिकां गाथां यावद् एकोनचत्वारिंशद्गाथात्मकः षष्ठोऽधिकारो वरीवर्ति, यत्र रत्नत्रयस्य, विशेषतः सम्यग्दर्शनादीनां, तथा कर्मक्षयोपायानां तथा कर्मबन्धकानां शुभाशुभभावानां सम्यक्तया समासतो निरूपणमस्ति। ततश्च,** 'पदिभत्तिविहीणसदी' (गाथा-७७) **इत्यादिकां गाथामारभ्य** 'सम्मत्त विणा रुइ भत्ति' (गाथा-८०) **इत्यादिगाथां यावत् गाथाचतुष्टयात्मकः सप्तमोऽधिकारो वर्तते, यत्र गुरुभक्तेर्माहात्म्यं प्रत्यपादि। ततश्च,** 'हीणादाणवियारविहीणादो' (गाथा-८१) **इत्यादिकां गाथामारभ्य** 'सुदणाणब्भासं जो ण कुणदि' (गाथा-९२) **इत्यादिकां गाथां यावत् द्वादशगाथात्मकोऽष्टमोऽधिकारो भवति, यत्र शुद्धात्मज्ञानस्य मोक्षमार्गे महत्त्वं प्रतिपादितमस्ति। ततश्च,** 'तच्चवियारणसीलो' (गाथा-९३) **इत्यादिकां गाथामारभ्य** 'ण सहंति इदरदप्पं' (गाथा-१०५) **इत्यादिकां गाथां यावत् त्रयोदश-गाथात्मको नवमोऽधिकारः, यत्र संयमिनोऽसंयमिनो वा मुनेरन्तरं प्रतिपादितमस्ति। ततश्च,** 'चम्मट्ठिमंसलवलुद्धो' (गाथा-१०६) **इत्यादिकां गाथामारभ्य** 'दिव्वुत्तरणसरिच्छं (गाथा-११३) **इत्यादिकां गाथां यावद् अष्टगाथात्मको दशमोऽधिकारो मुनिचर्यानिरूपणपरो वर्तते।**

इसके बाद, **'सम्मविसोहीतवगुण'** (गाथा-38) इत्यादि गाथा से लेकर **'पुव्वं जो पंचिंदिय'** (गाथा-76) इत्यादि गाथा तक उनतालीस (39) गाथाओं वाला छठा अधिकार है, जिसमें रत्नत्रय का, विशेषतः सम्यग्दर्शन आदि (तीनों रत्नों) का तथा कर्म-क्षय करने वाले उपायों का एवं कर्मबन्ध कराने वाले शुभ-अशुभ भावों का सम्यक् व संक्षिप्त निरूपण किया गया है। तदनन्तर, **'पदिभत्तिविहीणसदी'** (गाथा-77) इत्यादि गाथा से लेकर **'सम्मत्त विणा रुइ भत्ति'** (गाथा-80) इत्यादि गाथा तक चार गाथाओं वाला सातवाँ अधिकार है, जिसमें गुरु-भक्ति के माहात्म्य का निरूपण किया गया है। इसके बाद, **'हीणादाणवियारविहीणादो'** (गाथा-81) इत्यादि गाथा से लेकर **'सुदणाणब्भासं जो ण कुणदि'** (गाथा-92) इत्यादि गाथा तक बारह गाथाओं का आठवाँ अधिकार है, जिसमें शुद्धात्म-ज्ञान की मोक्षमार्ग में महत्ता का प्रतिपादन किया गया है। इसके अनन्तर, **'तच्चवियारणसीलो'** (गाथा-93) इत्यादि गाथा से लेकर **'ण सहंति इदरदप्पं'** (गाथा-105) इत्यादि गाथा तक तेरह गाथाओं वाला नवम अधिकार है, जिसमें संयमी व संयमहीन मुनि के भेद का प्रतिपादन किया गया है। तदनन्तर **'चम्मट्ठिमंसलवलुद्धो'** (गाथा-106) इत्यादि गाथा से लेकर **'दिव्वुत्तरणसरिच्छं'** (गाथा-113) इत्यादि गाथा तक आठ गाथाओं वाला दसवाँ अधिकार है, जो मुनि-चर्या का निरूपण करता है।

तत्पश्चाद्, 'अविरद-देस-महव्वय' (गाथा-११४) **इत्यादिगाथामारभ्य** 'सम्मादिगुणविसेसं' (गाथा-११८) **इत्यादिकां गाथां यावत् पञ्चगाथात्मक एकादशोऽधिकारः प्रवर्तते, यत्र दानविधौ सत्पात्रस्य किं स्वरूपमिति निर्दिष्टमस्ति। ततश्च,** 'णिच्छयववहारसरूवं' (गाथा-११९) **इत्यादिकां गाथामारभ्य** 'विसयविरत्तो मुंचदि' (गाथा-१२५) **इत्यादिकां गाथां यावत् सप्तगाथात्मको द्वादशाधिकारो वर्तते, यस्मिन् सम्यक्त्वमहत्त्वं विषयविरक्तेरुपादेयत्वं च प्रत्यपादि। तदनन्तरं च,** 'णियअप्पणाणझाणज्झयण' (गाथा-१२६) **इत्यादिगाथामारभ्य** 'पूयसूयरसाणाण' (गाथा-१३२) **इत्यादिकां गाथां यावत् सप्तगाथात्मकस्त्रयोदशाधिकारो यत्र बहिरात्मस्वरूपनिरूपणपरो वर्तते। ततश्च,** 'सिविणे वि ण भुंजदि' (गाथा-१३३) **इत्यादिगाथामारभ्य** 'दव्वगुणपज्जयेहिं (गाथा-१३९) **इत्यादिकां गाथां यावत्सप्तगाथात्मकश्चतुर्दशोऽधिकारो वर्तते, यत्रान्तरात्मनः स्वरूपम्, तत्प्राप्त्युपायश्च सम्यक् प्रत्यपादि। ततश्च,** 'बहिरंतरप्पभेदं' (गाथा-१४०) **इत्यादिगाथामारभ्य**' मिस्सो त्ति बाहिरप्पा' (गाथा-१४१) **इत्यादिगाथां यावद् गाथाद्वयात्मकः पञ्चदशोऽधिकारो वर्तते, यत्र स्वपरसमयस्वरूपस्य गुणस्थानानुसारि-बहिरात्मान्तरात्म-परमात्मस्वरूपाणां च निरूपणं विहितमस्ति।**

इसके बाद, **'अविरद-देस-महव्वय'** (गाथा-114) इत्यादि गाथा से प्रारम्भ कर **'सम्मादिगुणविसेसं'** (गाथा-118) इत्यादि गाथा तक पाँच गाथाओं का ग्यारहवाँ अधिकार है, जिसमें दानविधि से सम्बद्ध सत्पात्र-विशेष के स्वरूप का निर्देश किया गया है। तदनन्तर, **'णिच्छयववहाररूवं'** (गाथा-119) इत्यादि गाथा से लेकर **'विसयविरत्तो मुंचदि'** (गाथा-125) इत्यादि गाथा तक सात गाथाओं वाला बारहवाँ अधिकार है, जिसमें सम्यक्त्व के महत्त्व का तथा विषय-विरक्ति की उपादेयता का प्रतिपादन किया गया है। उसके अनन्तर, **'णियअप्पणाणझाणज्झयण'** (गाथा-126) इत्यादि गाथा से लेकर **'पूयसूयरसाणाण'** (गाथा-132) इत्यादि गाथा तक सात गाथाओं वाला तेरहवाँ अधिकार है, जिसमें बहिरात्मा के स्वरूप का निरूपण किया गया है। इसके बाद, **'सिविणे वि ण भुंजदि'** (गाथा-133) इत्यादि गाथा से लेकर **'दव्वगुणपज्जयेहिं'** (गाथा-139) इत्यादि गाथा तक सात गाथाओं वाला चौदहवाँ अधिकार है, जिसमें अन्तरात्मा के स्वरूप का और उसकी प्राप्ति के उपाय का सम्यक् प्रतिपादन हुआ है। इसके अनन्तर, **'बहिरंतरप्पभेदं'** (गाथा-140) इत्यादि गाथा से लेकर **'मिस्सो त्ति बाहिरप्पा'** (गाथा-141) इत्यादि गाथा तक दो गाथाओं वाला पन्द्रहवाँ अधिकार है, जिसमें स्वसमय-परसमय के स्वरूप का तथा गुणस्थानों के अनुरूप बहिरात्मा, अन्तरात्मा व परमात्मा के स्वरूप का निरूपण किया गया है।

ततश्च, 'मूढत्तय-सल्लत्तय' (गाथा-१४२) **इत्यादिगाथामारभ्य** 'कालमणंतं जीवो' (गाथा-१५२) **इत्यादिकां गाथां यावद् एकादशगाथात्मकः आत्मविशुद्धिकारणप्ररूपकः षोडशोऽधिकारो निबद्धः। ततश्च,** 'सम्मद्दंसणसुद्धं जाव दु' (गाथा-१५३) **इत्यादिगाथामारभ्य** 'कामदुहिं कप्पतरुं' (गाथा-१६४ **इत्यादिगाथां यावद् द्वादशगाथात्मकः सप्तदशोऽधिकारो वर्तते, यत्र सम्यक्त्वस्य महनीयता प्रतिपादिता वर्तते। ततश्च,** 'सम्म णाणं वेरग्गतवोभावं' (गाथा-१६५) **इत्यादिगाथामारभ्य** 'इदि सज्जणपुज्जं रयणसारगंथं' (गाथा-१६७) **इत्यादिगाथां यावत् गाथात्रयात्मकोऽष्टादशाधिकारो रयणसारग्रन्थमाहात्म्यकथनपरो वर्तते। एवमष्टादशाधिकारप्रविभक्तस्य ग्रन्थस्यास्य सप्तषष्ट्युत्तरशत-गाथात्मकस्य समुदायपातनिका विज्ञेया। तत्र प्रथमगाथा मङ्गलाधिकारात्मिका वर्तते। तस्याः व्याख्यानात्प्राक् कतिपयान्यविषयाणामपि निरूपणमौचित्तीं वहति।**

यथोक्तं धवलायाम् (पु. १, खण्ड-१, भाग-१, सू. १, पृ. ८)—

मंगलणिमित्तहेउं परिमाणं णाम तह व कत्तारं।
वागरिय छप्पि पच्छा वक्खाणउ सत्थमाइरिओ।।

इसके बाद, **'मूढत्तय-सल्लत्तय'** (गाथा-142) इत्यादि गाथा से लेकर **'कालमणंतं जीवो'** (गाथा-152) इत्यादि गाथा तक ग्यारह गाथाओं वाला सोलहवाँ अधिकार है, जिसमें आत्मविशुद्धि के कारणों की प्ररूपणा की गई है। इसके बाद, **'सम्मद्दंसणसुद्धं जाव दु'** (गाथा-153) इत्यादि गाथा से लेकर **'कामदुहिं कप्पतरुं'** (गाथा-164) इत्यादि गाथा तक बारह गाथाओं वाला सत्रहवाँ अधिकार है, जिसमें सम्यक्त्व की महत्ता का प्रतिपादन है। इसके बाद, **'सम्म णाणं वेरग्गतवोभावं'** (गाथा-165) इत्यादि गाथा से लेकर **'इदि सज्जणपुज्जं रयणसारगंथं'** (गाथा-167) इत्यादि गाथा तक तीन गाथाओं वाला अठारहवाँ अधिकार है, जो 'रयणसार' ग्रन्थ के माहात्म्य का निरूपण करता है। इस प्रकार, अठारह अधिकारों में विभक्त तथा एक सौ सड़सठ गाथाओं वाले इस ग्रन्थ की समुदायपातनिका जाननी चाहिए। इन (167 गाथाओं) में पहली गाथा मङ्गलाधिकार रूप से प्रस्तुत है। इसके व्याख्यान से पहले, कुछ अन्य विषयों (अधिकारों) का निरूपण करना उचित होगा।

जैसा कि धवला (पु. 1, खण्ड-1, भाग-1, सू. 1, पृ. 8) में कहा गया है— "(1) मंगल, (2) निमित्त, (3) हेतु, (4) परिमाण, (5) नाम, और (6) कर्ता —इन छः बातों का निरूपण करने के बाद ही आचार्य को किसी शास्त्र का व्याख्यान करना चाहिए।"

अर्थात् मङ्गलाभिधानम्, शास्त्ररचनायाः किं निमित्तम्, ग्रन्थस्य कियत्परिमाणम्, ग्रन्थ-रचनायाः को मुख्यहेतुः, ग्रन्थस्य किं नाम, ग्रन्थस्य कः कर्ता —इत्येतेषां षडधिकाराणां स्पष्टीकरणं शास्त्रव्याख्याकारेण कार्यम्। एतेषु मङ्गलाभिधानं शास्त्रकारेण प्रथमगाथायां कृतमस्ति। अत्रेदं ज्ञेयम्-शास्त्रादौ शास्त्रकाराः मङ्गलार्थं परमेष्ठिप्रभृति-गुणस्तवनादिकं कुर्वन्ति —इतिप्राचीनपरम्परा वरीवर्ति।

तिलोयपण्णत्तिग्रन्थे (१/१६) **च समर्थितमेतद्, यथोक्तं तत्र—**

पुव्वं आइरिएहिं मंगलपुव्वं च वाचिदं भणिदं।
तं लादि हु आदत्ते जदो तदो मंगलं पवरं।।

तथा च तत्रैव (१/३०)—

णासदि विग्घं भेददि यंहो दुट्ठा सुराण लंघंति।
इट्ठो अत्थो लब्भइ जिण-णामग्गहणमेत्तेण।।

अर्थात् मङ्गलाचरण, शास्त्र-रचना में निमित्त क्या है, ग्रन्थ का परिमाण कितना है, ग्रन्थ-रचना में मुख्य हेतु (प्राप्य फल) क्या है, ग्रन्थ का क्या नाम और कर्ता कौन है —इन छः अधिकारों का स्पष्टीकरण शास्त्रव्याख्याकार द्वारा किया जाना चाहिए। इनमें मङ्गलाचरण तो शास्त्रकार (आचार्य कुन्दकुन्द) ने प्रथम गाथा में किया ही है। यहाँ यह ज्ञातव्य है कि किसी भी शास्त्र का प्रारम्भ करना हो तो शास्त्रकार मङ्गलाचरण हेतु परमेष्ठी आदि देवों के गुणों की स्तुति आदि करते हैं —ऐसी प्राचीन परम्परा है।

तिलोयपण्णत्ति ग्रन्थ (1/16) में भी इसी (परम्परा) का समर्थन करते हुए कहा गया है— "पूर्व में आचार्यों द्वारा मङ्गलाचरण करके ही शास्त्रों का पठन-पाठन हुआ है। जो मंगल लाता है अर्थात् ग्रहण कराता है, इसलिए वह श्रेष्ठ मङ्गल कहा जाता है।"

और भी, वहीं (1/30) में कहा गया है— 'जिनेन्द्र देव के नाम लेने मात्र से विघ्न नष्ट हो जाते हैं, पाप खण्डित हो जाते हैं, दुष्ट देव लांघते नहीं, अर्थात् उनका उपद्रव नहीं होता और साथ ही अभीष्ट पदार्थ की प्राप्ति भी होती है।"

बृहद्द्रव्यसंग्रहग्रन्थस्य ब्रह्मदेवविरचितसंस्कृतटीकायां च मङ्गलाभिधानप्रयोजनं भणितम्—

नास्तिकत्वपरीहारः शिष्टाचारप्रपालनम्।
पुण्यावाप्तिश्च निर्विघ्नं शास्त्रादौ तेन संस्तुतिः।।

इत्येवं शास्त्रारम्भे मङ्गलाभिधानस्य कर्तव्यता साधिता भवति। अत्र विस्तरस्तु 'बारस अणुपेक्खा'-ग्रन्थस्य मत्कृतायां सर्वोदयानामिकायां टीकायां द्रष्टव्यः।

इदानीं निमित्ताधिकारो निरूप्यते— अपारे संसारसागरेऽनादिकालतः स्वशुभाशुभकर्मवशाद् निमज्जनोन्मज्जनं कुर्वाणः कश्चिद् भव्य-पुण्डरीकः संसारसागरोत्तरणोपायजिज्ञासां मनसि निधाय श्रीमत्कुन्दकुन्दाचार्यवरस्य चरणारविन्दयोः सविनयं प्रणिपत्य पृच्छति— भगवन्! भवद्दर्शनेन कृतार्थोऽस्मि। आचार्यस्तु ब्रूते-धर्मवृद्धिरस्तु। भव्यो निवेदयति— भगवन्! धर्मस्वरूपमाख्याहि, यदाचरणेन निःश्रेयससिद्धिः स्यात्। ततश्चाचार्यवरेण तं भव्यजनं निमित्तीकृत्य शास्त्रमिदं व्यरचि। एवं निमित्ताधिकारो व्याख्यातः।

बृहद्द्रव्यसंग्रह ग्रन्थ की ब्रह्मदेवविरचित संस्कृत टीका में मंगलाचरण के प्रयोजन इस प्रकार कहे गये हैं—

नास्तिकता का त्याग, शिष्टाचार का पालन, पुण्य की प्राप्ति और विध्न-विनाश —इन चार लाभों के लिए शास्त्र के आरंभ में इष्ट देव की स्तुति की जाती है।

इस प्रकार, शास्त्र के प्रारम्भ में मङ्गलाचरण की कर्तव्यता सिद्ध होती है। इस विषय में विस्तार से जानने के लिए **'बारस अणुपेक्खा'** नामक ग्रन्थ की **सर्वोदया** नामक मेरी टीका द्रष्टव्य है।

अब, निमित्त सम्बन्धी अधिकरण (निरूपण) प्रस्तुत किया जा रहा है— इस अपार संसार में अनादि काल से अपने शुभ या अशुभ कर्मों के कारण डूबते-तैरते हुए कोई भव्य-पुण्डरीक संसार-सागर को पार करने के उपाय को जानने की इच्छा को मन में रखकर आचार्य श्री कुन्दकुन्द स्वामी के चरण-कमलों में सविनय नमन कर पूछता है— हे भगवन्! आपके दर्शन से मैं कृतार्थ हो गया। आचार्य ने कहा— धर्म-वृद्धि हो। भव्य ने निवेदन किया— भगवन्! मुझे आप धर्म का स्वरूप कहें, जिसके आचरण से निःश्रेयस की सिद्धि मुझे प्राप्त हो। तब आचार्यप्रवर द्वारा उस भव्य को निमित्त बना कर इस शास्त्र की रचना की गई है। इस तरह निमित्त अधिकार का व्याख्यान हुआ।

शास्त्राध्ययनस्य यत् फलं तदेवात्र हेतुरूपेण ज्ञेयम्। तच्च फलं द्विविधम्— प्रत्यक्षपरोक्ष-भेदात्। प्रत्यक्षफलस्यापि द्वौ भेदौ-साक्षात् परम्परया च प्राप्यम्। साक्षात् प्रत्यक्षफलमत्र अज्ञाननाशः इत्यादिकम्। परम्परया प्रत्यक्षफलन्तु शिष्यप्रशिष्य-पूजाप्रशंसा-शिष्यनिष्पत्त्यादिकम्। परोक्षफलन्तु स्वर्गादिसुखप्राप्ति-रूपाभ्युदयस्य, मोक्षप्राप्तिरूपनिःश्रेयसस्य सिद्धिः। यद्वा स्वपरहितसाधनमेव फलम्। सम्प्रति परिमाणं प्रतिपाद्यते। ग्रन्थस्यास्य सप्तषष्ट्युत्तरशतगाथात्मकं परिमाणं वर्तते। अर्थपरिमाणन्तु अनन्तम्। नाम रयणसारेति वर्तते, यस्यान्तिमगाथायाम् 'इदि सज्जणपुज्जं रयणसारगंथं' (गाथा-167) **इत्यादिकायां तथा प्रथमगाथायां** 'णमिदूण वड्ढमाणं' **इत्यादिकायां च शास्त्रकारेण संकेतितम्। इदं च नामान्वर्थकम्, यतो हि ग्रन्थेऽत्र मोक्षोपायभूतानां सम्यग्दर्शनादिकानां त्रयाणां रत्नानां सारभूतं निरूपणं कृतमस्ति। शब्दात्मकग्रन्थकर्तारः श्रीमत्कुन्दकुन्दाचार्यवराः। मूलरूपेण अर्थकर्तारस्तु चरमतीर्थंकरवर्द्धमानस्वामिनः, तदीयगणधराः, उत्तरोत्तरा आचार्याश्च ज्ञेयाः। कर्तृ-प्रामाण्याद् वचनप्रामाण्यमिति सिद्धान्तः, अतस्तीर्थंकरादिकर्तृत्वादस्य प्रामाण्यं निर्विवादतया सिद्ध्यति। एवं संक्षेपेण मङ्गलाद्यधिकारषट्कं व्याख्यातम्।**

शास्त्र के अध्ययन का जो फल है, उसे ही यहाँ 'हेतु' रूप में ग्रहण करना चाहिए। यह फल दो प्रकार का होता है— प्रत्यक्ष व परोक्ष। प्रत्यक्ष फल भी दो प्रकार का है— साक्षात् व परम्परा से प्राप्त होने वाला। साक्षात् प्रत्यक्ष फल तो यहाँ अज्ञान का नाश आदि है। परम्परा से प्रत्यक्ष फल है— शिष्य, प्रशिष्य की ओर से पूजा, प्रशंसा एवं शिष्यपरम्परा का निर्माण आदि। परोक्ष फल है— स्वर्गादि सुख की प्राप्ति रूप अभ्युदय की तथा मोक्ष प्राप्ति रूप निःश्रेयस की सिद्धि होना। अथवा स्व-परहित साधना ही फल है। अब परिमाण का निरूपण कर रहे हैं। इस ग्रन्थ का एक सौ सड़सठ गाथा रूप परिमाण है। अर्थपरिमाण तो अनन्त है। 'रयणसार' यह इस ग्रन्थ का नाम है, जिसका शास्त्रकार ने स्वयं इस ग्रन्थ की **'इदि सज्जणपुज्जं रयणसारगंथं'** इत्यादि (167वीं) गाथा में तथा **'णमिदूण वड्ढमाणं'** इत्यादि प्रथम गाथा में संकेत भी किया है। यह नाम अन्वर्थक है क्योंकि इस ग्रन्थ में मोक्ष-प्राप्ति के उपाय **'सम्यग्दर्शनादि रत्नत्रय'** का सार निरूपित हुआ है। इस शब्दात्मक ग्रन्थ के कर्ता हैं— श्रीमान् आचार्य कुन्दकुन्द स्वामी। मूलरूप से अर्थकर्ता तो अन्तिम तीर्थंकर भगवान् महावीर स्वामी, उनके गणधर तथा उत्तरवर्ती आचार्य हैं। कर्ता के प्रामाण्य पर ग्रन्थ की प्रमाणता सिद्ध होती है —यह सिद्धान्त है, इसलिए तीर्थंकर आदि द्वारा विरचित होने से इस ग्रन्थ की प्रमाणता निर्विवाद रूप से सिद्ध होती है। इस प्रकार मङ्गल आदि छः अधिकारों का संक्षेप में व्याख्यान सम्पन्न हुआ।

।। पढमोहियारो-मंगलाभिहाणरूवो ।।

[प्रथमोऽधिकारः, मङ्गलाभिधानरूपः]

अथ श्रीमत्कुन्दकुन्दाचार्यदेवाः शास्त्रादौ गाहाछन्दसा मङ्गलाभिधानपूर्वकं ग्रन्थनिर्माणं प्रतिजानते—

[।। मङ्गलाचरणम् ।।]

णमिदूण वड्ढमाणं, परमप्पाणं जिणं तिसुद्धेण।
वोच्छामि रयणसारं, सायारणयारधम्मीणं।।१ ।।

छाया— नत्वा वर्द्धमानं परमात्मानं जिनं त्रिशुद्धया।
वक्ष्ये रत्नसारं सागार-अनगारधर्मिणाम्।।

रत्नत्रयवर्धिनी टीका— परमप्पाणं जिणं वड्ढमाणं तिसुद्धेण णमिदूण सायारणयारधम्मीणं रयणसारं वोच्छामि— इत्यन्वयो बोद्धव्यः।

।। मंगलाभिधान रूप— प्रथम अधिकार।।

श्री कुन्दकुन्दाचार्य स्वामी शास्त्र के प्रारम्भ में गाहा छन्द द्वारा मङ्गलाचरण-पूर्वक शास्त्र के निर्माण की प्रतिज्ञा व्यक्त कर रहे हैं—

गाथा-अर्थ— मन-वचन-काय की त्रिशुद्धि के साथ (तीर्थंकर) परमात्मा जिन वर्द्धमान स्वामी को नमन करके सागार (गृहस्थ) व अनगार (साधु) धर्म वालों के लिए रयणसार ग्रन्थ का कथन कर रहा हूँ।।1 ।।

रत्नत्रयवर्धिनी टीका— परमात्मानं जिनं वर्द्धमानं त्रिशुद्धया नत्वा सागार-अनगारधर्मिणां (कृते) रयणसारं वक्ष्ये —यह (गाथा के शब्दों का) अन्वय जानना चाहिए।

प्रथममाचार्याश्चरमतीर्थंकरं नत्वा शास्त्रादौ क्रियमाणं मङ्गलाभिधानं विदधति। ततश्च 'रयणसार'-ग्रन्थस्य निर्माणाय स्वसंकल्पं प्रकटयन्ति।

(परमप्पाणं) **परमात्मानम्, संसारिजीवेभ्य उत्कृष्टतां प्राप्तम्। सा चोत्कृष्टता कर्मक्षयजनित-पूर्णविशुद्ध्या प्राप्यते।**

उक्तं च मोक्षप्राभृते (गाथा-५)— "कम्मकलङ्कविमुक्को परमप्पा भण्णए देवो।"

नियमसारे (गाथा-७) **च भणितम्—**

णिस्सेसदोसरहिओ केवलणाणाइपरमविभवजुदो।
सो परमप्पा उच्चइ तव्विवरीओ ण परमप्पा।।

शुभचन्द्राचार्यकृते ज्ञानार्णवे (१९/७) **च स्पष्टीकृतम्—**

सर्वप्रथम आचार्य (श्री कुन्दकुन्द स्वामी) ने अन्तिम तीर्थंकर (महावीर स्वामी) को नमस्कार किया, फिर शास्त्र के प्रारम्भ में करणीय मङ्गलाचरण का कथन किया। इसके बाद, रयणसार ग्रन्थ के निर्माण करने के अपने संकल्प को अभिव्यक्त किया है।

(परमात्मानम्) परमात्मा को अर्थात् संसारी जीवों की अपेक्षा जो उत्कृष्टता को प्राप्त कर चुके हैं, उन्हें। उक्त उत्कृष्टता तभी प्राप्त होती है जब कर्मों का क्षय होकर आत्मा की पूर्ण विशुद्धि हो जाए तब।

मोक्षप्राभृत (गाथा-5) में कहा भी है— "कर्म-कलङ्कों से जो निर्मुक्त हो चुके हैं, वे परमात्मा देव कहे जाते हैं।"

नियमसार (गाथा-7) में भी कहा गया है—

"जो निःशेष दोषों से सर्वथा रहित है, केवलज्ञान आदि परम वैभव से युक्त है, उसे 'परमात्मा' कहा जाता है, और उससे जो विपरीत है वह परमात्मा नहीं है।"

आचार्य शुभचन्द्र-कृत ज्ञानार्णव (19/7) में भी इसे स्पष्ट करते हुए कहा गया है—

अयमात्मा स्वयं साक्षात् परमात्मेति निश्चयः।
विशुद्धध्याननिर्धूत-कर्मेन्धनसमुत्करः ॥

अयं च परमात्मा अवस्थाभेदेन सकलो निष्कलश्चेतिप्रकारेण द्विविधः। सर्वज्ञाः केवलिनस्तीर्थंकराश्च सकलाः परमात्मानः, अशरीराः सिद्धास्तु निष्कलाः इति भेदः।

उक्तं च कार्तिकेयानुप्रेक्षाग्रन्थे (गाथा-१९८)—

ससरीरा अरहंता केवलणाणेण मुणियसयलत्था।
णाणसरीरा सिद्धा सव्वुत्तमसुक्खसंपत्ता॥

नियमसारस्य (गाथा-४३) **तात्पर्यवृत्तिटीकायां च संकेतितम्—** "निश्चयेन औदारिक-वैक्रियिक-आहारक-तैजस-कार्मणाभिधानपञ्चशरीरप्रपञ्चाभावात् निष्कलः।"

(जिणं) **जिनम्, कषायजेतृत्वाद् जिना भवन्ति, यद्वा कर्मशत्रुजेतृत्वाद् जिनाः।**

"निश्चित रूप से यह आत्मा ही, जब विशुद्ध ध्यान के बल से कर्मरूपी ईन्धन-समूह को जला डालता है, तब स्वयं साक्षात् परमात्मा हो जाता है।"

यह परमात्मा अवस्था-भेद से सकल व विकल —इन दो रूपों को प्राप्त करता है। सर्वज्ञ केवली व तीर्थंकर —ये सकल परमात्मा हैं, और सिद्ध अशरीरी आत्मा निष्कल परमात्मा हैं— यह इनमें भेद है।

कार्तिकेयानुप्रेक्षा ग्रन्थ (गाथा-198) में कहा गया है— "केवल-ज्ञान द्वारा समस्त पदार्थों को जान लेने वाले शरीरसहित अर्हन्त परमात्मा हैं, और सर्वोत्तम सुख (मोक्ष) को प्राप्त करने वाले एवं ज्ञानमयशरीर वाले सिद्ध आत्मा भी परमात्मा हैं।"

नियमसार (गाथा-43) की तात्पर्यवृत्ति टीका में भी इसका संकेत इस प्रकार प्राप्त होता है— 'निश्चय से जो (परमात्मा)औदारिक, वैक्रियिक, आहारक, तैजस व कार्मण —इन पाँचों शरीर के प्रपञ्च से रहित होता है, वह निष्कल है।'

(जिनम्) जिन, कषायों को जो जीतते हैं, वे 'जिन' होते हैं, अथवा कर्म-शत्रुओं पर विजय प्राप्त करने के कारण 'जिन' होते हैं।

उक्तं च मूलाचारे (गाथा-५६३)— ''जिदकोहमाणमाया जिदलोहा तेण ते जिणा होंति।''

पञ्चास्तिकायग्रन्थस्य (गाथा-१) **तात्पर्यवृत्तौ टीकायां च निरूपितम्**— ''अनेकभवगहन-विषयव्यसनप्रापणहेतून् कर्मारातीन् जयतीति जिनः'' **इति।**

(वड्ढमाणं) **चरमतीर्थंकरं वर्द्धमानस्वामिनम्। अव समन्तात् ऋद्धं वृद्धं मानं प्रमाणं ज्ञानं यस्य, स वर्द्धमानसंज्ञया अभिधातुं योग्यः। अयं निरावरणोत्कृष्टज्ञानश्रिया समृद्धो भविष्यतीति विचार्य वर्द्धमानेतिनाम सिद्धार्थनृपपुत्रस्य देवेन्द्रेन विशेषतया निर्धारितम्।**

उक्तं च उत्तरपुराणे (७४/२७६)—

अलं तदिति तं भक्त्या विभूष्योद्घविभूषणैः।
वीरः श्रीवर्धमानश्चेत्यस्याख्याद्वितयं व्यधात्।।

मूलाचार (गाथा-563) में कहा गया है— ''चूँकि उन्होंने क्रोध, मान व माया पर विजय प्राप्त की है और लोभ को जीता है, इसलिए वे 'जिन' होते हैं।''

पञ्चास्तिकाय ग्रन्थ (गाथा-1) की तात्पर्यवृत्ति टीका में भी यह बताया गया है— ''चूँकि अनेक भवों (जन्म-जन्मान्तरों) के गहन विषय रूपी संकटों को प्राप्त कराने वाले कर्म-शत्रुओं को जीतते हैं— इसलिए वे 'जिन' कहलाते हैं।''

(वर्द्धमानम्) चरम (अन्तिम, 24वें) तीर्थंकर वर्द्धमान स्वामी को। अव= सब ओर से, ऋद्ध= समृद्ध, वृद्ध= बढ़ा है, मान= प्रमाण यानी ज्ञान जिसका, उसे ही 'वर्द्धमान' नाम [अव+ऋद्ध+मान= अवर्द्धमान, 'अ' का लोप, वर्द्धमान] से पुकारना उचित है। सिद्धार्थ राजा का पुत्र आगे जाकर निरावरण व उत्कृष्ट ज्ञान रूपी लक्ष्मी से समृद्ध होगा —यह जानकर इन्द्र ने उनका ''वर्द्धमान'' यह नाम रख दिया था।

उत्तरपुराण (74/276) में कहा भी है—

''अधिक क्या कहें ? इन्द्र ने भक्तिपूर्वक उत्तमोत्तम आभूषणों से विभूषित किया और 'वीर' और 'श्री वर्द्धमान' ये दो नाम भी रखे।''

घातिकर्मक्षयजनित-केवलज्ञानादिगुणैः सततं वर्द्धमानत्वात् वर्द्धमानेतिनाम अन्वर्थकमिति उत्तरपुराणे (७४/१) **संकेतितम्—**

वर्द्धमानो जिनः श्रीमान् नामान्वर्थं समुद्वहन्।
देयान्मे वृद्धिमुद्धतघातिकर्मविनिर्मिताम्।।

(तिसुद्धेण) **मनोवचनकायेतित्रयाणां या त्रिविधा शुद्धिः तया। तत्र मोहरागद्वेषादिरूपाया आर्तरौद्रपरिणामात्मिका या अशुद्धिः, तदभावो मनःशुद्धिः।**

उक्तं च वसुनन्दिश्रावकाचारे (गाथा-२२९)— "चइऊण अट्टरुद्दे मणसुद्धी होइ कायव्वा।"

सावद्यसत्य-कटु-कर्कशादिरूपेण अतिचपल-कर्णभेदिस्वररूपेण वा या वाचोऽशुद्धिः तद्राहित्यं वचनशुद्धिः।

उक्तं च वसुनन्दिश्रावकाचारे (गाथा-२३०)— णिट्ठुर-कक्कसवयणाइवज्जणं तं वियाण वचिसुद्धिं।

घाती कर्मों के क्षय से उत्पन्न होने वाले 'केवलज्ञान' आदि गुणों से निरन्तर समृद्ध होते रहने के कारण उनका 'वर्द्धमान' यह नाम अन्वर्थक (सार्थक) है —ऐसा उत्तरपुराण (74/1) में इंगित भी किया गया है :—

"सार्थक नाम को धारण करने वाले श्रीमान् वर्द्धमान जिनेन्द्र धाती कर्मों के नाश से प्राप्त होने योग्य वृद्धि मुझे प्रदान करें।"

(त्रिशुद्धया) मन, वचन व शरीर —इन तीनों की त्रिविध शुद्धि के साथ। मोह, राग, द्वेष आदि रूप या आर्त, रौद्र परिणति रूप जो (मानसिक) अशुद्धि है, उसका अभाव मनःशुद्धि है।

वसुनन्दि श्रावकाचार (गाथा-229) में कहा भी गया है— "आर्त व रौद्र ध्यान परिणति को त्याग कर मनःशुद्धि करनी चाहिए।"

सावद्य, कटु, कर्कश आदि रूप से या अतिचपल या कर्णभेदी स्वर के रूप में जो वाणी की अशुद्धि होती है, उससे रहित होना वचन-शुद्धि है।

वसुनन्दिश्राव्काचार (गाथा-230) में कहा भी है—"निष्ठुर व कर्कश आदि वचनों का त्याग करना, इसे वचन-शुद्धि जानें।"

कायाशुचितापरिहारः कायशुद्धिः। गृहस्थानां स्नानेन, यतीनां च हस्तपादप्रक्षालनेन व्रतमंत्रेण वा शुद्धिरेषा भवति। यद्वा, कायिकविनयभावः कायशुद्धिः।

उक्तं च वसुनन्दिश्रावकाचारे (गाथा-२३०)— "सव्वत्थ संपुडंगस्स होइ तह कायसुद्धी वि।"

तत्त्वार्थराजवार्तिके (९/६/१६) **तु अष्टौ शुद्धयः प्रतिपादिताः**— "(अपहृतसंयमस्य प्रतिपादनार्थः शुद्ध्यष्टकोपदेशो द्रष्टव्यः।) तद्यथा— अष्टौ शुद्धयः— भावशुद्धिः, कायशुद्धिः, विनयशुद्धिः, ईर्यापथशुद्धिः, भिक्षाशुद्धिः, प्रतिष्ठापनशुद्धिः, शयनासनशुद्धिः, वाक्यशुद्धिश्चेति।" **एतासु मनःशुद्धिरूपैव भावशुद्धिः।**

कायशुद्धिर्वाक्यशुद्धिश्च पृथक् पृथक् निर्दिष्टे एव। नमस्कार-वन्दनादिक्रियायामेतासां तिसृणां शुद्धीनां प्रमुखतोऽपेक्षा भवतीत्यतोऽत्र गाथायां शुद्धित्रयस्य निर्देशः कृतः। एतासां तिसृणां शुद्धीनां पृथक् पृथक् यत्स्वरूपं समहत्त्वं राजवार्तिके (९/६/१६) **निरूपितं तदत्र प्रस्तूयते—**

कायिक अशुचिता का परिहार करना काय-शुद्धि है। गृहस्थों की स्नान से तथा यतियों की हाथ-पाँव धोने से अथवा व्रत, मंत्र से यह शुद्धि होती है। अथवा, शारीरिक विनय की स्थिति ही काय-शुद्धि है।

वसुनन्दिश्रावकाचार (गाथा-230) में कहा भी है— "सर्वतो भावेन संपुटित अर्थात् विनीत अंग रखना —यह कायशुद्धि होती है।"

तत्त्वार्थराजवार्तिक (9/6/16) में तो आठ प्रकार की शुद्धियों का प्रतिपादन किया गया है— (इन अपहृतसंयम के प्रतिपादन के सन्दर्भ में आठ शुद्धियों का उपदेश द्रष्टव्य है—) वे इस प्रकार हैं — "भावशुद्धि, कायशुद्धि, विनयशुद्धि, ईर्यापथशुद्धि, भिक्षाशुद्धि, प्रतिष्ठापनशुद्धि, शयनासनशुद्धि, और वाक्यशुद्धि।" इनमें भावशुद्धि मनःशुद्धि रूप ही है।

कायशुद्धि और वाक्यशुद्धि —इन दोनों का पृथक्-पृथक् निर्देश (इन आठों में) किया ही गया है। नमस्कार व वन्दना आदि क्रिया में इन तीन शुद्धियों की प्रमुखतया अपेक्षा होती है— इसलिए इस गाथा में त्रिविध शुद्धि का निर्देश किया गया है। इन तीन शुद्धियों के पृथक्-पृथक् स्वरूप व महत्त्व को राजवार्तिक (9/6/16) में बताया गया है, वह इस प्रकार है—

'तत्र भावशुद्धिः कर्मक्षयोपशमजनिता मोक्षमार्गरुचि-आहित-प्रसादा रागाद्युपप्लवरहिता। तस्यां सत्यामाचारः प्रकाशते परिशुद्धिभित्तिगतचित्रकर्मवत्।'

"कायशुद्धिः निरावरणाभरणा निरस्तसंस्कारा यथाजातमलधारिणी निराकृताङ्गविकारा सर्वत्र प्रयतवृत्तिः प्रशमसुखं मूर्तिमिव प्रदर्शयन्तीति। तस्यां सत्यां न स्वतोऽन्यस्य भयमुपजायते नापि अन्यतस्तस्य।"

"वाक्यशुद्धिः पृथ्वीकायिकारम्भादिप्रेरणरहिता परुषनिष्ठुरादिपरपीडाकरप्रयोगनिरुत्सुका व्रतशील-देशनादिप्रधानफला हितमितमधुरमनोहरा संयतस्य योग्या। तदधिष्ठाना हि सर्वसम्पदः।"

(णमिदूण) **नत्वा, द्रव्य-भावोभयनमस्कारं विधायेत्यर्थः। एवं त्रिविधशुद्धिसहितस्य पञ्चपरमेष्ठिप्रभृतीनां वन्दनं नमस्कारो वा क्रियते, स द्रव्यभावभेदेन द्विविधतां भजति। 'नमः' इत्यादि शब्दोच्चारणं शिरोऽवनतिः, कृताञ्जलिता द्रव्यनमस्कारः।**

भावशुद्धि— "कर्म के क्षयोपशम से उत्पन्न, मोक्षमार्ग की रुचि से विशुद्धता को प्राप्त, रागादि उपद्रवों से रहित जो (मानसिक) शुद्धि है, वह भावशुद्धि है। इसके होने पर आचार उसी प्रकार चमक उठता है, जैसे स्वच्छ दीवार पर चित्रादि का चित्रण।"

"कायशुद्धि— यह समस्त आवरण व आभरणों से रहित, शरीर-संस्कार से रहित, यथाजात निर्मलता को धारण करने वाली, अङ्गविकार से रहित, सर्वत्र यतनाचार (संयम) पूर्वक प्रवृत्ति रूप होती है। यह मूर्तिमान् प्रशमसुख की तरह है। इसके होने पर न तो दूसरों से अपने को भय होता है और न अपने से दूसरों को।"

"वाक्यशुद्धि— पृथ्वीकायिक आदि से सम्बन्धित आरम्भ (हिंसा) की प्रेरणा से रहित हो, जो परुष, निष्ठुर व परपीड़ाकारी प्रयोगों से रहित हो, जो व्रत, शील आदि का उपदेश देने वाली हो, ऐसी सर्वतः योग्य हित, मित, मधुर व मनोहर (वाणी-व्यवहार) वाक्यशुद्धि संयत की होती है। यह वाक्यशुद्धि समस्त सम्पदाओं का अधिष्ठान/आश्रय है।"

(नत्वा) नमस्कार करके, अर्थात् द्रव्यनमस्कार व भावनमस्कार करके। इस प्रकार, तीनों प्रकार की शुद्धि के साथ पञ्चपरमेष्ठी आदि का जो वन्दन या नमस्कार किया जाता है, वह द्रव्य व भाव के भेद से दो प्रकार का होता है। 'नमः' इत्यादि शब्दों का उच्चारण करना, सिर झुकाना, हाथ जोड़ना —यह द्रव्य नमस्कार है।

वाक्कायविरहितकेवलान्तःकरणेन यो नमस्कारः स भावनमस्कारः (उभयं तु व्यवहारनमस्कार एव)। **निश्चयेन तु द्रव्यरहिततया केवलं मानसेन क्रियमाणो वन्दनीयैकपरायणत्वलक्षण आराध्याराधकविकल्पविरहितरूपो वा निश्चयनमस्कारः। यद्वा, द्वैताद्वैतनमस्कारेतिरूपेण नमस्कारो द्विविधः। अहमाराधकः, एते च परमेष्ठिप्रभृतय आराध्याः इत्यादिक आराध्याराधकविकल्परूपो द्वैतनमस्कारः। रागाद्युपाधिरहितपरमसमाधिबलेन आत्मन्येव आराध्याराधकभावः पुनरद्वैतनमस्कारः कथ्यते। नमस्कारक्रियायां वन्दनीयगुण-स्मरणादिकमपि समन्तर्भवति।**

उक्तं च भगवती-आराधनायाम् (गाथा-७५३)—

मणसा गुणपरिणामो वाया गुणभासणं च पंचण्हं।
काएण संपणामो एस पयत्थो णमोक्कारो।।

एवं नमस्कारे आराधकस्य कायिक-वाचिक-मानसिकेतित्रिविध-व्यापारो भवति, अतस्तत्-चित्रशुद्धिरपि समपेक्षिता भवतीत्यलम्।

वचन और काय से रहित केवल अंतःकरण के द्वारा जो नमस्कार किया जाता है, वह भाव नमस्कार है (और ये दोनों व्यवहार नमस्कार ही हैं)। निश्चय से तो द्रव्य से रहित केवल मन के द्वारा किया जाने वाला, वन्दनीय में अनन्य भाव या आराध्य-आराधकविकल्प से रहित भाव —यह निश्चय नमस्कार है। अथवा, द्वैत व अद्वैत —इस रूप से नमस्कार दो प्रकार का है। 'मैं आराधक हूँ, ये परमेष्ठी आदि मेरे आराध्य हैं —इत्यादि रूप में आराध्य व आराधक के विकल्प के साथ किया जाने वाला (जो नमस्कार होता है, वह) द्वैत नमस्कार होता है। राग आदि उपाधि से रहित परम समाधि के बल से एक आत्मा में ही आराध्य व आराधक भाव के साथ किये जाने वाले नमस्कार को 'अद्वैत नमस्कार' कहा जाता है। नमस्कार की क्रिया में वन्दनीय के गुणों का स्मरण आदि भी अन्तर्भूत होता है।

भगवती-आराधना (गाथा-753) में भी कहा गया है— "अर्हन्त आदि पाँचों (परमेष्ठियों) का मन से गुणानुस्मरण, वाणी से गुणानुवाद और शरीर से नमस्कार —यह 'नमस्कार' पद का अर्थ है।"

इस तरह, नमस्कार में आराधक के कायिक, वाचिक व मानसिक ये तीनों व्यापार होते हैं, इसलिए इन तीनों की शुद्धि भी अपेक्षित होती है।

(रयणसारं वोच्छामि) **रयणसारेतिसंज्ञकं ग्रन्थं निरूपयामि, भाववाचा द्रव्यवाचा च परिभाषणं करिष्ये —इत्यर्थः। सम्यग्दर्शनम्, सम्यग्ज्ञानम्, सम्यक्चारित्रम्— एतान्येव अध्यात्मदृष्ट्या चैतन्यरत्नानि, तेषां सारो रत्नसारः, अस्यैव प्राकृतभाषायां 'रयणसार' —इति नाम भवति। केषां मुमुक्षुभव्यानां कृते —इतिजिज्ञासां मनसि निधाय शास्त्रकारेण प्रोक्तम्—** (सायारणयारधम्मीणं) **सागारा अनगाराश्च ये धर्मिणो भव्याः, तेषां हिताय कल्याणाय —इत्यर्थः।**

अगारेण गृहेण सहिताः सागाराः। अगारशब्दो गृहार्थकोऽपि उपलक्षणतया रागाद्युपहत-परिग्रहवाचकोऽत्र भवति। तद्विपरीता अनगाराः अर्थात् परिग्रहरहिताः। वस्तुतस्तु विषयतृष्णा-राहित्यमेवानगारत्वम्। अत एव अनिवृत्तविषयतृष्णस्य कुतश्चित्कारणाद् गृहं विमुच्य वने वसतोऽपि सागारत्वमेव, यतो हि चारित्रमोहोदये सति अगारमोहसम्बन्धं प्रति अनिवृत्तः परिणामो भावागारत्वमित्युच्यते, तच्च तस्य वने वसतोऽपि भवतीति सर्वार्थसिद्धौ (७/१९) **प्रतिपादितम्।**

(रयणसारं वक्ष्ये) 'रयणसार' इस नाम वाले ग्रन्थ का निरूपण करूँगा, अर्थात् भाववाणी व द्रव्यवाणी से कथन करूँगा। सम्यग्दर्शन, सम्यग्ज्ञान और सम्यक् चारित्र ही अध्यात्मदृष्टि से चैतन्य रत्न हैं, इन चैतन्य रत्नों का सार 'रत्नसार' है, प्राकृत में इसका ही 'रयणसार' यह नाम होता है। यह ग्रन्थ किस प्रकार के मुमुक्षु भव्य जनों के लिए (रचा गया) है —इस जिज्ञासा को मन में रख कर शास्त्रकार ने कहा— **(सागार-अनगार-धर्मिणाम्)**। सागार व अनगार —ये दो प्रकार के धार्मिक भव्य जन हैं, उनके हित या कल्याण के लिए (यह ग्रन्थ विरचित है) —यह अर्थ है।

'सागार' का अर्थ है— अगार यानी गृह से सहित। 'अगार' शब्द 'गृह' अर्थ का वाचक होते हुए भी यहाँ उपलक्षण से 'रागादि-सहित परिग्रह' का वाचक है। 'सागार' से विपरीत 'अनगार' होते हैं अर्थात् वे परिग्रह से रहित होते हैं। वस्तुतः विषय-तृष्णा से रहित होना —यही अनगारता है। इसीलिए जो व्यक्ति विषय-तृष्णा से निवृत्त नहीं हुआ है, भले ही किसी कारण से घर छोड़ कर वनवास कर रहा हो, वह 'सागार' ही है, क्योंकि चारित्रमोह के उदय के होने के कारण अगार (गृहादि परिग्रह) सम्बन्धी मोह से जुड़े होने के परिणाम से निवृत्त नहीं होना —यह 'भावतः सागारपना' कहा जाता है, वह उस वनवासी के भी विद्यमान है ही —यह सब सर्वार्थसिद्धि (7/19) में प्रतिपादित किया गया है।

चारित्रप्राभृते संयमाचरणं द्विविधं प्रोक्तम्— सागारं निरागारं चेति। तत्र निरागारं मुनीनामथ च सागारं सागाराणाम्। उक्तं च तत्र (गाथा-२०)—

दुविहं संजमचरणं सायारं तह हवे णिरायारं।
सायारं सग्गंथे, परिग्गहारहिय खलु णिरायारं।।

सागाराणां स्वरूपादिविषये सागारधर्मामृते (१/२-३) **भणितमास्ते—**

अनाद्यविद्यादोषोत्थचतुःसंज्ञाज्वरातुराः।
शश्वत्स्वज्ञानविमुखाः सागारा विषयोन्मुखाः।।

अनाद्यविद्यानुस्यूतां ग्रन्थसंज्ञामपासितुम्।
अपारयन्तः सागाराः प्रायो विषयमूर्च्छिताः।।

चारित्रप्राभृत में संयमाचरण के दो भेद बताये गये हैं— सागार व निरागार (अनगार)। इनमें निरागार (अनगार संयमाचरण) मुनियों के होता है और सागार (संयमाचरण) सागार (गृहस्थ) के होता है। वहीं (चारित्रप्राभृत, गाथा-20) में कहा गया है—

"सागार व निरागार के भेद से संयमाचरण चारित्र दो प्रकार का है। उनमें से सागार चारित्र परिग्रहसहित श्रावक के होता है और निरागार चारित्र परिग्रहरहित मुनि के होता है।"

सागार (धर्मियों) के स्वरूप आदि के विषय में सागारधर्मामृत (1/2-3) में इस प्रकार बताया गया है—

"अनादि अविद्या रूपी दोष से उत्पन्न चार संज्ञा (आहार, भय, मैथुन व परिग्रह) रूपी ज्वर से पीड़ित, सदा आत्मज्ञान से विमुख और विषयों में उन्मुख —ऐसे सागार (गृहस्थ) होते हैं।"

"अनादि अविद्या से जुड़ी हुई परिग्रह संज्ञा को छोड़ने में असमर्थ और प्रायः विषयों में आसक्त —ऐसे सागार (गृहस्थ) होते हैं।"

एवं धर्मिणो जिनप्रतिपादितधर्माराधका द्विविधाः— सागारा अनगाराश्च। अयं च ग्रन्थः सागारधर्मिणामथ च अनगारधर्मिणां च कृते रचित इति शास्त्रकारेणास्यां गाथायां संकेतितम्। एतेनास्य ग्रन्थस्य यदभिधेयं तदपि संकेतितम्, अर्थात् सागारानगारेतिद्विविधधर्म एवात्राभिधेयः इति सूच्यते —इत्याशयः। तद्धर्मनिरूपणमेव ग्रन्थकारस्य प्रयोजनमित्यपि विज्ञायते।

अत्रेदं ज्ञेयम्— चारित्रं धर्म इतिपर्यायौ। सागाराः देशविरतिरूपं चारित्रं, तथा मुनयोऽनगारा वा सर्वविरतिरूपं चारित्रं पालयन्तीति विशेषः।

सागारधर्मस्य समासेन स्वरूपं चारित्रप्राभृते (गाथा-२२) **प्रोक्तम्—**

पंचेवणुव्वयाइं गुणव्वयाइं हवंति तह तिण्णि।
सिक्खावय चत्तारि य संजमचरणं च सायारं।।

पद्मनन्दिपञ्चविंशतिकायां (१/१३-१४) **प्रोक्तम्—**

इस प्रकार, धर्मी अर्थात् जिनोक्तधर्म के आराधक दो प्रकार के हैं— सागार व अनगार। यह ग्रन्थ सागारधर्मी और अनगार धर्मी— (दोनों) के लिए रचित है —यह शास्त्रकार इस गाथा में संकेत कर रहे हैं। इससे, इस ग्रन्थ का क्या अभिधेय (निरूपणीय विषय-वस्तु) है —इसका भी संकेत हो जाता है, अर्थात् सागार व अनगार यह द्विविध धर्म ही इस ग्रन्थ का अभिधेय है, यह सूचित हो जाता है —यह तात्पर्य है। उन धर्मों का निरूपण करना ही ग्रन्थकार का प्रयोजन है —यह भी ज्ञात हो जाता है।

यहाँ यह ज्ञातव्य है— चारित्र व धर्म, —ये दोनों परस्पर पर्याय हैं। सागार (गृहस्थ) देशविरति रूप चारित्र की तथा अनगार या मुनि सर्वविरति रूप चारित्र की पालना करते हैं —यह दोनों में अन्तर है।

सागार धर्म के संक्षिप्त स्वरूप को चारित्रप्राभृत (गाथा-22) में इस प्रकार बताया गया है— "पाँच अणुव्रत, तीन गुणव्रत और चार शिक्षाव्रत —ये (कुल बारह व्रत) सागार संयमाचरण (के अङ्ग) हैं।"

पद्मनन्दिपंचविंशतिका (1/13-14) में कहा गया है—

आराध्यन्ते जिनेन्द्रा गुरुषु च विनतिर्धार्मिकैः प्रीतिरुच्चैः,
पात्रेभ्यो दानमापन्निहतजनकृते तच्च कारुण्यबुद्धया।
तत्त्वाभ्यासः स्वकीयव्रतरतिरमलं दर्शनं यत्र पूज्यम्,
तद् गार्हस्थ्यं बुधानामितरदिह पुनर्दुःखदो मोहपाशः।।

आदौ दर्शनमुन्नतं व्रतमितः सामायिकं प्रोषधः,
त्यागश्चैव सचित्तवस्तुनि दिवाभुक्तं तथा ब्रह्म च।
नारम्भो न परिग्रहोऽननुमतिर्नोद्दिष्टमेकादश,
स्थानानीति गृहिव्रते व्यसनितात्यागस्तदाद्यः स्मृतः।।

अनगारिणां च मुनिः, साधुः, यतिरितिपर्यायाः भवन्ति। उक्तं च मूलाचारे (गाथा-८८८)—

समणोत्ति संजदो त्तिय रिसि मुणि साधु त्ति वीदरागोत्ति।
णामाणि सुविहिदाणं अणगार भदंत दंतोत्ति।।

"जिस गृहस्थ (सागार) अवस्था में जिनेन्द्र की आराधना की जाती है, निर्ग्रन्थ गुरुजनों के प्रति विनय, धर्मात्माओं के प्रति प्रीति व वात्सल्य रखा जाता है, सत्पात्रों को तथा आपत्तिग्रस्त लोगों को करुणापूर्वक दान दिया जाता है, तत्त्वों का अभ्यास, व्रतों व गृहस्थ धर्म में प्रेम एवं निर्मल सम्यग्दर्शन का धारण —ये सब किये जाते हैं, वह विद्वानों के लिए आदरणीय है, पूज्य है, अन्यथा मोह-बन्धन दुःखदायी होता है।"

"गृहस्थ व्रतों में सर्वप्रथम व्यसनों का त्याग किया जाता है, इसके अतिरिक्त श्रावक व्रतों की ग्यारह प्रतिमाएँ इस प्रकार निर्दिष्ट की गई हैं— सर्वप्रथम (1) दर्शन प्रतिमा, तदनन्तर (2) व्रत प्रतिमा, (3) सामायिक प्रतिमा, (4) प्रोषधोपवास प्रतिमा, (5) सचित्तविरत प्रतिमा, (6) रात्रिभुक्तविरत प्रतिमा, (7) ब्रह्मचर्य प्रतिमा, (8) आरम्भविरत प्रतिमा, (9) परिग्रहविरत प्रतिमा, (10) अनुमतिविरत प्रतिमा, तथा (11) उद्दिष्टविरत प्रतिमा।"

अनगारी के पर्यायवाची शब्द हैं— मुनि, साधु, यति इत्यादि। मूलाचार (गाथा-888) में कहा गया है— "उत्तम चारित्र वाले मुनियों के ये नाम हैं— श्रमण, संयत, ऋषि, मुनि, साधु, वीतराग, अनगार, भदंत, दान्त व यति।"

तथा च बृहन्नयचक्रे (गाथा-३३२) **निरूपितम्—**

सम्मा विय मिच्छा विय तवोहणा समण तहय अणयारा।
होंति विराय सराया जदिरिसिमुणिणो य णायव्वा।।

अनगारधर्मविषये च चारित्रप्राभृते (गाथा-२७) **समासतो निरूपितमस्ति—**

पंचिदियसंवरणं पंचवया पंचविंसकिरियासु।
पंच समिदि तवगुत्ती संजमचरणं णिरायारं।।

एवं पञ्चाणुव्रतादिरूपः सागारधर्मो भवतु, पञ्चेन्द्रियनिग्रह-पञ्चमहाव्रतादिरूपोऽनगारधर्मो भवतु, उभयेन सम्यक्त्वयुक्तेन भाव्यम् —इति प्राक्तननिरूपणस्य तात्पर्यम्।

बृहद्नयचक्र (गाथा-332) में भी कहा गया है—

"तपस्वी अनगार श्रमण सम्यग्दृष्टि भी होते हैं और मिथ्यादृष्टि भी होते हैं। ऋषि, यति और मुनि सरागी भी होते हैं और वीतरागी भी होते हैं।"

अनगार धर्म के विषय में चारित्रप्राभृत (गाथा-27) में संक्षेप में इस प्रकार बताया गया है—

"पञ्चेन्द्रिय निग्रह, पञ्च महाव्रत, पच्चीस क्रियाएँ, पाँच समिति, बारह प्रकार का तप, तीन गुप्ति —यह अनगारों का संयमाचरण है।"

इस प्रकार पाँच अणुव्रत आदि रूप सागार धर्म हो या पञ्चेन्द्रिय-निग्रह व पञ्च महाव्रत आदि रूप अनगार धर्म हो, दोनों को सम्यक्त्वयुक्त होना चाहिए —यह पिछले निरूपण का तात्पर्य है।

अपि च, ये नरा धर्मशून्या भवन्ति तेऽपि अस्य रयणसारग्रंथस्य पठनेन श्रवणेन स्वाध्यायेन वा धर्माराधका भवितुं शक्नुवन्ति। अथवा ये यथाशक्ति सागारधर्मस्य यद्वा अनगारधर्मस्य समाराधकाः, तेषामाचारे कलिकालप्रभावतो ये दोषाः संक्रान्ताः, तांस्ते सम्यग्ज्ञानाधिगमे सति संत्यजेयुः, इति विचार्य शास्त्रकारा एतद्ग्रन्थमाध्यमेन तानुद्बोधयितुं तद्धिताय प्रवृत्ताः, अतोऽस्माभिः तदुपदेशाध्ययनमननादौ प्रवर्तितव्यमिति गाथायाः सारः।

एव 'णमिदूण वड्ढमाणं' **इत्यादिगाथारूपेण मङ्गलाचरणात्मकः प्रथमोऽधिकारः सम्पन्नः।**

[इतिश्रीमद्गणाचार्यडॉ.विरागसागरमुनीन्द्रविरचितायां रत्नत्रयवर्धिनी-टीकायां प्रथमोऽधिकारः सम्पन्नः।]

।। इति प्रथमोऽधिकारः ।।

और भी, जो भी लोग धर्मशून्य हैं, वे भी इस **रयणसार** ग्रन्थ का पाठ, श्रवण या स्वाध्याय कर धर्माराधक हो सकते हैं। अथवा सागारधर्म की या अनगार धर्म की जो यथाशक्ति समाराधना करते हैं, या समाराधक हैं, उनके आचरण में कलिकाल के प्रभाव से जो दोष (विकार) आ गये हैं, सम्यग्ज्ञान कराये जाने पर वे उन दोषों का त्याग करेंगे— ऐसा सोच कर शास्त्रकार इस (रयणसार) ग्रन्थ के माध्यम से उन धर्मियों को उद्बोधित करने हेतु, उनके हित-सिद्धि के लिए प्रवृत्त हुए हैं। अतः हमें चाहिए कि इसमें निहित उपदेशों के अध्ययन व मनन आदि में प्रवृत्त हों —यह गाथा का सार है।

इस प्रकार, '**णमिदूण वड्ढमाणं**' इत्यादि गाथा रूप में, यह मङ्गलाचरण नामक प्रथम अधिकार सम्पन्न हुआ।

[श्रीमद्गणाचार्य डॉ. विरागसागरमुनीन्द्रकृत 'रत्नत्रयवर्धिनी' टीका में प्रथम अधिकार सम्पन्न हुआ।]

।। इति प्रथमाधिकारः ।।

।। बिदियो अहियारो ।।

(द्वितीयोऽधिकारः)

अथेदानीं द्वितीयाधिकारः प्रारभ्यते। सम्यग्दृष्टि-चारित्रप्रतिपादनपरेऽत्र द्वितीयाधिकारे 'पुव्वं जिणेहि भणिदं' **इत्यादिकां** (गाथा-२) **गाथामारभ्य** 'दाणं पूया सीलं' **इत्यादिकां** (गाथा-१०) **गाथां यावन्नव गाथा निबद्धाः सन्ति। एतासु प्रथमा** 'पुव्वं जिणेहि भणिदं' (गाथा-२) **इत्यादिका गाथा सम्यग्दृष्टेः बाह्यचिह्नानि वर्णयति यत्स जिनप्रोक्तं गणधरैश्च विस्तरेण ग्रथितं तथा पूर्वाचार्यपरम्परया श्रुतिपरम्परातः क्रमप्राप्तमागममेव श्रद्दधानस्तदनुरूपमेव निरूपणं करोति। ततश्च** 'मदिसुदणाणबलेण' **इत्यादिका द्वितीया** (गाथा-३) **गाथा, यस्यां मिथ्यादृष्टेः प्रकृतिर्निरूपिता यत्स स्वमतिश्रुतज्ञानबलेन स्वच्छन्दं जिनोक्तं व्याख्याति, न तु जिनमार्गानुसारि वचनं स ब्रवीति। ततश्च,** 'सम्मत्तरयणसारं' **इत्यादिका तृतीया** (गाथा-४) **गाथा वर्तते यस्यां मोक्षवृक्षमूलं सम्यक्त्वं निश्चयव्यवहारेति द्विभेदं वर्तते —इति प्रतिपादितमस्ति।**

।। द्वितीय अधिकार ।।

अब यहाँ दूसरा अधिकार प्रारम्भ होता है। सम्यग्दृष्टि के चारित्र का प्रतिपादन करने वाले इस दूसरे अधिकार में **'पुव्वं जिणेहि भणिदं'** इत्यादि (गाथा-2) गाथा से लेकर **'दाणं पूया सीलं'** इत्यादि (गाथा-10) गाथा तक नौ गाथाएँ निबद्ध हैं। इनमें **'पुव्वं जिणेहि भणिदं'** इत्यादि पहली (गाथा-2) गाथा में सम्यग्दृष्टि के बाह्य चिह्नों का निरूपण करते हुए कहा गया है कि वह सम्यग्दृष्टि जिनेन्द्र-कथित आगम पर, जिसे गणधर देवों ने विस्तार से ग्रन्थित किया है और पूर्वाचार्यों की परम्परा के माध्यम से जो श्रुति-परम्परा से हमें क्रमशः प्राप्त हैं, श्रद्धा करता है और तदनुरूप ही निरूपण (व्याख्यानादि) करता है। इसके अनन्तर, **'मदिसुदणाणबलेण'** इत्यादि दूसरी (गाथा-3) गाथा है जिसमें मिथ्यादृष्टि की प्रकृति का निरूपण करते हुए कहा गया है कि वह अपने मति-श्रुत ज्ञान के बल से जिनवचनों का स्वच्छन्द व्याख्यान करता है और जैन मार्ग के अनुरूप वचन नहीं बोलता। इसके बाद, **'सम्मत्तरयणसारं'** इत्यादि तीसरी (गाथा-4) है जिसमें मोक्ष-वृक्ष के मूल सम्यक्त्व के निश्चय व व्यवहार के भेद से दो भेदों का प्रतिपादन है।

ततश्च, 'भयवसणमलविवज्जिद' **इत्यादिका चतुर्थी** (गाथा-५) **गाथा वर्तते यस्यां सम्यग्दृष्टेः स्वरूपं निर्दिष्टमस्ति। ततश्च,** 'णियसुद्धप्पणुरत्तो' **इत्यादिका पञ्चमी** (गाथा-६) **गाथा, या प्रतिपादयति यत्सम्यग्दृष्टिः निजशुद्धात्मरतो जैनधर्मादिकं श्रद्दधानो विगतदुःखश्च भवतीति। ततश्च** 'मदमूढमणायदणं' **इत्यादिका षष्ठी** (गाथा-७) **गाथा वर्तते यस्यां सम्यग्दृष्टेः मदप्रभृति-चतुश्चत्वारिंशद्दोषाणामभावो निरूपितोऽस्ति। ततश्च** 'उहयगुणवसणभयमल' **इत्यादिका सप्तमी** (गाथा-८) **गाथा वर्तते या सम्यग्दृष्टिश्रावकस्य सप्तसप्ततिगुणानां सद्भावं निरूपयति। ततश्च** 'देवगुरुसमयभत्ता' **इत्यादिका अष्टमी** (गाथा-९) **गाथा वर्तते या 'सम्यग्दृष्टिः रत्नत्रयाराधनया मोक्षं लभते' इति प्रतिपादनं करोति। ततश्चान्ते** 'दाणं पूया सीलं' **इत्यादिका नवमी** (गाथा-१०) **गाथा वर्तते, यस्यां प्रत्यपादि यत्सम्यक्त्वसहितस्य दानपूजोपवासादिभिर्मोक्षो भवतीति। एवं द्वितीयाधिकारस्य पातनिका विज्ञेया।**

अथेदानीं शास्त्रकाराः गाहा-छन्दोमाध्यमेन सम्यग्दृष्टेर्बाह्यचिह्नानि निर्वर्णयन्ति—

इसके पश्चात्, **'भयवसणमलविवज्जिद'** इत्यादि चौथी (गाथा-5) गाथा है, जिसमें सम्यग्दृष्टि के स्वरूप का निरूपण है। तदनन्तर, **'णियसुद्धप्पणुरत्तो'** इत्यादि पाँचवीं (गाथा-6) गाथा है जो यह प्रतिपादित करती है कि सम्यग्दृष्टि निजशुद्धात्मा में निरत रहता है और जिन-धर्म पर श्रद्धा रखता हुआ दुःख से रहित होता है। इसके बाद, **'मदमूढमणायदणं'** इत्यादि छठी (गाथा-7) गाथा है जिसमें बताया गया है कि सम्यग्दृष्टि के मद आदि चौवालीस दोषों का अभाव रहता है। इसके अनन्तर, **'उहयगुणवसणभयमल'** इत्यादि सातवीं (गाथा-8) गाथा है जिसमें सम्यग्दृष्टि श्रावक के सतहत्तर गुणों का सद्भाव बताया गया है। इसके बाद, **'देवगुरुसमयभत्ता'** इत्यादि आठवीं (गाथा-9) है, जो यह प्रतिपादन करती है कि सम्यग्दृष्टि रत्नत्रय की आराधना कर मोक्ष प्राप्त करते हैं। इसके बाद अन्त में **'दाणं पूया सीलं'** इत्यादि नौवीं (गाथा-10) गाथा है, जिसमें यह प्रतिपादित किया गया है कि सम्यक्त्व-सहित दान, पूजा आदि करने से मोक्ष प्राप्त होता है। इस प्रकार, द्वितीय अधिकार की पातनिका जाननी चाहिए।

अब शास्त्रकार गाहा छन्द द्वारा सम्यग्दृष्टि के बाह्य चिह्नों का निरूपण कर रहे हैं—

पुव्वं जिणेहि भणिदं, जहट्ठिदं गणहरेहि वित्थरिदं।
पुव्वाइरियक्कमजं तं बोल्लदि जो हु सद्दिट्ठी।।२।।

छाया— पूर्वं जिनैः भणितं यथास्थितं गणधरैः विस्तरितम्।
पूर्वाचार्यक्रमजं तत् कथयति यः खलु सद्दृष्टिः।।

रत्नत्रयवर्धिनी टीका— जो हु सद्दिट्ठी, (सो) पुव्वं (जं) जिणेहि भणिदं, गणहरेहि जहट्ठिदं वित्थरिदं, पुव्वाइरियक्कमजं तं बोल्लदि इत्यन्वयो बोध्यः।

संयमचरणस्य द्वौ भेदौ— सागारधर्मः अनगारधर्मश्च। उभौ धर्मौ सम्यक्त्वाचरणसहितावेव सार्थकतां वहतः, नान्यथा। उक्तं च चारित्रप्राभृते (गाथा ९-१०)—

सम्मत्तचरणसुद्धा संजमचरणस्स जइ व सुपसिद्धा।
णाणी अमूढदिट्ठी अचिरे पावंति णिव्वाणं।।

गाथा-अर्थ— जो सम्यग्दृष्टि होता है, वह, पूर्व में जिनेन्द्र द्वारा कथित, गणधरों द्वारा विस्तार से ग्रथित तथा पूर्वाचार्यों की क्रमिक परम्परा से जो प्राप्त है, उसका (ही) कथन (व्याख्यानादि) करता है।।2।।

रत्नत्रयवर्धिनी टीका— यः खलु सद्दृष्टिः **(स)** पूर्वं **(यत्)** जिनैः भणितम्, गणधरैः यथास्थितं विस्तृतम्, पूर्वाचार्यक्रमजं तत् कथयति —यह अन्वय समझना चाहिए।

संयमाचरण के दो भेद हैं— सागार धर्म और अनगार धर्म। दोनों ही धर्म सम्यक्त्वाचरण के साथ हों तभी सार्थकता उनकी होती है, अन्यथा नहीं। चारित्रप्राभृत (गाथा 9-10) में कहा भी गया है—

"जो सम्यक्त्वाचरण से शुद्ध हैं, ज्ञानी हैं और मूढ़ता रहित हैं, वे यदि संयमाचरण चारित्र से युक्त हों तो शीघ्र ही निर्वाण को प्राप्त होते हैं।"

सम्मत्तचरणभट्ठा संजमचरणं चरंति जे वि णरा।
अण्णाणणाणमूढा तहवि ण पावंति णिव्वाणं ।।

एवं सागारानगारोभयधर्मयोः सम्यग्दर्शनस्य महत्त्वं शास्त्रेषु निरूपितम्। अतः प्रथमं सम्यग्दर्शनवतः स्वरूपं प्रसङ्गोचितमिति विचार्य शास्त्रकारा अस्यां गाथायां सम्यग्दृष्टेः कानि बाह्यलक्षणानि भवन्तीति जिज्ञासां समादधानाः प्राहुः— (जो हु सद्दिट्ठी) **यः खलु सद्दृष्टिः सम्यग्दृष्टिर्वा भवति, स किमाचरति? उच्यते—** (सो) **स यतो हि सम्यग्दर्शनसम्पन्नः, अतः** (पुव्वं जिणेहिं भणिदं) **पूर्वं जिनैः जिनेन्द्रैस्तीर्थंकरैर्यद् भणितम्, समवसरणे दिव्यध्वनिना श्रमणमुखोद्गत-मित्यर्थः। जिनप्रवचनम्, आगमः, श्रुतम्, सूत्रं, सिद्धान्त इति पर्यायाः। आगमस्य च प्रथममुपदेष्टा तीर्थंकर एव, अतः सर्वप्रथममागमस्योद्गमस्तीर्थंकरमुखादेव —इति 'पुव्वं' (पूर्वम्) इतिपदेन सूच्यते। अतएवाष्टादशदोषरहितस्तथा अनन्तचतुष्टयसम्पन्नो वर्द्धमानस्वामी (कालापेक्षया) मूलतन्त्रकर्ता स्वीक्रियते, उत्तरतन्त्रकर्तारो गणधरप्रभृतय उत्तरवर्ति-आचार्याश्चेति प्रागुनिरूपितमेव।**

"जो मनुष्य सम्यक्त्वाचरण से भ्रष्ट हैं, किन्तु संयमाचरण चारित्र का आचरण भी करते हैं, वे मिथ्याज्ञानी होने से तथा सम्यग्ज्ञान के विषय में मूढ़ होने के कारण निर्वाण को प्राप्त नहीं करते।"

इस प्रकार, सागार व अनगार दोनों धर्मों (के आचरण) में सम्यग्दर्शन का महत्त्व शास्त्रों में निरूपित हुआ है। इसलिए पहले सम्यग्दर्शन से सम्पन्न व्यक्ति का स्वरूप बताना प्रासङ्गिक है —यह सोचकर, शास्त्रकार इस गाथा में सम्यग्दृष्टि के कौन से बाह्य लक्षण हैं —इस जिज्ञासा के समाधान की दृष्टि से कह रहे हैं— **(यः खलु सद्दृष्टिः)** जो वस्तुतः सम्यग्दृष्टि है या समीचीन दृष्टि वाला है, वह (कैसा) क्या आचरण करता है? बता रहे हैं— **(सः)** वह चूँकि सम्यग्दर्शन से युक्त है, इसलिए **(पूर्वं जिनैः भणितम्)** प्रथमतया जिनेन्द्रों या तीर्थंकरों द्वारा कहा गया है, अर्थात् समवसरण में दिव्यध्वनि के माध्यम से श्रमण-मुख से निर्गत है। जिनप्रवचन, आगम, श्रुत, सूत्र, सिद्धान्त —ये (सब परस्पर) पर्याय हैं। आगम के प्रथम उपदेष्टा तीर्थंकर ही हैं, इसलिए सर्वप्रथम तीर्थंकर-मुख से ही आगम का उद्गम हुआ है —यह तथ्य 'पूर्वं' इस पद से सूचित किया गया है। इसीलिए अठारह दोषों से रहित तथा अनन्तचतुष्टयसम्पन्न (तीर्थंकर) वर्द्धमान स्वामी (अवसर्पिणी काल-विशेष की दृष्टि से) मूलतन्त्रकर्ता माने गये हैं। गणधर आदि तथा उत्तरवर्ती आचार्य उत्तरतन्त्रकर्ता हैं —यह सब पहले बताया जा चुका है।

अत्रायं विस्तरः— शास्त्रेषु वर्णितं यत् सर्वज्ञवीतरागहितोपदेशितीर्थंकरमुखारविन्दाद् अबुद्धिपूर्वकमेव दिव्यध्वनिर्निर्गच्छति। तद्विषये तिलोयपण्णत्तिग्रन्थे (४/९०३-९०५) **प्रोक्तम्—**

पगदीए अक्खलिओ संझत्तिदयम्मि णवमुहुत्ताणि।
णिस्सरदि णिरुवमाणो दिव्वझुणी जाव जोयणयं।।

सेसेसुं समएसुं गणहरदेविंदचक्कवट्टीणं।
पण्हाणुरूवमत्थं दिव्वझुणी अ सत्तभंगीहिं।।

छद्दव्वणवपयत्थे पंचट्ठीकायसत्ततच्चाणि।
णाणाविहहेदूहिं दिव्वझुणी भणइ भव्वाणं।।

अयं दिव्यध्वनिः भव्यजनानां पुण्यप्रेरणात् प्रवर्तते। अयं च बीजाक्षररूपः, अनन्तार्थ-गर्भितश्च स्वीक्रियते। उक्तं च कसायपाहुडग्रन्थे (पु. १, खण्ड-१, भाग-१, प्रकरण-९६, पृ. १२६)—
'अणंतत्थगब्भबीज-पदघडियसरीरा'।

यहाँ विस्तार से कुछ कहना है— शास्त्रों में कहा गया है कि सर्वज्ञ वीतराग हितोपदेशी तीर्थंकर के मुखारविन्द से अबुद्धिपूर्वक ही दिव्यध्वनि निःसृत होती है। इसके बारे में तिलोयपण्णत्ति ग्रन्थ (4/903-905) में कहा गया है—

"भगवान् जिनेन्द्र की स्वभावतः अस्खलित व अनुपम दिव्यध्वनि तीनों सन्ध्याकालों में नौ मुहूर्त तक खिरती है और एक योजनपर्यन्त जाती है।"

"इसके अतिरिक्त, गणधर देव, सौधर्म इन्द्र या चक्रवर्ती के प्रश्नानुरूप पदार्थ-निरूपण हेतु वह सप्तभंगरूप दिव्यध्वनि शेष समयों में भी खिरती है।"

"यह दिव्यध्वनि भव्य जनों को नाना प्रकार के हेतुओं के साथ छः द्रव्यों, नौ पदार्थों, पाँच अस्तिकायों तथा सात तत्त्वों का निरूपण करती है।"

यह दिव्यध्वनि भव्य जनों के पुण्यों की प्रेरणा से प्रवृत्त होती है। यह बीजाक्षर रूप होती है और अनन्त पदार्थों को अन्तर्हित रखने वाली मानी जाती है। कषायप्राभृत ग्रन्थ (पु. 1, खण्ड-1, भाग-1, प्रकरण-96, पृ. 126) में कहा गया है— "यह दिव्यध्वनि अनन्त पदार्थों का वर्णन करती है और उसका शरीर बीज-पदों से निर्मित होता है।"

धवलाग्रन्थे (पु. ९, खण्ड-४, भाग-१, सू. ४४) **च स्पष्टीकृतम्**— 'संखित्तसद्दरयणमणंतत्थावगम-हेदुभूदाणेगलिंगसंगयं बीजपदं णाम............।'

(जहट्ठिदं गणहरेहि वित्थरिदं) **यथास्थितं, यथाप्रकटितं, तथैव अविकृतं यथार्थरूपेणेति भावः। गणधरैस्तदेव विस्तारयन्ति।**

उक्तं च सूत्रप्राभृते (गाथा-१)— अरिहंतभासियत्थं गणधरदेवेहिं गंथियं सम्मं।

एवं बीजपदात्मकदिव्यध्वनिमनुसृत्य, तमाधृत्य द्वादशाङ्गात्मकसूत्ररचनां गणधराः कुर्वन्ति। उक्तं च धवलाग्रन्थे (पु. ९, खण्ड-४, भाग-१, सू. ४४)— "बीजपदणिलीणत्थपरूवयाणं दुवालसंगाणं कारओ गणहरभडारओ गंथकत्तारओ त्ति अब्भुवगमादो।"

राजवार्तिके (६/१३/२) **च प्रोक्तम्**— "तदुपदिष्टं बुद्ध्यतिशयर्द्धियुक्तगणधर-अवधारितं श्रुतम्।"

धवला ग्रन्थ (पु. 1, खण्ड-4, भाग-1, सू.-44) में इसे स्पष्ट करते हुए कहा गया है— "संक्षिप्त शब्द-रचना से सहित एवं अनन्त अर्थों के ज्ञान के हेतुभूत अनेक चिह्नों से सहित 'बीजपद' होता है।"

(यथास्थितं गणधरैः विस्तृतम्) यथास्थित, अर्थात् जिस रूप में दिव्यध्वनि ने प्रकट किया, उसे उसी अविकृत रूप में रखते हुए, गणधर देव विस्तार प्रदान करते हैं।

सूत्रप्राभृत (गाथा-1) में कहा गया है— "अर्हन्त देवों द्वारा भाषित अर्थ को गणधर देवों ने सम्यक्तया रचित (शब्दात्मक रूप से निबद्ध) किया है।"

इस प्रकार, बीजपद रूप दिव्यध्वनि का अनुसरण कर (उसे आधार बनाकर) द्वादशाङ्ग सूत्र की रचना गणधरों द्वारा की जाती है। धवला (पु. 9, खण्ड-4, भाग-1, सू. 44) ग्रन्थ में कहा गया है— "बीज पदों में लीन (अन्तर्निहित) अर्थ के प्ररूपक बारह अंगों के कर्ता गणधर भट्टारक ग्रन्थकर्ता हैं —ऐसा स्वीकार किया गया है।"

राजवार्तिक (6/13/2) में भी कहा गया है— 'केवली भगवान् द्वारा कहा गया तथा अतिशय बुद्धि-ऋद्धि के धारक गणधर देवों द्वारा जो धारण किया गया है, वह श्रुत है।'

अत्रेदं ज्ञेयम्— तीर्थंकरैर्यद् भणितं तस्यानन्तभाग एवं गणधरैर्निबिद्ध आगमरूपेण प्राप्यते। उक्तं च गोम्मटसारे (जीवकाण्ड, गाथा-३३४)—

पण्णवणिज्जा भावा अणंतभागो दु अणभिलप्पाणं।
पण्णवणिज्जाणं पुण अणंतभागो सुदणिबद्धो।।

किञ्च, वस्तुतः प्रवाहरूपेण आगमात्मकं श्रुतं समस्तमनादिनिधनम्। प्रत्येकतीर्थंकरः तत्सत्यमेव स्वकेवलज्ञानेन प्रत्यक्षीकृत्य प्रकटीकरोति, अतः स तदागमस्यार्थकर्ता भवति।

उक्तं धवलाग्रन्थे (पु. १३, खण्ड-५, भाग-५, सू. ५०)— "अभूत् इति भूतम्, भवतीति भव्यम्, भविष्यतीति भविष्यत्, अतीतानागतवर्तमानकालेष्वस्ति इत्यर्थः। एवं सति आगमस्य नित्यत्वम्। सत्येवमागमस्य अपौरुषेयत्वं प्रसजति —इति चेन्न। वाच्यवाचकभावेन वर्णपदपंक्तिभिश्च प्रवाहरूपेण च अपौरुषेयत्वाभ्युपगमात्।"

यहाँ यह ज्ञातव्य है— तीर्थंकरों ने जो कहा, उसका अनन्तवाँ भाग ही गणधरों द्वारा आगम रूप में निबद्ध हुआ है। गोम्मटसार (जीवकाण्ड, गाथा-334) में कहा गया है— "तीर्थंकर के केवलज्ञान में जो भासित होता है, वह सब अभिलाप्य (कथनीय) नहीं होता, अपितु उसका अनन्तवाँ भाग दिव्यध्वनि द्वारा प्रज्ञापनीय (कथनीय) हो पाता है, और दिव्यध्वनि ने जितना प्रज्ञापित (निरूपित) किया, उसका अनन्तवाँ भाग ही 'श्रुत' रूप में निबद्ध हुआ है।"

और, वस्तुतः प्रवाह की दृष्टि से समस्त आगम या श्रुत अनादि-निधन है। प्रत्येक तीर्थंकर उस 'सत्य' का अपने केवलज्ञान द्वारा साक्षात्कार करते हैं और उसे प्रकट करते हैं। इसलिए वे उस आगम के अर्थकर्ता (या मूलतन्त्रकर्ता) होते हैं।

धवला ग्रन्थ ((पु. 13, खण्ड-5, भाग-5, सू. 50) में कहा गया है— "आगम अतीत काल में था, इसलिए उसकी 'भूत' संज्ञा है। जह वर्तमान में है, इसलिए इसकी 'भव्य' संज्ञा है। वह भविष्य काल में रहेगा, इसलिए इसकी 'भविष्य' संज्ञा है। इस प्रकार आगम अतीत, अनागत व वर्तमान काल में है —यह उक्त कथन का तात्पर्य है। इस प्रकार वह आगम नित्य है। (प्रश्न—) यदि ऐसा है तो आगम अपौरुषेय है —यह सिद्ध होता है ? (उत्तर—) नहीं, क्योंकि वाच्य-वाचक भाव से तथा वर्ण, पद व पंक्तियों के द्वारा प्रवाह रूप में आने के कारण आगम को अपौरुषेय भी स्वीकारा गया है।"

(पुव्वाइरियक्कमजं) **पूर्वाचार्यक्रमजम्, गणधराणामुत्तरवर्तिनो ये आचार्याः, तेषां यः क्रमः परम्परा, तस्या जातम्। अयम्भावः— प्रत्येकबुद्ध-श्रुतकेवलि-विशिष्टश्रुतज्ञानिरचितान्यपि आगमरूपेरण स्वीक्रियन्ते। उक्तं च भगवतीआराधनायाम्** (गाथा-३३)—

सुत्तं गणधरगथिदं तहेव पत्तेयबुद्धकहियं च।
सुदकेवलिणा कहियं अभिण्णदसपुव्विगधिदं च।।

एतानतिरिच्य, उत्तरवर्तिभिराचार्यैरपि तदागमानाधृत्य या आगमीया रचना कृता, साऽपि मूलागमतुल्यतया प्रमाणतां वहति। आप्तकल्पप्रमाणीभूताचार्यरचितत्वाद् तीर्थंकरोपदिष्टगणधर-ग्रथितागम-अविरोधित्वाच्च परवर्ति-आचार्यरचनानां प्रमाणता निर्विवादा।

समर्थितं चैतद् धवलाग्रन्थे (पु. १, खण्ड-१, भाग-१, सू. २२)— "(ननु) अप्रमाणमिदानीन्तन आगमः, आरातीयपुरुषव्याख्यातार्थत्वाद् इति चेन्न।

(पूर्वाचार्यक्रमजम्) पूर्ववर्ती आचार्यों, अर्थात् गणधरों के उत्तरवर्ती जो आचार्य हुए हैं, उनका जो क्रम यानी परम्परा है, उस परम्परा से जनित (प्रवर्तित, सुरक्षित)। तात्पर्य यह है— प्रत्येकबुद्ध, श्रुतकेवली व विशिष्ट श्रुतज्ञान के धारक आचार्यों द्वारा जो रचित हैं, उन्हें आगम रूप से मान्य किया जाता है। भगवती-आराधना (गाथा-33) में कहा भी गया है—

"जो गणधर द्वारा रचित हो, प्रत्येकबुद्ध द्वारा कहा हुआ हो, या श्रुतकेवली द्वारा उपदिष्ट हो, या अभिन्नदशपूर्वी के द्वारा रचित हो, वह 'सूत्र' (आगम) कहा जाता है।"

इनके अतिरिक्त, उत्तरवर्ती (अन्य) आचार्यों ने भी, उन आगमों का आधार लेकर जो आगमीय रचना की है, वह भी मूल आगम के समान प्रमाण मानी जाती है। आप्त-तुल्य होने से प्रमाणभूत आचार्यों द्वारा रचित होने के कारण, तथा तीर्थंकर-उपदिष्ट व गणधरग्रथित आगमों से अविरुद्ध होने के कारण परवर्ती आचार्यों की रचनाओं की प्रमाणता निर्विवाद है।

धवला ग्रन्थ (पु. 1, खण्ड-1, भाग-1, सू. 22) में इसका समर्थन इस प्रकार किया गया है— "(शंका) आधुनिक आगम अप्रमाण है, क्योंकि अर्वाचीन पुरुषों (आचार्यों) ने इसके अर्थ का व्याख्यान किया है।

ऐदंयुगीनज्ञानविज्ञानसम्पन्नतया प्राप्तप्रामाण्यैः आचार्यैः व्याख्यातार्थत्वात्। कथं छद्मस्थानां सत्यवादित्वमिति चेन्न। यथाश्रुतव्याख्यातृणां तद्-अविरोधात्। प्रमाणीभूतगुरुपर्वक्रमेण आयातोऽयमर्थः इति कथमवसीयते इति चेन्न, दृष्टविषये सर्वत्र अविसंवादात्, अदृष्टविषयेऽपि अविसंवादिना आगमभागेन एकत्वे सति सुनिश्चित-असम्भवद्बाधकप्रमाणत्वात्, ऐदंयुगीनज्ञानविज्ञानसम्पन्नभूयसाम् आचार्याणाम् उपदेशाद् वा तदवगतेः। न च भूयांसः साधवो विसंवदन्ते, तथा अन्यत्र अनुपलम्भात्। प्रमाणपुरुषव्याख्यातार्थत्वात् स्थितं वचनस्य प्रामाण्यम्।''

(तं बोल्लदि) **पूर्वोक्तश्रुतार्थं कथयति, सम्यग्दृष्टिरिति पूर्वेण अन्वयः।**

(उत्तर—) यह कहना ठीक नहीं, क्योंकि ज्ञान-विज्ञान से सम्पन्न होने के कारण प्रमाणभूत वर्तमानयुगीन आचार्यों द्वारा इसके अर्थ का व्याख्यान हुआ है, अतः आधुनिक आगम भी प्रमाण हैं। (शंका—) (वे वर्तमानयुगीन आचार्य तो छद्मस्थ हैं, सर्वज्ञ तो हैं नहीं, अतः) छद्मस्थों की सत्यवादिता कैसे मानी जा सकती है ? (उत्तर—) आपकी आपत्ति सही नहीं, क्योंकि श्रुत के अनुसार व्याख्यान करने वाले आचार्यों की प्रमाणता स्वीकार करने में कोई विरोध नहीं है। (शंका—) आगम का यह अर्थ प्रामाणिक गुरु-परम्परा के क्रम से आया हुआ है, यह कैसे निश्चय किया जाय ? (उत्तर—) आपका संशय उचित नहीं, क्योंकि प्रत्यक्षभूत विषय में तो सर्वत्र विसंवाद उत्पन्न नहीं होने से निश्चय किया जा सकता है। और परोक्ष विषय में भी, जिसमें परोक्ष विषय का वर्णन किया गया है, वह भाग भी अविसंवादी आगग के दूसरे भागों के साथ आगम की अपेक्षा एकता (अविरुद्धता) को प्राप्त होने पर, अनुमानादि प्रमाणों के द्वारा बाधक प्रमाणों का अभाव सुनिश्चित होने पर उसका निश्चय किया जा सकता है। अथवा ज्ञान-विज्ञान से युक्त इस युग के अनेक आचार्यों के उपदेश से उसकी प्रमाणता जाननी चाहिए। और बहुत-से साधु इस विषय में विसंवाद नहीं करते हैं, क्योंकि इस तरह का विसंवाद कहीं पर भी नहीं पाया जाता। अतएव आगम के अर्थ के व्याख्याता प्रामाणिक पुरुष हैं, इस बात के निश्चित हो जाने से आर्ष वचन की प्रमाणता भी सिद्ध हो जाती है।

(तत् कथयति)— श्रुत का जो स्वरूप पूर्व में बताया गया है, उसके अर्थ को कहता है, 'सम्यग्दृष्टि' इस पद का पूर्वोक्त पद से अन्वय है। (अर्थात् सम्यग्दृष्टि कहता है— ऐसी वाक्य-योजना करनी चाहिए)।

अयम्भावः— सम्यग्दृष्टिः समीचीनदेवगुरुशास्त्रविषयकश्रद्धावान् जिनेन्द्रप्रतिपादितागमानेव श्रद्धत्ते, तानेव अनुचरति, तथोपदिशति, समर्थयति च। यतः स जिनोक्तसूत्रज्ञः, तदनुरूपहेयोपादेयतामाचरति, अतः सम्यग्दृष्टिर्यत् कथयति, तत्परम्पराप्राप्तसदागमसमर्थितमेवेति।

समर्थितं चैतत् सूत्रप्राभृतग्रन्थे (गाथा-५)—

सुत्तत्थं जिणभणियं जीवाजीवादि बहुविहं अत्थं।
हेयाहेयं च तहा जो जाणइ सो हु सद्दिट्ठी।।

कार्तिकेयानुप्रेक्षाग्रन्थे (गाथा-३२४) **च भणितम्—**

जो ण विजाणदि तच्चं सो जिणवयणे करेदि सद्दहणं।
जं जिणवरेहिं भणियं तं सव्वमहं समिच्छामि।।

किञ्च, प्राकृत-पञ्चसंग्रहे (गाथा-११) **च समर्थितमेतत्—**

तात्पर्य यह है— सम्यग्दृष्टि व्यक्ति समीचीन देव, गुरु व शास्त्र में श्रद्धा वाला होता है, और जिनेन्द्र द्वारा उपदिष्ट आगम ग्रन्थों पर ही श्रद्धा रखता है, उन्हीं का अनुसरण करता है, उन्हीं का उपदेश देता है और समर्थन करता है। चूँकि वह जिनप्रतिपादित सूत्रों का ज्ञाता होता है, और तदनुरूप हेय-उपादेय व्यवस्था को जीवन में उतारता है, इसलिए सम्यग्दृष्टि जो कहता है, वह परम्पराप्राप्त समीचीन आगम द्वारा समर्थित ही होता है।

सूत्रप्राभृत ग्रन्थ (गाथा-5) में उक्त तथ्य का समर्थन किया गया है—

"जो मनुष्य जिनेन्द्र भगवान् द्वारा कहे गये सूत्र के अर्थ को, जीव-अजीव आदि बहुत प्रकार के पदार्थों को तथा हेय-उपादेय को जानता है, वही वास्तव में सम्यग्दृष्टि है।"

कार्तिकेयानुप्रेक्षा ग्रन्थ (गाथा-324) में भी कहा गया है—

"जो तत्त्वों को भले ही नहीं जानता हो, किन्तु वह जिन-वचन में श्रद्धा करता है और मानता है कि जिनेन्द्र ने जो कुछ कहा है, वे सब मुझे अभीष्ट हैं।"

और, प्राकृत पञ्चसंग्रह (गाथा-11) में इसका समर्थन इस प्रकार किया गया है—

णो इंदिएसु विरदो णो जीवे थावरे तसे चावि।
जो सद्दहइ जिणुत्तं सम्माइट्ठी अविरदो सो।।

एवं परमदेवे जिनेन्द्रे, तत्प्रवचने, तत्प्रतिपादित-तत्त्वेषु च यो दृढां श्रद्धां दधाति, स सम्यग्दर्शनसम्पन्नः। अत्र सम्यग्दर्शनमुपलक्षणम्, तेन सम्यग्ज्ञानचारित्रमपि संयुज्यते अतएव सम्यग्दर्शनज्ञानचारित्रसंपन्न एव योगी सम्यग्दृष्टिशब्देन संगृह्यते इति भावः। य एतल्लक्षणसहितः, स सम्यग्दृष्टिरिति विज्ञेयम्। सम्यग्दर्शनसम्पन्नानामेव सागारधर्मः, अनगारधर्मो वा समनुष्ठेयो भवति, अतः उभयधर्मिणां कृते सम्यग्दर्शनस्यानिवार्यता सिद्धा भवतीति गाथायाः सारः। अतएव दर्शनप्राभृतग्रन्थे (गाथा-२१-२२) **आचार्यवैरुपदिष्टम्—**

एवं जिणपण्णत्तं दंसणरयणं धरेह भावेण।
सारं गुणरयणत्तयसोवाणं पढम मोक्खस्स।।

"जो पाँचों इन्द्रियों के विषयों से विरत नहीं है, और न ही त्रस व स्थावर के वध से निवृत्त है, किन्तु मात्र जिनोक्त तत्त्व पर श्रद्धा करता है, वह अविरत सम्यग्दृष्टि है।"

इस प्रकार, परम देव जिनेन्द्र में, उनके प्रवचन में और उसमें प्रतिपादित तत्त्वों पर जो दृढ़ श्रद्धान रखता है, वह सम्यग्दर्शन-युक्त है। सम्यग्दर्शन शब्द यहाँ उपलक्षण रूप है, अतः सम्यग्दर्शन, सम्यग्ज्ञान तथा सम्यक्चारित्र को भी संयोजित कर लेना चाहिए। अतएव सम्यग्दर्शन, सम्यग्ज्ञान व सम्यक्चारित्र से सम्पन्न योगी ही सम्यग्दृष्टि शब्द से संग्रहीत होते हैं —यह भाव है। उक्त लक्षणों से जो युक्त है, वह सम्यग्दृष्टि है —यह जानना चाहिए। जो सम्यग्दर्शन से सम्पन्न होते हैं, उन्हीं के द्वारा ही सागार या अनगार धर्म अनुष्ठित होता है, इसलिए दोनों धर्मियों के लिए सम्यग्दर्शन की अनिवार्यता सिद्ध होती है —यह गाथा का सार है। इसी दृष्टि से दर्शनप्राभृत ग्रन्थ (गाथा-21-22) में कहा गया है—

"इस प्रकार जिनेन्द्र भगवान् द्वारा कहा हुआ सम्यग्दर्शन तीनों रत्नों में साररूप है और मोक्ष की पहली सीढ़ी है। इसलिए हे भव्यों! उसे अच्छे अभिप्राय से धारण करो।"

जं सक्कइ तं कीरइ, जं च ण सक्केइ तं च सद्दहणं।
केवलिजिणेहि भणियं सद्दहमाणस्स सम्मत्तं।।

नियमसारग्रन्थे (गाथा-१५४) **च मुनयः सम्यगुपदिष्टाः—**

जदि सक्कदि कादुं जे पडिकमणादिं करेज्ज झाणमयं।
सत्तिविहीणो जा जइ सद्दहणं चेव कायव्वं।।

एवं जिनप्रवचने श्रद्दधतो धर्मिणः जिनवचनाध्ययनरुचिर्वर्धते, ततश्च मोहक्षयः। उक्तं च प्रवचनसारग्रन्थे (१/८६)—

जिणसत्थादो अट्ठे पच्चक्खादीहिं बुज्झदो णियमा।
खीयदि मोहोवचयो तम्हा सत्थं समधिदव्वं।।

जिनोक्ततत्त्वेषु अश्रद्दधानस्य श्रमणस्यापि न धर्माचरणं सम्भवति। उक्तं च प्रवचनसारग्रन्थे (१/९१)— ''सद्दहदि ण सो समणो तत्तो धम्मो णेव संभवदि।''

''जितना चारित्र धारण किया जा सके, उतना धारण करना चाहिए और जितना धारण नहीं किया जा सके तो उसका श्रद्धान तो करना ही चाहिए, क्योंकि श्रद्धा वाले के ही सम्यग्दर्शन होता है —ऐसा जिनेन्द्र देव ने कहा है।''

नियमसार ग्रन्थ (गाथा-154) में भी मुनियों को उपदेश देते हुए कहा गया है—

''यदि करने की सामर्थ्य है तो तुझे निश्चय ध्यानमय प्रतिक्रमण आदि करने चाहिए और यदि शक्ति नहीं है तो तब तक श्रद्धान ही करना चाहिए।''

इस तरह जिन-प्रवचन में श्रद्धावान् धार्मिक की जिनवाणी के अध्ययन में रुचि बढ़ती है और फलस्वरूप मोक्ष प्राप्त होता है। प्रवचनसार ग्रन्थ (1/86) में कहा गया है—

''प्रत्यक्षादि प्रमाणों से जिनेन्द्र-प्रणीत शास्त्र से पदार्थों को जानने वाले व्यक्ति का मोह-समूह नष्ट हो जाता है, अतः शास्त्र का अध्ययन करना चाहिए।''

जिनोक्त तत्त्वों में श्रद्धा न रखने वाले श्रमण का भी धर्मानुष्ठान सम्भव नहीं होता। प्रवचनसार ग्रन्थ (1/91) में भी कहा भी गया है— ''जो श्रमण श्रद्धान नहीं करता, तो उसके धर्माचरण सम्भव नहीं है।''

अतः सिद्ध्यति यद् धर्माराधकानां सम्यग्दर्शनमनिवार्यमिति।

सम्प्रति शास्त्रकाराः गाहाछन्दसा मिथ्यादृष्टेर्बाह्यचिह्नानि निर्वर्णयन्ति—

मदिसुदणाणबलेण दु सच्छंदं बोल्लदे जिणुद्दिट्ठं।
जो सो होदि कुदिट्ठी, ण होदि जिणमग्गलग्गरवो।। ३ ।।

छाया— मतिश्रुतज्ञानबलेन तु स्वच्छंदं कथयति जिनोदिष्टम्।
य: स भवति कुदृष्टिः न भवति जिनमार्गलग्नरवः।।

रत्नत्रयवर्धिनी टीका— जो मदिसुदणाणबलेण जिणुद्दिट्ठं सच्छंदं बोल्लदे, सो दु कुदिट्ठी होदि, (सो) जिणमग्गलग्गरवो ण होदि —इत्यन्वयः।

(जो) **यो मतिश्रुतज्ञानी सामान्यजनो भवति, सः** (जिणुद्दिट्ठं) **जिनेन उद्दिष्टम्, जिनेन्द्रेण वीतरागेन सर्वज्ञेन यदुपदिष्टम्, जिनप्रवचनं जैनसिद्धान्तं चेत्यर्थः। तत्** (मदिसुदणाणबलेण) **मतिश्रुतज्ञानबलेन** (सच्छंदं बोल्लदे) **स्वच्छन्दं, यथार्थश्रद्धानाभावात् विपरीतनिरूपणं च करोति,**

इसलिए यह सिद्ध हो जाता है कि धर्माराधकों के लिए सम्यग्दर्शन का होना अनिवार्य है।

अब शास्त्रकार गाहा छन्द द्वारा मिथ्यादृष्टि के बाह्य चिह्नों का निरूपण कर रहे हैं—

गाथा-अर्थ— जो व्यक्ति मतिज्ञान व श्रुतज्ञान के बल से जिन उपदेश का स्वच्छन्दतया (मनमर्जी तरीके से) कथन करता है, वह कुदृष्टि (मिथ्यादृष्टि) होता है, उसका कथन जिन-मार्ग पर आरूढ़ व्यक्ति का वचन नहीं होता।।3।।

रत्नत्रयवर्धिनी टीका— यः मतिश्रुतज्ञानबलेन जिनोद्दिष्टं स्वच्छन्दं कथयति, स तु कुदृष्टिर्भवति, **(स)** जिनमार्गलग्नरवो न भवति —यह अन्वय है।

(यः) जो मतिश्रुत ज्ञानों का धारक सामान्य व्यक्ति होता है, वह **(जिनोद्दिष्टम्)** जिनेन्द्र वीतराग सर्वज्ञ द्वारा जो उपदिष्ट है, अर्थात् जिनप्रवचन व जैन सिद्धान्त। उस (जिनप्रवचन व सिद्धान्त) को **(मतिश्रुतज्ञानबलेन)** मति व श्रुत ज्ञान के बल से **(स्वच्छन्दं कथयति)** स्वच्छन्द रूप से, यथार्थश्रद्धान न होने से विपरीत रूप से भी निरूपण करता है, अथवा अपनी बुद्धि से

यद्वा स्वमतिकल्पितसिद्धान्तान् जिनोक्तसमयरूपेण निरूपयति, (सो दु) **स स्वच्छन्दनिरूपकस्तु** (कुदिट्ठी होदि) **कुदृष्टिः मिथ्यादृष्टिर्वा भवति, न सम्यग्दृष्टिः।** (सो) **स च,** (जिणमग्गलग्ग-रवो ण होदि) **जिनमार्गलग्नो रवः शब्दः कथनं वा यस्य स जिनमार्गलग्नरवः, एतादृशो न भवति, अपितु तद्वचनं जैन-समयप्रतिकूलमेव भवति —इत्यर्थः।**

अयम्भावः— मतिश्रुतज्ञाने परोक्षे। उक्तं च तत्त्वार्थसूत्रे (१/१४)— 'तदिन्द्रियानिन्द्रियनिमित्तम्'। तथा च तत्रैव (१/११)—आद्ये परोक्षम्। **राजवार्तिके** (१/११/६) **च विशदीकृतम्—** उपात्तानुपात्त-परप्राधान्यादवगमः परोक्षम्। उपात्तानि इन्द्रियाणि, मनश्च, अनुपात्तं प्रकाशोपदेशादि परः, तत्प्राधान्याद् अवगमः परोक्षम्।

इन्द्रियादिमाध्यमेन (तत्परतन्त्रतायां) **पदार्थज्ञानं भवति मतिश्रुतज्ञानिनाम्। अन्यज्ञानापेक्षया अनयोरविशदप्रतिभासता भवति तयोः परोक्षत्वे हेतुः।**

कल्पित सिद्धान्तों को जिनोक्त सिद्धान्त के रूप में निरूपण करता है, **(स तु)** वह स्वच्छन्द निरूपण करने वाला तो **(कुदृष्टिः भवति)** कुदृष्टि अर्थात् मिथ्यादृष्टि होता है, सम्यग्दृष्टि नहीं होता। **(सः)** वह **(जिनमार्गलग्नरवः न भवति)** जिन मार्ग से सम्बद्ध रव यानी शब्द या कथन जो जिसका, ऐसा वह नहीं होता, अपितु उसका वचन (निरूपण) जैन सिद्धान्तों से प्रतिकूल ही होता है —यह अर्थ है।

तात्पर्य यह है— मति व श्रुत —ये (दोनों) ज्ञान परोक्ष हैं। तत्त्वार्थ सूत्र में (1/14) कहा भी गया है कि जो इन्द्रिय व मन के निमित्त से होता है वह मति ज्ञान है। तथा वहीं (1/11) यह भी कहा गया है कि पाँच ज्ञानों में आदि के दो मति व श्रुत ज्ञान परोक्ष ज्ञान हैं। राजवार्तिक (1/11/6) में भी इसे स्पष्ट करते हुए कहा गया है कि उपात्त इन्द्रियाँ व मन तथा अनुपात्त प्रकाश उपदेशादि 'पर' हैं। पर की प्रधानता से होने वाला ज्ञान परोक्ष है।

मति व श्रुतज्ञान वालों को इन्द्रियादि के माध्यम से (उनकी परतन्त्रता में) पदार्थ-ज्ञान होता है। अन्य ज्ञानों (अवधि आदि) की अपेक्षा होने के कारण इनमें विशदता (स्पष्टता) नहीं होती —यही बात उनकी परोक्षता में कारण है।

एवं परोक्षज्ञानसम्पन्नोऽपि जीवः श्रुतमदं करोति। अहं ज्ञानी, सकलशास्त्रज्ञः, अन्ये चाज्ञानिनः, अहमेव यथार्थज्ञः इत्यादिचिन्तनं श्रुतमदं तस्य प्रकटयति। किञ्च, मिथ्यादृष्टिषु कश्चिद् बहुशास्त्रज्ञोऽपि सम्भवति, अभव्योऽपि एकादशाङ्गज्ञानी सम्भवति —इति राजवार्तिके (७/२१/२५) **संकेतितम्।**

समयसारग्रन्थस्य (गाथा-२७४) **आत्मख्यातौ, भावप्राभृते** (गाथा-५२) **च समर्थितं यद् एकादशांगज्ञानी यद्वा द्वादशाङ्गज्ञान्यपि आत्मज्ञानाभावादज्ञान्येवेति। अल्पज्ञान्यपि स्वमतिश्रुतज्ञान-मदेन अन्यानपमानयति, स्वमतिकल्पितमेव निरवद्यं यथार्थं मनुते, तदनुरूपमेव मर्यादामतिक्रम्य-स्वकथनं जिनप्रवचनरूपेण जनेषु प्रतिष्ठापयति। वस्तुतस्तस्य कथनं चिन्तनं सर्वं जिनोक्तसमय-प्रतिकूलमेव भवति। सर्वमेतत् मिथ्यात्वस्य मिथ्यादर्शनस्य वा महत्त्वं प्रख्यापयति। मिथ्यादर्शन-कर्मोदयेन वशीकृतो जीवो मिथ्यादृष्टिर्भवति।**

इस तरह, परोक्ष ज्ञान से सम्पन्न भी जीव को श्रुत-मद हो जाता है। 'मैं ज्ञानी हूँ, समस्त शास्त्रों का ज्ञाता हूँ, अन्य (सभी) अज्ञानी हैं, मैं ही यथार्थ ज्ञानी हूँ' — इत्यादि चिन्तन उसके श्रुतमद को प्रकट करता है। और, मिथ्यादृष्टियों में कोई कोई तो बहुत से शास्त्रों के ज्ञाता भी हो सकते हैं। अभव्य (सर्वदा मिथ्यादृष्टि) भी ग्यारह अङ्गों का ज्ञाता हो सकता है — ऐसा राजवार्तिक (7/21/25) में इंगित किया गया है।

समयसार ग्रन्थ (गाथा-274) की टीका आत्मख्याति में तथा भावप्राभृत (गाथा-52) में इस बात का समर्थन किया गया है कि एकादशांग का ज्ञाता भी आत्मज्ञान के अभाव से अज्ञानी ही है। अल्पज्ञानी भी अपने मति व श्रुत ज्ञान के मद से अन्य जनों को अपमानित कर देता है, अपनी मति से कल्पित वस्तु को ही वह निर्दोष व यथार्थ मान बैठता है और उसी के अनुरूप मर्यादा का अतिक्रमण करते हुए अपने कथन को जिन-प्रवचन के रूप में लोगों के बीच प्रतिष्ठापित करता है। वस्तुतः उसका समस्त चिन्तन जिनवाणी के सिद्धान्त से प्रतिकूल ही होता है। यह सब उसके मिथ्यात्व या मिथ्यादर्शन के महत्त्व (प्रभाव) को ही उद्घोषित करता है। मिथ्यादर्शन (दर्शनमोहनीय) कर्म के उदय से वशीभूत हुआ जीव मिथ्यादृष्टि होता है।

मिथ्यात्वं च तत्त्वार्थ— अश्रद्धानरूपम् यद्वा भगवदर्हत्परमेश्वरमार्गप्रतिकूलमार्गाभास-श्रद्धानरूपम्, यद्वा विपरीताभिनिवेशोपयोगविकाररूपं शुद्धजीवादिपदार्थविषयकविपरीतश्रद्धानं वा बोध्यम्। उक्तं च बृहन्नयचक्रग्रन्थे (गाथा-२४०)—

ण मुणइ वत्थुसहावं अह विवरीयं णिरवेक्खदो मुणइ।
तं इह मिच्छाणाणं विवरीयं सम्मरूवं खु।।

किञ्च, पञ्चसंग्रहे (१/६) च भणितम्—

मिच्छंत्तं वेदंतो जीवो विवरीयदंसणो होइ।
ण य धम्मं रोचेदि हु महुरं पि रसं जहा जरिदो।।

एवं मतिश्रुतज्ञानमेव मिथ्यात्वोदयेन विपर्ययतां प्राप्य अज्ञानस्वरूपतां वहति। अतो मिथ्यादृष्टेः शास्त्रज्ञानमपि अज्ञानरूपमेव स्वीक्रियते।

मिथ्यात्व का अर्थ है —तत्त्वार्थों के प्रति अश्रद्धान, या भगवान् अर्हत् सर्वज्ञ परमेश्वर के बताये मार्ग के प्रतिकूल मार्गाभास (खोटे मार्ग) के प्रति श्रद्धान, या विपरीत अभिनिवेश रूप विकृत उपयोग या शुद्ध जीवादि पदार्थों के विषय में विपरीत श्रद्धा का होना, ऐसा जानें। बृहन्नयचक्र ग्रन्थ (गाथा-240) में कहा गया है—

"जो वस्तु-स्वभाव को नहीं जानता, अथवा उसे विपरीत रूप से या निरपेक्ष रूप से जानता है, वह उसका मिथ्या ज्ञान है, उससे विपरीत ही सम्यग्ज्ञान है।"

और पंचसंग्रह (1/6) में भी कहा गया है—

"मिथ्यात्व को अनुभव करने वाला जीव विपरीतश्रद्धान वाला होता है, उसे धर्म उसी प्रकार रुचिकर नहीं लगता जिस प्रकार ज्वरग्रस्त व्यक्ति को मधुर रस भी रुचिकर नहीं लगता।"

इस तरह मति व श्रुत ज्ञान ही मिथ्यात्व के उदय से विपरीत रूप को प्राप्त होकर अज्ञान (मिथ्याज्ञान) के स्वरूप को धारण करते हैं। इसलिए मिथ्यादृष्टि का शास्त्रीय ज्ञान भी अज्ञान रूप ही माना जाता है।

उक्तं च धवलाग्रन्थे (पु. ७, खण्ड-२, भाग-१, सू. ४४, पृ. ८५-८६)—"अवगयत्थविवरीय-सद्धुप्पायणमिच्छत्तुदयबलेन तत्थ जं णाणं तमण्णाणमिदि भण्णइ, णाणफलाभावादो। घडपडत्थंभादिसु मिच्छाइट्ठीणं जहावगमं सद्दहणमुवलब्भदे चे, ण, तत्थ वि तस्स अणज्झवसायदंसणादो। ण चेदमसिद्धं 'इदमेवं चेवेत्ति' णिच्छयाभावा। अधवा जहा दिसामूढो वण्ण-गंध-रस-फास-जहावगमं सद्दहंतो वि अण्णाणी वुच्चदे जहावगमदिससद्दहणाभावादो, एवं थंभादिपयत्थे जहावगमं सद्दहंतो वि अण्णाणी वुच्चदे जिणवयणेण सद्दहणाभावादो।"

वस्तुतो व्यवहारे मिथ्याज्ञानी मत्यज्ञानश्रुताज्ञानसहकारेण घट-पटादीन् पदार्थान् घटपटादि-रूपेणैव जानाति, तथापि स क्वचित्कदाचित् विपर्ययज्ञानी सन्नज्ञानी कथ्यते। यथा कश्चिदुन्मत्तः कदाचिदुन्मादेन शुक्तिं रजतमपि अध्यवस्यति, तथैव मिथ्यादर्शनोपहतेन्द्रियमतिः विपरीतग्राही च भवति, अर्थात् स यदृच्छया विपरीताविपरीतबोधं करोति।

धवला ग्रन्थ (पु. 7, खण्ड-2, भाग-1, सूत्र 44, पृ. 85-86) में कहा गया है— "ज्ञात वस्तु में विपरीत श्रद्धा उत्पन्न कराने वाले मिथ्यात्व के उदय के बल से जीव में जो ज्ञान होता है, वह अज्ञान कहलाता है, क्योंकि उसमें ज्ञान का फल नहीं पाया जाता। (शंका—) घट, पट, स्तम्भ आदि पदार्थों में मिथ्यादृष्टियों के भी यथार्थ श्रद्धान व ज्ञान पाया जाता है? (उत्तर—) नहीं। क्योंकि उनके उस पदार्थ के ज्ञान में भी अनध्यवसाय अर्थात् निश्चय-अभाव देखा जाता है। यह बात असिद्ध भी नहीं है, क्योंकि 'यह ऐसा ही है' —ऐसे निश्चय का वहाँ अभाव होता है। अथवा, यथार्थ दिशा (समीचीन दृष्टि) के सम्बन्ध में विमूढ़ जीव वर्ण, गन्ध, रस व स्पर्श —इन इन्द्रिय-विषयों के ज्ञानानुसार श्रद्धान करता हुआ भी अज्ञानी कहलाता है, क्योंकि उसके यथार्थ ज्ञान की दिशा में श्रद्धान नहीं है। इसी प्रकार, स्तम्भ आदि पदार्थों में यथाज्ञान श्रद्धा रखता हुआ भी जीव जिन भगवान् के वचनानुसार श्रद्धान के अभाव से अज्ञानी ही कहलाता है।"

वस्तुतः सामान्य व्यवहार में मिथ्याज्ञानी मत्यज्ञान व श्रुताज्ञान की सहायता से घट, पट आदि पदार्थों को घट, पट आदि रूप से ही जानता है, तथापि वह कहीं और कभी विपरीत ज्ञान के कारण अज्ञानी कहलाता है। जिस प्रकार कोई उन्मत्त (पागल) व्यक्ति कभी उन्माद के कारण सीप को चाँदी भी समझ लेता है, उसी तरह मिथ्यादर्शन से युक्त इन्द्रियजनित ज्ञानवाला व्यक्ति भी विपरीतग्राही हो जाता है, अर्थात् वह अपनी मनमर्जी से, विपरीत या अविपरीत ज्ञान करता है।

अत एवोक्तं मिथ्यादृष्टि-उन्मत्तयोः साम्यमाधृत्य तत्त्वार्थसूत्रग्रन्थे (१/३२)— 'सदसतोरविशेषाद् यदृच्छोपलब्धेः, उन्मत्तवत्।'

एवं मिथ्यात्वं कालुष्यमिव विपरीतपरिच्छित्तिरूपं विकारपरिणाममाध्यमेन ज्ञानमपि अज्ञानरूपेण परिणमति। उक्तं च राजवार्तिके (९/७/११)— 'मिथ्यादर्शनोदयापादितकालुष्यमज्ञानम्।'

धवलाग्रन्थे (पु. १, खण्ड-१, भाग-१, सूत्र-११५) **च भणितम्—** ''मिथ्यासमवेतज्ञानस्यैव ज्ञानकार्याकरणाद् अज्ञानव्यपदेशात्।''

समयसारग्रन्थस्य (गाथा-८८) **तात्पर्यवृत्तौ च भणितम्—** ''शुद्धात्मादितत्त्वभावविषये विपरीतपरिच्छित्तिविकारपरिणामो जीवस्य अज्ञानम्।''

मिथ्यादृष्टिः शास्त्राणामध्ययनं कृत्वाऽपि मिथ्यात्ववशेन स्वमतिकल्पितं यथार्थविरुद्धमेव निश्चिनोति, यथा सर्पो दुग्धं पीत्वाऽपि विषरूपेण तं परिणमति।

इसीलिए तत्त्वार्थसूत्र ग्रन्थ (1/32) में उन्मत्त व मिथ्यादृष्टि की समानता को आधार बनाकर कहा गया है— ''सत् व असत् का अन्तर जाने बिना, जब जैसा मन में आया, उस रूप में ग्रहण करने के कारण, उन्मत्तवत् उसका ज्ञान भी अज्ञान ही है।''

इस प्रकार, मिथ्यात्व एक कालुष्य की तरह है, जो विपरीत निर्णय रूप विकृत परिणाम के द्वारा ज्ञान को भी अज्ञान रूप से परिणत कर देता है। राजवार्तिक (9/7/11) में कहा भी गया है— ''मिथ्यादर्शन के उदय से कलुषता को प्राप्त हुआ ज्ञान 'अज्ञान' है।''

धवला ग्रन्थ (पु. 1, खण्ड-1, भाग-1, सूत्र-115) में भी कहा गया है— ''मिथ्यात्व सहित ज्ञान को ही 'अज्ञान' नाम से कहते हैं, क्योंकि वह ज्ञान का (ज्ञानोचित) कार्य नहीं करता।''

समयसार ग्रन्थ (गाथा-88) की तात्पर्यवृत्ति में भी कहा गया है— ''शुद्धात्मा आदि भाव तत्त्वों के विषय में विपरीत ग्रहण रूप विकारी परिणामों को जीव का अज्ञान कहते हैं।''

मिथ्यादृष्टि शास्त्रों का अध्ययन करता भी है तो मिथ्यात्व के कारण वह अपनी बुद्धि से कल्पित एवं यथार्थता से विरुद्ध का निश्चय उसी प्रकार करता है, जिस प्रकार सांप दूध पीकर भी उसे विष रूप से परिणत करता है।

उक्तं च समयसारग्रन्थे (गाथा-३१७)—

ण मुयइ पयडिमभव्वो सुट्ठुवि अज्झाइऊण सत्थाणि।
गुडदुद्धं पि पिबंता ण पण्णया णिव्विसा हुंति।।

यथा 'सम्यग्दर्शनसम्यग्ज्ञान-सम्यक्चारित्रेतिसमुदितरत्नत्रयं मोक्षसाधनम्' इति शास्त्रं पठित्वाऽपि स्वमतिकल्पनाबलेन विपरीतं निरूपयति— श्रद्धानादेव मोक्षः, यद्वा ज्ञानादेव मोक्षः, यद्वा चारित्रादेव मोक्षः, यद्वा ज्ञानचारित्राभ्यामेव मोक्षः, यद्वा श्रद्धानचारित्राभ्यामेव मोक्षः इत्यादि, तदा स विपरीतश्रद्धानकारणादज्ञान्येव। तन्निरूपितशास्त्रमपि आगमाभासमेव।

स्पष्टीकृतं चैतद् आदिपुराणग्रन्थे (२४/१२३, १२६)—

त्रिष्वेकद्वयविश्लेषाद् उद्भूता मार्गदुर्णयाः।
षोढा भवन्ति मूढानां तेऽप्यत्र विनिपातिताः।।

समयसार ग्रन्थ (गाथा-317) में कहा भी गया है—

"अभव्य अच्छी तरह शास्त्रों को भी पढ़ ले, फिर भी विपरीत श्रद्धान वाली प्रकृति को नहीं छोड़ता है, क्योंकि सांप गुड़मिश्रित दूध पीकर भी निर्विष नहीं होते।"

उदाहरणार्थ, सम्यग्दर्शन-सम्यग्ज्ञान-सम्यक्चारित्र, इन तीनों रत्नों का समुदित रूप मोक्ष का साधन (मार्ग) है— ऐसा सच्छास्त्र का अध्ययन करके भी (वह मिथ्यादृष्टि) अपनी बौद्धिक कल्पना के बल से ऐसा विपरीत निरूपण करता है— श्रद्धान (मात्र) से ही मोक्ष होता है, या ज्ञान से ही मोक्ष होता है, या चारित्र से ही मोक्ष होता है, या ज्ञान व चारित्र से मोक्ष होता है, या श्रद्धान व चारित्र से ही मोक्ष होता है, इत्यादि। तब वह विपरीत श्रद्धान के कारण अज्ञानी ही है। उसके द्वारा निरूपित शास्त्र भी आगमाभास है।

आदिपुराण ग्रन्थ (24/123, 126) में इसे इस प्रकार स्पष्ट किया गया है—

"(सम्यग्दर्शन, सम्यग्ज्ञान व सम्यक् चारित्र — इन) तीन में से कोई तो अलग-अलग एक-एक से मोक्ष मानते हैं और कोई दो-दो से मोक्ष मानते हैं। इस प्रकार मूर्ख लोगों ने मोक्षमार्ग के विषय में छः प्रकार के मिथ्या नयों की कल्पना की है, किन्तु वे सभी खण्डित हो जाते हैं।"

आगमस्तद्वचोऽशेषपुरुषार्थानुशासनम् ।
नयप्रमाणगम्भीरं तदाभासोऽसतां वचः ।।

एवं प्रज्ञालवमदोद्धता मिथ्यादृष्टयः स्वमतिकल्पितानि असच्छास्त्राणि विरचयन्ति, स्वमपि परानपि मोहसागरे क्षिपन्ति। उक्तं च ज्ञानार्णवग्रन्थे (१/२५-२८)—

अहो सति जगत्पूज्ये लोकद्वयविशुद्धिदे।
ज्ञानशास्त्रे सुधीः कः स्वम्, असच्छास्त्रैर्विडम्बयेत्।।

असच्छास्त्रप्रणेतारः प्रज्ञालवमदोद्धताः।
सन्ति केचिच्च भूपृष्ठे कवयः स्वान्यवञ्चकाः।।

स्वतत्त्वविमुखैर्मूढैः कीर्तिमात्रानुरञ्जितैः।
कुशास्त्रच्छद्मना लोको वराको व्याकुलीकृतः।।

"जो आप्त (वीतराग) का कहा हुआ हो समस्त पुरुषार्थों का वर्णन करने वाला हो और नय व प्रमाणों से गम्भीर हो, उसे आगम कहते हैं। इसके अतिरिक्त असत्पुरुषों के वचन आगमाभास कहलाते हैं।"

इस प्रकार, अपनी लघु बुद्धि के घमण्ड से उद्धत मिथ्यादृष्टि स्वमति से कल्पित असत् शास्त्रों की रचना कर डालते हैं, जिसके फलस्वरूप स्वयं को और दूसरों को भी मोह-सागर में डाल देते हैं। ज्ञानार्णव (1/25-28) ग्रन्थ में कहा भी गया है—

"जगत्पूज्य, दोनों लोकों में आत्मविशुद्धि का दायक, ऐसा समीचीन ज्ञान शास्त्र (जिनप्रवचन) विद्यमान हो तो कौन ऐसा बुद्धिमान है, जो स्वयं को असत् शास्त्रों के द्वारा प्रतारित (वंचित) करेगा ?"

"इस पृथ्वी तल पर कितने ही कवि हैं जो थोड़े-से ज्ञान को प्राप्त कर अभिमान में चूर होते हुए मिथ्या शास्त्रों की रचना करते हैं। ऐसा करके वे दूसरों को ही धोखा नहीं देते, अपितु स्वयं को भी धोखा देते हैं।"

"जो कवि आत्मतत्त्व से विमुख होकर मात्र कीर्ति में अनुराग रखने से मिथ्या शास्त्रों की रचना करते हैं और अपने छल से बेचारे भोले-भाले प्राणियों को व्याकुल करते हैं, उन्हें मूर्ख समझना चाहिए।"

अधीतैर्वा श्रुतैर्ज्ञातैः कुशास्त्रैः किम्प्रयोजनम्।
यैर्मनः क्षिप्यते क्षिप्रं दुरन्ते मोहसागरे।।

एवं मिथ्यादृष्टयो मिथ्योपदेश-बहुश्रुतापमान-उत्सूत्रवाद-श्रुतादि-अवर्णवादादिभिः ज्ञानावरणदर्शनमोहनीयादिकर्मणामास्त्रवं कुर्वन्ति —इति राजवार्तिके (६/१०/२०) **निरूपितम्।**

तत्त्वार्थसूत्रेऽपि (६/१३) **प्रोक्तम्—** 'केवलिश्रुतसंघधर्मदेवावर्णवादो दर्शनमोहस्य' **इति।**

वस्तुतो मिथ्यात्वसमं न किञ्चिद् दुर्गतिदायकं भवति। उक्तं च रत्नकरण्डश्रावकाचारे (श्लोक-३४)— अश्रेयश्च मिथ्यात्वसमं नान्यत् तनूभृताम्।

बहुशास्त्रज्ञानामपि मिथ्यादृशां मोक्षप्राप्तिः सुदुर्लभैव। तथा च मोक्षप्राभृते (गाथा-१००) **समर्थितम्—**

"जिन शास्त्रों के पढ़ने या जानने से मन शीघ्र ही दुरन्त मोह रूप समुद्र में फेंका जाता है, उन कुशास्त्रों से भला क्या प्रयोजन सिद्ध होने वाला है? (उनसे कोई प्रयोजन सिद्ध नहीं होता।)"

इस प्रकार, मिथ्यादृष्टि लोग मिथ्या उपदेश, बहुश्रुतमद, महापुरुषों का अपमान, उत्सूत्रवाद (आगमविरुद्ध निरूपण), तथा श्रुत आदि का अवर्णवाद (अनुचित व विरुद्ध कथन) आदि क्रियाओं से ज्ञानावरण, दर्शनमोहनीय आदि कर्मों का आस्त्रव करते हैं —ऐसा राजवार्तिक (6/10/20) में कहा गया है।

तत्त्वार्थसूत्र (6/13) में भी कहा गया है— "केवली, श्रुत, संघ, धर्म व देव —इनके अवर्णवाद से दर्शनमोह कर्म का आस्त्रव होता है।"

वस्तुतः मिथ्यात्व जैसा और कोई दुर्गतिदायक नहीं है। रत्नकरण्डश्रावकाचार (श्लोक 34) में कहा भी है— "प्राणियों के लिए मिथ्यात्व के समान कोई दूसरा अकल्याणकारी नहीं है।"

बहुत सारे शास्त्रों के ज्ञान से भी मिथ्यादृष्टि को मोक्ष की प्राप्ति दुर्लभ ही होती है। मोक्षप्राभृत (गाथा-100) में भी इसी तथ्य का समर्थन किया गया है—

जदि पढदि बहुसुदाणि य जदि काहिदि बहुविहे य चारित्रे।
तं बालसुदं चरणं हवेइ अप्पस्स विवरीयं ।।

समाधिशतके (श्लोक-९४) **च विशदीकृतम्**— विदिताशेषशास्त्रोऽपि न जाग्रदपि मुच्यते (देहात्मदृष्टिः)।

अमितगतिकृतयोगसारप्राभृते च (७/४३) **भणितम्**—

आत्मध्यानरतिर्ज्ञेयं विद्वत्तायाः परं फलम्।
अशेषशास्त्रशास्तृत्वं संसारोऽभाषि धीधनैः।

एतादृशां मिथ्यादृशां सङ्गतिः कथमपि नाश्रयणीया —इति पद्मनन्दिपञ्चविंशतिकायां (१/३४) **परामृष्टम्**—

मिथ्यादृशां विसदृशां च पथच्युतानाम्, मायाविनां व्यसनिनां च खलात्मनां च।
संगं विमुञ्चत बुधाः कुरुतोत्तमानाम्, गन्तुं मतिर्यदि समुन्नतमार्ग एव।।

"यदि मुनि अनेक शास्त्रों को पढ़ता है तथा नाना प्रकार के चारित्रों का पालन करता है तो उसकी यह सारी प्रवृत्ति आत्मस्वरूप से विपरीत होने से बालश्रुत व बालचारित्र कहलाती है।"

समाधिशतक (श्लोक-94) में इसे स्पष्ट करते हुए कहा गया है— "वह भले ही समस्त शास्त्रों का ज्ञाता हो जाए, सर्वदा जागरूक भी हो, तो भी उसे मुक्ति नहीं मिलती (जिसने शरीर को आत्मा मान लिया है)।"

अमितगति कृत योगसार प्राभृत (7/43) में भी कहा गया है—

"विद्वत्ता का परम फल तो यही है कि आत्म-ध्यान में रति (रुचि) जागृत हो, इसके बिना समस्त शास्त्रों का ज्ञाता होना —इसे तो बुद्धिमानों ने 'संसार' ही कहा है।"

ऐसे मिथ्यादृष्टियों की संगति किसी भी तरह करने लायक नहीं होती —ऐसा पद्मनन्दिपंचविंशतिका (श्लोक-1/34) में इस प्रकार उपदेश दिया गया है—

"यदि उत्तम मार्ग पर चलने की अभिलाषा हो तो बुद्धिमान् पुरुषों का यह आवश्यक कर्तव्य है कि वे विरुद्ध धर्म के अनुयायियों (या अधार्मिकों), सन्मार्ग-भ्रष्ट, मायाचारी, व्यसनप्रेमी, दुष्ट एवं मिथ्यादृष्टियों का संग छोड़कर उत्तम पुरुषों की संगति करें।"

एवं मोक्षार्थं धर्माराधकैः सम्यग्दर्शनमिथ्यादर्शनयोः स्वरूपं सुफलत्वं दुष्फलत्वं च सम्यक् विज्ञाय सम्यक्त्वस्य दृढतया पालनं कर्तव्यमिति गाथायाः सारः।

सम्प्रति गाहाछन्दसा शास्त्रकारा महनीयं सभेदं सम्यक्त्वं (रत्नात्मकं) निरूपयन्ति—

सम्मत्तरयणसारं मोक्खमहारुक्खमूलमिदि भणिदं।
तं जाणिज्जदि णिच्छय-ववहारसरूव-दोभेयं।।४।।

छाया— सम्यक्त्वरत्नसारं मोक्षमहावृक्षमूलम् इति भणितम्।
तद् ज्ञायते निश्चय-व्यवहारस्वरूपद्विभेदम्।।

रत्नत्रयवर्धिनी टीका— सम्मत्तरयणसारं मोक्खमहारुक्खमूलमिदि भणिदं। तं णिच्छय-ववहारसरूवदोभेयं जाणिज्जदि —इति गाथाया अन्वयः।

(सम्मत्तरयणसारं) **सम्यक्त्वमेव रत्नम्, तदेव च सारम्। रमते यत्र जन इति रत्नम्। जातौ यदुत्कृष्टं तद् रत्नमभिधीयते।**

इस प्रकार, जो मोक्ष-प्राप्ति हेतु धर्म के आराधक हैं, वे सम्यग्दर्शन व मिथ्यादर्शन के स्वरूप को तथा सुफल-दुष्फल को अच्छी तरह जान कर सम्यक्त्व का दृढ़ता से पालन करें—यह गाथा का सार है।

अब शास्त्रकार गाहा छन्द द्वारा महत्त्वपूर्ण (रत्न) सम्यक्त्व का भेदसहित निरूपण कर रहे हैं—

गाथा-अर्थ— सम्यक्त्व-रत्न (सब रत्नों का) सार है और मोक्ष रूपी महान् वृक्ष का मूल है —ऐसा कहा गया है। उसे निश्चय व व्यवहार रूप से दो भेदों वाला जानना चाहिए।।4।।

रत्नत्रयवर्धिनी टीका— सम्यक्त्वरत्नसारं मोक्षमहावृक्षमूलमिति भणितम्। तद् निश्चयव्यवहारस्वरूपद्विभेदं ज्ञायते —यह गाथा अन्वय है।

(सम्यक्त्वरत्नसारम्) सम्यक्त्व ही रत्न है, और वह सारभूत भी है। जिस पर मन रमे— वह 'रत्न' होता है। अपनी-अपनी जाति में जो उत्कृष्ट होता है, उसे रत्न कहा जाता है।

उत्कृष्टता, महार्घता, दुर्लभता —इत्यादिकं वैशिष्ट्यं रत्नस्य भवति, तद्रत्नमिव सम्यक्त्वं सर्वेषु गुणेषु उत्कृष्टतां, सर्वजनदुर्लभतां महनीयतां वहति, अतः सम्यक्त्वस्य उपमानं रत्नमत्र पूर्णामौचितीं वहति। रत्नस्य दुर्लभता क्षत्रचूडामणिग्रन्थे (वादीभसिंहकृते) (२/५०) **निरूपिता दृश्यते—** "किं लोके लोष्टवत्प्राप्यं श्लाघ्यं रत्नमयत्नतः।"

रत्नानि स्वल्पान्येव भवन्ति, न प्रचुरतया लभ्यन्ते। तेषां संख्या पञ्च वर्णिता, यथा—

"सुवर्णं रजतं मुक्ता राजावर्तं प्रवालकम्। रत्नपञ्चकमाख्यातम्।"

यद्वा— कनकं हीरकं नीलं पद्मरागश्च मौक्तिकम्।
पञ्चरत्नमिदं प्रोक्तमृषिभिः पूर्वदर्शिभिः।।
(द्र. वामनशिवराम आप्टे-कृते संस्कृत-हिन्दी कोशे, 'पञ्च' शब्द, पृ. 562)

चक्रवर्तिनोऽपि चतुर्दश रत्नानि भवन्ति —इति शास्त्रे वर्णितम्। एतानि चक्रवर्तिविपुल-वैभवस्य श्रेष्ठतमानि अङ्गभूतानि —इत्यतो रत्नपदेन कथ्यन्ते।

उत्कृष्टता, बहुमूल्यता, दुर्लभता —इत्यादि वैशिष्ट्य रत्न का होता है, उस रत्न की तरह यह सम्यक्त्व है जो समस्त गुणों में उत्कृष्टता धारण करता है, वह सर्वजनता के लिए दुर्लभ और महनीय भी है, इसलिए सम्यक्त्व का उपमान 'रत्न' को जो बनाया गया है, वह पूर्णतया उचित है। रत्न की दुर्लभता का निरूपण आचार्य वादीभसिंह कृत क्षत्रचूड़ामणि ग्रन्थ (2/50) में इस प्रकार प्राप्त होता है— 'क्या संसार में मिट्टी के ढेले की तरह बिना प्रयत्न के ही श्रेष्ठ रत्न को प्राप्त किया जा सकता है ?'

रत्न थोड़े ही होते हैं, प्रचुरतया उनकी प्राप्ति नहीं होती। उनकी संख्या पाँच मानी गई है— 'सुवर्ण, चाँदी, मोती, राजावर्त और प्रवाल (मूंगा) —ये पाँच रत्न कहे गये हैं।'

अथवा "सोना, हीरा, नीलम, पद्मराग, मोती —इन्हें पूर्वदर्शी ऋषियों ने पाँच रत्न कहा है।" (द्र. वामनशिवराम आप्टे रचित संस्कृत-हिन्दी कोश, 'पञ्च' शब्द, पृ. 562)

चक्रवर्ती के भी चौदह रत्न होते हैं —ऐसा शास्त्रों में वर्णित है। ये सभी रत्न चक्रवर्ती के विपुल वैभव के श्रेष्ठतम भाग होते हैं, इसलिए उन्हें 'रत्न' पद से कहा जाता है।

सरति कालान्तरमिति सारः, अर्थात् दीर्घकालस्थायी अविनश्वरो वा— स सारः। सारशब्दः श्रेष्ठतायाः सर्वोत्तमतायाः यथार्थतायाश्च वाचकः। रत्नेष्वपि यत्सारभूतं श्रेष्ठतमं वा सम्यक्त्वं वर्तते —इति 'सम्यक्त्वरत्नसारम्' इतिपदस्यार्थः। मोक्षमार्गभूते रत्नत्रयेऽपि सम्यक्त्वं सर्वश्रेष्ठं यतो हि सम्यक्त्वसद्भावे एव शेषरत्नद्वयस्य सार्थकता भवति। अतो रत्नत्रये सम्यक्त्वस्य प्रधानता वरीवर्ति।

उक्तं चादिपुराणे (९/१२१,१२४, १३१-१३४,१३९)—

आप्तागमपदार्थानां श्रद्धानं परया मुदा।
सम्यग्दर्शनमाम्नातं, तन्मूले ज्ञानचेष्टिते।।
तस्य निःशंकितत्वादीन्यष्टावङ्गानि निश्चिनु।
यैरंशुभिरिवाभाति रत्नं सद्दर्शनाह्वयम्।।
सिद्धिप्रसादसोपानं विद्धि दर्शनमग्रिमम्।
दुर्गतिद्वारसंरोधि कवाटपुटमूर्जितम्।।

जो निरन्तर 'सरण' करता है, वह 'सार' होता है अर्थात् जो दीर्घकाल तक स्थायी हो, उसे 'सार' कहते हैं। सार शब्द श्रेष्ठता, सर्वोत्तमता व यथार्थता का भी वाचक है। इस प्रकार 'सम्यक्त्वरत्नसार' इस पद का अर्थ यह है कि रत्नों में भी वह श्रेष्ठतम रत्न सम्यक्त्व है। मोक्षमार्ग रूप में स्वीकृत रत्नत्रय में भी सम्यक्त्व सर्वश्रेष्ठ है क्योंकि सम्यक्त्व के होने पर ही शेष दो रत्नों की सार्थकता होती है। इसलिए तीनों रत्नों में सम्यक्त्व की प्रधानता है।

आदिपुराण (9/121,124,131-134,139) में कहा गया है—

"वीतराग सर्वज्ञ देव, आप्तोपज्ञ आगम और जीवादि पदार्थों पर बड़ी निष्ठा से श्रद्धान करना सम्यग्दर्शन माना गया है। यह सम्यग्ज्ञान व सम्यक्चारित्र का भी मूल कारण है।"

"निःशंकित आदि सम्यग्दर्शन के आठ अंग हैं। इन आठ अंग रूपी किरणों से सम्यग्दर्शन रूपी रत्न अत्यधिक शोभायमान होता है।"

"हे आर्य ! तू निश्चित जान कि यह सम्यग्दर्शन मोक्षरूपी महल की पहली सीढ़ी है। यह नरकादि दुर्गतियों के द्वार को रोकने वाले मजबूत किवाड़ हैं।"

स्थिरं धर्मतरोर्मूलं द्वारं स्वर्मोक्षवेश्मनः।
शीलाभरणहारस्य तरलं तरलोपमम्।।

अलंकरिष्णु रोचिष्णु रत्नसारमनुत्तरम्।
सम्यक्त्वं हृदये धत्स्व मुक्तिश्रीहारविभ्रमम्।।

सम्यग्दर्शनसद्रत्नं येनासादि दुरासदम्।
सोऽचिरान्मुक्तिपर्यन्तां सुखतातिमवाप्नुयात्।।

उत्तमाङ्गमिवाङ्गेषु नेत्रद्वयमिवानने।
मुक्त्यङ्गेषु प्रधानाङ्गमाप्ताः सद्दर्शनं विदुः।।

(मोक्खमहारुक्खमूलं इदि भणिदं) **मोक्षरूपो यो महावृक्षः, तस्य मूलं भवतीति सर्वज्ञैर्भणितमुपदिष्टमित्यर्थः। एतत्पूर्वं** 'स्थिरं धर्मतरोर्मूलम्' **इत्यादिपुराणे** (९/१३२) **यद् वर्णितं, तत्रापि समर्थितमेतद् दृश्यते।**

"धर्मरूपी वृक्ष की स्थिर जड़ है, स्वर्ग और मोक्षरूपी घर का द्वार है और शीलरूपी रत्नहार के मध्य में लगा हुआ श्रेष्ठ रत्न है।"

"यह सम्यग्दर्शन जीवों का अलंकार है, स्वयं देदीप्यमान है, रत्नों में श्रेष्ठ है, सबसे उत्कृष्ट है और मुक्तिरूपी लक्ष्मी के हार के समान है। ऐसे इस सम्यग्दर्शन रूपी रत्नहार को हे भव्य ! तू अपने हृदय में धारण कर।"

"इस सम्यग्दर्शन रूपी दुर्लभ श्रेष्ठ रत्न को जिसने प्राप्त कर लिया है, वह शीघ्र मुक्ति तक की सुख-परम्परा को प्राप्त कर लेता है।"

"जिस प्रकार शरीर के अङ्गों में मस्तक प्रधान है और मुख में नेत्र प्रधान है, उसी प्रकार मोक्ष के समस्त अङ्गों में गणधरादि देवों ने सम्यग्दर्शन को ही प्रधान अङ्ग माना है।"

(मोक्षमहावृक्षमूलमिति भणितम्) मोक्ष रूप जो महान् वृक्ष है, उसका यह मूल है—ऐसा सर्वज्ञ तीर्थंकरों ने कहा है, उपदेश दिया है —यह अर्थ है। इससे पूर्व में 'धर्म-वृक्ष का स्थिर मूल' —ऐसा आदिपुराण (9/132) का वचन (पूर्व में) कहा गया है, वहाँ भी इसी तथ्य का समर्थन दिखाई पड़ रहा है।

सम्यक्त्वरत्नवैशिष्ट्यमन्यशास्त्रेष्वपि विशदीकृतं तदपि गाथोक्तं समर्थयति। यथा, ज्ञानार्णवे (६/५२) **प्रोक्तम्—**

सद्दर्शनमहारत्नं विश्वलोकैकभूषणम्।
मुक्तिपर्यन्तकल्याण-दानदक्षं प्रकीर्तितम्।।

कार्तिकेयानुप्रेक्षानामके ग्रन्थे (गाथा-३२५) **च भणितम्—**

रयणाण महारयणं सव्वं जोयाण उत्तमं जोयं।
रिद्धीण महारिद्धी सम्मत्तं सव्वसिद्धियरं।।

रत्नकरण्डश्रावकाचारग्रन्थे (१/३२) **च विशदीकृतम्—**

विद्यावृत्तस्य संभूतिस्थितिवृद्धिफलोदयाः।
न सन्त्यसति सम्यक्त्वे बीजाभावे तरोरिव।।

सम्यक्त्व रत्न की विशेषता को अन्य शास्त्रों में भी स्पष्ट किया गया है, उससे भी प्रस्तुत गाथा में किये गये निरूपण का ही समर्थन होता है। उदाहरणार्थ, ज्ञानार्णव (6/52) में कहा गया है—

''समस्त लोक के अद्वितीय भूषण के समान यह सम्यग्दर्शन रूप महारत्न मुक्ति प्राप्त होने तक कल्याणकारी होने की सामर्थ्य रखता है।''

कार्तिकेयानुप्रेक्षा नामक ग्रन्थ (गाथा-325) में भी कहा गया है—

''सम्यक्त्व सब रत्नों में महारत्न है, सब योगों में उत्तम योग है, सब ऋद्धियों में महाऋद्धि है, अधिक क्या, सम्यक्त्व सभी सिद्धियों का कारक है।''

रत्नकरण्डश्रावकाचार ग्रन्थ (श्लोक-1/32) में इसे स्पष्ट करते हुए कहा गया है—

''जैसे बीज के बिना वृक्ष की उत्पत्ति, स्थिति और वृद्धि और फल की प्राप्ति नहीं होती है, उसी प्रकार सम्यग्दर्शन के बिना सम्यग्ज्ञान और सम्यक्चारित्र की उत्पत्ति, स्थिति, वृद्धि व फल (मोक्ष) की प्राप्ति नहीं होती है।''

दर्शनप्राभृतग्रन्थे (गाथा-२१) **च निरूपितम्—**

एवं जिणपण्णत्तं दंसणरयणं धरेह भावेण।
सारं गुणरयणत्तयसोवाणं पढममोक्खस्स।।

पद्मनन्दिपञ्चविंशतिकाग्रन्थे (१/७७) **च वर्णितम्—**

जयति सुखनिधानं मोक्षवृक्षैकबीजम्, सकलमलविमुक्तं दर्शनं यद्विना स्यात्।
मतिरपि कुमतिर्नुर्दुश्चरित्रं चरित्रं, भवति मनुजजन्म प्राप्तमप्राप्तमेव।।

(तं णिच्छय-ववहारसरूवदोभेयं जाणिज्जदि) **सम्यक्त्वरत्नसारं यदुक्तं, तत् निश्चय-व्यवहारेतिस्वरूपद्वयमाश्रित्य द्विभेदं द्विप्रकारं ज्ञायते। तीर्थंकरदेशना न हि एकनयायत्ता भवति, अपितु विविधनयायत्ता भवति। अध्यात्मक्षेत्रे च निश्चय-व्यवहारेति नयद्वयेन तत्त्वं निरूप्यते। अतः सम्यक्त्वरत्नं द्विविधम्-व्यवहारसम्यक्त्वम्, निश्चयसम्यक्त्वं चेत्यर्थः। अस्य सराग-वीतरागेतिभेदद्वयं च निरूप्यते।**

दर्शनप्राभृत ग्रन्थ (गाथा-21) में भी यह बताया गया है—

"इस प्रकार जिनेन्द्र भगवान् द्वारा कहा गया सम्यग्दर्शन रत्नत्रय में साररूप है और मोक्ष की पहली सीढ़ी है। इसलिए हे भव्य जीवों ! उसे अच्छे अभिप्राय से धारण करो।"

पद्मनन्दिपंचविंशतिका ग्रन्थ (1/77) में भी इसका निरूपण इस प्रकार प्राप्त होता है—

"सम्यग्दर्शन के बिना ज्ञान मिथ्याज्ञान तथा चारित्र मिथ्याचारित्र हो जाता है, समस्त मलों (दोषों) से रहित वह सम्यग्दर्शन सुख का निधान है और मोक्षरूपी वृक्ष का एकमात्र बीज है, वह जयवंत है। उक्त सम्यग्दर्शन के बिना मनुष्य-जन्म प्राप्त होकर भी अप्राप्त होने जैसा हो जाता है।"

(तद् निश्चय-व्यवहारस्वरूपद्विभेदं ज्ञायते) जो सम्यक्त्वरत्नसार कहा गया है, वह निश्चय व व्यवहार —इन दो स्वरूपों के कारण दो भेद या दो प्रकार वाला है —ऐसा ज्ञात होता है। तीर्थंकर की देशना किसी एक नय पर ही आश्रित नहीं होती, अपितु विविध नयों पर आश्रित होती है। अध्यात्मक्षेत्र में निश्चय व व्यवहार —इन दो नयों के माध्यम से तत्त्व की निरूपणा होती है। इसलिए सम्यक्त्वरत्न दो प्रकार का है— व्यवहार सम्यक्त्व व निश्चय सम्यक्त्व। इसके सराग व वीतराग ये दो भेद भी कहे जाते हैं।

अत्रेदं ज्ञेयम्— सम्यक्त्वभेदनिरूपणे आगमिकशैली अध्यात्मशैली चेति शैलीभेदः स्वीक्रियते। आगमशास्त्रे षड्द्रव्यादिसम्यक्श्रद्धान-ज्ञान-व्रताद्यनुष्ठानात्मक-भेदरत्नत्रयस्वरूपं प्रतिपाद्यते। अध्यात्मशास्त्रे तु निर्विकल्पकशुद्धात्माचरण-अभेदरत्नत्रयात्मकव्याख्यानं क्रियते इति विशेषः। तत्र आगमभाषया पञ्चलब्धिभिः, तथा दर्शनमोहनीय-चारित्रमोहनीयोपशमक्षयक्षयोपशम-संज्ञकेन परिणामेन मिथ्यात्वं विलीयते, सम्यक्त्वं चाविर्भवति। अध्यात्मभाषया तु स्वशुद्धात्माभिमुखपरिणामेन कालादिलब्धिविशेषेण च मिथ्यात्वं नश्यति।

आगमिकदृष्ट्या सम्यग्दर्शनस्य सरागं वीतरागं चेति द्वौ भेदौ। तत्र दर्शनमोहनीयस्य मिथ्यात्व-सम्यक्मिथ्यात्व-सम्यक्त्वेति तिस्रः प्रकृतयः, चारित्रमोहनीयस्य अनन्तानुबन्धि-क्रोधमानमायालोभेतिसंज्ञकाः चतस्रः प्रकृतयः, एतासां सप्तानां कर्मप्रकृतीनां क्षये आत्मविशुद्धिमात्रं यत्सम्यक्त्वं, तद् वीतरागं भवति। प्रशस्तरागसहितानां चौपशमिकं क्षायोपशमिकं वा यत् सम्यग्दर्शनं, तत् सरागसम्यक्त्वम्, एतच्च प्रशमसंवेगास्तिक्यानुकम्पाप्रभृतिभिः स्वज्ञायक-लक्षणैरभिलक्षितं भवति।

यहाँ यह ज्ञातव्य है— सम्यक्त्व सम्बन्धी भेद के निरूपण में आगमिक शैली (भाषा) तथा अध्यात्म शैली —ये विभिन्न शैलियाँ रही हैं। आगमशास्त्र में छः द्रव्य आदि पर सम्यक्श्रद्धान, सम्यग्ज्ञान व व्रत आदि अनुष्ठान रूप भेदरत्नत्रय का स्वरूप वर्णित होता है। अध्यात्मशास्त्र में निर्विकल्प शुद्धात्मा में आचरण रूप अभेद रत्नत्रय का व्याख्यान किया जाता है —यह दोनों में अन्तर है। यहाँ आगम-भाषा के अनुसार पाँच लब्धियों से तथा दर्शनमोहनीय व चारित्रमोहनीय के उपशम-क्षय-क्षयोपशमरूप परिणाम से मिथ्यात्व विलीन होता है, और सम्यक्त्व आविर्भूत होता है। अध्यात्म भाषा में कहें तो निज शुद्धात्म-अभिमुखी परिणाम एवं काललब्धि आदि लब्धियों से मिथ्यात्व नष्ट होता है।

आगमिक दृष्टि से सम्यग्दर्शन के सराग व वीतराग —ये दो भेद हैं। दर्शनमोहनीय की मिथ्यात्व, सम्यक्मिथ्यात्व व सम्यक्त्व —ये तीन प्रकृतियाँ, तथा चारित्रमोहनीय की अनन्तानुबन्धी क्रोध-मान-माया-लोभ —ये चार प्रकृतियाँ, इन कुल सात प्रकृतियों के क्षय होने पर जो आत्मविशुद्धिमात्र सम्यक्त्व होता है, वह वीतराग सम्यक्त्व है। प्रशस्त राग से सहित जीवों का जो औपशमिक या क्षयोपशमिक सम्यग्दर्शन है, वह 'सराग सम्यक्त्व' है। यह 'सराग सम्यक्त्व' प्रशम, संवेग, आस्तिक्य आदि अपने ज्ञायक लक्षणों से अभिलक्षित (ज्ञात) होता है।

उक्तं च अमितगतिकृतश्रावकाचारे (२/६५-६६)—

वीतरागं सरागं च सम्यक्त्वं कथितं द्विधा।
विरागं क्षायिकं तत्र सरागमपरे द्वयम्।।

संवेगप्रशमास्तिक्यकारुण्यव्यक्तिलक्षणम्।
सरागं पटुभिर्ज्ञेयम्, उपेक्षालक्षणं परम्।।

एतयोः प्रथमं सरागसम्यग्दर्शनं साधनम्, वीतरागसम्यग्दर्शनं च साध्यमिति साध्यसाधन-सम्बन्धो ज्ञेयः।

अथ च प्रशमसंवेगादिभिरभिव्यक्तं शुद्धजीवादितत्त्वार्थश्रद्धानलक्षणं सरागसम्यक्त्वसंज्ञकं यदुच्यते, तदेव व्यवहारसम्यग्दर्शनम्। यच्च निजशुद्धात्मैव उपादेय इति रुचिरूपं सम्यक्त्वं तत् निश्चयसम्यक्त्वम्।

आचार्य अमितगतिकृत श्रावकाचार (2/65-66) में कहा भी है—

"सम्यक्त्व दो प्रकार का कहा गया है— वीतराग व सराग। इनमें क्षायिक सम्यक्त्व वीतराग सम्यक्त्व है और दूसरे दोनों (औपशमिक व क्षायोपशमिक) सराग सम्यक्त्व हैं।"

संवेग, प्रशम, आस्तिक्य, कारुण्य आदि लक्षणों से अभिव्यक्त होने वाले को विद्वानों ने सराग सम्यक्त्व कहा है और वीतराग सम्यक्त्व को 'उपेक्षा' लक्षण वाला बताया है।"

इन दोनों में सराग सम्यग्दर्शन साधन है और वीतराग सम्यग्दर्शन साध्य है, इस प्रकार दोनों में साध्य-साधन सम्बन्ध जानना चाहिए।

अब प्रशम, संवेग आदि लक्षणों द्वारा अभिव्यक्त होने वाला तथा शुद्ध जीव आदि तत्त्वार्थों के प्रति श्रद्धान रूप जो सराग सम्यक्त्व बताया गया है, वही व्यवहार सम्यग्दर्शन है। और जिसे 'निज शुद्धात्मा ही उपादेय है' इस रुचि स्वरूपवाला सम्यक्त्व कहा गया है, वह निश्चय सम्यक्त्व है।

वस्तुतस्तु शुद्धात्मैव उपादेयः इति रुचिरूपं सम्यक्त्वं तद् वीतरागचारित्राविनाभूतं सदेव निश्चयसम्यक्त्वसंज्ञया अभिधातुं शक्यते, नान्यथा। वीतरागचारित्रं च संयमाचरणपूर्वकम्, अतश्चतुर्थगुणस्थाने अनन्तानुबन्ध्यभावात्सम्यक्त्वाचरणचारित्रमेव अस्ति, न तु वीतरागचारित्रमित्यतस्तत्र निश्चयसम्यक्त्वं नास्ति, तथापि निश्चयसम्यक्त्वस्य परम्परया साधकत्वात् औपचारिकं निश्चयसम्यक्त्वमभिधातुं शक्यते, वस्तुतस्तु तत्सरागसम्यक्त्वमेव। अत्र विस्तरस्तु सम्यग्दर्शन-शुद्धोपयोगेतिमदीयकृतिद्वयाद् विज्ञेयः।

अध्यात्मशास्त्रीय-दृष्ट्या मिथ्यात्वोदयजनित-विपरीताभिनिवेशरहितं जीवादिपदार्थ-विषयकं श्रद्धानं व्यवहारसम्यक्त्वम्। वीतरागपरमानन्दैकस्वभावः शुद्धात्मोपादेयः इति रुचिरूप-परिणामपरिणतः शुद्धात्मैव निश्चयसम्यक्त्वं भवति। अथवा रागादिविकल्पोपाधिरहितचिच्चमत्कार-भावोत्पन्नमधुररसास्वादसुखोऽहमिति निश्चयरूपं सम्यग्दर्शनम्।

वस्तुतः तो 'शुद्धात्मा ही उपादेय है' यह रुचि रूप जो सम्यक्त्व है, वह तभी निश्चय सम्यक्त्व नाम से कहा जाना चाहिए जब वह वीतरागचारित्र से अविनाभूत (नियमतः सम्बद्ध) हो, अन्यथा नहीं। वीतराग चारित्र भी संयमाचरण-पूर्वक होता है, इसलिए चतुर्थ गुणस्थान में अनन्तानुबन्धी के अभाव में सम्यक्त्वाचरण चारित्र ही माना गया है, न कि वीतराग चारित्र, अतः वहाँ निश्चय सम्यक्त्व नहीं है, किन्तु निश्चयसम्यक्त्व का वह परम्परया साधक होता है, इस दृष्टि से उसे (सम्यक्त्वाचरण चारित्र को) औपचारिक रूप से निश्चय सम्यक्त्व कह दिया जाता है, वस्तुतः तो वह सराग सम्यक्त्व ही है। इस सम्बन्ध में विस्तार से जानना हो तो मेरी (टीकाकार की) 'सम्यग्दर्शन' तथा 'शुद्धोपयोग' —इन दो कृतियों से जान सकते हैं।

अध्यात्म शास्त्र की दृष्टि से मिथ्यात्व के उदय से होने वाले विपरीत अभिनिवेश से रहित जो जीवादि पदार्थों के विषय में श्रद्धान होता है, वह व्यवहार सम्यक्त्व है। वीतराग परमानन्दमात्र स्वभावी शुद्ध आत्मा ही उपादेय है —इस रुचि रूप परिणाम से परिणत शुद्ध आत्मा ही निश्चय सम्यक्त्व है। अथवा, 'रागादि-विकल्प रूप उपाधि से रहित चैतन्य-चमत्कार भाव से उत्पन्न मधुर रसास्वाद सुख से युक्त मैं हूँ' यह निश्चय सम्यग्दर्शन है।

यद्वा निजशुद्धात्मानुभूतिलक्षणं वीतरागचारित्राविनाभूतं निश्चयसम्यक्त्वम्। एतच्च अप्रमत्तगुणस्थानादारभ्य उपरितनगुणस्थानेषु भवति, न तु अधस्तनगुणस्थानेषु —इति विज्ञेयम्। इत्यलं विस्तरेण।

एवं व्यवहारसम्यक्त्वं सम्यक्तयानिर्दोषतया धार्यं येन वीतरागस्वसंवेदनलक्षणनिश्चयसम्यक्त्वस्य सिद्धिः प्राप्येतेति गाथायाः सारः।

सम्प्रति शास्त्रकाराः उग्गाहाछन्दोमाध्यमेन सम्यक्त्वाचरणचारित्रस्य स्वरूपं निर्दिशन्ति—

भयवसणमलविवज्जिद-संसारसरीरभोगणिव्विण्णो।
अट्ठगुणंगसमग्गो, दंसणसुद्धो हु पंचगुरुभत्तो।।५।।

छाया— भयव्यसनमलविवर्जित-संसारशरीरभोगनिर्विण्णः।
अष्टगुणाङ्गसमग्रः दर्शनशुद्धः खलु पञ्चगुरुभक्तः।।

रत्नत्रयवर्धिनी टीका— दंसणसुद्धो हु भयवसणमलविवज्जिदसंसारसरीरभोगणिव्विण्णो अट्ठगुणंगसमग्गो पंचगुरुभत्तो (हवदि) —इत्यन्वयः।

अथवा निज शुद्धात्मा की अनुभूति लक्षण वाला तथा वीतराग चारित्र से अविनाभूत जो सम्यग्दर्शन है, वह निश्चयसम्यक्त्व है। यह अप्रमत्त गुणस्थान से लेकर ऊपर के गुणस्थानों में होता है, न कि नीचे के गुणस्थान वालों में होता है —ऐसा जानना चाहिए। अब और अधिक विस्तार की जरूरत नहीं है।

इस प्रकार व्यवहार सम्यक्त्व को सम्यक् रूप से तथा निर्दोष रूप से धारण करना चाहिए, ताकि वीतरागस्वसंवेदन लक्षण वाले निश्चयसम्यक्त्व की सिद्धि हो —यह गाथा का सार है।

अब शास्त्रकार उग्गाहा छन्द के द्वारा सम्यक्त्वाचरण चारित्र के स्वरूप का निर्देश कर रहे हैं—

गाथा-अर्थ— सम्यग्दर्शन से शुद्ध जीव ही (सात) भयों, (सात) व्यसनों, (पच्चीस) मलों से रहित होता है, संसार, शरीर व भोगों से विरक्त होता है, आठ गुणों से परिपूर्ण तथा पाँच (परमेष्ठि-) गुरुओं का भक्त होता है।।5।।

रत्नत्रयवर्धिनी टीका— दर्शनशुद्धः खलु भयव्यसनमलविवर्जितसंसार-शरीर-भोग-निर्विण्णः अष्टाङ्गगुणसमग्रः पञ्चगुरुभक्तः **(भवति)** —इस प्रकार अन्वय समझना चाहिए।

(दंसणसुद्धो हु) **दर्शनशुद्धः, तत्त्वार्थश्रद्धानादिलक्षणेन सम्यग्दर्शनेन शुद्धः मिथ्यात्वमल-राहित्येन शुद्धतां प्राप्तः यः कश्चिदपि सम्यग्दृष्टिः, स खलु निश्चयेन,** (भय-वसन-मलविवज्जिद) **भयैः, व्यसनैः, मलैश्च विवर्जितो रहितो भवत्येव। सम्यग्दृष्टेः, सप्तभयराहित्यं समयसारग्रन्थे** (गाथा-२२८) **च समर्थितम्। तत्र भयं सप्तविधम्।**

प्रोक्तं च मूलाचारे (गाथा-५३)— ''इहपरलोयत्ताणं अगुत्तिमरणं च वेयणाकम्हिभया।''

व्यसनानि च कुत्सितसंस्कारासक्तिरूपाणि। तेषां संख्या प्रामुख्येन सप्त कीर्तिता। उक्तं पद्मनन्दिपञ्चविंशतिकाग्रन्थे (१/१६)—

द्यूतमांससुरावेश्याऽऽखेटचौर्यपराङ्गनाः ।
महापापानि सप्तेति व्यसनानि त्यजेद् बुधः।।

व्यसनानि सप्ताधिकान्यपि सम्भवन्ति। उक्तंच पद्मनन्दिपञ्चविंशतिकाग्रन्थे (१/३२)—

(दर्शनशुद्धः खलु) दर्शन-शुद्ध (अर्थात्) तत्त्वार्थश्रद्धान आदि लक्षण वाले सम्यग्दर्शन से शुद्ध, मिथ्यात्वरूपी मल से रहित होने के कारण शुद्धता को प्राप्त, जो कोई भी सम्यग्दृष्टि होता है, वह निश्चय ही **(भय-व्यसन-मलविवर्जितः)** भयों से, व्यसनों से तथा मलों (दोषों) से रहित होता है। सम्यग्दृष्टि सात भयों से रहित होता है —इसका समर्थन समयसार ग्रन्थ (गाथा-228) में भी किया गया है। भय के सात प्रकार हैं।

मूलाचार (गाथा-53) में कहा गया है— ''इहलोकभय, परलोकभय, अरक्षाभय, अगुप्तिभय, मरणभय, वेदनाभय और आकस्मिक भय —ये सात भय होते हैं।''

कुत्सित संस्कारों में होने वाली आसक्ति रूप 'व्यसन' होते हैं। उनकी प्रमुखतया सात संख्या कही गई है। पद्मनन्दिपंचविंशतिका ग्रन्थ (1/16) में कहा भी है—

''जूआ, माँसभक्षण, मदिरासेवन, वेश्यागमन, शिकार करना, चोरी, परस्त्रीसेवन —ये सात व्यसन महापाप होते हैं, जिन्हें विद्वान् छोड़ दें।''

सामान्यतया व्यसनों की संख्या सात से भी अधिक हो सकती हैं। पद्मनन्दिपंचविंशतिका ग्रन्थ (1/32) में कहा भी गया है—

न परिमियन्ति भवन्ति व्यसनान्यपराण्यपि प्रभूतानि।
त्यक्त्वा सत्पथमपथप्रवृत्तय: क्षुद्रबुद्धीनाम्।।

मलानि सम्यग्दर्शनदोषाः, तत्संख्या पञ्चविंशतिरभिहिता। उक्तं च ज्ञानार्णवे (६/८ उद्धृतगाथा)—

मूढत्रयं मदाश्चाष्टौ तथाऽनायतनानि षट्।
अष्टौ शङ्कादयश्चेति दृग्दोषाः पञ्चविंशतिः।।

तत्र मूढता त्रिविधा— देवमूढता, लोकमूढता, समयमूढता चेति। अष्टौ मदाः— ज्ञानमदः, पूजामदः, कुलमदः, जातिमदः, बलमदः, ऋद्धिमदः, तपोमदः, रूपमदश्चेति।

षडनायतनानि— मिथ्यादेवः, मिथ्यादेवाराधकः, मिथ्यातपः, मिथ्यातपस्वी, मिथ्यागमः, मिथ्यागमधरः, —इत्येतानि अनायतनानि, एतेषां सङ्गतिः सद्दृष्टीनां कृते त्याज्या भवति।

"केवल इतने (सात) ही व्यसन नहीं हैं, अन्य भी बहुत से व्यसन हैं। अल्पमति पुरुष की सन्मार्ग को छोड़कर उन्मार्ग में (की जाने वाली जो भी) प्रवृत्तियाँ (हैं, वे) व्यसन होती हैं।"

मल से तात्पर्य है— सम्यग्दर्शन-सम्बन्धी दोष। इनकी संख्या पच्चीस कही गई है। ज्ञानार्णव (6/8 पर उद्धृत गाथा) में कहा गया है—

"तीन मूढ़ता, आठ मद, छः अनायतन, शङ्का आदि आठ दोष — ये पच्चीस सम्यग्दर्शन-सम्बन्धी दोष होते हैं।"

इनमें तीन प्रकार की मूढ़ताएँ हैं— देवमूढ़ता, लोकमूढ़ता और समय (सिद्धान्त) सम्बन्धी मूढ़ता। आठ मद इस प्रकार हैं— ज्ञानमद, पूजामद, कुलमद, जातिमद, बलमद, ऋद्धिमद, तपोमद और रूपमद।

छः अनायतन हैं— मिथ्यादेव, मिथ्यादेव-आराधक, मिथ्यातप, मिथ्यातपस्वी, मिथ्या आगम, मिथ्याआगमधारी (ज्ञाता) —ये अनायतन हैं, इनकी सङ्गति सम्यग्दृष्टि व्यक्तियों के लिए त्याज्य होती है।

शंकादयोऽष्टौ दोषाः— सम्यग्दर्शनस्य येऽष्टौ अङ्गानि भवन्ति, तद्वैपरीत्यरूपा एते स्वीकृताः। यथा— शङ्का, कांक्षा, विचिकित्सा, अन्यदृष्टिप्रशंसा, अनुपगूहनम् (दोषप्रकटनरुचिः) **अस्थितिकरणम्** (उन्मार्गस्थापने प्रेरणा यद्वा सत्पथभ्रंशप्रेरणाम्), **अवात्सल्यम्** (साधर्मिवात्सल्याभावः) **अप्रभावना** (धर्म-प्रभावनायामन्तरायोत्पादनम्) **चेति। एवं सर्वे संहत्य पञ्चविंशतिदोषाः भवन्ति, तैश्च मलैः सम्यग्दृष्टिः रहितो भवतीति तात्पर्यम्।**

(संसार-शरीर-भोगणिव्विण्णो) **संसारात्, शरीरात्, भोगेभ्यश्च निर्वेदं वैराग्यं प्राप्तः स भवति। संसारासक्तिशरीरासक्तिभोगासक्तिरहितो भवतीत्यर्थः। संसारश्च रागद्वेषावेव, यद्वा कर्मविपाकाद् आत्मनो भवान्तरावाप्तिः संसारः, यद्वा संसरन्ति अनेनेति चतुर्गतिसंसरणहेतुः घातिकर्मसमूहः संसारः। सम्यग्दृष्टिर्मोक्षायैव यतते, न च संसारसुखे तस्याभिलाषो भवति, तथा भोगेषु इन्द्रियविषयभोगेषु स निर्वेदभावं बिभर्ति।**

शंका आदि आठ दोष— सम्यग्दर्शन के जो आठ अङ्ग होते हैं, उनसे विपरीत भावों को ही यहाँ दोष माना गया है। जैसे— शङ्का, कांक्षा, विचिकित्सा, अन्यदृष्टिप्रशंसा, अनुपगूहन (दोष प्रकट करने की रुचि), अस्थितिकरण (उन्मार्ग-स्थापन में या सन्मार्ग-च्युति में प्रेरक होना), अवात्सल्य (साधर्मिजनों में वात्सल्य न रखना), अप्रभावना (धर्मप्रभावना में अन्तराय अर्थात् विघ्न पैदा करना)। इस तरह, सभी मिला कर पच्चीस दोष होते हैं, इन मलों से सम्यग्दृष्टि रहित होता है —यह तात्पर्य है।

(संसारशरीरभोग-निर्विण्णः) संसार से, शरीर से, भोगों से निर्वेद यानी वैराग्य को वह प्राप्त होता है। संसार-आसक्ति, शरीर-आसक्ति व भोगासक्ति से वह रहित होता है। संसार यानी राग-द्वेष, या कर्म-विपाक के कारण आत्मा का एक भव से दूसरे भव में जाना —यह संसार है, या जिसके कारण संसरण हो, वह संसार है अर्थात् चतुर्गति में संसरण कराने वाला घाती कर्मों का समूह संसार है। सम्यग्दृष्टि मोक्ष के लिए ही प्रयत्नशील रहता है, संसार-सुख में उसकी अभिलाषा नहीं होती, तथा भोगों-इन्द्रियों के विषय रूप भोगों में भी उसका निर्वेद-विरक्ति भाव रहता है।

(अट्ठगुणंगसमग्गो) **ये सम्यग्दर्शनस्य अष्टौ गुणाः अङ्गानि च, तैः समग्रः पूर्ण इत्यर्थः। ते च गुणाः वसुनन्दिश्रावकाचारग्रन्थे** (गाथा-४९) **प्रोक्ताः—**

संवेओ णिव्वेओ णिंदा गरुहा य उवसमो भत्ती।
वच्छल्लं अणुकंपा अट्ठ गुणा हुंति सम्मत्ते।।

अष्टौ अङ्गानि च वसुनन्दिश्रावकाचारग्रन्थे (४८ गाथा) **तथा मूलाचारग्रन्थे** (गाथा-२०१) **च प्रोक्तानि—**

णिस्संकिद-णिक्कंखिद-णिव्विदिगिच्छा अमूढदिट्ठी य।
उवगूहणठिदिकरणं वच्छल्ल पभावणा य ते अट्ठ।।

अत्रेदं ज्ञेयम्— ये चाष्टौ अङ्गानि गुणा वा प्रोक्ताः, तानि धर्मविषयकाणि यथा भवन्ति, तथैव देव-गुरु-तत्त्वादिविषयाण्यपि भवन्ति। अर्थात् धर्म-देव-गुरु-शास्त्र-तत्त्वादिविषयेषु संवेगादिगुणान्, निःशङ्कितत्वादिकानि अङ्गानि च सम्यग्दृष्टिर्धारयति।

(अष्टगुणाङ्गसमग्रः) जो सम्यग्दर्शन के आठ गुण व आठ अङ्ग कहे जाते हैं, उनसे वह समग्र यानी परिपूर्ण रहता है। वे गुण वसुनन्दिश्रावकाचार ग्रन्थ (गाथा-49) में इस प्रकार बताये गये हैं—

"संवेग, निर्वेद, निन्दा, गर्हा, उपशम, भक्ति, अनुकम्पा, वात्सल्य —ये आठ गुण सम्यक्त्व-सम्पन्न जीव के होते हैं।"

वसुनन्दिश्रावकाचार ग्रन्थ (गाथा-48) तथा मूलाचार ग्रन्थ (गाथा-201) में आठ-अङ्गों का कथन इस प्रकार किया गया है—

"निःशंकित, निष्कांक्षित, निर्विचिकित्सा, अमूढ़दृष्टि, उपगूहन, स्थितिकरण, वात्सल्य व प्रभावना —ये सम्यक्त्व के आठ गुण या अङ्ग जानने चाहिए।"

यहाँ यह ज्ञातव्य है— जो आठ अङ्ग या गुण कहे गये हैं, वे जिस तरह धर्म के विषय में होते हैं, उसी तरह देव, गुरु, तत्त्व आदि को भी विषय करते हैं। अर्थात् धर्म, देव, गुरु, शास्त्र, तत्त्व आदि विषयों में भी संवेग आदि गुणों को तथा निःशंकितत्व आदि अङ्गों को सम्यग्दृष्टि धारण करता है।

एतत् समयसारग्रन्थे (गाथा-२२९-२३६) **च विशदीकृतम्। उक्तं च कार्तिकेयानुप्रेक्षाग्रन्थे** (गाथा-४२५)—

णिस्संका-पहुडिगुणा जह धम्मे तह य देवगुरुतच्चे।
जाणेहि जिणमयादो सम्मत्तविसोहया एदे।।

सर्वाङ्गपरिपूर्णं सम्यक्त्वमेव निर्वाणहेतुकं भवति, न चापरिपूर्णं हीनाङ्गं वा। उक्तं च रत्नकरण्डश्रावकाचारग्रन्थे (श्लोक-२१)—

नाङ्गहीनमलं छेत्तुं दर्शनं जन्म-सन्ततिम्।
न हि मन्त्रोऽक्षरन्यूनो निहन्ति विषवेदनाम्।।

एवं स (पंचगुरुभत्तो) **पञ्चगुरूणां परमेष्ठिनां भक्तो भवति। सम्यग्दर्शनज्ञानचारित्रैः गुरुतां ये वहन्ति, ते पञ्च अर्हत्-सिद्ध-आचार्य-उपाध्याय-साधुप्रमुखा गुरुसंज्ञां दधति, सम्यग्दृष्टिस्तान् प्रति भक्तिभावं यद्वा आराध्यभावं बिभर्ति —इतिभावः।**

समयसार ग्रन्थ (गाथा-229-236) में भी इसे स्पष्ट किया गया है। कार्तिकेयानुप्रेक्षा ग्रन्थ (गाथा-425) में भी कहा गया है—

''ये निःशंकित आदि गुण जैसे धर्म के विषय में कहे गये हैं। वैसे ही देव, गुरु व तत्त्व के विषय में भी जैनागम से जानने चाहिए। ये आठों अङ्ग सम्यग्दर्शन को विशुद्ध करते हैं।''

समस्त अंगों से परिपूर्ण सम्यक्त्व ही निर्वाण का हेतु हो पाता है, अपरिपूर्ण वा अङ्गहीन नहीं। रत्नकरण्डश्रावकाचार ग्रन्थ (श्लोक-21) में कहा भी गया हैं—

''जैसे एक-दो अक्षरों से रहित अशुद्ध (अपरिपूर्ण) मन्त्र विष की वेदना को नष्ट नहीं करता, वैसे ही अङ्गरहित सम्यग्दर्शन भी संसार की स्थिति को छेदने में समर्थ नहीं होता।''

इस प्रकार वह **(पञ्चगुरुभक्तः)** पाँच परमेष्ठीरूपी गुरुओं का भक्त होता है। सम्यग्दर्शन, सम्यग्ज्ञान व सम्यक्चारित्र की दृष्टि से जो गौरव धारण करते हैं, वे प्रमुखतया अर्हन्त, सिद्ध, आचार्य, उपाध्याय व साधु 'गुरु' की संज्ञा को धारण करते हैं, सम्यग्दृष्टि उनके प्रति भक्ति या आराध्य भाव रखता है —यह तात्पर्य है।

एवं सम्यग्दृष्टिस्वरूपं विज्ञाय निर्दोषपरिपूर्ण-सम्यक्त्वं दृढतया धारणीयं मुमुक्षुभिरिति गाथायाः सारः।

सम्प्रति शास्त्रकाराः गाहाछन्दोमाध्यमेन सम्यग्दृष्टेः स्वरूपं पुनरपि विशदयन्ति—

णियसुद्धप्पणुरत्तो, बहिरप्पावत्थवज्जिदो णाणी।
जिण-मुणि-धम्मं मण्णदि, गददुक्खो होदि सद्दिट्ठी।।६।।

छाया— निजशुद्धात्मानुरक्तः, बहिरात्मावस्थावर्जितः ज्ञानी।
जिन-मुनि-धर्मं मन्यते गतदुःखो भवति सद्दृष्टिः।।

रत्नत्रयवर्धिनी टीका— सद्दिट्ठी णियसुद्धप्पणुरत्तो, बहिरप्पावत्थवज्जिदो णाणी जिणमुणि-धम्मं मण्णदि, गददुक्खो होदि —इत्यन्वयः।

(सद्दिट्ठी) **सम्यग्दृष्टिः, स कीदृशो भवति ? उच्यते। स** (णियसुद्धप्पणुरत्तो) **निजशुद्धात्मानुरक्तो भवति। निजनिरञ्जननिर्विकारचेतनरूपशुद्धात्मस्वरूपे अनुरक्तो भवतीति भावः। सम्यक्त्वरत्न-सम्पन्नानां श्रमणानां शुद्धात्मानुरागः सर्वकर्मक्षयकारको भवति।**

इस प्रकार, सम्यग्दृष्टि के स्वरूप को जान कर मुमुक्षुजन निर्दोष व परिपूर्ण सम्यक्त्व को दृढ़तापूर्वक धारण करें —यह गाथा का सार है।

अब शास्त्रकार गाहा छन्द द्वारा सम्यग्दृष्टि के स्वरूप को और भी स्पष्ट कर रहे हैं—

गाथा-अर्थ— सम्यग्दृष्टि निज शुद्धात्मा में अनुरक्त रहता है, बहिरात्मा की दशा से रहित (पराङ्मुख) होता है, आत्मज्ञानी होता है, जिनेन्द्र, मुनि और धर्म को मानता है (श्रद्धा रखता है) और दुःखरहित होता है।।6।।

रत्नत्रयवर्धिनी टीका— सद्दृष्टिः निजशुद्धात्मानुरक्तः, बहिरात्मावस्थावर्जितः, ज्ञानी जिनमुनिधर्मं मन्यते, गतदुःखो भवति —यह अन्वय है।

(सद्दृष्टिः) यानी सम्यग्दृष्टि। वह कैसा होता है ? यह बता रहे हैं— **(निजशुद्धात्मानुरक्तः)** निजशुद्धात्मतत्त्व में अनुरक्त होता है। निजनिरञ्जननिर्विकार चैतन्य रूप शुद्धात्मस्वरूप में उसका अनुराग होता है —यह तात्पर्य है। सम्यक्त्वरत्न-सम्पन्न श्रमणों का शुद्धात्मानुराग समस्त कर्म-क्षय का कारक होता है।

उक्तं च मोक्षप्राभृतग्रन्थे (गाथा-१४)—

सद्दव्वरओ सवणो सम्माइट्ठी हवेइ णियमेण।
सम्मत्तपरिणदो उण खवेइ दुट्ठट्ठकम्माणि।।

तथा च तत्रैव (गाथा-१०१)—

वेरग्गपरो साहू परदव्वपरंमुहो य सो होदी।
संसारसुहविरत्तो सगसुद्धसुहेसु अणुरत्तो।।

सम्यग्दृष्टिश्रमणः शुद्धात्मानमेवोपादेयं मनुते-तमेव शरण्यं स्वीकरोति। उक्तं च मोक्षप्राभृतग्रन्थे (गाथा-१०५)—

सम्मत्तं सण्णाणं सच्चरित्तं हि सत्तवं चेव।
चउरो चिट्ठइ आदे तम्हा आदा हु मे सरणं।।

मोक्षप्राभृत ग्रन्थ (गाथा-14) में कहा भी गया है—

"स्वद्रव्य में अनुरक्त साधु नियमतः सम्यग्दृष्टि होता है और सम्यक्त्व रूप परिणत होता हुआ वह साधु (अपने) आठों दुष्ट कर्मों को क्षय करता है।"

और, वहीं (गाथा-101) यह भी कहा गया है—

"जो साधु वैराग्य-तत्पर होता है, वह पर-द्रव्य से पराङ्मुख रहता है। इसी प्रकार, जो साधु सांसारिक सुख से विरक्त रहता है, वह स्वकीय शुद्ध (आत्मीय परम) सुख में अनुरक्त होता है।"

सम्यग्दृष्टि श्रमण शुद्धात्मा को ही उपादेय मानता-समझता है, उसी को शरण-स्थान स्वीकारता है। मोक्षप्राभृत ग्रन्थ (गाथा-105) में कहा भी गया है—

"सम्यग्दर्शन, सम्यग्ज्ञान, सम्यक् चारित्र और सम्यक् तप —ये चारों आत्मा में स्थित (अन्तर्भूत) हैं, इसलिए 'आत्मा' ही मेरे (श्रमण के) लिए 'शरण' है।"

योऽप्यविरतसम्यग्दृष्टिरपि भवति, सोऽपि सामायिककाले सहजशुद्धपरमचैतन्यशालिनि भगवति निजशुद्धात्मनि उपादेयबुद्धिं कृत्वा पश्चादनन्तज्ञानोऽहम्, अनन्तसुखोऽहम्— इत्यादि-सरागभावनारूपम् आभ्यन्तरधर्मध्यानं करोति, तथा च तद्योग्यं शुद्धात्मभावनोत्थं सुखमनुभवति।

उक्तं च ज्ञानार्णवग्रन्थे (३८/१३)—

इदमत्यन्तनिर्वेदविवेकप्रशमोद्भवम्।
स्वात्मानुभवमत्यक्षं योजयत्यङ्गिनां सुखम्।।

अत्रेदं ज्ञेयम्— सम्यक्त्वं सराग-वीतरागभेदेन द्विविधम्। सरागसम्यक्त्वमेव व्यवहार-सम्यक्त्वम्, तच्च जिनोपदिष्टषड्द्रव्यादिश्रद्धानरूपम्। वीतरागसम्यक्त्वं तु निजशुद्धात्मानुभूतिलक्षणं भवति।

गृहस्थावस्थायां तीर्थंकराणां तथा च भरत-सगर-राम-प्रभृतीनां वीतरागचारित्राविनाभूतस्य निश्चयसम्यक्त्वस्य सद्भावो विद्यते, तथापि चारित्रमोहोदयेन तस्य स्थिरता न भवति, इतिहेतोः

जो अविरत सम्यग्दृष्टि भी होता है, वह भी सामायिक के समय सहज शुद्ध परम चैतन्यशाली भगवान् निज शुद्धात्मा में उपादेय बुद्धि रखकर फिर 'मैं अनन्त ज्ञानी हूँ', 'मैं अनन्तसुखयुक्त हूँ', इत्यादि सरागभावना रूप धर्मध्यान करता है तथा तदनुरूप शुद्धात्मभावना-जनित सुख का अनुभव करता है।

ज्ञानार्णव ग्रन्थ (38/13) में कहा भी है—

"संसार व शरीर आदि से अतिशय विरक्ति, भेदविज्ञान तथा राग-द्वेष के उपशम से उत्पन्न होने वाला वह धर्मध्यान प्राणियों को स्वानुभवगम्य अतीन्द्रिय सुख से संयुक्त कराता है।"

यहाँ यह ज्ञातव्य है— सम्यक्त्व के दो भेद हैं— सराग व वीतराग। सरागसम्यक्त्व ही व्यवहारसम्यक्त्व है। उसका स्वरूप है— जिन-उपदिष्ट छः द्रव्यों आदि के विषय में श्रद्धान। वीतराग सम्यक्त्व तो निजशुद्धात्मानुभूति रूप होता है।

गृहस्थ अवस्था में, तीर्थंकरों के तथा भरत, सगर, राम आदि महापुरुषों के वीतरागचारित्र से अविनाभूत रहने वाले निश्चय सम्यक्त्व का सद्भाव रहता तो है, किन्तु चारित्रमोह के उदय से

तेषामसंयतत्वं भवति। ततश्च ते शुभरागयोगात् सरागसम्यग्दृष्टयो भण्यन्ते, यतस्ते तदवस्थायां निर्दोषपरमात्मनामर्हतां सिद्धानां च गुणस्तवनादिकं विदधति, तथा विषयकषायदुर्ध्यानविरतिहेतोः दानपूजादिकर्माणि कुर्वन्ति। तेषां सरागसम्यक्त्वमपि परम्परया निश्चयसम्यक्त्वस्य वीतरागचारित्राविनाभूतस्य साधकं भवतीत्यत उपचारतो निश्चयसम्यक्त्वसंज्ञा, वस्तुतस्तु तेषां सरागसम्यक्त्वमेवेति सर्वं परमात्मप्रकाशग्रन्थस्य (गाथा-२/१७) **टीकायां विशदीकृतम्।**

सामान्यतया उत्तमः सम्यग्दृष्टिर्भेदविज्ञानाभ्यासरतः परद्रव्यविषयसुखानभिलाषी तथा शुद्धात्मभावनारतो भवति। उक्तं च मोक्षप्राभृतग्रन्थे (गाथा-९)—

णियदेहसरिस्सं पिच्छिऊण परिविग्गहं पयत्तेण।
अच्चेयणं पि गहियं झाइज्जइ परमभाएण।।

कार्तिकेयानुप्रेक्षाग्रन्थेऽपि (गाथा-४२४) **भणितम्**—

उसमें स्थिरता नहीं रह पाती, इस कारण से उनको असंयतपना है। फलस्वरूप, वे शुभराग के योग से 'सराग सम्यग्दृष्टि' कहे जाते हैं, क्योंकि वे उस (गृहस्थ) अवस्था में निर्दोष परमात्मा अर्हन्त व सिद्ध देवों के गुण-स्तवन आदि किया करते हैं और विषयासक्ति, कषाय व दुर्ध्यान से बचने हेतु दान, पूजा आदि भी करते हैं। उनका (उक्त) सराग सम्यक्त्व भी परम्परा से निश्चय सम्यक्त्व —जो वीतराग चारित्र से अविनाभूत (नियमतः संयुक्त) होता है— का साधक होता है, इसलिए उपचार से उसकी निश्चयसम्यक्त्व संज्ञा है, वस्तुतः तो उनके 'सराग सम्यक्त्व' ही है— इन सब बातों को परमात्मप्रकाश ग्रन्थ (2/17) की टीका में स्पष्ट किया गया है।

सामान्यतः उत्तम सम्यग्दृष्टि भेदविज्ञान के अभ्यास में निरत रहता है, पर-द्रव्य सम्बन्धी विषय-सुख की इच्छा नहीं करता तथा शुद्धात्मभावना में निरत होता है। मोक्षप्राभृत ग्रन्थ (गाथा-9) में कहा भी गया है—

"ज्ञानी मनुष्य निज शरीर के समान (स्त्री आदि के) पर-शरीर को देखकर भेदज्ञान पूर्वक विचार करता है कि देखो ! इसने अचेतन शरीर को भी प्रयत्नपूर्वक ग्रहण कर रखा है।"

कार्तिकेयानुप्रेक्षा ग्रन्थ (गाथा-424) में कहा भी गया है—

जो ण कुणदि परतत्तिं पुणु पुणु भावेदि सुद्धमप्पाणं।
इंदियसुहणिरवेक्खो णिस्संकाइं गुणा तस्स।।

तथा च तत्रैव (गाथा-३१३, ३१४, ३१६, ३२३-३२४) **सम्यग्दृष्टिस्वरूपं विशदीकर्तुं प्रोक्तम्—**

जो ण य कुव्वदि गव्वं पुत्तकलत्ताइसव्वअत्थेसु।
उवसमभावे भावदि अप्पाणं मुणदि तिणमेत्तं।।

विसयासत्तो वि सया सव्वारंभेसु वट्टमाणो वि।
मोहविलासो एसो इदि सव्वं मण्णदे हेयं।।

देहमिलियं पि जीवं णियणाणगुणेण मुणदि जो भिण्णं।
जीवमिलियं पि देहं कंचुवसरिसं वियाणेइ।।

"जो पुरुष पराई निन्दा नहीं करता और बारम्बार शुद्ध आत्मा को भाता है (ध्यान करता है), तथा इन्द्रिय-सुखों की इच्छा भी नहीं करता, उसके निःशंकित आदि गुण होते हैं।"

और, वहीं (गाथा-313, 314, 316, 323-324) सम्यग्दृष्टि के स्वरूप को स्पष्ट करने की दृष्टि से कहा गया है—

"जो (ज्ञान आदि का) मद नहीं करता, पुत्र, कलत्र आदि सभी पदार्थों में गर्व नहीं करता, उपशम भाव में रहता है और स्वयं को तृणवत् समझता है।"

"विषयों में आसक्त हो भी जाय, तो भी तथा समस्त आरम्भों को करता हुआ भी वह उन्हें यह समझकर हेय समझता है कि यह सब कार्य मोह-विलास (मोहनीय कर्म के कारण होने वाला, न कि सहज, शुद्ध कार्य) है।"

"देह में रमे हुए भी जीवात्मा को वह अपने ज्ञान-गुण से भिन्न समझता है, तथा जीव से मिले हुए शरीर को भी अपने वस्त्र की तरह भिन्न मानता है।"

एवं जो णिच्छयदो जाणदि दव्वाणि सव्वपज्जाए।
सो सद्दिट्ठी सुद्धो जो संकदि सो हु कुदिट्ठी।।

जो ण विजाणदि तच्चं सो जिणवयणे करेदि सद्दहणं।
जं जिणवरेहि भणिदं तं सव्वमहं समिच्छामि।।

(बहिरप्पावत्थवज्जिदो) **बहिरात्म-अवस्था रहितश्च सम्यग्दृष्टिर्भवति। सम्यग्दृष्टिलक्षण-विपरीतस्तु बहिरात्मा भवति। सर्वज्ञवीतरागप्रोक्तपदार्थेषु श्रद्धारहितः, तीव्रकषायाविष्टः तथा देहात्मनोरेकत्वं च मन्वानो बहिरात्मा मिथ्यादृष्टिर्वा भवति।**

उक्तं कार्तिकेयानुप्रेक्षाग्रन्थे (गाथा-१९३)—

मिच्छत्तपरिणदप्पा तिव्वकसाएण सुट्ठु आविट्ठो।
जीवं देहं एक्कं मण्णंतो होदि बहिरप्पा ।।

"इस प्रकार, निश्चय से समस्त द्रव्यों को और सब पर्यायों को जानता है, वह सम्यग्दृष्टि है, और जो उनके अस्तित्व में शंका करता है, वह मिथ्यादृष्टि है।"

"जो तत्त्वों को भले ही नहीं जानता हो, किन्तु जिन-वाणी में जिसकी इस प्रकार श्रद्धा है कि जिनेन्द्र भगवान् ने जो कुछ भी कहा है, उस सबकी मैं अच्छी तरह से इच्छा/श्रद्धा करता है, तो वह भी श्रद्धावान् (सम्यग्दृष्टि) है।"

(बहिरात्मावस्थावर्जितः) सम्यग्दृष्टि बहिरात्मा की अवस्था से रहित (अन्तरात्मा की स्थिति में) होता है। उक्त सम्यग्दृष्टि के लक्षणों से विपरीत लक्षणवाला तो बहिरात्मा होता है। सर्वज्ञ वीतराग द्वारा उपदिष्ट पदार्थों में श्रद्धारहित तथा तीव्र कषायों से आविष्ट एवं देह व आत्मा में एकत्व मानने वाला बहिरात्मा या मिथ्यादृष्टि होता है।

कार्तिकेयानुप्रेक्षा ग्रन्थ (गाथा-193) में कहा गया है—

"जो जीव मिथ्यात्व रूप परिणत हो, (अनन्तानुबन्धी आदि) तीव्र कषायों से जकड़ा हुआ हो, और 'शरीर ही आत्मा है' —ऐसा जो समझता-अनुभव करता हो, वह 'बहिरात्मा' होता है।"

अयं बहिरात्मभावः प्रथममिथ्यात्वगुणस्थाने उत्कृष्टः, द्वितीये सासादने मध्यमः, तथा तृतीये मिश्रगुणस्थाने तु जघन्यः इति। एतत् त्रिविधो बहिरात्मभावः पूर्णतया त्याज्यः सम्यक्त्वाभिलाषिणा।

तथैव स सम्यग्दृष्टिः (णाणी, जिणमुणिधम्मं मण्णदि)— **ज्ञानी, सम्यग्ज्ञानयुक्तः, जिनं, तदुक्तधर्माराधकं मुनिम्, तथा जिनोक्तधर्मं च मन्यते, मानयति, श्रद्दधाति, जानाति, निश्चिनोति, तत्प्रीतियुक्तोऽपि भवति। वस्तुतस्तु स्वभावेन सम्यग्दृष्टिर्गुणग्राही, गुणानुरागी, विनीतः, साधार्मिकानुरागी च भवति। अतोऽनन्तगुणसम्पन्नानां तीर्थंकरादीनां, ज्ञानाराधकानां गुणनिधानानां मुनिप्रभृतीनां तु समादरस्तस्य सहज एव।**

उक्तं च कार्तिकेयानुप्रेक्षाग्रन्थे (गाथा-३१५)—

उत्तमगुणगहणरओ उत्तमसाहूण विणयसंजुत्तो।
साहम्मिय-अणुराई, सो सद्दिट्ठी हवे परमो।।

यह बहिरात्मपना प्रथम गुणस्थान में उत्कृष्ट होता है, द्वितीय सासादन गुणस्थान में मध्यम होता है तथा तृतीय मिश्र गुणस्थान में तो जघन्य होता है। उक्त तीनों (जघन्य, मध्यम व उत्कृष्ट) बहिरात्मभाव सम्यक्त्व के अभिलाषी के लिए पूर्णतया त्याज्य होते हैं।

इसी तरह, वह सम्यग्दृष्टि **(ज्ञानी, जिन-मुनि-धर्मं मन्यते)** ज्ञानी अर्थात् सम्यग्ज्ञान से युक्त होता है, तथा जिनेन्द्र, एवं जिन-उपदिष्ट धर्म के आराधक मुनि (साधु, उपाध्याय, आचार्य) तथा जिनोक्त धर्म को मानता है— सम्मानित करता है, श्रद्धान करता है, जानता है, निश्चय करता है, उसमें प्रीति रखता है। वस्तुतः सम्यग्दृष्टि स्वभावतः गुणग्राही, गुणानुरागी, विनयशील और साधर्मिकों के प्रति अनुराग (वात्सल्य) रखने वाला होता है। इसलिए अनन्तगुणसम्पन्न तीर्थंकर आदि का, ज्ञानाराधक गुणनिधान मुनि आदि का समादर करना उसके स्वभाव में होता है।

कार्तिकेयानुप्रेक्षा ग्रन्थ (गाथा-315) में कहा गया है—

"जो उत्तम गुणों को ग्रहण करने में तत्पर रहता है, उत्तम साधुओं की विनय करता है तथा साधर्मीजनों से अनुराग रखता है, वह उत्कृष्ट सम्यग्दृष्टि होता है।"

सम्यक्त्वेन विना सम्यग्ज्ञानं न भवतीति श्रीकुन्दकुन्दस्वामिनो ग्रन्थस्यास्य षट्चत्वारिंशत्तमायां (४६) **गाथायां भणिष्यन्ति—** 'सम्म विणा सण्णाणं सच्चारित्तं ण होइ णियमेण' **इति। सम्यक्त्वसद्भावे एव जनो 'ज्ञानी' भवतीति 'णाणी' इति पदं व्यनक्ति।**

अत्रेदं ज्ञेयम्—चतुर्थपञ्चमषष्ठेषु तथा तदुपरिगुणस्थानेषु वर्तमानानामपि सम्यग्ज्ञानयुक्तत्वात् ज्ञानीतिसंज्ञा भवति, तथापि अध्यात्मग्रन्थेषु अध्यात्मभाषया षष्ठगुणस्थानादुपरि अप्रमत्तादिगुणस्थानवर्तिनामेव ज्ञानीति संज्ञा जायते।

उक्तं च प्रवचनसारग्रन्थे (3/38)— 'तं णाणी तिहिं गुत्तो' **इति, अतो निश्चयत्रिगुप्तिसहितोऽभेदरत्नत्रयाराधक एव ज्ञानी भवति, न चान्यः इति सर्वज्ञज्ञानिशब्दव्याख्यानकाले ज्ञातव्यम्। जिनादिषु श्रद्धाभावस्तु व्यवहार-सम्यक्त्वस्य विशिष्टं लक्षणमेव।**

उक्तं च कार्तिकेयानुप्रेक्षाग्रन्थे (गाथा-३१७)—

सम्यक्त्व के बिना सम्यग्ज्ञान नहीं होता — इस तथ्य को आचार्य कुन्दकुन्द स्वामी इसी ग्रन्थ की छियालीसवीं गाथा में कहेंगे— "सम्यक्त्व के बिना सम्यग्ज्ञान व सम्यक्चारित्र नियमतः नहीं होते।" सम्यक्त्व के होने पर ही व्यक्ति 'ज्ञानी' (सम्यग्ज्ञानी) होता है— इस तथ्य को (गाथा में प्रयुक्त) 'णाणी' यह पद अभिव्यक्त (इंगित) कर रहा है।

यहाँ यह ज्ञातव्य है – चतुर्थ, पञ्चम व छठे गुणस्थान में तथा उसके ऊपर के गुणस्थान में जो वर्तमान हैं, उनके सम्यग्ज्ञानयुक्त होने से उनकी 'ज्ञानी' यह संज्ञा होती है, तथापि अध्यात्म ग्रन्थों में अध्यात्मभाषा से छठे गुणस्थान से ऊपर अप्रमत्त आदि गुणस्थान में रहने वालों की ही 'ज्ञानी' यह संज्ञा की गई है।

प्रवचनसार ग्रन्थ (3/38) में कहा भी है— 'उसे त्रिगुप्ति सहित ज्ञानी (कर्म-क्षय करता है)'। इसलिए निश्चयत्रिगुप्ति सहित अभेदरत्नत्रयसाधक ही 'ज्ञानी' है, अन्य नहीं, इस तरह सर्वज्ञज्ञानी-शब्द के व्याख्यान के समय समझना चाहिए। जिनेन्द्र आदि में श्रद्धान होना —यह तो (व्यवहार) सम्यक्त्व का विशिष्ट (अनिवार्य) लक्षण होता ही है।

कार्तिकेयानुप्रेक्षा ग्रन्थ (गाथा-317) में कहा भी गया है—

णिज्जियदोसं देवं सव्वजिवाणं दयावरं धम्मं।
वज्जियगंथं च गुरुं जो मण्णदि सो हु सद्दिट्ठी।।

(गददुक्खो होदि) **तथैव सम्यग्दृष्टिर्जीवः गतदुःखो भवति। समस्तदुःखकारणभूत-ममत्वाहंकार-देहात्मदृष्टिराहित्येन वीतशोको भवति, यद्वा निश्चयसम्यक्त्वबलेन निजशुद्धात्म-भावनोत्थं सुखमेव अनुभवति —इत्यर्थः।**

उक्तं च परमात्मप्रकाशग्रन्थे (दोहा-१/११८)—

अप्पा-दंसणि जिणवरहँ जं सुहु होइ अणंतु।
तं सुहु लहइ विराउ जिउ जाणंतउ सिउ संतु।।

ज्ञानार्णवग्रन्थे (२९/४८) **च भणितम्—**

स्वपरान्तरविज्ञानसुधास्यन्दाभिनन्दितः।
विद्यते न तपः कुर्वन्नपि क्लेशैः शरीरजैः।।

"जो दोषों से रहित वीतराग अर्हन्त देव को मानता है, सब जीवों पर दया को उत्कृष्ट धर्म मानता है और परिग्रह-त्यागी को गुरु मानता है, वही सम्यग्दृष्टि है।"

(गतदुःखो भवति) इसी तरह सम्यग्दृष्टि जीव दुःखरहित होता है। ममत्व, अहंकार, देह को आत्मा मानना —ये समस्त दुःखों के कारण होते हैं। सम्यग्दृष्टि इनसे रहित होता है, अतः वह वीतशोक होता है। अथवा 'निश्चय सम्यक्त्व' के बल से (वीतराग मुनि) निजशुद्धात्म-भावना-जनित सुख का ही अनुभव करता रहता है —यह अर्थ है।

परमात्मप्रकाश ग्रन्थ (दोहा-1/118) में कहा भी गया है—

"निजशुद्धात्म-दर्शन में जो अनन्त, अद्भुत सुख मुनि-अवस्था में जिनेन्द्र देव को होता है, वही सुख वीतराग भावना को परिणत मुनिराज निज शुद्धात्मा को तथा रागादि रहित शान्त भाव को ज्ञाता-द्रष्टा होते हुए प्राप्त होता है।"

ज्ञानार्णव ग्रन्थ (29/48) में कहा भी गया है—

"स्व व पर के भेदविज्ञान रूप अमृत के बहने से आनन्द को प्राप्त हुआ योगी तप करता हुआ भी शारीरिक क्लेशों से कभी खिन्नता को प्राप्त नहीं होता।"

तथा च तत्रैव (१६/३३)—

संगपङ्कात् समुत्तीर्णः, नैराश्यमवलम्बते।
ततो नाक्रम्यते दुःखैः, पारतन्त्र्यैः क्वचिन्मुनिः।।

द्रव्यस्वभावप्रकाशके बृहन्नयचक्रे (गाथा-४०५) **चाभिव्यक्तम्**—

मोक्खं च परमसोक्खं जीवे चारित्तसंजुदे दिट्ठं।
वट्टइ तं जइवग्गे अणवरयं भावणालीणे।।

तथा च ज्ञानार्णवग्रन्थे (१९/३) **स्पष्टीकृतम्**—

यत्सुखं वीतरागस्य मुनेः प्रशमपूर्वकम्।
न तस्यानन्तभागोऽपि प्राप्यते त्रिदशैश्वरैः।।

एवं रत्नत्रये सम्यग्दर्शनादिके सम्यक्त्वरत्नेन विभूषितः सम्यग्दृष्टिः मोक्षमार्गयानारारोहणपात्रतां बिभर्ति, अतः मुमुक्षुभिः सद्दृष्टिभिर्भाव्यमिति गाथायास्तात्पर्यम्।

और, वहीं (ज्ञानार्णव-16/33 में) कहा भी गया है—

"परिग्रह रूपी कीचड़ से पार हो चुके (अनगार) ने नैराश्य का अवलम्बन लिया है (विषय-वाञ्छा को त्याग दिया है), अतः उस मुनि को कभी पराधीनता रूपी किसी भी दुःख से आक्रान्त (पराजित) नहीं होना पड़ता।"

द्रव्यस्वभावप्रकाशक बृहद्नयचक्र (गाथा-405) में भी यह भाव व्यक्त किया गया है—

"चारित्र से युक्त जीव में परम सौख्य रूप मोक्ष पाया जाता है और वह चारित्र निरन्तर भावना में लीन मुनि-वर्ग में पाया जाता है।"

इसी तरह, ज्ञानार्णव ग्रन्थ (19/3) में इसे इस प्रकार स्पष्ट किया गया है—

"राग-द्वेष के उपशम-पूर्वक जो सुख वीतराग मुनि को प्राप्त होता है, इन्द्रों को उस सुख का अनन्तवां भाग भी प्राप्त नहीं होता।"

इस प्रकार, सम्यग्दर्शनादि रत्नत्रय में सम्यक्त्व-रत्न से विभूषित सम्यग्दृष्टि मोक्ष मार्ग रूपी जहाज पर आरूढ़ होने की पात्रता प्राप्त कर लेता है, इसलिए मुमुक्षुओं को सम्यग्दृष्टि होना चाहिए —यह गाथा का तात्पर्य है।

सम्प्रति गाहूछन्दोमाध्यमेन सम्यग्दृष्टेः स्वरूपं पुनरपि विशदयन्त आचार्याः सम्यक्त्व-सम्बन्धिनः चतुश्चत्वारिंशद्दोषान् निर्दिशन्ति—

मयमूढमणायदणं संकादिवसणभयमदीयारं।
जेसिं चउवालीसे ण संति ते होंति सद्दिट्ठी।। ७ ।।

छाया— मदमूढमनायतनं शङ्कादिव्यसनभयमतीचारम्।
येषां चतुश्चत्वारिंशत् न सन्ति ते भवन्ति सद्दृष्टयः।।

रत्नत्रयवर्धिनी टीका— गाथान्वयः सुगमः। **दोषरहितस्यैव वस्तुनः श्रेष्ठत्वं लोके स्वीक्रियते। सम्यग्दर्शन-सम्बन्धिनोऽपि दोषाः सम्भवन्ति, अतस्ते सर्वेऽपि त्याज्याः। ते च दोषाः कति, के च ते —इति जिज्ञासां मनसि निधाय प्रोच्यते—** (जेसिं चउवालीसे ण संति) **येषां चतुश्चत्वारिंशत् दोषा न भवन्ति। सम्यग्दर्शनस्य दोषाणां संख्या चतुश्चत्वारिंशत् भवति, ते दोषाः येषां सम्यक्त्वधारिणां न भवन्ति,** (ते होंति सद्दिट्ठी) **ते निर्दोषसम्यक्त्वधारिण एव श्रेष्ठाः सम्यग्दृष्टयो भवन्ति। यथा दोषपूर्णं वस्तु श्रेष्ठतां न वहति, तस्य मूल्यं महत्त्वं वा हीनमेव भवति, तथैव चतुश्चत्वारिंशत् दोषाः, सम्यक्त्वस्योत्तमतां विघातयन्ति, नाशयन्ति।**

अब, गाहू छन्द के द्वारा सम्यग्दृष्टि के ही स्वरूप को पुनः स्पष्ट करते हुए आचार्यप्रवर सम्यक्त्व-सम्बन्धी चौवालीस दोषों का निर्देश करने जा रहे हैं—

गाथा-अर्थ— जिनके (आठ) मद, (तीन) मूढ़ताएँ, (छः) अनायतन, (आठ) शंका आदि दोष, (सात) व्यसन, (सात) भय, (पाँच) अतीचार —ये चौवालीस दोष नहीं होते, वे सद्दृष्टि (सम्यग्दृष्टि) होते हैं।।7।।

रत्नत्रयवर्धिनी टीका— गाथा का अन्वय सुगम है। किसी भी वस्तु की श्रेष्ठता लोक में तभी मानी जाती है जब वह वस्तु दोषरहित हो। सम्यग्दर्शन से सम्बन्धित भी दोष सम्भव हैं, इसलिए वे सभी त्याज्य हैं। वे दोष कितने हैं ? और वे कौन-कौन से हैं— इस जिज्ञासा को मन में रखकर कहा जा रहा है — **(येषां चतुश्चत्वारिंशत् न भवन्ति)**। जिनके चौवालीस दोष नहीं होते। सम्यग्दर्शन के दोषों की संख्या चौवालीस होती है, वे दोष जिन सम्यक्त्वधारियों के नहीं होते **(ते भवन्ति सद्दृष्टयः)**। वे, अर्थात् निर्दोष सम्यक्त्व के धारक ही श्रेष्ठ सम्यग्दृष्टि होते हैं। जिस प्रकार दोषपूर्ण वस्तु श्रेष्ठता वाली नहीं होती, उसका मूल्य या महत्त्व भी कम होता है, उसी प्रकार (ये) चौंआलीस दोष सम्यक्त्व की उत्तमता का घात करते हैं, उसे नष्ट करते हैं।

एतेषु समस्ताः दोषाः, यद्वा कतिचिद् दोषाः स्युः यद्वा एकोऽपि कश्चिद् दोषः स्यात्, तदा सम्यक्त्वस्य श्रेष्ठता विनश्यत्येवेति भावः। 'चउवालीसे' इति स्थाने 'चउवालेदे' 'चउदालेदे' वा पाठः कुत्रचित् दृश्यते, तस्य 'चतुश्चत्वारिंशत् एते' यद्वा 'चतुश्चत्वारिंशत् एतानि' इति संस्कृत-छाया संभवति। पाठान्तरेणापि अर्थो यद्वा तात्पर्यं तु न किमपि विशिष्यते।

के ते चतुश्चत्वारिंशत् दोषाः ? तेषां सप्तविधं वर्गीकरणं कृतमत्र। तदेवोच्यते— (मयमूढ-मणायदणं) **मदाः अष्टौ, तिस्रो मूढताः, षट् कुत्सितजनसंसर्गरूपाणि अनायतनानि। एतेषु सप्तदश दोषाः अन्तर्भूताः।**

अन्ये च के दोषाः ? उच्यते— (संकादिवसणभयमदीयारं) **— शंकादिकाः अष्टौ दोषाः, व्यसनानि च सप्त, भयानि च सप्त, अतीचाराः व्रतनियमादि-उल्लंघनस्वरूपाः पञ्च, एवं संहत्य सप्तविंशतिः दोषाः। पूर्वोक्तानां सप्तदशदोषाणां संयोजने समस्ता दोषाः चतुश्चत्वारिंशद् परिगणिता भवन्ति।**

इनमें से सारे दोष या फिर कुछ दोष हों, अथवा एक भी दोष हो तो सम्यक्त्व की श्रेष्ठता नष्ट होती है —यह भाव है। 'चौवालीसे' के स्थान पर 'चउवालेदे' या 'चउदालेदे' यह पाठ भी कहीं प्राप्त होते हैं, तो उसकी संस्कृत छाया के अनुसार 'ये चौवालीस' अर्थ होता है। (किन्तु) इस पाठान्तर से अर्थ या तात्पर्य में कोई विशेष अन्तर नहीं आता।

वे चौवालीस दोष कौन-कौन से हैं ? वे यहाँ सात वर्गों में विभक्त किये गये हैं, उसका निरूपण कर रहे हैं— **(मद-मूढ-अनायतनम्)**। (मद, मूढ़ता व अनायतन) इनमें मद आठ हैं, मूढ़ताएँ तीन हैं, अनायतन— जो कुत्सितजनों के संसर्ग रूप होते हैं— छः हैं। इनमें (कुल) सत्रह दोष समाहित हो जाते हैं।

(इसके अतिरिक्त) अन्य दोष कौन-से हैं ? बता रहे हैं— **(शंकादिव्यसनभय-अतीचारम्)**। शंका आदि दोषों की संख्या आठ है। व्यसन सात हैं। भय सात हैं, व्रत-नियम आदि के उल्लंघन स्वरूप वाले 'अतीचार' पाँच हैं। इस प्रकार, कुल मिलाकर सत्ताईस दोष हो जाते हैं। पूर्वोक्त सत्रह और ये सत्ताईस दोष, इन्हें जोड़ दें तो समस्त दोषों की गणना चौवालीस हो जाती है।

सम्प्रति विस्तरेण दोषाः निरूप्यन्ते। तत्रादौ सम्यक्त्वदोषः— अष्टौ मदाः। तेषां नामानि— ज्ञानमदः, पूजामदः, कुलमदः, जातिमदः, बलमदः, ऋद्धिमदः, तपोमदः, वपुर्मदश्चेति पञ्चम-गाथाव्याख्याने प्रोक्तानि। रत्नकरण्डश्रावकाचारे (श्लोक-२५) **च तन्नामानि निर्दिष्टानि—**

ज्ञानं पूजां कुलं जातिं बलमृद्धिं तपो वपुः।
अष्टावाश्रित्य मानित्वं स्मयमाहुर्गतस्मयाः।।

मदश्चाहंकारः। स्थूलरूपेण, स चाष्टौ प्रोक्तान् विषयानाश्रित्य सम्भवति, इत्यतो मदस्याष्ट-विधत्वं भवति। ते च विषया ज्ञानादिकाः। तत्र ज्ञानमदः स्वविद्या-शिल्पकौशल-वैदुष्यप्रभृति-विषयकः। लौकिकप्रतिष्ठां यशः ख्यातिं कीर्तिञ्चेत्यादिकमाश्रित्याहंकारो यः क्रियते स पूजामदः। पितृवंशः कुलम्, मातृवंशश्च जातिः। एतयोर्मानः क्रमशः कुलमदः, जातिमदश्च भवतः। अहं विशिष्टे कुले, जातौ वा समुत्पन्नः, अतोऽधिकां श्रेष्ठतां वहामि, न कोऽपि मत्सदृशः इत्यादिविचार-श्लिष्टाभिमानौ एतौ मदौ विज्ञेयौ।

अब विस्तार से दोषों का निरूपण कर रहे हैं। इनमें प्रथम सम्यक्त्व-दोष है— आठ प्रकार का मद। उनके नाम हैं— ज्ञानमद, पूजामद, कुलमद, जातिमद, बलमद, ऋद्धिमद, तपोमद, वपुमद। इनका निरूपण पहले पाँचवीं गाथा के व्याख्यान में किया जा चुका है। रत्नकरण्ड-श्रावकाचार (श्लोक-25) में भी इनके नामों का निर्देश इस प्रकार हुआ है—

"ज्ञान, पूजा, कुल, जाति, बल, ऋद्धि, तप और शरीर — इन आठ से सम्बन्धित किये गये अहंकार को 'मद' कहते हैं।"

मद यानी अहंकार। स्थूलरूप से वह उक्त आठ विषयों का आश्रय लेकर हो सकता है, इसलिए मद के आठ प्रकार होते हैं। इसके विषय उक्त ज्ञानादि आठ हैं। इनमें जो 'ज्ञानमद' है, वह निज विद्या, शिल्प-कुशलता, विद्वत्ता आदि विषयों से सम्बन्धित (अहंकार) है। लौकिक प्रतिष्ठा, यश, ख्याति, कीर्ति —इत्यादि के विषय में जो अहंकार किया जाता है, वह 'पूजामद' है। पिता का वंश 'कुल' होता है और माता का वंश 'जाति' होता है। इन दोनों का अभिमान करना क्रमशः कुलमद व जातिमद हुआ करते हैं। 'मैं विशिष्ट कुल में या जाति में उत्पन्न हुआ हूँ, अतः मैं अधिक श्रेष्ठ हूँ, अन्य कोई भी मेरे जैसा नहीं है', इत्यादि विचारों से ओत-प्रोत अभिमान से ही ये दो मद (कुलमद व जातिमद) होते हैं।

बलं शारीरिकी शक्तिः, तां विषयीकृत्य बलमदो भवति। ऋद्धि-प्राप्तिः, धनवैभवादिकञ्च समाश्रित्य कस्यचिदहंकार ऋद्धिमदः। उपवासादिविविधतपश्चर्यायां मत्सदृशः कोऽपि नास्ति, अहं सर्वश्रेष्ठः, इत्यादिकोऽभिमानः तपोमदो विज्ञेयः। वपुः शरीरमेव। स्वस्थ-सुन्दर-मनोहारित्वं शरीरस्य मे सर्वोत्तमम्, इत्यादिको मानो वपुर्मदः। एतैर्मदैराविष्टो जनः सम्यग्दर्शनादिधारकाणां धर्मिणामन्येषां तिरस्कारं करोति, स्वश्रेष्ठतां मत्वा तान् हीनभावनया व्यवहरति, तेषामवज्ञां विदधाति, यद्वा उपेक्षाभावं प्रकटयति। सैषा प्रवृत्तिस्तस्य स्वधर्मस्यैव हानिं करोति, परम्परया स्वात्मगुणानपि घातयति।

उक्तं च रत्नकरण्डश्रावकाचारे (श्लोक-२६)—

स्मयेन योऽन्यानत्येति धर्मस्थान् गर्विताशयः।
सोत्येति धर्ममात्मीयं न धर्मो धार्मिकैर्विना।।

बल यानी शारीरिक शक्ति, उसे विषय (केन्द्र) बनाकर किया गया अहंकार 'बलमद' होता है। ऋद्धि प्राप्त होना, धन-वैभव का होना इत्यादि के विषय में किया गया किसी का अहंकार उसका 'ऋद्धिमद' होता है। 'उपवास आदि विविध तपश्चर्या में मेरे जैसा कोई नहीं है, 'मैं ही सर्वश्रेष्ठ हूँ' इत्यादि रूप में किये गये अभिमान को तपोमद जानना चाहिए। 'वपु' का अर्थ— शरीर ही है। मेरे शरीर की स्वस्थता, सुन्दरता व मनोहरता सर्वोत्तम है —इत्यादि रूप में किया गया अभिमान 'वपुर्मद' (शरीरमद) होता है। इन मदों से युक्त व्यक्ति सम्यग्दर्शन आदि के धारक अन्य धार्मिकों का तिरस्कार करता है, अपनी श्रेष्ठता मानते हुए उन्हें हीन भावना से (देखते हुए) व्यवहार करता है, उनकी अवज्ञा किया करता है या उपेक्षा प्रकट करता है। उसकी यह प्रवृत्ति उसके अपने धर्म की ही हानि करती है, परम्परा से उसके आत्मीय गुणों का भी घात करती है।

रत्नकरण्डश्रावकाचार (श्लोक-26) में कहा भी गया है—

''मद से गर्वित होकर जो व्यक्ति धर्माचरण में स्थित अन्य धार्मिकों को तिरस्कृत करता है, वह अपने ही धर्म को तिरस्कृत करता है, क्योंकि धर्म की स्थिति तो धार्मिकों के बिना नहीं होती।''

सम्यग्दृष्टिस्तु एतैर्मदैः रहित एव भवति। स मनुते यद् जाति-कुल-शरीरादीनि पुद्गलाश्रितानि, विनश्वराणि, तपोमदेन मम तपस्याऽपि दूषिता भवति तथा वीतरागत्वप्राप्तौ तपोमदोऽपि विघ्नरूप एव, मम तपस्तु कर्मनिर्जरार्थमेव, मदस्तु कर्मबन्धक एवेत्यादिसुविचारैर्निरहंकार एव भवति। सम्प्रति तिस्रो मूढताः विचार्यन्ते। देवमूढता, लोकमूढता, पाखण्डिमूढता, (गुरुमूढता) —एतास्तिस्रो मूढता भवन्ति इति प्राक् पञ्चमगाथाव्याख्याने प्रोक्तम्। तत्र देवस्य यथार्थं स्वरूपमजानन् अयथार्थदेवस्यापि देवरूपेण स्वीकरणं देवमूढता।

देवस्य यथार्थस्वरूपं पञ्चाध्यायीग्रन्थे (२/६०३) **प्रोक्तम्—**

दोषो रागादिसद्भावः स्यादावरणं च कर्म तत्।
तयोरभावो निःशेषो यत्रासौ देव उच्यते।।

बोधप्राभृतग्रन्थे (गाथा २४-२५) **च तत्स्वरूपं विशदीकृतम्—**

सो देवो जो अत्थं धम्मं कामं सुदेइ णाणं च।

सम्यग्दृष्टि तो इन मदों से रहित ही होता है। वह यह मानता है कि जाति, कुल व शरीर आदि पुद्गल-आश्रित होते हैं, वे नश्वर भी होते हैं, तपोमद से तो मेरी तपस्या भी दूषित होती है और वीतरागता की प्राप्ति में यह तपोमद भी विघ्नरूप ही (सिद्ध) होता है, मेरा तप तो कर्म-निर्जरा के लिए ही है, यह मद तो कर्म से बाँधता ही है, इत्यादि सुविचारों के कारण अहंकाररहित ही रहता है। अब त्रिविध मूढ़ता पर विचार कर रहे हैं। देवमूढ़ता, लोकमूढ़ता, पाखण्डिमूढ़ता (गुरुमूढ़ता) —ये तीन मूढ़ताएँ होती हैं, इनका निर्देश पहले पाँचवीं गाथा के व्याख्यान में किया जा चुका है। इनमें 'देव' के यथार्थ स्वरूप से अपरिचित होते हुए, अयथार्थ (मिथ्या) देव को भी 'देव' रूप में मानना —यह 'देवमूढ़ता' है।

'देव' के यथार्थ स्वरूप को पञ्चाध्यायी ग्रन्थ (2/603) में इस प्रकार बताया गया है—

"रागादि का सद्भाव रूप दोष, तथा प्रसिद्ध ज्ञानावरणादि कर्म —इन दोनों का जिनमें सर्वथा अभाव पाया जाता है, वही 'देव' कहलाता है।"

बोधप्राभृत ग्रन्थ (गाथा 24-25) में इसके स्वरूप को इस प्रकार स्पष्ट किया गया है—

"देव वह है जो धर्म, अर्थ, काम व मोक्ष के साधन 'ज्ञान' को देता है।"

देवो ववगयमोहो उदययरो भव्वजीवाणं।

एवं रागादिरहितः सम्यग्ज्ञानदायको वा यथार्थदेवः, न च स लौकिकसुखादिदायको भवति —इति सिद्ध्यति। एतद् यथार्थदेवस्वरूपमविज्ञाय यो व्यवहारो विचारो वा स देवमूढत्वं प्रकटयति। अतो रागद्वेषोपहतान् मिथ्यादेवानपि प्रति देवत्वेन व्यवहरणं तथा सांसारिककामनापूर्त्यै तदुपासनं च देवमूढतायाः लक्षणं विज्ञेयम्। उक्तं च मूलाचारग्रन्थे (गाथा-२६०)—

ईसरबंभाविण्हूअज्जाखंदादिया य जे देवा।
ते देवभावहीणा देवत्तणभावणे मूढो।।

रत्नकरण्डश्रावकाचारे (श्लोक-२३) **च भणितम्—**

वरोपलिप्सयाशावान् रागद्वेषमलीमसः।
देवता यदुपासीत देवतामूढमुच्यते।।

"देव वह है जिसका मोह नष्ट हो गया होता है तथा जो भव्य जीवों के अभ्युदय का कारक होता है।"

इस प्रकार यथार्थ देव वही है, जो रागादि से रहित एवं सम्यग्ज्ञान को देता है, न कि लौकिक सुख आदि देने वाला होता है— यह सिद्ध हो जाता है। इस यथार्थ स्वरूप को नहीं जान कर जो व्यवहार या विचार है, वह देवमूढ़ता को प्रकट करता है। इसलिए रागी-द्वेषी मिथ्यादेवों के प्रति भी 'देव' रूप में व्यवहार करना तथा सांसारिक कामनाओं की पूर्ति हेतु उनकी उपासना करना —इसे देवमूढ़ता का लक्षण जानना चाहिए। मूलाचार ग्रन्थ (गाथा-260) में कहा गया है—

"ईश्वर, ब्रह्मा, विष्णु, भगवती, कार्तिकेय आदि जो देव हैं, वे देवत्वरहित हैं, उनमें देव-भावना करने वाला 'देवमूढ़' होता है।"

रत्नकरण्डश्रावकाचार ग्रन्थ (श्लोक-23) में भी कहा गया है—

"वर (वाञ्छित फल) की अभिलाषा से, तथा आशा-तृष्णा के वशीभूत होकर राग-द्वेष से दूषित देवताओं की, की जाने वाली उपासना 'देवमूढ़ता' कही जाती है।"

सम्प्रति लोकमूढता वर्ण्यते। अन्धविश्वासाधृता याः काश्चिदपि लौकिक्यः परम्पराः जिनोक्ततत्त्वज्ञानदृष्ट्या निरर्थकाः सम्यक्त्वादिघातिका वा सन्ति, तासां सार्थकतां धर्मादिपुरुषार्थ-साधकतां च यो मनुते, स लोकमूढः। लोकमूढतायाः स्वरूपं रत्नकरण्डश्रावकाचारग्रन्थे (श्लोक-२२) **प्रोक्तम्—**

आपगासागरस्नानमुच्चयः सिकताश्मनाम्।
गिरिपातोऽग्निपातश्च लोकमूढं निगद्यते।।

मूलाचारग्रन्थे (गाथा-२५७) **चेदं स्पष्टीकृतम्—**

कोडिल्लमासुरक्खा भारहरामायणादि जे धम्मा।
होज्जुव तेसु विसुत्ती लोइयमूढो हवदि एसो।।

ततः परं पाखण्डिमूढता (गुरुमूढता वा) **वर्ण्यते। वीतरागोपदिष्टं धर्माराधकस्य गुरोर्वा यत्स्वरूपं वर्तते, तदविज्ञाय अश्रद्दधानो वा हिंसापरिग्रहादिकर्मप्रवृत्तानामन्यतीर्थसम्बद्धानां धर्मोपदेशकानां मिथ्यागुरूणां वा समादरणं, सम्मानादिकं वा पाखण्डिमूढताया लक्षणम्।**

अब लोकमूढ़ता का वर्णन किया जा रहा है। अन्धविश्वास पर आधारित जो कोई भी लौकिक परम्पराएँ हैं, वे जिन-प्रतिपादित तत्त्वज्ञान के प्रकाश में निरर्थक हैं या सम्यक्त्व आदि का घात करने वाली हैं, उनकी सार्थकता को तथा 'वे धर्मादि पुरुषार्थों की साधक हैं' —ऐसा जो मानता है, वह लोकमूढ़ है। लोकमूढ़ता के स्वरूप को रत्नकरण्डश्रावकाचार ग्रन्थ (श्लोक-22) में इस प्रकार कहा गया है— "(धर्म-बुद्धि से) नदी व समुद्र में स्नान करना, रेत व पत्थरों का ढेर लगाना, पर्वत से गिरना (व मौत को गले लगाना), अग्नि में कूद पड़ना —इन्हें 'लोकमूढ़ता' कहा जाता है।"

मूलाचार ग्रन्थ (गाथा-257) में इसे इस प्रकार स्पष्ट भी किया गया है—"कुटिलता-पूर्ण धर्म, बल-वृद्धि आदि का उपदेश, भारत (महाभारत), रामायण आदि में प्रतिपादित धर्म—इनमें विपरिणाम होना (अर्थात् ये यथार्थ धर्म हैं —इस प्रकार का मोह रखना) —यह 'लौकिक मूढ़ता' है।"

इसके बाद, पाखण्डीमूढ़ता (**गुरुमूढ़ता**) का निरूपण कर रहे हैं। वीतराग (सर्वज्ञ तीर्थंकर) द्वारा धर्माराधक या गुरु का जो भी स्वरूप उपदिष्ट है, उसे न जानकर या श्रद्धाभाव न रखते हुए हिंसा व परिग्रह आदि कर्मों में निरत एवं अन्य तीर्थों से सम्बद्ध धर्मोपदेशकों व मिथ्यागुरुओं का आदर व सम्मान आदि करना पाखण्डीमूढ़ता का लक्षण है।

ते पाखण्डिनो गुरवो धर्मोपदेष्टारो वा जिनोक्तधर्मविपरीताचरणं समाचरन्ति, उपदिशन्ति, तदर्थं प्रेरयन्त्यपि, इत्यतो हेतोः पाखण्डिमूढता समयमूढतारूपेणापि स्वीकर्तुं शक्या। पाखण्डिमूढः समयमूढो वा मिथ्यागुरुं मिथ्याशास्त्रं वा यथार्थगुरुं यथार्थशास्त्रं वा संसारतारकत्वेन स्वीकरोति। द्वयोरेव यथार्थसिद्धान्तसम्बन्धिनी अज्ञानता मूढता वा स्पष्टैव। एतत्स्वरूपं रत्नकरण्डश्रावकाचारग्रन्थे (श्लोक-२४) **प्रोक्तम्—**

सग्रन्थारम्भहिंसानां संसारावर्तवर्तिनाम्।
पाखण्डिनां पुरस्कारो ज्ञेयं पाखण्डिमोहनम्।।

मूलाचारग्रन्थे (गाथा-२५९) **समयमूढतायाः स्वरूपं प्रत्यपादि—**

रत्तवडचरगतावसपरिहत्तादीय अण्णपासंढा।
संसारतारगत्ति य जदि गेण्हइ समयमूढो सो।।

वे पाखण्डी गुरु या धर्मोपदेशक जिन-प्रणीत धर्म से विपरीत आचरण करते हैं, वैसा ही उपदेश देते हैं, तदर्थ प्रेरणा भी देते हैं, इस कारण से पाखण्डीमूढ़ता को समयमूढ़ता के रूप में भी स्वीकार किया जा सकता है। पाखण्डमूढ़ हो या समयमूढ़, दोनों ही मिथ्यागुरु या मिथ्याशास्त्र को यथार्थगुरु या यथार्थ शास्त्र के रूप में संसार से तारनेवाला मानते हैं। दोनों की ही यथार्थ सिद्धान्त की अनभिज्ञता व मूढ़ता स्पष्ट (दृष्टिगोचर होती) है। इस मूढ़ता के स्वरूप को रत्नकरण्डश्रावकाचार ग्रन्थ (श्लोक-24) में इस प्रकार निरूपित किया गया है—

''जो परिग्रही हैं तथा आरम्भ (सावद्य कार्य) व हिंसा में निरत हैं, इसलिए जो संसार में भ्रमण कराने वाले कार्यों में ही लिप्त हैं, ऐसे पाखण्डियों (कुधर्मियों) का आदर-सत्कार करना —इसे पाखण्डीमूढ़ता (गुरुमूढ़ता) समझना चाहिए।''

मूलाचार ग्रन्थ (गाथा-259) में समयमूढ़ता का स्वरूप इस प्रकार प्रतिपादित किया गया है—

''रक्त वस्त्र के धारी साधु, चरक, तापस, परिव्राजक आदि तथा अन्य भी पाखण्डी साधुओं को संसार से तारनेवाले हैं —इस रूप में कोई ग्रहण करता (मानता) है तो वह 'समयमूढ़' होता है।''

मूलाचारग्रन्थे (गाथा-२५६) **तु लोकमूढता,** (वैदिक-) **वेदमूढता,** (सामायिक-) **समयमूढता, अन्य देवमूढता —इति चतस्रो मूढताः संकेतिताः। ब्राह्मणादिवर्णानां लोकप्रचलिता या समाचारपरम्परा, तद्विषये यथार्थज्ञानाभावः लोकमूढता। तत्र यः कश्चिद् यथार्थधर्मविपरीतः समाचारो भवेत्, तस्यापि यथार्थधर्मरूपेण स्वीकरणं मूढताया बीजम्। एवं यो वैदिकः, वेदग्रन्थप्रतिपादितः आचारः, यथा** 'वैदिकी हिंसा हिंसा न भवति' **इति सिद्धान्तः, तमाश्रित्य यज्ञहिंसादिक आचारः, तत्र यथार्थधर्मादिबुद्धिः वेदमूढता। एवं लोकमूढतायां वेदमूढताऽपि लोकाचाररूपेण मन्दजनैर्यथार्थतत्त्वानभिज्ञैः स्वीक्रियते। समयमूढता पाखण्डिमूढता प्रायः समानैव। देवमूढता प्रागुक्तैव। अपूज्येषु पूज्यत्वभावप्रख्यापनमनायतनम्। अनायतनाति षट्— यथा (१) मिथ्यादेवः, (२) मिथ्यादेवाराधकाः, (३) मिथ्यागुरुः (कुगुरुः), (४) कुगुरु-आराधकाः, (५) कुशास्त्रम्, (६) तदाराधकाश्च, इत्येतत् प्राक् पञ्चमगाथाव्याख्याने निरूपित-मस्ति। एतानि षडेव पूज्यताया आयतनानि स्थानानि न भवन्ति यथार्थतः, किन्तु मूढो जन एतानि पूज्यत्वस्थानानि मनुते।**

मूलाचार ग्रन्थ (गाथा-256) में तो लोकमूढ़ता, **(वैदिक)** वेदमूढ़ता, **(सामायिक)** समयमूढ़ता और अन्य देवमूढ़ता —इस तरह चार मूढ़ताएँ बताई गई हैं। ब्राह्मण आदि वर्णों की लोकप्रचलित जो आचार-परम्परा होती है, उसके विषय में यथार्थ (व अयथार्थ) ज्ञान का न होना —यह लोकमूढ़ता है। वहाँ यथार्थ धर्म के विपरीत जो कुछ भी आचरण होता है, उसे यथार्थ धर्म के रूप में स्वीकार करना —यही उक्त मूढ़ता का बीज है। इसी प्रकार जो वैदिक अर्थात् वेद ग्रन्थों (तत्सम्बद्ध स्मृतियों आदि) में प्रतिपादित आचार है, जैसे 'वैदिक हिंसा, हिंसा नहीं होती' इस सिद्धान्त का अवलम्बन लेकर यज्ञ-हिंसा आदि का जो आचार है, उसमें यथार्थ धर्मादि की बुद्धि (मान्यता) रखना —यह 'वेदमूढ़ता' है। इस तरह, लोकमूढ़ता में वेदमूढ़ता अन्तर्भूत हो सकती है, क्योंकि वैदिक आचार भी यथार्थ तत्त्व से अनभिज्ञ मन्दबुद्धि लोगों द्वारा लोकाचार रूप से स्वीकृत कर लिया गया होता है। समयमूढ़ता व पाखण्डिमूढ़ता भी प्रायः एक जैसी ही हैं। देवमूढ़ता का निरूपण पहले किया जा चुका है। अपूज्यों के प्रति पूज्य भाव की अभिव्यक्ति 'अनायतन' है। ये छह अनायतन इस प्रकार हैं— 1. मिथ्यादेव, 2. मिथ्यादेव-आराधक, 3. मिथ्यागुरु, 4. कुगुरु-आराधक, 5. कुशास्त्र, 6. कुशास्त्र-आराधक —यह पहले पाँचवीं गाथा के व्याख्यान में बता चुके हैं। ये छः ही यथार्थतः पूज्यता के स्थान नहीं होते, किन्तु मूढ़ व्यक्ति इन्हें पूज्यता का स्थान मानता है।

आयतनानि कानि भवन्ति —इतिजिज्ञासायाः समाधानमाचार्यवरैः बोध-प्राभृतग्रन्थे (गाथा-६) **विहितमस्ति—**

मयरायदोसमोहो कोहो लोहो य जस्स आयत्ता।
पंचमहव्वयधरा आयदणं महरिसी भणियं।।

सम्यक्त्वादिगुणानामायतनानि स्थानानि आश्रयभूतानि आधारभूतानि वा आयतनानि, तद्विरुद्धानि अनायतनानि —इति बृ. द्रव्यसंग्रहस्य (गाथा-४१) **ब्रह्मदेवसूरिकृतसंस्कृतटीकायां संकेतितम्। एवं विज्ञापितमाचार्येण यत्सम्यग्दृष्टिः षट्सु अनायतनेसु श्रद्धाभावमादरं वा विनयादिकं वा न करोति।**

शंकादिका अष्टौ मलरूपा दोषाः— शंका, कांक्षा, विचिकित्सा, मूढदृष्टित्वम्, अनुपगूहनम्, अस्थितिकरणम्, अवात्सल्यम्, अप्रभावना चेति पञ्चमगाथाव्याख्याने प्रोक्तम्। एतद्दोष-राहित्यमेव गुणरूपेण वर्ण्यते।

'आयतन' (पूज्य) कौन होते हैं —इस जिज्ञासा का समाधान आचार्यवर (श्री कुन्दकुन्द स्वामी) ने बोधप्राभृतग्रन्थ (गाथा-6) में इस प्रकार किया है—

"मद, राग, द्वेष, मोह, क्रोध, लोभ —ये सभी जिनके अधीन (वशीभूत, नियन्त्रित, पराभूत)हैं, जो महाव्रतों के धारक हैं, ऐसे महर्षि (महामुनि) 'आयतन' होते हैं।"

सम्यक्त्व आदि गुणों के स्थान, आश्रयस्थान या आधार ये 'आयतन' होते हैं, इनसे विरुद्ध 'अनायतन' —यह बृ. द्रव्यसंग्रह (गाथा-41) की ब्रह्मदेवसूरि-कृत संस्कृत वृत्ति में बताया गया है। इस तरह, आचार्यप्रवर (श्री कुन्दकुन्द स्वामी) ने यह बताया है कि सम्यग्दृष्टि इन छः अनायतनों में अर्थात् उनके प्रति आयतन-अनुरूप श्रद्धाभाव या आदर या विनय आदि नहीं करता।

शंका आदि मल रूप आठ दोष होते हैं— (1) शंका, (2) कांक्षा, (3) विचिकित्सा, (4) मूढ़दृष्टि, (5) अनुपगूहन, (6) अस्थितिकरण, (7) अवात्सल्य, (8) अप्रभावना —यह पहले पाँचवीं गाथा के व्याख्यान में बताया जा चुका है। इन दोषों से रहित होना ही (सम्यक्त्व का) गुण होता है।

निःशंकितत्वम्, निष्कांक्षितत्वम्, निर्विचिकित्सा, अमूढदृष्टिः, उपगूहनम्, स्थितिकरणम्, वात्सल्यम्, प्रभावना चेति सम्यक्त्वस्य अष्टौ गुणाः (चारित्रप्राभृते, गाथा-७) **प्रोक्ताः, तथा च भणितं बृ. द्रव्यसंग्रहग्रन्थस्य** (गाथा-४१) **संस्कृतटीकायाम्—** "निश्शंकाद्यष्टगुण-प्रतिपालनमेव शंकाद्यष्टमलत्यागः" **इति। एवमष्टगुणविपरीताचरणमेव मलाष्टकमिति च बोद्धव्यम्।**

वीतरागदेवानां रागादिराहित्यम्, तेषां सत्यवचनत्वम्, तदुपदिष्टं तत्त्वज्ञानमेवात्म-कल्याणकरमिति दृढास्था संशयाद्यभावो निःशङ्कतागुणः। तत्र संशयः शंकारूपं मलम्। रत्न-त्रयानुष्ठानं लौकिकपारलौकिक-भोगाकांक्षात्यागेन केवलज्ञानादि-अनन्तगुणाभिव्यक्तिहेतोः मोक्षार्थं वा भवति। तत्र भोगाकांक्षा 'कांक्षा'-नामकं मलमस्ति। दिगम्बरत्वम्, स्नानाभावः इत्यादिका श्रमणचर्या न समीचीना-एतच्चिन्तनं, यद्वा तद्विषये ग्लानिः विचिकित्सानामकमलमस्ति। यद्वा रत्नत्रयपवित्रिते स्वभावतोऽशुचौ श्रमणादीनां काये यो जुगुप्साभावः, स विचिकित्सारूपो दोषो ज्ञेयः।

वे आठ गुण हैं— निःशंकता, निष्कांक्षता, निर्विचिकित्सा, अमूढ़दृष्टि, उपगूहन, स्थितिकरण, वात्सल्य व प्रभावना। ये सम्यक्त्व के आठ गुण (चारित्रप्राभृत, गाथा-7 में) कहे गये हैं, और बृ. द्रव्यसंग्रहग्रन्थ (गाथा-41) की संस्कृत टीका (वृत्ति) में कहा गया है— "निःशंकता आदि आठ गुणों का प्रतिपालन ही शंका आदि आठ मलों का त्याग (उनसे रहित होना) है।" इस प्रकार, आठ गुणों से विपरीत आचरण करना ही ये आठ (शंका आदि) मल हैं —ऐसा जानना चाहिए।

वीतराग (सर्वज्ञ आदि) देव रागादि से रहित होते हैं, उनके वचन सत्य होते हैं (वे सत्यभाषी ही होते हैं), उनके द्वारा उपदिष्ट तत्त्व ज्ञान ही आत्मकल्याण-कारक है— इसमें दृढ़ आस्था या संशयादि-रहित होना —यह 'निःशंकता' गुण है, उसमें संशय रखना —यह शंका रूप मल है। रत्नत्रय का अनुष्ठान लौकिक व पारलौकिक भोग की आकांक्षा से रहित होकर, केवलज्ञान आदि अनन्तगुणों की अभिव्यक्ति के लिए या मोक्ष के लिए किया जाता है। किन्तु उनमें भोगों की आकांक्षा रखना —यह 'कांक्षा' नामक मल-दोष है। दिगम्बरत्व (नग्न रहना), स्नान न करना —इत्यादि श्रमणों आदि की चर्या समीचीन नहीं है —ऐसा चिन्तन करना या उनमें ग्लानि करना 'विचिकित्सा' नामक मल है। अथवा, श्रमणों आदि के शरीर में, जो स्वभावतः मलिन रहते हैं किन्तु रत्नत्रय से वे पवित्र हैं— जुगुप्सा (ग्लानि) रखना— 'विचिकित्सा' रूप दोष समझना चाहिए।

मिथ्यादृष्टिभिः सर्वज्ञोपदेशविरुद्धानि शास्त्राणि रचितानि, तत्र श्रद्धानं, रूचिर्धर्मबुद्धिर्वा भवति यस्य जनस्य, स मूढदृष्टिदोषयुक्त एव।

अज्ञानिजनसंसर्गेण स्वभावशुद्धमोक्षमार्गादिकेऽपि कदाचित् दूषणानि निन्दा-अपयशः-प्रभावनाप्रतिकूलस्थित्यादीनि जायन्ते, तदुपगूहनं तु गुणः, किन्तु तदुद्घाटनं, तद्विषयकप्रेरणादिकं वा अनुपगूहनमलमस्ति। चारित्रमोहोदयेन धर्माचरणेऽरुचिं बिभ्राणस्य कस्यचित् यथाशक्त्या केनाप्युपायेन धर्मे स्थिरीकरणं तु गुणः, किन्तु तस्यारुचिवर्द्धने केनापि रूपेण निमित्तीभवन-मस्थितिकरणं मलमस्ति। यथा धेनुः स्ववत्सान् प्रति स्नेहं बिभर्ति, तथैव सधार्मिकान् रत्नत्रयधारिणः मुनिप्रभृतीन् प्रति वात्सल्यभावो गुणम्, तद्गुणाभावः यद्वा तद्विपरीताचरणं तु अवात्सल्यं मलमस्ति। श्रावकेण दानपूजादिभिः, श्रमणैश्च तपःश्रुतसेवादिभिः धर्ममाहात्म्यप्रकाशो यो विधीयते, सा प्रभावना कथ्यते। एतस्याः प्रतिकूलाचरणं तदन्तरायादिकरणं वा अप्रभावनादोषः।

मिथ्यादृष्टियों द्वारा सर्वज्ञ-उपदेश से विपरीत (तत्त्वों के प्रतिपादक) शास्त्रों की रचना की जाती है, उनमें जो व्यक्ति श्रद्धाभाव, रुचि या धर्म-बुद्धि रखता है, वह मूढ़दृष्टिदोष से युक्त ही है।

यद्यपि (जिनप्रणीत) मोक्षमार्ग स्वभावतः शुद्ध है, फिर भी अज्ञानी जनों के संसर्ग से कभी निन्दा व अपयश के प्रसंग एवं प्रभावनाविरुद्ध स्थिति जैसे कुछ दोष सामने आते हैं, उनका उपगूहन करना (ढकना) यह तो 'उपगूहन' गुण है, किन्तु उन दोषों को प्रकट करना, उस निमित्त से प्रेरणा आदि करना —यह 'अनुपगूहन' मल (दोष) है। चारित्रमोह के उदय से धर्माचरण में किसी की अरुचि हो रही हो तो किसी भी उपाय से यथाशक्ति उसे धर्म में स्थिर करना —यह 'स्थितिकरण' गुण है, किन्तु उसकी अरुचि को किसी भी रूप में बढ़ाने में निमित्त होना — यह 'अस्थितिकरण' दोष है। जैसे कोई गाय अपने बछड़ों के प्रति स्नेह रखती है, उसी तरह अपने साधर्मियों के प्रति, रत्नत्रयधारी मुनियों आदि के प्रति वात्सल्य भाव रखना —यह 'वात्सल्य' गुण है, किन्तु इस गुण का अभाव या उसके विपरीत आचरण करना —यह 'अवात्सल्य' मल है। श्रावक द्वारा दान, पूजा आदि से तथा श्रमणों द्वारा तप व श्रुतसेवा आदि से धर्म के माहात्म्य को प्रकाशित करने का कार्य जो किया जाता है, वह 'प्रभावना' कही जाती है। इसके विपरीत आचरण करना, उसमें विघ्न आदि करना —यह 'अप्रभावना' नामक दोष है।

सम्यग्दृष्टिरेतैर्दोषैः सर्वथा मुक्तो भवति। स तु निःशंकितादिगुणैरष्टाभिः समलंकृतो धार्मिक-क्षेत्रे चन्द्र इव सर्वाल्हादकरो भवति।

व्यसनानि अनेकानि, किन्तु स्थूलरूपेण तानि सप्त भवन्ति। भयानि च सप्त भवन्ति। एतत्सम्बन्धिनिरूपणं प्राक् पञ्चमगाथाव्याख्याने द्रष्टव्यम्। अतीचारः, व्यतिक्रमः, स्खलनमिति पर्यायाः। यद्वा मानसशुद्धिहानिः अतिक्रमः, विषयाभिलाषो व्यतिक्रमः, व्रतेषु शिथिलता अतीचारः। व्रतादीनामांशिकभङ्गोऽतिचारः— इत्यपि सागारधर्मामृते (४/१८) **भणितम्। सामान्यतया दर्शनमोहोदयेन तत्त्वार्थश्रद्धानादतिचरणमतीचारो विज्ञेयः।**

सम्यग्दर्शनस्यातिचाराः पञ्च भवति। यथोक्तं तत्त्वार्थसूत्रे (७/२३)— शङ्काकांक्षा-विचिकित्सान्यदृष्टिप्रशंसासंस्तवाः सम्यग्दृष्टेरतिचाराः। **तत्र शंका-कांक्षा-विचिकित्सानिरूपणं सम्यक्त्वदोषरूपेण कृतमेव। मिथ्यादृष्टीनां मनसा ज्ञानचारित्रगुणोद्भावनमन्यदृष्टिप्रशंसा भवति, तथा तेषां भूताभूतगुणोद्भावनवचनं संस्तवो विज्ञेयः।**

सम्यग्दृष्टि इन दोषों से सर्वथा मुक्त (अस्पृष्ट) रहता है। वह तो निःशंकित आदि आठों गुणों से समलंकृत होकर धार्मिक क्षेत्र में चन्द्रमा की तरह सभी के लिए आह्लादकारी हुआ करता है।

व्यसन तो अनेक हैं, किन्तु स्थूल रूप से वे सात होते हैं। भय भी सात होते हैं। इनका निरूपण पहले पाँचवीं गाथा के व्याख्यान में किया जा चुका है। अतीचार, व्यतिक्रम, स्खलन — ये पर्याय हैं। अथवा मानसिक शुद्धि का न होना —यह 'अतिक्रम' है और विषयों की अभिलाषा रखना यह 'व्यतिक्रम' है। व्रतों में शिथिलता अतीचार है। (अथवा) व्रतों का आंशिक भंग होना 'अतीचार' है —यह भी सागारधर्मामृत (4/18) में कहा गया है। सामान्यतया दर्शनमोह के उदय से तत्त्वार्थश्रद्धान से अतिचरण (भटक जाना) 'अतीचार' है।

सम्यग्दर्शन के अतीचारों की संख्या पाँच है। जैसे, तत्त्वार्थसूत्र (7/23) में कहा भी है— "शंका, कांक्षा, विचिकित्सा, अन्यदृष्टिप्रशंसा, अन्यदृष्टिसंस्तव —ये सम्यग्दृष्टि के (पाँच) अतीचार होते हैं।" इन (अतीचारों) में शंका, कांक्षा, विचिकित्सा का निरूपण सम्यक्त्व-सम्बन्धी दोष के रूप में किया जा चुका है। मिथ्यादृष्टियों के ज्ञान-चारित्र गुणों का मन से उद्भावन (उन्हें अच्छा समझना) —यह 'अन्यदृष्टिप्रशंसा' है और भूत या अभूत (सद्-असद्) गुणों को वचन से कहना —इसे 'अन्यदृष्टिसंस्तव' जानना चाहिए।

एवं समस्तदोषान् परित्यज्य दर्शनविशुद्धिभावना भावनीयेति गाथायाः सारः।

सम्प्रति गाहाछन्दोमाध्यमेन दार्शनिकश्रावकस्य सप्तसप्ततिगुणानाचार्या निर्दिशन्ति—

उहयगुणवसणभयमलवेरग्गादीयारभत्तिऽविग्घं वा।
एदे सत्तत्तरिया, दंसणसावयगुणा भणिदा।। ८।।

छाया— उभयगुण-व्यसनभय-मल-वैराग्यातिचार-भक्तिअविघ्नानि वा।
एते सप्तसप्ततिः दर्शनश्रावक-गुणाः भणिताः।।

रत्नत्रयवर्धिनी टीका— एषा गाथा कतिषुचित् ग्रन्थेषु न प्राप्यते। गाथायां पदानामन्वयः सुगमः। (दंसणसावयगुणा) **दार्शनिकश्रावकः प्रथमप्रतिमाधारी भवति, तस्य गुणाः। रत्नकरण्ड-श्रावकाचारग्रन्थे** (श्लोक-१३६) **श्रावकाणामेकादश प्रतिमाः** (भावविशुद्धि-क्रमिकप्रकर्षतास्थानभूताः) **प्रोक्ताः, तत्र प्रथमो दार्शनिकश्रावको भवति। तत्स्वरूपं च तत्र** (श्लोक-१३७) **वर्णितम्—**

इस तरह, समस्त (चौवालीस) दोषों का त्याग कर दर्शनविशुद्धि-भावना भानी चाहिए —यह गाथा का सार है।

अब, गाहा छन्द के द्वारा आचार्य (श्रीकुन्दकुन्द स्वामी) दार्शनिक सम्यग्दृष्टि श्रावक के सतहत्तर गुणों का निर्देश कर रहे हैं—

गाथा-अर्थ— उभयगुण (आठ-मूलगुण और बारह उत्तरगुण), (सात) व्यसनों का अभाव, (सात) भयों का अभाव (पच्चीस) मलों का अभाव, (बारह) वैराग्य भावनाएँ, (पाँच) अतीचारों का अभाव, एवं निर्विघ्न (निरतिचार) भक्ति-भावना —ये दार्शनिक श्रावक के सतहत्तर गुण कहे गये हैं।।8।।

रत्नत्रयवर्धिनी टीका— यह गाथा कुछ ग्रन्थों (की प्रतियों) में प्राप्त नहीं होती। गाथा में पदों का अन्वय सुगम है। **(दर्शनश्रावकगुणाः)** दार्शनिकश्रावक प्रथम प्रतिमा का धारक होता है, उसके गुण (सतहत्तर हैं)। रत्नकरण्डश्रावकाचार ग्रन्थ (श्लोक-136) में श्रावकों की ग्यारह प्रतिमाएँ बताई गई हैं (ये प्रतिमाएँ साधक के भावविशुद्धि की क्रमिक प्रकृष्टता की स्थितियाँ होती हैं)। इनमें प्रथम स्थिति दार्शनिक (या दर्शनिक) श्रावक की होती है। उसके स्वरूप को वहाँ (श्लोक-137 में) इस प्रकार बताया गया है—

सम्यग्दर्शनशुद्धः संसारशरीरभोगनिर्विण्णः।
पञ्चगुरुचरणशरणो दर्शनिकस्तत्त्वपथगृह्यः ।।

एतादृशस्य श्रावकस्य गुणा भवन्ति। कति च ते? उच्यते— (सत्तत्तरिया एदे भणिदा) **सप्तसप्ततिः एते वर्णिताः। तेषां गुणानां संख्या सप्तसप्ततिरस्ति। के च ते? इति जिज्ञासूनां कृते तत्परिगणनप्रकारो निर्दिश्यते—** 'उहयगुण' **इत्यादि।**

(उहयगुण) **उभौ, मूलोत्तरगुणौ। तयोर्मूलगुणा अष्टौ भवन्ति, उत्तरगुणाश्च द्वादश भवन्ति। शास्त्रेषु श्रावकमूलगुणा विविधरूपेण प्रोक्ताः, सम्भवतस्तत्र कालोचितदृष्टिरस्ति।**

रत्नकरण्डश्रावकाचारग्रन्थे (श्लोक-६६) **एते गुणाः सन्ति—**

मद्यमांसमधुत्यागैः सहाणुव्रतपञ्चकम्।
अष्टौ मूलगुणानाहुः, गृहिणां श्रमणोत्तमाः ।।

"जो सम्यग्दर्शन से शुद्ध है, संसार से, शरीर से तथा भोग से विरक्त है, जिसने पाँच परमेष्ठियों के चरणों की शरण प्राप्त की है तथा जो व्रतों के मार्ग (यानी मूलगुण) को ग्रहण कर चुका है, वह दर्शनिक श्रावक होता है।"

ऐसे श्रावक के ये गुण होते हैं। वे कितने हैं ? **(सप्तसप्ततिः एते भणिताः)** —ये सतहत्तर होते हैं। इन गुणों की संख्या सतहत्तर है। वे कौन-कौन से हैं ? इस प्रकार की जिज्ञासा करने वालों के लिए उनकी गणना का प्रकार बताया जा रहा है— 'उभयगुण' इत्यादि।

(उभयगुण) दोनों यानी मूलगुण व उत्तरगुण। इनमें मूलगुण आठ होते हैं। उत्तरगुणों की संख्या बारह होती है। शास्त्रों में मूलगुणों का विविध प्रकार से निरूपण किया गया है, उस (विविधता) में सम्भवतः (शास्त्रकारों की) कालोचित दृष्टि रही है।

रत्नकरण्डश्रावकाचार ग्रन्थ (श्लोक-66) में इन मूलगुणों को इस प्रकार बताया गया है—

"(अहिंसा आदि) पाँच अणुव्रत, मद्यत्याग, मधुत्याग व मांसत्याग —इन्हें जिनेन्द्र देव व गणधरादि ने गृहस्थ श्रावकों के आठ मूलगुण कहा है।"

पुरुषार्थसिद्ध्युपायग्रन्थे (श्लोक-६१) **तु प्रोक्तम्—**

मद्यं मांसं क्षौद्रं पञ्चोदुम्बरफलानि यत्नेन।
हिंसा-व्युपरतिकामैर्मोक्तव्यानि प्रथममेव।।

चारित्रसारग्रन्थे (३०/४) **उद्धृते श्लोके तु ते भिन्नरूपेण गुणाः प्रोक्ताः—**

हिंसासत्यस्तेयादब्रह्मपरिग्रहाच्च बादरभेदात्।
द्यूतान्मांसान्मद्याद्विरतिर्गृहिणोऽष्ट सन्त्यमी मूलगुणाः।।

सागारधर्मामृतग्रन्थे च (२/१८) **केनचिदन्तरेण निरूपिताः—**

मद्य-पल-मधु-निशाशन-पञ्चफलीविरति-पञ्चकाप्तनुती।
जीवदया जलगालनमिति च क्वचिदष्ट मूलगुणाः।।

किन्तु पुरुषार्थसिद्ध्युपाय ग्रन्थ (श्लोक-61) में इनका निरूपण इस प्रकार है—

"हिंसा-त्याग करने की कामना वाले व्यक्तियों को चाहिए कि वे सर्वप्रथम यत्नपूर्वक मद्य, मांस, मधु, और पाँच उदुम्बर फलों (ऊमर, कठूमर, पीपल, बड़, पाकर) का त्याग करें।"

चारित्रसार ग्रन्थ (30/4) में उद्धृत एक श्लोक में इन्हें अन्य रूप से इस प्रकार कहा गया है—

"स्थूल रूप से हिंसा, असत्य, चोरी, अब्रह्मचर्य व परिग्रह से विरति, तथा जूआ, मांस व मद्य —इन तीन का त्याग —ये गृहस्थों के आठ मूलगुण हैं।"

सागारधर्मामृत ग्रन्थ (2/18) में इन्हें कुछ अन्तर के साथ इस प्रकार बताया गया है—

"मद्य का त्याग, मांस का त्याग, मधु का त्याग, रात्रि भोजन का त्याग, पंचविध उदुम्बर फलों का त्याग, त्रिकाल देव-वन्दना, जीव-दया व छने पानी का उपयोग —ये आठ मूलगुण कहीं (शास्त्र में) कहे गए हैं।"

एते मूलगुणाः केचिद् अविरतसम्यग्दृष्टिश्रावकयोग्याः, केचिद् विरतसम्यग्दृष्टियोग्याः, केचिच्चोभययोग्या भवन्तीति पञ्चाध्यायीग्रन्थे (२/७२३) निर्दिष्टम्। एतेषां मूलगुणानामेकस्याप्यभावे श्रावकत्वहानिः प्रसक्ता भवतीति पञ्चाध्यायीग्रन्थे (२/७२५) स्पष्टमुद्घोषितम्—

एतावता विनाप्येष श्रावको नास्ति नामतः।
किं पुनः पाक्षिको गूढो नैष्ठिकः साधकोऽथवा।।

श्रावकस्योत्तरगुणानां संख्या द्वादश भवति। पञ्च अणुव्रतानि, त्रीणि गुणव्रतानि, चत्वारि शिक्षाव्रतानि —इत्येवं संहत्य तत्संख्या द्वादश जायते। अहिंसाणुव्रतम्, सत्याणुव्रतम्, अस्तेयाणुव्रतम्, स्वदारसन्तोषरूपाणुव्रतम् यद्वा एकदेशब्रह्मचर्याणुव्रतम्, परिग्रहेच्छापरिमाण-अणुव्रतम्—इत्येतानि पञ्चाणुव्रतानि ज्ञेयानि। अणुव्रती श्रावको महाव्रतानां स्थूलरूपेण यद्वा एकदेशरूपेण (आंशिकरूपेण) पालनं करोति। एतेषां स्वरूपादीनां निरूपणं रत्नकरण्डश्रावकाचार-चारित्रप्राभृतादिग्रन्थेषु द्रष्टव्यम्। दिग्व्रतम्, अनर्थदण्डविरतिव्रतम्, भोगोपभोगपरिमाणव्रतम् —इत्येतानि त्रीणि गुणव्रतानि। एतैर्मूलाष्टगुणानां वृद्धिः क्रियते —इत्यतो गुणव्रतसंज्ञा विहिता।

उपर्युक्त (सभी) मूलगुणों में कुछ अविरत सम्यग्दृष्टि के द्वारा पालनीय हैं, कुछ व्रती सम्यग्दृष्टि के द्वारा तो कुछ दोनों द्वारा पालनीय हैं —ऐसा पञ्चाध्यायी ग्रन्थ (2/723) में बताया गया है। इन मूलगुणों में किसी एक के भी अभाव में श्रावकपना नहीं रहता —ऐसा पञ्चाध्यायी ग्रन्थ (2/725) में बताया गया है—

"इन मूलगुणों के बिना यह जीव नाम से भी श्रावक नहीं रहता तो फिर वह पाक्षिक, गूढ़, नैष्ठिक व साधक कैसे हो सकता है?"

श्रावक के उत्तरगुणों की संख्या बारह है। पाँच अणुव्रत, तीन गुणव्रत और चार शिक्षाव्रत —इस प्रकार कुल मिलाकर इनकी संख्या बारह हो जाती है। अहिंसाणुव्रत, सत्याणुव्रत, अस्तेयाणुव्रत, स्वदारसन्तोष रूप अणुव्रत या एकदेश ब्रह्मचर्याणुव्रत, परिग्रह (इच्छा) परिमाण अणुव्रत —ये पाँच अणुव्रत हैं। अणुव्रती श्रावक महाव्रतों का स्थूल रूप से या एकदेश (आंशिक) रूप में पालन करता है। इनके स्वरूप आदि का निरूपण रत्नकरण्डश्रावकाचार, चारित्रप्राभृत आदि ग्रन्थों में द्रष्टव्य है। दिग्व्रत, अनर्थदण्डविरतिव्रत, भोगोपभोगपरिमाणव्रत —ये तीन गुणव्रत हैं। इन (गुणव्रतों) से आठ मूलगुणों में वृद्धि होती है। इसलिए इनकी 'गुणव्रत' संज्ञा की गई है।

यावज्जीवनं सूक्ष्मपापत्यागाय धार्मिकक्रियेतरां गमनागमनादिसावद्यक्रियाम् एतस्या दिशो बहिर्न करिष्यामि —इत्येवं दिक्सम्बन्धिमर्यादीकरणं दिग्व्रतम्। मर्यादितदिग्भागेऽपि निरर्थकहिंसादि-पापविरतिः अनर्थदण्डविरतिव्रतम्। अस्मिन् श्रावकः पापोपदेश-हिंसोपकरण-ग्रहणदान-रागद्वेषात्मकापध्यान-प्रमादचर्या-कुशास्त्रश्रवणादिभ्यो विरतो भवति। भोगोपभोगपरिमाणव्रती इन्द्रियविषयभोगोपभोग-परिमाणं विधाय गार्हस्थ्यजीवनं यापयति। सकृद् भुक्त्वा त्याज्यानि भोजनपुष्पादीनि भोगविषयाणि। असकृद्भोज्यानि वस्त्राभूषणादीनि उपभोगविषयाणीति विशेषः।

सामायिकम्, प्रोषधोपवासः, अतिथिपूजा, सल्लेखना चेति चत्वारि शिक्षाव्रतानि चारित्रप्राभृते (गाथा-२६) **निर्दिष्टानि। आचार्यसमन्तभद्रेण तु रत्नकरण्डश्रावकाचारग्रन्थे** (श्लोक-९१) **देशावकाशिकव्रतम्, सामायिकव्रतम्, प्रोषधोपवासव्रतम्:, वैयावृत्त्यव्रतमित्येतानि चत्वारि शिक्षाव्रतानि भणितानि।**

यावज्जीवन सूक्ष्म पापों के त्याग की दृष्टि से धार्मिक क्रियाओं को छोड़कर गमन-आगमन आदि की पापपूर्ण क्रिया को 'इस दिशा से बाहर (आगे) नहीं करूँगा' —इस प्रकार दिशा-सम्बन्धी मर्यादा करना 'दिग्व्रत' है। उक्त मर्यादित किये गये दिग्भाग में भी निरर्थक हिंसा आदि पापों से विरत होना 'अनर्थदण्डविरतिव्रत' होता है। इसमें श्रावक पापोपदेश, हिंसा-उपकरणों का लेनदेन, रागद्वेषात्मक अपध्यान (दूषित चिन्तन), प्रमादपूर्ण चर्या, कुशास्त्रों का श्रवण आदि क्रियाओं से विरत रहता है। भोगोपभोग परिमाण व्रत का पालक श्रावक अपने इन्द्रिय-विषयों के भोग व उपभोग को परिमित करते हुए गृहस्थ-जीवन जीता है। जो एक बार सेवन कर छोड़ दिये जाते हैं, वे 'भोग' के विषय होते हैं, जैसे— पुष्प, भोजन आदि। जो बार-बार सेवन किये जाते हैं, वे उपभोग के विषय होते हैं, जैसे— वस्त्र, आभूषण आदि, यह (दोनों में) अन्तर है।

सामायिक, प्रोषधोपवास, अतिथिपूजा, सल्लेखना (समाधिमरण) —इन चार शिक्षाव्रतों का निर्देश (आचार्य कुन्दकुन्दस्वामी द्वारा) चारित्रप्राभृत (गाथा-26) में किया गया है। किन्तु आचार्य समन्तभद्र द्वारा रत्नकरण्डश्रावकाचार ग्रन्थ (श्लोक-91) में ये चार शिक्षाव्रत कहे गये हैं— (1) देशावकाशिक व्रत, (2) सामायिक व्रत, (3) प्रोषधोपवास व्रत, (4) वैयावृत्त्य व्रत।

आचार्योमास्वामिनस्तु (त. सू.-७/२१) **सामायिकप्रोषधोपवासभोगोपभोगपरिमाण-अतिथिसंविभागेतिशिक्षाव्रतानि स्वीकृतवन्तः। मुनिव्रत-शिक्षादृष्ट्या शिक्षाव्रतानि उपयोगीनि भवन्ति। त्रीणि गुणव्रतानि, चत्वारि शिक्षाव्रतानि एतयोर्द्वयोः समष्टिरूपेण शीलव्रतसंज्ञाऽपि दृश्यते। एतत्स्वरूपादिनिरूपणन्तु तत्तच्छास्त्रेषु द्रष्टव्यम्।**

(वसण-भय-मल-वेरग्गादीयारभत्तिऽविग्घं वा) **सप्तव्यसनत्यागः, सप्तभयत्यागः, पञ्चविंशतिमलत्यागः, द्वादश वैराग्यभावनाः, पञ्च निरतिचारत्वम्, निर्विघ्ना भक्तिश्चेति श्रावकस्य गुणाः। एतेषां समेषां संख्या सप्तसप्ततिर्भवति। एतेषु व्यसन-भय-मलानां प्राक् पञ्चमगाथाव्याख्याने निरूपणं कृतमेव। (अध्रुवानुप्रेक्षा) अनित्यानुप्रेक्षा, अशरणानुप्रेक्षा, एकत्वानुप्रेक्षा, अन्यत्वानुप्रेक्षा, संसारानुप्रेक्षा, लोकानुप्रेक्षा, अशुचित्वानुप्रेक्षा, आस्त्रवानुप्रेक्षा, संवरानुप्रेक्षा, निर्जरानुप्रेक्षा, धर्मानुप्रेक्षा, बोधि-दुर्लभानुप्रेक्षा —इत्येताः द्वादशानुप्रेक्षाः वैराग्यवर्धिकाः सन्ति। पञ्चनिरतिचारत्वं तु सम्यक्त्वातीचारवर्जनमेव। शंकाकांक्षादिकाः पञ्चातीचाराः पूर्वमुक्ताः।**

आचार्य उमास्वामी ने तो (तत्त्वार्थसूत्र-7/21 में) सामायिक, प्रोषधोपवास, भोगोपभोग-परिमाण, अतिथिसंविभाग —ये चार शिक्षाव्रत माने हैं। मुनि-व्रतों की शिक्षा (अभ्यास) की दृष्टि से ये शिक्षाव्रत उपयोगी होते हैं। तीन गुणव्रत व चार शिक्षाव्रत —इन दोनों को समष्टि रूप से 'शीलव्रत' भी कहा जाता है। इन सबके स्वरूप आदि का निरूपण तो उन-उन (सम्बन्धित) शास्त्रों से देखना चाहिए।

(व्यसन-भय-मल-वैराग्य-अतीचार-भक्ति-अविघ्नानि वा) सात व्यसनों का त्याग, सात भयों का त्याग, पच्चीस मलों का त्याग, बारह वैराग्य-भावना (अनुप्रेक्षाएँ), पाँच अतिचारों का त्याग, निर्विघ्न भक्ति —ये श्रावकों के गुण हैं। इन सबकी कुल संख्या सतहत्तर हो जाती है। इनमें व्यसन, भय, मल —इनका निरूपण पहले पाँचवी गाथा के व्याख्यान में किया जा चुका है। (अध्रुव अनुप्रेक्षा), अनित्य अनुप्रेक्षा, अशरण-अनुप्रेक्षा, एकत्व अनुप्रेक्षा, अन्यत्व अनुप्रेक्षा, संसार अनुप्रेक्षा, लोक अनुप्रेक्षा, अशुचित्व अनुप्रेक्षा, आस्त्रव अनुप्रेक्षा, संवर अनुप्रेक्षा, निर्जरा अनुप्रेक्षा, धर्म अनुप्रेक्षा और बोधि-दुर्लभ अनुप्रेक्षा —ये बारह वैराग्यवर्धक भावनाएँ (अनुप्रेक्षाएँ) हैं। सम्यक्त्व के (पाँच) अतीचारों का त्याग ही पाँच निरतिचार है। शंका, कांक्षा आदि पाँच अतीचारों का पहले निरूपण किया जा चुका है।

भक्तिरपि पञ्चपरमेष्ठि-देवानां निर्विघ्नतया साधनीयेति श्रावकस्य सा कर्तव्यभूतैव। भक्तिस्तु पञ्चपरमेष्ठिप्रभृतिगुणानुराग एव, यद्वा भावविशुद्धियुक्तेन अनुरागेण देवाराधनरूपा ज्ञेया। इयंच दर्शनमोहनीयोपशमात् मनोवाक्कायानामनौद्धत्यमेव। इयमर्हदादिदेवविषयका, बहुश्रुतविषयका तथा च तत्प्रवचनविषयकाऽपि भवति। एवं विषयभेदेन अनेके भक्तिप्रकाराः सम्भवन्ति। निश्चयेन तु निजपरमात्मतत्त्वसम्यक्श्रद्धानावबोधाचरणात्मकेषु शुद्धरत्नत्रयपरिणामेषु भजनं (रमणं) भक्तिराराधना वा भवति, यद्वा वीतरागसम्यग्दृष्टिकृता शुद्धात्मतत्त्वभावनारूपा चेति विशेषो ज्ञेयः। अर्हदादिभक्तिर्दर्शनविशुद्धिं विना न सम्भवति-इत्यतः सम्यग्दृष्टेर्भक्तिरपि एको गुणः।

आचार्यकुन्दकुन्दस्वामिना भक्तिमाहात्म्यं भावप्राभृते (गाथा-१५२) **प्रकटीकृतम्—**

जिणवरचरणंबुरुहं णमंति जे परमभत्तिराएण।
ते जम्मवेल्लिमूलं खणंति वरभावसत्थेण।।

पाँच परमेष्ठी देवों की भक्ति भी निर्विघ्न करनी चाहिए —इसलिए यह (भक्ति) श्रावक का (एक) कर्तव्य ही है। पाँच परमेष्ठी आदि के गुणों में अनुराग ही भक्ति होती है, अथवा भावविशुद्धि सहित अनुराग के साथ देवाराधना ही भक्ति है। दर्शनमोहनीय के उपशम से मन, वाणी व शरीर का अनौद्धत्य (उद्धतपना छोड़ना) ही भक्ति होती है। अर्हन्त आदि देवों की, बहुश्रुत की तथा प्रवचन (जिनवाणी आदि) की भी भक्ति होती है, इस प्रकार विषय-भेद से भक्ति के अनेक प्रकार हो सकते हैं। निश्चयनय से तो निज परमात्म तत्त्व का सम्यक् श्रद्धान, ज्ञान व आचरण रूप शुद्ध रत्नत्रयात्मक परिणामों में भजन (रमण) —यही भक्ति या आराधना है। अथवा वीतराग सम्यग्दृष्टि द्वारा की जाने वाली शुद्धात्म तत्त्व सम्बन्धी भावना ही भक्ति या आराधना है —यह विशेष ज्ञातव्य है। अर्हन्त आदि की भक्ति दर्शन-विशुद्धि के बिना सम्भव नहीं, इसलिए सम्यग्दृष्टि का 'भक्ति' भी एक गुण है।

आचार्य कुन्दकुन्द स्वामी ने भक्ति के महत्त्व को भावप्राभृत (गाथा-152) में इस प्रकार प्रकट किया है—

"जो भव्य जन उत्कृष्ट भक्ति व अनुराग से जिनेन्द्र देव के चरण-कमलों को नमस्कार करते हैं, वे उत्कृष्ट भावरूपी शस्त्र के द्वारा जन्म (व मरण) की बेल की जड़ को (ही) खोद डालते हैं।"

भगवतीआराधनाग्रन्थे (गाथा-७४५) **च भणितम्—**

एया वि सा समत्था जिणभत्ती दुग्गइं णिवारेदि।
पुण्णाणि य पूरेदुं आसिद्धिपरंपरसुहाणं।।

आचार्यकुन्दकुन्दकृताः कतिचिद् भक्तयः (भक्तिपूर्णरचनाः) प्राकृते प्राप्यन्ते। तासु सिद्धभक्तिः, श्रुतभक्तिः, चारित्रभक्तिः, योगिभक्तिः, आचार्यभक्तिः, निर्वाणभक्तिः, पञ्चगुरुभक्तिः, तीर्थंकरभक्तिः, नन्दीश्वरभक्तिः, शान्तिभक्तिश्चेति दशभक्तयः प्रमुखाः सन्ति। समाधिभक्तिः, चैत्यभक्तिः, इति द्वे रचने अपि तत्कृते स्वीक्रियते, एवं द्वादश भक्तयस्तत्कृताः सन्ति। केषांचिन्मते चैत्यभक्तिः गणधरगौतमविरचिता वर्तते। आचार्यपूज्यपादेन रचिताः संस्कृते भक्तिपाठा अपि प्राप्यन्ते। पद्मनन्दिपञ्चविंशतिकाग्रन्थे (६/७) **च देवपूजादिकं श्रावकस्य षडावश्यककर्मान्तर्गतं निरूपितम्—**

देवपूजा गुरूपास्तिः स्वाध्यायः संयमस्तपः।
दानं चेति गृहस्थानां षट् कर्माणि दिने दिने।।

भगवती-आराधना ग्रन्थ (गाथा-745) में भी कहा गया है—

"एक ही जिनभक्ति दुर्गति का निवारण करने में, पुण्य कर्मों की पूर्ति में और मोक्ष-पर्यन्त सुखों की परम्परा बनाने में समर्थ है।"

आचार्य कुन्दकुन्द स्वामी द्वारा रचित कुछ भक्तियाँ (भक्तिपूर्ण कृतियाँ) प्राकृत में प्राप्त होती हैं। उनमें सिद्धभक्ति, श्रुतभक्ति, चारित्रभक्ति, योगिभक्ति, आचार्यभक्ति, निर्वाणभक्ति, पञ्चगुरुभक्ति, तीर्थंकरभक्ति, नन्दीश्वरभक्ति व शान्तिभक्ति —ये दश भक्तियाँ प्रमुख हैं। समाधिभक्ति व चैत्यभक्ति —ये दो कृतियों को भी उनकी रचना माना जाता है, इस प्रकार उनके द्वारा रचित बारह भक्तियाँ (प्राप्त) हैं। किन्हीं के मत में चैत्यभक्ति गणधर गौतम द्वारा विरचित है। आचार्य पूज्यपाद द्वारा संस्कृत भाषा में रचित भक्तिपाठ भी प्राप्त होते हैं। पद्मनन्दिपंचविंशतिका ग्रन्थ (6/7) में भी देव-पूजा आदि को श्रावक के छह आवश्यक कर्मों के अन्तर्गत निरूपित किया गया है—

"देव पूजा, गुरु-उपासना, स्वाध्याय, संयम, तप, दान —ये छः कर्म हैं जो (श्रावक) गृहस्थों द्वारा प्रतिदिन करणीय होते हैं।"

'गुणाः पूजास्थानं गुणिषु' **इतिविद्वदुक्तिमनुसृत्य प्रत्येकसम्यग्दृष्टिना सप्तसप्ततिगुणधारणं कृत्वा सर्वसामान्यजनश्रेष्ठताप्राप्त्यै प्रयतितव्यमिति गाथायास्तात्पर्यम्।**

सम्प्रति, गाहाछन्दोमाध्यमेन निर्दिष्टसम्यक्त्वादिरत्नत्रयाराधनया शिवसुखं प्राप्यते — इति आचार्यवरा निर्दिशन्ति—

देवगुरुसमयभत्ता, संसारसरीरभोगपरिचत्ता।
रयणत्तयसंजुत्ता, ते मणुया सिवसुखं पत्ता।। ९ ।।

छाया— देवगुरुसमयभक्ताः परित्यक्तसंसारशरीरभोगाः।
रत्नत्रयसंयुक्ताः ते मनुजाः शिवसुखं प्राप्ताः।।

रत्नत्रयवर्धिनी टीका— गाथान्वयः सुगमः। (ते मणुया सिवसुखं पत्ता) **ते मनुष्याः शिवसुखं प्राप्ताः भवन्ति। शिवपदः मोक्षापरपर्यायः। समयसारग्रन्थस्य** (गाथा ३७३-८२) **तात्पर्यवृत्ति-टीकायामप्युक्तम्—** "वीतरागसहजपरमानन्दरूपं शिवशब्दवाच्यं सुखम्" **इति।**

एक विद्वान् की उक्ति है— 'गुणियों में पूजा के आधार होते हैं— गुण'। इस उक्ति का अनुसरण कर प्रत्येक सम्यग्दृष्टि को चाहिए कि वह (पूर्वोक्त) सतहत्तर गुणों को धारण कर सर्वसामान्य जनों में श्रेष्ठ स्थिति को पाने के लिए प्रयत्नशील हो —यह गाथा का तातार्य (सार) है।

अब, गाहा छन्द के द्वारा निर्दिष्ट सम्यक्त्व आदि रत्नत्रय की आराधना से शिव (मोक्ष) सुख की प्राप्ति होती है— यह आचार्यप्रवर बता रहे हैं—

गाथा-अर्थ— देव, गुरु व शास्त्र के भक्त, संसार, शरीर व भोग के त्यागी, और रत्नत्रय से सम्पन्न वे मनुष्य शिव-सुख (मुक्ति सुख) को प्राप्त करते हैं।।9।।

रत्नत्रयवर्धिनी टीका— गाथा का अन्वय सुगम है। **(ते मनुजाः शिवसुखं प्राप्ताः)** वे मनुष्य शिव सुख को प्राप्त करने वाले होते हैं। 'शिव' —यह पद मोक्ष का एक पर्याय है। समयसार ग्रन्थ (गाथा 373-82) की तात्पर्यवृत्ति टीका में भी कहा गया है— "**शिव** पद का अर्थ है— वीतराग सहज परमानन्द रूप सुख।"

समाधिशतकग्रन्थस्य (श्लोक-२) **टीकायां च प्रोक्तम्**— 'शिवं परमसौख्यं परमकल्याणं निर्वाणं चोच्यते' **इति।**

उक्तं च ज्ञानार्णवे (२१/२४)— वृणोति वीतसंरम्भो वीतरागः शिवश्रियम्।

मोक्षार्थकशिवपदं स्वीकृत्यैव मोक्षप्राभृते (गाथा-६) परमात्मा 'शिवंकर इतिविशेषणेन व्यवहृतः'।

बृ. द्रव्यसंग्रहग्रन्थस्य (गाथा-१४) **संस्कृतटीकायां ब्रह्मदेवसूरिकृतायामुद्धृते श्लोकेऽपि स्पष्टीकृतम्—**

शिवं परमकल्याणं निर्वाणं ज्ञानमक्षयम्।
प्राप्तं मुक्तिपदं येन स शिवः परिकीर्तितः।।

एवं मुक्तिं प्राप्ताः सर्वज्ञाः अर्हन्तोऽपि शिवशब्दवाच्याः सन्ति। ज्ञानार्णवे (२८/१७) **च प्रोक्तम्**— सर्वज्ञः सकलः शिवः स भगवान् सिद्धः परो निष्कलः।।

समाधिशतक ग्रन्थ (श्लोक-2) की टीका में भी कहा गया है— "परम सुख, परमकल्याण व निर्वाण को 'शिव' कहा जाता है।"

ज्ञानार्णव (21/24) में कहा भी गया है— "वीतराग योगी संरम्भ (हिंसादि पापों के संकल्प) से रहित होकर शिवश्री (मुक्ति-लक्ष्मी) को वरण करने वाला होता है।"

शिव पद के मोक्ष अर्थ को स्वीकार करके ही मोक्षप्राभृत (गाथा-6) में परमात्मा को 'शिवंकर' विशेषण से व्यवहृत किया गया है।

बृ. द्रव्यसंग्रह ग्रन्थ (गाथा-14) की ब्रह्मदेवसूरिकृत संस्कृत टीका में एक श्लोक उद्धृत है, जिसमें इसे स्पष्ट करते हुए कहा गया है—

"शिव का अर्थ है— परम कल्याण, निर्वाण, एवं अक्षय ज्ञान। मुक्ति पद को जो प्राप्त है, वह 'शिव' कहा गया है।"

इस प्रकार मुक्ति प्राप्त या (अनन्त ज्ञानी) सर्वज्ञ अर्हन्त देव भी शिव पद के अर्थ (रूप में ग्राह्य) हैं। ज्ञानार्णव (28/17) में भी कहा गया है— "सर्वज्ञ, सकल (सशरीर) परमात्मा तथा सिद्ध, निष्कल (अशरीरी) परमात्मा शिव हैं।"

परमात्मप्रकाशग्रन्थे (दोहा-१/१८) **च निर्दिष्टम्**— ''जाणइ सयलु वि णिच्चु पर सो सिउ संतु हवेइ।''

'मुक्तात्मा शिव इत्युच्यते' **इति परमात्मप्रकाशग्रन्थस्य** (दोहा-२/४) **टीकायामुट्टङ्कितम्। शिवपदेन शुद्धात्मा, परमात्मा तथा स्वशुद्धात्मभावनोत्पन्नवीतरागपरमानन्दसुखमित्यादिका अर्था अभिधीयन्ते इति परमात्मप्रकाशग्रन्थस्य** (दोहा-१/२, १/१८, १/११९, २/१४२ आदि) **टीकायाः तथान्यानेकग्रन्थानामनुशीलनेन स्पष्टं भवति। रयणसारग्रन्थेऽप्यस्मिन्** (गाथा-१३३) 'अन्तरात्मा जीवः शिवसुखरक्तः' **इति स्पष्टं निर्दिष्टं वर्तते। तत्रापि वीतरागपरमानन्दसुखे अनुरक्तः इत्यर्थः। एवं शिवपदस्यानेकार्थत्वेऽपि शिवसुखपदं शाश्वत-परमानुपमानन्तसुखस्याभिव्यञ्जकमत्र भवति।**

अस्मिन् विषये उक्तं च भगवतीआराधनाग्रन्थे (गाथा-२१४३)—

अव्वाबाहं जं सुहं सिद्धा जं अणुहवंति लोगग्गे।
तस्स हु अणंतभागो इंदियसोक्खं तयं होज्ज।।

परमात्मप्रकाश ग्रन्थ (दोहा-1/18) में भी कहा गया है— ''जो समस्त वस्तुओं को निश्चय से जानता है, वह शान्त व शिव होता है।''

'शिव को मुक्तात्मा कहा जाता है' —यह परमात्मप्रकाश ग्रन्थ (दोहा-2/1) की टीका में भी कहा गया है। 'शिव' पद से शुद्धात्मा, परमात्मा, और 'स्वशुद्धात्म-भावना से उत्पन्न वीतराग परमानन्द सुख' इत्यादि अर्थ भी लिये जाते हैं —ऐसा परमात्मप्रकाश ग्रन्थ (दोहा-1/2, 1/18, 1/119, 2/142 आदि) की टीका के तथा अन्य अनेक ग्रन्थों के अनुशीलन से स्पष्ट होता है। इस रयणसार ग्रन्थ (गाथा-133) में भी 'अन्तरात्मा जीव शिवसुख-रक्त होता है' यह कथन किया गया है। वहाँ भी 'वीतराग परमानन्दसुख में रत-अनुरक्त' यह अर्थ ग्राह्य है। इस तरह, शिव पद के अनेक अर्थ हैं, किन्तु यहाँ 'शिवसुख' पद शाश्वत, परम, अनुपम व अनन्त सुख का सूचक होता है।

इस (सुख) के विषय में भगवती-आराधना ग्रन्थ (गाथा-2143) में भी कहा गया है—

''सिद्धों को लोकाग्र में जो अव्याबाध सुख अनुभव में आता है, (देवेन्द्र, चक्रवर्ती आदि को प्राप्त होनेवाला) इन्द्रिय-जनित सुख उस (परम सुख) का अनन्तवाँ भाग ही है।''

मूलाचारग्रन्थे (गाथा-११४६) **च प्रोक्तम्—**

जं च कामसुहं लोए जं च दिव्वमहासुहं।
वीतरागसुहस्सेदे णंतभागं पि णग्घंदि।।

ज्ञानार्णवग्रन्थे (१९/३) **चैतत् समर्थितम्—**

यत्सुखं वीतरागस्य मुनेः प्रशमपूर्वकम्।
न तस्यानन्तभागोऽपि प्राप्यते त्रिदशेश्वरैः।।

मनुजाः शिवसुखं प्राप्तुमर्हन्ति, नान्यगतिषु जीवाः-इति भावोद्भावनाय 'मणुया' (मनुजाः) **इति पदस्य सार्थकता ज्ञेया। कार्तिकेयानुप्रेक्षाग्रन्थे** (गाथा-२९९) **प्रोक्तं प्रासङ्गिकमत्र प्रस्तूयते—**

मणुवगईए वि तओ, मणुवगईए महव्वदं सयलं।
मणुवगदीए झाणं, मणुवगदीए वि णिव्वाणं।।

मूलाचार ग्रन्थ (गाथा-1146) में भी कहा गया है—

"लोक में विषयों से उत्पन्न जो सुख है और जो स्वर्ग में प्राप्त होने वाला महासुख है, वे सब वीतराग सुख के अनन्तवें भाग की भी समानता नहीं कर सकते हैं।"

ज्ञानार्णव ग्रन्थ (19/3) में इसका समर्थन इस प्रकार किया गया है—

"जो सुख वीतराग मुनि के प्रशम रूप विशुद्धता के कारण होता है, उसका अनन्तवाँ भाग भी सौधर्मादि इन्द्रों को प्राप्त नहीं होता।"

'मनुष्य ही शिवसुख प्राप्त कर पाते हैं, अन्य गति के जीव नहीं —इस भाव को ध्वनित (अभिव्यक्त) करने के लिए 'मनुज' इस पद की यहाँ सार्थकता जाननी चाहिए। कार्तिकेयानुप्रेक्षा ग्रन्थ (गाथा-299) में भी कहा गया (यहाँ प्रासंगिक) है—

"मनुष्य गति में ही तप होता है। मनुष्य गति में ही सारे महाव्रत होते हैं। मनुष्य गति में ही ध्यान होता है और मनुष्य गति में ही मोक्ष की प्राप्ति होती है।"

मनुष्यगतेर्महत्त्वस्य कारणमिदं यन्मनुष्या एव हेयोपादेयतत्त्वातत्त्वविचारसक्षममनस्काः भवन्ति। उक्तं च धवलाग्रन्थे (पु. १, खण्ड-१, भाग-१, सू. २४ गाथा-१३०)—

मण्णंति जदो णिच्चं मणेण णिउणा मणुक्कडा जम्हा।
मणु-उब्भवा य सव्वे तम्हा ते माणुसा भणिया।।

कीदृशा मानवाः शिवसुखप्राप्तौ समर्था भवन्ति —इति जिज्ञासायामुच्यते— (देवगुरुसमयभत्ता)। **देवानां, गुरूणां, समयस्य सिद्धान्तस्य च भक्ता आराधकाः, श्रद्धावन्तः, तदनुसरणतत्परा वा ये भवन्ति, ते शिवसुखं प्राप्ता भवन्ति —इत्यर्थः। देवानां स्वरूपं प्राक्सप्तमगाथाव्याख्याने निरूपितमस्माभिः। अर्हत्-आचार्योपाध्यायसाधवः, यद्वा महाव्रतिनः बहुश्रुताः निर्दोषसंयमधरा एव यथार्थगुरुपदेन अभिधीयन्ते। निश्चयेन तु निजात्मैव गुरुः। लोकव्यवहारदृष्ट्या तु स्वापेक्षया समधिकज्ञानवान् गुरुः सम्भवति, किन्तु मोक्षमार्गे व्रतिनः संयमिन एव गुरुपदभाजो भवति।**

मनुष्य-गति के महत्त्व का कारण यह है कि मनुष्य (संज्ञी, पर्याप्त) ही हेयोपादेय, तत्त्व-अतत्त्व की विचारणा में सक्षम मनवाले होते हैं। धवला ग्रन्थ (पु. 1, खण्ड-1, भाग-1, सू. 24, गाथा-130) में कहा गया है—

"चूँकि जो सदा हेय-उपादेय का विचार करते हैं, अथवा जो मन से गुण-दोष आदि का विचार करने में निपुण होते हैं, अथवा जो मन से उत्कट अर्थात् दूरदृष्टि, सूक्ष्म चिन्तन व चिरकाल धारण (स्मरण) आदि उपयोग से युक्त हैं, अथवा जो मनु की सन्तान हैं, इसलिए वे मनुष्य कहलाते हैं।"

किस प्रकार के मानव शिव-सुख प्राप्त करने में समर्थ होते हैं ? इस जिज्ञासा के होने पर (समाधान) कह रहे हैं— **(देवगुरुसमयभक्ताः)**। देवों, गुरुओं और समय के, सिद्धान्त के प्रति भक्ति रखने वाले (भक्त) आराधक, श्रद्धावान् या उनका अनुसरण करनेवाले जो भी मनुष्य होते हैं, वे शिव सुख को प्राप्त होते हैं —यह तात्पर्य है। देवों के स्वरूप का पहले सातवीं गाथा के व्याख्यान में निरूपण हमने कर दिया है। अर्हन्त, आचार्य, उपाध्याय, साधु या महाव्रती, बहुश्रुत व निर्दोष संयम के धारक —ये ही 'यथार्थगुरु' कहे जाते हैं। निश्चयनय से तो निज आत्मा ही गुरु होता है। लोकव्यवहार की दृष्टि से तो अपनी तुलना में अधिक ज्ञान वाला गुरु हो सकता है, किन्तु मोक्षमार्ग में व्रती व संयमी ही 'गुरु' पद के योग्य होते हैं।

उक्तं च पंचाध्यायीग्रन्थे (२/६५८)—

उक्तव्रततपःशीलसंयमादिधरो गणी।
नमस्यः स गुरुः साक्षाद्, अन्यो न तु गुरुर्गणी।।

किञ्च, सामान्यतः सर्वे निर्ग्रन्थाः गुरुशब्देन ग्राह्या भवन्ति, विशेषतया जिनलिङ्गधारिणो दीक्षादायका एव गुरवः ते एव शिक्षादायका मार्गदर्शकाः स्वशिष्याणां भवन्ति।

समयः सिद्धान्तः, जिनागमो वा। सम्यग् अवैपरीत्येन ईयन्ते ज्ञायन्ते जीवाजीवादयोऽनेन इति समयः सिद्धान्तः। अथवा सम्यग् अयन्ते गच्छन्ति जीवादयः पदार्थाः, स्वरूपे प्रतिष्ठां प्राप्नुवन्ति अस्मिन् इति समय आगमः इति स्याद्वादमञ्जर्यां (का. ३०) **निर्दिष्टम्। समयशब्देन शुद्धात्मा, शुद्धस्वरूपपरिणतिः, सम्यग्ज्ञानी जीवः, सामान्यपदार्था वा अभिधीयन्ते —इति समयसारग्रन्थस्य** (गाथा-२) **आत्मख्यातिटीकायां विशदीकृतमस्ति।**

पंचाध्यायी (2/658) ग्रन्थ में कहा भी है—

"पूर्वोक्त व्रत, तप, शील व संयम आदि को धारण करनेवाले आचार्य ही नमस्कार-योग्य हैं और वे ही साक्षात् गुरु हैं। इससे भिन्न (विपरीत) स्वरूप को धारण करनेवाला न तो गुरु हो सकता है और न आचार्य ही।"

और, सामान्यतया सभी निर्ग्रन्थ 'गुरु' शब्द से ग्राह्य हैं, किन्तु विशेष रूप से जिनलिङ्गधारी ही जो दीक्षादायक हैं, वही 'गुरु' हैं, वे ही अपने-अपने शिष्यों के शिक्षादायक तथा मार्गदर्शक होते हैं।

समय यानी सिद्धान्त या जिनागम। जिससे जीव, अजीव आदि पदार्थों का सम्यक्तया ज्ञान हो, ऐसा सिद्धान्त 'समय' है। अथवा जिसमें जीव आदिक पदार्थों का सम्यक्तया निरूपण हो, ऐसा आगम 'समय' है —ऐसा स्याद्वादमञ्जरी (कारिका-30) में बताया गया है। 'समय' शब्द के शुद्धात्मा, शुद्ध स्वरूप परिणति, सम्यग्ज्ञानी जीव, या सामान्य पदार्थ भी अर्थ होते हैं — ऐसा समयसार ग्रन्थ (गाथा-2) की आत्मख्याति टीका में स्पष्ट किया गया है।

अत्रेदं ज्ञेयम्— देवगुरुपदाभ्यामत्र सुदेवसुगुरुग्रहणं कर्तव्यम्। कुदेवकुगुरुभक्तस्तु मिथ्यादृष्टिरेव, स कथमपि कदाचिदपि शिवसुखं न प्राप्तुं शक्नोति। अत्र सम्यक्त्वप्रसंगे सुदेवसुगुरुभक्तानामेव ग्रहणं संगच्छते।

उक्तं च कार्तिकेयानुप्रेक्षाग्रन्थे (गाथा-३१८)—

दोससहियं पि देवं जीवहिंसाइसंजुदं धम्मं।
गंथासत्तं च गुरुं जो मण्णदि सो हु कुदिट्ठी।।

सुदेव-सुगुरु-जिनवाणी-शुद्धात्मदेवादीनां भक्तः, तदाराधनायां श्रद्धाविनयान्वितक्रियायां च निरतः सन् तत्प्रभावेण मोक्षसुख-प्राप्तिमार्गे सततमग्रेसरतां वहति— इतिविषये शास्त्रकाराणामैकमत्यं वरीवर्ति। एतद्विषये कतिचिदुपयोगीनि वचनानि प्रस्तूयन्ते। यथा, भावप्राभृते (गाथा-१५२) **प्रोक्तं यज्जिनवरभक्त्या जन्मपरम्पराक्षयो भवतीति प्रागष्टमगाथाव्याख्याने निरूपितम्।**

यहाँ यह ज्ञातव्य है— देव व गुरु पद से सुदेव व सुगुरु का ही ग्रहण करना उचित है। कुदेव व कुगुरु का भक्त तो मिथ्यादृष्टि ही होता है, वह किसी भी तरह कभी शिवसुख प्राप्त नहीं कर सकता। यहाँ (चूँकि) सम्यक्त्व का प्रसंग है, (अतः) सुदेव व सुगुरु के भक्तों का ही ग्रहण संगत होता है।

कार्तिकेयानुप्रेक्षा ग्रन्थ (गाथा-318) में कहा भी गया है—

"जो (राग आदि) दोषों से युक्त को 'देव' मानता है, जीव हिंसा आदि से युक्त (प्रवचन) को धर्म मानता है तथा परिग्रह-आसक्त को गुरु मानता है तो वह कुदृष्टि (मिथ्यादृष्टि) ही है।"

सुदेव, सुगुरु व जिनवाणी एवं शुद्धात्मदेव आदि का भक्त, उनकी आराधना में श्रद्धा, विनय से युक्त क्रिया में तत्पर होता हुआ, उसके प्रभाव (माहात्म्य) से मोक्ष-सुख की प्राप्ति के मार्ग में निरन्तर अग्रसर रहता है —इस विषय में शास्त्रकारों का ऐकमत्य है। इस सन्दर्भ में कुछ उपयोगी (शास्त्रीय) वचनों को यहाँ प्रस्तुत किया जा रहा है। उदाहरणार्थ, भावप्राभृत (गाथा-152) में कहा गया है कि जिन-भक्ति से जन्म-परम्परा का नाश हो जाता है, इसे पहले आठवीं गाथा के व्याख्यान में हम बता चुके हैं।

धवलाग्रन्थे च (पु. ६, खण्ड-१, भाग-९, नवमी चूलिका, सू. २२ पृ. ४२८) **उद्धृतायां गाथायां भणितम्—**

दर्शनेन जिनेन्द्राणां पापसंघातकुञ्जरम्।
शतधा भेदमायाति, गिरिर्वज्रहतो यथा।।

धवलाग्रन्थेऽन्यत्र (पु. ९, खण्ड-४, भाग-१, सू. १) निर्दिष्टम्— "सयलजिणणमोक्कारोव्व देसजिणणमोक्कारो वि सव्वकम्मखयकारओ त्ति दट्ठव्वो।"

पद्मनन्दिपञ्चविंशतिकाग्रन्थेऽपि (६/१४-१५) **समुद्घोषितम्—**

प्रपश्यन्ति जिनं भक्त्या पूजयन्ति स्तुवन्ति ये।
ते च दृश्याश्च पूज्याश्च स्तुत्याश्च भुवनत्रये।।

ये जिनेन्द्रं न पश्यन्ति पूजयन्ति स्तुवन्ति न।
निष्फलं जीवितं तेषां, तेषां धिक् च गृहाश्रमम्।।

धवला ग्रन्थ (पु. 6, खण्ड-1, भाग-9, नौवीं चूलिका, सू.-22 पृ. 428) में उद्धृत एक गाथा में कहा गया है—

"जिनेन्द्र के दर्शन से पाप-संघातरूपी हाथी के उसी प्रकार सौ टुकड़े हो जाते हैं, जिस प्रकार वज्र के आघात से पर्वत के सैकड़ों टुकड़े हो जाते हैं।"

(इसी) धवला ग्रन्थ में अन्य स्थान पर (पु. 9, खण्ड-4, भाग-1, सू. 1) में भी यह बताया गया है— "सकल जिनों को किये गये नमस्कार के समान ही देशजिनों (मुनि आदि) को किया गया नमस्कार भी सब कर्मों का क्षय करनेवाला होता है —ऐसा मानना-समझना चाहिए।"

पद्मनन्दिपञ्चविंशतिका ग्रन्थ (6/14-15) में भी घोषणा इस प्रकार की गई है—

"जो भव्य प्राणी भक्ति से जिन भगवान् का पूजन, दर्शन व स्तवन करते हैं, वे तीनों लोकों में स्वयं ही दर्शन, पूजन व स्तवन के योग्य हो जाते हैं और स्वयं भी परमात्मा बन जाते हैं।"

"जो लोग जिनेन्द्र देव का दर्शन, पूजन व स्तवन नहीं करते, उनका जीवन निष्फल ही है और उनके गृही आश्रम (जीवन-रीति) को भी धिक्कार है।"

सागारधर्मामृतग्रन्थे (२/४२, ४४) **च प्रोक्तम्—**

जिनानिव यजन् सिद्धान्, साधून् धर्मं च नन्दति।
तेऽपि लोकोत्तमास्तद्वत्, शरणं मङ्गलं च यत्।।

ये यजन्ते श्रुतं भक्त्या, ते यजन्तेऽञ्जसा जिनम्।
न किञ्चिदन्तरं प्राहुः, आप्ता हि श्रुतदेवयोः।।

धवलाग्रन्थे (पु. १, खण्ड-१, भाग-१, गाथा-४८-४९) **च स्पष्टमुक्तम्—**

मेरु व्व णिक्कंपं णट्ठट्ठमलं तिमूढ उम्मुक्कं।
सम्मद्दंसणमणुवममुप्पज्जइ पवयणब्भासा।।

तत्तो चेव सुहाइं सयलाइं देवमणुयखयराणं।
उम्मूलियट्ठकम्मं फुड सिद्धसुहं पि पवयणादो।।

सागारधर्मामृत ग्रन्थ (2/42, 44) में भी कहा गया है—

"जिनेन्द्र देव की ही तरह, मुक्तात्मा, साधु व रत्नत्रयरूप धर्म —इनकी पूजा करने वाला अन्तरंग व बहिरंग विभूति से सम्पन्न होकर आनन्द अनुभव करता है, क्योंकि वे भी जिनदेव की तरह लोक में उत्कृष्ट हैं, शरण हैं और मंगल रूप होते हैं।"

"जो भक्तिपूर्वक श्रुत (रूप देवता) को पूजते हैं, वे परमार्थ से जिनदेव की ही पूजा करते हैं, क्योंकि सर्वज्ञ देव ने श्रुत व देव में कुछ भी अन्तर नहीं कहा है।"

धवला ग्रन्थ (पु. 1, खण्ड-1, भाग-1, गाथा-48-49) में स्पष्ट कहा गया है—

"प्रवचन (जिनवाणी) के अभ्यास से मेरु के समान निष्कम्प, अष्टमलरहित, तीन मूढ़ताओं से रहित अनुपम सम्यक्त्व की प्राप्ति होती है।"

"प्रवचन (जिनवाणी) के अभ्यास से देव, मनुष्य और विद्याधरों के सुख प्राप्त होते हैं और आठ कर्मों का उन्मूलन होकर विशद सिद्ध सुख भी प्राप्त होता है।"

(संसारसरीरभोगपरिचत्ता) **संसारे, शरीरे, भोगे च ये अनासक्ताः, अतो मूर्च्छाभावात् मोहाभावाद्वा तत्परित्यागिन एव। यद्वा संसारभोगे शरीरभोगे च येषामनासक्तत्वात् त्यागबुद्धिरेव। एतादृशा जनाः शिवसुखं प्राप्ता भवन्ति —इत्यर्थः। संसारभोगाद्यासक्तास्तु संसारे एव परिभ्रमन्ति, कदाचिदपि मुक्ता न भवन्ति।**

उक्तं च ज्ञानार्णवग्रन्थे (२१/३२)—

रागादिगहने खिन्नं मोहनिद्रावशीकृतम्।
जगन्मिथ्याग्रहाविष्टं जन्मपङ्के निमज्जति।।

अतएव तत्रैव (२२/३) **मुमुक्षवः परामृष्टा—**

विरज्य कामभोगेषु विमुच्य वपुषि स्पृहाम्।
समत्वं भज सर्वज्ञज्ञानलक्ष्मीकुलास्पदम्।।

(परित्यक्तसंसार-शरीर-भोगाः) जो संसार में, (निज) शरीर में और कामभोग में अनासक्त हैं, अतः मूर्च्छा या मोह के अभाव के कारण वे उनके त्यागी ही हैं। अथवा, सांसारिक भोग में व शारीरिक भोग में जिनकी अनासक्ति है, इसलिए उनकी उनमें त्यागबुद्धि ही है। ऐसे लोग शिव-सुख को प्राप्त होते हैं —यह गाथा का अर्थ है। संसार व भोग आदि में आसक्त लोग तो संसार में ही भ्रमण करते रहते हैं, कभी मुक्त नहीं हो पाते।

ज्ञानार्णव ग्रन्थ (21/32) में कहा गया है—

"राग आदि भयानक वन हैं, जिसमें विचरण करने वाले खिन्न ही रहते हैं और मोहनिद्रा के वशीभूत होते हुए संसार रूपी कीचड़ में डूब जाते हैं।"

इसीलिए, वहीं (ज्ञानार्णव-22/3 में) मुमुक्षुओं को परामर्श दिया गया है—

"हे भव्य ! तू विषय-भोगों से विरक्त होकर शरीर के विषय में निःस्पृह होता हुआ उस समताभाव की आराधना कर जो सर्वज्ञ की ज्ञानरूपी लक्ष्मी के कुलगृह के समान है (अर्थात् सर्वज्ञ की विभूति को प्राप्त करानेवाला होता है)।"

(रयणत्तयसंजुत्ता) **रत्नत्रयेण संयुक्ताः। सम्यग्दर्शनम्, सम्यग्ज्ञानम्, सम्यक् चारित्रम्—इत्येतानि प्रसिद्धानि समुदितरूपेण सेवितानि मोक्षसाधनानि भवन्ति। एष त्रयात्मकोऽपि मोक्षमार्गो व्यवहार-निश्चयेति-भेदद्वयं बिभर्ति। वीतरागसर्वज्ञोपदिष्टषड्द्रव्यादिसम्यक्श्रद्धान-ज्ञानव्रताद्यनुष्ठानविकल्परूपो व्यवहारमोक्षमार्गः। निजनिरञ्जनशुद्धात्मतत्त्वसम्यक्श्रद्धान-ज्ञानानुचरण-ऐकाग्र्यपरिणतिरूपो निश्चयमोक्षमार्गः। अथवा स्वशुद्धात्मभावनासाधकबहिर्द्रव्याश्रितो व्यवहार-मोक्षमार्गः केवलस्वसंवित्तिसमुत्पन्नरागादिविकल्पोपाधिरहितसुखानुभूतिरूपो निश्चयमोक्षमार्गः। निश्चयमोक्षमार्ग एव साक्षात् मोक्षसाधकः, व्यवहारमोक्षमार्गस्तु निश्चयमोक्षमार्गसाधकतया परम्परया मोक्षसाधकः। अयं त्रयाणां रत्नानां प्रशस्तयोग एव शिवसुखं प्रापयति। उक्तं च पद्मनन्दिपंच-विंशतिकाग्रन्थे** (४/१४)—

दर्शनं निश्चयः पुंसि, बोधस्तद्बोध इष्यते।
स्थितिरत्रैव चारित्रम्, इति योगः शिवाश्रयः।।

(रत्नत्रयसंयुक्ताः) तीनों रत्नों से सम्पन्न लोग। सम्यग्दर्शन, सम्यग्ज्ञान व सम्यक् चारित्र —ये प्रसिद्ध तीन रत्न हैं, जो समुदित (समष्टि) रूप में सेवित हों, तो मोक्ष के साधन बनते हैं। यह रत्न-त्रयात्मक मोक्षमार्ग व्यवहार व निश्चय —इन दो भेदों वाला है। वीतराग सर्वज्ञ द्वारा उपदिष्ट षड्द्रव्य आदि में किया जाने वाला सम्यक्श्रद्धान उनका सम्यग्ज्ञान एवं व्रतादि का अनुष्ठान, इनके विकल्प रूपों वाला 'व्यवहारमोक्षमार्ग' होता है। निज निरञ्जन शुद्धात्मतत्त्व के विषय में सम्यक्श्रद्धान, उसका सम्यग्ज्ञान और उस (शुद्धात्मतत्त्व) में ही अनुचरण, इससे होनेवाली जो ऐकाग्र्य-परिणति है, वही 'निश्चय मोक्षमार्ग' है। अथवा, स्वशुद्धात्मभावना का साधक एवं बाह्य द्रव्याश्रित व्यवहारमोक्षमार्ग होता है, और केवल स्वसंवेदन से समुत्पन्न एवं रागादिविकल्परूप उपाधि से रहित सुख की अनुभूति रूप निश्चयमोक्षमार्ग होता है। निश्चय मोक्षमार्ग ही साक्षात् मोक्ष-साधक है। व्यवहार मोक्षमार्ग तो निश्चय मोक्षमार्ग के साधकरूप में परम्परया मोक्ष का साधक होता है। (उक्त) तीन रत्नों का यह प्रशस्त योग ही शिवसुख को प्राप्त कराता है। पद्मनन्दिपंचविंशतिका ग्रन्थ (4/14) में कहा गया है—

''सम्यग्दर्शन का अर्थ है— आत्मविषयक निश्चय (विश्वास)। सम्यग्ज्ञान आत्मविषयक बोध माना गया है, इस आत्मा में ही स्थित (रत) रहना —यह सम्यक्चारित्र है, इस प्रकार तीनों का योग 'शिव' (मोक्ष) का प्राप्ति-स्थान (कारण) होता है।''

इदं रत्नत्रयं कदाचिदपि नात्मानं मुक्त्वा वर्तते, अतो रत्नत्रयात्मा आत्मैव निश्चयेन मोक्षकारणमिति बृ. द्रव्यसंग्रहग्रन्थे (गाथा-४०) **प्रतिपादितम्।**

एवं हे मुमुक्षो! संसारशरीरभोगेभ्यः पूर्णतया विरक्तिमाश्रित्य, देवगुरुप्रभृतिभक्तिं मनसि निधाय, रत्नत्रयाराधनायै स्वमात्मानं युज्यस्वेति गाथायास्तात्पर्यम्।

सम्प्रति, गाहाछन्दोमाध्यमेन तस्य शिवसुखस्य प्राप्तिः सम्यक्त्वं विना कदापि न सम्भवतीति आचार्या निर्दिशन्ति—

दाणं पूया सीलं, उववासं बहुविहंपि खवणं पि।
सम्मजुदं मोक्खसुहं, सम्म विणा दीहसंसारं।। १०।।

छाया— दानं पूजा शीलम्, उपवासः बहुविधमपि क्षपणमपि।
सम्यक्त्वयुतं मोक्षसुखं सम्यक्त्वं विना दीर्घसंसारः।।

यह रत्नत्रय कभी भी आत्मा को छोड़कर नहीं रहता, इसलिए रत्नत्रयरूप आत्मा ही निश्चय से मोक्ष का कारण होता है —ऐसा बृ. द्रव्यसंग्रह ग्रन्थ (गाथा-40) में प्रतिपादित किया गया है।

इस प्रकार, हे मुमुक्षु प्राणी ! सांसारिक, शारीरिक व भोग सम्बन्धी पूर्ण विरक्ति का आश्रय लेकर देव, गुरु आदि की भक्ति मन में रखते हुए, रत्नत्रय की आराधना हेतु निज आत्मा में ही जुड़ जाओ —यह गाथा का तात्पर्य है।

अब, गाहा छन्द के द्वारा उस शिव-सुख की प्राप्ति सम्यक्त्व के बिना कभी सम्भव नहीं होती —इस तथ्य को आचार्य समझा रहे हैं—

गाथा-अर्थ— सम्यक्त्व-युक्त (होकर ही) दान, पूजा, शील, (ब्रह्मचर्य), उपवास व अनेक प्रकार के कर्मक्षय की क्रियाएँ मोक्ष-सुख (की हेतु) हैं। किन्तु सम्यक्त्व के बिना (तो) दीर्घ (दुरन्त) संसार (ही) है।।10।।

रत्नत्रयवर्धिनी टीका— गाथान्वयः सुगमः। (सम्मजुदं) **सम्यक्त्वयुक्तं यदाचरणं, तदेव** (मोक्खसुहं) **मोक्ष-सुखहेतुरित्यर्थः अत्र कारणे कार्योपचारः, मोक्षसुखसाधने सम्यक्त्वयुक्तचारित्रे मोक्षसुखकार्यत्वमुपचर्यते, अतः तदाचरणमेव मोक्षसुखात्मकम्। यद्वा 'प्रापयति' इतिपद-मध्याहृत्यार्थसंगतिः कार्या। किं तदाचरणम् के च तत्प्रकाराः ?**

एतदेव प्रोच्यते— (दाणं पूया सीलं उववासं बहुविहं पि खवणं पि) **यथा— दानं, पूजा, उपवासः, एवं बहुविधं बहुप्रकारमपि क्षपणं कर्मक्षयकारणं यदपि आचरणं चारित्रं भवेद्, तत्सर्वं सम्यक्त्वयोगेन कृतं सत् मोक्षसुखमावहति —इति गाथार्थः। एतदेव तथ्यं निषेधमुखेन प्रकटीक्रियते—** (सम्म विणा दीहसंसारं) **सम्यक्त्वं विना दीर्घसंसारः दीर्घसंसारहेतुरित्यर्थः। यदि दानं, पूजा, शीलं (ब्रह्मचर्य-पालनम्), उपवासः, एवं बहुप्रकाराणि कर्मक्षयहेतूनि कार्याणि च सम्यग्दृष्टिना विधीयन्ते, तदैव मोक्षसुखं प्राप्तुं शक्यते, मिथ्यादृष्टिना तु कृतानि न मोक्षसुखसाधकानि, अपितु अनन्तसंसार-भ्रमणहेतूनि —इतिगाथाशयः।**

रत्नत्रयवर्धिनी टीका— गाथा अन्वय सुगम है। **(सम्यक्त्वयुक्तम्)** सम्यक्त्व-सहित जो आचरण होता है, वही **(मोक्षसुखम्)** मोक्षसुख है, अर्थात् मोक्षसुख का हेतु है। यहाँ कारण में कार्य का उपचार किया गया है। मोक्ष-सुख के साधक अर्थात् सम्यक्त्वयुक्त चारित्र में मोक्षसुख कार्य का उपचार किया जाता है, अतः तदनुरूप आचरण ही मोक्षसुखात्मक है। अथवा 'प्राप्त कराता है' इस पद का अध्याहार कर 'मोक्षसुख को प्राप्त कराता है' —इस प्रकार अर्थ-संगति बैठाई जा सकती है। (मोक्ष-सुख को देनेवाला) वह कौन-सा आचरण है और उसके कितने प्रकार हैं ?

इस जिज्ञासा के समाधान हेतु कहा जा रहा है— **(दानं, पूजा, शीलम्, उपवासः, बहुविधमपि क्षपणमपि)** दान, पूजा, शील, उपवास, और अनेक प्रकार का कर्मक्षय-कारक जो भी आचार या चारित्र होता है, वह सब सम्यक्त्व के योग से किया गया होकर मोक्ष-सुख की प्राप्ति कराता है —यह गाथा का अर्थ है। इसी तथ्य को निषेधात्मक कथन द्वारा अभिव्यक्त किया जा रहा है— **(सम्यक्त्वं विना दीर्घसंसारः)**। सम्यक्त्व के बिना तो (समस्त आचार) दीर्घसंसार अर्थात् दीर्घसंसार का हेतु है। दान, पूजा, शील (ब्रह्मचर्यपालन), उपवास, इसी तरह (अन्य) अनेक प्रकार के कर्म-क्षय करने वाले कार्य यदि सम्यग्दृष्टि द्वारा किये जाते हैं, तभी उनसे मोक्ष-सुख की प्राप्ति हो सकती है। किन्तु मिथ्यादृष्टि द्वारा किये जाएँ तो मोक्ष-सुख के साधक नहीं होते, अपितु अनन्त संसार में भ्रमण के कारण होते हैं —यह गाथा का आशय है।

सम्यक्त्व-मिथ्यात्वयोरिदमन्तरं सागारधर्मामृतग्रन्थे (१/४) **विशदीकृतम्—**

नरत्वेऽपि पशूयन्ते मिथ्यात्वग्रस्तचेतसः।
पशुत्वेऽपि नरायन्ते सम्यक्त्वव्यक्तचेतनाः।।

अत्रायं विस्तरः— 'अनुग्रहार्थं स्वस्यातिसर्गो दानम्' **इति तत्त्वार्थसूत्रे** (७/३८) **प्रोक्तम्। तत्रानुग्रहः स्वपरयोरुपकारः। दानी परोपकारं दानेन विधाय पुण्यसंचयादिकं स्वकीयोपकारमपि विदधाति।**

एतच्च दानं चतुर्विधम्-आहारदानम्, अभय(करुणा)**-दानम्, ज्ञान**(शास्त्र)**-दानम्, औषधदानं चेति। वसुनन्दिश्रावकाचारग्रन्थे** (गाथा-२३३) **उक्तमपि—**

आहारोसहसत्थाभयभेओ जं चउव्विहं दाणं।
तं वुच्चइ दायव्वं णिदिट्ठमुवासयज्झयणे।।

सम्यक्त्व व मिथ्यात्व, दोनों के अन्तर को सागारधर्मामृत ग्रन्थ (1/4) में इस प्रकार स्पष्ट किया गया है—

"मिथ्यात्व से ग्रस्त चित्त वाले प्राणी मनुष्य-पर्याय से युक्त होने पर भी पशु की तरह हैं तथा सम्यक्त्वयुक्त चेतना वाले प्राणी पशु-पर्याय से युक्त होने पर भी मनुष्य की तरह हैं।"

इस विषय में अब कुछ विस्तार से कहा जा रहा है— "अनुग्रह हेतु अपने स्वकीय (धन आदि) का अतिसर्ग (विसर्जन) 'दान' कहा जाता है" यह तत्त्वार्थसूत्र (7/38) में कहा गया है। यहाँ अनुग्रह का अर्थ है— स्व व पर का उपकार। दान करनेवाला व्यक्ति दान के द्वारा पुण्य-संचय आदि रूप अपना उपकार भी करता है।

यह दान चार प्रकार का होता है— आहारदान, अभय (करुणा) दान, ज्ञान (शास्त्र) दान और औषधदान। वसुनन्दिश्रावकाचार ग्रन्थ (गाथा-233) में कहा भी गया है—

"आहारदान, औषधदान, शास्त्रदान व अभयदान —ये चार प्रकार दान हैं। ये चारों दान कर्तव्य हैं —ऐसा उपासकाध्ययन में कहा गया है।"

उपासकाध्ययनग्रन्थे (४३/७७१) **यत् निर्दिष्टं तदत्र प्रस्तूयते—**

अभयाहारभैषज्यश्रुतभेदाच्चतुर्विधम्।
दानं मनीषिभिः प्रोक्तं भक्तिशक्तिसमाश्रयम्।।

एतेषां चतुर्णां दानानां सुफलान्यपि उपासकाध्ययने (४३/७७२) **प्रोक्तानि—**

सौरूप्यमभयादाहुः, आहाराद् भोगवान् भवेत्।
आरोग्यमौषधाज्ज्ञेयम्, श्रुतात्स्यात् श्रुतकेवली।।

वसुनन्दिश्रावकाचारेऽपि (गाथा २३४-२३८) **एतेषां दानानां स्वरूपविषये वर्णितमस्ति। किञ्च, आहारदानम्, औषधदानम्, आवासदानम्, शास्त्रदानं चेति दानस्य चत्वारो भेदाः स्वीकृताः। यथा रत्नकरण्डश्रावकाचारे** (श्लोक-११७) **प्रोक्तम्—**

आहारौषधयोरप्युपकरणावासयोश्च दानेन।
वैयावृत्त्यं ब्रुवते चतुरात्मत्वेन चतुरस्राः।।

उपासकाध्ययन ग्रन्थ (43/771) में जो कहा गया है, वह इस प्रकार है—

"मनीषियों ने भक्ति व शक्ति से किये जाने वाले दान को चार प्रकार का बताया है। (वे हैं—) अभयदान, आहारदान, औषधदान और ज्ञानदान।"

इन चारों दानों के श्रेष्ठ फलों का भी निरूपण वहीं उपासकाध्ययन (43/772) में इस प्रकार किया गया है—

"अभयदान से सुरूपता की प्राप्ति कही गई है, आहारदान से व्यक्ति भोग-सम्पन्न होता है। औषधदान से आरोग्य की प्राप्ति होती है और श्रुतदान से व्यक्ति श्रुतकेवली होता है।"

वसुनन्दिश्रावकाचार (गाथा 234-238) में भी इन दानों का स्वरूप बताया गया है। और, आहारदान, औषधदान, आवासदान व शास्त्रदान —इस प्रकार भी दान के चार भेद माने गये हैं। जैसे, रत्नकरण्डश्रावकाचार (श्लोक-117) में कहा गया है—

"ज्ञानी पुरुषों ने आहार, औषध, उपकरण व आवास के दान से की जाने वाले वैयावृत्त्य को चार प्रकार का कहा है।"

सागारधर्मामृते (२/६९) च निर्दिष्टम्—

तपःश्रुतोपयोगीनि निरवद्यानि भक्तितः।
मुनिभ्योऽन्नौषधावासपुस्तकादीनि कल्पयेत्।।

सात्त्विक-राजस-तामसेतिभेदत्रयमपि दानस्य सागारधर्मामृते (५/४७) उद्धृतश्लोकद्वयेन संकेतितमस्ति। सर्वार्थसिद्धौ (६/२४) तु आहाराभयज्ञानदानेतिरूपेण तिस्रो भेदा एव दानस्य निरूपिताः।

दानं पूजा चेति कर्मद्वयी श्रावकस्य मुख्यकर्तव्यरूपेति ग्रन्थस्यास्याग्रिमगाथाया-माचार्यवरेण कृतमेवेति दानमहत्त्वं सुस्पष्टमेव।सपर्या, यजनं, यज्ञः, क्रतुः, महः —एते पूजायाः पर्यायाः इति उत्तरपुराणे (६७/१९३) निर्दिष्टमस्ति। इयं पूजा द्रव्यभाव-भेदेन द्विधा भवति। अर्हदादिदेवानुद्दिश्य गन्धपुष्पादिदानं, गुणसंस्तवनं प्रणतिप्रभृतिकरणं चेत्यादि द्रव्यपूजा। मनसा अर्हदादिपूज्यगुणस्मरणं भावपूजा।

सागारधर्मामृत (2/69) में भी कहा गया है—

''मुनियों को भक्तिपूर्वक तप व श्रुतज्ञान में उपयोगी एवं निर्दोष आहार, औषध, वसति व पुस्तक आदि दान में देना चाहिए।''

दान के सात्त्विक, राजस व तामस —इन तीन भेदों का भी सागारधर्मामृत (5/47) में उद्धृत दो श्लोकों द्वारा संकेत किया गया है। सर्वार्थसिद्धि (6/24) में तो आहारदान, अभयदान व ज्ञानदान —इन तीन भेदों का ही निरूपण किया गया है।

दान और पूजा —ये दोनों कर्म श्रावक के मुख्य कर्तव्य हैं —ऐसा इसी (रयणसार) ग्रन्थ की अग्रिम गाथा में आचार्यवर ने निरूपण किया है, इससे दान की महत्ता (श्रावक के लिए) सुस्पष्ट ही है। सपर्या, यजन, यज्ञ, क्रतु, मह —ये पूजा के पर्याय हैं —ऐसा उत्तरपुराण (67/193) में बताया गया है। इस पूजा के दो भेद हैं— द्रव्यपूजा व भावपूजा। अर्हन्त आदि देवों को उद्दिष्ट करके गन्ध, पुष्प आदि का दान, गुणस्तवन व प्रणाम आदि क्रियाएँ —ये द्रव्यपूजा हैं। मन से अर्हदादि पूज्यों (देवादि) के गुणों का स्मरण भावपूजा होती है।

नामपूजा, स्थापनापूजा, द्रव्यपूजा, क्षेत्रपूजा, कालपूजा, भावपूजा चेति षड्विधाऽपि पूजा वसुनन्दिश्रावकाचारे (गाथा-३८१) **प्रोक्ता। एतासां स्वरूपादीनि तत्रैव** (गाथा ३८२-४५५) **विस्तरेण प्रोक्तमस्ति। निश्चयनयेन तु स्वस्मिन्नेव आराध्याराधकभावस्थितिः पूजा ज्ञेया। उक्तं च परमात्मप्रकाशे** (दोहा-१/१२३)—

मणु मिलियउ परमेसरहँ परमेसरु वि मणस्स।
बीहि वि समरसि हूवाहँ पुज्ज चडावउँ कस्स।।

सदार्चना, चतुर्मुखपूजा, कल्पद्रुमपूजा, इन्द्रध्वजपूजा चेति चत्वारो भेदा अपि आदिपुराणे (३८/२६-३३) **वर्णिताः—**

प्रोक्ता पूजाऽर्हतामिज्या सा चतुर्धा सदार्चनम्।
चतुर्मुखमहः कल्पद्रुमाश्चाष्टाह्निकोऽपि च।।

तत्र नित्यमहो नाम शश्वज्जिनगृहं प्रति।
स्वगृहान्नीयमानाऽर्चा गन्धपुष्पाक्षतादिका।।

नामपूजा, स्थापनापूजा, द्रव्यपूजा, क्षेत्रपूजा, कालपूजा व भावपूजा —इस प्रकार छः प्रकार की पूजा वसुनन्दिश्रावकाचार (गाथा-381) में कही गई हैं। इनके स्वरूप आदि का विस्तार से कथन भी वहीं (गाथा 382-455) किया गया है। निश्चयनय से तो निंज आत्मा में ही आराध्य व आराधक भाव की स्थिति होना —यह पूजा है। परमात्मप्रकाश (दोहा-1/123) में (इस स्थिति को) इस प्रकार कहा गया है—

"मन भगवान् परमात्मा से मिल गया है (तन्मय हो गया है) और परमात्मा भी मन से मिल गया, तो फिर दोनों के समरस होने पर, अब मैं किसकी पूजा करूँ ?

पूजा के सदार्चना, चतुर्मुखपूजा, कल्पद्रुमपूजा तथा इन्द्रध्वजपूजा —इन चार भेदों का भी आदिपुराण (38/26-33) में इस प्रकार वर्णन किया गया है—

"पूजा के चार प्रकार कहे गये हैं— सदार्चन, चतुर्मुख, कल्पद्रुम व आष्टाह्निक।।"

"इन चारों पूजाओं में से प्रतिदिन अपने घर से गन्ध, पुष्प, अक्षत आदि ले जाकर जिनालय में श्री जिनेन्द्रदेव की पूजा करना 'सदार्चन' अर्थात् 'नित्यमह' कहलाता है"

चैत्यचैत्यालयादीनां भक्त्या निर्मापणं च यत्।
शासनीकृत्य दानं च ग्रामादीनां सदार्चनम्।।

या च पूजा मुनीन्द्राणां नित्यदानानुषङ्गिणी।
स च नित्यमहो ज्ञेयो यथाशक्त्युपकल्पितः।।

महामुकुटबद्धैश्च क्रियमाणो महामहः।
चतुर्मुखः स विज्ञेयः, सर्वतोभद्र इत्यपि।।

दत्वा किमिच्छकं दानं सम्राड्भिर्यः प्रवर्त्यते।
कल्पद्रुममहः सोऽयं जगदाशाप्रपूरणः।।

आष्टाह्निको महःसार्वजनिको रूढ एव सः।
महानैन्द्रध्वजोऽन्यस्तु सुरराजैः कृतो महः।।

"अथवा भक्तिपूर्वक अर्हन्त देव की प्रतिमा व मन्दिर का निर्माण करना तथा दानपत्र लिख कर गाँव, खेत आदि का दान देना भी 'सदार्चन' (नित्यमह) कहा जाता है।"

"इसके अतिरिक्त, यथाशक्ति नित्य दान देते हुए महामुनियों की जो पूजा की जाती है, उसे भी 'नित्यमह' समझना चाहिए।"

"महामुकुटबद्ध राजाओं के द्वारा जो महायज्ञ किया जाता है, उसे 'चतुर्मुख' यज्ञ जानना चाहिए। इसका दूसरा नाम 'सर्वतोभद्र' भी है।"

"जो चक्रवर्तियों द्वारा 'किमिच्छक' (मुंहमागा) दान देकर किया जाता है और जिसमें जगत् के समस्त जीवों की आशाएँ पूर्ण की जाती हैं, वह 'कल्पद्रुम' नाम का यज्ञ (पूजा) कहलाता है।"

"चौथा 'आष्टाह्निक' यज्ञ है जिसे सब लोग करते हैं और जो जगत् में अतिप्रसिद्ध है। इसके सिवा एक 'इन्द्रध्वज' महायज्ञ भी है। जिसे इन्द्र किया करता है।"

बलिस्नपनमित्यन्यः, त्रिसन्ध्यासेवया समम्।
उक्तेष्वेव विकल्पेषु, ज्ञेयमन्यच्च तादृशम्।।

'शीलं विषयविरागः' **इति शीलप्राभृते** (गाथा-४०) **प्रोक्तमाचार्यवरैः। विषयासक्तो विशेषतया अब्रह्मसेवनादौ प्रवर्तते। उक्तं च भगवती-आराधनाग्रन्थे** (गाथा-९१३)—

वेढेइ विसयहेदुं कलत्तपासेहिं दुव्विमोएहिं।
कोसेण कोसियारुव्व दुम्मदी णिच्च अप्पाणं।।

शीलपदमत्र सामान्यतया विषयविरक्तेः, विशेषतया अब्रह्मसेवनविरतिरूपब्रह्मचर्यस्य बोधकम्। शील-ब्रह्मचर्ययोः विशिष्टसम्बन्धः, अतएव शीलप्राभृते (गाथा-४०) **ब्रह्मचर्यं शील-परिवारस्य अङ्गभूतं निर्दिष्टम्। एवं शीलपदमत्र प्रमुखतो ब्रह्मचर्यवाचकं स्वीकरणीयम्।**

''बलि (नैवेद्य) चढ़ाना, अभिषेक करना, तीनों सन्ध्याओं में उपासना करना तथा इनके समान और भी जो पूजा के प्रकार हैं, वे सब इन्हीं भेदों में अन्तर्भूत हैं।''

शील का अर्थ है— विषयों से विरक्ति —ऐसा शीलप्राभृत (गाथा-40) में आचार्य कुन्दकुन्दस्वामी ने बताया है। विषयासक्त जीव अब्रह्मसेवन आदि में प्रवृत्त होता है। भगवती-आराधना ग्रन्थ (गाथा 913) में कहा भी गया है—

''जैसे रेशम का कीड़ा अपने ही मुख में से लार निकालकर उससे अपने को बाँधता है। वैसे ही दुर्मति मनुष्य स्त्रीरूप पाश के द्वारा— जिससे छूटना अशक्य है— निरन्तर स्वयं को (संसार-बन्धनों में) बाँधता रहता है।''

अतः 'शील' पद यहाँ सामान्यतया विषय-विरति, और विशेषतया अब्रह्मसेवन से विरति रूप ब्रह्मचर्य का बोधक है। शील व ब्रह्मचर्य का विशेष सम्बन्ध है, इसीलिए शीलप्राभृत(गाथा-40) में ब्रह्मचर्य को शील परिवार का अङ्ग बताया गया है। इस प्रकार यहाँ शीलपद को प्रमुखता से ब्रह्मचर्य का वाचक मानना चाहिए।

ब्रह्मचर्यं च पूर्णतया ब्रह्मचर्यमहाव्रतरूपेण यद्वा एकदेशरूपेण स्वदारसन्तोषाणुव्रतरूपेण सेव्यते। सागारदशायामेकदेशरूपेण, स्थूलरूपेण वा ब्रह्मचर्यं सेव्यते, मुनिदशायान्तु पूर्णरूपतयेति विशेषः। किञ्च अणुव्रती (स्थूलब्रह्मचर्यव्रतपालकः) उपात्ताया अनुपात्तायाश्च पराङ्गनायाः संगात् निवृत्तरतिर्भवति —इति सर्वार्थसिद्धिग्रन्थे (७/२०) **प्रत्यपादि।**

अष्टम्यादिपर्वदिनेषु स्वस्त्रीसेवनमपि स न करोति —इतिवसुनन्दिश्रावकाचारे (गाथा-२१२) **भणितम्। अतस्तस्य ब्रह्मचर्याणुव्रतं स्वदारसन्तोषनाम्ना स्वीकृतमस्ति।**

सप्तमप्रतिमाधारी तु नवविधमैथुनान्निवृत्तः स्त्रीकथादितोऽपि निवर्तते— इतिवसुनन्दिश्रावकाचारे (गाथा-२९७) **प्रोक्तम्।**

ब्रह्मचर्यमहाव्रतधारी मुनिस्तु सर्वविधस्त्रीसेवनं मनोवाक्कायैः पूर्णतया परित्यजति —इति मूलाचारग्रन्थे (गाथा-८, २९२) **सम्यक् विशदीकृतमस्ति। ब्रह्मचर्यं च मनोवाक्कायकृतत्वात् त्रिविधम्, तदपि प्रत्येकं कृत-कारित-अनुमोदितरूपेण विभक्तत्वात् नवविधं भवति।**

ब्रह्मचर्य या तो पूर्ण ब्रह्मचर्य महाव्रत रूप से या फिर एकदेश रूप से— स्वदारसन्तोष अणुव्रत रूप से— सेवित किया जाता है। सागार (गृहस्थ) अवस्था में यह एकदेश या स्थूल रूप से और मुनिदशा में पूर्ण रूप से सेवित किया जाता है। और, अणुव्रती (स्थूल ब्रह्मचर्य व्रत का पालक) उपात्त (अधीन) या अनुपात्त पर-स्त्री के संसर्ग में अपनी अनुरक्ति नहीं रखता —यह सर्वार्थसिद्धि ग्रन्थ (7/20) में प्रतिपादित किया गया है।

वह अष्टमी आदि पर्व-दिनों में स्व-स्त्री का भी सेवन नहीं करता —यह वसुनन्दिश्रावकाचार (गाथा-212) में बताया गया है। इसलिए ब्रह्मचर्य-अणुव्रत 'स्वदारसन्तोष' नाम से स्वीकृत किया जाता है।

सप्तमप्रतिमाधारी, तो नौ प्रकार के मैथुन से सर्वथा निवृत्त होता हुआ स्त्री-कथा आदि से भी निवृत्त रहता है —ऐसा वसुनन्दिश्रावकाचार (गाथा-297) में कहा गया है।

ब्रह्मचर्य महाव्रत का धारक मुनि तो सर्वविध स्त्री-सेवन के, मन-वचन-शरीर से, पूर्णतया त्यागी होता है —यह मूलाचार ग्रन्थ (गाथा-8 व 292) में सम्यक्तया प्रतिपादित किया गया है। ब्रह्मचर्य मन, वचन व शरीर से पालन किये जाने की दृष्टि से तीन प्रकार का है, इनमें से प्रत्येक भी कृत, कारित, अनुमोदित —इन रूपों से तीन-तीन प्रकार का होता है, इस प्रकार कुल नौ प्रकार का ब्रह्मचर्य होता है।

दशविध-अब्रह्मसेवनत्यागात् दशविधमपि ब्रह्मचर्यं स्वीक्रियते। निश्चयनयेन तु आत्मनि ब्रह्मरूपे चरणमेव ब्रह्मचर्यमिति विज्ञेयम्। उक्तं च भगवती-आराधनाग्रन्थे (गाथा-८७२)—

जीवो बंभा जीवम्मि चेव चरिया हविज्ज जा जदिणो।
तं जाण बंभचेरं विमुक्कपरदेहतत्तिस्स।।

ब्रह्मचर्यव्रतस्य रक्षणाय पञ्च भावना अपि शास्त्रेषु प्रोक्ताः। यथा तत्त्वार्थसूत्रे (७/७)— "स्त्रीरागकथाश्रवणतन्मनोहराङ्गनिरीक्षणपूर्वरतानुस्मरणवृष्येष्टरसस्वशरीरसंस्कारत्यागाः पञ्च" **इति।**

दशविधमब्रह्म, ब्रह्मचर्यविराधिकाः क्रियाः, ब्रह्मचर्याणुव्रतस्य अतीचाराः —इत्यादीनां विस्तृतं निरूपणं बारसअणुवेक्खाग्रन्थस्य (गाथा-३४) **सर्वोदयाटीकायां मया विहितमस्ति, तत्सर्वं तस्माद् बोद्धव्यम्। अत्र विस्तारभयात् न लिख्यते।**

दस प्रकार के अब्रह्मसेवन के त्याग की दृष्टि से ब्रह्मचर्य के दस भेद भी माने जाते हैं। निश्चय नय से तो ब्रह्मरूप निज आत्मा में 'चरण' को ही ब्रह्मचर्य जानना चाहिए। भगवती-आराधना ग्रन्थ (गाथा-872) में कहा भी है—

"जीव ब्रह्म है, उस में पराये शरीर-सम्बन्धी व्यापार से (अर्थात् स्त्री-रति से) विरत मुनि की जो चर्या (रमण) है, उसे ब्रह्मचर्य जानें।"

ब्रह्मचर्य व्रत की रक्षा के लिए पाँच भावनाएँ भी शास्त्रों में कही गई हैं। जैसे— तत्त्वार्थसूत्र (7/7) में कहा गया है— "स्त्री में राग पैदा करनेवाली कथा के सुनने का त्याग, स्त्रियों के मनोहर अंगों को देखने का त्याग, पूर्व के भोगों के स्मरण का त्याग, गरिष्ठ व इष्ट रस का त्याग तथा अपने शरीर के संस्कार का त्याग —ये ब्रह्मचर्य व्रत की पाँच भावनाएँ होती हैं।"

दस प्रकार का अब्रह्म, ब्रह्मचर्य-विराधक क्रियाएँ, ब्रह्मचर्याणुव्रत के अतीचार —इत्यादि विषयों का विस्तृत निरूपण 'बारस अणुवेक्खा' ग्रन्थ (गाथा-34) की सर्वोदया टीका में मैंने किया है, वह सब वहाँ से देखना-जानना चाहिए। उन्हें विस्तार के भय से यहाँ नहीं लिख रहे हैं।

उपवासश्च चतुर्विधाहारत्यागः। उक्तं च— 'चतुराहारविसर्जनमुपवासः' (रत्नकरण्ड. श्लोक-१०९)। **उपवासे च पञ्चेन्द्रियविषयोत्सुकता निवर्तनीया भवति —इति सर्वार्थसिद्धौ** (७/२१) **संकेतितम्। निश्चयनयेन तु इन्द्रियाणां स्वविषयनिवृत्तानां शुद्धात्मनि निवसनं लयनं यत्तस्योपवाससंज्ञा।**

उक्तं चानगारधर्मामृते (७/१२)—

स्वार्थादुपेत्य शुद्धात्मन्यक्षाणां वसनाल्लयात्।
उपवासोऽशनस्वाद्यखाद्यपेयविवर्जनम् ॥

अयं चोपवासो जघन्यमध्यमोत्तमभेदैः त्रिविधः। तेषां स्वरूपादिकं वसुनन्दिश्रावकाचारे (गाथा २८१-२९२) **तथा 'बारस अणुवेक्खा'-ग्रन्थस्य** (गाथा-६९) **विहितायां मदीयसर्वोदया-टीकायां वा द्रष्टव्यम्। उपवासोऽनशनमेव। तस्यैव विशिष्टं स्वरूपं प्रोषधोपवासः। अत्र प्रोषधशब्दः पर्वविशेषवाचकः। पर्वविशेषे अष्टमी-चतुर्दश्योः क्रियमाण उपवासः प्रोषधोपवासः।**

उपवास यानी चारों प्रकार (अशन, स्वाद्य, खाद्य व पेय) का त्याग। 'चतुर्विध आहार का त्याग उपवास है' ऐसा (रत्नकरण्डश्रावकाचार के 109वें श्लोक में) कहा भी गया है। उपवास में पाँचों इन्द्रियों के विषयों में उत्सुकता का (भी) त्याग करना होता है —ऐसा सर्वार्थसिद्धि (7/21) में बताया गया है। निश्चयनय से तो अपने-अपने विषयों से निवृत्त हो चुकी इन्द्रियों का निज शुद्धात्मा में जो निवास करना— लीन होना है, उसी की उपवास संज्ञा है।

अनगारधर्मामृत (7/12) में कहा भी गया है—

"अपने-अपने विषयों से हटकर इन्द्रियों के राग-द्वेष रहित आत्मस्वरूप में बसने अर्थात् लीन होने से अशन, स्वाद्य, खाद्य, पेय (लेह्य) —इन चारों प्रकार के आहार का विधिपूर्वक त्याग करना 'उपवास' है।"

यह उपवास जघन्य, मध्यम व उत्कृष्ट भेद से तीन प्रकार का होता है। इनके स्वरूपादि को वसुनन्दिश्रावकाचार (गाथा-281-292) से तथा बारस-अणुवेक्खा ग्रन्थ (गाथा-69) की मेरी सर्वोदया टीका से जानना चाहिए। उपवास का अर्थ है— अनशन (आहारादि का त्याग)। इसी का एक विशेष स्वरूप है— प्रोषधोपवास। यहाँ 'प्रोषध' पर्वविशेष का वाचक है। (प्रोषध यानी) पर्वविशेष में— (प्रत्येक पक्ष की) अष्टमी व चतुर्दशी के दिनों में किया जाने वाला उपवास 'प्रोषधोपवास' है।

अनशनं बाह्यतपस्सु परिगणितम्। प्रोषधोपवासस्तु श्रावकाणां कृते शिक्षाव्रतेषु परिगण्यते। अयं प्रोषधो-पवासः सामायिकसंस्कारस्थिरीकरणाय समुपयोगीति पुरुषार्थसिद्ध्युपायग्रन्थे (श्लोक-१५१) **प्रोक्तम्—**

सामायिकसंस्कारं प्रतिदिनमारोपितं स्थिरीकर्तुम्।
पक्षार्द्धयोर्द्वयोरपि कर्तव्योऽवश्यमुपवासः।।

प्रोषधोपवासस्वरूपमपि रत्नकरण्डश्रावकाचारे (श्लोक-१०९) **इत्थं निरूपितमस्ति—**

चतुराहारविसर्जनमुपवासः प्रोषधः सकृद्भुक्तिः।
स प्रोषधोपवासः, यदुपोष्यारम्भमाचरति।।

प्रोषधोपवासनामिकायां श्रावकीयचतुर्थप्रतिमायान्तु पूर्णशक्त्या व्रतरूपेण नियमतोऽस्य पालनं क्रियते इति रत्नकरण्डश्रावकाचारग्रन्थे (श्लोक-१४०) **निरूपितमस्ति।**

अनशन को बाह्य तपों में परिगणित किया गया है। प्रोषधोपवास तो श्रावकों के शिक्षाव्रतों में परिगणित किया जाता है। 'सामायिक' (व्रत) सम्बन्धी संस्कार को स्थिर करने के लिए यह प्रोषधोपवास उपयोगी होता है —ऐसा पुरुषार्थसिद्ध्युपाय ग्रन्थ (श्लोक-151) में इस प्रकार कहा गया है—

"प्रतिदिन अङ्गीकार किये जाने वाले सामायिक रूप संस्कार को स्थिर करने के लिए दोनों पक्षों के अर्द्धभाग में (अष्टमी व चतुर्दशी के दिन) उपवास अवश्य करना चाहिए।"

प्रोषधोपवास का स्वरूप रत्नकरण्डश्रावकाचार (श्लोक-109) में भी इस प्रकार बताया गया है—

"(दाल-रोटी आदि खाद्य, रबड़ी आदि लेह्य, दूध-पानी आदि पेय, लौंग-इलायची आदि स्वाद्य) इन चारों प्रकार के आहार का त्याग 'उपवास' कहलाता है। दिन में मात्र एक बार (एकाशन से) आहार-पानी लेना प्रोषध कहलाता है, और प्रोषध सहित उपवास, अर्थात् धारणा-पारणा के दिन एकाशन सहित किये जाने वाले उपवास को प्रोषधोपवास कहते हैं।"

श्रावक की प्रोषधोपवास नामक चौथी प्रतिमा में तो इस व्रत का पूर्णतया नियमपूर्वक पालन किया जाता है —यह रत्नकरण्डश्रावकाचार ग्रन्थ (श्लोक-140) में प्रतिपादित किया गया है।

अनशनतपसो द्वौ प्रकारौ— अर्धानशनं सर्वानशनं च। तत्र नियतकालपर्यन्त-अशनत्यागरूपं यत्तद् अर्धानशनम्। ग्रन्थान्तरेऽस्य अवधृतकालानशनं, इत्तिरियानशनं तथा साकांक्षानशनमित्यादीनि नामानि प्राप्यन्ते। अस्य स्वरूपं यथा— प्रतिदिनं भोजनवेलाद्वयं भवति। तत्रैकस्यां भक्तवेलायां भोजनं, द्वितीयवेलायां तु त्यागः इति एकभक्तानशनम्। एवं चतसृणां वेलानामशनत्यागश्चतुर्था-भक्तानशनमेकोपवासः। एकोपवासस्य स्वरूपमित्थमपि स्वीक्रियते— प्रथमदिवसे जिनार्चनाद्यनन्तरं शुद्धाहारं गृहीत्वा, द्वितीयवेलायामनशनम्, द्वितीयदिवसे चोभयोर्वेलयोरनशनम्, तृतीयदिवसे च प्रथमवेलायामनशनम्, एवं चतसृणां भक्तवेलानां त्यागः तथा तृतीयदिवसे द्वितीयवेलायां पारणारूपेण भोजनग्रहणमिति सम्यगनशनरूप एकोपवासः। षण्णां भक्तवेलानां त्यागः षष्ठो द्विदिनपरित्यागः, एवं द्वौ उपवासौ। एवमष्टानां त्यागोऽष्टमः, एवं त्रय उपवासाः। एवं दशानां त्यागे दशमे चत्वार उपवासा भवन्ति। द्वादशवेलानां त्यागे द्वादशे च पञ्चोपवासा भवन्ति।

अनशन तप के दो भेद हैं— अर्धानशन और सर्वानशन। इनमें नियत काल के लिए ही अशन का त्याग करना —यह अर्धानशन है। अन्य ग्रन्थों में इसके अन्य नाम भी प्राप्त होते हैं— अवधृतकाल-अनशन, इत्तिरिय अनशन, व साकांक्ष अनशन। इसका स्वरूप इस प्रकार है— जैसे प्रतिदिन भोजन की दो वेला होती हैं। इनमें एक वेला में भोजन करना और दूसरी वेला में उसका त्याग करना —यह 'एकभक्त अनशन' है। इसी तरह, चार वेला भोजन का त्याग जो चतुर्थभक्त अनशन होता है, वह 'एक उपवास' कहा जाता है। एकोपवास के स्वरूप को इस प्रकार भी माना जाता है— प्रथम दिन में जिन-पूजा आदि के बाद शुद्ध आहार लेकर, दूसरी वेला में अनशन, फिर दूसरे दिन दोनों वेलाओं में अनशन, तीसरे दिन भी प्रथम वेला में अनशन, इस प्रकार चार भोजन-वेला का त्याग कर तीसरे दिन की दूसरी वेला में पारणा रूप से आहार लेना —यह सम्यक् अनशन वाला 'एक उपवास' है। छः वेलाओं का आहार-त्याग-यह छठा अनशन, दो दिनों का आहार त्याग 'दो उपवास' है। इसी तरह आठ वेलाओं का त्याग अष्टम अनशन यानी 'तीन उपवास' है। इसी तरह दस भोजन-वेलाओं के त्याग वाले दशम अनशन में चार उपवास होते हैं। बारह वेलाओं का आहार-त्याग 'द्वादश' अनशन है, जो 'पाँच उपवास' वाला होता है।

मूलाचारग्रन्थे (गाथा ३४७-३४८) **अस्य स्वरूपमित्थं निरूपितम्—**

इत्तिरियं जावजीवं दुविहं पुण अणसणं मुणेयव्वं।
इत्तिरियं साकंखं णिरावकंखं हवे विदियं।।

छट्ठट्ठमदसमदुवादसेहिं मासद्धमासखमणाणि।
कणगेगावलिआदी तपोविहाणाणि णाहारे।।

द्वितीयमनशनं यावज्जीवं सर्वानशनमनवधृतकालादिनामभिः प्रथितम्। मृत्युवेलायां तपोधनैश्चतुर्विधाहारत्यागो मृत्युपर्यन्तं यत् क्रियते, तस्य प्रयोजनं तु प्राणिसंयम-इन्द्रियसंयमसिद्धिरेव।

उक्तं च मूलाचारे (गाथा-३४९)—

भत्तपइण्णा इंगिणि पाउवगमणाणि जाणि मरणाणि।
अण्णे वि एवमादी बोधव्वा निरवकंखाणि।।

मूलाचार ग्रन्थ (गाथा-347-348) में इसके स्वरूप का निरूपण इस प्रकार किया गया है—

''काल की मर्यादा सहित और जीवन पर्यन्त (आहार-त्याग) के भेद से अनशन तप के दो भेद जानने चाहिए। इनमें काल की मर्यादावाला 'साकांक्ष' होता है और यावज्जीवन अनशन 'निराकांक्ष' अनशन होता है।''

''बेला, तेला, चौला, पाँच उपवास, पन्द्रह दिन व महीने भर का उपवास कनकावली, एकावली आदि तपश्चरण के विधान अनशन में कहे गये हैं।''

दूसरा अनशन यावज्जीवन का होता है जो सर्वानशन, अनवधृतकाल अनशन आदि नामों से प्रसिद्ध है। मृत्यु के समय तपस्वी जन चतुर्विध आहार का मृत्युपर्यन्त त्याग करते हैं, उसका प्रयोजन प्राणी-संयम व इन्द्रिसंयम की सिद्धि करना ही होता है।

मूलाचार (गाथा-349) में कहा भी गया है—

''भक्तप्रत्याख्यान, इंगिनीमरण और प्रायोपगमन (पादपोपगमन) —ये जो मरण हैं, ऐसे और भी जो अनशन हैं, उन्हें निराकांक्ष अनशन जानना चाहिए।''

प्रोक्तं राजवार्तिके (९/१९/२) **च**— 'अनवधृतकालमादेहोपरमात्।

सर्वार्थसिद्धिग्रन्थे (९/१९) **च भणितम्**— "दृष्टफलानपेक्षं संयमसिद्धिरागोच्छेदकर्मविनाश-ध्यानागमावाप्त्यर्थमनशनम्।"

धवलाग्रन्थे च (पु. १३, खण्ड-५, भाग-४, सू. २६) **प्रोक्तम्**— "किमट्ठं एसो कीरदे? पाणिंदियसंजमट्ठं भुत्तीए उहयासंजम-अविणाभावदंसणादो।"

अनशनतपसोऽतिचारा अपि ज्ञातव्याः। यथा— स्वयं न भुंक्ते, अन्यं भोजयति, परस्य भोजनमनुमोदते मनसा वचसा कायेन च। स्वयं क्षुधापीडया भोजनमभिलषति, यद्वा पारणां मह्यं कः प्रयच्छति, क्व वा करिष्यामि —इति मनसा चिन्तयति —इत्येतानि तस्यातिचारा एव सन्ति। किञ्चात्र विशेषतया विज्ञेयम्-उपवासदिने आरम्भस्नानादिकं कार्यं शरीरालङ्करणादिकञ्च न करणीयं भवति।

राजवार्तिक (9/19/2) में कहा गया है— "देह छूटने तक का अनशन 'अनवधृतकाल' कहलाता है।"

सर्वार्थसिद्धि ग्रन्थ (9/19) में भी बताया गया है— "दृष्ट फल आदि की अपेक्षा (चाह) किये बिना, संयम की सिद्धि, राग का उच्छेद, कर्म-क्षय तथा ध्यान व आगम (श्रुतज्ञान) की प्राप्ति हेतु अनशन तप किया जाता है।"

धवला ग्रन्थ (पु. 13, खण्ड-5, भाग-4, सू. 26) में प्रतिपादित किया है— "यह अनशन क्यों किया जाता है? (उत्तर—) यह प्राणि-संयम और इन्द्रिय-संयम की सिद्धि हेतु किया जाता है, क्योंकि भोजन के साथ उक्त दोनों प्रकार के असंयम का अविनाभाव देखा जाता है।"

अनशन तप के अतिचारों को भी जानना चाहिए। उदाहरणार्थ— स्वयं तो नहीं खाये, पर औरों को खिलाये या दूसरे को भोजन करते हुए का अनुमोदन करे —यह अतिचार मन से, वचन से व शरीर से करना, तथा स्वयं क्षुधा से पीड़ित होकर भोजन की अभिलाषा करे, या मेरी पारणा कौन कराएगा, कहाँ (किस घर में) मैं पारणा करूँगा —ऐसी चिन्ता करना —ये अनशन के अतीचार होते हैं। यहाँ विशेष बात यह ज्ञातव्य है— उपवास के दिन, कोई आरम्भ व स्नान आदि का कार्य तथा शारीरिक अलंकरण आदि का कार्य नहीं किया जाता।

उक्तं च कार्तिकेयानुप्रेक्षाग्रन्थे (गाथा-३७८)—

उववासं कुव्वंतो आरंभं जो करेदि मोहादो।
सो णियदेहं सोसदि ण झाडए कम्मलेसं वि।।

रत्नकरण्डश्रावकाचारग्रन्थे (श्लोक-१०७) **च भणितम्**—

पञ्चानां पापानामलंक्रियारम्भगन्धपुष्पाणाम्।
स्नानाञ्जननस्यानामुपवासे परिहृतिं कुर्यात्।।

इन्द्रनन्दिसंहितायां (श्लोक-१४) **च स्पष्टीकृतम्**—

पव्वदिणे ण वयेसु वि ण दंतकट्ठं ण अंचमंतप्पं।
ण हाणंजणणस्साणं परिहारो तस्स सण्णेओ।।

कार्तिकेयानुप्रेक्षा ग्रन्थ (गाथा-378) में कहा भी गया है—

"उपवास करते हुए जो मोहवश (अज्ञानवश) आरम्भ (घरेलू व्यापार, खरीद-बिक्री, कृषि आदि) करता है, वह अपने शरीर को (मात्र) सुखाता है, उसके लेशमात्र भी कर्मों की निर्जरा नहीं होती।"

रत्नकरण्डश्रावकाचार ग्रन्थ (श्लोक-107) में भी कहा गया है—

"उपवास के दिन (हिंसादि) पाँच पापों का, (शारीरिक) साज-सजावट करने का, (कृषि आदि) आरम्भ का, सुगन्धित पदार्थ लगाने का तथा पुष्पों के (धारण व सूंघने आदि) प्रयोग का पूर्ण त्याग करना चाहिए। साथ ही स्नान, (आँखों में) सुरमा-काजल लगाने का एवं नसवार आदि सूंघने का भी पूर्ण त्याग करना चाहिए।"

इन्द्रनन्दिसंहिता (श्लोक-14) में इसे स्पष्ट करते हुए कहा गया है—

"पर्व और व्रत के दिनों में दातुन करना, आचमन-तर्पण, स्नान, अंजन, नस्य —इन (सब) का त्याग करना चाहिए।"

उपवासदिने जलादिना पूजाऽपि नावश्यिकी, करणे अकरणे वाऽपि न दोषः इति लाटीसंहितायां (५/२००-२०१) **प्रोक्तम्—**

जलपानं निषिद्धं स्यात्, मुनिवत् तत्र प्रोषधे।
न निषिद्धाऽनिषिद्धा स्यात्, अर्हत्पूजा जलादिभिः।।

यदा सा क्रियते पूजा न दोषोऽस्ति तदापि वै।
न क्रियते सा तदाप्यत्र दोषो नास्तीह कश्चन।।

बहुविधं क्षपणम् —इत्यनेन कर्मक्षयकारकाणां व्रतानां संकेतोऽत्र विहितः। शास्त्रेषु पञ्चमीव्रत-मुक्तावलीव्रत-कर्मक्षयविधिव्रत-जिनेन्द्रगुणसम्पत्ति-व्रतप्रभृतीनामनेकेषां व्रतानां निर्देशः प्राप्यते। वसुनन्दिश्रावकाचारे (गाथा ३५३-३७९), **हरिवंशपुराणे** (३४/५२-१३०), **व्रतविधान-संग्रहादौ च विस्तरतस्तन्निरूपणं द्रष्टव्यम्। विविधव्रतानां सामान्यफलं हरिवंशपुराणे** (३४/१३०) **प्रोक्तम्—**

उपवास के दिन जल आदि से पूजा करना भी आवश्यक नहीं है, उसे करने या न करने में कोई दोष नहीं है —ऐसा लाटीसंहिता (5/200-201) में इस प्रकार कहा गया है—

"व्रती श्रावक को प्रोषधोपवास के दिन जल नहीं पीना चाहिए। आचार्यों ने उक्त दिन मुनियों की तरह ही जल के पीने का निषेध किया है। किन्तु जल (चन्दन आदि) द्वारा भगवान् अर्हन्त देव की पूजा करने का न तो निषेध है और न अनिषेध।"

"प्रोषधोपवास के दिन श्रावक यदि पूजा करे तो भी कोई दोष नहीं है और पूजा न भी करे तो भी कोई दोष नहीं है।"

अनेक प्रकार का 'क्षपण' —इस (कथन) से कर्म-क्षय करने वाले व्रतों का संकेत यहाँ किया गया है। शास्त्रों में पञ्चमीव्रत, मुक्तावली व्रत, कर्मक्षयविधिव्रत, जिनेन्द्रगुणसंपत्ति व्रत आदि अनेक व्रतों का विस्तृत निर्देश प्राप्त होता है। वसुनन्दिश्रावकाचार (गाथा 353-379), हरिवंश पुराण (34/52-130) तथा व्रतविधानसंग्रह (आदि) ग्रन्थों में इन व्रतों का विस्तृत निर्देश प्राप्त होता है। विविध व्रतों के अनुष्ठान का क्या सुफल है, वह हरिवंशपुराण (34/130) में इस प्रकार बताया गया है—

एतेषु विधयः कार्या यथाशक्ति शरीरिभिः।
स्वर्गापवर्गसौख्यस्य पारम्पर्येण हेतवः।।

'सम्यक्त्वाभावे दीर्घसंसारः' **इत्यस्य तात्पर्यमिदमस्ति यद् मिथ्यात्वं दुरन्तसंसारभ्रमणहेतु एवेति। अमितगतिश्रावकाचारग्रन्थे** (२/२७) **प्रोक्तम्—**

दवीयः कुरुते स्थानं मिथ्यादृष्टिरभीप्सितम्।
अन्यत्र गमकारीव घोरैर्युक्तो व्रतैरपि।।

समयसारग्रन्थे (गाथा-१५२) **आचार्यकुन्दकुन्दस्वामिनो निर्दिशन्ति—**

परमट्ठम्हि दु अठिदो जो कुणदि तवं वदं च धारेई।
तं सव्वं बालतवं बालवदं विंति सव्वण्हू।।

"इन व्रतों में लोगों को सभी यथाशक्ति (शास्त्रोक्त) विधियाँ करनी चाहिए, क्योंकि ये स्वर्ग व मोक्ष के सुख की प्राप्ति में परम्परया हेतु हैं।"

'सम्यक्त्व के अभाव में दीर्घ संसार है' इस कथन का यह तात्पर्य है कि मिथ्यात्व दुरन्त संसार-भ्रमण का कारण ही है। अमितगतिश्रावकाचार ग्रन्थ (2/27) में कहा गया है—

"जिस प्रकार अन्यत्र अर्थात् विपरीत दिशा में जाने वाला जीव अपने अभीष्ट स्थान से और भी दूर होता जाता है, उसी प्रकार अतिकठिन घोर व्रतों के आचरण से युक्त भी मिथ्यादृष्टि व्यक्ति अपने मुक्तिस्थान से और भी दूर-दूर होता जाता है।"

समयसार ग्रन्थ (गाथा-152) में भी आचार्य कुन्दकुन्द स्वामी ने इस प्रकार कथन किया है—

"जो परमार्थ (वास्तविक) स्वरूप में तो स्थित नहीं है, किन्तु तप करता है और व्रत का धारण करता है, तो सर्वज्ञ देव ने उसके समस्त तप को बालतप और व्रत को बालव्रत कहा है।"

एवं, सम्यक्त्वेन युक्ता एव सर्वा दानव्रतादिक्रियाः सफला भवन्ति, मिथ्यात्वेन युक्ताः संसारपरिभ्रमणे एव हेतुभूता भवन्ति, अतो मुमुक्षो! सम्यक्त्वरत्नस्य सततं रक्षा विशुद्धिर्वा कर्तव्या, तदतीचारा अपि वर्जनीयाः, तत्पोषिका भावना अपि भावनीयाः इति गाथायाः सारः।

एवं 'पुव्वं जिणेहि भणिदं' **इत्यादिगाथामादिं कृत्वा** 'दाणं पूया सीलं' **इत्यादिगाथां यावत् नवगाथात्मको द्वितीयाधिकारः सम्पन्नतां गतः।**

[इति श्रीमद्गणाचार्यडॉ.विरागसागरमुनीन्द्रविरचितायां रत्नत्रयवर्धिनीटीकायां द्वितीयाधिकारः सम्पन्नः।।]

।। इति द्वितीयाधिकारः ।।

इस प्रकार, सम्यक्त्व से युक्त होने पर ही दान, व्रत आदि की सभी क्रियाएँ सफल होती हैं, मिथ्यात्व से युक्त हों तो वे संसार-भ्रमण की ही हेतु होती हैं, इसलिए मुमुक्षु प्राणी! सम्यक्त्व रत्न की निरन्तर रक्षा या विशुद्धि करनी चाहिए, उसके अतीचारों का भी परिहार करना चाहिए, उसका पोषण करने वाली भावनाएँ भानी चाहिए —यह (प्रस्तुत) गाथा का सार है।

इस प्रकार, **'पुव्वं जिणेहि भणिदं'** इत्यादि गाथा से लेकर **'दाणं पूया सीलं'** इत्यादि गाथा तक, नौ गाथाओं वाला —यह द्वितीय अधिकार सम्पन्न हुआ।

[श्रीमद्गणाचार्य डॉ. विरागसागरमुनीन्द्रकृत 'रत्नत्रयवर्धिनी' नामक टीका में द्वितीय अधिकार सम्पन्न हुआ।]

।। इति द्वितीयाधिकारः ।।

।। तइयो अहियारो।।

(तृतीयोऽधिकारः)

सम्प्रति तृतीयाधिकारः प्रारभ्यते। प्रथममस्य पातनिका निर्दिश्यते। अत्र 'दाणं पूया मुक्खं' (गाथा-११) **इत्यादित आरभ्य** 'जिणपूया मुणिदाणं' (गाथा-१३) **इत्यादिकां गाथां यावत् गाथात्रयात्मके अधिकारे श्रावककर्तव्यता मुख्यतया निरूपिताऽस्ति। यथा,** 'दाणं पूया मुक्खं' (गाथा-११) **इत्यादिका गाथा श्रावक-श्रमणयोः पृथक् पृथक् धार्मिकक्रियां निर्दिशन्ती एका। ततश्च** 'दाण ण धम्म ण' (गाथा-१२) **इत्यादिका गाथा दानपूजादिविमुखस्य श्रावकस्य दुःस्थितिं निरूपयन्ती द्वितीया। ततश्च** 'जिणपूया मुणिदाणं' (गाथा-१३) **इत्यादिका गाथा, श्रावकमुख्य-कर्तव्यरूपेण पूजादानयोर्निर्देशं कुर्वन्ती तृतीया। एवं तृतीयाधिकारे समुदायपातनिका विज्ञेया।**

।। तृतीय अधिकार।।

अब तीसरा अधिकार प्रारम्भ हो रहा है। पहले इस (अधिकार) की पातनिका कह रहे हैं। यहां **'दाणं पूया मुक्खं'** (गाथा-11) इत्यादि गाथा से लेकर **'जिणपूया मुणिदाणं'** (गाथा-13) इत्यादि गाथा तक तीन गाथाओं वाले, इस अधिकार में श्रावक की कर्तव्यता का प्रमुख रूप से निरूपण किया गया है। जैसे, **'दाणं पूया मुक्खं'** (गाथा-11) इत्यादि एक गाथा है जो श्रावक व श्रमण की पृथक्-पृथक् धार्मिक क्रिया का निर्देश करती है। तदनन्तर, **'दाण ण धम्म ण'** (गाथा-12) इत्यादि दूसरी गाथा है जो दान व पूजा आदि से विमुख श्रावक की दुःस्थिति का निरूपण करती है। इसके बाद, **'जिणपूया मुणिदाणं'** (गाथा-13) इत्यादि तीसरी गाथा है, जो श्रावक के मुख्य कर्तव्य के रूप में पूजा व दान का निर्देश करती है। इस प्रकार, तीसरे अधिकार की समुदाय-पातनिका जाननी चाहिए।

सम्प्रति गिहणीछन्दोमाध्यमेन आचार्यप्रवराः श्रावकश्रमणयोः प्रमुखां धार्मिकक्रियां पृथक्-पृथक् निर्दिशन्ति—

दाणं पूया मुक्खं सावयधम्मे ण सावया तेण विणा।
झाणज्झयणं मुक्खं जदिधम्मे तं विणा तहा सोवि।।११।।

छाया— दानं पूजा मुख्यं श्रावकधर्मे न श्रावकाः तेन विना।
ध्यानाध्ययनं मुख्यं यतिधर्मे तद् विना तथा सोऽपि।।

रत्नत्रयवर्धिनी टीका— सावयधम्मे दाणं पूया मुक्खं, तेण विणा ण सावया, जदिधम्मे झाणज्झयणं मुक्खं, तं विणा तहा सोवि —इति गाथापदानामन्वयः।

(सावयधम्मे) **श्रावकधर्मे। धर्मो द्विविधः— सागारधर्मः, अनगारधर्मश्च। यद्वा सम्पूर्णधर्मः, एकदेशधर्मश्च।**

उक्तं च पद्मनन्दिपञ्चविंशतिकाग्रन्थे (१/७, ६/४)—

धर्मो जीवदया गृहस्थशमिनोर्भेदाद् द्विधा....।

अब गिहणी छन्द के द्वारा आचार्यप्रवर श्रावक व श्रमण —इन दोनों की प्रमुख धार्मिक क्रिया का पृथक्-पृथक् निर्देश कर रहे हैं—

गाथा-अर्थ— श्रावक-धर्म में दान व पूजा —ये मुख्य (कर्तव्य) हैं, इसके बिना वे श्रावक (ही) नहीं हैं। मुनि-धर्म में ध्यान व अध्ययन (स्वाध्याय) मुख्य (कर्तव्य) हैं और इनके बिना वह (मुनि या मुनि-धर्म) भी वैसा ही (अयथार्थ) है।।11।।

रत्नत्रयवर्धिनी टीका— श्रावकधर्मे दानं पूजा मुख्यं, तेन विना न श्रावकाः, यतिधर्मे ध्यानाध्ययनं मुख्यं, तद् विना तथा सोऽपि —इस प्रकार गाथा का अन्वय है।

(श्रावकधर्मे) श्रावक धर्म में। धर्म दो प्रकार का होता है— सागार धर्म व अनगार धर्म। अथवा सम्पूर्ण धर्म व एकदेश धर्म —ये भी दो भेद हैं।

पद्मनन्दिपंचविंशतिका ग्रन्थ (1/7, 6/4) में कहा गया है—

"जीवदया धर्म है, और वह गृहस्थ व अनगार के भेद से दो प्रकार का होता है।"

सम्पूर्णदेशभेदाभ्यां स च धर्मो द्विधा भवेत्।

रयणसारग्रन्थे चास्मिन् प्रथमगाथायां सागार-अनगारधर्माराधकयोर्निर्देशः कृतोऽस्त्येव। अस्यां गाथायान्तु तयोः स्थाने श्रावकयतिधर्मयोः निर्देशः कृतः। अतः सागारधर्म एव श्रावकधर्मः। किञ्च, शृणोति गुरुप्रभृतिभ्यो धर्ममिति श्रावको भवति। किन्त्वत्र श्रावकपदेन विशिष्टसागार-धर्माराधको बोद्धयते। पञ्चमगुणस्थानवर्ती संयतासंयत-सम्यग्दृष्टिरेव श्रावकरूपेणात्र स्वीकृतः।

उक्तं च सर्वार्थसिद्धिग्रन्थे (९/४५)— ''स एव पुनश्चारित्रमोहकर्मविकल्पाप्रत्याख्यानावरण-क्षयोपशमनिमित्तपरिणामप्रासिकाले विशुद्धिप्रकर्षयोगात् श्रावकः भवन्........।''

सागारधर्मामृतग्रन्थे (१/१५-१६) **च भणितम्—**

मूलोत्तरगुणनिष्ठाम् अधितिष्ठन् पञ्चगुरुपदशरण्यः।
दानयजनप्रधानः, ज्ञानसुधां श्रावकः पिपासुः स्यात्।।

''सम्पूर्ण धर्म व देशधर्म —इस प्रकार वह धर्म दो प्रकार का होता है।''

इसी रयणसार ग्रन्थ में प्रथम गाथा में सागार व अनागार धर्म के आराधकों का निर्देश है ही। इस (11वीं) गाथा में इन (सागार व अनगार धर्म) के स्थान में श्रावक व यतियों के धर्मों का निर्देश किया गया है। इसलिए सागारधर्म ही श्रावक धर्म है। और, श्रावक वह है जो गुरु आदि से धर्म-श्रवण करता है। किन्तु यहाँ श्रावक पद 'विशिष्ट सागारधर्माराधक' अर्थ का बोधक है। पञ्चमगुणस्थानवर्ती संयतासंयत (एकदेशविरत) सम्यग्दृष्टि ही यहाँ श्रावक रूप से स्वीकृत है।

सर्वार्थसिद्धि ग्रन्थ (9/45) में कहा भी गया है— ''पुनः वह (सम्यग्दृष्टि) ही चारित्रमोहनीय कर्म के एक भेद अप्रत्याख्यानावरण कर्म के क्षयोपशम का निमित्त प्राप्त कर होने वाले परिणामों की प्राप्ति होने पर प्रकृष्ट विशुद्धि होने से श्रावक होता हुआ........।''

सागारधर्मामृत ग्रन्थ (1/15-16) में भी कहा गया है—

''जो मूलगुण व उत्तरगुण में निष्ठा रखता है, अर्हन्त आदि पाँच गुरुओं के चरणों को ही अपना शरण मानता है, दान व पूजा जिसके प्रधान कार्य हैं तथा ज्ञान रूपी अमृत को पीने का इच्छुक है, वह श्रावक है।''

रागादिक्षयतारतम्यविकसच्छुद्धात्मसंवित्सुख –
स्वादात्मस्वबहिर्बहिस्त्रसवधाद्यंहोव्यपोहात्मसु।
सद्दृग्दर्शनिकादिदेशविरतिस्थानेषु चैकादश–
स्वेकं यः श्रयते यतिव्रतरतस्तं श्रद्दधे श्रावकम्।।

एवं श्रावकधर्मे श्रावकस्य कृते किं कर्तव्यं प्रमुखतया निर्दिष्टमस्ति? उच्यते— (दाणं पूया मुक्खं) **दानं पूजा चेति द्वयं कर्तव्यं मुख्यरूपेण निर्दिश्यते। देवपूजा, गुरुपूजा, स्वाध्यायः, संयमः, तपश्चर्या, दानम् —इत्येतानि षडावश्यकानि पद्मनन्दिपंचविंशतिकाग्रन्थे** (६/७) **निर्दिष्टानि। एतेषु दानं पूजा चेतिद्वयोः कृत्ययोः मुख्यत्वं बोद्धव्यम् —इत्यर्थः।**

तत्र दानं स्वपरोपकारहेतोः स्वस्य धनादेः विसर्जनम्। तच्च आहारादिभेदेन चतुर्विधम् —इतिप्राक् गाथायां निरूपितमेव। दानं च कस्मै देयम् —इतिविषये रत्नकरण्डश्रावकाचारे (श्लोक–११३) **निरूपितमस्ति—**

"देशविरति दर्शनिक आदि ग्यारह स्थान अन्तरङ्ग में राग आदि के क्षय से प्रकट हुई शुद्ध आत्मानुभूति रूप सुख या उससे उत्पन्न हुए सुख के स्वाद को लिये हुए हैं, और बाह्य में त्रस हिंसा आदि पापों से विधिपूर्वक विरति को लिए हुए हैं। मुनियों के व्रतों में आसक्त जो सम्यग्दृष्टि उनमें से एक भी प्रतिमा का पालन करता है, उस श्रावक को मैं श्रद्धाभाव से देखता हूँ (अर्थात् उसे ही श्रद्धेय व श्रेष्ठ मानता हूँ)।"

इस प्रकार, श्रावक-धर्म में श्रावक के लिए प्रमुख रूप से क्या कर्तव्य बताये हैं? बता रहे हैं? **(दानं पूजा मुख्यम्)** दान और पूजा —ये दो कर्तव्य मुख्यता से बताये गये हैं। देवपूजा, गुरु-उपासना, स्वाध्याय, संयम, तप, दान —ये श्रावक के छह आवश्यक कृत्य पद्मनन्दि-पंचविंशतिका ग्रन्थ (6/7) में बताये गये हैं। इनमें दान व पूजा इन दोनों कार्यों की मुख्यता समझनी चाहिए —यह अर्थ है।

इनमें अपने व पर के कल्याण हेतु अपने 'स्व' धनादि का विसर्जन 'दान' होता है। वह आहारदान आदि रूपों में चार प्रकार का होता है —यह हम पिछली गाथा में बता चुके हैं। यह दान किसको देना —इस विषय में रत्नकरण्डश्रावकाचार (श्लोक-113) में इस प्रकार बताया गया है—

नवपुण्यैः प्रतिपत्तिः, सप्तगुणसमाहितेन शुद्धेन।
अपसूनारम्भाणाम् आर्याणामिष्यते दानम्।।

दानस्य कियन्महत्त्वमिति विषये स्वयमाचार्यवराः बारसअणुवेक्खाग्रन्थे (गाथा-३०) **संकेतितवन्तः—**

पुत्तकलत्तणिमित्तं अत्थं अज्जयदि पावबुद्धीए।
परिहरदि दयादाणं सो जीवो भमदि संसारे।।

पूजा च अर्हदादिभक्तिसंश्रिता पूज्यभावाभिव्यक्तिः तदनुरूपा च प्रणतिपूर्वकगन्धपुष्पादि -अर्पणं गुणसंस्तुतिश्च —इत्यादिका भवति। एतयोः स्वरूपं महत्त्वं भेदादिकं च पूर्वगाथायां सम्यक् निरूपितमेव। श्रावकस्य द्रव्यपूजा प्रधाना, मुनेस्तु भावपूजा प्रधानत्वेन अङ्गीकर्तव्या भवतीति ज्ञेयम्।

"सात गुणों (श्रद्धा, संतोष, भक्ति, ज्ञान (विधि), अलुब्धता, क्षमा, सत्त्व) से युक्त और (कुल, आचार व शरीर की) शुद्धि से युक्त, सूना (गृह-सम्बन्धी अनिवार्य हिंसा आदि) तथा आरम्भ (कृषि आदि की हिंसा) से रहित, आर्यों (रत्नत्रयधारी मुनियों) को नवधा भक्तिपूर्वक आदर-सत्कार के साथ (आहारादि का जो स्वत्व) विसर्जन किया जाता है, वह दान कहलाता है।"

दान का कितना महत्त्व है —इस विषय में स्वयं आचार्य श्री कुन्दकुन्द स्वामी 'बारस अणुवेक्खा' ग्रन्थ (गाथा-30) में इस प्रकार बता रहे हैं—

"जो जीव पुत्र, कलत्र (पत्नी आदि) के निमित्त से पापबुद्धि के द्वारा धन कमाता है, किन्तु दया-दान को नहीं करता, वह संसार में परिभ्रमण करता है।"

अर्हन्त आदि के प्रति भक्ति के साथ, पूज्य भाव की अभिव्यक्ति और तदनुरूप प्रणति-पूर्वक गन्ध-पुष्पादि का अर्पण व गुणस्तवन —इत्यादि 'पूजा' होती है। इन दोनों (दान व पूजा) के स्वरूप, महत्त्व व भेद आदि को पूर्व गाथा में सम्यक्तया बताया जा चुका है। श्रावक के लिए द्रव्यपूजा प्रधान है और मुनि के लिए भावपूजा की प्रधानता है —यह ज्ञातव्य है।

(ण सावया तेण विणा) **तेन पूजादानेतिद्वयेन विना श्रावका न भवन्ति। दानपूजातत्पर एव यथार्थतया श्रावकः, तद्रहितस्य तु श्रावकत्वमपि अपूर्णम् —इतिभावः।**

(जदिधम्मे झाणज्झयणं मुक्खं) **यतिधर्मे ध्यानाध्ययने मुख्ये कर्तव्ये स्तः। यतिः, श्रमणः, संयतः, ऋषिः, मुनिः, साधुः, वीतरागः, अनगारः, दान्तः, भदन्तः इति पर्यायाः मूलाचारे** (गाथा-८८६) **निरूपिताः। तस्य धर्मे, श्रामण्ये श्रमणाचरणे वा, ध्यानाध्ययनप्रमुखता ज्ञेया। एवं ध्यानम् अध्ययनं चेतिद्वयोरेव प्रमुखता, यद्वा ध्यानरूपमेव अध्ययनम् तस्य प्रमुखता सिद्धा भवति, यतः अस्मिन्नेव रयणसारग्रन्थे** (गाथा-९०) 'अज्झयणमेव झाणं' **इत्युक्त्या ध्यानाध्ययनयोरेकत्वं परस्परसम्बद्धत्वं वा निर्दिष्टमस्ति।**

ध्यानेन आत्मीयपरिणामस्थैर्यं भवति, तदपेक्षया स्वाध्याये चित्तचञ्चलता भवतीति तयोर्विशेषः। स्थूलरूपेण तु स्वाध्यायध्यानयोरुभयोः सांसारिकप्रवृत्त्यपेक्षया चित्तस्थिरता भण्यते। उक्तं च तत्त्वानुशासने (श्लोक-८०-८१)—

(न श्रावकाः तेन विना) पूजा व दान —इन दोनों के बिना श्रावक नहीं होते। दान व पूजा में तत्पर ही यथार्थ में श्रावक है, उनके बिना तो श्रावकत्व ही अपूर्ण है —यह भाव है।

(यतिधर्मे ध्यानाध्ययनं मुख्यम्) यति-धर्म में ध्यान व अध्ययन (स्वाध्याय) प्रमुख कर्तव्य हैं। यति, श्रमण, संयत, ऋषि, मुनि, साधु, वीतराग, अनगार, दान्त, भदन्त —इन्हें मूलाचार (गाथा-886) में पर्याय कहा गया है। उस यति (मुनि) के धर्म में, श्रामण्य व श्रमण-चर्या में ध्यान व अध्ययन की प्रमुखता समझनी चाहिए। इस प्रकार ध्यान व अध्ययन —इन दोनों की प्रमुखता है। अथवा ध्यान रूप अध्ययन (या अध्ययनरूप ध्यान) की भी प्रमुखता सिद्ध होती है, क्योंकि इसी रयणसार ग्रन्थ (गाथा-90) में ही 'अध्ययन ही ध्यान है' यह कहा गया है, इसलिए ध्यान व अध्ययन (स्वाध्याय) की एकता या परस्पर-सम्बद्धता बताई गई है।

ध्यान से आत्मीय परिणामों की स्थिरता होती है, इसकी अपेक्षा स्वाध्याय में चित्त की चञ्चलता रहती है —यह दोनों (स्वाध्याय व ध्यान) में अन्तर है। स्थूल रूप से तो सांसारिक प्रवृत्तियों (के नियन्त्रण) की अपेक्षा से स्वाध्याय और ध्यान दोनों में चित्तस्थिरता कही जाती है। तत्त्वानुशासन (श्लोक 80-81) में कहा गया है—

स्वाध्यायः परमस्तावत् जपः पञ्चनमस्कृतेः।
पठनं वा जिनेन्द्रोक्तशास्त्रस्यैकाग्रचेतसा।।

स्वाध्यायाद् ध्यानमध्यास्तां ध्यानात् स्वाध्यायमामनेत्।
ध्यानस्वाध्यायसम्पत्त्या परमात्मा प्रकाशते।।

किञ्च, अनगारधर्मामृतग्रन्थेऽपि (७/९२) **भणितं संगच्छते—**

अर्हद्ध्यानपरस्यार्हन् शं वो दिश्यात् सदाऽस्तु वः।
शान्तिरित्यादिरूपोऽपि स्वाध्यायः श्रेयसे मतः।।

उक्तदृष्ट्यैव 'अज्झयणमेव झाणं' **इत्युक्तिरस्मिन्नेव ग्रन्थे वरीवर्ति। ध्यानस्वाध्यायेत्युभयमाध्यमेन विषयकषायनिग्रहं विधाय आत्मचिन्तनं सुकरं भवतीत्यतो मुनिधर्मे तयोर्महत्त्वं स्पष्टमेव। उक्तं च** 'बारस अणुवेक्खा' **ग्रन्थे** (गाथा-७७)—

"पंच नमस्कार रूप नमस्कार महामन्त्र का जो चित्त की एकाग्रता के साथ जपना है, वह परम स्वाध्याय है अथवा जिनेन्द्र-कथित शास्त्र का जो एकाग्रचित्त से पढ़ना है, वह स्वाध्याय है।"

"स्वाध्याय से ध्यान को अभ्यास में लाना चाहिए और ध्यान से स्वाध्याय को चरितार्थ (सम्पन्न) करें। ध्यान व स्वाध्याय —इन दोनों की संपत्ति-प्राप्ति से परमात्मा प्रकाशित होता है (स्वानुभव में आता है)।"

और, अनगारधर्मामृत ग्रन्थ (श्लोक-7/92) में यह कथन भी संगत होता है—

"जो साधु प्रधान रूप से अर्हन्त के ध्यान में तत्पर रहता है, उनके द्वारा 'अर्हन्त तुम्हारा कल्याण करें या तुम्हें (सुख व) शान्ति प्राप्त हो' —इत्यादि रूप (मनोभाव की वचनात्मक अभिव्यक्ति) भी 'स्वाध्याय' है, जो कल्याणकारी होता है।"

उक्त दृष्टि से ही 'अध्ययन ही ध्यान है' यह कथन इसी ग्रन्थ (रयणसार, गाथा-90) में किया गया है। ध्यान व स्वाध्याय —इन दोनों के माध्यम से विषय-कषायों का निग्रह करते हुए आत्मचिन्तन सुकर हो जाता है —इसलिए मुनिधर्म में इन दोनों का महत्त्व स्पष्ट ही है। बारस अणुवेक्खा ग्रन्थ (की गाथा-77) में कहा भी गया है—

विसयकसायविणिग्गहभावं कादूण झाणसज्झाए।
जो भावदि अप्पाणं तस्स तवं होदि णियमेण।।

मुनिधर्मस्य ध्यानाध्ययनयोः विशिष्टाङ्गत्वं च प्रत्यपादि बोधप्राभृते (गाथा-५७)—

सज्झायझाणजुत्ता पव्वज्जा एरिसा भणिदा।।

मोक्षप्राभृतग्रन्थे (गाथा-१०२) **च समर्थितमेतत्**—

गुणगणविहूसियंगो हेयोपादेयणिच्छिदो साहू।
झाणज्झयणे सुरदो सो पावइ उत्तमं ठाणं।।

रत्नकरण्डश्रावकाचारग्रन्थेऽपि (श्लोक-१०) **भावः प्रकटितः**—

ज्ञानध्यानतपोरक्तः, तपस्वी स प्रशस्यते।

"जो मुनि ध्यान व स्वाध्याय के द्वारा विषय व कषायों के निग्रह का भाव (परिणाम) करके आत्मा की भावना (चिन्तन) करता है, उस मुनि के नियम से (उत्तम) तप धर्म होता है।"

मुनि-धर्म के ध्यान व अध्ययन —ये दो विशिष्ट अङ्ग (घटक) हैं —इसे बोधप्राभृत (गाथा-57) में इस रूप में प्रतिपादित किया गया है—

"स्वाध्याय व ध्यान में लीन रहना —ऐसी जिनदीक्षा कही गई है।"

मोक्षप्राभृत ग्रन्थ (गाथा-102) में भी इसी का इस प्रकार समर्थन (प्राप्त होता) है—

"गुणों के समूह से जिसका शरीर विभूषित है, जो हेय व उपादेय पदार्थों का निश्चय कर चुका है, तथा ध्यान व स्वाध्याय में अच्छी तरह लीन रहता है, वही साधु उत्तम स्थान (मोक्ष) को प्राप्त होता है।"

रत्नकरण्डश्रावकाचार ग्रन्थ (श्लोक-10) में भी यह भाव प्रकट किया गया है—

"ज्ञान, ध्यान व तपश्चर्या का धारक ही तपस्वी (गुरु) प्रशंसनीय है।"

ध्यानन्तु स्वात्मकल्याणकरम्, किन्तु स्वाध्यायः स्वपरकल्याणं धर्मप्रभावनं च विदधाति —इति स्वाध्यायस्य ध्यानापेक्षया विशिष्टं महत्त्वं वरीवर्ति। उक्तं च अनगारधर्मामृतग्रन्थे (७/८९)—

प्रज्ञोत्कर्षजुषः श्रुतस्थितिपुषश्चेतोऽक्षसंज्ञामुषः,
सन्देहच्छिदुराः कषायभिदुराः प्रोद्यत्तपोमेदुराः।
संवेगोल्लसिताः सदध्यवसिताः सर्वातिचारोज्झिताः,
स्वाध्यायात् परवाद्यशंकितधियः स्युः शासनोद्भासिनः।।

(तं विणा तहा सो वि) **तद् ध्यानाध्ययनं विना, यद्वा ध्यानात्मकस्वाध्यायं विना सोऽपि मुनिः, मुनिधर्मो वा तथा अर्थात् मुनित्वव्याघातेन निरर्थक एवेति तात्पर्यम्। यथा दानपूजादिरहितस्य श्रावकत्वं निरर्थकमपूर्णं वा भवति तथैव ध्यानाध्ययनविमुखस्य मुनेः मुनित्वं निरर्थकम्, अपूर्णं वेति गाथाशयः। ध्यानञ्च प्रमुखतया साक्षाद्वा मोक्षस्य हेतुः —इत्यतो मुनिचर्यायाः प्रमुखत्वं तस्य निर्विवादमेव।**

ध्यान तो निज आत्मकल्याणकारी है, किन्तु स्वाध्याय तो निज व पर दोनों का कल्याण तथा साथ ही धर्मप्रभावना भी करता है— इसलिए स्वाध्याय की ध्यान की अपेक्षा विशिष्ट महत्ता है। अनगारधर्मामृत ग्रन्थ (श्लोक-7/89) में कहा भी गया है—

"स्वाध्याय से मुमुक्षु की तर्कणाशील बुद्धि का उत्कर्ष होता है, परमागम की स्थिति का पोषण होता है (अर्थात् आर्ष परम्परा पुष्ट होती है)। मन, इन्द्रियों और संज्ञाओं (आहार, भय, मैथुन, परिग्रह की अभिलाषाओं) का निरोध होता है। सन्देह या संशय का उच्छेद होता है, क्रोधादि कषायों का भेदन होता है। दिनों-दिन तप में वृद्धि होती है। संवेग भाव बढ़ता है। परिणाम प्रशस्त होते हैं। समस्त अतीचार दूर होते हैं। अन्यवादियों की ओर से कोई शंका नहीं रहती और जिन-शासन की प्रभावना करने में मुमुक्षु समर्थ होते हैं।"

(तद् विना तथा सोऽपि) उस ध्यान व अध्ययन के बिना, या ध्यानात्मक स्वाध्याय के बिना वह मुनि या मुनिधर्म भी उसी तरह का होता है— अर्थात् मुनित्व की क्षति के कारण निरर्थक या अपूर्ण ही है —यह तात्पर्य है। जैसे दान, पूजा आदि से रहित श्रावक की श्रावकता निरर्थक या अपूर्ण है, वैसे ही ध्यान व अध्ययन से विमुख मुनि का मुनिपना निरर्थक या अपूर्ण है —यह गाथा का आशय है। ध्यान साक्षात् या प्रमुख रूप से मोक्ष का हेतु है —इसलिए वह मुनि-चर्या में प्रमुख है —यह निर्विवाद है।

उक्तं ज्ञानार्णवग्रन्थे (२३/७) **शुभचन्द्राचार्येण**— 'ध्यानमेवापवर्गस्य मुख्यमेकं निबन्धनम्' **इति।**

श्रीकुन्दकुन्दाचार्यप्रवरैः रयणसारग्रन्थे (गाथा-१५०) **च निर्दिष्टम्**— 'झाणादो सव्वकम्म-णिज्जरणं, णिज्जरणफलं मोक्खं' **इति।**

मोक्षप्राभृते (४८-४९ गाथा) **च परमात्मध्यानस्य परमपदप्राप्तिः फलमिति वर्णितम्।**

अमितगतिश्रावकाचारे (१५/९६) **च विशदतया प्रोक्तम्**—

तपांसि रौद्राण्यनिशं विधत्तां, शास्त्राण्यधीतामखिलानि नित्यम्।
धत्तां चरित्राणि निरस्ततन्द्रः, न सिद्ध्यति ध्यानमृते तथाऽपि।।

तत्र किं नाम ध्यानम्? उच्यते। तत्त्वार्थसूत्रे प्रोक्तम् —'एकाग्रचिन्तानिरोधो ध्यानम्' (त. सू. ९/२७) **इति।**

ज्ञानार्णव ग्रन्थ (23/7) में आचार्य शुभचन्द्र ने कहा भी है— 'मोक्ष की प्राप्ति में कोई मुख्य कारण है तो वह ध्यान ही है'।

रयणसार ग्रन्थ (गाथा-150) में भी आचार्य कुन्दकुन्द स्वामी ने यह निर्देश किया है — 'ध्यान से समस्त कर्मों की निर्जरा होती है, और निर्जरा का फल है— 'मोक्ष की प्राप्ति।

मोक्षप्राभृत (गाथा-48-49) में भी परमात्मध्यान का फल परमपद की प्राप्ति होना बताया गया है।

अमितगति-श्रावकाचार (15/96) में तो स्पष्ट रूप से कहा ही गया है—

"कोई रात-दिन (कितने ही) घोर तप कर ले, चाहे सारे शास्त्रों का सदैव (कितना ही) स्वाध्याय करता रहे, आलस्यहीन होकर चाहे (कितना ही) चारित्र का पालन करे, किन्तु 'ध्यान' के (अनुष्ठान के) बिना सिद्धि या मुक्ति प्राप्त नहीं होती।"

आखिर वह 'ध्यान' क्या है? बता रहे हैं। तत्त्वार्थसूत्र में कहा गया है— "एकाग्रचिन्तानिरोध 'ध्यान' है" (त.सू. 9/27)।

एकाग्रे चिन्ताया निरोध एव ध्यानम्। एकाग्रता व्यग्रता-अभाव एव। व्यग्रताकारणं बाह्यविषयेषु चित्तव्यापारः। तद्व्यापाराद् निवृत्तिर्ध्याने आवश्यकी। एकाग्रपदे 'एक'-पदस्यार्थः— तत्त्वं, परमेष्ठी, आत्मपदार्थश्च निर्दिश्यते। अतः, अनेकविधबाह्यपदार्थसंसर्गजन्यव्यग्रतां विहाय एकस्मिन् पदार्थे, विशेषतः शुद्धात्मनि मुख्यतया चित्तव्यापारस्थिरीकरणं ध्यानम् —इति प्रोक्तध्यान-लक्षणस्य तात्पर्यभूतोऽर्थः प्रतिफलति। अतो न केवलं चिन्तानिरोधः, अपितु एकाग्रताऽपि अर्थात् एकस्मिन् वस्तुनि चित्तस्थिरताऽपि तत्रापेक्षिता। एवं प्राणापाननिरोधो ध्यानम् —इत्यपि न स्वीकृतम्, यतो हि ध्यानावस्थायां मन्दमन्दप्राणापानसंचारोऽपि अपेक्षितः, अन्यथा शरीरपातप्रसंगात्।

ध्यानस्य चत्वारो भेदाः— आर्तध्यानम्, रौद्रध्यानम्, धर्मध्यानम्, शुक्लध्यानं चेति। तेषु आर्तरौद्रेतिद्वयमप्रशस्तध्यानम्, धर्मशुक्लध्याने प्रशस्ते। अत्र गाथायां मुनिचर्यायां यत्प्रमुखं ध्यानं, तत्प्रशस्तध्यानमेव ग्राह्यम्, न त्वप्रशस्तम्।

अर्थात् 'एकाग्र' में चिन्ता का निरोध करना ही 'ध्यान' है। एकाग्रता यानी व्यग्रता का अभाव। व्यग्रता का कारण है— बाह्य पदार्थों में चित्त का व्यापार, उस व्यापार से निवृत्ति का होना ध्यान में आवश्यक है। 'एकाग्र' शब्द में प्रयुक्त 'एक' पद का अर्थ है— तत्त्व, परमेष्ठी या आत्मा। अतः उक्त ध्यान-लक्षण का तात्पर्यभूत अर्थ इस प्रकार प्रतिफलित होता है— अनेक प्रकार के बाह्य पदार्थों के संसर्ग से होने वाली व्यग्रता को छोड़कर किसी एक पदार्थ में, विशेषतः शुद्धात्मा में मुख्य रूप से चित्त के व्यापार को स्थिर करना 'ध्यान' होता है। इसलिए चिन्ता (चिन्तन) का निरोध मात्र ही ध्यान नहीं कहा जाता है, अपितु (चिन्तन-निरोध, चिन्तन की बहुविषयता के निरोध के साथ-साथ) वहाँ (ध्यान में) एकाग्रता, अर्थात् एक वस्तु में चित्त-स्थिरता भी अपेक्षित है। इसी प्रकार प्राणापान (श्वास-उच्छ्वास) के निरोध मात्र को भी ध्यान रूप से स्वीकृत नहीं किया गया है, क्योंकि ध्यान की स्थिति में मन्द-मन्द प्राणापान का संचार भी अपेक्षित है ही, अन्यथा शरीरपात (मृत्यु) सम्भावित है।

ध्यान के चार भेद हैं— आर्तध्यान, रौद्रध्यान, धर्म्य (धर्म) ध्यान और शुक्ल ध्यान। इनमें आर्त व रौद्र —ये दो ध्यान अप्रशस्त ध्यान हैं। धर्मध्यान व शुक्ल ध्यान —ये प्रशस्त ध्यान हैं। इस (ग्यारहवीं) गाथा में मुनिचर्या से सम्बन्धित जिस ध्यान की प्रमुखता है, वह प्रशस्त ध्यान के रूप में ही ग्राह्य है, अप्रशस्त ध्यान के रूप में नहीं।

आर्तरौद्रध्यानयोः कर्मबन्धनकारणत्वेन सर्वथा अप्रशस्तत्वं वर्तते। उक्तं च ज्ञानार्णवे (२३/१९)— "स्यातां तत्रार्तरौद्रे द्वे दुर्ध्यानेऽत्यन्तदुःखदे।"

लिङ्गप्राभृतग्रन्थे (गाथा-५-८) **मुनीनां कृते दुर्ध्यानस्य हेयत्वं प्रत्यपादि—**

सम्मूहदि रक्खेदि य अट्टं झाएदि बहुपयत्तेण।
सो पावमोहिदमदी तिरिक्खजोणी ण सो समणो।।

कलहं वादं जूया णिच्चं बहुमाणगव्विओ लिंगी।
वच्चदि णरयं पाओ करमाणो लिंगिरूवेण।।

पावोपहदिभावो सेवदि य अबंभु लिङ्गिरूवेण।
सो पावमोहिदमदी हिंडदि संसारकांतारे।।

आर्त व रौद्र ध्यान कर्म-बन्धन के कारण हैं, इसलिए वे सर्वथा अप्रशस्त होते हैं। ज्ञानार्णव (23/19) में कहा भी गया है— "इनमें आर्त व रौद्र —ये दो ध्यान दुर्ध्यान हैं और अत्यन्त दुःख-दायक हैं।"

लिङ्गप्राभृत ग्रन्थ (गाथा-5-8) में मुनियों के लिए दुर्ध्यान की हेयता इस प्रकार प्रतिपादित की गई है—

"जो अनेक प्रयत्नों से परिग्रह को इकट्ठा करता है, उसकी रक्षा करता है, तथा आर्तध्यान करता है, वह पाप से मोहितबुद्धि पशु है, मुनि नहीं है।"

"जो व्यक्ति मुनिलिङ्ग का धारक होकर भी निरन्तर अत्यधिक गर्व से युक्त होता हुआ कलह करता है, वादविवाद करता है, अथवा जुआ खेलता है, वह चूँकि मुनिलिङ्ग से ऐसे कुकृत्य करता है, अतः पापी है, और वह तो नरकगामी होता है।"

"पाप से जिसका यथार्थ रूप नष्ट हो गया है, ऐसा जो पुरुष मुनिलिङ्ग धारण कर अब्रह्म का सेवन करता है, वह पाप से मोहितबुद्धि होता हुआ संसाररूपी अटवी में भ्रमण करता रहता है।"

दंसणणाणचरित्ते उवहाणे जइ ण लिङ्गरूवेण।
अट्टं झायदि झाणं अणंतसंसारिओ होदि।।

मोक्षप्राभृतग्रन्थे (गाथा-४६) **च भणितम्—**

विसयकसाएहि जुदो रुद्दो परमप्पभावरहियमणो।
सो ण लहइ सिद्धिसुहं जिणमुद्दपरम्मुहो जीवो।।

ज्ञानार्णवग्रन्थे (२३/१८) **च निर्दिष्टम्—**

आर्तरौद्रविकल्पेन दुर्ध्यानं देहिनां द्विधा।
द्विधा प्रशस्तमप्युक्तं धर्मशुक्लविकल्पतः।।

किञ्च, तत्रैव (३७/६) **प्रोक्तम्—**

स्वप्नेऽपि कौतुकेनापि नासद्ध्यानानि योगिभिः।
सेव्यानि यान्ति बीजत्वं यतः सन्मार्गहानये।।

''जो मुनिलिङ्ग धारणकर सम्यग्दर्शन, सम्यग्ज्ञान व सम्यक् चारित्र को अपना (उपधान यानी) आश्रय नहीं बनाता है तथा आर्तध्यान करता है, वह अनन्त संसारी होता है।''

मोक्षप्राभृत ग्रन्थ (गाथा-46) में भी कहा गया है—

''जो विषय और कषायों से युक्त है, जिसका मन परमात्मा की भावना से रहित है तथा जो जिन-मुद्रा से पराङ्मुख-भ्रष्ट हो चुका है, ऐसा रुद्रपदधारी जीव सिद्धि-सुख को कभी प्राप्त नहीं करता।''

ज्ञानार्णव ग्रन्थ (23/18) में भी बताया गया है—

''प्राणियों का यह दुर्ध्यान (अप्रशस्त ध्यान) आर्त व रौद्र के भेद से दो प्रकार का है। पूर्वोक्त प्रशस्त ध्यान भी धर्म व शुक्ल के भेद से दो प्रकार का कहा गया है।''

और, वहीं (37/6) यह भी कहा गया है—

''योगियों को कौतूहल से भी दुर्ध्यानों का सेवन स्वप्न में भी नहीं करना चाहिए, क्योंकि वे दुष्ट ध्यान (साधक को) समीचीन मार्ग से भ्रष्ट करने में कारण होते हैं।''

भगवतीआराधनाग्रन्थेऽपि (गाथा-१६९५) **संकेतितम्—**

ण परीसहेहिं संताविदो वि सो झाइ अट्टरुद्दाणि।
सुट्ठुवहाणे सुद्धं पि अट्टरुद्दा वि णासंति।।

अन्यच्च, ज्ञानार्णवग्रन्थे (३/३०) **असद्ध्यानस्य मिथ्यात्वकषायजन्यत्वं निर्दिष्टमस्ति-**

पापाशयवशान्मोहात्, मिथ्यात्वाद् वस्तुविभ्रमात्।
कषायैर्जन्यतेऽजस्रमसद्ध्यानं शरीरिणाम्।।

अप्रशस्तध्यानं मूलाचारग्रन्थे (गाथा ६८३-६८४) **च निरूपितम्—**

परिवारइड्ढिसक्कारपूयणं असणपाणहेऊ वा।
लयणसयणासणं भत्तपाणकामट्ठहेऊ वा।।

आणाणिद्देसपमाणकित्तीवण्णणपहावणगुणट्ठं।
झाणमिणमप्पसत्थं मणसंकप्पो दुवीसत्थो।।

भगवती-आराधना ग्रन्थ (गाथा-1695) में भी इसे इस प्रकार इङ्गित किया गया है— "वह (क्षपक) साधु परिषहों से पीड़ित होने पर भी आर्त व रौद्र ध्यान नहीं करता, क्योंकि आर्त व रौद्र ध्यान समीचीन उपधान (संक्लेश रहित परिणामों) से विशुद्ध व्यक्ति को भी नष्ट कर देते हैं, नीचे गिरा देते हैं।"

और भी, ज्ञानार्णव ग्रन्थ (3/30) में असत् (अप्रशस्त) ध्यान को मिथ्यात्व व कषाय से जनित बताया गया है— "अशुभ उपयोग के वश प्राणियों में मूढ़ता के कारण, वस्तुस्वरूप की विपरीतता व कषायों के निमित्त से निरन्तर अप्रशस्त ध्यान हुआ करता है।"

अप्रशस्त ध्यान के स्वरूप को मूलाचार ग्रन्थ (गाथा 683-84) में इस प्रकार निरूपित किया गया है— "परिवार, ऋद्धि, सत्कार, पूजा या भोजन-पान इनके लिए अथवा शयन, आसन, भक्त, प्राण, काम व अर्थ के हेतु, तथा आज्ञा, निर्देश, प्रमाणता, कीर्ति, प्रशंसा, प्रभावना, गुण व प्रयोजन (स्वार्थ) —इन सब से सम्बन्धित ध्यान अप्रशस्त हैं, ऐसा मन का परिणाम भी अविश्वस्त (अप्रशस्त) होता है।"

प्रशस्तशुद्धध्यानयोरपि स्वरूपं ज्ञानार्णवग्रन्थे (३/२९,३१) **इत्थं निरूपितम्—**

पुण्याशयवशाज्जातं शुद्धलेश्यावलम्बनात्।
चिन्तनाद् वस्तुतत्त्वस्य प्रशस्तं ध्यानमुच्यते।।

क्षीणे रागादिसन्ताने प्रसन्ने चान्तरात्मनि।
यः स्वरूपोपलम्भः स्यात्, स शुद्धाख्यः प्रकीर्तितः।।

तत्त्वार्थसूत्रकारोऽपि आर्तरौद्रधर्म्यशुक्लेतिचतुर्भेदभिन्नेषु ध्यानेषु धर्म्यशुक्लयोरेव मोक्षहेतुत्वं समर्थयन्नुक्तवान्— 'परे मोक्षहेतू' (त.सू. ९/२९) **इति।**

आचार्य-अकलंकेनापि स्पष्टतया निरूपितम्— 'तदेतच्चतुर्विधं ध्यानं द्वैविध्यमश्नुते। कुतः ? प्रशस्ताप्रशस्तभेदात्। अप्रशस्तम् अपुण्यास्रवकारणत्वात्। कर्मनिर्दहनसामर्थ्यात् प्रशस्तम्' (त. राजवार्तिक-९/२८/४) **इति।**

प्रशस्त व शुद्ध ध्यान का स्वरूप भी ज्ञानार्णव ग्रन्थ (3/29, 31) में इस प्रकार निरूपित किया गया है—

"शुभ उपयोग के कारण तथा शुद्ध लेश्या के आश्रयण से जो वस्तु-स्वरूप का चिन्तन किया जाता है, उससे उत्पन्न हुआ ध्यान प्रशस्त ध्यान कहा जाता है।"

"राग-द्वेषादि की परम्परा के नष्ट होने से अन्तरात्मा के प्रसन्न होने पर (स्वपरविवेक जागृत होने पर), जो आत्मस्वरूप की उपलब्धि होती है, उसे शुद्ध ध्यान कहा जाता है।"

ध्यान के आर्त, रौद्र, धर्म व शुक्ल —ये चार भेद बता कर तत्त्वार्थसूत्रकार ने भी अन्तिम दो ध्यानों (धर्म, शुक्ल) की ही मोक्षहेतुता का निर्देश करते हुए कहा है— 'अन्तिम दो मोक्ष के हेतु हैं' (त. सू.-9/29)।

आचार्य अकलंक ने भी स्पष्ट रूप से यह बताया है— "यह चतुर्विध ध्यान भी दो प्रकार का है— कैसे? प्रशस्त और अप्रशस्त —इन दो भेदों के कारण। पाप का आस्रव कराने के कारण (आर्त व रौद्र) अप्रशस्त कहे जाते हैं और कर्म-क्षय करने के कारण (धर्म व शुक्ल) प्रशस्त हैं" (त. राजवार्तिक-9/28/4)।

मूलाचारग्रन्थेऽपि (गाथा-३९४) **भगवद्भिराचार्यवरैः प्रोक्तम्—** 'धम्मं सुक्कं च दुवे पसत्थझाणाणि णेयाणि' **इति।**

बृहद्द्रव्यसंग्रहग्रन्थेऽपि (गाथा-४७)— 'दुविहं पि मोक्खहेउं झाणे पाउणदि जं मुणी णियमा' **इति भणितमास्ते। एवं ध्यानं च तदुत्तमं च इति ध्यानोत्तमम्, अर्थात् ध्यानद्वयम्, तत्तु धर्म्यध्यानं शुक्लध्यानं च कथ्यते, तेनैव सर्वज्ञत्वसिद्धत्वादिप्राप्तिः सम्भवति। आचार्याकलङ्कमते श्रेण्यारोहणात् प्राक् धर्मध्यानम्, श्रेण्योः (उपशमक्षपकश्रेण्योः) शुक्लध्यानं धर्मध्यानं च भवतः** (राजवार्तिक, ९/३७/३) **इति।**

अत्रायं विशेषः— केवलज्ञानस्य सर्वज्ञताया वा प्राप्तिः धर्मध्यानेन, तदुत्तरेण शुक्लध्यानेन भवति। शुक्लध्यानस्यैव चतुर्षु भेदेषु प्रथमभेदद्वयेन सर्वघातिकर्मक्षये सर्वज्ञता प्रकटीभवति। शुक्लध्यानस्य चान्तिमौ द्वौ भेदौ केवलिनामेव, न छद्मस्थानाम् (तत्त्वार्थसूत्र, ९/३८)।

मूलाचार ग्रन्थ (गाथा-394) में भी आचार्य भगवन्त ने कहा है—"धर्म व शुक्ल —इन दो ध्यानों को प्रशस्त ध्यान समझना चाहिए।"

बृहद् द्रव्यसंग्रह ग्रन्थ (गाथा-47) में भी आचार्य का कथन है— "मोक्ष के दो साधक हैं— निश्चय मोक्षमार्ग और व्यवहार मोक्षमार्ग, इन दोनों को ही मुनि ध्यान-साधना में नियमतः प्राप्त करता है (दोनों का ही अनुष्ठान करता है)।" इस प्रकार, ध्यान हो और उत्तम हो, उसे ध्यानोत्तम अर्थात् दो ध्यान— जिन्हें धर्मध्यान व शुक्लध्यान कहते हैं। इन्हीं (दो) के द्वारा सर्वज्ञता व सिद्धत्व आदि की प्राप्ति सम्भव होती है। आचार्य अकलंक (राजवार्तिक 9/37/3) के अनुसार, श्रेणी-आरोहण (उपशम श्रेणी या क्षपक श्रेणी में अग्रसर होने) से पूर्व, धर्मध्यान का (ही) सद्भाव होता है और श्रेणी (उपशम व क्षपक) में धर्म-ध्यान व शुक्लध्यान —दोनों का सद्भाव पाया जाता है।

यहाँ यह विशेष ज्ञातव्य है— केवलज्ञान या सर्वज्ञता की प्राप्ति धर्मध्यान से तथा उसकी अपेक्षा उत्कृष्ट कहे जानेवाले शुक्लध्यान से होती है। शुक्ल ध्यान के चार भेद बताए हैं, उनमें प्रथम दो भेदों (पृथक्त्ववितर्क सवीचार तथा एकत्ववितर्क अवीचार नामक ध्यान) द्वारा समस्त घाती कर्मों का क्षय होने पर सर्वज्ञता प्रकटित होती है। शुक्लध्यान के अन्तिम दो भेद केवली (सयोगी व अयोगी) के ही सम्भव हैं, छद्मस्थों के नहीं (तत्त्वार्थसूत्र-9/38)।

केवलिनां (सयोगिनामयोगिनां च) **मोक्षप्राप्तिस्तु उत्कृष्टतमशुक्लध्यानेन (चतुर्थभेदरूप-व्युपरतक्रियानिवृत्ति-संज्ञकेन समुच्छिन्नक्रियानिवृत्ति —इत्यपरपर्यायेण) एव साक्षात् भवति।**

ज्ञानार्णवग्रन्थेऽपि (३९/६) **समर्थितमेतत्—**

छद्मस्थयोगिनामाद्ये, द्वे शुक्ले परिकीर्तिते।
द्वे चान्ते क्षीणदोषाणां केवलज्ञानचक्षुषाम्।।

अपि च (३८/२५) **तत्रैव—**

धर्मध्यानं च शुक्लं च स्वीकृत्य निजवीर्यतः।
घातिकर्मक्षयं कृत्वा व्रजन्ति पदमव्ययम्।।

एवं धर्मध्यानं परम्परया, शुक्लध्यानस्य च द्वौ आद्यौ (पृथक्त्ववितर्कवीचारएकत्ववितर्क-अवीचारेतिनामकौ) सर्वज्ञतायां सर्वघातिकर्मक्षये च साक्षाद् हेतुत्वं भजतः।

केवली (सयोग व अयोगकेवली) को मोक्षप्राप्ति (तेः) उत्कृष्टतम शुक्लध्यान (के चतुर्थ भेद-व्युपरतक्रियानिवृत्ति, जिसका दूसरा नाम समुच्छिन्नक्रियानिवृत्ति नामक ध्यान भी है, उसके) द्वारा ही साक्षात् होती है।

ज्ञानार्णव ग्रन्थ (39/6) में भी इसी का समर्थन करते हुए कहा गया है— "शुक्लध्यान के प्रथम दो भेद छद्मस्थ योगी जनों के होते हैं और अन्तिम दो भेद वीतराग केवलियों में पाये जाते हैं।"

और यहाँ (ज्ञानार्णव-38/25 में) यह भी कहा गया है—

"धर्मध्यान व शुक्ल ध्यान को यथाशक्ति अंगीकार कर (जीव) घाती कर्मों का क्षय कर अव्यय पद (मोक्ष) को प्राप्त करते हैं।"

इस तरह, सर्वज्ञता की प्राप्ति एवं समस्त घाती कर्मों के क्षय में धर्मध्यान जहाँ परम्परया कारण है, वहाँ शुक्लध्यान के (समग्रतया) प्रथम दो भेद (पृथक्त्ववितर्क वीचार व एकत्ववितर्क अवीचार) साक्षात् कारण हैं।

मोक्षप्राप्तौ च सूक्ष्मक्रिया-अप्रतिपातिशुक्लध्यानं परम्परया, समुच्छिन्नक्रियानिवृत्ति-शुक्लध्यानं (व्युपरतक्रियानिवर्ति वा) **तु साक्षात् कारणमिति विज्ञेयम्।**

एतानि ध्यानानि उत्कृष्टतः अन्तर्मुहूर्तपर्यन्तमेव भवन्ति। ततोऽनन्तरं ध्यानस्य एकाग्रता निवर्तते अर्थात् ध्यातव्यपदार्थादन्यस्मिन् पदार्थे ध्यानं परिवर्तते एव। प्रोक्तव्यवधानानन्तरं पुनः पूर्वस्मिन् पदार्थे ध्यानमेकाग्रता वाऽपि संभवत्येव, तस्यापि स्थितिरन्तर्मुहूर्तमेव —इति तात्पर्यम्। एतदुत्कृष्ट-ध्यानकालस्थितिरपि तेषामेव, ये वज्रवृषभनाराचसंहननादि-उत्तमसंहनन-त्रयधारिणो भवन्ति, नान्येषाम्। सामान्यजनानां तु ध्यानस्थितिः अल्पकालिकी एव, यतो हि तेषां प्रोक्तअन्तर्मुहूर्तकाल-पर्यन्तस्थितियोग्या क्षमता नास्ति।

एतत्सर्वं तत्त्वार्थसूत्रे (९/२७)— 'उत्तमसंहननस्यैकाग्रचिन्तानिरोधो ध्यानमान्तर्मुहूर्तात्' **इति सूत्रे, तद्व्याख्यानग्रन्थे राजवार्तिके च प्रतिपादितम्, तत एव विस्तरेण विज्ञेयम्।**

मोक्ष की प्राप्ति में (शुक्ल ध्यान का तीसरा भेद) 'सूक्ष्मक्रिया अप्रतिपाती' ध्यान जहाँ परम्परया कारण है, वहाँ (शुक्लध्यान का अंतिम व चतुर्थ भेद) समुच्छिन्नक्रियानिवृत्ति (व्युपरतक्रियानिवर्ति) रूप शुक्ल ध्यान साक्षात् कारण है —यह समझना चाहिए।

इन सभी ध्यानों की उत्कृष्ट स्थिति अन्तर्मुहूर्त पर्यन्त ही होती है। इस स्थिति के बाद ध्यान की एकाग्रता निवृत्त होती है, अर्थात् ध्येय पदार्थ से किसी अन्य पदार्थ की ओर परिवर्तित होती ही है। पूर्वोक्त (एकाग्रता सम्बन्धी) कुछ व्यवधान के बाद, पुनः पूर्व पदार्थ में ध्यान की एकाग्रता सम्भव हो सकती है, किन्तु पुनः वहाँ भी ध्यान की स्थिति अन्तर्मुहूर्त ही रहेगी —यह तात्पर्य है। अन्तर्मुहूर्त की यह उत्कृष्ट स्थिति भी उन्हीं की हो पाती है जो वज्रवृषभनाराच संहनन आदि तीन उत्तम संहननों के धारक होते हैं, अन्य किसी की नहीं। सामान्य जनों के ध्यान की स्थिति तो अपेक्षाकृत और भी अल्पकालिक होती है, क्योंकि उनकी अन्तर्मुहूर्तपर्यन्त वाली उक्त उत्कृष्ट स्थिति के योग्य क्षमता नहीं होती।

ये सभी बातें तत्त्वार्थसूत्र (9/27) में 'उत्तमसंहननस्यैकाग्रचिन्तानिरोधो ध्यानम् आन्तर्मुहूर्तात्' इस सूत्र के रूप में तथा उसके व्याख्यान राजवार्तिक में प्रतिपादित की गई हैं, वहीं से विस्तारपूर्वक जानना चाहिए।

प्रशस्तध्यानयोर्द्वयोरपि शुक्लध्यानस्य नेदानीं सद्भावः, तदुचित-उत्तमसंहननस्याभावात्। तथापि धर्मध्यानस्य सद्भावस्तु वर्तते एव। उत्कृष्टतया निर्विकल्पकधर्मध्यानं (निश्चयधर्मध्यानं) च सम्प्रति मुनीनां सम्भवति।

उक्तं च तत्त्वानुशासनग्रन्थे (श्लोक ८३-८४)—

अत्रेदानीं निषेधन्ति शुक्लध्यानं जिनोत्तमाः।
धर्मध्यानं पुनः प्राहुः श्रेणीभ्यां प्राग्-विवर्तिनाम्।।
यत्पुनर्वज्रकायस्य ध्यानमित्यागमे वचः।
श्रेण्योर्ध्यानं प्रतीत्योक्तं तन्नाधस्तान्निषेधकम्।।

मोक्षप्राभृतग्रन्थेऽपि (गाथा ७६-७७) **भणितमास्ते—**

भरहे दुस्समकाले धम्मज्झाणं हवेदि साहुस्स।
तं अप्पसहावठिदे ण हु मण्णइ सो वि अण्णाणी।।

दोनों प्रशस्त ध्यानों में भी अब (इस काल में) शुक्ल ध्यान का सद्भाव नहीं है, क्योंकि उस योग्य उत्तम संहनन का अभाव हो गया है, फिर भी धर्मध्यान का सद्भाव तो वर्तमान में है ही। उत्कृष्ट रूप से निर्विकल्पक धर्मध्यान (निश्चय धर्मध्यान) तो अब भी मुनियों के होना सम्भव है।

तत्त्वानुशासन ग्रन्थ (श्लोक 83-84) में कहा भी है— "यहाँ इस (पंचम) काल में जिनेन्द्र देव ने शुक्ल ध्यान का निषेध किया है, परन्तु दोनों श्रेणियों (उपशम व क्षपक) से पूर्ववर्तियों के धर्म-ध्यान का सद्भाव बताया है, अतः ध्यानमात्र का निषेध नहीं है।"

"वज्रकाय (उत्तम संहनन) वाले के ध्यान होता है—यह जो आगम का वचन है, वह दोनों श्रेणियों के ध्यान को लक्ष्य में रखकर किया गया है, और इसलिए वह नीचे के गुणस्थानों में ध्यान का निषेध नहीं करता।"

मोक्षप्राभृत ग्रन्थ (गाथा 76-77) में भी कहा गया है—"भरत क्षेत्र में दुःषमा नामक पञ्चम काल में मुनि के धर्म ध्यान होता है तथा वह धर्म ध्यान आत्मस्वभाव-स्थित साधु के होता है, ऐसा जो नहीं मानता, वह अज्ञानी है।"

अज्ज वि तिरयणसुद्धा अप्पा झाएवि लहहि इंदत्तं।
लोयंतिय देवत्तं तत्थ चुआ णिव्वुदिं जंति।।

बृहन्नयचक्रग्रन्थे (गाथा-३४४) **च निरूपितम्—**

मज्झिमजहणुक्कस्सा सराय इव वीयरायसामग्गी।
तम्हा सुद्धचरित्तं पंचमकाले वि देसदो अत्थि।।

अत्रायं विशेषः— निर्विकल्पकधर्मध्यानं तपोधनानां संयमिनां सप्तमगुणस्थाने अप्रमत्तसंयतनामके सम्भवति, गृहस्थानां चतुर्थपञ्चमगुणस्थानयोस्तु शुभोपयोगरूपं सविकल्पकधर्मध्यानमेव, यतो हि तपोधनानां यादृशी शुद्धात्मभावना, तादृशी गृहस्थानां न भवति।

उक्तं च (परमात्मप्रकाश-२/१४४ टीकायाम्)**—**

कषायैरिन्द्रियैर्दुष्टैः व्याकुलीक्रियते मनः।
यतः कर्तुं न शक्येत भावना गृहमेधिभिः।।

"आज भी रत्नत्रय से शुद्धता प्राप्त हुए मुनि आत्मा का ध्यान कर इन्द्र-पद व लोकान्तिक देवों के पद प्राप्त करते हैं और वहाँ से च्युत होकर निर्वाण को प्राप्त होते हैं।"

बृहन्नयचक्र ग्रन्थ (गाथा-344) में भी यह कहा गया है—

"जिस प्रकार सराग दशा के जघन्य, मध्यम व उत्कृष्ट भेद होते हैं, उसी प्रकार वीतराग दशा के भी जघन्य, मध्यम व उत्कृष्ट भेद होते हैं, इसलिए एकदेश वीतरागचारित्र पंचमकाल में भी होता है।"

यहाँ यह विशेष बात कथनीय है— निर्विकल्पक धर्मध्यान तपस्वी संयमी मुनियों के अप्रमत्तसंयत नामक सातवें गुणस्थान में सम्भव होता है, और गृहस्थों के तो चतुर्थ व पञ्चम गुणस्थान में शुभोपयोग रूप सविकल्पक धर्मध्यान ही हो पाता है, क्योंकि तपस्वी मुनियों की जैसी शुद्धात्मभावना होती है, वैसी गृहस्थों को नहीं होती।

परमात्मप्रकाश (2/144 टीका) में कहा भी है— "चूँकि दुष्ट इन्द्रियों व कषायों के कारण मन व्याकुल होता रहता है, इसलिए गृहस्थों के शुद्धात्मभावना में रहना अशक्य है।"

ज्ञानार्णवग्रन्थे (४/१७-१८) **च निर्दिष्टम्—**

खपुष्पमथवा श्रृङ्गं खरस्यापि प्रतीयते।
न पुनर्देशकालेऽपि ध्यानसिद्धिर्गृहाश्रमे।।

दुर्दृशामपि न ध्यानसिद्धिः स्वप्नेऽपि जायते।
गृह्णतां दृष्टिवैकल्याद्, वस्तुजातं यदृच्छया।।

आदिपुराणेऽपि (२१/१५५-१५७) **विशदीकृतम्—**

तदप्रमत्ततालम्बं स्थितिमान्तर्मुहूर्तिकीम्।
दधानमप्रमत्तेषु परां कोटिमधिष्ठितम्।।

सद्दृष्टिषु यथाम्नायं शेषेष्वपि कृतस्थिति।
प्रकृष्टशुद्धिमल्लेश्यात्रयोपोद्बलबृंहितम्।।

ज्ञानार्णव ग्रन्थ (4/17-18) में भी बताया गया है—

"कदाचित् आकाश-पुष्प या गधे के सींग की उत्पत्ति हो भी जाय, किन्तु गृहस्थ जीवन में कभी ध्यान(निर्विकल्प ध्यान) की सिद्धि नहीं देखी जाती।"

"दृष्टि की विकलता से सम्यग्दर्शन-रहित होने से तत्त्व को अपनी इच्छानुसार ग्रहण करने वाले मिथ्यादृष्टियों के भी उस ध्यान की सिद्धि स्वप्न में भी नहीं हो सकती।"

आदिपुराण (21/155-157) में भी इसे स्पष्ट करते हुए कहा गया है—

"यह धर्मध्यान अप्रमत्त अवस्था को आलम्बन लेकर अन्तर्मुहूर्त तक स्थित रहता है और प्रमादरहित जीवों (सातवें गुणस्थान में मुनियों के) में ही अतिशय उत्कृष्टता को प्राप्त होता है।"

"इसके सिवाय अतिशय शुद्धि को धारण करनेवाला और उत्कृष्ट लेश्या के बल से वृद्धि को प्राप्त होता हुआ, यह धर्मध्यान शास्त्रानुसार सम्यग्दर्शन सहित अन्य गुणस्थानों (चौथे आदि) में भी होता है।"

क्षायोपशमिकं भावं स्वसात्कृत्य विजृम्भितम्।
महोदर्कं महाप्रज्ञैर्महर्षिभिरुपासितम्।।

तथा च ज्ञानार्णवे (२/१२३) **भणितम्—**

विश्वव्यापारनिर्मुक्तं श्रुतज्ञानावलम्बितम्।
शुभास्रवाय विज्ञेयं वचः सत्यप्रतिष्ठितम्।।

रयणसारे(गाथा ६०-६१) **च समर्थितमेतत्—**

दव्वत्थिकायछप्पण, तच्चपयत्थेसु सत्तणवगेसु।
बंधणमोक्खे तक्कारणरूवे बारसणुवेक्खे।।

रयणत्तयस्सरूवे अज्जाकम्मे दयादिसद्धम्मे।
इच्चेवमाइगे जो वट्टदि सो होदि सुहभावो।।

"यह धर्मध्यान क्षायोपशमिक भावों को स्वाधीन कर बढ़ता है। इसका फल भी उत्तम होता है और अतिशय बुद्धिमान् महर्षि लोग ही इसे धारण करते हैं।"

इसी तरह, ज्ञानार्णव (2/123) में कहा गया है—

"जो वचन विश्व-व्यापार से रहित तथा सत्य-आधारित होता हुआ श्रुतज्ञान का आलम्बन लेता है (उसका पठन-पाठन करता है), उसे शुभ (पुण्य) के आस्रव का कारण जानना चाहिए।"

रयणसार (गाथा-60-61) में भी इसी का समर्थन किया गया है—

"छः द्रव्य, पाँच अस्तिकाय, सात तत्त्व, नौ-पदार्थ, बन्ध, मोक्ष और उसके कारणभूत बारह अनुप्रेक्षाओं, रत्नत्रयस्वरूप आर्यकर्म (श्रेष्ठ चारित्र) एवं दया आदि सद्धर्म इत्यादि में जो वर्तन (आचरण) होता है, वह शुभ भाव है।"

एवं गृहस्थानां मुनीनां च पृथक् पृथक् धर्मध्यानं जघन्योत्कृष्टभेदेन यद्वर्णितम्, तस्य धर्मध्यानस्य लक्षणं, स्वरूपं तद्भेदाः, तेषां च स्वरूपाणि वक्तव्यानि भवन्ति। अतः इदानीं पूर्वोक्त-वैशद्याय किञ्चिन्निरूप्यते। धर्मादनपेतं धर्म्यम्, तद्विधं यद् ध्यानमेकाग्रचिन्तनं वा, तद्धर्म्यध्यानम्। धर्माश्च उत्तमक्षमामार्दवार्जवशौचसत्यसंयमतपस्त्यागाकिञ्चन्यब्रह्मचर्यसंज्ञकाः। यद्वा रत्नत्रयमेव धर्मः। यद्वा अहिंसादिलक्षणो धर्मः। एवंविधधर्माद् अनपेतं, तदनुकूलम् तदनुगतं, तत्सम्बद्धं वा यदपि एकाग्रचिन्तनं भवति, तदेव धर्मध्यानं धर्म्यध्यानं वेति ज्ञेयम्। यद्वा वस्तुगतधर्मानुगतं यच्चिन्तनं ध्यानं वा, तद् धर्म्यध्यानम्।

उक्तं चादिपुराणे (२१/१५८)—

वस्तुधर्मानुयायित्वात् प्राप्तान्वर्थनिरुक्तिकम्।
धर्म्यं ध्यानमनुध्येयं यथोक्तध्येयविस्तरम्।।

किञ्च, तत्रैव (२१/१३३) **भणितम्**—

इस प्रकार गृहस्थों व मुनियों को पृथक्-पृथक् जघन्य व उत्कृष्ट की तरतमता से जिस धर्मध्यान का होना बताया गया, उस धर्मध्यान का लक्षण, स्वरूप, उसके भेद एवं उनके स्वरूप को बताना भी उचित होगा। इसलिए अब पूर्वोक्त कथन की स्पष्टता की दृष्टि से कुछ कहा जा रहा है। धर्म से अनपेत (रहित न होना) —यह 'धर्म्य' कहा जाता है, ऐसा जो ध्यान या एकाग्रचिन्तन, उसे 'धर्म्यध्यान' कहते हैं। उत्तम क्षमा, मार्दव, आर्जव, शौच, सत्य, संयम, तप, त्याग, आकिञ्चन्य, ब्रह्मचर्य —इन नामों वाले (दस) धर्म होते हैं। अथवा रत्नत्रय ही धर्म है। अथवा अहिंसा (सत्य) आदि भी धर्म है। उस धर्म से जो 'अनपेत' या उसके साथ अनुकूलता लिये हुए है या उससे अनुगत या सम्बद्ध, जो भी एकाग्रचिन्तन या ध्यान है, उसे ही धर्मध्यान या धर्म्यध्यान जानें। अथवा वस्तुगतधर्म को लेकर जो चिन्तन या ध्यान है, वह धर्म्यध्यान है।

आदिपुराण (21/158) में कहा है—

"वस्तुधर्म का अनुयायी होने के कारण जिसे धर्म्यध्यान ऐसा सार्थक नाम प्राप्त हुआ है और जिसमें ध्यान करने योग्य पदार्थ (पूर्वोक्त) हैं, ऐसे धर्म्यध्यान का बार-बार चिन्तन करना चाहिए।"

और, वहीं (21/133) यह भी कहा गया है—

तत्रानपेतं यद्धर्माद् तद्ध्यानं धर्म्यमिष्यते।
धर्म्यो हि वस्तुयाथात्म्यम् उत्पादादित्रयात्मकम्।।

हरिवंशपुराणे (५६/३५) **तु किञ्चिदन्तरेण निरूपितम्—**

बाह्याध्यात्मिकभावानां याथात्म्यं धर्म उच्यते।
तद्धर्मादनपेतं यद् धर्म्यं तद्ध्यानमुच्यते।।

राजवार्तिके (९/३६/११) **तु प्रोक्तम्—** "धर्म उत्तमक्षमादिदशविकल्पः, ततोऽनपेतं धर्म्यध्यानम्। उत्तमक्षमादिभावनावतः प्रवृत्तेः।।"

तस्य धर्मध्यानस्य तत्त्वानुशासने द्वौ भेदौ निरूपितौ— व्यवहारधर्मध्यानम्, निश्चयधर्मध्यानं च। द्वयोरेव क्रमेण भिन्नध्यानम्, अभिन्नध्यानं चेतिरूपेण नामनी स्तः। यत् पराश्रितन्तद् व्यवहार-धर्मध्यानम्, तदाज्ञाविचयादिभेदचतुर्विधत्वं भजति। तदग्रे वक्ष्यते। आत्ममात्राश्रितं ध्यानन्तु निश्चयधर्मध्यानम्, तत्तु निर्विकल्पकतया स्वात्मस्थितिरेव।

"जो ध्यान धर्म से सहित होता है, वह धर्म्यध्यान कहलाता है। उत्पाद, व्यय, ध्रौव्य — इन तीनों से सहित जो वस्तु का यथार्थ स्वरूप है, वही 'धर्म' कहलाता है।"

हरिवंशपुराण (56/35) में तो इसे कुछ अन्तर के साथ इस प्रकार बताया गया है— "बाह्य व आध्यात्मिक भावों का जो यथार्थ भाव (स्वरूप) है, वह धर्म कहलाता है, उस धर्म से जो सहित है, उसे 'धर्म्यध्यान' कहते हैं।"

राजवार्तिक (9/36/11) में तो इस प्रकार (धर्मध्यान का स्वरूप) कहा गया है— "उत्तम क्षमा आदि दशविध धर्म है, उससे जो अनपेत (सम्बद्ध, अनुगत, आश्रित) है, वह धर्म्यध्यान है, क्योंकि उत्तम क्षमा आदि भावों (धर्मों) वालों की इसमें प्रवृत्ति होती है।"

इस धर्मध्यान के तत्त्वानुशासन में दो भेद कहे गये हैं— व्यवहार धर्मध्यान और निश्चय धर्मध्यान। इन दोनों के ही क्रम से भिन्न ध्यान व अभिन्न ध्यान— ये दो नाम हैं। (इनमें) जो पराश्रित (आत्मा से भिन्न अजीव पर आश्रित) होता है, वह 'व्यवहार धर्मध्यान' है, उसी के आज्ञाविचय आदि चार भेद होते हैं, जिनका आगे वर्णन करेंगे। मात्र आत्मा पर आश्रित ध्यान 'निश्चय धर्मध्यान' होता है, वह निर्विकल्पक रूप में 'आत्मस्थिति' रूप ही होता है।

उक्तं च तत्त्वानुशासनग्रन्थे (श्लोक-९६-९७)—

निश्चयाद् व्यवहाराच्च, ध्यानं द्विविधमागमे।
स्वरूपालम्बनं पूर्वं, परालम्बनमुत्तरम्।।

अभिन्नमाद्यमन्यत्तु भिन्नं तत्तावदुच्यते।
भिन्ने हि विहिताभ्यासोऽभिन्नं ध्यायत्यनाकुलः।।

व्यवहारधर्मध्यानं, भिन्नध्यानम्, सविकल्पकध्यानं सालम्बनध्यानमिति पर्यायाः। निश्चयधर्मध्यानम्, अभिन्नध्यानम्, निर्विकल्पकध्यानम्, निरालम्बनध्यानम्, निर्विकल्पक—धर्मध्यानमिति च पर्यायाः।

धर्मध्यानस्य मुख्यमौपचारिकं चेति भेदद्वयमपि तत्त्वानुशासने (श्लोक-४७) **विहितमस्ति। तत्र मुख्यमप्रमत्तादिसप्तमगुणस्थानादिषु श्रमणानां मुख्यं भवति। अधस्तनेषु गुणस्थानेषु तु औपचारिकमेवेति च तत्र निरूपितम्।**

तत्त्वानुशासन ग्रन्थ (श्लोक 96-97) में कहा भी गया है—

''निश्चय व व्यवहार — ये दो प्रकार का धर्मध्यान आगम में बताया गया है। इनमें पहला (निश्चय धर्मध्यान) स्वरूप का आलम्बन लेता है और बाद वाला— (व्यवहार धर्मध्यान) 'पर' पदार्थों का आलम्बन लेने वाला होता है।''

''पहला ध्यान 'अभिन्न' और दूसरा ध्यान 'भिन्न' कहा जाता है, जो 'भिन्न' ध्यान में अभ्यास कर लेता है, वह निराकुल हुआ, 'अभिन्न' ध्यान को ध्याने में प्रवृत्त होता है।''

व्यवहार धर्मध्यान, भिन्न ध्यान, सविकल्पक ध्यान, सालम्बन ध्यान —ये पर्याय हैं। निश्चय धर्मध्यान, अभिन्न ध्यान, निर्विकल्पक ध्यान, निरालम्बन ध्यान व निर्विकल्पक धर्मध्यान —ये भी पर्याय हैं।

धर्मध्यान के मुख्य व औपचारिक इस प्रकार भी दो भेद तत्त्वानुशासन (श्लोक-47) में किये गये हैं। इनमें मुख्य धर्मध्यान अप्रमत्त (सप्तम) आदि गुणस्थानों में मुनियों के होते हैं। नीचे के गुणस्थानों में तो औपचारिक ही धर्मध्यान होता है —ऐसा वहाँ बताया गया है।

निश्चयधर्मध्यानस्वरूपं वर्णितं कार्तिकेयानुप्रेक्षाग्रन्थे (गाथा-४८२)—

वज्जियसयलवियप्पो अप्पसरूवे मणं णिरुंधंतो।
जं चिंतदि साणंदं तं धम्मं उत्तमं झाणं ।।

तथैव, बृहद्द्रव्यसंग्रहग्रन्थे (गाथा ५५-५६) **विशदीकृतम्—**

जं किंचि वि चिंतंतो णिरीहवित्ती हवे जदा साहू।
लद्धूण य एयत्तं तदाहु तं तस्स णिच्छयं झाणं।।

मा चिट्ठह मा जंपह मा चिंतह किंचि वि जेण होइ थिरो।
अप्पा अप्पम्मि रओ इणमेव परं हवे झाणं।।

निश्चयधर्मध्यानं कैः कर्तुं शक्यते —इतिविषये ज्ञानार्णवग्रन्थे (६/४) **प्रतिपादितम्—**

निश्चयधर्मध्यान के स्वरूप को कार्तिकेयानुप्रेक्षा ग्रन्थ (गाथा-482) में इस प्रकार कहा गया है—

"सकल विकल्पों को छोड़कर और आत्मस्वरूप में मन को रोककर, आनन्द सहित जो चिन्तन होता है, वही उत्तम ध्यान है।"

इसी तरह, बृहद्द्रव्यसंग्रह ग्रन्थ (गाथा 55-56) में इसे स्पष्ट किया गया है—

"ध्येय में एकाग्रचित्त होकर जिस किसी भी पदार्थ का ध्यान करता हुआ साधु जब निःस्पृहवृत्ति वाला होता है, उस समय उसका वह ध्यान 'निश्चय ध्यान' होता है।"

"(हे भव्य जनों!) तुम कुछ भी चेष्टा मत करो, कुछ भी मत बोलो, और कुछ भी मत विचारो (अर्थात् शरीर, वचन व मन की प्रवृत्ति को रोको), ताकि तुम्हारी आत्मा अपने आप में स्थिर होवे। और ऐसा स्थिर होना ही परमध्यान है।"

निश्चय धर्मध्यान किनके द्वारा किया जा सकता है —इस विषय में ज्ञानार्णव ग्रन्थ (6/4) में बताया गया है—

रत्नत्रयमनासाद्य यः साक्षात् ध्यातुमिच्छति।
खपुष्पैः कुरुते मूढः स वन्ध्यासुतशेखरम्।।

भावसंग्रहग्रन्थेऽपि (गाथा ३८२-३८८) **उक्तम्—**

जो भणइ को वि एवं अत्थि गिहत्थाण 'णिच्चलं' झाणं।
सुद्धं च णिरालंबं ण मुणई सो आयमो जइणो।।

कहियाणि दिट्ठिवाए पडुच्च गुणठाण जाणि झाणाणि।
तम्हा स देसविरओ मुक्खं धम्मं ण झाएई।।

किं जं सो गिहवंतो बहिरंतरगंथपरमिओ णिच्चं।
बहुआरंभपउत्तो कह झायइ सुद्धमप्पाणं।।

घरवावारा केई करणीया अत्थि ते ण ते सव्वे।
झाणट्ठियस्य पुरओ चिट्ठंति णिमीलियच्छिस्स।।

"जो जीव साक्षात् रत्नत्रय को प्राप्त न होकर, ध्यान करना चाहता है, वह मूर्ख आकाश के फूलों से वन्ध्यापुत्र के लिए सेहरा बनाना (जैसा असम्भव कार्य करना) चाहता है।"

भावसंग्रह ग्रन्थ (गाथा 382-388) में भी कहा है—

"जो ऐसा कहता है कि गृहस्थों को शुद्ध निरालम्ब व निश्चल (मुख्य) ध्यान होता है, वह मुनियों के आगम का ज्ञाता नहीं है।"

"दृष्टिवाद अंग में गुणस्थानों में जो ध्यान बताये गए हैं, उसके अनुसार (पाँचवें गुणस्थान वाले) देशविरत श्रावक के मुख्य धर्मध्यान नहीं होता।"

"क्योंकि वे सदैव बाह्याभ्यंतर परिग्रह से लिप्त हैं तथा उनके द्वारा आरम्भ भी अनेकविध होते हैं, तब वह शुद्धात्मा का ध्यान कैसे कर सकता है?"

"ध्यानस्थ मुद्रा में यदि वह बैठ जाए तो उसे वे सभी आरम्भ-व्यापार उस स्थिति में भी झलकते रहते हैं।"

अह ढिंकुलिया झाणं झायइ अहवा स सोवए झाणी।
सोवंतो झायव्वं ण ठाइ चित्तम्मि वियलम्मि।।

झाणाणं संताणं अहवा जाएइ तस्स झाणस्स।
आलंवणरहियस्स य ण ठाइ चित्तं थिरं जम्हा।।

तम्हा सो सालंबं झायउ झाणं पि गिहवई णिच्चं।
पंचपरमेट्ठिरूवं अहवा मंतक्खरं तेसिं।।

विशेषनिरूपणं तु मदीयकृतौ शुद्धोपयोगसंज्ञिकायां द्रष्टव्यम्।

व्यवहारधर्मध्यानस्य चत्वारो भेदाः तत्त्वानुशासने (श्लोक-९८) **विहिताः। तेषां नामानि— आज्ञाविचयः, अपायविचयः, विपाकविचयः, संस्थानविचयश्चेति। आदिपुराणे** (२१/१३३-१५८) **सर्वार्थसिद्धिग्रन्थे** (९/३६), **राजवार्तिके** (९/३६/४-१०) **च एतेषां चतुर्णां भेदानां, तेषां च स्वरूपादिस्य सम्यक्तया निरूपणमस्ति। तत्साररूपेणात्र प्रस्तूयते।**

"अब भी यदि कोई गृहस्थ शुद्ध ध्यान की बात करे तो उसका कथन मेंढकी के टर्राने जैसा है, अथवा ढेकी (मूसली के धान्य कूटने) के परिश्रम जैसा निरर्थक है, और उसके लिए निरावलंबी ध्यान की चेष्टा परिश्रम मात्र है।"

"चूँकि उस (गृहस्थ) का चित्त स्थिर नहीं रहता, इसलिए उसे सविकल्प रूप आलम्बन रहित अनेक ध्यानों की परम्परा सम्भव होती है और वही उसके पायी जाती है।"

"अतः आलम्बन सहित पंच-परमेष्ठी का अथवा उनके मंत्र-अक्षरों का नित्य ध्यान करना गृहस्थ के लिए इष्ट है। (यही उसकी उचित मर्यादा है।)"

विशेष रूप से जानने के लिए 'शुद्धोपयोग' नामक मेरी कृति को देखना चाहिए।

व्यवहार धर्मध्यान के चार भेद तत्त्वानुशासन (श्लोक-98) में किये गये हैं। उनके नाम हैं— आज्ञाविचय, अपायविचय, विपाकविचय व संस्थानविचय। आदिपुराण (21/133-158), सर्वार्थसिद्धि ग्रन्थ (9/36) और राजवार्तिक (9/36/4-10) में इन चार भेदों तथा इनके स्वरूपों का अच्छी तरह निरूपण किया गया है। उनका सार यहाँ प्रस्तुत किया जा रहा है—

'नान्यथावादिनो जिना:' **—इति गहनपदार्थश्रद्धानात् अर्थावधारणमाज्ञाविचयः। अथवा स्वयं विदितपदार्थस्य परं प्रति पिपादयिषोः स्वसिद्धान्ताविरोधेन तत्त्वसमर्थनाय तर्कनयप्रमाण-योजनपरः स्मृतिसमन्वाहारः सर्वज्ञाज्ञाप्रकाशनत्वाद् आज्ञाविचयः।जिनमतमुपेत्य, कल्याणकार-काणामुपायानां चिन्तनम्, यद्वा जीवगतशुभाशुभभावानां यदपायस्तस्य चिन्तनम् (कथं शुभाशुभ-भावेभ्यो रक्षा भवेत्, कथमात्मकल्याणं स्यादित्यादिकं) तदपायविचयः —इति भगवती-आराधना-ग्रन्थे** (गाथा-१७०७) **प्रतिपादितम्।**

ज्ञानावरणादिकाष्टकर्मणां प्रकृतिस्थितिप्रदेशानुभवरूपचतुर्विधबन्धस्य कीदृशानि विपाक-फलानि जायन्ते —इत्यादि चिन्तनं तद् विपाकविचयः। लोकत्रयसंस्थान-प्रमाणचिन्तनं षड्द्रव्यलक्षणभेद-उत्पादादित्रयात्मकपर्यायचिन्तनं चेति संस्थानविचयः (धर्मध्यानम्)। अस्यैव धर्मध्यानस्य चत्वारो भेदाः— पिण्डस्थध्यानम्, पदस्थ-ध्यानम्, रूपस्थध्यानम्, रूपातीतध्यानं चेति। एतेषां स्वरूपाणि संक्षेपतो बृहद्द्रव्यसंग्रहस्य (गाथा-४८) **टीकायां निरूपितानि—**

"जिनेन्द्र अन्यथावादी (असत्यभाषी) नहीं होते" —इस प्रकार पदार्थ-सम्बन्धी गहन श्रद्धान द्वारा अर्थ का अवधारण करना 'आज्ञाविचय' (धर्मध्यान) होता है। अथवा जो स्वयं पदार्थों के रहस्य से अवगत है किन्तु दूसरों को उसका प्रतिपादन करना चाहता है, अतः स्वसिद्धान्त के अविरोध द्वारा तत्त्वज्ञान का समर्थन करने हेतु उसका जो तर्क, नय व प्रमाण की योजना रूप निरन्तर चिन्तन होता है, वह सर्वज्ञ की आज्ञा को प्रकाशित करनेवाला होने से 'आज्ञाविचय' कहा जाता है। जिनेन्द्र-प्रतिपादित सिद्धान्त को अपनाकर, (जीवों के) कल्याणकारी उपायों का चिन्तन, अथवा जीव-गत शुभ-अशुभ भावों से अपाय का जो चिन्तन है (जैसे— किस प्रकार शुभ व अशुभ भावों से बचा जा सके, किस प्रकार आत्मा का कल्याण हो —इत्यादि रूप जो चिन्तन है), वह 'अपायविचय' धर्मध्यान होता है —ऐसा भगवती-आराधना ग्रन्थ (गाथा-1707) में प्रतिपादित किया गया है।

ज्ञानावरण आदि आठ कर्मों के प्रकृतिबन्ध, स्थितिबन्ध, प्रदेशबन्ध व अनुभागबन्धरूप चतुर्विधबन्ध के कैसे विपाक या परिणाम होते हैं— इत्यादि चिन्तन 'विपाकविचय' धर्मध्यान कहलाता है। तीनों लोक के, संस्थान, प्रमाण (आदि) का चिन्तन करना, तथा छह द्रव्यों के भेद एवं उनके उत्पाद आदि त्रयात्मक पर्यायों का चिन्तन करना —यह 'संस्थानविचय' धर्मध्यान है। इस धर्मध्यान के चार भेद होते हैं— पिण्डस्थ ध्यान, पदस्थ ध्यान, रूपस्थ ध्यान और रूपातीत ध्यान। इनके स्वरूप आदि का संक्षेप से निरूपण बृहद् द्रव्यसंग्रह (गाथा-48) की टीका में इस प्रकार किया गया है—

पदस्थं मन्त्रवाक्यस्थं पिण्डस्थं स्वात्मचिन्तनम्।
रूपस्थं सर्वचिद्रूपम् रूपातीतं निरञ्जनम्।।

रूपातीतं धर्मध्यानं वस्तुतः निर्विकल्पकध्यानमर्यादामारोहति।

हरिवंशपुराणे (५६/३६-३८) **जिनसेनाचार्यकृते धर्मध्यानलक्षणं द्विविधं प्रोक्तम्— बाह्य-लक्षणम्, आध्यात्मिकलक्षणं च। तत्स्वरूपादिकं च तत्र निरूपितम्—**

लक्षणं द्विविधं तस्य, बाह्याध्यात्मिकभेदतः।
सूत्रार्थमार्गणं शीलं गुणमालानुरागिता।।
जम्भाजृम्भाक्षुतोद्गार प्राणापानादिमन्दता।
निभृताङ्गव्रतात्मत्वं तत्र बाह्यं प्रकीर्तितम्।।
दशधाऽऽध्यात्मिकं धर्म्यम्, अपायविचयादिकम्।

(ते च दश भेदाः— अपायविचयः, उपायविचयः, जीवविचयः, अजीवविचयः, विपाक-विचयः, वैराग्यविचयः, भवविचयः, संस्थानविचयः, आज्ञाविचयः, हेतुविचयः।)

"मन्त्र वाक्यों पर आधारित ध्यान 'पदस्थ' ध्यान होता है, निज आत्मा का चिन्तन 'पिण्डस्थ' ध्यान होता है, सर्वचिद्रूप का चिन्तन 'रूपस्थ' ध्यान होता है और निरञ्जन, निर्विकार (परमात्मा) का चिन्तन 'रूपातीत' ध्यान होता है।" यह रूपातीत धर्मध्यान वस्तुतः निर्विकल्पक (निश्चय) धर्मध्यान की सीमा-मर्यादा में प्रविष्ट हो जाता है।

जिनसेन आचार्य द्वारा रचित, हरिवंश पुराण (56/36-38) में धर्मध्यान का लक्षण दो प्रकार से बताया गया है— बाह्य लक्षण और आध्यात्मिक लक्षण। इनके स्वरूप आदि का निरूपण भी वहाँ इस प्रकार किया गया है— "बाह्य व आध्यात्मिक भेद से धर्मध्यान के लक्षण दो प्रकार के हो जाते हैं। शास्त्र के अर्थ की खोज करना, शील व्रत का पालन करना, गुणों के समूह में अनुराग रखना, तथा अंगड़ाई, जम्हाई, छींक, डकार व श्वासोच्छ्वास में मन्दता होना, शरीर को निश्चल रखना एवं आत्मा को व्रतों से युक्त करना —यह धर्म्यध्यान का बाह्य लक्षण है। आभ्यन्तर (आध्यात्मिक) धर्मध्यान अपायविचय आदि दस प्रकार का होता है। (वे दस भेद हैं— अपायविचय, उपायविचय, जीवविचय, अजीवविचय, विपाकविचय, वैराग्यविचय, भवविचय, संस्थानविचय, आज्ञाविचय व हेतुविचय।)

धवलाग्रन्थे (पु. १३, खण्ड-५, भाग-४, सू. २६, गाथा-५४-५५) **च भणितम्—**

आगम उवदेसाणा णिसग्गदो जं जिणप्पणीयाणं।
भावाणं सद्दहणं धम्मज्झाणस्स तल्लिङ्गम्।।

जिणसाहुगुणक्कित्तण-पसंसणा विणयदाणसंपण्णा।
सुदसीलसंजमरदा धम्मज्झाणे मुणेयव्वा।।

आदिपुराणेऽपि (२१/१५९-१६०) **विशदीकृतम्—**

प्रसन्नचित्तता धर्मसंवेगः शुभयोगता।
सुश्रुतत्वं समाधानमाज्ञाधिगमजा रुचिः।।
भवन्त्येतानि लिङ्गानि धर्मस्यान्तर्गतानि वै।
सानुप्रेक्षाश्च पूर्वोक्ता विविधाः शुभभावनाः।।

धर्मध्यानाय या योग्यता ध्यानोद्यतस्य कृते अपेक्षिता भवति, तद्विषये बृ. द्रव्यसंग्रहस्य (गाथा-५७) **टीकायामुद्धृते पद्ये प्रोक्तम्—**

धवला ग्रन्थ (पु. 13, खण्ड-5, भाग-5, सू. 26, गाथा-54-55) में कहा गया है—

"आगम, उपदेश व जिनाज्ञा के अनुसार निसर्गतः जो जिनेन्द्र भगवान् द्वारा कथित पदार्थों का श्रद्धान होता है, वह धर्मध्यान का लिङ्ग है।"

"जिनेन्द्र व साधु के गुणों का कीर्तन करना, प्रशंसा करना, विनय करना, दानसम्पन्नता, श्रुत-शील-संयम में रत होना —ये सब बातें धर्मध्यान में होती हैं —ऐसा जानना चाहिए।"

आदिपुराण (21/159-160) में इसे इस प्रकार स्पष्ट किया गया है— "प्रसन्नचित्त रहना, धर्म से प्रेम करना, शुभयोग रखना, उत्तम शास्त्रों का अभ्यास करना, चित्त स्थिर रखना और आज्ञा (शास्त्र कथन) तथा स्वकीय ज्ञान से एक प्रकार की विशेष रुचि (प्रीति या श्रद्धा) का होना —ये धर्मध्यान के बाह्य चिह्न हैं और अनुप्रेक्षाएँ तथा शास्त्रोक्त विविध शुभ भावनाएँ उसके अन्तरङ्ग चिह्न हैं।"

धर्मध्यान की योग्यता जो ध्यान प्रारम्भ करनेवाले के लिए अपेक्षित होती है, उस विषय में बृ. द्रव्यसंग्रह (गाथा-57) की टीका में उद्धृत इस पद्य में बताया गया है—

वैराग्यं तत्त्वविज्ञानं नैर्ग्रन्थ्यं समचित्तता।
परीषहजयश्चेति पञ्चैते ध्यानहेतवः ।।

उपासकाध्ययने (३९/६३४) **च योगहेतव इत्थमुक्ताः—**

वैराग्यं ज्ञानसम्पत्तिः, असंगस्थिरचित्तता।
ऊर्मिस्मयसहत्वं च पञ्च योगस्य हेतवः ।।

तत्रैव (३९/६३५) **धर्मध्यानस्यान्तराया अपि निरूपिताः—**

आधिव्याधिविपर्यासप्रमादालस्यविभ्रमाः ।
अलाभः सङ्गितास्थैर्यम् एते तस्यान्तरायकाः ।।

तत्त्वानुशासनग्रन्थेऽपि (श्लोक-७५, २१८) **धर्मध्यानसामग्रीरूपेण उपर्युक्ततत्त्वानां समर्थनमकारि प्रकारान्तरेण—**

"वैराग्य, तत्त्वज्ञान, परिग्रह-त्याग, साम्य भाव और परीषह-जय —ये ध्यान के पाँच कारण हैं।"

उपासकाध्ययन (39/634) में योग के हेतुओं के रूप में इस प्रकार निरूपण प्राप्त होता है— "(1) वैराग्य, (2) ज्ञानसम्पदा, (3) निष्परिग्रहता, (4) चित्त की स्थिरता, तथा (5) भूख-प्यास-शोक-मोह-जन्म-मृत्यु —इन्हें एवं मद को सहन करना —ये पाँच बातें ध्यान की कारण हैं।"

वहीं (39/635) धर्मध्यान के अन्तरायों (विघ्नों) का निरूपण इस प्रकार किया गया है—

"मानसिक पीड़ा, शारीरिक रोग, अतत्त्व को तत्त्व मानना (मूढ़ता), तत्त्व को समझने में अनादर करना, तत्त्व को प्राप्त करके भी उस का आचरण न करना, तत्त्व व अतत्त्व को समान मानना, अज्ञानवश तत्त्व प्राप्ति न होना, योग के कारणों में मन को न लगाना —ये सब ध्यान के अन्तराय होते हैं।"

तत्त्वानुशासन ग्रन्थ (श्लोक-75, 218) में धर्मध्यान की सामग्री के रूप में उपर्युक्त तत्त्वों का प्रकारान्तर से समर्थन किया गया है—

संगत्यागः कषायाणां निग्रहो व्रतधारणम्।
मनोऽक्षाणां जयश्चेति सामग्री ध्यानजन्मने।।

ध्यानस्य च पुनर्मुख्यो हेतुरेतच्चतुष्टयम्।
गुरूपदेशः श्रद्धानं सदाभ्यासः स्थिरं मनः।।

धर्मध्यानस्य महनीयफलान्यपि धवलाग्रन्थे (पु. १३, खण्ड-५, भाग-४, सू. २६, गाथा-५६, २६, ५७) **स्पष्टमित्थं निर्दिष्टानि—**

होंति सुहासवसंवरणिज्जरामरसुहाइं विउलाइं।
झाणवरस्स फलाइं सुहाणुबंधीणि धम्मस्स।।

णवकम्माणादाणं पोराणवि णिज्जरा सुहादाणं।
चारित्तभावणाए झाणमयत्तेण य समेइ।।

जह वा घणसंघाया खणेण पवणाहया विलिज्जंति।
झाणप्पवणोवहया तह कम्मघणा विलिज्जंति।।

"परिग्रहों का त्याग, कषायों का निग्रह, व्रतों का धारण, मन व इन्द्रियों को जीतना— ये सब ध्यान की उत्पत्ति (निष्पत्ति) में सहायभुत सामग्री हुआ करती हैं।"

"ध्यान-सिद्धि के मुख्य कारण ये चार हैं— गुरु-उपदेश, श्रद्धाभाव, निरन्तर अभ्यास, एवं मन की स्थिरता।"

धर्मध्यान के महनीय फलों का निर्देश भी धवला ग्रन्थ (पु. 13, खण्ड-5, भाग-4, सूत्र. 26, गाथा-56, 26, 57) में इस प्रकार किया गया है—

"शुभास्त्रव, संवर, निर्जरा और देवताओं का सुख —ये उत्कृष्ट धर्मध्यान के शुभानुबन्धी विपुल फल होते हैं।"

"चारित्र भावना के बल से जो ध्यान में लीन होते हैं, उनके नये कर्मों का ग्रहण नहीं होता, पुराने कर्मों की निर्जरा होती है और शुभ कर्मों का आस्त्रव भी होता है।"

"अथवा जैसे मेघ-पटल पवन से ताड़ित होकर क्षणमात्र में विलीन हो जाते हैं, वैसे ही (धर्म) ध्यान रूपी पवन से उपहत होकर कर्म-मेघ भी विलीन (तितर-बितर) हो जाते हैं।"

इदानीमध्ययनं निरूप्यते। स्वहितकारि अध्ययनादिकमेव स्वाध्यायः। स्वस्मै हितोऽध्यायः स्वाध्यायः इति निर्युक्तिकारैः प्रतिपादितमपि। सर्वार्थसिद्धौ (९/२०) **च** 'ज्ञानभावनालस्यत्यागः स्वाध्यायः' **इति तत्स्वरूपं प्रकाशितम्। तत्त्वार्थसूत्रे** (९/२५) **च तस्य पञ्च भेदा निर्दिष्टाः—वाचना, प्रच्छना, अनुप्रेक्षा, आम्नायः, धर्मोपदेशश्चेति।**

मूलाचारग्रन्थे (गाथा-३९३) **च निरूपितम्—**

परियट्टणाय वायण पडिच्छणाणुपेहणा य धम्मकहा।
थुदिमंगलसंजुत्तो पंचविहो होई सज्झाओ।।

भगवती-आराधनाग्रन्थे (गाथा १०६-१०८) **च तस्य सर्वोत्तमतपोरूपत्वं प्रतिपादितम्—**

बारसविहम्मि य तवे सब्भंतरबाहिरे कुसलदिट्ठे।
ण वि अत्थि ण वि य होहिदि सज्झायसमं तपोकम्मं।।

अब 'अध्ययन' का निरूपण कर रहे हैं— निज-हितकारक अध्ययन आदि (कार्य) ही 'स्वाध्याय' है। निर्युक्तिकारों ने भी यह प्रतिपादित किया है कि जो अपने लिए हितकारी अध्ययन है, वह स्वाध्याय होता है। सर्वार्थसिद्धि (9/20) में 'ज्ञान-भावना' में आलस्य का त्याग स्वाध्याय है —यह कहकर उसके स्वरूप पर प्रकाश डाला गया है। तत्त्वार्थसूत्र (9/25) में इस (स्वाध्याय) के पाँच भेद इस प्रकार बताये गए हैं— वाचना, प्रच्छना, अनुप्रेक्षा, आम्नाय व धर्मोपदेश।

मूलाचार ग्रन्थ (गाथा-393) में इसका निरूपण भी किया गया है—

"पढ़े हुए ग्रन्थ का पाठ करना, दूसरे से पूछना, अनुप्रेक्षा (बारम्बार शास्त्र का मनन), धर्मकथा (महापुरुषों के चरित पढ़ना), तथा देवस्तुति व मंगल —इस प्रकार स्वाध्याय पाँच प्रकार का होता है।"

भगवती-आराधना ग्रन्थ (गाथा 106-108) में इस स्वाध्याय को एक सर्वोत्तम तप के रूप में प्रतिपादित किया गया है—

"आभ्यन्तर व बाह्य इस प्रकार से सर्वज्ञदेव द्वारा उपदिष्ट बारह प्रकार के तपों में स्वाध्याय के समान कोई अन्य तप न तो है और न होगा ही।"

जं अण्णाणी कम्मं खवेदि भवसयसहस्सकोडीहिं।
तं णाणी तिहिं गुत्तो खवेदि अंतोमुहुत्तेण।।

छट्ठट्ठमदसमदुबालसेहिं अण्णाणियस्स जा सोही।
तत्तो बहुगुणदरिया होज्ज हु जिमिदस्स णाणिस्स।।

अस्य स्वाध्यायतपसः साधनायां द्रव्य-क्षेत्र-कालशुद्धिरवश्यं विधातव्येति शास्त्रकाराणां निर्देशः। यथा द्रव्यशुद्धिविषये धवलाग्रन्थे (पु. ९, खण्ड-४, भाग-१, सू. ५४, पद्य ९२-९६) **निर्देशः कृतः—**

यमपटहरवश्रवणे रुधिरस्रावेऽङ्गतोऽतिचारे च।
दातृष्वशुद्धकायेषु भुक्तवति चापि नाध्येयम्।।

तिलपललपृथुकलाजापूपादिस्निग्धसुरभिगन्धेषु ।
भुक्तेषु भोजनेषु च दवाग्निधूमे च नाध्येयम्।।

"सम्यग्ज्ञान से रहित जीव लाखों करोड़ों भवों में जितने कर्मों के क्षय करने में समर्थ होता है, ज्ञानी जीव तीन गुप्ति से गुप्त होकर उतने कर्मों का क्षय अन्तर्मुहूर्त काल में कर देता है।"

"एक, दो, तीन, चार या पाँच उपवास अथवा पक्षोपवास व मासोपवास करने वाले सम्यग्ज्ञानरहित जीव की अपेक्षा भोजन करनेवाला (अर्थात् उपवास न करने वाला) स्वाध्यायतत्पर सम्यग्दृष्टि जीव परिणामों की अधिक विशुद्धि कर लेता है।"

इस स्वाध्याय तप की साधना में द्रव्यशुद्धि, क्षेत्रशुद्धि व कालशुद्धि अवश्य करनी चाहिए —यह शास्त्रकारों का निर्देश है। जैसे, द्रव्यशुद्धि के विषय में धवला ग्रन्थ (पु. 1, खण्ड-4, भाग-1, सू. 54, पद्य 92-96) में निर्देश किया गया है—

"यम पटह का शब्द (किसी की मृत्यु या फाँसी दिए जाने की सूचना) सुनने पर, अंग से रक्तस्राव होने पर, अतिचार के होने पर, दाताओं के अशुद्धकाय होते हुए भोजन कर लेने पर अध्ययन नहीं करना चाहिए।"

"तिलमोदक, चिउड़ा, लाई और मालपुआ आदि चिकने व सुगन्धित भोजन करने पर तथा दावानल का धुआँ होने पर अध्ययन नहीं करना चाहिए।"

योजनमण्डलमात्रे संन्यासविधौ महोपवासे च।
आवश्यकक्रियायां केशेषु च लुच्यमानेषु।।

सप्तदिनान्यध्ययनं प्रतिषिद्धं स्वर्गगते श्रमणसूरौ।
योजनमात्रे दिवसत्रितयं त्वतिदूरतो दिवसम्।।

प्राणिनि च तीव्रदुःखात् म्रियमाणे स्फुरति चातिवेदनया।
एकनिवर्तनमात्रे तिर्यक्षु चरत्सु च न पाठ्यम्।।

तत्रैव च धवलाग्रन्थे (पद्य ९७-९८, १०१-१०२) **क्षेत्रशुद्धिविषये निर्देशाः प्रदत्ताः सन्ति—**

तावन्मात्रे स्थावरकायक्षयकर्मणि प्रवृत्ते च।
क्षेत्राशुद्धौ दूराद् दुर्गन्धे वाऽतिकुणपे वा।।

विगतार्थागमने वा स्वशरीरे शुद्धिवृत्तिविरहे वा।
नाध्येयः सिद्धान्तः शिवसुखफलमिच्छता व्रतिना।।

एक योजन के घेरे में संन्यासविधि, महोपवासविधि, आवश्यक क्रिया एवं केशलोंच होने पर तथा आचार्य का स्वर्गवास होने पर सात दिनों तक अध्ययन करने का प्रतिषेध है। उक्त घटनाओं के एक योजन मात्र में होने पर तीन दिन तक यथा अत्यन्त दूर होने पर एक दिन तक अध्ययन नहीं करना चाहिए।''

''प्राणी के तीव्र दुःख से मरणासन्न होने पर या अत्यन्त वेदना से तड़फड़ाने पर तथा एक निर्वतन (एक बीघा) मात्र में तिर्यंचों का संचार होने पर अध्ययन नहीं करना चाहिए।''

और धवला ग्रन्थ में वहीं (पद्य 97-98, 101-102) क्षेत्र शुद्धि को लेकर भी निम्नलिखित निर्देश दिए गए हैं—

''स्थावरकाय जीवों का वध किया जा रहा हो, उतने क्षेत्र में, क्षेत्र की अशुद्धि होने पर, दूर से दुर्गन्ध आने पर, या अत्यन्त सड़ी गन्ध आने पर, अर्थ ठीक से समझ न आ रहा हो — ऐसी स्थिति में (अर्थात् मनःस्थिति इतनी प्रतिकूल हो जाए या वातावरण अशुद्धि के कारण मन की अस्थिरता होने से शास्त्र का हार्द समझ में नहीं बैठ पा रहा हो), या अपना शरीर शुद्धि-रहित हो तो मोक्षसुखार्थी व्रती पुरुष सिद्धान्त का अध्ययन न करे।''

व्यन्तरभेरीताडनतत्पूजासंकटे कर्षणे वा।
संमृक्षणसंमार्ज्जनसमीपचाण्डालबालेषु ।।

अग्निजलरुधिरदीपे मांसास्थिप्रजनने तु जीवानाम्।
क्षेत्रविशुद्धिर्न स्यात्, यथोदितं सर्वभावज्ञैः।।

मूलाचारग्रन्थे (गाथा २७०-२८६) **द्रव्य-क्षेत्र-काल-भाव-विनयेतिशुद्धयो निरूपिताः। तत्र समासेन द्रव्यक्षेत्र-भावशुद्धिविषये** (गाथा-२७६) **निरूपितं वर्तते—**

रुहिरादिपूयमंसं दव्वे खेत्ते सदहत्थपरिमाणं।
कोधादिसंकिलेसा भावविसोही पढणकाले।।

कालशुद्धिविषये च तत्र (मूलाचारे, गाथा २७०-२७५) **निरूपितमस्ति—**

पादोसियवेरत्तियगोसग्गियकालमेव गेण्हित्ता।
उभये कालम्हि पुणो सज्झाओ होदि कायव्वो।।

''व्यन्तरों द्वारा भेरी ताड़न करने पर, उनकी पूजा का संकट आने पर, कर्षण (कृषि कार्य) होने पर, चाण्डाल बालकों के समीप में झाड़ा-बुहारी करने पर, अग्नि, जल व रुधिर की तीव्रता होने पर, तथा जीवों के मांस व हड्डियों के निकाले जाने पर क्षेत्र की अविशुद्धि होती है, जैसा कि सर्वज्ञों ने बताया है।''

मूलाचार ग्रन्थ (गाथा 270-286) में द्रव्य, क्षेत्र, काल, भाव, विनय —इन (पाँच) शुद्धियों का निरूपण मिलता है। वहाँ (गाथा-276) द्रव्यशुद्धि, क्षेत्रशुद्धि, व भावशुद्धि विषय का संक्षेप से निरूपण इस प्रकार किया गया है—

''रुधिर आदि पीव शरीर में हो, क्षेत्र में सौ हाथ प्रमाण तक मांस आदि अपवित्र वस्तु हों —इनका वर्जन द्रव्य-क्षेत्रशुद्धि है और पठन-काल में संक्लेश का वर्जन भावशुद्धि है।''

कालशुद्धि के बारे में भी वहीं (मूलाचार, गाथा 270-275) यह निरूपण किया गया है—

''प्रादोषिक, वैरात्रिक और गौसर्गिक काल को ही लेकर, दोनों कालों में पुनः स्वाध्याय करणीय होता है।'' *[सूर्योदय के अड़तालीस मिनट बाद से लेकर मध्याह्न काल के अड़तालीस*

सज्झाये पट्ठवणे जंघच्छायं वियाण सत्तपयं।
पुव्वण्हे अवरण्हे तावदियं चेव णिट्ठवणे।।

आसाढे दुपदा छाया पुस्समासे चदुप्पदा।
बड्ढदे हीयदे चावि मासे मासे दुअंगुला।।

णवसत्तपंचगाहापरिमाणं दिसिविभागसोहीए।
पुव्वण्हे अवरण्हे पदोसकाले य सज्झाए।।

दिसदाह उक्कपडणं विज्जु चडक्कासणिंदधणुगं च।
दुग्गंधसंज्झदुद्दिणचंदग्गहसूरराहु जुज्झं च।।

मिनट पहले तक पूर्वाह्न स्वाध्याय का काल है। यही गौसर्गिक काल है। मध्याह्न के अड़तालीस मिनट बाद से लेकर सूर्यास्त के अड़तालीस मिनट पहले तक का प्रादोषिक (अपराह्निक) काल स्वाध्याय का काल है। सूर्यास्त के अड़तालीस मिनट बाद से लेकर अर्धरात्रि के अड़तालीस मिनट पहले तक पूर्वरात्रि के स्वाध्याय का काल है, इसे भी प्रादोषिक काल कहा गया है। पुनः अर्धरात्रि के अड़तालीस मिनट बाद से लेकर सूर्योदय के अड़तालीस मिनट पहले तक का वैरात्रिक काल स्वाध्याय काल है। उक्त चारों संधिकालों में छियानवे मिनट तक का काल अस्वाध्याय-काल होता है।]

"पूर्वाह्न में, स्वाध्याय प्रारम्भ काल में जंघाछाया सातपद प्रमाण समझो और अपराह्न में भी स्वाध्याय-समाप्ति में उतनी ही जानो।" *[अर्थात् सूर्य के उदय होने पर जब जंघा की छाया सात वितस्ति मात्र हो, तब स्वाध्याय ग्रहण करना चाहिए और अपराह्न में सूर्यास्त के काल में जब जंघाछाया सात वितस्ति मात्र रहती है, तब स्वाध्याय को समाप्त करना चाहिए।]*

"आषाढ़ में दो पाद छाया और पौष मास में चार पाद छाया रहने पर स्वाध्याय समाप्त करें। मास-मास में वह दो-दो अंगुली बढ़ती और घटती है।"

"पूर्वाह्न, अपराह्न और प्रदोष काल के स्वाध्याय करने में दिशाओं के विभाग की शुद्धि के लिए नौ, सात और पाँच बार श्वासोच्छ्वास प्रमाण णमोकार मन्त्र पढ़े।"

"दिशादाह, उल्कापात, विद्युत्पात, वज्र का भयंकर शब्द, इन्द्रधनुष, दुर्गन्ध उठना,

कलहादिधूमकेदू धरणीकंपं च अब्भगज्जं च।
इच्चेवमाइबहुया सज्झाए वज्जिदा दोसा।।

तथैव, धवलाग्रन्थेऽपि (पु. ९, खण्ड-४, भाग-१, सू. ५४, पद्य १०५-११०) **स्वाध्याय-कालविषये निर्देशः प्राप्यते—**

तपसि द्वादशसंख्ये स्वाध्यायः श्रेष्ठ उच्यते सद्भिः।
अस्वाध्यायदिनानि ज्ञेयानि ततोऽत्र विद्वद्भिः।।

पर्वसु नन्दीश्वरवरमहिमादिवसेषु चोपरागेषु।
सूर्याचन्द्रमसोरपि नाध्येयं जानता व्रतिना।।

अष्टम्यामध्ययनं गुरुशिष्यद्वयवियोगमावहति।
कलहं तु पौर्णमास्यां करोति विघ्नं चतुर्दश्याम्।।

सन्ध्यासमय, दुर्दिन (मेघाच्छन्न दिन), चन्द्रग्रहण, सूर्य व राहु का (ग्रहण) युद्ध (सूर्यग्रहण, चन्द्रग्रहण), कलह आदि, तथा धूमकेतु (का दिखना), भूकम्प व मेघगर्जन तथा इसी प्रकार के और भी दोष हैं, जिनके होने पर स्वाध्याय वर्जित होता है।''

इसी तरह, स्वाध्याय तप में काल सम्बन्धी विचार भी करना चाहिए। धवला ग्रन्थ (पु. 9, खण्ड-4, भाग-1, सू. 54, पद्य 105-110) में कहा गया है—

''सत्पुरुषों ने बारह प्रकार के तप में स्वाध्याय को श्रेष्ठ कहा है। इसीलिए विद्वानों को स्वाध्याय न करने के दिनों को जानना चाहिए।''

''पर्व दिनों (अष्टमी और चतुर्दशी) में, नन्दीश्वर के श्रेष्ठ महिमा-दिनों (अर्थात् अष्टाह्निक पर्व) में और सूर्य-च्रन्द्र का ग्रहण होने पर विद्वान् व्रती को अध्ययन नहीं करना चाहिए।''

''अष्टमी में किया गया अध्ययन गुरु व शिष्य दोनों का वियोग कराता है। पूर्णमासी के दिन किया गया अध्ययन कलह कराता है और चतुर्दशी के दिन किया गया अध्ययन विघ्न उत्पन्न करता है।''

कृष्णचतुर्दश्यां यद्यधीयते साधवो ह्यमावस्यायाम्।
विद्योपवासविधयो विनाशवृत्तिं प्रयान्त्यशेषं सर्वे।।

मध्याह्ने जिनरूपं नाशयति करोति सन्ध्ययोर्व्याधिम्।
तुष्यन्तोऽप्यप्रियतां मध्यमरात्रौ समुपयान्ति।।

अतितीव्रदुःखितानां रुदतां संदर्शने समीपे च।
स्तनयित्नुविद्युदभ्रेष्वतिवृष्ट्या उल्कनिर्घाते।।

अस्वाध्यायकाले किं कर्तव्यमिति विषये भगवती-आराधनाग्रन्थे (गाथा-२०४६) **च निर्देशो दृश्यते—**

वायणपरियट्टणपुच्छणाओ मोत्तूण तध य धम्मथुदिं।
सुत्तत्थपोरिसीसु वि सरेदि सुत्तत्थमेयमणो।।

"यदि साधु कृष्ण-चतुर्दशी और अमावस्या के दिन अध्ययन करते हैं तो विद्या और उपवास विधि सब विनाश वृत्ति को प्राप्त होते हैं।

"मध्याह्न काल में किया गया अध्ययन 'जिन' रूप को नष्ट करता है, दोनों संध्याकालों में किया गया अध्ययन व्याधि पैदा करता है, तथा मध्यम रात्रि में किये गये अध्ययन से अनुरक्त जन भी द्वेष को प्राप्त होते हैं।"

"अतिशय तीव्र दुःख से युक्त और रोते हुए प्राणियों को देखने या उनके समीप में होने पर, मेघों की गर्जना व बिजली के चमकने पर और अतिवृष्टि के साथ उल्कापात होने पर अध्ययन नहीं करना चाहिए।"

अस्वाध्याय-समय में क्या करना चाहिए —इस विषय में भगवती-आराधना ग्रन्थ (गाथा-2046) में भी (निम्नलिखित) निर्देश दृष्टिगोचर होता है—

"स्वाध्याय के पाँच भेदों में से वाचना, आम्नाय, पृच्छना और धर्मोपदेश को त्याग कर वह (श्रमण) अस्वाध्याय काल में भी एकाग्र मन से सूत्र के अर्थ का ही अनुचिन्तन करता है (अर्थात् सतत अनुप्रेक्षारूप स्वाध्याय में ही लीन रहता है)।"

स्वाध्याये द्रव्यादिशुद्धिमविचार्य कृते हानिरिति धवलाग्रन्थे (पु. ९, खण्ड-४, भाग-१, सू. ५४, गाथा-११५) **च निर्दिष्टम्—**

दव्वादिवदिक्कमणं करेदि सुत्तत्थसिक्खलोहेण।
असमाहिमसज्झायं कलहं वाहिं वियोगं च।।

स्वाध्यायस्य प्रतिष्ठापन-निष्ठापनविधिसम्बन्धिनोऽपि केचित् निर्देशाः धवलाग्रन्थे (पु. ९, खण्ड-४, भाग-१, सू. ५४, पद्य १०३-१०४) **प्रदत्ता—**

क्षेत्रं संशोध्य पुनः, स्वहस्तपादौ विशोध्य शुद्धमनाः।
प्राशुकदेशावस्थो गृह्णीयाद् वाचनां पश्चात्।।

युक्त्या समधीयानो वक्षणकक्षाद्यमस्पृशन् स्वाङ्गम्।
यत्नेनाधीत्य पुनः, यथाश्रुतं वाचनां मुञ्चेत्।।

द्रव्यशुद्धि आदि का विचार किये बिना स्वाध्याय करने से हानि होती है —यह धवला ग्रन्थ (पु. 9, खण्ड-4, भाग-1, सू. 54, गाथा-115) में बताया गया है—

"सूत्र और अर्थ की शिक्षा के लोभ से किया गया द्रव्यादि का अतिक्रमण असमाधि अर्थात् सम्यक्त्वादि की विराधना, अस्वाध्याय अर्थात् शास्त्रादिकों का अलाभ, कलह, व्याधि और वियोग को कराता है।"

स्वाध्याय के प्रतिष्ठापन व निष्ठापन की विधि के विषय में भी कुछ निर्देश धवला ग्रन्थ (पु. 9, खण्ड-4, भाग-1, सू. 54, पद्य 103-104) में दिये गए हैं—

"क्षेत्र की शुद्धि करने के बाद, अपने हाथ व पैरों को शुद्ध करके उसके बाद विशुद्ध मन होकर एवं प्रासुक देश में स्थित होकर वाचना को ग्रहण करें।"

"बाजू और काँख आदि अपने अंग का स्पर्श न करता हुआ उचित रीति से अध्ययन करे और यत्नपूर्वक अध्ययन करने के बाद में शास्त्रविधि से वाचना को छोड़ दे (सम्पन्न करे)।"

केषां सद्ग्रन्थानामध्ययने द्रव्यादिशुद्धिरपेक्षिता, अनपेक्षिता वेति विषये मूलाचारग्रन्थे (गाथा २७७-२७९) **निर्देशो वर्तते—**

सुत्तं गणहरकहिदं तहेव पत्तेयबुद्धिकहिदं च।
सुदकेवलिणा कहिदं अभिण्णदसपुव्वकहिदं च।।

तं पढिदमसज्झाये णो कप्पदि विरद इत्थिकप्पस्स।।
एत्तो अण्णो गंथो कप्पदि पढिदुं असज्झाए।।

आराहणणिज्जुत्ती मरणविभत्ती य संगहत्थुदिओ।
पच्चक्खाणावासयधम्मकहाओ य एरिसओ।।

स्वाध्यायतपसोऽनुष्ठानेन को लाभः, किं च महत्त्वम् —इतिविषये भगवती-आराधनाग्रन्थे (गाथा-१०३-१०५) **प्रोक्तम्—**

किन सद्ग्रन्थों के अध्ययन में द्रव्यादि शुद्धि अपेक्षित है, किनके लिए अपेक्षित नहीं है —इस विषय में मूलाचार ग्रन्थ (गाथा 277-279) में निर्देश इस प्रकार किया गया है—

गणधर देव द्वारा कथित, प्रत्येकबुद्ध-ऋद्धिधारी द्वारा कथित, श्रुतकेवली द्वारा कथित और अभिन्नदशपूर्वी ऋषियों द्वारा कथित को 'सूत्र' कहा जाता है।''

''अस्वाध्याय काल में मुनिवर्ग और आर्यिकाओं द्वारा इन सूत्रग्रन्थों को पढ़ना उचित नहीं है। इनसे (अतिरिक्त या) भिन्न अन्य ग्रन्थों को अस्वाध्याय-काल में पढ़ा जा सकता है।''

''आराधना के कथन करने वाले ग्रन्थ, मरण के प्रतिपादक ग्रन्थ, संग्रह ग्रन्थ, स्तुतिग्रन्थ, प्रत्याख्यान, आवश्यक क्रिया और धर्मकथा सम्बन्धी ग्रन्थ तथा और भी ऐसे ही ग्रन्थ अस्वाध्याय काल में भी पढ़े जा सकते हैं।''

स्वाध्याय तप के अनुष्ठान से आखिर लाभ क्या है? इसका महत्त्व क्या है? इस बारे में भगवती-आराधना ग्रन्थ (गाथा 103-105) में (निम्नलिखित) कथन किया गया है—

सज्झायं कुव्वंतो पंचिंदियसंवुडो तिगुत्तो य।
हवदि च एयग्गमणो विणएण समाहिदो भिक्खू।।

जह जह सुदमोग्गाहदि अदिसयरसपसरमसुदपुव्वं तु।
तह तह अल्हादिज्जदि नवनवसंवेगसड्ढाए।।

आयापायविदण्हू दंसणणाणतवसंजमे ठिच्चा।
विहरदि विसुज्झमाणो जावज्जीवं दु णिक्कंपो।।

प्रवचनसारग्रन्थेऽपि (१/८६) **आगमस्वाध्यायस्य महत्त्वमुररीकृतम्—**

जिणसत्थादो अट्ठे पच्चक्खादीहिं बुज्झदो णियमा।
खीयदि मोहोवचयो तम्हा सत्थं समहिदव्वं।।

अन्यच्च, तत्रैव (३/३२-३६) **भणितमास्ते—**

"विनय से युक्त होकर स्वाध्याय करता हुआ साधु पाँचों इन्द्रियों के विषयों से संवृत और तीन गुप्तियों से गुप्त एकाग्रमना होता है।"

"जैसे-जैसे साधु अतिशय अभिधेय से भरे ऐसे अश्रुतपूर्व श्रुत में अवगाहन करता है, वैसे वैसे वह नई-नई धर्मश्रद्धा से आल्हादित होता जाता है।"

"(रत्नत्रय की) वृद्धि और हानि के क्रम को जाननेवाला श्रद्धान, ज्ञान, तप और संयम में स्थित होकर शुद्धि को प्राप्त होता हुआ वह जीवन-पर्यन्त विहार करता है, वह निष्कम्प यानी निश्चल ही बना रहता है।"

प्रवचनसार ग्रन्थ (1/86) में भी आगम-स्वाध्याय का महत्त्व इस प्रकार स्वीकारा गया है—

"प्रत्यक्षादि प्रमाणों के द्वारा जिनेन्द्र-प्रणीत शास्त्र से पदार्थों को जानने वाले पुरुष का मोह-समूह नियम से नष्ट हो जाता है, इसलिए शास्त्र का स्वाध्याय करना चाहिए।"

और भी, वहीं (3/32-36) में कहा गया है—

एयग्गदो समणो एयग्गं णिच्छिदस्स अत्थेसु।
णिच्छित्ती आगमदो आगमचेट्ठा तदो जेट्ठा।।

आगमहीणो समणो णेवप्पाणं परं वियाणादि।
अविजाणंतो अट्ठे खवेदि कम्माणि किध भिक्खू।।

आगमचक्खू साहू इंदियचक्खूणि सव्वभूदाणि।
देवा य ओहिचक्खू सिद्धा पुण सव्वदो चक्खू।।

सव्वे आगमसिद्धा अत्था गुणपज्जएहिं चित्तेहिं।
जाणंति आगमेण हि, पेच्छित्ता तेवि ते समणा।।

आगमपुव्वा दिट्ठी ण भवदि जस्सेह संजमो तस्स।
णत्थीदि भणदि सुत्तं असंजदो हवदि किध समणो।।

"श्रमण तो एकाग्रता को प्राप्त होता है, एकाग्रता उसी के होती है जिसे पदार्थों का निश्चय होता है, और यह निश्चय आगम के माध्यम से होता है, इसलिए आगम (के ज्ञान) की चेष्टा करना ज्येष्ठ (श्रेष्ठ) मानी जाती है।"

"आगम से हीन मुनि न आत्मा को जानता है और न ही अन्य पदार्थों को। स्वपरपदार्थ को नहीं जानने वाला भिक्षु कर्मक्षय कैसे कर सकता है?"

"साधु तो आगम रूपी नेत्र के धारक होते हैं जबकि अन्य प्राणी इन्द्रिय रूपी नेत्रों से युक्त होते हैं। देव अवधिज्ञान रूपी नेत्र से युक्त होते हैं और सिद्ध भगवान् तो (केवलज्ञान रूपी) सभी ओर से चक्षु के धारक होते हैं।"

"विविध गुण-पर्यायों से सहित जीवाजीवादि समस्त पदार्थ आगम से सिद्ध हैं। निश्चय से उन पदार्थों को वे श्रमण आगम के माध्यम से जानते हैं।'

"इस लोक में जिसे आगमज्ञानर्वूक सम्यग्दर्शन नहीं होता है, उसके संयम नहीं होता- ऐसा सिद्धान्त का कथन है। फिर जिसके संयम नहीं है, वह मुनि कैसे बन सकता है?"

अन्यच्च, धवलाग्रन्थे (पु. १, खण्ड-१, भाग-१, सू. १, गाथा ४७-५१, पृ. ६०) **स्वाध्याय-फलनिरूपणमित्थं प्राप्यते—**

भावियसिद्धंताणं दिणयरकरणिम्मलं हवइ णाणं।
सिसिरयरकरसरिच्छं हवइ चरित्तं सवसचित्तं।।

मेरु व्व णिप्पकंपं णट्ठट्ठमलं तिमूढउम्मुक्कं।
सम्मद्दंसणमणुवममुप्पज्जइ पवयणब्भासा।।

तत्तो चेव सुहाइं सयलाइं देवमणुयखयराणं।
उम्मूलियट्ठकम्मं फुड सिद्धसुहं पि पवयणादो।।

जियमोहिंधणजलणो अण्णाणतमंधयारदिणयरओ।
कम्मलकलुसपुसओ जिणवयणमिवोवही सुहओ।।

और भी, धवला ग्रन्थ (पु. 1, खण्ड-1, भाग-1, सू. 1, गाथा 47-51, पृ. 60) में स्वाध्याय के फल का निरूपण इस प्रकार प्राप्त होता है—

"जिन्होंने सिद्धान्त का उत्तम प्रकार से अभ्यास किया है, ऐसे व्यक्तियों का ज्ञान सूर्य की किरणों के समान निर्मल होता है और जिन्होंने अपने चित्त को स्वाधीन कर लिया है, उनका चरित्र चन्द्रमा की किरणों के समान निर्मल होता है।"

"प्रवचन के अभ्यास से मेरु की तरह निष्कम्प, आठ मलों से रहित एवं तीन मूढ़ता से रहित सम्यग्दर्शन होता है।"

"उस (आगम) से ही देव, मनुष्य और विद्याधरों के सुख प्रास होते हैं और आठ कर्मों के उन्मूलित (नष्ट) होने पर प्रवचन के अभ्यास से विशद सिद्धि-सुख भी प्राप्त होता है।"

"जिनागम जीवों के मोह रूपी ईन्धन के लिए अग्नि (के समान), अज्ञान रूपी अन्धकार को नष्ट करने के लिए सूर्य (के समान), और द्रव्यकर्म व भावकर्म के मार्जन (सफाई) के लिए समुद्र (के समान) है।"

अण्णाणतिमिरहरणं सुभविय-हिययारविंदजोहणयं।
उज्जोइयसयलवहं सिद्धंतदिवायरं भजह।।

सूत्रप्राभृतग्रन्थे च (गाथा-३) **प्रोक्तम्—**

सुत्तम्मि जाणमाणो भवस्स भवणासणं च सो कुणदि।
सूई जहा असुत्ता णासदि सुत्ते सहा णोवि।।

दर्शनप्राभृतग्रन्थे (गाथा-१७) **च समर्थितमेतत्—**

जिणवयणमोसहमिणं विसयसुहविरेयणं अमिदभूयं।
जरमरणवाहिहरणं खयकरणं सव्वदुक्खाणं।।

रयणसारग्रन्थे (गाथा-१६१, ९०) **च समर्थितमेतत्—**

पवयणसारब्भासं परमप्पज्झाणकारणं जाण।
कम्मक्खवणणिमित्तं कम्मक्खवणे हि मोक्खसुहं।।

"(इसलिए) अज्ञानरूपी अन्धकार के विनाशक भव्य जीवों के हृदय-कमल को विकसित करनेवाले और मोक्षपथ को प्रकाशित करने वाले सिद्धान्त (शास्त्रादि) रूपी सूर्य को भजो।"

सूत्रप्राभृत ग्रन्थ (गाथा-3) में भी कहा गया है— "जो पुरुष सूत्र का ज्ञाता है, वह भव का नाश करता है। जैसे सुई डोरे से सहित हो तो नष्ट नहीं होती (खोती नहीं), और डोरे से रहित हो तो नष्ट हो जाती है (उसी प्रकार सूत्रज्ञ नष्ट नहीं होता), सूत्रहीन नष्ट हो जाता है।"

दर्शनप्राभृत ग्रन्थ (गाथा-17) में भी इसी तथ्य का समर्थन किया गया है— "यह जिनवाणी रूपी औषधि इन्द्रिय-विषय से उत्पन्न सुख का विरेचन करनेवाली तथा जन्म-मरण रूपी व्याधि को नष्ट करने वाली अमृत जैसी है और समस्त दुःखों का क्षय करनेवाली है।"

रयणसार ग्रन्थ (गाथा-161, 90) में भी इसी का समर्थन करते हुए कहा गया है—

"प्रवचन (शास्त्रों) के सार का अभ्यास ही परमात्मा के ध्यान का कारण है —यह जानो। यह ध्यान ही कर्मों के क्षय का कारण है और कर्म-क्षय होने पर ही मोक्ष-सुख प्राप्त होता है।"

अज्झयणमेव झाणं पंचेंदियणिग्गहं कसायं पि।
तत्तो पंचमयाले पवयणसारब्भासमेव कुज्जाहो।।

भोः मनीषिन्! अलं विस्तरेण। सम्प्रति, दानपूजादिविमुखस्य बहिरात्मनः श्रावकस्य दुःस्थितिर्भवतीति आचार्यवरा गौरी-छन्दोमाध्यमेन निर्दिशन्ति—

दाण ण धम्म ण चाग ण, भोग ण बहिरप्प जो पयंगो सो।
लोहकसायग्गिमुहे पडिदो मरिदो ण संदेहो।।१२।।

छाया— दानं न धर्मः न त्यागः न, भोगो न बहिरात्मा यः पतङ्गः सः।
लोभकषायाग्निमुखे पतितः मृतो न सन्देहः।।

रत्नत्रयवर्धिनी टीका— गाथान्वयः सुगमः। (जो) **यः कश्चिदपि, श्रावकं स्वं मन्यमानोऽपि जनः,** (दाण ण) **दानं न करोति। सत्पात्रेभ्यः दानं कर्तव्यं मन्यते श्रावकाणां कृते, श्रावकाणां दानं मुख्यकर्तव्यत्वेन प्राग्निरूपितम्, अतो यो दानं न ददाति, स स्वकर्तव्याच्च्युत एव भवति। अस्मिन्नेव ग्रन्थे आचार्यवर्यैः मुनिप्रभृतीन् उद्दिश्य क्रियमाणस्य आहारदानस्य विशेषफलं निर्दिष्टमस्ति।**

"अध्ययन ही ध्यान है, उसी से इन्द्रियों व कषायों का निग्रह होता है (अतः) इस पंचम काल में जिनागम का अभ्यास ही करें।" बस, अधिक विस्तार की अपेक्षा नहीं।

अब, दान व पूजा आदि से विमुख बहिरात्मा श्रावक की दुर्गति होती है —इसे आचार्यवर गौरी छन्द के द्वारा बता रहे हैं—

गाथा अर्थ— जो दान नहीं करता, धर्म नहीं करता, त्याग भी नहीं करता और भोग भी नहीं करता, ऐसा बहिरात्मा (एक) पतंगा (टिड्डा) (जैसा) होता है। वह निःसन्देह लोभ कषाय की आग में गिरकर मृत्यु को प्राप्त होता है।।12।।

रत्नत्रयवर्धिनी टीका— गाथा का अन्वय सुगम है। **(यः)** जो कोई भी, स्वयं को श्रावक मानता हुआ भी व्यक्ति **(दानं न)** दान नहीं करता। (यद्यपि) श्रावकों के लिए सत्पात्रों को दान देना कर्तव्य माना गया है और श्रावकों के मुख्य कर्तव्यों के रूप में दान का निरूपण पूर्व में किया जा चुका है, इसलिए जो दान नहीं देता, वह (श्रावक) कर्तव्य से च्युत ही हो जाता है। इसी ग्रन्थ में आचार्यप्रवर (कुन्दकुन्द स्वामी) ने मुनि आदि (संयतों-व्रतियों) को किये जाने वाले आहार-दान का विशेष फल बताया गया है।

यथा रयणसारस्य (२२ गाथायाम्) **प्रोक्तम्—**

जो मुणिभुत्तवसेसं भुंजदि सो भुंजदे जिणुद्दिट्ठं।
संसारसारसोक्खं कमसो णिव्वाणवरसोक्खं।।

एवमेव यः केवलं धनादेः सञ्चयमेव करोति, किन्तु कृपणतया न कस्मैचिदपि दयया अनुकम्पया दानं करोति, दानेन न कस्यापि उपकरोति, तस्य मनुष्यस्य जन्मैव निष्फलं भवतीति कार्तिकेयानुप्रेक्षाग्रन्थे (गाथा १२-१३, १५) **प्रकटितम्—**

ता भुंजिज्जउ लच्छी दिज्जइ दाणे दयापहाणेण।
जा जलतरंग चवला दो तिण्णि दिणाइ चिट्ठेइ।।

जो पुण लच्छिं संचदि ण य भुंजदि णेय देदि पत्तेसु।
सो अप्पाणं वंचदि मणुयत्तं णिप्फलं तस्स।।

जैसे, (रयणसार की 22वीं गाथा में) कहा गया है—

"जो (श्रावक) मुनि के भली-भाँति आहार कर लेने के बाद अवशेष बचे भोजन को करता है, वह संसार के सारभूत सुख को और क्रम से (तत्पश्चात्) मोक्ष के उत्तम सुख को भी भोगता है —ऐसा जिनेन्द्र देव का उपदेश है।"

इसी तरह, जो धन आदि का मात्र संचय ही करता है, किन्तु कंजूसी के कारण किसी को भी दया से, अनुकम्पा से दान नहीं करता, दान से किसी का भी उपकार नहीं करता, उसका मनुष्य-जन्म ही निष्फल है —ऐसा कार्तिकेयानुप्रेक्षा ग्रन्थ (गाथा12-13, 15) में इस प्रकार बताया गया है—

"यह लक्ष्मी पानी में उठने वाली लहरों के समान चञ्चल है, दो-तीन दिनों तक ठहरने वाली है। इसलिए तब तक (जब तक नष्ट न हो) दयालुता के साथ दान दें और उपभोग करें।"

"जो व्यक्ति लक्ष्मी का मात्र संचय करता है, न उसे भोगता है और न ही सत्पात्रों में दान देता है, वह अपने को ठगता है और उसका मनुष्य पर्याय में जन्म लेना वृथा है।"

अणवरयं जो संचदि लच्छिं ण य देदि णेय भुंजेदि ।
अप्पणिया वि य लच्छी परलच्छिसमाणिया तस्स।।

(धम्म ण) **धर्मो न, अर्थात् न स धर्ममाचरति। धर्मश्चोत्तमक्षमादिः, यद्वा जीवानां रक्षणं जीवदया वा। बाह्यविषयभोगेच्छापराधीनस्य न कदाचिद् यस्य धर्माचरणे रुचिर्भवति, तस्य सद्दृष्टित्वं संदिग्धमेव। स तु बहिरात्मा मूढ एव, न तु सम्यग्दृष्टिः। उक्तं च प्राकृतपञ्चसंग्रहग्रन्थे** (गाथा-१/६)—

मिच्छंतं वेदंतो जीवो विवरीयदंसणो होइ।
ण य धम्मं रोचेदि हु महुरं पि रसं जहा जरिदो।।

(चाग ण) **त्यागो न, स त्यागमपि न करोति। मद्यमांसादित्याज्यवस्तूनां रात्रिभोजन-सप्तव्यसनादीनां च स त्यागं न करोति, संयमे रुचेरभावात्, मिथ्यात्वकारणाच्च। परद्रव्यमोहाविष्टः संसारदेहभोगादिष्वेव निरन्तरं लीनो भवति, ततश्च तस्य त्यागधर्मस्यापि अभाव एव।**

"जो मनुष्य सदा लक्ष्मी का संचय करता रहता है, न उसे किसी को देता है और न स्वयं ही भोगता है, उस मनुष्य की अपनी लक्ष्मी भी पराई लक्ष्मी जैसी ही है।"

(धर्मो न) धर्म नहीं, अर्थात् वह धर्माचरण नहीं करता। धर्म यानी उत्तम क्षमा आदि (दस धर्म)। अथवा जीवों की रक्षा करना या जीव-दया धर्म है। बाह्य विषयों के भोगों की इच्छा के पराधीन होकर जिसकी धर्म में रुचि कदापि नहीं होती, उसका सम्यग्दृष्टिपना सन्दिग्ध हो जाता है। वह व्यक्ति तो बहिरात्मा व मूढ़ ही है, सम्यग्दृष्टि नहीं है। प्राकृत पञ्चसंग्रह ग्रन्थ (गाथा-1/6) में कहा भी गया है—

"मिथ्यात्व कर्म को अनुभव करने वाला (मिथ्यादृष्टि) जीव विपरीतश्रद्धानी होता है। उसे धर्म उसी प्रकार नहीं अच्छा लगता, जिस प्रकार ज्वरग्रस्त व्यक्ति को मधुर रस भी नहीं रुचता है।

(त्यागो न) त्याग नहीं, अर्थात् वह त्याग भी नहीं करता। वह मद्य, मांस आदि त्याज्य वस्तुओं का, तथा रात्रिभोजन व सात व्यसनों का त्याग नहीं करता क्योंकि संयम में उसकी रुचि नहीं होती और मिथ्यात्व का सद्भाव भी रहता है। पर द्रव्यों सम्बन्धी मोह से वह आविष्ट रहता है और संसार व देह के भोगों आदि में ही निरन्तर लीन रहता है, इसलिए उसके त्याग धर्म का अभाव ही रहता है।

वस्तुतः परद्रव्यसम्बन्धिमोहस्य त्यागे कृते एव मद्य-मांसादीनां सप्तव्यसनादीनां च त्यागः सम्भवति, अन्यथा नैव। बहिरात्मनः परद्रव्येषु रतिः स्वाभाविकी भवति, अतः स त्यागं कर्तुं न प्रभवति। किञ्च, परद्रव्ये रतो यदि मुनिरपि भवेत्, स मिथ्यादृष्टिरेव —एतन्मोक्षप्राभृतग्रन्थे (गाथा-१३,१५) **उद्घोषितम्—**

परदव्वरओ बज्झइ।

जो पुण परदव्वरओ मिच्छादिट्ठी हवेइ जो साहू।
मिच्छत्तपरिणदो उण बज्झदि दुट्ठट्ठकम्मेहिं।।

विपरीतश्रद्धानभावात् जिनोपदिष्टत्यागसंयमादिधर्मेषु तस्य कदाचिदपि आस्था न सम्भवति। वस्तुतः त्यागस्तु चेतनाचेतनपरिग्रहनिवृत्तिर्भवति (राजवार्तिक-९/६/१८)**, यद्वा संयतप्रायोग्याहारौषधप्रभृतिदानं त्यागः** (स. सि.-९/६)**, यद्वा संयतमुनिप्रभृतिप्रीतिकरणातिसर्जनं त्यागः** (राजवार्तिक-६/२४/६)।

वस्तुतः परद्रव्य सम्बन्धी मोह का त्याग करने पर ही मद्य, मांस आदि तथा व्यसन आदि का त्याग सम्भव होता है, अन्यथा नहीं। बहिरात्मा की परद्रव्यों में रति सहज होती है। इसलिए वह त्याग नहीं कर पाता। परद्रव्यरत यदि मुनि भी हो तो वह मिथ्यादृष्टि ही है —ऐसा मोक्षप्राभृत ग्रन्थ (गाथा-13, 15) में कहा गया है—

"परद्रव्यरत कर्मों से बंधता है।"

"जो मुनि परद्रव्यरत है, वह साधु भी मिथ्यादृष्टि होता है। मिथ्यात्व से परिणत होने पर दुष्ट आठ कर्मों से बन्ध को प्राप्त होता (ही) है।"

विपरीत श्रद्धान के कारण जिनोपदिष्ट त्याग, संयम आदि धर्मों में उसकी कभी आस्था नहीं हो पाती। वस्तुतः चेतन या अचेतन, (समस्त) परिग्रह से निवृत्त होना ही 'त्याग' होता है (राजवार्तिक-9/6/18)। अथवा संयमी को योग्य आहार, औषध आदि का दान करना 'त्याग' होता है (स.सि. 9/6)। अथवा मुनि आदि संयमी आत्माओं की प्रीति हेतु अतिसर्जन करना (आहारादि देना) —यह त्याग है (राजवार्तिक-6/24/6)।

एतत्सर्वविधस्त्यागो बहिरात्मनो नैव सम्भवति, परद्रव्यविषयमोहरागाविष्टत्वात्। निश्चयेन नयेन तु निजशुद्धात्मपरिग्रहं विधाय बाह्याभ्यन्तरपरिग्रहनिवृत्तिरूपः, त्यागः, इति प्रवचनसारग्रन्थस्य (गाथा-३/३९.२१) **तात्पर्यवृत्तिटीकायां भणितम्।**

'बारस अणुवेक्खा'-ग्रन्थे (गाथा-७८) **च प्रोक्तम्—**

णिव्वेगतियं भावदि मोहं चइउण सव्वदव्वेसु।
जो तस्स हवे चागो इदि भणिदं जिणवरिंदेहिं।।

एवं परमार्थतो निर्ग्रन्थमुनेरेव निश्चयत्यागः उत्तमत्यागधर्मो वा स्वीक्रियते। कार्तिकेयानुप्रेक्षा-ग्रन्थे (गाथा-४०१) **च भणितम्—**

जो चयदि मिट्ठभोज्जं उवयरणं रायदोससंजणयं।
वसदिं ममत्तहेदुं चायगुणो सो हवे तस्स।।

ये सभी प्रकार के त्याग बहिरात्मा के सम्भव नहीं होते, क्योंकि वह परद्रव्यादि के प्रति मोह व राग से आविष्ट (पूर्ण) रहता है। निश्चयनय से तो निज शुद्धात्म-परिग्रह के साथ बाह्य व आभ्यन्तर परिग्रह से निवृत्त होना 'त्याग' होता है —ऐसा प्रवचनसारग्रन्थ की (गाथा-3/39 पर प्रक्षिप्त 21वीं गाथा) तात्पर्यवृत्ति में कहा गया है।

बारस-अणुवेक्खा ग्रन्थ (गाथा-78) में भी कहा गया है—

''जो मुनि समस्त द्रव्यों में मोह का त्याग करके (संसार, शरीर व भोगों के प्रति) निर्वेद की भावना रखता है, उसके (उत्तम) त्याग धर्म होता है —ऐसा जिनेन्द्र देव ने कहा है।''

इस प्रकार परमार्थतः निर्ग्रन्थ मुनि के ही निश्चय त्याग व उत्तम त्याग धर्म होना माना जाता है। कार्तिकेयानुप्रेक्षा ग्रन्थ (गाथा-401) में भी कहा गया है—

''जो मिष्ट भोजन को, राग-द्वेष के उत्पादक उपकरण को तथा ममत्व भाव की उत्पत्ति में निमित्त वसति को छोड़ देता है (अनगारता को प्राप्त होता है), तब उस मुनि के (उत्तम) त्याग धर्म होता है।''

किन्तु सम्यग्दृष्टिरपि भोगोपभोगपरिमाणादिव्रतानि पालयित्वा, सम्यक्त्वेन शरीरात्मनोर्भेदं विज्ञाय, ततश्च अमर्यादितमासक्तिभावं रुणद्धि, अतः स एकदेशत्यागं तु करोत्येव। उक्तं च कार्तिकेयानुप्रेक्षाग्रन्थे (गाथा-३३९-३४१)—

जो लोहं णिहणित्ता संतोसरसायणेण संतुट्ठो।
णिहणदि तिण्हा दुट्ठा मण्णंतो विणस्सरं सव्वं।।

जो परिमाणं कुव्वदि धणधण्णसुवण्णखित्तमाईणं।
उवओगं जाणित्ता अणुव्वदं पंचमं तस्स।।

जह लोहणासणट्ठं संगपमाणं हवेइ जीवस्स।
सव्वदिसाण पमाणं तह लोहं णासए णियमा।।

किन्तु बहिरात्मनस्तु सम्यग्दृष्टिविपरीता त्याग-संयमादिविरहिता क्रिया भवति, तस्यैव अत्र संकेतः।

किन्तु सम्यग्दृष्टि गृहस्थ भी भोगोपभोगपरिमाण व्रत आदि का पालन कर, सम्यक्त्व से शरीर व आत्मा का भेदविज्ञान कर, उससे अमर्यादित आसक्ति भाव का निरोध करता है, अतः वह एकदेश त्याग तो करता ही है। कार्तिकेयानुप्रेक्षा ग्रन्थ (गाथा 339-341) में कहा गया है—

''जो लोभ कषाय को कम करके, सन्तोष रूप रसायन से सन्तुष्ट होता हुआ सबको विनश्वर जानकर दुष्ट तृष्णा का घात करता है और अपनी आवश्यकता को समझकर धन, धान्य, सुवर्ण व क्षेत्र (जमीन) आदि का परिमाण करता है, उसके पाँचवाँ अणुव्रत होता है।''

''जैसे लोभ का नाश कराने के लिए जीव परिग्रह का परिमाण करता है, वैसे ही समस्त दिशाओं का परिमाण भी नियम से लोभ का नाश करता है।''

किन्तु बहिरात्मा की तो सम्यक्त्व से विपरीत अर्थात् (अणुव्रती सम्यग्दृष्टि की क्रियाओं) त्याग-संयम आदि से रहित क्रिया होती है, उसी का यहाँ संकेत है।

(भोग ण) **भोगो न। न चापि स न्यायोपार्जितधनेन गार्हस्थ्योचितभोगान् भुंक्ते। न चानासक्तिकारणाद् अपितु मोहाविष्टत्वात् धनस्य व्ययमपि कर्तुं न वांछति। एवं कृपणतया केवलं धनार्जनमेव कर्तुं तत्परः परःशतानि दुःखानि भुंक्ते। परिग्रहानन्दरूपरौद्रध्यानाविष्टः सततं कर्मबन्धनं गाढं विदधाति सः। कथं स बहुदुःखानि सोढ्वाऽपि अर्थार्जने एव प्रयतते? लोभावेशात्। अत एवास्यां गाथायां** 'लोभकषायाग्निमुखे पतितः' **इति विशेषणं वक्ष्यते। वस्तुतो दानभोगरहितस्य जनस्य धनमपि विनश्यत्येव।**

उक्तं च नीतिकारेण भर्तृहरिणा नीतिशतकग्रन्थे (श्लोक-३४)—

दानं भोगो नाशः, तिस्रो गतयो भवन्ति वित्तस्य।
यो न ददाति न भुंक्ते तस्य तृतीया गतिर्भवति।।

(जो बहिरप्प) **यो दानत्यागादिरहितो जीवो बहिरात्मा वर्तते। बहिरात्मनो लक्षणं कार्तिकेयानुप्रेक्षाग्रन्थे** (गाथा-१९३) **निरूपितम्—**

(भोगो न) और भोग भी नहीं, अर्थात् न ही, न्यायोपार्जित धन से गृहस्थोचित भोगों का वह सेवन करता है। वह ऐसा इसलिए नहीं करता कि वह अनासक्त है, अपितु (धन-) मोह से आविष्ट होने के कारण वह धन का व्यय करना नहीं चाहता। इसलिए कंजूसी के कारण मात्र धनार्जन करने में ही संलग्न रहा करता है और सैकड़ों दुःख भोगता है। वह परिग्रहानन्द रूपी रौद्र ध्यान से पूर्ण होकर निरन्तर कर्मबन्धनों को गाढ़ करता रहता है। आखिर वह अनेकों दुःख सहन करके भी धन कमाने में ही क्यों लगा रहता है? (उत्तर है— क्योंकि) वह लोभ से भरा है, इसलिए। इसीलिए इसी गाथा में उसके लिए यह विशेषण कहने वाले हैं— 'लोभ-कषायरूपी अग्निमुख में गिरा हुआ'।

वस्तुतः दान व भोग न करने वाले व्यक्ति का धन नष्ट ही होता है। नीतिकार आचार्य भर्तृहरि ने नीतिशतक ग्रन्थ (श्लोक-34) में कहा भी है—

"दान, भोग, नाश —ये धन की तीन दशाएँ होती हैं। अतः जो न देता है और न भोगता है, उसके तो (धन की) तीसरी (नाश) दशा ही होती है।"

(यो बहिरात्मा) दान, त्याग आदि से रहित जीव 'बहिरात्मा' होता है। बहिरात्मा का लक्षण कार्तिकेयानुप्रेक्षा ग्रन्थ (गाथा-193) में इस प्रकार बताया गया है—

मिच्छत्तपरिणदप्पा तिव्वकसाएण सुट्ठु आविट्ठो।
जीवं देहं एक्कं मण्णंतो होदि बहिरप्पा।।

एवंविधस्य बहिरात्मनः गतिः कीदृशी भवतीत्युच्यते—

(सो पयंगो) **स पतङ्गः अर्थात् तिर्यग्गतिमापन्नस्तुच्छः प्राणी इव भवति। पतन् गच्छति इति पतङ्गः। एतन्निर्युक्त्यनुसारं स पतनशीलः, दुर्गतिमापद्यमान एव भवति। कुत्र पतति, कथं च विनाशमुपयाति? उच्यते—** (लोहकसायग्गिमुहे पडिदो मरिदो)। **लोभकषायाग्निमुखे पतितः मृतो जायते। यथा पतङ्गो रूपदर्शनलोभाविष्टोऽग्नौ पतति, ततश्च तत्क्षणमेव नश्यति, तथैव त्याग-दानादिरहितो बहिरात्मा तीव्रलोभकषायरूपाग्नौ पतितः सन् दुर्गतिरूपं विनाशमुपयाति इति भावः।** (ण संदेहो) **तत्र न सन्देहः कर्तव्यः। निःसंशयमेव लोभकषायेन तस्य दुर्गतिर्भवति।**

वस्तुतः क्रोधमानमायालोभेषु कश्चिदपि कषायः आत्मगुणानां कालुष्यकारकः, गाढकर्म-बन्धहेतुर्वा भवत्येव।

"जिसकी आत्मा मिथ्यात्व के उदय रूप परिणत हो, तीव्र कषाय से आविष्ट हो और जो जीव (आत्मा) व देह को एक मानता हो, वह 'बहिरात्मा' होता है।"

उक्त प्रकार के बहिरात्मा की क्या गति होती है? यह बता रहे हैं—

(स पतङ्गः) वह पतङ्ग अर्थात् तिर्यञ्च गति प्राप्त तुच्छ प्राणी जैसा होता है। जो गिरता हुआ चलता है, वह 'पतङ्ग' होता है —इस निर्युक्ति के अनुसार, गिरना या पतन उसका स्वभाव है, और वह दुर्गति को प्राप्त होता ही है। कहाँ पतित होता है और कैसे विनाश को प्राप्त होता है? वही बता रहे हैं— **(लोभकषायाग्निमुखे पतितः मृतः)**। लोभ कषायरूपी आग में गिर जाता है और मर जाता है। जिस प्रकार पतंगा रूपदर्शन के लोभ के आवेश से अग्नि में गिरता है, और फिर तत्क्षण मृत्यु को प्राप्त होता है, वैसे ही त्याग या दान से रहित बहिरात्मा तीव्र लोभ कषाय रूपी अग्नि में गिरकर दुर्गति रूप विनाश को प्राप्त होता है —यह तात्पर्य है। **(न सन्देहः)** इस बात में सन्देह नहीं करना चाहिए, निस्सन्देह ही लोभ कषाय के कारण उसकी दुर्गति होती है।

वस्तुतः क्रोध, मान, माया व लोभ —इनमें से कोई भी कषाय हो, वह आत्म-गुणों में कलुषता पैदा करती है, अथवा प्रगाढ़ कर्म-बन्धन का कारण होती है।

उक्तं च राजवार्तिके (६/४/२)—"क्रोधादिपरिणामः कषति हिनस्ति आत्मानं कुगतिप्रापणाद् इति कषायः।"

यद्वा तत्रैव (२/६/२)— "कषायवेदनीयस्य उदयादात्मनः कालुष्यं क्रोधादिरूपमुत्पद्यमानं 'कषत्यात्मानं हिनस्ति' इति कषाय इत्युच्यते।"

तत्रापि लोभकषायस्तु सर्वविधविनाशहेतुरेव भवति। बाह्यार्थेषु ममेदं बुद्धिर्लोभः। गर्हा, कांक्षा, गृद्धिः, लोभश्चेति पर्यायाः। अनुग्रहप्रवण-द्रव्याद्यभिकांक्षावेशो लोभः —इति राजवार्तिके (८/९/५) **निरूपितम्। युक्तस्थले व्ययाभावो लोभः —इत्यपि नियमसारग्रन्थस्य गाथायाः** (गाथा-११२) **तात्पर्यवृत्तिटीकायां भणितम्। निरन्तरं धनाशा, प्रचुरधनाद्यर्जनेऽपि अतृप्तिः, अर्जितधनरक्षण-चिन्ता इत्यादिका लोभस्यैव परिणतयः सन्ति। संसारस्य समस्तवैभवमपि तस्य लोभिनो लोभशान्तिं विधातुं न प्रभवति। स्वेच्छापूर्ति-अभावे दुःखम्, क्रोधादयश्च प्रादुर्भवन्ति, यतः कांक्षितधनार्जने ये केचिदपि अन्तरायरूपा जना भवन्ति, तान्प्रति क्रोधाग्निः समुन्मीलत्येव।**

राजवार्तिक (6/4/2) में कहा भी है— "जो आत्मा को कसता है, घात करता है, आत्मा को कुगतियों में पहुँचाता है, इसलिए क्रोध आदि (आत्मीय) परिणाम 'कषाय' कहे जाते हैं।"

अथवा वहीं (2/6/2) यह भी कहा गया है— "कषाय वेदनीय के उदय से आत्मा में क्रोध आदि रूप कालुष्य (कलंक) उत्पन्न होता है, चूँकि वह आत्मा को कसता है— (आत्म-गुणों का) घात करता है, इसलिए उसे 'कषाय' कहा जाता है।"

इन कषायों में लोभ कषाय तो सभी प्रकार के विनाश का ही कारण होती है। बाह्य पदार्थों में 'यह मेरा है' —यह बुद्धि होना 'लोभ' होता है। गर्हा, कांक्षा, गृद्धि (आसक्ति) व लोभ —ये पर्याय हैं। अनुग्रह (सुख) करने वाले द्रव्यों की आकांक्षा का आवेश (वेग) लोभ होता है —यह राजवार्तिक (8/9/5) में कहा गया है। उपयुक्त स्थल पर व्यय न करना लोभ है —यह भी नियमसार ग्रन्थ (गाथा-112) की तात्पर्यवृत्ति टीका में कहा गया है। निरन्तर धन की आशा रखना, प्रचुर धन अर्जित करने पर भी तृप्ति न होना, अर्जित धन की रक्षा का चिन्तन, इत्यादि लोभ के ही परिणाम होते हैं। संसार का समस्त वैभव भी उस लोभी (व्यक्ति) के लोभ को शान्त नहीं कर पाता। अपनी इच्छा की पूर्ति न होने पर वह (व्यक्ति) दुःखी होता है और क्रोध आदि भी प्रकट होते हैं, क्योंकि इच्छित धन के अर्जन में जो कुछ भी अन्तराय (विघ्न) बनकर लोग आते हैं, उनके प्रति उसकी क्रोध-अग्नि भड़क उठती है।

अनगारधर्मामृतग्रन्थे (६/२४) **च** 'लोभमूलानि पापानि' **इत्यादि लोभस्य हेयता संकेतिताऽस्ति। एवं दोषबहुललोभकषायविषये भगवती-आराधनाग्रन्थे** (गाथा-१३८३, १३८६-१३८७) **स्पष्टं निर्दिष्टं वरीवर्ति—**

लोभेणासाधत्तो पावइ दोसे बहुं कुणदि पावं।
णीए अप्पाणं वा लोभेण णरो ण विगणेदि।

तेलोक्केण वि चित्तस्स णिव्वुदी णत्थि लोभघत्थस्स।
संतुट्ठो हु अलोभो लभदि दरिद्दो वि णिव्वाणं।।

सव्वे वि गंथदोसा लोभकसायस्स हुंति णादव्वा।
लोभेण चेव मेहुणहिंसालियचोज्जमाचरदि।।

तथा तत्रैव (गाथा १९०७-१९०८) **च प्रोक्तम्—**

अनगारधर्मामृत ग्रन्थ (6/24) में 'लोभ सभी पापों का मूल है' यह कहकर लोभ की हेयता का संकेत किया गया है। इसी प्रकार, दोषबहुल लोभ कषाय के बारे में भगवती-आराधना ग्रन्थ (गाथा-1383, 1386-87) में स्पष्ट निर्देश किया गया है—

"लोभ के कारण 'यह वस्तु मेरी होगी' इस आशा से ग्रस्त होकर अनेक दोषों को अपनाता है और बहुत से पाप करता है। लोभ के कारण वह कुटुम्बियों की और स्वयं की भी चिन्ता नहीं करता, उन्हें भी कष्ट देता है और अपने शरीर को भी कष्ट देता है।"

"जो लोभ से ग्रस्त हैं, उनके मन को तीनों लोक (की संपत्ति) को प्राप्त करके भी सन्तोष नहीं होता, जब कि लोभरहित व्यक्ति संतुष्ट होता है और दरिद्र होकर भी सुख प्राप्त करता है।"

"परिग्रह के जो दोष कहे गये हैं, वे सभी दोष लोभ कषाय वाले के या लोभकषाय के समझने चाहिएं। लोभ से ही मनुष्य हिंसा, असत्य, चोरी व अब्रह्मचर्य का सेवन करता है।"

वहीं (गाथा 1907-1908) में भी कहा गया है—

जह इंधणेहिं अग्गी वड्ढइ विज्झाइ इंधणेहिं विणा।
गंथेहि तह कसाओ वड्ढइ विज्झाइ तेहिं विणा।।

जह पत्थरो पडंतो खोहेइ दहे पसण्णमवि पंकं।
खोभेइ पसण्णमवि कसायं जीवस्स तह गंथो।।

ज्ञानार्णवग्रन्थेऽपि (१६/२७-३१) **विशदीकृत्य लोभदोषाः प्रकटिताः—**

स्मरभोगीन्द्रवल्मीकं रागाद्यरिनिकेतनम्।
क्रीडास्पदमविद्यानां बुधैर्वित्तं प्रकीर्तितम्।।

अत्यल्पे धनजम्बाले निमग्नो गुणवानपि।
जगत्यस्मिन् जनः क्षिप्रं दोषलक्षैः कलङ्क्यते।।

संन्यस्तसर्वसंगेभ्यो गुरुभ्योऽप्यतिशंक्यते।
धनिभिर्धनरक्षार्थं रात्रावपि न सुप्यते।।

"जिस प्रकार ईन्धन डालने से आग बढ़ती है और ईन्धन के अभाव में बुझ जाती है, उसी प्रकार परिग्रह से कषाय बढ़ती है और परिग्रह के अभाव में मन्द हो जाती है।"

"जिस प्रकार जल में पत्थर फेंकने से नीचे बैठी हुई कीचड़ ऊपर आ जाती है, उसी प्रकार परिग्रह से जीव की दबी हुई कषाय उदय में आ जाती हैं।"

ज्ञानार्णव ग्रन्थ (16/27-31) में इसे स्पष्ट करते हुए लोभ-सम्बन्धी दोषों को अभिव्यक्त किया गया है—

"विद्वानों ने धन को कामदेव, सर्पराज की बाँबी, राग-द्वेष का स्थान तथा अविद्याओं का क्रीडा-स्थान बताया है।"

"इस लोक में थोड़ी-सी भी धनरूपी चोई (शैवाल) के भीतर फंसकर गुणी मनुष्य भी शीघ्र ही लाखों दोषों से कलंकित हो जाता है।"

"धनवान् मनुष्य उन गुरुओं से भी सशंकित रहता है जिन्होंने समस्त परिग्रह से ममत्व को त्याग दिया है, और वह (धनी) धन की रक्षा के निमित्त रात में सोता भी नहीं है।"

सुतस्वजनभूपालदुष्टचौरारिविड्वरात् ।
बन्धुमित्रकलत्रेभ्यो धनिभिः शंक्यतेऽनिशम्।।

कर्म बध्नाति यज्जीवो धनाशाकश्मलीकृतः।
तस्य शान्तिर्यदि क्लेशात् बहुभिर्जन्मकोटिभिः।।

एवं लोभकषायः सर्वथा हेयः। धनादिस्पृहावर्जनाय ज्ञानार्णवग्रन्थे (१६/४०) **परामृष्टम्—**

एनः केन धनप्रसक्तमनसा नासादि हिंसादिना,
कस्तस्यार्जनरक्षणक्षयकृतैर्नादाहि दुःखानलैः।
तत्प्रागेव विचार्य वर्जय वरं व्यामूढवित्तस्पृहां,
येनैकास्पदतां न यासि विषयं पापस्य तापस्य च।।

एवं सम्यग् विचार्य, बहिरात्मतामूलं लोभकषायं त्यक्त्वा दृढं सम्यक्त्वमुपेत्य दानपूजा-त्यागादितत्परत्वमाश्रयणीयं श्रावकैरिति गाथासारः।

"धनी व्यक्ति पुत्र, कुटुम्बी, राजा, दुष्ट, चोर, शत्रु, दुराचारी, बन्धु-बान्धव, मित्र व (यहाँ तक कि अपनी) स्त्री से भी सशंकित रहा करता है।"

"धन की तृष्णा से मलिन जीव जिस प्रबल कर्म को बांधता है, क्लेशों का अनुभव करते हुए उस कर्म की शान्ति करोड़ों जन्मों में भी कदाचित् ही हो पाती है।"

इस प्रकार, लोभ कषाय सर्वथा त्याज्य है। धनादि की इच्छा को रोकने के लिए ज्ञानार्णव ग्रन्थ (16/40) में इस प्रकार परामर्श दिया गया है—

"जिनका मन धन में अनुरक्त रहता है, उनके द्वारा हिंसा आदि किस-किस दुराचरण से पाप का उपार्जन नहीं हुआ है? उस धन के उपार्जन, रक्षण व नाश से उत्पन्न दुःखरूप अग्नि से कौन संतप्त नहीं हुआ है? इसलिए हे मूढ़! तू पहले ही इसका भलीभाँति विचार करके उस धन की इच्छा को छोड़ दे, ताकि तू विषयों के साथ पाप व सन्ताप —इन दोनों का स्थान (घर) नहीं बन पाए।"

इस तरह, श्रावकों को चाहिए कि वे अच्छी तरह विचार (चिन्तन) करके बहिरात्मपने के मूल लोभ कषाय को छोड़ें, सम्यक्त्व को दृढ़ता से धारण कर दान, पूजा, त्याग आदि में तत्पर हों —यह गाथा का सार है।

सम्प्रति, उग्गाहा-छन्दोमाध्यमेन पुनरपि श्रावकमुख्यकर्तव्ययोः पूजादानयोः उपादेयतामाचार्याः प्रकटयन्ति—

जिणपूया मुणिदाणं करेदि जो देदि सत्तिरूवेण।
सम्मादिट्ठी सावयधम्मी सो मोक्खमग्गरओ।।१३।।

छाया— जिनपूजां मुनिदानं करोति यो ददाति शक्तिरूपेण।
सम्यग्दृष्टिः श्रावकधर्मी स मोक्षमार्गरतः।।

रत्नत्रयवर्धिनी टीका— जो सत्तिरूवेण जिणपूजां करेदि, मुणिदाणं देदि, सो सावयधम्मी सम्मादिट्ठी मोक्खमग्गरओ (होदि) —इत्यन्वयः।

(जो सत्तिरूवेण जिणपूया करेदि) **यः श्रावकः शक्तिरूपेण यथाशक्ति जिनपूजां करोति। शक्तिव्यपोहनं नैव कृत्वा, पूर्णालस्यत्यागेन अप्रमत्ततया जिनपूजामर्हदादीन् प्रति स्वश्रद्धानाभिव्यक्तिं करोति —इति 'सत्तिरूवेण' इतिपदेन सूच्यते। तपस्त्यागादिधर्मकार्येष्वपि स्वशक्तिमपेक्ष्यैव यत्नो विधेयः —इति शास्त्रेषु निर्दिष्टम्। शक्तितस्त्यागतपसी तीर्थंकरनामकर्मास्रवहेतुभूते —इति तत्त्वार्थसूत्रे (६/२४) प्रतिपादितमपि।**

अब, उग्गाहा छन्द के द्वारा आचार्यप्रवर श्रावक के मुख्य कर्तव्य पूजा व दान की उपादेयता को पुनः अभिव्यक्त कर रहे हैं—

गाथा-अर्थ— जो यथाशक्ति जिनपूजा करता है और मुनियों को (आहारादि का) दान देता है, वह श्रावक-धर्म का पालन करनेवाला मोक्षमार्ग में रत या स्थित सम्यग्दृष्टि होता है।।13।।

रत्नत्रयवर्धिनी टीका— यः शक्तिरूपेण जिनपूजां करोति, मुनिदानं ददाति, स श्रावकधर्मी सम्यग्दृष्टिः मोक्षमार्गरतः **(भवति)** —यह गाथा का अन्वय है।

(यः शक्तिरूपेण जिनपूजां करोति) जो श्रावक यथाशक्ति जिन-पूजा करता है। अपनी शक्ति को न छिपाकर, आलस्य का पूर्णतया त्याग करके, अप्रमत्त रूप से (सावधानी पूर्वक) जिनपूजा-अर्हन्त आदि देवों के प्रति अपनी श्रद्धा की अभिव्यक्ति करता है —यह भाव 'शक्तिरूपेण' इस पद से सूचित किया गया है। तप, त्याग आदि धार्मिक कार्यों में भी अपनी शक्ति की अपेक्षा रखकर ही प्रयत्न करना कर्तव्य है —यह शास्त्रों में कहा गया है। यथाशक्ति त्याग व तप का आचरण तीर्थंकर नामकर्म के आस्रव का कारण है —ऐसा तत्त्वार्थसूत्र (6/24) में प्रतिपादित भी किया गया है।

उक्तं च मूलाचारग्रन्थे (गाथा-६६९)—

बलवीरियमासेज्ज य खेत्ते काले सरीरसंहडणं।
काओस्सग्गं कुज्जा इमे दु दोसे परिहरंतो।।

अनगारधर्मामृतग्रन्थे (५/६५) **च प्रोक्तम्**—

द्रव्यं क्षेत्रं बलं कालं भावं वीर्यं समीक्ष्य च।
स्वास्थ्याय वर्ततां सर्वविद्धशुद्धासनैः सुधीः।।

यथा प्रवचनसारग्रन्थे (३/३०-३१) **च निर्दिष्टं वरीवर्ति**—

बालो वा बुड्ढो वा समभिहदो वा पुणो गिलाणो वा।
चरियं चरदु सजोग्गं मूलच्छेदो जधा ण हवदि।।
आहारे य विहारे देसं कालं समं खमं उवधिं।
जाणित्ता ते समणो वट्टदि जदि अप्पलेवी सो।।

मूलाचार ग्रन्थ (गाथा-669) में कहा भी है— "बल-वीर्य, क्षेत्र, काल व शरीर के संहनन का आश्रय लेकर दोषों का परिहार करते हुए साधु कायोत्सर्ग करे।"

अनगारधर्मामृत ग्रन्थ (श्लोक-5/65) में भी कहा गया है— "विचारपूर्वक कार्य करने वाले साधु को चाहिए कि वह द्रव्य, क्षेत्र, अपनी शारीरिक शक्ति, ऋतु विशेष आदि समय, भाव एवं अपनी स्वाभाविक आत्मीय शक्ति का अच्छी तरह विचार कर स्वास्थ्य के लिए सर्वासन, विद्धासन व शुद्धासन के द्वारा भोजन करे।"

प्रवचनसार ग्रन्थ (3/30-31) में भी निम्नलिखित निर्देश उपलब्ध है—

"बालक हो या वृद्ध हो, अथवा तपस्या से खिन्न या रोगपीड़ित हो, वैसा मुनि अपनी शक्ति के अनुरूप और जिस तरह मूल संयम का घात न हो —इसका ध्यान रखते हुए आचरण करे।"

"जो श्रमण आहार या विहार में देश, काल, श्रम, शक्ति और शरीरादि परिग्रह —इन पाँचों को अच्छी तरह जानकर प्रवृत्त होता है, वह अल्प कर्म-बन्ध से लिप्त होता है।"

सर्वत्र तपसि 'अनिगूहितवीर्यता' **समपेक्ष्यते, अत एव** 'अनिगूहितवीर्यस्य मार्गाविरोधिकाय-क्लेशस्तपः' **इति राजवार्तिके** (६/२४/७) **लक्षणमुट्टङ्कितम्।**

प्रवचनसारग्रन्थेऽपि (३/२८) 'समणो आउत्तो तं तवसा अणिगूहिय अप्पणो सत्तिं' **इति निर्देशः तदेव समर्थयति।**

तत्रैव तत्त्वप्रदीपिकाटीकायां विशदीकृतम्— "समस्तामपि आत्मशक्तिं प्रकटयन्...तपसा तं देहं सर्वारम्भेण अभियुक्तवान् स्यात्" **इति।**

यदि तपस्त्यागदानसंयमाद्यनुष्ठाने कस्यचित् शक्तिर्न स्यात्तर्हि तेन श्रद्धानं तु पूर्णतया धारणीयमिति च श्रीमत्कुन्दकुन्दस्वामिना नियमसारग्रन्थे (गाथा-१५४) **प्रतिपादितम्—**

जदि सक्कदि कादुं जे पडिकमणादिं करेज्ज झाणमयं।
सत्तिविहीणो जा जइ सद्दहणं चेव कायव्वं।।

सर्वत्र तप में 'अपनी शक्ति को नहीं छिपाना' —यह अपेक्षित माना गया है। इसीलिए राजवार्तिक (6/24/7) में 'अपनी शक्ति को नहीं छिपाते हुए मार्ग-अविरुद्ध कायक्लेश करना तप है —ऐसा लक्षण लिखा है।

प्रवचनसार ग्रन्थ (3/28) में भी 'श्रमण अपनी शक्ति को नहीं छिपाते हुए अपने शरीर को तप से संयोजित करे' ऐसा निर्देश कर उसी बात का समर्थन किया गया है।

वहीं तत्त्वप्रदीपिका (आ. अमृतचन्द्रकृत) टीका में इसे स्पष्ट करते हुए कहा गया है— "समस्त आत्म-शक्ति को प्रकट करते हुए..तप से उस शरीर को समस्त प्रयत्नों के साथ जोड़े।"

यदि तप, त्याग, दान व संयम आदि के अनुष्ठान में किसी की शक्ति न हो तो श्रद्धान को तो पूर्णतया धारण करना (ही) चाहिए —ऐसा आचार्य श्री कुन्दकुन्द स्वामी ने नियमसार ग्रन्थ (गाथा-154) में प्रतिपादित किया है—

"(हे मुनि!) यदि तुझमें करने की सामर्थ्य है तो तुझे ध्यानमय प्रतिक्रमण आदि करना चाहिए। किन्तु सामर्थ्य नहीं है तो (कम से कम) श्रद्धान तो करना ही चाहिए।"

दर्शनप्राभृतग्रन्थे (गाथा-२२) **प्रोक्तभावस्याभिव्यक्तिः कृता दृश्यते—**

जं सक्कइ तं कीरइ जं च ण सक्केइ तं च सद्दहणं।
केवलिजिणेहिं भणिदं सद्दहमाणस्स सम्मत्तं।।

जिनपूजा श्रावकैः करणीया एव। वस्तुतः श्रावको निसर्गतः जिनभक्तो भवत्येव। अविरतसम्यग्दृष्टिरपि श्रावको जिनभक्त्या कदाचिदपि विमुखो न भवति। उक्तं च कार्तिकेयानुप्रेक्षाग्रन्थे (गाथा-१९७)—

अविरय सम्मादिट्ठी होंति जहण्णा जिणिंदपयभत्ता।
अप्पाणं णिंदंता गुणगहणे सुट्ठु अणुरत्ता।।

देशविरतानामपि सम्यग्दृष्टीनां कृते पूजायाः करणीयता वसुनन्दिश्रावकाचारे (गाथा-४७८) **समुपदिष्टा—**

दर्शनप्राभृत ग्रन्थ (गाथा-22) में उपर्युक्त भाव की ही अभिव्यक्ति इस प्रकार की गई है—

"जितना कर सकते हो उतना करो। और, जो नहीं कर सकते हो तो उसका उतना श्रद्धान तो करना ही चाहिए। क्योंकि केवलज्ञानी जिनेन्द्रदेव ने श्रद्धान करने वाले के 'सम्यक्त्व' का होना कहा है।'

जिन पूजा तो श्रावकों के लिए करणीय है ही। वस्तुतः श्रावक स्वभावतः जिनभक्त होता ही है। अविरतसम्यग्दृष्टि श्रावक जिनभक्ति से कभी विमुख नहीं होता। कार्तिकेयानुप्रेक्षा ग्रन्थ (गाथा-197) में कहा भी है—

"अविरत सम्यग्दृष्टि (जघन्य अन्तरात्मा) भी जिनेन्द्र देव के चरणों के भक्त होते हैं। वे सदा अपने चारित्र ग्रहण न कर पाने की दृष्टि से अपनी निन्दा करते हैं और गुणों को ग्रहण करने में सदा अनुरक्त रहते हैं।"

देशविरत (पंचम गुणस्थानवर्ती) सम्यग्दृष्टि के लिए भी पूजा को वसुनन्दिश्रावकाचार (गाथा-478) में करणीय बताया गया है—

एसा छव्विहा पूजा णिच्चं धम्माणुरायरत्तेहिं।
जहजोग्गं कायव्वा सव्वेहिं पि देसविरएहिं।।

पूजायाः स्वरूपादिकं पूर्वं (गाथा १०-११ व्याख्याने) **निरूपितमस्ति। पूजा चतुर्विधा—सदार्चनरूपा (नित्यमहसंज्ञिका), चतुर्मुखा (सर्वतोभद्रसंज्ञिका), कल्पद्रुमपूजा, तथा अष्टाह्निकपूजा च। एतासां स्वरूपादिकमादिपुराणे** (३८/२६-३३) **निरूपित-मस्तिः—**

प्रोक्ता पूजार्हतामिज्या सा चतुर्धा सदार्चनम्।
चतुर्मुखमहः कल्पद्रुमाश्चाष्टाह्निकोऽपि च।।

तत्र नित्यमहो नाम शश्वज्जिनगृहं प्रति।
स्वगृहान्नीयमानाऽर्चा गन्धपुष्पाक्षतादिका।।

चैत्यचैत्यालयादीनां भक्त्या निर्मापणं च यत्।
शासनीकृत्य दानं च ग्रामादीनां सदार्चनम्।।

"सभी धर्मानुरागी देशविरत सम्यग्दृष्टियों द्वारा भी (नामपूजा, स्थापनापूजा, द्रव्यपूजा, क्षेत्रपूजा, कालपूजा, भावपूजा) इन छह प्रकार की पूजाओं को यथायोग्य रूप से करना चाहिए।"

पूजा के स्वरूप आदि का निरूपण पहले (गाथा 10-11 के व्याख्यान में) किया जा चुका है। पूजा के चार प्रकार (भी) कहे गये हैं। वे हैं— सदार्चन (नित्यमह), चतुर्मुखा (सर्वतोभद्र) पूजा, कल्पद्रुम पूजा और आष्टाह्निक पूजा। इन (चारों पूजाओं) के स्वरूप आदि का निरूपण आदिपुराण (38/26-33) में इस प्रकार किया गया है—

"वह पूजा चार प्रकार की है— सदार्चन, चतुर्मुख, कल्पद्रुम और आष्टाह्निक।"

"इन चारों पूजाओं में से प्रतिदिन अपने घर से गन्ध, पुष्प, अक्षत इत्यादि ले जाकर जिनालय में श्री जिनेन्द्रदेव की पूजा करना सदार्चन अर्थात् नित्यमह कहलाता है।"

"अथवा भक्तिपूर्वक अर्हन्तदेव की प्रतिमा और मन्दिर का निर्माण कराना तथा दानपत्र लिखकर ग्राम, खेत आदि का दान देना भी सदार्चन (नित्यमह) कहलाता है।"

या च पूजा मुनीन्द्राणां नित्यदानानुषङ्गिणी।
स च नित्यमहो ज्ञेयो यथाशक्त्युपकल्पितः।।

महामुकुटबद्धैश्च क्रियमाणो महामहः।
चतुर्मुखः स विज्ञेयः सर्वतोभद्र इत्यपि।।

दत्वा किमिच्छकं दानं सम्राड्भिर्यः प्रवर्त्यते।
कल्पद्रुममहः सोऽयं जगदाशाप्रपूरणः।।

आष्टाह्निको महः सार्वजनिको रूढ एव सः।
महानैन्द्रध्वजोऽन्यस्तु सुरराजैः कृतो महः।।

बलिस्नपनमित्यन्यस्त्रिसंन्ध्यासेवया समम्।
उक्तेष्वेव विकल्पेषु ज्ञेयमन्यच्च तादृशम्।।

"इसके सिवाय अपनी शक्ति के अनुसार नित्य दान देते हुए महामुनियों की जो पूजा की जाती है, उसे भी नित्यमह समझना चाहिए।"

"महामुकुटबद्ध राजाओं के द्वारा जो महायज्ञ किया जाता है, उसे चतुर्मुख यज्ञ जानना चाहिए। इसका दूसरा नाम सर्वतोभद्र भी है।"

"जो चक्रवर्तियों के द्वारा किमिच्छक (मुँहमाँगा) दान देकर किया जाता है और जिसमें जगत् के समस्त जीवों की आशाएँ पूर्ण की जाती है, वह कल्पद्रुप नाम का यज्ञ कहलाता है। (भावार्थ —जिस यज्ञ में कल्पवृक्ष के समान सबकी इच्छाएँ पूर्ण की जावें उसे कल्पद्रुम यज्ञ कहते हैं यह यज्ञ चक्रवर्ती ही कर सकते हैं।)"

"चौथा आष्टाह्निक यज्ञ है जिसे सब लोग करते हैं और जो जगत् में अत्यन्त प्रसिद्ध है। इसके सिवाय एक ऐन्द्रध्वज महायज्ञ भी है जिसे इन्द्र किया करता है।"

बलि अर्थात् नैवेद्य चढ़ाना, अभिषेक करना, तीनों सन्ध्याओं में उपासना करना तथा इनके समान और भी जो पूजा के प्रकार हैं, वे सब उन्हीं भेदों में अन्तर्भूत हैं।

नामपूजा, स्थापनापूजा, द्रव्यपूजा, क्षेत्रपूजा, कालपूजा, भावपूजा —इत्येवं पूजायाः षड्विधत्वमपि वर्ण्यते वसुनन्दिश्रावकाचारग्रन्थे (३८२-३८७, ४४२-४४६, ४४८-४५५)—

नामपूजा—

उच्चारिऊण णामं अरुहाईणं विसुद्धदेसम्मि।
पुप्फाणि जं खिविज्जंति वण्णिया णामपूया सा।।

स्थापनापूजा—

सब्भावासब्भावा दुविहा ठवणा जिणेहि पण्णत्ता।
सायारवंतवत्थुम्मि जं गुणारोवणं पढमा।।

अक्खय-वराडओ वा अमुगो एसो त्ति णिययबुद्धीए।
संकप्पिऊण वयणं एसा विइया असब्भावा।।

हुंडावसप्पिणीए विइया ठवणा ण होदि कायव्वा।
लोए कुलिंगमइमोहिए जदो होइ संदेहो।।

नामपूजा, स्थापनापूजा, द्रव्यपूजा, क्षेत्रपूजा, कालपूजा, भावपूजा —इस प्रकार पूजा के छह भेदों का वर्णन भी वसुनन्दिश्रावकाचार ग्रन्थ (गाथा-382-487, 442-446, 448-455) में इस प्रकार किया गया है—

नामपूजा— "अरहन्त आदि का नाम उच्चारण करके विशुद्ध प्रदेश में जो पुष्प-क्षेपण किये जाते हैं, उसे नामपूजा जानना चाहिए।"

स्थापना पूजा— "जिन भगवान् ने सद्भावस्थापना और असद्भावस्थापना, यह दो प्रकार की स्थापना पूजा कही है। आकारवान् वस्तु में जो अर्हन्त आदि के गुणों का आरोपण करना, सो यह पहली सद्‌भावस्थापना पूजा है।"

"और, अक्षत, वराटक (कौड़ी या कमलगट्टा) आदि में अपनी बुद्धि से यह अमुक देवता है, ऐसा संकल्प करके उच्चारण करना, सो यह असद्‌भावस्थापना पूजा जानना चाहिए।"

"हुंडावसर्पिणी काल में दूसरी असद्‌भावस्थापना पूजा नहीं करना चाहिए, क्योंकि, कुलिंग-मतियों से मोहित इस लोक में संदेह हो सकता है।"

कारावगिंदपडिमा पइट्ठलक्खणविहिं फलं चेव।
एदे पंचहियारा णायव्वा पढमठवणाए।।

भागी वच्छल्ल-पहावणा-खमा-सच्च-मद्दवोवेदो।
जिणसासण-गुरुभत्तो सुत्ते कारावगो भणिदो।।

अट्ठविहमंगलाणि य बहुविहपूजोवयरणदव्वाणि।
धूवदहणाइ तहा जिणपूयत्थं वितीरिज्जा।।

एवं चलपडिमाए ठवणा भणिया थिराए एमेव।
णवरि विसेसो आगरसुद्धिं कुज्जा सुठाणम्मि।।

चित्तपडिलेवपडिमाए दप्पणं दाविऊण पडिबिंबे।
तिलयं दाऊण तओ मुहवत्थं दिज्ज पडिमाए।।

"पहली सद्‌भावस्थापना पूजा में कारापक अर्थात् प्रतिमा को बनवाकर उसकी प्रतिष्ठा करानेवाला, इन्द्र अर्थात् प्रतिष्ठाचार्य, प्रतिमा, प्रतिष्ठा की लक्षणविधि, और प्रतिष्ठा का फल, ये पाँच अधिकार जानना चाहिए।"

"भाग्यवान्, वात्सल्य, प्रभावना, क्षमा, सत्य व मार्दव गुण से संयुक्त, जिन (देव), शासन (शास्त्र) व गुरु की भक्ति करने वाला प्रतिष्ठाशास्त्र में कारापक कहा गया है।

"आठ प्रकार के मंगल-द्रव्य, और अनेक प्रकार के पूजा के उपकरण द्रव्य, तथा धूप-दहन (धूपायन) आदि जिन-पूजन के लिए वितरण करें।"

"इस प्रकार चल प्रतिमा की स्थापना कही गई है, स्थिर या अचल प्रतिमा की स्थापना भी इसी प्रकार की जाती है। केवल इतनी विशेषता है कि आकर शुद्धि स्वस्थान में ही करें।"

"(भित्ति या विशाल पाषाण और पर्वत आदि पर) चित्रित अर्थात् उकेरी गई, प्रतिलेपित अर्थात् लेप आदि से बनाई गई प्रतिमा दर्पण में प्रतिबिम्ब दिखाकर और मस्तक पर तिलक देकर तत्पश्चात् प्रतिमा के मुखवस्त्र देवें।"

आगरसुद्धिं च करेज्ज दप्पणे अह व अण्णपडिमाए।
एत्तियमेत्तविसेसो सेसविही जाण पुव्वं व।।

एवं चिरंतणाणं पि कट्टिमाकट्टिमाण पडिमाणं।
जं कीरइ बहुमाणं ठवणापुज्जं हि तं जाण।।

द्रव्यपूजा—

दव्वेण य दव्वस्स य जा पूजा जाण दव्वपूजा सा।
दव्वेण गंध-सलिलाइपुव्वभणिएण कायव्वा।।

तिविहा दव्वे पूजा सच्चित्ताचित्तमिस्सभेएण।
पच्चक्खजिणाईणं सचित्तपूजा जहाजोग्गं।।

तेसिं च सरीराणं दव्वसुदस्स वि अचित्तपूजा सा।
जा पुण दोण्हं कीरइ णायव्वा मिस्सपूजा सा।।

"आकरशुद्धि दर्पण में करें अथवा अन्य प्रतिमा में करें। इतना मात्र ही भेद है, अन्य नहीं। शेष विधि पूर्व के समान ही जानना चाहिए।"

"इसी प्रकार चिरन्तन अर्थात् अत्यन्त पुरातन कृत्रिम और अकृत्रिम प्रतिमाओं का भी जो बहुत सम्मान किया जाता है, अर्थात् पुरानी प्रतिमाओं का जीर्णोद्धार, अविनय आदि से रक्षण, मेला, उत्सव आदि किया जाता है, वह सब स्थापना पूजा जानना चाहिए।"

द्रव्यपूजा— "जलादि द्रव्य से प्रतिमादि द्रव्य की जो पूजा की जाती है, उसे द्रव्य पूजा जानना चाहिए। वह द्रव्य से अर्थात् जल-गंध आदि पूर्व में कहे गये पदार्थ-समूह से (पूजन-सामग्री से) करना चाहिए।"

"द्रव्य-पूजा सचित्त, अचित्त और मिश्र के भेद से तीन प्रकार की है। प्रत्यक्ष उपस्थित जिनेन्द्र भगवान् और गुरु आदि का यथायोग्य पूजन करना सो सचित्त पूजा है।"

"उनके अर्थात् जिन, तीर्थङ्कर आदि के, शरीर की, और द्रव्य श्रुत अर्थात् कागज आदि पर लिपिबद्ध शास्त्र की जो पूजा की जाती है, वह अचित्त पूजा है। और जो दोनों का पूजन किया जाता है, उसे मिश्रपूजा जानना चाहिए।"

अहवा आगम-णोआगमाइभेएण बहुविहं दव्वं।
णाऊण दव्वपूजा कायव्वा सुत्तमग्गेण।।

क्षेत्रपूजा—

जिणजम्मण-णिक्खमणे णाणुप्पत्तीए तित्थचिण्हेसु।
णिसिहीसु खेत्तपूजा पुव्वविहाणेण कायव्वा।।

कालपूजा—

गब्भावयार-जम्माहिसेय-णिक्खमण-णाण-णिव्वाणं।
जम्हि दिणे संजादं जिणण्हवणं तद्दिणे कुज्जा।।

इच्छुरस-सप्पि-दहि-खीर-गंध-जलपुण्णविविहकलसेहिं।
णिसिजागरणं च संगीय-णाडयाईहिं कायव्वं।।

णंदीसरट्ठदिवसेसु तहा अण्णेसु उचियपव्वेसु।
जं कीरइ जिणमहिमं विण्णेया कालपूजा सा।।

''अथवा आगमद्रव्य, नो आगमद्रव्य आदि के भेद से अनेक प्रकार के द्रव्य निक्षेप को जानकर शास्त्र-प्रतिपादित मार्ग से द्रव्यपूजा करनी चाहिए।''

क्षेत्रपूजा— ''जिन भगवान् की जन्मकल्याणक भूमि, निष्क्रमणकल्याणक भूमि, केवलज्ञानोत्पत्तिस्थान, तीर्थचिह्न स्थान और और निषीधिका अर्थात् निर्वाण-भूमियों में पूर्वोक्त विधान से क्षेत्रपूजा करना चाहिए, अर्थात् यह क्षेत्रपूजा कहलाती है।''

कालपूजा— ''जिस दिन तीर्थङ्करों के गर्भावतार, जन्माभिषेक, निष्क्रमणकल्याणक, ज्ञानकल्याणक और निर्वाणकल्याणक हुए हैं, उस दिन इक्षुरस, घृत, दधि, क्षीर, गंध और जल से परिपूर्ण विविध अर्थात् अनेक प्रकार के कलशों से, जिन भगवान् का अभिषेक करे तथा संगीत, नाटक आदि के द्वारा जिनगुणगान करते हुए रात्रि-जागरण करना चाहिए। इसी प्रकार नन्दीश्वर पर्व के आठ दिनों में तथा अन्य भी उचित पर्वों में जो जिन-महिमा की जाती है, उसे कालपूजा जानना चाहिए।''

भाव-पूजा— अर्हदादिगुणस्मरणरूपभावपूजायाः स्वरूपादिकं वर्णितं तत्र (गाथा ४५६-४५८)—

काऊणाणंतचउट्ठयाइगुणकित्तणं जिणाईणं।
जं वंदणं तियालं कीरइ भावच्चणं तं खु।।

पंचणमोक्कारपएहिं अहवा जावं कुणिज्ज सत्तीएं।
अहवा जिणिंदथोत्तं वियाण भावच्चणं तं पि।।

पिंडत्थं च पयत्थं रूवत्थं रूववज्जियं अहवा।
जं झाइज्जइ झाणं भावमहं तं विणिद्दिट्ठं।।

व्यवहारपूजा व निश्चयपूजा चेतिभेदाभ्यां पूजा द्विविधा भवति। द्रव्यादिभिर्यथायोग्यं यदर्चनं तदद्रव्यपूजा। एषा श्रावकाणां कृते प्रमुखा। सा च व्यवहारपूजा ज्ञेया। निश्चयपूजा तु अभेदरूप-निर्विकारपरमात्मोपासनारूपा उपास्यउपासकभेदातीता निर्विकल्पशुद्धात्मध्यानरूपा वा ज्ञेया।

भावपूजा— अर्हन्त आदि के गुणों का स्मरण करना भावपूजा होती है। इसका स्वरूप वहीं (गाथा 456-458) इस प्रकार वर्णित है—

"परम भक्ति के साथ जिनेन्द्र भगवान् के अनन्तचतुष्टय आदि गुणों का कीर्त्तन करके जो त्रिकाल वंदना की जाती है, उसे निश्चय से भावपूजा जानना चाहिए।"

"अथवा पंच णमोकार पदों के द्वारा अपनी शक्ति के अनुसार जाप करें। अथवा जिनेन्द्र के स्तोत्र अर्थात् गुणगान करने को भावपूजन जानना चाहिए।"

"अथवा पिंडस्थ, पदस्थ, रूपस्थ और रूपातीत रूप जो चार प्रकार का ध्यान किया जाता है, उसे भी भावपूजा कहा गया है।"

व्यवहारपूजा व निश्चयपूजा के भेदों से पूजा के दो भेद (और भी) हैं। द्रव्य आदि से यथायोग्य जो अर्चन आदि किया जाता है, वह द्रव्यपूजा है जो श्रावकों के लिए प्रमुख है। इसे ही व्यवहार पूजा जानना चाहिए। अभेद रूप से निर्विकार परमात्मा की उपासना, जिसमें उपास्य व उपासक का भेद नहीं रहता, निश्चयपूजा है। अथवा निर्विकल्प शुद्धात्मध्यान निश्चयपूजा है।

समाधिशतकग्रन्थे (श्लोक-३१) **तस्याः निर्देशः कृतो दृश्यते—**

यः परात्मा स एवाहं योऽहं स परमस्ततः।
अहमेव मयोपास्यः, नान्यः कश्चिदिति स्थितिः।।

परमात्मप्रकाशग्रन्थे (१/१२३) **च भणितम्—**

मणु मिलियउं परमेसरहं परमेसरु वि मणस्स।
बीहि वि समरसि हूवाहं पुज्ज चडावउं कस्स।।

(मुणिदाणं देदि) **मुनिभ्यो दानं ददाति, 'यथाशक्ति' इति अत्रापि अन्वयः। दानपदेन आहारदानम्, औषधदानम्, ज्ञानदानम्, उपकरणदानम्, आवासदानम् —इत्यादीनां दानानां सूचनं विधीयते। मुनिपदं सत्पात्राणां जघन्यमध्यमोत्तमानां वाचकमत्र बोध्यम्।**

तत्र मुनिदानस्य फलं रत्नकरण्डश्रावकाचारे (श्लोक-११४) **भणितम्—**

समाधिशतक ग्रन्थ (श्लोक-31) में इस (निश्चयपूजा) का निर्देश इस प्रकार किया गया है—

"जो परमात्मा है, वही मैं हूँ, जो मैं हूँ, वह परमात्मा है— इसलिए मैं ही मेरा उपास्य हूँ, और कोई उपास्य नहीं है, यही वस्तुस्थिति है।"

परमात्मप्रकाश ग्रन्थ (1/123) में भी कहा गया है—

मन तो परमेश्वर से मिल गया है और परमेश्वर भी मन से मिल गया है। जब दोनों ही समरस हो गए हैं, तब किसको अब मैं पूजा अर्पित करूँ?

(मुनिदानं ददाति) जो मुनियों को दान देता है, यहाँ भी 'यथाशक्ति' शब्द जोड़ लेना चाहिए। दान पद से आहारदान, औषधदान, ज्ञानदान, उपकरणदान व आवासदान —इत्यादि दानों को सूचित किया गया है। मुनिपद उत्तम, मध्यम व जघन्य रूप सत्पात्रों का यहाँ वाचक है —यह समझना चाहिए।

(उक्त दानों में) मुनि दान का फल रत्नकरण्डश्रावकाचार (श्लोक-114) में इस प्रकार बताया गया है—

गृहकर्मणापि निचितं कर्म विमार्ष्टि खलु गृहविमुक्तानाम्।
अतिथीनां प्रतिपूजा रुधिरमलं धावते वारि।।

आहारदानं सर्वेषु दानेषु प्रमुखं विशिष्टमिति कार्तिकेयानुप्रेक्षायां (गाथा ३६३-३६४) **च निरूपितम्—**

भोयणदाणे दिण्णे तिण्णि वि दाणाणि होंति दिण्णाणि।
भुक्खतिसाए वाही दिणे दिणे होंति देहीणं।।

भोयणबलेण साहू सत्थं सेवेदि रत्तिदिवसं पि।
भोयणदाणे दिण्णे पाणा वि य रक्खिया होंति।।

अमितगतिश्रावकाचारग्रन्थे (११/२५,३१) **च निर्वर्णितम्—**

केवलज्ञानतो ज्ञानं निर्वाणसुखतः सुखम्।
आहारदानतो दानं नोत्तमं विद्यते परम्।।

''जिस प्रकार जल रक्त को धो देता है, उसी प्रकार गृहत्यागी मुनियों को किया गया दान आदि रूप भक्ति-पूजन गृहस्थी के कामों से संचित होने वाले (पाप) कर्म को नष्ट कर देता है।''

सभी दानों में आहार दान प्रमुख व विशिष्ट है, ऐसा कार्तिकेयानुप्रेक्षा (गाथा 363-364) में इस प्रकार बताया गया है—

''भोजन दान देने पर भोजन, ज्ञान व अभय —ये तीनों ही दान दिये गये हो जाते हैं, क्योंकि प्राणियों को भूख-प्यास रूपी व्याधि प्रतिदिन होती है।''

''भोजन के बल से ही साधु रात-दिन शास्त्र का अभ्यास करता है और भोजन देने पर प्राणों की भी रक्षा होती है।''

अमितगतिश्रावकाचार ग्रन्थ (11/25,31) में भी बताया गया है—

''केवलज्ञान से बढ़कर कोई दूसरा ज्ञान नहीं है, निर्वाण से बढ़कर कोई सुख नहीं है, उसी प्रकार आहारदान से श्रेष्ठ उत्तम कोई दान नहीं है।''

बहुनाऽत्र किमुक्तेन, विना सकलवेदिना।
फलं नाहारदानस्य परः शक्नोति भाषितुम्।।

औषधदानं ज्ञानदानं चेत्यादीनि दानानि प्रशस्तफलदायकानि भवन्ति। उक्तं च अमितगतिश्रावकाचारे (११/३८, ५०)—

निधानमेष कान्तीनां कीर्तीनां कुलमन्दिरम्।
लावण्यानां नदीनाथः, भैषज्यं येन दीयते।।

शास्त्रदायी सतां पूज्यः, सेवनीयो मनीषिणाम्।
वादी वाग्मी कविर्मान्यः ख्यातशिष्यः प्रजायते।।

मिथ्यादृष्टिरपि सत्पात्रदानेन सुभोगभूमिषु उत्पद्यते, तत्र चोत्तमकामभोगसुखानि भुंक्ते, किमुत सम्यग्दृष्टिः। उक्तं अमितगतिश्रावकाचारे (११/६२)—

पात्रेभ्यो यः प्रकृष्टेभ्यः, मिथ्यादृष्टिः प्रयच्छति।
स याति भोगभूमीषु प्रकृष्टासु महोदयः।।

"इस विषय में अधिक कहने से क्या? आहारदान के फल को सर्वज्ञ के बिना अन्य कोई पुरुष कहने में समर्थ नहीं है।"

औषधिदान व ज्ञानदान आदि दान भी प्रशस्त फल देने वाले होते हैं। अमितगतिश्रावकाचार (श्लोक-11/38, 50) में कहा गया है—

"जो पुरुष औषधि दान देता है, वह कान्ति का निधान (घर), कीर्तियों का कुलमन्दिर और सौन्दर्य का सागर होता है (अर्थात् शारीरिक कान्ति, कीर्ति व सुन्दरता प्राप्त होती है)।"

"शास्त्रदान करनेवाला सज्जनों द्वारा पूजनीय और मनीषियों द्वारा सेवनीय हो जाता है तथा वादी (वादकुशल), वाग्मी (वक्ता), कवि एवं मान्य व प्रसिद्ध शिष्योंवाला होता है।"

मिथ्यादृष्टि भी सत्पात्र दान कर (अगले भव में) सुभोगभूमियों में उत्पन्न होता है, और उत्तम कामभोग-सुखों का सेवन करता है, सम्यग्दृष्टि की तो बात ही क्या? अमितगतिश्रावकाचार (श्लोक-11/62) में कहा गया है—

"मिथ्यादृष्टि जीव (भी) उत्कृष्ट पात्रों को दान देता है तो वह महान् उदय को प्राप्त होकर उत्कृष्ट भोगभूमियों में जाता है।"

स्वयमाचार्यवराः दानपूजाफलमग्रिमगाथायां च वक्ष्यन्ति।

(सो सावयधम्मी सम्मादिट्ठी) **सः श्रावकधर्माराधकः, सम्यग्दृष्टिरेव, अनुकम्पावात्सल्य-आस्तिक्यादिबहिर्लक्षणैस्तस्य सम्यग्दर्शनयुक्तत्वं निश्चेतुमपि शक्यते।** (मोक्खमग्गरओ) **मोक्षमार्गस्थः स ज्ञेयः। अत्रेदं ज्ञेयम् —सम्यक्त्वे सति सम्यग्ज्ञानं भवत्येव।**

सम्यक् चारित्रं— सामायिकछेदोपस्थापनापरिहारविशुद्धिसूक्ष्मसाम्पराययथाख्यातेति-पञ्चविधम्। एतच्च मुनीनामेव सम्भवति। अतः षष्ठगुणस्थाने एव मोक्षमार्गस्थितिः सम्भवति, नान्येषाम्। पञ्चमगुणस्थाने एकदेशविरतियुक्ते तु व्यवहारेण एकदेशरत्नत्रयात्मकमोक्षमार्गस्थितिः कथ्यते। निश्चयेन तु स न मोक्षमार्गस्थः। एवमेव अविरतसम्यग्दृष्टिः श्रावको मोक्षमार्गस्थ उपचारेणैव स्वीक्रियते, न निश्चयेन, नापि व्यवहारेणेति अध्यात्मदृष्टिः। चतुर्थगुणस्थानवर्तिनः श्रावकस्य सराग-सम्यग्दर्शनं वस्तुतो व्यवहारसम्यक्त्वमेव, तथापि वीतरागचारित्राविनाभूतस्य निश्चयसम्यक्त्वस्य परम्परया साधकत्वात् उपचारेण निश्चयसम्यक्त्वसंज्ञां बिभर्ति।

स्वयं आचार्य अग्रिम गाथा में दान व पूजा के फल को बताने वाले भी हैं।

(स श्रावकधर्मी सम्यग्दृष्टिः) वह श्रावक-धर्म का आराधक सम्यग्दृष्टि ही है, क्योंकि अनुकम्पा, वात्सल्य व आस्तिक्य आदि बाह्य लक्षणों से उसके सम्यक्त्व (के सद्भाव) का निर्णय किया जा सकता है। **(मोक्षमार्गरतः)** उसे मोक्षमार्ग-स्थित जानना चाहिए। यहाँ यह ज्ञातव्य है— सम्यक्त्व होने पर सम्यग्ज्ञान तो होता ही है।

सम्यक्चारित्र पाँच प्रकार का होता है— सामायिक, छेदोपस्थापना, परिहारविशुद्धि, सूक्ष्मसाम्पराय व यथाख्यातचारित्र। और ये (पंचविध चारित्र) मुनियों को ही सम्भव हैं। इसलिए छठे गुणस्थान में ही मोक्षमार्ग-स्थिति सम्भव है, अन्य (अविरत सम्यग्दृष्टि आदि) को नहीं। एकदेशविरति वाले पाँचवें गुणस्थान में तो व्यवहार से एकदेश रत्नत्रयरूप मोक्ष मार्ग की स्थिति कही जाती है। निश्चयनय से तो वह मोक्षमार्गी नहीं है। इसी तरह अविरत सम्यग्दृष्टि (चतुर्थगुणस्थानवर्ती) श्रावक को जो मोक्षमार्गी कहा गया है, वह उपचार से ही माना जाता है, न तो वह निश्चयनय से मोक्षमार्गी है और न ही व्यवहार से —यह अध्यात्मदृष्टि से कथन है। चतुर्थगुणस्थानवर्ती श्रावक का सराग सम्यग्दर्शन वस्तुतः व्यवहारसम्यक्त्व ही है, फिर भी वीतराग चारित्र से अविनाभूत रहनेवाले निश्चय सम्यक्त्व का परम्परा से साधकतम होने के कारण उसकी उपचार से 'निश्चयसम्यक्त्व' संज्ञा है।

विस्तरेण तु 'आध्यात्मिक शंकासमाधान', 'शुद्धोपयोग'-'सम्यग्दर्शन' **—इति संज्ञिका मदीयास्तिस्त्रः कृतयः सन्ति, ततो द्रष्टव्यम्।**

एवं सर्वैः श्रावकैः जिनपूजा-मुनिदानयोर्नियमेन अनुष्ठानं विधेयम्, एकदेशविरति-सर्वविरतिगुणस्थानारोहणायापि यथाशक्ति प्रयतितव्यम् —इति गाथायास्तात्पर्यम्।

एवं 'दाणं पूया मुक्खं' **इत्यादिगाथामादिं कृत्वा** 'जिणपूया मुणिदाणं' **इत्यादिगाथां यावत् गाथात्रयात्मकस्तृतीयाधिकारः सम्पन्नतां गतः।**

[इति श्रीमद्गणाचार्यडॉ.विरागसागरमुनीन्द्रविरचितायां रत्नत्रयवर्धिनीटीकायां तृतीयाधिकारः सम्पन्नः ।।]

।। इति तृतीयाधिकारः ।।

विस्तार से जानना हो तो **'आध्यात्मिक शंका-समाधान'**, **'शुद्धोपयोग'**, **सम्यग्दर्शन** —ये मेरी तीन कृतियाँ हैं, उन्हें देखें।

इस प्रकार, सभी श्रावकों को चाहिए कि जिनपूजा व मुनिदान —इन दोनों को तो नियम से करें और एकदेशविरति व सर्वविरति के (अग्रिम) गुणस्थानों में आरूढ़ होने के लिए भी यथाशक्ति प्रयत्नशील रहें —यह गाथा का तात्पर्य है।

इस प्रकार, **'दाणं पूया मुक्खं'** इत्यादि गाथा से लेकर **'जिणपूया मुणिदाणं'** इत्यादि गाथा तक, तीन गाथाओं वाला —यह तृतीय अधिकार सम्पन्न हुआ।

[श्रीमद्गणाचार्य डॉ. विरागसागरमुनीन्द्रकृत 'रत्नत्रयवर्धिनी' नामक टीका में तृतीय अधिकार सम्पन्न हुआ।]

।। इति तृतीयाधिकारः ।।

।। चउत्थो अहियारो ।।

(चतुर्थोऽधिकारः)

सम्प्रति चतुर्थोऽधिकारः प्रारभ्यते। प्रथममस्य पातनिका निर्दिश्यते। देयवस्तु-सत्पात्रदान-फलादिनिरूपणपरे अधिकारेऽत्र 'पूयफलेण तिलोक्के' (गाथा-१४) **इत्यादिकां गाथामारभ्य** 'पत्त विना दाणं च' (गाथा-३१) **इत्यादिकां गाथां यावद् अष्टादश गाथाः सन्ति। तत्र** 'पूयफलेण तिलोक्के' (गाथा-१४) **इत्यादिका प्रथमा गाथा, या प्रशस्तं दानपूजाफलं प्राप्यते —इति प्रतिपादयति। ततश्च** 'दाणं भोयणमेत्ते' (गाथा-१५) **इत्यादिका गाथा, यस्यामाहारदाने सत्पात्रत्वादिविचारणं नोचितमिति निर्दिशति। ततश्च** 'दिण्णदि सुपत्तदाणं' (गाथा-१६) **इत्यादिका गाथा सुपात्रदानस्य फलं विशदयति। ततश्च** 'खेत्तविसेसे काले' (गाथा-१७) **इत्यादिका गाथा सत्पात्रदानस्य वैशिष्ट्यं वर्णयति। ततश्च** 'इह णियसुवित्तबीयं' (गाथा-१८) **इत्यादिका गाथा वर्तते, यस्यां सप्तविधक्षेत्रविशेषेषु दानस्य यत्फलं तद् वर्णितमस्ति। ततश्च,** 'मादुपिदुपुत्तमित्तं' (गाथा-१९) **इत्यादिका गाथा, यस्यां सुपात्रदानफलं निर्दिष्टमस्ति।**

।। चतुर्थ अधिकार ।।

अब चतुर्थ अधिकार प्रारम्भ हो रहा है। पहले इसकी पातनिका बताई जा रही है। देय वस्तु, सत्पात्रदान के फल आदि का निरूपण करने वाले इस अधिकार में **'पूयफलेण तिलोक्के'** (गाथा-14) इत्यादि गाथा से प्रारम्भ कर **'पत्त विणा दाणं च'** (गाथा-31) इत्यादि गाथा तक अठारह गाथाएँ हैं। इनमें **'पूयफलेण तिलोक्के'** (गाथा-14) इत्यादि प्रथम गाथा है, जो यह प्रतिपादित करती है कि दान व पूजा का प्रशस्त फल प्राप्त होता है। इसके बाद **'दाणं भोयणमेत्ते'** (गाथा-15) इत्यादि गाथा है, जो 'आहार-दान करने में सत्पात्र आदि का विचार उचित नहीं हैं' —यह बताती है। इसके बाद, **'दिण्णदि सुपत्तदाणं'** (गाथा-16) इत्यादि गाथा है जो सुपात्रदान के फल को स्पष्ट करती है। इसके बाद, **'खेत्तविसेसे काले'** (गाथा-17) इत्यादि गाथा है जो सत्पात्रदान के वैशिष्ट्य का निरूपण करती है। तदनन्तर, **'इह णियसुवित्तबीयं'** (गाथा-18) इत्यादि गाथा है, जिसमें सात प्रकार के विशेष क्षेत्रों में दान का जो फल है, उसका वर्णन है। उसके बाद, **'मादुपिदुपुत्तमित्तं'** (गाथा-19) इत्यादि गाथा है, जिसमें सुपात्र-दान का फल बताया गया है।

ततश्च 'सत्तंगरज्जणवणिहि' (गाथा-२०) **इत्यादिका गाथा, यस्यां सुपात्रदानेन चक्रवर्तिवैभवं प्राप्यते —इति संकेतितम्। ततश्च,** 'सुकुलसुरूवसुलक्खण' (गाथा-२१) **इत्यादिका गाथा, यस्यां सुपात्रदानस्यान्यानि फलानि निर्दिष्टानि। ततश्च** 'जो मुणिभुत्तवसेसं भुंजदि' (गाथा-२२) **इत्यादिका गाथा वर्तते, यत्र मुनिप्रभृतिषु दत्ताहारेषु सत्सु, अवशिष्टाहारग्रहणस्य माहात्म्यं प्रतिपादितम्। ततश्च** 'सीदुण्हवाउपिउत्तं' (गाथा-२३) **इत्यादिकायां गाथायां प्रतिपादितं यत् सत्पात्रेभ्यो विवेकपूर्वकं पात्रप्रकृत्यनुकूलो निर्दोषाहारो दातव्य इति। ततश्च,** 'हिदमिदमण्णं पाणं' (गाथा-२४) **इत्यादिका गाथा, यस्यां देयपदार्थानां विषये विधीयमानविवेकस्य निर्देशो विहितः। तदनन्तरं** 'अणयाराणं वेज्जावच्चं' (गाथा-२५) **इत्यादिका गाथा वर्तते, यस्यां मुनिसम्बन्धिवैयावृत्त्यस्य करणीयता प्रतिपादिताऽस्ति। ततश्च,** 'सप्पुरिसाणं दाणं' (गाथा-२६) **इत्यादिका गाथाऽस्ति, यत्र लोभरहितं दानमेव शोभते —इति भणितम्। ततश्च,** 'जसकित्तिपुण्णलाहे' (गाथा-२७) **इत्यादिका गाथा, या प्रतिपादयति यद् यशःप्रभृतिलुब्धाः सम्यक्त्वादिसद्गुणपात्रविषये अज्ञानिन एव भवन्ति। ततश्च,** 'जंतं मंतं तंतं' (गाथा-२८) **इत्यादिका गाथा वर्तते, यत्र प्रतिपादितं यद् यन्त्रमन्त्रादिचमत्कार-प्रदर्शनजन्यया श्रद्धया दानं न मोक्षसुखं ददाति।**

इसके बाद, **'सत्तंगरज्जणवणिहि'** (गाथा-20) इत्यादि गाथा है, जिसमें यह बताया गया है कि सुपात्रदान से चक्रवर्ति-वैभव प्राप्त होता है। इसके बाद, **'सुकुलसुरूवसुलक्खण'** (गाथा-21) इत्यादि गाथा है, जिसमें सुपात्र-दान के अन्य फलों का निर्देश किया गया है। तदनन्तर, **'जो मुणिभुत्तवसेसं भुंजदि'** (गाथा-22) इत्यादि गाथा है, जिसमें मुनि आदि को आहार देने के बाद, अवशिष्ट आहार के ग्रहण का माहात्म्य प्रतिपादित किया गया है। तदनन्तर, **'सीदुण्हवाउपिउत्तं'** (गाथा-23) इत्यादि गाथा में यह प्रतिपादित किया गया है कि सत्पात्र को विवेकपूर्वक एवं पात्र की प्रकृति के अनुकूल निर्दोष आहार देना चाहिए। तदनन्तर, **'हिदमिदमण्णं पाणं'** (गाथा-24) इत्यादि गाथा है, जिसमें देय पदार्थों के विषय में रखे जानेवाले विवेक का निर्देश किया गया है। उसके बाद, **'अणयाराणं वेज्जावच्चं'** (गाथा-25) इत्यादि गाथा है, जिसमें मुनि-सम्बन्धी वैयावृत्त्य की करणीयता प्रतिपादित की गई है। तदनन्तर, **'सप्पुरिसाणं दाणं'** (गाथा-26) इत्यादि गाथा है, जिसमें यह कहा गया है कि लोभरहित दान ही शोभित होता है। उसके बाद, **'जसकित्तिपुण्णलाहे'** (गाथा-27) इत्यादि गाथा है, जो यह प्रतिपादित करती है कि यश आदि के लोभी व्यक्ति सम्यक्त्व आदि सद्गुणों के पात्र के विषय में अज्ञानी ही होते हैं। इसके बाद, **'जंतं मंतं तंतं'** (गाथा-28) इत्यादि गाथा है, जिसमें यह प्रतिपादित है कि यन्त्र, मन्त्र आदि के चमत्कार के प्रदर्शन से उत्पन्न श्रद्धा से दिया गया दान मोक्ष-सुख नहीं देता है।

ततश्च, 'दाणीणं दारिद्दं' (गाथा-२९) **इत्यादिकायां गाथायां लोभिनां वैभवस्य कारणं पूर्वार्जितं कर्मैवेति प्रतिपादितम्। ततश्च** 'धणधण्णादिसमिद्धे' (गाथा-३०) **इत्यादिका गाथा वर्तते, यस्यां सांसारिकसुखसाधनमिव सत्पात्रदानं भाविसुखप्रदायकमिति निरूपितम्। ततश्च,** 'पत्त विणा दाणं व' (गाथा-३१) **इत्यादिका गाथा, यस्यां सत्पात्रदानमेव सार्थकमिति वर्णितम्। एवं चतुर्थाधिकारस्य पातनिका विज्ञेया।**

सम्प्रति आचार्यवरा गाहू-छन्दोमाध्यमेन दानपूजाफलं प्रशस्तमिति संक्षेपेण निर्वर्णयन्ति—

पूयफलेण तिलोक्के सुरपुज्जो हवदि सुद्धमणो।
दाणफलेण तिलोए सारसुहं भुंजदे णियदं।।१४।।

छाया— पूजाफलेन त्रैलोक्ये सुरपूज्यो भवति शुद्धमनाः।
दानफलेन त्रिलोके सारसुखं भुंक्ते नियतम्।।

रत्नत्रयवर्धिनी टीका— सुद्धमणो पूयफलेण तिलोक्के सुरपुज्जो हवदि। दाणफलेण तिलोए सारसुहं णियदं भुंजदे —इतिगाथान्वयः।

इसके बाद, **'दाणीणं दारिद्दं'** (गाथा-29) इत्यादि गाथा में लोभियों के (वर्तमान भव के) वैभव का कारण पूर्व-उपार्जित कर्म ही हैं —यह प्रतिपादित किया गया है। तदनन्तर, **'धणधण्णादिसमिद्धे'** (गाथा-30) इत्यादि गाथा है, जिसमें सांसारिक सुख-साधनों की तरह सत्पात्र-दान भावी सुख का दायक होता है —यह बताया गया है। तदनन्तर, **'पत्त विणा दाणं व'** (गाथा-31) इत्यादि गाथा है, जिसमें यह बताया गया है कि सत्पात्र-दान की ही सार्थकता है। इस प्रकार, चतुर्थ अधिकार की पातनिका जाननी चाहिए।

अब आचार्यश्री गाहू छन्द के द्वारा दान व पूजा का फल प्रशस्त होता है —इसे संक्षेप में बता रहे हैं—

गाथा अर्थ— शुद्ध मन (भावशुद्धि) वाला (श्रावक) पूजा के फल से त्रैलोक्य में देवों का (भी) पूज्य हो जाता है। दान के फल से तीनों लोकों के उत्तम सुख को निश्चित रूप से भोगता है।।14।।

रत्नत्रयवर्धिनी टीका— शुद्धमनाः पूजाफलेन त्रैलोक्ये सुरपूज्यो भवति। दानफलेन त्रिलोके सारसुखं नियतं भुंक्ते —यह गाथा का अन्वय है।

(सुद्धमणो) **मनसा शुद्धः शुद्धमनस्कः, मनःशुद्धियुक्तो वा श्रावको भवति। अत्र पूजाफलप्रकरणम्, अतः** 'शुद्धमनसा कृतपूजाविधिः' **इत्यर्थः। जैनाचारे बाह्यक्रियापेक्षया भावानामेव महत्त्वं भवति। अत एव भावप्राभृतग्रन्थे** 'भावरहिओ ण सिज्झइ' (गाथा-४), 'भावविमुत्तो मुत्तो' (गाथा-४३) **इत्यादिकथनं श्रीकुन्दकुन्दस्वामिनां प्राप्यते।**

किञ्च, कल्याणमन्दिरस्तोत्रे (श्लोक-३८) **स्पष्टमुक्तम्—** 'यस्मात् क्रियाः प्रतिफलन्ति न भावशून्याः' **इति। शुद्धमनोभावेन, सांसारिकफलाकांक्षां परित्यज्य जिनेन्द्रपूजां यो विदधाति श्रावकः, स किं पूजाफलं लभते —इति जिज्ञासायाः समाधानमुच्यते** 'पूयफलेण' **इत्यादि। यद्वा मनःशुद्धिरेव पूजाफलम्। पूजाफलरूपेण शुद्धमना भूत्वा इत्याद्यर्थः कार्यः। यतो हि समन्तभद्राचार्येण बृहत्स्वयम्भूस्तोत्रे** (श्लोक-५७) **स्पष्टमुक्तम्—**

न पूजयार्थस्त्वयि वीतरागे, न निन्दया नाथ विवान्तवैरे।
तथाऽपि ते पुण्यगुणस्मृतिर्नः, पुनाति चित्तं दुरिताञ्जनेभ्यः।।

(शुद्धमनाः) मन से शुद्ध, शुद्ध मन वाला या मानसिक शुद्धि से युक्त श्रावक होता है। यहाँ पूजा का प्रकरण है, इसलिए 'शुद्ध मन से जिसने पूजा-विधि की है' यह अर्थ (ग्राह्य) है। जैन आचारशास्त्र में बाह्य क्रिया काण्ड की अपेक्षा भावों (आन्तरिक परिणामों) का अधिक महत्त्व होता है। इसीलिए 'भावरहित सिद्ध नहीं होता है (गाथा-4) तथा 'भावों से मुक्त ही मुक्त होता है' (गाथा-43) इत्यादि श्री कुन्दकुन्द स्वामी का कथन भावप्राभृत ग्रन्थ में प्राप्त होता है।

और, कल्याणमन्दिर स्तोत्र (श्लोक-38) में भी स्पष्ट कहा गया है— "चूँकि भावशून्य क्रियाएँ फलवती नहीं होती हैं।" शुद्ध मनोभावों से, सांसारिक फल की आकांक्षा छोड़कर जो श्रावक जिनेन्द्र-पूजा करता है, वह उस पूजा का क्या फल पाता है? इस जिज्ञासा का समाधान हेतु कह रहे हैं— 'पूयफलेन' (पूजाफलेन) इत्यादि। अथवा, मानसिक शुद्धि होना —यह पूजा का ही फल है। तो 'पूजाफल के रूप में शुद्ध मन वाला होकर' इत्यादिक अर्थ यहाँ करना चाहिए। क्योंकि आचार्य समन्तभद्र ने बृहत्स्वयम्भू स्तोत्र (श्लोक-57) में स्पष्ट कहा है—

"हे प्रभो! आप तो वीतराग हैं, इसलिए पूजा से आपको कोई लाभ (प्रसन्नता) नहीं होता, और आप वैरभाव का वमन (त्याग) कर चुके हैं, इसलिए निन्दा से भी आपको कुछ (विकार) नहीं होता, फिर भी आपके पुण्य गुणों का स्मरण पापरूपी कलङ्क का नाश कर चित्त को पवित्र कर देता है।"

एवं पूजाया चित्तशुद्धिर्भवतीत्यतः शुद्धमनाः श्रावको जातः इति गाथायां सूचितम्।

(पूयफलेण तिलोक्के सुरपुज्जो हवदि) **स शुद्धमनाः श्रावकः पूजायाः फलेन त्रिषु लोकेषु सुराणामपि पूज्यो भवति। लोकास्त्रय उक्ताः। समस्तं जगत् ऊर्ध्व-मध्य-अधोलोकेतिभेदेन त्रिधा भिद्यते। उक्तं च तिलोयपण्णत्तौ** (१/१३६)—

सयलो एस य लोओ णिप्पण्णो सेढिविंदमाणेण।
तिवियप्पो णादव्वो हेट्ठिममज्झिल्लउड्ढभेएण।।

सम्पूर्णे त्रैलोक्ये, न केवलं भरतक्षेत्रे, जम्बूद्वीपे, मध्यलोके वा, अपितु सर्वत्रैव सुरपूज्यो जायते, इति जिनपूजायाः प्रभावो वर्णितः। सुरा अपि तं श्रावकं नमस्यन्ति, सुरेन्द्रादि-अपेक्षयाऽपि अधिकपुण्यशाली भवतीति भावः।

भगवती-आराधनाग्रन्थे (गाथा-७४५-७४६) **जिनादिभक्त्या न केवलं स्वर्गसुखानामपितु मोक्षसुखस्यापि परम्परया प्राप्तिर्वर्णिता—**

इस प्रकार, पूजा से चित्त की शुद्धि होती है, इसलिए श्रावक शुद्ध मन वाला हो जाता है —यह इस गाथा में बताया गया है।

(पूजाफलेन त्रिलोके सुरपूज्यो भवति) वह शुद्ध मन वाला श्रावक पूजा के फल स्वरूप तीनों लोकों में देवों का भी पूज्य हो जाता है। यहाँ तीन लोक कहे गये हैं। समस्त जगत् ऊर्ध्व, मध्य व अधोलोक —इन तीन रूपों में विभाजित है। तिलोयपण्णत्ति (1/136) में कहा भी गया है—

"श्रेणीवृन्द के मान से, अर्थात् जगश्रेणी के घनप्रमाण से निष्पन्न हुआ यह सम्पूर्ण लोक अधोलोक, मध्यलोक व ऊर्ध्वलोक के भेद से तीन प्रकार का है।"

सम्पूर्ण त्रैलोक्य में, न केवल भरतक्षेत्र में, या जम्बूद्वीप में या मध्यलोक में, अपितु सर्वत्र ही वह देवपूज्य हो जाता है —यह जिनपूजा का प्रभाव बताया गया है। देव भी उस श्रावक को नमस्कार करते हैं, वह सुरेन्द्र आदि की अपेक्षा से भी अधिक पुण्यशाली हो जाता है —यह भाव है।

भगवती-आराधना ग्रन्थ (गाथा 745-46) में यह कहा गया है कि जिनेन्द्र आदि की भक्ति से स्वर्ग-सुख की ही नहीं, अपितु मोक्ष-सुख की भी परम्परागत प्राप्ति होती है—

एया वि सा समत्था जिणभत्ती दुग्गइं णिवारेदि।
पुण्णाणि य पूरेदुं आसिद्धिपरंपरसुहाण।।
तह सिद्धचेदिए पवयणे य आयरियसव्वसाधुसु।
भत्ती होदि समत्था संसारुच्छेदणे तिव्वा।।

पद्मनन्दिपञ्चविंशतिकाग्रन्थेऽपि (६/१४) **जिनपूजया भुवनत्रये स्तुत्याः पूज्याश्च भवन्तीति भणितम्। अष्टविधार्चनाफलमपि वसुनन्दिश्रावकाचारे** (गाथा- ४८३-४९३) **विस्तरेण निरूपितम्—**

जलधाराणिक्खेवेण पावमलसोहणं हवे णियमं।
चंदणलेवेण णरो जावइ सोहग्गसंपण्णो।।

जायइ अक्खयणिहि-रयणसामिओ अक्खएहि अक्खोहो।
अक्खीणलद्धिजुत्तो अक्खयसोक्खं च पावेइ।।

"एक ही जिन-भक्ति दुर्गति का निवारण करने में, पुण्य कर्मों को पूर्णता देने में तथा मोक्षपर्यन्त सुखों की परम्परा को देने में समर्थ होती है।"

"तथा सिद्ध परमेष्ठी,उसके प्रतिबिम्ब, प्रवचन (जिनवाणी), आचार्य और समस्त साधुओं के प्रति तीव्र भक्ति संसार का विनाश करने में समर्थ होती है।"

पद्मनन्दिपञ्चविंशतिका ग्रन्थ (6/14) में भी कहा गया है कि जिन-पूजा से त्रिलोक में लोग स्तुतियोग्य व पूज्य हो जाते हैं। आठ प्रकार की अर्चना का फल भी वसुनन्दिश्रावकाचार (गाथा 483-493) में विस्तार से इस प्रकार बताया गया है—

"पूजन के समय नियम से जिन भगवान् के आगे जलधारा के छोड़ने से पापरूपी मैल का संशोधन होता है। चन्दनरस के लेप से मनुष्य सौभाग्य से सम्पन्न होता है।"

"अक्षतों से पूजा करने वाला मनुष्य अक्षय नौ निधि और चौदह रत्नों का स्वामी चक्रवर्ती होता है, सदा अक्षोभ अर्थात् रोग-शोक-रहित निर्भय रहता है, अक्षीणलब्धि से सम्पन्न होता है और अन्त में अक्षय मोक्ष-सुख को पाता है।"

कुसुमेहिं कुसेसयवयणु तरुणीजणणयण-कुसमवरमाला-
वलएणच्चियदेहो जयइ कुसुमाउहो चेव।।

जायइ णिविज्जदाणेण सत्तिगो कंति-तेय संपण्णो।
लावण्णजलहिवेलातरंगसंपावियसरीरो ।।

दीवेहिं दीवियासेसजीवदव्वाइतच्चसब्भावो।
सब्भावजणियकेवलपईवतेएण होइ णरो।।

धूवेण सिसिरयरधवलकित्तिधवलियजयत्तओ पुरिसो।
जायइ फलेहि संपत्तपरमणिव्वाणसोक्खफलो।।

घंटाहिं घंटसद्दाउलेसु पवरच्छराण मज्झम्मि।
संकीडइ सुरसंघायसेविओ वरविमाणेसु।।

"पुष्पों से पूजा करने वाला मनुष्य कमल के समान सुन्दर मुख वाला, तरुणीजनों के नयनों से और पुष्पों की उत्तम मालाओं के समूह से समर्चित देह वाला कामदेव होता है।"

"नैवेद्य के चढ़ाने से मनुष्य शक्तिमान्, कान्ति और तेज से सम्पन्न, और सौन्दर्यरूपी समुद्र की वेला (तट) वर्ती तरंगों से संप्लावित शरीरवाला अर्थात् अतिसुन्दर होता है।"

"दीपों से पूजा करने वाला मनुष्य, सद्भावों के योग से उत्पन्न हुए केवलज्ञानरूपी प्रदीप के तेज से समस्त जीवद्रव्यादि तत्त्वों के रहस्य को प्रकाशित करने वाला अर्थात् केवलज्ञानी होता है।"

"धूप से पूजा करने वाला मनुष्य चन्द्रमा के समान धवल कीर्ति से जगत्त्रय को धवल करने वाला अर्थात् त्रैलोक्यव्यापी यश वाला होता है। फलों से पूजा करने वाला मनुष्य परम निर्वाण का सुखरूप फल पाने वाला होता है।"

"जिन मन्दिर में घंटा समर्पण करने वाला पुरुष घंटाओं के शब्दों से आकुल अर्थात् व्याप्त, श्रेष्ठ विमानों में सुर-समूह से सेवित होकर प्रवर अप्सराओं के मध्य में क्रीड़ा करता है।"

छत्तेहि एयछत्तं भुंजइ पुहवी सवत्तपरिहीणो।
चामरदाणेण तहा विज्जिज्जइ चमरणिवहेहिं।।

अहिसेयफलेण णरो अहिसिंचिज्जइ सुदंसणस्सुवरिं।
खीरोयजलेण सुरिंदप्पमुहदेवेहिं भत्तीए।।

विजयपडाएहिं णरो संगाममुहेसु विजइओ होइ।
छक्खंडविजयणाहो णिप्पडिवक्खो जसस्सी य।।

किं जंपिएण बहुणा तीसु वि लोएसु किं पि जं सोक्खं।
पूजाफलेण सव्वं पाविज्जइ णत्थि संदेहो।।

(दाणफलेण तिलोए सारसुहं णियदं भुंजदे) **एतद् दानफलं (यद्) त्रिलोक्यां सारसुखं श्रेष्ठसुखं नियतं निश्चितमेव भुंक्ते अनुभवतीत्यर्थः। अमितगतिश्रावकाचारग्रन्थे** (११/१०२-११०) **दानिनां स्वर्गगतिर्विशदतया वर्णिता—**

"छत्र प्रदान करने से मनुष्य, शत्रु रहित होकर पृथिवी को एकछत्र भोगता है। तथा चमरों के दान से चमरों के समूहों द्वारा परिवीजित किया जाता है, अर्थात् उसके ऊपर चमर ढोरे जाते हैं।"

"जिन भगवान् के अभिषेक करने के फल से मनुष्य सुदर्शन मेरु के ऊपर क्षीरसागर के जल से सुरेन्द्रप्रमुख देवों के द्वारा भक्ति के साथ अभिषिक्त किया जाता है।"

"जिन मन्दिर में विजय-पताकाओं के देने से मनुष्य संग्राम के मध्य विजयी होता है। तथा षट्खण्ड का निष्प्रतिपक्ष स्वामी और यशस्वी होता है।"

"अधिक कहने से क्या लाभ है, तीनों ही लोकों में जो कुछ भी सुख है, वह सब पूजा के फल से प्राप्त होता है, इसमें कोई सन्देह नहीं है।"

(दानफलेन त्रिलोक्यां सारसुखं नियतं भुंक्ते) यह दान का फल है (कि) तीनों लोक में सारभूत श्रेष्ठसुख को नियतरूप से अर्थात् निश्चित ही अनुभव करता है —यह अर्थ है। अमितगतिश्रावकाचार ग्रन्थ (श्लोक-11/102-110) में दान करने वालों के स्वर्गगमन करने का विशद रूप से वर्णन इस प्रकार किया गया है—

पात्राय विधिना दत्वा दानं मृत्वा समाधिना।
अच्युतान्तेषु कल्पेषु जायन्ते शुद्धदृष्टय:।।

उत्पद्योत्पादशय्यायां देहोद्योतितपुष्करा:।
सुप्तोत्थिता इव क्षिप्रमुत्तिष्ठन्ति दिवौकस:।।

निषण्णैस्तत्र शय्यायां तैरीक्ष्यन्ते समन्तत:।
निकाया देव-देवीनां रचिताञ्जलिकुड्मला:।।

स्तुवाना मां स्तवै: श्रव्यैर्दिव्याभरणभासुरा:।
मूर्ता: केऽमी विलोक्यन्ते पुण्यपुञ्जा इवाभित:।।

रम्या रामा ममेमा: काश्चित्रचाटुपरायणा:।
लावण्याम्बुनिधेर्वेला लोक्यन्ते कलनिस्वना:।।

किमिदं दृश्यते स्थानं रामणीयकमन्दिरम्।
कथमत्राहमायात: किं स्वप्नोऽयमुतान्यथा।।

"पात्र के लिये विधि-पूर्वक दान देकर और समाधि के साथ मरण करके शुद्ध सम्यग्दृष्टि जीव अच्युत पर्यन्त सोलह स्वर्गों में उत्पन्न होते हैं।"

" वहाँ स्वर्गों में उत्पादशय्या पर उत्पन्न होकर अपने शरीर की कान्ति से आकाश को प्रकाशमान करते हुए वे देव लोग सोकर उठे हुए के समान शीघ्र उठ बैठते हैं।"

"उस उत्पादशय्या पर बैठे-बैठे ही वे देव लोग अपने चारों ओर हाथों की अञ्जलि बाँधे हुए देव और देवियों के समुदायों को देखते हैं।"

"और विचारते हैं कि सुनने योग्य सुन्दर स्तवनों से मेरी स्तुति करते हुए, भव्य आभरणों से भासुरायमान मूर्तिमान् पुण्य-पुंज के समान ये कौन मेरे चारों ओर दिखाई दे रहे हैं?

"नाना प्रकार की चाटुकारी करने में परायण, कल-कल मधुर शब्द बोलने वाली, सौन्दर्य-सागर की वेला के समान ये रमणीय कौन-सी स्त्रियाँ मुझे देख रही हैं।"

"यह अत्यन्त रमणीय भवन वाला कौन-सा स्थान मुझे दिखाई दे रहा है? मैं ऐसे दिव्य स्थान पर कैसे आया हूँ? अथवा क्या यह सब स्वप्न है?"

किमकारि मया पुण्यं यातो येनात्र बन्धुरे।
न पुण्यव्यतिरेकेण लभते सुखसम्पदम्।।

इत्थं चिन्तयतां तेषां भवकारणकोऽवधिः।
सम्पद्यतेतरां दीप्तः पूर्वसम्बन्धसूचकः।।

ज्ञानेन तेन विज्ञाय दानपुण्यप्रभावतः।
त्रिदशीभूतमात्मानं ते व्रजन्ति सुखासिकाम्।।

अन्यच्च, स्वर्गसुखानुभवं कृत्वा मुक्तिसुखमपि ते दानिनः प्राप्तुं प्रभवन्ति —इति च तत्रैव (११/१२१-१२३) **निरूपतिम्—**

दिवोऽवतीर्योर्जितचित्तवृत्तयो, महानुभावा भुवि पुण्यशेषतः।
भवन्ति वंशेषु बुधार्चितेषु विशुद्धसम्यक्त्वधना नरोत्तमाः।।

"मैंने पूर्व जन्म में क्या पुण्य किया है कि मैं ऐसे सुन्दर स्थान में उत्पन्न हुआ हूँ। क्योंकि पुण्य के बिना ऐसी सुख-सम्पदा नहीं प्राप्त होती है।"

"इस प्रकार चिन्तवन करते हुए उन देवों के पूर्वरूप के सम्बन्ध का सूचक, अति देदीप्यमान भव-कारणक अवधिज्ञान उत्पन्न होता है।"

"उस ज्ञान के द्वारा यह जानकर कि मैं दान के पुण्य-प्रभाव से यहाँ देव लोक में देव रूप से उत्पन्न हुआ हूँ, वे लोग सुखरूप समाधान को प्राप्त होते हैं।"

और वे दानकर्ता स्वर्गसुख का अनुभव करके मुक्ति-सुख को भी प्राप्त करने में सफल होते हैं —यह वहीं (श्लोक-11/121-123) वर्णित किया गया है—

"वे देव लोग स्वर्ग से अवतरण करके शेष पुण्य के प्रभाव से विद्वत्पूज्य वंशों में उदार चित्तवृत्ति वाले, विशुद्ध सम्यक्त्वरूप धन के धारक मनुष्यों में उत्तम ऐसे महानुभाव वाले महामानव उत्पन्न होते हैं।"

अवाप्य ते चक्रधरादिसम्पदं मनोरमामत्र विपुण्यदुर्लभाम्।
नयन्ति कालं निखिलं निराकुला न लभ्यते किं खलु पात्रदानतः।।

निषेव्य लक्ष्मीमिति शर्मकारिणीं, प्रथीयसीं द्वित्रिभवेषु कल्मषम्।
प्रदह्यते ज्ञानकृशानुनाऽखिलं, श्रयन्ति सिद्धिं विगतापदं सदा।।

अन्यच्च, वसुनन्दिश्रावकाचारेऽपि (गाथा-२४८-२४९, २६५-२६९) **विशदतया भणितम्—**

जायइ कुपत्तदाणेण वामदिट्ठी कुभोयभूमीसु।
अणुमोयणेण तिरिया वि उत्तट्ठाणं जहाजोग्गं।।

बद्धाउगा सुदिट्ठी अणुमोयणेण तिरिया वि।
णियमेणुववज्जंति य ते उत्तमभोगभूमीसु।।

''वे जीव इस मनुष्य भव में पुण्यहीन जनों को अतिदुर्लभ ऐसी चक्रवर्ती आदि की मनोरम सम्पदा को पाकर निराकुल रहते हुए अपने समस्त जीवन-काल को व्यतीत करते हैं। क्योंकि पात्र-दान के पुण्य से क्या नहीं प्राप्त होता? अर्थात् सभी कुछ प्राप्त होता है।''

''इस प्रकार मनुष्य और देवों के दो-तीन भवों में सुखकारिणी विशाल लक्ष्मी का उपभोग करके ध्यानरूप वह्नि के द्वारा समस्त पाप कर्मों को जला करके वे सदा के लिए सर्व आपदाओं से रहित सिद्धि (मुक्ति) को प्राप्त होते हैं।''

और भी, वसुनन्दिश्रावकाचार (गाथा 248-249, 265-269) में भी इसका निरूपण इस प्रकार प्राप्त होता है—

''मिथ्यादृष्टि जीव कुपात्र को दान देने से कुभोगभूमियों में उत्पन्न होता है। दान की अनुमोदना करने से तिर्यञ्च भी यथायोग्य उपर्युक्त स्थानों को प्राप्त करते हैं, अर्थात् मिथ्यादृष्टि तिर्यञ्च उत्तम पात्र दान की अनुमोदना से उत्तम भोग भूमि में, मध्यम पात्रदान की अनुमोदना से मध्यम भोगभूमि में, जघन्य पात्रदान की अनुमोदना से जघन्य भोगभूमि में जाता है। इसी प्रकार कुपात्र और अपात्र दान की अनुमोदना से भी तदनुकूल फल को प्राप्त होता है।''

''बद्धायुष्क सम्यग्दृष्टि अर्थात् जिसने मिथ्यात्व अवस्था में पहिले मनुष्यायु को बाँध लिया है, और पीछे सम्यग्दर्शन को उत्पन्न किया है, ऐसे मनुष्य पात्रदान देने से और उक्त प्रकार के ही तिर्यञ्च पात्रदान की अनुमोदना करने से नियम से वे उत्तम भोगभूमियों में उत्पन्न होते हैं।''

जे पुण सम्माइट्ठी विरयाविरया वि तिविहपत्तस्स।
जायंति दाणफलओ कप्पेसु महड्ढिया देवा।।

अच्छरसयमज्झगया तथाणुहविऊण विविहसुरसोक्खं।
तत्तो चुया समाणा मंडलियाईसु जायंते।।

तत्थ वि बहुप्पयारं मणुयसुहं भुंजिऊण णिव्विग्घं।
विगदभया वेरग्गकारणं किंचि दट्ठूण।।

पडिबुद्धिऊण चइऊण णिवसिरिं संजमं च घित्तूण।
उप्पाइऊण णाणं केई गच्छंति णिव्वाणं।।

अण्णे उ सुदेवत्तं सुमाणुसत्तं पुणो पुणो लहिऊण।
सत्तट्ठभवेहि तओ करंति कम्मक्खयं णियमा।।

एवं पूजायाः दानस्य च प्रशस्तफलानि विज्ञाय, निष्कांक्षितभावेन नित्यमेव हे भव्य! जिनेन्द्रार्चनं सत्पात्रदानं च विधेहि —इति गाथायाः सारः।

"जो अविरत सम्यग्दृष्टि और देशसंयत जीव हैं, वे तीनों प्रकार के पात्रों को दान देने के फल से स्वर्गों में महर्द्धिक देव होते हैं।"

"वहाँ पर सैकड़ों अप्सराओं के मध्य में रहकर नाना प्रकार के देव-सुखों को भोगकर आयु के अन्त में वहाँ से च्युत होकर मांडलिक राजा आदिकों में उत्पन्न होते हैं।"

"वहाँ पर भी नाना प्रकार के मनुष्य-सुखों को निर्विघ्न भोगकर भय-रहित होते हुए वे कोई भी वैराग्य का कारण देखकर प्रतिबोधित होते हैं (और)"

"राज्यलक्ष्मी को छोड़कर और संयम को ग्रहण कर कितने ही केवलज्ञान को उत्पन्न कर निर्वाण को प्राप्त होते हैं।"

"और कितने ही जीव सुदेवत्व और सुमानुषत्व को पुनः-पुनः प्राप्त कर सात-आठ भव के पश्चात् नियम से कर्मक्षय को करते हैं।"

इस प्रकार, पूजा व दान के प्रशस्त फलों को जानकर, निष्कांक्षित भाव से नित्य ही हे भव्य! जिनेन्द्र की पूजा एवं सत्पात्रदान करो —यह गाथा का सार है।

जिनमुद्राधारिणे आहारदाने तत्सत्पात्रत्वादिविचारणा न समुचितेति सम्प्रति आचार्याः गाहू-छन्दोमाध्यमेन परामृशन्ति—

दाणं भोयणमेत्ते दिण्णदि धण्णो हवेदि सायारो।
पत्तापत्तविसेसं सद्दंसणे किं वियारेण॥१५॥

छाया— दानं भोजनमात्रं ददाति (दीयते), धन्यो भवति सागारः।
पात्रापात्रविशेषं सद्दर्शने किं विचारेण॥

रत्नत्रयवर्धिनी टीका— गाथान्वयः सुगमः। (भोयणमेत्ते दाणं दिण्णदि) **भोजनमात्रं दानं ददाति श्रावकः, यद्वा भोजनमात्रं दीयते श्रावकेण,** (सायारो धण्णो हवेदि) **सागारः गृहस्थः श्रावकः, तेनैव भोजनमात्रदानेन धन्यो भवति। आहारदानं सर्वदानेषु श्रेष्ठतममिति प्राक् निरूपितम्, अतस्तद्दानेन स श्रावको धन्यतां, प्रशंसनीयतां, यद्वा श्रेष्ठतां बिभर्ति। यद्वा आहारदानमात्रेण स धन्यो भवति, किं पुनरन्यदानैः। सर्वविधदानेषु कृतेषु तु स धन्येष्वपि श्रेष्ठतमो भवति।**

मात्र जिनमुद्राधारी को आहार देने में उसकी सत्पात्रता आदि का विचार (विकल्प) उचित नहीं— इसका परामर्श अब आचार्य गाहू छन्द के द्वारा दे रहे हैं—

गाथा-अर्थ— जो भोजन मात्र दान देता है या उसके द्वारा दिया जाता है, इतने से सागार (गृहस्थ श्रावक) धन्य हो जाता है। प्रशस्त दर्शन (जिन-मुद्रा) को देखकर पात्र व अपात्र का विचार (विकल्प) क्या करना ? (अर्थात् नहीं करना)॥15॥

रत्नत्रयवर्धिनी टीका— गाथा का अन्वय सुगम है। **(भोजनमात्रं दानं ददाति, दीयते वा)** श्रावक मात्र भोजन (आहार) का दान देता है या श्रावक द्वारा मात्र आहार का दान दिया जाता है, उससे, **(सागारः धन्यो भवति)** सागार गृहस्थ श्रावक उसी मात्र आहार-दान (के प्रभाव) से, धन्य या प्रशंसनीय हो जाता है। आहार दान समस्त दानों में श्रेष्ठतम है —यह पहले कहा जा चुका है। इसलिए इस दान से वह श्रावक धन्यता, प्रशंसनीयता या श्रेष्ठता धारण करता है। अथवा मात्र आहार दान से ही वह धन्य हो जाता है, अगर अन्य दान करे तो फिर क्या बात है ? सभी प्रकार के दान करे तो वह धन्यों में भी श्रेष्ठतम हो जाएगा।

वस्तुतो यद्दानं दीयते, तत्क्षेत्रे उप्तं बीजमिव प्रचुरधान्यरूपेण प्रकटितं भवत्येव, तत्र यावन्ति अधिकानि उत्तमानि वा बीजानि, यावता उत्तमेन विधिना, यावत्सु अधिकेषु उत्तमेषु क्षेत्रेषु बीजवपनं विधीयते, तदनुसारमेव अधिकं श्रेष्ठं वा तत्फलमवाप्स्यते कृषकैः, तथैव श्रावकैः कृतं दानं विधि-द्रव्य-पात्रादिविशेषानुरूपं विशेषाधिकफलं प्रयच्छति।

स्वयमाचार्यप्रवराः अग्रे ग्रन्थेऽस्मिन् (गाथा-१७) **विशदीकरिष्यन्ति—**

खेत्तविसेसे काले ववविदसुवीयं फलं जहा विउलं।
होदि तहा तं जाणह पत्तविसेसेसु दाणफलं।।

(सद्दंसणे) **सद्दर्शने जाते सति। प्रशस्तं दर्शनं यस्य स सद्दर्शनः, स च मुनिर्निर्ग्रन्थो वा, अतः प्रशस्तदर्शनवति मुनौ साक्षाद् उपस्थिते सति —इत्यर्थः। यद्वा प्रशस्तमेव दर्शनं तत् सद्दर्शनम्, तस्मिन् सति, मुनीनां दर्शनं प्रशस्तम्, तस्मिन् जाते सति —इति भावः।**

वस्तुतः जो दान दिया जाता है, वह खेत में बोये जाने वाले बीज की तरह प्रचुर धान्य के रूप में प्रकट (फलित) होता ही है, वहाँ बीजों की जितनी संख्या होगी, या जितनी उत्तमता होगी, जितनी विधि या पद्धति की श्रेष्ठता होगी, जितना बड़ा या उत्तम खेत होगा, उसके अनुसार ही उसका अधिक व श्रेष्ठ फल किसानों को प्राप्त होगा। उसी तरह श्रावकों द्वारा किया जाने वाला दान भी विधि, देय द्रव्य, पात्र आदि की विशेषता के अनुरूप विशेष व अधिक फल प्रदान करता है।

स्वयं आचार्य श्री (कुन्दकुन्द स्वामी) इसी ग्रन्थ में आगे (गाथा-17 में) स्पष्ट करने वाले हैं—

"जिस प्रकार उचित काल में, उत्तम क्षेत्र में बोए गये अच्छे बीज का फल बहुत अच्छा होता है, उसी प्रकार उत्तम पात्र (मुनि) में दिये गये दान का फल भी उत्तम होता है।"

(सद्दर्शने) सद्-दर्शन होने पर। जिसका दर्शन प्रशस्त होता है, वह 'सद्दर्शन' है, वह मुनि या निर्ग्रन्थ, इसलिए अर्थ होगा— प्रशस्त दर्शन वाले मुनि के साक्षात् उपस्थित होने पर। अथवा प्रशस्त जो दर्शन, वह 'सद्दर्शन' है, उसके होने पर। मुनियों का दर्शन प्रशस्त होता है, उसके होने पर —यह भाव है।

अथवा विषयार्थसूचने सप्तमी, अतः तद्विषये इत्यपि अर्थः सम्भवति। अर्थात् मुनिविषये पात्र-अपात्रविचारणा किमर्थमिति गाथार्थः कर्तुं शक्यते। कथं मुनीनां दर्शनं प्रशस्तम्, कथं ते प्रशस्तदर्शनाः सन्ति ? उच्यते— अर्हदादिरिव मुनयोऽपि मङ्गलरूपाः सन्ति, तेषां नमस्कारमहामन्त्रे साधुपरमेष्ठिरूपेण निर्दिष्टत्वात्। किम्बहुना, मुनिशरीरमपि द्रव्यमङ्गलरूपमेव।

उक्तं च तिलोयपण्णत्तौ (१/२०) 'सूरिउवज्झायसाहूदेहाणि हु दव्वमंगलयं' **इति। किञ्च, मुनयो निर्ग्रन्थाः साक्षात् मोक्षमार्गरूपाः मूर्तिमन्तो भवन्ति। सर्वार्थसिद्धौ तु** 'मूर्तमिव मोक्षमार्गम् अवाग्-विसर्गं वपुषा निरूपयन्तम्' **इत्युक्त्या** 'मुनिदेहोऽपि मोक्षमार्गरूपतां दधाति, प्रकटयति' **इति सूचितम्। अन्यच्च, मुनीनां रूपं** 'दर्शन'**-संज्ञया अभिधातुं शक्यते, अतः** 'सद्दर्शनम्' **इत्यस्य** 'प्रशस्तमुनिरूपं दधति मुनौ साक्षात् उपस्थिते सति' **इत्यर्थोऽवसीयते। मुनिरूपस्य 'दर्शनत्वम्' अथवा सम्यग्दर्शनरूपत्वं श्रीकुन्दकुन्दस्वामिना निरूपितम्।**

अथवा यहाँ सप्तमी 'विषय' अर्थ को सूचित करती है, इसलिए उस (सद्दर्शन) के विषय में —यह अर्थ भी सम्भव है। अर्थात् (प्रशस्तदर्शन वाले) मुनि के विषय में पात्र व अपात्र का विचार किसलिए? इस प्रकार (भी) गाथा का अर्थ किया जा सकता है। आखिर मुनियों का दर्शन प्रशस्त क्यों (माना जाता) है? उन्हें 'प्रशस्त दर्शन' (सद्दर्शन) क्यों कहा जाता है ? उत्तर इस प्रकार है— अर्हन्त आदि की तरह मुनि भी मङ्गलरूप होते हैं— क्योंकि नमस्कार महामन्त्र में साधुपरमेष्ठी रूप से उनका निर्देश किया गया है। अधिक क्या? मुनि का शरीर भी द्रव्यमङ्गल रूप होता है।

तिलोयपण्णत्ति (1/20) में कहा भी है— "आचार्य (सूरि), उपाध्याय व साधु —इनके देह द्रव्यमङ्गल हैं।" और, मुनि व निर्ग्रन्थ साक्षात् (अर्थात्) मूर्तिमान् मोक्षमार्ग रूप होते हैं। सर्वार्थसिद्धि (ग्रन्थ के प्रारम्भ के अनुच्छेद) में 'बिना वाणी का प्रयोग किये ही शरीर से ही मोक्षमार्ग को मूर्तिमान् रूप से प्रकट करते हुए (मुनिराज को)' —इस कथन द्वारा यह सूचित किया है कि मुनि-देह भी मोक्षरूप को धारण करता है और उसे प्रकट भी करता है। और, मुनियों के रूप को 'दर्शन' नाम से भी अभिहित किया जा सकता है, इसलिए 'सद्दर्शन' इस पद का 'प्रशस्त मुनिरूप (निर्ग्रन्थ मुद्रा) को धारण करने वाले मुनि के साक्षात् उपस्थित होने पर' यह अर्थ निश्चित होता है। मुनिरूप के दर्शनपने का या उसकी सम्यग्दर्शनरूपता का पूज्य श्री कुन्दकुन्दस्वामी ने भी निरूपण किया है।

यथा बोधप्राभृतग्रन्थे (गाथा-१३) **प्रोक्तम्—**

दंसेइ मोक्खमग्गं सम्मत्तं संजमं सुधम्मं च।
णिग्गंथं णाणमयं जिणमग्गे दंसणं भणियं।।

दर्शनप्राभृतग्रन्थे च (गाथा-१४) **च भणितम्—**

दुविहं पि गंथचायं तीसु वि जोगेसु संजमो ठादि।
णाणम्मि करणसुद्धे उब्भसणे दंसणं होदि।।

एवं सद्दर्शनमूर्तरूपे मुनौ, निर्ग्रन्थे समुपस्थिते सति, यद्वा तद्विषये (पत्तापत्तविसेसं किं वियारेण) **पात्र-अपात्रसम्बन्धिवैशिष्ट्यमस्ति न वेति विचारेण किं प्रयोजनं सिद्ध्यति? किमपि न। अर्थात् अयं मुनिः वस्तुत उत्तमपात्रस्य सकलां योग्यतां बिभर्ति वा न वेति विचारः किमर्थं क्रियते? न करणीय एवेति तात्पर्यम्।**

उदाहरणार्थ, बोधप्राभृत ग्रन्थ (गाथा-13) में कहा है—

"जो सम्यक्त्व रूप, संयमरूप, उत्तम धर्म रूप, निर्ग्रन्थ रूप एवं ज्ञानमय मोक्षमार्ग को प्रकट करता है, ऐसा मुनि का रूप 'दर्शन' कहा गया है।"

दर्शनप्राभृत ग्रन्थ (गाथा-14) में भी कहा गया है—

"(अन्तरंग व बहिरंग —इन) दोनों परिग्रहों का जहाँ त्याग है, (मन-वचन-काय, इन) तीनों योगों में संयम स्थिर रहता है, (कृत, कारित व अनुमोदना, इन तीन) करणों से शुद्ध ज्ञान है, खड़े होकर भोजन करना होता है —ये सब (मूर्तिमान्) 'दर्शन' (सम्यग्दर्शन) है।"

इस प्रकार प्रशस्त दर्शन के मूर्त रूप मुनि को निर्ग्रन्थ के उपस्थित होने पर, या उसके बारे में **(पात्रापात्रविशेषं किं विचारेण)**। पात्र व अपात्र सम्बन्धी विशेषता (इस मुनि में) है कि नहीं —इस विचार से क्या प्रयोजन सिद्ध होने वाला है? कुछ नहीं। अर्थात् यह मुनि वस्तुतः उत्तम पात्र होने की सारी योग्यता रखता है या नहीं —यह विचार क्यों करते हो? नहीं करना चाहिए —यह तात्पर्य है।

उक्तं च सागारधर्मामृतग्रन्थे (२/६६ श्लोके उद्धृते तथा उपासकाध्ययने-८१८)—

भुक्तिमात्रप्रदाने तु का परीक्षा तपस्विनाम्।
ते सन्तः सन्त्वसन्तो वा गृही दानेन शुद्ध्यति।।

कार्तिकेयानुप्रेक्षाग्रन्थे (गाथा १९-२०) **च भणितम्—**

जो वड्ढमाणलच्छिं अणवरयं देदि धम्मकज्जेसु।
सो पडिएहिं थुव्वदि तस्स वि सहला हवे लच्छी।।

एवं जो जाणित्ता विहलियलोयाण धम्मजुत्ताणं।
णिरवेक्खो तं देदि हु तस्स हवे जीवियं सहलं।।

अयम्भावः— बारसअणुवेक्खाग्रन्थे (गाथा १७-१८) **पात्रतायाः तारतम्यविषये यद्वा अपात्रताविषये संकेतः कृतः—**

सागारधर्मामृत ग्रन्थ (2/66 उद्धृत श्लोक तथा उपासकाध्ययन-818) में कहा भी गया है—

"भोजन के दानमात्र में तपस्वियों की परीक्षा क्या करनी? वे पात्र हैं या नहीं हैं (दोनों स्थितियों में) गृहस्थ की शोभा तो दान से होती है।"

कार्तिकेयानुप्रेक्षा ग्रन्थ (गाथा 19-20) में भी कहा गया है—

"जो व्यक्ति बढ़ती हुई अपनी लक्ष्मी को सर्वदा धर्मकार्यों में देता रहता है, उसकी (ही) लक्ष्मी सफल है, जिसकी पण्डित जन भी प्रशंसा करते हैं।"

"इस प्रकार लक्ष्मी को अनित्य जानकर जो उसे निर्धन धर्मात्मा व्यक्तियों को देता है और बदले में उनसे किसी प्रत्युपकार की चाह नहीं रखता, उसी का जीवन सफल है।"

तात्पर्य यह है —बारस अणुवेक्खा ग्रन्थ (गाथा 17-18) में (दान की) पात्रता-अपात्रता के तारतम्य के विषय में इस प्रकार संकेत किया गया है—

उत्तमपत्तं भणिदं सम्मत्तगुणेण संजदो साहू।
सम्मादिट्ठी सावय मज्झिमपत्तो हु विण्णेयो।।
णिद्दिट्ठो जिणसमए अविरदसम्मो जहण्णपत्तो त्ति।
सम्मत्तरयणरहिदो अपत्तमिदि संपरिक्खेज्जो।।

उक्तः पात्रापात्रताविचारो दानेषु कर्तव्यः श्रावकैः। किन्तु यदि निर्ग्रन्थलिङ्गधारी कश्चिद-तिथिः आहारकाले आगच्छति, तदा तस्य निर्ग्रन्थलिङ्गं दृष्ट्वैव भोजनदानं कर्तव्यम्, तस्य पात्रता निर्ग्रन्थलिङ्गमाध्यमेनैव प्रकटिता भवति, अतो नान्यो विकल्पो विचारो वा करणीयः, तत्र बहिरदृश्यमाने पात्रतातारतम्ये स्थितेऽपि दानिना दानफलं प्रशस्तं प्राप्स्यते एवेति तात्पर्यम्। किम्बहुना, आहारदानन्तु करुणयाऽपि दरिद्रादिभ्यो देयमिति वसुनन्दिश्रावकाचारे (गाथा-२३५) **परामृष्टम्—**

अइवुड्ढ-बाल-मूयंध-बहिर-देसंतरीय-रोडाणं।
जहजोग्गं दायव्वं करुणादाण त्ति भणिऊण।।

"सम्यक्त्व गुण से युक्त साधु उत्तम पात्र है, सम्यग्दृष्टि श्रावक को मध्यम पात्र जानना चाहिए। जिनेन्द्र भगवान् के मत में अविरत सम्यग्दृष्टि को जघन्य पात्र कहा गया है और सम्यक्त्व रत्न से रहित (मिथ्यादृष्टि) तो अपात्र है —इस प्रकार (पात्र-अपात्र की) परीक्षा करनी चाहिए।"

उक्त पात्रता-अपात्रता का विचार श्रावकों को दान करते समय करना चाहिए। किन्तु यदि निर्ग्रन्थ जिनलिङ्गधारी कोई अतिथि भोजन के समय (घर पर) आ जाता है तो उसके निर्ग्रन्थ लिङ्ग को देख कर ही भोजन-दान करना चाहिए, उसकी पात्रता तो निर्ग्रन्थ लिङ्ग के माध्यम से ही (स्वतः) प्रकट हो रही है, इसलिए वहाँ कोई अन्य विचार या विकल्प नहीं करना चाहिए। वहाँ बाह्य रूप में अदृश्य पात्रता सम्बन्धी तारतम्य हो भी तो दानी को तो दान का प्रशस्त फल प्राप्त होगा ही —यह तात्पर्य है। अधिक क्या कहें, आहारदान तो करुणा से दरिद्र आदि को भी देना चाहिए —यह वसुनन्दिश्रावकाचार (गाथा-235) में इस प्रकार सुझाया गया है—

''अतिवृद्ध, बालक, गूंगा, अन्धा, बहिरा, परदेशी और रोगी व दरिद्र जीवों को 'करुणादान दे रहा हूँ' ऐसा कहकर (समझ कर) यथायोग्य भोजन देना चाहिए।''

एवं हे भव्य! निर्ग्रन्थमुनये, आर्यिकायै, क्षुल्लकाय, ऐलकाय च शास्त्रोक्तलिङ्गधारिणे तथाऽन्यस्मै दानपात्राय च आहारदानं निःसन्देहेन कर्तव्यम् —इति गाथासारः।

सम्प्रति आचार्याः गाहू-छन्दोमाध्यमेन सुपात्रदानस्य यत्फलं तद् वर्णयन्ति—

दिण्णदि सुपत्तदाणं विसेसदो होदि भोगसग्गमही।
णिव्वाणसुहं कमसो णिद्दिट्ठं जिणवरिंदेहिं।।१६।।

छाया— दीयते सुपात्रदानं विशेषतो भवति भोगस्वर्गमही।
निर्वाणसुखं क्रमशो निर्दिष्टं जिनवरेन्द्रैः।।

रत्नत्रयवर्धिनी टीका— गाथान्वयः सुगमः। (सुपत्तदाणं दिण्णदि) **सुपात्रदानं यद् दीयते, तस्य फलं किम्? उच्यते—** (विसेसदो भोगसग्गमही होदि) **विशेषरूपेण फलम्— भोगभूमिः स्वर्गश्च। तत्र दानी श्रावकोऽन्य-जन्मनि गच्छति, तत्रोचितभोगसुखानि च भुंक्ते —इत्यर्थः। इदं विशेषतः फलम्। सामान्यरूपेण तु फलं सुखप्राप्तिरिति पूर्वं** (१४ गाथाया व्याख्याने) **प्रोक्तमेव।**

इस प्रकार हे भव्य! शास्त्रोक्त लिङ्गों के धारक निर्ग्रन्थ मुनि, आर्यिका, क्षुल्लक व ऐलक एवं अन्यान्य दान-पात्रों को भी संशयरहित होकर आहार-दान करना चाहिए —यह गाथा का सार है।

अब, आचार्य गाहू छन्द के द्वारा सुपात्र-दान का जो फल है, उसे बता रहे हैं—

गाथा-अर्थ— सुपात्र-दान जो दिया जाता है, (उससे) विशेष रूप से भोगभूमि व स्वर्ग (रूप फल प्राप्त) होता है। और क्रमशः निर्वाण सुख भी (प्राप्त होता) है —ऐसा जिनेन्द्र देव ने बताया है।।16।।

रत्नत्रयवर्धिनी टीका— गाथा का अन्वय सुगम है। **(सुपात्रदानं दीयते)** सत्पात्र को (श्रावक द्वारा) जो दान दिया जाता है, उसका फल क्या है? बता रहे हैं— **(विशेषतः भोगस्वर्गमही भवति)** विशेष रूप से फल है— भोगभूमि व स्वर्ग। वहाँ वह दानी श्रावक अन्य (दूसरे) जन्म में जाता है (जन्म लेता है) और वहाँ (भोगभूमि या स्वर्ग) के उचित भोग सुखों को भोगता है —यह अर्थ है। यह विशेष फल (बताया गया) है, सामान्य रूप से फल तो सुख की प्राप्ति है —यह पहले (गाथा-14 के व्याख्यान में) बताया ही जा चुका है।

दानफलेन भोगभूमि-स्वर्गादिप्राप्तिरन्यत्रापि वर्णिता। यथा अमितगतिश्रावकाचारे (श्लोक-११/६२) **प्रोक्तम्—**

पात्रेभ्यो यः प्रकृष्टेभ्यो मिथ्यादृष्टिः प्रयच्छति।
स याति भोगभूमीषु प्रकृष्टासु महोदयः।।

तथा वसुनन्दिश्रावकाचारग्रन्थे (गाथा २४६-२४७) **च भणितम्—**

जा मज्झिमम्मि पत्तम्मि देइ दाणं खु वामदिट्ठी वि।
सो मज्झिमासु जीवा उप्पज्जइ भोगभूमीसु।।

जो पुण जहण्ण पत्तम्मि देइ दाणं तहाविहो वि णरो।
जायइ फलेण जहण्णसु भोगभूमीसु जो जीवो।।

अत्रायं विशेषः— मनुष्याणां तिरश्चां निवासभूमिर्मध्यलोके द्विधा-कर्मभूमिः भोगभूमिश्च।

दान के फलस्वरूप भोगभूमि व स्वर्ग आदि की प्राप्ति होना अन्य ग्रन्थों में भी वर्णित किया गया है। उदाहरणार्थ —अमितगतिश्रावकाचार (11/62) में बताया गया है—

''मिथ्यादृष्टि (भी) यदि उत्तम पात्रों को दान देता है तो वह महान् अभ्युदय वाला उत्तम भोगभूमियों में उत्पन्न होता है।''

तथा वसुनन्दिश्रावकाचार ग्रन्थ (गाथा 246-247) में कहा गया है—

''जो मिथ्यादृष्टि भी मध्यम पात्र को दान देता है, वह जीव मध्यम भोगभूमियों में उत्पन्न होता है।''

''और जो वैसा (मिथ्यादृष्टि) भी मनुष्य जघन्य पात्र को दान देता है तो दान के फल से वह जीव जघन्य भोगभूमियों में उत्पन्न होता है।''

यहाँ विशेष ज्ञातव्य है— मनुष्यों व तिर्यञ्च प्राणियों की निवास-भूमि मध्यलोक में दो प्रकार की होती है— कर्मभूमि व भोगभूमि।

एतयोः यत्र शुभाशुभकर्मणां समर्जनं विधीयते, षण्णां कर्मणामसिमषिकृषिविद्यावणिक्-शिल्पानां दर्शनं भवति, तथा सकलसंसारकारणभूतकर्मणां निर्जरा च यत्र प्रवर्तते, सा कर्मभूमिः। इतरा भोगभूमिः। भरत-ऐरावतक्षेत्रे कर्मभूमयः, विदेहक्षेत्रे च देवकुरु-उत्तरकुरुक्षेत्रवर्जितक्षेत्रे च कर्मभूमयः। सार्धद्वयद्वीपे भरतक्षेत्रे पञ्च, ऐरावतक्षेत्रे पञ्च, विदेहक्षेत्रे च पञ्च, इति संहत्य पञ्चदश कर्मभूमयो भवन्ति। भोगभूमिषु ज्ञानदर्शने भवतः, किन्तु अविरतभोगपरिणामात् चारित्राभावः।

उक्तं च तिलोयपण्णत्तौ (४/३८६)—

ते सव्वे वरजुगला अण्णोणुप्पण्णपेमसंमूढा।
जम्हा तम्हा तेसुं सावयवदसंजमो णत्थि।।

सर्वासु भोगभूमिषु दशविधकल्पवृक्षकल्पितभोगोपलब्धिः सदा भवति। तत्र नार्यो नराश्च मिथुनीभूय उत्पद्यन्ते, सदा नीरोगाः, सुखिनः, मृदुपरिणामिनः, मन्दकषायाः भवन्ति, अतः मरणोत्तरं स्वर्गगामिनो भवन्ति। तत्र जलचराः विकलेन्द्रियाश्च न भवन्ति, केवलं संज्ञिपञ्चेन्द्रिया एव भवन्ति।

इनमें जहाँ शुभ व अशुभ कर्मों का उपार्जन होता है, असि, मसि, कृषि, विद्या, वाणिज्य व शिल्प —इन षट्कर्मों की प्रवृत्ति दृष्टिगोचर होती है, तथा संसार के कारणभूत समस्त कर्मों की निर्जरा सम्भव होती है, वह कर्मभूमि होती है। इससे भिन्न भोगभूमि होती है। भरत व ऐरावत —इन दो क्षेत्रों में कर्मभूमियाँ हैं, विदेह क्षेत्र में भी देवकुरु व उत्तरकुरु, इन दो क्षेत्रों को छोड़कर शेष क्षेत्र में कर्मभूमियाँ है। अढ़ाई द्वीप के, भरत क्षेत्र में पाँच, ऐरावत क्षेत्र में पाँच, विदेह क्षेत्र में पाँच, कुल मिलाकर पन्द्रह कर्मभूमियाँ होती है। भोगभूमियों में सम्यग्ज्ञान व सम्यग्दर्शन तो होते हैं, किन्तु अविरतभोगपरिणाम होने से चारित्र का अभाव है।

तिलोयपण्णत्ति (4/386) में कहा भी है—

"चूँकि ये सभी उत्तम युगल पारस्परिक प्रेम में अत्यन्त मुग्ध रहा करते हैं, इसीलिए उनके श्रावकोचित व्रत व संयम नहीं होते।"

सभी भोगभूमियों में दस प्रकार के कल्पवृक्षों से प्राप्त भोग सदा उपलब्ध होते हैं। वहाँ नर व नारियाँ युगल रूप में उत्पन्न होते हैं, सदा नीरोग रहते हैं, सुखी, मृदुपरिणामी व मन्दकषायी होते हैं, इसलिए मृत्यु के बाद स्वर्गगामी होते हैं। वहाँ जलचर व विकलेन्द्रिय जीव नहीं होते, मात्र संज्ञी पँचेन्द्रिय जीव ही होते हैं।

एतासां भोगभूमीनां जघन्य-मध्यम-उत्तमेतिभेदाश्च सन्ति। यथा— उत्तरकुरौ देवकुरौ च सदैवोत्तमभोगभूमिः, हरि-रम्यकेतिक्षेत्रद्वये मध्यमभोगभूमिः, हैमवत-हैरण्यवतेतिक्षेत्रद्वये जघन्यभोगभूमिश्च भवति। एतदतिरिच्य काश्चित् कुभोगभूमयोऽपि भवन्ति। ग्रन्थविस्तारभयान्नाधिकं लिख्यते। विस्तरस्तु तत्तद्ग्रन्थेभ्योऽवगमनीयः।

अत्रेदं बोध्यम्— बद्धनरतिर्यगायुष्को मिथ्यादृष्टिः सम्यग्दृष्टिर्वा सत्पात्रेषु कृत-कारित-अनुमोदितदानस्य फलेन भोगभूमिषु गच्छति, किन्तु अबद्धतदायुष्कस्तु नियमेन स्वर्गेषु गच्छति।

एतद्विषये वसुनन्दिश्रावकाचारग्रन्थे (गाथा-२४९, २६५) **विशदीकृतम्—**

बद्धाउगा सुदिट्ठी अणुमोयणेण तिरिया वि।
णियमेणुववज्जंति य ते उत्तमभोगभूमीसु।।

इन भोगभूमियों के जघन्य, मध्यम व उत्तम भेद भी होते हैं। जैसे, देवकुरु व उत्तरकुरु में सदैव उत्तम भोगभूमि होती है। हरि व रम्यक —इन दो क्षेत्रों में मध्यम भोगभूमि, तथा हैमवत व हैरण्यवत —इन दो क्षेत्रों में जघन्य भोगभूमि रहती है। भोगभूमियों के अलावा कुछ कुभोगभूमियाँ भी होती हैं। ग्रन्थ के विस्तार के भय से और अधिक नहीं लिख रहे हैं। विस्तार से जानना हो तो उन-उन ग्रन्थों से जान लेना चाहिए।

यहाँ यह ज्ञातव्य है— जिसने पूर्व में मनुष्यायु या तिर्यञ्च आयु बाँध ली है, ऐसा मिथ्यादृष्टि हो या सम्यग्दृष्टि, वह सत्पात्रों को दान देता है या दान में प्रेरणा देता है, या अनुमोदना करता है, तो उसके फल से वह भोगभूमियों में पैदा होता है, किन्तु यदि उसने पूर्व में कोई आयु नहीं बाँधी है तो (दान आदि देकर) नियमतः स्वर्ग में जाता है।

इस विषय में वसुनन्दिश्रावकाचार ग्रन्थ (गाथा-249, 265) में स्पष्ट किया गया है—

"बद्धायुष्क सम्यग्दृष्टि (अर्थात् मिथ्यात्व अवस्था में पहले मनुष्यायु को बाँध लिया है और पीछे सम्यक्त्व को उत्पन्न किया हो, ऐसे) मनुष्य पात्रदान देने से, और उक्त प्रकार के तिर्यंच भी अनुमोदना करने से नियमतः उत्तम भोगभूमियों में उत्पन्न होते हैं।"

जे पुण सम्माइट्ठी विरयाविरया वि विविहपत्तस्स।
जायंति दाणफलतो कप्पेसु महड्ढिया देवा।।

अमितगतिश्रावकाचारग्रन्थे (श्लोक-११/१०२) **च निरूपितम्—**

पात्राय विधिना दत्वा दानं मृत्वा समाधिना।
अच्युतान्तेषु कल्पेषु जायन्ते शुद्धदृष्टयः।।

(कमसो णिव्वाणसुहं) **क्रमेण स्वर्गादिसुखं प्राप्य ततश्च्युताः नरभवं प्राप्य मोक्षसुखमपि प्राप्तुं शक्नुवन्ति। उक्तं वसुनन्दिश्रावकाचारग्रन्थे** (गाथा २६८-२६९)—

पडिबद्धिऊण चइऊण णिवसिरि संजमं च घित्तूण।
उप्पाइऊण णाणं केइ गच्छंति णिव्वाणं।।

अण्णे उ सुदेवत्तं सुमाणुसत्तं पुणो पुणो लहिऊण।
सत्तट्ठभवेहि तओ सुमाणुसत्तं कम्मक्खयं णियमा।।

"जो अविरत सम्यग्दृष्टि और देशसंयत जीव हैं, वे तीनों प्रकार के पात्रों को दान देते हैं तो उसके फल से स्वर्गों में महर्द्धिक देव होते हैं।"

अमितगतिश्रावकाचार ग्रन्थ (श्लोक-11/102) में भी कहा गया है—

"पात्र के लिए विधिपूर्वक दान देकर और समाधि के साथ मरण करके शुद्ध सम्यग्दृष्टि जीव अच्युत पर्यन्त सोलह स्वर्गों में उत्पन्न होते हैं।"

(क्रमशो निर्वाणसुखम्) क्रम से स्वर्ग आदि के सुख को प्राप्त कर स्वर्गच्युत होकर (मनुष्य-भव से) मोक्ष-सुख भी प्राप्त कर सकते हैं। वसुनन्दिश्रावकाचार ग्रन्थ (गाथा 268-269) में कहा भी गया है—

"(मनुष्य-भव में) प्रतिबोधित होकर, राजलक्ष्मी को त्यागकर और संयम को ग्रहण कर कितने ही जीव केवलज्ञान को उत्पन्न कर निर्वाण को प्राप्त होते हैं और कितने ही जीव सुदेवत्व और सुमानुषत्व को पुनः-पुनः प्राप्त कर सात-आठ भव के पश्चात् नियमतः कर्मक्षय करते हैं।"

अमितगतिश्रावकाचारग्रन्थे (११/१२४) **च निर्दिष्टम्—**

विधाय सप्ताष्टभवेषु वा स्फुटं जघन्यतः कल्मषकक्षकर्तनम्।
व्रजन्ति सिद्धिं मुनिदानवासिता व्रतं चरन्तो जिननाथभाषितम्।।

अत्रेदं बोध्यम्— बद्धायुष्कसम्यग्दृष्टिर्जीवः उत्तम-मध्यम-जघन्यसत्पात्रेभ्यः प्रमोदपूर्वक-दानेन, तत्प्रेरणया तदनुमोदनेन च क्रमश उत्तम-मध्यम-जघन्यभोगभूमिषु मनुष्यस्तिर्यग्रूपेण वोत्पद्यते। यदि सोऽबद्धायुष्कः चरमशरीरी स्यात्तर्हि तद्भवे एव निर्वाणसुखं प्राप्तुं प्रभवति। यदि स चरमशरीरी न भवेत्— तर्हि समाधिपूर्वकमरणं विधाय शुभपरिणामेन अच्युतस्वर्गपर्यन्तमुपपद्यते, तत्र धर्मध्यानपूर्वकं जीवनं यापयति, तत्र च आयुषः क्षये कर्मभूमिषु कस्मिंश्चित् उत्तमकुले उत्पद्यते, तत्रापि भोगाकांक्षादि-दुर्ध्यानविरतः, सत्पात्रेभ्यो दानं ददाति चेत्तर्हि, यदि अबद्धायुष्कः, देवपर्याये गच्छति, यदि बद्धायुष्कः (पूर्वं मनुष्य-तिर्यगायुबन्धं कृतवान्) तर्हि भोगभूमिषु उत्पद्यते।

अमितगतिश्रावकाचार ग्रन्थ (11/124) में भी बताया गया है—

"मुनिदान की वासना से वासित ये जीव जघन्य रूप से सात-आठ भवों में पापों की परम्परा को क्षय करके, जिनेन्द्र-उपदिष्ट व्रतों को आचरण करते हुए सिद्धि (मोक्ष) को प्राप्त करते हैं।"

यहाँ यह ज्ञातव्य है— बद्धायुष्क सम्यग्दृष्टि जीव उत्तम, मध्यम व जघन्य सत्पात्रों को प्रमोदपूर्वक दान देकर, उसमें प्रेरक व अनुमोदक होकर क्रमशः उत्तम, मध्यम, जघन्य भोगभूमियों में मनुष्य या तिर्यञ्च रूप से उत्पन्न होता है। यदि वह, पहले कोई आयु नहीं बाँधी है और चरमशरीरी है तो उसी भव में निर्वाण-सुख को प्राप्त कर लेता है। यदि वह चरमशरीरी नहीं हो और समाधिपूर्वक मृत्यु को प्राप्त हो तो शुभ परिणाम से अच्युत स्वर्ग तक उत्पन्न होता है, वहाँ धर्मध्यान पूर्वक जीवन बिताकर, आयु-क्षय करके कर्मभूमि में किसी उत्तम कुल में उत्पन्न होता है, वहाँ भी भोग-आकांक्षा आदि से रहित, दुर्ध्यान से विरत होकर सत्पात्रों को दान देता है, यदि वह अबद्धायुष्क (कोई अन्य आयु नहीं बाँधी) है तो देवपर्याय में जाता है, और यदि बद्धायुष्क है (मनुष्य व तिर्यंच की आयु उसने पहले बाँध ली है) तो वह भोगभूमियों में उत्पन्न होता है।

(णिद्दिट्ठं जिणवरिंदेहिं) **इति सर्वं सत्पात्रदानफलं जिनेन्द्रैस्तीर्थंकरैः निरूपितम्। अतस्तत्र संशयोऽपि न करणीयः, यतो हि** 'नान्यथावादिनो जिनाः' **इत्युक्तं शास्त्रकारैः।**

धवलाग्रन्थे च (पु. १३, खण्ड-५, सू. ५/५/१३५, पृ. ३८९) **प्रोक्तम्**— 'जिनवचनस्य असत्यत्वविरोधात्' **इति। अतो जिनोपदिष्टे दानविधौ तत्फलेषु च दृढश्रद्धानं करणीयमेवेति शास्त्रकारा अत्र संसूचयन्ति।**

एवं हे भव्य! यथाशक्ति उत्तमपात्रेषु, न सम्भवेच्चेत् मध्यमादिपात्रेषु स्वयमाहारादिदाने प्रवर्तस्व, तदपि न सम्भवति चेत् तत्प्रेरकोऽनुमोदको वा भवेः, येन सुगतिमन्यजन्मनि लभेः, सुखमुत्तमं च प्राप्नुयाः —इति गाथायाः सारः।

सम्प्रति गाहू-छन्दोमाध्यमेन पुनरपि सुपात्रदानस्य वैशिष्ट्यं शास्त्रकारा निर्दिशन्ति—

खेत्तविसेसे काले ववविदसुवीयं फलं जहा विउलं।
होदि तहा तं जाणह पत्तविसेसेसु दाणफलं।।१७।।

छाया— क्षेत्रविशेषे काले उप्तं सुबीजं फलं यथा विपुलम्।
भवति तथा तत् जानीहि पात्रविशेषेषु दानफलम्।।

(निर्दिष्टं जिनवरेन्द्रैः—) यह सब (सत्पात्रदान का फल) जिनेन्द्र तीर्थंकरों ने कहा है। इसलिए इसमें संशय भी नहीं करना चाहिए, क्योंकि शास्त्रकारों ने कहा है कि 'जिन कभी अन्यथा (वस्तु-तत्त्व के विपरीत) नहीं बोलते'।

धवला ग्रन्थ (पु. 13, खण्ड-5, सू. 5/5/135, पृ. 389) में भी कहा गया है— 'जिनवचन व असत्य का विरोध है'। इसलिए जिन-उपदिष्ट दानविधि में तथा उसके फल में दृढ़ श्रद्धा करनी चाहिए —यह शास्त्रकार यहाँ सूचित कर रहे हैं।

इस प्रकार, हे भव्य! यथाशक्ति उत्तम पात्रों को, यदि सम्भव हो तो मध्यम आदि पात्रों को स्वयं आहारादि दान देने में प्रवृत्ति करो, वह भी सम्भव न हो तो उस दान के प्रेरक या अनुमोदक ही बनो ताकि अन्य जन्म में सुगति और उत्तम सुख भी प्राप्त करो —यह गाथा का सार है।

अब पुनः आचार्य गाहू छन्द के द्वारा सुपात्रदान की विशेषता का निर्देश कर रहे हैं—

गाथा-अर्थ— क्षेत्रविशेष में या कालविशेष में बोया गया बीज जिस प्रकार विपुल फल देने वाला होता है, उसी प्रकार पात्र-विशेष में दिये गये दान के फल को भी वैसा समझो।।17।।

रत्नत्रयवर्धिनी टीका— गाथान्वयः सुगमः। (जहा खेत्तविसेसे) **यथा क्षेत्रविशेषे उत्तममध्यम-जघन्यादिषु अन्यतमे,** (काले) **कालविशेषे औचित्यदृष्ट्या योग्यकाले,** (ववदिसुवीयं विउलं फलं होदि) **उप्तं सुबीजं विपुलफलरूपं भवति प्रतिफलति, अर्थात् योग्यक्षेत्रे योग्यकाले उप्तं सत् प्रचुरधान्यरूपेण फलितं भवति,** (तहा पत्तविसेसेसु तं दानफलं जाणह) **तथैव, योग्यक्षेत्र-कालोप्तबीजस्येव, योग्यपात्रेषु तस्य दानस्य फलं पात्रादि-अनुरूपं भवतीति विजानीहि।**

आहारौषधादिदानं यथापात्रं यथामनोभावं यथादेयवस्तुविशेषं च प्रतिफलति, अर्थात् उत्तममध्यमजघन्यभोगभूमिषु, स्वर्गेषु वा दातुरुत्पत्तिर्भवति, उत्कृष्टतया क्रमेण मोक्षसुखप्राप्तिरपि सम्भवति, एवमल्पदानमपि प्रचुरफलवद् भवतीति भावः।

आचार्येण समन्तभद्रेणापि रत्नकरण्डश्रावकाचारग्रन्थे (श्लोक-११६) **वटबीजस्येव दानस्य प्रतिफलनं प्रतिपादितम्—**

रत्नत्रयवर्धिनी टीका— गाथा का अन्वय सुगम है। **(यथा क्षेत्रविशेषे)** उत्तम, मध्यम व जघन्य पात्रों में से किसी एक रूप क्षेत्रविशेष में, तथा (काले) कालविशेष में, अर्थात् औचित्य की दृष्टि से योग्य समय में **(उप्तसुबीजं विपुलं फलं भवति)** योग्य समय में बोया गया उत्तम बीज प्रचुर धान्य के रूप में फलित होता है, अर्थात् योग्य क्षेत्र व योग्य काल में बोया जाता है तो प्रचुर धनधान्य रूप से फलित होता है, **(तथा पात्रविशेषेषु तद्दानफलं जानीहि)**। उसी प्रकार, योग्य क्षेत्र व योग्य काल में बोये गये बीज की तरह, योग्य पात्र को दिये गये दान का फल (भी) पात्र आदि के अनुरूप प्राप्त होता है —ऐसा जानें।

आहार, औषध आदि का दान पात्रानुरूप, (दाता के) मनोभावों के अनुरूप तथा देय वस्तु-विशेष के अनुरूप प्रतिफलित होता है अर्थात् उत्तम, मध्यम व जघन्य भोगभूमियों में, या स्वर्गों में दाता की उत्पत्ति होती है, उत्कृष्ट रूप से क्रमशः मोक्ष-सुख की भी प्राप्ति हो सकती है, इस प्रकार अल्पदान भी प्रचुर फल वाला (सिद्ध) होता है —यह भाव है।

आचार्य समन्तभद्र ने भी रत्नकरण्डश्रावकाचार ग्रन्थ (श्लोक-116) में वटबीज की तरह दान का फलित होना प्रतिपादित किया है—

क्षितिगतमिव वटबीजं पात्रगतं दानमल्पमपि काले।
फलति च्छायाविभवं बहुफलमिष्टं शरीरभृताम्।।

अयम्भावः —कृषिकार्ये बीजम्, क्षेत्रम्, कालः, कृषिविधिः, कृषिकर्तुः वैभवादिस्थितिः सामर्थ्यं वेत्यादीनि महत्त्वपूर्णानि भवन्ति, एतेषामनुरूपमेव कृषकः फलं प्राप्तुं शक्नोति। दानकार्येऽपि ईदृशी एव स्थितिः।

दानेऽपि देयद्रव्यविशेषः, दातृविशेषः, विधिविशेषः, पात्रविशेषः इत्यादीनां प्रत्येकस्य समस्तानां वाऽनुरूपमेव फलप्राप्तिरिति तत्त्वार्थसूत्रे (७/३९) तट्टीकादिषु च सम्यक् निरूपितमस्ति। यथा कृषिकार्ये एकमपि बीजं प्रचुरधान्यरूपेण प्रतिफलति, तथैवाल्पदानमपि प्रचुरभोगान् प्रयच्छति —इति सामान्यतया कृषि-दानकार्ययोः सादृश्यं वर्तते। अन्यच्च, बीजस्य उत्तमता अनुत्तमता वा, तदनुरूपमेव फलस्योत्तमता अनुत्तमता वा प्रतिफलिता भवति, तथैव दानकार्ये देयवस्तु निरवद्यं संयमसाधकं शुद्धं स्यात्, तर्हि उत्तमलाभो भवति, नान्यथा।

"सत्पात्र को दिया गया थोड़ा-सा भी दान उचित समय पर, अच्छे खेत में डाले गये वट-वृक्ष के बीज की तरह शरीरधारियों को घनी छाया के साथ-साथ बहुत से मनोवाञ्छित फल के रूप में फलित होता है।"

भाव यह है— कृषि कार्य में बीज, क्षेत्र, समय, खेती की विधि, खेती करने वाले की वैभवादि की (आर्थिक) स्थिति या सामर्थ्य —ये महत्त्वपूर्ण होते हैं। इन्हीं के अनुरूप ही किसान फल प्राप्त कर पाता है। दान कार्य में भी ऐसी ही स्थिति है।

दान में भी देय द्रव्य की विशेषता, दाता की विशेषता, विधि की विशेषता, पात्र की विशेषता—इत्यादि में प्रत्येक या समस्त (घटकों) के अनुरूप ही (दान के) फल की प्राप्ति होती है —यह तत्त्वार्थसूत्र (7/39) में और उसकी टीकाओं में सम्यक्रूप से वर्णित किया गया है। जिस प्रकार कृषि-कार्य में एक बीज भी प्रचुर धान्य रूप से फलित होता है, उसी प्रकार अल्पदान भी प्रचुर भोगों को प्रदान करता है— इस तरह सामान्य रूप में कृषि व दान कार्य की (परस्पर) सदृशता होती है। दूसरी बात, बीज की उत्तमता या अनुत्तमता के अनुरूप ही फल की उत्तमता व अनुत्तमता प्रतिफलित होती है। इसी प्रकार, दान कार्य में देय वस्तु निरवद्य (निर्दोष) व संयम में सहायक व शुद्ध हो तो उत्तम लाभ होता है, अन्यथा नहीं।

उक्तं च राजवार्तिके (७/३९/३)— 'तपःस्वाध्यायपरिवृद्धिहेतुत्वादिद्रव्यविशेषः'। **योग्यकृषिक्षेत्रे मृत्तिका उत्तमा अनुत्तमा वा-इत्यपि कृषिफलमुत्तममनुत्तमं वा करोति। तथैव दाने पात्रविशेषस्य उत्तमतादिकं फलस्योत्तमतादिकं निर्धारयति। तत्र रत्नत्रयधारका मुनयः उत्तमपात्राणि, व्रतिनः श्रावका मध्यमपात्राणि, अविरतसम्यग्दृष्टयस्तु जघन्यपात्राणि, मिथ्या-दर्शनयुक्तो जैनाचारं प्रतिपालयति, स कुपात्रम्, मिथ्यादर्शनमिथ्याचारसम्पन्नस्तु अपात्रम् इत्यादिकं पूर्वं सूचितम्।**

सामान्यतया कुपात्रदानेन कुभोगभूमिः, अपात्रदानेन निष्फलता यद्वा नरकादिः प्राप्यते। अपात्रादिदानस्य हेयता बहुभिः शास्त्रकारैः प्रतिपादिताऽस्ति। एतद्विषये कतिचिदुपयोगीनि वचनानि प्रस्तूयन्ते। यथा, आदिपुराणे (२०/१४१-१४३) **प्रोक्तम्—**

कुदृष्टिर्यो विशीलश्च नैव पात्रमसौ मतः।
कुमानुषत्वमाप्नोति जन्तुर्ददपात्रके।
अशोषितमिवालाबु तद्धि दानं प्रदूषयेत्।।

राजवार्तिक (7/39/3) में कहा भी है— "तप व स्वाध्याय की वृद्धि में साधन होना — यह द्रव्य की विशेषता है।" कृषि-योग्य खेत में मिट्टी की उत्तमता या अनुत्तमता का होना —यह भी खेती के फल को उत्तम व अनुत्तम बनाता है, वैसे ही दान में पात्रविशेष की उत्तमता आदि भी फल की उत्तमता आदि का निर्धारण करती है। वहाँ (दान में) रत्नत्रय के धारक मुनि उत्तम पात्र हैं, व्रती श्रावक मध्यम पात्र हैं, अविरत सम्यग्दृष्टि तो जघन्य पात्र हैं, मिथ्यादर्शन वाला जो जैन आचार का पालन करता है, वह कुपात्र है और मिथ्यादर्शन व मिथ्याचार से युक्त तो अपात्र है— इत्यादि पहले बताया जा चुका है।

सामान्यतया कुपात्र-दान से कुभोगभूमि, अपात्रदान से निष्फलता या नरकादि की प्राप्ति होती है। अपात्र आदि के दान की हेयता को अनेक शास्त्रकारों ने प्रतिपादित किया है। इस विषय में कुछ उपयोगी वचन यहाँ प्रस्तुत किये जा रहे हैं। उदाहरणार्थ— आदिपुराण (20/141-143) में कहा गया है—

"जो व्रत, शील आदि से रहित मिथ्यादृष्टि है, वह 'अपात्र' है, (पात्र नहीं है)।"

"जो मनुष्य अपात्र को दान देता है, वह कुमनुष्ययोनि (कुभोगभूमि) में उत्पन्न होता है, क्योंकि जिस प्रकार बिना शुद्धि की हुई तूंबी अपने में रखे हुए दूध को दूषित कर देती है, उसी प्रकार अपात्र अपने को दिये हुए दान को दूषित कर देता है।"

आमपात्रे यथा क्षिप्तं मंक्षु क्षीरादि नश्यति।
अपात्रेऽपि तथा दत्तं तद्धि स्वं तच्च नाशयेत्।।

आचार्यदेवसेनकृते भावसंग्रहग्रन्थे (गाथा ५२९-५३४) **च विशदीकृतम्—**

एवंविहिणा जुत्तं देयं दाणं तिसुद्ध भत्तीए।
वज्जियकुच्छियपत्तं तह य अपत्तं च णिस्सारं।।

जं रयणत्तयरहियं मिच्छामयकहियधम्म अणुलग्गं।
जइ वि हु तवइ सुघोरं तहा वि तं कुच्छियं पत्तं।।

जस्स ण तवो ण चरणं ण चावि जस्सत्थि वरगुणो कोई।
तं जाणेह अपत्तं अफलं दाणं कयं तस्स।।

ऊसरखेते बीयं सुक्खे रुक्खे य णीरअहिसेओ।
जह तह दाणमपत्ते दिण्णं खु णिरत्थयं होइ।।

"जिस प्रकार कच्चे बर्तन में रखा हुआ दूध आदि नष्ट हो जाता है, उसी प्रकार अपात्र को दिया गया दान स्वयं नष्ट हो जाता है और बर्तन को भी नष्ट कर देता है।"

आचार्य देवसेन कृत भावसंग्रह ग्रन्थ (गाथा 529-534) में भी इस प्रकार स्पष्ट किया गया है—

"कुपात्र को और उसी तरह निस्सार अपात्र को भी छोड़कर उपर्युक्त विधि से मन-वचन-शरीर इन तीन की शुद्धि के साथ और नवधा भक्तिपूर्वक दान देना उपयुक्त है।"

"जो रत्नत्रय से रहित है और मिथ्यामतों से सम्बद्ध धर्म का अनुसरण करता है, वह भले ही घोर तप करे, फिर भी वह कुत्सित पात्र (कुपात्र ही) है।"

"जिसका तप नहीं, जिसका चारित्र भी नहीं और न ही कोई श्रेष्ठ गुण है, उसे 'अपात्र' जानें, उसको दिया गया दान निरर्थक होता है।"

"जिस प्रकार ऊसर भूमि में बीज बेकार होता है, सूखे वृक्ष को पानी से सींचना निष्फल होता है, उसी प्रकार अपात्र को दिया गया दान निरर्थक होता है (कोई प्रशस्त फल नहीं देता)।"

कुच्छियपत्ते किंचिवि फलइ कुदेवेसु कुणरतिरियेसु।
कुच्छियभोयधरासु य लवणंबुहिकालउवहीसु।।

लवणे अडयालीसा कालसमुद्दे य तित्तिया चेव।
अंतरदीवा भणिया कुभोयभूमीय विक्खाया।।

अमितगतिश्रावकाचारे (११/८९-९०, ९७) **च निर्दिष्टम्—**

अपात्राय धनं दत्तं व्यर्थं सम्पद्यतेऽखिलम्।
ज्वलिते पावके क्षिप्तं बीजं कुत्राङ्कुरीयते।।

अपात्रदानतः किञ्चित् न फलं पापतः परम्।
लभ्यते हि फलं खेदो बालुकापुञ्जपीडने।।

अपात्राय धनं दत्ते यो हित्वा पात्रमुत्तमम्।
साधुं विहाय चौराय धनमर्पयति स्फुटम्।।

"कुपात्र को कुछ भी दान दिया जाय तो उसके फलस्वरूप या तो कुदेवों (सम्यक्त्वहीन देवों) में या फिर कुमनुष्यों में या तिर्यंचों में जन्म मिलता है या लवणसमुद्र व कालोदधि —इन दोनों समुद्रों में स्थित अन्तर्द्वीपों की कुभोगभूमियों में जन्म मिलता है।"

"लवण समुद्र में अड़तालीस अन्तर्द्वीप हैं, और कालोदधि में भी उतने ही अन्तर्द्वीप हैं, इन सब अन्तर्द्वीपों में कुभोगभूमियाँ प्रसिद्ध हैं।"

अमितगतिश्रावकाचार (11/89-90, 97) में भी बताया गया है—

"अपात्र को दिया गया समस्त धन व्यर्थ जाता है, क्योंकि जलती हुई आग में डाला गया बीज कहाँ अंकुरित हो सकता है?

"अपात्रों को दान देने से पाप के सिवा और कुछ भी फल नहीं है, क्योंकि बालू के पुंज को कितना ही पेलने पर सिवाय खेद (थकावट) के कुछ भी प्राप्त नहीं होता।"

"जो पुरुष उत्तम पात्र को छोड़कर अपात्र को दान देता है, वह निश्चय ही साधु को छोड़कर चोर को धन अर्पित करता है।"

उपासकाध्ययनेऽपि (४३/७९९-८०१, ८०३) **भणितम्—**

यत्र रत्नत्रयं नास्ति, तदपात्रं विदुर्बुधाः।
उप्तं तत्र वृथा सर्वमूषरायां क्षिताविव।।

पात्रे दत्तं भवेदन्नं पुण्याय गृहमेधिनाम्।
शुक्ताविव हि मेघानां जलं मुक्ताफलं भवेत्।।

मिथ्यात्वग्रस्तचित्तेषु चारित्राभासभागिषु।
दोषायैव भवेद्दानं पयःपानमिवाहिषु।।

सत्कारादिविधावेषां दर्शनं दूषितं भवेत्।
यथा विशुद्धमप्यम्बु विषभाजनसंगमात्।।

एवं पात्रविशेषवत् विधिविशेषानुरूपमपि दानफलं प्राप्यते। विधिविशेषश्च नवधाभक्तिपूर्वकः प्रतिग्रहादिक्रमः। प्रतिग्रह उच्चदेशस्थापनं पादप्रक्षालनम्, अर्चनं, प्रणमनम्— इत्येवमादि-

---

उपासकाध्ययन (43/799-801, 803) में भी कहा गया है—

"जिस व्यक्ति में रत्नत्रय नहीं होता, उसे विद्वज्जन अपात्र समझते हैं। जैसे ऊसर भूमि में कुछ भी बोना व्यर्थ होता है, वैसे ही अपात्र को दान देना भी व्यर्थ होता है।"

"पात्र को आहार देने से गृहस्थों को पुण्य फल प्राप्त होता है, क्योंकि मेघ का पानी सीप में ही जाकर मोती बनता है, अन्यत्र नहीं।"

"जिनका चित्त मिथ्यात्व में फंसा होता है और जो मिथ्याचरण को पालते हैं, उन्हें दान देना बुराई का ही कारण होता है उसी तरह, जिस तरह सांप को दूध पिलाने से वह जहर ही उगलता है।"

"जैसे विषयुक्त पात्र के सम्बन्ध से विशुद्ध जल भी दूषित हो जाता है, वैसे ही इन मिथ्यादृष्टि साधुवेषियों का आदर-सत्कार करने से श्रद्धान दूषित हो जाता है।"

इस प्रकार, पात्र की विशेषता की तरह विधि की विशेषता के अनुरूप दान का फल प्राप्त होता है। नवधा भक्ति के साथ पड़िगाहना आदि क्रियाओं का क्रम —यह विधि की विशेषता है। प्रतिग्रह (पड़गाहन), उच्च स्थान देना, पैर धोना, अर्चना व प्रणति —इत्यादि विशेष क्रियाओं

क्रियाविशेषाणां क्रमो विधिः स्वीक्रियते। एवं दातृविशेषस्यापि प्रभावो दानफले भवति। दातुर्विशेषता भवन्ति— अनसूया, त्यागे अविषादः, दाने प्रीतिः, दृष्टफलानपेक्षिता, निदानराहित्य-मित्यादि। दातुर्मनःस्थितिर्यादृशी भवति, तादृशमेव दानफलं भवतीति तात्पर्यम्।

अतो हे भव्य! पात्रापात्रविवेकमवधार्य यथासम्भवम् उत्तममनोभावेन, उत्तमविधिना उत्तमपात्रेभ्यः उत्तमाहारादिदेयदाने सदा प्रवर्तस्व, येन भाविनि भवे उत्तमगतिः प्राप्ता भवेदिति गाथायाः सारः।

सम्प्रति गाहू-छन्दोमाध्यमेन शास्त्रकाराः सप्तसु क्षेत्रविशेषेषु दीयमानस्य दानस्य किं फलमिति व्याचक्षाणा आहुः—

इह णियसुवित्तबीयं जो ववदि जिणुत्तसत्तखेत्तेसु।
सो तिहुवणरज्जफलं भुंजदि कल्लाणपंचफलं।। १८।।

छाया— इह निजसुवित्तबीजं यो वपति जिनोक्तसप्तक्षेत्रेषु।
स त्रिभुवनराज्यफलं भुंक्ते कल्याणपञ्चकफलम्।।

के क्रम को विधि रूप में स्वीकृत किया गया है। इसी तरह दाता की विशेषता का भी प्रभाव दान के फल पर पड़ता है। दाता की विशेषताएँ हैं— पात्र के प्रति असूयारहित अर्थात् ईर्ष्या न होना, त्याग में विषाद न होना, देने में प्रीति होना, प्रत्यक्ष फल की चाह न करना, निदान न करना आदि। तात्पर्य यह है कि दाता की जैसी स्थिति होती है, दान का फल भी वैसा ही होता है।

इसलिए हे भव्य! पात्र-अपात्र का विवेक रखते हुए, यथासम्भव उत्तम मनोभाव से उत्तम विधि द्वारा उत्तम पात्रों को उत्तम आहारादि देय वस्तु के दान में सदा प्रवृत्त रहो, ताकि आगामी भव में तुम्हें उत्तम गति प्राप्त हो —यह गाथा का सार है।

अब, गाहू छन्द के द्वारा सात विशेष क्षेत्रों में दिये जाने वाले दान का क्या फल होता है —इसे शास्त्रकार (आचार्य) विशेष व्याख्यान के रूप में कह रहे हैं—

गाथा-अर्थ— जिनेन्द्र द्वारा प्रतिपादित सात विशेष क्षेत्रों में जो अपने समीचीन धन रूपी बीज को बोता है, वह त्रिभुवन का राज्य तथा पंचकल्याणक (से युक्त तीर्थंकरपना व मुक्ति)— इन फलों का भोग भोगता है।।18।।

रत्नत्रयवर्धिनी टीका— इह जो णियसुवित्तवीयं जिणुत्तसत्तखेत्तेसु ववदि, सो कल्लाण-पंचफलं तिहुवणरज्जफलं भुंजदि —इत्यन्वयः।

(इह जो णियसुवित्तबीयं) **इह अस्मिन् संसारे यः कश्चिदपि भव्यजीवः निजं सुवित्तरूपं बीजम्।** (जिणुत्तसत्तखेत्तेसु ववदि) **जिनप्रतिपादितेषु सप्तसु दानयोग्यक्षेत्रेषु वपति। सप्तसु क्षेत्रेषु दानरूपेण वित्तव्ययं करोतीत्यर्थः।** (सो) **सः जनः,** (तिहुवणरज्जफलं भुञ्जदि) **भुवनत्रयराज्यशासकत्वं प्राप्नोतीत्यर्थः।**

किञ्च सः (कल्लाणपञ्चफलं च भुंजदि) **पञ्चविधकल्याणकरूपमहोदयं दानफलेन भुंक्ते अनुभवति। स्वकीयसद्वित्तस्य सत्पात्रेभ्यः सत्कार्येषु वा व्ययं विधाय त्रिभुवनशासको भवति, तथा पञ्चकल्याणकसम्पन्नतीर्थंकरत्वं तदविनाभूतं मोक्षं च प्राप्नोति —इति भावः।**

रत्नत्रयवर्धिनी टीका— इह यः निजसुवित्तबीजं जिनोक्तसप्तक्षेत्रेषु वपति, सः कल्याण-पञ्चकफलं त्रिभुवनराख्यफलं भुंक्ते —यह अन्वय है।

(इह यो निजसुवित्तबीजं) यहाँ, इस संसार में जो कोई भी भव्य जीव अपने (स्वामित्व वाले) सुवित्त रूपी बीज को, **(जिनोक्तसप्तक्षेत्रेषु वपति)** जिनेन्द्र द्वारा प्रतिपादित दानयोग्य सात क्षेत्रों (कार्य-क्षेत्रों) में बोता है, अर्थात् सात क्षेत्रों में दानरूप से (अपने) वित्त को व्यय करता है। **(सः)** वह व्यक्ति **(त्रिभुवनराज्यफलं भुंक्ते)** तीनों लोकों की शासकता (परमेश्वरता) को प्राप्त करता है —यह अर्थ है।

और वह (कल्याणपञ्चकफलं च भुंक्ते) पाँच प्रकार के कल्याणकों के महान् उदय को दान के फल रूप में भोगता है, अनुभव करता है। अपने निजी सद्वित्त का सत्पात्रों में या सत्कार्यों में व्यय करके त्रिभुवन का शासक होता है, तथा पञ्चकल्याणकों से सम्पन्न तीर्थंकर की स्थिति को और उससे अविनाभाव रूप से जुड़े हुए मोक्ष (के सुख) को भी प्राप्त करता है— यह भाव है।

इदानीं गाथोक्तविशिष्टपदानां व्याख्यानं विधीयते। अत्र वित्तं बीजमिव निर्दिष्टम्, बीजस्य प्रयोगः समीचीनोऽयमेव यत्तस्य क्षेत्रे वपनं क्रियेत, वित्तरूपबीजस्यापि कतिषुचित् क्षेत्रेषु वपनं सम्भवति, सुफलं चावाप्येत। किन्तु तेन वित्तेन सुवित्तेन भाव्यम् तथा दातुः स्वकीयेनापि भाव्यम्, अन्यथा तस्य वपनं न प्रशस्तफलदायकं भविष्यतीति शास्त्रकारेण 'णियसुवित्त' इतिविशेषण-माध्यमेन सूचितम्।

स्वस्यातिसर्जनमेव दानमित्याख्यायते, अतः परकीयधनस्य दानमेव न सम्भवति। यदि परकीयधनं स्वकीयं मन्यमानो ददाति चेत्तर्हि दूषणमेव दानस्य। वस्तुतस्तद्दानं चोरितार्थस्यैव दानं न स्वकीयस्य, अतोऽतीचारदोष एव। किञ्च, यदि परद्रव्यस्य स्वामी मिथ्यादृष्टिरधार्मिको वा भवेत्, तर्हि तद्द्रव्यस्य दाने कृते स कुपितः स्यात्, एवं परस्परकलहश्च प्रवर्तेत, ततश्चोभयोरपि (द्रव्यस्वामिनः, तद्दातुश्च) संक्लेशः स्यात्। अतः सुवित्तरूपं बीजं निजं स्वकीयमेव भवेत्, न तस्य परस्वामित्वं स्यात्, तदैव तस्य बीजस्य वपनं त्रिभुवनराज्यप्रभुत्वप्रभृतिविशिष्टफलानि वपनकर्त्रे प्रयच्छति —इति भावः।

अब, गाथा में प्रयुक्त विशिष्ट पदों का व्याख्यान कर रहे हैं। यहाँ वित्त को बीज की तरह बताया गया है। बीज का समीचीन प्रयोग (उपयोग) यही है कि उसे खेत में बो दिया जाय। वित्त रूपी बीज को भी कुछ क्षेत्रों में बोना सम्भव है और उसका सम्यक् फल भी प्राप्त किया जा सकता है। किन्तु उस वित्त को 'सुवित्त' होना चाहिए और दाता का निजी (स्वामित्ववाला) भी होना चाहिए, अन्यथा उसे बोने (दानादि करने) पर वह प्रशस्त फल का देने वाला नहीं होगा —यह शास्त्रकार ने 'निजसुवित्त' इस विशेषण के माध्यम से सूचित किया है।

'स्व' का अतिसर्जन ही 'दान' कहा जाता है, इसलिए परकीय धन का दान सम्भव ही नहीं है। यदि दूसरे के ही धन को 'अपना' मानते हुए (उसमें 'स्व' या ममत्व बुद्धि रखते हुए) दान देता है तो भी दान सदोष ही है। वस्तुतः वह दान चुराये गये अर्थ का दान है, न कि अपने धन का। इसलिए उस दान में अतीचार दोष ही है। दूसरी बात, यदि परकीय द्रव्य का स्वामी मिथ्यादृष्टि या अधार्मिक (दानादि का विरोधी) हो, तब तो उस द्रव्य का दान करने पर वह (वास्तविक स्वामी) क्रुद्ध हो सकता है और परस्पर कलह प्रारम्भ हो सकता है, फलस्वरूप दोनों (द्रव्य का स्वामी व दाता —इन) को संक्लेश होगा। इसलिए सुवित्त रूपी बीज निजी, अपना होना चाहिए, उसका कोई दूसरा स्वामी नहीं हो, तभी उस बीज को बोना 'त्रिभुवन के राज्य की प्रभुता' आदि विशिष्ट फलों को प्रदान करता है, प्रदान करेगा —यह भाव है।

सुवित्तम् —न केवलं वित्तम्, अपितु सुवित्तम्, ततो न्यायोपात्तधनस्यैवात्र ग्रहणम्। निर्दोषरीत्या, हिंसादिपाप-रहितोपायैः यदर्जितं धनं, तदपि यत् स्वकीयम्, तादृशस्यैव दाने प्रशस्तफलावाप्तिर्भवतीति शास्त्रकारैः सूचितम्। वस्तुतो दानं सर्वविधमपि सद्गृहस्थश्रावकाय व्रताद्यपेक्षया अधिकमुत्तमफलं प्रयच्छत्येव। उक्तं च पद्मनन्दिपञ्चविंशतिकाग्रन्थे (२/१३)—

नानागृहव्यतिकरार्जितपापपुञ्जैः, खञ्जीकृतानि गृहिणो न तथा व्रतानि।
उच्चैः फलं विदधतीह यथैकदापि, प्रीत्यातिशुद्धमनसा कृतपात्रदानम्।।

अत्रेदं ज्ञेयम्— सद्गृहस्थो न्यायोपात्तधन एव भवति। आचार्यहेमचन्द्रेण योगशास्त्र-ग्रन्थे (१/४७-५६) **सद्गृहस्थोचितगुणनिरूपणं कुर्वता 'न्यायसम्पन्नविभवः' इति विशेषगुणः प्रोक्तः—**

न्यायसम्पन्नविभवः शिष्टाचारप्रशंसकः।
....
वशीकृतेन्द्रियग्रामो गृही धर्माय कल्पते।।

'सुवित्त' यहाँ कहा गया है, न केवल, 'वित्त' इसलिए न्यायोचित रीति से अर्जित धन का ही यहाँ ग्रहण (करना उचित) है। निर्दोष रीति से, हिंसा आदि पापों से रहित उपायों (साधनों) से जो धन अर्जित होता है, वह भी यदि अपना हो, तो वैसे ही वित्त के दान से प्रशस्त फलों की प्राप्ति होती है —यह शास्त्रकार ने यहाँ सूचित किया है। वस्तुतः सभी प्रकार का दान सद्गृहस्थ श्रावक को व्रतादि की अपेक्षा अधिक व उत्तम फल को प्रदान करता ही है। पद्मनन्दिपञ्चविंशतिका ग्रन्थ (2/13) में कहा भी गया है—

''घर-गृहस्थी के नाना प्रकार के आरम्भों से उपार्जित पापों द्वारा शक्तिहीन किये गये व्रत आदि गृहस्थ को उतने ऊँचे फल नहीं दे पाते, जितने कि प्रीतिपूर्वक शुद्ध मन से सत्पात्रों को दिया गया एक बार का दान उच्च फल प्रदान करता है।''

यहाँ यह ज्ञातव्य है— सद्गृहस्थ न्याय से उपार्जित धन वाला ही होता है। आचार्य हेमचन्द्र ने अपने 'योगशास्त्र' ग्रन्थ (1/47-56) में सद्गृहस्थोचित गुणों का निरूपण करते हुए 'न्यायसम्पन्नविभव' यह विशेष गुण कहा है—

''न्याय से धन-वैभव उपार्जित करनेवाला, शिष्टाचार वाला.....इन्द्रिय-समूह पर विजय प्राप्त करनेवाला व्यक्ति गृहस्थ-धर्म का पालक होता है।''

वस्तुतः प्रायः सावद्यवृत्त्यैव प्रचुरधनोपार्जनं सम्भवति —इति स्वाभिप्रायो गुणभद्राचार्येण आत्मानुशासन-ग्रन्थे (श्लोक-४५) **प्रकटितः—**

शुद्धैर्धनैर्विवर्धन्ते सतामपि न संपदः।
न हि स्वच्छाम्बुभिः पूर्णाः कदाचिदपि सिन्धवः।।

अतः सम्यग्दृष्टिश्रावको न कदाचिदपि अधर्माचरणेन विभवार्जनं कर्तुमीहते। स तु समीचीनधर्माचरणमेव कुर्वन् भाविनि काले अभीष्टवैभवावाप्तिफलं प्राप्तुमिच्छति। अतएव श्रीगुणभद्राचार्येण आत्मानुशासनग्रन्थे (श्लोक-२१-२२) **परामृष्टम्—**

धर्मादवाप्तविभवो धर्मं प्रतिपाल्य भोगमनुभवतु।
बीजादवाप्तधान्यः कृषीवलस्तस्य बीजमिव।।

संकल्प्यं कल्पवृक्षस्य चिन्त्यं चिन्तामणेरपि।
असंकल्प्यमसंचिन्त्यं फलं धर्मादवाप्यते।।

वस्तुतः प्रायः सावद्य (पापमय) आचरण से ही प्रचुर धन का उपार्जन होता है— ऐसे निज अभिप्राय को आचार्य गुणभद्र ने आत्मानुशासन-ग्रन्थ (श्लोक-45) में इस प्रकार प्रकट किया है—

"शुद्ध धन के द्वारा सज्जनों की भी सम्पत्तियाँ विशेष नहीं बढ़ती हैं। ठीक है— नदियाँ शुद्ध जल से बढ़ती नहीं (भारी बाढ़ वाली नहीं होती)।"

इसलिए सम्यग्दृष्टि श्रावक कभी भी अधर्म-आचरण कर वैभव कमाना नहीं चाहता। वह तो समीचीन धर्म का ही आचरण करता हुआ, भविष्य में अभीष्ट वैभव की प्राप्ति के फल को पाना चाहता है। इसी दृष्टि से आचार्य गुणभद्र ने आत्मानुशासन ग्रन्थ (श्लोक 21-23) में यह परामर्श दिया है—

"जिस प्रकार किसान बीज से उत्पन्न धान्य को प्राप्त करता हुआ, उसमें से भविष्य के लिए कुछ बीज को सुरक्षित रखकर ही उसका उपभोग करता है, उसी प्रकार हे भव्य जीव! तुमने जो यह सुख-सम्पत्ति प्राप्त की है, वह धर्म के निमित्त से ही प्राप्त की है, इसलिए उक्त सुख-सम्पत्ति के बीजभूत उस धर्म का रक्षण करते हुए ही उसका उपभोग कर।"

"कल्पवृक्ष का फल संकल्पानुसार प्राप्त होता है, चिन्तामणि का भी फल चिन्तन के अनुरूप प्राप्त होता है, किन्तु धर्म से जो फल प्राप्त होता है, वह तो अप्रार्थित व अचिन्त्य ही होता है।"

किञ्च, अन्यायधनोपार्जनं परिग्रहासक्तस्यैव भवति, ततश्च दुष्फलावाप्तिः सुनिश्चितैव। उक्तं च भगवतीआराधनाग्रन्थे (गाथा-११२०,११४७)—

सण्णगारवपेसुण्णकलहफरुसाणि णिट्ठुरविवादा।
संगणिमित्तं ईसासूयासल्लाणि जायंति।।

संगणिमित्तं कुद्धो कलहं रोलं करिज्ज वेरं वा।
पहणेज्ज व मारेज्ज व मरिजेज्ज व तह य हम्मेज्ज।।

किञ्च, अन्यायोपार्जितं धनं न चिरं तिष्ठति, शीघ्रं नश्यति। उक्तं च सागारधर्मामृतग्रन्थे (श्लोक-१/११) **स्वोपज्ञटीकायामुद्धृतेषु श्लोकेषु—**

अन्यायोपार्जितं वित्तं दश वर्षाणि तिष्ठति।
प्राप्ते त्वेकादशे वर्षे समूलं च विनश्यति।।
यान्ति न्यायप्रवृत्तस्य तिर्यञ्चोऽपि सहायताम्।
अपन्थानं तु गच्छन्तं सोदरोऽपि विमुञ्चति।।

और, अन्याय से धन का उपार्जन परिग्रह में आसक्त व्यक्ति द्वारा ही किया जाता है। परिणाम-स्वरूप दुष्फल की प्राप्ति निश्चित ही होती है। भगवती-आराधना ग्रन्थ (गाथा-1120, 1147) में कहा भी गया है—

"परिग्रही के परिग्रहसंज्ञा व परिग्रह में आसक्ति होती है। वह दूसरों के दोषों को कहता फिरता है। वह कलह करता है, कठोर वचन बोलता है, झगड़ा करता है और धन के लिए ईर्ष्या व असूया करता है।"

"परिग्रह के कारण मनुष्य क्रोध करता है, कलह करता है, विवाद करता है, वैर करता है, मारपीट करता है और दूसरों द्वारा मारा व पीटा जाता है और प्राण भी गवाँ बैठता है।"

और, अन्याय से कमाया धन अधिक समय तक टिकता नहीं, शीघ्र नष्ट हो जाता है। सागारधर्मामृत ग्रन्थ (श्लोक-1/11) की स्वोपज्ञ टीका में उद्धृत श्लोकों में कहा भी गया है—

"अन्याय से उपार्जित धन दश वर्षों तक रह पाता है। ग्यारहवें वर्ष में तो समूल ही नष्ट हो जाता है।"

"जो न्याय (के मार्ग) में प्रवृत्त रहता है, उसके सहायक तिर्यञ्च भी हो जाते हैं। (किन्तु) जो कुमार्ग पर चलता है, उसका तो सगा भाई भी साथ छोड़ देता है।"

किञ्च यः सद्गृहस्थः, स समस्तोपार्जितधनस्य चतुर्थांशं नियमेन दानादिधर्मकार्येषु नियोजयति। उक्तं च पद्मनन्दिपञ्चविंशतिकाग्रन्थे (२/३२)—

ग्रासस्तदर्धमपि देयमथार्द्धमेव, तस्यापि संततमणुव्रतिना यथर्द्धि।
इच्छानुरूपमिह कस्य कदात्र लोके, द्रव्यं भविष्यति सदुत्तमदानहेतुः।।

उक्तधनरूपबीजस्य वपनं केषु क्षेत्रेषु कार्यम्? उच्यते— जिनोक्तसप्तक्षेत्रेषु। तद्बीजवपनाय उत्तमानि क्षेत्राणि सप्त प्रोक्तानि जिनेन्द्रैः। कानि च तानि? तान्येवं निर्दिष्टानि—

जिनबिम्बं जिनागारो जिनयात्रा प्रतिष्ठितम्।
दानं पूजा च सिद्धान्त-लेखनं सप्तक्षेत्रकम्।।

अथवा (१) चतुर्विधसंघयात्रा, (२) तीर्थयात्रा, (३) जीर्णजिनालयोद्धारः, (४) जीर्णशास्त्रोद्धारः, (५) जीर्णसिद्धक्षेत्रोद्धारः, (६) नूतनजिनबिम्बनिर्माणम्, (७) पञ्चकल्याणकप्रतिष्ठा चेति सप्तक्षेत्राणि ज्ञेयानि।

और, जो सद्गृहस्थ होता है, वह समस्त उपार्जित धन के चतुर्थ (एक-चौथाई) अंश को नियमतः दान आदि धार्मिक कार्यों में लगाता है। पद्मनन्दिपंचविंशतिका ग्रन्थ (2/32) में भी कहा गया है— "अणुव्रती श्रावक को चाहिए कि वह सदा अपनी सम्पत्ति के अनुसार एक ग्रास, आधा ग्रास, उसके भी आधे भाग को अर्थात् चतुर्थांश को दान में दे, क्योंकि लोक में जो उत्तम दान में दिया जा सके —इतना इच्छित धन तो कब हो पाएगा —यह कहा नहीं जा सकता।"

उक्त धनरूपी बीज को किन क्षेत्रों में बोना (नियोजित करना) चाहिए? बता रहे हैं— जिनप्रतिपादित सात क्षेत्रों में (बोना चाहिए)। जिनेन्द्र भगवन्तों ने उस (धनरूपी) बीज को बोने हेतु सात उत्तम क्षेत्रों का कथन किया है। वे कौन-कौन से हैं? वे इस प्रकार बताये गये हैं—

"जिनबिम्ब (निर्माण आदि), जिनागार (मन्दिर आदि निर्माण), जिनयात्रा (चतुर्विधसंघ-यात्रा), प्रतिष्ठा (पंचकल्याणक आदि प्रतिष्ठा-कार्य), दान, पूजा व सिद्धान्त (ग्रन्थादि) का लेखन (प्रकाशनादि) —ये सात क्षेत्र हैं।"

अथवा, (1) चतुर्विधसंघयात्रा, (2) तीर्थयात्रा, (3) जीर्ण जिनालयों का उद्धार, (4) जीर्ण शास्त्रों का उद्धार, (5) जीर्ण सिद्ध क्षेत्रों का उद्धार, (6) नये जिनबिम्ब का निर्माण, (7) पञ्चकल्याणक प्रतिष्ठा —ये सात क्षेत्र जानने चाहिए।

एवं न्यायोपार्जितधनस्य धार्मिकसप्तविधक्षेत्रेषु विसर्जनेन उत्कृष्टतया यत्फलं प्राप्यते, तस्य निदर्शनमात्रेण निरूपणं क्रियतेऽत्र गाथायां-त्रिभुवनराज्यफलं कल्याणकपञ्चकफलं च दाता भुंक्ते। तीर्थकराः, अर्हन्तः त्रिजगदीश्वराः भवन्ति।

उक्तं च भक्तामरस्तोत्रे (श्लोक-२६)—

तुभ्यं नमस्त्रिभुवनार्तिहराय नाथ! तुभ्यं नमः क्षितितलामलभूषणाय।
तुभ्यं नमस्त्रिजगतः परमेश्वराय, तुभ्यं नमो जिन! भवोदधिशोषणाय।।

वस्तुतः पूर्णवीतरागता-स्थितिरेव त्रैलोक्याधिपतित्वं परमेश्वरत्वं वर्तते। उक्तं च आत्मानुशासनग्रन्थे (श्लोक-११०)—

अकिंचनोऽहमित्यास्स्व, त्रैलोक्याधिपतिर्भवेः।
योगिगम्यं तव प्रोक्तं रहस्यं परमात्मनः।।

इस प्रकार, न्याय से कमाये गये धन को इन धार्मिक सात क्षेत्रों में विसर्जन करने से उत्कृष्ट रूप से जो फल प्राप्त होता है, उसका निदर्शन मात्र यहाँ इस गाथा में किया गया है, वह यह है कि दाता त्रिलोकी के राज्यरूपी फल और पञ्चकल्याणक रूपी फल प्राप्त करता है। तीर्थङ्कर, अर्हन्तदेव ही तीनों लोकों के अधीश्वर होते हैं।

भक्तामर स्तोत्र (श्लोक-26) में कहा गया है—

"तीनों लोकों के कष्ट को हरण करने वाले जिनेन्द्र! तुम्हें नमस्कार है। पृथ्वीतल के निर्मल भूषण! तुम्हें नमस्कार है। तीनों लोकों के हे परमेश्वर! तुम्हें नमस्कार है, और संसार-समुद्र को सुखा देने वाले जिनेन्द्र! तुम्हें नमस्कार है।"

वस्तुतः पूर्णवीतरागता (अर्हन्त) की स्थिति प्राप्त होना ही त्रैलोक्य का अधिपति 'परमेश्वर' होना है। आत्मानुशासन ग्रन्थ (श्लोक-110) में कहा भी गया है—

"मैं अकिंचन हूँ— ऐसे (भाव से) हो जाओ तो त्रैलोक्य के अधिपति हो जाओगे। यह परमात्मा सम्बन्धी रहस्य जो मैं बता रहा हूँ, वह योगियों के लिए ही अनुभवगम्य है।"

गर्भकल्याणकम्, जन्मकल्याणकम्, तपःकल्याणकम्, ज्ञानकल्याणकम्, निर्वाण-कल्याणकं चेति पञ्च कल्याणकानि तीर्थङ्कराणां भवन्ति। उक्तं च जम्बूद्दीवपण्णत्तिसंगहे (१३/९३)—

गब्भावयारकाले जम्मणकाले तहेव णिक्खमणे।
केवलणाणुप्पण्णे परिणिव्वाणम्मि समयम्मि।।

तीर्थङ्करस्य जीवने घटिताः पञ्चविशिष्टावसरा भवन्ति, तेषां कल्याणकेतिनाम। एतानि कल्याणकानि समस्तजगते जीवेभ्यश्च कल्याणकारीणि भवन्ति —इत्यतः कल्याणकेतिनाम्ना अभिधीयन्ते। एतेषु कल्याणकेषु स्वर्गस्थदेवदेवेन्द्राणां समुपस्थितिस्तेषां महर्द्धित्वं ख्यापयति। केषांचित् तीर्थंकराणां द्वे कल्याणके (ज्ञानमोक्षकल्याणके), केषांचित् त्रीणि (तपःकल्याणा-दीनि) एव भवन्ति —इतिविशेषः।

एवं न्यायोपार्जितस्वधनदानेन दाता आर्हन्त्यलक्ष्मीं प्राप्तुं शक्नोति, अतः हे भव्य! दानकार्ये कदापि प्रमादमालस्यं च न त्वं विधत्स्व —इति गाथायास्तात्पर्यम्।

गर्भकल्याणक, जन्मकल्याणक, तपःकल्याणक, ज्ञानकल्याणक और निर्वाणकल्याणक — ये पाँचों कल्याणक तीर्थङ्कर के होते हैं। जम्बूद्दीवपण्णत्तिसंग्रह (13/93) में कहा भी है—

"गर्भ अवतरण, जन्म, निष्क्रमण, केवलज्ञान की उत्पत्ति एवं परिनिर्वाण —इन (पाँच) समयों में कल्याणक होते हैं।"

तीर्थङ्कर के जीवन से सम्बन्धित पाँच विशिष्ट अवसर घटित होते हैं, उनको कल्याणक नाम से कहा जाता है। ये कल्याणक सारे जगत् और जीवों के लिए कल्याणकारी होते हैं, इसलिए इन्हें कल्याणक नाम से कहा जाता है। इन कल्याणकों में स्वर्ग के देव व देवेन्द्रों की उपस्थिति होती है जिससे इनकी महान-ऋद्धि प्रकट होती है। किन्हीं तीर्थङ्करों के दो ही (ज्ञान व मोक्ष) कल्याणक होते हैं, किन्हीं के तीन (तप, ज्ञान, मोक्ष) कल्याणक ही होते हैं — यह विशेष ज्ञातव्य है।

इस प्रकार, न्यायोपार्जित निजी धन का दान कर दाता अर्हन्त की लक्ष्मी को प्राप्त कर सकता है, इसलिए हे भव्य! दान के काम में प्रमाद व आलस्य तुम कभी न करना —यह गाथा का तात्पर्य है।

पुनरपि आचार्याः सिंहणी-छन्दोमाध्यमेन सुपात्रदानस्य फलं निर्दिशन्ति—

मादु-पिदुपुत्त-मित्तं कलत्त-धण-धण्ण-वत्थु-वाहण-विहवं।
संसारसारसोक्खं सव्वं जाणउ सुपत्तदाणफलं।।१९।।

छाया— मातृ-पितृ-पुत्र-मित्रं कलत्र-धन-धान्य-वास्तु-वाहन-विभवम्।
संसारसारसौख्यं सर्वं जानातु सुपात्रदानफलम्।।

रत्नत्रयवर्धिनी टीका— गाथान्वयः सुगमः। (मादु-पिदु-पुत्त-मित्तं) **माता जन्मदात्री जननी, पिता जनकः, पुत्रः सुतः सुता वा, मित्रं सुहृद्, तथा** (कलत्त-धण-धण्ण-वत्थु-वाहण-विहवं) **कलत्रं धर्मपत्नी, धनधान्यं वित्तं सामान्यजीवनोपयोगिवस्तूनि च, वास्तु भवनभूम्यादिकम्, वाहनं रथयानादिकमथवा आधुनिकद्विचक्रचतुश्चक्रादियानानि, विभवः स्वर्णरजतादिकमाढ्यङ्करणम्, एवमादि यत्** (संसारसारसोक्खं) **संसारस्य सारभूतं निजेष्टवस्तुजन्यं सुखम्,** (सव्वं सुपत्तदाणफलं जाणउ) **एतत्सर्वंमेव सुपात्रदानफलमस्तीति ज्ञातव्यम्।**

सिंहणी छन्द के द्वारा पुनः आचार्य सुपात्र-दान के फल का निर्देश कर रहे हैं—

गाथा-अर्थ— (उत्तम) माता, पिता, पुत्र, मित्र, कलत्र (स्त्री), धन-धान्य, वास्तु (मकान आदि), वाहन व वैभव और संसार भर के उत्तम सुख —इन सबको सुपात्र-दान का फल जानें।।19।।

रत्नत्रयवर्धिनी टीका— गाथा का अन्वय सुगम है। **(मातृ-पितृ-पुत्र-मित्रम्)** माता यानी जन्मदात्री, पिता यानी जनक, पुत्र अर्थात् बेटा या बेटी, मित्र अर्थात् सुहृद् तथा **(कलत्र-धन-धान्य-वास्तु-वाहन-विभवम्)** कलत्र यानी धर्मपत्नी, धन-धान्य यानी पैसा-रुपया व सामान्य जीवनोपयोगी वस्तुएँ, वास्तु यानी भवन, भूमि आदि, वाहन यानी रथ आदि यान, अथवा (आधुनिक) साईकिल, मोटर आदि वाहन, विभव से तात्पर्य है— सोना-चांदी जो समृद्धि सूचक हैं, इत्यादि जो भी **(संसारसारसौख्यम्)** संसार का सारभूत तथा अपनी अभीष्ट वस्तुओं से प्राप्त होने वाला सुख है, **(सर्वं सुपात्रदानफलं जानातु)** वह सभी सुपात्रदान से प्राप्त होने वाला है —ऐसा जानें।

अत्रेदं ज्ञेयम्— माता, पिता, पुत्रः मित्रम् —इत्यादिकानि सर्वस्य मानवस्य भवन्ति, किन्तु प्रकरणसामर्थ्यात् श्रेष्ठौ मातापितरौ, गुणी पुत्रः, विश्वसनीयः प्रशस्तः सुहृद्-एतेषां प्राप्तिः पात्रदानादिविशेष— धर्माचरणेनैव सम्भवतीति भावः। उक्तं च पद्मनन्दिपञ्चविंशतिकाग्रन्थे (१/१८४, १८६)—

जन्मोच्चैः कुल एव संपदधिके लावण्यवारांनिधिः,
नीरोगं वपुरादिकायुरखिलं धर्माद्ध्रुवं जायते।
सा न श्रीरथवा जगत्सु न सुखं तत्ते न शुभ्रा गुणाः,
यैरुत्कण्ठितमानसैरिव नरो नाश्रीवते धार्मिकः।।
सौभागीयसि कामिनीयसि सुतश्रेणीयसि श्रीयसि,
प्रासादीयसि यत्सुखीयसि सदा रूपीयसि प्रीयसि।
यद्वानन्तसुखामृताम्बुधिपरस्थानीयसीह ध्रुवम्,
निर्धूताखिलदुःखदापदि सुहृद् धर्मे मतिर्धार्यताम्।।

यहाँ यह ज्ञातव्य है— माता, पिता, पुत्र, मित्र इत्यादि तो सभी मानवों के होते हैं, किन्तु प्रकरण के सामर्थ्य से (प्रकरण की अर्थसंगति की दृष्टि से अर्थ है—) श्रेष्ठ माता-पिता, गुणी पुत्र, विश्वसनीय व उत्तम मित्र-इनकी प्राप्ति पात्रदान आदि विशिष्ट धर्माचरण से ही सम्भव होती है— यह भाव है। पद्मनन्दिपञ्चविंशतिका ग्रन्थ (1/184, 186) में कहा भी गया है—

"उच्च व सम्पन्न कुल में जन्म, अधिक सम्पदा, लावण्य का समुद्र (सुरूप), रोगरहित शरीरादि होना, पर्याप्त आयु —ये सब धर्म से निश्चित प्राप्त होते हैं। कोई भी ऐसी लक्ष्मी नहीं, कोई भी संसार का सुख नहीं, कोई भी उत्तम गुण नहीं, जो धार्मिक व्यक्ति के पास उत्कण्ठित होकर नहीं रहते हों।"

"हे मित्र! यदि सौभाग्य चाहते हो, सुन्दर पत्नी चाहते हो, बेटे-बेटियाँ चाहते हो, लक्ष्मी चाहते हो, भवन-महल चाहते हो, सुख चाहते हो, रूप चाहते हो, प्रेम चाहते हो, या फिर अनन्तसुखरूपी अमृत-समुद्र के घर मोक्ष को चाहते हो, तो समस्त दुःखदायी आपदाओं को नष्ट करने वाले धर्म में निश्चित ही अपनी मति (बुद्धि) रखो।"

संसारिजनानां कृते यत्सुखसाधनानि स्वीक्रियन्ते, तेषु उत्तमपरिवारः, धनं चेत्यादिकं परिगण्यते। उक्तं च विदुरनीतौ (महाभारत-उद्योगपर्वगतविदुरप्रजागरपर्ववर्णितायां, श्लोक-३३/९२)—

अर्थागमो नित्यमरोगिता च, प्रिया च भार्या प्रियवादिनी च।
वश्यश्च पुत्रोऽर्थकरी च विद्या, षड् जीवलोकस्य सुखानि राजन्।।

उत्तमकुलजातिवैभवादिकं प्राप्य मिथ्यादृष्टयो मदाविष्टा भवन्ति, सम्यग्दृष्टयस्तु मदरहिता एव। एवं सुपात्रदानफलरूपेण धनवैभवादिकं प्राप्यापि निरभिमान्येव सम्यग्दृष्टिर्भवतीति ज्ञेयम्।

कीदृशौ मातापितरौ पुण्यफलेन प्राप्येते? यौ सत्संस्कारदायकौ, विद्याध्यापनादिना उपकारकौ च भवतः तावेव श्रेष्ठौ मातापितरौ भवतः। शुक्रनीतौ च (३/४८) **कथितम्**—

माता न पालयेद् बाल्ये, पिता साधु न शिक्षयेत्।
राजा यदि हरेद् वित्तं तत्र का परिदेवना।।

संसारी लोगों के लिए जो सुख-साधन माने गए हैं, उनमें उत्तम परिवार, धन आदि की गणना होती है। विदुरनीति (महाभारत के उद्योग पर्व में विदुरप्रजागर पर्व में निरूपित, श्लोक-33/92) में कहा गया है—

"धन की प्राप्ति, हमेशा स्वस्थ रहना, प्रिय बोलने वाली प्यारी पत्नी, आज्ञावर्ती पुत्र, धन देने वाली विद्या —ये जीवलोक के छः (विशिष्ट) सुख हैं।"

उत्तम कुल, जाति, वैभव आदि को प्राप्त कर मिथ्यादृष्टि मदयुक्त हो जाते हैं, सम्यग्दृष्टि तो मदरहित ही होते हैं। इस प्रकार सुपात्रदान के फल के स्वरूप धन-वैभव आदि को प्राप्त करके भी सम्यग्दृष्टि निरभिमानी ही रहता है —यह ज्ञातव्य है।

कैसे माता-पिता पुण्य से प्राप्त होते हैं? जो उत्तम संस्कार देते हैं, विद्या व अध्यापन आदि द्वारा (पुत्रादि के) उपकारक बनते हैं, वे ही माता-पिता श्रेष्ठ होते हैं। इस विषय में शुक्रनीति (3/48) में कहा गया है—

"यदि माता बचपन में पाले-पोसे नहीं, यदि पिता अच्छी शिक्षा न दे, राजा ही धन हरने वाला हो, तब तो क्या खेद करना? (ऐसी स्थिति से उबर पाना सम्भव ही नहीं)।"

तथा चोक्तं नीतिकारेण— माता शत्रुः पिता वैरी, येन बालो न पाठितः।
न शोभते सभामध्ये, हंसमध्ये बको यथा।।

महाभारते च (अनुशासन पर्व, ७/९६) **प्रोक्तम्—** नास्ति मातृसमो गुरुः।

एवं मित्रेणापि श्रेष्ठेन भाव्यम्। सन्मित्रलक्षणं प्रोक्तं विदुरनीतौ (३६/१४७)—

न तन्मित्रं यस्य कोपाद् बिभेति, यद्वा मित्रं शंकितेनोपचर्यम्।
यस्मिन् मित्रे पितरीवाश्वसीत, तद्वै मित्रं संगतानीतराणि।।

भर्तृहरिकृते नीतिशतके (श्लोक-७३) **च प्रोक्तम्—**

पापान्निवारयति योजयते हिताय, गुह्यानि गूहति गुणान् प्रकटीकरोति।
आपद्गतं च न जहाति ददाति काले, सन्मित्रलक्षणमिदं प्रवदन्ति सन्तः।।

अन्य नीतिकार ने भी कहा है— "वह माता शत्रु है और वह पिता (पुत्र का) वैरी है, जिसने बालक को (ठीक से) पढ़ाया-लिखाया नहीं। वह सभा के मध्य में उसी प्रकार शोभित नहीं होता जिस प्रकार हंसों के मध्य में बगुला।"

महाभारत (अनुशासन पर्व, 7/96) में भी कहा है— "माता के समान कोई गुरु नहीं है।"

इस प्रकार, मित्र को भी श्रेष्ठ होना चाहिए। विदुरनीति (36/147) में अच्छे मित्र का लक्षण इस प्रकार बताया गया है—

"वह मित्र नहीं जिसके क्रोध से भयभीत होना पड़े, वह भी मित्र नहीं जिसका आचरण शंकास्पद हो, अपितु मित्र तो वह होता है जिस पर पिता की तरह विश्वास किया जाता है, बाकी (तथाकथित मित्र) तो साधारण मेलजोल वाले हैं।"

भर्तृहरि-कृत नीतिशतक (श्लोक-73) में कहा गया है—

"सज्जन लोगों ने सच्चे मित्र की पहचान यह बताई है कि वह पाप से हटाता है, हित के कामों में लगाता है, मित्र के दोषों को छिपाता है किन्तु गुणों को प्रकट करता है, वह विपत्ति के समय कभी अलग नहीं होता और समय पड़ने पर सहायक होता है।"

शुक्रनीतौ (३/७७) **च प्रोक्तम्—**

भृत्यो भ्राताऽपि वा पुत्रः, पत्नी कुर्यान्न चैव यत्।
विधास्यन्ति च मित्राणि, तत्कार्यमविशंकितम्।।

एतादृशानि सन्मित्राणि दानादिपुण्येनैव लभ्यन्ते, अन्यथा स्वार्थसिद्धिमूलकां मित्रतां तु वहन् जनः कष्टायैव भवति, न सुखाय। अतएव विदुरनीतौ (३९/५०) **अयोग्यमित्रलक्षणमपि निर्दिष्टम्—**

अवलिप्तेषु मूर्खेषु रौद्रसाहसिकेषु च।
तथैवापेतधर्मेषु न मैत्रीमाचरेद् बुधः।।

पुत्रोऽपि प्रशस्तोऽप्रशस्तश्च भवति। दानादिफलेन प्रशस्तपुत्रस्यैव प्राप्तिर्भवति, नाप्रशस्तस्य, यतो हि प्रशस्तस्यैव पुत्रस्य सुखदायकत्वम्। भर्तृहरिकृतनीतिशतके (श्लोक-६८) **च प्रोक्तम्—**

शुक्रनीति (3/77) में भी कहा गया है —

"नौकर, भाई, पुत्र व पत्नी भी जिस कार्य को पूरा नहीं कर सकते, उसी को उसके मित्रगण अवश्य ही पूरा कर देते हैं।"

ऐसे (उपर्युक्त लक्षणों वाले) अच्छे मित्र दानादि के पुण्य से ही प्राप्त होते हैं, अन्यथा स्वार्थ-सिद्धि पर टिकी मित्रता वाला व्यक्ति तो कष्टदायक ही होता है, सुखदायक नहीं। इसीलिए विदुरनीति (39/50) में अयोग्य मित्र के लक्षण इस प्रकार बताये गये हैं—

"अभिमानी, मूर्ख, भयानक, आततायी व अधार्मिक —इनके साथ बुद्धिमान् को मैत्री नहीं करनी चाहिए।"

पुत्र भी प्रशस्त (उत्तम) और अप्रशस्त (दोनों) होते हैं। दानादि के फलस्वरूप प्रशस्त पुत्र की ही प्राप्ति होती है, अप्रशस्त की नहीं, क्योंकि प्रशस्त पुत्र ही सुखदायक होता है। भर्तृहरिकृत नीतिशतक (श्लोक-68) में भी कहा गया है—

यः प्रीणयेत् सुचरितैः पितरं स पुत्रः, यद् भर्तुरेव हितमिच्छति तत्कलत्रम्।
तन्मित्रमापदि सुखे च समक्रियं यद्, एतत् त्रयं जगति पुण्यकृतो लभन्ते।।

वृद्धचाणक्यनीतौ (७/१३७-१३८) **च कुपुत्र-सुपुत्रयोरन्तरं विशदीकृतमस्ति—**

यस्य पुत्रो न विद्वांश्च, न शूरो न च पण्डितः।
अन्धकारं कुलं तस्य, नष्टचन्द्रेव शर्वरी।।

शर्वरीदीपकश्चन्द्रः, प्रभाते दीपको रविः।
त्रैलोक्यदीपको धर्मः, सुपुत्रः कुलदीपकः।।

अथर्ववेदे (३/२) **सुपुत्रस्वरूपं संकेतितमस्ति—** अनुव्रतः पितुः पुत्रः, मात्रा भवतु संमनाः।

एवं धनधान्यभूमिभवनादीनां सुखदायकं कष्टदायकत्वमुभयं सम्भवति। प्रशस्तदानफलेन तु प्रशस्तधनधान्यादीनां प्राप्तिर्भवति इति स्वयमूह्यम्।

"पुत्र वही है जो अपने सुकर्मों से पिता को प्रसन्न करता है, पत्नी वही है जो अपने पति का हित चाहती है, मित्र वही है जो सुख-दुःख में समान व्यवहार वाला होता है। ऐसे पुत्र, पत्नी व मित्र— तीनों को संसार में पुण्यात्मा लोग ही प्राप्त कर पाते हैं।"

'वृद्ध चाणक्यनीति' (7/137-138) में भी कुपुत्र व सुपुत्र के भेद को इस प्रकार स्पष्ट किया गया है—

"जिसका पुत्र विद्वान् नहीं, शूर नहीं और पण्डित नहीं है, उसका कुल चन्द्रहीन रात्रि के समान अन्धकार से पूर्ण है।"

"रात्रि का दीपक चन्द्रमा है, दिन का दीपक सूर्य है, त्रिलोक का दीपक धर्म है और कुल का दीपक सुपुत्र होता है।"

अथर्ववेद (3/2) में सुपुत्र के स्वरूप का संकेत इस प्रकार किया गया है— "पिता के अनुकूल तथा माता के अनुकूल ही पुत्र को होना चाहिए।"

इस तरह, धन-धान्य, भूमि, भवन आदि सुखदायी भी हो सकते हैं और कष्टदायी भी। प्रशस्त दान के फल से तो उत्तम धनधान्य आदि की प्राप्ति होती है —यह स्वतः समझ लेना चाहिए।

एवं हे भव्य! प्रशस्तलौकिकसुखं तदनु शाश्वतमोक्षसुखं च यदि समिच्छसि, तर्हि प्रशस्त-पात्रेभ्यः प्रशस्तविधिना प्रशस्तवस्तूनां च प्रशस्तमनोभावेन दानं मुक्तहस्तेन देयमिति गाथाया-स्तात्पर्यम्।

सम्प्रति, सुपात्रदानेनैव चक्रवर्तिवैभवस्य प्राप्तिः सुकरेति आचार्यवरा उग्गाहा-छन्दोमाध्यमेन निरूपयन्ति—

सत्तंगरज्ज-णवणिहिभंडार-छडंगबल-चउद्दहरयणं ।
छण्णवदिसहस्सित्थि-विहवं जाणह सुपत्तदाणफलं।।२०।।

छाया— सप्ताङ्गराज्य -नवनिधिभाण्डार -षडङ्गबल-चतुर्दशरत्नानि।
षण्णवतिसहस्रस्त्री-विभवं जानीहि सुपात्रदानफलम्।।

रत्नत्रयवर्धिनी टीका— गाथान्वयः सुगमः। (सत्तंगरज्ज-णवणिहिभंडारछडंगबल-चउद्दहरयणं) **सप्ताङ्गैः समृद्ध-राज्यम्, नवनिधिरूपकोषभाण्डारः, षडङ्गयुक्तबलम्, चतुर्दशरत्नानि, तथा** (छण्णवदिसहस्सित्थिविहवं) **षण्णवतिसहस्रकलत्ररूपं (तथा पूर्वोक्तसमस्त—) वैभवम्,** (सुपत्तदाणफलं जाणह) **एतत्सर्वं सुपात्रदानस्य फलरूपेण प्राप्यमिति जानीहि।**

इस प्रकार हे भव्य! प्रशस्त लौकिक सुख और उसके बाद शाश्वत मोक्ष-सुख को यदि चाहते हो तो प्रशस्त पात्रों को, प्रशस्त विधि से, प्रशस्त वस्तुओं का और प्रशस्त मनोभाव के साथ मुक्तहस्त से दान देना चाहिए —यह गाथा का तात्पर्य है।

अब, सुपात्र-दान से ही चक्रवर्ती के वैभव की प्राप्ति सुलभ है— इसे आचार्य उग्गाहा छन्द के द्वारा आगे बता रहे हैं—

गाथा-अर्थ— सप्ताङ्ग राज्य, नव निधियों का भण्डार, छः अंगों से सम्पन्न सेना-बल, चौदह रत्न और छियानवे हजार रानियाँ —इस वैभव को सुपात्रदान का फल जानो।।20।।

रत्नत्रयवर्धिनी टीका— गाथा का अन्वय सुगम है। **(सप्ताङ्गराज्य-नवनिधि-भाण्डार-षडङ्गबलचतुर्दशरत्नानि)** सात अङ्गों से समृद्ध राज्य, नौ निधियों का भण्डार, छः अंगों से युक्त बल (सेना), और चौदह रत्न, तथा **(षण्णवतिसहस्रस्त्री-विभवं)** छियानवे हजार रानियों (आदि) का (पूर्वोक्त समस्त) वैभव, **(सुपात्रदानफलं जानीहि)** ये सभी उत्तम पात्रों को दिये गये दान के फल से प्राप्त होते हैं —यह जानो।

पूर्वोक्तानि सर्वाणि फलानि विशिष्टशासकानां भूपतीनामेव भवन्ति। आदिपुराणे (२३/६०, १६/२५७, २६२, ४/७०, ६/१९४-१९६) **प्रभुत्वशक्तितारतम्येन राज्ञामष्टौ भेदाः वर्णिताः— (१) चक्रवर्ती, (२) अर्धचक्रवर्ती, (३) मण्डलेश्वरः, (४) अर्धमण्डलेश्वरः, (५) महामाण्डलिकः, (६) अधिराजः, (७) राजा, नृपतिः, (८) भूपालः।**

तत्र चक्रवर्ती षट्खण्डाधिपतिः, द्वात्रिंशत्सहस्त्रनृपाधिपतिश्च तथा नवनिधिचतुर्दशरत्नादि-स्वामी भवति। अर्धचक्रवर्ती त्रिखण्डाधिपतिः, षोडशसहस्त्रनृपाधिपतिश्च भवति। मण्डलेश्वरः सम्राट्, विस्तृतराज्याधीशः, अनेकसामन्तप्रभृतिप्रभुर्भवति। अर्धमण्डलेश्वर एकसहस्त्रनृपाधीशः, मण्डलेश्वरापेक्षया अर्द्धं वैभवमधिशास्ति। महामाण्डलिकः चतुःसहस्त्रनृपाधीशः, अधिराजस्तु पञ्चशतनृपाधीशः, तथा अष्टादशश्रेण्यधिपतिः नृपतिः सामान्यराजा भवति। भूपालो नृपति-अपेक्षया अधिकं प्रभुत्वसम्पन्नो भवति।

अत्र राज्यं सप्ताङ्गमित्युक्तम्। प्रत्येकराज्यस्य सप्त महत्त्वपूर्णानि अङ्गानि भवन्ति। शुक्रनीतौ (१/६१) **तेषां नामानि प्राप्यन्ते—**

पूर्वोक्त समस्त फल विशिष्ट शासक व राजाओं को प्राप्त होते हैं। आदिपुराण (23/60, 16/257, 262, 4/70, 6/194-196) में प्रभुत्व शक्ति के तारतम्य से राजाओं के आठ भेद बताये गये हैं— (1) चक्रवर्ती, (2) अर्धचक्रवर्ती, (3) मण्डलेश्वर, (4) अर्धमण्डलेश्वर, (5) महामाण्डलिक, (6) अधिराज, (7) राजा-नृपति, (8) भूपाल।

इनमें चक्रवर्ती (पृथ्वी के) छहों खण्डों का स्वामी, बत्तीस हजार राजाओं को अधीन रखने वाला एवं नौ निधियों व चौदह रत्नों का स्वामी भी होता है। अर्धचक्रवर्ती तीन खण्डों का स्वामी तथा सोलह हजार राजाओं को अधीन रखने वाला होता है। मण्डलेश्वर एक विस्तृत राज्य का स्वामी तथा अनेक सामन्तों आदि का प्रभु सम्राट् होता है। अर्धमण्डलेश्वर एक हजार राजाओं को अधीन रखने वाला तथा मण्डलेश्वर की तुलना में आधे वैभव का स्वामी होता है। महामाण्डलिक चार हजार राजाओं को अधीन रखने वाला, अधिराज पाँच सौ राजाओं को अधीन रखने वाला और अठारह श्रेणियों का अधिपति नृपति एक सामान्य राजा होता है। भूपाल नृपति की अपेक्षा अधिक प्रभुत्व वाला होता है।

यहाँ राज्य को सप्ताङ्ग कहा गया है। प्रत्येक राज्य के सात महत्त्वपूर्ण अङ्ग होते हैं। शुक्रनीति (1/61) में उनके नाम इस प्रकार प्राप्त होते हैं—

स्वाम्यमात्यसुहृत्कोषराष्ट्रदुर्गबलानि च।
सप्ताङ्गमुच्यते राज्यं तत्र मूर्धा नृपः स्मृतः।।

नव निधयः, चक्रवर्तिनां नियमतो भवन्ति। चक्रवर्ति-स्वरूपं तिलोयपण्णत्तौ (१/४८) **निरूपितम्—** "छक्खंडभरहणाहो बत्तीससहस्समउडबद्धपहुदीओ होदि हु सयलं चक्की।" **नवानां निधीनां नामस्वरूपादिकं निरूप्यते। प्रथमो निधिः कालनामकः, ऋतुयोग्य-द्रव्याणामुत्पत्तिं करोति। द्वितीयो महाकालनिधिः ऋतुयोग्यभाजनानि उत्पादयति। तृतीयः पाण्डुनिधिः ऋतुयोग्यधान्यानि उत्पादयति। चतुर्थो मानवनिधिः आयुधानि, पञ्चमः शंखनिधिः वादित्राणि, षष्ठः पद्मनिधिः ऋतुयोग्यवस्त्राणि, सप्तमः नैसर्पनिधिः ऋतुयोग्यहर्म्याणि (निवासभवनानि), अष्टमः पिंगलनिधिः ऋतुयोग्याभरणानि, तथा नवमो नानारत्नसंज्ञको निधिः ऋतुयोग्यरत्नानि समुत्पादयति** (द्र. तिलोय प. ४/१३८४-१३८६)।

अन्याचार्यमते तु कालः, महाकालः, नैस्सर्प्यः, पाण्डुकः, पद्म, माणवः, पिंगः (पिंगलः), **शंखः, सर्वरत्नम् —इति क्रमेण नामानि।**

"स्वामी, अमात्य, मित्र (राष्ट्र), कोष (राज्य का खजाना), राष्ट्र, दुर्ग (किले), बल (सेना) —इन सात अंगों वाला राज्य होता है, उसमें मूर्धन्य राजा होता है।"

नौ निधियाँ— ये नियमतः चक्रवर्तियों के हुआ करती हैं। चक्रवर्ती का स्वरूप तिलोयपण्णत्ति (1/48) में इस प्रकार बताया गया है— "जो बत्तीस हजार मुकुटबद्ध राजाओं का अधिपति और छःखण्डों का स्वामी होता है, वह 'सकलचक्रवर्ती' होता है।" इन नौ निधियों के नाम व स्वरूप आदि का निरूपण इस प्रकार है— पहली 'काल' नामक निधि है, जो ऋतु-अनुरूप पदार्थों को उत्पन्न करती है। दूसरी 'महाकाल' नामक निधि है जो ऋतु-अनुरूप (समय की माँग के अनुसार) पात्रों, बर्तनों को उत्पन्न करती है। तीसरी निधि पाण्डु नाम की है जो ऋतु-अनुरूप धान्य आदि को उत्पन्न करती है। चौथी निधि मानव नाम की है जो आयुधों (शस्त्रास्त्रों) को, पाँचवी शंख नामक निधि वाद्य यन्त्रों को, छठी पद्मनिधि ऋतु अनुरूप वस्त्रों को उत्पन्न करती है। इसी प्रकार, सातवीं 'नैसर्प' निधि ऋतु अनुरूप महलों, भवनों (निवास स्थानों) को, आठवीं पिंगल निधि ऋतु अनुरूप आभरणों को तथा नवीं नानारत्न नामक निधि ऋतु अनुरूप रत्नों को उत्पन्न करती है (द्र. तिलोयपण्णत्ति-4/1384-1386)।

(कुछ) अन्य आचार्यों के अनुसार इन निधियों के नाम व क्रम इस प्रकार हैं— 1. काल, 2. महाकाल, 3. नैस्सर्प्य, 4. पाण्डुक, 5. पद्म, 6. माणव, 7. पिंग (पिंगल), 8. शंख और 9. सर्वरत्न।

तत्र प्रथमो निधिः व्याकरणादिशास्त्राणां वीणादिप्रमुखानां मनोज्ञविषयाणां च उत्पत्तिं करोति। द्वितीयस्तु असि-मषि-कृषिप्रभृतिषट्कर्मसाधनभूतानां द्रव्याणां सम्पदां चोत्पत्तिस्थानम्। तृतीयो नैस्सर्प्यनिधिः शय्या-आसन-भवनादीन्युत्पादयति। चतुर्थः पाण्डुकनिधिः धान्यादीनि षड्रसोपेतानि उत्पादयति। पञ्चमः पद्मनिधिः वस्त्राणि, षष्ठो माणवनिधिः नीतिशास्त्रादीनि, सप्तमः पिंगलनिधिः दिव्याभरणानि, अष्टमः शंखनिधिः सुवर्णम् तथा नवमः सर्वरत्ननिधिः विविधरत्नानि उत्पादयति (द्र. आदिपुराण, ३७/७३-८२)।

एवं नवनिधिभिः समस्तजीविकासाधनभूतानां द्रव्याणां समुपस्थापनं भवति। ततश्च समस्तमभीष्टसाधनं विधीयते। एते सर्वे निधयोऽविनश्वराः, निधिपालदेव-अधिकृताः, सहस्त्रयक्षैः सुरक्षिताश्च भवन्ति। कामवृष्टिसंज्ञकगृहपतिः (नवमरत्नसंज्ञकः) **समेषामेव निधीनामधिपतिः कथितः। एषां निधीनामाकृतिः शकटवत् भवति, एते नवयोजनविस्तीर्णाः, द्वादशायामसंमिताः, अष्टयोजनागाधाः, वक्षारगिरितुल्यविशालकुक्षिसहिता भवन्तीति च विज्ञेयम्** (हरिवंश पु.-११/१११-११३, १२३)।

इनमें प्रथम निधि (काल) व्याकरण आदि शास्त्रों तथा वीणा आदि प्रमुख मनोहर पदार्थों का उत्पादन करती है। दूसरी (महाकाल) निधि असि, मसि, कृषि (शस्त्र, लेखन व खेती) आदि में काम आनेवाले पदार्थों एवं सम्बन्धित सम्पदा को उत्पन्न करती है। तीसरी 'नैस्सर्प्य' निधि शय्या, आसन, भवन आदि (उठने, बैठने व सोने में काम आने वाले साधनों) का उत्पादन करती है। चौथी 'पाण्डुक' निधि छः रसों से पूर्ण धान्य आदि को उत्पन्न करती है। पाँचवीं 'पद्म' निधि वस्त्रों को, छठी माणव निधि नीतिशास्त्र आदि को, सातवीं पिंगल निधि दिव्य आभूषणों को, आठवीं 'शंख' निधि सुवर्ण को, तथा नवीं 'सर्वरत्न' निधि विविध रत्नों को उत्पन्न करती है (द्र. आदिपुराण-37/73-82)।

इस प्रकार, नव निधियों के माध्यम से जीविका के समस्त साधनभूत द्रव्यों की उपस्थिति होती है और सभी मनोवाञ्छितों की पूर्ति भी हो जाती है। ये सभी निधियाँ अविनाशी होती हैं। ये निधिपाल देव से अधिष्ठित होती हैं और इनकी सुरक्षा हजारों यक्ष देव करते रहते हैं। 'कामवृष्टि' नामक गृहपति (जिसे रत्नों में नौवाँ माना जाता है) इन निधियों का अधिपति (अधिकारी) कहा गया है। इन निधियों की आकृति शकट (बैल-गाड़ी) जैसी होती है। ये निधियाँ नौ योजन चौड़ी, बारह योजन लम्बी, आठ योजन गहरी और वक्षार गिरि के समान विशाल कुक्षि से सहित थी —ऐसा जानें (हरिवंशपुराण, 11/111-113, 123)।

चतुर्दश रत्नानि चापि चक्रवर्तिनो भवन्ति। तेषां नामानि —चक्रम्, छत्रम्, खड्गः, दण्डः, काकिणी, मणिः, चर्म, सेनापतिः, गृहपतिः, गजः, अश्वः, पुरोहितः, स्थपतिः, युवतिः (राज्ञी)। एतेषु सेनापतिः, गृहपतिः, गजः, अश्वः, युवतिः, स्थपतिः, पुरोहितः —इत्येतानि सजीवरत्नानि, अन्यानि अजीवरत्नानि।

तत्र प्रथमं सुदर्शननामकं चक्ररत्नं वज्रमयं भवति, यच्छत्रुसंहारे समर्थम्, यस्य च तेजः शत्रुभिर्दुर्दर्शमेव भवति। द्वितीयं सूर्याभनामकं छत्ररत्नं द्वादशयोजनायामविस्तीर्णं वृष्टिपातात् सैन्यं रक्षति। तृतीयं खड्गरत्नं भद्रमुखनामकं सौनन्दकनामकं वा भवति, तदपि शत्रु-मनोबलनाशकं संहारकं च भवति। चतुर्थं दण्डरत्नं प्रबुद्धवेगनामकं चण्डवेगनामकं वा भवति, यत् पर्वतगुफा-कण्टकशोधने महदुपयोगि भवति। एतदतिरिच्य, विजयार्द्धगुफाद्वारोद्‌घाटनाय, वृषभाचलोपरि अन्यचक्रवर्तिनां नाम्नामुत्सारणाय च दण्डरत्नमेतदुपयोगि भवति।

चक्रवर्तियों के अधिकार में चौदह रत्न (भी) होते हैं। इनके नाम हैं— चक्र, छत्र, खड्ग, दण्ड, काकिणी, मणि, चर्म, सेनापति, गृहपति, हाथी, घोड़ा, पुरोहित, स्थपति (कारीगर) व युवति (पटरानी)। इनमें सेनापति, गृहपति, हाथी, घोड़ा, युवति, स्थपति, व पुरोहित —ये सजीव रत्न हैं, शेष अन्य अजीव रत्न हैं।

इनमें प्रथम चक्ररत्न का नाम 'सुदर्शन' है जो वज्रमय होता है, जिसके तेज को शत्रु देख नहीं पाते और जो शत्रुओं के नाश में पूर्ण सक्षम होता है। दूसरा सूर्याभ नामक 'छत्र' रत्न बारह योजन चौड़ा होता है जो भारी वर्षा से सेना को सुरक्षित रखता है। तीसरा 'भद्रमुख' नाम का या सौनन्दक नाम का खड्ग रत्न होता है, यह भी शत्रुओं के मनोबल को नष्ट करके उनका संहारक होता है। चौथा प्रबुद्धवेग नामक या चण्डवेग नाम का दण्ड रत्न होता है, जो पर्वत की गुफाओं के कण्टकों के शोधन में (कंकर-पत्थर हटाकर रास्ता साफ करने में) अत्यन्त उपयोगी होता है। इसके अलावा, विजयार्द्ध पर्वत की गुफा के द्वार को खोलने (पत्थर तोड़कर रास्ता बनाने) में, तथा वृषभाचल पर्वत पर अन्य चक्रवर्तियों के नाम को मिटाने (तथा उसे समतल साफ चिकना पत्थर बनाने) में भी यह रत्न उपयोगी होता है।

पञ्चमं चिन्ताजननीनामकं काकिणीरत्नं वर्तते, यत्साहाय्येन चक्रवर्तिना स्वनामोत्कीर्तनं वृषभाचले विधीयते। (क्वचिद् विजयार्द्धपर्वतगुफायामन्धकारनाशायापि एतदुपयोगि वर्णितम्।) **षष्ठं चूडामणिसंज्ञकं मणिरत्नं भवति, तेन विजयार्द्धपर्वतगुफायामन्धकारो नश्यति। सप्तमं चर्मरत्नं म्लेच्छराजकृतजलप्रवाहोपरि समस्तसैन्यसन्तरणोपायभूतं भवति। अष्टमं सेनापतिरत्नं सर्वशक्ति-सम्पन्नः कुशलसेनानायकः एव। नवमं गृहपतिरत्नं भद्रमुखनामकम् कामवृष्टिनामकं वा वर्तते, तद् समस्तमायव्ययचिन्तादि कार्यं करोति। दशमं गजरत्नं विजयगिरिनामकं, एकादशं च अश्वरत्नं पवनञ्जयनामकं भवतः, एते रत्ने दिग्विजययात्रायां महदुपयोगिनी भवतः। द्वादशं पुरोहितरत्नं बुद्धिसागरनामकं विघ्नोपद्रवशमनार्थं समस्तधार्मिकक्रियासम्पादनसमर्थं च वर्तते। त्रयोदशं स्थपतिरत्नं कामवृष्टिनामकं** (भद्रमुखनामकं वा) **वास्तुविद्याविज्ञानयुक्तं प्रासादादिनिर्माणकार्ये महदुपयोगि वर्तते। नद्युपरि सेतुनिर्माणादिकमपि तेन कार्यते। चतुर्दशं युवतिरत्नं सुभद्रानामकं भवति, यच्चक्रवर्तिनो हृदयानन्ददायकं प्रमुखमहिषीरूपं वर्ण्यते।**

पाँचवाँ 'चिन्ताजननी' नामक काकिणी रत्न होता है, जिसकी सहायता से चक्रवर्ती वृषभाचल पर अपने नाम को उकेरता है, (लिखता है, प्रशस्ति लिखता है)। (कुछ शास्त्रों में इसे विजयार्द्ध पर्वत की गुफा का अन्धकार नष्ट करने में उपयोगी बताया गया है।) छठा चूड़ामणि नामक 'मणि' रत्न होता है, जिससे विजयार्द्ध पर्वत की गुफा का अन्धकार दूर किया जाता है। सातवाँ चर्मरत्न होता है जो यदि म्लेच्छ राजा जलप्रवाह करें (जैसे— बाँधों को तोड़ दें और फलस्वरूप पानी ही पानी हो जाय) तो यह समस्त सेना को अपने ऊपर बैठा कर पार करा सकता है। आठवाँ सेनापति रत्न होता है जो (मानो) सर्वशक्तिमान् एक कुशल सेनानायक ही है। नवाँ गृहपति रत्न होता है जिसका नाम भद्रमुख या कामवृष्टि बताया गया है, यह समस्त आय-व्यय की चिन्ता करता है (आय-व्यय का हिसाब-किताब रखता है)। दसवाँ 'विजयगिरि' नामक हस्तिरत्न और ग्यारहवाँ 'पवनञ्जय' नामक अश्वरत्न है —ये दोनों रत्न दिग्विजय-यात्राओं में अत्यन्त उपयोगी होते हैं। बारहवाँ बुद्धिसागर नामक पुरोहित रत्न होता है जो विघ्न-उपद्रव की शान्ति हेतु समस्त धार्मिक क्रियाओं को सम्पादन करने में समर्थ होता है। तेरहवाँ कामवृष्टि नामक या भद्रमुख नाम का स्थपतिरत्न होता है, जो वास्तु विद्या का विज्ञाता होता है और प्रासाद (महल) आदि के निर्माण में अत्यन्त उपयोगी होता है। नदी के ऊपर पुल बनाने आदि का कार्य भी वही सम्पन्न करता है। चौदहवाँ सुभद्रा नामक युवति-रत्न होता है जो चक्रवर्ती को (पटरानी के रूप में) हार्दिक आनन्द प्रदान करता है।

एतेषां चतुर्दशरत्नानामुत्पत्तिः विविधस्थानेषु वर्णिता। विस्तरस्तु आदिपुराणतः (पर्व-२७), **तिलोयपण्णत्तिग्रन्थतश्च** (चतुर्थमहाधिकारतो) **विज्ञेयः।**

सेनायाः षडङ्गानि भवन्ति। आदिपुराणे (२९/६) **षण्णामङ्गानि सेनाया इत्थं निरूपितानि—** "हस्त्यश्वरथपादातं देवाश्च सनभश्चराः। षडङ्गं बलमस्येति।"

सामान्यतः यान-वाहन-विमान-गज-अश्व-रथेतिषडङ्गानि च स्वीक्रियन्ते। आदिपुराणेऽन्यत्र (१०/१९८-१९९) **सेनायाः सप्त कक्षा निरूपिताः, यथा हस्तिसेना, अश्वसेना, रथसेना, पदातिसेना, वृषभसेना, गन्धर्वसेना, नर्तकीसेना चेति। इत्यलं विस्तरेण।**

चक्रवर्तिनोऽन्तःपुरे षण्णवतिसहस्रराज्ञ्यो भवन्ति। तासु द्वात्रिंशत्सहस्रपरिमिता आर्यखण्डोत्पन्नाः, द्वात्रिंशत्सहस्रपरिमिता म्लेच्छखण्डोत्पन्नाः, तथैव द्वात्रिंशत्सहस्रपरिमिता विजयार्द्धपर्वतक्षेत्रजाः, एवं संहत्य सर्वाः समस्तपृथ्वीलोकालङ्करणभूताः षण्णवतिसहस्रपरिमिता राज्ञ्यो भवन्ति।

इन चौदह रत्नों की उत्पत्ति विविध स्थानों में हुई बताई गई है। इस सम्बन्ध में विस्तार से समझना हो तो आदिपुराण (पर्व-27) व तिलोयपण्णत्ति ग्रन्थ (चौथे महाधिकार) से जाना जा सकता है।

सेना के छः अङ्ग होते हैं। आदिपुराण (29/6) में छहों अङ्गों के नाम इस प्रकार बताये गये हैं— "हाथी, घोड़ा, रथ, पैदल योद्धा, देव सेना और विद्याधरसेना —ये (मिलकर) षडङ्ग बल होता है।"

सामान्यतया यान, वाहन, विमान, हाथी, घोड़ा, रथ —ये छः अङ्ग भी सेना के माने जाते हैं। आदिपुराण में अन्य स्थल (10/198-199) पर सेना की सात कक्षाएँ भी बताई गई हैं, जैसे— हस्तिसेना, अश्वसेना, रथसेना, पदातिसेना, वृषभसेना, गन्धर्व सेना व नर्तकी सेना। बस और अधिक विस्तार की आवश्यकता नहीं।

चक्रवर्ती के अन्तःपुर में छियानवे हजार रानियाँ होती हैं। उनमें बत्तीस हजार तो आर्यखण्ड में उत्पन्न, बत्तीस हजार म्लेच्छखण्ड में उत्पन्न और बत्तीस हजार विजयार्द्ध पर्वत में उत्पन्न, इस प्रकार कुल मिलाकर सब छियानवे हजार रानियाँ होती हैं जो समस्त पृथ्वी की अलंकार स्वरूप होती हैं।

एतदतिरिच्य, संख्यातपुत्रपुत्र्यः, द्वात्रिंशत्सहस्त्रपरिमिता गणबद्धदेवाः, तत्संख्यका एव शेखरबद्धनृपाः, नाट्यशाला, संगीतशाला, इत्यादिकं महद् वैभवं चक्रवर्तिनो भवति, तत्सर्वं सुपात्रदानफलमिति ज्ञेयम्।

एवं मनुष्येन्द्रस्य यानि वैभवानि भवन्ति, तानि सर्वाणि सुपात्रदानफलेन प्राप्तुं शक्यन्ते, धर्माचरणैः सह तदनुष्ठानेन तु तदधिकं फलमवाप्स्यते —इति विचार्य दानादिप्रमुखं श्रावकधर्मं श्रद्धाय तस्यैवानुष्ठानं हे भव्य! विधेहि —इति गाथायाः सारः।

सुपात्रदानस्यान्यान्यपि फलानि भवन्तीति सम्प्रति गाहा-छन्दसा शास्त्रकाराः प्ररूपयन्ति—

सुकुल-सुरूव-सुलक्खण-सुमइ-सुसिक्खा-सुशील-सुगुण-सुचरित्तं।
सयलं सुहाणुहवणं विहवं जाणह सुपत्तदाणफलं।।२१।।

छाया— सुकुल-सुरूप-सुलक्षण-सुमति-सुशिक्षा-सुशील-सुगुण-सुचारित्रम्।
सकलं सुखानुभवनं विभवं जानीहि सुपात्र-दानफलम्।।

इसके अतिरिक्त, संख्यात पुत्र-पुत्रियाँ, बत्तीस हजार गणबद्ध देव, उतनी ही संख्या के मुकुटबद्ध राजा, नाट्यशाला, संगीतशाला इत्यादि बड़ा वैभव चक्रवर्ती का होता है, वह सब सुपात्र-दान का फल (सम्भव) है —ऐसा जानें।

इस प्रकार, मनुष्येन्द्र के जो भी वैभव हैं, वे सब सुपात्रदान के फलस्वरूप प्राप्त किये जा सकते हैं, अन्य धर्माचरणों के साथ वह किया जाये तो और भी अधिक फल प्राप्त होगा—ऐसा विचार कर, दानादि की प्रमुखता वाले श्रावक-धर्म पर श्रद्धा करते हुए, हे भव्य! उसी का अनुष्ठान करो —यह गाथा का सार है।

सुपात्रदान के और भी फल हैं— इसे अब गाहा छन्द द्वारा आचार्य बता रहे हैं—

गाथा-अर्थ— उत्तम कुल, उत्तम रूप, उत्तम लक्षण, उत्तम बुद्धि, उत्तम शिक्षा (संस्कारादि), उत्तम प्रकृति (स्वभाव), उत्तम गुण, उत्तम आचरण, समस्त सुखों की अनुभूति और वैभव— (यह सब) सुपात्रदान के फल हैं —ऐसा जानो।।21।।

रत्नत्रयवर्धिनी टीका— गाथान्वयः सुगमः। (सुपत्तदाणफलं जाणह) **सुपात्रेभ्यो यद्दानं दीयते, तस्य फलं यत् प्राप्यते, तदवबुध्यस्व। किञ्च फलम् ? तदेव उच्यते—** (सुकुल-सुरूव-सुलक्खण-सुमइ-सुसिक्खा-सुशील-सुगुण-सुचरित्तं) **सुकुलम्, सुरूपम्, सुलक्षणानि, सुमतिः, सुशिक्षा, सुशीलम्, सुगुणः, सच्चारित्रं चेति प्राप्यन्ते। सुकुलमुच्चं श्रेष्ठं प्रशस्यं कुलं सुपात्रदानात्प्राप्यते इत्यर्थः।**

उत्तमकुलेषु इक्ष्वाकुप्रभृतिषु जाताः जात्यार्याः श्रेष्ठजना भवन्ति इति राजवार्तिके (३/३६/२) **निर्दिष्टमतः कुलमहत्त्वं स्पष्टमेव। अध्यात्ममार्गदृष्ट्या दीक्षकाचार्यशिष्यसंस्त्यायः कुलमुच्यते। यद्वा लौकिक-दोषरहितं जिनदीक्षायोग्यमेव सत्कुलं भवति। सुरूपमपि न सर्वैः प्राप्यते, सुपात्रदानी तु प्राप्नोति—इत्यर्थः। हीनाधिकाङ्गराहित्यं कुष्ठादिशारीरिकप्रकटरोगरहितत्वं समचतुरस्रसंस्थानात्मकत्वं इत्येवमादिसुरूपतां प्रकटयति। अध्यात्मदृष्ट्या अन्तरङ्गशुद्धात्मानुभूतिद्योतिका निर्विकारनिर्ग्रन्थमुद्रैव सुरूपम्। सुलक्षणानि च सत्पात्रदानेन प्राप्याणि भवन्ति।**

रत्नत्रयवर्धिनी टीका— गाथा का अन्वय सुगम है। **(सुपात्रदानफलं जानीहि)** सत्पात्रों को जो दान दिया जाता है, उसका जो फल मिलता है, उसे जानो, समझो। वह फल क्या है ? उसे ही बता रहे हैं— **(सुकुल-सुरूप-सुलक्षण-सुमति-सुशिक्षा-सुशील-सुगुण-सुचारित्रम्)** अच्छा कुल, अच्छा रूप, अच्छे लक्षण, अच्छी बुद्धि, अच्छी शिक्षा, अच्छा शील (आचार-विचार), अच्छे गुण व अच्छा चारित्र प्राप्त होता है। सुकुल से तात्पर्य है— उच्च, श्रेष्ठ या प्रशंसनीय कुल, वह सत्पात्रदान से मिलता है —यह अर्थ है।

इक्ष्वाकु आदि उत्तम कुलों में जन्म लेने वाले जाति-आर्य व श्रेष्ठ होते हैं —ऐसा राजवार्तिक (3/36/2) में कहा गया है। अतः कुल का महत्त्व तो स्पष्ट ही है। अध्यात्ममार्ग (के क्षेत्र) की दृष्टि से दीक्षा देने वाले एक आचार्य के शिष्यों का समुदाय 'कुल' कहा जाता है। अथवा लौकिक दोषों से रहित व जिनदीक्षा जिसे दी जा सकती हो, वह सत्कुल होता है। सुरूपता भी सभी को नहीं मिलती, किन्तु सुपात्रदानी ही इसे प्राप्त कर सकता है —यह भाव है। हीन या अधिक अङ्गों का न होना, शारीरिक प्रकट रोग कुष्ठ आदि न होना, समचतुरस्र संस्थान होना इत्यादि सुरूपता को प्रकट करते हैं। अध्यात्मदृष्टि से आन्तरिक शुद्धात्मानुभूति की द्योतक निर्विकार निर्ग्रन्थ मुद्रा ही सुरूपता है। अच्छे (प्रशस्त) लक्षण भी सत्पात्रदान से प्राप्त होते हैं।

सामुद्रिकशास्त्रे प्रशस्तानां शारीरिक-लक्षणानां निरूपणं प्राप्यते। अर्हतां तीर्थङ्कराणां शरीरे श्रीवृक्ष-शंख-स्वस्तिक-चक्रप्रभृतीनि अष्टोत्तरशतलक्षणानि भवन्तीति आदिपुराणे (१५/३७-४४) **संकेतितम्।**

सुमतिश्च समीचीना निर्दोषा, प्रशस्ता, विशिष्टा वा बुद्धिः। स्वमत्यनुसारेण मनुष्याः प्रवर्तन्ते, सुमतिस्तान् सत्कार्ये प्रवर्तयति इति वस्तुस्थितिः। कोष्ठबुद्धिः, बीजबुद्धि, पदानुसारिणी बुद्धिः, संभिन्नश्रोतृताबुद्धिः इत्येता अपि विशिष्टर्द्धिप्राप्या भवन्ति। एवमेव सुशिक्षा, श्रेष्ठा शिक्षाऽपि दानफलेन प्राप्यते। आत्मकल्याण-कारिज्ञानं सुशिक्षया प्राप्यते। यद्वा श्रुतस्याध्ययनं सुशिक्षेति भगवतीआराधनाग्रन्थस्य (गाथा-६६) **विजयोदयाटीकायां निर्दिष्टम्।**

सुशीलता च सत्पात्रदानेन लभ्या। शीलं प्रकृतिः, स्वभावः इतिपर्यायाः। सदाचार-पूर्णस्वभावः, श्रेष्ठगुणानां सद्भावः सुशीलतां जनस्य प्रकटयति। जीवदया, सज्ज्ञानं तपःप्रवृत्तिः, ब्रह्मचर्यमित्यादिकानि शीलपरिवारस्य अङ्गभूतानि ज्ञेयानि।

सामुद्रिक शास्त्र में प्रशस्त शारीरिक लक्षणों का निरूपण प्राप्त होता है। अर्हन्त तीर्थङ्करों के शरीर में श्रीवृक्ष, शंख, स्वस्तिक, चक्र आदि एक सौ आठ लक्षण होते हैं —यह आदिपुराण (15/37-44) में बताया गया है।

सुमति का अर्थ है —समीचीन, निर्दोष, प्रशस्त या विशिष्ट बुद्धि (का होना)। मनुष्य अपनी-अपनी मति के अनुसार ही (किसी कार्य में) प्रवृत्त होते हैं। किन्तु सुमति उन्हें सत्कार्यों में प्रवृत्त कराती है —ऐसी वस्तुस्थिति है। कोष्ठबुद्धि, बीजबुद्धि, पदानुसारिणी बुद्धि व संभिन्नश्रोतृता बुद्धि —ये बुद्धियाँ विशिष्ट ऋद्धिरूप होती हैं। इसी तरह, सुशिक्षा अर्थात् श्रेष्ठ शिक्षा भी दान के फलस्वरूप प्राप्त होती है। सुशिक्षा से आत्मकल्याण करने वाला ज्ञान प्राप्त होता है। अथवा श्रुत (आगमादि) का अध्ययन सुशिक्षा है —यह भगवती-आराधना ग्रन्थ (की गाथा-66) की विजयोदया टीका में कहा गया है।

सुशीलता भी सत्पात्रदान से प्राप्त होती है। शील, प्रकृति, स्वभाव —ये पर्याय हैं। सदाचारपूर्ण स्वभाव, श्रेष्ठ गुणों का होना —ये व्यक्ति की सुशीलता को प्रकट करते हैं। जीवदया, सम्यग्ज्ञान, तपश्चर्या, ब्रह्मचर्य इत्यादि को शील के परिवार का अङ्गभूत जानना चाहिए।

उक्तं च शीलप्राभृतग्रन्थे (गाथा-१९)—

जीवदया दम सच्चं अचोरियं बंभचेरसंतोसे।
सम्मद्दंसणणाणं तओ य सीलस्स परिवारो।।

शीलवतः पुरुषस्य विषये च तत्र (गाथा-२८) **भणितम्**—

उदधी व रदणभरिदे तवविणयं सीलदाणरयणाणं।
सोहे तोयससीलो णिव्वाणमणुत्तरं पत्तो।।

सुगुणाः सत्पात्रदानलभ्याः। 'गुणाःपूजास्थानं गुणिषु न च लिङ्गं न च वयः' **इत्युक्तिरस्ति कस्यचित् सुकवेः। गाम्भीर्यम्, औदार्यम्, दाक्षिण्यम्, कारुण्यम्, कार्यदक्षता इत्यादिकाः श्रेष्ठगुणाः दुर्लभा एव। तत्सर्वं सत्पात्रदानकर्मणा प्राप्तुं शक्यमित्यर्थः। किञ्च, श्रावकाः जिनमार्गरता वा भगवद्वन्दनादिकं यत् कुर्वन्ति, तत्सर्वं स्वोपास्यगुणलब्धये —इति नाविदितं तत्त्वज्ञानाम्।**

शीलप्राभृत ग्रन्थ (गाथा 19) में कहा भी है—

"जीवदया, इन्द्रियदमन, सत्य, अचौर्य, ब्रह्मचर्य, संतोष, सम्यग्दर्शन, सम्यग्ज्ञान, तप — ये शील के परिवार के सदस्य के रूप में हैं।"

शीलवान् (सुशील) व्यक्ति के विषय में वहाँ (गाथा-28) कहा गया है—

"जिस प्रकार समुद्र रत्नों से भरा होता है तो भी जल से ही उसकी शोभा है, उसी प्रकर यह जीव भी तप, विनय, दान आदि रत्नों से युक्त होने पर भी शील से सहित होता हुआ ही उत्कृष्ट निर्वाण की स्थिति को प्राप्त करता है।"

अच्छे गुण भी सत्पात्रदान से मिलते हैं। किसी श्रेष्ठ कवि की यह उक्ति भी है कि "गुणी व्यक्तियों में उनके गुण ही उनकी पूज्यता के आधार होते हैं, आयु व लिङ्ग (वेष आदि) नहीं।" गम्भीरता, उदारता, दाक्षिण्य (कुशलता), करुणाभाव, कार्य-दक्षता इत्यादि श्रेष्ठ गुण दुर्लभ ही होते हैं। किन्तु वे सब सत्पात्र-दान से प्राप्त किये जा सकते हैं —यह तात्पर्य है। और, श्रावक या जिनमार्ग में संलग्न व्यक्ति भगवान् की वन्दना आदि जो करते हैं, वह सब अपने उपास्य देव के गुणों की प्राप्ति की दृष्टि से किये जाते हैं —यह तत्त्वज्ञानियों को ज्ञात ही है।

दर्शनप्राभृतग्रन्थे (गाथा-२७) **च गुणानां महत्त्वं प्रकटीकृतम्—**

ण वि देहो वंदिज्जइ, णवि य कुलो णवि य जाइसंजुत्तो।
को वंदमि गुणहीणो ण हु सवणो णेय सावओ होइ।।

गुणपदेन आचारशास्त्रे मूलगुणोत्तरगुणा अपि संकेतिता भवन्ति। तेषां धारणं सुगुणसहितत्वं वा दानादिप्रशस्तकर्मभिः सहजतया साध्यम्।

सुचारित्रं समीचीनं प्रशस्तं शोभनं निर्दोषं वा चारित्रं सत्पात्रदानफलमुच्यते। चरति याति प्राप्नोति हितप्राप्तिमिति चारित्रम्। तच्च मनोवाक्कायैरशुभात् निवृत्त्य शुभकार्येषु प्रवृत्तिरूपम्। मोक्षमार्गदृष्ट्या संसारकारणनिवृत्तिं प्रति समुद्यतस्य ज्ञानिनः कर्मादानक्रियोपरमणं चारित्रम्। निश्चयनयेन तु समस्तपुण्यपापादिक्रियात्यागेन स्वस्मिन्नेव खलु ज्ञानस्वभावे निरन्तरचरणात् चारित्रं भवतीति ज्ञेयम्। अध्यात्मसाधनाया उच्चोच्चतरादिभूमिकासु प्रोक्तचारित्रलक्षणानां यथायोग्यं संगतिः करणीया।

दर्शनप्राभृत ग्रन्थ (गाथा-27) में गुणों का क्या महत्त्व है —इसे इस प्रकार प्रकट किया गया है—''न तो शरीर की वन्दना की जाती है, न ही कुल की वन्दना की जाती है और न ही (श्रेष्ठ) जाति वाले की वन्दना की जाती है। गुणहीन को कौन वन्दना करता है? क्योंकि गुणों के बिना न मुनि होता है और न श्रावक ही।''

गुण पद से आचारशास्त्र में मूलगुण व उत्तरगुणों का भी बोध होता है। उनको धारण कर पाना व सुगुणों से युक्त होना —ये दान आदि प्रशस्त कर्मों से सहजतया प्राप्त होते हैं (यह गाथा का अर्थ है)।

सुचारित्र अर्थात् समीचीन, प्रशंसनीय, अच्छा, या निर्दोष चारित्र सत्पात्रदान का फल यहाँ कहा गया है। चारित्र वह है जिसके द्वारा हित की प्राप्ति तक पहुँचा जाता है या प्राप्त किया जाता है। वह चारित्र मन, वचन व शरीर से अशुभ कार्यों से निवृत्ति कर शुभ कार्यों में प्रवृत्ति रूप है। मोक्षमार्ग की अपेक्षा से संसार (बन्धन) के कारणों से निवृत्त होने के लिए उद्यत ज्ञानी का कर्म-ग्रहण की क्रियाओं से विरत होना 'चारित्र' होता है। निश्चय नय से तो समस्त पुण्य-पाप आदि क्रियाओं का त्याग कर ज्ञानस्वभावी स्व-आत्मा में निरन्तर चरण (चर्या) ही चारित्र होता है —यह जानना चाहिए। अध्यात्म-साधना की उच्च व उच्चतर आदि भूमिकाओं में उपर्युक्त चारित्र के लक्षणों की यथायोग्य संगति की जा सकती है।

मनुष्यजन्म, तत्रापि उच्चकुलप्राप्तिः, तत्रापि सम्यक्त्वप्राप्तिः, सम्यक्त्वेन सह सच्चारित्रप्रवृत्तिः इत्यादिकमुत्तरोत्तरदुर्लभता शास्त्रेषु प्रतिपादिता। अतएव सम्यग्दर्शन-सम्यग्ज्ञान-सम्यक्चारित्रेति-त्रयाणां दुर्लभत्वाद् रत्नसंज्ञा।

सुचारित्रं विना सर्वागमशास्त्रादिवैदुष्यं पूर्णतया वृथा भवति, इत्यतस्तस्य सुदुर्लभत्वेऽपि सत्पात्रदानेन तस्य प्राप्तिरिति सत्पात्रदानस्य विशिष्टं महत्त्वमत्र गाथायां निर्दिष्टम्।

(सयलं सुहाणुहवणं विहवं) **किम्बहुना, समस्तं सुखानुभूतिसाधनं वैभवमपि सत्पात्रदानेन प्रतिफलितं भवति। सर्वमपि लौकिकजनाभीष्टं मुमुक्षुजनप्रार्थितं च सत्पात्रदानात् प्रसिद्ध्यतीति भावः। पद्मनन्दिपञ्चविंशतिकाग्रन्थे** (श्लोक-२/४४) **च तस्य माहात्म्यं विशदीकृतम्—**

सौभाग्यशौर्यसुखरूपविवेकिताद्याः, विद्यावपुर्धनगृहाणि कुले च जन्म।
सम्पद्यतेऽखिलमिदं किल पात्रदानात्, तस्मात् किमत्र सततं क्रियते न यत्नः।।

मनुष्य-जन्म, उसमें भी उच्च कुल की प्राप्ति, उसमें भी सम्यक्त्व का मिलना, तथा सम्यक्त्व के साथ-साथ सच्चारित्र की प्राप्ति —इत्यादि उत्तरोत्तर दुर्लभता को शास्त्रों में प्रतिपादित किया गया है। इसीलिए सम्यग्दर्शन, सम्यग्ज्ञान व सम्यक्चारित्र —इन तीनों के दुर्लभ होने से इनकी 'रत्न' संज्ञा की गई है।

सुचारित्र के बिना समस्त आगम व शास्त्रादि में प्राप्त पूर्णतया वैदुष्य वृथा हो जाता है, इस तरह यद्यपि उस (चारित्र) की प्राप्ति दुर्लभ है, तथापि सत्पात्र-दान से उसकी प्राप्ति होती है —इस तरह सत्पात्रदान के विशिष्ट महत्त्व को इस गाथा में बताया गया है।

(सकलं सुखानुभवनं विभवम्) और अधिक क्या कहें, सुख की अनुभूति के समस्त साधन और वैभव भी सत्पात्रदान का फल है। मुमुक्षु जन जिसे चाहते हैं, लौकिक जन को जो अभीष्ट है, वह सब सत्पात्रदान से हस्तगत हो जाता है —यह भाव है। पद्मनन्दिपञ्चविंशतिका ग्रन्थ (श्लोक 2/44) में इसके महत्त्व को इस प्रकार स्पष्ट किया गया है—

"सौभाग्य, शूरता, सुख, रूप, विवेक आदि तथा विद्या, (सुन्दर) शरीर, धन, घरबार, (उच्च) कुल में जन्म, यह सब सत्पात्रदान से अवश्य प्राप्त होता है, इसलिए भव्य जीव! सदा सत्पात्र-दान में ही प्रयत्न क्यों नहीं करते ?"

एवं समस्तव्यवहारधर्मानुष्ठानसारभूते सत्पात्रदाने हे भव्य मुमुक्षो! श्रद्धानं प्रयत्नं च विधत्स्वेति गाथासारः।

सम्प्रति, गाहा-छन्दोमाध्यमेन मुनिप्रभृतिसत्पात्रेभ्य आहारदानानन्तरमवशिष्टाहारग्रहण-माहात्म्यं निरूपयन्ति शास्त्रकाराः—

जो मुणिभुत्तवसेसं भुंजदि सो भुंजदे जिणुद्दिट्ठं।
संसारसारसोक्खं कमसो णिव्वाणवरसोक्खं।।२२।।

छाया— यो मुनिभुक्तावशेषं भुंक्ते स भुंक्ते जिनोद्दिष्टम्।
संसारसारसौख्यं क्रमशो निर्वाणवरसौख्यम्।।

रत्नत्रयवर्धिनी टीका— गाथान्वयः सुगमः। (जो मुणिभुत्तवसेसं भुंजदि) **यःश्रावकः सत्पात्रभूतैः मुनिप्रभृतिभिर्य आहारो भुक्तः, तस्माद् यद् अवशिष्टं भवति, तद्भोज्यादिकं भुंक्ते, तद्भोजनं करोति, स पुण्यात्मा** (संसारसारसोक्खं भुंजदे) **संसारस्य जगतो वा यत् किञ्चिदपि सारभूतं समुत्कृष्टं सौख्यं भवति, तत्सर्वं तद्दानफलेन अनुभवतीति भावः।**

इस प्रकार, समस्त व्यवहार धर्मों के आचरण के सारभूत सत्पात्रदान के कार्य में हे मुमुक्षु भव्य! श्रद्धा रखो और प्रयत्नशील भी रहो —यह गाथा का सार है।

अब, गाहा छन्द के द्वारा मुनि आदि सत्पात्रों को आहार दान के बाद, अवशिष्ट आहार के सेवन की महत्ता को शास्त्रकार बता रहे हैं—

गाथा-अर्थ— मुनि (आदि सत्पात्रों) द्वारा आहार ग्रहण कर लेने के अनन्तर, अवशिष्ट रहे (अन्नादि) का जो आहार ग्रहण करता है, वह संसार के सारभूत सुख और क्रमशः निर्वाण (मोक्ष) के परम सुख को भी भोगता है —यह जिनेन्द्र भगवान् का उपदेश है।।22।।

रत्नत्रयवर्धिनी टीका— गाथा का अन्वय सुगम है। **(यो मुनिभुक्तावशेषं भुंक्ते)** जो श्रावक सत्पात्र मुनि आदि द्वारा आहार भुक्त (गृहीत) हो चुका है, उससे अवशिष्ट जो खाद्य पदार्थ रहता है, उसका भोजन करता है, वह पुण्यात्मा (संसारसारसौख्यं भुंक्ते) संसार अर्थात् इस जगत् का जो कुछ भी सारभूत उत्कृष्ट सुख है, उस सबका उक्त दान के फलस्वरूप उपभोग करता है —यह भाव है।

न चैनावन्मात्रम्, अपितु (कमसो णिव्वाणवरसोक्खं भुञ्जदे) **क्रमेण, परम्परया, कालक्रमेण, निर्वाणस्य मोक्षात्मकस्य वरं श्रेष्ठमुत्तममनुपमं यत् शाश्वतं सुखं तदपि अनुभवति। इति** (जिणुद्दिट्ठं) **एतत्सर्वं जिनेन्द्रा भगवन्त उद्दिष्टवन्तः उपदिष्टवन्तः, अतो निःसंशयं तत्र श्रद्धानं विधत्स्व, यतो हि** 'नान्यथावादिनो जिना भवन्ति' **इत्युक्तप्रायम्।**

अत्रेदं ज्ञेयम्— मुनिप्रभृतिभिराहारग्रहणे कृते सति अवशिष्टस्यान्नादिकस्यात्र दातृपरिवारेण इष्टमित्रैः सह आहारग्रहणं कार्यमिति निर्देशःकृतः। अत्र न शंकनीयं यत्तदवशिष्टखाद्यादिक-मुच्छिष्टतया त्याज्यमिति, यतो हि उच्छिष्ट-अवशिष्टयोर्महदन्तरम्। तदन्नादिकमुच्छिष्टं कदापि न भवति, अवशिष्टमेव, अतो ग्राह्यमेव। मुनयस्तु करयोर्भोजनं विदधति, अन्यपात्रेषु स्थापितमन्नादिकं कथमुच्छिष्टं भवति? अवशिष्टाहारं प्रति जुगुप्साभावेन यदि त्यागो विधीयते तर्हि अशुभकर्मबन्ध एवेति ज्ञेयम्। आराधनाकथाकोशे वर्णितं यद् राज्ञ्या लक्ष्मीवतीनाम्न्या कयाचिन्मुनिं प्रति जुगुप्सा कृता, तत्परिणामतः सा मृत्वा तिर्यग्गतिं प्राप्य तदीयकष्टानि लब्धवती, इत्येवं विज्ञाय जुगुप्साभावः सर्वथा त्याज्यः।

इतना ही नहीं, अपितु **(क्रमशो निर्वाणवरसौख्यं भुंक्ते)** क्रमशः, परम्परा से या कालक्रम से मोक्षरूप निर्वाण का श्रेष्ठ, उत्तम व अनुपम जो शाश्वत सुख है, उसको भी अनुभव करता है। ऐसा **(जिनोद्दिष्टम्)** जिनेन्द्र भगवान् द्वारा उद्देश अर्थात् उपदेश किया गया है, इसलिए निःसंशय होकर उसमें श्रद्धान करो, क्योंकि 'जिनेन्द्रदेव अन्यथावादी नहीं होते' यह (पहले) बताया जा चुका है।

यहाँ यह ज्ञातव्य है— मुनि आदि द्वारा आहार ग्रहण कर चुकने पर अवशिष्ट अन्न आदि जो बचे, उसे दाता का परिवार अपने इष्ट-मित्रों के साथ ग्रहण करे —यह कर्तव्य यहाँ बताया गया है। यहाँ यह आशंका नहीं करनी चाहिए कि वह अवशिष्ट खाद्य पदार्थ उच्छिष्ट रूप में त्याज्य है, क्योंकि उच्छिष्ट व अवशिष्ट में महान् अन्तर होता है। वह (बचा हुआ) अन्न आदि उच्छिष्ट नहीं होता, वह तो अवशिष्ट ही है, इसलिए वह ग्राह्य ही है। मुनि (आदि) तो हाथों (करतल) में भोजन करते हैं, तब अन्य पात्रों में रखा भोजन उच्छिष्ट कैसे हो गया? अवशिष्ट आहार के प्रति जुगुप्सा रख कर यदि उसका त्याग किया जाता है तो अशुभ कर्मों का ही बन्ध होता है —यह जानना चाहिए। आराधनाकथाकोश में वर्णित है कि किसी रानी लक्ष्मीवती ने मुनि के प्रति जुगुप्सा की थी, उसके परिणामस्वरूप वह मरकर तिर्यञ्च गति में गई और वहाँ के कष्टों को उसने भोगा—इस प्रकार विचार कर जुगुप्सा भाव को छोड़ना चाहिए।

अन्यच्च, मुनयो यदि प्रमादवशात् निजाहारयोग्यं भोजनं गृह्णन्तः स्वकरपुटाभ्यां नीचैः पातयन्ति, तर्हि परित्यजनदोषो त्यक्तदोषो वा भवतीति मूलाचारे (गाथा-४७५) **निर्दिष्टम्—**

बहु परिसाडनमुज्झिय आहारो परिगलंत दिज्जंतं।
छंडिय भुंजणमहवा छंडियदोसो हवे णेओ।।

अतो निर्दोषाहारग्रहणविधौ सम्पद्यमाने उच्छिष्टाहारावशेषस्य सम्भावनैव नास्तीति ज्ञेयम्। एवं भव्य मुमुक्षो! स्वनिर्मितत्वदीयभोज्यपदार्थानां यत्किञ्चिन्मुनिभिर्गृहीतं, तदवशिष्टं भोक्तव्यम्, येनान्यजन्मनि तत्प्रशस्तफलरूपेण सज्जाति-सज्ज्ञानसच्चारित्रादीनि प्राप्य क्रमशः समस्तकर्मक्षयाय सफलो भवेः —इति गाथासारः।

इदानीं सत्पात्रेभ्यो विवेकपूर्वकं पात्रप्रकृत्यनुकूलो निर्दोषाहारो दातव्य इति शास्त्रकारा गाहा-छन्दोमाध्यमेन निरूपयन्ति—

और दूसरी बात, मुनि यदि प्रमादवश अपना आहारयोग्य भोजन ग्रहण करते हुए अपनी हथेलियों से भोजन को नीचे गिराते हैं तो वहाँ परित्यजन-दोष (या त्यक्त दोष) होता है —ऐसा मूलाचार (गाथा 475) में कहा गया है—

"बहुत-सा गिराकर, या गिरते हुए दिया गया भोजन ग्रहण कर और भोजन करते समय गिराकर जो आहार करना है, वह 'त्यक्तदोष' है —ऐसा जानना चाहिए।"

इसलिए, आहार ग्रहण की विधि का निर्दोष पालन करने पर उच्छिष्ट आहार के अवशिष्ट होने का प्रश्न ही नहीं होता —यह जानें। इस प्रकार हे भव्य मुमुक्षु! स्व के लिए निर्मित तुम्हारे भोज्य पदार्थों में से जो कुछ मुनियों ने ग्रहण कर लिया, उससे बचे हुए को ग्रहण करना चाहिए, ताकि अन्य जन्म में उसके प्रशस्त फलरूप में सज्जाति, सज्ज्ञान व सच्चारित्र को प्राप्त कर क्रमशः समस्त कर्मों का क्षय करने में सफलता पाओ —यह गाथा का सार है।

अब, सत्पात्रों को विवेकपूर्वक तथा पात्र की प्रकृति (आदि) के अनुकूल निर्दोष आहार देना चाहिए —इसे शास्त्रकार गाहा छन्द के द्वारा बता रहे हैं—

सीदुण्ह-वाउ-पिउलं सिलेसिमं तह परिसमं वाहिं।
कायकिलेसुववासं जाणिच्चा दिण्णए दाणं।।२३।।

छाया— शीतोष्णवातपित्तलं श्लेष्मलं तथा परिश्रमं व्याधिम्।
कायक्लेश-उपवासं ज्ञात्वा दीयते दानम्।।

रत्नत्रयवर्धिनी टीका— गाथान्वयः सुगमः। (जाणिच्चा दिण्णए दाणं) **ज्ञात्वा सम्यगवबुद्ध्य एव दानं दीयते। पूर्वमाहारादिदानस्य विधिदेयवस्तुप्रभृतिविषयं ज्ञानमवाप्तव्यं, तदनुसारेणैव दत्तं दानं फलवद् भवति —इति भावः। किं किं ज्ञातव्यं विशेषतया आहारदाने? तदुच्यते—** (सीदुण्ह-वाउ-पित्तलं सिलेसिमं) **शीतम्, उष्णम्, वायुजनकं, पित्तजनकं, श्लेष्मवत् —इत्यादीनां मुनिप्रकृतिः, देयवस्तु-गुणदोषो वेति सम्यक् विवेकः कार्यः।**

अयम्भावः— शीतोष्णपदौ कालसूचकौ, ॠतुसूचकौ वा स्तः। शीतकाले शीततौं वा, उष्णकाले ग्रीष्मर्तौ वा, तथैव वर्षाकाले च, तदनुरूप एवाहारो देयः।

गाथा-अर्थ— शीत व उष्ण (ॠतु, समय), (मुनि आदि की)वात, पित्त व कफ वाली प्रकृति, परिश्रम, व्याधि, कायक्लेश (शारीरिक पीड़ा) व उपवास (—इन सब) को जानकर (सम्यक् विचार करके ही श्रावक द्वारा) दान दिया जाता है।।23।।

रत्नत्रयवर्धिनी टीका— गाथा का अन्वय सुगम है। **(ज्ञात्वा दीयते दानम्)** जानकर, अच्छी तरह समझकर ही दान दिया जाता है। पहले आहार-दान की विधि, देय वस्तु आदि बातों की जानकारी प्राप्त करनी चाहिए और उसी के अनुसार दिया गया दान सफल होता है —यह भाव है। आहारदान में और क्या-क्या बातें विशेषरूप से जाननी चाहिए? बता रहे हैं— **(शीत-उष्ण-वातपित्तलं श्लेष्मलं)** ठण्डक, गर्मी, वायुवाली (वातवर्धक), पित्तवाली (पित्तवर्धक) व कफयुक्त (कफवर्धक) आदि मुनि-प्रकृति या देय वस्तु का गुण-दोष —इनका विवेक वहाँ होना चाहिए।

तात्पर्य यह है— शीत व उष्ण —ये दोनों पद काल या ॠतु के सूचक हैं। शीतकाल या शीतॠतु में, उष्णकाल या ग्रीष्म (उष्ण) ॠतु में, इसी तरह वर्षाकाल में उन-उन (सामयिक स्थितियों) के अनुरूप ही आहार देना चाहिए।

क्षेत्रविशेषस्यापि शैत्यमुष्णता वा सम्भवति। ग्रीष्मकालेऽपि शिमलादिके शीतप्रधाने क्षेत्रे शैत्यमेव। एवमेव दाक्षिणात्यप्रान्तेषु उष्णता प्रायो वरीवर्त्त्येव। एवं शीतकाले शीतनिवारकाः, उष्णकाले चोष्णतानिवारकाः पदार्थाः देयाः। तत्राहारादिदाने शीतोष्णताया विवेकं विधायैव मुनिप्रभृतिभ्य आहारदानं विधेयमित्याशयः। तथैव, वात-पित्त-कफादिप्रकृतीनामपि विचारः करणीय एव। प्रत्येकजनः पृथक्-पृथक् प्रकृतिं बिभर्ति। कस्यचिद् वातप्रधानप्रकृतिः, कस्यचित् पित्तप्रधाना प्रकृतिः, कस्यचित् कफप्रधाना, कस्यचित् मिश्रिता, सामान्या वा सम्भवति। वातप्रकृतिभ्यो वातवर्धकाः पदार्था न देयाः। एवं पित्तप्रधानप्रकृतिभ्यो गरिष्ठाम्लाहारोऽनुकूलो भवति। एवमेव स्वस्वप्रकृत्यनुरूपमेव जनेनाहारः कर्तव्यः, अन्यथा स्वास्थ्यहानिः समुत्पद्येत एवमेव मुनीनामपि तत्तत्प्रकृतिं विज्ञायैव आहारो दातव्यः श्रावकैः। किञ्च, मुनयो रसादिनिरपेक्षतया स्वसंयमरक्षार्थं, शरीरं च धर्मोपकरणं विज्ञाय तद्रक्षणमात्रहेतोः आहारग्रहणं कुर्वन्ति, अतः संयमादिरक्षणोद्देश्यपूरक एवाहारो देयः, नान्यः। वातादिप्रकोपकारक आहारोऽपि न तेभ्यो देयः कदाचिदपि—इत्यपि अवधेयम्।

क्षेत्र-विशेष से सम्बद्ध भी ठण्डी व गर्मी होती है। गर्मी के दिनों में भी शिमला आदि शीतप्रधान क्षेत्र में ठण्डक ही रहती है। इसी तरह दक्षिण के प्रदेशों में प्रायः गर्मी ही रहती है। (अतः) शीतकाल में शीत-निवारण करने वाले तथा उष्णकाल में उष्णता-निवारक पदार्थ देने चाहिए। आहारादि के दान में ठण्डक या गर्मी का विवेक रखकर ही मुनि आदि को आहार दान करना चाहिए —यह आशय है। इसी तरह, वात, पित्त व कफ की प्रकृति वालों का भी विचार करना ही चाहिए। प्रत्येक व्यक्ति पृथक्-पृथक् प्रकृति वाला होता है। किसी की वातप्रधान प्रकृति है तो किसी की पित्तप्रधान और किसी की कफप्रधान, किसी की मिश्रित या सामान्य प्रकृति भी सम्भव है। वात प्रकृति वालों को वायुवर्द्धक पदार्थ नहीं देना चाहिए, पित्तप्रधान प्रकृति वालों को गरिष्ठ व अम्ल आहार अनुकूल होता है, इसी तरह निजी प्रकृतियों के अनुरूप ही व्यक्ति को आहार करना चाहिए, अन्यथा स्वास्थ्य की हानि उत्पन्न हो जाएगी। इसी तरह, मुनियों की भी प्रकृतियों को जानकर ही उन्हें श्रावकों द्वारा आहार दिया जाना चाहिए। दूसरी बात, मुनिजन रस आदि में निरपेक्ष भाव रखने वाले और मात्र अपने संयम की रक्षा हेतु, शरीर को धर्म-साधना का साधन जानकर उसकी मात्र सुरक्षा की भावना से आहार ग्रहण करते हैं, इसलिए वैसा ही आहार देना चाहिए जो उनके संयम आदि की रक्षा के उद्देश्य का पूरक हो, अन्य आहार नहीं। मुनियों को वात आदि का प्रकोप बढ़ाने वाला आहार कभी नहीं देना चाहिए —यह भी ध्यान में रखने की बात है।

(तह परिसमं वाहिं) **तथैव परिश्रमं व्याधिश्च विचार्य आहारो देयः। यात्रादिकं कृत्वा परिश्रान्ताय तथा व्याधिविशेषग्रस्ताय च तत्समाधिविधायक एवाहारो देयः। भोजनानन्तरं यात्रादिकं कर्तव्यं भवेत्तदा तस्याऽपि विचार आहारादिदाने कर्तव्य एव। अथवा जनपदादिषु कस्यचित् व्याधिविशेषस्य प्रसारोऽस्ति, तदा यद्यपि मुनिः स्वस्थः, तथापि प्रसृताया व्याधेराशङ्कां मनसि निधाय आनुकूल्यवर्धक आहारो देयः।**

(कायकिलेसुववासं) **कायक्लेश-उपवासादिकपृष्ठभूमेरपि तत्र विचारणा करणीया। यः कायक्लेशेन पीडितः, उपवासादिकमपि यः कृतवान्, तत्रापि अनुकूलप्रतिकूलाहारविवेकेनैव दानं करणीयमित्याशयः। अनुकूलता-प्रतिकूलतादिज्ञानं तु चिकित्सायुर्वेदशास्त्रज्ञेभ्यो यद्वा बहुश्रुत-वृद्धादिभ्यो यद्वा तत्तच्छास्त्रेभ्यः कर्तुं शक्यः।**

एवं हे भव्य! पूर्वोक्तं सम्यग् विचार्यैव आहारदानं विधत्स्व, येनाभीष्टसुफलं प्राप्नुयाः इति गाथायास्तात्पर्यम्।

(तथा परिश्रमं व्याधिम्) इसी तरह परिश्रम व व्याधि की स्थिति का भी विचारकर आहार देना चाहिए। यात्रा आदि कर थका हुआ हो या व्याधिविशेष से पीड़ित हो, उसे समाधि (चित्त निराकुलता) करने वाला ही आहार देना चाहिए। भोजन के (कुछ देर) बाद यात्रा करनी हो, उसका भी विचार आहारादि के दान में करणीय होता है। अथवा जिले आदि में (गाँव आदि में) किसी व्याधि-विशेष का प्रसार हो रहा हो, तब, यद्यपि मुनि तो स्वस्थ (उस व्याधि से रहित) है, फिर भी फैल रही व्याधि की आशंका को ध्यान में रखकर अनुकूल आहार ही देय होता है।

(कायक्लेश-उपवासम्) कायक्लेश व उपवास आदि की पृष्ठभूमि का भी विचार करना अपेक्षित होता है। जो कायक्लेश से पीड़ित हो, उपवास आदि किया हुआ हो, वहाँ भी अनुकूल व प्रतिकूल आहार का विवेक रखकर ही दान करना चाहिए —यह आशय है। अनुकूलता व प्रतिकूलता आदि का ज्ञान तो चिकित्साशास्त्र व आयुर्वेदशास्त्र के ज्ञाताओं से या बहुश्रुत बड़े-बूढ़े लोगों से या उन-उन शास्त्रों से प्राप्त किया जा सकता है।

इस प्रकार हे भव्य! पूर्वोक्त (निर्देशों) को सम्यक्तया विचारकर आहारदान करना ताकि अभीष्ट श्रेष्ठ फल प्राप्त कर सको —यह गाथा का तात्पर्य है।

सम्प्रति देयपदार्थानां विषये कीदृशो विवेको विधातव्य इति सिंहणी-छन्दोमाध्यमेन शास्त्रकारा निर्दिशन्ति—

हिदमिदमण्णं पाणं णिरवज्जोसहिं णिराउलं ठाणं।
सयणासणमुवयरणं जाणिज्जा देदि मोक्खमग्गरदो।।२४।।

छाया— हित-मितम् अन्नं पानं निरवद्यौषधिं निराकुलं स्थानम्।
शयनासनम् उपकरणं ज्ञात्वा ददाति मोक्षमार्गरतः।।

रत्नत्रयवर्धिनी टीका— गाथान्वयः सुगमः। (मोक्खमग्गरदो जाणिज्जा देदि) **मोक्षमार्गे निरतः स्थितः, मोक्षाभिलाषी श्रावकः सम्यग्दृष्टिर्वा, ज्ञात्वा प्रकृत्यादिकं सम्यगवबुद्ध्य ददाति। देयपदार्था-नामौचित्यमनौचित्यं वा सत्पात्राणां कृते वर्तते न वा, के के पदार्थाः संयमानुकूलाः, दोषरहिताश्च भवन्तीति विज्ञाय दानं करोति। के के च देयाः पदार्थाः सामान्यतो मुनिप्रभृतिभ्यो देयाः, तेषां निदर्शनरूपेण अत्रैव निर्देशो विहितः।**

अब, देय (दान योग्य) पदार्थों के विषय में कैसा विवेक रखना चाहिए— यह सिंहणी छन्द के द्वारा शास्त्रकार बता रहे हैं—

गाथा-अर्थ— मोक्षमार्गी (श्रावक) हितकारी व यथोचित परिमित मात्रा में अन्न-पान, निर्दोष औषधि, निराकुल स्थान, शयन, आसन व (धर्म व संयम के) उपकरण को, उनके औचित्य आदि का ज्ञान प्राप्त करके (ही) देता है।।24।।

रत्नत्रयवर्धिनी टीका— गाथा का अन्वय सुगम है। **(मोक्षमार्गरतः ज्ञात्वा ददाति)** मोक्षमार्ग में निरत अर्थात् स्थित, मोक्षाभिलाषी श्रावक या सम्यग्दृष्टि जानकर, अर्थात् प्रकृति आदि को सम्यक् रूप से जानकर दान करता है। देय पदार्थों का औचित्य व अनौचित्य सत्पात्रों के लिए है कि नहीं, कौन-कौन से देय पदार्थ संयम के अनुकूल हैं व निर्दोष हैं —इसकी जानकारी प्राप्त कर वह दान देता है। कौन-कौन से दानयोग्य पदार्थ सामान्यतया मुनि आदि के लिए दानयोग्य हैं —इनका निदर्शन (उदाहरण) के रूप में यहीं निर्देश किया गया है।

यथा— (हिदमिदमण्णं पाणं) **हितं हितकरम्, मितं यथोचितमात्रम्, अन्नं पानं च ददाति। तथा व्याधिशमनाय** (णिरवज्जोसहिं) **निरवद्यौषधिरूपवस्तु ददाति, तदपि तदौचित्यज्ञानपूर्वकमेव ददाति। तथा च** (णिराउलं ठाणं) **निराकुलं, संयमादिसाधनायां प्रतिकूलं च यत् न भवति, तादृशं स्थानं मुनिप्रभृतिभ्यः प्रयच्छति। तथैव,** (सयणासणं उवयरणं) **शयनम्, आसनम्, एवमादीनि अन्यानि संयमोपकरणानि च, विज्ञायैव ददाति, अर्थात् शयनस्थितिक्रियोपकारकस्थानादीनि, सविवेकं प्रयच्छति, नाविवेकेनेति भावः।**

अत्रायं विशेषः— सम्यग्दर्शन-सम्यग्ज्ञान-सम्यक्चारित्रेतिरत्नत्रयात्मको मोक्षमार्गः। सम्यक्चारित्रसद्भावे सम्यग्दर्शन-सम्यग्ज्ञानयोः स्थितिर्भवत्येव। रत्नत्रयस्यास्य युगपद्भावः निर्ग्रन्थस्थितिप्राप्तस्य भवति। एवं मोक्षमार्गरतस्तु साक्षाद् वस्तुतो वा निर्ग्रन्थमुनिरेव भवति। तस्यैव पूर्णविरतिरूपचारित्रसम्भवः। अतएव सूत्रप्राभृतग्रन्थे (गाथा-१०) **निर्ग्रन्थमुद्राया एव मोक्षमार्गत्वं निर्दिष्टम्—**

उदाहरणार्थ, **(हित-मितम् अन्नं पानम्)** हित यानी हितकारी, मित यानी यथोचित मात्रा में, अन्न या पान देता है। इसी प्रकार व्याधि-शमन के लिए **(निरवद्यौषधिं)** निर्दोष औषधिरूप जो वस्तु देता है, उसे भी वह उसके औचित्य का ज्ञान प्राप्त करके देता है। और, **(निराकुलं स्थानम्)** निराकुल, संयम आदि की साधना में जो प्रतिकूल न हो, वैसा स्थान मुनि आदि को प्रदान करता है। इसी तरह, वह **(शयनासनम् उपकरणम्)** शयन, आसन इसी तरह अन्य भी संयमोपकरणों को अर्थात् सोने, बैठने की क्रिया के उपकारी स्थान (व उपकरण) आदि को जानकर ही देता है, अर्थात् विवेकपूर्वक देता है, न कि विवेकहीन होकर —यह तात्पर्य है।

यहाँ यह विशेष ज्ञातव्य है —सम्यग्दर्शन, सम्यग्ज्ञान व सम्यक्चारित्र —इन तीनों रत्नों से युक्त मोक्षमार्ग होता है। सम्यक्चारित्र के होने पर सम्यग्दर्शन व सम्यग्ज्ञान का सद्भाव होता ही है। इस प्रकार तीनों रत्नों का युगपत् (एक साथ) होना निर्ग्रन्थ स्थिति वाले के ही होता है। इस प्रकार मोक्षमार्ग में रत (स्थित) तो वस्तुतः या साक्षात् निर्ग्रन्थ मुनि ही होता है, क्योंकि उसी के पूर्ण विरतिरूप चारित्र होता है। इसीलिए सूत्रप्राभृत ग्रन्थ (गाथा-10) में निर्ग्रन्थ मुद्रा को ही मोक्षमार्ग बताया गया है—

णिच्चेलपाणिपत्तं उवइट्ठं परमजिणवरिंदेहिं।
एक्को वि मोक्खमग्गो सेसा य उमग्गया सव्वे।।

संयतासंयतस्य पञ्चमगुणस्थानवर्तिनोऽपि एकदेशचारित्रमेव। उक्तं च राजवार्तिके (१/१/७४)— "पूर्वसम्यग्दर्शनलाभे देशचारित्रं संयतासंयतस्य, सर्वचारित्रं च प्रमत्तादारभ्य सूक्ष्मसाम्परायान्तानां यच्च यावच्च नियमादस्ति।"

एवं कथमसंयतसम्यग्दृष्टिः मोक्षमार्गरतः ? उच्यते। यद्यपि षष्ठगुणस्थानवर्तिनो निर्ग्रन्थस्यैव सर्वचारित्रसद्भावात् सकलमोक्षमार्गस्थितिः, तथापि देशसंयतस्य एकदेशचारित्र-सद्भावमपेक्ष्य एकदेशमोक्षमार्गस्थितिः, तथैव असंयतसम्यग्दृष्टेः उपचारेणैव मोक्षमार्गस्थितिर्ज्ञेया। यथा राजपुत्रः श्रेष्ठिपुत्रो वा भाविनि काले राज्यशासनारूढः श्रेष्ठिपदाधिरूढो वा भविता, इति भाविप्रज्ञापनन्यायेन राजा श्रेष्ठी वा कथ्यते, तथैव असंयत-सम्यग्दृष्टिः, देशसंयतसम्यग्दृष्टिरपि मोक्षमार्गस्थः कथ्यते।

"परमदेव जिनेन्द्र भगवान् ने वस्त्ररहित दिगम्बर मुद्रा और पाणिपात्र का जो उपदेश दिया है, वही एक मोक्षमार्ग है, अन्य सब अमार्ग हैं।"

संयतासंयत पाँचवें गुणस्थान वाले को भी एकदेशचारित्र ही होता है। राजवार्तिक (1/1/74) में कहा गया है— "पहले सम्यग्दर्शन की प्राप्ति होने पर संयतासंयत को (एक) देशचारित्र होता है, और सर्वचारित्र तो प्रमत्तसंयत (छठे) गुणस्थान से लेकर सूक्ष्मसाम्पराय (दसवें गुणस्थान) तक जो भी, जितना भी, (तारतम्य लिए हुए) नियमतः होता है।"

इस प्रकार, असंयत सम्यग्दृष्टि (चौथे गुणस्थान वाला मात्र सम्यग्दृष्टि) मोक्षमार्गस्थ कैसे है ? समाधान इस प्रकार है— छठे गुणस्थान वाले निर्ग्रन्थ के ही सकल चारित्र का सद्भाव होने से उसी के सकलमोक्ष-मार्ग स्थिति है, फिर भी देशसंयत (पाँचवें गुणस्थान वाले) के एकदेश चारित्र का सद्भाव है— इस दृष्टि से उसके एकदेश मोक्षमार्ग-स्थिति है। इसी तरह, असंयत सम्यग्दृष्टि की उपचार से ही मोक्षमार्ग की स्थिति जाननी चाहिए। जैसे, राजा का पुत्र (राजकुमार) या सेठ के पुत्र को —यह आगे चल कर भविष्य में राज्यशासन पर अधिष्ठित होगा या सेठ के पद पर बैठेगा —इस भावी प्रज्ञापनन्याय के आधार पर -राजा साहब या सेठ साहब कह दिया जाता है, वैसे ही असंयत सम्यग्दृष्टि व देशसंयत सम्यग्दृष्टि को भी मोक्षमार्गी कहा जाता है।

एतद्दृष्ट्यैव रत्नकरण्डश्रावकाचारग्रन्थे (श्लोक-३३) **भणितम्—**

गृहस्थो मोक्षमार्गस्थो निर्मोहो नैव मोहवान्।
अनगारो गृही श्रेयान् निर्मोहो मोहिनो मुनेः।।

अत्र मोहयुक्तद्रव्यलिङ्गधारिणो (वस्तुतो मिथ्यात्वगुणस्थाने संस्थितस्य) अपेक्षया सम्यग्दृष्टेर-संयतस्यापि गृहस्थस्य मोक्षमार्गस्थितिरुपचारेण संकेतितेति ज्ञेयम्।

हित-मितमेव अन्नपानादिकं गृहस्थो ददाति इत्युक्तम्। हितपदेन सत्पात्रमुनिप्रभृतीनां देयमन्नपानादिकं हितकारि, आत्मकल्याणकारि वा, तथा मितपदेन यथोचितमात्रायाम्, न तु हीनं नापि समधिकमित्यर्थः सूच्यते। हितकारि दानं कीदृशमिति पुरुषार्थसिद्ध्युपायग्रन्थे (श्लोक-१७०) **विशदीकृतम्—**

रागद्वेषासंयममदबुःखभयादिकं न यत्कुरुते।
द्रव्यं तदेव देयं सुतपःस्वाध्यायवृद्धिकरम्।।

इसी दृष्टि से रत्नकरण्डश्रावकाचार ग्रन्थ (श्लोक 33) में कहा गया है—

"निर्मोही (दर्शन मोह से रहित, सम्यग्दृष्टि) गृहस्थ भी मोक्षमार्गी है, किन्तु मोहयुक्त अनगार मोक्षमार्गी नहीं है, और मोहयुक्त मुनि से निर्मोही गृहस्थ श्रेष्ठ है।"

यहाँ मोहयुक्त द्रव्यलिङ्गी (वस्तुतः जो मिथ्यादृष्टि गुणस्थान में है) की अपेक्षा से असंयत सम्यग्दृष्टि गृहस्थ को भी मोक्षमार्गीपना उपचार से संकेतित है —यह जानना चाहिए।

गृहस्थ हित व मित ही अन्न-पान आदि देता है— यह यहाँ कहा गया है। हित पद से यह सूचित किया गया है कि सत्पात्र मुनि आदि के लिए दिया जाने वाला अन्न-पान हितकारी हो, अर्थात् उनके लिए आत्मकल्याणकारी हो, तथा मित पद से यह बताया गया है कि वह यथोचित मात्रा में हो, कम या अधिक नहीं हो। हितकारी दान कैसा होता है —इस विषय में पुरुषार्थसिद्ध्युपाय ग्रन्थ (श्लोक-170) में इस प्रकार स्पष्ट किया गया है—

"जो पदार्थ राग, द्वेष, असंयम, मद, दुःख, भय आदि नहीं करता हो और उत्तम तप व स्वाध्याय की वृद्धि करने वाला हो, वही (अन्नपानादि) देने योग्य होता है।"

निरवद्यौषधिपदेन सूच्यते यत्प्रासुकद्रव्यात्मकं प्रासुकविधिना च निर्मितं भैषजमेव देयम्, नान्यत्। औषधिदानेन व्याधिनिवर्तनं वैयावृत्त्यरूपेण वर्णितं रत्नकरण्डश्रावकाचारग्रन्थे (श्लोक-११७)।

एवं निराकुलस्थानस्य वसतिकाया वा तथा शयन-आसनसम्बन्धिउपकरणानां च दानमपि वैयावृत्त्यसाधनं भवतीति तत्र निर्दिष्टम्। उपकरणेषु संयमज्ञान-शुचितासाधनानि, शास्त्रादीनि ज्ञानोपकरणानि, एवमेव श्रमणी-आर्यिकाभ्यः साटिका, ऐलकेभ्यः कौपीनम्, क्षुल्लकेभ्यश्च कौपीनखण्डवस्त्रमित्येतेषामपि परिगणनं विधेयम्।

एवं मुमुक्षो! आहारादिदेयवस्तूनां विषये सम्यग्ज्ञानं प्राप्य तदनुरूपं दानं विधेयं येन अभीष्टसुखादिप्राप्तिर्भवेदिति गाथासारः।

सम्प्रति गाहणी(उग्गाहा)-**छन्दोमाध्यमेन शास्त्रकारा मुनिसम्बन्धिवैयावृत्त्यस्य करणीयतां निर्दिशन्ति—**

निर्दोष औषधि से सूचित (तात्पर्य) यह है कि जो प्रासुक द्रव्यों वाली एवं प्रासुक विधि से निर्मित हो, वही औषधि देनी चाहिए, अन्य नहीं। औषधि के दान से व्याधि को दूर करना — इसे रत्नकरण्डश्रावकाचार ग्रन्थ (श्लोक-117) में वैयावृत्त्य रूप से वर्णित किया है।

इसी तरह, निराकुल स्थान या वसतिका का तथा शयन, आसन से सम्बन्धित उपकरणों का दान भी वैयावृत्य का साधन है —यह भी वहाँ बताया गया है। उपकरणों में संयम, ज्ञान व शुचिता के साधन, ज्ञान के उपकरण शास्त्र आदि, इसी तरह श्रमणी आर्यिकाओं को साड़ी, ऐलकों को लंगोटी, क्षुल्लकों को लंगोटी व खण्डवस्त्र —इन सब को भी परिगणित कर लेना चाहिए।

इस प्रकार, हे मुमुक्षु! आहार आदि देय वस्तुओं के विषय में सम्यक् रूप से ज्ञान प्राप्त कर, तदनुरूप दान तुम्हें देना चाहिए ताकि अभीष्ट सुख आदि की प्राप्ति तुम्हें हो सके —यह गाथा का सार है।

अब गाहणी (**उग्गाहा**) छन्द के द्वारा शास्त्रकार मुनियों आदि से सम्बन्धित वैयावृत्त्य की कर्तव्यता का निर्देश कर रहे हैं—

अणयाराणं वेज्जावच्चं कुज्जा जहेह जाणिच्चा।
गब्भब्भमेव मादा-पिदुच्च णिच्चं तहा निरालसया।। २५।।

छाया— अनगाराणां वैयावृत्त्यं कुर्युः यथेह ज्ञात्वा।
गर्भार्भकमिव मातापितरौ च नित्यं तथा निरालसकाः।।

रत्नत्रयवर्धिनी टीका— जहेह मादापिदुच्च गब्भब्भमेव, तहा अणयाराणं जाणिच्चा णिच्चं निरालसया वेज्जावच्चं कुज्जा —इति गाथान्वयः।

(अणयाराणं जाणिच्चा वेज्जावच्चं कुज्जा) **अनगारा मुनिप्रभृतयः, तेषां ज्ञात्वा सम्यगवबोधं विधाय, पूर्वोक्तप्रकरणानुरोधेन प्रकृतिकालविशेषादिविषयकं समीचीनं ज्ञानं प्राप्येत्यर्थः। वैयावृत्त्यं कुर्युः मोक्षमार्गस्थाः मुनयः श्रावका वा। कदा कुर्युः, कथं कुर्युः ? इति जिज्ञासां मनसि निधाय प्रोच्यते—** (णिच्चं तहा णिरालसया) **नित्यम् यदाऽपि अपेक्षितं भवेत् तदैव, सर्वदा काले, तथा आलस्यहीनाः पूर्णशक्त्या जागरूकाः प्रमादरहिता वा कुर्युः। वैयावृत्त्यं च दुःखोपनिपाते सति निरवद्येन विधिना तद्दुःखापहरणमेव।**

गाथा-अर्थ— अनगारों (मुनियों आदि) की (प्रकृति आदि की) जानकारी (समझदारी) के साथ नित्य एवं आलस्यरहित होकर उनकी उसी प्रकार वैयावृत्त्य करना चाहिए, जिस प्रकार से इस लोक में माता-पिता अपने गर्भ स्थित (बालक) की (सारसँभाल, पोषण आदि) करते हैं।।25।।

रत्नत्रयवर्धिनी टीका— यथेह मातापितरौ च गर्भार्भकमिव, तथा अनगाराणां नित्यं निरालसकाः वैयावृत्त्यं कुर्युः —यह गाथा का अन्वय है।

(अनगाराणां ज्ञात्वा वैयावृत्त्यं कुर्युः) अनगार यानी मुनि आदि, उनको (उनके विषय में) जानकर, सम्यक्तया जानकारी प्राप्त कर, पूर्वोक्त प्रकरण के अनुरूप अर्थ होगा— विशेष प्रकृति, काल आदि के विषय में सही-सही जानकारी प्राप्त कर। वैयावृत्त्य करें, (कौन करें?) मोक्षमार्गी मुनि व श्रावक। कब करें और कैसे करें? इस जिज्ञासा को मन में रखकर कह रहे हैं— **(नित्यं तथा निरालसकाः)** नित्य, जब कभी अपेक्षित हो तभी, सब समयों में, तथा आलस्यहीन, पूर्ण शक्ति के साथ जागरूक होकर या प्रमादरहित करें। (संयमी आदि पर) दुःख की स्थिति आने पर निर्दोष विधि से उनके दुःख को दूर करना —इसे 'वैयावृत्त्य' कहते हैं।

रत्नकरण्ड-श्रावकाचारग्रन्थे (श्लोक-११२) **प्रोक्तमपि—**

व्यापत्तिव्यपनोदः पदयोः संवाहनं च गुणरागात्।
वैयावृत्त्यं यावानुपग्रहोऽन्योऽपि संयमिनाम्।।

धवलाग्रन्थे (पु. १३, खण्ड-५, भाग-४, सू. २६) **तु** 'व्यापदि यत् क्रियते तद् वैयावृत्त्यम्' **इति भणितम्। वैयावृत्त्यस्य तपोरूपेण निर्देशः कार्तिकेयानुप्रेक्षाग्रन्थे** (गाथा-४५९) **कृतः—**

जो उवयरदि जदीणं उवसग्गजराइखीणकायाणं।
पूयादिसु णिरवेक्खं वेज्जावज्जं तवो तस्स।।

भगवती-आराधनाग्रन्थे (गाथा-३०७-३०८) **वैयावृत्त्यरूपेण कर्तव्यानां निदर्शनमप्यस्ति—**

सेज्जागासणिसेज्जा उवधी पडिलेहणाउवग्गहिदे।
आहारोसहवायणविकिंचणुव्वत्तणादीसु ।।

रत्नकरण्डश्रावकाचार ग्रन्थ (श्लोक-112) में कहा भी गया है—

''गुणों में अनुराग के कारण संयमी जनों की विविध आपत्तियों को दूर करना, उनके पैर-हाथ दबाना, तथा (इसी प्रकार के) अन्य जो भी उपकार हैं, वह वैयावृत्त्य कहलाता है।''

धवला ग्रन्थ (पु. 13, खण्ड-5, भाग-4, सू. 26) में तो 'विपत्ति के समय (उसके निवारणार्थ) जो कुछ भी किया जाता है, वह वैयावृत्त्य है' —ऐसा कहा गया है। कार्तिकेयानुप्रेक्षा ग्रन्थ (गाथा-459) में वैयावृत्त्य को एक तप के रूप में इस प्रकार निर्दिष्ट किया गया है—

''जो मुनि उपसर्ग से पीड़ित हों और वृद्धावस्था के कारण जिनकी काया क्षीण हो गई हो, ऐसे मुनियों का जो अपनी पूजा-प्रतिष्ठा की अपेक्षा न रखते हुए, उपकार करता है, उसके वैयावृत्त्य तप होता है।''

भगवती-आराधना ग्रन्थ (गाथा 307-308) में वैयावृत्त्य के अन्तर्गत जो कर्तव्य होते हैं, उनका निर्देश इस प्रकार किया गया है—

''सोने के स्थान, बैठने के स्थान और उपकरणों की प्रतिलेखना करना, योग्य आहार व योग्य औषधि देना, स्वाध्याय कराना, असमर्थ मुनि के शरीर का मल-शोधन करना, एक करवट से दूसरी करवट लिटाना —ये उपकार के कार्य वैयावृत्त्य हैं।''

अद्धाणतेणसावयराय-णदीरोधगासिवे ऊमे।
वेज्जावच्चं उत्तं संगहसारक्खणोवेदं।।

वैयावृत्त्यस्य प्रशस्तफलानि च तत्रैव (गाथा ३११-३१२) **निरूपितानि—**

गुणपरिणामो सड्ढा वच्छल्लं भत्तिपत्तलंभो य।
संधाणं तव पूया अव्वोच्छिती समाधी य।।

आणा संजमसाखिल्लदा य दाणं च अविदिगिंछा य।
वेज्जावच्चस्स गुणा पभावणा कज्जपुण्णाणि।।

"जो मुनि मार्ग के श्रम से थक गये हैं, उनके पैर आदि दबाना, जिन्हें चोरों ने सताया है, जंगली जानवरों से, दुष्ट राजा से, नदी को रोकने वालों से और भारी रोग से जो पीड़ित हैं, विद्या आदि के बल से उनके उपद्रव दूर करना, जो दुर्भिक्ष में फँसे हैं, उन्हें सुभिक्ष देश में पहुँचाना ('आप न डरें —इत्यादि रूप से) उन्हें धैर्य बँधाना और उनका संरक्षण करना —यह वैयावृत्त्य होता है।"

वैयावृत्त्य तप के प्रशस्त फलों का भी निरूपण वहाँ (गाथा 311-312) इस प्रकार किया गया है—

"वैयावृत्त्य का पहला गुण है— गुणपरिणाम (अर्थात् वैयावृत्त्य करने वाले के मन में यह भावना आती है कि मैं भी ऐसा मुनि बनूँ)। इनके अतिरिक्त, श्रद्धा, वात्सल्य, भक्ति, पात्र का लाभ, सन्धान (अर्थात् अपने में जो गुण छूट गये हैं, उनका पुन: आरोपण), तप, पूजा व धर्मतीर्थ की परम्परा को विच्छिन्न न होने देना तथा समाधि (चित्त निराकुलता) —ये भी गुण आते हैं।"

"सर्वज्ञ-प्रतिपादित वैयावृत्त्य करने से सर्वज्ञ की आज्ञा का पालन होता है। आज्ञापालन से आज्ञा सम्यक्त्व होता है। और इस प्रकार वैयावृत्त्य करने वाले का उपकार होता है। निर्दोष रत्नत्रय का दान होता है। संयम में सहायता होती है। विचिकित्सा यानी ग्लानि दूर होती है। धर्म की प्रभावना होती है और पुण्य कार्य का निर्वाह होता है।"

अत्र दृष्टान्तदर्शनमुखेन वैयावृत्त्यविधिर्निरूप्यते— (जहेह मादा-पिदुच्च गब्भब्भमेव) **यथा लोके, मातापितरौ गर्भस्थशिशुं पालयन्ति, पोषयन्ति, तथैव श्रावकाः मातापितृस्थानीयाः मुनिप्रभृतीन् गर्भस्थशिशुस्थानीयान् प्रयत्नेन सर्वदा पालयन्ति, पोषयन्ति, सर्वतोभावेन तदनुकूलाः भवन्ति —इत्याशयः।**

माता गर्भं वहन्ती त्वरितगमनागमन-उत्थानोपवेशनादीन् न करोति, अनुचिताहारादिं न करोति, पिताऽपि तत्र सर्वविधरूपेण सहयोगी भवति, गर्भधारिण्या जनन्याश्च दोहदेच्छां पूरयति। अत्र चोद्देश्यं तयोर्गर्भस्थशिशुसम्यक्पोषणमेव भवति, तथैव श्रावकाः मुनिप्रभृतीनां येन प्रकारेण संयमादिदृष्ट्या पोषणं रक्षणं नैरोग्यं वा सम्भवेत्तथा समाचरन्ति, सहयोगिनो भवन्ति, सेवातत्परा वा भवन्ति। यथा मातापित्रोरज्ञानजनिता काचित् त्रुटिः, स्खलना, नियमभङ्गो वा भवेत्तर्हि गर्भस्थशिशुः दुष्प्रभावितो भवति, तथैव श्रावकाणां सम्यग्ज्ञानविरहिताः क्रियाः धर्मसंघस्य दुःस्थितौ कारणभूता भवन्ति —इत्यादिकं प्रोक्तदृष्टान्तानुसारेण स्वत ऊह्यम्।

वैयावृत्त्य की विधि को यहाँ दृष्टान्त के द्वारा समझाया जा रहा है— **(यथेह मातापितरौ च गर्भार्भकमिव)**। जिस प्रकार लोक में माता-पिता गर्भस्थ शिशु का पालन करते हैं, पोषण करते हैं, उसी तरह माता-पिता जैसे श्रावक गर्भस्थ शिशु जैसे मुनि आदि को प्रयत्नपूर्वक हमेशा पालते हैं, पोसते हैं, एवं सभी प्रकार से उनके अनुकूल रहते हैं —यह आशय है।

माता गर्भ वहन करती हुई तेजी से चलना-फिरना, जाना-आना, दौड़ना-भागना, एकाएक उठना-बैठना आदि नहीं करती, तथा अनुचित आहार आदि भी नहीं करती, पिता भी उसमें सभी प्रकार से सहयोगी बनता है और गर्भिणी माता के दोहद (दोहला) की पूर्ति करता है। यहाँ दोनों का उद्देश्य गर्भस्थ शिशु का सम्यक्तया पालन-पोषण ही होता है, उसी प्रकार श्रावक मुनि आदि का, उनके संयम आदि की दृष्टि से, जिस किसी भी प्रकार से पोषण, रक्षण व नीरोगता हो, वैसा आचरण करते हैं, उसमें सहयोगी होते हैं एवं सेवातत्पर रहा करते हैं। जैसे माता-पिता द्वारा अनजाने में या अज्ञानवश कोई त्रुटि हो जाए, या स्खलना या नियम-भङ्ग हो जाए तो गर्भस्थ शिशु पर दुष्प्रभाव पड़ता है, उसी तरह श्रावकों द्वारा सम्यग्ज्ञान-रहित क्रिया की जाए तो धर्मसंघ की दुरवस्था में वे कारण या निमित्त होते हैं —इत्यादि चिन्तन प्रस्तुत दृष्टान्त के अनुरूप स्वतः ही कर लेना चाहिए।

अत्र प्रासङ्गिकरूपेण किञ्चिद् विशेषकथनं विधीयते —श्रमणोऽनगारः पूर्णतोऽपरिग्रही, तथा भिक्षामात्रोपजीवी भवति। न स स्वयं पचति, न च पाचयति। श्रावकेभ्यः प्राप्तान् अन्नपानौषध्यादिकान् पदार्थान् निरासक्तभावेन स्वसंयमरक्षायै जीवनभूतानेव स्वीकरोति। गर्भस्थोऽपि जीवः स्वमातृभुक्ताहारमात्रोपजीवी भवति। अतएव गर्भस्य लक्षणं सर्वार्थसिद्धि-ग्रन्थे (२/३१) **प्रोक्तम्—** 'मात्रुपभुक्ताहारगरणाद्वा गर्भः' **इति।**

एतदाहारादिना पोषितो गर्भः कथं पूर्णतामापद्यते —इति भगवती-आराधनाग्रन्थे (गाथा-१००१-१००६, १००९-१०११) **निरूपितम्—**

कललगदं दसरत्तं अच्छदि कलुसीकदं च दसरत्तं।
थिरभूदं दसरत्तं अच्छदि गब्भम्मि तं बीयं।।

तत्तो मासं बुब्बुदभूदं अच्छदि पुणो वि घणभूदं।
जायदि मासेण तदो मंसप्पेसी य मासेण।।

यहाँ विशेष कथन प्रासङ्गिक रूप से किया जा रहा है— श्रमण, अनगार, पूर्णतया परिग्रहरहित होते हैं और भिक्षा मात्र पर उनका जीवन निर्भर रहता है। न तो वे स्वयं पकाते हैं और न ही पकवाते हैं। श्रावकों से प्राप्त अन्न-पान, औषध आदि पदार्थों को (भी) निरासक्त होकर, मात्र जो अपने संयम की रक्षा में जीवनभूत (अत्यावश्यक) होते हैं, उन्हें ही स्वीकार करते हैं। गर्भस्थ जीव भी अपनी माता द्वारा भुक्त आहार मात्र पर जीवित रहता है। इसीलिए सर्वार्थसिद्धि ग्रन्थ (2/31) में गर्भ का लक्षण ही यह बताया गया है कि जो माता द्वारा भुक्त आहार का गरण (भक्षण) करता है, वह गर्भ है।

इस आहार आदि से पोषित होकर गर्भ किस प्रकार पूर्णता को प्राप्त होता है —इसका निरूपण भगवती-आराधना ग्रन्थ (गाथा 1001-1006, 1009-1011) में इस प्रकार किया गया है—

''गर्भ में स्थित (माता का रज और पिता का वीर्य रूप) बीज दस दिनों तक 'कलल' (तरल पदार्थ) रूप में रहता है, फिर दस दिनों तक कालिमा रूप रहता है, फिर दस दिनों तक स्थिर पदार्थ के रूप में रहता है।''

''स्थिर होने के बाद, एक माह तक बुलबुले की तरह, पुनः एक माह घनभूत-कठोर पदार्थ के रूप में, फिर एक माह मांस-पिण्ड के रूप में स्थित रहता है।''

मासेण पंच पुलगा तत्तो हुंति हु पुणो वि मासेण।
अंगाणि उवंगाणि य णरस्स जायंति गब्भम्मि।।

मासम्मि सत्तमे तस्स होदि चम्मणहरोमणिप्पत्ती।
फंदणमट्ठममासे णवमे दसमे य णिग्गमणं।।

सव्वासु अवत्थासु वि कललादीयाणि ताणि सव्वाणि।
असुईणि अमिज्झाणि य विहिंसणिज्जाणि णिच्चं पि।।

आमासयम्मि पक्कासयस्स उवरिं अमेज्झमज्झम्मि।
वत्थिपडलपच्छण्णो अच्छइ गब्भे हु णवमासं।।

तथा च—

दंतेहिं चव्विदं वीलणं च सिंभेण मेलिदं संतं।
मायाहारियमण्णं जुत्तं पित्तेण कडुएण।।

"पाँचवें माह में उस मांसपिण्ड में से दो हाथ, दो पैर, और सिर के रूप में पाँच अंकुर उगते हैं। छठे माह में उस बालक के अंग व उपांग बन जाते हैं।"

"सातवें माह में उस गर्भस्थ पिण्ड पर चर्म, नख व रोम बन जाते हैं। आठवें माह में उसमें हलन-चलन होने लगता है। नौवें या दसवें माह में उसका जन्म होता है।"

"रज व वीर्य की सब अवस्थाओं में वे सब कलल आदि अशुचि व अमेध्य तथा जुगुप्सा (ग्लानि) के कारक होते हैं।"

"आमाशय से नीचे और पक्वाशय से ऊपर, इन दोनों अशुचि स्थानों के मध्य में गर्भाशय होता है। उसमें वस्तिपटल से वेष्टित प्राणी नौ माह तक रहता है।"

और भी— "(जिस आहार से उसका शरीर बनता है, उसे बता रहे हैं—) माता द्वारा खाया हुआ अन्न पहले दाँतों से चबाया गया। फिर कफ के साथ मिलकर वह चिकना हुआ और फिर कटुक पित्त से युक्त हुआ।"

वमिगं अमेज्झसरिसं वादविओजिदरसं खलं गब्भे।
आहारेदि समंता उवरिं थिप्पंतगं णिच्चं।।

तो सत्तमम्मि मासे उप्पलणालसरिसी हवइ णाही।
तत्तो पभूदि पाए वमियं तं आहारेदि णाहीए।।

मनुष्येषु केचिद् सप्त, केचिद् अष्टौ, केचित् नव, केचित्तु दश मासान् स्थित्वा गर्भस्था जन्म लभन्ते। तिर्यचां तु गर्भकालः स्वजात्यनुसारेण पृथक् पृथक् भवति। यथा मार्जाराणां सार्द्धैकमासः, शुनां सार्द्धद्वयमासः, अजानां षणमासाः, गोः दश मासाः, महिषानामेकादश मासाः, अश्वानां द्वादश मासाः, हस्तिनां तु अष्टादश मासाः इत्यादि वर्ण्यते।

सम्प्रति लोभरहितप्रदत्तदानमेव शोभते —इति शास्त्रकारा गाहा-छन्दोमाध्यमेन निर्दिशन्ति—

"(वह आहार) वमन के समान गन्दा होता है। वायु द्वारा उसका रस भाग अलग हो जाता है और खल भाग अलग। उसमें से गिरती हुई बूंद को गर्भस्थ पिण्ड सर्वांग से बूँद-बूँद रूप में ग्रहण करता है।" (इसके बाद वह नाल द्वारा ग्रहण करता है।)

"इसके बाद, सातवें माह में कमल की नाल के समान नाभि बनती है, तब वह (गर्भस्थ शिशु) उस नाभि के माध्यम से वमन किये आहार को ग्रहण करता है।"

मनुष्यों में गर्भस्थ जीव कोई सात, कोई आठ, कोई नौ, तो कोई दस माह तक गर्भ में रहकर जन्म लेता है। तिर्यञ्चों का गर्भकाल अपनी-अपनी जाति के अनुरूप पृथक्-पृथक् होता है। जैसे— बिल्ली का डेढ़ माह, कुत्तियों का ढाई माह, बकरियों का छः माह, गाय का दस माह, भैंसों का ग्यारह माह, घोड़ी का बारह माह, हथनियों का अठारह माह आदि-आदि गर्भकाल होता है।

अब, लोभरहित व्यक्ति द्वारा दिया गया दान ही शोभा को प्राप्त होता है —इस तथ्य को शास्त्रकार गाहा छन्द के द्वारा बता रहे हैं—

सप्पुरिसाणं दाणं, कप्पतरूणं फलाण सोहा वा।
लोहीणं दाणं जदि, विमाणसोहा-सवं जाणे।। २६ ।।

छाया— सत्पुरुषाणां दानं कल्पतरूणां फलानां शोभा इव।
लोभिनां दानं यदि विमानशोभाशवं जानीहि ।।

रत्नत्रयवर्धिनी टीका— गाथान्वयः सुगमः। (सप्पुरिसाणं दाणं) **सत्पुरुषाः उत्तमाः, श्रेष्ठाः, दातृगुणयुक्ताः, तेषां दानम्, तैर्यद् विहितं दानम्, तत्स्वाभाविकरूपेण निर्लोभभावतो निर्लोभपरिणामेन, पूजाख्यातिप्रत्युपकारेच्छादिराहित्येन निर्मलशुद्धमनोभावेन प्रासुकाहारादिकं यत् किमपि सत्पात्रप्रकृतिसमनुकूलं च दीयते, तच्छोभते, किमिव? उच्यते—**(कप्पतरूणं फलाण सोहा वा) **कल्पतरवः कल्पवृक्षाः, तेषां फलानि सदा फलन्ति, तेषां यथा शोभा भवति, तद्वदेव शोभा सत्पुरुषकृतदानस्येत्यर्थः।** (जदि लोहीणं दाणं) **यदि लोभग्रस्तस्य यद्वा कृपणस्य, असत्पुरुषस्य मिथ्यादृष्टेर्वा यद् दानं या च दानक्रिया,** (विमाणसोहासवं जाणे) **विमानशोभाशवो यथा अशोभनो भवति, तद्वदेव तद्दानमशोभनं, परिणामेऽशुभं वा भवतीति जानीहि।**

गाथा-अर्थ— सत्पुरुषों द्वारा दिया दान कल्पवृक्ष के फलों की शोभा की तरह (शोभित) होता है, किन्तु लोभी द्वारा यदि दान दिया जाता है तो उसे विमान-शोभा वाले शव (साज-सजावट वाले विमानाकार यान में निकाली गई शोभायात्रा वाले शव) की तरह जानें।।26।।

रत्नत्रयवर्धिनी टीका— गाथा का अन्वय सुगम है। **(सत्पुरुषाणां दानम्)** सत्पुरुष यानी उत्तम, श्रेष्ठ, दाता के लिए अपेक्षित गुणों से युक्त, उनका दान अर्थात् उनके द्वारा दिया गया दान, वह स्वभावतः ही निर्लोभ भाव परिणामयुक्त, पूजा-ख्याति व प्रत्युपकारादि इच्छा से रहित एवं निर्मल शुद्ध मनोभाव से दिया गया तथा प्रासुक आहार आदि के रूप में होता है, वह जो कुछ भी दिया जाता है, वह सत्पात्र (मुनियों आदि) की प्रकृति आदि के अनुकूल ही होता है, वह शोभायुक्त होता है, किसकी तरह? बता रहे हैं— **(कल्पतरूणां फलानां शोभा इव)** कल्पतरु या कल्पवृक्ष, उनके फल सदा फलते हैं, उनकी जैसी शोभा होती है, उसी तरह की शोभा उस दान की होती है जो सत्पुरुषों द्वारा दिया जाता है —यह अर्थ है। **(यदि लोभिनां दानम्)** यदि लोभग्रस्त या कंजूस, असत्पुरुष या मिथ्यादृष्टि का दान हो या दान कार्य हो, वह **(विमानशोभा-शवं जानीहि)** विमानशोभा वाला शव जैसे शोभारहित होता है, उसी तरह वह दान भी शोभा रहित या परिणाम में अशुभ होता है —ऐसा जानें।

प्रायो धनाढ्यपरिवारो वृद्धे पुत्रपौत्रसमन्विते मृते सति, तस्य शवं विमानाकार-रथादिषु संस्थाप्य शोभायात्रारूपेण श्मशानस्थलं प्रापयन्ति। पुष्पादिभिस्तस्य शृङ्गारात्मकसज्जायां कृतायां बाह्यरूपेण तु शोभनं दृश्यते, किन्तु अन्तर्भागे तद् गर्ह्याशुचिरूपमेव तिष्ठति, तद्वदेव लोभिजनकृतं दानं बाह्यरूपेण रम्यं भवदपि मूलतोऽप्रशस्यमेवेति भावः। कल्पतरुफलानि शृङ्गारितशवः इत्यनयोर्यावदन्तरं तावदेवान्तरं सत्पुरुषकृतदान —लोभिकृतदानेत्यनयोः ज्ञातव्यमिति सारः।

अत्र किञ्चिदपेक्षितमुपयोगित्वेन निरूपणीयमस्ति। गाथायां सत्पुरुषाणां दानमित्युक्तम्। दानप्रसङ्गे सत्पुरुषनिर्देशो विशिष्टार्थं सूचयति। सत्पुरुषाः परोपकारिणः, दानप्रवणाः, परार्थे स्वप्रियमपि पदार्थं विसर्जितुं सततोद्यता भवन्ति। वृक्षा अपि निसर्गतः स्वच्छायाफलादिकं परार्थे प्रयच्छन्ति।

नीतिकारेण भर्तृहरिणा नीतिशतके (श्लोक-७१, ७४-७५) **सत्पुरुषाणां वृक्षाणां च साम्यमाधृत्य द्वयोरेव परोपकारित्वं निरूपितम्—**

प्रायः धनी परिवार पुत्र-पौत्र से युक्त हो चुके किसी वृद्ध की मृत्यु होती है तो उसके शव (अर्थी) को विमान जैसी आकृति वाले रथ आदि में स्थापित कर शोभायात्रा निकालते हुए श्मशान-भूमि तक ले जाते हैं। यदि फूल (माला) आदि से उस अर्थी की शृङ्गार व सजावट कर भी दी जाय, तब बाहर से तो वह अच्छा दिखता है, किन्तु भीतर से तो वह गर्ह्य (अस्पृश्य) अशुचि रूप ही रहता है, उसी तरह लोभी लोगों द्वारा किया गया दान बाह्यरूप से भले ही रमणीय हो, किन्तु मूलतः तो वह अप्रशस्त ही है —यह भाव है। कल्पवृक्ष के फल व शृङ्गार-सजावट वाला शव —इन दोनों में जितना अन्तर है, उतना ही अन्तर सत्पुरुष-विहित दान एवं लोभी कृत दान —इन दोनों में जानना चाहिए —यह निष्कर्ष है।

यहाँ उपयोगी व अपेक्षित कथन के रूप में कुछ कहना है— गाथा में 'सत्पुरुषों का दान' निर्दिष्ट है। दान के प्रसङ्ग में सत्पुरुष' का निर्देश विशिष्ट अर्थ को सूचित करता है। सत्पुरुष परोपकारी होते हैं, दानशील होते हैं और दूसरों के लिए अपने प्रिय पदार्थ को भी छोड़ने के लिए सतत उद्यत रहते हैं। वृक्ष भी स्वभावतः अपनी छाया व फल आदि का दूसरों के लिए विसर्जन करते हैं।

नीतिकार भर्तृहरि ने नीतिशतक (श्लोक-71, 74-75) में सत्पुरुषों और वृक्षों की समता के आधार पर दोनों की परोपकारिता को इस प्रकार निरूपित, रेखांकित किया है—

भवन्ति नम्रास्तरवः फलोद्‌गमैः,
नवाम्बुभिर्भूमिविलम्बिनो घनाः।
अनुद्धताः सत्पुरुषाः समृद्धिभिः,
स्वभाव एवैष परोपकारिणाम्।।

पद्माकरं दिनकरो विकचं करोति,
चन्द्रो विकासयति कैरवचक्रवालम्।
नाभ्यर्थितो जलधरोऽपि जलं ददाति,
सन्तः स्वयं परहितेषु कृताभियोगाः।।

एते सत्पुरुषाः परार्थघटकाः स्वार्थान्परित्यज्य ये,
सामान्यास्तु परार्थमुद्यमभृतः स्वार्थाविरोधेन ये।
तेऽमी मानुषराक्षसाः परहितं स्वार्थाय निघ्नन्ति ये,
ये निघ्नन्ति निरर्थकं परहितं ते के न जानीमहे।।

''पेड़ फलों से लदकर झुक जाते हैं। आकाश के बादल पानी से भर जाने पर धरती पर झुक जाते हैं। इसी प्रकार सत्पुरुष धन-दौलत पाकर नम्र बन जाते हैं। परोपकारी सत्पुरुषों का स्वभाव ही ऐसा है।''

''कमल-कुमुदिनी की प्रार्थना की अपेक्षा न रखते हुए सूर्य-चन्द्र उन्हें विकसित करते हैं। याचना बिना ही बादल बरस पड़ते हैं और त्रस्त जगत् को तृप्त कर देते हैं। संत सत्पुरुष सामने जो पड़े, उसकी सहायता के लिए सदा तैयार रहते हैं। उन्हें याचना की प्रतीक्षा नहीं होती बल्कि सहायता की उत्कण्ठा रहती है।''

''सत्पुरुष अपने हितों का बलिदान करते हुए भी दूसरों का हित साधते हैं। साधारण जन अपना काम न बिगाड़ते हुए दूसरों का भी काम कर देते हैं किन्तु ऐसे भी लोग होते हैं, जो अपना काम बनाने के लिए दूसरों के कामों को बिगाड़ डालते हैं। ऐसे लोगों को मनुष्य नहीं, राक्षस कहना चाहिए। किन्तु कुछ ऐसे भी लोग होते हैं जो अपना नुकसान भले ही हो जाय, दूसरों को हानि पहुँचाने में लगे रहते हैं। यह इतने नीच हैं कि इनके लिए कौन-सी अधम श्रेणी कही जाय, हम नहीं जानते।''

सामान्यवृक्षास्तु परोपकारिणो भवन्त्येव, तेष्वपि कल्पवृक्षाः विशिष्टाः, अभीष्टफलदाने तेषामत्यधिकं श्रेष्ठत्वं वर्तते। सत्पुरुषा अपि सामान्यदानिपुरुषापेक्षया समधिकं दानं प्रयच्छन्ति, परजनाभीष्टसाधनं कुर्वन्ति। अत एव भोगभूमौ जनानां सर्वा आवश्यकताः कल्पवृक्षाः स्वत एव पूरयन्ति, न हि कस्यचित् पुरुषार्थः श्रमो वाऽपेक्षितः। आदिपुराणे नवमपर्वणि तेषां विस्तरतो वर्णनमस्ति। एते कल्पवृक्षाः न च वनस्पतिकायिकाः, किन्तु पृथ्वीकायिकाः, तथा अनादिनिधनाः, प्राणिनां स्वभावत एवोपकारकाः सन्तीति आदिपुराणे (९/४९-५१) **वर्णितम्—**

न वनस्पतयोऽप्येते, नैव दिव्यैरधिष्ठिताः।
केवलं पृथिवीसारास्तन्मयत्वमुपागताः।।

अनादिनिधनाश्चैते निसर्गात् फलदायिनः।
न हि भावस्वभावानामुपालम्भः सुसंगतः।।

नृणां दानफलादेते फलन्ति विपुलं फलम्।
यथान्यपादपाः काले प्राणिनामुपकारकाः।।

सामान्य वृक्ष तो परोपकारी होता ही है, उनमें भी कल्पवृक्षों की विशिष्ट स्थिति और अभीष्ट फल देने में सर्वाधिक श्रेष्ठता होती है। सत्पुरुष भी सामान्य दानी पुरुषों की अपेक्षा अधिक दान देते हैं और अन्य (याचक) जनों के अभीष्ट की सिद्धि करते हैं। इसलिए भोगभूमि में लोगों की सारी आवश्यकताएँ कल्पवृक्षों से ही पूर्ण होती हैं, किसी को भी पुरुषार्थ या श्रम करने की अपेक्षा नहीं होती। आदिपुराण (नवम पर्व) में उनका विस्तार से वर्णन है। ये कल्पवृक्ष वनस्पतिकायिक नहीं होते, अपितु पृथ्वीकायिक ही होते हँ, तथा अनादिनिधन होते हैं। वे स्वभावतः ही प्राणियों के उपकारक होते हैं —यह आदिपुराण (9/49-51) में इस प्रकार बताया गया है—

"ये कल्पवृक्ष न तो वनस्पतिकायिक हैं और न ही देवों द्वारा अधिष्ठित हैं। केवल वृक्ष के आकार रूप में परिणत पृथिवी के सार हैं।"

"ये सभी वृक्ष अनादिनिधन हैं और स्वभाव से ही फल देने वाले हैं। इनका स्वभाव ऐसा क्यों है —इस तरह इनमें दोष लगाना शंका करना उचित नहीं।"

"जिस प्रकार के आजकल के अन्य वृक्ष अपने-अपने फलने का समय आने पर, अनेक प्रकार के फल देकर प्राणियों का उपकार करते हैं, उसी प्रकार ये कल्पवृक्ष मनुष्यों के दान के फल से अनेक प्रकार के फल देकर वहाँ के प्राणियों के उपकारक होते हैं।"

भोगभूमौ एते कल्पवृक्षा दशविधा भवन्ति। तेषां पृथक् पृथक् उपयोगिता आदिपुराणे (९/३५-४८) निरूपिता—

मद्यातोद्यविभूषास्त्रग्दीपज्योतिर्गृहाङ्गकाः।
भोजभाजनवस्त्राङ्गा इत्यन्वर्थसमाह्वयाः।।

यत्र कल्पद्रुमा रम्या दशधा परिकीर्त्तिताः।
नानारत्नमयाः स्फीतप्रभोद्योतितदिङ्मुखाः।।

मद्याङ्गा मधुमैरेयसीध्वरिष्टासवादिकान्।
रसभेदांस्तताभोदान् वितरन्त्यमृतोपमान्।।

कामोद्दीपनसाधर्म्यात् मद्यमित्युपचर्यते।
तारवो रसभेदोऽयं यः सेव्यो भोगभूमिजैः।।

भोगभूमि में ये दश प्रकार के कल्पवृक्ष होते हैं। इनकी पृथक्-पृथक् उपयोगिता आदिपुराण (9/35-48) में इस प्रकार बताई गई है—

"जहाँ मद्यांग, वादित्रांग, भूषणांग, मालांग, दीपांग, ज्योतिरंग, गृहांग, भोजनांग, भाजनांग और वस्त्रांग —इन सार्थक नामों को धारण करने वाले दश प्रकार के कल्पवृक्ष होते हैं।"

"ये कल्पवृक्ष अनेक रत्नों के बने हुए रम्य होते हैं और अपनी विस्तृत प्रभा से दशों दिशाओं को प्रकाशित करते रहते हैं।"

"इनमें मद्यांग जाति के वृक्ष फैलती हुई सुगन्धि से युक्त तथा अमृत के समान मीठे मधु-मैरेय, सीधु, अरिष्ट और आसव आदि के अनेक प्रकार के रस देते हैं।"

"कामोद्दीपन की समानता होने से शीघ्र ही इन मधु आदि को उपचार से मद्य कहते हैं। वास्तव में ये वृक्षों के एक प्रकार के रस हैं जिन्हें भोगभूमि में उत्पन्न होने वाले आर्य पुरुष सेवन करते हैं।"

मदस्य करणं मद्यं पानशौण्डैर्यदादृतम्।
तद्वर्जनीयमार्याणामन्तःकरणमोहदम्।।

पटहान् मर्दलांस्तालं झल्लरीशङ्खकाहलम्।
फलन्ति पणवाद्यांश्च वाद्यभेदांस्तदङ्घ्रिपाः।।

तुलाकोटिककेयूररुचकाङ्गदवेष्टकान्।
हारान् मुकुटभेदांश्च सुवते भूषणाङ्गकाः।।

स्रजो नानाविधाः कर्णपूरभेदांश्च नैकधा।
सर्वर्तुकुसुमाकीर्णाः सुमनोङ्गा दधत्यलम्।।

मणिप्रदीपैराभान्ति दीपाङ्गाख्या महाद्रुमाः।
ज्योतिरङ्गा सदा द्योतमातन्वन्ति स्फुरद्रुचः।।

गृहाङ्गा सौधमुत्तुङ्गं मण्डपं च सभागृहम्।
चित्रनर्त्तनशालाश्च संनिधापयितुं क्षमाः।।

"मद्यपायी लोग जिस मद्य का पान करते हैं वह नशा करने वाला है और अन्तःकरण को मोहित करने वाला है इसलिए आर्यपुरुषों के लिए सर्वथा त्याज्य कहा गया है।"

"वादित्रांग जाति के वृक्ष में दुन्दुभि, मृदंग, झल्लरी, शंख, भेरी, चंग आदि अनेक प्रकार के बाजे फलते हैं।"

"भूषणाङ्ग जाति के वृक्ष नूपुर, बाजूबन्द, रुचिक, अंगद (अनन्त), करधनी, हार और मुकुट आदि अनेक प्रकार के आभूषण उत्पन्न करते हैं।"

"मालांग जाति के वृक्ष सब ऋतुओं के फूलों से व्याप्त अनेक प्रकार की मालाएँ और कर्णफूल आदि अनेक प्रकार के कर्णाभरण अधिक रूप से धारण करते हैं।"

"दीपांग नाम के कल्पवृक्ष मणिमय दीपकों से शोभायमान रहते हैं और प्रकाशमान कान्ति के धारक ज्योतिरंग जाति के वृक्ष सदा प्रकाश फैलाते रहते हैं।"

"गृहांग जाति के कल्पवृक्ष, ऊँचे-ऊँचे राजभवन, मण्डप, सभागृह, चित्रशाला और नृत्यशाला आदि अनेक प्रकार के भवन तैयार करने के लिए समर्थ रहते हैं।"

भोजनाङ्गा वराहारानमृतस्वाददायिनः।
वपुष्करान् फलन्त्यात्तषड्रसानशनादिकान्।।

अशनं पानकं खाद्यं स्वाद्यं चान्नं चतुर्विधम्।
कट्वम्लतिक्तमधुरकषायलवणा रसाः।।

स्थालानि चषकान् शुक्तिभृङ्गारकरकादिकान्।
भाजनाङ्गा दिशन्त्याविर्भवच्छाखाविषङ्गिणः।।

चीनपट्टदुकूलानि प्रावारपरिधानकम्।
मृदुश्लक्ष्णमहार्घाणि वस्त्राङ्गा दधति द्रुमाः।।

श्रेष्ठदातारः सत्पुरुषाः प्रायः सप्तगुणविभूषिताः भवन्ति। आदिपुराणे (२०/८२-८५) **तेषां स्वरूपादिकं निरूपितमस्ति—**

"भोजनाङ्ग जाति के वृक्ष, अमृत के समान स्वाद देने वाले, शरीर को पुष्ट करने वाले और छहों रस सहित अशन-पान आदि उत्तम-उत्तम आहार उत्पन्न करते हैं।"

"अशन (रोटी, दाल, भात आदि खाने के पदार्थ), पानक (दूध, पानी आदि पीने के पदार्थ), खाद्य (लड्डू आदि खाने योग्य पदार्थ) और स्वाद्य (पान, सुपारी, जावित्री आदि स्वाद लेने योग्य पदार्थ) ये चार प्रकार के आहार और कड़वा, खट्टा, चरपरा, मीठा, कसैला और खारा —ये छह प्रकार के रस उनमें होते हैं।"

"भाजनाङ्ग जाति के वृक्ष थाली, कटोरा, सीप के आकार के बर्तन, भृङ्गार और करक (करवा) आदि अनेक प्रकार के बर्तन देते हैं। ये बर्तन इन वृक्षों की शाखाओं में लटकते रहते हैं।"

"और वस्त्राङ्ग जाति के वृक्ष रेशमी वस्त्र, दुपट्टे और धोती आदि अनेक प्रकार के कोमल, चिकने और महामूल्य वस्त्र धारण करते हैं।"

श्रेष्ठ दाता सत्पुरुष प्रायः सात गुणों से विभूषित हुआ करते हैं। आदिपुराण (20/82-85) में उनके स्वरूप आदि का निरूपण इस प्रकार हुआ है—

श्रद्धा शक्तिश्च भक्तिश्च विज्ञानं चाप्यलुब्धता।
क्षमा त्यागश्च सप्तैते प्रोक्ता दानपतेर्गुणाः।।

श्रद्धास्तिक्यमनास्तिक्ये प्रदाने स्यादनादरः।
भवेच्छक्तिरनालस्यं भक्तिः स्यात्तद्गुणादरः।।

विज्ञानं स्यात् क्रमज्ञत्वं देयासक्तिरलुब्धता।
क्षमा तितिक्षा ददतस्त्यागः सद्व्ययशीलता।।

इति सप्तगुणोपेतो दाता स्यात् पात्रसंपदि।
व्यपेतश्च निदानादेर्दोषान्निश्रेयसोद्यतः।।

दाने दाता सत्पात्रविषयकनवधाभक्तियुक्तो भवति। तदीयस्वरूपं वसुनन्दिश्रावकाचारे (गाथा २२६-२३१) **विशदतया निरूपितमस्ति—**

"श्रद्धा, शक्ति, भक्ति, विज्ञान, अलुब्धता, क्षमा और त्याग —ये दानपति अर्थात् दान देने वाले के सात गुण कहलाते हैं।"

"श्रद्धा आस्तिक्य बुद्धि को कहते हैं, आस्तिक्य बुद्धि अर्थात् श्रद्धा के न होने पर दान देने में अनादर हो सकता है। दान देने में आलस्य नहीं करना सो शक्ति नाम का गुण है, पात्र के गुणों में आदर करना —वह भक्ति नाम का गुण है।।"

"दान देने आदि के क्रम का ज्ञान होना —यह विज्ञान नाम का गुण है। दान देने की शक्ति को अलुब्धता कहते हैं। सहनशीलता होना क्षमा गुण है और उत्तम द्रव्य दान में देना सो त्याग है।।"

"इस प्रकार जो दाता ऊपर कहे हुए सात गुणों से सहित और निदान आदि दोषों से रहित होकर पात्ररूपी सम्पदा में दान देता है, वह मोक्ष प्राप्त करने के लिए तत्पर होता है।"

दान में दाता सत्पात्रों के प्रति नवधा भक्ति से युक्त होता है। उस नवधा भक्ति के स्वरूप को वसुनन्दि-श्रावकाचार (गाथा 226-231) में स्पष्ट रूप से इस प्रकार बताया गया है—

पत्तं णियघरदारे दट्ठूणण्णत्थ वा विमग्गित्ता।
पडिगहणं कायव्वं णमोत्थु ठाहु त्ति भणिऊण।।

णेऊण णिययगेहं णिरवज्जाणु तह उच्चठाणम्मि।
ठविऊण तओ चलणाण धोवणं होइ कायव्वं।।

पाओदयं पवित्तं सिरम्मि काऊण अच्चणं कुज्जा।
गंधक्खय-कुसुम-णेवज्ज-दीव-धूवेहिं य फलेहिं।।

पुप्फंजलिं खिवित्ता पयपुरओ वंदणं तओ कुज्जा।
चइऊण अट्ट-रुद्दे मणसुद्धी होइ कायव्वा।।

णिट्ठुर-कक्कस वयणाइवज्जणं तं वियाण वचिसुद्धिं।
सव्वत्थ संपुडंगस्स होई तह कायसुद्धी वि।।

"पात्र को अपने घर के द्वार पर देखकर, अथवा अन्यत्र से विमार्गण कर-खोजकर, 'नमस्कार हो, ठहरिए', ऐसा कहकर प्रतिग्रहण करना चाहिए।"

"पुनः अपने घर में ले जाकर निरवद्य अर्थात् निर्दोष तथा ऊँचे स्थान पर बिठाकर, तदनन्तर उनके चरणों को धोना चाहिए।"

"पवित्र पादोदक को शिर में लगाकर पुनः गंध, अक्षत, पुष्प, नैवेद्य, दीप, धूप और फलों से पूजन करना चाहिए।"

"तदनन्तर चरणों के सामने पुष्पांजलि क्षेपण कर वंदन करे। तथा, आर्त और रौद्र ध्यान छोड़कर मनःशुद्धि करना चाहिए।"

"निष्ठुर और कर्कश आदि वचनों के त्याग करने को वचनशुद्धि जानना चाहिए। सब ओर संपुटित अर्थात् विनीत अंग रखने वाले दातार के कायशुद्धि होती है।"

अत्रेदं ज्ञेयम्— मुनि-(प्रभृति)**उत्तमपात्राणां नवधा भक्तिस्तु भवत्येव, ऐलकक्षुल्लकादि-मध्यमपात्राणां नवधाभक्तिः कस्मिंश्चित्संघे भवति, कस्मिंश्चिन्न। स्व-स्वसंघपरिपाटी-अनुरूपमेव तत्र भक्तिप्रदर्शनं कार्यम्।** (ऐलकादीनां नवधाभक्तिः—) **ऐलकः क्षुल्लको वा यदि आहारार्थं आगच्छति, तदा** 'स्वामिन्! इच्छामि, अत्र ३ तिष्ठ ३' **इत्युच्चार्य विधिपूर्वकं प्रतिग्रहणं कर्तव्यमिति प्रथमा भक्तिः। उच्चासनदानं द्वितीया भक्तिः। तदनुसार प्रासुकजलेन पादप्रक्षालनं कार्यम्, किन्तु चरणोदको न ग्रहीतव्यः —इति तृतीया भक्तिः। अर्घेण पूजनमिति चतुर्थी भक्तिः। तदनन्तरं** 'इच्छामि' **शब्दोच्चारणेन सह नमस्कारः इति पञ्चमी भक्तिः। मनःशुद्धिः, वचनशुद्धिः, कायशुद्धिः, आहारजलशुद्धिः, एताः क्रमशः षष्ठी, सप्तमी, अष्टमी तथा नवमी च भक्तिरस्ति।**

जघन्यपात्राणामपि यथाविधि नवधा भक्तिर्भवति। अर्घ्यदानं न भवति, केवलं करयुगलीकरणमेव अर्चनं भवति। अथवा कुत्रचित् तिलकमालाश्रीफलादिदानपद्धतिरस्ति। जघन्यपात्राणां पाद-प्रक्षालनमपि गृहद्वारे एव भवति —इत्यादिकमन्तरं ज्ञेयम्।

यहाँ यह ज्ञातव्य है— मुनि आदि उत्तम पात्रों की तो नवधा भक्ति होती ही है। ऐलक, क्षुल्लक आदि मध्यम पात्रों की नवधा भक्ति किसी संघ में होती है, किसी में नहीं। वहाँ संघ की अपनी-अपनी प्रचलित परिपाटी के अनुरूप ही भक्ति प्रदर्शित की जानी चाहिए। ऐलक आदि (मध्यम पात्रों) की नवधा भक्ति इस प्रकार होती है— ऐलक या क्षुल्लक यदि आहार हेतु आते हैं तो हे स्वामिन्! इच्छामि, अत्र-3, तिष्ठ-3 ऐसा बोलकर विधिपूर्वक पड़गाहना करनी चाहिए —यह प्रथम भक्ति हुई। उच्च आसन देना —यह द्वितीय भक्ति हुई। उसके बाद, प्रासुक जल से पाद-प्रक्षालन करना चाहिए, किन्तु चरणोदक ग्रहण नहीं करना चाहिए —यह तीसरी भक्ति है। अर्घ से पूजन करना —यह चतुर्थ भक्ति है। उसके बाद, 'इच्छामि' शब्द बोलकर नमस्कार करना —यह पाँचवीं भक्ति है। मनःशुद्धि, वचनशुद्धि व कायशुद्धि एवं आहार जलशुद्धि —ये क्रमशः छठी, सातवीं, आठवीं व नवम भक्ति है।

जघन्य पात्रों की भी यथाविधि नवधा भक्ति होती है। उन्हें अर्घ्य दान नहीं होता, मात्र हाथ जोड़कर ही अर्चना होती है। अथवा कुछ जगह तिलक-माला व श्रीफल आदि के दान की पद्धति (दृष्टिगोचर) होती है। जघन्य पात्रों के पाद-प्रक्षालन भी घर के द्वार पर ही किये जाते हैं— इत्यादि अन्तर जानना चाहिए।

सम्प्रति अत्र प्रासङ्गिकरूपेण किञ्चिद् विस्तृतं निरूप्यते। आहार-योग्यपदार्थादिशुद्धता-रक्षादृष्ट्या भोजनशालादौ चन्द्रोपकवितानमपि श्रावकैः करणीयमपेक्ष्यते। एतद्-विषये समर्थकानि शास्त्रीयोद्धरणानि च प्राप्यन्ते। यथा, धर्मसंग्रहश्रावकाचार-ग्रन्थे (४/८९) **मुनेराहारचर्याप्रसङ्गे स्पष्टं वर्ण्यते—**

नमस्कृत्य त्रियोगेन पूतश्चन्द्रोपकोर्ध्वगम्।
शुद्धां भोजनशालां तन्नीत्वा संशोध्य भोजयेत्।।

पुरुषार्थानुशासनगतश्रावकाचारग्रन्थेऽपि (४/१७४-१७५) **आहारशालायाम् 'उल्लोच'-रूपस्य चन्द्रोपकपर्यायस्य सद्भावो निरूपितः-**

ततो नीत्वा कृतोल्लोचे स्थाने जन्तुविवर्जिते।
मार्जारास्पृश्यशूद्राद्यगोचरे तमसोज्झिते।।

देशर्तुप्रकृतीः ज्ञात्वा पथ्यमाहारमादरात्।
दद्यात्स्वस्योपकाराय तस्य चालस्यवर्जितः।।

अब, प्रासंगिक रूप से विस्तार से यहाँ कुछ कहा जा रहा है। भोजनशाला आदि में आहारयोग्य पदार्थों की शुद्धता सुरक्षित रहे —इस दृष्टि से श्रावकों द्वारा 'चँदोबा' तानना भी अपेक्षित है। इस विषय में समर्थक शास्त्रीय उद्धरण भी प्राप्त होते हैं। जैसे, धर्मसंग्रहश्रावकाचार ग्रन्थ (4/89) में मुनि की आहारचर्या के प्रसंग में स्पष्ट वर्णित है—

"त्रियोग (मन, वचन, काय) से उन्हें प्रमाण करके; जिसके ऊपर चन्द्रोपक (चँदोबा) लग रहा है, ऐसी शुद्ध भोजनशाला में ले जाकर शुद्धिपूर्वक आहार करावें।"

पुरुषार्थानुशासनगतश्रावकाचार (4/174-175) में भी आहारशाला में 'चँदोबा' के पर्याय 'उल्लोच' का सद्भाव बताया गया है—

"जो जीव-जन्तुओं से रहित है, जिस स्थान पर चँदोबा बँधा है, जो मार्जार व अस्पृश्य शूद्र आदि की दृष्टि के अगोचर है, और जो अन्धकार से रहित है, ऐसे स्थान पर ले जाकर देश, ऋतु, काल व पात्र की प्रकृति को जानकर आदर से, आलस्यरहित होकर, अपने उपकार के लिए और पात्र के (संयम-ज्ञान की वृद्धि के) लिए पथ्य आहार देवे।"

श्रीकिसनसिंहकृतक्रियाकोषग्रन्थेऽपि (चौपाई ७५-७७) **आहारशालादिस्थानेषु चन्द्रोप-कवितानं करणीयमिति समर्थितम्—**

जो घर मांहि रसोई दोय, तहाँ तानिये चन्दवो दोय।
अबर परहिंडा ऊपर जान, उंखल चाकी है जिहि थान।।

फटके नाज रु बीणै जहां, चून छानिबो थानक तहां।
जिस जागह जीमन नित होय, सयण करण जागा अवलोय।।

सामायिक कीजै जिहिं धीर, ए नव थानक लख वर वीर।
ऊपर वसन तहां ताणिये, श्रावक चलण तहाँ जाणिये।।

हिमवत्पर्वतस्थकूटविराजितजिनभवने जिनप्रतिमा विराजन्ते, तत्रापि चन्द्रोपकवितानानां सद्भावः तिलोयपण्णत्तिग्रन्थे (४/१६४०) **वर्णितः—**

लंबंतकुसुमदामा पारावयमोरकंठणिवहवण्णा।
मरगयपवालवण्णा विदाणणिवहा विरायंति।।

श्री किशनसिंह 'क्रियाकोष' ग्रन्थ (चौपाई 75-77) में भी आहारशाला आदि स्थानों में 'चँदोबा' लगाना चाहिए —इसका समर्थन प्राप्त होता है—

"(1-2) जिस घर में दो रसोई हों, वहाँ दो 'चँदोबा' लगाना चाहिए, और (3) 'परहिंडा' (पानी रखने के स्थान) के ऊपर, (4) जिस स्थान पर उलूखल (ओखली) व चक्की रखी जाती है, (5) जहाँ अनाज फटका व बीना जाता है, (6) जो आटा छानने का स्थान है, (7) जिस जगह पर जीमन (भोजन) नित्य किया जाता है, (8) सोने (शयन) का स्थान, (9) सामायिक का स्थान, —इन नौ स्थानों में, ऊपर कपड़ा (चँदोबा) तानना चाहिए, ऐसा श्रावक-आचार जानना चाहिए।

हिमवान् पर्वत के कूट पर विराजित जिन भवन में जिन-प्रतिमाएँ जहाँ विराजित हैं, वहाँ भी 'चँदोबा' तानने का वर्णन तिलोयपण्णत्तिग्रन्थ (4/1640) में इस प्रकार प्राप्त होता है—

"वहाँ पर लटकती हुई पुष्पमालाओं से संयुक्त और कबूतर व मयूर के कण्ठ के समान एवं मरकत व मूंगा जैसे वर्ण वाले चँदोबों के समूह विराजमान हैं।"

अन्यच्च, तत्रैव (५/११२) निरूपितम्—

णच्चंतचमरकिंकिणिविविहविताणादियाहिं वत्थाहिं।
ओलंबिदहारेहिं अच्चंति जिणेसरं देवा।।

तथा तत्रैवान्यत्र (७/४३) **निर्दिष्टम्—**

ते सव्वे जिणणिलया मुत्तावलिकणयदामकमणिज्जा।
वरवज्जकवाडजुदा दिव्वविदाणेहिं रेहंति।।

अतो देवपूजास्थानेऽपि चन्द्रोपकवितानं करणीयमिति समर्थितं भवति। अत एव पण्डित-आशाधररचितप्रतिष्ठासारग्रन्थे (श्लोक-१७६) **वेद्युपरि चन्द्रोपकवितानस्य समर्थनं विहितं दृश्यते—**

काश्मीरादिशुभद्रव्यलिखिताखण्डमण्डलम् ।
नवं चन्द्रोपकं चोर्ध्वं तयोर्वेद्योर्वितानयेत्।।

और भी, वहीं (5/112) यह भी कहा गया है—

"वे देव विस्तीर्ण एवं लटकते हुए हारों से संयुक्त तथा नाचते हुए, चँवर व किंकिणियों से सहित अनेक प्रकार के 'चँदोबा' आदि से सहित (स्थान में) जिनेश्वर की पूजा करते हैं।"

और, वहीं अन्य स्थान में (7/43) यह कहा गया है—

"वे सब जिनभवन मोती व सुवर्ण की मालाओं से रमणीय और उत्तम वज्रमय किवाड़ों से संयुक्त हुए दिव्य 'चँदोबों' से सुशोभित रहते हैं।"

अतः, देवपूजा के स्थानों में भी चँदोबों को तानना चाहिए —इसका समर्थन हो जाता है। इसीलिए पण्डित आशाधर द्वारा रचित प्रतिष्ठासार ग्रन्थ (श्लोक-176) में वेदियों के ऊपर चँदोबों का समर्थन किया हुआ दृष्टिगोचर होता है—

"काश्मीरी केसर आदि शुभ द्रव्यों से स्वस्तिक आदि लिखे हुए अखण्ड चौकोर नये चँदोबों को उन दो (मूला-भद्रा) वेदियों पर लगाएँ।"

सम्प्रति आहारदानचिकीर्षूणां श्रावकाणां कृते यज्ञोपवीतधारणमपि अपेक्षितमिति विषये समर्थक-वाक्यानि प्रस्तूयन्ते। प्रतिष्ठाविधानग्रन्थेषु यज्ञोपवीतधारणं प्रतिष्ठाविधि-अङ्गरूपेण निर्दिष्टं दृश्यते। यथा, पं. नाथूरामजीसंकलिते प्रतिष्ठापाठे (पृ. ४१, श्लोक ८-९) **निर्दिश्यते—**

यज्ञार्थं सृजनादिचक्रेश्वरेण चिह्नं विधिभूषणानाम्।
यज्ञोपवीतं विततं हि रत्नत्रयस्य मार्गं विदधाम्यतोऽहम्।।

अन्यैश्च दीक्षां यजनस्य गाढं, कुर्वद्भिरिष्टैः कटिसूत्रमुख्यैः।
सम्भूषणैर्भूषयतां शरीरं जिनेन्द्रपूजा सुखदा घटेत।।

महाकलङ्कसंहिताग्रन्थे (श्लोक-१४) **च निर्दिष्टम्—**

धौतवस्त्रं पवित्रं च, ब्रह्मसूत्रं च भूषणम्।
जिनपादार्चितं गन्धं माल्यं धृत्वा जिनोऽर्च्यते।।

अब, आहारदान करने के इच्छुक श्रावकों के लिए यज्ञोपवीत धारण करना अपेक्षित है— इस विषय में समर्थक वाक्यों को प्रस्तुत किया जा रहा है। प्रतिष्ठा-विधान के ग्रन्थों में प्रतिष्ठाविधि के अङ्ग के रूप में यज्ञोपवीत-धारण का निर्देश किया गया दृष्टिगोचर होता है। उदाहरणार्थ, पं. नाथूराम जी संकलित प्रतिश्रापात (श्लोक-8-9, पृ. 41) में निर्देश इस प्रकार है—

"आदि (प्रथम) चक्रवर्ती भरत ने भी जिनेन्द्र की पूजा के लिए बनाये गये यज्ञोपवीत को विधि रूप में आभूषणों के चिह्न के रूप में कहा है, इसलिए मैं रत्नत्रय स्वरूप मोक्ष-मार्ग के प्रतीक यज्ञोपवीत के साथ कटिसूत्रादि अन्य आभूषणों को धारण करता हूँ, ताकि जिनपूजा सुखद हो।"

महाकलंक संहिता (श्लोक-14) में भी कहा गया है—

"पूजक को शुद्ध वस्त्र, तिलक, मालाभूषण और यज्ञोपवीत धारण करके ही जिनपूजा करनी चाहिए।"

दानशासनग्रन्थे च निरूपितम्—

मूलगुणसमोपेतः कृतसंस्कारो दृक्-शुचिः।
इज्यादिषट्कर्मकरो गृही सोऽत्र ससूत्रकः।।

देवपूजा गुरुसेवा दत्तिः स्वाध्यायः संयमम्।
दयैतानि सुकर्माणि गृहिणां सूत्रधारिणाम्।।

इज्यादत्त्यादिकर्माणि यस्य मूलगुणान्वितः।
गृही सोऽत्र प्रशस्योऽस्ति, ससंस्कारः ससूत्रकः।।

एवं दानशासनग्रन्थे मुनिभ्य आहारदाता यज्ञोपवीतधारक एव भवतीति निरूपितम्। तथा चात्र संकेतितं यदष्टमूलगुणधारको यज्ञोपवीतधारी पाक्षिकश्रावको जिनपूजां तथा मुनिभ्य आहारदानं कर्तुं शक्नोति।

त्रैवर्णिकाचारग्रन्थेऽपि (४/६१) **देवपूजासमये यज्ञोपवीतधारणस्य निर्देशो दृश्यते—**

दानशासन ग्रन्थ में भी कहा गया है—

"जो यज्ञोपवीत, मूलगुण, संस्कारों से सहित हो, सम्यग्दर्शन से पवित्र हो, देवसेवादि षट्कर्मों का पालक हो, वैसा गृहस्थ यहाँ यज्ञोपवीत का धारण करनेवाला होता है। यज्ञोपवीत-धारक गृहस्थ के ये छः कर्म हैं— (1) देवपूजा, (2) गुरुसेवा, (3) दान, (4) स्वाध्याय, (5) संयम, (6) दया। इज्या (जिनपूजा), दत्ति (दान) आदि षट्कर्म जिसके मुख्य हों, आठ मूलगुणों का पालक हो, सत्संस्कारी हो और यज्ञोपवीत-सहित हो, उसे ही श्रेष्ठ गृहस्थ कहा गया है।"

इस प्रकार, दानशासन ग्रन्थ में यह बताया गया हैं कि मुनियों को आहार देने वाले को यज्ञोपवीत का धारक होना ही चाहिए। यहाँ यह संकेत भी दिया गया है कि आठ मूलगुणों का धारक, यज्ञोपवीतधारी पाक्षिक श्रावक जिन-पूजा व मुनियों को आहारदान कर सकता है।

त्रैवर्णिकाचारग्रन्थ (4/61) में भी देवपूजा के समय में यज्ञोपवीत के धारण का निर्देश दृष्टिगोचर होता है—

जिनो हि चन्दनैः स्वस्य शरीरे लेपमाचरेत्।
यज्ञोपवीतसूत्रं च, कटिमेखलया युतम्।।

त्रैवर्णिकाचारग्रन्थे (९/५३) **यज्ञोपवीतधारणपूर्वकमेव दानपूजादिसत्कर्मव्यपदेशः कृतः—**

पूजादानादिसत्कर्म सन्ध्यावन्दनकं तथा।
सदा कुर्यात् स पुण्यात्मा यज्ञोपवीतधारकः।।

आदिपुराणे (३८/२४-२५) **च स्पष्टं भणितम्—**

इज्यां वार्तां च दत्तिं च, स्वाध्यायं संयमं तपः।
श्रुतोपासकसूत्रत्वात् स तेभ्यः समुपादिशत्।।
कुलधर्मोऽयमित्येषाम् अर्हत्पूजादिवर्णनम्।
तदा भरतराजर्षिः, अन्ववोचदनुक्रमात्।।

प्रतिष्ठाविधिदर्पणग्रन्थे (६, पृ. ७०) **तथा प्रतिष्ठातिलकग्रन्थे** (परि. ७/६) **च प्रोक्तम्—**

"देवपूजा के समय, चंदन से तिलक लगाकर, यज्ञोपवीत आदि षोडशाभरण धारण करे।"

त्रैवर्णिकाचार ग्रन्थ (9/53) में यज्ञोपवीत-धारण पूर्वक ही दान, पूजा आदि सत्कर्म करने का कथन इस प्रकार है—

"भव्य जीव पूजा, दान, सन्ध्यावन्दन, अभिषेक आदि पुण्यकर्म यज्ञोपवीत धारण करने पर ही करें।"

आदिपुराण (38/24-25) में भी स्पष्ट कहा गया है—

"यज्ञोपवीतधारक को ही देवपूजा, सत्पात्रदान, स्वाध्याय, वार्ता, संयम व तप करना चाहिए। गृहस्थों का यह कुलधर्म है- ऐसा भरतराजर्षि ने अनुक्रम से कहा।"

प्रतिष्ठाविधिदर्पण ग्रन्थ (6, पृ. 70) तथा प्रतिष्ठातिलक ग्रन्थ (परि. 7/6) में भी कहा गया है—

दृग्बोधचारित्रगुणत्रयेण धृत्वा त्रिधोपासकभावसूत्रम्।
द्रव्यं च सूत्रं त्रिगुणं सुमुक्ताफलं तदारोपणमुद्वहामि।।

गर्भान्वयक्रियासु चतुर्दशी क्रिया, तथा दीक्षान्वयक्रियासु नवमक्रिया 'उपनयनक्रिया' **आदिपुराणे** (३८/१०४,६५) **निरूपिता वर्तते—**

क्रियोपनीतिर्नामाऽस्य वर्षे गर्भाष्टमे मता।
यत्रापनीतकेशस्य मौञ्जी सव्रतबन्धना।।

इत्युद्दिष्टाभिरष्टाभिरुपनीत्यादयः क्रियाः।
चत्वारिंशत्प्रमायुक्तास्ताः स्युर्दीक्षान्वयक्रियाः।।

तीर्थंकर-आदिनाथेन यज्ञोपवीतधारणं विहितमिति आदिपुराणे (१६/२३५) **निरूपितम्—**

कंठे हारलतां बिभ्रत् कटिसूत्रं कटीतटे।
ब्रह्मसूत्रोपवीताङ्गः स गाङ्गौघमिवाद्रिराट्।।

"सम्यग्दर्शन, सम्यग्ज्ञान, सम्यक्चारित्र —इन तीन गुणों को धारण करना उपासक (श्रावक) के भाव सूत्र हैं और तीन धागे का सूत्र रत्नत्रय का द्रव्यसूत्र है। रत्नत्रयरूपी मुक्ताफल के समान स्वच्छ जनेऊ धारण करता (जिनपूजा का अधिकारी होता) हूँ।"

गर्भान्वक्रियाओं में 14वीं क्रिया, तथा दीक्षान्वय क्रियाओं में नौवीं क्रिया 'उपनयन क्रिया' है— ऐसा आदिपुराण (38/104 एवं 65) में निरूपित किया गया है—

"गर्भ से आठवें वर्ष में बालक की **'उपनीति'** (यज्ञोपवीत धारण) क्रिया होती है। इस क्रिया में केशों का मुण्डन, व्रतबन्धन तथा मौञ्जीबन्धन की क्रियाएँ की जाती हैं।"

"इन पूर्वोक्त आठ क्रियाओं के साथ 'उपनीति' नाम की चौदहवीं क्रिया से लेकर आगे चालीस (कुल मिलाकर अड़तालीस) क्रियाएँ दीक्षान्वय क्रियाएँ कही जाती हैं।"

तीर्थंकर आदिनाथ ने यज्ञोपवीत धारण किया था —यह आदिपुराण (16/235) में कहा गया है—

"वक्षस्थल पर परम पवित्र यज्ञोपवीत था, इसलिए वे ऋषभदेव भगवान् मेरु पर गंगा की धारा के समान शोभा प्राप्त कर रहे थे।"

महाराजा ऋषभदेवो भरतचक्रवर्तिनो यज्ञोपवीतसंस्कारं कृतवानिति च तत्रादिपुराणे (१५/१६४) **वर्णितम्—**

अन्नप्राशनचौलोपनयनादीननुक्रमात्।
क्रियाविधीन् विधानज्ञः, स्रष्टैवास्य निसृष्टवान्।।

भरतचक्रवर्तिनाऽपि श्रावकाणां यज्ञोपवीतचिह्नं कारितमिति च हरिवंशपुराणे (११/१०६) **वर्णितम्—**

काकिण्या लक्षणं कृत्वा सुरत्नत्रयसूत्रकम्।
संपूज्य स ददौ तेभ्यो भक्तिदानं कृते युगे।।

पूर्वविदेहक्षेत्रे, पुण्डरीकिणीनगर्यां राजा मेघरथ आसीत्, सोऽपि गर्भाधानादिक्रिया-संस्कारितोऽभूत्। घनरथतीर्थंकरेण मेघरथमुद्दिश्य गर्भान्वयादिक्रियासंस्कारकरणाय उपदेशोऽपि कृत इति उत्तरपुराणे (६३/१४३, ३०२) **निरूपितम्—**

महाराजा ऋषभदेव ने भरत चक्रवर्ती का यज्ञोपवीत संस्कार किया था— यह भी वहीं आदिपुराण (15/164) में वर्णित किया गया है–

"श्री ऋषभदेव ने भरत (राजकुमार) के अन्नप्राशन, चौलकर्म व उपनयन आदि समस्त संस्कार किये।"

भरत चक्रवर्ती द्वारा भी श्रावकों को यज्ञोपवीत से चिह्नित किया गया था —यह हरिवंशपुराण (11/106) में इस प्रकार वर्णित है—

"राजा भरत ने काकिणी रत्न से निर्मित यज्ञोपवीत का चिह्न बनाया और आदर-सत्कार कर कृतयुग में उन श्रावकों को भक्तिपूर्वक दान दिया।"

पूर्वविदेह क्षेत्र में पुण्डरीकिणी नगरी का राजा मेघरथ हुआ था, उसके भी गर्भाधान आदि क्रियाओं के संस्कार किये गये थे। घनरथ तीर्थंकर द्वारा मेघरथ राजा को सम्बोधित कर गर्भान्वय आदि क्रियाओं के संस्कार का उपदेश दिया गया था —ऐसा उत्तरपुराण (63/143, 302) में बताया गया है—

पतिर्घनरथस्तस्य देवी कान्ता मनोहरा।
तयोर्मेघरथाख्योऽभूदाधानाद्याप्तसत्क्रियः।।

गर्भान्वयक्रियाः पूर्वं ततो दीक्षान्वयक्रियाः।
कर्मान्वयक्रियाश्चान्यास्तत्संख्याश्चानु तत्त्वतः।।

एवमेव विदेहक्षेत्रे वज्रायुधकुमारस्यापि यज्ञोपवीतसंस्कारः संजातः —इति उत्तरपुराणे (६३/३९) **वर्णितं दृश्यते—**

आधानप्रीतिसुप्रीतिधृतिमोदप्रियोद्भवः।
प्रभृत्युक्तक्रियोपेतो धीमान् वज्रायुधाह्वयः।।

श्रेष्ठिगन्धोत्कटेन च जीवन्धरकुमारस्य अन्नप्राशनादिकाः क्रियाः कारिताः इति च तत्र उत्तरपुराणे (७५/२५०) **निरूपितम्—**

"राजा घनरथ थे और उनकी मनोहरा नाम की सुन्दर रानी थी। उन्हीं दोनों के मेघरथ नाम का पुत्र हुआ। उसके जन्म से पूर्व गर्भाधान आदि क्रियाएँ हुई थीं।"

तीर्थंकर घनरथ ने मेघरथ राजा को कहा—

"श्रावकों की क्रियाएँ गर्भान्वय, दीक्षान्वय और क्रियान्वय —इन तीन प्रकार की होती हैं। इनकी संख्या इस प्रकार है।"

इसी प्रकार विदेहक्षेत्र में वज्रायुधकुमार का भी यज्ञोपवीत संस्कार हुआ था —यह उत्तरपुराण (63/39) में इस प्रकार वर्णित हुआ मिलता है—

"वज्रायुध नाम का जब पुत्र उत्पन्न हुआ था, तब आधान, प्रीति, सुप्रीति, धृति, मोद, प्रियोद्भव आदि क्रियाएँ सम्पन्न की गई थीं।"

सेठ गन्धोत्कट द्वारा जीवन्धरकुमार की अन्नप्राशन आदि क्रियाएँ सम्पन्न कराई गई थीं —यह भी वहीं उत्तरपुराण (75/250) में इस प्रकार वर्णित है—

तस्यान्यदा वणिग्वर्यः कृतमङ्गलसत्क्रियः।
अन्नप्राशनपर्यन्ते व्यधात् जीवन्धराभिधाम्।।

एवमेव श्रीपालमहाराजस्यापि यज्ञोपवीतसंस्कारस्तत्र आदिपुराणे (४७/४१) **वर्णितो दृश्यते—**

मयोपनयनेऽग्राहि व्रतं गुरुभिरर्पितम्।
मुक्त्वा गुरुजनानीतां स्वीकरोमि न चापराम्।।

पुण्यास्रवकथाकोषे (अधि. 5, उपवासफले, २१५) **भद्रबाहुस्वामिनो मौञ्जीबन्धनसंस्कारस्य निर्देशः प्राप्यते—**

ततस्तं भद्रबाहुनाम्ना वर्धयितुं लग्नः।
सप्तवर्षानन्तरं मौञ्जीबन्धनं कृत्वा......।

"किसी दिन उस सेठ (गन्धोत्कट) ने अन्नप्राशन आदि संस्कार मंगलपूर्वक एवं समस्त उत्तम क्रियाओं के साथ किये और 'जीवन्धर' यह नाम रखा।"

इसी तरह, श्रीपाल महाराज के भी यज्ञोपवीत संस्कार होने का वर्णन आदिपुराण (47/41) में इस प्रकार प्राप्त होता है—

"मैंने (श्रीपालकुमार ने) यज्ञोपवीत संस्कार के समय गुरुजनों के द्वारा दिलाया हुआ एक व्रत ग्रहण किया था और वह यह था कि मैं (माता-पिता आदि) गुरुजनों द्वारा दी हुई कन्या को छोड़कर और किसी कन्या को स्वीकार नहीं करूँगा।"

पुण्यास्रवकथाकोष (अधि. 5, उपवासफल, पृ. 215) में भद्रबाहु स्वामी के यज्ञोपवीत संस्कार का निर्देश इस प्रकार प्राप्त होता है—

"उसने उसका नाम 'भद्रबाहु' रखा। वह क्रमशः वृद्धि को प्राप्त होने लगा। (सोमशर्मा ने) सात वर्ष के बाद उसका मौञ्जीबन्धन (उपनयन) संस्कार किया........।"

नारदोऽपि यज्ञोपवीतधारी इति 'रिट्ठणेमिचरिउ' **इति जैनचरितकाव्ये वर्णितम्—**

जण्णोवईय सत्तसरमंडिउ.......।

किञ्च, इन्द्रप्रतिष्ठाविधाने यज्ञोपवीतधारणमिन्द्रस्य कार्यते। देवसेनकृतभावसंग्रहग्रन्थे (गाथा ८७) **निरूपितम्—**

अंगे वासं किच्चा इंदोहं कप्पिऊण णियकाए।
कंकणसेहरमुद्दी कुणओ जण्णोपवीयं च।।

प्राचीनक्षेत्रस्थमूर्तिष्वपि अङ्कितदेवा यज्ञोपवीतधारिणो दृश्यन्ते, यथा खजुराहोक्षेत्रादौ।

भोगभूमिस्थपुरुषाणां षोडशाभरणेषु यज्ञोपवीतस्यापि परिगणनं भवतीति तिलोयपण्णत्ति-ग्रन्थतः (४/३६१-३६२) **ज्ञायते—**

नारद को भी 'रिट्ठणेमिचरिउ' नामक चरितकाव्य में यज्ञोपवीतधारी वर्णित किया गया है—

"जो नारद सात लड़ी वाले यज्ञोपवीत से मण्डित हैं....।"

और, इन्द्रप्रतिष्ठाविधान में इन्द्र को यज्ञोपवीत-धारण कराया जाता है। देवसेनकृत भावसंग्रह (गाथा-87) में ऐसा कहा गया है—

"मंत्रों के द्वारा स्वयं में इन्द्र की स्थापना कर, कंकण, शेखर, मुद्रिका व यज्ञोपवीत धारणकर (स्वयं को) इन्द्र मानते हुए, भगवान् की पूजा करनी चाहिए।"

प्राचीन क्षेत्रों की मूर्तियों में भी अंकित देव यज्ञोपवीत के धारक दृष्टिगोचर होते हैं, जैसे खजुराहो क्षेत्र आदि में।

भोगभूमि के पुरुषों के सोलह आभरणों में यज्ञोपवीत का भी परिगणन है— ऐसा तिलोयपण्णत्ति (4/361-362) ग्रन्थ से ज्ञात होता है—

कुंडलमंगदहारा मउडं केयूरपट्टकडयाइं।
पालंबसुत्तणेउरदोमुद्दीमेहलासिछुरियाओ ।।

गेवज्जं कण्णपूरा पुरिसाणं होंति सोलसाभरणं।
चोदस इत्थीआणं छुरियाकरवालहीणाइं।।

एवं पूजादिकर्मसु यज्ञोपवीतधारणं यथा आवश्यकं, तथैव आहारदाने दात्रा मूलगुणधरेण देशसंयमिना च भवितव्यम्। दाता व्रतनियमग्रहणानन्तरमेव मुनिभ्य आहारदानाधिकारी भवति, अनधिकारिभ्यो दत्ताहारग्रहणं मुनिभिर्नोचितम्। अतएव चन्द्रगुप्तमुनिवरोऽसंयतदत्ताहारग्रहणे संघदत्तप्रायश्चित्तं गृहीतवानिति पुण्यास्त्रवकथाकोशे तथा भद्रबाहुचरिते च निरूपितम्।

उक्तं च तत्र पुण्यास्त्रवकथाकोशे (अधि. 5, उपवासफलम्, पृ. 228)— ''ततः सूरिः संप्रतिचन्द्रगुप्तस्य पुण्येन तत्तदैव भवतीत्यवगम्य तं प्रशंसयामास। तस्य लोचं कृत्वा प्रायश्चित्तमदत्त, स्वयमप्यसंयतदत्तमाहारं भुक्तवानिति संघेन प्रायश्चित्तं जग्राह।''

''भोगभूमि में कुण्डल, अंगद, हार, मुकुट, केयूर, पट्ट (भालपट्ट), कटक, प्रालम्ब, सूत्र (यज्ञोपवीत), नूपुर, दो मुद्रिकाएँ, मेखला, असि (करवाल), छुरी, ग्रैवेयक व कर्णपूर —ये सोलह आभरण पुरुषों के होते हैं। इनमें से छुरी व करवाल को छोड़कर शेष चौदह आभरण स्त्रियों के होते हैं।''

इस प्रकार, पूजा आदि कार्यों में जिस प्रकार यज्ञोपवीत-धारण आवश्यक है, उसी तरह आहारदान में दाता को मूलगुणों का धारी तथा देश-संयमी होना आवश्यक है। व्रत-नियम लेने के बाद ही व्यक्ति मुनियों को आहारदान का अधिकारी होता है, अनधिकारी (अव्रती-असंयमी) से आहार लेना मुनियों को उचित नहीं है। इसीलिए, पुण्यास्त्रवकथाकोश में तथा भद्रबाहुचरित में बताया गया है कि असंयमी लोगों से प्रदत्त आहार ग्रहण करने पर चन्द्रगुप्त मुनि ने संघ-प्रदत्त प्रायश्चित्त ग्रहण किया था।

पुण्यास्त्रवकथाकोश (अधि. 5, उपवासफल, पृ. 228) में कहा गया है— ''इसके अनन्तर, सम्प्रतिचन्द्रगुप्त के पुण्य से वह सब हुआ है— यह जानकर सूरि ने उसकी प्रशंसा की। उस (चन्द्रगुप्त) का केशलोच कर प्रायश्चित्त दिया और स्वयं (विशाखाचार्य ने) भी 'संयमहीनों द्वारा प्रदत्त आहार मैंने लिया है— इसलिए संघ से प्रायश्चित्त का ग्रहण किया।''

भद्रबाहुचरिते (घत्ता २०, पृ. ४०-४१) **च प्रोक्तम्—**

सीसहि लोउ करिवि आलोयणु,
तासु जि दिण्णउ गुरुणा तहिं खणु।
पुणु सइं गिण्हिउ संघहु दिण्णउ,
जं अविरयहिं असणु आदण्णउ।।
समलहिं तहु पडिवंदण दिण्णिम, ...।

एवं चन्द्रगुप्तो मुनिवर आलोचनां विधाय गुरुप्रदत्तप्रायश्चित्तं गृहीतवान्। अविरतियुक्तैर्देवैः प्रदत्तमाहारं गृहीतवान्, तथा संघाय आहारग्रहणाय सहमतिं दत्तवान् —इत्येतदर्थमपि स्वयं (विशाखाचार्यः) **दण्डं गृहीतवान् तथा संघमपि दण्डितं कृतवान्।**

एवं हे भव्य! निर्लोभो भूत्वा सत्पुरुषोचित-आहारदाने श्रद्धानं विधाय यथाशक्ति यथावसरं दानं विधत्स्व —इतिगाथायाः सारः।

भद्रबाहुचरित (घत्ता 20, पृ. 40-41) में भी कहा भी गया है—

"इस प्रकार, चन्द्रगुप्त मुनिवर ने आलोचना कर लोच किया और गुरुप्रदत्त प्रायश्चित्त को ग्रहण किया। अविरतियुक्त देवों द्वारा प्रदत्त जो आहार ग्रहण किया था तथा संघ को लेने के लिए सहमति प्रदान की थी, उसके लिए भी स्वयं (विशाखाचार्य ने) दण्ड लिया तथा संघ को भी दण्ड प्रदान किया। तब सभी मुनियों ने चन्द्रगुप्त को प्रतिवंदना की।"

इस प्रकार हे भव्य! निर्लोभ होकर सत्पुरुषोचित आहार के दान में श्रद्धाभाव रखकर, यथाशक्ति यथावसर दान दो —यह गाथा का सार है।

सम्प्रति गाहा-छन्दोमाध्यमेन लोभिजनकृतदानविषये पुनरपि प्रकारान्तरेण आचार्याः निरूपयन्ति—

जसकित्तिपुण्णलाहे देदि सुबहुगं पि जत्थ तत्थेव।
सम्मादिसुगुणभायण-पत्तविसेसं ण जाणंति।।२७ ।।

छाया— यशःकीर्तिपुण्यलाभाय ददाति सुबहुकमपि यत्र तत्रैव।
सम्यक्त्वादिसुगुणभाजन-पात्रविशेषं न जानन्ति।।

रत्नत्रयवर्धिनी टीका— गाथान्वयः सुगमः। **स लोभी जनः**, (जसकित्तिपुण्णलाहे) **यशःकीर्तिपुण्यलाभाय। अत्र यशःकीर्तिपदः पुण्यगुणख्यापनवाचकम्। यशःकीर्तिनामकनामकर्मापि वर्तते, यस्योदयाद् विद्यमानाविद्यमानगुणोद्भावनं परजनकृतं स्वतो भवति। तन्निमित्तं पुण्यार्जनाय च,** (जत्थ तत्थेव) **यत्र कुत्रचिदपि, पात्रापात्रविचारं नैव कृत्वा, यस्मै कस्मैचिद् जनाय संगठनाय वा,** (सुबहुगं पि) **बहुविधं शोभनं च, यद्वा बहुप्रकारेण, सम्यक्प्रकारेण च,** (देदि) **ददाति, दानं करोति।**

अब, गाहा छन्द के द्वारा लोभी व्यक्ति द्वारा किये जाने वाले दान के विषय में आचार्य पुनः प्रकारान्तर से बता रहे हैं—

गाथा-अर्थ— (यश-कीर्ति आदि का लोभी) यश-कीर्ति व पुण्य के लाभ हेतु जहाँ-तहाँ बहुत ज्यादा भी दान देता है, किन्तु सम्यक्त्व आदि सद्गुणों के पात्रों की विशेषता का ज्ञान (ऐसे लोगों को) नहीं होता।।27।।

रत्नत्रयवर्धिनी टीका— गाथा का अन्वय सुगम है। वह लोभी व्यक्ति, **(यशःकीर्तिपुण्यलाभाय)** यशः-कीर्ति व पुण्य की प्राप्ति के लिए। यहाँ यशःकीर्ति शब्द पुण्यगुणों की ख्याति का वाचक है। यशःकीर्ति नाम का नामकर्म भी होता है जिसके उदय से विद्यमान या अविद्यमान गुणों का उद्भावन अन्य लोगों द्वारा स्वतः किया जाता है। उसके लिए एवं पुण्य के अर्जन के लिए, **(यत्र तत्रैव)** जहाँ कहीं भी, अर्थात् पात्र या अपात्र का विचार न कर, जिस किसी भी व्यक्ति को या संगठन (संस्था आदि) को **(सुबहुकमपि)** बहुत प्रकार का एवं अच्छा-खासा, अथवा अनेक प्रकारों से, अच्छी तरह से, **(ददाति)** देता है, दान करता है।

लोभिनस्तु लौकिकख्यातिरेवाभीष्टा भवति, अतः स कुपात्रेषु यद्वा अपात्रेष्वपि यद्वा लौकिकजनानुरञ्जककार्येषु प्रशंसाख्यातिलाभाय दानं ददाति। तस्य दानकार्यं सम्यक्फलं न ददाति, कुतः ? उच्यते (सम्मादिसुगुणभायणपत्तविसेसं ण जाणंति) **सम्यक्त्वादिसुगुणाः, तेषां भाजनानि उत्तम-मध्यम-जघन्यपात्राणि, तेषां विशेषमन्तरं स न जानाति। पात्रेषु क उत्तमः, मध्यमः, जघन्यो वेति तद्विशेषं स न जानाति —इत्यर्थः।** 'सम्यक्त्वादि' **इत्यत्र आदिपदेन एकदेशविरति-सर्वविरत्योर्ग्रहणम्, यद्वा सम्यग्ज्ञानसम्यक्चारित्रयोर्ग्रहणं भवति।**

एवं स लोभी जनः प्रमादबाहुल्येन मोहबहुलतया वा, पात्रदानस्य फलं ज्ञात्वापि आहारादिकं न ददाति, शास्त्रोक्तदानविधिमपि सम्यक्तया न पालयति, तथैवं स जिनाज्ञोल्लङ्घनं करोति, अतः स बहिरात्मा मिथ्यादृष्टिरेव ज्ञेयः।

अत्रेदं ज्ञेयम्— पुण्यलाभेच्छा करणीया अकरणीया च भवति। यतो हि पुण्यं द्विविधम् —सम्यक्त्वसहितं सम्यक्त्वरहितं च।

लोभी व्यक्ति को तो मात्र लौकिक ख्याति प्राप्त करना अभीष्ट होता है, इसलिए कुपात्रों या अपात्रों को भी, अथवा लौकिक जनों के मनोरंजन करने वाले कामों में प्रशंसा, ख्याति पाने के लिए दान देता है। उसका दान कार्य सम्यक् फल नहीं देता। क्यों ? बता रहे हैं— **(सम्यक्त्वादिसुगुणभाजनपात्रविशेषं न जानन्ति)**— सम्यक्त्व आदि श्रेष्ठ गुण, उनके जो भाजन (आश्रय) उत्तम, मध्यम व जघन्य पात्र होते हैं, उनके विशेष को, अन्तर को वह नहीं जानता। पात्रों में कौन उत्तम या मध्यम या जघन्य है —इस अन्तर से वह अनभिज्ञ रहता है। 'सम्यक्त्व आदि' इस पद में आदि पद से एकदेशविरति व सर्वविरति का या सम्यग्ज्ञान व सम्यक् चारित्र का ग्रहण करणीय है।

इस प्रकार वह लोभी प्रमाद की बहुलता से या मोह (अज्ञानता) की बहुलता से पात्रदान के फल को जानकर भी आहार आदि दान देता है, तथा शास्त्रोक्त दान की विधि का अच्छी तरह पालन नहीं करता, इस प्रकार वह जिनाज्ञा का उल्लंघन करता है, इसलिए उसे बहिरात्मा व मिथ्यादृष्टि ही जानना चाहिए।

यहाँ यह ज्ञातव्य है— पुण्य-लाभ की इच्छा करणीय व अकरणीय (दोनों प्रकार की) होती है। क्योंकि पुण्य के दो प्रकार हैं— सम्यक्त्वसहित व सम्यक्त्वरहित।

तत्र सम्यक्त्वसहितस्य यत्पुण्यं तत्तु सौख्यदायकम्, मिथ्यात्वयुक्तं मिथ्यादृष्टेर्वा यत्पुण्यं, तत्परिणामेऽशुभफलप्रदम्। सम्यक्त्वमिथ्यात्वेतिपरिणामभेदेन तस्य फलेऽपि भेदो भवतीति भावः।

विशदीकृतं च परमात्मप्रकाशग्रन्थे (२/५८-५९)—

वर णियदंसण-अहिमुहउ मरणु वि जीव लहेसि।
मा णिय-दंसण-विम्मुहउ पुण्णु वि जीव करेसि।।

जे णिय-दंसण-अहिमुहा सोक्खु अणंतु लहंति।
तिं विणु पुण्णु करंता वि दुक्खु अणंतु सहंति।।

तथा तिलोयपण्णत्तौ (९/५२) **च भणितम्—**

पुण्णेण होइ विहओ, विहवेण मओ मएण मइमोहो।
मइमोहेण व पावं तम्हा पुण्णो वि वज्जेज्जो ।।

इनमें सम्यक्त्व सहित जो पुण्य होता है, वह तो सौख्यदायक होता है, मिथ्यात्वयुक्त या मिथ्यादृष्टि का पुण्य जो होता है, वह परिणाम में अधिकतया अशुभ फल प्रदान करता है। सम्यक्त्व व मिथ्यात्व —इन भिन्न-भिन्न परिणामों के कारण, उनके फलों में भी भेद होता है— यह भाव है।

इसे परमात्मप्रकाश ग्रन्थ (2/58-59) में इस प्रकार स्पष्ट किया गया है—

"हे जीव! जो अपने सम्यग्दर्शन के अभिमुख होकर मरण को भी पाओ तो अच्छा है, किन्तु अपने सम्यग्दर्शन से विमुख होकर पुण्य भी करो तो अच्छा नहीं।"

"जो सम्यग्दर्शन के सन्मुख हैं, वे अनन्त सुख को पाते हैं, और जो भी उस (सम्यक्त्व) से रहित हैं, वे पुण्य भी करते हैं तो पुण्य के फल से अल्प सुख पाकर अनन्त दुःख भोगते हैं।"

तिलोयपण्णत्ति (9/52) में भी कहा गया है—

"पुण्य से वैभव होता है, वैभव से मद होता है, मद से मति-मोह, बुद्धि-भ्रम होता है और मति-मोह से पाप में प्रवृत्ति होती है, इसलिए, वैसे पुण्य को तो छोड़ना ही चाहिए।"

एवं हे भव्य! प्रशंसाप्रतिष्ठाख्यातिहेतोः कृतो धनव्ययो निरर्थक एव, न तेन धर्मलाभः पुण्यलाभो वा भवति। किम्बहुना, परलोकेऽन्यजन्मनि वा न किञ्चिदपि प्रशस्तफलं प्राप्यते। अतः सम्यग् विचार्य ख्यातिपूजावाञ्छां परिहृत्य पात्रापात्रादिविवेकपूर्वकमेव सत्पात्रदाने एव मतिं विधत्स्वेति गाथायास्तात्पर्यम्।

सम्प्रति उग्गाहा-छन्दोमाध्यमेन यन्त्रमन्त्रतन्त्रादिप्रदर्शनजन्यया श्रद्धया कृतं दानं न मोक्षफलं-ददाति —इति शास्त्रकारा निरूपयन्ति—

जंतं मंतं तंतं परिचरिदं पक्खवादपियवयणं।
पडुच्च पंचमयाले भरहे दाणं ण किंपि मोक्खस्स।।२८ ।।

छाया— यन्त्रं मन्त्रं तन्त्रं परिचरितं पक्षपातप्रियवचनम्।
प्रतीत्य पञ्चमकाले भरते दानं न किमपि मोक्षाय।।

इस तरह, हे भव्य! प्रशंसा, प्रतिष्ठा व ख्याति के लिए, किया गया धन का व्यय निरर्थक ही होता है, उससे धर्म का या पुण्य का लाभ नहीं होता, अधिक क्या कहा जाय, परलोक में या अन्य जन्म में कोई प्रशस्त फल भी प्राप्त नहीं होता। इसलिए अच्छी तरह विचार कर, ख्याति व पूजा की इच्छा को छोड़कर, पात्र-अपात्र का विवेक करते हुए सत्पात्र को दान देने में ही अपना मनन-चिन्तन करो —यह गाथा का तात्पर्य है।

अब, उग्गाहा छन्द के द्वारा यन्त्र, मन्त्र, तन्त्र आदि के प्रदर्शन से उत्पन्न श्रद्धा के कारण किये गये दान से मोक्ष (आदि) फल नहीं प्राप्त होता— इसे शास्त्रकार बता रहे हैं—

गाथा-अर्थ— (इस) पंचम काल में भरत क्षेत्र में यन्त्र, मन्त्र, तन्त्र, परिचर्या (सेवा), पक्षपात-प्रदर्शन, प्रियभाषण —इनके द्वारा प्रतीति (विश्वास) पैदा कर (उनसे प्रभावित होकर) किया गया किसी प्रकार का भी दान मोक्ष का कारण नहीं होता (संसार का कारण होता है)।।28।।

रत्नत्रयवर्धिनी टीका— गाथान्वयः सुगमः। (पंचमकाले भरहे) **अस्मिन् अवसर्पिणीकालस्य पञ्चमे अरे (भागे) दुष्षमानामके, वर्तमानकाले इत्यर्थः। अयं दुष्षमाकाल एकविंशतिसहस्र-वर्षात्मको विज्ञेयः।**

भरतक्षेत्रे, सार्धद्वयद्वीपान्तर्गते विशिष्टे भरताख्ये क्षेत्रे इत्यर्थः। भरतक्षेत्रमिदं जम्बूद्वीपस्थं षट्कुलाचलविभाजितेषु सप्तक्षेत्रेषु अन्यतममस्ति। तदुत्तरे हिमवान् पर्वतः, पूर्वस्यां पश्चिमायां दक्षिणदिशि च समुद्रो वर्तते। अस्य षट्खण्डाः सन्ति, येषामधिपतिश्चक्रवर्ती भवति। एतस्यैव प्रथमचक्रवर्तिभरतशासितत्वाद् भारतमिति नाम प्रसिद्धम्।

उक्तं च आदिपुराणे (१५/१५८-१५९)—

प्रमोदभरतः प्रेमनिर्भरा बन्धुता तदा।
तमाह्वद् भरतं भावि समस्तभरताधिपम्!।

रत्नत्रयवर्धिनी टीका— गाथा का अन्वय सुगम है। **(पञ्चमकाले भरते)** —इस अवसर्पिणी काल के दुष्षमा नामक इस पाँचवें आरे (भाग) में, अर्थात् वर्तमान समय में। यह दुष्षमा नामक काल इक्कीस हजार वर्षों का होता है —यह ज्ञातव्य है।

भरत क्षेत्र में, अर्थात् अढ़ाई द्वीप के अन्तर्गत स्थित विशिष्ट भरत नामक क्षेत्र में। यह भरत क्षेत्र जम्बूद्वीप में स्थित है और छः कुलाचलों से विभाजित सात क्षेत्रों में से एक है। इसके उत्तर में हिमवान् पर्वत, तथा पूर्व, पश्चिम व दक्षिण दिशाओं में समुद्र स्थित है। इसके छः खण्ड हैं, जिनका अधिपति चक्रवर्ती होता है। प्रथम चक्रवर्ती भरत द्वारा शासित होने के कारण भी यह क्षेत्र 'भारत' नाम से प्रसिद्धि को प्राप्त हुआ।

आदिपुराण (15/158-159) में कहा भी गया है—

"उस समय, प्रेम से भरे हुए बन्धुओं के समूह ने अत्यन्त हर्ष से, समस्त भरत क्षेत्र के अधिपति होने वाले उस पुत्र को 'भरत' इस नाम से पुकारा था।"

तन्नाम्ना भारतं वर्षमिति हासीज्जनास्पदम्।
हिमाद्रेरा समुद्राच्च क्षेत्रं चक्रभृतामिदम्।।

अन्यच्च, तत्रैव (१७/७६) **निर्दिष्टम्—**

ततोऽभिषिच्य साम्राज्ये भरतं सूनुमग्रिमम्।
भगवान् भारतं वर्षं तत्सनाथं व्यधादिदम्।।

(जंतं मंतं तंतं परिचरिदं पक्खवाद पियवयणं पडुच्च दाणं) **यन्त्र-मन्त्र-तन्त्रेत्यादिकाः विशिष्टाः साधनाः अथवा चमत्कारपूर्णविद्याः सन्ति, यासां माध्यमेन लौकिकाः साधकाः स्वाभीष्टसिद्धिं कुर्वन्ति। तत्र अक्षराणां विशिष्टक्रमसंयोजनं मन्त्ररूपेण कथ्यते। तत्साधनया अद्भुतशक्तिरुद्भवति। एवमेव तन्त्रमपि, तच्च** 'टोटका' **इतिनाम्ना लोके प्रसिद्धम्। त्रिकोणचतुष्कोणादिरेखात्मकमङ्कनं विधीयते, तस्य** 'यन्त्र' **इति संज्ञा। मंत्र-तंत्रादिशक्तयः पौद्गलिकाः, योनिप्राभृते तन्निरूपणं वर्तते।**

''इतिहास को जानने वालों का कहना है कि जहाँ अनेक आर्य पुरुष रहते हैं, ऐसा यह हिमवत् पर्वत से लेकर समुद्र पर्यन्त का चक्रवर्तियों का क्षेत्र उसी 'भरत' पुत्र के नाम के कारण 'भारतवर्ष' रूप से प्रसिद्ध हुआ है।''

और भी, वहीं (17/76 में) यह भी कहा गया है—

''तदनन्तर, भगवान् वृषभदेव ने साम्राज्य पद पर अपने पुत्र 'भरत' का अभिषेक कर इस भारतवर्ष को उनसे सनाथ किया।''

(यन्त्रं मन्त्रं तन्त्रं परिचरितं पक्षपातं प्रियवचनं प्रतीत्य दानम्) यन्त्र, मन्त्र व तन्त्र इत्यादि विशेष साधना हैं या चमत्कारपूर्ण विद्याएँ हैं जिनके माध्यम से लौकिक साधक अपने अभीष्ट की सिद्धि किया करते हैं। इनमें अक्षरों का विशिष्ट क्रम में संयोजन 'मन्त्र' कहलाता है। इसकी साधना से अद्भुत शक्ति प्रादुर्भूत होती है। इसी तरह 'तन्त्र' है जो लोक में 'टोटका' इस नाम से प्रसिद्ध है। त्रिकोण, चतुष्कोण आदि रेखात्मक अङ्कन जो किया जाता है, उसका नाम 'यन्त्र' है। मंत्र व तन्त्र आदि की शक्तियाँ पौद्गलिक ही हैं। योनिप्राभृत (लुप्त आगम) में इसका निरूपण हुआ है।

उक्तं च धवलाग्रन्थे (पु. १३, खण्ड-५, भाग-५, सू. ८२)— 'जोणिपाहुडे भणिदमंततंतसत्तीओ पोग्गलाणुभागो त्ति घेत्तव्वो' **इति। मन्त्रादिशक्तिमाहात्म्यं शास्त्रकारैः स्वीकृतमपि। उक्तं च गोम्मटसारस्य** (१८४ गाथाया) **टीकायाम्—** "अचिन्त्यं हि तपोविद्यामणिमन्त्रौषधिशक्त्यतिशयमाहात्म्यं दृष्टस्वभावत्वात्। स्वभावोऽतर्कगोचरः इतिसमस्तवादिसंमतत्वाद्।"

मन्त्रादिसाधनया मारणमोहनवशीकरणादिकानि चमत्कारपूर्णानि कार्याण्यपि कर्तुं शक्यन्ते —इति ज्ञानार्णवे (९/४९-५३) **संकेतितम्। वस्तुतस्तु सर्वं पूर्वकृतकर्मफलमेव प्राप्यते, न तत्र मन्त्रतन्त्रादिप्रभावः कश्चिद्।**

उक्तं च कार्तिकेयानुप्रेक्षाग्रन्थे (गाथा-२५)—

जइ देवो वि य रक्खदि मंतो तंतो य खेत्तपालो य।
मियमाणं पि मणुस्सं तो मणुया अक्खया होंति।।

धवला ग्रन्थ (पु. 13, खण्ड-5, भाग-5, सू. 82) में कहा गया है— "योनिप्राभृत में कहे गये मन्त्र-तन्त्र रूप शक्तियों का नाम पुद्गलानुभाग है।" मन्त्र आदि की शक्ति के माहात्म्य को शास्त्रकारों ने स्वीकारा भी है। गोम्मटसार (184 गाथा) की (जी. प्र.) टीका में कहा गया है— "विद्या, मणि, मन्त्र व औषध आदि की अचिन्त्य शक्ति का माहात्म्य प्रत्यक्ष देखने में आता है, स्वभाव तर्क का विषय नहीं होता —ऐसा समस्त वादियों को मान्य है।"

मन्त्र आदि की साधना से मारण, मोहन, वशीकरण आदि चमत्कारपूर्ण कार्य भी किये जा सकते हैं —ऐसा ज्ञानार्णव (9/49-53) में इंगित किया गया है। वस्तुतः (परमार्थदृष्टि से) सब कुछ पूर्वकृत कर्मों के फल के रूप में ही (हमें) प्राप्त होता है, वहाँ कोई मन्त्र-तन्त्र आदि का कोई प्रभाव नहीं होता।

कार्तिकेयानुप्रेक्षा ग्रन्थ (गाथा-25) में कहा गया है—

"यदि मरते हुए भी मनुष्य को देव, मन्त्र, तन्त्र और क्षेत्रपाल बचा सकते होते तो मनुष्य अमर हो जाते।"

अतएव श्रमणानां कृते मन्त्रादिसाधनया जीविकायापनं दूषणमिति ग्रन्थेऽस्मिन्नेव (रयणसारे गाथा-१०३) **शास्त्रकारैः भणितमस्ति। '**पडुच्च**' (प्रतीत्य) इत्यस्यार्थः प्रतीतिमुत्पाद्य, यद्वा '**तन्मन्त्रादिकमाश्रित्य**' इत्यर्थः। एवं मन्त्रतन्त्रादिप्रयोजकसाधकानां कतिचिच्चमत्कारपूर्णानि कार्याणि वीक्ष्य तेषूपरि श्रद्धाभावो जायते, तद्वशेन दाता तेभ्यो दानं प्रयच्छति, तद्दानं न मोक्षादिप्रशस्तफलं जनयितुं समर्थमिति गाथाया आशयः। एवमेव कश्चित्परिचर्यां सेवां वा करोति, पक्षपातं प्रदर्शयति, प्रियवचनानि वा ब्रूते, तस्योपरि श्रद्धाभावं विधाय दीयमानं दानमपि तथैव मोक्षसाधकं न भवतीति भावः। सत्पात्रेष्वेव लौकिकफललोभराहित्येन शास्त्रोचितश्रद्धाभावः, तेनैव दत्तं दानं संसारसार-सौख्यदायकं भवति —इति गाथायास्तात्पर्यम्। इदमेव तात्पर्यं निरूप्यते—** (किंपि दाणं ण मोक्खस्स) **यत् किञ्चिदपि दानं दीयते, तत्सर्वं न मोक्षप्राप्त्यै साधनभूतं भवति।**

एवं हे भव्य! कुतीर्थिकाणां मन्त्रतन्त्रादिविशेषज्ञरूपेण मायाविनां प्रवञ्चकानां वा कुगुरूणा-मुपरि श्रद्धाभावो न विधेयः, न च तेभ्यो दाने रुचिं विधत्स्व, मोक्षादिसाधके सत्पात्रदाने एव वर्तस्वेति गाथासारः।

इसी दृष्टि से श्रमणों के लिए मन्त्र आदि की साधना से जीविका चलाना 'दोष' है —यह इसी ग्रन्थ (रयणसार, गाथा-103) में शास्त्रकार (श्रीकुन्दकुन्द स्वामी) ने कहा है। 'पडुच्च' **(प्रतीत्य)**— इस पद का अर्थ है— प्रतीति पैदा कर, या उस (तन्त्र-मन्त्रादि) का आश्रय लेकर। इस प्रकार मन्त्र, तन्त्र आदि का प्रयोग करने वाले साधकों के कुछ चमत्कारपूर्ण कार्य देखकर, उन पर श्रद्धा भाव हो जाता है, उससे वशीभूत होकर दाता उन्हें दान देता है तो वह दान मोक्ष आदि प्रशस्त फल को उत्पन्न करने में समर्थ नहीं होता —यह गाथा का आशय है। इसी तरह, कोई परिचर्या या सेवा करता है, पक्षपात प्रदर्शित करता है (अपना स्नेह प्रदर्शित करता है), या प्रिय वचन बोलता है, तो उस व्यक्ति के ऊपर श्रद्धा भाव रखकर यदि कोई दान दिया जाय तो वह भी मोक्ष का साधन नहीं होता —यह भाव है। सत्पात्रों को लौकिक फल का लोभ न रखते हुए, शास्त्रोक्त श्रद्धा के साथ दिया गया दान ही संसार के सारभूत सुख का दायक होता है —यह गाथा का तात्पर्य है। इसी तात्पर्य को बता रहे हैं— **(किमपि दानं न मोक्षाय)** जो कुछ भी दान मन्त्रादि प्रयोक्ताओं को दिया जाता है, वह सब मोक्ष प्राप्ति में साधन नहीं होता।

इस तरह हे भव्य! कुतीर्थिकों, मायावी, मन्त्र-तन्त्र आदि के विशेषज्ञ रूप में प्रवञ्चना करने वालों या कुगुरुओं पर श्रद्धा नहीं करना, और उन्हें दान देने की भी रुचि न रखना, मोक्ष आदि के साधक सत्पात्रदान में ही प्रवृत्ति करना —यह गाथा का सार है।

दानिनां दरिद्रतायाः, लोभिनामपि परमैश्वर्यस्य किं कारणमिति जिज्ञासां शास्त्रकाराः गाहा-छन्दोमाध्यमेन समादधति—

दाणीणं दारिद्दं लोहीणं किं हवदि महइसिरियं।
उहयाणं पुव्वज्जिदकम्मफलं जाव होदि थिरं।।२९।।

छाया— दानिनां दारिद्र्यं लोभिनां किं भवति महैश्वर्यम्।
उभयोः पूर्वार्जितकर्मफलं यावत् भवति स्थिरम्।।

रत्नत्रयवर्धिनी टीका— गाथान्वयः सुगमः। (दाणीणं दारिद्दं) **दानं ये कुर्वन्ति, ते दानिनो भवन्ति, तेषामपि दारिद्र्यं दरिद्रता, निर्धनता दृश्यते कुत्रचिद्, तथैव** (लोहीणं महइसिरियं) **लोभग्रस्तानां, सत्पात्रदानं न विधाय ख्यातिपूजादिलाभाय धनदानं कुर्वतां जनानामपि महदैश्वर्यं वैभवं कुत्रचिद् दृश्यते,** (किं हवदि) **एतद् विपरीतफलं किंनिमित्तकं, केन कारणेन भवति —इति प्रश्नः।**

दानी (भी) दरिद्रता में है और लोभी (दानी) परम वैभव सम्पन्न है —इसका कारण क्या है, इस जिज्ञासा का समाधान शास्त्रकार यहाँ गाहा छन्द के द्वारा कर रहे हैं—

गाथा-अर्थ— दानी दरिद्र क्यों हो जाता है और लोभी (दानी) के महान् ऐश्वर्य क्यों होता है ? (उत्तर—) दोनों के पूर्व-उपार्जित (शुभाशुभ) कर्मों का जो (या जितना-जब तक) फल स्थिर (विद्यमान, उदयप्राप्त) रहता है (तदनुरूप दरिद्रता आदि हैं, दान देना या न देना —ये वहाँ कारण नहीं)।।29।।

रत्नत्रयवर्धिनी टीका— गाथा का अन्वय सुगम है। **(दानिनां दारिद्र्यं)** जो दान करते हैं, वे दानी होते हैं, उनके भी दारिद्र्य या दरिद्रता या निर्धनता को कुछ स्थलों पर देखा जाता है, उसी तरह **(लोभिनां महैश्वर्यम्)** जो लोभग्रस्त हैं, सत्पात्रदान न कर, ख्याति व पूजा आदि की प्राप्ति के लिए धनदान करते हैं, ऐसे लोगों के पास भी महान् ऐश्वर्य व वैभव कहीं-कहीं दिखाई पड़ता है, **(किं भवति)** यह विपरीत फल किसलिए या किस कारण से होता है ? —यह प्रश्न है।

एतस्या जिज्ञासायाः समाधानमत्र प्रदीयते— (उहयाणं पुव्वज्जिदकम्मफलं जाव होदि थिरं) **उभयोः दानिनो लोभिनश्च, पूर्वार्जितकर्मणां फलं यावत्कालं स्थिरं स्थितं विद्यमानमुदयप्राप्तं वा भवति, तदेव तत्र हेतुः, सत्पात्रदानं कुर्वतोऽपि यदि पूर्वपापकर्मणामुदयस्तर्हि दरिद्रता भवत्येव, एवमेव सत्पात्रदाने न कृतेऽपि कस्यचित् वैभवं दृश्यते— तर्हि तत्रापि कारणं पूर्वपुण्यकर्मोदय एव ज्ञातव्यः इति तात्पर्यम्।**

अत्रेदं ज्ञातव्यम्— पूर्वकृतशुभाशुभकर्मणां फलमवश्यं भोक्तव्यं भवतीति नियमः। तस्य तीव्रोदये सति वर्तमानशुभाशुभकर्मसम्बन्धिपुरुषार्थः तत्काले न फलदो भवति। यदा पूर्वपापकर्मणां मन्दोदयः, वर्तमानशुभपरिणामस्य च तीव्रता, तर्हि पूर्वोपार्जितपापप्रकृतिरपि पुण्यप्रकृतिरूपेण संक्रामति। तत्र वर्तमानपुरुषार्थस्य फलं वर्तमानकाल एव प्राप्यते। यदि च पूर्वपापकर्मणां तीव्रोदयस्तर्हि वर्तमानशुभपुरुषार्थस्य फलं न वर्तमानकाले, अपितु भाविनि काले प्राप्स्यते। श्रूयते च यत् मानतुङ्गमैनासुन्दरीप्रभृतीनां पूर्वपापकर्मणां मन्दोदये, वर्तमानपुरुषार्थबलेन पूर्वपापप्रकृतिरपि पुण्यप्रकृतिरूपेण संक्रान्ताऽभवत्, अतस्तेषां संकटनिवारणं तत्काल एव जातम् —इति।

इस जिज्ञासा का समाधान यहीं दिया जा रहा है— **(उभयोः पूर्वार्जितकर्मफलं यावद् भवति स्थिरम्)** दानी व लोभी —दोनों के पूर्व अर्जित कर्मों का फल जब तक स्थिर, स्थित या विद्यमान या उदय प्राप्त रहता है, वहीं वहाँ (उस विपरीत फल में) हेतु है। सत्पात्रदान करते हुए व्यक्ति के यदि पूर्व पाप कर्मों का उदय हो जाय तो दरिद्रता होगी ही, इसी तरह सत्पात्र दान न करने पर भी किसी का वैभव होता दिखाई देता है तो वहाँ भी पूर्वकृत पुण्यकर्मों का उदय ही कारण है —यह जानना चाहिए —यह तात्पर्य है।

यहाँ यह ज्ञातव्य है— पूर्वकृत शुभ या अशुभ कर्मों का फल अवश्य भोगना पड़ता है— यह नियम है। उसके तीव्र उदय होने पर वर्तमान शुभ या अशुभ कर्म का पुरुषार्थ तत्काल फलदायक नहीं होने पाता। जब पूर्व पापकर्म का मन्दोदय हो और वर्तमान शुभ परिणाम की तीव्रता हो, तो पूर्व उपार्जित पाप प्रकृति भी पुण्य प्रकृति रूप से संक्रमित हो जाती है। वहाँ वर्तमान पुरुषार्थ का फल वर्तमान काल में ही प्राप्त हो जाता है। यदि पूर्व पाप कर्मों का तीव्र उदय हो तो वर्तमान शुभ पुरुषार्थ का फल वर्तमान काल में नहीं, अपितु भावी काल में प्राप्त होगा। सुनते हैं कि आचार्य मानतुङ्ग, मैनासुन्दरी आदि के पूर्व पाप कर्मों का मन्दोदय था, और वर्तमान पुरुषार्थ के बल से पूर्व पाप प्रकृति भी पुण्य प्रकृति रूप से संक्रमित हो गई थी, इसलिए उनके संकट का निवारण तत्काल ही हो गया था।

एवं हे भव्य! सत्पात्रदानफले निःशङ्कं श्रद्धानं कार्यम्, दानेन पुण्यवृद्धिर्भवत्येव, तदनुरूपं संसारसुखं प्राप्यते एवेति दृढास्थां विधत्स्वेति गाथायास्तात्पर्यम्।

यथा धनधान्यादिकं सांसारिकसुखसाधनं भवति, तथैव मुनिप्रभृतिसत्पात्रादिदानं भाविसुखसाधनमिति सम्प्रति गाहा-छन्दोमाध्यमेन शास्त्रकाराः निरूपयन्ति—

धणधण्णादि समिद्धे सुहं जहा होदि सव्वजीवाणं।
मुणिदाणादि समिद्धे सुहं तहा तं विणा दुक्खं।।३०।।

छाया— धनधान्यादौ समृद्धे सुखं यथा भवति सर्वजीवानाम्।
मुनिदानादौ समृद्धे सुखं तथा तद्विना दुःखम्।।

रत्नत्रयवर्धिनी टीका— गाथान्वयः सुगमः। (धणधण्णादि समिद्धे जहा सव्वजीवाणं सुहं होदि) **धनं च धान्यं च, तदुभयं धनधान्यम्, तदादिकं धनधान्यादि, आदिपदेन सचिताचित्तदासदासी-वाहनप्रभृतीनां ग्रहणं भवति। तस्मिन् समृद्धे प्रचुरतया स्थिते सति, यथा येन प्रकारेण सर्वजीवानां समस्तानां प्राणिनां सुखं भवति।**

इस तरह, हे भव्य! सत्पात्र दान के फल में शंकारहित होकर श्रद्धा करो, दान से पुण्य-वृद्धि होगी ही, और उसके अनुरूप संसार-सुख प्राप्त भी होगा ही —इस आस्था को दृढ़ता से धारण करो —यह गाथा का तात्पर्य है।

जिस प्रकार धन-धान्य आदि सांसारिक सुख के साधन होते हैं, उसी प्रकार मुनि आदि सत्पात्रों को दिया गया दान भावी सुख का साधन होता है— इसे अब शास्त्रकार गाहा छन्द के द्वारा बता रहे हैं—

गाथा-अर्थ— धन-धान्य आदि की समृद्धि होने पर जैसे सभी जीवों को सुख मिलता है, वैसे ही मुनि-दान आदि की समृद्धि (प्रचुरता) से सुख मिलता है और वह दानादि न हो तो दुःख मिलता है।।30।।

रत्नत्रयवर्धिनी टीका— गाथा का अन्वय सुगम है। **(धनधान्यादौ समृद्धे यथा सर्वजीवानां सुखं भवति)** धन व धान्य, ये दोनों और इत्यादि, अर्थात् इन जैसी अन्य वस्तुएँ इत्यादि, यहाँ 'आदि' पद से सचित्त, अचित्त दास-दासी व वाहन आदि का ग्रहण किया गया है। धन-धान्यादि के समृद्ध होने पर अर्थात् इसके प्रचुर मात्रा में होने पर, जिस प्रकार से समस्त जीवों-प्राणियों को सुख प्राप्त होता है।

वस्तुतस्तु पुण्योदये सत्येव धनधान्यादिकं सुखदायि भवति, अन्यथा धनधान्यादिके प्रचुरे सत्यपि विविधदुःखोद्वेगचिन्ताव्यथादिसद्भाव एवेति विशेषः। (तहा मुणिदाणादि समिद्धे सुहं) **तथैव मुनिदाने तथा तादृशान्यशुभकार्ये च समृद्धे सति सुखं प्राप्यते इत्यर्थः।**

मुनिप्रभृतिसत्पात्रेभ्यो विहितस्य दानस्य तथा तादृशान्यशुभकर्मणश्च यावदधिकं परिमाणं भवति, तावदधिकं सुखं प्राप्यते। दानादिकार्यसमृद्धिः तत्फलसुखस्यापि समृद्धिं जनयति — इत्याशयः।

(तं विणा दुक्खं) **यदि दानादिकार्यं न क्रियेत चेत् तर्हि तद्विपरीतफलं दुःखपरम्परां तनोत्येव। दानादिकार्ये अरुचिर्जनस्य धर्मविमुखत्वं ख्यापयति, धर्मविमुखताऽपि तदीयमिथ्यात्वजनितैव प्रायो भवति, एवंविधो नरः प्रायोऽशुभकार्येषु प्रवर्तते, तत्फलं तु दुःखप्राप्तिरेवेति गाथायास्तात्पर्यम्।**

वस्तुतः तो पुण्योदय होने पर ही धन-धान्य आदि सुखदायी होते हैं, नहीं तो प्रचुर धन-धान्य होते हुए भी विविध दुःख, उद्वेग, चिन्ता व व्यथा आदि का सद्भाव ही होता है यह विशेषतः ज्ञातव्य है। **(तथा मुनिदानादौ समृद्धे सुखम्)** उसी प्रकार, मुनियों को दिया जाने वाला दान और उसी के समान अन्य शुभ कार्य समृद्ध (प्रचुर) रूप से किया जाय तो सुख प्राप्त होता है — यह अर्थ है।

मुनि आदि सत्पात्रों को दिये गये दान का तथा उसी तरह के अन्य शुभ कार्य का जितना अधिक परिणाम होता है, उतना ही अधिक सुख प्राप्त होता है। और, दान आदि कार्यों की समृद्धि उसके फलस्वरूप प्राप्त होने वाले सुख को भी समृद्ध करती है —यह आशय है।

(तद् विना दुःखम्) यदि दान आदि कार्य नहीं किये जाएँ तो उस (कथित फल) के विपरीत फल दुःख की ही प्राप्ति होगी। वह भावी दुःख-परम्परा को बढ़ाएगी ही। दान आदि कार्य में अरुचि से व्यक्ति की उसकी धर्मविमुखता ही सूचित होती है, वह धर्मविमुखता भी प्रायः उस व्यक्ति के अपने मिथ्यात्व से ही जनित होती है। वैसा व्यक्ति प्रायः अशुभ कार्यों में प्रवृत्त होता है तो उसका फल उसे दुःख-प्राप्ति रूप में ही प्राप्त होगा —यह गाथा का तात्पर्य है।

अत्रायं विशेषः— पुण्यकर्मभिरेव सुखसाधनभूतस्य धनधान्यादिकस्य प्राप्तिः, अतः सुखस्य वस्तुतः साधनन्तु पुण्यकर्मैव, तत्पुण्यकर्मार्जनं दानादिशुभकर्मभिरेव, अतो मुनिदानादिभिः सुखमुक्तम्। वस्तुतोऽनादिबद्धकर्मवशाज्जीवो बाह्यपदार्थानाश्रित्य मुख्यतया अनुकूल-प्रतिकूलेतिवर्गद्वये तान् विभजति, अनुकूलेषु रागं, प्रतिकूलेषु च द्वेषं करोति।

केचित् पदार्था उपेक्षणीया अपि तदर्थे भवन्ति। रागद्वेषाभ्यां नवीनान्यपि कर्माणि बध्नाति। तानि कर्माणि यदि शुभानि, तर्हि पुण्यार्जनम्, यदि अशुभानि, तर्हि पापकर्मार्जनं तेन क्रियते। पुण्येन सुखम् पापात्तु दुःखमिति सुखदुःखमये संसारे स निरन्तर परिभ्रमति। वस्तुतः संसारे यत्सुखं वर्ण्यते, तत्परमार्थदृष्ट्या दुःखमेव, पुण्य-पापोभयकर्मविनाशे सत्येव शाश्वत-अनुपम-सुखात्मकमोक्षप्राप्तिर्भवति। अतएव पद्मनन्दिपञ्चविंशतिकाग्रन्थे (१/१४५,१४७) **वस्तुस्थिति-र्निरूपिता—**

यहाँ यह विशेष ज्ञातव्य है— पुण्य कर्मों से ही सुख के साधनभूत धन्य-धान्य आदि की प्राप्ति होती है, इसलिए वस्तुतः (सुख के) साधन तो पुण्य कर्म ही हैं, किन्तु उस पुण्य कर्म का अर्जन दान आदि शुभ कार्यों से ही होता है, इसलिए 'मुनि-दान आदि से सुख होता है' —यह कथन किया गया है। वस्तुतः तो यह जीव चूँकि अनादि काल से कर्मबद्ध है, अतः बाह्य पदार्थों का आश्रय लेकर उन्हें मुख्य रूप से अनुकूल व प्रतिकूल —इन दो वर्गों में विभाजित कर लेता है और अनुकूल (वेदनीय) के प्रति राग करता है और प्रतिकूल के प्रति द्वेष करता है।

कुछ पदार्थ उसके लिए उपेक्षणीय (अर्थात् न राग के विषय और न ही द्वेष के विषय) भी होते हैं। राग व द्वेष —इनसे नवीन-नवीन कर्मों का बन्ध होता रहता है। वे कर्म यदि शुभ होते हैं तो शुभ कहे जाते हैं और उनसे पुण्य अर्जित होता है। किन्तु यदि वे कर्म अशुभ होते हैं तो उनसे पाप कर्मों का अर्जन होता है। पुण्य से सुख और पाप से दुःख मिलता है, इस प्रकार इस सुख-दुःखमय संसार में वह निरन्तर भ्रमण करता रहता है। वस्तुतः संसार में जो सुख वर्णित (माना जाता) है, वह परमार्थ रूप से दुःख रूप ही है, क्योंकि पुण्य व पाप —इन दोनों प्रकार के कर्मों के नष्ट होने पर ही शाश्वत व अनुपम सुख की मोक्ष स्थिति प्राप्त होती है। इसीलिए पद्मनन्दिपञ्चविंशतिका ग्रन्थ (1/145, 147) में वस्तुस्थिति का इस प्रकार निरूपण किया गया है—

हे चेतः किमु जीव तिष्ठसि कथं चिन्तास्थितं सा कुतो,
रागद्वेषवशात् तयोः परिचयः कस्माच्च जातस्तव।
इष्टानिष्टसमागमादिति यदि श्वभ्रं तदावां गतौ,
नो चेन्मुञ्च समस्तमेतदचिरादिष्टादिसंकल्पनम्।।

जीवाजीवविचित्रवस्तुविविधाकारर्द्धिरूपादयो ,
रागद्वेषकृतोऽत्र मोहवशतो दृष्टाः श्रुताः सेविताः।
जातास्ते दृढबन्धनं चिरमतो दुःखं तवात्मन्निदं,
नूनं जानत एव किं बहिरसावद्यापि धीर्धावति।।

आत्मानुशासनग्रन्थे (श्लोक १८०-१८१) **च भणितम्—**

(जीव—) 'हे चित्त!' (जीव को चित्त का प्रत्युत्तर—) क्या बात है जीव?

(जीव—) चित्त! कैसे हो? (चित्त—) मैं तो चिन्ता कर रहा हूँ।

(जीव—) उस चिन्ता का क्या कारण है? (चित्त—) वह चिन्ता तो राग-द्वेष के कारण है।

(जीव—) हे चित्त! तुम्हारा राग-द्वेष से कैसे परिचय हो गया? (चित्त—) हे जीव! इष्ट व अनिष्ट पदार्थों का समागम हुआ तो राग-द्वेष से परिचय हो गया।

(जीव—) यदि ऐसी बात है तो हम दोनों की नरक-गति पक्की है! यदि तुम्हें वह मंजूर न हो तो फिर इष्ट-अनिष्ट की कल्पना को तुरन्त त्याग दो।

"हे आत्मन्! जीव, अजीव, जगत् की विचित्र वस्तुएँ एवँ उनके विविध आकार-प्रकार, ऋद्धियाँ, रूप व (व रस) आदि —ये सब मोह के कारण —राग व द्वेष को पैदा करते हैं, ऐसा देखा, सुना तथा सेवित (अनुभूत) हो चुका है। वही तुम्हारे चिरकालीन दृढ़ बन्धन का कारण है, इसीलिए तुम दुःख पा रहे हो, ऐसा सब कुछ जान-समझ कर भी तुम्हारी बुद्धि आज भी बाह्य पदार्थों में (ही) दौड़भाग कर रही है।"

आत्मानुशासन ग्रन्थ (श्लोक 180-181) में भी कहा गया है—

रागद्वेषकृताभ्यां जन्तोर्बन्धः प्रवृत्त्यप्रवृत्तिभ्याम्।
तत्त्वज्ञानकृताभ्यां ताभ्यामेवेक्ष्यते मोक्षः।।

द्वेषानुरागबुद्धिर्गुणदोषकृता करोति खलु पापम्।
तद्विपरीता पुण्यं तदुभयरहिता तयोर्मोक्षम्।।

यदि पूर्णतया रागद्वेषादिक्षयः कर्तुं न पार्येत, तर्हि शुभेषु कर्मसु प्रवृत्तिस्तु करणीया, न तु कदाचिदपि अशुभेषु कर्मसु। शुभकर्मोपार्जितपुण्यस्य महत्त्वमपि शास्त्रेषु वर्णितम्।

यथा पद्मनन्दिपञ्चविंशतिकाग्रन्थे (१/१८८-१८९, १९१) **प्रोक्तम्—**

दूरादभीष्टमभिगच्छति पुण्ययोगात्, पुण्याद् विना करतलस्थमपि प्रयाति।
अन्यत्परं प्रभवतीह निमित्तमात्रं पात्रं बुधा भवत निर्मलपुण्यराशेः।।

"राग व द्वेष द्वारा की गई प्रवृत्ति व निवृत्ति से जीव का बन्ध होता है तथा तत्त्वज्ञानपूर्वक की गई उसी प्रवृत्ति या निवृत्ति से उस (कर्मबन्ध) का मोक्ष होता है।"

"गुण के निमित्त से की गई द्वेष-बुद्धि और दोष के निमित्त से की गई अनुराग-बुद्धि—इससे पापार्जन होता है। इसके विपरीत गुण के निमित्त रो होने वाली अनुराग-बुद्धि एवं दोष के निमित्त से होने वाली द्वेष-बुद्धि से पुण्य का उपार्जन होता है। तथा उन दोनों से रहित, अनुराग-बुद्धि व द्वेष-बुद्धि के बिना, उन दोनों (पाप व पुण्य) का मोक्ष (अर्थात् संवरपूर्वक निर्जरा) होता है।"

यदि पूर्णतः राग-द्वेष का क्षय नहीं किया जा सके तो शुभ कार्यों में तो प्रवृत्ति करनी ही चाहिए, अशुभ कार्यों में तो कभी प्रवृत्त नहीं होना चाहिए। शुभ कर्मों से उपार्जित पुण्य का महत्त्व भी शास्त्रों में वर्णित है।

जैसे पद्मनन्दिपञ्चविंशतिका ग्रन्थ (1/188-189, 191) में कहा गया है—

"पुण्य का योग हो तो दूरवर्ती भी अभीष्ट पदार्थ हस्तगत हो जाता है। पुण्य न हो तो हथेली पर रखा हुआ भी पदार्थ छूट जाता है। (पुण्य से) अतिरिक्त पदार्थ तो निमित्त मात्र होते हैं। अतः हे विद्वानों! निर्मल पुण्य-राशि के आप पात्र (धारणकर्ता) बनें।"

कोप्यन्धोऽपि सुलोचनोऽपि जरसा ग्रस्तोऽपि लावण्यवान्,
निष्प्राणोऽपि हरिर्विरूपतनुरप्याघुष्यते मन्मथः।
उद्योगोज्झितचेष्टितोऽपि नितरामालिंग्यते च श्रिया,
पुण्यादन्यमपि प्रशस्तमखिलं जायेत यद् दुर्घटम्।।

सर्पो हारलता भवत्यसिलता सत्पुष्पदामायते,
संपद्येत रसायनं विषमपि प्रीतिं विधत्ते रिपुः।
देवा यान्ति वशं प्रसन्नमनसः किं वा बहु ब्रूमहे,
धर्मो यस्य नभोऽपि तस्य सततं रत्नैः परैर्वर्षति।।

सत्पुण्येनैव मनुष्यजन्म लब्धम्, सत्पुण्ययोगेनैव सम्यक्त्वरत्नमप्यधिगतम्, अभीष्टसुख-साधनान्यपि लब्धानि, तथाऽपि यदि सत्पात्रदाने अप्रवृत्तिः स्यात् तदा नास्मादधिकं दौभार्ग्यम्। उक्तं पद्मनन्दिपञ्चविंशतिकाग्रन्थे (२/३५)—

"पुण्य हो तो कोई अन्धा भी सुन्दर नेत्रों वाला हो जाता है, जरा से ग्रस्त हो तो भी लावण्यसम्पन्न हो जाता है। निष्प्राण व्यक्ति भी 'हरि' जैसा शक्तिशाली हो जाता है। कुरूप शरीर वाले को भी लोग 'कामदेव' के रूप में घोषित करने लगते हैं। (पुण्यवान् व्यक्ति) यदि कोई उद्योग रहित चेष्टा वाला हो तो भी लक्ष्मी द्वारा आलिङ्गित होता है। (यही नहीं,) पुण्य से समस्त अन्यान्य प्रशस्त दुर्लभ घटनाएँ भी घटित हो जाती हैं।"

"धर्माचरण करने वाले व्यक्ति के लिए सर्प भी हारलता बन जाता है, तलवार भी उसके लिए श्रेष्ठ पुष्पों की माला बन जाती है, विष भी रसायन (शक्तिवर्धक) बन जाता है, शत्रु भी प्रीति करने लगता है, देव भी उस पर प्रसन्न होकर उसके वशीभूत हो जाते हैं, और अधिक क्या कहें, धर्म वाले के लिए तो आकाश भी निरन्तर रत्न-वृष्टि करने लगता है।"

सत्पुण्य से ही मनुष्य का (यह) जन्म प्राप्त हुआ है, सत्पुण्य के योग से ही सम्यक्त्व रत्न भी हमें मिला है, अभीष्ट सुख-साधन भी उपलब्ध हुए हैं, फिर भी यदि हमारी सत्पात्रों को दान देने में प्रवृत्ति न हो तो हमारे लिए उस से बड़ा कोई दुर्भाग्य नहीं है। पद्मनन्दिपञ्चविंशतिका ग्रन्थ (2/35) में कहा भी गया है—

नष्टा मणीरिव चिराज्जलधौ भवेऽस्मिन्, आसाद्य चारुनरतार्थजिनेश्वराज्ञाः।
दानं न यस्य स जडः प्रविशेत् समुद्रं, सच्छिद्रनावमधिरुह्य गृहीतरत्नः।।

अतो हे भव्य! पुण्योत्पादके भाविसर्वसुखसाधनभूते सत्पात्रदाने कदाचिदपि विमुखो न स्याः, सत्पात्रदानेन मनुष्यजन्मनः सार्थकतां विधत्स्वेति गाथायाः सारः।

सत्पात्रेभ्य एव कृतं दानं साफल्यमवैतीति सम्प्रति गौरीछन्दोमाध्यमेन शास्त्रकारा निरूपयन्ति—

पत्त विणा दाणं य सुपुत्त विणा बहुधणं महाखेत्तं।
चित्त विणा वय-गुण-चरित्तं णिक्कारणं जाणे।। ३१।।

छाया— पात्रं विना दानं च सुपुत्रं विना बहुधनं महाक्षेत्रम्।
चित्तं विना व्रत-गुण-चारित्रं निष्कारणं जानीहि।।

"जैसे किसी समुद्र में कुछ मणियाँ गिर गई हों, और वे मिल जाएँ, उसी तरह हमें इस भव में मनुष्य-जन्म, पुरुषार्थ व जिनेश्वर-आज्ञा का लाभ प्राप्त हो पाया है। जो दान नहीं देता, वह तो उसी प्रकार मूर्ख है जो रत्नों को लेकर छिद्रयुक्त नौका पर आरूढ़ होकर समुद्र में प्रविष्ट हो (कर, यात्रा कर) रहा हो।"

इसलिए हे भव्य! पुण्य के उत्पादक तथा भावी समस्त सुख के साधन सत्पात्रदान से कभी विमुख न होना, और सत्पात्रदान से मनुष्य-जन्म को सार्थक (सफल) बनाना —यह गाथा का सार है।

सत्पात्रों को ही दिया गया दान सफल है —इसे अब शास्त्रकार गौरी छन्द के द्वारा बता रहे हैं—

गाथा-अर्थ— जिस प्रकार सुपुत्र के बिना बहुत सारा धन तथा बड़े-बड़े क्षेत्र (बहुत सारी जमनी-जायदाद) निरर्थक हैं तथा भाव के बिना व्रत, गुण व चारित्र का पालन भी निरर्थक होता है, उसी प्रकार सत्पात्र के बिना दान देना भी निरर्थक होता है।।31।।

रत्नत्रयवर्धिनी टीका— गाथान्वयः सुगमः। (जाणे) **जानीहि, सम्यक् अवबुद्ध्यस्व, किं जाने? उच्यते—** (पत्त विणा दाणं णिक्कारणं) **पात्रं विना दानं निष्कारणं निरर्थकमेवेति जानीहि। यतो हि दानं सत्पात्रादिभ्यः स्वपरोपकारबुद्ध्या स्वस्य वित्तादेः त्यागो भवति। किञ्च, यथा बीजं सत्क्षेत्रवपनादेव फलादिसमृद्धिं जनयति, तथैव दानं सत्पात्रेभ्यो दत्तमेव भाविसौख्यं प्रयच्छति। अतः पात्रेण विना दानस्य निष्फलत्वमेवेति सुस्पष्टम्। यथा ऊषरभूमौ क्षिप्तं बीजं निष्फलमेव भवति, तथैव कुपात्रे अपात्रे वा दत्तं दानं निरर्थकमेवेति वसुनन्दिश्रावकाचारग्रन्थे** (गाथा-२४२) **भणितम्—**

जह ऊसरम्मि खित्ते पइण्णबीयं ण किंचि रूहेई।
फलवज्जियं वियाणइ अपत्तदिण्णं तहा दाणं।।

तथा च जिनसेनाचार्यप्रणीते हरिवंशपुराणे (७/११७-११८) **च निर्दिष्टम्—**

ऊषरक्षेत्रनिक्षिप्तशालिर्नश्यति मूलतः।
यथात्र विफलं दानं कुपात्रपतितं तथा।।

रत्नत्रयवर्धिनी टीका— गाथा का अन्वय सुगम है। **(जानीहि)** जानो, अच्छी तरह समझो। क्या जानें? बता रहे हैं— **(पात्रं विना दानं निष्कारणम्)** पात्र के बिना दान निष्कारण है अर्थात् निरर्थक ही है —ऐसा जानो। क्योंकि दान का अर्थ है —सत्पात्र आदि के लिए निज व पर के प्रति अनुग्रह या उपकार की भावना से अपने वित्त आदि का त्याग (विसर्जन)। और, जैसे (कोई) बीज उत्तम क्षेत्र में बोये जाने पर ही फल आदि की समृद्धि देता है, वैसे ही दान (भी) सत्पात्रों को दिया जाकर ही भावी सुख का दाता होता है। इसलिए (सत्) पात्र के बिना दान निष्फल ही है —यह तथ्य सुस्पष्ट हो जाता है। जिस प्रकार ऊसर भूमि में डाला गया बीज निष्फल ही होता है, उसी तरह कुपात्र या अपात्र को दिया गया दान निरर्थक होता है —ऐसा वसुनन्दिश्रावकाचार ग्रन्थ (गाथा 242) में बताया गया है—

"जिस प्रकार ऊसर खेत में बोया गया बीज कुछ भी नहीं उगता है, उसी प्रकार अपात्र में दिया गया दान भी फलरहित होता है —ऐसा जानें।"

इसी तरह जिनसेनाचार्य-प्रणीत हरिवंशपुराण (7/117-118) में बताया गया है—

"जिस प्रकार बंजर भूमि में बोया हुआ धान समूल नष्ट हो जाता है, उसी प्रकार कुपात्र को दिया गया दान भी निष्फल होता है।"

अम्बु निम्बद्रुमे रौद्रं कोद्रवे मदकृद् यथा।
विषं व्यालमुखे क्षीरमपात्रे पतितं तथा।।

यथा च यत्र कुत्रचिद् वीथ्यां पतितं बीजं मृत्तिकाजलादिकं विना नाङ्कुररूपेण फलति, तथैव पात्रापात्रविवेकरहितं यत्र कुत्रापि विसर्जितं दानं न किञ्चिदपि प्रतिफलति। एवं पात्रेण विना दानस्य निरर्थकतां सुस्पष्टं बुध्यस्वेति तात्पर्यम्।

अत्र दृष्टान्तद्वयं प्रदीयते। यथा च (सुपुत्त विणा बहुधणं महाखेत्तं) **सुपुत्रेण विना बहुधनं महाक्षेत्रं भूमिवास्तुभवनादिरूपं सर्वं निरर्थकमेव जानीहि। लोके गार्हस्थ्यजीवनस्य पुत्रपुत्र्यादिकमेव विशिष्टं फलं स्वीक्रियते। उत्तमसन्ततिभिरेव यशःप्रतिष्ठादिवृद्धिः सम्भवति। सत्पुत्रफलावाप्तिरेव गृहस्थजीवनस्य व्यावहारिकदृष्ट्या सार्थकता भवति। अत एवोक्तं स्पष्टतया उत्तरपुराणे** (५४/४५-४६)—

"जिस प्रकार नीम के वृक्ष में दिया हुआ जल कडुआ हो जाता है, कोदों में दिया गया जल मदकारक हो जाता है और सर्प के मुख में पड़ा हुआ दूध विष रूप हो जाता है, उसी प्रकार अपात्र के लिए दिया गया दान विपरीत फल को देने वाला होता है।"

जिस प्रकार, जहाँ कहीं भी मार्ग में पड़ा हुआ बीज मिट्टी, जल आदि के बिना अंकुर रूप से फलित नहीं होता, उसी प्रकार पात्र या अपात्र का विवेक न करते हुए जिस किसी को दिया गया दान भी कुछ फल नहीं देता। इस प्रकार, पात्र के अभाव में दान की निरर्थकता को स्पष्ट रूप से समझो —यह (गाथा का) तात्पर्य है।

इस प्रसंग में यहाँ दो दृष्टान्त दिये जा रहे हैं। उदाहरणार्थ (प्रथम दृष्टान्त है—) **(सुपुत्रं विना बहुधनं महाक्षेत्रम्)** सुपुत्र के बिना बहुत-सारा धन तथा बड़े-बड़े क्षेत्र, भूमि, वास्तु व भवन आदि (विस्तृत जमीन-जायदाद) सभी निरर्थक होते हैं —यह जानें। लोक में गृहस्थ जीवन के विशिष्ट फल के रूप में पुत्र-पुत्री आदि को जाना-माना जाता है। उत्तम सन्तति से ही (व्यक्ति के) यश, प्रतिष्ठा आदि की वृद्धि सम्भव होती है। सत्पुत्र रूपी फल को प्राप्त करना ही व्यावहारिक दृष्टि से गृहस्थ जीवन की सार्थकता होती है। इसीलिए (आचार्य गुणभद्र-कृत) उत्तरपुराण (54/45-46) में स्पष्ट रूप से यह कहा गया है—

स्त्रियः संसारवल्लर्यः सत्पुत्राः तत्फलायिताः।
न चेत्ते तस्य रामाभिः पापाभिः किं नृपापिनः।।

यः पुत्रवदनाम्भोजं नापश्यद् दैवयोगतः।
षट्खण्डश्रीमुखाब्जेन दृष्टेनाप्यस्य तेन किम्।।

किञ्च, सत्पुत्रजन्म पितुरानन्दवर्धकमेव भवति। उक्तं च तत्रैव (उत्तरपुराणे, ५४/६०)—

चन्द्रोदयोऽन्वयाम्भोधेः कुलस्य तिलकायितः।
प्रादुर्भावस्तनूजस्य न प्रतोषाय कस्य वा।।

सन्ततिरहितस्य विषये सुभाषितरत्नभाण्डागारे (पृष्ठे-८९) **भणितम्—**

वर्धते न चिरं लोके वंशलक्ष्मीरसंततिः।
स्वल्पावशेषितस्नेहवर्तिमालेव दीपिका।।

"स्त्रियाँ संसार (वृक्ष) की लता के समान होती हैं और उत्तम पुत्र उनके फल की तरह होते हैं। यदि मनुष्य के पुत्र न हों तो उस पापी मनुष्य के लिए पुत्रहीन पापिनी स्त्रियों से क्या लाभ (प्रयोजन) है?"

"जिसने दैवयोग से पुत्र का मुखकमल नहीं देखा है, वह भले ही भरत क्षेत्र के छः खण्डों की लक्ष्मी का मुख देख ले, परन्तु उससे कोई लाभ नहीं है।"

और, सत्पुत्र का जन्म पिता के आनन्द को बढ़ाने वाला ही होता है। वहीं (उत्तरपुराण, 54/60) यह भी कहा गया है—

"जो वंश रूपी समुद्र को वृद्धिगत करने के लिए चन्द्रोदय के समान और कुल को अलंकृत करने के लिए तिलक के समान होता है, ऐसे पुत्र की उत्पत्ति किसको सन्तुष्ट नहीं करती?"

सन्तति से रहित व्यक्ति के बारे में सुभाषितरत्नभाण्डागार (पृ. 89) में यह कहा गया है—

"सन्तति-हीन वंश की लक्ष्मी (शोभा, प्रतिष्ठा आदि) चिर काल तक वृद्धि को प्राप्त नहीं होती। वह वंश उस दीपक की तरह होता है जो थोड़े-से बचे हुए स्नेह (घी या तेल) से युक्त बत्ती वाला हो (और जल्दी ही बुझने के कगार पर हो।)"

निन्द्यते पितृभिस्तस्तै: निरपत्यधनः पुमान्।
अध्वनीनैरतिश्रान्तैः अवकेशीव पादपः।।

अतएव सुभाषितसंग्रहे ममोक्तिः—

यदि पुत्रः कुपुत्रः स्यात् व्यर्थो हि धनसंचयः।
यदि पुत्रः सुपुत्रः स्यात् व्यर्थो हि धनसंचयः।।

एवं ग्रन्थस्यास्य प्रस्तुतगाथायां पुत्रशब्देन सत्पुत्र एव ग्राह्यः, यतो हि कुपुत्रस्तु पितुः प्रचुरधनादिकं नाशयत्येव। अतएव शुक्रनीतौ (३/२५२-२५३) **प्रोक्तम्—**

पित्रोराज्ञां पालयति, सेवने च निरालसः।
छायेव वर्तते नित्यं यतते चागमाय वै।।

"जिस प्रकार मार्ग में चलने से थके हुए पथिक लोग किसी ठूंठ (फल-पत्र-शाखा आदि से रहित) वृक्ष को देखकर उसकी निन्दा करते हैं, उसी प्रकार सन्तति से हीन व्यक्ति की (स्वर्गस्थ) पितरलोग दुःखी होकर निन्दा करते हैं।"

इसी दृष्टि से सुभाषित-संग्रह में मेरी (टीकाकार गणाचार्य श्री विरागसागर जी की) उक्ति यह है—

"यदि पुत्र कुपुत्र हो तो धन-संचय करना व्यर्थ है, और पुत्र सुपुत्र हो तो भी धनसंचय करना व्यर्थ है।"

इस प्रकार, इस ग्रन्थ की प्रस्तुत गाथा में 'पुत्र' शब्द से सत्पुत्र का ही ग्रहण करना चाहिए, क्योंकि कुपुत्र तो पिता के प्रचुर धन आदि को नष्ट करने वाला होता है। इसीलिए शुक्रनीति (3/252-253) में कहा गया है—

"जो पिता की आज्ञा का पालन करता है, उसकी सेवा में कभी आलस्य नहीं करता, छाया की तरह साथ रहता है, ज्ञानार्जन हेतु नित्य प्रयत्नशील रहता है, और जो सभी विद्याओं में कुशल होता है —ऐसा पुत्र ही (पिता-माता को) प्रीति व आनन्द प्रदान करता है। किन्तु इससे विपरीत जो पुत्र दुर्गुण व धननाशक होता है, वह दुःखदायी होता है।"

कुशलः सर्वविद्यासु स पुत्रः प्रीतिकारकः।
दुःखदो विपरीतो यः, दुर्गुणो धननाशकः।।

इदानीं द्वितीयदृष्टान्तः प्रदीयते— तथा च, यथा (चित्त विणा वय-गुण-चरित्तं) **चित्तं विना, अत्र चित्तपदं शुद्धान्तःकरण-वाचकमस्ति। अतो भावशुद्धिं विना यथा व्रतानि, गुणाः, चारित्रं चेत्यादीनि निष्कारणान्येव, निष्प्रयोजनानि निरर्थकानि भवन्ति तथैव सत्पात्रं विना दानं निरर्थकमेवेत्यर्थः। भावशुद्धियुक्ताः क्रिया एवोत्तमफलदायिका भवन्ति। तद्रहिताः सर्वाः क्रियाः, यथा व्रतपालनम्, मूलगुणानां पालनम्, पञ्चविधचारित्रानुष्ठानम् —एतानि सर्वाणि निरर्थकतामेव दधति। उक्तं च भावप्राभृतग्रन्थे** (गाथा-६६)—

पढिएण किं कीरइ किं वा सुणिएण भावरहिएण।
भावो कारणभूदो सायारणयारभूदाणं।।

किञ्च, तत्रैव (गाथा-८९) **भणितम्—**

बाहिरसंगच्चाओ गिरिसरिदरिकंदराइ आवासो।
सयलो णाणज्झयणो णिरत्थओ भावरहियाणं।।

अब द्वितीय दृष्टान्त दिया जा रहा है— और, जैसे **(चित्तं विना व्रत-गुण-चारित्रम्)** चित्त के बिना, यहाँ 'चित्त' पद शुद्ध अन्तःकरण का वाचक है। अतः भावशुद्धि के बिना जैसे व्रत, गुण व चारित्र इत्यादि निष्कारण ही होते हैं, अर्थात् निष्प्रयोजन व निरर्थक होते हैं, वैसे ही —सत्पात्र के बिना दान निरर्थक ही होता है —यह गाथा का अर्थ है। भावशुद्धि के साथ की गई क्रियाएँ ही उत्तम फल को प्रदान करने वाली हुआ करती हैं। उससे रहित सभी क्रियाएँ, जैसे व्रत का पालन, मूलगुणों का पालन, पाँच प्रकार के चारित्र का अनुष्ठान —ये सभी निरर्थक ही होते हैं। भावप्राभृत ग्रन्थ (गाथा-66) में कहा भी गया है—

"भावरहित अध्ययन व श्रवण क्या प्रयोजन सिद्ध होने वाला है? सागार धर्म हो या अनगार धर्म, उनमें भाव ही कारणभूत है।"

और, वहीं (गाथा-89) यह भी कहा गया है—

"भावरहित मुनियों द्वारा किया गया बाह्य परिग्रह का त्याग, पर्वत, नदी, गुफा आदि में किया गया निवास और ज्ञान के लिए किया गया शास्त्रों का अध्ययन —यह सब व्यर्थ ही है।"

अन्यच्च, तत्रैव (गाथा-९६, ९९) **निर्दिष्टम्—**

भावहि अणुवेक्खाओ अवरे पणवीस भावणा भावि।
भावरहिएण किं पुण बाहिरलिंगेण कायव्वं।।
भावसहिदो य मुणिणो पावइ आराहणाचउक्कं व।
भावरहिदो य मुणिवर भमइ चिरं दीहसंसारे।।

अत्र गाथायां सत्पात्रेण विना दानस्य निरर्थकता मुख्यतया प्रतिपाद्या वर्तते, तत्समर्थने द्वौ दृष्टान्तौ प्रदत्तौ ग्रन्थकारेण। प्रथमो दृष्टान्तः सांसारिकजनानां सामान्यव्यवहारदृष्ट्या प्रचलितां मान्यतामाश्रयति। सन्ततिराहित्ये प्रचुरधनवैभवस्य व्यर्थता यथा लोके स्वीक्रियते, तथैव पात्रेण विना दानं व्यर्थमेवेति प्रतिपाद्य द्वितीयो दृष्टान्तः धार्मिकक्षेत्रसम्बद्धः प्रदत्तः। यथा भावशुद्धिं विना सर्वं व्रताद्यनुष्ठानं व्यर्थं तथैव पात्रेण विना दानं व्यर्थमेवेति द्वितीयदृष्टान्तमाध्यमेन प्रतिपादितम्।

और भी, वहीं (गाथा-96, 99) यह भी कहा गया है—

''हे मुनि! तू अनित्यत्व आदि बारह अनुप्रेक्षाओं तथा पाँच महाव्रतों की पच्चीस भावनाओं का चिन्तन कर। भावरहित बाह्यलिङ्ग से क्या प्रयोजन सिद्ध होने वाला है?''

''हे मुनि! भावसहित मुनिराज ही चार आराधनाओं (के अनुष्ठान) को कर पाता है तथा भावरहित मुनि तो चिरकाल तक दीर्घ संसार में भ्रमण करता रहता है।''

इस गाथा में सत्पात्र के बिना दान की निरर्थकता का मुख्यतया प्रतिपादन किया गया है। इसके समर्थन में ग्रन्थकार ने दो दृष्टान्त दिये हैं। सामान्य व्यवहार की दृष्टि से संसारी लोगों की मान्यता का आश्रय लेकर प्रथम दृष्टान्त दिया गया है। सन्तति के न होने पर प्रचुर धन-वैभव की लोक में व्यर्थता मानी जाती है, उसी तरह पात्र के बिना दान व्यर्थ ही है —यह प्रतिपादन कर, दूसरा दृष्टान्त जो दिया गया है, वह धार्मिक क्षेत्र से सम्बद्ध है। जैसे भावशुद्धि के बिना समस्त व्रतादि का अनुष्ठान व्यर्थ होता है, वैसे ही पात्र के बिना दान व्यर्थ ही है —यह दूसरे दृष्टान्त के माध्यम से प्रतिपादित किया गया है।

एवं हे भव्य! सत्पात्रेभ्य एव दानं कुरुष्व, यतो हि तदैव तस्य साफल्यमिति गाथायास्तात्पर्यम्।

एवं 'पूयफलेण तिलोक्के' **इत्यादिगाथामादितः कृत्वा** 'पत्त विणा दाणं य' **इत्यादिगाथां यावत् अष्टादशगाथात्मकश्चचतुर्थाधिकारः** (देयवस्तुसत्पात्रदानफलादिनिरूपकः) **सम्पन्नतां गतः।**

[इति श्रीमद्गणाचार्यडॉ.विरागसागरमुनीन्द्रविरचितायां रत्नत्रयवर्धिनीटीकायां चतुर्थाधिकारः सम्पन्नः।।]

।। इति चतुर्थाधिकारः।।

इस प्रकार, हे भव्य! सत्पात्रों को ही दान करो, क्योंकि तभी उस दान की सफलता होती है —यह गाथा का तात्पर्य है।

इस प्रकार, **'पूयफलेण तिलोक्के'** इत्यादि गाथा से लेकर **'पत्त विणा दाणं य'** इत्यादि गाथा तक, अठारह गाथाओं वाला —यह (देय वस्तु एवं सत्पात्र-दान के फल आदि का निरूपक) चतुर्थ अधिकार सम्पन्न हुआ।

[श्रीमद्गणाचार्य डॉ. विरागसागरमुनीन्द्रकृत 'रत्नत्रयवर्धिनी' नामक टीका में चतुर्थ अधिकार सम्पन्न हुआ।]

।। इति चतुर्थाधिकारः।।

।। पंचमो अहियारो ।।

(पञ्चमोऽधिकारः)

सम्प्रति धर्मद्रव्योपभोग— निर्माल्यद्रव्यसेवनकुफलप्रतिपादनपरः पञ्चमोऽधिकारः प्रारभ्यते। तस्य प्रथमं पातनिका निर्दिश्यते। अत्र 'जिण्णुद्धारपदिट्ठा' (गाथा-32) **—इत्यादिगाथामादिं कृत्वा** 'णरइतिरियाइदुगदी' (गाथा-37) **इत्यादिगाथां यावद् षड् गाथाः सन्ति। तासु प्रथमगाथा** 'जिण्णुद्धारपदिट्ठा' (गाथा-32) **इत्यादिका वर्तते, यस्यां प्रतिपादितं यद् दानरूपेण प्रदत्तं धनद्रव्यादिकं, तस्य भोगः कुगतिदुःखदायक इति। तदनन्तरं** 'पुत्तकलत्तविदूरो' (गाथा-33) **इत्यादिका गाथा वर्तते, यत्र निरूपितं यत् पूजादिद्रव्यहर्ता दुष्फलानि भुंक्ते इति। ततश्च** 'इच्छिदफलं ण लब्भदि' **इत्यादिका** (गाथा-34) **गाथा देवद्रव्यहरणस्य दोषान् विशदयति। ततश्च** 'गदहत्थपादणासिय' — **इत्यादिका** (गाथा-35) **गाथाऽस्ति, यत्र निर्माल्यद्रव्य-सेवनस्य अनिष्टफलं निरूपितम्। ततश्च** 'खयकुट्ठमूलसूला' **—इत्यादिकायां** (गाथा-36) **गाथायां दानकार्ये विघ्नकरणस्य दुष्फलत्वं प्रतिपादितम्।**

।। पञ्चम अधिकार ।।

अब पञ्चम अधिकार प्रारम्भ हो रहा है जिसमें धर्मद्रव्य के उपभोग तथा निर्माल्य द्रव्य के सेवन के कुफल का प्रतिपादन किया गया है। सर्वप्रथम इस अधिकार की पातनिका बताई जा रही है। यहाँ **'जिण्णुद्धारपदिट्ठा'** (गाथा-32) इत्यादि गाथा से लेकर **'णरइतिरियाइदुगदी'** (गाथा-37) इत्यादि गाथा तक छः गाथाएँ हैं। इनमें **'जिण्णुद्धारपदिट्ठा'** (गाथा-32) इत्यादि पहली गाथा है, जिसमें यह प्रतिपादित किया गया है कि दान रूप से दिये गये धन व द्रव्य आदि का भोग कुगति व दुःख को देने वाला होता है। इसके अनन्तर, **'पुत्तकलत्तविदूरो'** (गाथा-33) इत्यादि गाथा है, जिसमें यह बताया गया है कि पूजा आदि के द्रव्य का हरण करने वाला दुष्फलों को भोगता है। तदनन्तर, **'इच्छिदफलं ण लब्भदि'** (गाथा-34) इत्यादि गाथा है जो देव-द्रव्य के हरण से होने वाले दोषों को स्पष्ट करती है। तत्पश्चात् **'गदहत्थपादणासिय'** (गाथा-35) इत्यादि गाथा है, जहाँ निर्माल्य द्रव्य के सेवन से होने वाले अनिष्ट फल का निरूपण किया गया है। तदनन्तर, **'खयकुट्ठमूलसूला'** (गाथा-36) इत्यादि गाथा में दान कार्य में विघ्न करने का दुष्फल बताया गया है।

तदनन्तरं 'णरइतिरियाइदुगदी' **—इत्यादिका गाथा** (गाथा-37) **वर्तते, यत्र धर्मकार्ये विघ्नकरणस्य कुफलानि निरूपितानि। एवं पञ्चमाधिकारस्य पातनिका विज्ञेया।**

सम्प्रति दानरूपेण प्रदत्तस्य धनद्रव्यादिकस्य भोगो नूनं कुगतिदुःखदायक इति शास्त्रकाराः चपला-छन्दोमाध्यमेन निर्दिशन्ति—

जिण्णुद्धार-पदिट्ठा-जिणपूया-तित्थवंदणवसेसधणं।
जो भुंजदि सो भुंजदि जिणदिट्ठं णरयगदिदुक्खं।।३२।।

छाया— जीर्णोद्धार-प्रतिष्ठा-जिनपूजा-तीर्थवन्दनअवशेषधनम्।
यो भुंक्ते स भुंक्ते जिनदिष्टं नरकगतिदुःखम्।।

रत्नत्रयवर्धिनी टीका— गाथान्वयः सुगमः। (सो णरयगदिदुक्खं भुंजदि) **स जनो नरकगतिदुःखं भुंक्ते, अनुभवतीत्यर्थः। कीदृशो जनः? उच्यते—** (जो जिण्णुद्धार-पदिट्ठा-जिणपूया-तित्थवंदणवसेसधणं भुंजदि) **यो जनः जीर्णोद्धारप्रतिष्ठाजिनपूजातीर्थवन्दनेत्यादिशुभकार्येषु प्रदत्तस्य धनस्य अवशेषं भुंक्ते, स्वहिताय तदुपयोगं कुरुते, स जनो नरकगतिदुःखानि प्राप्नोति —इति तात्पर्यम्।**

इसके बाद, **'णरइतिरियाइदुगदी'** (गाथा-37) इत्यादि गाथा है, जिसमें धर्म-कार्य में विघ्न करने के कुफलों का निरूपण किया गया है। इस प्रकार पञ्चम अधिकार की पातनिका जाननी चाहिए।

अब, दान कर दिये गये धन व द्रव्य आदि का भोग निश्चय ही कुगति-दुःख को प्रदान करता है— इसे शास्त्रकार चपला छन्द के द्वारा बता रहे हैं—

गाथा-अर्थ— जीर्णोद्धार, प्रतिष्ठा, जिनपूजा, तीर्थवन्दना (तीर्थयात्रा) —इन कार्यों के (लिये दान की गई सम्पत्ति आदि के) अवशिष्ट धन को जो भोगता (अपने लिये उपयोग करता) है, वह नरक-गति के दुःख को भोगता अर्थात् उपार्जित करता है —ऐसा जिनेन्द्र देव ने कहा है।।32।।

रत्नत्रयवर्धिनी टीका— गाथा का अन्वय सुगम है। **(स नरकगतिदुःखं भुंक्ते)** वह व्यक्ति नरकगति के दुःखों को भोगता है, अर्थात् अनुभव करता है। कैसा व्यक्ति? बता रहे हैं— **(यः जीर्णोद्धार-प्रतिष्ठा-जिनपूजा-तीर्थवन्दन-अवशेषधनं भुंक्ते)** जो जीर्णोद्धार, प्रतिष्ठा, जिनपूजा, तीर्थयात्रा (आदि) शुभ कार्यों में दान रूप में प्रदत्त धन के अवशिष्ट भाग का उपभोग करता है, (अर्थात्) अपने निजी हित के लिए उपयोग कता है, वह व्यक्ति नरक-गति के दुःखों को प्रास करता है —यह तात्पर्य है।

(जिणदिट्ठं) —इति सर्वं जिनेन निर्दिष्टम्। सर्वज्ञजिनेन्द्रदेवेन साक्षात्कृत्य प्रज्ञप्तमित्यतः कथनमिदं सत्यमवश्यम्भावीति मन्तव्यमिति आशयः।

दानिनः श्रद्धावशेन जिनमन्दिरादिजीर्णोद्धाराय, यद्वा जिनेन्द्रादिमूर्तिप्रतिष्ठायै, यद्वा जिनेन्द्रपूजाकर्मणे यद्वा तीर्थाटननिमित्तकसाधर्मिकयात्रायोजनाय, एवमन्यशुभकार्यसम्पादनाय दानं कुर्वन्ति, तत्रायोजकेषु कश्चिज्जनः तदर्थधनव्ययाद् अवशिष्टं धनं यदि स्वस्मै स्वहिताय वा नियोजयेत्, तर्हि कृत्यमिदं पापकर्मैव, तत्फलं च नरकप्राप्तिरिति गाथायाः सारः।

अन्यच्च, एतया गाथया इदमपि निर्दिश्यते यद् धनदानं केषु केषु शुभकार्येषु विधातव्यम्। जिनमन्दिराणां, चैत्यालयानां, शास्त्रभाण्डागाराणां तथा मुनिवसतिकानां च यदा जीर्णता स्याद्, तदा तेषां नवीनीकरणाय, पुनःसुदृढीकरणाय धनं दातव्यम्। अथ च जिनमन्दिर-चैत्यालय-वेदी-मानस्तम्भादीनां शुद्धिहेतोः मन्त्रादिअनुष्ठानेन पञ्चकल्याणकादिकं यत् क्रियते, तत्सर्वं प्रतिष्ठा-शब्देनात्र प्रोक्तं ज्ञेयम्।

(जिनदिष्टं) —यह सब जिनेन्द्र देव ने कहा है। सर्वज्ञ जिनेन्द्र देव ने तत्त्व का (स्वयं) साक्षात्कार कर बताया है —इसलिए यह कथन सत्य है, अवश्यम्भावी है —ऐसा मानना चाहिए —यह आशय है।

दानी लोग श्रद्धा के कारण जिन-मन्दिरों के जीर्णोद्धार के लिए, या जिनेन्द्र आदि की मूर्ति की प्रतिष्ठा के निमित्त से, या जिनेन्द्र की पूजा हेतु या तीर्थभ्रमण हेतु साधर्मी जनों की यात्रा को आयोजित करने के उद्देश्य से या इसी तरह के अन्य शुभ कार्यों को करने के लिए दान करते हैं, वहाँ आयोजकों में कोई व्यक्ति उन-उन कार्यों में व्यय किये गये धन के अवशिष्ट भाग को यदि अपने लिए या अपने (निजी) हित के लिए प्रयुक्त करे तो उनका यह कार्य पापकर्म ही है और उसका फल नरक की प्राप्ति है —यह गाथा का सार है।

और, इस गाथा में यह भी बताया गया है कि धन को किन-किन शुभ कार्यों में दान करना चाहिए। जिन-मन्दिरों, चैत्यालयों, शास्त्रभण्डारों तथा मुनि-वसतिका (आदि) की जब जीर्णता हो तो उनके नवीनीकरण हेतु एवं उनमें पुनः सुदृढ़ता लाने हेतु धन का दान करना चाहिए। और, जिनमन्दिर, चैत्यालय, वेदी व मानस्तम्भ आदि की शुद्धि के लिए मन्त्र आदि अनुष्ठान से पञ्चकल्याणक आदि जो किये जाते हैं, उन सबका यहाँ प्रतिष्ठा शब्द से कथन किया गया है —यह ज्ञातव्य है।

जिनपदेन अर्हत्सिद्धाचार्यादिकानि गृह्यन्ते। तत्पूजाविधानमभिषेकादिकं च पूजापदेन ग्राह्यम्। एवं तीर्थवन्दनार्थं या यात्रा क्रियते, आयोज्यते वा, सा 'तीर्थवन्दन'-पदेनात्र गृह्यते। एतेषु सर्वेषु शुभकार्येषु धनदानं कर्तव्यमिति च गाथयाऽनया संकेत्यते। इदमेवावधेयं यद् प्रोक्त-कार्येभ्योऽन्येषु कार्येषु वैयक्तिकस्वार्थपूर्त्यै स्वपरिवारपोषणाद्यर्थं वा तद्धनप्रयोगो न करणीयः, अन्यथा नरकगतिप्राप्तिरिति सारः।

रुद्रदत्तनामकस्य ब्राह्मणस्य (पौराणिकी) अत्र कथाऽपि प्रोक्तं तथ्यं पुष्णाति। हरिवंशपुराणे (१८ सर्गे) निरूपितं यद् वृषभदेवतीर्थङ्करशासने अयोध्यायां रत्नवीर्यनामके राज्ञि शासति सति, सुरेन्द्रदत्तनामा श्रेष्ठी एको निवसति स्म। तस्य मित्रं रुद्रदत्तनामा ब्राह्मण एक आसीत्। एकदा श्रेष्ठी तस्मै ब्राह्मणाय पर्वदिनेषु द्वादशवर्षाणि यावत् विधीयमानं जिनपूजानुष्ठाने निमित्तीकृत्य धनं प्रदाय वाणिज्यकर्मणे विदेशेऽगच्छत्। किन्तु स ब्राह्मणः तद्धनं द्यूत-वेश्यादिव्यसनासक्तिवशेन व्ययीकृतवान्। देवद्रव्योपयोगेन स रौरवनामकसप्तमनरकगतिं प्राप्तवान्।

'जिन' पद से अर्हन्त, सिद्ध, आचार्य आदि भी यहाँ गृहीत हैं। उनकी पूजा-विधान व अभिषेक आदि —यह सब पूजा शब्द से अभिहित हैं। इसी प्रकार, तीर्थ-वन्दना हेतु जो यात्रा आयोजित की जाती है, उसका 'तीर्थवन्दन' पद से ग्रहण किया गया है। इन सभी शुभ कामों में धन देना चाहिए —यह इस गाथा से इंगित होता है। बस, इतना ध्यान रखना चाहिए कि उस धन का उपर्युक्त कार्यों से अन्य कार्यों में या अपने निजी स्वार्थ की पूर्ति हेतु या निजी परिवार के भरणपोषण आदि हेतु प्रयोग नहीं करना, अन्यथा नरक-गति की प्राप्ति होगी —यह सार है।

यहाँ रुद्रदत्त नामक एक ब्राह्मण की (पौराणिक) कथा भी उपर्युक्त तथ्य को पुष्ट करती है। हरिवंश पुराण (के 18वें सर्ग) में बताया गया है कि श्रीवृषभदेव तीर्थङ्कर के शासन में अयोध्या में रत्नवीर्य नामक राजा राज्य कर रहा था, उसके राज्य में सुरेन्द्रदत्त नाम का एक सेठ रहता था। उसका मित्र रुद्रदत्त नाम का एक ब्राह्मण था। एक बार वह सेठ वाणिज्य (व्यापार) के लिए विदेश जा रहा था। (जाने से पूर्व) उसने उस ब्राह्मण को धन दिया ताकि पर्व-दिनों में बारह वर्षों तक जिन-पूजा की जाती रहे। किन्तु उस ब्राह्मण ने उस धन को जूआ खेलने व वेश्यागमन आदि व्यसनों में आसक्ति के कारण व्यय कर दिया। देव-द्रव्य के उपयोग के कारण उसने रौरव नामक सातवें नरक की गति प्राप्त की।

उक्तं च तत्र (हरिवंशपुराणे-१८/१०२)—

देवस्वस्य विनाशेन त्रयस्त्रिंशदुदन्वताम्।
समं कालं महादुःखं प्राप्योद्वर्त्याभ्रमद् भवे।।

सामान्यतया नरकगतिसम्बन्धि यद् दुःखं भवति, तद् हरिवंशपुराणे (४/३६५-६८) **निरूपितम्—**

शारीरं मानसं दुःखम्, अन्योन्योदीरितं खलु।
सहन्ते नारका नित्यं पूर्वपापविपाकतः।।

क्षारोष्णतीव्रसद् भावनदीवैतरिणीजलात्।
दुर्गन्धान्मृन्मयाहाराद् दुःखं भुञ्जन्ति दुःसहम्।।

अक्ष्णोर्निमीलनं यावत् नास्ति सौख्यं च जातुचित्।
नरके पच्यमानानां नारकाणामहर्निशम्।।

वहीं (हरिवंशपुराण-18/102) यह भी कहा भी गया है —

"देव सम्बन्धी द्रव्य को हड़पने के कारण वह तैंतीस सागर काल पर्यन्त महान् नरक दुःख भोगता रहा और वहाँ से निकल कर भी संसार-भ्रमण करता रहा।"

नरक गति के जो सामान्य रूप से दुःख हैं, उन्हें हरिवंशपुराण (4/365-368) में इस प्रकार बताया गया है—

"ये नारकी जीव अपने पूर्वकृत पापकर्म के उदय से निरन्तर एक दूसरे के द्वारा दिये गये शारीरिक व मानसिक (दोनों) दुःख को सहते हैं।"

"वे वैतरणी नदी का खारा, गरम तथा अत्यन्त तीक्ष्ण जल पीते हैं और दुर्गन्धि से भरी मिट्टी का आहार करते हैं, अतः निरन्तर असह्य दुःख भोगते रहते हैं।"

"रात-दिन नरक में पचने (सन्तापित होने) वाले नारकी जीवों को निमेष मात्र समय के लिए भी सुख नहीं मिलता।"

स्युस्तेषामशुभतराः परिणामाः शरीरिणाम्।
लिङ्गं नपुंसकाख्यं स्यात् संस्थानं हुण्डसंज्ञकम्।।

त्रिलोकसारग्रन्थे (गाथा-१९७) **च नरकदुःखप्रकाराणां निरूपणं कृतमस्ति—**

खेत्तजणिदं असादं सारीरं माणसं च असुरकयं।
भुंजंति जहावसरं भवट्ठिदी चरिमसमयो त्ति।।

अत्र 'च'शब्देन परस्पर-विहितदुःखमपि गृह्यते, अतः नरकदुःखस्य पञ्चविधत्वं विज्ञेयम्। तत्र क्षेत्रजदुःखानि वर्ण्यन्ते। नरकभूमौ तीव्रा दुःखदायिनी दुस्सहा स्पर्शवेदना स्वभावतो भवति। उक्तं च त्रिलोकसारग्रन्थे (गाथा-१७७, १९१)—

वज्जघणभित्तिभागा वट्टतिचउरंसबहुविहायारा।
णिरया सया वि भरिया सव्विंदियदुक्खदाईहिं।।

विंच्छियसहस्सवेयण समधियदुक्खं धरित्तिफासादो।।

"उन नारकियों के निरन्तर अत्यन्त अशुभ परिणाम होते रहते हैं। उनके मात्र नपुंसक लिङ्ग होता है और हुण्डक नामक कुरूप संस्थान होता है।"

त्रिलोकसार ग्रन्थ (गाथा-197) में नरक के दुःख कितने प्रकार के हैं— यह बताया गया है—

"क्षेत्रजनित, शारीरिक, मानसिक व असुरकृत —ऐसी चार प्रकार की असाता को नारकी जीव यथावसर अपनी भवस्थिति के अन्तिम समय तक भोगता है।"

यहाँ 'च' शब्द से परस्परकृत दुःख का भी ग्रहण किया गया है, इसलिए नरक-दुःख को (क्षेत्रज आदि) पाँच प्रकार का जानना चाहिए। उक्त (पाँच प्रकार के) दुःखों में क्षेत्रजनित दुःखों का निरूपण कर रहे हैं। नरकभूमि में तीव्र, दुःखदायक व दुस्सह स्पर्शवेदना स्वभावतः होती है। त्रिलोकसार ग्रन्थ (गाथा-177, 191) में कहा गया है—

"वज्र समान (कठोर) दीवार से युक्त और गोल, तिकोने या चौकोर आदि विविध आकार वाले वे नरक-बिल सभी इन्द्रियों को दुःखदायी होने वाली सामग्री से परिपूर्ण होते हैं।"

"हजारों बिच्छुओं (के काटने) से जितनी वेदना होती है, उससे भी अधिक वेदना वहाँ की धरती के स्पर्श से होती है।"

नरकेषु तीव्रदुर्गन्धो गाढान्धकारश्च नारकिजीवानां कृते दुःसहत्वं भयं च जनयतः। उक्तं च तिलोयपण्णत्तौ (२/३४)—

अजगजमहिसतुरंगमखरोट्टमज्जारअहिणरादीणं ।
कुधिदाणं गंधेहिं णिरयविला ते अणंतगुणा।।

आदिपुराणे (१०/१००) **च भणितम्—**

श्वमार्जारखरोष्ट्रादिकुणपानां समाहृतौ।
यद् वैगन्ध्यं तदप्येषां देहगन्धस्य नोपमा।।

तत्र नरके गाढान्धकारविषये तिलोयपण्णत्तौ (२/३५) **प्रोक्तम्—**

कक्खकवच्छुरीदो खइरिंगालातितिक्खसूईए।
कुंजरचिष्ठक्कारादो णिरयबिला दारुणा तमसहावा।।

नरकों में तीव्र दुर्गन्ध, गाढ़ अन्धेरा —ये नारकी जीवों के लिए दुःसह व भयप्रद होते हैं। तिलोयपण्णत्ति (2/34) में कहा गया है—

''बकरी, हाथी, भैंस, घोड़ा, गधा, ऊँट, बिल्ली, सर्प और मनुष्य आदि के सड़े हुए ारीरों की गन्ध की तुलना में वे नारकियों के बिल अनन्तगुनी दुर्गन्ध से भरे होते हैं।''

आदिपुराण (10/100) में भी कहा गया है—

''कुत्ता, बिलाव, गधा, ऊँट आदि जीवों के मृतक शरीरों को इकट्ठा करने से जो दुर्गन्ध त्पन्न होती है, वह भी इन नारकियों के शरीर की दुर्गन्ध की बराबरी नहीं कर सकती है।''

वहाँ नरक के गाढ़ अन्धकार के बारे में तिलोयपण्णत्ति (2/35) में कहा गया है—

''स्वभावतः अन्धकार से पूर्ण ये नारकियों के बिल (निवास) कक्षक (तीक्ष्ण अस्त्रविशेष), ृपाण, छुरी, खदिर (खैर) की आग, अतितीक्ष्ण सुई और हाथियों की चिंघाड़ से भी ज्यादा यानक होते हैं।''

तथा च तत्र भयप्रदवातावरणमपि त्रिलोकसारग्रन्थे (गाथा-१८६-१८७) **निरूपितम्—**

वेदालगिरिभीमा जंतसुयक्कडगुहा य पडिमाओ।
लोहणिहग्गिकणड्ढा परसूधुरिगासिपत्तवणं।।

कूडासामलिरुक्खा वइदरणिणदीउ खारजलपुण्णा।
पुहरुहिरा दुग्गंधा हदा य किमिकोडिकुलकलिदा।।

तत्र नरकेषु शीतोष्णवेदनाऽपि दुस्सहा भवति। उक्तं च तिलोयपण्णत्तौ (२/२९-३३)—

पढमादिवितिचउक्के पंचमपुढवीए तिचउक्कभागंतं।
अदिउण्हा णिरयविला तट्ठियजीवाण तिव्वदाघकरा।।

और वहाँ के भय पैदा करने वाले वातावरण के विषय में भी त्रिलोकसार ग्रन्थ (गाथा 186-187) में इस प्रकार बताया गया है—

"वेताल जैसी आकृति वाले वहाँ महाभयानक पर्वत हैं और सैकड़ों दु:खदायी यन्त्रों से पूर्ण होने के कारण कष्टप्रद गुफाएँ हैं। प्रतिमाएँ अर्थात् स्त्री की आकृतियाँ व पुतलियाँ —वे लोहनिर्मित हैं। और इनसे आग की लपटें निकलती रहती हैं। असिपत्र वन (जहाँ पत्ते भी तलवार जैसे) हैं, जो फरसी, छुरी, खड्ग आदि शस्त्रों के समान यन्त्रों से युक्त हैं।"

"वहाँ झूठे (मायामय) शाल्मली वृक्ष हैं जो महादु:खदायी हैं। वैतरणी नाम की नदी है जिसमें खारा जल भरा हुआ है। घिनौने रुधिर युक्त, महादुर्गन्धियुक्त द्रह (छोटे तालाब) हैं जो कीड़ों व कृमिकुल से व्याप्त हैं।"

वहाँ नरकों में शीत व उष्ण वेदना भी असहनीय होती है। तिलोयपण्णत्ति (2/29-33) में कहा गया है—

"पहली पृथ्वी से लेकर दूसरी, तीसरी, चौथी व पाँचवीं पृथ्वी तक के चार भागों में से तीन भागों (अर्थात् 3/4 भाग) में नारकियों के बिल अत्यन्त उष्ण होने से वहाँ के रहने वाले जीवों को तीव्र गर्मी की पीड़ा पहुँचाते हैं।"

पंचमिखिदिए तुरिमे भागे छट्ठीय सत्तमे महिए।
अदिसीदा णिरयविला तट्ठिदजीवाण घोरसीदयरा।।

वासीदिं लक्खाणं उण्हबिला पंचबीसदिसहस्सा।
पणहत्तरिं सहस्सा अदिसीदबिलाणि इगिलक्खं।।

मेरुसमलोहपिंडं उण्हं सीदे बिलम्मि पक्खित्तं।
ण लहदि तलप्पदेसं विलीयदे मयणखंडं व।।

मेरुसमलोहपिंडं उण्हं सीदे बिलम्मि पक्खित्तं।
ण लहदि तलप्पदेसं विलीयदे लवणखंडं व।।

तत्र नारकिजीवानां क्षुधा-पिपासा-रोगजनिताऽपि वेदना समधिका भवति। उक्तं च नार्णवग्रन्थे (३३/७४-७५)—

बुभुक्षा जायतेऽत्यन्तं नरके तत्र देहिनाम्।
यां न शामयितुं शक्तः पुद्गलप्रचयोऽखिलः।।

"पाँचवी पृथिवी के अवशिष्ट चतुर्थ भाग में, तथा छठी व सातवीं पृथ्वी में स्थित नारकियों क बिल अत्यन्त शीत होने से वहाँ रहने वाले जीवों को भयानक शीत की वेदना देते हैं।"

"नारकियों के चौरासी लाख बिल होते हैं, जिनमें बयासी लाख पच्चीस हजार बिल ष्ण, और एक लाख पचहत्तर हजार बिल अत्यन्त शीत होते हैं।"

"यदि उष्ण बिल में मेरु के बराबर लोहे का शीतल पिण्ड डाल दिया जाए तो वह लप्रदेश तक न पहुँचकर बीच में ही मोम के टुकड़े के समान पिघल कर नष्ट हो जाएगा।"

"इसी प्रकार, शीत बिलों में मेरु पर्वत के बराबर उष्ण पिण्ड डाल दिया जाय तो वह ी तलप्रदेश तक न पहुँचकर बीच में ही नमक के टुकड़े की तरह विलीन हो जाएगा।"

वहाँ नारकी जीवों को भूख, प्यास व रोग से जनित वेदना भी अत्यधिक होती है। नार्णव ग्रन्थ (33/74-75) में कहा भी गया है—

"वहाँ नरकों में नारकी जीवों को इतनी अधिक भूख लगती है कि उसको शान्त करने लिए समस्त पुद्गलों का समूह भी समर्थ नहीं होता।"

तृष्णा भवति या तेषु बाडवाग्निरिवोल्बणा।
न सा शाम्यति निःशेषैः पीतैरप्यम्बुराशिभिः।।

किञ्च, तत्रैव (३३/२०) **वर्णितम्—**

दुस्सहा निष्प्रतीकारा ये रोगाः सन्ति केचन।
साकल्येनैव गात्रेषु नारकाणां भवन्ति ते।।

तत्रासुरदेवैरपि यातना दीयते, साऽपि महत्कष्टप्रदा भवति। उक्तं च आदिपुराणे (१०/४१)—

चोदयन्त्यसुराश्चैनान् यूयं युध्यध्वमित्वरम्।
संस्मार्य पूर्ववैराणि प्राक् चतुर्थ्याः सुदारुणाः।।

सर्वार्थसिद्धिग्रन्थे (३/५) **च निरूपितम्—** ''सुतप्तायोरसपायन-निष्टप्तायस्तम्भालिङ्गन..... निष्पीडनादिभिर्नारकाणां दुःखमुत्पादयन्ति।''

''उन नरकों में प्राणियों को बड़वाग्नि के समान इतनी उत्कट प्यास लगती है कि वह समस्त समुद्र के भी पानी पीने पर शान्त नहीं होती।''

और, वहीं (33/20) में यह भी बताया गया है—

''कितने ही रोग जो दुःसह व असाध्य हैं, वे समस्त रूप में नारकियों के शरीर में हुआ करते हैं।''

वहाँ असुर देवों द्वारा भी जो यातना दी जाती है, वह भी महान् कष्ट देने वाली होती है। आदिपुराण (10/41) में कहा गया है— ''पहले की तीन पृथिवियों में अतिशय भयंकर असुरकुमार जाति के देव जाकर वहाँ नारकियों को उनके पूर्व भव के वैर का स्मरण दिलाकर परस्पर में लड़ने के लिए प्रेरित करते हैं।''

सर्वार्थसिद्धि ग्रन्थ (3/5) में निरूपित भी किया गया है— ''खूब तपाये हुए लोहे के रस को पिलाना, अत्यन्त तपाये हुए लोह-स्तम्भ का आलिङ्गन कराना, यन्त्र में पेलना आदि के द्वारा नारकियों को दुःख देते हैं।''

परस्परमपि नारकिजीवाः पीडयन्ति। उक्तं च सर्वार्थसिद्धिग्रन्थे (३/४)— "नारकाः भवप्रत्ययेनावधिना..... दूरादेव दुःखहेतूनवगम्य उत्पन्नदुःखाः प्रत्यासत्तौ परस्परालोकनाच्च प्रज्वलितकोपाग्नयः पूर्वभवानुस्मरणाच्च अतितीव्रानुबद्धवैराश्च....स्वविक्रियाकृतआयुधैः ....परस्परस्य अतितीव्रं दुःखमुत्पादयन्ति।"

नरकगतौ शारीरिकं मानसिकं च दुःखमत्यधिकं प्राप्यते। उक्तं च, आदिपुराणग्रन्थे (१०/८३-८६)—

क्व यामः क्व नु तिष्ठामः क्वास्महे क्व नु शेमहे।
यत्र यत्रोपसर्पामस्तत्र तत्राधयोऽधिकाः।।

इत्यपारमिदं दुःखं तरिष्यामः कदा वयम्।
नाब्धयोऽप्युपमानं नो जीवितस्यालघीयसः।।

नारकी जीव परस्पर भी एक दूसरे को पीड़ा देते हैं। सर्वार्थसिद्धि ग्रन्थ (3/4) में कहा भी है— "नारकी जीवों के भवप्रत्यय (जन्मजात) अवधिज्ञान होता है। उसके कारण वे दूर से ही दुःख के कारणों को जानक र दुःखी हो जाते हैं, और समीप में आने पर एक दूसरे को देखकर उनकी क्रोधाग्नि भड़क जाती है और पूर्व भव का स्मरण होने से उनके वैर की गाँठ और भी दृढ़तर हो जाती है, ...जिससे वे अपनी विक्रिया शक्ति से अस्त्र-शस्त्र बना कर......उनसे परस्पर अतितीव्र दुःख को उत्पन्न करते हैं।"

नरक गति में शारीरिक व मानसिक दुःख भी अत्यधिक प्राप्त होता है। आदिपुराण ग्रन्थ (10/83-86) में भी बताया गया है—

"(नारकी जीव निरन्तर चिन्ताग्रस्त रहते हुए सोचते हैं—) हम लोग कहाँ जाएँ, कहाँ खड़े हों, कहाँ बैठें, और कहाँ सोवें? हम जहाँ-जहाँ जाते हैं, वहाँ-वहाँ ही और भी अधिक दुःख मिलता है।"

"इस प्रकार यहाँ के इस अपार दुःख से हम कब तिरेंगें? —कब पार पाएँगे? हम लोगों की आयु भी इतनी अधिक है कि सागर भी उसके उपमान नहीं हो सकते।"

इत्यनुध्यायतां तेषां योऽन्तस्तापोऽनुसन्ततः।
स एव प्राणसंशीतिं तानारोपयितुं क्षमः।।

किमत्र बहुनोक्तेन यद्यद् दुःखं सुदारुणम्।
तत्तत् पिण्डीकृतं तेषु दुर्मोचैः पापकर्मभिः।।

एवं हे भव्य! नरकगतिदुःखं न प्राप्नुयाः, इत्येदर्थं दत्तधर्मद्रव्यावशेषं न कदाचिदपि भुञ्जीथाः, अपितु धर्मकार्येषु यथाशक्ति दानं प्रयच्छेति गाथायास्तात्पर्यम्।

सम्प्रति पूजादानादिद्रव्यहर्ता अन्यान्यपि दुष्फलानि भुंक्ते— इति शास्त्रकाराः चपला-छन्दोमाध्यमेन निर्दिशन्ति—

पुत्तकलत्तविदूरो दारिद्दो पंगुमूकबहिरंधो।
चांडालादिकुजादो पूयादाणाद्दिदव्वहरो।। ३३।।

छाया— पुत्रकलत्रविदूरो दरिद्रः पङ्गुमूकबधिरोऽन्धः।
चाण्डालादिकुजातिः पूजादानादिद्रव्यहरः।।

"इस प्रकार प्रतिक्षण चिन्ता करते हुए नारकियों को जो निरन्तर मानसिक सन्ताप होता रहता है, वही उनके प्राणों को संशय में डाले रखने के लिए समर्थ है (अर्थात् उन्हें उक्त सन्ताप से मरने का डर सताता रहता है)।"

"इस विषय में और अधिक कहने से क्या लाभ है? इतना ही कहना पर्याप्त है कि संसार में जो-जो भयंकर दुःख होते हैं, उन सभी को, कठिनता से दूर होने योग्य कर्मों ने नरकों में एकत्रित कर दिया है।"

इस प्रकार हे भव्य! नरक गति के दुःख की प्राप्ति न हो, इसलिए दान किये गये धर्म-द्रव्य के अवशिष्ट भाग का कभी उपयोग (या उपभोग) नहीं करना, अपितु धर्म कार्यों में यथाशक्ति दान देना —यह गाथा का तात्पर्य है।

अब, पूजा (आदि) से सम्बन्धित दान के द्रव्य को हरण करने वाला व्यक्ति अन्य भी दुष्फलों को भोगता है— इस तथ्य को शास्त्रकार चपला छन्द के द्वारा बता रहे हैं—

गाथा-अर्थ— पूजा व अन्य दान आदि के द्रव्य को हरण करने वाला व्यक्ति पुत्र व स्त्री से हीन, दरिद्र, गूंगा, बहरा व अन्धा एवं चाण्डाल आदि नीच जातियों में जन्म लेता है।।33।।

रत्नत्रयवर्धिनी टीका— गाथान्वयः सुगमः। (पूयादाणादिदव्वहरो) **पूजा, तत्सम्बन्धि, तदुद्दिश्य कृतं वा यद् दानम्, आदिपदेन प्रतिष्ठा-जीर्णोद्धार-तीर्थयात्रादिकानां ग्रहणं भवत्यत्र। तेषां यद् द्रव्यम्, विविधैर्दातृभिः पूजादिकार्यहेतोः प्रदत्तं धनम्, तद् हरति यः पूजादानादिद्रव्यहरः। तादृशं धनं यः स्वहिताय प्रयुंक्ते, अथवा तद् धनं चोरयति यद्वा यः स प्रोक्तशुभकार्येभ्यः दानं घोषयित्वाऽपि न ददाति अथवा न्यूनं ददाति, सोऽपि तद्द्रव्यहर एव बोद्धव्यः।**

तादृशो जनः किं किं दुष्फलं भुंक्ते— इति जिज्ञासां समाधत्ते— (पुत्तकलत्तविदूरो) **पुत्राद् पुत्रेभ्यो वा, तथा कलत्रात् धर्मपत्न्या च विदूरः अर्थात् रहितो भवति। पुत्रं कलत्रं च पारिवारिकसुखं दत्तः। ताभ्यां रहितत्वेन स जनः पारिवारिकसुखादेव वञ्चितो जायते। यदि कलत्रयुक्तोऽपि भवेत्, तथाऽपि तस्य भार्या वन्ध्या भवेत्, तर्हि तस्य पुत्रहीनता भवति। पुत्रकलत्रयुक्तोऽपि स भवेत्तर्हि तद्वियोगो भवेद्, रोगादिकारणात् तेषां मृत्युः स्याद्। यद्वा पुत्रकलत्रादयो विनयहीनाः तद्विरुद्धाः भवेयुः तथा तं जनं त्यजेयुः। एवमादिकं प्रोक्तं सर्वं दुःखं दानद्रव्यहरणस्य फलं भवतीति भावः।**

रत्नत्रयवर्धिनी टीका— गाथा का अन्वय सुगम है। **(पूजादानादिद्रव्यहरः)** पूजा, उससे सम्बन्धित या उसके निमित्त से किया गया जो दान, आदि पद से प्रतिष्ठा, जीर्णोद्धार, तीर्थयात्रा आदि (तथा उससे सम्बन्धित द्रव्य) का यहाँ ग्रहण किया गया है। उनसे सम्बन्धित जो द्रव्य, अर्थात् विविध दाताओं द्वारा पूजा आदि कार्यों के निमित्त से दिया गया धन, उसे जो हर लेता है, वह 'पूजादानादिद्रव्यहर' है। उस धन को जो अपने (निजी) कार्य के लिए लगाता है या उस धन को चुराता है या पूर्वोक्त (पूजा आदि) शुभ कार्यों/के लिये अपनी ओर से दान की घोषणा करके भी नहीं देता या कम देता है, वह भी उस द्रव्य का हरण करने वाला (ही) है —ऐसा जानना चाहिए।

वैसा व्यक्ति क्या-क्या दुष्परिणाम भोगता है— इस जिज्ञासा का समाधान कर रहे हैं— **(पुत्रकलत्रविदूरः)** पुत्र या पुत्रों से, तथा कलत्र (यानी) धर्मपत्नी से विदूर अर्थात् रहित होता है। पुत्र व कलत्र —ये पारिवारिक सुख देने वाले होते हैं। उनसे रहित होने से वह व्यक्ति पारिवारिक सुख से वञ्चित हो जाता है। यदि वह कलत्र (पत्नी) वाला हो भी, तो भी उसकी पत्नी बाँझ हो जाएगी और वह पुत्रहीन (भी) हो जाएगा। यदि वह पत्नी व पुत्र वाला भी हो, तो उन (पुत्र आदि) का वियोग हो जाता है या फिर रोग आदि कारणों से उनकी मृत्यु हो जाती है। अथवा उसके पुत्र व पत्नी अविनीत व विरोधी हो जाते हैं और उसे छोड़ देते हैं। इसी तरह के पूर्वोक्त समस्त दुःख दान-द्रव्य के हरण के दुष्फल रूप में प्राप्त होते हैं —यह भाव है।

तथा स (दारिद्दो) **दरिद्रो भवति, निर्धनो जायते, तेन स अभीष्टसुखसाधनैरपि हीनः स्वतो जायते, समाजे परिवारे च तस्य सम्मानं क्षीयते, प्रतिष्ठाहीनश्च भवति।**

भर्तृहरिणा नीतिशतके (श्लोक-३९-४१) **व्यावहारिकजीवने धनस्यानिवार्यतामाश्रित्य भणितम्—**

जातिर्यातु रसातलं गुणगणस्तत्राप्यधो गच्छताम्,
शीलं शैलतटात् पतत्वभिजनः संदह्यतां वह्निना।
शौर्ये वैरिणि वज्रमाशु निपतत्वर्थोऽस्तु नः केवलम्,
यैनैकेन विना गुणास्तृणलवप्रायाः समस्ता इमे।।

तानीन्द्रियाण्यविकलानि तदेव नाम, सा बुद्धिरप्रतिहता वचनं तदेव।
अर्थोष्मणा विरहितः पुरुषः स एव, त्वन्यः क्षणेन भवतीति विचित्रमेतत्।।

तथा वह **(दरिद्दः)** दरिद्रता से युक्त अर्थात् निर्धन हो जाता है जिससे वह स्वतः अभीष्ट सुख-साधनों से रहित हो जाता है और समाज या परिवार में अपना सम्मान खो बैठता है और प्रतिष्ठा भी उसकी समाप्त हो जाती है।

भर्तृहरि ने नीतिशतक (श्लोक-39-41) में व्यावहारिक जीवन में धन की अनिवार्यता का निरूपण इस प्रकार किया है—

"भले ही जाति रसातल में चली जाए, गुण-समूह तो उससे भी नीचे चले जाएँ, सदाचार तो पर्वत से गिर (कर चूर-चूर हो) जाएँ, पारिवारिकजन भी आग से जल जाएँ, शूरता-वीरता रूप शत्रु पर वज्र गिरे, हमें तो मात्र 'धन' चाहिए, जिस एक धन के बिना ये (जाति, शूरता, सदाचार आदि) समस्त गुण तृणवत् तुच्छ हो जाते हैं।"

"वे ही (पहले जैसी) सशक्त इन्द्रियाँ हैं, नाम भी वही है, कहीं भी पराजित न होने वाली बुद्धि भी वही है, वाणी भी वही है, किन्तु धन की गर्मी से रहित हो चुका वही व्यक्ति क्षण भर में कुछ और ही (पूर्व स्थिति से विपरीत) हो जाता है। (अर्थात् निर्धनता की स्थिति में इन्द्रियाँ, बुद्धि, वाणी सब व्यर्थ हो जाती हैं।)"

यस्यास्ति वित्तं स नरः कुलीनः, स पण्डितः स श्रुतवान् गुणज्ञः।
स एव वक्ता स च दर्शनीयः, सर्वे गुणाः काञ्चनमाश्रयन्ति।।

शुक्रनीतौ (३/१२८) **धनहीनस्य मृतवदेव स्थितिः स्वीकृता—**

स्त्रीभिर्जित ऋणी नित्यं सुदरिद्रश्च याचकः।
गुणहीनोऽर्थहीनः सन् मृता एते सजीवकाः।।

तथा स जनः (पंगुमूकबहिरंधो) **पङ्गुः, मूकः बधिरः अन्धो वा जन्मनैव जायते। मानवशरीरे चरणौ, जिह्वा, श्रोत्रम्, नेत्रे चैतानि महत्त्वपूर्णानि अङ्गानि सन्ति। तत्र चरणहीनः पङ्गुर्भवति, जिह्वेन्द्रियरहितो मूकः, श्रोत्रेन्द्रियरहितो बधिरः, तथा नेत्ररहितोऽन्धो भवति। पङ्गुत्वादिदोषाः शरीरारमणीयतानिमित्तभूताः अशुभनामकर्मोदियजनिता एव भवन्ति।**

उक्तं च धवलाग्रन्थे (पु. ६, सू. २८, पृ. ६४)— 'अंगोवंगाणमसुहत्तणिव्वत्तयमसुहं णाम' **इति। पङ्गुत्वप्रभृतिदोषयुक्ताः पराधीना भवन्त्येव, ततश्च दुःखमेव जीवने तैः प्राप्यते।**

"जिनके पास धन है, वही व्यक्ति कुलीन (अच्छे कुल वाला) है, वही पण्डित है, वही शास्त्रज्ञाता है, वही गुणी है, वही अच्छा वक्ता है, वही दर्शनयोग्य है, (क्योंकि) समस्त गुण सुवर्ण (धन) पर आश्रित हुआ करते हैं।"

शुक्रनीति (3/128) में तो निर्धन की स्थिति मरे हुए जैसी बताई गई है— "(1) स्त्री द्वारा पराजित, (2) नित्य ऋण-ग्रस्त रहने वाला, (3) दरिद्र याचक, (4) गुणहीन और, (5) धनहीन —ये सभी जीवित होते हुए भी 'मरे हुए' (के समान) होते हैं।"

तथा वह व्यक्ति **(पङ्गुमूकबधिरान्धः)** लंगड़ा, गूंगा, बहिरा व अन्धा जन्म से ही होता है। मानवशरीर में पाँव, जिह्वा, कान व नेत्र —ये महत्त्वपूर्ण अङ्ग होते हैं। इनमें चरणों से हीन 'लंगड़ा' होता है, जिह्वा इन्द्रिय से रहित गूंगा, श्रोत्रेन्द्रिय से रहित बहिरा, तथा नेत्रेन्द्रिय से रहित अन्धा होता है। पंगुता आदि दोष शरीर की अरमणीयता (कुरूपता) के निमित्त होते हैं जो अशुभ नामकर्म के उदय से होते हैं।

धवला ग्रन्थ (पु. 6, सू. 28, पृ. 64) में कहा भी गया है— "अंगों व उपांगों की अशुभ रूपता का निष्पादक अशुभ नाम कर्म होता है।" लंगड़ापन आदि दोषों से युक्त व्यक्ति को पराधीन रहना पड़ता है, इसलिए उन्हें जीवन में दु:ख ही प्राप्त होता है।

एवं (चंडालादिकुजादो) पूजादिद्रव्यहरः चाण्डालादिकुत्सिताधमजातिषु च कुत्सितं जन्म लभते। एतासु अधमासु जातिषु उत्पद्य जनः कदाचिदपि प्रशंसनीयः, प्रतिष्ठितः सम्मानितो वा न भवति, सर्वगर्हिततत्वाद् जनैस्त्याज्यो भवति, तथा च धर्मश्रवणानुष्ठानाद्यवसरोऽपि तेन कदाचिन्न लभ्यते, अतो भाविजन्मन्यपि दुर्गतिपरम्परा नावरुद्ध्यते।

आचार्यश्रुतसागरसूरिविरचिते तत्त्वार्थसूत्रस्य वृत्तौ (६/२७) देवनैवेद्यभक्षणमन्तरायस्य आस्रवहेतुत्वं प्रोक्तमस्ति। राजवार्तिके (६/२७/१) च देवतानिवेद्यानिवेद्यग्रहणं कर्मणोऽन्तराय-संज्ञकस्य आस्रवभूतमुक्तम्। तस्मिन्नेव ग्रन्थे (६/२२/४) देवनिर्माल्यद्रव्यमोषणेन अशुभनाम-कर्मास्रवः प्रतिपादितः। अतो देवद्रव्यहरणेन अन्तरायकर्मोपार्जनं विधाय जनेन जीवने अभीष्टवस्तु-लाभभोगादिषु विघ्नान्येवानुभूयन्ते, ततश्च दुःखमेवेति भावः।

एवं हे भव्य मुमुक्षो! देवद्रव्यहरणे कदाचिदपि मतिस्त्वया न विधेया, अन्यथा भाविनि जन्मनि निःसंशयं दुःखपरम्परा प्राप्स्यते —इति गाथायास्तात्पर्यम्।

इस प्रकार, **(चाण्डालादिकुजातः)** पूजादि-द्रव्य का हरण करने वाला चाण्डाल आदि कुत्सित व अधम जातियों में कुत्सित जन्म लेता है। इन अधम जातियों में पैदा होकर व्यक्ति कभी प्रशंसा, प्रतिष्ठा व सम्मान का पात्र नहीं होता, और समस्त जनों से निन्दित होने से, वह लोगों द्वारा त्याज्य हो जाता है। धर्मश्रवण व धर्मानुष्ठान आदि का अवसर भी उसे प्राप्त नहीं होता, इसलिए भावी जन्मों में भी दुर्गति की परम्परा कहीं रुकती नहीं।

आचार्य श्रुतसागर सूरि जी द्वारा तत्त्वार्थसूत्र पर की गई वृत्ति (6/27) में यह बताया गया है कि देव-नैवेद्य का भक्षण (सेवन) अन्तराय कर्म के आस्रव का कारण है। राजवार्तिक (6/27/1) में भी कहा गया है कि निवेदित या अनिवेदित देवसम्बन्धी द्रव्य का ग्रहण अन्तराय नामक कर्म का आस्रव है। इसी ग्रन्थ (6/22/4) में देव-निर्माल्य द्रव्य की चोरी (या उसे हड़पना आदि) को अशुभ नाम कर्म का आस्रव हेतु कहा है। इसलिए देव-द्रव्य के हरण से अन्तराय कर्म का उपार्जन कर व्यक्ति को जीवन में अपनी अभीष्ट वस्तु के लाभ या भोग में विघ्न की अनुभूति होती है, परिणामस्वरूप दुःख ही उपलब्ध होता है।

इस प्रकार हे भव्य मुमुक्षु! देव-द्रव्य के हरण में कभी अपनी मति (रुचि) नहीं करना, अन्यथा भावी जन्म में निस्सन्देह दुःख की परम्परा (निरन्तर स्थिति) प्राप्त होगी —यह गाथा का तात्पर्य है।

सम्प्रति देवद्रव्यहरणदोषान् पुनरपि चपला-छन्दोमाध्यमेन शास्त्रकारा विशदयन्ति—

इच्छिदफलं ण लब्भदि, जदि लब्भदि सो ण भुंजदे णियदं।
वाहीणमायरो सो, पूयादाणादिदव्वहरो।। ३४।।

छाया— इच्छितफलं न लभते, यदि लभते स न भुंक्ते नियतम्।
व्याधीनामाकरः स पूजादानादि द्रव्य हरः।।

रत्नत्रयवर्धिनी टीका— गाथान्वयः सुगमः। (पूयादाणादिदव्वहरो) **पूजाप्रतिष्ठा तीर्थयात्रा-प्रभृतिशुभकार्यार्थं समुद्दिश्य वा दत्तस्य द्रव्यस्य हर्ता यः, स** (इच्छिदफलं ण लब्भदि) **इच्छितफलं न लभते। सुखमेव सर्वजीवानां समिच्छितं भवति। उक्तं चात्मानुशासनग्रन्थे** (श्लोक-९)— 'सर्वः प्रेप्सति सत्सुखाप्तिम्'। **तत्सुखात् स वञ्चित एव भवति। सामान्यतया अभीष्टार्थलाभः सुखमित्यभि-धीयते। तच्च पुण्यकर्म-फलमेव।**

उक्तं च आचार्यामृतचन्द्ररचिते तत्त्वार्थसारे (८/४९)— पुण्यकर्मविपाकाच्च सुखमिष्टेन्द्रियार्थजम्।

अब शास्त्रकार देव-द्रव्य-हरण के दोषों दुष्परिणामों को पुनः चपला छन्द के द्वारा बता रहे हैं—

गाथा-अर्थ— पूजा-दान आदि (निर्माल्य) द्रव्य का हरण करने वाला इच्छित फल को प्राप्त नहीं करता और यदि करता भी है तो उसका भोग नहीं कर पाता —यह निश्चित है। वह व्याधियों का घर बन जाता है (अर्थात् उसे अनेक व्याधियाँ घेर लेती हैं)।।34।।

रत्नत्रयवर्धिनी टीका— गाथा का अन्वय सुगम है। **(पूजादानादिद्रव्यहरः)** पूजा, प्रतिष्ठा, तीर्थयात्रा आदि शुभ कार्यों के लिए या उन उद्देश्यों के लिए दिये गये द्रव्य को जो हड़पता है, वह **(इच्छितफलं न लभते)** अपने इच्छित फल को नहीं प्राप्त करता। सभी जीवों का इच्छित तो 'सुख' ही होता है। आत्मानुशासन ग्रन्थ (श्लोक-9) में कहा भी गया है— "सभी प्राणी प्रशस्त सुख को प्राप्त करना चाहते हैं।" किन्तु वह (पूजाद्रव्य का हरणकर्ता) उस सुख से ही वञ्चित हो जाता है। सामान्यतया अभीष्ट पदार्थ मिलने को सुख कहा जाता है और वह पुण्य कर्मों का फल ही होता है।

आचार्य अमृतचन्द्ररचित तत्त्वार्थसार (8/49) में कहा गया है— "पुण्य कर्म के विपाक से अभीष्ट विषय की प्राप्ति से जो संवेदन होता है, वह 'सुख' है।"

धवलाग्रन्थे (पु. 13, खण्ड-5, भाग-5, सू. ६३) **भणितम्**— इट्ठत्थसमागमो अणिट्ठत्थविओगो च सुहं णाम।

सद्वेद्योदये अन्तरङ्गहेतौ सति बाह्यद्रव्यादिपरिपाकनिमित्तवशाद् उत्पद्यमानः प्रीतिरूपः परिणामः सुखमिति सर्वार्थसिद्धिग्रन्थे (५/२०) **निरूपितम्। संसारिणां कर्मबद्धानां जीवानां सुखमिन्द्रियजं मनोजन्यं चेति मुख्यतया द्विविधं भवति। संयतादीनां योगिनां तु प्रशमजमात्मोत्थमिति च सुखद्वयं भण्यते। संसारिणां सुखं वैषयिकं भवति, तत्तु न चिरस्थायि भवति, तथा परिणामे तृष्णाभिवृद्ध्या सन्तापकारकमेव भवति।**

उक्तं च बृ. स्वयम्भूस्तोत्रे (श्लोक-३)—

शतह्रदोन्मेषचलं हि सौख्यं, तृष्णामयाप्यायनमात्रहेतुः।
तृष्णाभिवृद्धिश्च तपत्यजस्रं तापस्तदायासयतीत्यवादीः।।

धवला ग्रन्थ (पु. 13, खण्ड-5, भाग-5, सू. 63) में भी कहा गया है— "अभीष्ट पदार्थों का मिलना तथा अनिष्ट पदार्थों का वियोग —इसे 'सुख' कहा जाता है।"

"सातावेदनीय के उदय रूपी आन्तरिक हेतु के रहते हुए बाह्य द्रव्यादि के परिपाक के निमित्त से जो प्रीतिरूप परिणाम उत्पन्न होता है, वह 'सुख' कहा जाता है" —ऐसा सर्वार्थसिद्धि ग्रन्थ (5/20) में कहा गया है। संसारी कर्मबद्ध जीवों का सुख मुख्यतया दो प्रकार का होता है —इन्द्रियजनित और मनोजनित। संयत आदि योगियों को तो प्रशमजनित व आत्मोत्थ —यह दो प्रकार का सुख होना कहा जाता है। संसारी जनों का सुख तो 'वैषयिक' होता है, वह चिरस्थायी नहीं होता, और परिणाम में तृष्णा की वृद्धि होने से सन्ताप ही देता है।

बृ. स्वयम्भूस्तोत्र (श्लोक-3) में भी कहा गया है—

"इन्द्रिय-विषय बिजली की चमक की तरह चंचल है, तृष्णा रूपी रोग की वृद्धि का एकमात्र हेतु है, तृष्णा की अभिवृद्धि निरन्तर संताप उत्पन्न करती है और वह ताप जगत् को अनेक दुःख-परम्परा से पीड़ित करता है— ऐसा हे प्रभो! आपने पीड़ित जगत् को उसके दुःख का निदान बताया है।"

(जदि लब्भदि सो ण भुंजदे णियदं) **यदि स पूजादिद्रव्यहरणकर्ता स्वजीवने कथंचित् कदाचिच्च स्वेच्छितफलं लभते, तथापि तदुपभोगं कर्तुं न प्रभवति —इति निश्चितमसंशयं जानीहि। नैतदेव,** (सो वाहीणमायरो) **स व्याधीनामाकरः निवासस्थानं जायते। सर्वा व्याधयस्तं समाश्रयन्ति, ततोऽपि स निरन्तरं पीडितो वेदनाग्रस्तो वा भवति। एवं देवनिर्माल्यग्रहणं सर्वदुःखाकरमेव मन्तव्यम्।**

भट्टारकसकलकीर्तिनाऽपि सुभाषितरत्नावलीग्रन्थे 'निर्माल्यं त्यज' **इतिनामकेऽधिकारे भणितम्—**

जिनस्याग्रे धृतं येन फलं तस्मिन् गृहं गते।
यो मूढस्तच्च गृह्णाति न विद्मस्तस्य का गतिः।।

देवशास्त्रगुरूणां भोः निर्माल्यं स्वीकरोति यः।
वंशच्छेदं परिप्राप्य पश्चात्स दुर्गतिं व्रजेत्।।

(यदि लभते स न भुंक्ते नियतम्) यदि वह पूजादि द्रव्य को हड़पने वाला अपने जीवन में किसी तरह कभी अपना इच्छित फल प्राप्त करता भी है तो उसका उपभोग वह नहीं कर पाता, इसे निश्चित, निस्सन्देह जानो। इतना ही नहीं, **(स व्याधीनामाकरः)** वह व्याधियों का घर या निवास-स्थान बन जाता है और सभी व्याधियाँ उसे घेर लेती हैं, इस कारण से भी वह निरन्तर पीड़ित या वेदनाग्रस्त हो जाता है। इस तरह देवनिर्माल्य का ग्रहण समस्त दुःखों का कारण है — यह मानना चाहिए।

भट्टारक सकलकीर्ति ने भी सुभाषितरत्नावली ग्रन्थ में 'निर्माल्य त्यागें' इस नाम के अधिकार में कहा है—

"जिनेन्द्र देव के आगे जो (द्रव्य या) फल चढ़ा दिया जाता है, उसे घर ले जाकर जो मूढ़ ग्रहण (उपभोग) करता है, उसकी क्या गति होगी —यह हमें भी पता नहीं।"

"देव, शास्त्र व गुरु जनों को चढ़ाये गये निर्माल्य को जो स्वीकार करता है, उसका वंश-नाश हो जाता है और तदनन्तर दुर्गति भी प्राप्त करता है।"

किञ्च, स द्रव्यहारी एवं मनुते यन्ममेदं कृत्यं न ज्ञातुं कश्चिदन्यः प्रभवति, किन्तु स न जानाति यत्सूक्ष्मरूपेण अशुभकर्मबन्धनं भविष्यत्येव। अस्मिन् विषये आत्मानुशासनग्रन्थे (श्लोक-२२२) **सम्यगुक्तं वर्तते, तन्मननीयम्—**

प्रच्छन्नकर्म मम कोऽपि न वेत्ति धीमान्,
ध्वंसं गुणस्य महतोऽपि हि मेति मंस्थाः।
कामं गिलन्धवलदीधितिधौतदाहं,
गूढोऽप्यबोधि न विधुं स विधुन्तुदः कैः॥

किञ्च, देवद्रव्यहरणं स्तेनकार्यमेव, अदत्तगृहीतत्वात्। तच्च कार्यं हिंसैव। उक्तं च पुरुषार्थ-सिद्ध्युपायग्रन्थे (श्लोक-१०२, १०४)—

अवितीर्णस्य ग्रहणं परिग्रहस्य प्रमत्तयोगाद्यत्।
तत्प्रत्येयं स्तेयं सैव च हिंसा वधस्य हेतुत्वात्॥

और, वह द्रव्य को हड़पने वाला ऐसा मान बैठता है कि मेरे इस कृत्य को कोई अन्य नहीं जान पाएगा, किन्तु वह नहीं जानता कि सूक्ष्मरूप से अशुभकर्मों के बन्धन से बचा नहीं जा सकता। इस विषय में आत्मानुशासन ग्रन्थ (श्लोक-222) ग्रन्थ में ठीक ही कहा गया है, जो मननीय है—

"हे भव्य! कोई भी बुद्धिमान् व्यक्ति मेरे गुप्त पाप कर्म को तथा मेरे अवगुण को नहीं जानता— ऐसा तू न समझ। क्योंकि धवल किरणों द्वारा प्राणियों के सन्ताप को दूर करने वाले चन्द्रमा को गुप्त रूप से अत्यधिक ग्रसने वाला जो राहु है, उसे कौन नहीं जानता?"

और, देव-द्रव्य को हड़पना (एक प्रकार से) चोरी ही है, क्योंकि वह अदत्त का ग्रहण है। वह कार्य हिंसा ही है। पुरुषार्थसिद्ध्युपाय ग्रन्थ (श्लोक-102, 104) में कहा भी गया है—

"जो प्रमाद व कषाय के योग से, बिना दिये या वितरण किये हुए परिग्रह का ग्रहण करता है, उसे चोरी जानना चाहिए और चूँकि वह वध आदि का कारण है, इसलिए हिंसा (ही) है।"

हिंसाया: स्तेयस्य च नाव्याप्तिः सुघटमेव सा यस्मात्।
ग्रहणे प्रमत्तयोगो द्रव्यस्य स्वीकृतस्यान्यैः।।

भगवतीआराधनाग्रन्थे (गाथा-८५९) **च भणितम्—**

परदव्वहरणमेदं आसवदारं खु बेंति पावस्स।
सोगरियवाहपरदारिएहिं चोरो हु पापदरो।।

उत्तरपुराणे (५९/१७८) **च प्रोक्तम्—** "अन्यायेनान्यवित्तस्य स्वीकारश्चौर्यमुच्यते।" **इति। वस्तुतः परद्रव्यहरणादिकं कार्यं जनोः मिथ्यात्ववशीभूतः यद्वा विषयासक्तिग्रस्त एव करोति, यतः स केनाप्युपायेन स्वविषयसुखेच्छां पूरयितुं यतते।**

विषयासक्तः प्रायोऽन्ध एव, स हेयोपादेयविवेकं कर्तुं न समर्थः। उक्तं च आत्मानुशासनग्रन्थे (श्लोक-३५-३६) **गुणभद्राचार्यैः—**

"हिंसा व चोरी —इन दोनों में अव्याप्ति-दोष नहीं है (अपितु दोनों की युगपत् स्थिति ही है), अत: वह हिंसा ही घटित होती है, क्योंकि दूसरों के द्वारा स्वीकृत (अधिकृत) द्रव्य के ग्रहण में प्रमाद का योग (स्पष्ट ही) है।"

भगवती-आराधना ग्रन्थ (गाथा-859) में भी कहा गया है—

"यह परद्रव्य का हरण पाप के आने का द्वार कहा जाता है। मृग, पशु, पक्षियों का वध करने वाले से तथा परस्त्रीगमन करने वाले से भी चोर अधिक पापी होता है।"

उत्तरपुराण (59/178) में भी कहा गया है— "अन्याय से दूसरे के धन को ले लेना चोरी कहलाता है। वस्तुतः दूसरे के द्रव्य को हड़पने आदि के काम को वही व्यक्ति करता है जो या तो मिथ्यात्व से ग्रस्त है या फिर विषय-सुख की आसक्ति से ग्रस्त है, क्योंकि वह किसी न किसी उपाय से विषय-सुख की अपनी इच्छा (वासना) को पूरा करने का यत्न करता है।

विषयों में आसक्त जीव प्राय: अन्धा ही होता है, वह हेय या उपादेय का विवेक करने में सक्षम नहीं होता। आत्मानुशासन ग्रन्थ (श्लोक-35-36) में आचार्य गुणभद्र स्वामी ने कहा भी है—

अन्धादयं महानन्धो विषयान्धीकृतेक्षणः।
चक्षुषान्धो न जानाति, विषयान्धो न केनचित्।।

आशागर्तः प्रतिप्राणि यस्मिन् विश्वमणूपमम्।
कस्य किं कियदायाति वृथा वो विषयैषिता।।

इत्येवं सम्यगवबुद्ध्य, हे भव्य मुमुक्षो! निर्माल्यद्रव्यसेवनं कदाचिदपि न कुर्याः, अन्यथा दुर्गतिः नूनमेव प्राप्स्यते —इति गाथायास्तात्पर्यम्।

सम्प्रति चपला-छन्दोमाध्यमेन पुनरपि निर्माल्यसेवनस्य पूजादिद्रव्यहरणस्य वा दुष्फलं शास्त्रकारा निरूपयन्ति—

गदहत्थपादणासिय-कण्णउरंगुल विहीण दिट्ठीए।
जो तिव्वदुक्खमूलो, पूयादाणादिदव्वहरो।। ३५।।

छाया— गतहस्तपादनासिकाकर्ण-उरुअंगुलः विहीनो दृष्ट्या।
यत्तीव्रदुःखमूलम्, पूजादानादिद्रव्यहरः।।

"विषय-सुखों में जो अन्धे हो चुके हैं, वे लोकप्रसिद्ध अन्धे से भी अधिक अन्धे हैं, क्योंकि अन्धा प्राणी तो मात्र आँखों से ही नहीं देख पाता है, जबकि विषयान्ध मनुष्य मन आदि से भी नहीं देख पाते हैं अर्थात् देखकर, जानकर भी अन्धे बन जाते हैं।"

"आशा रूप यह गड्ढा प्रत्येक प्राणी के भीतर स्थित है जिसमें सारा विश्व ही परमाणु के बराबर प्रतीत होता है, फिर उसमें किसके लिए क्या और कितना आ पाएगा? इसलिए हे भव्यों! विषयों की अभिलाषा व्यर्थ है।"

इस प्रकार (सारी बातों को) अच्छी तरह समझकर हे भव्य! मुमुक्षु प्राणी! निर्माल्य द्रव्य का कभी सेवन नहीं करना, अन्यथा निश्चित ही दुर्गति प्राप्त होगी —यह गाथा का तात्पर्य है।

अब शास्त्रकार निर्माल्य-सेवन करने या पूजादि सम्बन्धी द्रव्य को हड़पने के दुष्परिणाम को पुनः चपला छन्द के द्वारा बता रहे हैं—

गाथा-अर्थ— पूजा-दान आदि से सम्बन्धित द्रव्य को हड़पने वाला हाथ, पाँव, नाक, कान, छाती, अँगुलियों से रहित तथा दृष्टिहीन (भी) होता है, जो (वैसा होना) उसके लिए तीव्र दुःख का (ही) कारण बनता है।।35।।

रत्नत्रयवर्धिनी टीका— गाथान्वयः सुगमः। (जो पूयादाणादिदव्वहरो)। **यः कश्चिदपि पूजादिकार्यविसर्जितद्रव्यं हरति, अत्र द्रव्यपदेन वित्तम्, भूमिभवनादिकं तथाऽन्यभोग्योपभोग्यं वा सर्वविधं वस्तु गृह्यते। हरणपदं च मोषण-बलाधिकरणचौर्यादीनामपि वाचकम्।**

अतस्तद्द्रव्यं यः चोरयति, तत्स्वामित्वं वा वहति, यद्वा स्वार्थपूर्त्यै तदुपयोगं करोति, उद्दिष्टकार्येषु व्ययं नैव कृत्वा अन्यकार्येषु तद्धनं नियोजयति, स (गदहत्थपादणासिय-कण्णउरंगुल) **हस्तेन हस्ताभ्यां वा पादेन पादाभ्यां वा रहितः, नासिकया रहितः, कर्णेन कर्णाभ्यां वा रहितः, उरसा रहितः, पादहस्तयोः अङ्गुलिरहितश्च जायते। एवं स विकलाङ्गतां दधन् कुरूपः, पराधीनः दुःखमयं जीवनं यापयति। नैतदेव, स** (विहीण दिट्ठीए) **दृष्ट्या चक्षुषाऽपि हीनो रहितो भवति, अर्थात् अन्धो भवति। एतत्सर्वं तस्य कृते कीदृशं भवति ? उच्यते—** (जो तिव्वदुक्खमूलो) **यत् तस्य कृते तीव्रदुखःस्य हेतुभूतं भवत्येवेत्यर्थः।**

रत्नत्रयवर्धिनी टीका— गाथा का अन्वय सुगम है। **(यः पूजादानादिद्रव्यहरः)** जो कोई भी पूजा आदि कार्यों के लिए विसर्जित किये गये द्रव्य को हरता है। यहाँ द्रव्य पद से रुपया-पैसा, भूमि, भवन आदि तथा भोग्य या उपभोग्य, सर्वविध अन्यान्य वस्तु का ग्रहण किया गया है। 'हरण' पद भी हड़प लेना, जबर्दस्ती से अधिकार कर लेना, चुरा लेना —इन (सब) का वाचक है।

इसलिए (अर्थ हुआ कि) जो उस द्रव्य को चुराता है, उस पर अपना स्वामित्व-अधिकार जताता है, अथवा अपने स्वार्थ की पूर्ति हेतु उसका उपयोग करता है, अथवा जिन कार्यों के लिए वह धन दिया गया है, उनमें खर्च न करके अन्य कामों में उस धन को लगाता है, वह **(गतहस्तपादनासिकाकर्णउरोऽङ्गुलः)** हाथ या हाथों से, पाँव या पाँवों से, नाक से, कान या कानों से या छाती से रहित तथा पाँव या हाथ की अँगुलियों से (भी) रहित होता है। इस प्रकार वह विकलाङ्गता को लिये हुए कुरूप, पराधीन व दुःखमय जीवन व्यतीत करता है। इतना ही नहीं, वह **(विहीनो दृष्ट्या)** दृष्टि अर्थात् नेत्रों से भी हीन हो जाता है, अर्थात् काना या अन्धा हो जाता है। यह सब उसके लिए कैसा होता है ? इसे बता रहे हैं— **(यत् तीव्रदुःखमूलम्)** जो उस (व्यक्ति) के लिए तीव्र दुःख का कारण होता ही है —यह (गाथा का) अर्थ है।

अत्रायं विशेषः— पुण्यकर्मणैव रमणीयशरीरादिकं प्राप्यते। उक्तं च आत्मानुशासनग्रन्थे (श्लोक-३७) **श्रीमता गुणभद्राचार्येण** 'आयुःश्रीवपुरादिकं यदि भवेत्पुण्यं पुरोपार्जितम्' **इति। पापकर्मणा तु अशुभनामकर्मकृताः शारीरिकदोषाः अनेकविधाः सम्भवन्ति। एवं पापकर्मणो दुःखहेतुत्वमेव।**

उक्तं च हरिवंशपुराणग्रन्थे (५८/१९१)—

पुण्यास्त्रवः सुखानां हि हेतुरभ्युदयावहः।
हेतुः संसारदुःखानाम्, अपुण्यास्त्रव इष्यते।।

दानद्रव्यहरणं पापकर्मैव, तत्कर्मणा जीवो हस्तपादादिविशिष्टोपयोगिभिरङ्गैः रहितः संजायते —इति गाथायामुक्तम्। एवं स्वभावतः स जीवः कुरूपः, सामर्थ्यहीनः, सर्वगर्हितश्च जायते। तस्य पदे पदे पराधीनता सहाययाचकता वा समनुभूयते। पराधीनता च दुःखास्पदैव शास्त्रकृता स्वीकृता।

यहाँ कुछ विशेष ज्ञातव्य है— पुण्य कर्म से ही रमणीय-सुन्दर रूप आदि की प्राप्ति होती है। आत्मानुशासन (श्लोक-37) में आचार्य गुणभद्र ने कहा है— 'आयु, लक्ष्मी व (प्रशस्त) शरीर आदि प्राप्त किये जा सकते हैं यदि पूर्व में पुण्य का अर्जन किया गया हो।'' पाप कर्म से तो अशुभनामकर्म-जनित अनेक प्रकार के शारीरिक दोष हो सकते हैं। इस प्रकार पाप कर्म दुःख का ही कारण है।

हरिवंशपुराण ग्रन्थ (58/191) में कहा गया है—

''पुण्य का आस्त्रव अनेक कल्याणों को प्राप्त कराता है, अतः सुख का कारण है। और, पाप का आस्त्रव संसार के दुःख का कारण माना जाता है।''

दान के द्रव्य को हड़पना पाप कर्म ही है, उस कर्म से जीव हाथ, पाँव आदि विशिष्ट उपयोगी अङ्गों से (ही) रहित हो जाता है —यह गाथा में बताया गया है। इस तरह स्वभावतः वह जीव कुरूप, सामर्थ्यरहित एवं सभी द्वारा निन्दित हो जाता है। उसे पग-पग पर पराधीनता या सहायता की याचना का अनुभव करना पड़ता है। और शास्त्रकारों ने पराधीनता को दुःख का कारण बताया है।

उक्तं च आत्मानुशासनग्रन्थे (श्लोक-६६)— परायत्ताद् सुखाद् दुःखं स्वायत्तं केवलं वरम्। **पराधीनास्तु मृता इव मन्यन्ते।**

उक्तं च क्षत्रचूडामणिग्रन्थे (१/४०)— जीवितात्तु पराधीनाद् जीवानां मरणं वरम्। **नैतदेव, स जीवो निरन्तरं स्वकुरूपतां सामर्थ्यहीनतां च समाश्रित्य मनसि संतप्तः तथा आर्तध्यानाविष्टश्च तिष्ठति। आर्तध्यानफलेन च स भाविनीं दुःखपरम्परामधिकं द्रढयति।**

प्राचीनजैनशिलालेखेषु च दानद्रव्यविषये निर्देशकवचनानि प्राप्यन्ते। यथा—

स्वं दातुं सुमहच्छक्यं, दुःखमन्यार्थपालनम्।
दानं वा पालनं वेति, दानात् श्रेयोऽनुपालनम्।।

(जैनशिलालेखसंग्रह, भा. २, पृ. ६८)

गण्यन्ते पांसवो भूमेः, गण्यन्ते वृष्टिबिन्दवः।
न गण्यन्ते विधात्राऽपि धर्मसंरक्षणे फलम्।।

(जैनशिलालेखसंग्रह, भा. ३, पृ. २६०)

आत्मानुशासन ग्रन्थ (श्लोक-66) में कहा भी है— "पराधीन सुख से तो आत्माधीन (स्वाधीन) दुःख ही अच्छा है।" पराधीन व्यक्ति तो 'मरे हुए' जैसे माने गये हैं।

क्षत्रचूड़ामणि ग्रन्थ (1/40) में कहा गया है— "पराधीन जीवन से तो जीवों का मरना ही अच्छा है।" इतना ही नहीं, वह जीव निरन्तर अपनी कुरूपता व असमर्थता को लेकर मन में संतप्त, पीड़ित व आर्तध्यान में संलग्न रहा करता है। आर्तध्यान के फलस्वरूप वह भावी दुःख-परम्परा को और भी अधिक दृढ़ करता जाता है।

प्राचीन जैन शिलालेखों में भी दान द्रव्य के बारे में निर्देशक वचन प्राप्त होते हैं। उदाहरणार्थ—

"अपना 'धन' देना बड़ा कठिन होता है, दूसरे के धन की रक्षा करना कष्टप्रद है, किन्तु दान और पालन —इन दोनों में दान से भी अधिक उसकी रक्षा करना श्रेयस्कर होता है।"

(जैनशिलालेखसंग्रह, भा. 2, पृ. 68)

"भूमि के कणों की गणना हो सकती है, वर्षा की बूँदों की भी गणना हो सकती है, किन्तु धर्म-द्रव्य की रक्षा के फलों को विधाता भी नहीं गिन सकता।"

(जैनशिलालेखसंग्रह, भा. 3, पृ. 260)

देवस्वं तु विषं लोके, न विषं विषमुच्यते।
विषमेकाकिनं हन्ति, देवस्वं पुत्रपौत्रिकम्।।

(जैनशिलालेखसंग्रह, भा. २, पृ. ११३)

ये सेतूनभिरक्षन्ति, भग्नान् संस्थापयन्ति च।
द्विगुणं पूर्वकर्तृभ्यः, तत्फलं समुदाहृतम्।।

(जैनशिलालेखसंग्रह, भा. २, पृ. ८२)

केषुचित् शिलालेखेषु परभूमिद्रव्यादिहरणस्य वर्जनीयता सुस्पष्टं परामृष्टा। यथा— श्रमणबेलगोलाक्षेत्रे चन्द्रगिरिपर्वते द्वाविंशत्यधिकसप्तशते शकाब्दे तथा अष्टाधिकपञ्चशते विक्रमाब्दे लिखितयोः शिलालेखयोरुट्टङ्कितमस्ति—

स्वदत्तां परदत्तां वा यो हरेत वसुन्धराम्।
षष्टिं वर्षसहस्राणि विष्ठायां जायते कृमिः।।

"'विष' वस्तुतः विष नहीं होता, लोक में तो (वास्तविक) विष है— देवद्रव्य। विष तो एक व्यक्ति को मारता है, देव-द्रव्य तो पुत्र-पौत्र आदि को भी नष्ट करता है।"

(जैनशिलालेखसंग्रह, भा. 2, पृ. 113)

"जो सेतुओं का रख-रखाव करते हैं, भग्न (निर्माण) को संस्थापित करते हैं, उन्हें पूर्वनिर्माता की अपेक्षा दुगुना फल होता है —ऐसा कहा गया है।"

(जैनशिलालेखसंग्रह, भा. 2, पृ. 82)

प्राचीन जैन शिलालेखों में भी परकीय भूमि व द्रव्य के हरण को स्पष्ट रूप से वर्जनीय बताया है। उदाहरणार्थ— श्रवणबेलगोला क्षेत्र के चन्द्रगिरि पर्वत पर शक सं. 722 में तथा विक्रम संवत् 508 में लिखित दो शिलालेखों में ऐसा लिखा गया (प्राप्त होता) है—

"जो व्यक्ति स्वयं द्वारा दी गई या अन्य के द्वारा दान में दी गई जमीन का हरण करता है, वह विष्ठा में साठ हजार वर्षों तक कीड़ा बनकर रहता है।"

स्वदत्तां द्विगुणं पुण्यं परदत्तानुपालनम्।
परदत्तापहारेण, स्वदत्तं निष्फलं भवेत्।।

स्वदत्ता पुत्रिका धात्री, पितृदत्ता सहोदरी।
अन्यदत्ता तु माता स्याद् दत्तां भूमिं परित्यजेत्।।

(जैनशिलालेखसंग्रह, १/३६३)

किञ्च, परद्रव्यहरणेन नरकगतिः प्राप्यते— इति च तिलोयपण्णत्तौ (२/३६६) **च निर्दिष्टम्—**

पुत्ते कलत्ते सजणम्मि मित्ते जे जीवणत्थं परवंचणेण।
वड्ढंति तिण्णा दविणं हरंते ते तिव्वदुक्खं णिरयम्मि जंति।।

अत्रेदं विज्ञेयम्— प्रोक्तं सर्वं निरूपणं कर्मसिद्धान्तमनुसृत्य विहितम्। कर्मसिद्धान्तानुसारं सुखदुःखयोर्नियामकं कर्मैव, नान्यस्तत्र कश्चिदीश्वरो वरीवर्ति। उक्तं च हरिवंशपुराणग्रन्थे (६२/५१)—

"स्वयं दी गई जमीन का दूना पुण्य मिलता है और दूसरे द्वारा दी गई जमीन की रक्षा करने का भी फल दुगुना मिलता है। किन्तु जो दूसरों द्वारा दी हुई भूमि का हरण करता है, तो उसके द्वारा दिया गया दान भी निष्फल हो जाता है।"

"स्वयं द्वारा दी गई भूमि पुत्री की तरह, पिता द्वारा दी गई भूमि बहिन की तरह तथा अन्य द्वारा दी गई भूमि माता की तरह (रक्षणीय) होती है। इसलिए दान की भूमि (ग्रहण) का त्याग करना चाहिए।"

(जैनशिलालेखसंग्रह, 1/363)

और, पर-द्रव्य को हड़पने से नरक गति प्राप्त होती है— यह तिलोयपण्णत्ति (2/366) में भी कहा गया है—

"पुत्र, पुत्री, स्वजन, मित्र —इनके जीवन हेतु जो लोग दूसरों को ठगते हैं और (अपनी) तृष्णा को बढ़ाते हैं, और जो दूसरे के धन को हड़पते हैं, वे तीव्र दुःख को उत्पन्न करने वाले नरक में जाते हैं।"

यहाँ यह ज्ञातव्य है— उपर्युक्त समस्त निरूपण कर्मसिद्धान्त का अनुसरण कर किया गया है। कर्मसिद्धान्त के अनुसार सुख व दुःख का नियामक 'कर्म' ही है, वहाँ और किसी 'ईश्वर' का अस्तित्व नहीं है। हरिवंशपुराण ग्रन्थ (62/51) में कहा भी गया है—

सुखं वा यदि वा दुःखं दत्ते कः कस्य संसृतौ।
मित्रं वा यदि वाऽमित्रः स्वकृतं कर्म तत्त्वतः।।

कर्म च द्विविधं— शुभमशुभं च। तत्र शुभकर्मणा पुण्यार्जनम्, तेन च सुखं प्राप्यते। अशुभकर्मणा पापार्जनम्, तेन च दुःखं प्राप्यते —इति वस्तुस्थितिः। कर्मणां फलं निश्चितमेव भोक्तव्यं भवति।

उक्तं च उत्तरपुराणग्रन्थे (६८/४३५) — शुभाशुभविपाकानां भाविनां को निवारकः।

तथा च हरिवंशपुराणग्रन्थेऽपि (५८/२११) **निर्दिष्टम्—**

यथाजागोमहिष्यादिक्षीराणां स्वस्वभावतः।
माधुर्यादच्युतिस्तद्वत् कर्मणां प्रकृतिस्थितिः।।

तच्च कर्मफलं भाविजन्मनामन्यतमे कस्मिंश्चिदपि प्राप्यते। कस्यचित् महापापस्य तु वर्तमानभवेऽपि फलं प्राप्तुं सम्भाव्यते।

"संसार में कौन किसके लिए सुख देता है? अथवा कौन किसके लिए दुःख देता है? कौन किसका मित्र है? या कौन किसका शत्रु है? यथार्थ में अपना किया हुआ कर्म ही सुख या दुःख देता है।"

कर्म दो प्रकार के होते हैं— शुभ व अशुभ। इनमें शुभ कर्म से पुण्य अर्जित होता है और उससे सुख की प्राप्ति होती है। अशुभ कर्म से पाप अर्जित होता है और उससे दुःख प्राप्त होता है —यह वस्तुस्थिति है। कर्मों का फल निश्चित ही कर्ता को भोगना होता है।

उत्तरपुराण ग्रन्थ (68/435) में कहा भी गया है— "भविष्य में प्राप्त होने वाले शुभ या अशुभ कर्मों के फल को कौन रोक सकता है? (अर्थात् कोई नहीं)।"

तथा हरिवंशपुराण ग्रन्थ (58/211) में भी कहा गया है— "जिस प्रकार बकरी, गाय तथा भैंस आदि के दूध अपने-अपने स्वभाव से ही माधुर्य गुण से च्युत नहीं होते हैं, उसी प्रकार कर्म भी अपनी-अपनी प्रकृति से च्युत नहीं होते।"

वह कर्म-फल भावी जन्मों में से किसी भी एक में प्राप्त होता है। किसी महापाप का फल वर्तमान भव में भी प्राप्त हो सकता है।

उक्तं च उत्तरपुराणग्रन्थे (६८/२६७)— ''महापापकृतां पापमस्मिन्नेव फलिष्यति।''

कर्मफलं तु वर्तमाने भाविनि जन्मनि वा भोक्तव्यमेवेति महाभारतेऽपि निरूपितम्। उक्तं च तत्र (५/२७/१०)—

न कर्मणां विप्रणाशोऽस्त्यमुत्र, पुण्यानां वाप्यथवा पापकानाम्।
पूर्वं कर्तुर्गच्छति पुण्यपापं, पश्चात्त्वेनमनुयात्येव कर्ता।।

अन्यच्च, तत्रैव (११/२/३२) **प्रतिपादितम्**—

शयानं चानुशेते तिष्ठन्तं चानुतिष्ठति।
अनुधावति धावन्तं कर्म पूर्वकृतं नरम्।।

तथा च तत्रैव (१२/१८१/१६) **निरूपितम्**—

यथा धेनुसहस्रेषु वत्सो विन्दति मातरम्।
तथा पूर्वकृतं कर्म कर्तारमनुगच्छति।।

उत्तरपुराण ग्रन्थ (68/267) में कहा गया है— ''महापाप करने वालों को इसी जन्म में ही फल प्राप्त होगा।''

कर्म का फल तो वर्तमान जन्म में या अन्य जन्म में भोगना पड़ता ही है— यह महाभारत में भी प्रतिपादित किया गया है। वहीं (5/27/10) कहा गया है— ''कर्मों का नाश यहाँ कभी नहीं होता। पुण्य व पाप तो कर्ता से पहले (परलोक में) पहुँच जाते हैं और कर्ता पीछे।''

और भी वहीं (11/2/32) यह भी बताया गया है—

''पहले किया हुआ कर्म, यदि कर्ता लेटा हुआ हो तो लेट जाता है, खड़ा हुआ हो तो खड़ा हो जाता है, दौड़ रहा हो दौड़ने लगता है (अर्थात् प्रत्येक अवस्था में कर्ता के साथ कर्म जुड़ा रहता है)।''

और वहीं (12/181/16) कहा गया है—

''जिस प्रकार हजार गायों में बछड़ा अपनी माता को ढूँढ लेता है, उसी प्रकार पूर्वकृत कर्म कर्ता का अनुगमन करते (ढूँढ लेते) हैं।''

एतस्यां वस्तुस्थितौ सत्यामपि, ये जीवाः सुखं वाञ्छन्ति, तेऽपि अज्ञानवशाद्, दुःखोत्पादकेषु अशुभकर्मसु एव प्रवर्तन्ते। उक्तं च आचार्यरविषेणकृते पद्मपुराणग्रन्थे (५/२२९)—

कष्टं यैरेव जीवोऽयं कर्मभिः परितप्यते।
तान्येवोत्सहते कर्तुं मोहितः कर्ममायया।।

अतस्तत्फलं दुःखमवश्यमेव भोक्तव्यम्। परद्रव्यहरणं पापकर्म भवति, अतस्तस्य दुष्परिणामाः पंगुत्वादिरूपाः ये प्रोक्ताः, ते तत्कर्त्रा भोक्तव्या एव, नान्यः कश्चित् त्राता तत्रेति दृढतया मन्तव्यम्। एवं हे भव्य! लौकिकसुखप्राप्त्यै त्वया पुण्यार्जनं सत्पात्रदानेन करणीयम्, देवद्रव्यस्य तु कदाचिदपि सेवनं यद्वा हरणं न करणीयमिति गाथायास्तात्पर्यम्।

सम्प्रति दानकार्ये विघ्नकरणेन किं दुष्फलं प्राप्यते— इति शास्त्रकाराः उग्गाहा-छन्दोमाध्यमेन निरूपयन्ति—

उक्त वस्तुस्थिति होने पर भी, जो जीव सुख चाहते हैं, वे भी अज्ञान के कारण दुःख को पैदा करने वाले अशुभ कर्मों में ही प्रवृत्त होते हैं। आचार्य रविषेण-कृत पद्मपुराण ग्रन्थ (5/229) में कहा भी गया है—

"बड़े दुःख की बात है कि जिन कर्मों द्वारा यह जीव संताप को प्राप्त होता है, कर्मरूपी मदिरा से पागल हुआ जीव उन्हीं कर्मों को करने के लिए उत्साहित रहता है।"

इसलिए उन कर्मों का फल दुःख तो उस जीव को भोगना अवश्य ही होता है। पर-द्रव्य को हड़पना पापकर्म है, इसलिए उसके दुष्परिणाम— लंगड़ा आदि होना जो कहे गये हैं, उन्हें कर्ता द्वारा भोगना ही होता है, और कोई रक्षक भी वहाँ नहीं होता —इस (तथ्य) को दृढ़ रूप से मानना चाहिए। इस प्रकार हे भव्य! आप लौकिक सुख की प्राप्ति के लिए सत्पात्र-दान देकर पुण्य अर्जित करें, देव-द्रव्य का सेवन या हरण (चोरी, स्वामित्व आदि) कभी नहीं करें —यह गाथा का तात्पर्य है।

अब, दान कार्य में विघ्न करने से क्या दुष्फल प्राप्त होते हैं— इसका निरूपण शास्त्रकार उग्गाहा छन्द के द्वारा कर रहे हैं—

खय-कुट्ठ-मूल-सूला लूय-भयंकर-जलोयरक्खिसिरो।
सीदुण्हवाहिरादी पूयादाणंतरायकम्मफलं।। ३६।।

छाया— क्षय-कुष्ठ-मूल-शूलाः लूता-भगन्दर-जलोदर-अक्षि-शिरः।
शीतोष्णव्याध्यादयः पूजादानान्तरायकर्मफलम्।।

रत्नत्रयवर्धिनी टीका— गाथान्वयः सुगमः। (खय-कुट्ठ-मूल-सूला) **क्षय-कुष्ठ-मूल-शूलेतिसंज्ञका रोगाः व्याधयो वा। अयं क्षयरोगो 'राजयक्ष्मा' नाम्ना प्रसिद्धः। अयं रोगाणां राजा, अतोऽस्य राजयक्ष्मेति नाम वर्तते। अष्टाङ्गहृदयग्रन्थे** (निदानस्थान, ५/१-३) **प्रोक्तम्—**

अनेकरोगानुगतो बहुरोगपुरोगमः।
राजयक्ष्मा क्षयः शोषो रोगराडिति च स्मृतः।।

नक्षत्राणां द्विजानां च राज्ञोऽभूद्यदयं पुरा।
यच्च राजा च यक्ष्मा च राज्यक्ष्मा ततो मतः।।

गाथा-अर्थ— क्षय (तपेदिक), कोढ़, मूल, शूल, लूता (दंश), भगंदर, जलोदर, और नेत्र व शिर के रोग, शीत-उष्ण (ज्वर आदि अनेक) व्याधियाँ —ये पूजा व दान (या पूजा-सम्बन्धी दान आदि) के शुभ कामों में विघ्न करने के कर्म-फल हैं।।36।।

रत्नत्रयवर्धिनी टीका— गाथा का अन्वय सुगम है। **(क्षय-कुष्ठ-मूल-शूलाः)** क्षय, कोढ़, मूल, शूल —इन नाम वाले रोग या व्याधियाँ (होती हैं)। यह क्षय रोग राजयक्ष्मा नाम से प्रसिद्ध है। यह रोगों का राजा है, इसलिए इसका राजयक्ष्मा नाम है। (वाग्भट-रचित) अष्टाङ्गहृदय ग्रन्थ (निदान स्थान, 5/1-3) में कहा भी गया है—

"अनेक रोग जिसके अनुगत (पीछे), और बहुत रोग जिसके पहले होते हैं, उसे 'राजयक्ष्मा' कहते हैं। उसी को 'क्षय', 'शोष' तथा 'रोगराज' कहते हैं।"

"पहले, नक्षत्रों तथा ब्राह्मणों के राजा चन्द्रमा को यह (रोग) हुआ था, अतः इसको 'राजयक्ष्मा कहते हैं। अथवा जो राजा है और यक्ष्मा (रोग) है, उसे राजयक्ष्मा कहते हैं।"

देहौषधक्षयकृतेः क्षयस्तत्सम्भवाच्च सः।
रसादिशोषणाच्छोषो रोगराट् तेषु राजनात्।।

अस्य रोगस्य एकादश रूपाणि तथा सप्तविधोपद्रवा अपि तत्र (५/१३-१६) **वर्णिताः—**

पीनस-श्वास-कासांऽस-मूर्ध-स्वर-रुजोऽरुचिः।
ऊर्ध्वं विड्भ्रंशसंशोषावधः च्छर्दिश्च कोष्ठगे।।

तिर्यक्स्थे पार्श्वरुग्दोषे, सन्धिगे भवति ज्वरः।
रूपाण्येकादशैतानि जायन्ते राजयक्ष्मिणः।।

तेषामुपद्रवान् विद्यात्कण्ठोद्ध्वंसमुरोरुजम्।।
जृम्भाऽङ्गमर्दनिष्ठीव-वह्निसादाऽऽस्यपूतिताः।।

"यह देह व औषध के फल को क्षीण करता है, और देह और धातुओं के क्षय होने से इसकी उत्पत्ति होती है, अतः इसे 'क्षय' कहते हैं। यह रसादि धातुओं को सुखाता है, अतः इसे 'शोष' कहते हैं। रोगों के समुदाय में अपना प्रभाव अधिक दिखाता है, अतः इसे 'रोगराज' कहते हैं।"

इस रोग के ग्यारह रूप और सात प्रकार के उपद्रव भी वहाँ (5/13-16) निरूपित किये गये हैं—

"ऊर्ध्व भाग में दोषों के संचित होने पर (1) पीनस (जुकाम), (2) श्वास, (3) कास, (4) अंस संताप, (5) सिर में पीड़ा, (6) स्वर भंग, (7) अरोचकता तथा अधोभाग में दोषों के संश्रय होने पर (8) अतिसार अथवा मल का सूखना, एवं कोष्ठगत दोषों से (9) वमन, दोषों के तिर्यक् स्थित होने पर (10) पार्श्व पीड़ा और (11) सन्धिगत दोषों के होने पर ज्वर होना— राजयक्ष्मा रोग से पीड़ित व्यक्तियों में ये ग्यारह प्रकार के लक्षण होते हैं।

"कण्ठोद्ध्वंस, वक्ष प्रदेश में पीड़ा, जम्भाई, अङ्गमद (अङ्गों में पीड़ा), बार-बार थूकने की प्रवृत्ति, मन्दाग्नि तथा मुख में दुर्गन्ध —ये सब सात उपद्रव 'राजयक्ष्मा' रोग के होते हैं।"

अन्यो रोगः कुष्ठनामकः। अस्यैव रूपान्तरं 'श्वित्र'रोगनाम्ना प्रसिद्ध्यति। अष्टाङ्गहृदये कुष्ठरोगकारणानां निरूपणं वर्तते, तत्र परद्रव्यहरणमपि निर्दिष्टमस्ति। उक्तं च तत्र (१४/१-३)—

मिथ्याऽऽहारविहारेण विशेषेण विरोधिना।
साधुनिन्दा-वधाऽन्यस्व-हरणाद्यैश्च सेवितैः।।

पाप्मभिः कर्मभिः सद्यः प्राक्तनैश्चेरिता मलाः।
सिराः प्रपद्य तिर्यग्गास्त्वग्लसीकासृगामिषम्।।

दूषयन्ति शलथीकृत्य निश्चरन्तस्ततो बहिः।
त्वचः कुर्वन्ति वैवर्ण्यं दुष्टाः कुष्ठमुशन्ति तत्।।

कुष्ठरोगस्यानेके भेदा भवन्ति। तेषां सप्त अष्टादश वा भेदा अष्टाङ्गहृदये (१४/६-१०) **वर्णिताः सन्ति—**

कुष्ठानि सप्तधा, दोषैः पृथङ्मिश्रैः समागतैः।

दूसरा रोग कोढ़ है। इसी का अन्य रूप श्वित्र (सफेदा) रोग के नाम से प्रसिद्ध है। अष्टाङ्गहृदय (वाग्भट-रचित) में कुष्ठ रोग के कारणों का निरूपण किया गया है, वहाँ परद्रव्यहरण का भी निर्देश है। वहाँ (14/1-3) कहा गया है—

"मिथ्या आहार-विहार करने से, विशेषकर विरोधी अन्नपान के सेवन करने से तथा साधुजनों की निन्दा, वध, दूसरे के धन का हरण आदि करने तथा पूर्वजन्म के पाप-कर्म से सद्यः-प्रेरित दोष (वात-पित्तक) तिर्यक् सिराओं में जाकर त्वचा, रक्त तथा माँस को दूषित करते हैं और रक्त आदि को शिथिल कर सम्पूर्ण शरीर में फैलते दोष त्वचा के ऊपर विवर्णता उत्पन्न करते हैं, उसे 'कुष्ठ' कहते हैं।

कुष्ठ रोग के अनेक भेद होते हैं। उसके सात या अठारह भेद अष्टाङ्गहृदय (14/6-10) में इस प्रकार वर्णित किये गये हैं—

"दोषों के अनुसार कुष्ठ के सात भेद होते हैं। अलग-अलग, दोषों से तीन, दो-दो दोषों से तीन तथा सभी दोषों से एक, इस प्रकार (1) वातज, (2) पित्तज, (3) कफज, (4) वात-पित्तज, (5) वात-कफज, (6) कफज-पित्तज, तथा (7) वात-पित्त-कफज सात भेद होते हैं। किन्तु सभी कुष्ठ त्रिदोष से ही होते हैं।

सर्वेष्वपि त्रिदोषेषु व्यपदेशोऽधिकत्वतः।
वातेन कुष्ठं कापालं पित्तादौदुम्बरं कफात्।।

मण्डलाख्यं विचर्ची च, ऋक्षाख्यं वातपित्तजम्।
चर्मैककुष्ठकिटिभ-सिध्मालसविपादिकाः।।

वातश्लेष्मोद्भवाः श्लेष्मपित्ताद्दद्रुशतारुषी।
पुण्डरीकं सविस्फोटं पामा चर्मदलं तथा।।

सर्वैः स्यात्काकणं पूर्वं त्रिकं दद्रु सकाकणम्।
पुण्डरीकर्क्षजिह्वे च महाकुष्ठानि सप्त तु।।

कुष्ठरोगस्य पूर्वरूपनिरूपणान्यापि तत्र (१४/११-१३) **प्रोक्तानि—**

उनमें जिस दोष की अधिकता होती है उस नाम से 'वातज' आदि सात भेद कहे जाते हैं।

अर्थात् कुष्ठ के (1) वातोल्बण सन्निपात, (2) पित्तोल्बण सन्निपात, (3) कफोल्बण सन्निपात, (4) वात-पित्तोल्बण-सन्निपात, (5) वात-कफोल्बण सन्निपात, (6) पित्त-कफोल्बण सन्निपात, (7) समवृद्ध सन्निपात —ये सात भेद होते हैं।"

वात से (1) कापाल, पित्त से (2) औदुम्बर, कफ से (3) मण्डल, वात-पित्त से (4) विचर्ची (5) ऋक्षजिह्व, वात-पित्त से (6) चर्म, (7) एककुष्ठ, (8) किट्टिभ, (9) सिध्म, (10) अलस, (11) विपादिकी, एवं कफ-पित्त से (12) दद्रु, (13) शतारु, (14) पुण्डरीक, (15) विस्फोट, (16) पामा, (17) चर्मदल, तथा त्रिदोष से (18) काकण —ये अट्ठारह प्रकार के कुष्ठ होते हैं।

इनमें पहले के तीन (1) कापाल, (2) औदुम्बर, (3) मण्डल, (4) दद्रु, (5) काकण, (6) पुण्डरीक, तथा (7) ऋक्ष जिह्व —ये सात महाकुष्ठ कहे जाते हैं। [(1) विचर्ची, (2) चर्म-दल, (3) एककुष्ठ, (4) किट्टिभ (5) सिध्म, (6) अलस, (7) विपादिका, (8) शतारु, (9) विस्फोट, (10) पामा, (11) चर्मदल —ये ग्यारह क्षुद्र कुष्ठ हैं]।।

कुष्ठ रोग के पूर्वरूपों का निरूपण भी वहाँ (14/11-13) इस प्रकार किया गया है—

अतिश्लक्ष्णखरस्पर्श-स्वेदास्वेदविवर्णता: ।
दाह: कण्डूस्त्वचि स्वापस्तोद: कोठोन्नति: श्रम: ।।

व्रणानामधिकं शूलं शीघ्रोत्पत्तिश्चिरस्थिति: ।
रूढानामपि रूक्षत्वं निमित्तेऽल्पेऽपि कोपनम् ।।

रोमहर्षोऽसृज: कार्ष्ण्यं कुष्ठलक्षणमग्रजम् ।

कुष्ठरोगस्य के उपद्रवा: भवन्ति, कथं 'श्वित्र' कुष्ठोत्पत्ति: —इति च तत्र (१४/४-६) **निरूपितम्—**

कालेनोपेक्षितं यस्मात्सर्वं कुष्णाति तद्वपु: ।
प्रपद्य धातून्व्याप्यान्त: सर्वान् सङ्क्लेद्य चावहेत् ।।

सस्वेदक्लेदसङ्कोथान् कृमीन्सूक्ष्मान्सुदारुणान् ।
लोमत्वक्स्नायुधममी तरुणास्थीनि यै: क्रमात: ।।

भक्षयेत् श्वित्रमस्माच्च कुष्ठं बाह्यमुदाहृतम् ।

"त्वचा के ऊपर अधिक खरदरे में चिकने स्पर्श, अत्यधिक स्वेद आना या स्वेद का बिलकुल न आना, त्वचा का विकृत वर्ण होना, दाह, कण्डू, त्वचा में शून्यता, सूई चुभोने जैसी पीड़ा, बर्र काटने के समान चकत्ते होना तथा उसमें ऊँचाई, बिना परिश्रम के थकावट, व्रण उत्पन्न होने पर अधिक शूल, व्रण की शीघ्र उत्पत्ति तथा व्रण अधिक दिन तक बना रहना, व्रण बन जाने पर भी व्रण स्थान में रूक्षता, थोड़े कारणों से भी पुन: व्रण हो जाना, रोमाञ्च तथा रक्त में कालापन —ये सब कुष्ठ के पूर्वरूप हैं।"

कुष्ठ रोग के क्या-क्या उपद्रव होते हैं, और किस प्रकार 'श्वित्र' (सड़न भरा कुष्ठ) हो जाता है— यह भी वहाँ (14/4-6) इस प्रकार निरूपित किया गया है—

"त्वचा के विवर्ण होने पर भी उचित चिकित्सा न की जाय तो सम्पूर्ण शरीर विकृत हो जाता है और दोष (वात-पित्त-कफ) शरीर के भीतरी धातुओं में प्रवेश कर सभी धातुओं में क्लेद उत्पन्न करते हैं। इसके बाद क्रम से स्वेद उत्पन्न कर धातुओं में क्लेद, सड़न, भयंकर सूक्ष्म कृमियों को उत्पन्न कर देते हैं। जो कृमि क्रम से लोम, त्वचा, स्नायु, धमनी तथा तरुणास्थियों को खा जाते हैं। इसे अन्त:कुष्ठ से भिन्न बाहरी कुष्ठ 'श्वित्र' नाम से कहा जाता है।"

अयं श्वित्रकुष्ठो गलितकुष्ठनाम्नाऽपि अभिधीयते। श्रीपालराजकुमारस्य कथायां रोगस्यास्यैव प्रकोपो वर्णितः। चम्पापुरनगरस्य राजा अरिदमन आसीत्। तस्य पुत्रः श्रीपालः, तस्य च भार्या मैनासुन्दरी आसीत्। श्रीपालः कुष्ठरोगेण ग्रस्तोऽभवत्, किन्तु मैनासुन्दरीकृतसिद्धचक्रविधानेन तदीयगन्धोदकस्पर्शेण कुष्ठरोगप्रशमनं जातम्।

तृतीयो रोगः 'मूल' नाम्नाऽत्र निर्दिष्टः। अस्यैव नाम ग्रहणी, संग्रहणी वा वर्तते। अतिसाररोगस्यान्तिमं रूपं ग्रहणीरोगरूपेण परिवर्तते। अग्निमन्दतैवास्य रोगस्य प्रमुखं कारणं भवति। वातज-पित्तज-कफज-सन्निपातजरूपेणास्य चत्वारो भेदाः भवन्ति। अयं प्रमुखतया उदररोगः, यस्मिन् पुनःपुनर्मलं निस्सरति। अस्य सामान्यलक्षणानि अष्टाङ्गहृदये (निदान, ८/२१) **प्रोक्तानि—**

सामान्यं लक्षणं कार्श्यं धूमकस्तमको ज्वरः।
मूर्च्छा शिरोरुग् विष्टम्भः श्वयथुः करपादयोः।।

यह 'श्वित्र' कुष्ठ गलितकुष्ठ नाम से भी कहा जाता है। श्रीपाल राजकुमार की कथा में इसी रोग का प्रकोप वर्णित है। चम्पापुर का राजा अरिदमन था। उसका पुत्र श्रीपाल था और उसकी पत्नी मैनासुन्दरी थी। श्रीपाल कोढ़ रोग से ग्रस्त हो गया था, किन्तु मैनासुन्दरी द्वारा कराये गये सिद्धचक्र विधान से, उसके गन्धोदक के स्पर्श से उसका कुष्ठ रोग शान्त हो गया था।

तीसरा रोग 'मूल' नाम से यहाँ निर्दिष्ट है। इसी का नाम ग्रहणी या संग्रहणी है। अतिसार रोग का अन्तिम रूप ग्रहणी रोग के रूप में परिवर्तित होता है। अग्निमन्दता ही इस रोग का प्रमुख कारण होता है। इसके (प्रमुखतः) चार भेद होते हैं— वातज, पित्तज, कफज और सन्निपातज। यह प्रमुख रूप से उदर-सम्बन्धी रोग है जिसमें बार-बार मल (कभी सूखा, कभी पतला, कभी आम, कभी पक्व) निकलता है। इसके सामान्य लक्षण अष्टाङ्गहृदय (निदान स्थान, 8/21) में इस प्रकार बताये गये हैं—

"शरीर में कृशता, धूमक (खट्टी डकार), श्वास (सांस फूलना), , ज्वर, मूर्च्छा, शिर में वेदना, विष्टम्भ (कब्जियत), तथा हाथ-पैर में शोथ (सूजन) —ये सब ग्रहणी के सामान्य लक्षण हैं।"

चतुर्थो रोगः शूलनाम्नाऽत्र निर्दिष्टः। यथा कस्मिंश्चिच्छरीराङ्गेऽन्तःप्रविशच्छूलं कष्टं ददाति, तथैव वायुप्रकोपेन उदरादिषु या वेदना जायते सा 'शूल**' रोगनाम्नाऽभिहिता। स्थानभेदेन शिरःशूलम्, कर्णशूलम्, कटिशूलम्, उदरशूलम् इत्यादिभेदा आयुर्वेदशास्त्रे वर्ण्यन्ते। कर्णशूलस्य वातज-पित्तज-कफजेतिभेदत्रयमपि वर्णितमस्ति। अस्मिन् रोगे आर्तध्यानमधिकं सम्भाव्यते, असह्यवेदना-युक्तत्वात्।**

तथा (लूय-भयंदर-जलोयरक्खिसिरो) **लूता-भगन्दर-जलोदर-अक्षिरोग-शिरोरोगेतिनामका रोगा अपि जायन्ते। वातादिदोषप्रधानो विषात्मको लूतादंशरोगो भणितः। अष्टाङ्गहृदये** (उत्तरस्थानम्, ३७/५५-५८) **रोगस्यास्य लक्षणानि वर्णितानि—**

लूतादंशश्च सर्वोऽपि दद्रुमण्डलसन्निभः।।
सितोऽसितोऽरुणः पीतः श्यावो वा मृदुरुन्नतः।
मध्ये कृष्णोऽथवा श्यावः पर्यन्ते जालकावृतः।।

चौथा रोग '**शूल**' नाम से यहाँ निर्दिष्ट किया गया है। जिस प्रकार शरीर के किसी अंग (भाग) में भीतर घुसता हुआ शूल (कांटा आदि) कष्ट देता है, उसी प्रकार वायुप्रकोप से पेट आदि में जो वेदना होती है, उसे शूल रोग के नाम से जाना जाता है। स्थान भेद से शिरःशूल, कर्णशूल, कटिशूल, उदरशूल इत्यादि भेद आयुर्वेदशास्त्र में वर्णित हैं। कर्णशूल के भी वातज, पित्तज व कफज —ये तीन भेद बताये गये हैं। इस रोग में असह्य वेदना होती है, इसलिए आर्तध्यान की अधिक सम्भावना रहती है।

तथा **(लूता-भगन्दर-जलोदर-अक्षि-शिरः)** लूता (दंश), भगन्दर, जलोदर, आँख के रोग व शिर के रोग —ये रोग भी हो जाते हैं। लूता (दंश) रोग को वातादि दोष प्रधान एवं विषात्मक (शरीर में विष की स्थिति) बताया गया है। अष्टाङ्गहृदय (उत्तरस्थान, 37/55-58) में इस रोग के लक्षण इस प्रकार वर्णित किये गये हैं—

"सभी लूता (दंश) दाद के चकत्ते के समान होते हैं।

वे श्वेत, काले, लाल, पीले श्यामवर्ण के मृदु तथा उन्नत होते हैं। मध्य में काले अथवा श्यामवर्ण (गहरे भूरे रंग) के तथा किनारों में जालकों से घिरे हुए (होते हैं)।

विसर्पवांश्छोफयुतस्तप्यते बहुवेदनः।
ज्वराऽऽशुपाक-विक्लेद कोथाऽवदरणाऽन्वितः।।

क्लेदेन यत्स्पृशत्यङ्गं तत्राऽपि कुरुते व्रणम्।

लूताया दंशेन विषं शरीरे व्याप्नोति। उक्तं च तत्र (३७/५८-५९)—

श्वासदंष्ट्रशकृन्मूत्रशुक्रलालानखार्तवैः।।
अष्टाभिरुद्वमत्येषा विषं वक्त्रैर्विशेषतः।
लूता नाभेर्दशत्यूर्द्ध्वम्.... ।।

लूतादंशेन सहैव वातादिदोषप्रकोपः संजायते, अतो वातज-पित्तज-कफज-सन्निपातजेति-भेदेनास्य रोगस्य चत्वारो भेदाः सन्ति। वातजादि-लूतादंशरोगस्य लक्षणानि च तत्र (३७/४८-५१) **वर्णितानि—**

तद्दंशः 'पैत्तिको' दाह-तृट्स्फोटज्वरमोहवान्।।

(वे) विसर्प वाले, शोथयुक्त (सूजनभरे), बहुत वेदना से युक्त, ज्वरयुक्त, शीघ्र पकने वाले, क्लेद युक्त, सड़ने तथा फटने वाले होते हैं।

क्लेद से जिस अंग का स्पर्श होता है, वहाँ भी व्रण उत्पन्न हो जाते हैं।"

लूता (मकड़ी) के काटने से शरीर में विष फैल जाता है। वहीं (37/58-59) यह बताया गया है—

"लूता (मकड़ी) श्वास, दाँत, मल, मूत्र, शुक्र, लाल स्राव, नख तथा आर्तव —इन आठों स्थानों से विष वमन करती है, विशेषकर मुख से विष वमन करती है। लूता नाभि के ऊपर काटती है।"

लूता के काटने के साथ-साथ वात आदि भी दोष प्रकुपित हो जाते हैं, इसलिए वातज, पित्तज, कफज व सन्निपातज —इन भेदों से इस रोग के चार भेद हैं। वातज आदि लूतादंश रोग के लक्षणों को वहाँ (37/48-51) इस प्रकार वर्णित किया है—

"पैत्तिक लूता-दंश दाह, प्यास, फोड़िया, ज्वर तथा मोह करनेवाला (होता है)।

भृशोष्मा रक्तपीताभः क्लेदी 'द्राक्षाफलोपमः'।
'श्लेष्मिकः' कठिनः पाण्डुः परूषकफलाकृतिः ।।

निद्रां शीतज्वरं कासं कण्डूं च कुरुते भृशम्।
'वातिकः' परुषः श्यावः पर्वभेदज्वरप्रदः ।।

तद्विभागं यथास्वं च दोषलिङ्गैर्विभावयेत्।

लूतादंशानन्तरं भगन्दररोगोऽत्र निर्दिष्टः। गुदाद्वारे आन्तरिकपिण्डिकात्मकव्रण एवायं रोगः। भगवद् दारयतिइति भगन्दरः। साधुनिन्दादिपापकर्मकारणैस्तथा अश्वादिरोहणादिभिश्च रोगोऽयं जायते। उक्तं च अष्टाङ्गहृदयग्रन्थे (उत्तरस्थान, २८/१-५)—

हस्त्यश्वपृष्ठगमनकठिनोत्कठिनोत्कटकासनैः ।
अर्शो निदानाभिहितैरपरैश्च निषेवितैः ।।

अतिउष्ण, लाल तथा पीला, क्लेदयुक्त तथा मुनक्का के फल के समान (चकत्ता, व्रण) होता है। श्लैष्मिक लूता-दंश कठिन पाण्डुवर्ण का, फालसा फल की आकृति के सदृश होता है।

और निद्रा, शीत ज्वर, कास तथा अतिशय खुजली का कारक होता है। वातिक लूता-दंश कठोर, श्याववर्ण का पर्व-भेद, तथा ज्वर उत्पन्न करने वाला होता है।

उसके भेदों को अपने-अपने दोषों के लक्षणों से समझें।''

लूता-दंश के बाद, भगन्दर रोग का निर्देश यहाँ है। गुदा के द्वार पर भीतर पिंडिका रूप में होने वाले व्रण रूप में यह रोग होता है। भग की तरह जो चीरता है— व्रण (घाव) बनाता है, वह भगन्दर कहा गया है। साधु-निन्दा आदि पाप कर्मरूपी कारणों से तथा घोड़े आदि पर सवारी करने आदि से यह रोग होता है। अष्टाङ्गहृदय ग्रन्थ (उत्तरस्थान, 28/1-5) में कहा गया है—

''हाथी तथा घोड़े की पीठ पर सवारी करने से, कठिन तथा उकड़ू आसन पर बैठने से, अर्शोक्त निदानों में कहे गये कारणों से तथा अन्य गुदा में दबाव पड़ने वाली तेज वस्तुओं के सेवन से।

अनिष्टाऽदृष्टपाकेन सद्यो वा साधुगर्हणैः।
प्रायेण पिटिकापूर्वो योऽङ्गुलेऽपि? वा।।

पायोर्व्रणोऽन्तर्बाह्यो वा दुष्टासृङ्मांसगो भवेत्।
वस्तिमूत्राशयाभ्याश-गतत्वात्स्यन्दनात्मकः।।

भगन्दरः स सर्वश्च दारयत्यक्रियावतः।
भगवस्तिगुदांस्तेषु दीर्यमाणेषु भूरिभिः।।
वातमूत्रशकृच्छुक्रं खैः सूक्ष्मैर्वमति क्रमात्।

अत्रेदं ज्ञेयम्— गुदाद्वारे अपक्कपिण्डिका (पिटिका) एव पक्वतां प्राप्य 'भगन्दर' **नाम्ना अभिधीयते। उक्तं च अष्टाङ्गहृदये** (उत्तरस्थान, २८/६-७)—

अपक्वं पिटिकामाहुः पाकप्राप्तं भगन्दरम्।
गूढमूलां ससंरम्भां रुगाढ्यां रूढकोपिनीम्।।

भगन्दरकरीं विद्यात् पिटिका न त्वतोऽन्यथा।

पूर्व जन्म-कृत पाप कर्म के परिपाक से या सद्यः साधुजन एवं गुरुजन की निन्दा करने से गुदा के अन्दर या बाहर एक या दो अंगुल दूरी पर प्रायः पहले पिण्डिका बनकर व्रण बन जाता है और दूषित रक्त तथा मांस में पहुँच जाता है। वस्ति तथा मूत्राशय के समीप होने से स्यन्दनात्मक भगन्दर हो जाता है और उपचार न करने वाले व्यक्तियों के भग, वस्ति तथा गुदाद्वार को विदीर्ण कर देता है। इस पिण्डिका के विदीर्ण होने से बहुत से सूक्ष्म छिद्रों से क्रमशः मल, मूत्र तथा शुक्र निकलने लगता है।''

यहाँ यह ज्ञातव्य है --गुदाद्वार में अपक्क रूप में जो पिण्डिका (गाँठ) बनती है, वही पक कर भगन्दर नाम से कही जाती है। अष्टाङ्गहृदय (उत्तरस्थान, 28/6-7) में कहा गया है—

''अपक्व शोथ (सूजन, गाँठ) को 'पिटिका' कहते हैं और पक जाने पर वह भगन्दर हो जाता है। गहराई तक फैली हुई, शोथयुक्त (सूजनयुक्त) अतिशय वेदना वाली पिटिका (पिंडी) को ही भगन्दर को पैदा करने वाली कहते हैं।''

वातज-पित्तजादिरूपेण अस्य रोगस्य अष्टौ भेदाः स्वीकृताः। (विस्तरस्तु आयुर्वेद-शास्त्रैर्ज्ञातव्यः।)

इदानीं जलोदररोगो निरूप्यते। उदरसम्बन्धिनोऽनेके रोगाः सन्ति, यथा— वातोदरः, पित्तोदरः, कफोदरः, सन्निपातोदरः (दूष्योदरो वा), प्लीहोदरः, वद्धगुदोदरः, क्षतोदरः इत्यादयः। तेषु जलोदरः (उदकोदरो वा) महत्त्वमधिकं बिभर्ति। अन्त्रावरणकलायां जलावरोधस्तेनोदर उच्छूनो जायते। जलोदरवृद्ध्या श्वासकष्टमनुभूयते।

एतद्विषये अष्टाङ्गहृदयग्रन्थे (निदानस्थान, १२/३६-४०) **प्रोक्तम्—**

प्रवृत्तस्नेहपानादेः सहसाऽऽमाम्बुपायिनः।।

अत्यम्बुपानान्मन्दाग्नेः क्षीणस्यातिकृशस्य वा।
रुद्ध्वाऽम्बुमार्गाननिलः कफश्च जलमूर्च्छितः।।

वर्धयेतां तदेवाम्बु तत्स्थानादुदराश्रितौ।
ततः स्यादुदरं तृष्णागुदस्रुतिरुजायुतम्।।

वातज, पित्तज आदि रूपों से इसके आठ भेद माने गये हैं। (विस्तार से जानना हो तो आयुर्वेद शास्त्रों से जानना चाहिए।)

अब जलोदर रोग का वर्णन कर रहे हैं। उदर (पेट) से सम्बन्धित अनेक रोग होते हैं। जैसे— वातोदर, पित्तोदर, कफोदर, सन्निपातोदर (या दूष्योदर), प्लीहोदर, बद्धगुदोदर, क्षतोदर आदि। इनमें जलोदर (उदकोदर या दकोदर) का अधिक महत्त्व है। आँतों की आवरण-कला में जल अवरुद्ध हो जाने से पेट फूल जाता है। जलोदर की वृद्धि से श्वास लेने में कष्ट की अनुभूति होती है।

इसके विषय में अष्टाङ्गहृदय (निदानस्थान, 12/36-40) में इस प्रकार बताया गया है—

"स्नेहपान-प्रवृत्त पुरुष सहसा कच्चा पानी पी लेता है अथवा मन्दाग्नि वाला पुरुष, क्षीण पुरुष या अतिकृश पुरुष सहसा अतिशीतल जलपान करता है, तब प्रकुपित वायु तथा जल मिला हुआ कफ जलवाही स्रोतों को रोक देते हैं और वही (जलमूर्च्छित कफ) जल जलवाही स्रोतों से उदर के आश्रित कला में कफ व जल के आश्रित होकर उदर को बढ़ाता है। इससे प्यास, गुदास्राव तथा पीड़ायुक्त उदर रोग (जलोदर रोग) होता है।

कासश्वासारुचियुतं नानावर्णसिराततम्।
तोयपूर्णदृतिस्पर्शशब्दप्रक्षोभवेपथुः ।।

'दकोदरं' महत्स्निग्धं स्थिरमावृत्तनाभि तत्।

अक्ष्णः शिरसश्च रोगा विविधा भवन्ति। दृष्टिमन्दता, दृष्टिक्षीणता, तिमिररोगः, दृष्टिदोषः, दृष्टिविकारो वा प्रमुखतया नेत्ररोगाः। जीवने नेत्रयोः सर्वाधिकमहत्त्वं सुस्पष्टमेव, तयोः रुग्णतायां जीवनव्यवहारः कष्टप्रदो जायते। एवमेव शिरोवेदना, शिरःकम्पः इत्यादिकाः शिरोरोगाः भवन्ति।

तथा (सीदुण्हवाहिरादी) **शीत-उष्णव्याधिप्रभृतयः। शीतोष्णव्याधयोऽपि वातादिदोषजा एव भवन्ति। शीतज्वरः, उष्णज्वरश्च व्याधिरूपावेव। वातकफज्वरे पित्तकफज्वरे च शैत्यं तापश्चानियतरूपेण भवतः।**

उक्तं च अष्टाङ्गहृदयग्रन्थे (निदान, २/२५-२६)—

इस रोग में रोगी को श्वास, कास तथा अरुचि होती है और उदर अनेक वर्ण की सिराओं से व्याप्त होता है। उदर जल से भरे मसक के समान स्पर्श, शब्द, क्षोभ तथा कम्पन से युक्त होता है। उदर बड़ा, चिकना, स्थिर, तथा नाभि ऊपर की ओर उठी हुई (उथली) होती है इसे दकोदर (जलोदर) कहते हैं।''

आँख व शिर के विविध रोग होते हैं। दृष्टि का मन्द पड़ जाना, दृष्टि क्षीण हो जाना, तिमिररोग, दृष्टि-दोष या दृष्टिविकार —ये प्रमुख नेत्र-रोग हैं। जीवन में नेत्रों का सर्वाधिक महत्त्व स्पष्ट ही है। इनके रुग्ण होने से जीवन का व्यवहार कष्टप्रद हो जाता है। इसी तरह, शिरोवेदना, शिरःकम्प (सिर चकराना) आदि शिरोरोग होते हैं।

और **(शीतोष्णव्याध्यादयः)** शीत-उष्ण व्याधि आदि। ये शीत या उष्ण व्याधि वात आदि दोषों से ही पैदा होती हैं। शीतज्वर व उष्णज्वर —ये व्याधिरूप ही हैं। वातकफज्वर तथा पित्तकफज्वर में (कभी) सर्दी व (कभी) गर्मी (ताप) —ये अनियत रूप से होते हैं।

अष्टाङ्गहृदय ग्रन्थ (निदान, 2/25-26) में कहा भी है—

तापहान्यरुचिपर्वशिरोरुक्-पीनसश्वसनकासविबन्धाः ।
शीतजाड्यतिमिरभ्रमतन्द्राः श्लेष्मवातजनितज्वरलिङ्गम्।।

शीतस्तम्भस्वेददाहाऽव्यवस्थाः, तृष्णाकासश्लेष्मपित्तप्रवृत्ति।
मोहस्तन्द्रालिप्ततिक्तास्यता च, ज्ञेयं रूपं श्लेष्मपित्तज्वरस्य।।

एताः सर्वा व्याधयः कस्य पापकर्मणः फलम् ? उच्यते— (पूयादाणंतरायकम्मफलं) **पूजा दानं च, एतयोः यद्वा पूजासम्बन्धि यद् दानं तस्मिन् क्रियमाणं अन्तरायकर्म, यथा व्याघातः, विघ्नोत्पादनम्, अवरोधः, विरोधः, विपरीतपरामर्शदानम्, उत्साहभङ्गो वा यत् केनचित् क्रियते, तस्य फलम्, अर्थात् तदन्तरायकर्मकर्ता निश्चितमेव क्षयकुष्ठप्रभृतिरोगैराक्रान्तो वर्तमानजन्मनि जन्मान्तरे वा भवत्येव।**

इत्येवं हे भव्य! सम्यग् विचार्य, यदि पूजादानादिकं स्वयं कर्तुं सामर्थ्यं नास्ति, तर्हि तादृशेषु शुभकार्येषु अन्तरायं कदाचिदपि नैव कर्तव्यमिति गाथायास्तात्पर्यम्।

"ताप का अभाव (थोड़ी उष्णता), भोजन में अरुचि, गाँठें व शिर में वेदना, पीनस (जुकाम), श्वास, कफ तथा विबन्ध (कोष्ठबद्धता), ठंडी लगना, जकड़न होना, आँखों के सामने अन्धेरा, चक्कर आना तथा तन्द्रा (झपकी आना) —ये सब लक्षण वातकफजन्य ज्वर के होते हैं।"

"अनियमित रूप से शीत लगना, जकड़न, पसीना आना, दाह होना, प्यास, खाँसी, कफ व पित्त निकलना, मोह, तन्द्रा, मुख से तिक्त वस्तुओं का लेप अनुभव होना —ये सब पित्तकफज्वर के लक्षण होते हैं।"

ये (पूर्वोक्त) सभी व्याधियाँ किस पापकर्म की फल होती हैं? बता रहे हैं— **(पूजादानान्तराय-कर्मफलम्)** पूजा और दान, इनमें किया जाने वाला जो अन्तराय कर्म, अथवा पूजा का (पूजा से सम्बन्धित) जो दान, उसमें किया जाने वाला अन्तराय कर्म, जैसे— रुकावट पैदा करना, विघ्न करना, अवरोध, विरोध, विपरीत परामर्श देना, उत्साह-भंग करना —ये जिस किसी द्वारा किये जायें, उसका फल (ये व्याधियाँ होती ही) हैं। अर्थात् उनमें अन्तराय करने वाला निश्चित ही क्षय, कोढ़ आदि रोगों से वर्तमान जन्म में या अन्य जन्मों में ग्रस्त होगा ही।

हे भव्य! इस प्रकार अच्छी तरह विचार (मनन) कर, यदि पूजा व दान आदि स्वयं करने में समर्थ नहीं भी हो तो वैसे शुभ कार्यों में कभी अन्तराय नहीं करना —यह गाथा का तात्पर्य है।

सम्प्रति, धर्मकार्येषु विघ्नापादनेन प्राप्तव्यानि दुष्फलानि शास्त्रकारा गाहा-छन्दोमाध्यमेन निरूपयन्ति—

णरइ-तिरियाइ-दुगदी, दारिद्द-वियलंग-हाणि-दुक्खाणि।
देव-गुरु-सत्थवंदण-सुदभेद-सज्झायविघणफलं।। ३७।।

छाया— नरकतिर्यगादिदुर्गतिः दारिद्र्य-विकलाङ्ग-हानि-दुःखानि।
देव-गुरु-शास्त्रवन्दन-श्रुतभेद-स्वाध्यायविघ्नफलम्।।

रत्नत्रयवर्धिनी टीका— गाथान्वयः सुगमः। (णरइ-तिरियाइ-दुगदी) **नरकगतिः, तिर्यग्गतिः —इति द्वे दुर्गती भवतः। यदुदयादात्मा भवान्तरं गच्छति सा गतिः। यद्वा गतिनामकर्मोदयनिर्वर्तिता चेष्टा क्रिया वा गतिः। गतयश्चतुर्द्धा-देवगतिः, मनुष्यगतिः, तिर्यग्गतिः, नरकगतिश्च। एतासु नरकगतिः, तिर्यग्गतिश्च अशुभे पापप्रकृतिरूपे वा स्वीक्रियेते। नरकगतिः नरतगतिः, यद्वा निरयगतिः इति नाम्नाऽपि अभिधीयते। द्रव्यक्षेत्रादिषु च ये न रताः, विरता वा सन्ति, ते नरताः। यद्वा निर्गतोऽयः पुण्यमेभ्यस्ते निरयाः, तेषां गतिः नरतगतिः, निरयगतिर्वा भवति। प्राणिनोऽत्यन्तं दुःखं नृणन्ति नयन्ति तानि नरकाणि।**

अब, धर्म-कार्यों में विघ्न पैदा करने से जो दुष्परिणाम प्राप्त होते हैं, उनका निरूपण शास्त्रकार गाहा छन्द के द्वारा कर रहे हैं—

गाथा-अर्थ— देव-वन्दना, गुरुवन्दना, शास्त्र-वन्दना एवं श्रुतज्ञान के भेद रूप स्वाध्याय —इनमें विघ्न डालने के फल हैं— नरक गति, तिर्यञ्च गति (आदि) दुर्गति, दरिद्रता, विकलाङ्गता, (सर्वविध) हानि एवं दुःख।।37।।

रत्नत्रयवर्धिनी टीका— गाथा का अन्वय सुगम है। **(नरक-तिर्यगादि-दुर्गतिः)** नरक गति व तिर्यञ्च गति —ये दो दुर्गतियाँ हैं। जिसके उदय से आत्मा एक भव से दूसरे भव में जाती है, वह 'गति' होती है। अथवा गतिनामकर्म के उदय से निष्पादित होने वाली चेष्टा या क्रिया को 'गति' कहते हैं। गतियाँ चार हैं— देवगति, मनुष्य गति, तिर्यञ्च गति व नरक गति। इनमें नरक गति व तिर्यञ्च गति— ये दो अशुभ या पाप प्रकृति रूप में मानी जाती हैं। नरक गति को नरत गति या निरय गति नाम से भी कहा जाता है। द्रव्य, क्षेत्र आदि में और परस्पर भी जो रतियुक्त रमण या प्रीति से युक्त नहीं होते, विरत होते हैं, वे 'नरत' होते हैं। या अय यानी पुण्य, जिनसे पुण्य निर्गत हैं, (अर्थात् जो पुण्यहीन हैं), वे 'निरय' कहलाते हैं, उनकी गति नरत गति या निरय गति होती है। 'नरक' वे होते हैं जो प्राणियों को अत्यन्त दुःख की ओर ले जाते हैं।

तेषु नरकेषु कष्टप्रदेषु वसन्ति ये जीवास्ते नारकाः। यद्वा शीतोष्णादि-असद्वेद्योदयापादित-वेदनया नरान् कायन्ति= शब्दायन्ते इति नारकाः (नरकस्थाः) प्राणिनः —इति राजवार्तिके (२/५०/२) **प्रोक्तम्। एते कदाचिदपि प्रीतिं सुखं वा न प्राप्नुवन्ति।**

उक्तं च हरिवंशपुराणे (४/६७)— अक्ष्णोर्निमीलनं यावत् नास्ति सौख्यं च जातुचित्।

गोम्मटसारग्रन्थे (जीवकाण्ड, गाथा-१४७) **च भणितम्**—

ण रमंति जदो णिच्चं दव्वे खेत्ते य काल भावे य।
अण्णोण्णेहि य णिच्चं तम्हा ते णारया भणिदा।।

किञ्च, ये तिर्यक्, कुटिलतया गच्छन्ति, ते तिर्यञ्चः। अथवा तिरोभावात् तिर्यञ्चो भवन्ति। तिरोभावः, न्यग्भावः, उपवाह्यत्वमिति पर्यायाः —इति राजवार्तिके (४/२७/३) **भणितम्। एवं तिर्यग्गतिनामकर्मोदयापादितभावा सा तिर्यग्योनिर्यैः प्राप्यते, ते तिर्यञ्चः।**

उन कष्टप्रद नरकों में जो रहते हैं, वे नारकी जीव कहलाते हैं। अथवा, शीत या उष्ण आदि असातावेदनीय द्वारा उत्पादित वेदना के कारण जो लोगों को (अपनी रक्षार्थ) बुलाते हैं, आवाज देते रहते हैं, वे 'नारक' होते हैं —ऐसा राजवार्तिक (2/50/2) में कहा गया है। ये नारकी जीव कभी प्रीति या सुख प्राप्त नहीं कर पाते।

हरिवंशपुराण (4/67) में कहा भी गया है— "पलक झपकने में जितना समय लगता है, उतनी देर भी इन्हें (नारकियों को) कभी सुख प्राप्त नहीं हो पाता है।"

गोम्मटसार ग्रन्थ (जीवकाण्ड, गाथा-147) में भी कहा गया है—

"चूँकि वे द्रव्य, क्षेत्र, काल व भाव —इनमें से किन्हीं में भी तथा परस्पर भी कभी रमण नहीं करते (प्रीतियुक्त नहीं हो पाते), इसलिए वे 'नारत' कहे गये हैं।"

और, जो तिर्यक् रूप से अर्थात् कुटिलतापूर्वक गमन करते हैं, वे तिर्यञ्च होते हैं। अथवा तिरोभाव से युक्त होना तिर्यग्योनि का कारण है। तिरोभाव, नीचे रहना, बोझा ढोने के लिए योग्य (या मजबूर) होना —ये परस्पर पर्याय हैं —ऐसा राजवार्तिक (4/27/3) में कहा गया है। इस प्रकार तिर्यगतिनामक के उदय से निष्पादित स्वरूप वाली उक्त तिर्यग्योनि को जो प्राप्त करते हैं, वे तिर्यञ्च होते हैं।

उक्तं च धवलाग्रन्थे (पु. 1, खण्ड-1, भाग-1, सू. २४, गाथा-१२९)—

तिरियंति कुडिलभावं सुवियडसण्णा-णिगिट्ठमण्णाणा।
अच्चंतपावबहुला तम्हा तेरिच्छिया णाम।।

किञ्च, (दारिद्द-वियलंग-हाणि-दुक्खाणि) **दरिद्रता, विकलाङ्गता, हानिः अर्थात् कुटुम्ब-धनधान्यादीनां स्वाभीष्टवस्तूनामपूर्णता, वियोगो वा, तत्सम्बद्धानि दुःखानि विविधानि अनुभूयन्ते पापिभिः। एतानि दुःखानि कस्य पापकर्मणः फलानि? उच्यते—** (देव-गुरु-सत्थवंदण-सुदभेद-सज्झायविघणफलं) **देववन्दनायां गुरुवन्दनायां शास्त्रवन्दनायां श्रुतभेदरूपे स्वाध्यायकर्मणि च क्रियमाणो विघ्नः, तस्यैव फलम्, नान्यद्।**

उपर्युक्तशुभकार्येषु विघ्नकर्ता निश्चितमेव कर्मसिद्धान्तानुसारेण नरकगतौ, तिर्यग्गतौ वा उत्पद्यते, तथा मनुष्यगतावपि यदि कथंचित्प्राप्यते, तथापि स दरिद्रतां, अङ्गहीनतां तथा विविधसुख-सामग्रीहीनतां चानुभवति, एवं स जीवने दुःखी एव तिष्ठति, न कदाचित्सुखी भवतीति तात्पर्यम्।

धवला (पु. 1, खण्ड-1, भाग-1, सू. 24, गाथा-129) में कहा गया है—

"जो (मन, वचन व काय की) कुटिलता को प्राप्त हैं, जिनकी आहारादि संज्ञाएँ सुव्यक्त हैं, जो निकृष्ट अज्ञानी हैं, और जिनके अत्यधिक पाप की बहुलता है, उनको तिर्यञ्च कहते हैं।"

और, **(दारिद्र्य-विकलाङ्ग-हानि-दुःखानि)** दरिद्रता, विकलाङ्गता, हानि यानी कुटुम्ब व धन-धान्य आदि इच्छित वस्तुओं की अपूर्णता या उनसे वियुक्त होना, इनसे सम्बन्धित विविध दुःख होते हैं जिन्हें पापी लोग अनुभव करते हैं। ये दुःख किस पापकर्म के फल हैं? बता रहे हैं— **(देव-गुरु शास्त्रवन्दन-श्रुतभेद-स्वाध्यायविघ्नफलम्)** देव-वन्दना में, गुरु-वन्दना में, शास्त्र-वन्दना में तथा श्रुतभेद स्वाध्याय कर्म में किया जाने वाला जो विघ्न होता है, उसका ही फल है, और अन्य कुछ नहीं।

उपर्युक्त शुभ कामों में विघ्न करने वाला निश्चित ही कर्मसिद्धान्त के अनुसार नरक गति में या तिर्यञ्च गति में उत्पन्न होता है, और मनुष्य गति (प्राप्त हो भी जाये तो उस) में वह दरिद्रता व अङ्गहीनता एवं विविध सुख-सामग्रियों में कमी (हीनता) को अनुभव करता है। इस तरह वह जीवन में दुःखी ही रहता है, कभी सुखी नहीं होता —यह तात्पर्य है।

अत्रायं विशेषः— गाथायामत्र 'श्रुतभेदः स्वाध्यायः' **इति प्रोक्तम्। श्रुतज्ञानं द्विविधम्— शब्दजमक्षरात्मकं वा श्रुतज्ञानमेकम्, अपरं च लिङ्गजमनक्षरात्मकं वा श्रुतज्ञानं द्वितीयम्। जिनप्रवचनस्वाध्यायः शब्दजमक्षरात्मकं श्रुतज्ञानमेव।**

उक्तं च गोम्मटसारग्रन्थस्य (जीवकाण्डे, गाथा-३१५) **जीवतत्त्वप्रदीपिकाटीकायामुक्तम्—** ''अस्मिन् श्रुतज्ञानप्रकरणे अक्षरानक्षरात्मकयोः शब्दजलिङ्गजयोः श्रुतज्ञानभेदयोः मध्ये शब्दजं वर्णपदवाक्यात्मकशब्दजनितं श्रुतज्ञानं प्रमुखं प्रधानं दत्तग्रहणशास्त्राध्ययनादिसकलव्यवहाराणां तन्मूलत्वात्। अनक्षरात्मकं तु लिङ्गजं श्रुतज्ञानम् एकेन्द्रियादिपञ्चेन्द्रियपर्यन्तेषु जीवेषु विद्यमानमपि व्यवहारानुपयोगित्वाद् अप्रधानं भवति.....।''

किञ्च, देववन्दनादिकार्येषु विघ्नकरणं विविधप्रकारेण सम्भवति। देववन्दनादि— कार्ये यथा काचिदपि बाधा भवेद, तत्र साक्षात् परम्परया वा निमित्तं यो भवति, सोऽपि विघ्नकर्ता भवति। ये तेषु कार्येषु सहयोगं कुर्वन्ति, तेषामुत्साहहीनतां सम्पादयन्ति, तेऽपि विघ्नकर्तारः। तत्र

यहाँ यह विशेष ज्ञातव्य है —इस गाथा में 'श्रुतभेद स्वाध्याय' ऐसा कथन है। श्रुतज्ञान दो प्रकार का है— शब्दजनित या अक्षरात्मक श्रुतज्ञान, यह एक (प्रथम) भेद है। इससे भिन्न दूसरा लिङ्गजनित या अनक्षरात्मक श्रुतज्ञान —यह दूसरा भेद है। जिनप्रवचन का स्वाध्याय शब्दजनित अक्षरात्मक श्रुतज्ञान ही है।

गोम्मटसार ग्रन्थ (जीवकाण्ड, गाथा-315) की जीवतत्त्वप्रदीपिका टीका में भी कहा गया है—''इस श्रुतज्ञान के प्रकरण में, अक्षरात्मक शब्दजनित श्रुतज्ञान तथा अनक्षरात्मक लिङ्गजश्रुतज्ञान —ये दो भेद हैं, उनमें जो शब्दजनित अर्थात् वर्ण-पद-वाक्यरूप शब्द से जनित श्रुतज्ञान है, वह प्रमुख या प्रधान है, क्योंकि दिये हुए का ग्रहण करना, शास्त्र का अध्ययन आदि समस्त व्यवहारों का वही (शब्दज अक्षरात्मक श्रुतज्ञान) मूल है। अनक्षरात्मक व लिङ्गज श्रुतज्ञान तो एकेन्द्रिय से लेकर पञ्चेन्द्रिय पर्यन्त जीवों में विद्यमान है, तथापि व्यवहार-अनुपयोगी होने के कारण वह अप्रधान (ही) है।''

और, देववन्दना आदि कार्यों में विघ्न करना विविध प्रकार से सम्भव होता है। देववन्दना आदि कार्य में जिस तरह कोई भी बाधा खड़ी हो, उसमें साक्षात् या परम्परा से भी जो निमित्त बनता है, वह भी विघ्नकर्ता होता है। जो उन शुभ कामों में सहयोग करते हैं, उन लोगों को जो

ये विपरीतपरामर्शं ददति, तेऽपि विघ्नोत्पादका एव। एवं ये च जनाः विचारेण, चेष्टया वा शुभकार्यविरोधिनः, तान् प्रति सहानुभूतिः, तेषां सहभागिता, अनुमोदनं चेत्यादिकं विघ्नोत्पादनमेव ज्ञेयम्।

प्रासङ्गिकरूपेण देव-गुरु-शास्त्राणां सम्यक्स्वरूपमपि विज्ञेयम्। कार्तिकेयानुप्रेक्षाग्रन्थे (गाथा-३०२) **देवस्वरूपं निरूपितम्—**

जो जाणदि पच्चक्खं तियालगुणपज्जएहिं संजुत्तं।
लोलालोयं सयलं सो सव्वण्हू हवे देवो।।

किञ्च, नियमसारग्रन्थे (गाथा ६-७) **च विशदीकृतम्—**

छुहतण्हभीरुरोसो रागो मोहो चिंता जरा रुजा मिच्चू।
सेदं खेद मदो रइ विम्हि यणिद्दाजणुव्वेगो।।

उत्साहहीन करते हैं, वे भी विघ्न करने वाले ही (माने जाते) हैं। इन शुभ कामों में जो विपरीत (प्रतिकूल, हानिकारक) परामर्श देते हैं, वे भी विघ्नों के उत्पादक ही हैं। इसी तरह, जो व्यक्ति शुभ कार्यों में (वैचारिक या क्रियागत) विरोध करते हैं, उनके प्रति सहानुभूति रखना, उनमें सहभागी होना व उनकी अनुमोदना करना —इत्यादि कार्य करना वहाँ विघ्न पैदा करना ही है —ऐसा जानना चाहिए।

प्रसंगवश देव, गुरु व शास्त्र का सम्यक् स्वरूप भी यहाँ जानने योग्य है। कार्तिकेयानुप्रेक्षा ग्रन्थ (गाथा-302) में देव का स्वरूप इस प्रकार कहा गया है—

"जो त्रिकालवर्ती गुणपर्यायों से संयुक्त समस्त लोक व अलोक को प्रत्यक्ष जानता है, वह सर्वज्ञ आत्मा 'देव' होता है।"

और, नियमसार ग्रन्थ (गाथा 6-7) में भी इसे स्पष्ट किया गया है—

"क्षुधा, तृष्णा, भय, द्वेष, राग, मोह, चिन्ता, बुढ़ापा, रोग, मृत्यु, पसीना, खेद, मद, रति, विस्मय, निद्रा, जन्म, उद्वेग —ये अठारह दोष होते हैं।

णिस्सेसदोसरहिओ केवलणाणाइपरमविभवजुदो।
सो परमप्पा उच्चइ तव्विवरीओ ण परमप्पा।।

सम्यग्दर्शनज्ञानचारित्रैः गुरुतया महाव्रतिनः आचार्योपाध्यायसाधवो गुरव उच्यन्ते। ज्ञानसारे (श्लोक-५) **च प्रोक्तम्—**

पञ्चमहाव्रतकलितो मदमथनः क्रोधलोभभयत्यक्तः।
एष गुरुरिति भण्यते, तस्माज्जानीहि उपदेशम्।।

भगवतीआराधनाग्रन्थस्य (गाथा-३०२) **विजयोदयाटीकायां च विशदीकृतम्—** "सम्यग्दर्शन-ज्ञानचारित्रैः गुणैर्गुरुतया गुरव इत्युच्यन्ते— आचार्योपाध्यायसाधवः।"

पञ्चाध्यायीग्रन्थे (२/६२१, ६३७) **च समर्थीकृतमेतद्।**

सच्छास्त्रविषयेऽपि रत्नकरण्डश्रावकाचारे (श्लोक-९) **प्रोक्तम्—**

जो (पूर्वोक्त) समस्त दोषों से रहित होता है तथा केवलज्ञान आदि परमवैभव से युक्त होता है, वह परमात्मा (देव) कहा जाता है, इससे विपरीत जो है, वह परमात्मा नहीं होता।"

सम्यग्दर्शन-ज्ञान व चारित्र के कारण तथा गौरव धारण करने के कारण महाव्रती आचार्य, उपाध्याय व साधु 'गुरु' कहे जाते हैं। ज्ञानसार (श्लोक-5) में कहा भी गया है—

"पञ्चमहाव्रतधारी, क्रोध-लोभ व भय से रहित एवं मद के नाशक जो हैं, वे गुरु कहे गये हैं। उन्हीं से उपदेश (ज्ञान) ग्रहण करें।"

भगवती-आराधना ग्रन्थ (गाथा-302) की विजयोदया टीका में इसे स्पष्ट करते हुए कहा गया है— "सम्यग्दर्शन, सम्यग्ज्ञान व सम्यक्चारित्र रूप गुणों से जो गौरव युक्त हैं, वे आचार्य, उपाध्याय व साधु गुरु कहलाते हैं।"

पञ्चाध्यायी ग्रन्थ (2/621 व 637) में भी उपर्युक्त का समर्थन किया गया है।

सच्छास्त्र के विषय में भी रत्नकरण्डश्रावकाचार (श्लोक-9) में कहा गया है

आप्तोपज्ञमनुल्लंघ्यम्, अदृष्टेष्टविरोधकम्।
तत्त्वोपदेशकृत् सार्वं शास्त्रं कापथघट्टनम्।।

एवं हे भव्य! देवशास्त्रगुरुसमीचीनस्वरूपं परिज्ञाय, तद्वन्दनाकार्ये, जिनवाणीसत्प्रचारे, स्वाध्यायविधौ च कदाचिदपि मनसा, वचसा, कायेन विघ्नो नोत्पादनीयः इति गाथायास्तात्पर्यम्।

एवं 'जिण्णुद्धारपदिट्ठा' **इत्यादिकां गाथामादिं कृत्वा** 'णरइतिरियदुगदी' **इत्यादिकां गाथां यावत् षड्गाथात्मकः पञ्चमोऽधिकारः सम्पन्नः।**

[इति श्रीमद्गणाचार्यडॉ.विरागसागरमुनीन्द्रविरचितायां रत्नत्रयवर्धिनीटीकायां पञ्चमोऽधिकारः सम्पन्नः।।]

।। इति पञ्चमोऽधिकारः ।।

"जो आप्त (सर्वज्ञ देव) द्वारा कहा गया हो, अखण्डनीय हो, प्रत्यक्ष व अनुमान आदि से विरुद्ध न हो, वस्तु का यथार्थ उपदेश करने वाला हो, सर्वसामान्य के लिए (हितकारी) हो और कुमार्ग का निराकरण करने वाला हो, वह 'शास्त्र' होता है।"

इस प्रकार, हे भव्य! देव, शास्त्र व गुरु के यथार्थ स्वरूप को जानकर, उनकी वन्दना (आदि) कार्यों में, जिनवाणी के सत्प्रचार में तथा स्वाध्याय कार्य में मन-वचन व काय से कभी विघ्न पैदा न करना —यह गाथा का तात्पर्य है।

इस प्रकार **'जिण्णुद्धारपदिट्ठा'** इत्यादि गाथा (32) से लेकर **'णरइतिरियदुगदी'** — इत्यादि गाथा (37) तक छः गाथाओं वाला पञ्चम अधिकार सम्पन्न हुआ।

[श्रीमद्गणाचार्य डॉ. विरागसागरकृत 'रत्नत्रयवर्धिनी' नामक टीका में पञ्चम अधिकार सम्पन्न हुआ।]

।। इति पञ्चमोऽधिकारः ।।

।। छट्ठो अहियारो ।।
(षष्ठोऽधिकारः)

अथेदानीं षष्ठोऽधिकारः प्रारभ्यते। पूर्वं तस्य पातनिका निर्दिश्यते। एतस्मिन्नधिकारे 'सम्मविसोही-तव-गुण' **इत्यादिकां** (गाथा-३८) **गाथामादिं कृत्वा** 'पुव्वं जो पंचिंदिय' **इत्यादिगाथां** (गाथा-७६) **यावद् एकोनचत्वारिंशद् गाथाः सन्ति। तासु प्रथमं** 'सम्मविसोही-तव-गुण' **इत्यादिकायां** (गाथा-३८) **गाथायां वर्तमानपञ्चमकालस्य दुष्प्रभावो निरूपितोऽस्ति। ततश्च** 'ण हि दाणं' **इत्यादिका** (गाथा-३९) **गाथा वर्तते, यत्र दानपूजादिरहितानां नरकतिर्यक्कुमानुषत्वं भाविजन्मनि प्राप्यते— इति संकेतितम्। तदनन्तरं** 'ण वि जाणदि कज्जं' **इत्यादिका** (गाथा-४०) **तथा** 'ण वि जाणदि जोग्गं' (गाथा-४१) **इत्यादिका गाथाद्वयी वर्तते, यत्र निरूपितं यत् कार्याकार्यविवेकं विना सम्यक्त्व-स्योत्पत्तिर्न भवतीति। पश्चात्** 'लोइयजणसंगादो' **इत्यादिका** (गाथा-४२) **गाथा लौकिकजनसंगति-निषेधप्रतिपादनपरा वर्तते। ततश्च** 'उग्गो तिव्वो दुट्ठो' **इत्यादिका** (गाथा-४३) **गाथा वर्तते, या सम्यक्त्वरहितजीवस्वरूपं वर्णयति।**

।। छठा अधिकार ।।

अब, छठा अधिकार प्रारम्भ हो रहा है। पहले इस अधिकार की पातनिका का निर्देश किया जा रहा है। इस अधिकार में **'सम्मविसोही-तव-गुण'** इत्यादि गाथा (सं. 38) से लेकर **'पुव्वं जो पंचिंदिय'** इत्यादि गाथा (सं. 76) तक उनतालीस गाथाएँ हैं। इनमें **'सम्मविसोही-तव-गुण'** इत्यादि प्रथम गाथा (सं. 38) है, जिसमें वर्तमान पञ्चम काल के दुष्प्रभाव का निरूपण किया गया है। इसके बाद, **'ण हि दाणं'** इत्यादि गाथा (सं. 39) है, जिसमें यह बताया गया है कि दान व पूजा आदि से रहित जीवों को भावी जन्म में नरक व तिर्यञ्च गति एवं कुमानुष्य रूप की प्राप्ति होती है। इसके पश्चात्, **'ण वि जाणदि कज्जं'** इत्यादि गाथा (सं. 40) तथा **'ण वि जाणदि जोग्गं'** इत्यादि गाथा (सं. 41) इस प्रकार दो गाथाएँ हैं, जिनमें बताया गया है कि कार्य-अकार्य के विवेक के बिना सम्यक्त्व की उत्पत्ति नहीं होती है। इसके बाद, **'लोइयजणसंगादो'** इत्यादि गाथा (सं. 42) है, जो लौकिक जनों की संगति का निषेध करती है। तदनन्तर, **'उग्गो तिव्वो दुट्ठो'** इत्यादि गाथा (सं. 43) है, जो सम्यक्त्वरहित जीव के स्वरूप का निरूपण करती है।

ततः परं 'खुद्दो रुद्दो रुट्ठो' **इत्यादिका गाथा** (सं. ४४) **वर्तते, या प्रतिपादयति यद् दुःशीलः सम्यक्त्वहीन एवेति। ततश्च** 'वाणर-गद्दह-साण-गय' **इत्यादिका गाथा** (सं. ४५) **वर्तते, या जिनधर्म-विनाशकस्वरूपं दृष्टान्तमाध्यमेन विशदयति। ततः परं** 'सम्म विणा सण्णाणं' **इत्यादिगाथा** (सं. ४६) **वर्तते, यत्र सम्यक्त्वगुणस्य उत्कृष्टगुणत्वं निरूपितम्। ततश्च** 'कुतव-कुलिंगि-कुणाणी' **इत्यादिकायां गाथायां** (सं. ४७) **सम्यक्त्वहानिकराणि कारणानि निर्दिष्टानि। ततश्च,** 'तणुकुट्ठी कुलभंगं' **इत्यादिका गाथा** (सं. ४८) **वर्तते, या मिथ्यात्वं कष्टप्रदमेवेति निरूपयति। तदनन्तरं** 'देव-गुरु-धम्म-गुण' **इत्यादिकायां गाथायां** (सं. ४९) **सम्यग्दृष्टिर्जीव एव धर्मज्ञ इति निरूपितम्। ततश्च** 'एक्कं खणं ण वि चिंतदि' **इत्यादिका गाथा** (सं. ५०) **वर्तते, यत्र मिथ्यादृष्टिर्जीवः किं किं चिन्तयतीति निरूपितम्। तदनन्तरं** 'मिच्छामदि मदमोहासव' **इत्यादिकायां गाथायां** (सं. ५१) **मिथ्यादृष्टिर्निज-शुद्धात्मस्वरूपं न वेदयतीति प्रतिपादितम्। ततः परं** 'पुव्वट्ठिद खवदि कम्मं' **इत्यादिका गाथा** (सं. ५२) **वर्तते, या संवरनिर्जरयोरुपशमभावेन सम्भवं प्रतिपादयति। ततश्च** 'सम्मादिट्ठी कालं' **इत्यादिका गाथा** (सं. ५३) **वर्तते, यत्र निरूपितं यत्केन प्रकारेण मिथ्यादृष्टिः सम्यग्दृष्टिर्वा जीवः स्वकालं यापयति।**

इसके बाद, **'खुद्दो रुद्दो रुट्ठो'** इत्यादि गाथा (सं. 44) है, जो यह प्रतिपादित करती है कि दुःशील व्यक्ति सम्यक्त्व से हीन ही होता है। तदनन्तर, **'वाणर-गद्दह-साण-गय'** इत्यादि गाथा (सं. 45) है, जो जिन-धर्म के नाशक के स्वरूप को दृष्टान्तों के माध्यम से स्पष्ट करती है। इसके बाद, **'सम्म विणा सण्णाणं'** इत्यादि गाथा (सं. 46) है, जिसमें सम्यक्त्व गुण की उत्कृष्टता का निरूपण किया गया है। इसके अनन्तर, **'कुतव-कुलिंगि-कुणाणी'** इत्यादि गाथा (सं. 47) है, जिसमें सम्यक्त्व-हानि के कारणों का निर्देश किया गया है। तदनन्तर, **'तणुकुट्ठी कुलभंगं'** इत्यादि गाथा (सं. 48) है, जो यह निरूपित करती है कि मिथ्यात्व कष्टदायक ही है। इसके बाद, **'देव-गुरु-धम्म-गुण'** इत्यादि गाथा (सं. 49) है, जो यह निरूपित करती है कि सम्यग्दृष्टि जीव ही धर्मज्ञ होता है। इसके बाद, **'एक्कं खणं ण वि चिंतदि'** इत्यादि गाथा (सं. 50) है, जिसमें यह बताया गया है कि मिथ्यादृष्टि जीव क्या-क्या चिन्तन करता है। तदनन्तर, **'मिच्छामदि मदमोहासव'** इत्यादि गाथा (सं. 51) है, जिसमें यह प्रतिपादित किया गया है कि मिथ्यादृष्टि जीव निज शुद्धात्म-स्वरूप का वेदन नहीं करता है। इसके बाद, **'पुव्वट्ठिद खवदि कम्मं'** इत्यादि गाथा (सं. 52) है, जो यह प्रतिपादित करती है कि उपशम भाव से संवर व निर्जरा सम्भव है। तदनन्तर **'सम्मादिट्ठी कालं'** इत्यादि गाथा (सं. 53) है, जिसमें यह बताया गया है कि मिथ्यादृष्टि या सम्यग्दृष्टि जीव अपना-अपना समय किस प्रकार से बिताता है।

ततश्च 'अज्जवसप्पिणि भरहे' **इत्यादिका गाथात्रयी** (सं. ५४-५६) **वर्तते, यत्र वर्तमानकालप्रभाववशात् भरतक्षेत्रस्थजीवानां पाप-बहुलता, तथा च मिथ्यादृष्टीनां सुलभता, एवं पञ्चमकालेऽपि धर्मध्यानस्य क्वचित्सम्भवः इति प्रतिपादितम्। ततश्च शुभाशुभफलनिदर्शनपराः पञ्च गाथाः सन्ति। यासु** 'असुहादो णिरयाऊ' **इत्यादिका गाथा** (सं. ५७) **शुभाशुभभावफलं निरूपयति। ततः** 'हिंसादिसु कोहादिसु' **इत्यादिका तथा** 'विकहादिसु रुद्दट्टज्झाणेसु' **इत्यादिका, एवं गाथाद्वयी** (सं. ५८-५९) **वर्तते, यत्र अशुभभावस्वरूपं वर्णितमस्ति। ततश्च** 'दव्वित्थिकाय छप्पण' **इत्यादिका तथा** 'रयणत्तयस्सरूवे' **इत्यादिका च, एवं द्वे गाथे** (सं. ६०-६१) **भवतः, ययोः शुभभाव-स्वरूपस्य निरूपणं कृतमस्ति। तदनन्तरं** 'सम्मत्त गुणाइ सुगदि' **इत्यादिकायां गाथायां** (सं. ६२) **सम्यग्दर्शनमाहात्म्यं निरूपितम्। ततः परं** 'मोहं ण छिज्जदि अप्पा' **इत्यादिका गाथा** (सं. ६३) **वर्तते, यस्यां मिथ्यात्वनाशं विना संसारोच्छेदो न सम्भवतीति प्रतिपादितम्। तदनन्तरं** 'धरियउ बाहिर लिंग' **इत्यादिका गाथा** (सं. ६४) **वर्तते, या बहिरात्मनः सर्वाणि बाह्यचारित्रं व्रतादिकं निष्फलं भवतीति प्रतिपादयति।**

इसके बाद, **'अज्जवसप्पिणि भरहे'** इत्यादि तीन गाथाएँ (सं. 54-56) हैं, जिनमें यह प्रतिपादित किया गया है कि वर्तमान काल के प्रभाव से भरत क्षेत्र के जीव पापबहुल हैं, मिथ्यादृष्टि जीव सुलभ हैं और इस पञ्चम काल में भी धर्मध्यान कहीं क्वचित् सम्भव है। इसके बाद, शुभ-अशुभ फलों का निदर्शन कराने वाली पाँच गाथाएँ हैं। जिनमें **'असुहादो णिरयाऊ'** इत्यादि गाथा (सं. 57) में शुभ-अशुभ भावों का फल बताया गया है। इसके बाद, **'हिंसादिसु कोहादिसु'** इत्यादि तथा **'विकहादिसु रुद्दट्टज्झाणेसु'** इत्यादि इस प्रकार दो गाथाएँ हैं, जिनमें अशुभ भावों का स्वरूप बताया गया है। तदनन्तर, **'दव्वित्थिकाय छप्पण'** इत्यादि गाथा तथा **'रयणत्तयस्सरूवे'** इत्यादि गाथा, इस प्रकार दो गाथाएँ (सं. 60-61) हैं, जिनमें शुभ भाव के स्वरूप का निरूपण किया गया है। इसके बाद, **'सम्मत्त गुणाइ सुगदि'** इत्यादि गाथा (सं. 62) है, जिसमें सम्यग्दर्शन का माहात्म्य निरूपित किया गया है। इसके अनन्तर, **'मोहं ण छिज्जदि अप्पा'** इत्यादि गाथा (सं. 63) है, जिसमें यह प्रतिपादित किया गया है कि मिथ्यात्व नष्ट हुए बिना संसार का उच्छेद होना सम्भव नहीं है। इसके बाद, **'धरियउ बाहिर लिंग'** इत्यादि गाथा (सं. 64) है, जो यह प्रतिपादित करती है कि बहिरात्मा का समस्त व्रत आदि बाह्य चारित्र निष्फल होता है।

ततः 'मोक्खणिमित्तं दुक्खं' **इत्यादिका गाथा** (सं. ६५) **वर्तते, यस्यां निरूपितं यत् मिथ्यात्वपरित्यागेन विना मोक्षसुखं न प्राप्यते इति। एतदनन्तरं** 'ण हु दंडदि कोहादिं' **इत्यादिका गाथा** (सं. ६६) **प्ररूपयति यदज्ञानी जीवः कषायदण्डं विना देहदण्डमेव कृत्वा कर्मक्षयं न करोतीति। तदनन्तरं** 'उवसम-तव-भावजुदो' **इत्यादिकायां गाथायां** (सं. ६७) **कषायवशाद् असंयतत्वं भवतीति निरूपितमस्ति। ततश्च** 'णाणी खवेदि कम्मं' **इत्यादिका गाथा** (सं. ६८) **वर्तते, यत्र ज्ञानमात्रेण कर्मक्षयः सम्भवतीति निरूपितम्। तदनन्तरं कर्मक्षयस्य क्रमिकोपायः** 'पुव्वं सेवदि मिच्छा' **इत्यादिकायां गाथायां** (सं. ६९) **निरूपितः। ततः परं ज्ञानि-अज्ञानि-जनयोरन्तरं किमिति** 'अण्णाणीदो विसयविरत्तादो' **इत्यादिकायां गाथायां** (सं. ७०) **निरूपितमस्ति। एतदनन्तरं** 'विणओ भत्तिविहीणो' **इत्यादिका गाथा** (सं. ७१) **वर्तते, या वैराग्याभावे त्यागस्य निष्फलत्वं प्रतिपादयति। ततः** 'सुहडो सूरत्त विणा' **इत्यादिका गाथा** (सं. ७२), **यत्र प्रतिपादितं यत् संयमसम्यग्ज्ञानाद्यभावे कर्मक्षयो न सम्भवतीति। तत्पश्चात्** 'वत्थुसमग्गो मूढो' **इत्यादिका गाथा** (सं. ७३) **वर्तते, या अज्ञानिनां सुखादि-फलावाप्तिर्न भवतीति निरूपयति।**

इसके आगे, **'मोक्खणिमित्तं दुक्खं'** इत्यादि गाथा (सं. 65) है, जिसमें यह बताया गया है कि मिथ्यात्व को छोड़े बिना मोक्ष-सुख की प्राप्ति नहीं होती है। इसके बाद, **'ण हु दंडदि कोहादिं'** इत्यादि गाथा (सं. 66) है, जो यह बताती है कि अज्ञानी जीव कषाय-दण्ड के बिना देह-दण्ड (कायक्लेश) कर कर्म क्षीण नहीं कर पाता है। इसके बाद, **'उवसम-तव-भाव जुदो'** इत्यादि गाथा (सं. 67) में यह बताया गया है कि कषाय के कारण असंयतपना होता है। इसके बाद, **'णाणी खवेदि कम्मं'** इत्यादि गाथा (सं. 68) है, जिसमें यह बताया गया है कि ज्ञान मात्र से कर्म-क्षय सम्भव है। इसके अनन्तर, **'पुव्वं सेवदि मिच्छा'** इत्यादि गाथा (सं. 69) में कर्मक्षय के क्रमिक उपाय का निरूपण किया गया है। उसके पश्चात् ज्ञानी व अज्ञानी व्यक्तियों में अन्तर क्या है —इसे **'अण्णाणीदो विसयविरत्तादो'** इत्यादि गाथा (सं. 70) में बताया गया है। इसके बाद, **'विणओ भत्तिविहीणो'** इत्यादि गाथा (सं. 71) है, जिसमें यह बताया गया है कि वैराग्य न हो तो त्याग निष्फल है। तदनन्तर, **'सुहडो सूरत्त विणा'** इत्यादि गाथा (सं. 72) है, जिसमें यह प्रतिपादित किया गया है कि संयम व सम्यग्ज्ञान आदि के अभाव में कर्मक्षय सम्भव नहीं होता। इसके बाद, **'वत्थुसमग्गो मूढो'** इत्यादि गाथा (सं. 73) है, जिसमें यह बताया गया है अज्ञानी व्यक्तियों को सुख आदि फल की प्राप्ति नहीं होती।

ततः परं 'वत्थुसमग्गो णाणी' **इत्यादिका गाथा** (सं. ७४) **वर्तते, यत्र सुपात्रदान-फलदृष्टान्तमाध्यमेन विषयसेवनत्यागफलं निरूपितमस्ति। तदनन्तरं** 'भूमहिलाकणयादि' **इत्यादिकायां गाथायां** (सं. ७५) **प्रतिपादितमस्ति यद् रत्नत्रयबलेन विषधरोपि वशीभूतो भवतीति। ततः पश्चात्** 'पुव्वं जो पंचिंदिय' **इत्यादिका गाथा** (सं. ७६) **वर्तते, या मोक्षमार्गस्य नायकः को भवतीति निरूपयति। एवमस्याधिकारस्य पातनिका विज्ञेया।**

सम्प्रति वर्तमानपञ्चमकालस्य दुष्प्रभावं शास्त्रकारा गाहाछन्दसा निरूपयन्ति—

सम्मविसोही-तवगुण-चारित्त-सण्णाण-दाण-परिहीणं।
भरहे दुस्समयाले मणुयाणं जायदे णियदं।।३८।।

छाया— सम्यक्त्वविशुद्धि-तपो-गुण-चारित्र-सज्ज्ञान-दान-परिहीन(त्व)म्।
भरते दुःषमकाले मनुजानां जायते नियतम्।।

रत्नत्रयवर्धिनी टीका— भरहे दुस्समयाले मणुयाणं सम्मविसोही-तवगुण-चारित्त-सण्णाण-दाण-परिहीणं णियदं जायदे —इत्यन्वयः।

इसके बाद, **'वत्थुसमग्गो णाणी'** इत्यादि गाथा (सं. 74) है, जिसमें सुपात्र-दान के फल सम्बन्धी दृष्टान्त के माध्यम से विषय-सेवन के त्याग सम्बन्धी फल का निरूपण किया गया है। इसके अनन्तर, **'भूमहिलाकणयादि'** इत्यादि गाथा (सं. 75) में यह प्रतिपादित किया गया है कि रत्नत्रय के बल से विषधर सर्प भी वशीभूत हो जाता है। इसके बाद, **'पुव्वं जो पंचिंदिय'** इत्यादि गाथा (सं. 76) है, जो यह बताती है कि मोक्षमार्ग का नायक कौन होता है। इस प्रकार इस छठे अधिकार की पातनिका जाननी चाहिए।

अब, वर्तमान दुःषमा नामक पञ्चम काल के दुष्प्रभाव को गाहा छन्द द्वारा शास्त्रकार बता रहे हैं—

गाथा-अर्थ— (इस) भरत (क्षेत्र) में दुःषमा (नामक पञ्चम) काल में मनुष्यों के निश्चय ही सम्यग्दर्शन-विशुद्धि, तप, मूलगुण, चारित्र, सम्यग्ज्ञान व दान (की प्रवृत्ति) — इनमें हीनता होती है।।38।।

रत्नत्रयवर्धिनी टीका— भरते दुःषमकाले मनुजानां सम्यक्त्वविशुद्धि-तपो-गुण-चारित्र-सज्ज्ञान-दान-परिहीनत्वं नियतं जायते —यह (गाथा का) अन्वय है।

(भरहे दुस्समयाले) **भरतक्षेत्रे दुःषमाकाले। भरतक्षेत्रे ऐरावतक्षेत्रवत् उत्सर्पिणी-अवसर्पिणीतिनामको द्विविधकालः क्रमशः परिवर्तते। तद्भेदाः प्रत्येकं षड् भवन्ति— इति राजवार्तिके** (३/२६/३) **प्रोक्तम्। वर्तमाने च अवसर्पिणीकालस्य पञ्चमभेदो 'दुःषमा'-नामको वर्तते, तत्र,** (मणुयाणं णियदं जायदे) **मनुष्याणां नियतं निश्चितमेव भवति। किम्भवति ? उच्यते—** (सम्मविसोही-तव-गुण-चारित्त-सण्णाण-दाण-परिहीणं) **सम्यक्त्वविशुद्धिः, तपश्चरणम्, गुणाः** (मूलगुणाः, उत्तरगुणाश्च), **चारित्रं, सज्ज्ञानं सम्यक्त्वसहितं ज्ञानं वा, दानप्रवृत्तिः —इत्यादीनां परिहीनता हानिर्वा जायते। अत्र काले मनुष्याणां स्वल्पा सम्यक्त्वविशुद्धिः, तपश्चरणे च स्वल्पता भवति। तथा मूलगुणचारित्रपालनमपि नाधिकतया भवति तेषाम्। सम्यग्ज्ञानमपि हीनं भवति तथा दानप्रवृत्तिरपि स्वल्पा, नाधिका भवति। न च सम्यक्त्वविशुद्धिप्रभृतीनां पूर्णतया अभावो भवति, किन्तु तत्सद्भावो नोत्कृष्टतया भवति, हीनरूपेण भवति —इति भावः।**

अयम्भावः— अवसर्पिणीकाले जीवानामुत्तरोत्तरं जीवनायुःप्रमाणम्, उपभोगपरिभोग-सम्पत्तिः, शरीरोत्सेधः, शरीरबलम् —इत्यादीनां क्रमिको ह्रासोऽधिकतया जायते।

(भरते दुःषमकाले) भरत क्षेत्र में, दुषमा काल (नामक पाँचवे आरे) में। भरत क्षेत्र में ऐरावत क्षेत्र की तरह ही उत्सर्पिणी व अवसर्पिणी नामक द्विविध काल क्रमशः प्रवर्तित होते रहते हैं। इन दोनों में प्रत्येक के छह-छह भेद होते हैं— यह राजवार्तिक (3/26/3) में कहा गया है। वर्तमान में अवसर्पिणी काल का पाँचवाँ भेद (आरा) दुःषमा नामक काल (चल रहा) है, उसमें **(मनुजानां नियतं जायते)** मनुष्यों के नियत रूप से अर्थात् निश्चित रूप से होता है। क्या होता है ? बता रहे हैं— **(सम्यक्त्व-विशुद्धि-तपो-गुण-चारित्र-सज्ज्ञान-दानपरिहीनत्वम्)** सम्यक्त्व-विशुद्धि, तपश्चर्या, गुण यानी मूलगुण व उत्तरगुण, चारित्र, सज्ज्ञान यानी सम्यक्त्वसहित ज्ञान, दान की प्रवृत्ति— इन सबकी हीनता या हानि होती है। इस काल में मनुष्यों में अल्प सम्यक्त्वविशुद्धि और तपश्चरण में भी अल्पता हो जाती है। मूलगुणों व चारित्र का पालन भी उनके द्वारा अधिक नहीं होता। सम्यग्ज्ञान भी हीन होता है और दान की प्रवृत्ति भी अपेक्षाकृत अल्प होती है, अधिक नहीं होती। सम्यक्त्वविशुद्धि आदि का पूर्णतया अभाव नहीं हो जाता, किन्तु उनमें उत्कृष्टता नहीं होती, हीन रूप से वे होते हैं —यह भाव है।

तात्पर्य यह है— अवसर्पिणी काल में जीवों की उत्तरोत्तर जीवन-आयु का प्रमाण, उपभोग-परिभोग की सम्पत्ति, शारीरिक ऊँचाई, शारीरिक बल इत्यादि का क्रमशः अधिक ह्रास होता है।

भरतचक्रवर्तिना षोडश स्वप्ना दृष्टाः, तेषामपि वृषभदेवतीर्थङ्करेण फलं धर्मह्रासरूपं निर्दिष्टमिति आदिपुराणे (४१/५८) दृश्यते—

.....................यच्च ते स्वप्नदर्शनम्।
तदप्येतद्‌युगे धर्मस्थितिह्रासस्य सूचनम्।।

तत्र च (४१/६३-८०) भरतचक्रवर्तिदृष्टस्वप्नानामाधारेण कानिचित् फलान्यभिहितानि, तानि संक्षेपेण वर्ण्यन्ते— पञ्चमकाले वर्द्धमानस्वामितीर्थङ्करशासने कुनयानां समुत्पत्तिर्भविष्यति। कुलिङ्गिनश्च भविष्यन्ति। साधुजनाः तपश्चरणस्य समस्तगुणान् धर्तुं न समर्थाः। जनाः मूलोत्तरगुण-पालने मन्दोद्यमाः, दुराचरणनिरताश्च भविष्यन्ति। ऋद्धिधारिमुनीनामभावः, केवलज्ञान-अवधिज्ञान-मनःपर्यय-ज्ञानानामप्यभावः —इत्यादिकं दूषणं कालस्यास्य वैशिष्ट्यम्।

एवं हे भव्य! यत्र कुत्रचिदपि धर्महानिर्दृश्यते, तत्र उद्विग्नता न कार्या, अपितु तत्र काल-प्रभावं विज्ञायोदासीनता मध्यस्थतैव वा धार्या। त्वं तु सम्यग्ज्ञानी, हेयोपादेयविवेकं कर्तुं समर्थोऽसि।

भरत चक्रवर्ती ने सोलह स्वप्न देखे थे, उन स्वप्नों का भी वृषभदेव (प्रथम) तीर्थङ्कर ने फल 'धर्म का ह्रास होना' बताया था— यह आदिपुराण (41/58) में दृष्टिगोचर होता है—

"..................जो तुमने स्वप्न में देखा है, उससे यही सूचित होता है कि इस युग में धर्म का ह्रास होगा।"

वहाँ (आदिपुराण, 41/63-80) भरत चक्रवर्ती द्वारा देखे गये स्वप्नों के आधार पर कुछ फलों का निरूपण भी हुआ है, उन्हें यहाँ संक्षेप में (सार रूप में) बताया जा रहा है— पञ्चमकाल में तीर्थङ्कर वर्द्धमान स्वामी के शासन में कुनयों की उत्पत्ति होगी। कुलिङ्गियों का भी सद्-भाव होगा। साधु लोग तपश्चर्या के समस्त गुणों को धारण करने में समर्थ नहीं होंगे। लोग मूल व उत्तरगुणों के पालन में मन्द उद्यम वाले तथा दुराचार-निरत भी होंगे। ऋद्धिधारी मुनियों का अभाव हो जाएगा तथा केवलज्ञान, अवधिज्ञान व मनःपर्ययज्ञान का भी अभाव होगा —इत्यादि दोष इस काल की विशेषताएँ होंगी।

इस प्रकार, हे भव्य! जहाँ कहीं भी धर्म की हानि दृष्टिगोचर हो, तो भी वहाँ उद्विग्न न होना, अपितु उसमें काल का प्रभाव जानकर उदासीनता या मध्यस्थता ही रखना। तुम तो सम्यग्ज्ञानी हो और हेय व उपादेय का विवेक करने में समर्थ हो। इसलिए भावी दुर्गति व दुःख से बचने के

अतो भाविदुर्गति-दुःखनिवारणाय आत्मप्रभावनया सह दानतपोजिनपूजाविद्यातिशयैश्च जिनधर्मप्रभावनां विधत्स्व, न कदाचिदपि तत्रालस्यं प्रमादं वा दध्याः इति गाथायास्तात्पर्यम्।

दानादिधार्मिकक्रियारहितानां जनानां दुर्गतिविषये शास्त्रकारा गाहणी (गाहा)-छन्दो- माध्यमेन निरूपयन्ति—

ण हि दाणं ण हि पूया ण हि सीलं ण हि गुणं ण चारित्तं।
जे जइणा भणिदा ते णेरइया कुमाणुसा तिरिया।। ३९।।

छाया— न हि दानं न हि पूजा न हि शीलं न हि गुणो न चारित्रम्।
ये यतिना भणिताः ते नारकाः कुमानुषाः तिर्यञ्चः।।

रत्नत्रयवर्धिनी टीका— जे ण हि दाणं, ण हि पूया, ण हि सीलं, ण हि गुणं, ण चारित्तं, ते णेरइया कुमाणुसा तिरिया (इदि) जइणा भणिदा —इत्यन्वयः। (जे ण हि दाणं) **ये जना दानं नैव कुर्वन्ति, तथा** (ण हि पूया) **न च ये जिनेन्द्र-पूजां कुर्वन्ति, तथा** (ण हि सीलं ण हि गुणं ण चारित्तं) **न च यैः शीलं ब्रह्मचर्यादि सदाचाररूपमनुष्ठीयते। न च गुणाः धार्यन्ते, अत्र गुणपदं मूलगुणादिवाचकम्**

लिए आत्म-प्रभावना के साथ-साथ दान, तप, जिनेन्द्र-पूजा व विद्यातिशयों द्वारा जिन धर्म की प्रभावना करो, कभी उसमें आलस्य या प्रमाद न करना —यह गाथा का तात्पर्य है।

दान (व पूजा) आदि धार्मिक क्रिया से रहित व्यक्तियों की दुर्गति के विषय में शास्त्रकार गाहणी (गाहा) छन्द के द्वारा बता रहे हैं—

गाथा-अर्थ— जो (लोग) दान नहीं देते, पूजा नहीं करते, शील नहीं पालते, मूलगुण व चारित्र से रहित हैं, वे (भावी जन्म में) नारकी, खोटे मनुष्य व तिर्यञ्च होते हैं —ऐसा यति (जिनेन्द्र देव) ने कहा है।।39।।

रत्नत्रयवर्धिनी टीका— ये न हि दानं न हि पूजा न हि शीलं न हि गुणो न चारित्रम्, नारकाः कुमानुषाः तिर्यञ्चः (इति) यतिना भणिताः —यह (गाथा का) अन्वय है। **(ये न हि दानं)** जो व्यक्ति दान नहीं करते, तथा **(न हि पूजा)** और न ही जो जिनेन्द्र-पूजा करते हैं, और **(न हि शीलं, न हि गुणः, न चारित्रम्)**, न ही जिनके द्वारा शील यानी ब्रह्मचर्यादि सदाचार का पालन किया जाता है, न ही कोई गुण उनके पास है, यहाँ 'गुण' पद मूलगुण आदि का वाचक है।

[शीलविषये प्राग्दशमगाथायां तथैव मूलगुणादिविषये अष्टमगाथायां व्याख्याने निरूपितमस्ति, तत एव ज्ञेयम्।] तथैव यैश्च न च चारित्रं सामायिकादिकं पाल्यते, तेषां किम्भविष्यम् ? उच्यते— (ते णेरइया कुमाणुसा तिरिया) **ते नराः भाविजन्मनि नारकाः, कुमानुषाः तिर्यञ्चो वा भवन्ति, उत्पद्यन्ते इत्यर्थः।** (जइणा भणिदा) **इति यतिना सर्वज्ञदेवेन भणितम्, सर्वं प्रत्यक्षं साक्षात्कृत्य वा प्रोक्तमित्यर्थः।**

अयम्भावः— जीवानां यया प्रवृत्त्या तथा निवृत्त्या चारित्रात्मकया नरकगतिः, तिर्यग्गतिर्वा भवति, अथवा कुमानुष्यत्वं प्राप्यते, तन्निर्देशोऽत्र गाथायां कृतः। परोपकारबुद्धया, कारुण्या-नुकम्पादिदृष्ट्या वा जनैर्दानं विधीयते। उत्तममध्यमजघन्यपात्रादिभेदेन तद्दानस्य सुफलमेव प्राप्यते। किन्तु ये च दानाद् विमुखाः यद्वा विरताः, अर्थात् स्वल्पाऽपि दानप्रवृत्तिर्येषां न भवति, अर्थात् ये न स्वयं दानं कुर्वन्ति, न च दापयन्ति, न चानुमोदयन्ति, तथा जिनेन्द्रादि —इष्टदेवतायाः भक्तिसहित-पूजामर्चनं वा ये न कुर्वन्ति, अर्थात् न स्वयं कुर्वन्ति, न तत्प्रेरका अनुमोदका व भवन्ति, ते निश्चितमेव नरकगतिं यद्वा तिर्यग्गतिं यद्वा कुमानुष्यत्वं प्राप्नुवन्ति —इति।

[शील के विषय में पहले दसवीं गाथा के व्याख्यान में तथा मूलगुण आदि के विषय में आठवीं गाथा के व्याख्यान में कह आये हैं, वहीं से जानना चाहिए।] इसी प्रकार, जिनके द्वारा सामायिक आदि (चारित्रों में से) कोई चारित्र नहीं पाला जाता है, उनका भविष्य क्या है ? बता रहे हैं— **(नारकाः कुमानुषाः, तिर्यञ्चः)** वे मनुष्य आगामी जन्म में नारकी, या कुमानुष या तिर्यञ्च (पशु) होते हैं, अर्थात् उत्पन्न होते हैं। **(यतिना भणिताः)** —ऐसा यति यानी सर्वज्ञ देव ने कहा है, अर्थात् सब कुछ प्रत्यक्ष या साक्षात् देख कर कहा है।

तात्पर्य यह है— जीवों की जिस प्रवृत्ति या निवृत्ति रूप चारित्र से नरक गति या तिर्यञ्च गति प्राप्त होती है, अथवा कुमानुष्य प्राप्त होता है, उसका यहाँ निर्देश किया गया है। परोपकार बुद्धि से या कारुण्य, अनुकम्पा आदि की दृष्टि से लोगों के द्वारा दान-सम्बन्धी प्रवृत्ति होती है। उत्तम, मध्यम व जघन्य पात्र आदि भेद के अनुरूप उस दान का सुफल भी प्राप्त होता है। किन्तु जो दान से विमुख या विरत हैं, अर्थात् जिनकी थोड़ी भी दान की प्रवृत्ति नहीं होती, अर्थात् जो न तो स्वयं दान करते हैं, न दान दिलवाते हैं और न ही उसका अनुमोदन करते हैं, और जो जिनेन्द्र आदि इष्ट देव की भक्ति सहित पूजा या अर्चना भी नहीं करते हैं, अर्थात् जो स्वयं न तो करते हैं, न उसकी प्रेरणा या अनुमोदना करते हैं, वे तो निश्चित ही नरक गति या तिर्यञ्च गति को या खोटे मनुष्यपने को प्राप्त करते हैं।

तथैव यैः शीलं न पाल्यते, जीवने सदाचारस्य संयमस्य वा लेशोऽपि येषां नास्ति, तथा दया, उदारता, सहिष्णुता, करुणा, अनुकम्पा, धर्मनिष्ठता, आस्तिकता —इत्यादिगुणेषु कश्चिदपि गुणो येषां व्यक्तित्वे नोपलक्ष्यते, न च सामायिकादिपञ्चविधचारित्रेषु एकमपि चारित्रं समनुष्ठीयते यैर्जनैः, तेऽपि सर्वे नरकादिदुर्गतिमाप्नुवन्ति —इतिसारः। वस्तुतो दानपूजाशीलादिकं धर्मनिष्ठस्यैव जनस्य समीचीनतया भवति, नाधार्मिकस्य। अधार्मिकास्तु जनाः पशव एव, तेषां मनुष्येषु परिगणनाऽपि कर्तुं नोचिता। उक्तं च नीतिकारेण भर्तृहरिणा नीतिशतके (श्लोक-१३)—

येषां न विद्या न तपो न दानं ज्ञानं न शीलं न गुणो न धर्मः।
ते मर्त्यलोके भुवि भारभूताः, मनुष्यरूपेण मृगाश्चरन्ति।।

अन्यच्च, कविनारायणविरचिते हितोपदेशे (प्रस्ताविका, श्लोक-25) **निर्दिष्टं पद्यमिदं प्रसङ्गतः प्रस्तूयते—**

आहारनिद्राभयमैथुनं च सामान्यमेतत् पशुभिर्नराणाम्।
धर्मो हि तेषामधिको विशेषः, धर्मेण हीनाः पशुभिः समानाः।।

इसी प्रकार, जिनके द्वारा शील का पालन नहीं किया जाता, जिनके जीवन में सदाचार या संयम का लेश भी नहीं होता, और दया, उदारता, सहिष्णुता, करुणा, अनुकम्पा, धर्मनिष्ठता, आस्तिकता आदि गुणों में से कोई भी गुण जिनके व्यक्तित्व में नहीं देखा जाता, और सामायिक आदि पाँच प्रकार के चारित्रों में से एक भी चारित्र का जो लोग पालन नहीं करते, वे सभी लोग नरक आदि दुर्गति को प्राप्त करते हैं —यह सार है। वस्तुतः धर्मनिष्ठ व्यक्ति के द्वारा ही किये गये दान, पूजा, शील आदि की समीचीनता होती है, अधार्मिक द्वारा किये गये दान आदि की नहीं। अधार्मिक लोग तो पशु (जैसे) ही हैं, उनकी तो मनुष्यों में गणना करना भी अनुचित है। नीतिकार भर्तृहरि ने नीतिशतक (श्लोक-13) में कहा भी है—

"जिनके पास विद्या नहीं है, तप नहीं है, दान नहीं है, ज्ञान, शील, गुण व धर्म भी नहीं है, वे लोग तो पृथ्वी पर भार हैं और मनुष्य रूप में पशु ही विचरण कर रहे हैं।"

और, कवि नारायण द्वारा रचित 'हितोपदेश' में निर्दिष्ट यह पद्य, प्रसङ्गवश यहाँ प्रस्तुत किया जा रहा है—

"आहार, निद्रा, भय व मैथुन —ये प्रवृत्तियाँ मनुष्य व पशुओं में समान रूप से होती हैं। केवल उनमें जो विशेष अन्तर होता है, वह 'धर्म' के कारण ही होता है, क्योंकि धर्म से हीन मनुष्य तो पशु जैसे ही होते हैं।"

एवं जिनेन्द्रपूजास्तवनरहितस्य जीवनं निष्फलमेव। उक्तं च पद्मनन्दिपञ्चविंशतिकाग्रन्थे (६/१५)—

ये जिनेन्द्रं न पश्यन्ति, पूजयन्ति स्तुवन्ति न।
निष्फलं जीवितं तेषां, तेषां धिक् च गृहाश्रमम्।।

एवं हे भव्य! सम्यगवबुद्ध्य निरतिचारसम्यक्त्वसहितानां मूलोत्तरगुणानां श्रावकोचितानां पालनं त्वया करणीयम्, येन मनुष्यजन्म सफलं भवेत्, सुगतिसौख्यादिकं च येन प्राप्नुयाः इति गाथायास्तात्पर्यम्।

वस्तुतः सम्यक्त्वस्य भक्तेश्च परस्परघनिष्ठसम्बन्धो वर्तते। उक्तं च धवलाग्रन्थे (पु. ८, खण्ड-३, सू. ४१)— "ण च एसा (अरहंतभत्ती) दंसणविसुज्झदादीहि विणा संभवइ, विरोहादो।"

समयसारग्रन्थस्य (गाथा १७३-१७६) **तात्पर्यवृत्तौ भणितम्**— "भक्तिः पुनः सम्यक्त्वं भण्यते, व्यवहारेण सरागसम्यग्दृष्टीनां पंचपरमेष्ठ्याराधनारूपा।"

इसी प्रकार, जिनेन्द्र-पूजा व जिनेन्द्र-स्तुति से रहित व्यक्ति का जीवन भी निष्फल है। पद्मनन्दिपञ्चविंशतिका ग्रन्थ (6/15) में कहा भी है—

"जो जिनेन्द्र देव का दर्शन, पूजन व स्तवन नहीं करते, उनका तो जीवन निष्फल है, और ऐसे व्यक्ति के गृहस्थ आश्रम को भी धिक्कार है।"

इस प्रकार हे भव्य! अच्छी तरह सम्यग्ज्ञान प्राप्त कर, अतीचार-रहित सम्यक्त्व के साथ श्रावकोचित मूलगुणों व उत्तरगुणों का पालन तुम्हें करना चाहिए, ताकि इस मनुष्य-जन्म की सफलता हो और सुगति व सुख की भी प्राप्ति हो —यह गाथा का तात्पर्य है।

वस्तुतः सम्यक्त्व व भक्ति का परस्पर घनिष्ठ सम्बन्ध है। धवला ग्रन्थ (पु. 8, खण्ड-3, सू. 41) में कहा गया है— "यह (अरहंत-भक्ति) दर्शन-विशुद्धि आदि के बिना सम्भव नहीं है, क्योंकि ऐसा होने में विरोध है।"

समयसार ग्रन्थ (गाथा-173-176) की तात्पर्यवृत्ति में कहा गया है— "भक्ति सम्यक्त्व रूप कही जाती है, जो व्यवहार से सराग सम्यग्दृष्टियों द्वारा की जाने वाली पंचपरमेष्ठी की आराधना रूप होती है।"

सम्प्रति 'तत्त्वातत्त्वविवेकरहिताः सम्यक्त्वरहिताः' इति तथ्यं देवी-चपलाछन्दोभ्यां शास्त्रकाराः समर्थयन्ति—

ण वि जाणदि कज्जमकज्जं, सेयमसेयं य पुण्णपावं हि।
तच्चमतच्चं धम्ममधम्मं सो सम्मउम्मुक्को।। ४०।।

ण वि जाणदि जोग्गमजोग्गं णिच्चमणिच्चं हेयमुवादेयं।
सच्चमसच्चं भव्वमभव्वं सो सम्मउम्मुक्को।। ४१।।

छाया— नापि जानाति कार्यमकार्यम्, श्रेयोऽश्रेयश्च पुण्यपापं हि।
तत्त्वमतत्त्वं धर्ममधर्मं स सम्यक्त्व-उन्मुक्तः।।

नापि जानाति योग्यमयोग्यं नित्यमनित्यं हेयमुपादेयम्।
सत्यमसत्यं भव्यमभव्यं स सम्यक्त्व-उन्मुक्तः।।

रत्नत्रयवर्धिनी टीका— कज्जमकज्जं, सेयमसेयं पुण्णपावं हि तच्चमतच्चं धम्ममधम्मं णवि जाणदि, सो सम्मउम्मुक्को। णवि जोग्गमजोग्गं णिच्चमणिच्चं हेयमुवादेयं सच्चमसच्चं भव्वमभव्वं जाणदि, सो सम्मउम्मुक्को —इति गाथाद्वयान्वयः।

अब, 'सम्यक्त्व से रहित व्यक्ति तत्त्व-अतत्त्व (आदि) के विवेक से रहित होते हैं', इस तथ्य का शास्त्रकार देवी व चपला छन्द के द्वारा समर्थन कर रहे हैं—

गाथा-अर्थ— जो लोग सम्यक्त्व से रहित होते हैं, वे लोग कार्य-अकार्य, श्रेय-अश्रेय, तत्त्व-अतत्त्व, धर्म-अधर्म (के अन्तर) को नहीं जानते हैं।।40।।

जो लोग सम्यक्त्व से रहित होते हैं, वे योग्य-अयोग्य, नित्य-अनित्य, हेय-उपादेय, सत्य-असत्य तथा भव्य-अभव्य (के अन्तर) को नहीं जानते।।41।।

रत्नत्रयवर्धिनी टीका— कार्यमकार्यं श्रेयोऽश्रेयश्च पुण्यपापं हि तत्त्वमतत्त्वं धर्ममधर्मं नापि जानाति, स सम्यक्त्व-उन्मुक्तः। नापि योग्यमयोग्यं नित्यमनित्यं हेयमुपादेयं सत्यमसत्यं भव्यमभव्यं जानाति, स सम्यक्त्व-उन्मुक्तः —यह दो गाथाओं का अन्वय है।

(सो सम्म-उम्मुक्को) **स जीवः सम्यक्त्व-उन्मुक्तः, सम्यक्त्वेन रहितः। ज्ञानमात्मस्वभावः, अतः सर्वे जीवा ज्ञानिनः, किन्तु तेषु ये सम्यक्त्वेन युक्ताः भवन्ति, ते एव सम्यग्ज्ञानवन्तः। एवं सम्यक्त्व-उन्मुक्तः अर्थात् सम्यग्ज्ञानरहितो जीवः। तस्य कस्मिन् कस्मिन् विषये सम्यग्ज्ञानं भवति —इति जिज्ञासां समाधातुं गाथायां विशदीक्रियते—** (ण वि जाणदि कज्जमकज्जं) **स सम्यग्ज्ञानरहितः कार्यमकार्यं च न जानाति। किं कार्यं, किञ्च अकार्यमिति विशेषतया, तयोरन्तरं वा न स सम्यगवबोधति। कार्याकार्यविचाररहित एव सम्यक्त्वहीनो भवतीति तात्पर्यम्।**

तथा (सेयमसेयं य) **श्रेयोऽश्रेयो वा किमिति च न जानाति। श्रेयश्च कल्याणकारी, अश्रेयश्च अकल्याणकारीति तदर्थः। तथैव** (पुण्णपावं हि) **पुण्य-पापयोः पृथक्-पृथक् स्वरूपं तथा तयोरन्तरं च न जानाति। तथा** (तच्चमतच्चं) **किं तत्त्वम्, किं चातत्त्वम्, इत्यन्तरं न जानाति। तत्त्व-स्वरूपानभिज्ञः सोऽतत्त्वमपि न जानाति, अतस्तत्त्वातत्त्वनिर्णये सोऽसमर्थ एव।**

(स सम्यक्त्व-उन्मुक्तः) वह जीव सम्यक्त्व से उन्मुक्त है अर्थात् सम्यक्त्व से रहित है। ज्ञान आत्मा का स्वभाव है, इसलिए सभी जीव ज्ञानी हैं, किन्तु उनमें जो सम्यक्त्व से युक्त होते हैं, वे ही सम्यग्ज्ञानी हैं। इस तरह, सम्यक्त्व-उन्मुक्त का अर्थ हुआ— सम्यग्ज्ञान से रहित जीव। उस जीव का किस-किस विषय में सम्यग्ज्ञान होता है —इस जिज्ञासा के समाधान हेतु गाथा में इसे स्पष्ट किया जा रहा है— **(नापि जानाति कार्यमकार्यम्)** वह सम्यग्ज्ञानरहित जीव कार्य-अकार्य को नहीं जानता। क्या कर्तव्य है और क्या अकार्य या अकर्तव्य है —इसे विशेष रूप में, या उनके अन्तर को ठीक से वह नहीं जानता। कार्य-अकार्य के विचार से रहित वह सम्यक्त्वहीन जीव होता है —यह तात्पर्य है।

तथा **(श्रेयोऽश्रेयश्च)** क्या श्रेय है और क्या श्रेय नहीं है —इसे वह नहीं जानता। श्रेय का अर्थ है— कल्याणकारी और अश्रेय का अर्थ है— जो कल्याणकारी नहीं है। तथा **(पुण्य-पापं हि)** पुण्य व पाप के पृथक् पृथक् स्वरूप को और उनके अन्तर को वह नहीं जानता। और **(तत्त्वमतत्त्वम्)** क्या तत्त्व है, और क्या अतत्त्व है, इसके अन्तर से वह अनभिज्ञ होता है। तत्त्व के स्वरूप से अनभिज्ञ वह अतत्त्व को भी नहीं जानता, इसलिए तत्त्व व अतत्त्व का निर्णय करने में वह असमर्थ ही रहता है।

एवं स (धम्ममधम्मं) **धर्माधर्मयोः स्वरूपं तदन्तरं च न जानाति। एवं तत्त्वातत्त्व-श्रेयोऽश्रेयादिज्ञानाभावात् वस्तुतः स जनः पूर्णतया अज्ञानी एव, सम्यग्ज्ञानाभावात्। उक्तं च मूलाचारग्रन्थे** (गाथा २६७-२६८)—

जेण तच्चं विबुज्झेज्ज, जेण चित्तं णिरुज्झदि।
जेण अत्ता विसुज्झेज्ज, तं णाणं जिणसासणे।।
जेण रागा विरज्जेज्ज, जेण सेएसु रज्जदि।
जेण मेत्तीं पभावेज्ज, तं णाणं जिणसासणे।।

अत्रेदं तात्पर्यम्— श्रावकधर्मो मुनिधर्मो वा सम्यक्त्वसहितेनैव पाल्यते चेत्तत्सुफलं प्राप्यते, नान्यथा। उक्तं च पुरुषार्थसिद्ध्युपायग्रन्थे (श्लोक-२१)—

तत्रादौ सम्यक्त्वं समुपाश्रयणीयमखिलयत्नेन।
तस्मिन् सत्येव यतो भवति ज्ञानं च चारित्रम्।।

इस तरह वह **(धर्ममधर्मं)** धर्म व अधर्म के स्वरूप को तथा उनके अन्तर को नहीं जानता। इस तरह तत्त्व-अतत्त्व, श्रेय-अश्रेय इत्यादि का ज्ञान न होने से वास्तविक रूप में वह व्यक्ति पूर्णतः अज्ञानी ही है, क्योंकि उसके सम्यग्ज्ञान नहीं है। मूलाचार ग्रन्थ (गाथा-267-68) में कहा भी गया है—

"जिससे वस्तु का यथार्थ स्वरूप (तत्त्व) जाना जाय, जिससे मन का (विषयों में) व्यापार रुक जाय, जिससे आत्मा की विशुद्धि (वीतरागता) हो, उसे ही जिनशासन में 'ज्ञान' कहा गया है।"

"जिससे राग से विरक्ति हो, श्रेय (कल्याण) के मार्ग में अनुरक्ति हो, जिससे समस्त प्राणियों में मैत्री भाव स्थापित हो, उसे ही जिन-शासन में 'ज्ञान' कहा गया है।"

तात्पर्य यह है— श्रावक धर्म हो या मुनिधर्म हो, सम्यक्त्व-सहित होकर उसकी पालना की जाय तभी उसका सुफल प्राप्त होता है, अन्यथा नहीं। पुरुषार्थसिद्ध्युपाय ग्रन्थ (श्लोक-21) में कहा भी गया है—

"इन (तीनों रत्नों) में सर्वप्रथम सभी उपायों से सम्यक्त्व का आश्रयण करना चाहिए, क्योंकि इसके होने पर ही सम्यग्ज्ञान व सम्यक्चारित्र होता है (अन्यथा नहीं)।"

सम्यग्दर्शने सत्येव आगमादिज्ञानं सम्यग्ज्ञानरूपेण अभिधातुं शक्यते, अन्यथा एकादशाङ्गज्ञानमपि मिथ्याज्ञानमेव। सम्यक्त्वहीनस्तज्ज्ञाता 'अज्ञानी' एवेति भावः। उक्तं च स्याद्वादमञ्जर्याम् (कारिका-२३)— "तत्परिगृहीतं द्वादशाङ्गमपि मिथ्याश्रुतमामनन्ति। तेषामुपपत्तिं निरपेक्षं यदृच्छया वस्तुतत्त्वोपलम्भसंरम्भात्।"

दर्शनप्राभृतग्रन्थे (गाथा-४) **च भणितम्—**

सम्मत्तरयणभट्टा जाणंता बहुविहाइं सत्थाइं।
आराहणाविरहिया भमंति तत्थेव तत्थेव।।

वस्तुतः कार्यमकार्यं च किम्? यद्वा सम्यग्ज्ञानी यज्जानति तत् कार्यमकार्यं किम् ? उच्यते। ज्ञानार्णवे (२/१६८/२२१) **एतद्विषये संकेतः कृतः—**

यद् यत्स्वस्यानिष्टं तत्तद्वाक्चित्तकर्मभिः कार्यम्।
स्वप्नेऽपि नापरेषामिति धर्मस्याग्रिमं लिङ्गम्।।

सम्यग्दर्शन के होने पर ही आगम आदि का जो ज्ञान होता है, उसे सम्यग्ज्ञान रूप से कहा जा सकता है, अन्यथा ग्यारह अङ्ग का (भी) ज्ञान हो जाय तो भी वह मिथ्याज्ञान ही है। सम्यक्त्वहीन उसका ज्ञाता 'अज्ञानी' ही है, यह भाव है। स्याद्वादमञ्जरी (कारिका-23) में कहा भी गया है— "(मिथ्यादृष्टि द्वारा) जाना गया द्वादशाङ्ग मिथ्याश्रुत कहा जाता है। क्योंकि युक्तिवाद से निरपेक्ष, अपनी इच्छानुसार वस्तु को जानने की उसकी इच्छा प्रबल होती है।"

दर्शनप्राभृत ग्रन्थ (गाथा-4) में भी कहा गया है—

"सम्यक्त्व रत्न से भ्रष्ट लोग भले ही बहुत प्रकार के शास्त्रों का ज्ञान प्राप्त कर लें, परन्तु आराधना से रहित होने के कारण वे संसार में ही इधर-उधर भ्रमण करते रहते हैं।"

आखिर वस्तुतः कार्य क्या है और अकार्य क्या है? अथवा सम्यग्ज्ञानी जो जानता है, वह कार्य या अकार्य क्या है? बता रहे हैं। ज्ञानार्णव (2/168/221) में इस विषय में इस रूप में संकेत किया गया है—

"जो अपने लिए अनिष्ट हो, उसे वाणी, मन व कर्म से स्वप्न में भी दूसरों के लिए नहीं करना चाहिए —यही धर्म का अग्रिम (प्रमुख) चिह्न है।"

प्रशमरतिप्रकरणे (श्लोक-१४७-१४८) **च परामर्शो दत्तः—**

तच्चिन्त्यं तद्भाष्यं तत्कार्यं भवति सर्वथा यतिना।
नात्मपरोभयबाधकमिह यत्परतश्च सर्वार्थम्।।

सर्वार्थेष्विन्द्रियसंगतेषु वैराग्यमार्गविघ्नेषु।
परिसंख्यानं कार्यं कार्यं परमिच्छता नियतम्।।

समाधिशतके (श्लोक-५०, ५३) **च भणितम्—**

आत्मज्ञानात् परं कार्यं न बुद्धौ धारयेच्चिरम्।
कुर्यादर्थवशात् किञ्चिद् वाक्कायाभ्यामतत्परः।।

तद् ब्रूयात् तत्परान् पृच्छेत् तदिच्छेत् तत्परो भवेत्।
येनाविद्यामयं रूपं त्यक्त्वा विद्यामयं व्रजेत्।।

प्रशमरतिप्रकरण (श्लोक-147-148) में भी यह परामर्श दिया गया है—

"साधुओं (साधक) को वही विचारना चाहिए, वही बोलना चाहिए और वही करना चाहिए जो कभी भी इस लोक में न स्वयं को, न दूसरों को और न दोनों को दुःखदायी हो एवं जो परलोक में समस्त अर्थों का साधक हो।"

"सर्वोत्कृष्ट कार्य कर्म-बन्धन से मुक्त होना है। जो उसे चाहता हो, उसके लिए कर्तव्य यह है कि वैराग्य के मार्ग में विघ्न करने वाले इन्द्रिय-विषयों में सदा संयम रखे।"

समाधिशतक (श्लोक-50 व 53) में भी कहा गया है—

"आत्म-ज्ञान से अतिरिक्त किसी कार्य को अपनी बुद्धि में नहीं धारण करें। यदि प्रयोजनवश वचन व काय से कुछ करना ही पड़े तो अनासक्त होकर करें।"

"उसी आत्मस्वरूप के विषय में बोलें, दूसरों से पूछें, उसी को चाहें और उसी आत्मस्वरूप की भावना में तत्पर हों ताकि अज्ञानमय (बहिरात्म) रूप छूटे और ज्ञानमय (परमात्मा) स्वरूप की प्राप्ति हो।"

दर्शनप्राभृतग्रन्थे (गाथा-२२) **च श्रीकुन्दकुन्दस्वामिना परामृष्टम्—**

जं सक्कइ तं कीरइ जं च ण सक्कइ तं च सद्दहणं।
केवलिजिणेहि भणिदं सद्दहमाणस्स सम्मत्तं।।

भगवतीआराधनाग्रन्थे (गाथा-१०२) **च निर्दिष्टम्—**

जाणंतस्सादहिदं अहिदणियत्ती य हिदपवित्ती य।
होदि य तो से तम्हा आदहिदं आगमेदव्वं।।

एवमेव, श्रेयोऽश्रेयविषयेऽपि शास्त्रेषु उपदिष्टम्, तत्सम्यग्ज्ञानी जानाति। उक्तं च दर्शन-प्राभृतग्रन्थे (गाथा-१५)—

सम्मत्तादो णाणं णाणादो सव्वभावउवलद्धी।
उवलद्धपयत्थे पुण सेयासेयं वियाणेदि।।

दर्शनप्राभृत ग्रन्थ (गाथा-22) में भी श्रीकुन्दकुन्द स्वामी ने यह परामर्श दिया है—

"जितना (चारित्र आदि) किया जा सकता है, उतना करो, और जितना न कर सको तो उस पर श्रद्धान तो (अवश्य) करो क्योंकि श्रद्धान करने वाले के सम्यक्त्व होता है —ऐसा केवली-सर्वज्ञ देव ने कहा है।"

भगवती-आराधना ग्रन्थ (गाथा-102) में भी इसी प्रकार निर्देश दिया गया है—

"आत्महित को जो जान लेता है, उसकी हित में प्रवृत्ति और अहित से निवृत्ति होती है। इसलिए आत्महित क्या है —यह जानना-समझना चाहिए।"

इसी तरह, श्रेय या अश्रेय के विषय में भी शास्त्रों में जो कहा गया है, उसे सम्यग्ज्ञानी जानता है। दर्शनप्राभृत ग्रन्थ (गाथा-15) में कहा भी गया है—

"सम्यक्त्व से ज्ञान, ज्ञान से समस्त पदार्थों (के ज्ञान) की उपलब्धि होती है और पदार्थों को उपलब्ध कर व्यक्ति श्रेय व अश्रेय को जान लेता है।"

किञ्च श्रेयोऽश्रेयो वेति विषये रत्नकरण्डश्रावकाचारग्रन्थे (श्लोक-३४) **प्रोक्तम्—**

न सम्यक्त्वसमं किञ्चित् त्रैकाल्ये त्रिजगत्यपि।
श्रेयोऽश्रेयश्च मिथ्यात्वसमं नान्यत्तनूभृताम्।।

पुण्यपापयोरपि यन्महदन्तरं तदपि सम्यग्ज्ञानी एव जानाति यत् शुभपरिणामः पुण्यम्, यद्वा पुनाति आत्मानमिति वा पुण्यम्। अशुभपरिणामः पापम्, यद्वा पाति रक्षति आत्मानं शुभ-परिणामाद् इति पापम्।

उक्तं च प्रवचनसारग्रन्थे (२/८९)— "सुहपरिणामो पुण्णं असुहो पावत्ति भणियमण्णेसु।"

वस्तुतस्तु कर्मणां शुभाशुभभावदृष्ट्या तयोरन्तरं जानन्नपि सम्यग्ज्ञानी कर्मबन्धनदृष्ट्या पापपुण्ययोः साम्यमेव मनुते। उक्तं च समयसारग्रन्थे (गाथा-१४६)—

और क्या श्रेय है या क्या श्रेय नहीं है— इस विषय में रत्नकरण्डश्रावकाचार ग्रन्थ (श्लोक-34) में कहा गया है—

"तीनों कालों में तथा तीनों लोकों में प्राणियों के लिए सम्यक्त्व के समान कोई श्रेय (कल्याणकारी) नहीं है और मिथ्यात्व के समान कोई अश्रेय नहीं है।"

पुण्य व पाप में जो महान् अन्तर है, उसे भी सम्यग्ज्ञानी इस प्रकार जानता है कि शुभ परिणाम 'पुण्य' है, अथवा जो आत्मा को पवित्र करता है, वह 'पुण्य' है। अशुभ परिणाम 'पाप' है, अथवा जो आत्मा को शुभ परिणाम से बचा कर रखता है, वह 'पाप' है।

प्रवचनसार ग्रन्थ (2/89) में कहा भी गया है— "पर-पदार्थों में शुभ परिणाम तो 'पुण्य' है और अशुभ परिणाम 'पाप' कहा गया है।"

वस्तुतः तो सम्यग्ज्ञानी कर्मों के शुभ-अशुभ भाव की अपेक्षा से दोनों में भेद जानते हुए भी कर्म-बन्धन की दृष्टि से पाप व पुण्य —इन दोनों को समान समझता है। समयसार ग्रन्थ (गाथा-146) में कहा भी गया है—

सोवण्णियंपि णियलं बंधदि कालायसंपि जह पुरिसं।
बंधदि एवं जीवं सुहमसुहं वा कदं कम्मं।।

सम्यग्ज्ञानी पापापेक्षया पुण्यं हितकरं मनुते, तथा द्वयोरपेक्षयाऽपि मोक्षं श्रेयस्करं मनुते, एवं पापस्य सर्वतोभावेन हेयतां, पुण्यस्य च कथंचिद् भूमिकानुरूपमुपादेयतां हेयतां च जानाति। अत एवोक्तं समाधिशतकग्रन्थे (श्लोक-८३-८४)—

अपुण्यमव्रतैः पुण्यं व्रतैर्मोक्षस्तयोर्व्ययः।
अव्रतानीव मोक्षार्थी व्रतान्यपि ततस्त्यजेत्।।

अव्रतानि परित्यज्य व्रतेषु परिनिष्ठितः।
त्यजेत्तान्यपि संप्राप्य परमं पदमात्मनः।।

"जिस प्रकार सोने की बेड़ी भी पुरुष को बाँधती है और लोहे की बेड़ी भी बाँधती है, इसी प्रकार शुभ या अशुभ, किया हुआ कर्म जीव को बाँधता ही है, (कर्म-बन्धन कराता ही है)।"

सम्यग्ज्ञानी पाप की अपेक्षा पुण्य को हितकर मानता है और दोनों से भी मोक्ष को अधिक श्रेयस्कर मानता है। इस तरह पाप को सभी दृष्टियों से हेय जानता है, पुण्य को भूमिका के अनुरूप कथंचित् उपादेय और कथंचित् हेय मानता है। इसी दृष्टि से समाधिशतक ग्रन्थ (श्लोक-83-84) में कहा गया है—

"(हिंसा आदि) अव्रतों से पाप बँधता है, (अहिंसा आदि) व्रतों से पुण्य बँधता है और जो पुण्य व पाप -दोनों का क्षय है, वही मोक्ष है। इसलिए मुमुक्षु प्राणी अव्रतों की तरह ही व्रतों को भी छोड़ दे।"

"(हिंसा आदि) अव्रतों को छोड़कर (अहिंसा आदि) व्रतों में निष्ठावान् होना चाहिए, और तदनन्तर परम पद को प्राप्त कर उन व्रतों का भी त्याग करे।"

तथा सम्यग्ज्ञानी तत्त्वमतत्त्वं च जानाति यद् जीवादीनि तत्त्वानि, तेषु परमतत्त्वमात्मा वर्तते। वस्तुतः आत्मानात्मनोर्भेदं यो जानाति, स एव तत्त्वज्ञः। उक्तं च इष्टोपदेशग्रन्थे (श्लोक ५०)—

जीवोऽन्यः पुद्गलश्चान्यः इत्यसौ तत्त्वसंग्रहः।
यदन्यदुच्यते किञ्चित् सोऽस्तु तस्यैव विस्तरः।।

मोक्षप्राभृतग्रन्थे (गाथा-३८, ४१) **च भणितम्**—

तच्चग्गहणं च हवइ सण्णाणं।

जीवाजीवविहत्ती जोई जाणेइ जिणवरमएणं।
तं सण्णाणं भणिदं अवियत्थं सव्वदरिसीहिं।।

कार्तिकेयानुप्रेक्षाग्रन्थे (गाथा-२०४) **च निर्दिष्टम्**—

और, सम्यग्ज्ञानी तत्त्व व अतत्त्व को भी जानता है कि जीव आदि तत्त्व हैं और उनमें परम तत्त्व आत्मा है। वस्तुतः आत्मा व अनात्मा का जो भेद जानता है, वही तत्त्वज्ञ है। इष्टोपदेश ग्रन्थ (श्लोक-50) में कहा गया है—

"जीव अन्य है और पुद्गल अन्य है —यही तत्त्व का संग्रह (निचोड़) है। इसके अलावा जो कुछ भी कहा जाता है, वह सब इसी का विस्तार है।"

मोक्षप्राभृत ग्रन्थ (गाथा-38, 41) में भी कहा गया है—

"तत्त्व का ज्ञान ही सम्यग्ज्ञान है।"

"जो जिनेन्द्र देव के मत से जीव व अजीव के भेद को जानता है, उसे सर्वदर्शी भगवान् ने 'सम्यग्ज्ञान' कहा है।"

कार्तिकेयानुप्रेक्षा ग्रन्थ (गाथा-204) में भी यह बताया गया है—

उत्तमगुणाण धामं सव्वदव्वाण उत्तमं दव्वं।
तच्चाण परमतच्चं जीवं जाणेहि णिच्छयदो।।

समाधिशतकग्रन्थे (श्लोक-३०, ३५) **च तत्परमतत्त्वप्राप्त्युपाय: संकेतित:—**

सर्वेन्द्रियाणि संयम्य स्तिमितेनान्तरात्मना।
यत्क्षणं पश्यतो भाति तत्तत्त्वं परमात्मन:।।

रागद्वेषादिकल्लोलैरलोलं यन्मनोजलम्।
स पश्यत्यात्मनस्तत्त्वं तत्तत्वं नेतरो जन:।।

एवं धर्ममधर्मं च विशेषतया सम्यग्ज्ञानी जानाति। कर्ममुक्तिसाधनं धर्म:, तद्विपरीतस्तु अधर्म:। अथवा नीचै: पदादुच्चै: पदे धरति, स धर्म:, तद्विपरीतोऽधर्म:। उक्तं च रत्नकरण्डश्रावकाचारग्रन्थे (श्लोक-३)**—**

''उत्तम गुणों का धाम, समस्त द्रव्यों में उत्तम द्रव्य और तत्त्वों में परम तत्त्व जीव (आत्मा) है —इसे निश्चय रूप से जानो।''

समाधिशतक ग्रन्थ (श्लोक-30 व 35) में उस (परम तत्त्व) की प्राप्ति का उपाय भी बताया गया है—

''समस्त इन्द्रियों को संयमित करके स्थिर अन्तर्मन से क्षण मात्र अनुभव करते हुए जो प्रतिभासित होता है, वही परमात्मा का स्वरूप है।''

''राग व द्वेष आदि तरंगों से जिसका मन रूपी जल चंचल (विक्षुब्ध) नहीं होता, वही पुरुष आत्मा के यथार्थ स्वरूप को अनुभव कर पाता है, दूसरा कोई नहीं।''

इसी तरह, धर्म व अधर्म को सम्यग्ज्ञानी (ही) विशेष रूप से जानता है। कर्म-मुक्ति का जो साधक है, वह धर्म है और जो उससे विपरीत है, वह अधर्म है। अथवा जो नीचे पद से ऊँचे पद पर प्रतिष्ठित करता है, वह धर्म है, उससे विपरीत अधर्म है। रत्नकरण्डश्रावकाचार ग्रन्थ (श्लोक-3) में कहा भी है—

सद्दृष्टिज्ञानवृत्तानि धर्मं धर्मेश्वरा विदुः।
यदीयप्रत्यनीकानि भवन्ति भवपद्धतिः।।

तथा पञ्चाध्यायीग्रन्थे (२/७१५) **च भणितम्—**

धर्मो नीचैः पदादुच्चैः पदे धरति धार्मिकम्।
तत्राजवञ्जवो नीचैः पदमुच्चैस्तदव्ययः।।

यद्वा, सम्यक्चारित्रं धर्मः। उक्तं च प्रवचनसारे (१/७)**—**

चारित्तं खलु धम्मो धम्मो जो सो समो त्ति णिद्दिट्ठो।
मोहक्खोहविहीणो परिणामो अप्पणो हि समो।।

अत्रेदं ज्ञेयम्— मुनीनां षडावश्यकादिलक्षणः, श्रावकाणां परमेष्ठिभक्ति-दानपूजादिलक्षणो व्यवहारधर्मः, सोऽपि निश्चयधर्मस्य मोक्षस्य वा परम्परया साधकत्वात् भूमिकानुरूपम् उपादेयतां बिभर्ति इत्यपि सम्यग्ज्ञानी जानाति।

"सम्यग्दर्शन, सम्यग्ज्ञान व सम्यक्चारित्र —इन्हें ही धर्मेश्वरों (जिनेन्द्र देवों) ने 'धर्म' कहा है और जो उससे विपरीत (अधर्म) है, वह संसार-मार्ग है।"

इसी तरह, पञ्चाध्यायी ग्रन्थ (2/715) में कहा गया है—

"धर्म वह है जो धार्मिक को नीचे स्थान से ऊँचे स्थान पर धरता है (प्रतिष्ठित करता है)। इनमें संसार नीच स्थान है और उसका नाश ही उच्च पद है।"

अथवा, सम्यक्चारित्र धर्म है। प्रवचनसार (1/7) में कहा भी गया है—

"चारित्र ही धर्म है, धर्म वह है जिसे 'समत्व' कहा जाता है। वह समत्व भाव है—आत्मा का मोह व क्षोभ से रहित परिणाम।"

यहाँ यह ज्ञातव्य है— मुनियों का षडावश्यक (छः आवश्यक क्रियाएँ) आदिरूप लक्षण वाला, और श्रावकों का परमेष्ठि-भक्ति, दान, पूजा आदि रूप वाला जो व्यवहार धर्म है, वह भी भूमिका के अनुरूप उपादेय है क्योंकि वह निश्चय धर्म का या मोक्ष का परम्परा से साधक होता है —इसे भी सम्यग्ज्ञानी जानता है।

एवमेव, (जोग्गमजोग्गं) **सम्यग्ज्ञानेन योग्यमयोग्यं वेति विवेकः कर्तुं शक्यते। पदार्थभेदेन उद्देश्यभेदेन वा योग्यता अयोग्यता वा परिवर्तते। आत्मा तथा देहादयोऽनात्मपदार्थाः परस्परं पार्थक्यं वहन्ति। यदात्महितयोग्यं तद्देहादिकहिताय अयोग्यमेवेति सम्यग्ज्ञानी मनसि निर्धार्य स्वोद्देश्यपूर्त्यै तत्परो भवति। तस्य यन्मतं, तदिष्टोपदेशग्रन्थे** (श्लोक-१९) **निरूपितं दृश्यते—**

यज्जीवस्योपकाराय, तद्देहस्यापकारकम्।
यद्देहस्योपकाराय, तज्जीवस्यापकारकम्।।

सम्यग्ज्ञानी जानाति यत्तत्कृते विषयभोगसेवनं न योग्यं, संयममार्ग एव योग्यः। उक्तं च प्रशमरतिप्रकरणग्रन्थे (श्लोक-१२२)—

भोगसुखैः किमनित्यैः, भयबहुलैः कांक्षितैः परायत्तैः।
नित्यमभयमात्मस्थं प्रशमसुखं तत्र यतितव्यम्।।

इसी तरह, **(योग्यमयोग्यम्)** सम्यग्ज्ञान द्वारा योग्य व अयोग्य का विवेक भी किया जा सकता है। पदार्थ-भेद से तथा उद्देश्य-भेद से योग्यता या अयोग्यता बदल जाती है। आत्मा तथा देह आदि अनात्म पदार्थ परस्पर भिन्नता लिए हुए हैं। (अतः) जो आत्म-हित के योग्य है, वह देह आदि के हित के अयोग्य ही है —ऐसा सम्यग्ज्ञानी मन में निश्चित कर अपने उद्देश्य (कर्ममुक्ति) की पूर्ति हेतु तत्पर होता है। उस (सम्यग्ज्ञानी) की जो मान्यता है, वह इष्टोपदेश ग्रन्थ (श्लोक-19) में इस प्रकार निरूपित दृष्टिगोचर होती है—

"जो जीव के उपकार के लिए (योग्य) है, वह देह के लिए अपकार करने वाला होता है। जो देह का उपकारक है, वह जीव का अपकार करने वाला होता है।"

सम्यग्ज्ञानी जानता है कि उसके लिए विषय-भोग का सेवन योग्य (उचित) नहीं है, संयम-मार्ग ही योग्य है। प्रशमरतिप्रकरण ग्रन्थ (श्लोक-122) में कहा गया है—

"अनित्य, भय से भरे हुए एवं पराधीन, फिर भी मनुष्यों द्वारा इच्छित भोग-सुखों से क्या लाभ है? इनसे विपरीत प्रशम-सुख है जो नित्य है, अभय है, आत्मस्थ है, और स्वाधीन है, अतः इसी की प्राप्ति हेतु प्रयत्न करना चाहिए।"

एवमेव (णिच्चमणिच्चं) **नित्यानित्यविवेकोऽपि सम्यग्ज्ञानिनो गुणो भवति। स यज्जानाति, तन्निर्देशः कार्तिकेयानुप्रेक्षाग्रन्थे** (गाथा-४) **निर्दिष्टम्—**

जं किंपि वि उप्पण्णं तस्स विणासो हवेइ णियमेण।
परिणामसरूवेण वि ण य किंपि वि सासयं अत्थि।।

तथा च भावप्राभृतग्रन्थे (गाथा-५९) **तथा नियमसारे** (गाथा-१०२) **च भणितम्—**

एगो मे सस्सदो अप्पा, णाणदंसणलक्खणो।
सेसा मे बाहिरा भावा सव्वे संजोगलक्खणा।।

हेयोपादेयविवेकेन च सम्पन्नो भवति सम्यग्ज्ञानी। उक्तं च नियमसारग्रन्थस्य (गाथा-५१-५५) **तात्पर्यवृत्तौ—** "तत्र जिनप्रणीतहेयोपादेयतत्त्वपरिच्छित्तिरेव सम्यग्ज्ञानम्।"

द्रव्यसंग्रहग्रन्थस्य (गाथा-४२) **टीकायामपि प्रोक्तम्—** "संक्षेपेण हेयोपादेयभेदेन द्विधा व्यवहारज्ञानम्।"

इसी तरह, **(नित्यमनित्यम्)** नित्य व अनित्य का विवेक होना —यह भी सम्यग्ज्ञानी का गुण (विशेषता) होता है। वह जो जानता है, उसका निर्देश कार्तिकेयानुप्रेक्षा ग्रन्थ (गाथा-4) में इस प्रकार किया गया है—

"जो कुछ भी उत्पन्न होता है, उसका नियम से विनाश होता है। अपने परिणाम-स्वरूप के कारण कोई भी वस्तु शाश्वत नहीं होती।"

तथा भावप्राभृत ग्रन्थ (गाथा-59) और नियमसार (गाथा-102) में कहा गया है—

"ज्ञान-दर्शन स्वरूप वाला शाश्वत आत्मा (ही) मेरा है, पर-द्रव्य के संयोग से होने वाले शेष सभी भाव मुझसे बाह्य (पृथक्) हैं।"

हेय-उपादेय के विवेक से भी सम्यग्ज्ञानी युक्त होता है। नियमसार ग्रन्थ (गाथा 51-55) की तात्पर्यवृत्ति (टीका) में कहा भी गया है— "जिन-प्रणीत हेयोपादेय तत्त्वों का ज्ञान ही सम्यग्ज्ञान है।"

द्रव्यसंग्रह ग्रन्थ (गाथा-42) की टीका में भी कहा गया है— "संक्षेप में व्यवहार ज्ञान के दो भेद हैं— हेय का ज्ञान और उपादेय का ज्ञान।"

सूत्रप्राभृतग्रन्थे (गाथा-५) **च भणितम्—**

सुत्तत्थं जिणभणियं जीवाजीवादि बहुविधं अत्थं।
हेयाहेयं च तहा जो जाणइ सो हु सद्दिट्ठी।।

किं (सच्चमसच्चं) **सत्यं किमसत्यमिति ज्ञानं सम्यग्ज्ञानफलम्। उक्तं च ज्ञानार्णवग्रन्थे** (९/३,६)—

असत्यमपि तत्सत्यं यत्सत्त्वाशंसकं वचः।
सावद्यं यच्च पुष्णाति तत्सत्यमपि गर्हितम्।।

मौनमेव हितं पुंसां शश्वत्सर्वार्थसिद्धये।
वचो वातिप्रियं तथ्यं सर्वसत्त्वोपकारि यत्।।

(भव्वमभव्वं) **भव्यमभव्यं चेति सम्यग्ज्ञानी सम्यगवबोधति। सम्यग्दर्शनादिभावेन परिणतेर्योग्यतां यो धत्ते, स भव्यः, तद्विपरीतोऽभव्यः।**

सूत्रप्राभृत ग्रन्थ (गाथा-5) में कहा भी है—

"जो मनुष्य जिनेन्द्र द्वारा कहे हुए सूत्र के अर्थ को, जीव-अजीव आदि बहुत प्रकार के पदार्थों को तथा हेय व उपादेय तत्त्व को जानता है, वही वास्तव में सम्यग्दृष्टि है।"

(सत्यमसत्यम्) सत्य क्या है और असत्य क्या है —यह ज्ञान होना सम्यग्ज्ञान का फल है। ज्ञानार्णव ग्रन्थ (9/3, 6) में कहा गया है—

"जो वचन जीवों के हित का सूचक है, वह असत्य भी सत्य है और जो पाप आदि को पुष्ट करता है, वह सत्य भी निन्दित है।"

"मनुष्यों के लिए मौन ही सदा हितकारी है और वही सभी प्रयोजनों की सिद्धि का कारण है। यदि वचन बोलना हो तो ऐसा बोलना चाहिए जो प्रिय हो, यथार्थ हो और समस्त जीवों के लिए उपकारी हो।"

(भव्यमभव्यम्) भव्य व अभव्य —इन (के स्वरूप) को भी सम्यग्ज्ञानी अच्छी तरह समझता है। भव्य वह है जिसमें सम्यग्दर्शन आदि रूप से परिणमन की योग्यता हो, उससे विपरीत अभव्य होता है।

उक्तं च प्राकृतपञ्चसंग्रहग्रन्थे (गाथा-१५६)—

भविया सिद्धी जेसिं जीवाणं ते भवंति भवसिद्धा।
तव्विवरीयाऽभव्वा संसाराओ ण सिज्झंति।।

अत्रेदं ज्ञेयम्— न च सर्वे भव्याः सिद्धिं प्राप्स्यन्त्येव, तेषां मध्ये केषांचिद् भव्यत्व-अभिव्यक्तिर्न भवति, अतस्ते अनन्तकालेनापि न सिद्धिं प्राप्नुवन्ति।

उक्तं च राजवार्तिकग्रन्थे (१/३/९)— "केचिद् भव्याः संख्येयेन कालेन सेत्स्यन्ति, केचिदसंख्येयेन केचिदनन्तेन, अपरे अनन्तानन्तेन न सेत्स्यन्ति।"

एवं हे भव्य! सम्यग्ज्ञानं प्राप्य हेयोपादेयविवेकेन स्वात्मश्रेयसे सर्वदा यतस्वेति गाथायास्तात्पर्यम्।

सम्प्रति लौकिकजनसङ्गतेस्त्याज्यता शास्त्रकारैः गाहाछन्दसा निरूप्यते—

प्राकृत पञ्चसंग्रह ग्रन्थ (गाथा 156) में कहा भी गया है—

"जिन जीवों की सिद्धि या मुक्ति होने वाली है, वे भवसिद्ध हैं। उनसे विपरीत अभव्य होते हैं जो संसार से (कभी) मुक्त नहीं होते।"

यहाँ यह ज्ञातव्य है कि ऐसा नहीं होता कि सभी भव्यों को सिद्धि प्राप्त होगी ही। उनमें किन्हीं के भव्यत्व की अभिव्यक्ति नहीं हो पाती, इसलिए वे अनन्त काल में भी सिद्धि प्राप्त नहीं कर पाते।

राजवार्तिक ग्रन्थ (1/3/9) में कहा गया है— "कुछ भव्य संख्यातकाल में सिद्ध होंगे, कुछ असंख्यात काल में सिद्ध होंगे, कुछ अनन्त काल में सिद्ध होंगे और कुछ तो अनन्तानन्त काल में भी सिद्ध नहीं होंगे।"

इस प्रकार हे भव्य! सम्यग्ज्ञान प्राप्त कर, हेय व उपादेय विवेक के साथ निज आत्मीय कल्याण में सर्वदा यत्नशील रहो —यह गाथा का तात्पर्य है।

अब शास्त्रकार लौकिक (संसारप्रेमी) लोगों की सङ्गति त्याज्य है— इसे गाहा छन्द के द्वारा बता रहे हैं—

लोइयजणसंगादो होदि महामुहिरकुडिलदुब्भावो।
लोइयसंगं तम्हा जोइवि तिविहेण मुच्चाहो।। ४२।।

छया— लौकिकजनसङ्गात् भवति महामुखरकुटिलदुर्भावः।
लौकिकसङ्गं तस्माद् दृष्ट्वा त्रिविधेन मुञ्चत।।

रत्नत्रयवर्धिनी टीका— लोइयजणसंगादो महामुहिरकुडिलदुगभावो होदि, तम्हा लोइयसंगं जोइवि तिविहेण मुच्चाहो —इत्यन्वयः।

(लोइयजणसंगादो होदि) **लौकिकजनसंसर्गाद् जायते। किं जायते? उच्यते—** (महामुहिरकुडिलदुब्भावो) **महामुखरः, कुटिलश्च दुर्भावो जायते। लौकिकजनानां संसर्गः प्रायो दुर्भावमेव जनयति। अप्रशस्तोऽशुभो वा भावो विचारो वा दुर्भावः। स च दुर्भावः कीदृशो भवति, कुटिलः तथा महामुखरः। वाचो माध्यमेन प्रकटितं भवत्येव, इत्यतो महामुखरोऽयं दुर्भावः। ये संसारमेव स्वोद्देश्यं मन्वते, मुक्तिं वाञ्छन्त्येव न, तेऽत्र लौकिका जनाः ज्ञेयाः। यो मनसि वाचि चेष्टायां एकं समानमभिन्नं वा भवति, स ऋजुर्भवति। तद्विपरीतः कुटिलो विज्ञेयः।**

गाथा-अर्थ— लौकिक (संसार-अनुरक्त) लोगों की संगति से अत्यधिक मुखरता तथा कुटिल दुर्भाव पैदा होते हैं, इसलिए समझ बूझकर मन, वचन व काय से इसे (लौकिक-संगति को) त्याग दें।।42।।

रत्नत्रयवर्धिनी टीका— लौकिकजनसङ्गात् महामुखरकुटिलदुर्भावः भवति, तस्मात् लौकिकसङ्गं दृष्ट्वा त्रिविधेन मुञ्चत —यह गाथा का अन्वय है।

(लौकिकजनसङ्गात् भवति) लौकिक जनों के संसर्ग (संगति) से होता है। क्या होता है? बता रहे हैं— **(महामुखरकुटिलदुर्भावः)** महामुखर व कुटिल दुर्भाव (पैदा) होता है। लौकिक जनों का संसर्ग प्रायः दुर्भावों को ही पैदा करता है। दुर्भाव का अर्थ है—अप्रशस्त या अशुभ भाव या विचार। वह दुर्भाव कैसा होता है? वह कुटिल व महामुखर होता है। वाणी के माध्यम से वह प्रकट होता ही है, इस दृष्टि से वह महान् (अत्यधिक) मुखर दुर्भाव है। जो संसार को ही अपना (अभीष्ट) उद्देश्य मानते हैं, मुक्ति की कामना ही नहीं करते, ऐसे लोगों को यहाँ 'लौकिक' जानना चाहिए। जो मन, वाणी व चेष्टा में एक समान व अभिन्न हो, वह ऋजु होता है, उससे विपरीत को कुटिल जानना चाहिए।

(लोइयसंगं तम्हा जोइवि तिविहेण मुच्चाहो) **अतः, सर्वमेतद्दुष्फलं विज्ञाय त्रिविधेन-मनोवाक्कायमाध्यमेन लौकिकजनसंसर्गं मुञ्चत, मनसा वाचा कायेन च लौकिकजनानां संसर्गं न कुरुतेति भावः।**

अयम्भावः— ये तु मनुष्यगतिमवाप्य सम्यक्त्वादिसुदुर्लभं रत्नमवाप्ताः, ते विशिष्टमनुष्य-श्रेणीपरिगणिता भवन्ति। तद्विपरीताः लौकिकाः सामान्यजनाः भवन्ति। तेषां मिथ्यादृष्टीनां गाथायामत्र लौकिकजनरूपेण ग्रहणं विज्ञेयम्। किञ्च, लौकिकजनो व्यवहारनयमाश्रित्यैव प्रवर्तते, औपचारिकं कथनं तदाधृतं व्यवहारं च करोति —इति समयसारग्रन्थे (गाथा-५८, १०६) **संकेतितम्। एवं स तत्त्वानभिज्ञो देहात्मनोरेकत्वमेव यथार्थं मनुते। एवं च सम्यग्ज्ञानाभावात् देवशास्त्रगुरुप्रभृतीनां स्वरूपमपि न ज्ञायते तेन। कामभोगविषय-सुखपूर्तिरिव तस्योद्देश्यम्। एतादृशाः सम्यग्ज्ञानरहिता जना लोके प्रचुरतया प्राप्यन्ते। अत एतादृशेषु जनेषु** (लोकेषु) **आयतत्वाद् व्याप्तत्वाद् नास्तिकताप्रधानं लोकायतमतं चार्वाकापरनामकं दर्शनक्षेत्रे सुप्रथितम्, यस्योद्घोष आसीत्—**

(लौकिकसङ्गं तस्मात् दृष्ट्वा त्रिविधेन मुञ्चत) इसलिए, इस सारे दुष्फल को जानकर तीन प्रकार से अर्थात् मन, वचन व काया के माध्यम से लौकिक जनों की संगति को छोड़ दें, मन-वचन-काय से लौकिकजनों की संगति न करें —यह भाव है।

तात्पर्य यह है— जो मनुष्य गति प्राप्त कर, सम्यक्त्व आदि दुर्लभ रत्न को भी प्राप्त करते हैं, वे विशिष्ट मनुष्यों की श्रेणी में परिगणित होते हैं। इनसे विपरीत लौकिक सामान्य जन होते हैं। इन्हीं मिथ्यादृष्टि (लौकिक) जनों का इस गाथा में लौकिक जनों के रूप में ग्रहण है— यह जानना चाहिए। और, लौकिक जन व्यवहार नय का आश्रयण कर ही प्रवृत्त होता है और औपचारिक कथन और उस पर आधारित व्यवहार भी करता है —यह समयसार ग्रन्थ (गाथा 58 व 106) में इंगित किया गया है। इस प्रकार, वह तत्त्व से अनभिज्ञ (लौकिक) जन देह व आत्मा में एकत्व को ही यथार्थ मानता है। इस तरह, सम्यग्ज्ञान का अभाव होने से देव, शास्त्र, गुरु आदि के स्वरूप को भी वह नहीं जानता। उसका उद्देश्य मात्र काम-भोग व विषय-सुख की पूर्ति करना होता है। ऐसे सम्यग्ज्ञानरहित लोग लोक में प्रचुर संख्या में प्राप्त होते हैं। इसलिए इस तरह के जनों (लोगों) में आयत यानी व्याप्त होनेके कारण ही नास्तिकता-प्रधान 'लोकायत' मत दर्शन के क्षेत्र में प्रसिद्ध हुआ, जिसका दूसरा नाम 'चार्वाक' दर्शन भी है। इसी (दर्शन) का यह उद्घोष था—

यावज्जीवेत् सुखं जीवेत् तावद्वैषयिकं सुखम्।
भस्मीभूतस्य देहस्य पुनरागमनं कुतः।। (षड्दर्शनसमुच्चय, ५१ श्लोक-टीकायाम्)

जैनदृष्ट्या एतादृशा लौकिकजना मिथ्यादृष्टयः, तेषां संसर्गः सर्वथा त्याज्यः। उक्तं च रत्नकरण्डश्रावकाचारग्रन्थे (श्लोक-३०)—

भयाशास्नेहलोभाच्च, कुदेवागमलिङ्गिनाम्।
प्रणामं विनयं चैव न कुर्युः शुद्धदृष्टयः।।

किम्बहुना, लौकिकजनवदेव लौकिकक्रियासु निरतो यो भवति, स श्रमणोऽपि लौकिकः, तस्यापि संसर्गस्त्याज्य एवेति प्रवचनसारग्रन्थे (३/६८-६९) **निर्दिष्टम्—**

णिच्छिदसुत्तत्थपदो समिदकसायो तवोधिगो चावि।
लोगिगजणसंसग्गं ण चयदि जदि संजदो ण हवदि।।

"जब तक जीओ सुख से जीओ, खूब विषय-सुख भोगो। इस देह के भस्म होने पर, फिर इसका वापस आना कहाँ से होगा?" (षड्दर्शनसमुच्चय, श्लोक-51 पर गुणरत्नसूरि-कृत टीका में उद्धृत)

जैन दृष्टि से ऐसे लौकिक जन मिथ्यादृष्टि हैं, उनका संसर्ग सर्वथा त्याज्य होता है। रत्नकरण्डश्रावकाचार ग्रन्थ (श्लोक-30) में कहा भी है—

"शुद्ध सम्यग्दृष्टि जीव भय से, आशा से, स्नेह से या लोभ से भी मिथ्यादेव, मिथ्याशास्त्र और मिथ्यागुरु को न तो नमस्कार करें और न ही विनय करें।"

अधिक क्या, लौकिक जनों की तरह ही जो लौकिक क्रियाओं में संलग्न होता है, वैसा श्रमण भी 'लौकिक' है, उसका संसर्ग भी त्याज्य है— ऐसा प्रवचनसार ग्रन्थ (3/68-69) में कहा भी गया है—

"जिसने आगम के अर्थ व पदों का निश्चय किया है, जिसकी कषाय शान्त हो चुकी हैं और जो तपश्चरण में अधिक है, ऐसा होकर भी यदि मुनि लौकिक मनुष्यों का संसर्ग नहीं छोड़ता है तो वह संयमी नहीं है।"

णिग्गंथो पव्वइदो वट्टदि जदि एहिगेहि कम्मेहिं।
सो लोगिगोत्ति भणिदो संजमतवसंजुदो चावि।।

वस्तुतो मुनिस्तु कुटुम्बपारिवारिकजनपरिग्रहादित्यागं कृत्वैव प्रव्रजितो भवति। उक्तं च मूलाचारग्रन्थे (गाथा-१००८)—

चाओ य होइ दुविहो संगच्चाओ कलत्तचाओ य।
उभयच्चायं किच्चा साहू सिद्धिं लहू लहदि।।

दोषोत्पादकः संसर्गस्तु सर्वथा हेयः —इति च मूलाचारे (गाथा ९५६-९५८) **भणितम्—**

वड्ढदि बोही संसग्गेण तह पुणो विणस्सेदि।
संसग्गविसेसेण दु उप्पलगंधो जहा कुंभो।।
चंडो चवलो मंदो तह साहू पुट्ठिमंसपडिसेवी।
गारवकसायबहुलो दुरासओ होदि सो समणो।।

"यदि कोई मुनि निर्ग्रन्थ दीक्षा धारण करके इस लोक सम्बन्धी ज्योतिष, मन्त्र आदि क्रियाओं द्वारा प्रवृत्ति करता है तो वह संयम व तप से युक्त होता हुआ भी 'लौकिक' (ही) है—ऐसा कहा गया है।"

वस्तुतः मुनि तो कुटुम्ब, परिवार के लोग व परिग्रह आदि को त्यागकर ही प्रव्रजित होते हैं। मूलाचार ग्रन्थ (गाथा-1008) में कहा भी गया है— "त्याग दो प्रकार का है— संग (परिग्रह) का त्याग और कलत्र (पत्नी आदि) का त्याग। दोनों का त्याग करके ही साधु शीघ्र सिद्धि को प्राप्त करते हैं।"

दोष उत्पन्न करने वाला संसर्ग तो सर्वथा हेय है —यह भी मूलाचार ग्रन्थ (गाथा 956-958) में कहा गया है—

"संसर्ग से बोधि बढ़ती भी है तो पुनः नष्ट भी हो जाती है। जैसे, संसर्ग-विशेष से जल का घड़ा कमल की सुगन्धि से युक्त हो जाता है।"

"जो साधु क्रोधी, चंचल, आलसी व चुगलखोर है एवं गौरव व कषाय की बहुलता वाला है, वह श्रमण आश्रय (संसर्ग लेने) के योग्य नहीं है।"

वेज्जावच्चविहूणं विणयविहूणं च दुस्सदिकुसीलं।
समणं विरागहीणं सुजमो सोहू ण सेविज्ज।।

किञ्च, योगसाधनायान्तु जनसंसर्गं विहाय एकान्तवासो विशेषेणापेक्षित एव। उक्तं च समाधिशतकग्रन्थे (श्लोक-७२)—

जनेभ्यो वाक् ततः स्पन्दो मनसश्चितविभ्रमाः।
भवन्ति तस्मात्संसर्गं जनैर्योगी ततस्त्यजेत्।।

मुनीनां कृते जनसंसर्गविषये भगवतीआराधनाग्रन्थे विस्तरेण चर्चा कृता। यथोक्तं तत्र (गाथा ३४५-३४७)—

जो जारिसीय मेत्ती केरइ सो होइ तारिसो चेव।
वासिज्जइ च्छुरिया सारिया वि कणयादिसंगेण।।

दुज्जणसंसग्गीए पजहदि णियगं गुणं खु सुजणो वि।
सीयलभावं उदयं जह पजहदि अग्गिजोएण।।

"सुचारित्र वाला साधु वैयावृत्त्य से हीन, विनय से हीन, खोटेशास्त्र से युक्त, कुशील व वैराग्यहीन श्रमण का भी आश्रय न ले (उसका संसर्ग न करे)।"

और, योग-साधना में तो जन-संसर्ग से हटकर एकान्तवास करना विशेष रूप से अपेक्षित (माना जाता) होता ही है। समाधिशतक ग्रन्थ (श्लोक-72) में कहा भी गया है— "लोगों के संसर्ग से वचन की प्रवृत्ति होती है और इससे चित्त विचलित होता है और फिर चित्त की चंचलता से अनेक विकल्प उठने लगते हैं— मन क्षुब्ध हो जाता है, इसलिए योगी को चाहिए कि वह लौकिक जनों के संसर्ग का परित्याग कर दे।"

मुनियों को लिए तो जन-संसर्ग के विषय में भगवती-आराधना ग्रन्थ में विस्तार से चर्चा की गई है। उदाहरणार्थ, वहाँ (गाथा 345-47) कहा गया है—

"जो जिस प्रकार की वस्तु से मैत्री करता है वह वैसा ही हो जाता है। स्वर्ण आदि के संसर्ग से लोहे की छुरी भी उसी रूप हो जाती है।"

"दुष्टजन के संसर्ग से सज्जन भी अपना गुण छोड़ देता है। जैसे आग के सम्बन्ध से जल अपने शीतल स्वभाव को छोड़ देता है।"

सुजणो वि होइ लहुओ दुज्जणसंमेलणाए दोसेण।
माला वि मोल्लगरुया होदि लहू मडयसंसिट्ठा।।

दुर्जनसंसर्गस्य का हानिः, सत्संगतेश्च को लाभः —इति च तत्र (गाथा ३५२-३५५) **निरूपितम्—**

जहदि य णिययं दोसं पि दुज्जणो सुयणवइयरगुणेण।
जह मेरुमल्लियंतो काओ णिययच्छविं जहदि।।

कुसुममगंधमवि जहा देवयसेसत्ति कीरदे सीसे।
तह सुयणमज्झवासी वि दुज्जणो पूइओ होइ।।

संविग्गाणं मज्झे अप्पियधम्मो वि कायरो वि णरो।
उज्जमदि करणचरणे भावणभयमाणलज्जाहिं।।

"दुर्जनों की गोष्ठी के दोष से सज्जन भी अपना बड़प्पन खो देता है। फूलों की कीमती माला भी मुर्दे पर डालने से अपना मूल्य खो देती है।।"

दुर्जनों की संगति से क्या हानि होती है और सज्जनों के संसर्ग से क्या लाभ है— इस विषय में भी वहाँ (गाथा 352-355) बताया गया है—

"सज्जनों की संगति के गुण से दुर्जन अपना दोष भी छोड़ देता है। जैसे सुमेरु पर्वत का आश्रय लेने पर कौवा अपनी असुन्दर छवि को छोड़ देता है।"

"जैसे सुगन्ध से रहित भी फूल 'यह देवता का आशीर्वाद है' ऐसा मानकर सिर पर धारण किया जाता है, उसी प्रकार सुजनों के मध्य में रहने वाला दुर्जन भी पूजित होता है।"

"जिसको धर्म से प्रेम नहीं है तथा जो दुःख से डरता है वह मनुष्य भी संसार-भीरु यतियों के मध्य में रहकर भावना, भय, मान और लज्जा से पाप के कार्यों से निवृत्त होने का उद्योग करता है।"

संविग्गोवि य संविग्गदरो संवेगमज्झयारम्मि।
होइ जह गंधजुत्ती पयडिसुरभिदव्वसंजोए।।

बहुश्रुतानां वृद्धानां च विशेषतः संसर्गो लाभकारीति च तत्र (गाथा १०६४, १०६६-१०६७, १०७०, १०७७) **निरूपितम्—**

थेरा वा तरुणा वा वुड्ढा सीलेहिं होंति वुड्ढीहिं।
थेरा वा तरुणा वा तरुणा सीलेहिं तरुणेहिं।।

खोभेदि पत्थरो जह दहे पडंतो पसण्णमवि पंकं।
खोभेइ तहा मोहं पसण्णमवि तरुणसंसग्गी।।

कलुसीकदंपि उदगं अच्छं जह होइ कदयजोएण।
कलुसो वि तहा मोहो उवसमदि हु वुड्ढ-सेवाए।।

"जो मनुष्य पहले से ही संसार से विरक्त है, वह विरागियों के मध्य में रहकर और भी अधिक विरागी हो जाता है। जैसे बनावटी गन्ध से युक्त द्रव्य स्वभाव से ही सुगन्धित द्रव्य की गन्ध के संसर्ग से और भी अधिक सुगन्धित हो जाता है।"

बहुश्रुत वृद्ध पुरुषों का संसर्ग विशेष रूप से लाभदायक होता है, इसे भी वहाँ (गाथा 1064, 1066-1067, 1070, 1077) बताया गया है—

"अवस्था से वृद्ध हो अथवा तरुण हो, जिसके शील अर्थात् क्षमा, मार्दव, आर्जव, सन्तोष आदि बढ़े हुए हैं, वे वृद्ध हैं। तथा अवस्था से वृद्ध हों अथवा तरुण हों जिनके शील तरुण हैं— वृद्धि को प्राप्त नहीं हैं, वे तरुण हैं।"

"जैसे तालाब में गिरकर पत्थर उसकी तल में बैठे हुए पंक को उभारकर निर्मल जल को मलिन कर देता है,वैसे ही तरुणों का संसर्ग प्रशान्त पुरुष के भी मोह को उद्रिक्त कर देता है।"

"और जैसे कतक फल डालने से गन्दा पानी भी निर्मल हो जाता है, वैसे ही वृद्ध पुरुषों की सेवा से कलुषित मोह भी शान्त हो जाता है।"

तरुणो वि वुड्ढसीलो होदि णरो वुड्ढसंसिओ अचिरा।
लज्जासंकामाणावमाणभयधम्मबुद्धीहिं ।।

तरुणस्स वि वेरग्गं पण्हाविज्जदि णरस्स बुड्ढेहिं।
पण्हाविज्जइ पाडच्छीरा हु वच्छस्स फरुसेण।।

स्त्रीजनादिसंसर्गोऽपि त्याज्य इति च तत्र (गाथा १०८६-१०८७) **भणितम्—**

संसग्गीए पुरिसस्स अप्पसारस्स लद्धपसरस्स।
अग्गिसमीवे व घयं मणो लहुमेव हि विलाइ।।

संसग्गीसम्मूढो मेहुणसहिदो मणो हु दुम्मेरो।
पुव्वावरमगणंतो लंघेज्ज सुसीलपायारं।।

एवं हे भव्य! सज्ज्ञानसंयमादिवृद्धिर्यथा येषां च संसर्गेण स्यात्तेषामेव संगतिर्विधेया, मूढदृष्टीनां लौकिकसुखमूर्च्छितानां च कथमपि कदाचिदपि त्वया संसर्गो न विधेय इति गाथायास्तात्पर्यम्।

"वृद्ध पुरुषों के संसर्ग से तरुण भी शीघ्र ही लज्जा से, शंका से, मान से, अपमान के भय से और धर्म-बुद्धि से वृद्धशील (आचरण में वृद्ध) हो जाता है।"

"ज्ञान, वय और तप से वृद्ध पुरुषों की संगति तरुण पुरुषों में भी वैराग्य उत्पन्न करती है, जैसे बछड़े के स्पर्श से गाय के स्तनों में दूध उत्पन्न होता है।"

स्त्री जन आदि का संसर्ग भी वर्जनीय है, यह भी वहाँ (गाथा 1086-1087) कहा गया है—

"निर्बल चित्त और स्वेच्छाचारी मनुष्य का मन स्त्रियों के संसर्ग से उनके साथ उठने-बैठने और आने-जाने से आग के पास में रखे घी या लाख की तरह द्रवीभूत हो जाता है।"

"इस प्रकार स्त्री के सहवास से मूढ़-मोहित हुआ मन मैथुन संज्ञा से पीड़ित होकर निर्मर्यादित हो जाता है और आगे पीछे न देखते हुए सुन्दर शीलरूपी परकोटे को लाँघ जाता है।"

इस प्रकार हे भव्य! सम्यग्ज्ञान व संयम आदि की वृद्धि जिस प्रकार, एवं जिन लोगों के संसर्ग से हो, उन्हीं की संगति करना तथा मूढ़दृष्टि व लौकिक सुख में आसक्त लोगों की कभी किसी रूप में भी संगति नहीं करना —यह गाथा का तात्पर्य है।

सम्प्रति, पुनरपि सम्यक्त्वरहितस्य स्वरूपविषये शास्त्रकारा गाहाछन्दसा निरूपयन्ति—

उग्गो तिव्वो दुट्ठो दुब्भावो दुस्सुदो दुरालावो।
दुम्मदरदो विरुद्धो सो जीवो सम्म-उम्मुक्को।। ४३।।

छाया— उग्रः, तीव्रः, दुष्टः, दुर्भावः, दुःश्रुतः, दुरालापः।
दुर्मदरतः, विरुद्धः, स जीवः सम्यक्त्व-उन्मुक्तः।।

रत्नत्रयवर्धिनी टीका— उग्गो तिव्वो दुट्ठो दुब्भावो दुस्सुदो दुरालावो दुम्मद्दरदो विरुद्धो, सो जीवो सम्म-उम्मुक्को —इति सुगम एवान्वयः। (सो जीवो सम्म-उम्मुक्को) **स जीवः सम्यक्त्व-उन्मुक्तः, सम्यक्त्वहीनः, मिथ्यादृष्टिर्वा विज्ञेयः। कीदृशः स भवति, के के दोषाः तस्मिन् भवन्ति? तदेव वर्ण्यते—** (उग्गो तिव्वो) **स उग्रः तीव्रश्च भवति। तीव्रशब्दोऽत्र तीव्रकषाययुक्तवाचकः। क्रोधादि-कषायाणामाधिक्येन वेगवत्तया च स जनो दुर्दान्तो भवतीत्यर्थः। तथा च** (दुट्ठो दुब्भावो) **दुष्टो दुर्भावयुक्तश्च भवति अर्थात् दुर्विनीतः, अप्रशस्तध्यानपरश्च भवति। कश्चित्तं हितकारि वचनं ब्रूतेऽपि, तदा स प्रकुपित एव जायते। सदैव सोऽविनययुक्त एव व्यवहरति। हिताहितविवेक-शून्यत्वाद् हितकथनमपि सोऽहितरूपेण बोधति।**

अब, सम्यक्त्वहीन व्यक्ति के स्वरूप के विषय में शास्त्रकार गाहा छन्द के द्वारा पुनः निरूपण कर रहे हैं—

गाथा-अर्थ— जो मनुष्य उग्र, तीव्र, दुष्ट स्वभाव वाला है, खोटी भावनाएँ करता रहता है, तथा जो मिथ्याज्ञानी, दुष्टभाषी,मिथ्या मद में अनुरक्त और धर्म-विरोधी होता है, वह सम्यक्त्व से रहित है।।43।।

रत्नत्रयवर्धिनी टीका— उग्रः, तीव्रः, दुष्टः, दुर्भावः, दुःश्रुतः, दुरालापः, दुर्मदरदो विरुद्धः स जीवः सम्यक्त्व-उन्मुक्तः —यह गाथा का अन्वय सुगम ही है। **(स जीवः सम्यक्त्व-उन्मुक्तः)** वह जीव सम्यक्त्व से उन्मुक्त, सम्यक्त्व से रहित या मिथ्यादृष्टि है— यह जानना चाहिए। वह कैसा होता है? उसमें क्या-क्या दोष होते हैं? वही बता रहे हैं— **(उग्रः, तीव्रः)** वह उग्र व तीव्र होता है। तीव्र शब्द यहाँ 'तीव्र कषायों से युक्त' का वाचक है। अर्थात् क्रोध आदि कषायों की अधिकता व उनके वेग के कारण वह व्यक्ति दुर्दान्त होता है। और, वह **(दुष्टः, दुर्भावः)** दुष्ट व दुर्भाव (दूषित विचारों) से युक्त होता है, अर्थात् दुर्विनीत व अप्रशस्त ध्यान में संलग्न होता है। कोई उसे हितकारी वचन बोलता भी है तो वह क्रोधित ही हो जाता है। सदैव वह सबसे अविनय से युक्त ही व्यवहार करता है। चूँकि वह हित-अहित के विवेक से रहित होता है, इसलिए हितकारी कथन (सलाह) को भी अहित रूप से मानता-समझता है।

उक्तं च हितोपदेशग्रन्थे (विग्रह/४)—

उपदेशो हि मूर्खाणां प्रकोपाय न शान्तये।
पयःपानं भुजङ्गानां केवलं विषवर्द्धनम्।।

दुर्भावाः दुश्चिन्तनमूला भवन्ति। दुश्चिन्तनं दुर्ध्यानमपध्यानं चैव, नान्यत्। दुर्ध्यानं च पापाशयाशुभलेश्यादिमूलम्। उक्तं च ज्ञानार्णवग्रन्थे (३/३०)—

पापाशयवशान्मोहात् मिथ्यात्वाद्वस्तुविभ्रमात्।
कषायाज्जायतेऽजस्त्रम्, असदध्यानं शरीरिणाम्।।

अपध्यानमनर्थदण्डरूपमेव। यद्वा आर्तरौद्रेतिद्वयं दुर्ध्यानमेवापध्यानम्। अपध्यानस्य स्वरूपं रत्नकरण्डश्रावकाचारग्रन्थे (श्लोक-७८) **भणितम्**—

वधबन्धच्छेदादेः द्वेषाद् रागाच्च परकलत्रादेः।
आध्यानमपध्यानं शासति जिनशासने विशदाः।।

हितोपदेश ग्रन्थ (मित्रलाभ प्रकरण) में कहा भी गया है—

"मूर्खों को दिया गया उपदेश उनके क्रोध के लिए होता है, शान्ति के लिए नहीं। (ठीक ही है, क्योंकि) साँपों को दूध पिलाया जाय तो वे उनमें विष की वृद्धि ही करेंगे।"

दुर्भाव के मूल में दुश्चिन्तन होता है। यह दुश्चिन्तन दुर्ध्यान व अपध्यान ही है, और कुछ नहीं। यह दुर्ध्यान पाप-आशय व अशुभ लेश्या आदि के कारण होता है। ज्ञानार्णव ग्रन्थ (3/30) में कहा गया है—

"पापाशय (अशुभ उपयोग) वश प्राणियों के मूढ़ता, मिथ्यात्व, वस्तुस्वरूप का विपरीत ज्ञान व कषायों के निमित्त से निरन्तर अप्रशस्त ध्यान हुआ करता है।"

अपध्यान अनर्थदण्ड रूप ही होता है। अथवा आर्त व रौद्र —ये दोनों अप्रशस्त ध्यान ही अपध्यान हैं। अपध्यान के स्वरूप को रत्नकरण्डश्रावकाचार ग्रन्थ (श्लोक-78) में कहा गया है—

"द्वेष भाव से किसी के वध, बन्धन व अङ्ग-च्छेदन का तथा राग से पराई स्त्री आदि का चिन्तन करना —इसे जिन-शासन में कुशल (विद्वान्) 'अपध्यान' कहते हैं।"

कार्तिकेयानुप्रेक्षाग्रन्थे (गाथा-३४४) **च वर्णितम्—**

परदोसाण वि गहणं परलच्छीणं समीहणं जं च।
परइत्थी-अवलोओ परकलहालोयणं पढमं।।

सर्वार्थसिद्धिग्रन्थे (७/२१) **च विशदीकृतम्—** "परेषां जयपराजयवधबन्धनाङ्गच्छेदपरस्वहरणादि कथं स्यादिति मनसा चिन्तनमपध्यानम्।" **तथा च स** (दुस्सुदो दुरालावो) **दुःश्रुतियुक्तः दुर्भाषणशीलश्च भवति। यस्य श्रवणेन पठनेन वा कालुष्यपूर्णपरिणामो भवति, तस्य** 'दुःश्रुति' **—नाम वर्तते।**

रत्नकरण्डश्रावकाचारग्रन्थे (श्लोक-७९) **च तत्स्वरूपं निरूपितम्—**

आरम्भसङ्गसाहसमिथ्यात्वद्वेषरागमदमदनैः ।
चेतः कलुषयतां श्रुतिरवधीनां दुःश्रुतिर्भवति।।

कार्तिकेयानुप्रेक्षा ग्रन्थ (गाथा-344) में भी कहा गया है—

"दूसरों के दोषों को ग्रहण करना, दूसरे की लक्ष्मी को (हड़पना) चाहना, पराई स्त्री को (बुरी आँख से) देखना तथा पराये कलह को देखना —यह अनर्थदण्ड (निरर्थक हिंसा) का प्रथम भेद है।"

सर्वार्थसिद्धि ग्रन्थ (7/21) में भी इसे इस प्रकार स्पष्ट किया गया है— "दूसरों पर जय, उनकी पराजय, उनका वध, बन्धन व अङ्गच्छेदन कैसे हो तथा दूसरे के धन आदि को कैसे हड़प लिया जाय —इस प्रकार मन से चिन्तन करना 'अपध्यान' होता है।" तथा वह **(दुःश्रुतः, दुरालापः)** दुःश्रुति से युक्त और दुर्भाषण के स्वभाव वाला होता है। जिसके सुनने या पढ़ने से कालुष्यपूर्ण परिणाम हो जाए, उसका 'दुःश्रुति' नाम है।

रत्नकरण्ड-श्रावकाचार ग्रन्थ (श्लोक-79) में भी उसका स्वरूप इस प्रकार बताया गया है—

"आरम्भ, परिग्रह, दुस्साहस, मिथ्यात्व, द्वेष, राग, अहंकार, और विषय-भोग —इनसे (इनमें रुचि पैदा कर) चित्त को मलिन करने वाले जो शास्त्र (आदि) हैं, उनका सुनना 'दुःश्रुति' नामक 'अनर्थदण्ड' होता है।"

दुरालापश्च मिथ्योपदेश-पापोपदेशप्रभृतिसावद्यभाषणरूपः। असत्यभाषण— अवर्णवाद-पैशून्य-पापवर्द्धकवाग्व्यवहारादिकं सर्वं दुरालापरूपमेव विज्ञेयम्। पापोपदेशस्य स्वरूपं च रत्नकरण्डश्रावकाचारग्रन्थे (श्लोक-७६) **निरूपितम्—**

तिर्यक्क्लेशवाणिज्यहिंसारम्भप्रलम्भनादीनाम्।
कथाप्रसङ्गप्रसवः स्मर्तव्यः पाप उपदेशः।।

अवर्णवादश्च गुणवत्सु महत्सु असद्भूतदोषोद्भावनं भवति। केवलि-श्रुत-सङ्घ-धर्म-देवादिविषयभेदेनास्यानेके भेदाः सन्ति। विस्तरेण राजवार्तिकग्रन्थे (६/१३/८-१२) **निरूपितं द्रष्टव्यम्। तथा च स** (दुम्मदरदो विरुद्धो) **दुर्मदेषु रतः, विरुद्धः अर्थात् न्यायनीतिधर्मविरुद्धश्च भवति। मदाश्चाष्टौ भवन्ति— ज्ञानमदः, पूजामदः, कुलमदः, जातिमदः, बलमदः, ऋद्धिमदः, तपोमदः, वपुर्मदः —इत्यादिकाः। एते मदाः दोषयुक्तत्वाद् दुर्मदा अपि कथ्यन्ते।**

मिथ्या उपदेश, पाप-उपदेश आदि सदोष भाषण करना ही 'दुरालाप' है। असत्यभाषण, अवर्णवाद, चुगली; पापवर्द्धक वाणी-व्यवहार आदि सभी को 'दुरालाप' रूप जानना चाहिए। पापोपदेश के स्वरूप को रत्नकरण्डश्रावकाचार ग्रन्थ (श्लोक-76) में इस प्रकार निरूपित किया गया है—

"पशुओं को क्लेश देने वाली क्रिया, व्यापार, प्राणी-हिंसा, (कृषि आदि) आरम्भ क्रिया, दूसरों को ठगने की क्रिया आदि की कथाओं का प्रसंग छेड़ना —यह पापोपदेश नामक अनर्थदण्ड (निरर्थक हिंसा का एक भेद) है।"

महान् गुणी पुरुषों के अविद्यमान दोषों को प्रकट करना —यह 'अवर्णवाद' कहा जाता है। केवली, श्रुत, संघ, धर्म, देव आदि विषयों के भेद से इस अवर्णवाद के अनेक भेद हैं। इसका विस्तार से राजवार्तिक ग्रन्थ (6/13/8-12) में निरूपण किया गया है, वहीं देखना चाहिए। और वह **(दुर्मदरतः, विरुद्धः)** दुर्मदों में रत और विरुद्ध अर्थात् न्याय, नीति व धर्म से विरुद्ध होता है। मद आठ प्रकार के होते हैं— ज्ञानमद, पूजामद, कुलमद, जातिमद, बलमद, ऋद्धिमद, तपोमद, और शरीरमद। ये मद दोषयुक्त होने से दुर्मद भी कहे जाते हैं।

यद्वा ज्ञानादि-सद्भावे दर्पो मदः, ज्ञानाद्यभावेऽपि यो दर्पः, स दुर्मदः इति विशेषो ज्ञेयः। निष्कारणमेव ज्ञानाद्यभावे ज्ञानादिमदेन स आविष्टो भवतीति भावः। तथा स विरुद्धः विरोधभावेन युक्तो भवति। कान् प्रति? देवगुरुशास्त्रादीन् प्रति असहिष्णुतां विरोधं च प्रदर्शयति, अथवा न्यायनीतिसदाचारादि-विपरीतमेव कार्यं करोति —इति भावः। एवं विविधदोषयुक्तः सम्यक्त्वहीनो जनो भवति।

एवं हे भव्य! समक्त्वविरोधिनीं क्रियां सदैव त्यज, सुविनीतः, सद्भावसम्पन्नः, निरवद्य-भाषी, निर्मदः, धर्मनिष्ठश्च भवेति गाथायास्तात्पर्यम्।

सम्प्रति पुनरपि सम्यक्त्वरहितस्य सम्यक्त्वभ्रष्टस्य वा स्वभावादिकं शास्त्रकारा उग्गाहाछन्दसा निरूपयन्ति—

खुद्दो रुद्दो रुट्ठो अणिट्ठपिसुणो सगव्वियोसूयो।
गायण-जायण-भंडण-दुस्सणसीलो दु सम्म-उम्मुक्को।। ४४।।

छाया— क्षुद्रः, रुद्रः, रुष्टः अनिष्टपिशुनः सगर्वितः, असूयः।
गायन-याचन-भण्डन-दूषणशीलः तु सम्यक्त्व-उन्मुक्तः।।

अथवा ज्ञान आदि के होने पर जो अहंकार किया जाता है, वह 'मद' है और ज्ञान आदि के अभाव में भी जो अहंकार किया जाता है, वह 'दुर्मद' है —यह अन्तर जानना चाहिए। निष्कारण ही ज्ञानादि के अभाव में भी ज्ञान आदि के मद से वह आविष्ट रहता है —यह भाव है। तथा वह (विरुद्धः) विरुद्ध, विरोध भाव से युक्त होता है। किनके प्रति विरोध भाव से युक्त होता है? देव, गुरु व शास्त्र के प्रति असहिष्णुता व विरोध को प्रदर्शित करता है, अथवा न्याय, नीति व सदाचार आदि से विपरीत ही कार्य करता है —यह भाव है। इस प्रकार, विविध दोषों से युक्त वह सम्यक्त्वहीन व्यक्ति होता है।

इस प्रकार, हे भव्य! सम्यक्त्व-विरोधी क्रिया को हमेशा त्याग दो, सुविनीत, सद्भावसम्पन्न, निरवद्यभाषी, निर्मद और धर्मनिष्ठ होओ —यह गाथा का तात्पर्य है।

अब सम्यक्त्वरहित या सम्यक्त्व से भ्रष्ट व्यक्ति के स्वभाव आदि का पुनः निरूपण शास्त्रकार उग्गाहा छन्द के द्वारा कर रहे हैं—

गाथा-अर्थ— जो क्षुद्र, रुद्र, रुष्ट, अनिष्टकारी चुगली करने वाला, घमंडी व ईर्ष्यालु हो, गाना-बजाना, माँगना और लड़ाई-झगड़ा करने वाला हो और जो दोष-स्वभावी हो, वह सम्यक्त्व से रहित (है या हो चुका) है।।44।।

रत्नत्रयवर्धिनी टीका— अन्वयः सुगम एव। (सम्म-उम्मुक्को) **स सम्यक्त्व-उन्मुक्तः सम्यक्त्वेन रहितः, सम्यक्त्वाद् भ्रष्टो विच्युतो वा विज्ञेयः। को जीवः सम्यक्त्वरहितः ? तदेवोच्यते—** (खुद्दो रुद्दो) **क्षुद्रः, रुद्रश्च तस्य प्रवृतिः क्षुद्रा, नीचा, अधमा वा भवति, तथा स रौद्रध्यानपरायणोऽपि भवति इत्यर्थः। परोपकारादिसद्गुणान्विताः सत्पुरुषा उत्तमजना भवन्ति, परेषामनिष्टकारिणस्तु अधमाः क्षुद्रजनाः भवन्ति। एवं सम्यक्त्वहीनो नरोऽधमप्रकृतिर्भवति।**

अधमप्रकृतीनां स्वरूपं नीतिकारेण भर्तृहरिणा नीतिशतकग्रन्थे (श्लोक-७५) **प्रोक्तम्—**

एते सत्पुरुषाः परार्थघटकाः स्वार्थान्परित्यज्य ये,
सामान्यास्तु परार्थमुद्यमभृतः स्वार्थाविरोधेन ये।
तेऽमी मानुषराक्षसाः परहितं स्वार्थाय निघ्नन्ति ये,
ये निघ्नन्ति निरर्थकं परहितं ते के न जानीमहे।।

रत्नत्रयवर्धिनी टीका— अन्वय सुगम ही है। **(सम्यक्त्व-उन्मुक्तः)** वह सम्यक्त्व से उन्मुक्त होता है, सम्यक्त्व से रहित होता है या सम्यक्त्व से भ्रष्ट या च्युत होता है —यह जानें। कैसा जीव सम्यक्त्व-रहित होता है? उसे ही बता रहे हैं— **(क्षुद्रः, रुद्रः)** वह क्षुद्र व रुद्र (प्रकृति का) होता है, अर्थात् उसकी प्रकृति क्षुद्र, नीच या अधम (श्रेणी की)होती है। और, वह रौद्रध्यान में ही लीन रहा करता है। परोपकार आदि सद्गुणों से युक्त सज्जन पुरुष ही उत्तम (श्रेणी के) लोग होते हैं, किन्तु दूसरों का अनिष्ट करने वाले क्षुद्रजन अधम (श्रेणी के) होते हैं। इस प्रकार, सम्यक्त्वहीन व्यक्ति अधम प्रकृति का होता है।

अधम प्रकृति वालों के स्वरूप को नीतिकार भर्तृहरि ने नीतिशतक ग्रन्थ (श्लोक-75) में इस प्रकार बताया है—

''संसार में एक वे सज्जन हैं जो अपने स्वार्थ को छोड़कर एकमात्र दूसरों की भलाई के लिए तत्पर रहा करते हैं। दूसरे साधारण श्रेणी के वे लोग होते हैं जो दूसरों की भलाई करते हैं बशर्ते उनके किसी स्वार्थ का नुकसान न हो। तीसरे वे मनुष्यों में राक्षस जैसे लोग होते हैं जो अपने स्वार्थ की सिद्धि के लिए दूसरों के हित का भी नाश कर दिया करते हैं। किन्तु ऐसे भी कुछ लोग हैं जो अपना नुकसान करके भी दूसरों के हित का नाश करते हैं, उन्हें हम किस (नीच से नीच) श्रेणी में रखें, समझ में नहीं आता।''

एवं परेषां कष्टकारिणः क्षुद्रजना भवन्ति, तादृशीमेव प्रकृतिं सम्यक्त्वहीनो दधाति — इति भावः। एवं स रौद्रध्यानमग्नश्च भवति। ज्ञानार्णवग्रन्थे (२४/५-६) **रौद्रध्यानवतो जनस्य स्वरूपं विशदीकृतमस्ति—**

अनारतं यो निष्करुणस्वभावः, स्वभावतः क्रोधकषायदीप्तः।
मदोद्धतः पापमतिः कुशीलः, स्यान्नास्तिको यः स हि रौद्रधामा।।

हिंसाकर्मणि कौशलं निपुणता पापोपदेशे भृशम्,
दाक्ष्यं नास्तिकशासने प्रतिदिनं प्राणातिपाते रतिः।
संवासः सह निर्दयैरविरतं नैसर्गिकी क्रूरता,
यत्स्याद् देहभृतां तदत्र गदितं रौद्रं प्रशान्ताशयैः।।

तथा च सः (रुट्ठो अणिट्ठपिसुणो) **रुष्टः, अनिष्टपिशुनश्च भवति। स्वभावे निर्दयत्वात् सदैव रोषेण युक्तः स भवति। क्षमाप्रार्थनायां कृतायामपि स वैरभावं न त्यजति, रोषशमनं तस्य कदाचिदपि न भवति। अयं रोषो धार्मिकतामेव समूलं विनाशयति। रोषग्रस्तो निन्द्याचरणमेव विदधन् नरकगतिमेवार्जयति।**

इस प्रकार, क्षुद्र जन दूसरों के लिए कष्टकारक होते हैं, और वही प्रकृति सम्यक्त्वहीन की भी होती है —यह भाव है। इस प्रकार, वह रौद्रध्यान में मग्न रहा करता है। ज्ञानार्णव ग्रन्थ (24/5-6) में रौद्रध्यान वाले व्यक्ति के स्वरूप को इरा प्रकार स्पष्ट किया गया है—

"जो निरन्तर करुणाहीन स्वभाव का होता है, स्वभाव से ही जो क्रोध कषाय से दीप्त (आगबबूला) रहता है। जो मद से उद्धत, पापबुद्धि, कुशील और नास्तिक होता है, उसे रौद्र ध्यान का स्थान (रौद्रध्यानी) समझना चाहिए।"

"प्राणियों की हिंसा करने में कुशलता, पाप के उपदेश में अत्यन्त प्रवीणता, नास्तिक मत के प्रतिपादन में चतुरता, प्रतिदिन प्राणघात में अनुराग, दुष्टजनों के साथ सहवास तथा निरन्तर स्वाभाविक दुष्टता जो रहती है, उसे वीतराग महात्माओं ने 'रौद्र ध्यान' कहा है।"

तथा वह **(रुष्टः अनिष्टपिशुनः)** रुष्ट व अनिष्टपिशुन (अनिष्टकारी चुगली करने वाला) होता है। स्वभाव में निर्दयता होने से हमेशा वह रोष से भरा होता है। क्षमा माँगने पर भी वह वैर भाव को नहीं छोड़ता, उसके रोष का शमन कभी नहीं हो पाता। यह रोष धार्मिकता को मूल से ही नष्ट कर देता है। रोष से ग्रस्त व्यक्ति निन्द्य आचरण करता हुआ नरक गति का ही अर्जन करता है।

उक्तं च ज्ञानार्णवग्रन्थे (१८/४१, ४४)—

तपःश्रुतयमाधारं वृत्तविज्ञानवर्द्धितम्।
भस्मीभवति रोषेण पुंसां धर्मात्मकं वपुः।।

कुर्वन्ति यतयोऽप्यत्र कुद्धास्तत्कर्म निन्दितम्।
हत्वा लोकद्वयं येन विशन्ति धरणीतलम्।।

तथा अनिष्टपिशुनः अर्थात् अनिष्टकारि पैशुन्यं स करोति, अर्थात् तस्य पैशुन्यं बहूनां कृतेऽनिष्टसम्पादनं करोति यद्वा अनिष्टकारी पिशुनश्च स भवति। परेषां सद्भूतानसद्भूतान्वा दोषान् परोक्षे अन्यान् यः सूचयति, स पिशुनो भवति। तथा च स (सगव्वियोसूयो) **गर्वयुक्तः असूयाग्रस्तश्च भवति। मानकषायस्याधिक्येव असूयादोषेण च स युक्तो भवति। अथवा, पूर्वस्यां गाथायां स दुर्मदरतो भणितः, दुर्मदयोगेन मिथ्याहंकारपूर्णो भवतीत्यर्थः।**

ज्ञानार्णव ग्रन्थ (18/41, 44) में कहा भी गया है—

"तप, शास्त्रज्ञान और संयम का आधारभूत जो पुरुषों का धर्ममय शरीर —जो चारित्र व ज्ञान से समृद्ध हुआ है— उसे क्रोध भस्म कर डालता है।"

"अन्य लोगों की तो बात ही क्या है, मुनिजन भी क्रोध को प्राप्त होकर ऐसे निन्दनीय कार्य करने लगते हैं कि जिससे वे अपने दोनों लोकों को बिगाड़ कर पृथ्वीतल में प्रविष्ट होते हैं —अर्थात् नरक में उत्पन्न होते हैं।"

और वह 'अनिष्ट पिशुन' होता है, अर्थात् अनिष्टकारी पिशुनता (चुगलखोरी) वह करता है, अर्थात् उसका पैशुन्य कार्य बहुतों के लिए अनिष्टकारक होता है, अथवा वह व्यक्ति अनिष्टकारी भी होता है और चुगलखोर भी होता है। जो दूसरों के सत्य या मिथ्या दोषों को परोक्ष में दूसरे लोगों को बताता है, वह पिशुन (चुगलखोर) होता है। और वह (सगर्वितोऽसूयः) गर्वीला (अभिमानी) तथा असूया से ग्रस्त होता है। मान कषाय की अधिकता से तथा असूया दोष से वह भरा होता है। अथवा, पूर्व गाथा में उसे दुर्मदरत कहा गया है, दुर्मद के कारण वह मिथ्या अहंकार से पूर्ण होता है —यह अर्थ है।

असूया च परकीयगुणेष्वपि दोषाविष्करणं भवति। असूयादोषेण स ईर्ष्यालुः कस्यचिदपि हितं न चिन्तयति, अनिष्टमेव चिन्तयति तथा स्वभावतः परद्रोही भवति। तथा स (गायण-जायण-भंडण-दुस्सणसीलो दु) **गायनं याचनं भण्डवृत्तिं च करोति तथा दूषणशीलः अर्थात् दोषपूर्णचारित्र-वान् भवति। अर्थोपार्जनाय मनोरञ्जनकार्येषु गायनवादनादिषु स संलग्नो भवति, निरन्तरं स्वदीनहीनतां प्रकटयित्वा याचनां करोति, तदर्थं दातृपुरुषस्य स्तुति-प्रशंसादिकमपि करोति। तस्य याचना श्ववृत्तिरेव भण्यते। उक्तं च नीतिशतकग्रन्थे** (श्लोक-३१)—

लांगूलचालनमधश्चरणावपातं, भूमौ निपत्य वदनोदरदर्शनं च।
श्वा पिण्डदस्य कुरुते, गजपुङ्गवस्तु, धीरं विलोकयति चाटुशतैश्च भुंक्ते।।

भण्डनं कलहप्रेमवृत्तिः। अथवा विदूषकत्वम् अभिनयादिना परेषां मनोरञ्जनं विधाय स्वजीविकायापनं, परदोषोपहासःइत्यादिकं भण्डनमेव कथ्यते। भण्डक्रिया प्रहसनादिक्रिया च अनर्थदण्डरूपेणापि स्वीकृता।

असूया का अर्थ है— दूसरे के गुणों में भी दोष खोज लेना। इस असूया दोष के कारण वह ईर्ष्यालु व्यक्ति किसी का भी हित नहीं सोचता, अपितु अनिष्ट ही सोचता है और स्वभाव से ही परद्रोही होता है। और, वह **(गायन-याचन-भण्डन-दूषणशीलस्तु)** गाना, माँगना-खाना व भांड जैसी चेष्टा भी करता है और दूषणशील यानी दोषपूर्ण चारित्र वाला होता है। पैसा कमाने के लिए गाने-बजाने आदि मनोरञ्जन कार्यों में वह संलग्न रहता है। निरन्तर अपनी दीनता-हीनता दिखाकर याचना करता है, उसके लिए दाता व्यक्ति की स्तुति व प्रशंसा आदि भी करता है। उसकी याचना 'श्ववृत्ति' (कुत्ते जैसी हीनता) ही कही जाती है। नीतिशतक ग्रन्थ (श्लोक-31) में कहा भी गया है—

"खाना खिलाने वाले के आगे कुत्ता पूँछ हिलाकर पैरों पर गिरकर जमीन में लोटपोट होकर मुँह व पेट को दिखाकर चापलूसी करता है, परन्तु हाथी रोटी खिलाने वाले की ओर केवल एक बार गंभीरता से देखता है और बड़ी मान-मनौती करने के बाद ही भोजन करता है।"

भण्डन का अर्थ कलहप्रेमी होना होता है। अथवा विदूषक जैसी चेष्टा करना, अभिनय आदि द्वारा दूसरों का मनोरंजन कर जीविका चलाना, दूसरे के दोषों की हँसी उड़ाना —इत्यादि 'भण्डन' कहे जाते हैं। भण्डक्रिया (हँसी-मजाक आदि कर खिल्ली उड़ाने की चेष्टा) और प्रहसन आदि की क्रिया को 'अनर्थ दण्ड' (निरर्थक हिंसा) के रूप में भी माना गया है।

उक्तं च कार्तिकेयानुप्रेक्षाग्रन्थे (गाथा-३४८)—

जं सवणं सत्थाणं भंडणवसियरणकामसत्थाणं।
परदोसाणं च तहा अणत्थदंडो हवे चरिमो।।

दूषितशीलः, प्रकृत्या दुराचारी, यद्वा परदोषदर्शी, परदोषकथने सोत्साहः मुखरो वेत्यादिका अर्थाः ग्राह्याः। अथवा 'दूसणसीलो' **इत्यस्य** 'दुःश्रवणशीलः' **इत्यपि संस्कृतछाया सम्भवति। एतस्यैवार्थस्य वाचकः** 'दुस्सुदो' (दुःश्रुतिरतः) **इतिशब्द : प्राक् गाथायां प्रयुक्तः। गायन-नृत्य-कलह-वादविवाद-प्रभृतिकर्माणि श्रमणानां कृतेऽपि दूरतस्त्याज्यानि —इति लिङ्गप्राभृतग्रन्थे** (गाथा-४, ६, १३-१४) **प्रोक्तम्**—

णच्चदि गायदि तावं वायं वाएदि लिङ्गरूवेण।
सो पावमोहिदमदी तिरिक्खजोणी ण सो समणो।।

कलहं वादं जूया णिच्चं बहुमाणगव्विओ लिंगी।
वच्चदि णरयं पाओ करमाणो लिंगिरूवेण।।

कार्तिकेयानुप्रेक्षा ग्रन्थ (गाथा-348) में कहा भी है— "भांडपना, वशीकरण व कामशास्त्र जैसे शास्त्रों (पुस्तकों) का श्रवण (या पठन) एवं पर-दोषों का श्रवण —यह अनर्थदण्ड का अन्तिम भेद है।"

"सदोष आचरण से युक्त, प्रकृति से दुराचार वाला, या परदोषों को देखने वाला, पर-दोषों को कहने में उत्साही होने या मुखर होने वाला —इत्यादि अर्थ दूषणशील' शब्द के यहाँ ग्राह्य हैं। अथवा 'दूसणसीलो' की 'दुःश्रवणशीलः' यह संस्कृत छाया भी सम्भव है। इसी अर्थ का वाचक 'दुस्सुद' (दुःश्रुतिरत) —यह शब्द पिछली गाथा में भी प्रयुक्त किया गया है। गाना-बजाने, नृत्य, कलह, वादविवाद आदि कार्य श्रमणों के लिए भी दूर से ही वर्जनीय हैं— यह लिङ्गप्राभृत ग्रन्थ (गाथा-4, 6, 13-14) में कहा भी गया है—

"जो मुनिलिङ्ग धारण कर नाचता है, गाता है, अथवा बाजा बजाता है, वह पाप से मोहित बुद्धि वाला पशु है, मुनि नहीं।"

"जो पुरुष मुनिलिङ्ग का धारक होकर भी निरन्तर गर्वयुक्त होकर कलह करता है, वादविवाद करता है, अथवा जुआ खेलता है, वह चूँकि मुनिलिङ्ग से ऐसे कुकृत्य करता है, अतः पापी है और नरकगामी है।"

धावदि पिंडणिमित्तं कलहं काऊण भुंजदे पिंडं।
अवरूपरुई संतो जिणमग्गि ण होइ सो समणो।।

गिण्हदि अदत्तदाणं परणिंदा वि य परोक्खदूसेहिं।
जिणलिंगं धारंतो चोरेण व होइ सो समणो।।

एवं या याः क्रिया सम्यक्त्वविरोधिन्यः, यद्वा मिथ्यादृष्टिभिः कषायाविष्टैश्च या याः क्रियाः सामान्यतो विधीयन्ते, तास्ताः सर्वाः क्रिया हे भव्य! मुञ्च, येन च भाविनि काले सुगतिसुखादिकं प्राप्नुयाः इति गाथायास्तात्पर्यम्।

सम्प्रति जिनमतविनाशकस्य जीवस्य स्वरूपं शास्त्रकारा अनुष्टुप्-छन्दसा निर्दिशन्ति—

बाणर-गद्दह-साण-गय-बग्घ-वराह-कराह ।
मक्खि-जलूय-सहाव णर जिणवरधम्मविणास।।४५।।

छाया —वानर-गर्दभ-श्वान-गज-व्याघ्र-वराह-कच्छप-।
मक्षिका-जलूका-स्वभावो नरः जिनवर-धर्मविनाशकः।।

"जो आहार के निमित्त दौड़ता-फिरता है, कलह कर भोजन ग्रहण करता है और उसके निमित्त दूसरे से ईर्ष्या करता है, वह जिनमार्गी श्रमण नहीं है।"

"जो मनुष्य जिनलिङ्ग को धारण करता हुआ भी बिना दी हुई वस्तु को ग्रहण करता है तथा परोक्ष में दोष लगाकर दूसरे की निन्दा करता है, वह चोर के समान है, साधु नहीं है।"

इस प्रकार, जो-जो क्रियाएँ सम्यक्त्व की विरोधी (प्रतिकूल) हैं या मिथ्यादृष्टि लोगों व कषाययुक्त लोगों द्वारा जो जो क्रियाएँ सामान्यतया की जाती हैं, उन-उन सभी क्रियाओं को हे भव्य! छोड़ देना, ताकि भविष्य में सुगति व सुख आदि की प्राप्ति हो —यह गाथा का तात्पर्य है।

अब, जिनमत के विनाशक (क्षति पहुँचाने वाले) जीव के स्वरूप को शास्त्रकार अनुष्टुप् छन्द के द्वारा बता रहे हैं—

गाथा-अर्थ— जो व्यक्ति बन्दर, गधा, कुत्ता, हाथी, बाघ, शूकर, कछुआ और मक्खी व जोंक के स्वभाव वाला होता है, वह जिनेन्द्र देव के धर्म का विनाश करने वाला होता है।।45।।

रत्नत्रयवर्धिनी टीका— अन्वयः सुगम एव। (जिणवरधम्मविणास णर) **जिनवरोपदिष्टधर्मस्य विनाशको जनः स भवति। कीदृशो नरः ? उच्यते—** (बाणर-गद्दह-साण-गय-बग्घ-वराह-कराह-मक्खि-जलूय-सहाव) **यस्य स्वभावः वानर-सदृशः, गर्दभसदृशः, श्वानसदृशः, हस्तिसदृशः, व्याघ्रतुल्यः, वराहसदृशः, कच्छपसदृशः, मक्षिकासदृशः, तथा जलूकासदृशश्च भवति, स नरो जिनेन्द्रोपदिष्टधर्मस्य नाशक एव। तस्याचरणेन जैनधर्मस्य छविर्नश्यति, महत्ता क्षीयते, यद्वा धर्मः, संघो वा कलङ्कितो निन्दितो वा भवति —इति भावः।**

अत्रेदं तात्पर्यम्— यथा वानरोऽतिचपलो भवति, वृक्षस्य शाखायाः शाखान्तरं प्लवन्धावति, तथैव यो जनो जैनधर्मे न स्थिरचित्तो भवति, इतरं धर्ममाश्रित्य तमपि विहाय धर्मान्तरं प्रति श्रद्धां परिवर्तयति। एवंप्रकारको जनः परेषां कृतेऽपि सम्यक्त्वदोषोद्भावको भवति। जैनधर्मोपरि परेषां श्रद्धाऽपि तं निरीक्ष्य अस्थिरा भवति। जैनधर्मस्याहितकारित्वात्स धर्मनाशक एव मन्तव्य इति भावः।

रत्नत्रयवर्धिनी टीका— (गाथा का) अन्वय सुगम ही है। **(जिनवरधर्मविनाशको नरः)** जिनेन्द्र देव द्वारा उपदिष्ट धर्म का विनाश करने वाला व्यक्ति होता है। कैसा व्यक्ति? बता रहे हैं— **(वानर-गर्दभ-श्वान-गज-व्याघ्र-वराह-कच्छप-मक्षिका-जलूका-स्वभावः)** जिसका स्वभाव बन्दर के जैसा, गधे के जैसा, कुत्ते के जैसा, हाथी जैसा, बाघ के जैसा, वराह (सूअर) के जैसा, कछुए के जैसा, मक्खी के जैसा, तथा जोंक के समान होता है, वह व्यक्ति जिनेन्द्र-उपदिष्ट धर्म का नाशक ही है। उसके आचरण से जैन धर्म की छवि नष्ट होती है, महत्ता क्षीण होती है अथवा धर्म या संघ कलंकित या निन्दित होता है —यह भाव है।

तात्पर्य यह है— जिस प्रकार बन्दर अत्यन्त चपल होता है, वृक्ष की एक डाली से दूसरी डाल पर कूदता-फाँदता रहता है, इसी प्रकार जो व्यक्ति जैन धर्म में स्थिरचित्त नहीं रह पाता, अन्य धर्म का आश्रय लेता है, फिर उसे भी छोड़कर अन्य धर्म के प्रति अपनी श्रद्धा को बदलता रहता है। इस प्रकार का व्यक्ति दूसरों के लिए भी सम्यक्त्व-सम्बन्धी दोषों का उद्भावक होता है। जैन धर्म पर जिनकी श्रद्धा है, इसे देखकर उनकी भी श्रद्धा अस्थिर हो जाती है। जैन धर्म का वह व्यक्ति अहितकारी है— इसलिए उसे धर्मनाशक ही जानना चाहिए —यह भाव है।

यथा गर्दभः स्वपृष्ठोपरि चन्दनादिमहार्घवस्तुभारं वहन्नपि तद्गुणास्वादवञ्चित एव भवति, तद्वदेव यो जनो भावेन धर्मं नाचरति, श्रद्दधाति च तथा अहिंसादिधर्मविषये शास्त्रज्ञानं दधन्नपि स्वजीवने स्वाचरणे वा अहिंसादिधर्मलेशमपि न प्रकटयति। अतएव तस्य ज्ञानमपि न तदात्मकल्याणाय प्रभवति।

उक्तं च भगवती-आराधनाग्रन्थे (गाथा-१३३८)—

इंदियकसायदोसमलिणं णाणं वट्टदि हिदे से।
वट्टदि अण्णस्स हिदे खरेण जह चंदणं ऊढं।।

एवं स कषायमलिनज्ञानधारी जनो जैनधर्मस्य विनाशक एव मन्तव्य इति शास्त्रकारेणात्र निर्दिश्यते। एवमेव, श्वानोऽपि अमेध्यदुर्गन्धितवस्तुसेवनं करोति, तेनैव आनन्दितो भवति, यद्यपि न तेन क्षुधादिशान्तिर्भवति। उक्तं च नीतिशतके भर्तृहरिकृते (श्लोक-26)—

जिस प्रकार, गधा अपनी पीठ पर चन्दन आदि बहुमूल्य वस्तुओं के भार को ढोता हुआ भी उन वस्तुओं के गुण, स्वाद से वञ्चित ही रहता है, उसी तरह जो व्यक्ति भाव से धर्म का आचरण नहीं करता तथा श्रद्धा भी नहीं करता, अहिंसा आदि धर्मों के विषय में शास्त्र-ज्ञान रखते हुए भी अपने जीवन में या आचरण में अहिंसा आदि धर्म का लेश भी प्रकट नहीं करता। इसलिए उसका ज्ञान स्वयं उसके कल्याण में समर्थ नहीं होता।

भगवती-आराधना ग्रन्थ (गाथा-1338) में कहा भी है—

"इन्द्रिय व कषाय रूपी दोष से जिसका ज्ञान मलिन होता है, वह ज्ञान उसका उपकार नहीं करता। दूसरे का कदाचित् उपकार करता है। जैसे गधे पर लदा चन्दन उस (गधे) का कोई उपकार नहीं करता।"

इस प्रकार, कषाय से मलिन ज्ञान का धारक वह व्यक्ति जैन धर्म का विनाशक ही माना जाना चाहिए —ऐसा शास्त्रकार ने यहाँ निर्देश किया है। इसी तरह, कुत्ता भी अपवित्र व दुर्गन्धपूर्ण पदार्थों का सेवन करता है, उसी से आनन्दित होता है, यद्यपि उससे उसकी भूख आदि शान्त नहीं होती। भर्तृहरिकृत नीतिशतक (श्लोक-26) में कहा भी है—

स्वल्पस्नायुवसावसेकमलिनं निर्मांसमप्यस्थिकम्।
श्वा लब्ध्वा परितोषमेति न च तत्तस्य क्षुधाशान्तये।।

एवमेव यो जनो निन्द्यकामभोगादिषु आसक्तस्तत्रैव सुखमनुभवति, यद्यपि तत्सुखं न शाश्वतम्, स च पापाचरणप्रवृत्तत्वात् धर्मविराधक एव मन्तव्यः। यथा हस्ती स्पर्शेन्द्रिय-विषयसुखासक्त्या स्ववधे स्वयं कारणं भवति, एवं विषया-सक्तजीवोऽपि स्वात्मनोऽनिष्टमेव करोति। उक्तं च प्रशमरतिप्रकरणग्रन्थे (श्लोक-४५)—

शयनासनसंवाहनसुरतस्नानानुलेपनासक्तः ।
स्पर्शव्याकुलितमतिर्गजेन्द्र इव बध्यते मूढः।।

एवमेव हस्ती स्वभावतः सुचिरं जलाशये स्नानं विधायापि पुना रजसा कर्दमेन वा स्वयं स्वशरीरं मलिनीकरोति। अत एव अज्ञानिनां क्रिया सविपाकनिर्जराहेतुरपि संवराभावात् गजस्नानवत् निष्फलैव भवतीति स्वीक्रियते।

"कुत्ता थोड़ी-सी नाड़ियों व चर्बी लगे होने से मलिन व मांसरहित भी हड्डी को प्राप्तकर संतुष्ट हो जाता है, यद्यपि वह हड्डी उसकी भूख को शान्त करने में सक्षम नहीं होती।"

इसी तरह, जो व्यक्ति निन्दनीय कामभोग आदि में आसक्त होकर, उसी में सुख अनुभव करता है, यद्यपि वह सुख स्थायी नहीं होता, वह व्यक्ति पापाचरण में प्रवृत्ति के कारण धर्मविराधक ही है —ऐसा जानना चाहिए। जिस प्रकार हाथी स्पर्शन इन्द्रिय से सम्बन्धित विषय-सुख में आसक्ति रखने के कारण अपने विनाश का स्वयं कारण बनता है, इसी तरह विषयासक्त जीव भी अपना अनिष्ट ही करता है। (आचार्य उमास्वामी रचित) प्रशमरतिप्रकरण ग्रन्थ (श्लोक-45) में कहा गया है—

"(कोमल) बिछावन, (अच्छे तकिये वाली) शय्या, (कोमल) आसन, शरीर की मालिश, कामक्रीड़ा, स्नान, उबटन आदि में आसक्ति वाला व्यक्ति स्पर्शेन्द्रिय-विषयसुख के लिए लालायित गजेन्द्र की तरह बन्धन को प्राप्त (दण्ड आदि का पात्र) होता है।"

इसी प्रकार, हाथी स्वभावतः अधिक समय तक जलाशय (तालाब आदि) में स्नान करके भी पुनः मिट्टी या कीचड़ से स्वयं अपने शरीर को गन्दा कर लेता है। इसीलिए अज्ञानियों की क्रिया को जो सविपाक निर्जरा का कारण होते हुए भी 'संवर' (कर्मागमन-निरोध) से रहित होती है, उसे गजस्नान की तरह निष्फल ही माना गया है।

उक्तं च बृहद्द्रव्यसंग्रहग्रन्थस्य (गाथा-३६) **ब्रह्मदेवरचितसंस्कृतवृत्तौ**— "या पुनरज्ञानिनां निर्जरा सा गजस्नानवत् निष्फला, यतः स्तोकं कर्म निर्जरयति, बहुतरं बध्नाति....." **एवं यो जनः निर्जरित-कर्मापेक्षया समधिकतरं कर्म बध्नाति अर्थात् कर्मबन्धकक्रियाः अधिकं करोति, तथा च स्वसम्यक्त्वं चारित्रं वा पुनः पुनर्मलिनीकरोति, सोऽज्ञानी जनोऽपि जैनधर्मस्य विराधक एवेति मन्तव्यम्।**

व्याघ्रो हिंसाप्रियो मांसाहारी च भवति। स निर्दयतया निर्बलप्राणिघातं करोति, सर्वदा क्रूरदृष्टिः, नखदंष्ट्रादिभिः प्राणिनां कृते भयप्रदश्च भवति। एवं यो जनो निर्दयः, निष्करुणः, हिंसाप्रियो रौद्रश्च भवति, सोऽप्रशस्तध्यानेन पापाचरणेन च स्वस्यानिष्टं करोत्येव, जैनधर्मस्यापि छविं मलिनीकुर्वन् धर्मध्वंसक एव मन्तव्यः।

एवमेव वराहोऽपि अभक्ष्यभक्षणं करोति, दुर्गन्धगर्ह्यस्थानेषु वसति। किम्बहुना, स स्वबुभुक्षापूर्त्यै स्वशिशूनपि भक्षयितुं प्रवर्तते। एतादृशीं प्रकृतिं दधन् जनोऽपि जिनप्रणीतधर्म-प्रतिकूलाचरणेन धर्मविघातक एव।

बृहद्द्रव्यसंग्रह ग्रन्थ (गाथा-36) की ब्रह्मदेव-कृत संस्कृत वृत्ति में कहा गया है— "किन्तु अज्ञानियों की जो निर्जरा है, वह हाथी के स्नान की तरह निष्फल (निरर्थक) ही है, क्योंकि वह (अज्ञानी) कर्म की निर्जरा तो थोड़ी ही करता है और कर्मबन्ध अधिक से अधिक करता है।" इस तरह, जो व्यक्ति (आंशिक) क्षीण किये गये कर्मों की तुलना में कर्मबन्ध अधिक करता है (अर्थात् कर्मबन्ध की क्रियाएँ अधिक करता है), तथा जो अपने सम्यक्त्व या चारित्र को बार-बार मलिन (दूषित) करता है, वह अज्ञानी व्यक्ति भी जैन धर्म का विराधक ही है —ऐसा मानना चाहिए।

व्याघ्र (बाघ) हिंसाप्रेमी व मांसाहारी होता है। वह निर्दय होकर निर्बल प्राणियों को मारता है, हमेशा क्रूर दृष्टि वाला एवं नाखूनों व दाढ़ों आदि के कारण प्राणियों के लिए भय पैदा करने वाला होता है। इस तरह जो व्यक्ति निर्दय, करुणाहीन, हिंसाप्रेमी व रौद्र रूप वाला होता है, वह अप्रशस्त ध्यान व पापपूर्ण आचरण से अपना अनिष्ट तो करता ही है, जैन धर्म की छवि को भी मलिन करता हुआ धर्म का नाशक ही होता है —ऐसा समझना चाहिए।

इसी तरह, वराह (सूअर) भी अभक्ष्य का भक्षण करता है, दुर्गन्ध से भरे तथा गर्हित स्थानों में रहता है। अधिक क्या कहा जाय, वह अपनी भूख मिटाने के लिए अपने बच्चों को भी खाने में प्रवृत्त हो जाता है। ऐसी प्रकृति को धारण करने वाला व्यक्ति भी जिन-प्रणीत धर्म के प्रतिकूल आचरण द्वारा धर्म का विघातक ही होता है।

एवमुष्ट्रोऽपि लम्बग्रीवतया सदोर्ध्वमुखः, भूमौ असंयमेन प्रमादेन वा पादक्षेपं कुर्वन् गच्छति, तथैव य ईर्यासमितिं न सम्यक् पालयति, गमनागमनादिषु जीवरक्षाविवेकं न दधाति, एवं संयम-हीनोऽज्ञानमोहितो जीवोऽपि धर्मस्य विराधको घातको वास्तीति मन्तव्यः।

एवं मक्षिका यथा व्रणविष्ठादिगर्हितपदार्थेष्वेव तिष्ठति, तथैव यो जनो निन्द्याशुभकार्येष्वेव रुचिं प्रकटयति, गुणान् विहाय दोषानेव गृह्णाति, स जनोऽपि धर्मघातक एवास्ति।

एवं जलूका गोमहिषादिस्तनसंस्थिताऽपि तत्र रक्तपानमेव करोति, तथैव यो नरः धर्मसंघे स्थितस्तत्र दोषानेव पश्यति, देवगुरुप्रभृतीनामवर्णवादं करोति, पूज्यव्यक्तिगुणानपि अवगुणरूपेण प्रकटयति, धर्मप्रतिष्ठाविरुद्धानि कार्याणि करोति, स नूनं धर्मध्वंसक एवास्ति। अतएव आदिपुराणे (१/१३९-१४१) जलूकाप्रकृतिश्रोतृजनस्य अधमता प्रतिपादिता दृश्यते।

इत्थं हे भव्य! त्वया धर्माचरणे वानरादिवन्न वर्तितव्यम्, अपितु स्वश्रेष्ठाचरणैः स्वस्य धर्मस्य च प्रतिष्ठावृद्ध्यै प्रयतितव्यमिति गाथायास्तात्पर्यम्।

इसी तरह, ऊँट लम्बी गर्दन के कारण हमेशा ऊपर की ओर मुख किये हुए, जमीन पर असंयम या प्रमाद से अपने पैर पटकता हुआ चलता है, इसी तरह जो ईर्यासमिति का सम्यक्तया पालन नहीं करता और चलने-फिरने आदि में जीव-रक्षा का विवेक नहीं रखता, ऐसा संयमहीन व अज्ञान-मोहित जीव भी धर्म का विराधक या घातक है —ऐसा मानना चाहिए।

इसी तरह, मक्खी जिस प्रकार घाव व विष्ठा आदि गर्हित पदार्थों में ही बैठती है, उसी तरह जिस व्यक्ति की रुचि निन्दनीय व अशुभ कामों में ही प्रकट होती है, और जो व्यक्ति गुणों को छोड़कर दोषों को ही ग्रहण करता है, वह व्यक्ति भी धर्म का घातक ही है।

इसी तरह, जैसे जोंक गौ, भैंस आदि के स्तनों में बैठकर भी वहाँ खून ही चूसती है, वैसे ही जो व्यक्ति धर्म-संघ में रहकर वहाँ दोषों को ही देखता है, देव व गुरु आदि का अवर्णवाद करता है, पूज्य व्यक्ति के गुणों को भी अवगुण रूप से प्रकट करता है और जो धर्म की प्रतिष्ठा के विरुद्ध कार्य करता है, वह निश्चय ही धर्म का घातक ही है। इसीलिए आदिपुराण (1/139-141) में जोंक की प्रकृति वाले श्रोताओं को अधम कोटि का बताया गया है।

इस प्रकार, हे भव्य! धर्म के आचरण में कभी तुम वानर आदि की तरह बर्ताव मत करना, अपितु अपने श्रेष्ठ आचरणों से अपने व धर्म की प्रतिष्ठा को बढ़ाने में प्रयत्नशील रहना — यह गाथा का तात्पर्य है।

सम्प्रति सम्यग्दर्शनस्य उत्कृष्टतां शास्त्रकाराः उग्गाहाछन्दसा प्रतिपादयन्ति—

सम्म विणा सण्णाणं सच्चरित्तं ण होदि णियमेण।
तो रयणत्तयमज्झे सम्मगुणुक्किट्ठमिदि जिणुद्दिट्ठं।। ४६ ।।

छाया— सम्यक्त्वं विना सज्ज्ञानं सच्चारित्रं न भवति नियमेन।
तस्मात् रत्नत्रयमध्ये सम्यक्त्वगुणोत्कृष्टत्वमिति जिनोद्दिष्टम्।।

रत्नत्रयवर्धिनी टीका— गाथान्वयः सुगम एव। (सम्म विणा सण्णाणं सच्चारित्तं णियमेण ण होदि) **सम्यक्त्वं विना नियमेन, अवश्यमेव सज्ज्ञानं सम्यक्-चारित्रं च न भवतः। सम्यक्त्वाभावे ज्ञानं मिथ्याज्ञानमेव भवति, तथा मिथ्याज्ञानिनः सर्वाः क्रियाः मिथ्याचारित्ररूपाः कर्मबन्धकाश्चैव भवन्ति —इति भावः।**

उक्तं मोक्षप्राभृतग्रन्थे (गाथा-१५)— "मिच्छत्तपरिणदो उण बज्झदि दुट्ठट्ठकम्मेहिं।"

सम्यक्त्वपूर्विका क्रिया तु सुगतेः, क्रमशो निर्वाणस्य च साधिका भवति। उक्तं च दर्शनप्राभृतग्रन्थे (गाथा १५-१६)—

अब, शास्त्रकार सम्यग्दर्शन की उत्कृष्टता का निरूपण उग्गाहा छन्द के द्वारा कर रहे हैं—

गाथा-अर्थ— सम्यक्त्व न हो तो नियम से न तो सम्यग्ज्ञान होता है और न सम्यक् चारित्र ही होता है। इसलिए रत्नत्रय में सम्यक्त्व गुण की उत्कृष्टता (निर्विवाद) है —ऐसा जिनेन्द्र देव द्वारा कहा गया है।।46।।

रत्नत्रयवर्धिनी टीका— गाथा का अन्वय सुगम ही है। **(सम्यक्त्वं विना सज्ज्ञानं सच्चारित्रं नियमेन न भवति)** सम्यक्त्व के बिना नियमतः अर्थात् अवश्य ही, सज्ज्ञान (सम्यग्ज्ञान) व सच्चारित्र (सम्यक् चारित्र) नहीं होते। सम्यक्त्व के अभाव में ज्ञान मिथ्याज्ञान ही रहता है और मिथ्याज्ञानी की समस्त क्रियाएँ मिथ्याचारित्र रूप तथा कर्मबन्धक रूप ही होती हैं —यह भाव है।

मोक्षप्राभृत ग्रन्थ (गाथा-15) में कहा भी गया है— "मिथ्यात्व-परिणाम से युक्त जीव तो दुष्ट आठ कर्मों से बँधता (ही) है।"

सम्यक्त्वसहित क्रिया तो सुगति की तथा क्रमशः (परम्परा से) मोक्ष की भी साधक होती है। दर्शनप्राभृत ग्रन्थ (गाथा 15-16) में कहा भी गया है—

सम्मत्तादो णाणं णाणादो सव्वभावउवलद्धी।
उवलद्धपयत्थे पुण सेयासेयं वियाणेदि।।
सेयासेयविदण्हू उद्धुददुस्सील सीलवंतो वि।
सीलफलेणब्भुदयं तत्तो पुण लहइ णिव्वाणं।।

एवं मोक्षवृक्षस्य मूलमथवा मोक्षनगरस्य द्वारं सम्यक्त्वमेव सिद्ध्यति। उक्तं च दर्शन-प्राभृतग्रन्थे (गाथा १०-११)—

जह मूलम्मि विणट्ठे दुमस्स परिवार णत्थि परिवड्ढी।
तह जिणदंसणभट्ठा मूलविणट्ठा ण सिज्झंति।।

जह मूलाओ खंधो साहापरिवार बहुगुणो होई।
तह जिणदंसणमूलो णिद्दिट्ठो मोक्खमग्गस्स।।

"सम्यग्दर्शन से (ही) सम्यग्ज्ञान होता है और सम्यग्ज्ञान से समस्त पदार्थों की उपलब्धि होती है जिससे यह जीव अपने श्रेय-अश्रेय (हेय-उपादेय, कर्तव्य-अकर्तव्य) को जान पाता है।"

"श्रेय-अश्रेय को जानने वाला व्यक्ति अपने मिथ्या स्वभाव को नष्टकर शीलवान् (सच्चारित्री) हो जाता है, और शील (सच्चारित्र) के फलस्वरूप स्वर्गादि अभ्युदय को और फिर निर्वाण को प्राप्त करता है।"

इस प्रकार, यह सिद्ध हो जाता है कि सम्यक्त्व मोक्ष रूपी वृक्ष का मूल (जड़) है अथवा मोक्ष रूपी नगर का द्वार है। दर्शनप्राभृत ग्रन्थ (गाथा-10-11) में बताया गया है—

"जिस प्रकार मूल (जड़) के नष्ट होने पर वृक्ष के (शाखा आदि) परिवार की वृद्धि नहीं होती, उसी प्रकार जिन-दर्शन (सम्यक्त्व) से भ्रष्ट व्यक्ति मूलतः नष्ट हो जाते हैं और वे सिद्धि को प्राप्त नहीं कर पाते।"

"जिस प्रकार जड़ से शाखा-प्रशाखा के परिवार से अनेकगुणित स्कन्ध (तना) प्रकट होता है, उसी प्रकार मोक्ष-मार्ग (रूपी वृक्ष व दृढ़ स्कन्ध) की जड़ सम्यक्त्व को ही बताया गया है।"

तथैव भगवतीआराधनाग्रन्थे च (गाथा-७३५) **भणितम्—**

णगरस्स जह दुवारं मुहस्स चक्खू तरुस्स जह मूलं।
तह जाण सुसम्मत्तं णाणचरणवीरियतवाणं।।

रत्नकरण्डश्रावकाचारग्रन्थे च (श्लोक-३२) **विशदीकृतम्—**

विद्यावृत्तस्य सम्भूतिस्थितिवृद्धिफलोदयाः।
न सन्त्यसति सम्यक्त्वे बीजाभावे तरोरिव।।

पद्मनन्दिपञ्चविंशतिकाग्रन्थे (१/७७) **च निर्दिष्टम्—**

जयति सुखनिधानं मोक्षवृक्षैकबीजम्, सकलविमलविमुक्तं दर्शनं यद्विना स्यात्।
मतिरपि कुमतिर्नुर्दुश्चरित्रं चरित्रम्, भवति मनुजजन्म प्राप्तमप्राप्तमेव।।

इसी तरह, भगवती-आराधना ग्रन्थ (गाथा-735) में कहा गया है—

"जिस प्रकार नगर में जाने के लिए उसका द्वार प्रमुख होता है, मुख में शोभा आदि हेतु नेत्र की प्रधानता होती है और वृक्ष के विस्तार आदि के लिए उसकी जड़ प्रमुख होती है, उसी प्रकार ज्ञान, चारित्र, पराक्रम व तप —इनकी पूर्णता, शोभा व विस्तार आदि के लिए सम्यक्त्व एक महत्त्वपूर्ण द्वार व जड़ आदि होता है —यह जानें।"

रत्नकरण्डश्रावकाचार ग्रन्थ (श्लोक-32) में भी स्पष्ट किया गया है—

"बीज के अभाव में वृक्ष की तरह ही, सम्यक्त्व के अभाव में सम्यग्ज्ञान व सम्यक्चारित्र की उत्पत्ति, स्थिति, वृद्धि एवं फल की प्राप्ति नहीं हो पाती ।"

पद्मनन्दिपञ्चविंशतिका ग्रन्थ (1/77) में भी इसका निर्देश इस प्रकार प्राप्त होता है—

"समस्त मलों से रहित सम्यग्दर्शन मोक्ष रूपी वृक्ष का एकमात्र बीज है और सुख का निधान (घर) है, वह जयवन्त होता है। इसके बिना व्यक्ति की मति भी कुमति होती है, चारित्र दुश्चारित्र होता है और इसके बिना मनुष्य जन्म का प्राप्त होना भी न प्राप्त होने जैसा (निरर्थक) हो जाता है।"

ज्ञानार्णवग्रन्थेऽपि (६/५३, ५७) **भणितम्—**

चरणज्ञानयोर्बीजं यमप्रशमजीवितम्।
तपःश्रुताद्यनुष्ठानं सद्भिः सद्दर्शनं मतम्।।

प्राप्नुवन्ति शिवं शश्वच्चरणज्ञानविच्युताः।
अपि जीवा जगत्यस्मिन् न पुनर्दर्शनं विना।।

(तो रयणत्तयमज्झे सम्मगुणुक्किट्ठमिदि जिणुद्दिट्ठं) **तस्मात् कारणात्, सम्यक्त्वाभावे सम्यग्ज्ञान-सम्यक्चारित्रेतिरत्नद्वयस्य अभावाद् इत्यर्थः। रत्नत्रयमध्ये, त्रिषु रत्नेषु सम्यक्त्वगुणस्य उत्कृष्टता सुस्पष्टैवेति जिनेन्द्रदेवेन प्रज्ञप्तम्। सम्यक्त्वस्य उत्कृष्टतां रत्नकरण्डश्रावकाचारग्रन्थे** (श्लोक-३१) **श्रीसमन्तभद्राचार्याः प्राहुः—**

दर्शनं ज्ञानचारित्रात् साधिमानमुपाश्नुते।
दर्शनं कर्णधारं तन्मोक्षमार्गे प्रचक्षते।।

ज्ञानार्णव ग्रन्थ (6/53, 57) में भी कहा गया है—

"साधुजन उस सम्यक्त्व को चारित्र व ज्ञान का बीज (कारण), यम व प्रशम का प्राण तथा तप व आगम का आश्रय मानते हैं।"

"जो जीव चारित्र और ज्ञान से भ्रष्ट हैं, वे शाश्वत मुक्ति को प्राप्त करते हैं। परन्तु जो प्राणी उस सम्यग्दर्शन से रहित हैं, वे इस संसार में कभी मुक्ति को प्राप्त नहीं कर पाते।"

(तस्मात् रत्नत्रयमध्ये सम्यक्त्वगुणोत्कृष्टत्वमिति जिनोद्दिष्टम्) इस कारण से, अर्थात् सम्यक्त्व के अभाव में सम्यग्ज्ञान व सम्यक्चारित्र —इन दो रत्नों के भी अभाव होने से। रत्नत्रय के मध्य में, तीनों रत्नों में सम्यक्त्व गुण की उत्कृष्टता सुस्पष्ट ही है —ऐसा जिनेन्द्र देव ने प्ररूपित किया है। सम्यक्त्व की उत्कृष्टता का समर्थन करते हुए आचार्य समन्तभद्र ने रत्नकरण्डश्रावकाचार ग्रन्थ (श्लोक-31) में कहा है—

"सम्यग्ज्ञान व सम्यक्चारित्र की अपेक्षा सम्यग्दर्शन की अत्यधिक श्रेष्ठता है, इसलिए सम्यग्दर्शन को मोक्षमार्ग में नाविक (नाव चलाने वाला खेवटिया) कहा जाता है।"

कार्तिकेयानुप्रेक्षाग्रन्थे (गाथा ३२५-३२६) **च महत्त्वमुद्‌घोषितम्—**

रयणाण महारयणं सव्वंजोयाण उत्तमं जोयं।
रिद्धीण महारिद्धी सम्मत्तं सव्वसिद्धियरं।।

सम्मतगुणपहाणो देविंदणरिंदवंदिओ होदि।
चत्तवओ वि य पावदि सग्गसुहं उत्तमं विविहं।।

ज्ञानार्णवग्रन्थे (६/५२) **च प्रोक्तम्—**

सद्दर्शनमहारत्नं विश्वलोकैकभूषणम्।
मुक्तिपर्यन्तकल्याणदानदक्षं प्रकीर्तितम्।।

दर्शनप्राभृतग्रन्थे (गाथा-२१) **च अत एव परामृष्टम्—**

एवं जिणपण्णत्तं दंसणरयणं धरेह भावेण।
सारं गुणरयणत्तयसोवाणं पढम मोक्खस्स।।

कार्तिकेयानुप्रेक्षा ग्रन्थ (गाथा 325-326) में भी स्पष्ट रूप से घोषणा की गई है—

"सम्यक्त्व रत्न सब रत्नों में महारत्न है, सब योगों में उत्तम योग है सब ऋद्धियों में महाऋद्धि है, अधिक क्या कहें, वह सम्यक्त्व सब सिद्धियों का कारक है।"

"सम्यक्त्व गुण से विशिष्ट (अथवा सम्यक्त्व के गुणों से युक्त) जीव देवेन्द्रों से तथा मनुष्येन्द्र (चक्रवर्ती) से भी वन्दनीय होता है और भले ही वह व्रत रहित भी हो तो भी नाना प्रकार के श्रेष्ठ स्वर्गीय सुख को प्राप्त करता है।"

ज्ञानार्णव ग्रन्थ (6/52) में भी कहा गया है—

"समस्त लोक के अद्वितीय भूषण के समान यह सम्यग्दर्शन रूप महारत्न मुक्ति के प्राप्त होने तक कल्याण करने में समर्थ है।"

दर्शनप्राभृत ग्रन्थ (गाथा-21) में भी इसी दृष्टि से यह परामर्श दिया गया है—

"जिनेन्द्र भगवान् के द्वारा कहा गया यह सम्यग्दर्शन रत्नत्रय में सार रूप है और मोक्ष की पहली सीढ़ी है, इसलिए हे भव्य जीवों! उसे अच्छी भावना के साथ धारण करो।"

पुरुषार्थसिद्ध्युपायग्रन्थे (श्लोक-२१) **च समुपदिष्टम्—**

तत्रादौ सम्यक्त्वं समुपाश्रयणीयमखिलयत्नेन।
तस्मिन् सत्येव यतो भवति ज्ञानं चरित्रं च।।

एवं हे भव्य! निर्दोषं सम्यक्त्वरत्नं दृढतया धृत्वा सच्चारित्रानुष्ठाने त्वया प्रवर्तितव्यमिति गाथाया स्तात्पर्यम्।

सम्यक्त्वहानौ कानि कानि कारणानि भवन्ति-इति सम्प्रति शास्त्रकारा गाहणी (उग्गाहा)-छन्दसा निर्दिशन्ति—

कुतव-कुलिंगि-कुणाणी-कुवयकुसीले कुदंसण-कुसत्थे ।
कुणिमित्ते संथुय थुई पसंसणं सम्महाणि होदि णियमं।। ४७।।

छाया— कुतपः-कुलिङ्गि-कुज्ञानि-कुव्रत-कुशीले, कुदर्शन-कुशास्त्रे।
कुनिमित्ते संस्तवः स्तुतिः, प्रशंसनं सम्यक्त्वहानिः भवति नियमेन।।

पुरुषार्थसिद्ध्युपाय ग्रन्थ (श्लोक-21) में भी यह उपदेश दिया गया है—

"सर्वप्रथम विविध उपायों से सम्यक्त्व का आश्रयण करना चाहिए, क्योंकि इस सम्यग्दर्शन के होने पर ही सम्यग्ज्ञान व सम्यक्चारित्र होते हैं (अन्यथा नहीं)।"

इस तरह, हे भव्य! निर्दोष सम्यक्त्व रत्न को दृढ़ता से धारणकर सच्चारित्र के अनुष्ठान में तुम्हें प्रवृत्त होते रहना चाहिए —यह गाथा का तात्पर्य है।

सम्यक्त्व की हानि करने वाले क्या-क्या कारण होते हैं -इस विषय में अब शास्त्रकार गाहणी (उग्गाहा) छन्द के द्वारा निर्देश कर रहे हैं—

गाथा-अर्थ— मिथ्यातप, मिथ्यावेषधारी, मिथ्याज्ञानी, मिथ्याव्रत, मिथ्याशील (चारित्र), मिथ्यादर्शन, मिथ्याशास्त्र एवं झूठे निमित्त —इनका संस्तवन, तथा इनकी स्तुति व प्रशंसा करना —इनसे नियमतः सम्यक्त्व-हानि होती है।।47।।

रत्नत्रयवर्धिनी टीका— गाथान्वयः सुगमः। (सम्महाणि होदि णियमं) **नियमेन, नूनमेव, निस्सन्देहतया वा, सम्यक्त्वहानिः भवति, भवत्येवेति तात्पर्यम्। केन कारणेन, कया प्रवृत्त्या वा भवति ? उच्यते—** (संथुय, थुई, पसंसणं) **संस्तवः संस्तवनं वा, स्तुतिः, प्रशंसा वा, तत्करणेन सम्यक्त्वहानिर्भवति।**

केषां संस्तवः ? उच्यते— (कुतव-कुलिंगि-कुणाणी-कुवय-कुसीले कुदंसण-कुसत्थे कुणिमित्ते) **प्रथमं तावत् कुतपः अर्थात् मिथ्यातपः बालतपो वा। द्वितीयः— कुलिङ्गी अर्थात् मिथ्यावेशधारी, तृतीयस्तु कुज्ञानी अर्थात् मिथ्याज्ञानधारी, चतुर्थः कुव्रतम् अर्थात् मिथ्याव्रतम्, मिथ्यात्वेन सह कृतं व्रतं वा। पञ्चमः कुशीलः, अर्थात् मिथ्याचारः, मिथ्याचारयुक्तो वा। षष्ठः कुदर्शनम् अर्थात् मिथ्यादर्शनम्, सप्तमः कुशास्त्रम् अर्थात् मिथ्याशास्त्रम्। तथा अष्टमो भवति कुनिमित्तः, कुत्सित-निमित्तं यस्य भवति स कुनिमित्तः, अर्थात् मिथ्यादृष्टिः। निमित्तपदं मोक्षमार्गे सहकारिभूतकारणार्थ-वाचकम्। ये च लौकिकमूढतां समाश्रयन्ति, अथवा मिथ्यात्वसहिता क्रिया मोक्षसाधिका भवन्तीति ये मन्यन्ते, ते सर्वे कुनिमित्ताः विज्ञेयाः।**

रत्नत्रयवर्धिनी टीका— गाथा का अन्वय सुगम ही है। **(सम्यक्त्वहानिः भवति नियमेन)** नियम से, निश्चय ही या निस्सन्देह रूप से, सम्यक्त्व की हानि होती है, होती ही है —यह तात्पर्य है। किस कारण से या किस प्रवृत्ति से होती है ? बता रहे हैं —**(संस्तवः, स्तुतिः, प्रशंसनम्)** संस्तव, स्तुति या प्रशंसा, इनके करने से सम्यक्त्व की हानि होती है।

किनका संस्तव (आदि) ? बता रहे हैं— **(कुतपः-कुलिङ्गि-कुज्ञानि-कुव्रत-कुशीले कुदर्शन-कुशास्त्रे, कुनिमित्ते)** प्रथम है— कुतप, मिथ्यातप या बालतप। दूसरा है— कुलिङ्गी अर्थात् मिथ्यावेशधारी, तीसरा है— कुज्ञानी अर्थात् मिथ्याज्ञान के धारक। चतुर्थ है— कुव्रत अर्थात् मिथ्याव्रत या मिथ्यात्व के साथ किया गया व्रत। पाँचवाँ है— कुशील यानी मिथ्या आचार या मिथ्या आचार वाला। छठा है— कुदर्शन अर्थात् मिथ्यादर्शन। सातवाँ है— कुशास्त्र अर्थात् मिथ्याशास्त्र। तथा आठवाँ है— कुनिमित्त अर्थात् कुत्सित निमित्त जिसका होता है, ऐसा मिथ्यादृष्टि 'कुनिमित्त' होता है। यहाँ निमित्त पद मोक्षमार्ग में सहकारी कारणों का वाचक है। (अतः) जो लोग लौकिक मूढ़ता वाले हैं, अथवा मिथ्यात्व-सहित क्रियाएँ मोक्ष की साधक होती हैं —ऐसा जो मानते हैं, वे सभी 'कुनिमित्त' हैं —ऐसा जानना चाहिए।

अथवा निमित्तं प्रयोजनं लक्ष्यं वा, ये मोक्षं विहाय लौकिक-सुखमात्रप्रयोजनाय प्रयतन्ते, ते कुनिमित्ताः। एवं कुतपश्चरणस्य कुलिङ्गिनां, कुज्ञानिनां, कुव्रतस्य, कुशीलस्य, कुदर्शनस्य, कुशास्त्रस्य, तथा कुनिमित्तानां च यदा संस्तवः, स्तुतिः, प्रशंसा क्रियेत चेत्तर्हि सम्यक्त्वं क्षीयते, दूष्यते, विनश्यति वा —इति गाथायाःसारः।

सम्प्रति गाथावयवार्थो विव्रियते। तत्र कुतपः बालतपो मिथ्यातपो वा भवति। सम्यग्दृष्टि-र्भेदविज्ञानी भवति, अतः स आत्मरतिर्भवति। किन्तु मिथ्यादृष्टिरज्ञानी जीवः सम्यक्त्वाभावेन आत्मानात्मविवेकरहितः सन् स्वभावतो रागादिरूपान्तरिकमलिनतां दधाति, तेन क्रियामाणं तपः वृथाकायक्लेशरूपं यद्वा क्रियामात्रमेव भवति, वस्तुतस्तु तदधर्मरूपमेव, कदाचिदपि न मोक्षहेतु, अतस्तस्य बालतपः, अज्ञानतपो वेति नाम कथ्यते।

उक्तं च समयसारे (गाथा-१५२)—

अथवा निमित्त यानी प्रयोजन या लक्ष्य, जो मोक्ष को छोड़कर मात्र लौकिक सुख रूप प्रयोजन (निमित्त) के लिए प्रयत्नशील रहते हैं, वे 'कुनिमित्त' हैं। इस प्रकार, मिथ्यातप का, मिथ्यावेषधारियों का, मिथ्याज्ञानियों का, मिथ्याव्रत का, मिथ्या आचार (या मिथ्या आचारी) का, मिथ्यादर्शन का, मिथ्या शास्त्र का तथा कुनिमित्तों का यदि संस्तवन, स्तुति या प्रशंसा की जाए तो सम्यक्त्व क्षीण होता है, दूषित होता है या नष्ट होता है—यह गाथा का सार है।

अब प्रस्तुत गाथा का अवयवार्थ स्पष्ट किया जा रहा है। यहाँ कुतप का अर्थ बालतप या मिथ्यातप है। सम्यग्दृष्टि भेदविज्ञानी होता है, इसलिए वह 'आत्मरति' होता है। किन्तु मिथ्यादृष्टि जीव अज्ञानी होता है और सम्यक्त्व के अभाव में आत्म-अनात्म के भेद या विवेक से रहित होने के कारण स्वभावतः रागादि रूप आन्तरिक मलिनता को धारण करता है, जिसके कारण उसके द्वारा किया जाने वाला तप निरर्थक कायक्लेश रूप होता है या फिर क्रिया मात्र ही होता है। वस्तुतः तो वह (तप) अधर्म रूप ही होता है, कभी मोक्ष का साधक नहीं होता, इसलिए उसे बाल तप या अज्ञान तप के नाम से कहा जाता है।

समयसार (गाथा-152) में कहा भी गया है—

परमट्ठम्हि अठिदो जो कुणदि तवं वदं च धारेइ।
तं सव्वं बालतवं बालवदं विंति सव्वण्हू ।।

कुत्सितफलदायित्वादस्य 'कुतपः' **इति नाम सार्थकमेव। यतो मिथ्यादृष्टेः दान-पूजा-व्रतादिकं सर्वं सम्यक्त्वेन विना दीर्घसंसारस्य कारणं भवतीति ग्रन्थेऽस्मिन्** (गाथा-१०) **प्रतिपादितमपि।**

पञ्चाध्यायीग्रन्थे (२/४४४) **च निर्दिष्टम्—**

नापि धर्मः क्रियामात्रं मिथ्यादृष्टेरिहार्थतः।
नित्यरागादिसद्भावात् प्रत्युताधर्म एव सः।।

दर्शनप्राभृतग्रन्थे च (गाथा-५) **भणितम्—**

सम्मत्तविरहियाणं सुट्ठुवि उग्गं तपं चरंताणं।
ण लहंति बोहिलाहं अवि वाससहस्सकोडीहिं।।

"परमार्थ (शुद्ध आत्म-स्वरूप) में जो स्थित नहीं होते, वे यदि तप करते हैं और व्रत धारण करते हैं, तो उस तप व व्रत को सर्वज्ञ देव बालतप व बालव्रत कहते हैं।"

कुत्सित फल के दायक होने से 'कुतप' यह नाम सार्थक ही है। क्योंकि मिथ्यादृष्टि द्वारा किया गया दान, पूजा व व्रत आदि समस्त आचार सम्यक्त्व के अभाव में दीर्घ संसार का कारण होता है —यह इसी ग्रन्थ (रयणसार की गाथा-10) में प्रतिपादित भी किया जा चुका है।

पञ्चाध्यायी ग्रन्थ (2/444) में भी बताया गया है—

"क्रिया मात्र भी धर्म नहीं है, क्योंकि मिथ्यादृष्टि के निरन्तर राग आदि धर्म पाये जाते हैं, अतः वह वस्तुतः अधर्म ही है।"

दर्शनप्राभृत ग्रन्थ (गाथा-5) में कहा गया है—

"जो व्यक्ति सम्यग्दर्शन से रहित हैं, वे भले ही हजारों करोड़ों वर्षों तक उत्तमता पूर्वक कठिन (से कठिन) तपश्चरण भी करें, तो भी उन्हें रत्नत्रय प्राप्त नहीं होता है।"

पद्मनन्दिपञ्चविंशतिकाग्रन्थे (१/६७) **च समुद्घोषितम्—**

कालत्रये बहिरवस्थितिजातवर्षा-शीतातपप्रमुखसंघटितोग्रदुःखे।
आत्मप्रबोधविकले सकलोऽपि काय-क्लेशो वृथा वृतिरिवोज्झितशालिवप्रे।।

एतादृशस्य कुफलदायिनो कुतपसः प्रशंसा, महत्त्वख्यापनमित्यादि सर्वं सम्यक्त्वविरोधि कार्यमेवेति शास्त्रकारस्याशयः। वीतरागनिर्ग्रन्थमुद्राप्रतिकूलं यद्वा रागद्वेषादिवर्धकं यत् वेशभूषादिरूपं कुलिङ्गं ये दधति, ते कुलिङ्गिनो विज्ञेयाः। एवं रक्तश्वेतकृष्णपीताम्बरधारिणो जटाजूटभस्मलिप्तदेहधारिणश्च, तथा अस्त्र-शस्त्र-वनितादिपरिग्रहसंयुक्ता अन्यतीर्थिकाः कुलिङ्गिन एव। तेषां महत्त्वख्यापनं प्रशंसादिकार्यं च सम्यक्त्वहानिकरं भवतीति शास्त्रकारैरत्र प्रतिपाद्यते। वस्तुतस्तु निर्ग्रन्थलिङ्गमपि भावसहितं धार्यते चेत्तदैव कार्यकारि भवति। मात्रद्रव्यलिङ्गेन न कदाचिदपि सिद्धिः प्राप्तुं शक्यते, अतो भावलिङ्गस्यैव प्रमुखत्वं स्वीकर्तव्यम्।

पद्मनन्दिपञ्चविंशतिका ग्रन्थ (1/67) में भी ऐसी घोषणा की गई है—

"तीन कालों में साधु घर छोड़कर बाहर रहता है, इसलिए वहाँ मिलने वाले वर्षा, शीत व धूप आदि के जिन तीव्र दुःखों को सहता है, वह यदि उस काल में आत्म-ज्ञान से रहित होता है तो उसका यह सभी कायक्लेश उसी प्रकार व्यर्थ है जिस प्रकार धान्यांकुरों से रहित खेतों में बांसों या काटों आदि से बाड़ का निर्माण करना।"

ऐसे दुष्परिणाम वाले कुतप की प्रशंसा करना या उसके महत्त्व का प्रचार करना आदि— ये सब सम्यक्त्व-विरोधी कार्य ही हैं —ऐसा शास्त्रकार का आशय है। वीतराग निर्ग्रन्थ मुद्रा से विरुद्ध अथवा राग-द्वेष आदि को बढ़ाने वाली वेशभूषा आदि रूप 'कुलिङ्ग' को जो धारण करते हैं, उन्हें कुलिङ्गी जानना चाहिए। इस तरह, लाल, सफेद, काले व पीले वस्त्रों के धारी तथा जटाजूट व भस्म से लिप्त देह वाले एवं अस्त्र-शस्त्र व स्त्री आदि परिग्रह से युक्त जो अन्यतीर्थी हैं, वे कुलिङ्गी ही हैं। उनके महत्त्व को प्रकट करना व उनकी प्रशंसा आदि का कार्य सम्यक्त्व की हानि करता है —यह शास्त्रकार द्वारा यहाँ प्रतिपादित किया गया है। वस्तुतः तो निर्ग्रन्थलिङ्ग भी यदि भावसहित धारण किया जाय तभी वह कार्यकारी होता है। मात्र द्रव्यलिङ्ग से कभी सिद्धि प्राप्त नहीं की जा सकती, इसलिए भावलिङ्ग की ही प्रमुखता माननी चाहिए।

उक्तं च लिङ्गप्राभृतग्रन्थे (गाथा-२)—

धम्मेण होइ लिंगं, ण लिंगमत्तेण धम्मसंपत्ती।
जाणेहि भावधम्मं किं ते लिंगेण कादव्वो।।

भावप्राभृतग्रन्थे च (गाथा-२, ६, ६८) **भणितम्—**

भावो हि पढमलिंगं ण दव्वलिंगं च जाण परमत्थं।
भावो कारणभूदो गुणदोसाणं जिणा विंति।।

जाणहि भावं पढमं किं ते लिंगेण भावरहिएण।
पंथिय सिवउरिपंथं जिणउवइट्ठं पयत्तेण।।

णग्गो पावइ दुक्खं णग्गो संसारसायरे भमई।
णग्गो ण लहइ बोहिं जिणभावणवज्जिओ सुइरं।।

लिङ्गप्राभृत ग्रन्थ (गाथा-2) में कहा भी गया है—

"धर्म से 'लिङ्ग' होता है (लिङ्ग का लिङ्ग होना धर्म-आश्रित है)। लिङ्ग मात्र धारण करने से धर्म की प्राप्ति नहीं होती, इसलिए भाव को धर्म जानो। भावरहित लिङ्ग से तुझे क्या करना है?"

भावप्राभृत ग्रन्थ (गाथा-2, 6 व 68) में कहा गया है—

"निश्चय से भाव ही जिन दीक्षा का प्रथम लिङ्ग है। द्रव्यलिङ्ग को तू परमार्थ मत जान। भाव ही गुण या दोषों का कारण है —ऐसा जिनेन्द्र देव ने कहा है।"

"हे पथिक! तू सर्वप्रथम भाव को ही जान। भावरहित वेष से तुझे क्या लाभ? भाव को ही जिनेन्द्र देव ने प्रयत्नपूर्वक शिवपुरी का मार्ग बताया है।"

"जिन भगवान् की भावना— जिन-सम्यक्त्व से रहित नग्न (दिगम्बर) दुःख पाता है, संसार-सागर में भ्रमण करता रहता है और बोधि (रत्नत्रय) को प्राप्त नहीं करता।"

अपि च तत्रैव (गाथा-७४, ९८, १०९) **विशदीकृतम्—**

भावो वि दिव्वसिवसुक्खभायणो भाववज्जिओ सवणो।
कम्ममलमलिणचित्तो तिरियालयभायणो पावो।।

पावंति भावसवणा कल्लाणपरंपराइ सोक्खाइं।
दुक्खाइं दव्वसवणा णरतिरियकुदेवजोणीए।।

सेवहि चउविहलिंगं अब्भंतरलिंगसुद्धिमावण्णो।
बाहिरलिंगमकज्जं होइ फुडं भावरहियाणं।।

कुज्ञानं मिथ्याज्ञानं, तद् येषां ते कुज्ञानिनः, मिथ्यादृष्टय इत्यर्थः। बहूनि शास्त्राणि समधीत्यापि यद्यात्मज्ञानं न स्यात्, यद्वा भेदविज्ञानं न भवेत्, तर्हि तज्ज्ञानमपि अज्ञानमेव। मिथ्यात्वसम्पृक्तं बहुशास्त्रीयं ज्ञानमपि कुज्ञानमेव, तस्य दुर्गतिहेतुत्वाद्।

और, वहीं (गाथा-74, 98, 109) यह भी कहा गया है—

"भाव ही जीव को स्वर्ग व मोक्ष के सुख का पात्र बनाता है। जो मुनि भाव से रहित है, वह कर्मरूपी मैल से मलिन चित्त वाला और तिर्यञ्च गति का पात्र है और पापी है।"

"भावलिङ्गी मुनि (ही) कल्याणों की परम्परा एवं अनेक सुखों को प्राप्त करते हैं, और द्रव्यलिङ्गी मुनि तो मनुष्य, तिर्यञ्च व कुदेवों की योनि में दुःख पाते हैं।"

"हे मुनि! तू भावलिङ्ग की शुद्धि को प्राप्त होकर (केशलोंच, वस्त्रत्याग, स्नान-त्याग व पीछी-कमण्डलु, इन) चार प्रकार के बाह्यलिङ्गों का सेवन कर, क्योंकि भावरहित जीवों का बाह्यलिङ्ग स्पष्ट रूप से निरर्थक है।"

कुज्ञान यानी मिथ्याज्ञान, वह ज्ञान जिनके पास होता है, वे कुज्ञानी हैं अर्थात् मिथ्यादृष्टि हैं। बहुत से शास्त्रों को पढ़कर भी यदि आत्मस्वरूप का ज्ञान या भेदविज्ञान नहीं हो तो वह ज्ञान भी अज्ञान ही है। मिथ्यात्व से युक्त बहुशास्त्रीय ज्ञान भी 'कुज्ञान' ही है, क्योंकि वह दुर्गति का कारण है।

उक्तं च समयसारग्रन्थे (गाथा-३१७)—

ण मुयइ पयडिमभव्वो सुट्ठु वि अज्झाइऊण सत्थाणि।
गुडदुद्धं पि पिबंता ण पण्णया णिव्विसा हुंति।।

दर्शनप्राभृतग्रन्थे (गाथा-४) **च समर्थितमेतत्—**

सम्मत्तरयणभट्टा जाणंता बहुविहाइं सत्थाइं।
आराहणाविरहिया भमंति तत्थेव तत्थेव।।

आत्मज्ञानरहितानां शास्त्रज्ञानमपि संसाररूपमेवेति अमितगतिकृतयोगसारे (७/४४) **निर्दिष्टम्—**

संसारः पुत्रदारादिः, पुंसां संमूढचेतसाम्।
संसारो विदुषां शास्त्रम्, अध्यात्मरहितात्मनाम्।।

समयसार ग्रन्थ (गाथा-317) में कहा गया है—

"अभव्य अच्छी तरह शास्त्रों को पढ़कर भी अपनी मिथ्यात्व प्रकृति को नहीं छोड़ता है, क्योंकि साँप गुड़ व दूध को पीकर भी निर्विष नहीं होता।"

दर्शनप्राभृत ग्रन्थ (गाथा-4) में भी इसी का समर्थन इस प्रकार किया गया है—

"जो सम्यक्त्व रूपी रत्न से भ्रष्ट हैं, वे बहुत प्रकार के शास्त्रों को जानते हुए भी आराधनाओं से रहित होने के कारण इसी संसार में भ्रमण करते रहते हैं।"

आत्म-ज्ञान से रहित लोगों का शास्त्र-ज्ञान भी संसार रूप ही होता है —ऐसा आचार्य अमितगति-कृत योगसार (7/44) में बताया गया है—

"जिस प्रकार मूढ़दृष्टियों का संसार पुत्र, पत्नी आदि होता है, उसी प्रकार अध्यात्म से रहित विद्वानों का संसार 'शास्त्र' होता है। (वह शास्त्रज्ञान उन्हें संसार से मुक्त नहीं करता)।"

एवमेव कुव्रतं मिथ्याव्रतं यद्वा मिथ्यात्वयुक्तेन कृतं व्रतमित्यर्थः। कुशीलं कुत्सिताचरणमेव। यद्वा तद्वन्तः कुशीलाः। साधवोऽपि केचित् कुशीला भवन्ति। तेषां लक्षणं च भगवतीआराधनाग्रन्थे (गाथा १३००-१३०१) **भणितम्—**

दूरेण साधुसत्थं छंडिय सो उप्पधेण खु पलादि।
सेवदि कुसीलपडिसेवणाओ जो सुत्तदिट्ठाओ।।

इंदियकसायगुरुगत्तणेण चरणं तणं व पस्संतो।
णिद्दंधसो भवित्ता सेवदि हि कुसीलसेवाओ।।

कुशीलमुनीनामेव कषायकुशीलाः, प्रतिसेवनाकुशीलाः इति भेदद्वयं सर्वार्थसिद्धिग्रन्थे (९/४६) **प्रतिपादितम्। अथवा पुण्यपापोभयं संसारबन्धकं कर्मैव कुशीलम् —इति समयसारे** (गाथा १४५-१४७) **संकेतितम्। एवं कुशीलसाधूनां तथा संसारवर्द्धकपुण्यस्य च प्रशंसनं नोचितमिति सम्यग् विचारणीयम्।**

इसी तरह, कुव्रत यानी मिथ्याव्रत अर्थात् मिथ्यात्वी द्वारा किया गया व्रत। कुशील का अर्थ कुत्सित आचरण ही है। अथवा कुशील से युक्त (भी) कुशील होते हैं। साधुओं में भी कुछ कुशील होते हैं। उनका लक्षण भगवती-आराधना ग्रन्थ (गाथा 1300-1301) में इस प्रकार कहा गया है—

''वे (कुशील) साधु-संघ को दूर से ही त्यागकर कुमार्ग में दौड़ते हैं, और आगम में कुशील मुनि के जो दोष कहे गये हैं, उन दोषों का वे सेवन करते हैं।''

''इन्द्रिय व कषाय रूप परिणामों की तीव्रता के कारण चारित्र को तृण के समान (तुच्छ) मानते हैं और निर्लज्ज होकर कुशील का वे सेवन करते हैं।''

कुशील मुनियों के कषायकुशील व प्रतिसेवनाकुशील —ये दो भेद भी सर्वार्थसिद्धि ग्रन्थ (9/46) में प्रतिपादित किये गये हैं। अथवा, पुण्य व पाप ये दोनों संसारबन्धक कर्म ही कुशील हैं —यह समयसार (गाथा 145-147) में संकेत किया गया है। इस तरह कुशील साधुओं तथा संसारवर्धक पुण्य की भी प्रशंसा करना उचित नहीं —इसका भी सम्यक्तया विचार करना चाहिए।

कुदर्शनमपि मिथ्यादर्शनमेव। कुशास्त्रं मिथ्याशास्त्रमेव। छद्मस्थैः रागद्वेषमोहाक्रान्तैः स्वकल्पनया रचितं हिंसादिदोषसमर्थकं शास्त्रं मिथ्याशास्त्ररूपेण ज्ञेयम्। कुनिमित्ताश्च मिथ्यादृष्टय एव।

एतेषां पूर्वोक्तानां मिथ्यादृष्टीनां,मिथ्यादर्शनानां तथा मिथ्याचरणानां मिथ्याचारिणां व संस्तवनं महत्त्वख्यापनं प्रशंसनं च त्याज्यमेव, यतस्तेन सम्यक्त्वं हीयते। अतएव रत्नकरण्ड-श्रावकाचारग्रन्थे (श्लोक-३०) **स्पष्टं परामृष्टम्—**

भयाशास्नेहलोभाच्च, कुदेवागमलिङ्गिनाम्।
प्रणामं विनयं चैव न कुर्युः शुद्धदृष्टयः।।

तत्त्वार्थसूत्रे (७/२३) **च अन्यदृष्टिप्रशंसासंस्तवः सम्यक्त्वातीचाररूपः कथित एव। गाथायामत्र संस्तवः, स्तुतिः, प्रशंसनमिति त्रीणि पदानि प्रयुक्तानि। तत्र स्तोकानां गुणानामपि बहुत्वेन प्रख्यापनं स्तुतिः।**

कुदर्शन भी मिथ्यादर्शन ही है। कुशास्त्र भी मिथ्याशास्त्र ही है। छद्मस्थ एवं राग-द्वेष व मोह से आक्रान्त लोगों द्वारा अपनी कल्पना से रचित शास्त्र चूँकि हिंसा आदि दोषों का समर्थन करते हैं, अतः उन्हें मिथ्याशास्त्र रूप में जानना चाहिए। कुनिमित्त भी मिथ्यादृष्टि ही हैं।

इन पूर्वोक्त गिथ्यादृष्टियों, मिथ्यादर्शनों, तथा मिथ्याचारित्र या मिथ्याचारित्रधारियों का संस्तवन, उनके महत्त्व का प्रचार एवं उनकी प्रशंसा —इन्हें छोड़ना चाहिए, क्योंकि उससे सम्यक्त्व की हानि होती है। इसीलिए रत्नकरण्डश्रावकाचार ग्रन्थ (श्लोक-30) में यह स्पष्ट परामर्श दिया गया है—

"शुद्ध (सम्यग्) दृष्टि वाले जीव भय, आशा, स्नेह या लोभ से कुदेव, कुशास्त्र व कुलिङ्गियों के प्रति प्रणाम या विनय प्रकट नहीं करें।"

तत्त्वार्थसूत्र (7/23) में भी अन्यदृष्टियों की प्रशंसा व स्तुति को सम्यक्त्व का अतीचार रूप बताया गया है। इस गाथा में संस्तव, संस्तुति, प्रशंसा —ये तीन पद प्रयुक्त हैं। इनमें, थोड़े गुणों को भी बहुत रूप से प्रकट करना —इसे स्तुति कहते हैं।

उक्तं च बृहत्स्वयम्भूस्तोत्रे (श्लोक-८६)— गुणस्तोकं समुल्लंघ्य तद्बहुत्वकथा स्तुतिः। **अथवा आराध्यगुणप्रशंसा स्तुतिः।**

संस्तवनं स्वाराध्यदेवसर्वाङ्गपरिचयात्मकं गुणख्यापनम्। गोम्मटसारग्रन्थे (कर्मकाण्ड, गाथा-८८) **तु स्तुतिस्तवयोरन्तरं भणितमपि—**

सयलंगेक्कंगेक्कंगहियार सवित्थरं ससंखेवं।
वण्णणसत्थं थयथुइ (धम्मकहा होइ णियमेण)।।

प्रशंसा-संस्तवयोरपि अन्तरं राजवार्तिकग्रन्थे (७/२३/१) **विशदीकृतमस्ति—** "मनसा मिथ्यादृष्टिज्ञानचारित्रगुणोद्भावनं प्रशंसा। भूताभूतगुणोद्भावनवचनं संस्तवः —इत्येवमनयोर्भेदः।"

एवं हे भव्य! सम्यक्त्वहानिकरं मिथ्यादर्शनप्रभृतिप्रशंसादिकं सर्वथा परिहृत्य सम्यक्त्व-वर्धिकासु क्रियास्वेव रुचिं विधत्स्वेति गाथायास्तात्पर्यम्।

बृहत्स्वयम्भू स्तोत्र (श्लोक-86) में कहा भी गया है— "थोड़े से गुणों को भी बढ़ा-चढ़ा कर कथन करना 'स्तुति' कहा जाता है।" अथवा अपने आराध्य के गुणों की प्रशंसा करना 'स्तुति' है।

संस्तवन से तात्पर्य है— अपने आराध्य देव के गुणों का सर्वांगीण रूप से वर्णन। गोम्मटसार ग्रन्थ (कर्मकाण्ड, गाथा-88) में स्तुति व स्तव के अन्तर को इस प्रकार कहा गया है—

"समस्त अंग सहित अर्थ-विस्तार या संक्षेप से वर्णन करने वाले शास्त्रीय वचन को 'स्तव' कहा जाता है। एक अंग सहित अर्थ का जिसमें विस्तार या संक्षेप से कथन होता है, उस शास्त्र को स्तुति कहते हैं।"

प्रशंसा व संस्तव के अन्तर को भी राजवार्तिक ग्रन्थ(7/23/1) में इस प्रकार स्पष्ट किया गया है— "मन से मिथ्यादृष्टि के ज्ञान व चारित्र के गुणों का अभिनन्दन करना प्रशंसा है। और विद्यमान या अविद्यमान गुणों को वचन से कहना संस्तव है —इस प्रकार इन दोनों में भेद है।"

इस प्रकार, हे भव्य! मिथ्यादर्शन आदि की प्रशंसा आदि का कार्य सम्यक्त्व-हानि का कारक होता है, इसलिए उसका सर्वथा परित्याग कर सम्यक्त्व-वर्धक क्रियाओं में रुचि रखो — यह गाथा का तात्पर्य है।

सम्प्रति शास्त्रकारा मिथ्यात्वस्य कष्टप्रदत्वं समासत उग्गाहा-छन्दसा निरूपयन्ति—

तणुकुट्ठी कुलभंगं कुणदि जहा मिच्छमप्पणो वि तहा।
दाणाइसुगुणभंगं गदिभंगं मिच्छमेव हो कट्ठं।। ४८।।

छाया— तनुकुष्ठी कुलभङ्गं करोति यथा मिथ्यात्वमात्मनोऽपि तथा।
दानादिसुगुणभङ्गं गतिभङ्गं मिथ्यात्वमेव अहो कष्टम्।।

रत्नत्रयवर्धिनी टीका— जहा तणुकुट्ठी कुलभंगं कुणदि, तहा मिच्छमप्पणो वि दाणाइसुगुणभंगं गदिभंगं (कुणदि), हो मिच्छमेव कट्ठं —इतिगाथान्वयः।

(जहा तणुकुट्ठी कुलभंगं कुणदि) **यथा, येन प्रकारेण शारीरिक-कुष्ठरोगग्रस्तो जनः स्वकुलस्य भङ्गं विच्छेदं करोति, पारिवारिकघनिष्ठसम्बन्धविच्छेदे कारणं भवतीत्यर्थः। अन्ये परिवारसदस्याः कुष्ठरोगिणं स्वतस्त्यजन्ति, वैवाहिकसम्बन्धमपि कुष्ठरोगिणा सह कर्तुं न कश्चिद् वाञ्छति, ततश्च कुलपरम्परायाः स्वतो विच्छेदो जायते, तत्र स स्वयं कुष्ठरोगी एव मूलमिति तात्पर्यम्।**

अब शास्त्रकार 'मिथ्यात्व कष्टदायी होता है' इस तथ्य को संक्षेप में उग्गाहा छन्द के द्वारा बता रहे हैं—

गाथा-अर्थ— जिस प्रकार शरीर में कोढ़ हो जाने पर, व्यक्ति अपने कुल का ही भंगकर लेता है (अर्थात् अपने कुल के लोगों से स्वतः परित्यक्त होकर कुलहीन हो जाता है), उसी प्रकार मिथ्यात्वग्रस्त व्यक्ति अपने आत्मीय (गुणों के) कुल को भग्नकर देता है, दान आदि सद्गुणों का भी नाश कर लेता है और सद्गतियों का भी नाशकर लेता है। अहो! मिथ्यात्व (कितना) कष्टदायी है!।।48।।

रत्नत्रयवर्धिनी टीका— यथा तनुकुष्ठी कुलभङ्गं करोति, तथा मिथ्यात्वमात्मनोऽपि दानादिसुगुणभङ्गं गतिभङ्गं (करोति), अहो मिथ्यात्वमेव कष्टम् —यह गाथा का अन्वय है।

(यथा तनुकुष्ठी कुलभङ्गं करोति) जिस प्रकार से शारीरिक कुष्ठ रोग से ग्रस्त व्यक्ति अपने कुल का भङ्ग या विच्छेद करता है, अर्थात् पारिवारिक घनिष्ठ सम्बन्धों के विच्छेद में (वह स्वयं) कारण होता है। अन्य पारिवारिक सदस्य उस कुष्ठरोगी को स्वतः छोड़ देते हैं, उस कुष्ठ रोगी के साथ वैवाहिक सम्बन्ध करना भी कोई नहीं चाहता, फलस्वरूप कुल-परम्परा का स्वतः विच्छेद हो जाता है, इस तरह क्रमशः कुष्ठ रोगी का जो कुल-भङ्ग हो जाता है, उसमें वह कुष्ठरोगी स्वयं ही मूल कारण होता है —यह तात्पर्य है।

(तहा मिच्छमप्पणो वि दाणाइसुगुणभंगं गदिभंगं कुणदि) **कुष्ठरोगसदृशेन मिथ्यात्वेन ग्रस्तो जनः स्वात्मीयगुणपरिवाराङ्गभूतानां दानादिसद्गुणानां विच्छेदं करोति, यद्वा मिथ्यात्वकलुषित-परिणामवशात् दान-धर्मश्रद्धान-आस्तिक्यप्रभृतिगुणाः स्वत एव विशीर्यन्ते, क्षीयन्ते। एतदतिरिच्य, भाविसद्गतिरपि भग्ना भवति, अथवा सद्गुणाभावात् कलुषितपरिणामाच्च तस्य दुर्गतिरेव निश्चिता भवति, दुर्गतिमवाप्य, तत्र शुभानुष्ठानावसरोऽपि दुर्लभः, एवं क्रमशो मिथ्यात्वी जनः कष्टपरम्पराया-मेव पुनः पुनरावर्तते। एतस्मात् कारणात्** (मिच्छमेव हो कट्ठं) **अहो! एतन्मिथ्यात्वं कष्टमेव, कष्टप्रदमेव सिद्ध्यति। अत एव रत्नकरण्डश्रावकाचारग्रन्थे** (श्लोक-३४) **समन्तभद्राचार्याः प्राहुः—** अश्रेयश्च मिथ्यात्वसमं नान्यत् तनूभृताम्।

एवं हे भव्य! मिथ्यात्वस्य कष्टप्रदतां सम्यग् विचार्य आत्मीयगुणपरिवारसमृद्ध्यर्थं त्वया सम्यक्त्वं दृढतया निरतिचारतया च समाश्रयणीयं, येन सुगतिं प्राप्य स्वात्मकल्याणमनुष्ठितं भवेदिति गाथायास्तात्पर्यम्।

(तथा मिथ्यात्वमात्मनोऽपि दानादिसुगुणभङ्गं गतिभङ्गं करोति) कुष्ठ रोग के समान (कष्टप्रद) मिथ्यात्व से ग्रस्त व्यक्ति अपने आत्मीय गुणों के परिवार के घटक सदस्य दान आदि सद्गुणों को छिन्न-भिन्न कर लेता है। अथवा मिथ्यात्व से कलुषित परिणामों के कारण, उसके दान, धर्मश्रद्धान व आस्तिकता आदि गुण स्वतः ही क्षीण व नष्ट हो जाते हैं। इसके अतिरिक्त, भावी सद्गति भी नष्ट हो जाती है अथवा सद्गुणों के अभाव से तथा कालुष्य परिणाम के कारण उसकी दुर्गति ही निश्चित हो जाती है। दुर्गति को प्राप्त कर उनमें शुभ अनुष्ठान का अवसर भी उसके लिए दुर्लभ हो जाता है, इस प्रकार क्रमशः मिथ्यादृष्टि जीव कष्ट-परम्परा में ही बार-बार भ्रमण करता रहता है। इस कारण से **(मिथ्यात्वमेव अहो कष्टम्)** अहोः यह मिथ्यात्व कष्ट यानी कष्टप्रद ही सिद्ध होता है। इसी दृष्टि से आचार्य समन्तभद्र ने रत्नकरण्डश्रावकाचार ग्रन्थ (श्लोक-34) में यह कहा है—"प्राणियों के लिए मिथ्यात्व के समान कोई दूसरा अकल्याणकारी नहीं है।"

इस प्रकार, हे भव्य! मिथ्यात्व की कष्टदायकता को अच्छी तरह विचार कर अपने आत्मीय गुण-परिवार की समृद्धि हेतु तुम्हें दृढता से एवं निरतिचारपूर्वक सम्यक्त्व का पालन करना चाहिए ताकि सुगति को प्राप्त कर आत्मकल्याण का कार्य सम्पन्न हो सके —यह गाथा का तात्पर्य है।

सम्प्रति सम्यग्दृष्टिरेव सुदेवगुरुधर्मयथार्थस्वरूपं विजानातीति शास्त्रकाराः गाहाछन्दसा प्ररूपयन्ति—

देव-गुरु-धम्म-गुण-चारित्तं तवायारमोक्खगदिभेयं।
जिणवयण सुदिट्ठि विणा दीसदि किं जाणदे सम्मं।। ४९।।

छाया— देव-गुरु-धर्म-गुण-चारित्रं तप-आचार-मोक्षगतिभेदम्।
जिनवचनं सुदृष्टिं विना दृश्यते किं ज्ञायते सम्यक्।।

रत्नत्रयवर्धिनी टीका— देवगुरुधम्मगुणचारित्तं तवायारमोक्खगदिभेयं जिणवयण सुदिट्ठि विणा किं सम्मं दीसदि जाणदे —इतिगाथान्वयः।

(सुदिट्ठि विणा किं सम्मं दीसदि जाणदे) **सुदृष्टिं सम्यग्दर्शनं विना किं सम्यक्तया दृश्यते वा? अर्थात् नैव ज्ञायते, दृश्यते। सम्यग्दर्शनाभावे जीवस्तत्त्वातत्त्वविवेकरहित एव तिष्ठति, अतस्तेन कथमपि सम्यक्तया यथार्थज्ञानं पदार्थानां कर्तुं न शक्यते —इति भावः।**

सम्यग्दृष्टि ही समीचीन देव, गुरु व धर्म के यथार्थ स्वरूप को जानता है —इसे अब शास्त्रकार गाहा छन्द द्वारा बता रहे हैं—

गाथा-अर्थ— देव, गुरु, धर्म, गुण, चारित्र, तप, आचार व मोक्ष गति के रहस्य को एवं जिन-वाणी (के रहस्य) को सम्यग्दर्शन के बिना अच्छी तरह क्या देखा, जाना जा सकता है? (अर्थात् नहीं)।।49।।

रत्नत्रयवर्धिनी टीका— देवगुरुधर्मगुणचारित्रं तप-आचार-मोक्षगतिभेदं जिनवचनं सुदृष्टिं विना किं दृश्यते ज्ञायते —यह गाथा का अन्वय है।

(सुदृष्टिं विना किं सम्यक् दृश्यते ज्ञायते?) सुदृष्टि यानी सम्यग्दर्शन के बिना क्या अच्छी तरह देखा व जाना जा सकता है? अर्थात् नहीं जाना-देखा जा सकता है। सम्यग्दर्शन के अभाव में जीव तत्त्व-अतत्त्व के विवेक से रहित ही होता है, इसलिए उसके लिए किसी प्रकार भी अच्छी तरह पदार्थों का यथार्थ ज्ञान करना सम्भव नहीं होता —यह भाव है।

किं किं न तेन ज्ञायते दृश्यते वा? तदेवोच्यते— (देव-गुरु-धम्म-गुण-चारित्तं तवायार-मोक्खगदिभेयं जिणवयण) **कश्च देवः, कश्च सद्गुरुः, कश्च धर्मः, के च गुणाः, किं च चारित्रम्, किं च तपः, का च मोक्षगतिः, किं च तद्रहस्यम्, किंच जिनवचनरहस्यम् —इत्यादिकं न स समीचीनतया जानाति, ज्ञातुं प्रभवति —इत्यर्थः। सम्यग्दर्शनमूलकयथार्थज्ञानेनैव यथार्थवस्तु-स्वरूपबोधो भवति, नान्यथेति शास्त्रकाराशयः। अस्मिन्नेव ग्रन्थे** (गाथा-४६) **प्राक्** 'सम्म विणा सण्णाणं ण होदि णियमेण' **इत्युक्तं तस्यैव विशदतयाऽत्र गाथायां व्याख्यानं कृतं शास्त्रकारेणेति स्पष्टं प्रतीयते।**

इदानीं प्रसङ्गवशाद् देवगुरुप्रभृतीनां समीचीनं किं स्वरूपमिति निरूप्यते।

देवगुरुस्वरूपविषये प्राक् सप्तत्रिंशत्तमायाः (गाथा-३७) **व्याख्याने उक्तम्, तथापि अवशिष्टं किञ्चिन्निरूप्यते। तत्र वीतरागसर्वज्ञो जिनेन्द्र एव यथार्थो देवः। पञ्चाध्यायीग्रन्थे च** (२/६०३) **च भणितम्—**

वह क्या-क्या देख-जान नहीं पाता? यही बता रहे हैं— **(देव-गुरु-धर्म-गुण-चारित्र-तपः-आचार-मोक्षगति-भेदं जिनवचनं)** कौन देव है, कौन सद्गुरु है, क्या धर्म है, गुण कौन से हैं, चारित्र क्या है, तप क्या है, मोक्षगति और इसका रहस्य क्या है? जिनवाणी का क्या रहस्य (सार) है, इत्यादि को वह सम्यक् रूप से नहीं जानता, अर्थात् जान नहीं पाता। सम्यग्दर्शन-मूलक यथार्थ ज्ञान के द्वारा ही यथार्थ वस्तु-स्वरूप का बोध होता है, अन्यथा नहीं —यह शास्त्रकार का आशय है। इसी ग्रन्थ (रयणसार की गाथा 46) में पहले 'सम्यक्त्व बिना नियमतः समीचीन ज्ञान नहीं होता' यह कथन किया गया है, उसी का स्पष्ट व्याख्यान इस (प्रस्तुत) गाथा में शास्त्रकार ने किया है —यह स्पष्ट प्रतीत हो रहा है।

अब प्रासंगिक रूप से देव, गुरु आदि का क्या यथार्थ स्वरूप है, उसे बता रहे हैं।

देव व गुरु के विषय में पहले सैंतीसवीं गाथा के व्याख्यान में कहा जा चुका है, फिर भी कुछ (अवशिष्ट) कुछ बताया जा रहा है। इनमें वीतराग सर्वज्ञ जिनेन्द्र ही (यथार्थ) देव हैं। पञ्चाध्यायी ग्रन्थ (2/603) में कहा गया है—

दोषो रागादिसद्भावः स्यादावरणं च कर्म तत्।
तयोरभावो निःशेषो यत्रासौ देव उच्यते।।

सम्यग्ज्ञान-व्रततपःशीलसंयमादिगुणैर्गौरवं वहन्नेव गुरुपदेन अभिधातुं शक्यते। पञ्चाध्यायीग्रन्थे (२/६५८) **च निर्दिष्टम्—**

इत्युक्तव्रततपःशीलसंयमादिधरो गणी।
नमस्यः स गुरुः साक्षादन्यो न तु गुरुर्गणी।।

वस्तुतस्तु निश्चयनयेन आत्मैव गुरुः। उक्तं च इष्टोपदेशग्रन्थे (श्लोक-३४)—

स्वस्मिन्सदाभिलाषित्वाद् अभीष्टज्ञापकत्वतः।
स्वयं हितप्रयोक्तृत्वाद् आत्मैव गुरुरात्मनः।।

धर्मश्च रत्नत्रयात्मको मोक्षप्राप्त्युपायः। उक्तं च रत्नकरण्डश्रावकाचारग्रन्थे (श्लोक-३)—

"राग आदि का सद्भाव रूप दोष तथा प्रसिद्ध ज्ञानावरण आदि कर्म-इनका जिसमें पूर्णतया अभाव पाया जाता है, वह 'देव' कहा जाता है।"

सम्यग्ज्ञान, व्रत, तप, शील व संयम आदि गुणों से जो गौरव धारण करते हैं, उन्हें ही 'गुरु' कहा जा सकता है। पञ्चाध्यायी (2/658) में कहा भी गया है—

"इस प्रकार जो (आचार्य, उपाध्याय, साधु) पूर्वोक्त तप, शील व संयम आदि को धारण करने वाले हैं, वही साक्षात् 'गुरु' हैं और नमस्करणीय हैं, किन्तु उनसे भिन्न कोई गुरु नहीं हो सकता।"

वस्तुतः तो निश्चयनय से अपना आत्मा ही 'गुरु' है। इष्टोपदेश ग्रन्थ (श्लोक-34) में भी कहा गया है—

"वास्तव में आत्मा का गुरु आत्मा ही है, क्योंकि वही सदा मोक्ष की अभिलाषा रखता है, मोक्ष-सुख का ज्ञान करता है और वही स्वयं उसे परमहितकारी जानकर उसकी प्राप्ति में अपने को लगाता है।"

मोक्ष-प्राप्ति का उपाय जो रत्नत्रय है, वह 'धर्म' है। रत्नकरण्डश्रावकाचार ग्रन्थ (श्लोक-3) में कहा भी गया है—

सद्दृष्टिज्ञानवृत्तानि धर्मं धर्मेश्वरा विदुः।
यदीयप्रत्यनीकानि भवन्ति भवपद्धतिः।।

अथवा उत्तमक्षमादिदशविधो धर्मः। यद्वा जीवदया धर्मः। यद्वा मोहरागद्वेषरहितः समत्व-परिणामः निश्चयचारित्ररूपो धर्मः। उक्तं च प्रवचनसारग्रन्थे (१/७)—

चारित्तं खलु धम्मो धम्मो जो सो समोत्ति णिद्दिट्ठो।
मोहक्खोहविहीणो परिणामो अप्पणो हु समो।।

भावप्राभृतग्रन्थे (गाथा-८३) **च भणितम्**— "मोहक्खोहविहीणो परिणामो अप्पणो धम्मो।"

गुणाश्च मूलगुणोत्तरगुणानां वाचकाः। तत्र श्रावकाणामष्टौ मूलगुणाः, मुनीनां चाष्टा-विंशति-मूलगुणाः विज्ञेयाः। विस्तरस्तु शास्त्रान्तरेषु द्रष्टव्यः।

"धर्म के अधिपति (जिनेश्वर देव) ने सम्यग्दर्शन, सम्यग्ज्ञान व सम्यक्चारित्र को धर्म कहा है, जिनके प्रतिकूल मिथ्यादर्शन, मिथ्याज्ञान व मिथ्याचारित्र —ये संसार के (संसार भी ओर जाने वाले) मार्ग हैं।"

अथवा, उत्तम क्षमा आदि दस प्रकार का 'धर्म' (भी कहा जाता) है। अथवा 'जीव दया' भी धर्म है। अथवा मोह, राग व द्वेष से रहित समत्व-परिणाम वाला 'निश्चयचारित्र' रूप 'धर्म' होता है। प्रवचनसार ग्रन्थ (1/7) में कहा भी गया है—

"निश्चय से चारित्र को 'धर्म' कहा जाता है, शम अथवा साम्य भाव भी 'धर्म' है और मोह (मिथ्यात्व) व क्षोभ (राग व द्वेष) से रहित आत्मा के परिणाम को शम या साम्य भाव कहा जाता है।"

भावप्राभृत ग्रन्थ (गाथा-83) में बताया गया है— "मोह व क्षोभ से रहित आत्मा का जो भाव (परिणाम) है, वह 'धर्म' है।"

'गुण' शब्द मूलगुण व उत्तरगुणों का वाचक है। इनमें श्रावकों के आठ मूलगुण हैं और मुनियों के अट्ठाईस मूलगुण जानने चाहिए। इनके स्वरूप आदि का ज्ञान विस्तार से अन्य शास्त्रों से करना चाहिए।

चारित्रं च हितप्राप्तिसाधकं तथा अहितनिवृत्तिरूपं भवति। यद्वा पापात् निवृत्तिः, यद्वा पुण्यपापादिबाह्यक्रियानिवृत्तिः, वीतरागस्थितिर्वा, स्वरूपे चरणं वेति चारित्रं विविधदृष्टिभिः शास्त्रकारैर्वर्णितम्।

उक्तं च बृ. द्रव्यसंग्रहग्रन्थे (गाथा-४५)— असुहादो विणिवित्ती सुहे पवित्ती य जाण चारित्तं।

रत्नकरण्डश्रावकाचारग्रन्थे (श्लोक-४९) **च भणितम्—**

हिंसानृतचौर्येभ्यः, मैथुनसेवापरिग्रहाभ्यां च।
पापप्रणालिकाभ्यो विरतिः संज्ञस्य चारित्रम्।।

मोक्षप्राभृतग्रन्थे (गाथा-३७) **च निर्दिष्टम्—** तच्चारित्तं भणियं परिहारो पुण्णपावाणं।

समयसारग्रन्थे (गाथा-१५५) **च प्रोक्तम्—** रागादीपरिहरणं चरणं।

(आत्मा के) हित की प्राप्ति का साधक तथा अहित का निवारक (आचरण) 'चारित्र' होता है। अथवा पाप से निवृत्ति, या पुण्य-पाप आदि बाह्य क्रियाओं से निवृत्ति, या वीतराग स्थिति या स्वरूप में चरण भी 'चारित्र' होता है, इस प्रकार शास्त्रकारों ने विविध दृष्टियों से चारित्र का निरूपण किया है।

बृहद्द्रव्यसंग्रह ग्रन्थ (गाथा-45) में कहा भी गया है— "अशुभ से निवृत्ति तथा शुभ में प्रवृत्ति को 'चारित्र' जानें।"

रत्नकरण्डश्रावकाचार ग्रन्थ (श्लोक-49) में भी इस प्रकार बताया गया है—

"पाप कर्मों के आस्रव के कारण —हिंसा, असत्य, चोरी, मैथुन-सेवन व परिग्रह से विरत या निवृत्त होना सम्यग्ज्ञानी जीव का 'चारित्र' (कहलाता) है।"

मोक्षप्राभृत ग्रन्थ (गाथा-37) में कहा गया है— "पुण्य व पाप का जो परिहार है, उसे चारित्र कहा गया है।"

समयसार ग्रन्थ (गाथा-155) में बताया गया है— "राग आदि का परिहार (त्याग) 'चारित्र' होता है।"

प्रवचनसारग्रन्थस्य (गाथा-७) **तत्त्वप्रदीपिकाटीकायां च भणितम्—** स्वरूपे चरणं चारित्रं स्वसमयप्रवृत्तिरित्यर्थः।

बृहन्नयचक्रग्रन्थे (गाथा-३७९) **च भणितम्—** सुहअसुहाण णिवित्ती चरणं साहुस्स वीयरायस्स।।

तच्च चारित्रं सराग-वीतरागेतिरूपेण अथवा व्यवहारनिश्चयेतिरूपेण द्विविधम्। तत्स्वरूपं च तत्तच्छास्त्रेषु विज्ञेयम्।

कर्मक्षयार्थं तप्यते इति तपः। अनिगूहितवीर्यस्य मार्गाविरोधिकायक्लेशस्तपः इति सर्वार्थसिद्धौ (६/२४) **प्रोक्तम्। तपश्चरणेनैव मुक्तिरूपसिद्धिलाभः।**

उक्तं च मोक्षप्राभृतग्रन्थे (गाथा-६०)—

धुवसिद्धी तित्थयरो चउणाणजुदो करेइ तवयरणं।
णाऊण धुवं कुज्जा तवयरणं णाणजुत्तो वि।।

प्रवचनसार ग्रन्थ (गाथा-7) की तत्त्वप्रदीपिका टीका में कहा गया है— "स्वरूप में चरण को अर्थात् स्वसमय (शुद्ध आत्मा) में प्रवृत्ति को 'चारित्र' कहते हैं।"

बृहन्नयचक्र ग्रन्थ (गाथा-379) में बताया गया है— "वीतराग साधु की शुभ-अशुभ से जो निवृत्ति है, वह चरण (चारित्र) है।"

वह चारित्र सराग व वीतराग रूप से या व्यवहार व निश्चय रूप से दो प्रकार का होता है। इनके स्वरूप को उन-उन शास्त्रों से जानना चाहिए।

'तप' वह है जिसे कर्म-क्षय हेतु तपा जाता है। 'अपनी शक्ति को न छिपाकर मोक्षमार्ग के अनुकूल शरीर को क्लेश देना यथाशक्ति तप कहलाता है' —ऐसा सर्वार्थसिद्धि (6/24) में कहा गया है। तपश्चर्या से ही मुक्ति रूप सिद्धि का लाभ होता है।

मोक्षप्राभृत ग्रन्थ (गाथा-60) में कहा गया है—

"जिन्हें मोक्ष अवश्य प्राप्त होना है, जो चार ज्ञानों से सहित होते हैं, ऐसे तीर्थंकर भगवान् भी जब तपश्चरण करते हैं तो यह जानकर ज्ञानी पुरुष को भी तपश्चरण करना ही चाहिए।"

तपस आभ्यन्तरबाह्येतिभेदद्वयम्। अनशनम्, अवमौदर्यम्, वृत्तिपरिसंख्यानम्, रसपरित्यागः, विविक्तशय्यासनम्, कायक्लेशः —इत्येतानि षड् बाह्यतपांसि भवन्ति। प्रायश्चित्तम्, विनयः, वैयावृत्त्यम्, स्वाध्यायः, व्युत्सर्गो ध्यानञ्चेत्येतानि षड् आभ्यन्तरतपांसि भवन्ति। तेषां स्वरूपाणि तत्तच्छास्त्रेषु द्रष्टव्यानि।

(मोक्खगदिभेयं जिणवयण) **मोक्षगतिविषयकं रहस्यं तथा जिनवाणी-सारं च सम्यग्दर्शनं विना न जीवो ज्ञातुं प्रभवति —इत्यर्थः। गतयश्च संसारभ्रमणरूपाश्चतुर्धा-मनुष्यगतिः, देवगतिः, नरकगतिः, तिर्यग्गतिश्चेति। मोक्षगतिः संसारनिवृत्तिरूपा पञ्चमी गतिरित्यभिधीयते। एवं गतिर्द्विविधा वर्ण्यते— कर्मोदयकृता, क्षायिकी चेति। तत्र मोक्षगतिः क्षायिकी गतिः। एवं मिथ्याज्ञानी जिनवचनानि अधीत्यापि तत्साररूपभेदविज्ञानेन भावश्रुतज्ञानेन वा रहितो भवति। अतः सोऽज्ञान्येव।**

उक्तं च अमितगतिकृतयोगसारग्रन्थे (७/४३)—

'तप' के आभ्यन्तर व बाह्य —ये दो भेद होते हैं। अनशन, अवमौदर्य, वृत्तिपरिसंख्यान, रसपरित्याग, विविक्तशय्यासन, कायक्लेश —ये छः बाह्य तप हैं। प्रायश्चित्त, विनय, वैयावृत्त्य, स्वाध्याय, व्युत्सर्ग व ध्यान —ये आभ्यन्तर तप होते हैं। इनके स्वरूप को उन-उन शास्त्रों से देखना चाहिए।

(मोक्षगतिभेदं जिनवचनम्) मोक्षगति के रहस्य को तथा जिनवाणी के सार को सम्यग्दर्शन के बिना जीव नहीं जान पाता —यह अर्थ है। संसार-भ्रमण स्वरूप वाली गतियाँ चार प्रकार की होती हैं— मनुष्यगति, देवगति, नरकगति व तिर्यञ्चगति। मोक्षगति चूँकि संसार-निवृत्ति वाली है, अतः इसे पाँचवीं गति कहा जाता है। इस प्रकार गति के दो भेद भी कहे जाते हैं— कर्मोदयकृत और क्षायिकी। इन में मोक्षगति क्षायिकी है (और मनुष्यगति आदि कर्मोदय कृत हैं)। इस प्रकार मिथ्याज्ञानी जिनवाणी को पढ़कर भी उसके सार रूप भेदविज्ञान से तथा भावश्रुतज्ञान से रहित होता है। इसलिए वह अज्ञानी ही है।

अमितगतिकृत योगसार ग्रन्थ (7/43) में कहा गया है—

आत्मध्यानरतिर्ज्ञेयं विद्वत्तायाः परं फलम्।
अशेषशास्त्रशास्तृत्वं संसारोऽभाषि धीधनैः।।

कार्तिकेयानुप्रेक्षाग्रन्थे च (गाथा-४६६) **निर्दिष्टम्**—

जो ण वि जाणदि अप्पं णाणसरूवं सरीरदो भिण्णं।
सो ण वि जाणदि सत्थं आगमपाढं कुणंतो वि।।

समाधिशतकग्रन्थे (श्लोक-९४) **च समुद्घोषितम्**—

विदिताशेषशास्त्रोऽपि न जाग्रदपि मुच्यते।
देहात्मदृष्टिर्ज्ञातात्मा सुप्तोन्मत्तोऽपि मुच्यते।।

एवं हे भव्य! सम्यक्त्वाश्रितसम्यग्ज्ञानेन आत्मानात्मभेदं समनुभवन् मोक्षमार्गेऽग्रेसरतां लभस्वेति गाथायास्तात्पर्यम्।

"विद्वत्ता का परम फल है —आत्मध्यान में रति उत्पन्न होना, ऐसा जानना चाहिए। (मात्र) समस्त शास्त्रों पर अधिकार रखना —इसे तो विद्वानों ने 'संसार' ही कहा है।"

कार्तिकेयानुप्रेक्षा ग्रन्थ (गाथा-466) में बताया गया है—

"जो शरीर से भिन्न ज्ञानस्वरूप अपनी आत्मा को नहीं जानता, वह आगम-पाठ (अध्ययन) करते हुए भी शास्त्र का (यथार्थ) ज्ञाता नहीं है।"

समाधिशतक ग्रन्थ (श्लोक-94) में इसे जोर देकर कहा गया है—

"देह में आत्मा को देखने वाला भले ही समस्त शास्त्रों का ज्ञाता हो, वह जागृत भी हो तो भी मुक्त नहीं होता, किन्तु जिसने आत्मस्वरूप को जान लिया है, वह चाहे सोया हो या उन्मत्त, मुक्त हो जाता है।"

इस प्रकार, हे भव्य! सम्यक्त्व-आश्रित सम्यग्ज्ञान द्वारा आत्मा व अनात्मा के भेद को अनुभव करते हुए मोक्षमार्ग में अग्रगण्य की स्थिति प्राप्त करो —यह तात्पर्य है।

मिथ्यादृष्टिर्जीवो निरन्तरं किं चिन्तयतीति सम्प्रति शास्त्रकारा उग्गाहा-छन्दसा निरूपयन्ति—

एक्क खणं ण वि चिंतदि मोक्खणिमित्तं णियप्पसब्भावं।
अणिसि विचिंतदि पावं बहुलालावं मणे विचिंतेदि।। ५०।।

छाया— एकं क्षणं नापि चिन्तयति मोक्षनिमित्तं निजात्मस्वभावम्।
अनिशं विचिन्तयति पापं बहुलालापं मनसि विचिन्तयति।।

रत्नत्रयवर्धिनी टीका— मोक्खणिमित्तं णियप्पसब्भावं एक्कखणं वि ण चिंतदि, अणिसि पावं विचिंतदि, मणे बहुलालावं विचिंतेदि —इति गाथान्वयः।

मिथ्यादृष्टिः अन्यत् किं करोति ? उच्यते (मोक्खणिमित्तं णियप्पसब्भावं एक्कखणं ण वि चिंतदि) **निजात्मस्वभावो मोक्षस्य निमित्तं भवति। किन्तु स मिथ्यादृष्टिः तद्विषये एकक्षणमपि न चिन्तयति, एकाग्रतया अन्तर्मुखो भूत्वा स्वशुद्धात्मविषयकं चिन्तनं मननं वा न विदधाति —इत्यर्थः। सम्यग्दृष्टिस्तु ज्ञायकस्वभावस्य ज्ञाता भवति, ततश्च रागादिभावान् मुञ्चति।**

मिथ्यादृष्टि जीव निरन्तर क्या चिन्तन करता है —इसे अब शास्त्रकार उग्गाहा छन्द द्वारा बता रहे हैं—

गाथा-अर्थ— (वह सम्यक्त्वहीन जीव) मोक्ष-प्राप्ति के निमित्तभूत आत्म-स्वभाव का एक क्षण भी चिन्तन नहीं करता। (वह तो) दिनरात पाप का चिन्तन करता रहता है और मन में बहुत कुछ बोलता और सोचता रहता है।।50।।

रत्नत्रयवर्धिनी टीका— मोक्षनिमित्तं निजात्मस्वभावं एकं क्षणमपि न चिन्तयति, अनिशं पापं विचिन्तयति, मनसि बहुलालापं विचिन्तयति —यह गाथा का अन्वय है।

मिथ्यादृष्टि और क्या करता है ? बता रहे हैं— **(मोक्षनिमित्तम् आत्मस्वभावम् एकक्षणं नापि चिन्तयति)** अपना आत्म-स्वभाव (का आश्रयण) ही मोक्षनिमित्त होता है। किन्तु वह मिथ्यादृष्टि उसके विषय में एक क्षण भी चिन्तन नहीं करता, अर्थात् अन्तर्मुख होकर एकाग्र रूप से निज शुद्धात्मा का चिन्तन या मनन नहीं करता। सम्यग्दृष्टि तो अपने ज्ञायक स्वभाव का ज्ञाता होता है, जिससे वह रागादि परकीय भावों को छोड़ता है।

उक्तं च समयसारग्रन्थे (गाथा-२००)—

एवं सम्मद्दिट्ठी अप्पाणं मुणदि जाणयसहावं।
उदयं कम्मविवागं य मुअदि तच्चं वियाणंतो।।

आत्मस्वभावे परित्यक्ते तु अज्ञानता समाश्रिता भवतीति च तत्र (गाथा-२२३) **प्रोक्तम्**—

तह णाणी वि हु जइया णाणसहावं तयं पजहिऊण।
अण्णाणेण परिणदो तइया अण्णाणदं गच्छे।।

मिथ्यादृष्टिस्तु निजात्मस्वभावविमुख एव भवन् धर्माचरणपराङ्मुखत्वं भजति। क्षणमपि आत्मस्वभावरतिस्तस्य न सम्भवति। प्रतिक्षणं तस्य भावोऽज्ञानमय एव भवति। किम्बहुना, जिनप्रवचनोपरि तस्याश्रद्धानमेव सर्वदा प्रवर्तते, अतो जिनोपदिष्टाचरणस्य सम्भावनैव तस्य नास्ति।

उक्तं च प्राकृत-पञ्चसंग्रहग्रन्थे (१/६, ८)—

समयसार ग्रन्थ (गाथा 200) में कहा गया है—

"इस प्रकार सम्यग्दृष्टि जीव अपने आपको ज्ञायक स्वभाव जानता है और तत्त्व को जानता हुआ उदयगत (रागादि) को कर्म का विपाक जानकर छोड़ देता है।"

आत्म-स्वभाव का त्याग कर दिये जाने पर तो अज्ञानता का ही आश्रयण होता है —यह भी वहीं (समयसार गाथा-223 में) कहा गया है—

"उसी प्रकार वह ज्ञानी जिस समय उस ज्ञान स्वभाव को छोड़कर अज्ञान स्वभाव से परिणत होता है, उस समय वह अज्ञान भाव को प्राप्त हो जाता है (अज्ञानी हो जाता है)।"

मिथ्यादृष्टि तो निज आत्मस्वभाव (ज्ञायक स्वभाव) से विमुख होकर धर्माचरण से पराङ्मुख रहता है। क्षण मात्र भी आत्मस्वभाव में उसकी रति नहीं हो पाती। प्रतिक्षण उसका भाव अज्ञानमय ही होता है। और अधिक क्या कहा जाय, जिन-प्रवचन के ऊपर उसकी सर्वदा अश्रद्धा रहती है, इसलिए उसके जिन-उपदिष्ट आचरण की सम्भावना ही नहीं होती।

प्राकृत पञ्चसंग्रह ग्रन्थ (गाथा-1/6, 8) में कहा भी गया है—

मिच्छंतं वेदंतो जीवो विवरीयदंसणो होदि।
ण य धम्मं रोचेदि हु महुरं पि रसं जहा जरिदो।।

मिच्छादिट्ठी उवइट्ठं पवयणं न सद्दहदि।
सद्दहदि असब्भावं उवइट्ठं अणुवइट्ठं च।।

तथा च समयसारग्रन्थे (गाथा-१२९) **निर्दिष्टम्—**

अण्णाणमया भावा अण्णाणा चेव जायए भावो।
जम्हा तम्हा भावा अण्णाणमया अणाणिस्स।।

तथा च स मिथ्यादृष्टिः (अणिसि पावं विचिंतदि) **अहर्निशं, रात्रिन्दिवं पापमशुभमेव चिन्तयति, ध्यायति, मनसा संकल्पविकल्पं करोतीत्यर्थः। यदि कदाचित् लौकिकप्रतिष्ठादिदृष्ट्या धार्मिकजन-संसर्गेण वा धर्माचरणे श्रद्दधाति, तथापि तस्योद्देश्यं लौकिकसुखप्राप्तिरेव, न क्वचिदपि मोक्षप्राप्तिः, अतस्तस्य कर्मबन्धपरम्परा सुचिरं प्रवर्तते।**

"मिथ्यादर्शन को अनुभव करने वाला जीव विपरीतश्रद्धानी होता है। उसे धर्म उसी प्रकार नहीं रूचता, जिस प्रकार ज्वरग्रस्त व्यक्ति को मधुर रस भी नहीं रुचता है।"

"मिथ्यादृष्टि जीव जिनोपदिष्ट प्रवचन का श्रद्धान नहीं करता, बल्कि अन्य से उपदिष्ट या अनुपदिष्ट (स्वकल्पित) पदार्थों के अयथार्थ स्वरूप का श्रद्धान करता है।"

और, समयसार ग्रन्थ (गाथा-129) में भी बताया गया है—

"अज्ञानमय भाव से अज्ञानमय भाव उत्पन्न होता है, इसलिए अज्ञानी जीव के सभी भाव अज्ञानमय ही होते हैं।"

इसके अतिरिक्त, वह मिथ्यादृष्टि **(अनिशं पापं विचिन्तयति)** अहर्निश, रात-दिन पाप यानी अशुभ रूप ही चिन्तन करता है, ध्यानरत यानी लीन रहता है अर्थात् मन से संकल्प-विकल्प करता रहता है। यदि कभी लौकिक प्रतिष्ठा की दृष्टि से या फिर किसी धार्मिक व्यक्ति के संसर्ग से वह धर्माचरण में श्रद्धा करता (दृष्टिगोचर होता) है, फिर भी उसका उद्देश्य लौकिक सुख की प्राप्ति ही होता है, कभी मोक्ष की प्राप्ति उसका उद्देश्य नहीं होता। इसलिए उसकी कर्मबन्ध की परम्परा चलती रहती है।

भणितं च श्रीकुन्दकुन्दाचार्यवरैः समयसारग्रन्थे (गाथा-२७५, २१९)—

सद्दहदि य पत्तियदि य रोचेदि य तह पुणो य फासेदि।
धम्मं भोगणिमित्तं ण दु सो कम्मक्खयणिमित्तं।।

अण्णाणी पुण रत्तो सव्वदव्वेसु कम्ममज्झगदो।
लिप्पदि कम्मरएण दु कद्दममज्झे जहा लोहं।

किञ्च, तत्रैव (गाथा-२७३) **विशदीकृतम्**—

वदसमिदीगुत्तीओ सीलतवं जिणवरेहि पण्णत्तं।
कुव्वंतो वि अभव्वो अण्णाणी मिच्छदिट्ठी दु।।

तथा च सः (मणे बहुलालावं विचिंतेदि) **मनसा निरर्थकं बहुलालापं करोति, अनावश्यकमेव अन्तर्जल्पात्मकमपध्यानात्मकं च विदधाति इत्यर्थः। अपध्यानस्वरूपं प्रागत्रैव ग्रन्थव्याख्याने** (४३ गाथायां) **निरूपितम्।**

श्रीकुन्दकुन्दाचार्य ने समयसार ग्रन्थ (गाथा-275, 219) में कहा भी है—

"वह (अभव्य मिथ्यादृष्टि जीव) धर्म का यदि श्रद्धान करता है, प्रतीति करता है एवं अनुष्ठान रूप से स्पर्श करता है, तो भोग के निमित्तभूत धर्म का श्रद्धान करता है, किन्तु कर्मक्षय में निमित्तभूत धर्म का श्रद्धान आदि नहीं करता।"

"अज्ञानी कर्मों के मध्यगत होता हुआ कर्म रूपी रज से उसी प्रकार लिप्त हो जाता है, जिस प्रकार कीचड़ में पड़ा हुआ लोहा।"

और, वहीं (समयसार, गाथा-273 में) यह स्पष्ट रूप से कहा गया है—

"वह (अभव्य, मिथ्यादृष्टि जीव) जिनेन्द्र भगवान् द्वारा कहे गये व्रत, समिति, गुप्ति, शील व तप को करता हुआ भी अज्ञानी व मिथ्यादृष्टि ही रहता है।"

और, वह **(मनसि बहुलालापं विचिन्तयति)** मन से निरर्थक बहुविध आलाप (बकवास) करता है, अर्थात् निरर्थक अन्तर्जल्प रूप अपध्यान करता रहता है। अपध्यान के स्वरूप को इसी ग्रन्थ के (गाथा-43) व्याख्यान में बताया जा चुका है।

एवं परकीयविषयानुभवं दृष्टं श्रुतं च मनसि स्मृत्वा विषयाभिलषणरूपमपध्यानं कदाचिदपि न कर्तव्यम्, अनेन पापकर्मणामेव बन्धनं भवति, अतस्तत्सर्वथा त्याज्यमेव।

एवं हे भव्य! निरन्तरकर्मास्रवबन्धकारकमपध्यानं त्यक्त्वा, कर्मक्षयनिमित्तं स्वशुद्धात्म-स्वभावं ध्याय, चिन्तय वेति गाथायास्तात्पर्यम्।

सम्प्रति पुनरपि मिथ्यादृष्टिस्वरूपं शास्त्रकारा गाहा-छन्दसा निरूपयन्ति—

मिच्छामदि मदमोहासवमत्तो बोल्लदे जहा भुल्लो।
तेण ण जाणदि अप्पा, अप्पाणं सम्मभावाणं।।५१।।

छाया— मिथ्यामतिः मदमोहासवमत्तः वदति यथा विस्मृतः।
तेन न जानाति आत्मा आत्मानं (आत्मनः) साम्यभावान्।।

रत्नत्रयवर्धिनी टीका— मिच्छामदि मदमोहासवमत्तो जहा भुल्लो बोल्लदे, तेण अप्पा अप्पाणं सम्मभावाणं ण जाणदि —इति गाथान्वयः।

इस तरह अन्य द्वारा परकीय विषयों के देखे हुए तथा सुने हुए अनुभव को मन में स्मरण करके विषयों की इच्छा करना यह अपध्यान है, इसे कभी नहीं अपनाना चाहिए। इससे पाप कर्मों का ही बन्ध होता है, इसलिए वह सर्वथा त्याज्य ही है।

इस प्रकार हे भव्य! निरन्तर कर्म के आस्रव व बन्ध का जो कारण है, उस अपध्यान को छोड़कर, कर्मक्षय के निमित्त से अपने शुद्धात्म-स्वभाव का ध्यान या चिन्तन करो —यह गाथा का तात्पर्य है।

अब, पुनः शास्त्रकार मिथ्यादृष्टि के स्वरूप को गाहा छन्द के द्वारा कर रहे हैं—

गाथा-अर्थ— मिथ्यादृष्टि जीव मद व मोह रूपी आसव से मत्त, उन्मत्त होकर, (स्वयं के भान से रहित) भुलक्कड़ व्यक्ति की तरह बोलता है, इस कारण वह स्वयं अपनी आत्मा (और उस) के साम्य भाव को नहीं जानता (वह उससे अपरिचित ही रहता है)।।51।।

रत्नत्रयवर्धिनी टीका— मिथ्यामतिः मदमोहासवमत्तः यथा विस्मृतः (तथा) वदति, तेन आत्मा आत्मानं साम्यभावान् न जानाति —यह गाथा का अन्वय है।

(मिच्छामदि मदमोहासवमत्तो) **मिथ्यामतिर्जीवः मद-मोहरूपेण आसवेन मत्तो भवति। मिथ्यामतिः मिथ्यात्वोदयसहितेन मति-अज्ञानेन सहित इत्यर्थः। मति-अज्ञानस्वरूपं च प्राकृतपञ्चसंग्रहग्रन्थे** (१/११८) **प्रोक्तम्—**

विसजंतकूडपंजरबंधादिसु अणुवदेस-करणेन।
जा खलु पवत्तइ मई मइ-अण्णाण त्ति णं विंति।।

मदः अभिमानम्, दर्पो वा, मोहश्च मिथ्यात्वरूपः, तौ एव आसवः मद्यात्मकः, तेन मिथ्यामतिः मत्तो जायते। यथा लोके मद्यं पीत्वा जनो उन्माद्यति, तथैव मद-अज्ञानरूपेण मद्येन मत्तः इव भवति। मत्तता च गाढप्रमादात्मकावस्थैव, तत्र निजं स्वरूपमेव जनो विस्मरति, स्वात्मस्मृतिरहितः सन् यत् किञ्चिदेव मनसा, वचसा कायेन चाचरति। इदमेव शास्त्रकारो विशदयति— (बोल्लदे जहा भुल्लो) **वदति यथा विस्मृतः, स्वात्मविस्मृतिं प्राप्तो जन इव यत् किञ्चिद् असम्बद्धं निरर्थकं परस्परविरुद्धं वा प्रलपति, अतस्तस्य वचने यथार्थता प्रामाणिकता प्रायो न भवति।**

(मिथ्यामतिः मदमोहासवमत्तः) मिथ्यामति जीव मद-मोह रूप आसव (मादक रस) से मत्त हो जाता है। मिथ्यामति का अर्थ है— मिथ्यात्व के उदय के साथ मति-अज्ञान से युक्त व्यक्ति। मति-अज्ञान (कुमति-अज्ञान) का स्वरूप प्राकृत पञ्चसंग्रह ग्रन्थ (1/118) में इस प्रकार बताया गया है—

''परोपदेश के बिना विष, कूट, पिंजरा (आदि के द्वारा) बन्ध (व वध) आदि के विषय में जो बुद्धि प्रवृत्त होती है, उसे 'मति-अज्ञान' कहा जाता है।''

मद का अर्थ है— अभिमान या दर्प। मोह तो मिथ्यात्व रूप ही होता है। ये दोनों (मद व मोह) ही आसव (मादक रस) के रूप में यानी मद्य रूप होते हैं, इनसे मिथ्यामति (दृष्टि) मत्त (उन्मत्त) हो जाता है। जिस प्रकार लोक में व्यक्ति मद्य पीकर उन्मत्त हो जाता है, उसी प्रकार मद व अज्ञान रूपी मद से व्यक्ति उन्मत्त (जैसा) हो जाता है। उन्मत्तपना गाढ़ प्रमाद की अवस्था ही होती है जिसमें व्यक्ति अपने स्वरूप को ही भुला देता है (सुध-बुध खो देता है), निजविस्मृति होने के कारण वह मन-वचन व काय से कुछ का कुछ आचरण करता है। इसे ही शास्त्रकार स्पष्ट करते हुए कह रहे हैं— **(वदति यथा विस्मृतः)** जैसे कोई भुलक्कड़ हो, जिसे अपनी भी स्मृति नहीं हो, उस व्यक्ति की तरह ही (वह मिथ्यादृष्टि) कुछ का कुछ, असम्बद्ध, निरर्थक या परस्पर-विरुद्ध प्रलाप करता है, इसलिए उसके वचन में प्राय: यथार्थता (प्रमाणिकता) नहीं होती।

तस्यैव तत्त्वार्थसूत्रे (१/३२) 'यदृच्छोपलब्धेः उन्मत्तवत्, **इति उन्मत्तावस्था संकेतिता।**

राजवार्तिके (१/३२/१) **च तस्य व्याख्यानं कृतमस्ति**— "यथा उन्मत्तो दोषोदयाद् उपहतेन्द्रियमतिः विपरीतग्राही भवति, सः अश्वं 'गौः' इत्यध्यस्यति, गां वा 'अश्वः' इति, लोष्टं सुवर्णम् इति, सुवर्णं च लोष्टमिति, लोष्टं लोष्टमिति, सुवर्ण-सुवर्णमिति, तस्यैवम् अविशेषेण अध्यवस्यतः अज्ञानमेव भवति, तद्वत् मिथ्यादर्शनोपहतेन्द्रियमतेः मतिश्रुतावधयोऽपि अज्ञानमेव भवन्ति —इति।"

(तेण ण जाणदि अप्पा अप्पाणं सम्मभावाणं) **तेन कारणेन, मदमिथ्यात्वमद्यमत्ततया इत्यर्थः। आत्मा आत्मानं तथा स्वात्मनः साम्यभावान् न जानाति। आत्मनः समता, वीतरागता, माध्यस्थ्य-मित्यादिकाः परिणामाः ये भवन्ति, तैः सोऽपरिचित एव भवति। तस्य आत्मानात्मभेदविज्ञानाभावात् शुद्धात्मस्थितिस्वरूपज्ञानस्यावकाश एव नास्ति —इत्याशयः। वस्तुतस्तु मिथ्यादृष्टिः परद्रव्यरतत्वाद् दुर्भावानेव समाश्रयति।**

इसी (अवस्था) का संकेत करते हुए तत्त्वार्थसूत्र (1/32) में 'यदृच्छोपलब्धेः उन्मत्तवत्'— इस प्रकार उन्मत्त अवस्था का संकेत किया गया है।

राजवार्तिक (1/32/1) में उसका व्याख्यान इस प्रकार किया गया है— "जिस प्रकार, मद्यगत दोष के प्रकट होने पर इन्द्रिय व बुद्धि उपहत (नियन्त्रणहीन) हो जाती हैं और व्यक्ति विपरीतग्राही (विपरीत ज्ञानी) हो जाता है, वह घोड़े को गौ समझ बैठता है, (कभी) गौ को घोड़ा समझ बैठता है, मिट्टी के ढेले को सोना और सोने को ढेला समझ लेता है, (कभी-कभी) ढेले को ढेला और सुवर्ण को सुवर्ण (भी) समझता है, इस प्रकार यह अविशेष रूप से (वस्तु-स्वरूप का स्पर्श न करते हुए, यादृच्छिक) अध्यवसान (निश्चय) करता है, इसलिए उसका ज्ञान अज्ञान ही होता है, उसी तरह मिथ्यादर्शन से इन्द्रिय व बुद्धि के उपहत (दुष्प्रभावित) होने के कारण व्यक्ति के मति, श्रुत व अवधि ज्ञान भी अज्ञान रूप ही होते हैं।"

(तेन न जानाति आत्मा आत्मानं साम्यभावान्) इस कारण से, अर्थात् मद व मिथ्यात्व रूपी मद्य से उन्मत्त होने के कारण। आत्मा स्वयं को तथा स्वकीय साम्य भाव (परिणाम) को नहीं जानता। आत्मा के समता या वीतरागता या माध्यस्थ्य आदि जो परिणाम होते हैं, उनसे वह अपरिचित ही रहता है। आत्मा व अनात्मा का भेदविज्ञान न होने से शुद्धात्म-स्थिति के स्वरूप से अवगत होने का उसके लिए अवकाश (सम्भावना) नहीं होता —यह आशय है। वस्तुतः मिथ्यादृष्टि परद्रव्यरत होने से दुर्भावों का ही आश्रय लेता है।

अस्मिन्नेव ग्रन्थे (रयणसार, गाथा-५३) **स्वयं ग्रन्थकारो वक्ष्यति—**

सम्मादिट्ठी कालं बोल्लदि वेरग्गणाणभावेहिं।
मिच्छादिट्ठी वांछा दुब्भावालस्सकलहेहिं।।

एवं हे भव्य मुमुक्षो! वैराग्य-भेदविज्ञानपूर्वकं सम्यग्दृष्टिवदेव जीवनं यापय, शुद्धात्मस्वरूपे स्थित्यै च सततं प्रयतस्वेति गाथायास्तात्पर्यम्।

अथ, उपशमभावः संवरानिर्जरयोः कारणमिति शास्त्रकाराः गाहा-छन्दसा निरूपयन्ति—

पुव्वट्ठिद खवदि कम्मं पविसुदु णो देदि अहिणवं कम्मं।
इहपरलोयमहप्पं देदि तहा उवसमो भावो।। ५२।।

छाया— पूर्वस्थितं क्षपयति कर्म प्रवेष्टुं न ददाति अभिनवं कर्म।
इहपरलोकमाहात्म्यं ददाति तथा उपशमो भावः।।

स्वयं ग्रन्थकार इस ग्रन्थ (की 53वीं गाथा) में यह कहने वाले हैं—

"सम्यग्दृष्टि वैराग्य व ज्ञानमय भावों से जीवन व्यतीत करता है किन्तु मिथ्यादृष्टि जीव (अनन्त) इच्छाओं, दुर्भावों के साथ-साथ आलस्य व कलह में समय व्यतीत करता है।"

इस प्रकार, हे भव्य मुमुक्षु! वैराग्य व भेदविज्ञान के साथ सम्यग्दृष्टि की तरह अपना जीवन व्यतीत करना, तथा शुद्धात्म स्वरूप में स्थित होने का निरन्तर प्रयत्न करना —यह गाथा का तात्पर्य है।

अब, उपशम भाव संवर व निर्जरा का कारण है —इसे शास्त्रकार गाहा छन्द के द्वारा बता रहे हैं—

गाथा-अर्थ— (मोहनीय कर्म का) उपशम भाव, पूर्व में स्थित कर्मों का क्षय करता है और नये कर्म को प्रविष्ट नहीं होने देता। इस प्रकार यह उपशम भाव अपने इहलौकिक व पारलौकिक दोनों प्रकार के माहात्म्य को प्रकट करता है।।52।।

रत्नत्रयवर्धिनी टीका— गाथान्वयः सुगम एव। (उवसमो भावो) **आत्मनो य उपशमभावो भवति। जीवस्य औपशमिक-क्षायिक-क्षायोपशमिक-औदयिक-पारिणामिकेतिपञ्चसु भावेषु औपशमिकभावो भवति। उपशमः प्रयोजनमस्येति औपशमिक उच्यते।** 'सम्यग्दर्शनस्य हि आदिरौपशमिको भावः' **इति राजवार्तिके** (२/१/८) **संकेतितम्। अर्थात् सम्यग्दर्शनं सर्वप्रथम-मौपशमिकमेव भवति, ततः क्षायोपशमिकम्, ततश्च क्षायिकमिति विज्ञेयम्। उक्तं चामितगतिकृते श्रावकाचारग्रन्थे** (२/४१-४३)—

अन्तर्मुहूर्तकालेन निर्मलीकृतमानसः।
आद्यं गृह्णाति सम्यक्त्वं कर्मणां प्रशमे सति।।

निशीथं वासरस्येव निर्मलस्य मलीमसम्।
पश्चादायाति मिथ्यात्वं सम्यक्त्वस्यास्य निश्चितम्।।

तस्य प्रपद्यते पश्चात् महात्मा कोऽपि वेदकम्।
तस्यापि क्षायिकं कश्चिदासन्नीभूतनिर्वृतिः।।

रत्नत्रयवर्धिनी टीका— गाथा का अन्वय सुगम ही है। **(उपशमो भावः)** आत्मा का जो उपशम भाव (परिणाम) होता है। जीव के औपशमिक, क्षायिक, क्षायोपशमिक, औदयिक व पारिणामिक —इन पाँच भावों में एक औपशमिक भाव होता है। उपशम है प्रयोजन जिसका उसे औपशमिक भाव कहा जाता है। यह औपशमिक भाव सम्यग्दर्शन का 'आदि' प्रारम्भ है — ऐसा राजवार्तिक (2/1/8) में संकेत किया गया है। अर्थात् सम्यग्दर्शन सर्वप्रथम औपशमिक ही होता है, उसके अनन्तर क्षायोपशमिक और क्षायिक —यह ज्ञातव्य है। आचार्य अमितगति-कृत श्रावकाचार ग्रन्थ (2/41-43) में कहा भी गया है—

"(काललब्धि आदि की प्राप्ति के बाद) यह जीव अन्तर्मुहूर्त काल के द्वारा अपने मानस को निर्मल करके सम्यग्दर्शन के निरोधक कर्मों के उपशम होने पर आद्य औपशमिक सम्यक्त्व को प्राप्त करता है। जैसे निर्मल दिन के बाद काली-मैली रात आती है, उसी प्रकार इस औपशमिक सम्यक्त्व के अन्तर्मुहूर्त बाद अवश्य ही मिथ्यात्व उदय को प्राप्त होता है —यह निश्चित है। उसके बाद कोई महान् आत्मा 'वेदक सम्यक्त्व' को प्राप्त करता है और कोई अतिनिकट भव्य 'क्षायिक सम्यक्त्व' को प्राप्त होता है।"

एवं यथा सकलुषस्य अम्भसः कतकादिद्रव्यसम्पर्काद् अधःप्रापितमलद्रव्यस्य तत्कृत-कालुष्याभावात् स्वच्छता उपलभ्यते, तथा कर्मणः कारणवशाद् अनुद्भूतस्ववीर्यवृत्तिता आत्मनो विशुद्धिरेव उपशमः।

अयमुपशमः कीदृशः ? उच्यते— (इहपरलोयमहप्पं देदि) **इहलोक-परलोकेत्युभयोः माहात्म्यं दधाति, स्वमाहात्म्यं प्रकटयतीत्यर्थः। क्रोधादिकषायाणामुपशमेन ऐहलौकिकं पारलौकिकं च सुखं प्राप्यते, अतोऽस्य भावस्य प्रभाव इहलोके परलोके च द्रष्टुमनुभवितुं च शक्यते —इति भावः।**

किञ्च, (पुव्वट्ठिद कम्मं खवदि, अहिणवं कम्मं पविसुदु णो देदि) **पूर्वस्थितानां कर्मणां क्षयं करोति, अभिनवकर्मणश्च प्रवेष्टुं न ददाति, प्रवेशयोग्यं कर्म रुणद्धि, तत्कर्मणः संवरणं विदधातीत्यर्थः। उपशमभावेन युक्ताः सम्यग्दृष्टयो विरला भवन्ति, ते प्रायो गर्वरहिताः, समत्वभावयुक्ताश्च भवन्ति।**

उक्तं च कार्तिकेयानुप्रेक्षाग्रन्थे (गाथा-४८, ३१३)—

इस प्रकार, जैसे कलुषित जल में फिटकरी आदि द्रव्य के सम्पर्क से उसका मल नीचे तलहटी में एकत्रित हो जाता है, जिससे ऊपर में मलजनित कालुष्य नहीं रहता और स्वच्छता पाई जाती है, इसी तरह जहाँ कर्मों की शक्ति अनुद्भूत (अप्रकट) रहती है —ऐसी आत्मा की परिणाम-विशुद्धि ही 'उपशम' है।

यह उपशम कैसा होता है ? बता रहे हैं— **(इहलोकपरलोकमाहात्म्यं ददाति)** इहलोक व परलोक दोनों में माहात्म्य देता है अर्थात् अपना माहात्म्य प्रकट करता है। क्रोध आदि कषायों के उपशम से लौकिक व पारलौकिक (दोनों) सुख प्राप्त होता है, इसलिए इस भाव का प्रभाव इसलोक में और परलोक —दोनों में देखा या अनुभव किया जा सकता है —यह भाव है।

और, **(पूर्वस्थितं कर्म क्षपयति, अभिनवं कर्म प्रवेष्टुं न ददाति)** पूर्व में स्थित कर्मों का क्षय करता है तथा नये कर्मों को प्रविष्ट होने नहीं देता, प्रवेश योग्य कर्मों को रोकता है अर्थात् उन कर्मों का संवर करता है। उपशम भाव से युक्त सम्यग्दृष्टि विरले होते हैं, वे प्रायः गर्वरहित एवं समत्व भाव से युक्त हुआ करते हैं।

कार्तिकेयानुप्रेक्षा ग्रन्थ (गाथा-48, 313) में कहा भी गया है—

विरलो अज्जदि पुण्णं सम्मादिट्ठी वएहिं संजुत्तो।
उवसमभावे सहिदो णिंदणगरहाहिं संजुत्तो।।

जो ण य कुव्वदि गव्वं पुत्तकलत्ताइसव्वअत्थेसु।
उवसमभावे भावदि अप्पाणं मुणदि तिणमेत्तं।।

क्रोधादिकषायाणामुपशमे सति सहिष्णुता-उदारता-तितिक्षा-ऋजुतादिगुणानां विकासः सम्भवति। क्रोधादिकषायाः लौकिकव्यवहारे प्रतिष्ठां विनाशयन्ति, यशो मलिनं कुर्वन्ति, तथा भाविजन्मसु दुर्गतिद्वारमुद्घाटयन्ति। अतः सर्वप्रयत्नेन कषायशमनं कार्यम्। कषायविजयोपायः, किंच तस्य महत्त्वमिति विषये ज्ञानार्णवग्रन्थे (१८/१०९-११३)-**परामृष्टम्—**

शमाम्बुभिः क्रोधशिखी निवार्यताम्-नियम्यतां मानमुदारमार्दवैः।
इयं च मायार्जवशस्त्रधारया, मुनीश लोभश्च परिग्रहात्ययात्।।

"सम्यग्दृष्टि, व्रती, उपशम भाव से युक्त तथा अपनी निन्दा व गर्हा करने वाले विरले जन ही पुण्य कर्म का उपार्जन करते हैं।"

"जो सम्यग्दृष्टि होता है, वह उपशम भाव को भाता है, पुत्र, स्त्री आदि समस्त पदार्थों में गर्व नहीं करता और स्वयं को तृण समान (तुच्छ) समझता है।"

क्रोध आदि कषायों के उपशम होने पर ही सहिष्णुता, उदारता, तितिक्षा, ऋजुता आदि सद्गुणों का विकास सम्भव हो पाता है। (ये) क्रोधादि कषाय लौकिक व्यवहार में व्यक्ति की प्रतिष्ठा को नष्ट करती हैं, यश को मलिन करती हैं तथा आगामी जन्मों के लिए दुर्गति का द्वार भी खोलती हैं। इसलिए समस्त प्रयत्नों से कषायों का शमन करना चाहिए। कषाय-विजय का क्या उपाय है और इसका क्या महत्त्व है —इस विषय में ज्ञानार्णव ग्रन्थ (18/109-113) में निम्नलिखित परामर्श दिया गया है—

"हे मुनीन्द्र! शम रूप जल से क्रोध रूप अग्नि को शान्त करो। मृदुता पूर्ण व्यवहार से महान् मान का निग्रह करो। आर्जव (सरलता) रूप शस्त्र की धार से इस माया का विनाश करना चाहिए और परिग्रह के विनाश से लोभ को नष्ट करना चाहिए।"

यत्र यत्र प्रसूयन्ते, तव क्रोधादयो द्विषः।
तत्तत् प्रागेव मोक्तव्यं वस्तु तत्सूतिशान्तये।।

येन येन निवार्यन्ते क्रोधाद्याः परिपन्थिनः।
स्वीकार्यमप्रमत्तेन तत्तत्कर्म मनीषिणा।।

गुणाधिकतया मन्ये स योगी गुणिनां गुरुः।
तन्निमित्तेऽपि नाक्षिप्तं क्रोधाद्यैर्यस्य मानसम्।।

यदि क्रोधादयः क्षीणास्तदा किं खिद्यते वृथा।
तपोभिरथ तिष्ठन्ति तपस्तत्राप्यपार्थकम्।।

एवं हे भव्य! संवरनिर्जरोभयसाध्ये मोक्षमार्गेऽग्रेसरतां वाञ्छसि चेत्तर्हि उपशमभावं समाश्रय, येन स्वश्रेयःसिद्धिः सुकरा स्यादिति गाथायास्तात्पर्यम्।

"हे भव्य! जिस-जिस वस्तु के आश्रय से तेरे क्रोधादि शत्रु पैदा होते हैं, उस-उस वस्तु को उक्त क्रोधादि की उत्पत्ति को नष्ट करने की दृष्टि से छोड़ देना चाहिए।"

"शत्रुभूत वे क्रोध आदि जिस-जिस कार्य के द्वारा रोके जा सकते हों, बुद्धिमान् मनुष्य को चाहिए कि उस-उस कार्य को प्रमाद रहित होकर स्वीकार करे।"

"जिसका मन क्रोध आदि कारणों के उपस्थित होने पर भी क्षुब्ध (विचलित) नहीं होता, वह गुणों की अधिकता के योग से योगी और गुणी जनों का गुरु है —ऐसा मैं मानता हूँ।"

"यदि वे क्रोध आदि विकार नष्ट हो चुके हों तो फिर तपश्चरण द्वारा क्यों खेद को प्राप्त हो रहे हो? यदि वे (विकार) नष्ट नहीं हुए हैं तो उनके होते हुए भी वह तप व्यर्थ है (क्योंकि तपश्चरण इसीलिए किया जाता है कि क्रोध आदि विकार नष्ट हों)।"

इस प्रकार हे भव्य! संवर व निर्जरा —इनके द्वारा प्राप्त होने वाले मोक्षमार्ग में अग्रसर होना चाहते हो तो उपशम भाव का आश्रयण लो, ताकि आत्मकल्याण की प्राप्ति सुकर हो सके— यह गाथा का तात्पर्य है।

सम्प्रति सम्यग्दृष्टिजीवस्य तथा मिथ्यादृष्टिजीवस्य कथं कालो व्यत्येति —इति शास्त्रकारा गाहा-छन्दसा निर्वर्णयन्ति—

सम्मादिट्ठी कालं वोल्लदि वेरग्गणाणभावेहिं।
मिच्छादिट्ठी वांछा-दुब्भावालस्सकलहेहिं ।।५३।।

छाया— सम्यग्दृष्टिः कालं गमयति वैराग्य-ज्ञानभावैः।
मिथ्यादृष्टिः वाञ्छा-दुर्भावालस्यकलहैः।।

रत्नत्रयवर्धिनी टीका— गाथान्वयः सुगम एव। (सम्मादिट्ठी कालं वोल्लदि) **सम्यग्दृष्टिर्जीवः स्वसमयं गमयति यापयति। किं कृत्वा ? उच्यते—** (वेरग्गणाणभावेहिं) **वैराग्येण तथा ज्ञानमयभावैश्च स स्वसमयं प्रायो गमयति यापयति। प्राकृते हैमव्याकरणानुसारं** (८/४/१६२) **गत्यर्थकगम्धातोः स्थाने** 'वोल' **आदेशो भवति। अतो वोल्लदि इत्यस्य गमयति इत्यर्थो भवति। अत्र रागकारणाभावाद् विषयेभ्यो विरक्तिः वैराग्यम्। यद्वा पञ्चेन्द्रियविषयसुखाभिलाषात्यागो वैराग्यम्। यतो हि सम्यग्दृष्टिः भेदविज्ञानेन सम्पन्नो भवति, तस्य ज्ञानस्यैव माहात्म्यं यत् स्वभावतः तस्य रागाद् विरक्तिः, श्रेयोमार्गे चानुरक्तिर्भवत्येव।**

अब, सम्यग्दृष्टि व मिथ्यादृष्टि जीव का समय कैसे बीतता है —इसका निरूपण शास्त्रकार गाहा छन्द के द्वारा कर रहे हैं—

गाथा-अर्थ— सम्यग्दृष्टि जीव वैराग्य व ज्ञानमय भावों द्वारा समय बिताता है, किन्तु मिथ्यादृष्टि जीव का समय विषयों की अभिलाषा, दुर्भावों, आलस्य व कलह (लड़ाई-झगड़े आदि) द्वारा बीतता है।।53।।

रत्नत्रयवर्धिनी टीका— गाथा का अन्वय सुगम ही है। **(सम्यग्दृष्टिः कालं गमयति)** सम्यग्दृष्टि जीव अपना समय व्यतीत करता है, बिताता है। क्या-क्या करते हुए? बता रहे हैं— **(वैराग्य-ज्ञानभावैः)** वैराग्य से तथा ज्ञानमय भावों से वह अपना समय प्रायः व्यतीत करता है, अर्थात् बिताता है। प्राकृत में हैमप्राकृत व्याकरण (के सूत्र सं. 8/4/162) के अनुसार गति अर्थ वाली गम् धातु के स्थान पर 'वोल' आदेश होता है। इसलिए 'वोल्लदि' का अर्थ है— बिताता है। यहाँ वैराग्य का अर्थ है— रागरूपी कारण के अभाव से विषयों से विरक्त होना। अथवा पाँचों इन्द्रियों के विषय-सुख की अभिलाषा का त्याग वैराग्य होता है। चूँकि सम्यग्दृष्टि भेदविज्ञान से युक्त होता है, उसके इस ज्ञान का ही माहात्म्य है कि उसकी स्वभावतः राग से विरक्ति और आत्म-कल्याण के मार्ग में अनुरक्ति होती ही है।

उक्तं च मूलाचारग्रन्थे (गाथा-२६८) —

जेण रागा विरज्जेज्ज जेण सेएसु रज्जदि।
जेण मेत्ती पभावेज्ज तं णाणं जिणसासणे।।

विषयवैराग्यं विना तपोध्यानादिकं सर्वं वृथैवेति आराधनासारग्रन्थस्य (गाथा-५४) **रत्नकीर्तिदेवरचितायां संस्कृतटीकायां प्रोक्तम्—**

पठतु सकलशास्त्रं सेवतां सूरिसंघान्, द्रढयतु च तपश्चाभ्यस्यतु स्फीतयोगम्।
चरतु विनयवृत्तिं बुध्यतां विश्वतत्त्वम्, यदि विषयविलासः सर्वमेतन्न किञ्चित्।।

एवमेव, सम्यग्ज्ञानसम्पन्नत्वात् सम्यग्दृष्टेः सर्वेभावाः ज्ञानमया भवन्ति। वस्तुतस्तु वीतरागचारित्राविनाभाविनिश्चयवीतरागस्वसंवेदनज्ञानिनां चेयं वस्तुस्थितिरवगन्तव्या।

मूलाचार-ग्रन्थ (गाथा-268) में कहा भी गया है—

"जिसके कारण राग से विरक्ति हो, श्रेय मार्ग में राग हो तथा मैत्री की प्रभावना हो, वही जिनशासन में 'ज्ञान' कहा जाता है।"

विषय-वैराग्य के बिना तप व ध्यान आदि सब वृथा ही होते हैं —ऐसा (पू.आ. देवसेन-कृत) आराधनासार ग्रन्थ (की गाथा-54) की रत्नकीर्तिदेव-रचित संस्कृत टीका में इस प्रकार कहा गया है—

"भले ही समस्त शास्त्रों को पढ़ लो, आचार्य-संघ की सेवा करो, तप को दृढ़ करो, बहुत-भारी योग-ध्यान का अभ्यास करो, विनय-वृत्ति का आचरण करो और समस्त तत्त्वों का ज्ञान प्राप्त कर लो, फिर भी यदि विषयों की अभिलाषा है तो यह सब कुछ नहीं (अर्थात् वृथा, निरर्थक) है।"

इसी तरह, सम्यग्ज्ञान से सम्पन्न होने के कारण सम्यग्दृष्टि के सभी भाव ज्ञानमय होते हैं। वस्तुतः (उक्त कथन में) वीतराग चारित्र से अविनाभूत रहने वाले 'निश्चय वीतराग स्वसंवेदन' से युक्त ज्ञानी जनों की ही यह यथार्थ स्थिति है —ऐसा जानना चाहिए।

उक्तं च समयसारग्रन्थे (गाथा-१२८)—

णाणमया भावाओ णाणमयो चेव जायदे भावो।
जम्हा तम्हा णाणिस्स सव्वे भावा हु णाणमया।।

अस्यां गाथायां 'ज्ञानी' इत्यस्य स्वसंवेदनलक्षणभेदज्ञानी इत्यर्थः इति तात्पर्यवृत्तिटीकायां व्याख्यातम्। ज्ञान-वैराग्योभयशक्तिं सम्यग्दृष्टिर्जीवो बिभर्ति इति समयसारकलशे (सं. १३६) **प्रोक्तम्—**

सम्यग्दृष्टेर्भवति नियतं ज्ञानवैराग्यशक्तिः,
स्वं वस्तुत्वं कलयितुमयं स्वान्यरूपाप्तिमुक्त्या।
यस्माज्ज्ञात्वा व्यतिकरमिदं तत्त्वतः स्वं परं च,
स्वस्मिन्नास्ते विरमति परात् सर्वतो रागयोगात्।।

समयसार ग्रन्थ (गाथा-128) में भी (इसी स्थिति का) कथन इस प्रकार किया गया है—

''ज्ञानमय भाव से ज्ञानमय भाव ही उत्पन्न होता है, इसलिए ज्ञानी के सभी भाव ज्ञानमय होते हैं।''

यहाँ 'ज्ञानी' से तात्पर्य 'स्वसंवेदनलक्षण भेदज्ञान वाला' है —ऐसा इस गाथा की तात्पर्यवृत्ति टीका में कहा भी गया है। सम्यग्दृष्टि जीव ज्ञान व वैराग्य —इन दोनों शक्तियों (क्षमताओं) का धारक होता है —ऐसा समयसारकलश (सं. 136) में बताया गया है—

''सम्यग्दृष्टि के नियमतः ज्ञान व वैराग्य की शक्ति होती है, क्योंकि यह सम्यग्दृष्टि अपने यथार्थ स्वरूप का ग्रहण तथा अपने से भिन्न पर के ग्रहण का त्याग —इन दोनों के भेद को परमार्थ से जानकर अपने स्वरूप में स्थित रहता है और पर द्रव्य से सभी तरह के राग को छोड़ता है (ऐसा होना ज्ञान-वैराग्य शक्ति के बिना सम्भव नहीं)।''

स्वज्ञानवैराग्याभ्यां सम्यग्ज्ञानी कर्मबन्धनेन रहित एव भवति —इति अध्यात्मविदुषां मतम्। उक्तं च ज्ञानार्णवग्रन्थे (२९/३८)—

अलौकिकमहो वृत्तं ज्ञानिनः केन वर्ण्यते।
अज्ञानी बध्यते यत्र, ज्ञानी. तत्रैव मुच्यते।।

समयसारकलशे (सं. १९८) **भणितम्**—

ज्ञानी करोति न, न वेदयते च कर्म, जानाति केवलमयं किल तत्स्वभावम्।
जानन्परं करणवेदनयोरभावात्, शुद्धस्वभावनियतः स हि मुक्त एव।।

अमितगतिकृतयोगसारग्रन्थे (४/१९) **च भणितम्**—

ज्ञानी विषयसंगेऽपि विषयैर्नैव लिप्यते।
कनकं मलमध्येऽपि न मलैरुपलिप्यते।।

अपने (इन्हीं) ज्ञान व वैराग्य के द्वारा सम्यग्ज्ञानी कर्म-बन्धन से रहित ही होता है—ऐसा अध्यात्मवेत्ताओं का मत है। ज्ञानार्णव ग्रन्थ (29/38) में भी कहा है—

"जहाँ अज्ञानी बन्ध को प्राप्त होता है, वहीं ज्ञानी मुक्त रहता है। ज्ञानी का अहो! यह अलौकिक चारित्र है। इसका वर्णन भला कौन कर सकता है?"

समयसारकलश (सं. 198) में भी कहा गया है—

"ज्ञानी जीव कर्म को न करता है और न भोगता है, मात्र उस कर्म-स्वभाव का ज्ञाता रहता है। इस प्रकार मात्र जानता हुआ कर्तापन व भोक्तापन के अभाव के कारण, वह शुद्ध स्वभाव में निश्चल रहता है। इसलिए वह तो निश्चय से मुक्त ही है।"

आचार्य अमितगतिकृत योगसार ग्रन्थ (4/19) में भी बताया गया है—

"ज्ञानी विषयों के संसर्ग में भी विषयों में उसी प्रकार लिप्त नहीं होता, जिस प्रकार सोना कीचड़ में पड़ा हुआ होने पर भी कीचड़ से लिप्त नहीं होता।"

समयसारग्रन्थे (गाथा-१९६, २१८) **च समुद्घोषितम्—**

जह मज्जं पिवमाणो अरदिभावेण मज्जदि ण पुरिसो।
दव्वुवभोगे अरदो णाणी वि ण बज्झदि तहेव।।

णाणी रागप्पजहो सव्वदव्वेसु कम्ममज्झगदो।
णो लिप्पदि रजएण दु कद्दममज्झे जहा कणयं।।

सम्प्रति मिथ्यादृष्टिविषये शास्त्रकारा निरूपयन्ति (मिच्छादिट्ठी वांछा-दुब्भावालस्स-कलहेहिं) **मिथ्यादृष्टिस्तु विषयवाञ्छायां, दुर्भावैः, आलस्येन तथा कलहेन च स्वकालं गमयति। क्वचित्स विषयसुखप्राप्त्यै तत्परो भवति, क्वचित् दुर्भावैः, दूषितविचारैः परानिष्टकारकैः समयं यापयति। यद्वा अलसो निश्चेष्टो वा भूत्वा तिष्ठति तथा मनसैव दुश्चिन्तनं करोति। यद्वा कलहेन स्वयमपि विक्षुब्धो भवति, परमपि विक्षुब्धं करोति, वातावरणमपि कलुषितं करोति।**

समयसार ग्रन्थ (गाथा-196 व 218) में भी इसका उद्घोष इस प्रकार किया गया है—

"जिस प्रकार अरति भाव से मद्य पीकर भी व्यक्ति मतवाला नहीं होता, उसी तरह ज्ञानी व्यक्ति द्रव्य के उपभोग में तीव्र राग न होने के कारण कर्मों से बद्ध नहीं होता।"

"ज्ञानी सब द्रव्यों में राग को छोड़ने वाला होता है, वह कर्म के मध्य में प्राप्त भी हुआ हो तो भी कर्म रूपी रज से लिप्त नहीं होता, जैसे कीचड़ में पड़ा हुआ सोना।"

अब, मिथ्यादृष्टि के बारे में शास्त्रकार (गाथा की दूसरी पंक्ति में) बताने जा रहे हैं— **(मिथ्यादृष्टिः वाञ्छा-दुर्भावालस्यकलहैः)** मिथ्यादृष्टि जीव तो विषयों की अभिलाषा में, (या) दुर्भावों में, (या) आलस्य में (या) कलह में अपने समय को व्यतीत करता है। कभी वह विषय-सुख की प्राप्ति हेतु तत्पर होता है, कभी दुर्भावों यानी अन्य का अनिष्ट करने वाले दूषित विचारों में समय व्यतीत करता है। या फिर आलसी यानी निश्चेष्ट होकर पड़ा रहता है और मन से ही दुश्चिन्तन करता है। या फिर कलह से स्वयं भी विक्षुब्ध होता है, दूसरे को भी विक्षुब्ध करता है, साथ ही वातावरण को भी कलुषित करता है।

एवं हे भव्य! मिथ्यादृष्टिवत् नाचरितव्यम्, सम्यग्दृष्टिवदेव श्रद्धान-ज्ञान-चारित्रधारिणा वर्तितव्यमिति गाथायास्तात्पर्यम्।

अथ भरतक्षेत्रे वर्तमानकाले पापिष्ठजनानां बहुलता भवतीति शास्त्रकारा उग्गाहा-छन्दसा निरूपयन्ति—

अज्जवसप्पिणि भरहे पउरा रुद्दट्टज्झाणया दिट्ठा।
णट्ठा दुट्ठा कट्ठा पापिट्ठा किण्ह-णील-काओदा।। ५४।।

छाया— अद्य अवसर्पिण्यां भरते प्रचुराः रौद्रार्तध्यानिनः दृष्टाः।
नष्टाः दुष्टाः कष्टाः पापिष्ठाः कृष्ण-नील-कापोताः।।

रत्नत्रयवर्धिनी टीका— गाथान्वयः सुगम एव। (अज्जवसप्पिणि भरहे) **अद्य सम्प्रति, वर्तमाने अवसर्पिण्याम्, तत्पञ्चमभागे इत्यर्थः। तथा भरतक्षेत्रे। उत्सर्पिणी-अवसर्पिणी-कालचक्रपरिवर्तनेन भरत-ऐरावतेतिक्षेत्रद्वये क्रमशो वृद्धि-ह्रासौ भवतः इति तत्त्वार्थसूत्रे** (३/२७) **संकेतितम्।**

इस प्रकार, हे भव्य! तुम्हें मिथ्यादृष्टि की तरह आचरण नहीं करना चाहिए, अपितु सम्यग्दृष्टि की तरह ही श्रद्धान-ज्ञान व चारित्र को धारण करते हुए प्रवृत्त रहना चाहिए —यह गाथा का तात्पर्य है।

अब, भरत क्षेत्र में वर्तमान काल में पापी जनों की बहुलता है —इसे शास्त्रकार उग्गाहा छन्द के द्वारा बता रहे हैं—

गाथा-अर्थ— वर्तमान अवसर्पिणी काल एवं भरत क्षेत्र में प्रचुर संख्या में रौद्रध्यानी, आर्तध्यानी, (सम्यक्त्व से) नष्ट, दुष्ट (दूषित विचार वाले), कष्ट से ग्रस्त, पापी, तथा कृष्ण, नील व कापोत —इन तीन अप्रशस्त लेश्या वाले देखे जाते हैं।।54।।

रत्नत्रयवर्धिनी टीका— गाथा का अन्वय सुगम ही है। **(अद्य अवसर्पिण्यां भरते)** अभी— वर्तमान में, अवसर्पिणी काल में, अर्थात् उसके पाँचवें भाग (आरे) में। और भरतक्षेत्र में। भरत व ऐरावत —इन दो क्षेत्रों में क्रमशः उत्सर्पिणी व अवसर्पिणी काल (चक्र) के परिवर्तन होते रहने से वृद्धि व ह्रास होता रहता है —ऐसा तत्त्वार्थसूत्र (3/27) में बताया गया है।

अतो भरतक्षेत्रस्थितानां मनुष्याणाम् उपभोगपरिभोग-सम्पत्तिः, जीवितपरिमाणम्, शरीरोत्सेधः, बलं, ज्ञानम्, इत्येवमादिकृतो ह्रास एव अवसर्पिणीकाले प्रवर्तमानोऽस्ति। तत्रापि पंचमादिकाले तु पूर्वकालापेक्षया विशेषतोऽप्रशस्ता स्थितिर्भवति, तदेव सूच्यते शास्त्रकारेण (पउरा रुद्दट्टज्झाणया दिट्ठा) **प्रचुरतया, रौद्र-आर्तध्यानिनो दृश्यन्ते। धर्मध्यानिनस्तदपेक्षया अल्या इति चात्रैव सूच्यते।**

किं च रौद्रध्यानम् तद्वन्तश्च जनाः कीदृशा इति विषये किञ्चिद् विव्रियते— रुद्रः क्रूराशयः, तस्य यत्कर्म, तद् रौद्रमित्युच्यते। एवं क्रूरतापूर्णं तीव्रहिंसादिभावेन कृतं मनश्चिन्तनं रौद्रध्यानमवगम्यते। उक्तं च भगवतीआराधनाग्रन्थे (गाथा-१६९८)—

तेणिक्क-मोस-सारक्खणेसु तह चेव छव्विहारंभे।
रुद्दं कसायसहियं झाणं भणियं समासेण।।

इसलिए इस अवसर्पिणी काल में भरत क्षेत्र में स्थित मनुष्यों के उपभोग-परिभोग सम्पत्ति, जीने का काल-परिमाण, शारीरिक ऊँचाई, बल, ज्ञान इत्यादि में ह्रास ही होता है। और पंचम आदि काल (आरे) में तो पूर्व समय की अपेक्षा विशेषतया अधिक अप्रशस्त स्थिति रहती है — इसी को यहाँ शास्त्रकार सूचित कर रहे हैं— **(प्रचुराः रौद्रार्तध्यानिनो दृष्टाः)**। प्रचुर रूप से रौद्र व आर्त ध्यान वाले दृष्टिगोचर होते हैं। धर्मध्यानी जीव उनकी अपेक्षा अल्प होते हैं —यह भी इसी से सूचित हो रहा है।

और, रौद्र ध्यान क्या है ? उसके धारक जीव कैसे होते हैं —इस विषय में कुछ विवरण यहाँ प्रस्तुत किया जा रहा है— रुद्र यानी क्रूर भाव, उसका जो कर्म है, उसे रौद्र कहते हैं। इस प्रकार, क्रूरतापूर्ण व तीव्र हिंसा आदि परिणामों से किया गया मानसिक चिन्तन 'रौद्रध्यान' है— यह ज्ञात होता है। भगवती-आराधना ग्रन्थ (गाथा-1698) में कहा भी गया है—

"दूसरों के द्रव्य को लेने का अभिप्राय, झूठ बोलने में आनन्द मानना, दूसरे को मारने का अभिप्राय, छः काय के जीवों की विराधना (असि, मसि आदि) छः कर्मों के आरम्भ व संग्रह करने में आनन्द मानना —इनमें जो कषाय-सहित एकाग्रतया चिन्तन-मनन होता है, उसे रौद्र ध्यान कहा गया है।"

आदिपुराणे (२१/४२) **च निर्दिश्यते—**

प्राणिनां रोदनाद् रुद्रः क्रूरः सत्त्वेषु निर्घृणः।
पुमांस्तत्र भयं रौद्रं विद्धि ध्यानं चतुर्विधम्।।

तत्त्वार्थसूत्रे (९/३५) **एतस्य चत्वारः प्रकारा निरूपिताः—** 'हिंसानृतस्तेयविषयसंरक्षणेभ्यो रौद्रम्...'। **एतेषां चतुर्णां भेदानां पृथक् पृथक् स्वरूपमपि ज्ञानार्णवग्रन्थे** (२४/४, १४, १८, २२, २७) **प्रोक्तानि—**

हते निष्पीडिते ध्वस्ते जन्तुजाते कदर्थिते।
स्वेन चान्येन यो हर्षस्तद् हिंसारौद्रमुच्यते।।

असत्यकल्पनाजालकश्मलीकृतमानसः ।
चेष्टते यज्जनस्तद्धि मृषारौद्रं प्रकीर्तितम्।।

आदिपुराण (21/42) में भी कहा गया है—

"जो पुरुष प्राणियों को रुलाता है, वह रुद्र, क्रूर या सब लोगों में निर्दय कहलाता है। ऐसे पुरुष का जो ध्यान होता है, उसे रौद्र ध्यान कहते हैं। उसके चार भेद जानें।"

तत्त्वार्थसूत्र (9/35) में इसके चार भेद इस प्रकार बताये गये हैं— "हिंसा, असत्य, चोरी और विषय-संरक्षण —इन (चार) के लिए सतत चिन्तन करना (चार प्रकार का) रौद्र ध्यान होता है.........।" इन चारों भेदों का पृथक्-पृथक् स्वरूप भी ज्ञानार्णव ग्रन्थ (24/4, 14, 18, 22, 27) में बताया गया है—

"स्वयं अपने द्वारा या अन्य के द्वारा प्राणी-समूह के मारे जाने पर, दबाये जाने पर, नष्ट किये जाने पर या पीड़ित किये जाने पर जो हर्ष होता है, वह (प्रथम) हिंसा रौद्र ध्यान कहलाता है।"

"जिस मनुष्य का हृदय असत्य कल्पनाओं के समूह से मोह को प्राप्त हुआ है, वह जो कुछ भी प्रवृत्ति करता है, उसे 'मृषा रौद्र ध्यान' (द्वितीय भेद) कहा जाता है।"

असत्य-सामर्थ्य-वशादरातीन्, नृपेण वान्येन च घातयामि।
अदोषिणां दोषचयं विधाय, चिन्तेति रौद्राय मता मुनीन्द्रैः।।

चौर्योपदेशबाहुल्यं चातुर्यं चौर्यकर्मणि।
यच्चौर्यैकपरं चेतः, तच्चौर्यानन्द इष्यते।।

बह्वारम्भपरिग्रहेषु नियतं रक्षार्थमभ्युद्यतः,
यत्संकल्पपरम्परां वितनुते प्राणीह रौद्राशयः।
यच्चालम्ब्य महत्त्वमुन्नतमनाः राजेत्यहं मन्यते,
तत्तुर्यं प्रवदन्ति निर्मलधियो रौद्रं भवाशंसिनाम्।।

कार्तिकेयानुप्रेक्षाग्रन्थेऽपि (गाथा ४७५-४७६) **तत्स्वरूपमुक्तम्—**

"मैं असत्य के बल से राजा के द्वारा या अन्य के द्वारा शत्रुओं को नष्ट करता हूँ, —इस प्रकार निर्दोष जनों के प्रति दोषसमूह को उद्भावित करते हुए जो चिन्तन होता है, उसे महर्षि जन रौद्र ध्यान का कारण मानते हैं।"

"चोरी से सम्बन्धित उपदेश की अधिकता, चोरी के कार्य में चतुरता, और उस चोरी के काम में जो असाधारण रति (प्रेम) होती है, उसे 'चौर्यानन्द रौद्रध्यान' (तृतीय भेद) कहते हैं।"

"दुष्ट अभिप्राय वाला प्राणी जो यहाँ बहुत आरम्भ के लिए तथा बहुत परिग्रह के विषय को सुरक्षित रखने के लिए सदा प्रयत्नशील रहता है, उसके लिए संकल्प-विकल्पों की परम्परा को विस्तृत करता है, तथा बड़प्पन का आश्रय लेकर मन को ऊँचा करता हुआ अपने को 'मैं राजा हूँ' ऐसा समझता है, उसे निर्मल बुद्धि के धारक गणधरादि ने चतुर्थ (परिग्रहानन्द) रौद्रध्यान कहा है। यह ध्यान संसार परिभ्रमण के अभिलाषी प्राणियों को हुआ करता है (अर्थात् इस ध्यान का फल दीर्घ संसार है)।"

कार्तिकेयानुप्रेक्षा ग्रन्थ (गाथा 475-476) में भी इसके स्वरूप का निरूपण इस प्रकार किया गया है—

हिंसाणंदेण जुदो असच्चवयणेण परिणदो जो दु।
तत्थेव अथिरचित्तो रुद्दं झाणं हवे तस्स।।

परविसयहरणसीलो सगीयविसए सुरक्खणे दक्खो।
तग्गयचिंताविट्ठो णिरंतरं तं पि रुद्दं पि।।

रौद्रध्यानस्य चिह्नानि तथा तस्य दुष्प्रभावश्च एतन्निरूपणं ज्ञानार्णवग्रन्थे (२४/३६, ३८) **प्राप्यते—**

विस्फुलिङ्गनिभे नेत्रे भ्रूः वक्रा भीषणाकृतिः।
कम्पः स्वेदादिलिङ्गानि, रौद्रे बाह्यानि देहिनाम्।।

दहत्येव क्षणार्द्धेन देहिनामिदमुत्थितम्।
असद्ध्यानं त्रिलोकश्रीप्रसवं धर्मपादपम्।।

"जो मनुष्य हिंसा में आनन्द मानता है और असत्य बोलने में आनन्द मानता है तथा उसी में जिसका चित्त विक्षुब्ध (व्याकुल) रहता है, उसे रौद्रध्यान होता है।"

"जो व्यक्ति दूसरों की विषय-सामग्री को हड़पने के स्वभाव वाला होता है और अपनी विषय-सामग्री की रक्षा करने में चतुर है तथा निरन्तर ही जिसका चित्त इन दोनों कामों में लगा रहता है, वह भी रौद्र ध्यानी है।"

रौद्रध्यान के बाह्य चिह्नों का तथा रौद्रध्यान के दुष्प्रभाव का निरूपण ज्ञानार्णव ग्रन्थ (24/36, 38) में इस प्रकार प्राप्त होता है—

"अग्नि की चिनगारी के समान लाल-लाल आँखें, भ्रुकुटियों की कुटिलता, शरीर की भयानक आकृति, कांपना व पसीना आना इत्यादि रौद्रध्यान के समय प्राणियों के बाह्य चिह्न होते हैं।"

"यह निन्द्य (रौद्र) ध्यान उत्पन्न होकर प्राणियों के उस धर्मरूपी वृक्ष को क्षण में ही जलाकर भस्म कर देता है जो त्रैलोक्य की लक्ष्मी का उत्पत्ति-स्थान होता है।"

आर्तध्यानस्य स्वरूपादिकं च कार्तिकेयानुप्रेक्षाग्रन्थे (गाथा ४७३-४७४) **वर्णितम्—**

दुक्खयरविसयजोए केम इमं चयदि इदि विचिंततो।
चेट्ठदि जो विक्खित्तो अट्टज्झाणं हवे तस्स।।

मणहरविसयविओगे कह तं पावेमि इदि वियप्पो जो।
संतावेण पयट्टो सो च्चिय अट्टं हवे झाणं।।

ज्ञानार्णवग्रन्थे (२३/२१, २५, २७, ३०, ३२, ३९) **च तत्स्वरूपं निरूपितं प्राप्यते—**

ऋते भवमथार्तं स्यादसद्ध्यानं शरीरिणाम्।
दिग्मोहोन्मत्तता-तुल्यम् अविद्यावासनावशात्।।

श्रुतैर्दृष्टैः स्मृतैर्ज्ञातैः प्रत्यासत्तिं च संसृतैः।
योऽनिष्टार्थैर्मनःक्लेशः पूर्वमार्तं तदिष्यते।।

आर्तध्यान के स्वरूप आदि का निरूपण कार्तिकेयानुप्रेक्षा ग्रन्थ (गाथा 473-474) में इस प्रकार प्राप्त होता है—

''दुःखदायी विषय का संयोग होने पर यह कैसे दूर हो' इस प्रकार विचार करता हुआ जो विक्षिप्त चित्त होकर चेष्टा करता है, उसके अनिष्टसंयोगज आर्तध्यान होता है। तथा मनोहर (सुखद) विषय का वियोग होने पर 'कैसे इसे प्राप्त करूँ' इस प्रकार विचार करता हुआ जो दुःखी होकर प्रवृत्ति करता है, वह भी इष्टवियोगज आर्तध्यान है।''

ज्ञानार्णव ग्रन्थ (23/21, 25, 27, 30, 32, 39) में भी इसका स्वरूप इस प्रकार निरूपित किया गया है—

''ऋत (पीड़ा) में होने वाला 'आर्त' होता है, वैसा ध्यान आर्तध्यान कहलाता है। प्राणियों के मिथ्याज्ञान की वासना से उत्पन्न होने वाला यह ध्यान दिङ्मूढ़ता या उन्माद के समान होता है।''

''सुने हुए, देखे हुए, स्मरण में आये हुए और निकटवर्ती अनिष्ट पदार्थों के निमित्त से जो मन में क्लेश होता है, वह प्रथम (अनिष्टसंयोगज) आर्तध्यान होता है।''

राज्यैश्वर्यकलत्रबान्धवसुहृत्सौभाग्यभोगात्यये,
चित्तप्रीतिकरप्रसन्नविषयप्रध्वंसभावेऽथवा।
संत्रासभ्रमशोकमोहविवशैर्यत् खिद्यतेऽहर्निशम्,
तत् स्यादिष्टवियोगजं तनुमतां ध्यानं कलङ्कास्पदम्।।

कासश्वासभगन्दरोदरयकृत्कुष्ठातिसारज्वरैः,
पित्तश्लेष्ममरुत्प्रकोपजनितै रोगैः शरीरान्तकैः।
स्याच्छश्वत्प्रबलैः प्रतिक्षणभवैर्यद्व्याकुलत्वं नृणाम्,
तद् रोगार्तमनिन्दितैः प्रकटितं दुर्वारदुःखाकरम्।।

भोगा भोगीन्द्रसेव्यास्त्रिभुवनजयिनी रूपसाम्राज्यलक्ष्मी,
राज्यं क्षीणारिचक्रं विजितसुरवधूलास्यलीला युवत्यः।
अन्यच्चानन्दभूतं कथमिह भवतीत्यादिचिन्तासुभाजाम्,
या तद्भोगार्तमुक्तं परमगुणधरैर्जन्मसन्तानसूत्रम्।।

"राज्य, ऐश्वर्य, स्त्री, बन्धुजन, मित्र एवं सौभाग्य (लोकप्रियता) व पंचेन्द्रिय-विषयभोगों के नष्ट हो जाने पर या चित्त में अनुराग उत्पन्न करने वाले उत्तम विषय के विनाश होने पर प्राणी जो पीड़ा, भ्रान्ति, शोक व मोह के वशीभूत होकर दिन-रात खेद को प्राप्त होते हैं, वह इष्टवियोगज (दूसरा) आर्तध्यान होता है, जो प्राणियों के लिए पाप का कारण होता है।"

"कास (खाँसी), श्वास, भगन्दर, पेट का यकृत (रोग), कोढ़, अतिसार और ज्वर से, तथा पित्त, कफ व वायु के प्रकोप से पैदा होकर शरीर को नष्ट करने वाले रोगों से, इनके अतिरिक्त निरन्तर प्रतिसमय उत्पन्न होने वाले प्रबल रोगों से जो मनुष्यों को व्याकुलता होती है, उसे अनिन्दित (यशस्वी) जनों ने रोगार्त (पीड़ाचिन्तन नामक तीसरा) आर्तध्यान कहा है। यह ध्यान प्राणियों को दुर्निवार (जिसका निवारण कठिन हो, ऐसे) दुःखों को देने वाला होता है।"

"धरणेन्द्र द्वारा भोगने योग्य भोग, तीनों लोकों को जीतने वाली सुन्दरता रूप साम्राज्य-लक्ष्मी, शत्रु-समूह से रहित निष्कण्टक राज्य, देवांगनाओं के नृत्य की लीला को जीतने वाली तरुण स्त्रियाँ तथा अन्य भी सुख-सामग्री मुझे यहाँ किस प्रकार से प्राप्त हो —इत्यादि जो प्राणियों की चिन्ता (व्याकुलता) होती है, उसे श्रेष्ठ गणधरों ने (निदान नामक चतुर्थ) भोगार्तध्यान कहा है। यह ध्यान जन्म-परम्परा (संसारपरिभ्रमण) का कारण होता है।"

एतद् विनापि यत्नेन स्वयमेव प्रसूयते।
अनाद्यसत्समुद्भूतसंस्कारादेव देहिनाम्।।

एवं वर्तमानकाले जनेषु प्रचुरतया आर्त-रौद्रेतिनामके अप्रशस्तध्याने स्तः। तेन तेषु को दुष्प्रभावः इति च गाथायामस्यां निरूप्यते— (णट्ठा दुट्ठा कट्ठा पाविट्ठा) **नष्टाः, सम्यग्दर्शनादि-आत्मगुणानां विघातेन नष्टात्मशुद्धस्वरूपाः इत्यर्थः। तथा दुष्टाः दूषितकर्माचरणे सततं प्रवृत्ताः इत्यर्थः। कष्टाः कष्टमयजीवनं यापयन्त इत्यर्थः। पापिष्ठाः पापमयाः, पापार्जनसंप्रवृत्ताः पूर्वकृतपापदुष्फलमप्यनुभवन्तः, इत्यर्थः। तथा** (किण्ह-नील-काओदा) **कृष्ण-नील-कापोतेतितिस्त्रो लेश्या अप्रशस्ताः सन्ति, ते तद्वन्तः पापिष्ठा जनाः अप्रशस्तलेश्यानुरूपं निन्दनीयमाचरणं विदधति।**

अत्रेदं ज्ञेयम्— कषायानुरञ्जिता कायवाङ्मनोयोगप्रवृत्तिर्लेश्या कथ्यते। लिम्पति कर्मभिरात्मानमिति च लेश्या निरूप्यते। यद्वा आत्म-कर्मणोः संश्लेषणकारिणी लेश्या।

"यह प्राणियों को सहज रूप से, बिना प्रयत्न के ही अनादि काल से उत्पन्न हुए दुष्ट संस्कार के कारण स्वयं उत्पन्न होता है।"

इस प्रकार, वर्तमान समय में लोगों में प्रचुरता से आर्त व रौद्र नामक दोनों अप्रशस्त ध्यान होते हैं। जिसके कारण उनमें कौन सा दुष्प्रभाव होता है (या रहा है) —इसका निरूपण इस गाथा में (अब) किया जा रहा है— **(नष्टाः, दुष्टाः, कष्टाः, पापिष्ठाः)** लोग नष्ट हैं, अर्थात् सम्यग्दर्शनादि आत्म-गुणों के घात होने से उनका शुद्ध आत्म-स्वरूप नष्ट हैं। वे दुष्ट यानी दूषित कर्मों के आचरण में हमेशा प्रवृत्त हैं। वे कष्ट अर्थात् कष्टपूर्ण जीवन-यापन करते (या कर रहे होते) हैं। वे पापिष्ठ हैं अर्थात् पापमय, पाप के अर्जन में लगे हुए एवं पूर्वकृत पापों का दुष्परिणाम भोगते (या भोग रहे) हैं। और इसके अतिरिक्त, **(कृष्ण-नील-कापोताः)** कृष्ण लेश्या, नील लेश्या व कापोत लेश्या —ये जो तीन अप्रशस्त लेश्याएँ होती हैं, वे लोग उन लेश्याओं वाले होते हैं, (यानी) वे पापी लोग अपनी अप्रशस्त लेश्याओं के अनुरूप निन्दित आचरण करने वाले होते हैं।

यहाँ यह ज्ञातव्य है— कषायों से अनुरञ्जित शरीर-वाणी-मन की प्रवृत्ति 'लेश्या' कही जाती है, जो आत्मा को कर्म से लिप्त करे, उसे लेश्या कहा जाता है, अथवा आत्मा व कर्म का संश्लेषण (योग) कराने वाली लेश्या होती है।

सा च द्विविधा शुभाऽशुभा च। अशुभलेश्याः कृष्ण-नील-कापोतेतिनाम्न्यः तिस्रः। शुभलेश्याः पीत-पद्म-शुक्लेतिसंज्ञिकाः तिस्रो भवन्ति। द्रव्यलेश्या-भावलेश्येतिप्रकारेण लेश्याया द्वौ भेदौ स्वीकृतौ। तत्र प्रोक्ता योगप्रवृत्तिः भावलेश्या भवति, तथा शरीरनामकर्मोदयापादिता तु द्रव्यलेश्या।

तत्र कृष्णलेश्यास्वरूपं राजवार्तिके (४/२२/१०) **प्रोक्तम्—** "अनुनयानभ्युपगम-उपदेशाग्रहण-वैरामोचन-अतिचण्डत्व-दुर्मुखत्व-निरनुकम्पता-क्लेशन-मारणा-परितोषणादिकृष्णलेश्यालक्षणम्।"

प्राकृतपञ्चसंग्रहे (गाथा-१/१४४-१४५), **धवलाग्रन्थे** (पु. १, खण्ड-१, भाग-१, सू. १३६, गाथा २००-२०१, पृ. ३९१) **तथा गोम्मटसारग्रन्थे** (जीवकाण्ड, गाथा ५०९-५१०) **च प्रोक्तम्—**

चंडो ण मुयदि वेरं भंडणसीलो य धम्मदयरहिओ।
दुट्ठो ण य एदि वसं लक्खणमेयं दु किण्हस्स।।

वह लेश्या दो प्रकार की होती है— शुभ व अशुभ। कृष्ण, नील व कापोत —ये तीन लेश्याएँ अशुभ होती हैं। पीत, पद्म व शुक्ल —ये तीन लेश्याएँ शुभ होती हैं। द्रव्य लेश्या व भाव लेश्या —इस प्रकार से भी लेश्या के दो भेद स्वीकृत किये गये हैं। उक्त योग-प्रवृत्ति भावलेश्या है और शरीरनामकर्म के उदय से होने वाली लेश्या तो 'द्रव्यलेश्या' होती है।

इनमें कृष्ण लेश्या का स्वरूप राजवार्तिक (4/22/10) में इस प्रकार बताया गया है— "दुराग्रह, उपदेश की अवमानना, तीव्र वैर, अत्यन्त क्रोध, दुर्मुखता (बुरा ही बोलना) , निर्दयता, क्लेश, सन्ताप, हिंसा, असन्तोष आदि परम तामसिक भाव कृष्ण लेश्या के लक्षण हैं।"

प्राकृत पञ्चसंग्रह (गाथा 1/144-145), धवला ग्रन्थ (पु. 1, खण्ड-1, भाग-1, सू. 136, गाथा 200-201, पृ. 391) तथा गोम्मटसार ग्रन्थ (जीवकाण्ड, गाथा 509-510) में भी कहा गया है—

"तीव्र क्रोधी हो, वैर न छोड़े, लड़ाई-झगड़ा करने का स्वभाव हो, दया-धर्म से रहित हो, दुष्ट व निर्दय हो, किसी के वश में न आता हो —ये कृष्ण लेश्या वाले के लक्षण हैं।"

मंदो बुद्धिविहीणो णिव्विण्णाणी य विसयलोलो य।
माणी मायी य तहा आलस्सो चेव भेज्जो य।।

एवं नीललेश्यालक्षणं राजवार्तिकग्रन्थे (४/२२/१०) **निर्दिष्टम्—** "आलस्य-विज्ञानहानि-कार्यानिष्ठापन-भीरुता-विषयातिगृद्धि-माया-तृष्णा-अतिमान-वञ्चना-अनृतभाषण-चापल-अतिलुब्धत्वादि नीललेश्यालक्षणम्।"

प्राकृतपञ्चसंग्रहे (गाथा-१/१४६), **धवलाग्रन्थे** (पु. १, खण्ड-१, भाग-१, सू. १३६, गाथा-२०२, पृ. ३९१) **तथा गोम्मटसारे** (जीवकाण्ड, गाथा-५११) **च प्रोक्तम्—**

णिद्दावंचणबहुलो धणधण्णे होइ तिव्वसण्णो य।
लक्खणमेयं भणियं समासदो णीललेस्सस्स।।

तिलोयपण्णत्तिग्रन्थे च (गाथा २/२९७-२९८) **भणितम्—**

"मन्द (स्वच्छन्द या आलसी) हो, बुद्धिहीन हो, अज्ञानी हो, स्पर्शन आदि इन्द्रियों के विषय में लम्पट हो, अभिमानी हो, कुटिल वृत्ति वाला-मायाचारी हो, कर्तव्य में आलसी हो, जिसका अभिप्राय जाना न जा सके —ये सब भी कृष्ण लेश्या के लक्षण हैं।"

इसी तरह राजवार्तिक ग्रन्थ (4/22/10) में नील लेश्या के लक्षण इस प्रकार बताये गये हैं—"आलस्य, मूर्खता, कर्तव्य के प्रति निष्ठा न होना, भीरुता, अत्यन्त विषयभोग की अभिलाषा, अत्यन्त आसक्ति, माया, तृष्णा, अतिमान, वंचना, असत्यभाषण, चपलता व अत्यन्त लोभ आदि परिणाम नील लेश्या के लक्षण हैं।"

प्राकृत पंचसंग्रह (गाथा 1/146), धवला ग्रन्थ (पु. 1, खण्ड-1, भाग-1, सू. 136, गाथा 202, पृ. 391) तथा गोम्मटसार (जीवकाण्ड, गाथा-511) में भी कहा गया है—

"बहुत सोता हो, दूसरों को खूब ठगता हो, धन-धान्य की तीव्र लालसा हो, ये संक्षेप में नील लेश्या के लक्षण हैं।"

तिलोयपण्णत्ति ग्रन्थ (गाथा 2/297-298) में भी कहा गया है—

विसयासत्तो विमदी माणी विण्णाणवज्जिदो मंदो।
अलसो भीरू मायापवंचबहुलो य णिद्दालू।।

परवंचणप्पसत्तो लोहंधो धणसुहाकंखी।
बहुसण्णा णीलाए जम्मदि तं चेव धूमंतं।।

एवं कापोतलेश्याया लक्षणं राजवार्तिकग्रन्थे (४/२२/१०) **प्रोक्तम्—** "मात्सर्य-पैशुन्य-परपरिभवात्मप्रशंसा-परपरिवादवृद्धिहान्यगणनात्मीयजीवितनिराशता-प्रशस्यमानधनदानयुद्धमरणोद्यमादि कापोतलेश्यालक्षणम्।"

प्राकृतपञ्चसंग्रहे (गाथा १/१४७-१४९), **धवलाग्रन्थे** (पु. १, खण्ड-१, भाग-१, सू. १३६, गाथा २०३-२०५) **तथा गोम्मटसारग्रन्थे** (जीवकाण्ड, गाथा ५१२-५१४) **च प्रोक्तम्—**

रूसइ णिंदइ अण्णे दूसणबहुलो य सोयभयबहुलो।
असुयइ परिभवइ परं पसंसइ य अप्पयं बहुसो।।

"विषयों में आसक्त, मतिहीन, अभिमानी, विवेक बुद्धि से रहित, मन्द (मूर्ख), आलसी, कायर, प्रचुर माया-प्रपंच में संलग्न, निद्रालु, दूसरों को ठगने में तत्पर, लोभ से अन्धा, धन-धान्य जनित सुख का इच्छुक, बहुसंज्ञा (आहार आदि चार संज्ञाओं) में आसक्त —ऐसा जीव नील लेश्या वाला होता है और धूमप्रभा पृथ्वी तक जन्म लेने वाला होता है।"

इसी तरह राजवार्तिक ग्रन्थ (4/22/10) में कापोत लेश्या का लक्षण इस प्रकार बताया गया है— "मात्सर्य, पैशुन्य, दूसरे का परिभव (अपमान, पराजय), आत्मप्रशंसा, परपरिवाद, अपनी वृद्धि या हानि को नहीं जानना, अपने जीवन से निराशा, प्रशंसक को धन देना, युद्ध में मरने की चेष्टा —ये कापोतलेश्या के लक्षण हैं।"

प्राकृत पंचसंग्रह (गाथा-1/147-149), धवला ग्रन्थ (पु. 1, खण्ड-1, भाग-1, सू. 136, गाथा 203-205), तथा गोम्मटसार ग्रन्थ (जीवकाण्ड, गाथा 512-514) में भी कहा गया है—

"दूसरों पर क्रोध करता हो, दूसरों की बहुत निन्दा करता हो, दूसरों पर बहुधा दोष लगाता हो, बहुत शोक करता हो, बहुत डरता हो, दूसरों को अच्छा न देख सकता हो, अन्य की निन्दा और अपनी बहुत प्रशंसा करता हो, दूसरों का विश्वास न करता हो।"

ण य पत्तियइ परं सो अप्पाणं यिव परं पि मण्णंतो।
तूसइ अइथुव्वंतो ण य जाणइ हाणिबड्ढीओ।।
मरणं पत्थेइ रणे देइ सुबहुगं पि थुव्वमाणो दु।
ण गणइ कज्जाकज्जं लक्खणमेयं तु काउस्स।।

एवं हे भव्य! एतैः पापबहुलैर्जनैः सह संसर्गो न विधेयः, स्वयं च प्रशस्तध्यानरतः सन् मोक्षमार्गे च सततमग्रसरो भवेति गाथायास्तात्पर्यम्।

सम्प्रति पञ्चमकाले भरतक्षेत्रे के सुलभाः, के च दुर्लभाः इति विषये शास्त्रकाराः चपला-छन्दसा निरूपयन्ति—

अज्जवसप्पिणि भरहे पंचमयाले मिच्छपुव्वया सुलहा।
सम्मत्तपुव्व सायारणयारा दुल्लहा होंति।। ५५।।

छाया— अद्य अवसर्पिण्यां भरते पञ्चमकाले मिथ्यात्वपूर्वकाः सुलभाः।
सम्यक्त्वपूर्वकाः सागार-अनगाराः दुर्लभाः भवन्ति।।

"दूसरों को भी अपनी ही तरह अविश्वास करनेवाला मानता हो, प्रशंसा करने वाले पर परम प्रसन्न हो, अपनी और दूसरे की हानि-वृद्धि की परवाह न करता हो।"

"युद्ध में मरने को तैयार हो, अपनी स्तुति करने वाले को बहुत-कुछ दे डालता हो, कार्य-अकार्य को न जानता हो —ये सब कापोत लेश्या वाले के लक्षण हैं।"

इस प्रकार हे भव्य! इन पाप-बहुलता वाले लोगों से संसर्ग नहीं करना और स्वयं भी प्रशस्त ध्यान में संलग्न होकर मोक्षमार्ग में निरन्तर अग्रसर होना —यह गाथा का तात्पर्य है।

अब, इस भरत क्षेत्र में और इस पञ्चम (दुःषमा) काल में कौन सुलभ हैं और कौन दुर्लभ— इस विषय में शास्त्रकार चपला छन्द के द्वारा कह रहे हैं—

गाथा-अर्थ— वर्तमान अवसर्पिणी काल के पंचम काल में इस भरत क्षेत्र में मिथ्यात्वयुक्त जीव सुलभ हैं और सम्यक्त्वयुक्त मुनि व गृहस्थ (दोनों) दुर्लभ हैं।।55।।

रत्नत्रयवर्धिनी टीका— गाथान्वयः सुगमः। (अज्जवसप्पिणि भरहे पंचमयाले) **अद्य भरतक्षेत्रे प्रवर्तमानो योऽवसर्पिणीकालः, तस्यापि यो 'दुस्समा'-नामकः पञ्चमभागः, तस्मिन् इत्यर्थः। वस्तुतोऽयम-वसर्पिणीकालो** 'हुण्डावसर्पिणी'-**नाम्ना भण्यते।**

धवलाग्रन्थे (पु. ३, खण्ड-१, भाग-२, सू. १४) **च निर्दिष्टम्—** सव्वोसप्पिणीहिंतो अहमा हुंडोसप्पिणी।

असंख्यात-अवसर्पिणी-उत्सर्पिणीकालेषु व्यतीतेषु अयं हुण्डावसर्पिणीकालः प्रविशति —इति तिलोयपण्णत्तिग्रन्थे (४/१६१५) **निर्दिष्टम्। तस्य पञ्चमकाले पापिष्ठानां जीवानामाधिक्यमपि तत्र** (गाथा-४/१६२१) **संकेतितम्—**

तदियचदुपंचमेसुं कालेसुं परमधम्मणासयरा।
विविहकुदेवकुलिंगी दीसंते दुट्ठपाविट्ठा।।

रत्नत्रयवर्धिनी टीका— गाथा का अन्वय सुगम है। **(अद्य अवसर्पिण्यां भरते पञ्चमकाले)** अभी भरतक्षेत्र में अवसर्पिणी काल चल रहा है, उस काल का भी जो 'दुस्समा' नामक पाँचवाँ भाग है, उसमें, यह अर्थ है। वस्तुतः यह अवसर्पिणी काल 'हुंडावसर्पिणी' काल नाम से कहा जाता है।

धवला ग्रन्थ (पु. 3, खण्ड-1, भाग-2, सू. 14) में कहा गया है— "समस्त अवसर्पिणियों में (यह) हुंडावसर्पिणी है।"

असंख्यात अवसर्पिणी व उत्सर्पिणी काल बीत जाने पर यह (ऐसा) हुण्डावसर्पिणी काल आता है —यह तिलोयपण्णत्ति ग्रन्थ (4/1615) में बताया गया है। इसके पञ्चम काल में पापी जीवों की अधिकता होने का भी संकेत वहाँ (गाथा-4/1621) इस प्रकार किया गया है—

"तृतीय, चतुर्थ व पंचम काल में उत्तम धर्म को नष्ट करने वाले विविध प्रकार के दुष्ट पापी तथा कुदेव व कुलिङ्गी भी दिखाई देने लगते हैं।"

अवसर्पिणीकालो दशकोटाकोटीसागरोपममानः प्रोक्तः। अस्य दुष्षमानामकः पंचमकाल एकविंशतिवर्षसहस्त्रपरिमितो भवतीति सर्वार्थसिद्धौ (३/२७) **निरूपितम्।**

(मिच्छपुव्वया सुलहा) **मिथ्यात्वपूर्वकाः, मिथ्यात्वयुक्ताः जीवाः सुलभाः, प्रचुरत्वात् तेषामुपलब्धिः सुकरा भवतीत्यर्थः।**

चक्रवर्तिभरतेन च षोडश स्वप्ना दृष्टाः, तेषां फलाभिधानं प्रथमतीर्थंकरेण कृतम्, तत्रापि अस्मिन्काले धर्म-ह्रासस्य सूचनं विहितमस्ति। यथोक्तं आदिपुराणग्रन्थे (४१/४९-५०)—

सत्कारलाभसंवृद्धगर्वा मिथ्यामदोद्धताः।
जनान् प्रतारयिष्यन्ति स्वयमुत्पाद्य दुःश्रुतीः।।

त इमे कालपर्यन्ते विक्रियां प्राप्य दुर्दृशः।
धर्मद्रुहो भविष्यन्ति पापोपहतचेतसः।।

अवसर्पिणी काल का प्रमाण दस कोड़ाकोड़ी सागरोपम (वर्ष) कहा जाता है। इसके 'दुष्षमा' नामक पंचम काल का प्रमाण इक्कीस हजार वर्ष का होता है —यह सर्वार्थसिद्धि (3/27) में कहा गया है।

(मिथ्यात्वपूर्वकाः सुलभाः) मिथ्यात्वपूर्वक अर्थात् मिथ्यात्व से युक्त, ऐसे जीव सुलभ हैं, अर्थात्, प्रचुर संख्या में होने से उनकी उपलब्धि सुकर होती है।

चक्रवर्ती भरत ने सोलह स्वप्न देखे थे, उनके फलों का कथन प्रथम तीर्थंकर (ऋषभदेव) ने किया था, उसमें भी इस काल में होने वाले धर्म-ह्रास की सूचना (भविष्यवाणी) की गई थी। जैसा कि आदिपुराण ग्रन्थ (41/49-50) में कहा गया है—

''सत्कार के मिलने से गर्व बढ़ जाने के कारण मिथ्या मद से उद्धत लोग स्वयं मिथ्या शास्त्रों की रचना कर लोगों को ठगने लगेंगे।''

''जिनकी चेतना पाप से दूषित हो रही है —ऐसे मिथ्यादृष्टि लोग इतने समय तक विकारी परिणाम को प्राप्त कर धर्म-द्रोही हो जाएँगे।''

तत्रैव (४१/६६-६८, ७९) **एतदपि भणितम्—**

करीन्द्रभारनिर्भुग्नपीठस्याश्वस्य वीक्षणात्।
कृत्स्नान् तपोगुणान् वोढुं नालं दुष्षमसाधवः।।

मूलोत्तरगुणेष्वात्तसङ्गराः केचनालसाः।
भक्ष्यन्ते मूलतः केचित् तेषु यास्यन्ति मन्दताम्।।
निर्ध्यानादजयूथस्य शुष्कपत्रोपयोगिनः।
यान्त्यसद्वृत्ततां त्यक्तसदाचाराः पुरा नराः।।
पुंसां स्त्रीणां च चारित्रच्युतिः शुष्कद्रुमेक्षणात्।

अस्मिन्काले ये मिथ्यादृष्टिजना भवन्ति, तेषु केचित् कदाचिद् व्रततपःसंयमाद्यनुष्ठानं कुर्वन्त्यपि, किन्तु ते मोक्षाद्, दूरं दूरतरं भवन्ति।

वहीं (41/66-68, 79) यह भी कहा गया है—

"बड़े हाथी के उठाने योग्य बोझ से जिसकी पीठ झुक गई है, स्वप्न में ऐसे घोड़े के देखने से यह प्रतीत होता है कि पंचम काल के साधु तपश्चरण के समस्त गुणों को धारण करने में असमर्थ होंगे।"

"कोई मूलगुण व उत्तरगुणों को पालन करने की प्रतिज्ञा लेकर उनके पालन में आलसी हो जाएँगे, कोई तो उन्हें मूल से ही भंग कर देंगे और कोई-कोई उसमें उदासीनता धारण करेंगे।"

"सूखे पत्ते खाने वाले बकरों का समूह स्वप्न में देखने से यह प्रतीत होता है कि आगामी काल में मनुष्य सदाचार को छोड़कर दुराचारी हो जाएँगे।"

"सूखा वृक्ष स्वप्न में देखने से यह सूचित होता है कि स्त्री-पुरुषों का चारित्र भ्रष्ट हो जाएगा.....।"

इस काल में जो मिथ्यादृष्टि लोग होते हैं, उनमें कोई-कोई कभी व्रत, तप व संयम आदि का आचरण भी करते हैं, किन्तु वे मोक्ष (रूपी लक्ष्य) से दूर और अधिक दूर होते जाते हैं।

उक्तं चामितगतिकृते श्रावकाचारे (२/२७)—

दवीयः कुरुते स्थानं मिथ्यादृष्टिरभीप्सितम्।
अन्यत्र गमकारीव घोरैर्युक्तो व्रतैरपि।।

किञ्च, तत्रैव (२/२३) **निर्दिष्टम्—**

मिथ्यात्वेनानुविद्धस्य शल्येनेव महीयसा।
समस्तापन्निदानेन जायते निर्वृतिः कुतः।।

(सम्मत्तपुव्व सायारणयारा दुल्लहा होंति) **सम्यक्त्वपूर्वकाः, सम्यक्त्वसम्पन्नाः सागाराः अनगाराश्च दुर्लभाः सन्ति। अत्र किञ्चित्प्रासङ्गिकं निरूप्यते। जिनप्रणीतधर्माराधका एव द्विविधाः— सागाराः, अनगाराश्च। सागाराः विकलधर्माराधकाः, अनगाराः सकलधर्माराधकाः।**

आचार्य अमितगति-कृत श्रावकाचार (2/27) में कहा भी गया है—

''जैसे विपरीत दिशा में गमन करने वाला जीव अपने अभीष्ट स्थान को और भी दूर करता जाता है, वैसे अतिकठिन घोर व्रतों के आचरण से युक्त होते हुए भी मिथ्यादृष्टि पुरुष अपने मुक्ति स्थान को और भी अधिक दूर करता जाता है।''

और, वहीं (2/23) यह भी कहा गया है—

''जिस प्रकार बड़े काँटे से बिंधे हुए पुरुष को (कभी) सुख प्राप्त नहीं होता, उसी प्रकार समस्त आपत्तियों के निवास स्थान मिथ्यात्व से युक्त व्यक्ति को मुक्ति का सुख कैसे प्राप्त हो सकता है ?''

(सम्यक्त्वपूर्वकाः सागार-अनगारा दुर्लभा भवन्ति) सम्यक्त्वपूर्वक यानी सम्यक्त्वयुक्त गृहस्थ व मुनि (दोनों) दुर्लभ हैं। यहाँ प्रसङ्गोचित कुछ (और भी) कहा जा रहा है। जिन-प्रणीत धर्म के आराधकों के ही दो प्रकार हैं— सागार व अनगार। विकल धर्म के आराधक 'सागार' (गृहस्थ) होते हैं और अनगार सकल धर्म के आराधक।

उक्तं च पद्मनन्दिपञ्चविंशतिकाग्रन्थे (६/४)— सम्पूर्णदेशभेदाभ्यां स धर्मो द्विधा भवेत्।।

रत्नकरण्डश्रावकाचारग्रन्थे (श्लोक-५०) **च प्रोक्तम्—**

सकलं विकलं चरणं तत्सकलं सर्वसंगविरतानाम्।
अनगाराणां विकलं सागाराणां ससंगानाम्।।

सागारानगारविषयकं निरूपणं प्राक् प्रथमगाथाव्याख्यानेऽपि कृतम्। तथापि अतिरिक्तं किञ्चिद् विव्रियते।

अत्रेदं ज्ञेयम्— गाथायां सागारानगाराणां दुर्लभत्वख्यापनं गौणम्, तदपेक्षया सम्यक्त्वादि-युक्तानां दुर्लभत्व-निरूपणं मुख्योद्देश्यम्। अतो भवन्तु सागारा अनगारा वा दुर्लभाः, किन्तु तेषु सम्यक्त्वं, तदनुसारि सम्यग्ज्ञानं सम्यक्चारित्रं चेति विशेषतो दुर्लभमिति विशेषतो ज्ञापनं कृतमस्ति। किञ्च, न च पूर्णतया अभावः, अपितु दुर्लभत्वमेव सूचितमिति च श्रद्धेयम्।

पद्मनन्दिपञ्चविंशतिका ग्रन्थ (6/4) में कहा गया है— ''वह धर्म 'सम्पूर्ण धर्म' व 'देश (एकदेश) धर्म' इस तरह दो प्रकार का होता है।''

रत्नकरण्डश्रावकाचार ग्रन्थ (श्लोक-50) में भी कहा गया है—

''वह चारित्र सकल चारित्र व विकल चारित्र —इन रूपों में दो प्रकार का होता है। उनमें से सकल (सम्पूर्ण) चारित्र गृहत्यागी (अपरिग्रही) मुनियों का होता है और विकल चारित्र परिग्रह सहित गृहस्थों का होता है।''

सागार व अनगार के विषय में पहले भी, प्रथम गाथा के व्याख्यान में, कहा जा चुका है। फिर भी कुछ अतिरिक्त विवरण यहाँ प्रस्तुत किया जा रहा है।

यहाँ यह ज्ञातव्य है— इस गाथा में सागार व अनगार (धार्मिकों) की दुर्लभता बताना गौण है, उसकी अपेक्षा सम्यक्त्व आदि से युक्त जीवों की दुर्लभता का निरूपण करना मुख्य उद्देश्य है। इसलिए सागार व अनगार भी दुर्लभ भले ही हों, किन्तु उनमें भी सम्यक्त्व होना, और उसी के अनुगामी सम्यग्ज्ञान व सम्यक् चारित्र तो और भी विशेष रूप से दुर्लभ है —यह विशेष रूप से यहाँ बताया गया है। और, उनका भी पूर्णतया अभाव नहीं, अपितु दुर्लभता को ही सूचित किया गया है।

किञ्च, सागारधर्माद् अनगारधर्मः श्रेयान्, तस्यैव सकलत्वात्। वस्तुतः मोक्षाभिलाषिभिः प्रथमं सकलचारित्रात्मकमुनिधर्म एवाश्रयणीयः, यदि तद्धारणे असामर्थ्यं भवेत्तदैव गृहस्थधर्म आश्रयणीय उपदेष्टव्यश्च। उक्तं च पुरुषार्थसिद्ध्युपायग्रन्थे (श्लोक १७-१९)—

बहुशः समस्तविरतिं प्रदर्शितां यो न जातु गृह्णाति।
तस्यैकदेशविरतिः कथनीयानेन बीजेन।।

यो यतिधर्ममकथयन्नुपदिशति गृहस्थधर्ममल्पमतिः।
तस्य भगवत्प्रवचने प्रदर्शितं निग्रहस्थानम्।।

अक्रमकथनेन यतः प्रोत्सहमानोऽतिदूरमपि शिष्यः।
अपदेऽपि संप्रतृप्तः प्रतारितो भवति तेन दुर्मतिना।।

एवं हे भव्य मुमुक्षो! अस्मिन्काले सम्यक्त्वमत्यन्तदुर्लभं, तदेव आश्रयणीयम्। निरन्तरं दृढतया धारणीयमिति गाथायास्तात्पर्यम्।

और, सागार धर्म से अनगार धर्म अधिक श्रेयस्कारी या श्रेष्ठ है, क्योंकि वही सकल है। वस्तुतः मोक्षार्थियों को सर्वप्रथम सकलचारित्र रूप मुनि धर्म का ही आश्रयण करना चाहिए। हाँ, यदि उसको धारण करने में असमर्थता हो तभी गृहस्थ-धर्म का आश्रय लेना चाहिए और वैसे असमर्थ व्यक्ति को ही गृहस्थ धर्म का उपदेश भी करना चाहिए। पुरुषार्थसिद्ध्युपाय ग्रन्थ (श्लोक 17-19) में कहा भी गया है—

"जो जीव बारम्बार दिखलाई हुई सकल विरति (रूप मुनिधर्म) को कदाचित् ग्रहण न कर पाए तो ही उसे एकदेशविरति (गृहस्थ धर्म) का उक्त युक्ति से कथन करना चाहिए।"

"जो अल्पमति (उपदेशक या धर्म-गुरु) मुनि-धर्म का कथन नहीं करके श्रावक धर्म का उपदेश देता है, उस उपदेशक को भगवान् (जिनेन्द्र) के सिद्धान्त में निग्रहस्थान (दंड) का निरूपण किया गया है।"

"क्योंकि उस दुर्बुद्धि (उपदेशक) द्वारा क्रमहीन उपदेश करने से अत्यधिक उत्साह वाला शिष्य अयोग्य भूमिका में ही संतुष्ट होकर प्रतारित या ठग लिया गया होता है।"

इस प्रकार, हे मुमुक्षु भव्य! इस काल में अत्यन्त दुर्लभ सम्यक्त्व (ही) है, उसी का आश्रयण कर और उसे ही निरन्तर दृढ़ता के साथ धारण किये रहो —यह गाथा का तात्पर्य है।

सम्प्रति वर्तमानकालेऽत्र भरतक्षेत्रे धर्मध्यानस्य सद्भावं शास्त्रकाराः गाहा-छन्दसा समर्थयन्ति—

अज्जवसप्पिणि भरहे धम्मज्झाणं पमादरहिदोत्ति।
होदित्ति जिणुद्दिट्ठं ण हु मण्णइ सो हु कुद्दिट्ठी।। ५६।।

छाया— अद्य अवसर्पिण्यां भरते धर्मध्यानं प्रमादरहितमिति।
भवति जिनोद्दिष्टं न खलु मन्यते स हि कुदृष्टिः।।

रत्नत्रयवर्धिनी टीका— गाथान्वयः सुगमः। (अज्जवसप्पिणि भरहे) **अद्य वर्तमाने अवसर्पिणीकाले भरतक्षेत्रे,** (धम्मज्झाणं पमादरहिदोत्ति) **धर्मध्यानं प्रमादरहितं भवतीति प्रमादरहितस्य जीवस्य धर्मध्यानं भवति इत्यर्थः।** (त्ति जिणुद्दिट्ठं) **इति जिनेन, जिनेन्द्रेण प्रज्ञप्तम्, उपदिष्टम्।** (ण हु मण्णदि सो हु कुद्दिट्ठी होदि) **तज्जिनोपदिष्टं, यो जनः न खलु मन्यते, स्वीकरोति, श्रद्दधाति वा, स खलु कुदृष्टिः, मिथ्यादृष्टिरेवेत्यर्थः।**

अब, वर्तमान काल में इस भरत क्षेत्र में धर्मध्यान के सद्भाव का शास्त्रकार चपला छन्द के द्वारा समर्थन कर रहे हैं—

गाथा-अर्थ— आज (भी) अवसर्पिणी काल में (इस) भरत क्षेत्र में धर्मध्यान प्रमादरहित के होता है। ऐसा जो नहीं मानता, वह कुदृष्टि (मिथ्यादृष्टि) है —ऐसा जिनेन्द्र देव ने कहा है।।56।।

रत्नत्रयवर्धिनी टीका— गाथा का अन्वय सुगम है। **(अद्य अवसर्पिण्यां भरते)** आज वर्तमान अवसर्पिणी काल में भरत क्षेत्र के अन्तर्गत, **(धर्मध्यानं प्रमादरहितमिति)** धर्मध्यान प्रमादरहित (परिणति में) होता है। अर्थात् प्रमादरहित जीव को धर्मध्यान होता है। **(इति जिनोद्दिष्टम्)** ऐसा जिनदेव ने, जिनेन्द्र देव ने कहा है, उपदेश रूप से बताया है। **(न तु मन्यते, स खलु कुदृष्टिः भवति)** उक्त जिनोपदेश को जो व्यक्ति नहीं मानता है, स्वीकार नहीं करता है या श्रद्धान नहीं करता है, वह तो कुदृष्टि अर्थात् मिथ्यादृष्टि ही है।

अयम्भावः— पञ्चमकाले धर्मध्यानस्य अभावो नास्ति, यद्यपि तद्धर्मध्यानं जीवस्य विशिष्टां चात्मीयपरिणतिमपेक्ष्यैव सम्भवति। सा विशिष्टा परिणतिः का? सा चात्मनः प्रमादरहित्यरूपा— इति गाथायामस्यां प्रमादरहितेतिपदमाध्यमेन सूचितम्। अप्रमत्तादिगुणस्थानवर्तिनामेव तद्धर्मध्यानं (मुख्यतो) **भवति नान्येषामिति तत्कथनस्य तात्पर्यम्।**

पञ्चमकालेऽपि धर्मध्यानस्य सद्भावः शास्त्रेष्वनेकेषु च समर्थितः। यथा तत्त्वानुशासनग्रन्थे (श्लोक-८३) **प्रोक्तम्—**

अत्रेदानीं निषेधन्ति शुक्लध्यानं जिनोत्तमाः।
धर्मध्यानं पुनः प्राहुः श्रेणिभ्यां प्राग् विवर्तिनाम्।।

तथा च मोक्षप्राभृतग्रन्थे (गाथा ७६-७७) **च समर्थितमेतत्—**

भरहे दुस्समकाले धम्मज्झाणं हवेइ साहुस्स।
तं अप्पसहावठिदे ण हु मण्णइ सो वि अण्णाणी।।

तात्पर्य है— पञ्चम काल में धर्मध्यान का अभाव नहीं है, यद्यपि जीव को वह धर्मध्यान विशिष्ट आत्मीय परिणति की अपेक्षा रखकर ही होता है। वह विशिष्ट परिणति क्या है? वह परिणति है— आत्मा की प्रमादरहित स्थिति —ऐसा इस गाथा में 'प्रमादरहित' इस पद के माध्यम से सूचित किया गया है। अप्रमत्त (सप्तम) आदि गुणस्थानों में ही वह धर्मध्यान (मुख्य रूप से) होता है, अन्य को नहीं —यह उक्त कथन का तात्पर्य है।

पञ्चम काल में भी धर्मध्यान के सद्भाव का समर्थन (अन्य) अनेक शास्त्रों ने किया है। उदाहरणार्थ, तत्त्वानुशासन ग्रन्थ (श्लोक-83) में कहा गया है—

"इस (पंचम) काल में जिनेन्द्र देव शुक्लध्यान होने का निषेध करते हैं, परन्तु दोनों श्रेणियों (उपशम व क्षपक) से पूर्ववर्तियों के धर्मध्यान होना तो बताया ही है।"

इसी तरह, मोक्षप्राभृत ग्रन्थ (गाथा 76-77) में भी इसी तथ्य का समर्थन करते हुए कहा गया है—

"भरत क्षेत्र में, दुःषम (नामक पंचम) काल में मुनियों के धर्मध्यान होता है तथा वह धर्मध्यान आत्मस्वभाव में स्थित साधु के होता है —ऐसा जो नहीं मानता, वह अज्ञानी है।"

अज्ज वि तिरयणसुद्धा अप्पा झाएवि लहदि इंदत्तं।
लोयंतियदेवत्तं तत्थ चुआ णिव्वुदिं जंति।।

बृहन्नयचक्रग्रन्थे (गाथा-३४४) **च भणितम्—**

मज्झिमजहणुक्कस्सा सराय इव वीयरायसामग्गी।
तम्हा सुद्धचरित्ता पंचमकाले वि देसदो अत्थि।।

एतस्य धर्मध्यानस्य लक्षणानि भगवती-आराधनाग्रन्थे (गाथा-१७०४) **निर्दिष्टानि—**

धम्मस्स लक्खणं से अज्जवलहुगत्तमद्दवुवदेसा।
उवदेसणा य सुत्ते णिसग्गजाओ रुचीओ दे।।

धवलाग्रन्थे (पु. १३, खण्ड-५, भाग-४, सू. २६, गाथा ५४-५५) **च धर्मध्यानस्य बाह्यचिह्नानि निरूपितानि—**

"आज भी रत्नत्रय से शुद्धता को प्राप्त हुए व्यक्ति आत्मा का ध्यान कर इन्द्रपद तथा लौकान्तिक देवों के पद को प्राप्त करते हैं और वहाँ से च्युत होकर निर्वाण को प्राप्त होते हैं।"

बृहन्नयचक्र ग्रन्थ (माइल्ल धवल्ल) (की गाथा-344) में भी कहा गया है—

"जैसे सराग दशा के जघन्य, मध्यम व उत्कृष्ट भेद होते हैं, वैसे ही वीतराग दशा के भी जघन्य, मध्यम व उत्कृष्ट भेद होते हैं। इसलिए 'एकदेश वीतराग' चारित्र पंचम काल में भी होता है।"

इस धर्मध्यान के स्वरूप को भगवती-आराधना ग्रन्थ (गाथा-1704) में इस प्रकार बताया गया है—

"आर्जव, लघुता, मार्दव, उपदेश और जिनागम में स्वाभाविक रुचि—ये धर्मध्यान के लक्षण हैं।"

धवला ग्रन्थ (पु. 13, खण्ड-5, भाग-4, सू. 26 गाथा 54-55) में भी धर्मध्यान के बाह्य चिह्न इस प्रकार बताए गए हैं—

आगमउवदेसाणा णिसग्गदो जं जिणप्पणीयाणं।
भावाणं सद्दहणं धम्मज्झाणस्स तल्लिंगं।।

जिणसाहु-गुणकित्तण-पसंसणा-विणय-दाणसंपण्णा।
सुदसीलसंजमरदा धम्मज्झाणे मुणेयव्वा।।

तथैव आदिपुराणग्रन्थे (२१/१५९-१६१) **च धर्मध्यानस्य बाह्यचिह्नानां संकेतो विहितोऽस्ति—**

प्रसन्नचित्तता धर्मसंवेगः शुभयोगता।
सुश्रुतत्वं समाधानम् आज्ञाधिगमजा रुचिः।।
भवन्त्येतानि लिङ्गानि धर्मस्यान्तर्गतानि वै।
सानुप्रेक्षाश्च पूर्वोक्ता विविधाः शुभभावनाः।।
बाह्यं च लिङ्गमङ्गानां संनिवेशः पुरोहितः।
प्रसन्नवक्त्रता सौम्या दृष्टिश्चेत्यादि लक्ष्यताम्।।

"आगम, उपदेश और जिनाज्ञा के अनुसार निसर्गतः जो जिनेन्द्र द्वारा कहे गए पदार्थों पर श्रद्धान होता है, वे धर्मध्यान के लिङ्ग (चिह्न) हैं।"

"जिनेन्द्र और साधु के गुणों का कीर्तन करना, प्रशंसा करना, विनय, दानसम्पन्नता, श्रुत-शील-संयम में रत होना —ये सारी बातें धर्मध्यान में होती हैं।"

इसी प्रकार आदिपुराण ग्रन्थ (21/159-161) में भी धर्मध्यान के बाह्य चिह्नों का संकेत इस प्रकार किया गया है—

"प्रसन्नचित्त रहना, धर्म से प्रेम करना, शुभ योग रखना, उत्तम शास्त्रों का अभ्यास करना, चित्त स्थिर रखना, और आज्ञा (शास्त्र-वचन) तथा स्वकीय ज्ञान से एक प्रकार की विशेष रुचि (प्रीति या श्रद्धा) उत्पन्न होना —ये धर्मध्यान के बाह्य चिह्न होते हैं, और अनुप्रेक्षाएँ तथा पूर्वोक्त अनेक प्रकार की शुभ भावनाएँ उसके अन्तरङ्ग चिह्न हैं। पहले कहे हुए (पर्यङ्क आदि) आसनों का धारण करना, मुख की प्रसन्नता होना और दृष्टि का सौम्य होना आदि को भी धर्मध्यान के बाह्य चिह्न समझने चाहिए।"

ध्यानसाधनायां सहयोगिनी महत्त्वपूर्णा सामग्री च शास्त्रकारैर्निरूपिता वर्तते। यथा तत्त्वानुशासनग्रन्थे (श्लोक-७५, २१८) **निरूपितम्—**

संगत्यागः कषायाणां निग्रहो व्रतधारणम्।
मनोऽक्षाणां जयश्चेति सामग्री ध्यानजन्मनि।।

ध्यानस्य च पुनर्मुख्यो हेतुरेतच्चतुष्टयम्।
गुरूपदेशः श्रद्धानं सदाभ्यासः स्थिरं मनः।।

धर्मध्यानस्यानेके भेदाः सन्ति। आज्ञाविचयः, अपायविचयः, विपाकविचयः, संस्थानविचयश्चेति तस्य चत्वारो भेदाः तत्त्वार्थसूत्रे (९/३६) **प्रोक्ताः। तत्त्वानुशासने तस्य मुख्यउपचारेति-भेदात् निश्चय-व्यवहारभेदात् वा द्विविधत्वम्, उत्कृष्ट-मध्यम-जघन्येतिभेदात् त्रिविधत्वं च निरूपितम्। क्वचित् शास्त्रे बाह्य-आध्यात्मिकेतिभेदात् द्विविधत्वं स्वीकृत्य आध्यात्मिक-धर्मध्यानस्य दश भेदाः स्वीकृताः। चारित्रसारे स्वसंवेद्यम्-आध्यात्मिकम् —इति निर्दिश्य दश भेदाः निर्दिष्टाः। यथा— अपायविचयः, उपायविचयः, जीवविचयः, अजीवविचयः, विपाकविचयः, विरागविचयः, भवविचयः, संस्थानविचयः, आज्ञाविचयः, हेतुविचयश्चेति।**

ध्यान-साधना में सहयोगी महत्त्वपूर्ण सामग्री का कथन भी शास्त्रकारों ने किया है। जैसे, तत्त्वानुशासन ग्रन्थ (श्लोक-75 व 218) में कहा गया है—

"परिग्रहों का त्याग, कषायों का निग्रह-नियन्त्रण, व्रतों का धारण, मन व इन्द्रियों को जीतना —यह सब ध्यान की उत्पत्ति-निष्पत्ति में सहायक सामग्री है।"

"गुरु-उपदेश, श्रद्धान, निरन्तर अभ्यास, मन की स्थिरता —ये चार बातें ध्यान-सिद्धि में प्रमुख कारण हैं।"

धर्मध्यान के अनेक भेद हैं। आज्ञाविचय, अपायविचय, विपाकविचय, संस्थानविचय—ये चार भेद इस (धर्मध्यान) के तत्त्वार्थसूत्र (9/36) में बताये गए हैं। तत्त्वानुशासन में मुख्य व उपचार, या निश्चय व व्यवहार इन भेदों से उसे दो प्रकार का, तथा उत्कृष्ट, मध्यम व जघन्य—इन भेदों से तीन प्रकार का भी बताया गया है। किसी शास्त्र में बाह्य व आध्यात्मिक —ये दो भेद स्वीकृत कर, आध्यात्मिक धर्मध्यान के दस भेद बताये गए हैं। चारित्रसार में उसे स्वसंवेदन-आध्यात्मिक रूप कहकर दस भेद कहे गये हैं। जैसे— अपायविचय, उपायविचय, जीवविचय, अजीवविचय, विपाकविचय, विरागविचय, भवविचय, संस्थानविचय, आज्ञाविचय व हेतुविचय।

बाह्यधर्मध्यानस्य च स्वरूपं हरिवंशपुराणे (५६/३६-३८) **भणितम्—**

लक्षणं द्विविधं तस्य, बाह्याध्यात्मिकभेदतः।
सूत्रार्थमार्गणं शीलं गुणमालानुरागिता।।

जम्भाजृम्भाक्षुतोद्गार-प्राणापानादिमन्दता ।
निभृतात्मव्रतात्मत्वं तत्र बाह्यं प्रकीर्तितम्।।

दशधाऽऽध्यात्मिकं धर्म्यमपायविचयादिकम्।।

तत्रैव पुराणे (५६/३८-५०) **आभ्यन्तरधर्मध्यानस्य पूर्वोक्ता अपायविचयादिका दश भेदाश्च निर्दिष्टाः।**

ज्ञानार्णवग्रन्थे (४/१८, २९) **च व्यवहारधर्मध्यानस्याधिकारिणः के सम्भवन्ति —इति स्पष्टीकृतम्—**

दुर्दृशामपि न ध्यानसिद्धिः स्वप्नेऽपि जायते।
गृह्णतां दृष्टिवैकल्यात् वस्तुजातं यदृच्छया।।

बाह्य धर्मध्यान के स्वरूप को हरिवंशपुराण (56/36-38) में इस प्रकार बताया गया है—

''बाह्य व आभ्यन्तर के भेद से धर्मध्यान का लक्षण दो प्रकार का है। शास्त्र के अर्थ की खोज करना, शीलव्रत का पालन करना, गुणों के समूह में अनुराग रखना तथा अंगड़ाई, जँभाई, छींक, डकार और श्वासोच्छ्वास में मन्दता होना, शरीर को निश्चल रखना एवं आत्मा को व्रतों से युक्त करना —यह धर्मध्यान का बाह्य लक्षण है। आध्यात्मिक (आभ्यन्तर) धर्मध्यान के अपायविचय आदि भेद हैं।''

इसी हरिवंश पुराण (56/38-50) में ही आभ्यन्तर (आध्यात्मिक) धर्मध्यान के पूर्वोक्त अपायविचय आदि दस भेदों को भी निर्दिष्ट किया गया है।

ज्ञानार्णव ग्रन्थ (4/18, 29) में व्यवहार धर्मध्यान के अधिकारी कौन-कौन हो सकते हैं —इसे भी स्पष्ट करते हुए कहा गया है—

''मिथ्यादृष्टि जीव अपनी दृष्टि की विकलता के कारण वस्तुसमूह को अपनी मनमर्जी के अनुरूप ग्रहण करते हैं, उन्हें स्वप्न में भी ध्यान की सिद्धि नहीं हो पाती।''

ध्यानतन्त्रे निषिध्यन्ते नैते मिथ्यादृशः परम्।
मुनयोऽपि जिनेशाज्ञाप्रत्यनीकाश्चलाशयाः।।

धर्मध्यानस्य महनीयफलान्यपि धवलाग्रन्थे (पु. १३, खण्ड-५, भाग-४, सू. २६) **स्पष्टमित्थं निर्दिष्टानि—**

होंति सुहासवसंवरणिज्जरामरसुहाइं विउलाइं।
झाणवरस्स फलाइं सुहाणुबंधीणि धम्मस्स।।

णवकम्माणादाणं पोराणवि णिज्जरा सुहादाणं।
चारित्तभावणाए झाणमयत्तेण य समेइ।।

जह वा घणसंघाया खणेण पवणाहया विलिज्जंति।
झाणप्पवणोवहया तह कम्मघणा विलिज्जंति।।

"ध्यान-सम्बन्धी सिद्धान्त में मात्र इन मिथ्यादृष्टियों को ध्यान का निषेध नहीं किया गया है, अपितु जो जैन मुनि चंचल चित्त वाले हैं और जिन भगवान् की आज्ञा के प्रतिकूल (आचरण वाले) हैं, उनके भी ध्यान का निषेध किया गया है।"

धर्मध्यान के महनीय फलों का निर्देश भी धवला ग्रन्थ (पु. 13, खण्ड-5, भाग-4, सू. 26) में इस प्रकार किया गया है—

"उत्कृष्ट धर्मध्यान के शुभाशुभ कर्मों की संवर व निर्जरा और देवताओं का सुख —ये शुभानुबन्धी विपुल फल होते हैं।"

"चारित्र भावना के बल से जो ध्यान में लीन होते हैं, उनके नये कर्मों का ग्रहण नहीं होता, पुराने कर्मों की निर्जरा होती है और शुभ कर्मों का आस्रव भी होता है।"

"अथवा जैसे मेघ-पटल पवन से ताड़ित होकर क्षणमात्र में विलीन हो जाते हैं, वैसे ही (धर्म) ध्यान रूपी पवन से उपहत होकर कर्म-मेघ भी विलीन (तितर-बितर) हो जाते हैं।"

निश्चयधर्मध्यानस्वरूपं तु निर्विकल्पकतया स्वात्मस्थितिरूपमेव। उक्तं च कार्तिकेयानुप्रेक्षा-ग्रन्थे (गाथा-४८२)—

वज्जियसयलवियप्पो अप्पसरूवे मणं णिरुंधंतो।
जं चिंतदि साणंदं तं धम्मं उत्तमं झाणं।।

तथैव, बृहद्द्रव्यसंग्रहग्रन्थे (गाथा ५५-५६) **विशदीकृतम्—**

जं किंचि वि चिंतंतो णिरीहवित्ती हवे जदा साहू।
लद्धूण य एयत्तं तदाहु तं तस्स णिच्छयं झाणं।।

मा चिट्ठह मा जंपह मा चिंतह किंचि वि जेण होइ थिरो।
अप्पा अप्पम्मि रओ इणमेव परं हवे झाणं।।

अत्रायं विशेषः— निर्विकल्पधर्मध्यानं तपोधनानां संयमिनां सप्तमगुणस्थाने अप्रमत्त-संयतनामके सम्भवति, गृहस्थानां चतुर्थपञ्चमगुणस्थानयोस्तु शुभोपयोगरूपं सविकल्पधर्मध्यानमेव, यतो हि तपोधनानां यादृशी शुद्धात्मभावना, तादृशी गृहस्थानां न भवति।

निर्विकल्पक होते हुए अपनी आत्मा में स्थित होना —यही निश्चयधर्मध्यान का स्वरूप है। कार्तिकेयानुप्रेक्षा ग्रन्थ (गाथा-482) में कहा भी गया है— "सकल विकल्पों को छोड़कर और आत्मस्वरूप में मन को रोककर, आनन्द सहित जो चिन्तन होता है, वही उत्तम ध्यान है।"

इसी तरह, बृहद्द्रव्यसंग्रह ग्रन्थ (गाथा 55-56) में इसे स्पष्ट किया गया है—

"ध्येय में एकाग्रचित्त होकर जिस किसी भी पदार्थ का ध्यान करता हुआ साधु जब निःस्पृहवृत्ति वाला होता है, उस समय उसका वह ध्यान 'निश्चय ध्यान' होता है।"

"(हे भव्य जनों!) तुम कुछ भी चेष्टा मत करो, कुछ भी मत बोलो, और कुछ भी मत विचारो (अर्थात् शरीर, वचन व मन की प्रवृत्ति को रोको), ताकि तुम्हारी आत्मा अपने आप में स्थिर होवे। और यह स्थिर होना ही परमध्यान है।"

यहाँ यह विशेष बात कथनीय है— निर्विकल्पक धर्मध्यान तपस्वी, संयमी मुनियों के अप्रमत्तसंयत नामक सातवें गुणस्थान में सम्भव होता है, और गृहस्थों का तो चतुर्थ व पञ्चम गुणस्थान में शुभोपयोग रूप सविकल्प धर्मध्यान ही हो पाता है, क्योंकि तपस्वी मुनियों की जैसी शुद्धात्मभावना होती है, वैसी गृहस्थों को नहीं होती।

उक्तं च परमात्मप्रकाशग्रन्थस्य (२/१४४) **टीकायाम्—**

कषायैरिन्द्रियैर्दुष्टैः व्याकुलीक्रियते मनः।
यतः कर्तुं न शक्यते भावना गृहमेधिभिः।।

अतएव ध्यानसामग्रीषु वैराग्यं नैर्ग्रन्थ्यं चेत्यादिकानां परिगणनं कृतमस्ति (बृ. द्रव्यसंग्रह-टीका, गाथा-५७)—

वैराग्यं तत्त्वविज्ञानं नैर्ग्रन्थ्यं समचित्तता।
परीषहजयश्चेति पञ्चैते ध्यानहेतवः।।

यद्यपि सामायिककाले श्रावकस्यापि शुद्धभावना शास्त्रकारैर्निरूप्यते, अत एव समन्तभद्राचार्यैः (रत्नकरण्डश्रावकाचारे, श्लोक-१०२) **सामायिकस्थितश्रावकस्य मुनिभावापन्नता वर्णिता—**

सामायिके सारम्भाः परिग्रहा नैव सन्ति सर्वेऽपि।
चेलोपसृष्टमुनिरिव गृही तदा याति यतिभावम्।।

परमात्मप्रकाश ग्रन्थ (2/144) की टीका में कहा भी है— "चूँकि दुष्ट इन्द्रियों व कषायों के कारण मन व्याकुल होता रहता है, इसलिए गृहस्थों का शुद्धात्मभावना में रहना अशक्य है।"

इसी दृष्टि से ध्यान की सामग्री का जहाँ निरूपण हुआ है, वहाँ (बृ. द्रव्य संग्रह, गाथा-57 पर टीका में उद्धृत पद्य) वैराग्य व निर्ग्रन्थता इत्यादि का भी परिगणन किया गया है— "ध्यान के ये पाँच हेतु (सामग्री) हैं— वैराग्य, तत्त्वज्ञान, निर्ग्रन्थता, समचित्तता (समता) और परीषहजय।"

यद्यपि सामायिक के समय श्रावक के भी शुद्ध भावना होती है —ऐसा शास्त्रकारों ने प्रतिपादित किया है, इसलिए पूज्य समन्तभद्र आचार्य महाराज ने रत्नकरण्डश्रावकाचार (श्लोक-102) में यह बताया है कि सामायिक साधना में स्थित श्रावक मुनिभावापन्न होता है— "सामायिक करते हुए श्रावक के आरम्भ सहित सभी (बाह्य व आभ्यन्तर) परिग्रह नहीं होते, और उस समय, वह श्रावक, उपसर्ग की स्थिति में वस्त्र ढाँक दिये गये हों ऐसे मुनि की तरह, मुनित्व स्वरूप को ही प्राप्त करता है।"

किन्तु गृहस्थानां या शुद्धभावना वर्णिता, सा अनुप्रेक्षणादिरूपा सविकल्पचिन्तनात्मिकैव ज्ञेया, नतु निर्विकल्पकध्यानरूपेति विज्ञेयम्।

उक्तं च भावसंग्रहग्रन्थे (गाथा ३८१-३८५)—

जं पुणु वि णिरालंबं तं झाणं गयपमायगुणठाणे।
चत्तगेहस्स जायइ धरियं जिणलिंगरूवस्स।।

जो भणइ कोवि एवं अत्थि गिहत्थाण णिच्चलं झाणं।
सुद्धं च णिरालंबं ण मुणइ सो आयमो जइणो।।

कहियाणि दिट्ठिवाए पडुच्च गुणठाण जाणि झाणाणि।
तम्हा स देसविरओ मुक्खं धम्मं ण ज्झाएइ।।

किं जं सो गिहवंतो बहिरंतरगंथपरिमिओ णिच्चं।
बहु आरंभपउत्तो कह झायइ सुद्धमप्पाणं।।

किन्तु गृहस्थों के शुद्ध भावना का जो सद्भाव बताया गया है, वह अनुप्रेक्षा रूप में सविकल्पक चिन्तन रूप ही होता है, वह निर्विकल्पध्यानरूप नहीं होता है —ऐसा जानना चाहिए।

भावसंग्रह ग्रन्थ (गाथा 381-385) में कहा भी गया है—

"और जो निरालम्ब (निर्विकल्पक) ध्यान है, वह तो गृहत्यागी (अनगार) व जिनलिङ्गधारी जीव के अप्रमत्तगुणस्थान (नामक सातवें गुणस्थान) में ही होता है।"

"जो कोई ऐसा कहता है कि गृहस्थों को निश्चल (निर्विकल्प), शुद्ध निरालम्ब ध्यान होता है, तो वह मुनियों के आगम (शास्त्र) को नहीं जानता।"

"दृष्टिवाद में गुणस्थानों का आधार बनाकर जो ध्यान निरूपित हुआ है, उसके अनुसार तो वह देशविरत (पंचम गुणस्थानवर्ती) श्रावक मुख्य धर्मध्यान का ध्याता नहीं होता।"

"वह गृहस्थ नित्य बाह्य व आन्तरिक परिग्रहों से युक्त होता है, और अत्यधिक आरम्भ कार्य (सावद्य कर्म) में प्रवृत्त रहता है, तो वह कैसे शुद्ध आत्मा का ध्यान कर सकता है?"

घरवावारा केई करणीया अत्थि तेण ते सव्वे।
झाणट्ठियस्स पुरओ चिट्ठंति णिमीलियच्छस्स।।

तथैव ज्ञानार्णवग्रन्थे (६/४) **च भणितमास्ते—**

रत्नत्रयमनासाद्य यः साक्षाद् ध्यातुमिच्छति।
खपुष्पैः कुरुते मूढः स वन्ध्यासुतशेखरम्।।

एवं निर्विवादमेव सिद्धान्तो निरूप्यते यद् गृहस्थानां सावलम्बनं ध्यानमेव भवति, न तु निर्विकल्पध्यानम्। उक्तं च भावसंग्रहे (गाथा-३७१, ३८८)—

मुक्खं धम्मज्झाणं उत्तं तु पमायविरहिए ठाणे।
देसविरए पमत्ते उवयारेणेव णायव्वं।।

तम्हा सो सालंबं झायउ झाणं पि गिहवई णिच्चं।
पंचपरमेट्ठिरूवं अहवा मंतक्खरं तेसिं।।

"उस गृहस्थ द्वारा अनेक गृह सम्बन्धी कार्य करने शेष रहते हैं, वह आँख बन्द कर ध्यानस्थ भी हो तो वे उसके सामने (चिन्तन में) उपस्थित हो जाते हैं।"

इसी तरह ज्ञानार्णव ग्रन्थ (6/4) में भी कहा गया है—

"रत्नत्रय को प्राप्त न करके जो साक्षात् ध्यान करना चाहता है, वह मूढ़ मानो आकाशपुष्पों द्वारा वन्ध्या के पुत्र के मस्तक को अलंकृत करना चाहता है।"

इस प्रकार, निर्विवाद रूप से यह सिद्धान्त प्ररूपित होता है कि गृहस्थों के सावलम्बन ध्यान ही होता है, निर्विकल्प ध्यान नहीं होता। भावसंग्रह (गाथा-371, 388) में भी कहा गया है—

"मुख्य धर्मध्यान का सद्भाव तो प्रमादरहित (अप्रमत्त) गुणस्थान में कहा गया है, अतः देशविरत व प्रमत्तसंयत (पाँचवे-छठे गुणस्थानों) में उसे उपचार से ही हुआ जानना चाहिए।"

"इसलिए गृहस्थ पंचपरमेष्ठि रूप या उनके वाचक मन्त्राक्षरों का नित्य सावलम्ब (सविकल्पक) ध्यान करे।"

आराधनासारग्रन्थे (गाथा ३१-३२) **च समर्थितमेतत् यत्समस्तपरिग्रहत्यागेनैव जीवस्योपशमभावः, ततश्च आत्मस्थिरता सम्भवति। यथा—**

संगच्चाएण फुडं जीवो परिणवइ उवसमो परमो।
उवसमगओ हु जीवो अप्पसरूवे थिरो हवइ।।

जाव ण गंथं छंडइ ताव ण चित्तस्स मलिणिमा मुवई।
दुविहपरिग्गहचाए णिम्मलचित्तो हवइ खवओ।।

ततः स्थितमेतत् यन्निरालम्बमुख्यनिश्चयनिर्विकल्पध्यानात्मकः शुद्धोपयोगो गृहस्थानां न भवति, अपितु अप्रमत्तसंयतनामकसप्तमगुणस्थानादारभ्य क्षीणकषायनामकं द्वादशगुणस्थानं यावत् भवति। अथवा विवक्षाभेदेन शुक्लध्यानवतः शुद्धोपयोगः। अथवा मोहोदयाभावे उपशान्तमोहे क्षीणकषाये वा स भवति। अथवा सयोगकेवलिनः, अयोगकेवलिनश्च तथा सिद्धानां केवलज्ञानरूपः शुद्धोपयोगो भवति —इति विवक्षाभेदेन वक्तुं शक्यते।

आराधनासार ग्रन्थ (गाथा 31-32) में भी इसका समर्थन करते हुए कहा गया है कि समस्त परिग्रह के त्याग से ही जीव को उपशम भाव होता है और उसके होने पर ही आत्मस्थिरता सम्भव होती है—

"परिग्रह के त्याग से जीव स्पष्ट ही परम उपशम भाव को प्राप्त होता है और उपशम भाव को प्राप्त हुआ जीव (ही) आत्म-स्वरूप में स्थिर हो पाता है।"

"जब तक आराधक परिग्रह को नहीं छोड़ता, तब तक मन की मलिनता को नहीं छोड़ पाता। क्षपक साधक दोनों प्रकार के परिग्रह के त्याग से ही निर्मल चित्त वाला होता है।"

तो अब यह निर्णीत हो गया कि निरालम्बन मुख्य निश्चय-निर्विकल्प ध्यान रूप जो शुद्धोपयोग है, वह गृहस्थों को नहीं होता, अपितु अप्रमत्तसंयत नामक सातवें गुणस्थान से लेकर क्षीणकषाय नामक बारहवें गुणस्थान तक वह होता है। अथवा विवक्षाभेद से यह कहा जा सकता है कि शुक्ल ध्यान वाले को शुद्धोपयोग होता है। अथवा मोहनीय के उदय-अभाव में, उपशान्त मोह या क्षीणकषाय गुणस्थान में वह होता है। अथवा सयोगकेवली, अयोगकेवली एवं सिद्धों को केवलदर्शनज्ञानरूप शुद्धोपयोग होता है —ऐसा विवक्षाभेद से कहा जा सकता है।

एवं हे भव्य! परमनिःश्रेयसप्राप्त्यै क्रमशः प्रशस्तध्यानस्योत्कृष्टसोपानारोहणाय सततं प्रयतस्वेति गाथायास्तात्पर्यम्।

सम्प्रति शास्त्रकाराः शुभाशुभपरिणामयोः पृथक्-पृथक् फलं गाहा-छन्दसा निरूपयन्ति—

असुहादो णिरयाऊ, सुहभावादो दु सग्गसुहमाओ।
दुहसुहभावं जाणदु जं ते रुच्चेद तं कुज्जा।। ५७।।

छाया— अशुभात् नरकायुः, शुभभावात् तु स्वर्ग-सुखमायुः।
दुःखसुखभावं जानीहि, यत् तुभ्यं रोचेत तत्कुरु।।

रत्नत्रयवर्धिनी टीका— गाथान्वयः सुगमः। (असुहादो णिरयाऊ) **अशुभभावात् नरकायुः प्राप्यते, तेनाशुभपरिणामेन नरकायुषो बन्धो भवति —इत्यर्थः। के च अशुभभावाः, तेषां निरूपणं शास्त्रकारा अग्रिमयोर्गाथयोः करिष्यन्ति।** (सुहभावादो दुसग्गसुहमाओ) **शुभभावात् स्वर्गसुखं, तदायुष्यं च प्राप्यते। शुभपरिणामैः देवायुष्यबन्धः, तत्र देवलोके च स्वर्गसुखं प्रासुं शक्येते। के च शुभभावाः, तेषां निरूपणं शास्त्रकाराः अग्रेऽस्मिन्नेव ग्रन्थे** (ग्रन्थे ६०-६१ गाथयोः) **करिष्यन्ति।**

इस प्रकार, हे भव्य! परम निःश्रेयस की प्राप्ति हेतु प्रशस्त ध्यान की उत्कृष्ट सीढ़ियों पर क्रमशः आरोहण का निरन्तर प्रयत्न करो —यह गाथा का तात्पर्य है।

अब, शास्त्रकार शुभ व अशुभ परिणाम के पृथक्-पृथक् फल का निरूपण गाहा. छन्द के द्वारा कर रहे हैं—

गाथा-अर्थ— अशुभ भाव से नरकायु प्राप्त होती है और शुभ भाव से स्वर्ग-सुख व (देव)-आयु प्राप्त होती है। सुख व दुःख के (कारणभूत) भावों को जानो और जो तुम्हें अच्छा लगे, वह करो।।57।।

रत्नत्रयवर्धिनी टीका— गाथा का अन्वय सुगम है। **(अशुभात् नरकायुः)** अशुभ भाव से नरक-आयु प्राप्त होती है, अर्थात् उस अशुभ भाव के कारण नरक-आयु का बन्ध होता है। वे अशुभ भाव कौन-से हैं, उनका निरूपण शास्त्रकार आगे की दो गाथाओं (58-59) में करेंगे। **(शुभभावात् तु स्वर्गसुखमायुः)** शुभ भाव से स्वर्ग का सुख तथा (देव-) आयु भी प्राप्त होती है। शुभ परिणामों से देवायु का बन्ध होता है और (फलस्वरूप) उससे देवलोक में स्वर्ग-सुख प्राप्त किया जा सकता है। वे शुभ भाव कौन से हैं, उनका निरूपण इसी ग्रन्थ में आगे (गाथा 60-61) शास्त्रकार करने वाले हैं।

(दुहसुहभावं जाणदु) **दुःखस्य सुखस्य च कारणभूतं पृथक् पृथक् भावं परिणामं वा जानीहि सम्यक्तया। एवमेव स्वर्गे कीदृशं सुखम्, नरकेषु च कानि कानि दुःखानि इत्यपि शास्त्रमाध्यमेन सम्यग्रूपेण जानीहि। तदनन्तरं च,** (जं ते रुच्वेद तं कुज्जा) **यत् ते तुभ्यं रोचते, तदेव कुरु, समाचर।**

अयम्भावः— अयं संसारः सुखदुःखात्मकः। कदाचित्सुखं, कदाचिच्च दुःखं प्राप्यते। एतयोः सुख-दुःखयोः को हेतुः ? वस्तुतो हेतुभूते अनयोः शुभाशुभकर्मण्येव। जैनकर्मसिद्धान्तानुसारं शुभाशुभभावैः शुभाशुभकर्मणां बन्ध एव, न तत्रान्यो जनः तदनुरूपबन्धं निवारयितुं समर्थः। यदा कर्मविपाकोदयो भवति, तदाऽपि न कस्यचिदपि सामर्थ्यं तत्कर्मफलानुभवनं परिवर्तयितुम्। न च तत्फलानुभवने सहभागित्वं कस्यचिदपि सम्भवति।

उक्तं च ज्ञानार्णवग्रन्थे (२/८७)—

संयोगे विप्रयोगे च संभवे मरणेऽथवा।
सुखदुःखविधौ चास्य न सखाऽन्योऽस्ति देहिनः।।

(दुःखसुखभावं जानीहि) दुःख व सुख के कारणभूत पृथक्-पृथक् भाव या परिणाम को अच्छी तरह जानो। इसी तरह, स्वर्ग में कैसा सुख प्राप्त होता है और नरकों में कौन-कौन से दुःख हैं —इसे भी शास्त्रों के माध्यम से जानो। उसके बाद **(यत् तुभ्यं रोचेत, तत् कुरु)** जो तुम्हें अच्छा लगे, उसे ही करो, आचरण में लाओ।

तात्पर्य यह है— यह संसार सुख-दुःख से भरा है। कभी सुख तो कभी दुःख प्राप्त होता है। इन सुख व दुःख का कारण क्या है? वस्तुतः शुभ व अशुभ कर्म ही इनके हेतु हैं। जैन कर्मसिद्धान्त के अनुसार, शुभ या अशुभ भावों से शुभ या अशुभ कर्मों का बन्ध होता ही है, उसमें किसी अन्य व्यक्ति की क्षमता नहीं है कि वह (शुभाशुभ भावों के) अनुरूप (होने वाले शुभाशुभ) बन्ध को रोक सके। जब कर्म का विपाकोदय होता है, तब भी उस कर्म-फल की अनुभूति को परिवर्तित करने में किसी की सामर्थ्य नहीं है, और न ही उस फलानुभव में सहभागी होने की सामर्थ्य है।

ज्ञानार्णव ग्रन्थ (2/87) में कहा भी गया है—

"संयोग, वियोग, जन्म या मरण तथा सुख व दुःख के विधान में इस जीव का कोई भी मित्र (अर्थात् सहभागी) नहीं होता।"

कर्मसिद्धान्तमिदं जीवानेतदपि तथ्यं प्रकटयति यत् जीवने सुख-दुःखादीनि अनुभूयन्ते-ऽस्माभिः, तेषु फलानुभवनेषु परकीयः पदार्थः, चेतनोऽचेतनो वा, निमित्तभूतः सन्नपि दृश्यते। अज्ञानवशेन जनाः तान् पदार्थानेव सुख-दुःखदायकान् मन्वते, किन्तु तथ्यमिदं न विस्मर्तव्यं यत् सुखदुःखदातृत्वं वस्तुतः स्वकर्मणामेव, नान्येषाम्। यतो हि तेषां कर्मणां कर्ता स्वयं जीव एव, अतः स एव स्वयं स्वकीयसुखदुःखादिकर्ता, स एव भोक्ता, नान्यः —इति मतं व्यवतिष्ठते। एतदेवाभिप्रेत्य आचार्यैरमितगतिसूरिभिः भावनाद्वात्रिंशतिकायां (श्लोक ३०-३१) **समुपदिष्टम्—**

स्वयं कृतं कर्म यदात्मना पुरा, फलं तदीयं लभते शुभाशुभम्।
परेण दत्तं यदि लभ्यते स्फुटम्, स्वयं कृतं कर्म निरर्थकं तदा।।

निजार्जितं कर्म विहाय देहिनः, न कोऽपि कस्यापि ददाति किंचन।
विचारयन्नेवमनन्यमानसः, परो ददातीति विमुञ्च शेमुषीम्।।

यह कर्म-सिद्धान्त जीवों को यह तथ्य अवगत कराता है कि जीवन में सुख या दुःख (जो भी) भोगे जाते हैं, उस फल को भोगने में कोई दूसरा पदार्थ— सचेतन या अचेतन —इनमें कोई भी निमित्त होता हुआ दृष्टिगोचर होता है। अज्ञान के वशीभूत लोग उन पदार्थों को ही सुख या दुःख का देने वाला मान लेते हैं, किन्तु इस सत्य को नहीं भूलना चाहिए कि सुख या दुःख के दाता वस्तुतः अपने कर्म ही हैं, कोई अन्य नहीं। चूँकि उन कर्मों का कर्ता स्वयं जीव ही है, इसलिए वही स्वयं अपने सुख-दुःख आदि का कर्ता है, और फिर भोक्ता भी उसे ही बनना है, किसी दूसरे को नहीं —यह मत (निर्विवाद) सिद्ध हो जाता है। इसी अभिप्राय को आचार्य अमितगति जी महाराज 'भावना द्वात्रिंशतिका' (श्लोक 30-31) में इस प्रकार उपदेशरूप में व्यक्त कर रहे हैं—

"जो (भी) पहले स्वयं जीव द्वारा कर्म किया गया है, उसका शुभ या अशुभ फल उसे भोगना पड़ता (ही) है। यदि उस फल को किसी अन्य द्वारा दिया हुआ माना जाए तब तो अपने द्वारा किया हुआ कर्म सदा निरर्थक ही हो जाएगा (उस कर्म की सार्थकता फिर क्या रही?)।"

"अपने निज के अर्जित कर्म के अलावा और कोई दूसरा देहधारी (जीव) को कुछ भी (सुख या दुःख) नहीं दे सकता। इस (तथ्य) पर अन्यमनस्क न होकर विचार करते हुए (हे साधक!) इस बुद्धि को छोड़ दे कि कोई दूसरा (सुख या दुःख) देता है।"

एवं शास्त्रकाराः कर्मसिद्धान्तानुसारं शुभाशुभकर्मणां सुखदुःखात्मकफलं निरूप्य परामृशन्ति यत् शुभाशुभकर्मफलं विज्ञाय स्वरुच्यनुसारं समनुष्ठेयम्। योऽपि जिनोपदेशं श्रृणोति, यद्वा पठति, सोऽपि जीवः स्वशुभाशुभभावानां कर्ता स्वयं भवति, तत्कर्मणां चोपादानकारणं स स्वयमेव भवति, अतः स्वकल्याणस्य कर्ता अकर्ता वा स्वयमेव भवति। इन्द्रियविषयेषु समानतया स्थितेष्वपि कश्चिद् रागभावेन परिणमति, कश्चिद् द्वेषभावेन, कश्चित्तु मध्यस्थभावेनापि। वस्तुतः स्वस्व-स्वभावानुसारं फलं च जीवः प्राप्नोति। अतो जीवस्य स्वरुचिरेव भाविपरिणामानां नियामिका भवति। यदि स्वद्रव्यरुचिस्तर्हि मोक्षमार्गः, यदि तस्य परद्रव्यरुचिस्तर्हि संसारमार्गः।

अतएव समयसारग्रन्थे (गाथा ७६-७७) **ज्ञानिनः स्थितिरेवमुक्ता—**

ण वि परिणमदि ण गिण्हदि उप्पज्जइ ण परदव्वपज्जाए।
णाणी जाणंतो वि हु पुग्गलकम्मं अणेयविहं।।

इस प्रकार, कर्मसिद्धान्त के अनुसार शुभ व अशुभ कर्मों के शुभ-अशुभ फल का निरूपण कर शास्त्रकार यह परामर्श दे रहे हैं कि शुभ-अशुभ कर्मों के फल को जानकर अपनी रुचि के अनुसार कार्य करो। जो जिनोपदेश को सुनता है या पढ़ता है, वह भी जीव शुभ व अशुभ भावों का कर्ता वह स्वयं चूँकि होता है और उन कर्मों का उपादान कारण वह स्वयं होता है, अतः वही अपने कल्याण का कर्ता या अकर्ता होता है। इन्द्रिय-विषयों के समान रूप से विद्यमान होने पर भी, कोई जीव राग भाव से परिणत होता है, कोई द्वेष भाव से और कोई तो मध्यस्थ भाव से भी परिणत होता है। वस्तुतः अपने-अपने स्वभाव के अनुरूप फल भी जीव प्राप्त करता है। इसलिए जीव की अपनी रुचि (दृष्टि) ही आगामी परिणामों की नियामिका होती है। यदि उसकी स्वद्रव्य-रुचि है तो उसके लिए मोक्षमार्ग है और परद्रव्य में रुचि है तो संसार-मार्ग है।

इसीलिए समयसार ग्रन्थ (गाथा 76-77) में ज्ञानी की स्थिति इस प्रकार बताई गई है—

"ज्ञानी अनेक प्रकार के पौद्गलिक कर्मों को जानता हुआ भी निश्चय से परद्रव्य की पर्यायों में न उन स्वरूप परिणमन करता है, न उन्हें ग्रहण करता है और न उन रूप उत्पन्न होता है।"

ण वि परिणमदि ण गिण्हदि उप्पज्जदि ण परदव्वपज्जाए।
णाणी जाणंतो वि हु सगपरिणामं अणेयविहं।।

इत्येवं विज्ञाय हे भव्य! यतः सम्यग्दृष्टिस्त्वम्, अतस्तदनुरूपमेव अशुभभावान् परित्यज्य शुभभावान् समाश्रय, तथा क्रमशस्तेषामपि त्यागं विधाय शुद्धभावस्थितिः करणीया, येन शाश्वत-सुखमोक्षप्राप्तिः सुकरा स्यादिति गाथायास्तात्पर्यम्।

सम्प्रति शास्त्रकाराः उग्गाहा-छन्दोद्वयेन अशुभभावस्वरूपं निरूपयन्ति—

हिंसादिसु कोहादिसु मिच्छाणाणेसु पक्खवाएसु।
मच्छरिदेसु मदेसु दुरहिणिवेसेसु असुहलेस्सेसु।। ५८।।

विकहादिसु रुद्दट्टज्झाणेसु असुयगेसु दंडेसु।
सल्लेसु गारवेसु य, जो वट्टदि असुहभावो सो।। ५९।।

छाया —हिंसादिषु क्रोधादिषु मिथ्याज्ञानेषु पक्षपातेषु।
मात्सर्येषु मदेषु दुरभिनिवेशेषु अशुभलेश्यासु।।
विकथादिषु रौद्रार्तध्यानयोः असूयकासु दंडेषु।
शल्येषु गारवेषु च, यो वर्तते अशुभभावः सः।।

"ज्ञानी अनेक प्रकार के अपने परिणामों को जानता हुआ भी निश्चय से परद्रव्य की पर्यायों में न तो परिणमन करता है, न उन्हें ग्रहण करता है और न उन रूप उत्पन्न होता है।"

इस सब को जानकर हे भव्य! चूँकि तुम तो सम्यग्दृष्टि हो, अतः उसी के अनुरूप अशुभ भावों को छोड़कर शुभ भावों को अपनाओ और क्रमशः उनका भी त्यागकर शुद्धभाव में स्थिति करो, ताकि शाश्वत सुख रूप मोक्ष की प्राप्ति सुलभ हो —यह गाथा का तात्पर्य है।

अब शास्त्रकार दो उग्गाहा छन्दों द्वारा अशुभ भाव के स्वरूप का निरूपण कर रहे हैं—

गाथा-अर्थ— हिंसा आदि में, क्रोध आदि में, मिथ्या ज्ञान में, पक्षपात (पूर्ण विचारों या एकान्तवादों) में, मात्सर्य में, मदों में, दुरभिमानों में, अशुभ लेश्याओं में, विकथाओं में, रौद्र व आर्तध्यान में, ईर्ष्या व डाह में, असंयमों में, शल्यों में और मान-बड़ाई में जो भाव (आत्मीय परिणाम) रहता है, वह (सब) अशुभ भाव है।।58-59।।

रत्नत्रयवर्धिनी टीका— गाथाया अन्वयः स्पष्ट एव। (हिंसादिसु जो वट्टदि सो असुहभावो) **यो भावः, परिणामो वा हिंसादिषु वर्तते, सोऽशुभभावो भवति —इति विज्ञेयम्। आदिपदेन असत्य-चौर्य-अब्रह्मचर्य-परिग्रहाणां ग्रहणम्। एवं हिंसाविषयकः, असत्य-विषयकः, चौर्यविषयकः, अब्रह्मविषयकः, यद्वा परिग्रहविषयको भावः, सोऽशुभभावः। हिंसादिक्रियाप्रवर्तका आत्मीय-परिणामाः अशुभभावा इत्याशयः।**

भावः परिणाम एव। अशुभरूपेण तु उपयोगो योगश्च —इत्यनयोर्द्वयोरपि ग्रहणं भवति। अशुभभावो मिथ्यात्वाविरतिप्रमादकषाययोगेतिपञ्चप्रत्ययरूपाशुभोपयोगः —इति प्रवचनसारस्य (गाथा-१/९) **तात्पर्यवृत्तौ संकेतितम्। मोहेन, द्वेषेण तथा अप्रशस्तरागेण वा संपृक्तः परिणामोऽशुभो भवति —इति प्रवचनसारे** (२/८८-८९) **भणितम्। द्रव्यपापबन्धकारणत्वाद् अशुभोपयोगः** 'पाप' **रूप एवेति च तत्र** (२/६४, ८९) **प्रोक्तम्। अत्र अनिष्टगतिजातिशरीरेन्द्रियविषयादिनिर्वर्तकं यत्, तत्पापम् अर्थात् यदनभिलषितपदार्थप्रापकं तत्पापमिति विज्ञेयम्। विषयकषायसेवनात्मक-दुराचरणप्रवृत्तोऽयमशुभोपयोगो नरकादिदुर्गतिहेतुरित्यपि च तत्र** (१/१२) **निर्दिष्टम्।**

रत्नत्रयवर्धिनी टीका— गाथा का अन्वय स्पष्ट ही है। **(हिंसादिषु यो वर्तते, सोऽशुभभावः)** जो भाव या परिणाम हिंसा आदि से प्रवर्तित रहता है, वह अशुभ भाव है —ऐसा जानना चाहिए। 'आदि' पद से असत्य, चोरी, अब्रह्मचर्य व परिग्रह का ग्रहण (किया गया) है। इस प्रकार, हिंसा के विषय में, असत्य के विषय में, चोरी के विषय में, अब्रह्मचर्य के विषय में तथा परिग्रह के विषय में जो परिणाम होते हैं, वे अशुभ भाव हैं। हिंसा आदि क्रियाओं के प्रवर्तक जो आत्मीय परिणाम हैं, वे अशुभ भाव हैं —यह भाव (तात्पर्य) है।

भाव का अर्थ परिणाम ही है। 'अशुभ' के रूप में तो उपयोग व योग —इन दोनों का ग्रहण किया जाता है। मिथ्यात्व, अविरति, प्रमाद, कषाय व योग —इन पाँच प्रत्यय (कारण) वाला अशुभोपयोग अशुभ है —ऐसा प्रवचनसार (गाथा-1/9) की तात्पर्यवृत्ति टीका में संकेतित है। मोह से, द्वेष से तथा अप्रशस्त राग से सम्पृक्त परिणाम अशुभ होता है —यह प्रवचनसार (2/88-89) में कहा गया है। द्रव्य पाप के बन्ध का कारण होने से, अशुभोपयोग 'पाप' रूप ही है —ऐसा वहीं प्रवचनसार (2/64, 89) में प्रतिपादित किया गया है। जो अनिष्ट गति, जाति, शरीर, इन्द्रिय-विषय आदि का निष्पादक है— वह यहाँ 'पाप' (पद से ग्राह्य) है, अर्थात् अनभिलषित पदार्थों को जो प्राप्त कराता है, उसे 'पाप' जानना चाहिए। विषयकषाय-सेवन रूप दुराचार में प्रवृत्त यह अशुभोपयोग नरक आदि दुर्गति का हेतु है —यह भी वहीं (1/12) कहा गया है।

किञ्च, योगोऽपि शुभाशुभरूपेण द्विविध इति 'बारस अणुवेक्खा' ग्रन्थे (गाथा ४९-५०) **निर्दिष्टम्। तत्र प्रोक्ताशुभपरिणामनिर्वृत्तः, तथा मनोवाक्कायेतिभेदैः त्रिविधो योगोऽपि हिंसादि-विषयत्वाद् अशुभो व्यपदिश्यते। एवं प्राणातिपात-अदत्तादान-अब्रह्मचर्यप्रयोगादिः अशुभः काययोगः। असत्यभाषण-परुषवचनादिरशुभो वाग्योगः। वधचिन्तनेर्ष्यासूयादिरशुभो मनोयोगः —इति राजवार्तिके** (६/३/१) **निरूपितम्। 'बारस अणुवेक्खा'**(गाथा ५१-५३)**-ग्रन्थे तु कृष्णादिकास्तिस्रः अप्रशस्तलेश्याः, ईर्ष्या, राग-द्वेष-मोह-हास्यादिनोकषायाश्च अशुभमनोयोग-रूपाः, भक्तकथादिविकथा अशुभवाग्योगः, बन्धनच्छेदनमारणक्रिया चाशुभकाययोगः इति निरूपितम्। एषोऽशुभयोगोऽपि पापास्रवहेतुः तत्त्वार्थसूत्रे** (६/३) **भणित एव।**

एवं (कोहादिसु) **क्रोधादिषु च यो वर्तते, सोऽपि अशुभभावो वेदितव्यः। अत्र आदिपदेन मान-माया-लोभानां ग्रहणं कार्यम्। एवं क्रोधादिकषायचतुष्कविषयको भावोऽशुभ एवेति भावः।**

और, 'योग' को भी 'बारस अणुवेक्खा' ग्रन्थ (गाथा 49-50) में शुभ व अशुभ रूप से दो प्रकार का बताया गया है। इनमें पूर्वोक्त अशुभ परिणामों से निष्पन्न, मनोयोग, वाग्योग व काययोग —इस तरह का त्रिविध योग जो होता है, वह भी हिंसा आदि विषयवाला होने से अशुभ कहा जाता है। इसी प्रकार, प्राण-वध, अदत्तादान (चोरी), अब्रह्मचर्य-प्रवृत्ति आदि अशुभ काययोग है। असत्यभाषण, कठोर बोलना आदि अशुभ वचनयोग है। हिंसक विचार, ईर्ष्या, असूया आदि अशुभ मनोयोग है —ऐसा राजवार्तिक ग्रन्थ (6/3/1) में प्रतिपादित किया गया है। बारस अणुवेक्खा ग्रन्थ (गाथा 51-53) में तो ऐसा बताया गया है कि कृष्ण लेश्या आदि तीन अप्रशस्त लेश्याएँ, ईर्ष्या, राग-द्वेष-मोह एवं हास्य आदि नोकषाय —ये अशुभ मनोयोग हैं, भोजन, कथा आदि विकथाएँ करना अशुभ वाग्योग है और बाँधना, छेदन करना, वध करना आदि की क्रियाएँ अशुभ काययोग है। यह अशुभ योग भी पाप के आस्रव का हेतु होता है —यह तो तत्त्वार्थसूत्र (6/3) में प्रतिपादित ही है।

इसी तरह **(क्रोधादिषु)** क्रोध आदि में जो (परिणाम) होता है, उसे अशुभ भाव जानना चाहिए। यहाँ 'आदि' पद से मान, माया व लोभ (कषायों) का ग्रहण करना चाहिए। तात्पर्य यह है कि क्रोध आदि चार कषायों से सम्बद्ध जो भाव है, वह अशुभ भाव ही है।

तथा (मिच्छाणाणेसु पक्खवाएसु) **मिथ्याज्ञानेषु तथा पक्षपातेषु च यो भावो वर्तते, तस्यापि अशुभरूपता विज्ञेया। मिथ्यादर्शनेन संयुक्तं ज्ञानं मिथ्याज्ञानम्। तत्सम्बद्धः परिणामोऽशुभ एव। आत्मानात्मविवेकाभावात् शरीरादिषु आत्मीयबुद्ध्या तथा पुत्रकलत्रेषु धनधान्यादिपरिग्रहेषु वा ममेदमिति बुद्ध्या इष्टेषु रागः, अनिष्टेषु च द्वेषो भवति, तत्र मूले मिथ्यात्वमेव। तत्र मिथ्याज्ञानसंपृक्तो मोहक्षोभात्मको वा यः कश्चिदपि भावो भवति, सोऽशुभो भवति। पक्षपातोऽपि अप्रशस्तरागात्मक एवात्र ग्राह्यः। अज्ञानेन, द्वेषेण यद्वा अप्रशस्तरागेण च जनः सत्यस्य विरोधं करोति, असत्यस्य च पक्षं समर्थयति, अतस्तस्य भावोऽशुभ एवेति भावः।**

एवं (मच्छरिदेसु, मदेसु दुरहिणिवेसेसु) **मात्सर्यम्, अष्टौ मदाः, दुराग्रहसहितोऽध्यवसायश्च —इत्येतेषु यो भावो वर्तते, सोऽपि अशुभभावो ज्ञेयः। तत्रान्यगुणासहिष्णुत्वं मात्सर्यम्। मदश्च दर्पो गर्वो वा, यश्च ज्ञान-पूजा-कुल-जाति-बल-ऋद्धि-तपश्चर्या-शरीरेत्यष्टविषयकः प्रमुखतया भवति। मदशब्देन कामपरिणामोऽपि गृह्यते। अनात्मीयेष्वपि** 'ममेदं' **इतिदुराग्रहपूर्णो भावो दुरभिनिवेशः। यद्वा मिथ्या अयथार्थो वा अध्यवसायो दुरभिनिवेशः।**

तथा **(मिथ्याज्ञानेषु पक्षपातेषु)** मिथ्याज्ञानों में और पक्षपात में जो भाव होता है, उसे भी अशुभ रूप ही जानें। मिथ्यादर्शन से संयुक्त ज्ञान ही मिथ्याज्ञान होता है, उस से सम्बद्ध परिणाम अशुभ ही है। आत्मा व अनात्मा का विवेक न होने के कारण, शरीर आदि में आत्म-बुद्धि रखते हुए, तथा पुत्र, कलत्र में या धन-धान्य आदि परिग्रह में 'यह मेरा है' इस बुद्धि से इष्ट पदार्थों में जो राग और अनिष्ट पदार्थों में जो द्वेष होता है, वहाँ (उनके) मूल में (कारण) मिथ्यात्व ही होता है। वहाँ मिथ्याज्ञान से सम्पृक्त एवं मोह-क्षोभात्मक जो कुछ भी भाव होता है, वह अशुभ ही होता है। पक्षपात को भी अप्रशस्त राग के रूप में ही यहाँ समझ लेना चाहिए। अज्ञान से, द्वेष से या फिर अप्रशस्त राग से व्यक्ति सत्य का विरोध करता है और असत्य के पक्ष का समर्थन करता है, इसलिए उसका भाव अशुभ ही है —यह भाव है।

इसी प्रकार **(मात्सर्येषु, मदेषु, दुरभिनिवेशेषु)** मात्सर्य, आठ प्रकार का मद, दुराग्रह सहित अध्यवसाय —इनमें जो भाव है, वह भी अशुभ भाव है —यह जानें। अन्य के गुणों को सहन न करना —यह मात्सर्य है। मद यानी दर्प या गर्व, जो प्रमुख रूप से ज्ञान, पूजा, कुल, जाति, बल, ऋद्धि, तप व शरीर —इन आठ से सम्बद्ध (होने के कारण आठ प्रकार का) होता है। मद शब्द से काम-परिणाम भी अर्थ लिया जाता है। अनात्म पदार्थों में भी 'यह मेरा है' इस प्रकार यह दुराग्रह-पूर्ण भाव 'दुरभिनिवेश' है। अथवा, मिथ्या या अयथार्थ अध्यवसाय 'दुरभिनिवेश' है।

तथा (असुहलेस्सेसु) **अशुभलेश्यासु तत्सम्पृक्तो वा यो भावः, सोऽपि अशुभभावः। कृष्ण-नील-कापोतेतिलेश्याः तिस्रोऽशुभा भवन्ति। तद्वशात् जीवस्य अशुभपरिणामा जायन्ते। लेश्या का, कानि चाशुभलेश्यालक्षणानि —इति विषये प्राक् चतुष्पञ्चाशत्तमाया गाथाया** (गाथा-५४) **व्याख्याने भणितमेव।**

(विकहादिसु) **विषयविशेषमाश्रित्य पुरुषार्थोपयोगिनी चर्चा, घटिताघटितस्थितिवर्णनं, तद्विषयकः वक्तृश्रोतृमध्यगतः संलापो वा कथा भण्यते। तासु मोक्षमार्गप्रतिकूलाः कथा विकथारूपेण अभिधीयन्ते। ताश्च प्रमुखतश्चतुर्विधाः —स्त्रीकथा, राजकथा, चोरकथा, भक्तकथा** (भोजनविषयककथा) **चेति।**

मूलाचारग्रन्थे (गाथा ८५७-८५८) **चानेके विकथाभेदाः इत्थं निर्दिष्टाः सन्ति—**

इत्थिकहा अत्थकहा भत्तकहा खेडकव्वडाणं च।
रायकहा चोरकहा जणवद-णयरायरकहाओ।।

और **(अशुभलेश्यासु)** अशुभ लेश्याओं में, एवं उनसे सम्पृक्त जो भाव है, वह भी अशुभ भाव है। कृष्ण, नील व कापोत —ये तीन लेश्याएँ अशुभ होती हैं। उनके कारण जीव के अशुभ परिणाम होते हैं। लेश्या क्या है? अशुभ लेश्याओं के लक्षण क्या हैं? इस विषय में पहले चौवनवीं (54) गाथा के व्याख्यान में कह चुके हैं।

(विकथादिषु) किसी विशेष विषय को लेकर तथा पुरुषार्थ में उपयोगी चर्चा, या घटित व अघटित (कल्पित) स्थिति का निरूपण, या वक्ता व श्रोता के मध्य होने वाला उससे सम्बद्ध संलाप 'कथा' कही जाती है। इनमें मोक्षमार्ग के प्रतिकूल कथाओं को 'विकथा' रूप से कहा जाता है। ये विकथाएँ प्रमुखतः चार प्रकार की होती हैं— स्त्रीकथा, राजकथा, चोरकथा व भक्त (भोजनविषयक) कथा।

मूलाचार ग्रन्थ (गाथा 857-858) में विकथा के अनेक भेदों का इस प्रकार निरूपण किया गया है—

"स्त्रीकथा, अर्थकथा, भोजनकथा, (नदी व पर्वत से घिरे) खेट की कथा, (सर्वत्र पर्वत से घिरे) कर्वट की कथा, राजा की कथा, चोरकथा, जनपदकथा, नगरकथा, आकर (हीरा-पन्ने आदि की खानों) की कथा —ये लौकिक विकथाएँ होती हैं।"

णडभडमल्लकहाओ मायाकरजल्लमुट्ठियाणं च।
अज्जउललंघियाणं कहासु ण वि रज्जए धीरा।।

गोम्मटसारग्रन्थस्य (जीवकाण्ड, गाथा-४४) **जीवतत्त्वप्रदीपिकाटीकायां पञ्चविंशतिसंख्यका विकथाः निर्दिष्टाः। यथा— स्त्रीकथा, अर्थकथा, भोजनकथा, राजकथा, चोरकथा, वैरकथा, परपाखण्डकथा, देशकथा, भाषाकथा, गुणबन्धकथा, देवीकथा, निष्ठुरकथा, परपैशुन्यकथा, कन्दर्पकथा, देशकालानुचितकथा, भण्डकथा, मूर्खकथा, आत्मप्रशंसाकथा, परपरिवादकथा, परजुगुप्साकथा, परपीडाकथा, कलहकथा, परिग्रहकथा, कृष्याद्यारम्भकथा, संगीतवाद्यकथा चेति। एताः विकथाः प्रायेण संसारभोगानुरागसंवर्धिकाः, यद्वा अशुभपरिणामपोषकाः भवन्ति, अतो मुमुक्षुभिस्त्याज्याः भवन्ति।**

तथा (रुद्दट्टज्झाणेसु) **रौद्र-आर्तध्यानयोः यो भावः सोऽपि अशुभभावः। उक्तं च भाव-प्राभृतग्रन्थे** (गाथा-७६)— 'असुहं च अट्टरुद्दं' **इति।**

"(इसके और भी अनेक भेद हैं, जैसे—) नटों की कथा, भटों (योद्धाओं) की कथा, मल्लों (पहलवानों) की कथा, मायाकरों (जादूगरों) की कथा, मछलीमारों आदि की कथा, जुआ खेलने वालों की कथा, आर्याकुल (दुर्गा आदि शक्ति के उपासकों) की कथा, रस्सी व बाँस पर नृत्य करने वालों की कथा —इन कथाओं में धीर (विरक्त) मुनि कभी अनुरक्त नहीं होते।"

गोम्मटसार ग्रन्थ (जीवकाण्ड, गाथा-44) की जीवतत्त्वप्रदीपिका टीका में पच्चीस विकथाओं का निर्देश प्राप्त होता है— "स्त्रीकथा, अर्थ (धन सम्बन्धी) कथा, भोजनकथा, राजकथा, चोरकथा, वैरकथा, परपाखंडकथा, देशकथा, भाषाकथा (कहानी आदि), गुणप्रतिबन्ध कथा, देवीकथा, निष्ठुरकथा, परपैशुन्य (चुगली) कथा, कन्दर्प (कामसम्बन्धी) कथा, देश व काल के अयोग्य कथा, भण्डकथा, मूर्खकथा, आत्मप्रशंसा कथा, पर-परिवाद कथा, परजुगुप्सा (घृणा) कथा, परपीड़ा कथा, कलहकथा, परिग्रहकथा, कृषि आदि आरम्भ की कथा, संगीत-वाद्य कथा —ये पच्चीस विकथाएँ होती हैं।" ये विकथाएँ प्रायः सांसारिक भोगों में अनुराग बढ़ाती हैं, या अशुभ परिणामों का पोषण करती हैं, इसलिए मुमुक्षु साधकों द्वारा ये वर्जनीय होती हैं।

और **(रौद्रार्तध्यानयोः)** रौद्र व आर्त ध्यान —इनमें जो भाव है, वह भी अशुभ भाव है। भावप्राभृत ग्रन्थ (गाथा-76) में कहा भी है— "आर्त व रौद्र ये (दो) ध्यान अशुभ हैं।"

एते अप्रशस्ते ध्याने मिथ्यात्वमूलके स्तः, पापास्त्रवहेतुभूते च भवतः। रौद्र-आर्तध्यान-स्वरूपादिविषये यद् वक्तव्यं तत्प्राक् चतुष्पञ्चाशत्तमगाथाया (गाथा-५४) **व्याख्याने कृतमेवेति न पुनर्विधीयते।**

तथा (असुयगेसु दंडेसु) **असूयकासु, असूया एव असूयका, तासु यो वर्तते भावः, सोऽशुभ एव। असूया च परगुणेषु दोषाविष्करणं यद्वा परवैभवादिकं वीक्ष्य असहिष्णुत्वम्। एवमीर्ष्या-भावनासमन्वितो भावोऽशुभभाव इति भावः। तथा** (दंडेसु) **दण्डसम्बन्धी भावोऽपि अशुभो भवतीत्यर्थः। दण्डश्च हिंसादिदुर्भावना-समन्वितो योगो विज्ञेयः। प्रमुखतया अस्य त्रयो भेदाः— मनोदण्डः, वचनदण्डः, कायदण्डश्च। तत्रापि मनोदण्डस्त्रिविधः— रागविकल्पात्मकः, द्वेष-विकल्पात्मकः, मोहविकल्पात्मकश्चेति। अनृतोपघातपैशुन्यपरुषाभिशंसनपरितापहिंसनभेदाद् वाग्दण्डः सप्तविधः। प्राणिवध-चौर्य-मैथुन-परिग्रहारम्भताडनोग्रवेशविकल्पात् कायदण्डोऽपि सप्तविधः।**

ये (दोनों) अप्रशस्त ध्यान मिथ्यात्व-मूलक (मिथ्यात्व पर आधारित) होते हैं, और पाप-आस्त्रव के कारण भी हैं। रौद्र व आर्त ध्यान के स्वरूप आदि के विषय में जो कथन (सम्भव) है, वह पहले चौवनवीं गाथा (सं. 54) के व्याख्यान में किया जा चुका है, इसलिए उसे पुनः प्रस्तुत नहीं किया जा रहा है।

तथा **(असूयकासु, दण्डेषु)** असूयका यानी असूया, इसमें जो भाव रहता है, वह अशुभ है। अन्य के गुणों में दोषों को उद्भावित करना या दूसरे के वैभव आदि को देखकर सहन नहीं कर पाना —यह असूया होती है। इस प्रकार, ईर्ष्याभाव से युक्त जो भाव (परिणाम) है, वह अशुभ भाव है —यह तात्पर्य है। और, (दण्डेषु) दण्डों में। अर्थात् दण्डसम्बन्धी भाव भी अशुभ होता है। हिंसा आदि दुर्भावों से युक्त जो 'योग' है, उसे 'दण्ड' जानना चाहिए। प्रमुखतः इसके तीन भेद हैं— मनोदण्ड, वचनदण्ड व कायदण्ड। इनमें भी मनोदण्ड तीन प्रकार का है— रागात्मक, द्वेषात्मक व मोहात्मक। झूठ बोलना, वचन से कहकर किसी के ज्ञान का घात करना, चुगली करना, कठोर वचन कहना, अपनी प्रशंसा करना, संताप उत्पन्न करने वाला वचन कहना और हिंसा के वचन कहना —यह सात प्रकार का वचन-दण्ड होता है। प्राणियों का वध करना, चोरी करना, मैथुन, परिग्रह रखना, आरम्भ करना, ताड़ना करना, और उग्र वेष (भयानक रूप) धारण करना —इस प्रकार सात प्रकार का कायदण्ड होता है।

तथा (सल्लेसु गारवेसु) **शल्येषु गारवेषु, एतेषु च प्रवर्तमानो भावोऽपि अशुभः इत्यर्थः। यदात्मानं हिनस्ति, पीडयति, तच्छल्यं भवति। यथा शरीरानुप्रविष्टं शल्यं पीडादायकं भवति, तथैव शारीरमानसबाधाकारित्वात् शल्यमिव शल्यं कर्मोदयविकाररूपं भण्यते —इति सर्वार्थसिद्धिग्रन्थे (७/१८) आदिषु प्रतिपादितम्। यद्वा क्रोधमानमायालोभ-प्रेम-पिपासा-निदानादिकं शल्यं स्वीक्रियते। शल्यस्य त्रयो भेदाः—मिथ्यात्वशल्यम्, मायाशल्यम्, निदानशल्यं च।**

उक्तं च भगवती-आराधनाग्रन्थे (गाथा ५४०-५४१)—

मिच्छादंसणसल्लं मायासल्लं णिदाणसल्लं च।
अहवा सल्लं दुविहं दव्वे भावे य बोधव्वं।।
तिविहं दु भावसल्लं दंसणणाणे चरित्तजोगे य।
सच्चित्ते य अचित्ते य मिस्सगे वा वि दव्वम्मि।।

और (**शल्येषु, गारवेषु**) शल्य व गारव में अर्थात् इनमें प्रवृत्त भाव भी अशुभ भाव है। शल्य वह होता है जो आत्मा का घात करता है, पीड़ित करता है। जिस प्रकार शरीर (के किसी भाग) में प्रविष्ट कांटा पीड़ादायक होता है, उसी प्रकार शारीरिक व मानसिक बाधा पैदा करने वाला होने से कर्मोदय-जन्य विकार भी, शल्य (कांटे) जैसा होने से 'शल्य' कहा जाता है — ऐसा सर्वार्थसिद्धि ग्रन्थ (7/18) आदि में प्रतिपादित किया गया है। अथवा क्रोध, मान, माया, लोभ, प्रेम, पिपासा (विषयभोग की प्यास), निदान आदि को भी शल्य कहा जाता है। शल्य के तीन भेद हैं— मिथ्यात्व-शल्य, मायाशल्य और निदान (भोगों की लालसा) शल्य।

भगवती-आराधना ग्रन्थ (गाथा 540-41) में भी कहा गया है—

"मिथ्यादर्शन शल्य, मायाशल्य और निदान शल्य —ये तीन शल्य हैं। अथवा द्रव्यशल्य व भाव शल्य, इस प्रकार— शल्य के दो भेद हैं —यह जानना चाहिए। भाव शल्य के भी तीन भेद हैं— (1) दर्शन शल्य, (2) ज्ञानशल्य, (3) चारित्र योग शल्य। द्रव्यशल्य के भी तीन भेद हैं—सचित्त, अचित्त व मिश्र (शल्य)।"

तत्र मिथ्यादर्शन-माया-निदानशल्याणां कारणभूतं द्रव्यभूतं कर्म, तद् द्रव्यशल्यम्, तदुदयेन मिथ्यादर्शनादिपरिणामाः भावशल्यम्। तत्र सम्यग्दर्शनस्य शल्यं शङ्कादिकम्। ज्ञानस्य शल्यकाले पठनमविनयादिकं च। चारित्रस्य शल्यं समितिगुप्त्योरनादरः। योगस्य शल्यमसंयम-परिणामः। इत्येवं भावशल्यानि ज्ञेयानि।

द्रव्यशल्येष्वपि दासादिकं सचित्तद्रव्यशल्यम्, सुवर्णादिकमचित्तद्रव्यशल्यम्, ग्रामादिकं मिश्रं द्रव्यशल्यमिति भगवतीआराधना-विजयोदयाटीकायां (गाथा-५४१) **निरूपितम्—**

गारवं च गर्वरूपमेव। तत् त्रिविधम्—शब्दगारवम्, ऋद्धिगारवम्, सातगारवं चेति। वर्णोच्चारणादिविषयकं गर्वमेव शब्दगारवं कथयन्ति। शिष्यपुस्तककमण्डलुपिच्छपट्टादिभिः आत्मोद्भावनम् ऋद्धिगारवं कथ्यते। भोजनपानादिसमुत्पन्नसौख्यसम्बन्धिमोहमदः सातगारवं भवतीत्यादि भावप्राभृतस्य (गाथा-१५७) **टीकायां निर्दिष्टम्।**

इनमें मिथ्यादर्शन, मायाशल्य व निदान शल्य —इनका जो कारणभूत द्रव्यरूप कर्म है, वह द्रव्यशल्य है। उसके उदय के कारण मिथ्यादर्शन आदिरूप से जो आत्मीय परिणाम होते हैं, वे भावशल्य हैं। इनमें शङ्का (कांक्षा) आदि सम्यग्दर्शन से सम्बन्धित शल्य हैं। अकाल में पढ़ना और अविनय आदि करना —ये सम्यग्ज्ञान के शल्य हैं। समिति व गुप्ति में अनादर भाव —यह चारित्र का शल्य है। योग का शल्य है— असंयम में रूप परिणाम (प्रवृत्ति) होना। इस प्रकार भावशल्यों को जानना चाहिए।

द्रव्यशल्यों में भी दास (नौकर) आदि सचित्त द्रव्यशल्य हैं। सुवर्ण आदि अचित्त द्रव्य शल्य हैं और ग्राम आदि मिश्र शल्य हैं —ऐसा भगवती-आराधना (गाथा-541) की विजयोदया टीका में निरूपित किया गया है।

गारव गर्व स्वरूप ही है। वह तीन प्रकार का है— शब्दगारव, ऋद्धिगारव और सातगारव। वर्णोच्चारण आदि से सम्बन्धित गर्व को शब्द गारव कहते हैं। शिष्य, पुस्तक, कमण्डलु, पिच्छी, पट्ट (चौकी) आदि को लेकर किया जाने वाला आत्मीयता का उद्भावन —यह ऋद्धिगारव कहा जाता है। भोजन, पान आदि से उत्पन्न होने वाले सुख के विषय में मोह व मद करना सातगारव होता है— इत्यादि निरूपण भावप्राभृत (गाथा-157) की टीका में किया गया है।

एवं हे भव्य! एते सर्वे अशुभभावाः संसारपरिभ्रमणस्य, तत्रापि दुर्गतिदुःखानां हेतवो भवन्ति, इत्यतस्ते सर्वतोभावेन त्याज्याः इति गाथायास्तात्पर्यम्।

सम्प्रति शास्त्रकाराः शुभभावस्वरूपं द्वाभ्यां गाहाछन्दोभ्यां निरूपयन्ति—

दव्वत्थिकाय-छप्पण तच्चपयत्थेसु सत्तणवगेसु।
बंधणमोक्खे तक्कारणरूवे बारसणुवेक्खे।। ६०।।

रयणत्तयस्सरूवे अज्जाकम्मे दयादिसद्धम्मे।
इच्चेवमाइगे जो वट्टदि सो होदि सुहभावो।। ६१।।

छाया —द्रव्यास्तिकायेषु षट्-पञ्चसु तत्त्वपदार्थेषु सप्तनवकेषु।
बन्धनमोक्षयोः तत्कारणरूपासु द्वादशानुप्रेक्षासु।।

रत्नत्रयस्वरूपे आर्यकर्मणि दयादिसद्धर्मे।
इत्येवमादिके यो वर्तते स भवति शुभभावः।।

रत्नत्रयवर्धिनी टीका— अस्याः गाथाया अन्वयः सुगमः। (दव्वत्थिकाय छप्पण) **द्रव्यास्तिकायेषु षट्पञ्चसु, षट्-पञ्चेतिशब्दयोः द्रव्यअस्तिकायेतिशब्दाभ्यां सह क्रमेण सम्बन्धः। अतः षट्सु द्रव्येषु पञ्चसु अस्तिकायेषु —इत्यन्वयो बोध्यः।**

इस प्रकार, हे भव्य! ये सभी अशुभ भाव संसारभ्रमण के, उसमें भी दुर्गति-दुःख के हेतु होते हैं, इसलिए वे सभी तरह से तुम्हारे द्वारा छोड़ने योग्य हैं —यह गाथा का तात्पर्य है।

अब, शास्त्रकार दो गाहा छन्दों के द्वारा शुभ भाव के स्वरूप का निरूपण कर रहे हैं—

गाथा-अर्थ— छः द्रव्यों, पाँच अस्तिकायों, सात तत्त्वों, नौ पदार्थों, बन्ध व मोक्ष, उसके कारण रूप बारह अनुप्रेक्षाओं, रत्नत्रय स्वरूप आर्यकर्म व दया आदि सद्धर्म — इत्यादि में जो स्थित रहना है, वह सब शुभ भाव है।।60-61।।

रत्नत्रयवर्धिनी टीका— इस गाथा का अन्वय सुगम है। **(द्रव्यास्तिकायेषु षट्पञ्चसु)** छः-पाँच द्रव्य-अस्तिकायों में। यहाँ 'छः-पाँच' इन दो शब्दों का द्रव्य-अस्तिकाय —इन दो शब्दों के साथ क्रमशः सम्बन्ध है। इसलिए छः द्रव्यों में और पाँच अस्तिकायों में —इस प्रकार अन्वय समझना चाहिए।

(जो वट्टदि सो होदि सुहभावो) **षण्णां द्रव्याणां तथा पञ्चानामस्तिकायानां विषये स्वोपयोगरूपेण य आत्मा वर्तते, स शुभभावरूपः, अर्थात् शुभभावयुक्तो भवतीति ज्ञेयम्। अत्र जीवः शुभभावस्याश्रयः आधारः, शुभभावश्च आधेयः। आधारभूते आत्मनि आधेयस्य शुभभावस्योपचारं विधाय** 'आत्मा शुभभावः' **इत्युक्तम्। यद्वा, शुभभावेन आत्मनः परिणतत्वाद् परिणाम-परिणामिनोरभेदोपचारत् तत्कथनं सङ्गतमेव मन्तव्यम्।**

उक्तं च श्रीकुन्दकुन्दाचार्यविरचिते प्रवचनसारग्रन्थे (१/९)— "जीवो परिणमदि जदा सुहेण असुहेण वा सुहो असुहो।"

षण्णां द्रव्याणां नामानि नियमसारग्रन्थे (गाथा-९) **प्रोक्तानि—**

जीवा पोग्गलदव्वा धम्माधम्मा य काल आयासं।
तच्चत्था इदि भणिदा णाणागुणपज्जएहिं संजुत्ता।।

अन्यच्च, आचार्यामृतचन्द्रकृते तत्त्वार्थसारग्रन्थे (३/२-३) **च भणितम्—**

(यः वर्तते, स भवति शुभभावः) छः द्रव्यों के तथा पाँच अस्तिकायों के विषय में अपने उपयोग के माध्यम से जो आत्मा स्थित (प्रवृत्त) रहता है, वह शुभभावरूप होता है, अर्थात् शुभ भावों से युक्त होता है —यह जानें। यहाँ शुभ भाव का आधार जीव (आत्मा) है, शुभ भाव आधेय है। आधारभूत आत्मा में आधेयभूत शुभभाव का उपचार कर, आत्मा 'शुभभाव' है —यह कहा गया है। अथवा, शुभ भाव से परिणत आत्मा है, इसलिए परिणाम व परिणामी में अभेदोपचार से उक्त कथन की संगति समझनी चाहिए।

आचार्य कुन्दकुन्द द्वारा विरचित प्रवचनसार ग्रन्थ (1/9) में कहा भी गया है— "जब जीव शुभ या अशुभ भाव से परिणमत होता है तो वह शुभ या अशुभ कहा जाता है।"

छः द्रव्यों के नाम नियमसार ग्रन्थ (गाथा-9) में इस प्रकार कहे गये हैं—

"जीव, पुद्गल, धर्म, अधर्म, काल व आकाश —ये तत्त्वार्थ कहे गये हैं। ये अनेक गुणों व पर्यायों से संयुक्त होते हैं।"

और भी, आचार्य अमृतचन्द्र-कृत तत्त्वार्थसार ग्रन्थ (3/2-3) में भी इनका निरूपण इस प्रकार हुआ है—

धर्माधर्मावथाकाशं तथा कालश्च पुद्गलाः।
अजीवाः खलु पञ्चैते निर्दिष्टाः सर्वदर्शिभिः।।

एते धर्मादयः पञ्च जीवाश्च प्रोक्तलक्षणाः।
षड् द्रव्याणि निगद्यन्ते द्रव्ययाथात्म्यवेदिनः।।

पञ्चास्तिकाये (गाथा-१०२) **च निर्दिष्टम्—**

एदे कालागासा धम्माधम्मा य पुग्गला जीवा।
लब्भंति दव्वसण्णं...................................।।

बृहद्द्रव्यसंग्रहग्रन्थे (गाथा-२३) **च कथितम्—** ''एवं छब्भेयमिदं जीवाजीवप्पभेददो दव्वं।।''

षड्द्रव्येषु कालं विहाय शेषाणि पञ्च द्रव्याणि अस्तिकायसंज्ञयाऽभिधीयन्ते। प्रोक्तं च नियमसारग्रन्थे (गाथा-३४)—

''धर्म, अधर्म, आकाश, काल व पुद्गल —इन पाँच को सर्वज्ञ देव ने 'अजीव' रूप में कहा है।''

''ये धर्मादिक पाँच (अजीव) और जीव —जिनका लक्षण पहले कहा जा चुका है — इन छः को द्रव्य के यथार्थ स्वरूप के ज्ञाता जिनेन्द्र भगवान् ने 'द्रव्य' कहा है।''

पंचास्तिकाय (गाथा-102) में भी इनका निर्देश इस प्रकार है—

''जीव, पुद्गल, धर्म, अधर्म, काल व आकाश —ये सभी 'द्रव्य' संज्ञा को प्राप्त हैं, अर्थात् द्रव्य कहलाते हैं।''

बृ. द्रव्यसंग्रह ग्रन्थ (गाथा-23) में भी कहा गया है— ''इस प्रकार जीव व अजीव इन दो भेदों वाला 'द्रव्य' छः भेदों वाला होता है।''

इन छः द्रव्यों में 'काल' द्रव्य को छोड़ कर शेष पाँच द्रव्य 'अस्तिकाय' नाम से कहे जाते हैं। नियमसार ग्रन्थ (गाथा-34) में कहा गया है—

एदे छद्दव्वाणि य कालं मोत्तूण अत्थिकायत्ति।
णिद्दिट्ठा जिणसमये.......................................।।

तत्त्वार्थसारग्रन्थे (श्लोक-३/४) **च भणितम्—**

विना कालेन शेषाणि द्रव्याणि जिनपुङ्गवैः।
पञ्चास्तिकायाः कथिताः......................।।

बृहद्द्रव्यसंग्रहग्रन्थेऽपि (गाथा-२३) **निर्दिष्टम्—**

उत्तं कालविजुत्तं णादव्वा पंच अत्थिकाया दु।।

एवं (तच्चपयत्थेसु सत्तणवगेसु) **सप्तनवकशब्दयोः तत्त्व-पदार्थशब्दाभ्यां सह क्रमेण सम्बन्धः, अतः सप्तसु तत्त्वेषु, नवसु पदार्थेषु —इत्यर्थो भवति। षड्विधद्रव्यपञ्चविधास्तिकायवदेव सप्तविधतत्त्वेषु नवविधपदार्थेषु च य आत्मा वर्तते, स शुभभावः, अर्थात् शुभभावान्वितो भवतीति ज्ञेयम्।**

"जैन सिद्धान्त में इन छः द्रव्यों में काल को छोड़कर शेष को (पाँच को) 'अस्तिकाय' कहा गया है।"

तत्त्वार्थसार ग्रन्थ (श्लोक-3/4) में भी कहा गया है—

"काल को छोड़कर शेष छः द्रव्यों को जिनेन्द्र देव ने 'पाँच अस्तिकाय' के रूप में कहा है।"

बृ. द्रव्यसंग्रह ग्रन्थ (गाथा-23) में भी बताया गया है—

"काल के बिना (छः द्रव्यों में से पाँच को) पाँच अस्तिकाय के रूप में जानना चाहिए।"

इस प्रकार (**तत्त्वपदार्थेषु सप्तनवकेषु**) सप्त-नव तत्त्व-पदार्थों में। यहाँ तत्त्व व पदार्थ—इन दो शब्दों के साथ सप्त व नव —इन दो शब्दों का क्रमशः सम्बन्ध है, अतः अर्थ होता है—सात तत्त्वों में और नौ पदार्थों में। छः प्रकार के द्रव्य तथा पाँच प्रकार के अस्तिकाय की तरह ही सात प्रकार के तत्त्वों में तथा नौ प्रकार के पदार्थों में भी जो आत्मा प्रवृत्त होती है, वह शुभभाव है अर्थात् वह शुभभाव वाली है।

सप्त तत्त्वानि जीवः, अजीवः, आस्त्रवः, बन्धः, संवरः, निर्जरा, मोक्षश्चेति भवन्ति। उक्तं च बृहन्नयचक्रग्रन्थे (गाथा-१४९)—

जीवाजीव तहासव बंधो संवरण णिज्जरा मोक्खो।
एदेहि सत्त तच्चा सवित्थरं पवयणे जाण।।

तत्त्वार्थसारग्रन्थे (श्लोक-१/६) **च भणितम्—**

जीवोऽजीवास्त्रवौ बन्धः संवरो निर्जरा तथा।
मोक्षश्च सप्त तत्त्वार्थाः मोक्षमार्गैषिणामिमे।।

उपर्युक्तेषु सप्ततत्त्वेषु पुण्यपापयोरपि परिगणनं क्रियेत चेन्नव पदार्थाः भवन्ति। उक्तं च बृहन्नयचक्रग्रन्थे (गाथा-१५९)—

जीवाईसत्ततच्चं पण्णत्तं जं जहत्थरूवेण।
तं चेव णव पयत्था सपुण्णपावा पुणो होंति।।

सात तत्त्व हैं— जीव, अजीव, आस्त्रव, बन्ध, संवर, निर्जरा, बन्ध व मोक्ष। बृ. नयचक्र ग्रन्थ (माइल्ल धवल कृत, गाथा-149) में कहा भी गया है—

''जीव, अजीव, आस्त्रव, बन्ध, संवर, निर्जरा और मोक्ष —इन सात तत्त्वों को आगम से विस्तारपूर्वक जानना चाहिए।''

तत्त्वार्थसार ग्रन्थ (श्लोक-1/6) में भी कहा गया है—

''मोक्षमार्ग की इच्छा करने वाले जीवों के लिए जीव, अजीव, आस्त्रव, बन्ध, संवर, निर्जरा व मोक्ष —ये सात तत्त्वार्थ जानने योग्य हैं।''

उपर्युक्त सात तत्त्वों में पुण्य व पाप —इन दो को परिगणित कर दिया जाये तो नौ पदार्थ होते हैं। बृ. नयचक्र ग्रन्थ (माइल्ल धवलकृत, गाथा-159) में भी बताया गया है—

''यथार्थ रूप से जो जीवादि सात तत्त्व कहे गये हैं, उन्हीं में पुण्य व पाप को जोड़ देने से 'नौ पदार्थ' हो जाते हैं।''

पञ्चास्तिकायग्रन्थे (गाथा-१०८) **च निर्दिष्टम्—**

जीवाजीवो भावो पुण्णं पावं च आसवं तेसिं।
संवर णिज्जर बंधो मोक्खो य हवंति ते अट्ठा।।

एवं (बन्धणमोक्खे) **बन्धन-मोक्षयोः, बन्धने मोक्षे च, एतयोर्द्वयोरपि विषये प्रवर्तमानो जीवोऽपि शुभभावरूपः, अर्थात् शुभभावान्वितो भवति।** (तक्कारणरूवे बारसणुवेक्खे) **तत्कारण-भूतासु द्वादशानुप्रेक्षासु च यो वर्तते, स आत्मा शुभभावः, अर्थात् शुभभावान्वितो विज्ञेयः। एता अनुप्रेक्षाः शुभभावरूपाः, कर्मसंवरण-पुण्यबन्धकारणभूताः, मोक्षमार्गस्थजीवानामपि कृते उपयोगिन्यो भवन्ति। अतस्ता बन्धमोक्षयोः साक्षात् परम्परया वा कारणभूताः कथ्यन्ते।**

कार्तिकेयानुप्रेक्षाग्रन्थे (गाथा-२) **तासां नामानि निर्दिष्टानि—**

अद्धुव असरण भणिया संसारामेगमण्णमसुइत्तं।
आसवसंवरणामा णिज्जरलोयाणुपेहाओ।।

पञ्चास्तिकाय ग्रन्थ (गाथा-108) में भी बताया गया है—

"जीव, अजीव, पुण्य, पाप, आस्रव, संवर, निर्जरा, बन्ध व मोक्ष —ये नौ पदार्थ होते हैं।"

इसी तरह, **(बन्धनमोक्षयोः)** बन्ध-मोक्ष में अर्थात् बन्ध में और मोक्ष में, इन दोनों के विषय में प्रवृत्ति करता हुआ जीव भी शुभ भाव रूप होता है, अर्थात् शुभ भावों वाला होता (कहा जाता) है। **(तत्कारणरूपासु द्वादशानुप्रेक्षासु)** इसमें कारणभूत बारह अनुप्रेक्षाओं में जो स्थित होती है, वह आत्मा शुभभाव रूप होती है, अर्थात् उसे शुभ भावों से युक्त जानना चाहिए। ये अनुप्रेक्षाएँ शुभभावरूप होती हैं, कर्मों के संवर व पुण्य-बन्ध में कारण होती हैं, साथ ही मोक्षमार्ग-स्थित जीवों के लिए भी उपयोगी होती हैं। इस प्रकार वे बन्ध-मोक्ष में साक्षात् व परम्परा से कारण कही जाती हैं।

कार्तिकेयानुप्रेक्षा ग्रन्थ (गाथा-2) में उन (अनुप्रेक्षाओं) के नाम इस प्रकार कहे गये हैं—

"अध्रुव अनुप्रेक्षा, अशरण अनुप्रेक्षा, संसार अनुप्रेक्षा, एकत्व अनुप्रेक्षा, अन्यत्व अनुप्रेक्षा, अशुचित्व अनुप्रेक्षा, आस्रव अनुप्रेक्षा, संवर अनुप्रेक्षा, निर्जरा अनुप्रेक्षा, लोक अनुप्रेक्षा, (बोधि)

तथा (रयणत्तयस्सरूवे) **रत्नत्रयस्वरूपे, सम्यग्दर्शन-सम्यग्ज्ञान-सम्यक्चारित्रेतिरत्नत्रयस्वरूपे स्थित आत्मा शुभभावः, शुभभावयुक्तोऽस्ति। तथा** (अज्जाकम्मे) **आर्यकर्मणि, अर्थात् षट्सु आवश्यककृत्येषु स्थितो यद्यात्मा भवति, तदा स शुभभावान्वितो विज्ञेयः। तानि षडावश्यकानि गृहस्थापेक्षया पद्मनन्दिपञ्चविंशतिकाग्रन्थे** (६/७) **प्रोक्तानि—**

देवपूजा गुरूपास्तिः स्वाध्यायः संयमस्तपः।
दानं चेति गृहस्थानां षट्कर्माणि दिने दिने।।

तपोधनापेक्षया षडावश्यकानि मूलाचारग्रन्थे (गाथा-२२) **भणितानि—**

समदा थवो य वंदणपाडिक्कमणं तहेव णादव्वं।
पच्चक्खाण विसग्गो करणीयावासया छप्पि।।

राजवार्तिके (६/२४/११) **एतेषां निरूपणं कृतं दृश्यते।**

दुर्लभ अनुप्रेक्षा और धर्म अनुप्रेक्षा —ये बारह अनुप्रेक्षाएँ होती हैं।''

तथा **(रत्नत्रयस्वरूपे)** रत्नत्रय के स्वरूप में, सम्यग्दर्शन, सम्यग्ज्ञान व सम्यक् चारित्र रूप रत्नत्रय के स्वरूप में स्थित आत्मा शुभभाव रूप होती है, अर्थात् शुभभावयुक्त होती है। और (आर्यकर्मणि) आर्य कर्म में, अर्थात् छः आवश्यक कृत्यों में स्थित यदि आत्मा होती है तो उसे शुभभावयुक्त जानना चाहिए। गृहस्थों की अपेक्षा से वे छः आवश्यक कृत्य पद्मनन्दिपञ्च-विंशतिका ग्रन्थ (6/7) में इस प्रकार कहे गये हैं—

''देवपूजा, गुरु-उपासना, स्वाध्याय, संयम, तप व दान —ये गृहस्थों द्वारा प्रतिदिन किये जाने वाले छः (आवश्यक) कृत्य हैं।''

तपोधन (मुनियों) की अपेक्षा से छः आवश्यकों का कथन मूलाचार ग्रन्थ (गाथा-22) में इस प्रकार किया है—

''समता (सामायिक), (चतुर्विंशति) स्तव, वन्दना, प्रतिक्रमण, तथा प्रत्याख्यान, व्युत्सर्ग (कायोत्सर्ग) —इन छः आवश्यक कर्तव्यों को जानना चाहिए।''

राजवार्तिक (6/24/11) में भी इनका निरूपण किया गया प्राप्त होता है।

अथवा आर्याः श्रेष्ठाः। ते च पञ्चविधाः—क्षेत्रार्याः, जात्यार्याः, कर्मार्याः, चारित्रार्याः, दर्शनार्याः —इति राजवार्तिके (३/३६/२) **विशदीकृतम्। एतेषु ये सम्यग्दर्शने श्रेष्ठाः ते दर्शनार्याः, तेषामार्याणां यद् व्यवहारचारित्रं, तदेवार्यकर्म, तत्र प्रवृत्त आत्मा शुभभावपरिणतो ज्ञेयः इत्यप्यर्थोऽस्य संगच्छते।**

तथा च (दयादिसद्धम्मे) **दयादिधर्मे, अत्र आदिपदेन रत्नत्रयधर्म-सम्यक्चारित्रधर्मप्रभृतीनां ग्रहणं कार्यम्। कार्तिकेयानुप्रेक्षाग्रन्थे** (गाथा-४७८) **च धर्मभेदानामेषां कथनं** (नामनिर्देशः) **वर्तते—**

धम्मो वत्थुसहावो खमादिभावो य दसविहो धम्मो।
रयणत्तयं च धम्मो जीवाणं रक्खणं धम्मो।।

गृहस्थोचितदानपूजादिधर्माः भवन्ति। ग्रन्थेऽस्मिन् प्राक् एकादशगाथायां (गाथा-११) **दानपूजादिकाः श्रावकधर्माः, ध्यानाध्ययनादियतिधर्माश्च प्रोक्ता अपि। तेषु च आत्मा प्रवर्तमानः शुभयोग- समन्वितो भवति।** (इच्चेवमाइगे) **पूर्वोक्तेषु तत्सदृशेषु चान्येषु शुभकर्मसु स्थितिः शुभयोगात्मिका भवतीति ज्ञेयम्।**

अथवा आर्य यानी श्रेष्ठ पुरुष। वे पाँच प्रकार के होते हैं— क्षेत्रार्य, जात्यार्य, कर्मार्य, चारित्रार्य व दर्शनार्य —ऐसा राजवार्तिक (3/36/2) में स्पष्ट किया गया है। इनमें सम्यग्दर्शन से जो श्रेष्ठ होते हैं, वे दर्शनार्य होते हैं। इन आर्यों का जो 'व्यवहार चारित्र' होता है, वही आर्यकर्म है। इसमें प्रवृत्त आत्मा को शुभभावपरिणत जानना चाहिए —यह अर्थ भी यहाँ संगत होता है।

और, **(दयादिसद्धर्मे)** दया आदि धर्म में, यहाँ 'आदि' पद से रत्नत्रयधर्म, सम्यक्चारित्र धर्म आदि का ग्रहण करना चाहिए। कार्तिकेयानुप्रेक्षा ग्रन्थ (गाथा-478) में इन धर्म-भेदों का कथन (नामनिर्देश) भी है—

"वस्तु (आत्मा) आदि का स्वभाव धर्म है। (उत्तम) क्षमा आदि धर्म है जो दस प्रकार का होता है। रत्नत्रय भी धर्म है और जीवों की रक्षा भी धर्म है।"

गृहस्थ के लिए उचित (कर्त्तव्य) दान, पूजा आदि धर्म होते हैं। दान व पूजा आदि श्रावक धर्म हैं तथा ध्यान व अध्ययन यति-धर्म हैं —ऐसा पहले (स्वयं शास्त्रकार द्वारा) ग्यारहवीं गाथा में बताया भी गया है। उनमें प्रवृत्त आत्मा शुभयोग वाली होती है। **(इत्येवमादिके)** पूर्वोक्त या उन जैसे अन्य शुभ कार्यों में आत्मा की स्थिति शुभ भावों वाली होती है —ऐसा जानना चाहिए।

एवं भव्य मुमुक्षो! यावन्निर्विकल्पसमाधिस्थितिर्न प्राप्येत, तावत्त्वं प्रोक्तेषु शुभभावेषु एव प्रवर्तस्वेति गाथायास्तात्पर्यम्।

सम्प्रति, सम्यक्त्वं सुगतिप्रदमिति यथार्थतां शास्त्रकारा उग्गाहा-छन्दसा निरूपयन्ति—

सम्मत्तगुणाइ सुगदि(दी), मिच्छादो होदि दुग्गदी णियमा।
इदि जाण किमिह बहुणा, जं रुच्चदि तं कुज्जाहो।। ६२।।

छाया— सम्यक्त्वगुणात् सुगतिः, मिथ्यात्वात् भवति दुर्गतिः नियमात्।
इति जानीहि किमिह बहुना, यत् रुच्यते तत् कुर्याः।।

रत्नत्रयवर्धिनी टीका— गाथान्वयः सुगमः। (सम्मत्तगुणाइ सुगदि) **सम्यक्त्वरूपगुणात् सुगतिः प्राप्यते। सम्यक्त्वं च जिनोपदिष्टतत्त्वार्थश्रद्धानं, तच्च प्रशमसंवेगानुकम्पास्तिक्याभिव्यक्तिलक्षणं भवति। यद्वा शुद्धात्मैवोपादेय इति श्रद्धानं यद्वा विशुद्धज्ञानदर्शनस्वभावे निजपरमात्मनि यद् रुचिरूपं तत् सम्यग्दर्शनम्। तस्य विविधलक्षणेषु कानिचिद् शास्त्रीयवचनमाध्यमेन प्रस्तूयन्ते। यथा— मोक्षप्राभृतग्रन्थे** (गाथा-९०)—

इस प्रकार हे भव्य मुमुक्षु! जब तक निर्विकल्प समाधि की स्थिति प्राप्त न हो, तब तक कहे गये शुभ भावों में ही प्रवृत्तिशील रहो —यह गाथा का तात्पर्य है।

अब, सम्यक्त्व सुगति प्रदान करता है— इस यथार्थ तथ्य को शास्त्रकार उग्गाहा छन्द के द्वारा बता रहे हैं—

गाथा-अर्थ— सम्यक्त्व गुण से निश्चित ही सुगति प्राप्त होती है और मिथ्यात्व से दुर्गति। इसे जानो। अधिक क्या कहें, अब जो तुम्हें अच्छा लगे, उसे करो।।62।।

रत्नत्रयवर्धिनी टीका— गाथा का अन्वय सुगम है। **(सम्यक्त्वगुणात् सुगतिः)** सम्यक्त्व गुण से, सुगति प्राप्त होती है। सम्यक्त्व— जिनेन्द्र द्वारा उपदिष्ट यथार्थ तत्त्वों पर श्रद्धान, और जो प्रशम, संवेग, अनुकम्पा व आस्तिक्य की अभिव्यक्ति लक्षण वाला होता है। अथवा, शुद्धात्मा ही उपादेय है— ऐसा श्रद्धान सम्यक्त्व है, या विशुद्ध ज्ञान-दर्शन स्वभाव रूपी निज परमात्मा में जो रुचि होना है, वह सम्यग्दर्शन है। उसके विविध लक्षणों में कुछ लक्षणों को यहाँ शास्त्रीय वचनों के माध्यम से प्रस्तुत किया जा रहा है। उदाहरणार्थ, मोक्षप्राभृत ग्रन्थ (गाथा-90) में कहा गया है—

हिंसारहिदे धम्मे अट्ठारहदोसवज्जिए देवे।
णिग्गंथे पावयणे सद्दहणं होइ सम्मत्तं।।

कार्तिकेयानुप्रेक्षाग्रन्थे (गाथा-३१७) **च निर्दिष्टम्**—

णिज्जियदोसं देवं सव्वजीवाणं दयावरं धम्मं।
वज्जियगंथं च गुरुं जो मण्णदि सो हु सद्दिट्ठी।।

दर्शनप्राभृतग्रन्थे (गाथा-१९) **च भणितम्**—

छद्दव्वणवपयत्था पंचत्थी सत्त तच्च णिद्दिट्ठा।
सद्दहइ ताण रूवं सो सद्दिट्ठी मुणेयव्वो।।

धवलाग्रन्थे (पु. १, खण्ड-१, भाग-१, सू. १४४ गाथा-२१२) **च विशदीकृतम्**—

छप्पंचणवविहाणं अत्थाणं जिणवरोवइट्ठाणं।
आणाए अहिगमेण व सद्दहणं होइ सम्मत्तं।।

"हिंसा रहित धर्म में, अठारह दोषों से रहित देव में तथा निर्ग्रन्थ प्रवचन में जो श्रद्धान होता है, वह सम्यक्त्व है।"

कार्तिकेयानुप्रेक्षा ग्रन्थ (गाथा-317) में भी कहा गया है—

"दोषों को जीत लेने वाले देव को, समस्त जीवों के प्रति किये जाने वाले श्रेष्ठ दया रूप धर्म को तथा निर्ग्रन्थ (अपरिग्रही) गुरु को जो मानता है (उस पर श्रद्धान करता है), वही सम्यग्दृष्टि है।"

दर्शनप्राभृत ग्रन्थ (गाथा-19) में भी बताया गया है—

"छः द्रव्य, नौ पदार्थ, पाँच अस्तिकाय और सात तत्त्व जो कहे गये हैं, जो उनके स्वरूप का श्रद्धान करता है, उसे सम्यग्दृष्टि जानना चाहिए।"

धवला ग्रन्थ (पु. 1, खण्ड-1, भाग-1, सू. 144, गाथा-212) में भी स्पष्ट किया गया है—

"जिनेन्द्र देव के द्वारा उपदिष्ट छः द्रव्य, पाँच अस्तिकाय और नौ पदार्थों के आज्ञा या अधिगम से श्रद्धान करने को 'सम्यक्त्व' कहते हैं।"

समयसारग्रन्थस्य (गाथा-२) **तात्पर्यवृत्तिटीकायां तु भणितम्—** ''विशुद्धज्ञानदर्शनस्वभावे निजपरमात्मनि यद् रुचिरूपं सम्यग्दर्शनम्..।'' **सम्यग्दर्शनस्य अष्टौ अङ्गानि प्राक् पञ्चमगाथाया** (गाथा-५) **व्याख्याने उक्तान्येवेत्यतो न पुनरभिधीयन्ते। तस्मात् सम्यक्त्वात् सुगतिः प्राप्यते। सम्यक्त्वमाहात्म्यात् नरकादिदुर्गतिनिवारणं भवति, यदि पूर्वबद्धं नरकाद्यायुकर्म तज्जीवस्य भवेद्। एतद्विषये शास्त्रीयवचनानि प्रस्तूयन्ते। यथा प्राकृतपञ्चसंग्रहे** (१/१९३), **गोम्मटसारग्रन्थे** (जीवकाण्ड, गाथा-१२९), **धवलाग्रन्थे** (पु. १, खण्ड-१, भाग-१, सू. २६, गाथा-१३३) **च निरूपितम्—**

छसु हेट्ठिमासु पुढवीसु जोइस-वण-भवण-सव्वइत्थीसु।
णेदेसु समुप्पज्जइ सम्माइट्ठी दु जो जीवो।।

अन्यच्च, रत्नकरण्डश्रावकाचारग्रन्थे (श्लोक-३५) **प्रोक्तम्—**

सम्यग्दर्शनशुद्धाः नारकतिर्यङ्नपुंसकस्त्रीत्वानि।
दुष्कुलविकृताल्पायुर्दरिद्रतां च व्रजन्ति नाप्यव्रतिकाः।।

समयसार ग्रन्थ (गाथा-2) की तात्पर्यवृत्ति टीका में कहा गया है— ''विशुद्ध ज्ञान-दर्शन स्वभाव रूप निज परमात्मा में जो रुचि है, वह सम्यग्दर्शन है।'' सम्यग्दर्शन के आठ अङ्गों को इस ग्रन्थ की पाँचवीं गाथा के व्याख्यान में बताया जा चुका है, अतः पुनः यहाँ नहीं कहा जा रहा है। उस सम्यक्त्व से सुगति की प्राप्ति होती है। सम्यक्त्व के माहात्म्य से नरक आदि दुर्गतियों का निवारण होता है, बशर्ते उस (सम्बद्ध) जीव के पहले कोई नरकादि आयु का बन्ध न हो चुका हो। इस विषय में शास्त्रीय वचनों को प्रस्तुत किया जा रहा है। उदाहरणार्थ— प्राकृत पञ्चसंग्रह (1/193), गोम्मटसार ग्रन्थ (जीवकाण्ड, गाथा-129) तथा धवला ग्रन्थ (पु. 1, खण्ड-1, भाग-1, सू. 26, गाथा-133) में कहा गया है—

''सम्यग्दृष्टि जीव मरकर प्रथम पृथिवी को छोड़कर नीचे की छः पृथिवियों में, ज्योतिष्क, व्यन्तर व भवनवासी देवों में और सब प्रकार की स्त्रियों में उत्पन्न नहीं होता।''

इसके अतिरिक्त, रत्नकरण्डश्रावकाचार ग्रन्थ (श्लोक-35) में कहा गया है—

''सम्यग्दर्शन से शुद्ध जीव व्रतरहित होने पर भी नारक, तिर्यञ्च, नपुंसक व स्त्री पर्याय को और निन्दनीय कुल, अङ्गहीनता, अल्पायु व दरिद्रता को प्राप्त नहीं करते।''

बृ. द्रव्यसंग्रहस्य (गाथा-४१) **ब्रह्मदेवसूरिविरचितसंस्कृतटीकायामुद्धृते श्लोके च निर्दिष्टम्—**

ज्योतिर्भावनभौमेषु षट्स्वधः श्वभ्रभूमिषु।
तिर्यक्षु नृसुरस्त्रीषु सद्दृष्टिर्नैव जायते।।

किम्बहुना, भगवतीआराधनाग्रन्थे (गाथा-५२) **तु प्रोक्तम्—**

लद्धूण य सम्मत्तं मुहुत्तकालमवि जे परिवडंति।
तेसिमणंताणंता ण भवदि संसारवासद्धा।।

राजवार्तिके (४/२५/३) **च निर्दिष्टम्—** "अप्रतिपत्तिसम्यग्दर्शनानां परीतविषयः सप्ताष्टानि भवग्रहणानि उत्कर्षेण वर्तन्ते, जघन्येन द्वित्रीणि अनुबन्ध्य उच्छिद्यन्ते। प्रतिपतितसम्यक्त्वानां तु भाज्यम्।"

सम्यक्त्व-माहात्म्यात् प्राप्तव्यानां श्रेष्ठस्थितीनां निरूपणं रत्नकरण्डश्रावकाचारे (श्लोक-३६-४०) **कृतमस्ति—**

बृ. द्रव्यसंग्रह (गाथा-41) की ब्रह्मदेवसूरिविरचित संस्कृत वृत्ति (टीका) में उद्धृत एक श्लोक में भी कहा गया है—

"ज्योतिष्क देव, भवनवासी देव और व्यन्तर देव —इनमें सम्यग्दृष्टि नहीं उत्पन्न होता, नीचे की (दूसरी से लेकर सातवीं तक की) छः नरक-पृथिवियों में, तिर्यञ्चों में, मनुष्य-स्त्रियों में एवं देवांगनाओं में सम्यग्दृष्टि उत्पन्न नहीं होता।"

अधिक क्या, भगवती-आराधना ग्रन्थ (गाथा-52) में यहाँ तक कहा गया है—

"जो अन्तर्मुहूर्त मात्र भी सम्यक्त्व को प्राप्त करके सम्यक्त्व से गिर भी जाते हैं, उनका संसार में बसने का काल अनन्तानन्त नहीं रह पाता।"

राजवार्तिक (4/25/3) में भी कहा गया है— "जो सम्यग्दर्शन से पतित नहीं होते, उनके उत्कृष्टतः सात या आठ भवों का ग्रहण होता है और जघन्य से (कम से कम) दो-तीन भवों का ग्रहण होता है। जो सम्यक्त्व से च्युत हो जाते हैं, उनके लिए उक्त नियम नहीं है।"

सम्यक्त्व के माहात्म्य से प्राप्त होने वाली श्रेष्ठ स्थितियों का निरूपण रत्नकरण्डश्रावकाचार (श्लोक 36-40) में इस प्रकार किया गया है—

ओजस्तेजोविद्यावीर्ययशोवृद्धिविजयविभवसनाथाः।
महाकुला महार्था मानवतिलका भवन्ति दर्शनपूताः।।

अष्टगुणपुष्टतुष्टा दृष्टिविशिष्टाः प्रकृष्टशोभाजुष्टाः।
अमराप्सरसां परिषदि चिरं रमन्ते जिनेन्द्रभक्ताः स्वर्गे।।

नवनिधिसप्तद्वयरत्नाधीशाः सर्वभूमिपतयश्चक्रम्।
वर्तयितुं प्रभवन्ति स्पष्टदृशः क्षत्रमौलिशेखरचरणाः।।

अमरासुरनरपतिभिर्यमधरपतिभिश्च नूतपादाम्भोजाः।
दृष्ट्या सुनिश्चितार्था वृषचक्रधरा भवन्ति लोकशरण्याः।।

शिवमजरमरुजमक्षयमव्याबाधं विशोकभयशङ्कम्।
काष्ठागतसुखविद्याविभवं विमलं भजन्ति दर्शनशरणाः।।

"शुद्ध सम्यग्दृष्टि जीव उत्साह, प्रताप, विद्या, बल, कीर्ति, उन्नति, विजय, सम्पत्ति के स्वामी होते हैं और उच्चकुलीन, महान् पुरुषार्थी एवं मनुष्यों में श्रेष्ठ होते हैं।"

"शुद्ध सम्यग्दर्शन के धारक जीव जिनेन्द्र भगवान् के भक्त होकर स्वर्गों में अणिमा आदि आठ दिव्य ऋद्धियों से तथा अतिशय (शारीरिक) शोभा से सम्पन्न होकर देवों व अप्सराओं की सभा में चिरकाल तक रमण करते हैं।"

"निर्मल सम्यग्दृष्टि जीवों के चरणों में मुकुटबद्ध राजा सिर झुकाते हैं, वे नौ निधियों व चौदह रत्नों के स्वामी षट्खण्डाधिपति चक्रवर्ती होकर चक्ररत्न चलाने में समर्थ होते हैं (अर्थात् चक्रवर्ती होकर शासन करते हैं)।"

"सम्यग्दर्शन के माहात्म्य से जीवादि सात तत्त्वों को सम्यक्तया निश्चित करने वाले सम्यग्दृष्टि जीव देवेन्द्र, धरणेन्द्र, चक्रवर्ती व गणधरों से पूजित चरण-कमल वाले, तीन लोक के दुःखी जीवों के शरण-स्थान एवं धर्मचक्र के धारक (तीर्थंकर) होते हैं।"

"सम्यग्दृष्टि जीव बुढ़ापा, रोग, विनाश व विविध बाधाओं, शोक, भय व शंका से रहित होते हैं। ज्ञान व सुख की चरम सीमा के वैभव (अर्थात् अनन्तज्ञान, अनन्तसुख) को एवं निर्मल मोक्ष को प्राप्त करते हैं।"

एवं (मिच्छादो होदि दुग्गदी णियमा) **मिथ्यात्वात्, सम्यक्त्वविपरीतात् तत्त्वार्थश्रद्धानाभावादिरूपात् नियमेन, नूनमेव दुर्गतिर्भवतीति ज्ञेयम्। गोम्मटसारग्रन्थे** (जीवकाण्ड, गाथा-६२३) **मिथ्यादृष्टयः पापरूपा अभिहिताः। न हि मिथ्यात्वसमं किञ्चिदपि अश्रेयस्करम्। प्रथमं तु मिथ्यादृष्टेः धर्मे रुचिरेव न भवति, यदि कदाचिद् भवत्यपि तदा न तस्य धर्मसेवनं कर्मक्षयनिमित्तं भवति, भोगनिमित्तमेव भवति। मिथ्यादर्शनोदयकलुषितजीवः परद्रव्यरतत्वात् प्रायः पापाचरणे एव प्रवृत्तः दुर्गतिजनितदुःखान्येव समनुभवन् संसारे एव परिभ्रमति, कदाचिदपि मुक्तिं न प्राप्नोति।**

उक्तं च प्राकृतपञ्चसंग्रहग्रन्थे (१/६)—

मिच्छत्तं वेदंतो जीवो विवरीयदंसणो होइ।
ण य धम्मं रोचेदि हु महुरं पि रसं जहा जरिदो।।

समयसारग्रन्थे (गाथा-२७५) **च भणितम्—**

इस प्रकार, **(मिथ्यात्वाद् भवति दुर्गतिः नियमात्)** सम्यक्त्व के विपरीत परिणाम तथा यथार्थ तत्त्व के श्रद्धान-अभाव स्वरूप वाले मिथ्यात्व से नियमतः, अवश्य ही दुर्गति होती है — यह जानना चाहिए। गोम्मटसार ग्रन्थ (जीवकाण्ड, गाथा-623) में मिथ्यादृष्टियों को 'पाप' रूप कहा गया है। मिथ्यात्व के समान कोई अकल्याण करने वाला नहीं होता। प्रथम तो मिथ्यादृष्टि को धर्म में रुचि ही नहीं होती, और यदि कभी हो भी जाती है तो उसका धर्म-सेवन कर्म-क्षय का निमित्त नहीं होता, अपितु भोग-निमित्त ही होता है। मिथ्यादर्शन के उदय से कलुषित (अन्तरङ्ग में) जीव पर-द्रव्य में रत होने से प्रायः पापाचरण में ही प्रवृत्त होता रहता है और दुर्गति के दुःखों को भोगता हुआ संसार में ही भ्रमण करता रहता है, कभी मुक्ति को प्राप्त नहीं करता।

प्राकृत पञ्चसंग्रह ग्रन्थ (1/6) में कहा भी गया है—

"मिथ्यात्व कर्म का वेदन करने वाला जीव विपरीत श्रद्धानी होता है, उसे धर्म उसी प्रकार अच्छा नहीं लगता जिस प्रकार ज्वरग्रस्त व्यक्ति को मधुर रस भी रुचिकर नहीं लगता।"

समयसार ग्रन्थ (गाथा 275) में भी कहा गया है—

सद्दहदि य पत्तियदि य रोचेदि य तह पुणो य फासेदि।
धम्मं भोगणिमित्तं ण दु सो कम्मक्खयणिमित्तं।।

परमात्मप्रकाशग्रन्थे (१/७७) **च निर्दिष्टम्—**

पज्जयरत्तउ जीवडउ मिच्छादिट्ठि हवेइ।
बंधइ बहुविहकम्मडा जैं संसारु भमेइ।।

भगवती-आराधनाग्रन्थे (गाथा-५३) **च निरूपितम्—**

णे पुण सम्मत्ताओ पब्भट्ठा ते पमाददोसेण।
भामन्ति दु भव्वा वि हु संसारमहण्णवे भीमे।।

(इति जाण। इह बहुणा किं, जं रुच्चदि तं कुज्जाहो) **इति यत्सम्यक्त्वमिथ्यात्वयोः पृथक् पृथक् फलं जानीहि, सम्यगवबुध्यस्व। अस्मिन् विषये अन्यदधिकं व्याख्यानं नापेक्ष्यते।**

"वह (अभव्य मिथ्यादृष्टि) जीव भोग के निमित्त रूप धर्म की ही श्रद्धा करता है, उसी की प्रतीति करता है, उसी की रुचि करता है और उसी का स्पर्श करता है, किन्तु कर्म-क्षय के निमित्त 'धर्म' की श्रद्धा नहीं करता।"

परमात्मप्रकाश ग्रन्थ (1/77) में यह बताया गया है —

"शरीर आदि पर्यायों में रत जीव मिथ्यादृष्टि होता है। वह अनेक प्रकार के कर्मों को बांधता हुआ संसार में भ्रमण करता रहता है।"

भगवती-आराधना ग्रन्थ (गाथा-53) में बताया गया है—

"जो सम्यक्त्व से भ्रष्ट हो जाते हैं, वे प्रमाद के दोष के कारण भव्य होते हुए भी भयंकर संसार रूपी समुद्र में भ्रमण करते ही हैं।"

(इति जानीहि। इह बहुना किम्, यद् रुच्यते, तत् कुर्याः) इस प्रकार, सम्यक्त्व व मिथ्यात्व के पृथक्-पृथक् जो फल हैं, उसे अच्छी तरह जानो-समझो। इस विषय में अन्य अधिक व्याख्यान अपेक्षित नहीं रहा है।

सम्प्रति यद् रुचिकरं प्रतीयते, तदेव करणीयम्। सम्यक्त्वमिथ्यात्वयोर्मध्ये यत् श्रेयस्करं तत्समाश्रयणीयम्।

एवं हे भव्य! यदि संसारभ्रमणात् मुक्तिं समिच्छसि तर्हि सम्यक्त्वं दृढतया धार्यमिति गाथायास्तात्पर्यम्।

अथ, मिथ्यात्वनाशं विना संसारार्णवतरणं न सम्भवति —इति तथ्यं शास्त्रकाराः उग्गाहा-छन्दसा प्रतिपादयन्ति—

मोह ण छिज्जदि अप्पा, दारुणकम्मं करेदि बहुवारं।
ण हु पावदि भवतीरं, किं बहुदुक्खं वहेदि मूढमदी।। ६३।।

छाया— मोहं न छिनत्ति अप्पा दारुणकर्म करोति बहुवारम्।
न खलु प्राप्नोति भवतीरं, किं बहुदुःखं वहति मूढमतिः।।

अब, जो तुम्हें रुचिकर प्रतीत हो रहा हो, वही करना चाहिए। सम्यक्त्व व मिथ्यात्व के मध्य जो श्रेयस्कर हो, उसका आश्रयण लो।

इस तरह, हे भव्य! यदि संसार-भ्रमण से मुक्त होना चाहते हो तो सम्यक्त्व को दृढ़तापूर्वक धारण करना चाहिए —यह गाथा का तात्पर्य है।

अब, मिथ्यात्व को नष्ट किये बिना संसार-समुद्र को पार कर पाना सम्भव नहीं होता —इस तथ्य को शास्त्रकार उग्गाहा छन्द के द्वारा प्रतिपादित कर रहे हैं—

गाथा-अर्थ— (जब तक कोई) आत्मा मोह मिथ्यात्व का भेदन नहीं करता, और अनेक बार दारुण कर्म (कायक्लेश व्रत, उपवास आदि) करता है, (वह) मूढ़मति संसार का पार नहीं प्राप्त कर सकता है, वह क्यों अनेक दुःख उठा रहा है ? (क्यों नहीं मिथ्यात्व को छोड़ देता ?)।।63।।

रत्नत्रयवर्धिनी टीका— गाथाया अन्वयः सुगमः। (मोह ण छिज्जदि अप्पा) **यावत्पर्यन्तं स आत्मा मोहं मिथ्यात्वमोहनीयं वा न छिनत्ति, न विनाशयति, तावत्कालं** (दारुणकम्मं करेदि बहुवारं) **यद्यपि अनेकवारं दारुणं घोरं व्रतादिकर्म करोत्यपि, तथापि** (ण हु पावदि भवतीरं) **भवतीरं, संसारपारं न खलु प्राप्नोति। संसारान्न मुच्यते —इत्यर्थः। व्यवहारचारित्रप्रवृत्तस्यापि आत्मानात्मविवेकराहित्येन तथा भावशुद्ध्यभावात् बहुविधमनुष्ठितं तपोऽपि न मोक्षसाधकं भवति —इति तात्पर्यम्। अत्र मोहपदेन दर्शनमोह-चारित्रमोहेत्युभयोर्ग्रहणं युक्तियुक्तं भवति, न केवलं दर्शनमोहस्य, यतो हि चारित्रमोहनीयक्षये सत्येव संसारपारगमनं सम्भवति। अत्र यद्वक्तव्यं तत् प्रागेव सप्तचत्वारिंशत्तम-गाथायाः** (गाथा-४७) **व्याख्याने विस्तरेण निरूपितम्।**

(मूढमदी किं बहुदुक्खं वहेदि) **एवं वस्तुस्थितौ सत्यामपि मूढो जनो बहुदुःखानि वहति, अनुभवति, तत्सर्वं किमर्थम्? कथं न स सम्यक्त्वमाश्रित्य निर्मोहतया मोक्षमार्गाश्रयणेन समस्तदुःखनिवृत्त्यै प्रयतो भवति?**

रत्नत्रयवर्धिनी टीका— गाथा का अन्वय सुगम है। **(मोहं न छिनत्ति आत्मा)** जब तक कि यह आत्मा मोह यानी मोहनीय या मिथ्यात्व का उच्छेद नहीं करती, विनाश नहीं करती तब तक **(दारुणकर्म करोति बहुवारं)** भले ही अनेक बार दारुण यानी घोर व्रत आदि कर्म करती रहे, फिर भी **(न खलु प्राप्नोति भवतीरम्)** वह भव-पार यानी संसार-पार को नहीं प्राप्त करती, अर्थात् संसार से मुक्त नहीं हो पाती। व्यवहार चारित्र में प्रवृत्त आत्मा के लिए भी आत्म-अनात्म का भेद न होने से, और भावशुद्धि के अभाव में अनेक प्रकार का किया गया तप भी, मोक्ष का साधक नहीं होता —यह तात्पर्य है। यहाँ 'मोह' पद से दर्शनमोह व चारित्रमोह — इन दोनों का ग्रहण करना युक्तियुक्त है, न केवल दर्शनमोह का ग्रहण, क्योंकि चारित्रमोहनीय के क्षय होने पर ही संसार से पार होना सम्भव होता है। यहाँ और जो कुछ (भावशुद्धि की महत्ता के विषय में) कहना है, वह पहले इस ग्रन्थ की सैंतालीसवीं गाथा (गाथा 47) के व्याख्यान में विस्तार से कहा जा चुका है।

(मूढमतिः किं बहुदुःखं वहति) इस प्रकार वस्तुस्थिति के होने पर भी मूढ़ व्यक्ति अनेक दुःखों को सहता है, अनुभव करता है, वह सब क्यों? क्यों नहीं वह सम्यक्त्व का आश्रयण कर मोहरहित होकर मोक्षमार्ग का आश्रयण करता और समस्त दुःखों से निवृत्त होने का प्रयत्न करता है?

वस्तुतः सम्यक्त्वमिथ्यात्वयोः पृथक् पृथक् फलं ज्ञात्वाऽपि यदि कश्चित्सम्यक्त्वं नाश्रयति, तर्हि मूढमतित्वमेव —इति च शास्त्रकारैः संकेत्यते। वस्तुतो मूढः पीतोन्मत्तजनवद् स्वहिताहितविवेके कथमपि समर्थो न भवति। उक्तं च प्रवचनसारग्रन्थस्य (१/८३-८४) **तत्त्वप्रदीपिकाटीकायाम्—**

"पीतोन्मत्तकस्येव जीवस्य तत्त्वाप्रतिपत्तिलक्षणो मूढो भावः, स खलु मोहः।"

"अतो मोहरागद्वेषभेदात् त्रिभूमिको मोहः।......एवमस्य तत्त्वाप्रतिपत्तिनिमीलितस्य मोहेन वा रागेण वा द्वेषेण वा परिणतस्य तृणपटलावच्छिन्नगर्तसंगतस्य करेणुकुट्टनीगात्रासक्तस्य प्रतिद्विरददर्शनोद्धप्रविधावितस्य च सिन्धुरस्येव भवति नाम नानाविधो बन्धः....।"

बारस अणुवेक्खाग्रन्थे (गाथा-३४) **मोहोऽन्धकार उक्तः। अन्धकारस्थितस्येव मोहग्रस्तस्य स्थितिर्या भवति, सा पद्मनन्दिपञ्चविंशतिकाग्रन्थे** (१/२५) **निरूपिता—**

वस्तुतः सम्यक्त्व व मिथ्यात्व इनके पृथक्-पृथक् फल को जानकर भी यदि कोई सम्यक्त्व का आश्रयण नहीं करता तो वह उसका मूढ़मति होना ही है —यह भी शास्त्रकार द्वारा संकेत किया गया है। वस्तुतः मूढ़ व्यक्ति 'मद्य पीकर पागल हुए' व्यक्ति की तरह निज हित या अहित का विवेक करने में कभी समर्थ नहीं होता। प्रवचनसार ग्रन्थ (1/83-84) की (अमृतचन्द्राचार्यकृत) तत्त्वप्रदीपिका टीका में कहा गया है—

"धतूरा खाकर उन्मत्त होने वाले व्यक्ति की तरह तत्त्व-ज्ञान से रहित होना —यह मूढ़ भाव ही 'मोह' है....।"

"इसलिए मोह को मोह, राग व द्वेष, इन तीन रूपों (भूमिकाओं) वाला जानना चाहिए।......इस तरह तत्त्व-अज्ञान के कारण आँखें बन्द हो चुकी होती हैं, मोह, राग या द्वेष से परिणत ऐसे व्यक्ति की स्थिति उस हाथी की तरह होती है जो हथिनी के स्पर्श में आसक्ति के कारण या अपने प्रतिद्वन्द्वी किसी दूसरे हाथी की आशंका से उद्धत होकर (अन्धाधुन्ध) दौड़ते हुए, घास-फूस से ढंके गड्ढे में गिर पड़ता है। उस हाथी की तरह मूढ़ व्यक्ति नाना प्रकार के (कर्म-सम्बन्धी) बन्ध में बंधता है....।"

बारस अणुवेक्खा ग्रन्थ (गाथा-34) में मोह को अन्धकार कहा गया है। अन्धकार में स्थित व्यक्ति की तरह ही मोहग्रस्त व्यक्ति की जो स्थिति होती है, उसका निरूपण पद्मनन्दिपञ्चविंशतिका ग्रन्थ (1/25) में इस प्रकार किया गया है—

य: कल्पयेत् किमपि सर्वविदोऽपि वाचि, संदिह्य तत्त्वमसमञ्जसमात्मबुद्ध्या।
खे पत्रिणां विचरतां सुदृशेक्षितानाम्, संख्यां प्रति प्रविदधाति स वादमन्धः।।

आचार्यकुन्दकुन्दैः प्रवचनसारग्रन्थराजे (१/८३, ८५) **मोहस्वरूपं निर्दिष्टम्—**

दव्वादिएसु मूढो भावो जीवस्स हवदि मोहोत्ति।

अट्ठे अजधागहणं करुणाभावो य तिरियमणुएसु।
विसएसु य प्पसंगो मोहस्सेदाणि लिंगाणि।।

बृ. नयचक्रग्रन्थे (गाथा-२९९, ३१०) **च भणितमास्ते—**

असुहसुहं विय कम्मं दुविहं तं दव्वभावभेयगयं।
तं पिय पडुच्च मोहं संसारो तेण जीवस्स ।।

"जो व्यक्ति सर्वज्ञ की भी वाणी में सन्देह करके अपनी बुद्धि से तत्त्व को कुछ का कुछ असत् रूप में कल्पित करे, वह उस अन्धे की तरह है जो आकाश में विचरण करते हुए पक्षियों को समीचीन दृष्टि वालों द्वारा देखे जाने पर भी, उन पक्षियों की संख्या के विषय में वाद-विवाद करता है।"

आचार्य कुन्दकुन्द ने प्रवचनसार ग्रन्थराज (1/83, 85) में मोह का स्वरूप इस प्रकार बताया है—

"जीव का द्रव्य (गुण, पर्याय) आदि में जो मूढ़ (विपरीत, अज्ञान) भाव होता है, वह 'मोह' कहलाता है।"

"पदार्थों को अन्यथा (अयथार्थ रूप से) ग्रहण करना, और तिर्यंच व मनुष्यों के प्रति (व्यवहार में) करुणा-भाव (या परमोपेक्षासंयम से विपरीत दया भाव) एवं विषयों (इष्ट-अनिष्ट) में आसक्ति रखना —ये मोह के चिह्न हैं।"

(माइल्ल धवल-कृत) 'बृ. नयचक्र' ग्रन्थ (गाथा-299, 310) में भी कहा गया है—

"शुभ व अशुभ के भेद से या द्रव्य व भाव के भेद से कर्म दो प्रकार का है। उसकी प्रतीति से मोह उत्पन्न होता है और मोह से जीव के संसार होता है।"

कज्जं पडि जह पुरिसो इक्को वि अणेक्करूवमावण्णो।
तह मोहो बहुभेओ णिद्दिट्ठो पच्चयादीहिं।।

इत्येवं सम्यग् विज्ञाय हे भव्य! पूर्णतया मोहनाशाय सततमुद्यमः कार्यः इति गाथायास्तात्पर्यम्।

सम्प्रति 'बहिरात्मनः सर्वाणि व्रततपश्चरणादीनि निरर्थकानि' इति शास्त्रकारा गाहा-छन्दसा निर्दिशन्ति—

धरियउ बाहिरलिंगं परिहरियउ बाहिरक्खसोक्खं हि।
करियउ किरियाकम्मं, मरियउ जम्मियउ बहिरप्प जीवो।। ६४।।

छाया— धृत्वा बाह्यलिङ्गं परिहृत्य बाह्याक्षसौख्यं हि।
कृत्वा क्रियाकर्म म्रियते जायते बहिरात्मा जीवः।।

रत्नत्रयवर्धिनी टीका— बहिरप्प जीवो बाहिरलिंगं धरियउ बाहिरक्खसोक्खं हि परिहरियउ किरियाकम्मं करियउ मरियउ जम्मियउ —इति गाथान्वयः।

"जिस प्रकार, एक ही पुरुष (विविध) कार्यों के प्रति विविध रूप धारण करता है, उसी प्रकार (मिथ्यात्व, अविरति, कषाय आदि) प्रत्ययों (कारणों) की भिन्नता से मोह के भी अनेक भेद हो जाते हैं।"

इस प्रकार सम्यक् रूप से जानकर हे भव्य! पूर्णतया मोह का नाश हो —इसलिए निरन्तर उद्यम करना चाहिए —यह गाथा का तात्पर्य है।

अब, बहिरात्मा जीव के समस्त व्रत, तप आदि निरर्थक होते हैं —इसे शास्त्रकार गाहा छन्द के द्वारा बता रहे हैं—

गाथा-अर्थ— बाह्य वेश को धारण कर तथा बाह्य इन्द्रिय-सुख का त्यागकर, क्रिया-काण्ड को करता हुआ भी बहिरात्मा जीव (यूं ही) मरता है और जन्मता है (मुक्ति नहीं प्राप्त करता)।।64।।

रत्नत्रयवर्धिनी टीका— बहिरात्मा जीवः बाह्यलिङ्गं धृत्वा, बाह्याक्षसौख्यं हि परिहृत्य, क्रियाकर्म कृत्वा म्रियते जायते —यह गाथा का अन्वय है।

(बहिरप्प जीवो) **बहिरात्मा जीवः। अध्यात्मतत्त्वबहिर्मुखः, यद्वा आत्मेतरबाह्यपदार्थेषु स्फुरितमनाः, स्वस्वरूपच्युतः, अनात्मपदार्थेषु आत्मीयभावनां दधाति यः, स बहिरात्मा भवति। स** (धरियउ बाहिरलिंगं) **बाह्यलिङ्गं बाह्यवेषं धृत्वा, मात्रद्रव्यलिङ्गधारी भवति, निश्चयरत्नत्रयरूप-भावलिङ्गरहित एव भवतीति तात्पर्यम्।**

तथा च (परिहरिय बाहिरक्खसोक्खं हि) **बाह्यानि इन्द्रियसुखानि, इन्द्रियविषय सेवन-जनितसुखानि इत्यर्थः, तानि परिहृत्य, परित्यज्य। बाह्यरूपेण तु स इन्द्रियैः विषयसेवनं सुखाभिलाषेण कुर्वन्नैव दृश्यते, किन्तु मनसा विषयसुखलालसापरिष्वक्त एव तिष्ठति —इति तात्पर्यम्।**

तथा च (करियउ किरियाकम्मं) **क्रियाकर्म, सम्यक्त्वरहितव्रतादिकं क्रियाकाण्डं समनुष्ठायापि। लोकाराधनामात्रप्रयोजनसिद्ध्यै तत् क्रियते, न तु सम्यक्त्वेन। वस्तुतस्तत्सर्वं वृथा कायक्लेशरूपमेव भवति तस्य। एषा क्रिया लोकपंक्तिरभिधीयते। एषा क्रिया पापबन्धकारिण्येव।**

(बहिरात्मा जीवः) बहिरात्मा जीव। अध्यात्मतत्त्व से बहिर्मुख, अथवा आत्मा से भिन्न पदार्थों में उत्साहित मन वाला, तथा जो निज स्वरूप से च्युत एवं अनात्म-पदार्थों में आत्मीय भावना रखता है, वह बहिरात्मा (जीव) होता है। वह **(धृत्वा बाह्यलिङ्गम्)** बाह्यलिङ्ग यानी बाह्य वेष धारण कर, मात्र द्रव्यलिङ्ग का धारक होता है, निश्चय नय से रत्नत्रयरूप 'भावलिङ्ग से रहित ही होता है— यह तात्पर्य है।

और, **(परिहृत्य बाह्याक्षसौख्यम्)** बाह्य इन्द्रिय-सुखों को, अर्थात् इन्द्रिय-विषय के सेवन से उत्पन्न होने वाले सुखों को छोड़कर, उनका त्यागकर। तात्पर्य यह है कि बाहरी तौर पर तो वह इन्द्रियों से विषय-सेवन करता हुआ दृष्टिगोचर नहीं होता, किन्तु मन से (मानसिक स्तर पर) वह विषय-सुख की लालसा से जुड़ा हुआ ही रहता है।

और, **(कृत्वा क्रियाकर्म)** क्रियाकर्म, अर्थात् सम्यक्त्वरहित व्रत आदि 'क्रियाकाण्ड' का आचरण करके भी। मात्र लोकाराधना (लोगों को प्रसन्न करने मात्र) की सिद्धि के लिए वह क्रिया की जाती है, सम्यक्त्व के कारण नहीं। (इस प्रकार) यथार्थ रूप में उसका सारा क्रियाकाण्ड एक निरर्थक कायक्लेश (शारीरिक श्रम) रूप ही होता है। इस क्रिया को 'लोकपंक्ति' कहा जाता है और ऐसी क्रिया पापबन्धक ही होती है।

उक्तं चामितगतिकृते योगसारप्राभृतग्रन्थे (८/२०-२१)—

आराधनाय लोकानां मलिनेनान्तरात्मना।
क्रियते या क्रिया बालैः, लोकपंक्तिरसौ मता।।

धर्माय क्रियमाणा सा कल्याणाङ्गं मनीषिणाम्।
तन्निमित्तः पुनर्धर्मः पापाय हतचेतसाम्।।

एवं स (मरियउ, जम्मियउ) **म्रियते, तथा जायते, अर्थात् भवाद् भवान्तरं प्राप्य नूतनं जन्म गृह्णाति च। जन्ममरणचक्रपरम्परायामेव पुनः पुनर्भ्राम्यति, न कदाचिदपि मुक्तिं समधिगच्छति — इत्यर्थः।**

अत्र सापेक्षं किञ्चिद् विव्रियते— लिङ्गं द्विविधम् —द्रव्यलिङ्गं भावलिङ्गं च। सम्यक्त्वादिकं भावलिङ्गम्। अचेलकत्वादिकं द्रव्यलिङ्गम्।

अमितगतिकृत योगसारप्राभृत ग्रन्थ (8/20-21) में कहा गया है—

"अविवेकी जनों द्वारा मलिन अन्तरात्मा के साथ लोगों के आराधन-अनुरंजन या लोगों को अपनी ओर आकर्षित करने के लिए जो धर्मक्रिया की जाती है, वह लोक-पंक्ति कहलाती है।"

"विवेकशील विद्वानों द्वारा धर्मार्थ की गई उक्त लोकाराधन रूप क्रिया कल्याणकारिणी होती है, किन्तु मूढ़चित्त अविवेकी लोगों द्वारा लोकाराधना के निमित्त की गई धर्म-क्रिया पापबन्ध की कारण होती है।" (धर्म के लिए की गई लोकाराधन क्रिया तो कल्याणकारी है, किन्तु लोकाराधना हेतु धर्मसाधना पापरूप है, यह अन्तर है।)

इस तरह वह (**म्रियते, जायते**) मरता है और उत्पन्न होता है, अर्थात् एक भव से दूसरे भव को प्राप्त करता हुआ नया-नया जन्म लेता है। जन्म-मरण की चक्रवत् परम्परा में ही बार-बार भ्रमण करता रहता है, कभी मुक्ति नहीं प्राप्त कर पाता है —यह (इन पदों का) अर्थ है।

यहाँ कुछ अपेक्षित विवरण प्रस्तुत कर रहे हैं— लिङ्ग दो प्रकार का होता है— एक द्रव्यलिङ्ग और दूसरा भावलिङ्ग। सम्यक्त्व आदि भावलिङ्ग हैं और अचेलकता (वस्त्ररहित, दिगम्बर होना) आदि 'द्रव्यलिङ्ग' हैं।

उक्तं च मूलाचारग्रन्थे (गाथा-९१०)—

अच्चेलक्कं लोचो वोसट्ठसरीरदा य पडिलिहणं।
एसो हु लिंगकप्पो चदुव्विधो होदि णादव्वो।।

दर्शनप्राभृते (गाथा-१८) **लिङ्गं त्रिविधं प्रोक्तम्**—

एक्कं जिणस्स रूवं बीयं उक्किट्ठसावयाणं तु।
अवरट्ठियाण तइयं चउत्थ पुण लिंगदंसणं णत्थि।।

एतयोर्भावलिङ्गसहितस्य द्रव्यलिङ्गस्य सार्थकता। अतश्च अन्तरङ्गपरिग्रहे सति (भावलिङ्गाभावे) **मात्रद्रव्यलिङ्गं निरर्थकं भवति— मुक्तिसाधनं नैव भवति। न हि द्रव्यलिङ्गं मोक्षमार्गः। आभ्यन्तरे भावलिङ्गे सति सर्वसङ्गपरित्यागरूपं द्रव्यलिङ्गं भवत्येव, अतो भावलिङ्गं प्रमुखतामाश्रयति।**

उक्तं च भावप्राभृतग्रन्थे (गाथा-७२)—

मूलाचार ग्रन्थ (गाथा-910) में कहा गया है—

"अचेलकता (नग्नत्व), केशलोच, शारीरिक संस्कार न करना, और प्रतिलेखन अर्थात् मयूर-पिच्छी धारण करना —ये चतुर्विध लिङ्ग जानने चाहिए।"

दर्शनप्राभृत (गाथा-18) में त्रिविध लिङ्गों का निरूपण इस प्रकार किया गया है—

"जिनमत में तीन लिङ्ग हैं। एक तो जिनेन्द्र भगवान् का निर्ग्रन्थ लिङ्ग है। दूसरा उत्कृष्ट श्रावकों (ऐलकों, क्षुल्लकों) का है और तीसरा आर्यिकाओं का है। इनके सिवाय कोई चौथा लिङ्ग नहीं होता है।"

इन दोनों लिङ्गों में भावलिङ्ग-सहित द्रव्यलिङ्ग की सार्थकता है। इसलिए अन्तरङ्ग परिग्रह हो (भावलिङ्ग का अभाव हो) तो मात्र द्रव्यलिङ्ग निरर्थक होता है— मुक्ति का साधक नहीं होता। केवल द्रव्यलिङ्ग मोक्षमार्ग नहीं है। (किन्तु) आन्तरिक भावलिङ्ग हो तो सर्वपरिग्रह-त्याग रूप द्रव्यलिङ्ग होता ही है, इसलिए भावलिङ्ग की प्रमुखता हो जाती है।

भावप्राभृत ग्रन्थ (गाथा-72) में कहा भी गया है—

जे रायसंगजुत्ता जिणभावणरहियदव्वणिग्गंथा।
ण लहंति ते समाहिं बोहिं जिणसासणे विमले।।

समयसारग्रन्थे (गाथा ४०८-४१०) **च समुद्घोषितम्**—

पाखंडीलिंगाणि य गिहिलिंगाणि य बहुप्पयाराणि।
घित्तुं वदंति मूढा लिंगमिणं मोक्खमग्गो त्ति।।

ण उ होदि मोक्खमग्गो लिंगं जं देहणिम्ममा अरिहा।
लिंगं मुइत्तु दंसणणाणचरित्ताणि सेयंति।।

ण वि एस मोक्खमग्गो पासंडीगिहमयाणि लिंगाणि।।

अमितगतिकृते योगसारग्रन्थे (५/५९) च प्रोक्तम्—

शरीरमात्मनो भिन्नं लिंगं येन तदात्मकम्।
न मुक्तिकारणं लिंगं जायते तेन तत्त्वतः।।

"जो (मुनि) राग रूप (आन्तरिक) परिग्रह से युक्त हैं, और जिन-भावना से रहित मात्र बाह्य रूप में द्रव्य-निर्ग्रन्थ (द्रव्यलिङ्गी) हैं, वे पवित्र जिन-शासन में समाधि व बोधि (रत्नत्रय) को नहीं पाते हैं।"

समयसार ग्रन्थ (गाथा 408-410) में भी यह जोर देकर कहा गया है—

"बहुत तरह के पाखण्डीलिङ्गों या गृहस्थ लिङ्गों को ग्रहण कर मूढ़ जन ऐसा कहते हैं ,, यह लिङ्ग (बाह्य वेशादि) मोक्ष का मार्ग है।"

"परन्तु लिङ्ग मोक्ष का मार्ग नहीं होता, क्योंकि अर्हन्त देव भी देह से निर्ममत्व रखते हुए तथा लिङ्ग को छोड़कर सम्यग्दर्शन, सम्यग्ज्ञान व सम्यक्चारित्र की ही सेवा (अनुष्ठान) करते हैं।"

"जो पाखण्डी और गृहस्थ रूप लिङ्ग हैं, वह मोक्षमार्ग नहीं है।"

आचार्य अमितगतिकृत योगसार ग्रन्थ (5/59) में भी कहा गया है—

"चूँकि शरीर आत्मा से भिन्न है और लिङ्ग (भी) शरीरात्मक है, इसलिए वस्तुतः लिङ्ग मुक्ति का कारण नहीं होता।"

समाधिशतकग्रन्थे (श्लोक-८७) **च निर्दिष्टम्—**

लिंगं देहाश्रितं दृष्टं देह एवात्मनो भवः।
न मुच्यन्ते भवात्तस्मात् ये ते लिंगकृताग्रहाः।।

मोक्षप्राभृतग्रन्थे च (गाथा-६१) **भणितम्—**

बाहिरलिंगेण जुदो अब्भंतरलिंगरहिदपरियम्मो।
सो सगचरित्तभट्ठो मोक्खपहविणासगो साहू।।

अत्रेदं ज्ञेयम्— द्रव्यलिङ्गमपि भावलिङ्गस्य कारणं यद्वा पोषकं भवति, अतः तस्यापि महत्त्वमुरीकर्तव्यम्। एवमुभयोर्लिङ्गयोः परस्परसापेक्षतामङ्गीकृत्यैव व्यवहारेण निश्चयेन च मोक्षमार्गः समाश्रयितव्यः। वस्तुतोऽस्यां गाथायां द्रव्यलिङ्गस्य निरर्थकता नैव प्रतिपादिता, अपितु भावलिङ्गरहितद्रव्यलिङ्गस्यैव।

समाधिशतक ग्रन्थ (श्लोक-87) में भी बताया गया है—

"लिङ्ग शरीराश्रित है और शरीर (तो) आत्मा का भव यानी संसार रूप ही है। अतः जो लिङ्ग का आग्रह रखते हैं, वे संसार से मुक्त नहीं हो पाते।"

मोक्षप्राभृत ग्रन्थ (गाथा-61) में भी कहा गया है—

"जो (साधु) बाह्य लिङ्ग से तो युक्त है, किन्तु जिसके आभ्यन्तर (भाव) लिङ्ग का अभाव 'शरीर-संस्कार' (परिकर्म) है, वह आत्म-चारित्र से भ्रष्ट है तथा मोक्षमार्ग का नाश करने वाला है।"

यहाँ यह ज्ञातव्य है— द्रव्यलिङ्ग भी भावलिङ्ग का कारण या पोषक होता है, इस दृष्टि से उसका भी महत्त्व स्वीकार करना चाहिए। इस प्रकार दोनों लिङ्गों में परस्पर-सापेक्षता को स्वीकार करके ही व्यवहार व निश्चय —दोनों दृष्टियों से मोक्षमार्ग का आश्रय लेना चाहिए। वस्तुतः इस (रयणसार की) गाथा में द्रव्यलिङ्ग की निरर्थकता का प्रतिपादन नहीं, अपितु भावलिङ्ग-रहित द्रव्यलिङ्ग की निरर्थकता प्रतिपादित की गई है।

उक्तं च भावप्राभृतग्रन्थस्य (गाथा-२) **टीकायाम्**— (उक्तं चेन्द्रनन्दिना भट्टारकेण समयभूषण-प्रवचने-)

द्रव्यलिंगं समास्थाय भावलिङ्गी भवेद् यतिः।
विना तेन न वन्द्यः स्यात् नानाव्रतधरोऽपि सन्।।

द्रव्यलिङ्गमिदं ज्ञेयं भावलिङ्गस्य कारणम्।
तदध्यात्मकृतं स्पष्टं न नेत्रविषयं यतः।।

अन्यच्च, द्रव्यलिङ्गस्य महत्तामङ्गीकृत्यैव सूत्रप्राभृते (गाथा-२३) **कथनमिदं सङ्गच्छते**—

ण वि सिज्झइ वत्थधरो जिणसासणे जइ वि होइ तित्थयरो।
णग्गो विमोक्खमग्गो सेसा उम्मग्गया सव्वे।।

एवं हे भव्य! बाह्यपरिग्रहत्यागेन सहैव, आभ्यन्तरपरिग्रहत्यागाय समुद्यतो भवेति-गाथायास्तात्पर्यम्।

भावप्राभृत ग्रन्थ (गाथा-2) की टीका में कहा भी गया है— (इन्द्रनन्दि भट्टारक जी ने समयभूषणप्रवचन में कहा है—)

"द्रव्यलिङ्ग को धारणकर साधु भावलिङ्गी होता है। द्रव्यलिङ्ग के बिना, वह नाना व्रतों का धारण करते हुए भी वन्दनीय नहीं होता। इस प्रकार, द्रव्यलिङ्ग को भी भावलिङ्ग का कारण जानना चाहिए। यद्यपि यह अध्यात्म रूप से तो स्पष्ट है, किन्तु नेत्रों का विषय नहीं है।"

दूसरी बात, द्रव्यलिङ्ग की महत्ता को स्वीकार करके ही सूत्रप्राभृत (गाथा-23) में किया गया यह कथन संगत होता है—

"जिन-शासन में ऐसा कहा गया है कि वस्त्रधारी यदि तीर्थंकर भी हों तो वे मोक्ष प्राप्त नहीं कर सकते। एक नग्न वेष (द्रव्यलिङ्ग ही) मोक्षमार्ग है, बाकी सब उन्मार्ग (मिथ्यामार्ग) हैं।"

इस प्रकार हे भव्य! बाह्य परिग्रह के त्याग के साथ-साथ आन्तरिक परिग्रह-त्याग (भावलिङ्ग) के लिए समुद्यत हो जाओ —यह गाथा का तात्पर्य है।

मिथ्यात्वनाशं विना मोक्षो नैव प्राप्यते —इति शास्त्रकाराः सम्प्रति गाहा-छन्दसा निरूपयन्ति—

मोक्खणिमित्तं दुक्खं वहेदि परलोयदिट्ठि तणुदण्डी।
मिच्छाभाव ण छिज्जइ किं पावइ मोक्खसोक्खं हि।। ६५।।

छाया— मोक्षनिमित्तं दुःखं वहति परलोकदृष्टिः तनुदण्डी।
मिथ्यात्वभावं न छिनत्ति, किं प्राप्नोति मोक्षसौख्यं हि।।

रत्नत्रयवर्धिनी टीका— परलोयदिट्ठि तणुदण्डी मोक्खणिमित्तं दुक्खं वहेदि, मिच्छाभाव ण छिज्जइ, मोक्खसोक्खं हि पावइ किं —इति गाथान्वयः। (परलोयदिट्ठी) **स मिथ्यादृष्टिः बहिरात्मा जीवः परलोके दृष्टिं बिभर्ति, तस्य लौकिकसुखानीव परलोकेऽपि सुखानि प्राप्तुं मनसि तीव्रलालसा भवति —इत्यर्थः। स च** (तणुदंडी) **शरीरायैव दण्डमिव क्लेशं प्रयच्छति, अर्थात् कायक्लेशं षोढुं स सामर्थ्यं वहति। वस्तुतः शरीरदण्डापेक्षया कषायदण्ड एवापेक्षितो मोक्षसाधनाय —इत्येवं शास्त्रकारा निरूपयिष्यन्ति गाथायामग्रिमायामेव** (गाथा-६६)। **एवं** (मोक्खणिमित्तं दुक्खं वहेदि) **मोक्षप्राप्त्यै च कायक्लेशात्मक-व्रततपश्चरणादिभिः दुःखं सहति।**

मिथ्यात्व को नष्ट किये बिना मोक्ष प्राप्त नहीं होता —इसे अब शास्त्रकार गाहा छन्द द्वारा प्रतिपादित कर रहे हैं—

गाथा-अर्थ— उस (मिथ्यादृष्टि) की दृष्टि तो परलोक (के सुखों) पर रहती है, वह (मात्र) शरीर को क्लेश देता हुआ मोक्ष के निमित्त से दुःख सहन करता है, (किन्तु) मिथ्यात्व भाव का उच्छेद किये बिना मोक्ष का सुख क्या प्राप्त कर पाता है ? (अर्थात् नहीं)।।65।।

रत्नत्रयवर्धिनी टीका— परलोकदृष्टिः तनुदण्डी मोक्षनिमित्तं दुःखं वहति, मिथ्यात्वभावं न छिनत्ति, मोक्षसौख्यं हि प्राप्नोति किम् —यह गाथा का अन्वय है। **(परलोकदृष्टिः)** वह मिथ्यादृष्टि बहिरात्मा जीव परलोक पर अपनी दृष्टि रखता है, अर्थात् लौकिक सुखों की तरह ही परलोक में भी सुख को पाने की तीव्र लालसा उसके मन में रहती है। और वह **(तनुदंडी)** शरीर को (ही) दण्ड जैसा क्लेश देता है, अर्थात् कायक्लेश सहने की सामर्थ्य रखता है। वस्तुतः शरीर-दण्ड की अपेक्षा कषाय-दण्ड ही मोक्ष-सिद्धि हेतु अपेक्षित होता है —इसका निरूपण शास्त्रकार आगे की गाथा (गाथा-66) में ही करने वाले हैं। **(मोक्षनिमित्तं दुःखं वहति)** मोक्ष की प्राप्ति हेतु कायक्लेश रूप व्रत व तप आदि करते हुए दुःख सहता है।

(मिच्छाभाव ण छिज्जइ, मोक्खसोक्खं पावइ किं?) **यावत्कालं स मिथ्यात्वभावं न छिनत्ति, न नाशयति, तावत्कालं स मोक्षसौख्यं प्राप्नोति किम्? अर्थात् नैव प्राप्नोति। मोक्षसुखं स नैव प्राप्तुं शक्नोतीति भावः।**

अत्रेदं तात्पर्यम्— बहिरात्मनो लौकिकपारलौकिकसुखाभिलाषा तु मनसि नष्टा न भवति, अपितु जागर्त्येव। एवंविधः स मोक्षप्राप्तिहेतवे व्रततपश्चरणादिकं करोत्यपि, तस्य सा क्रिया तनुदण्डरूपा अर्थात् कायक्लेशरूपैव भवति। लौकिकपारलौकिकसुखवाञ्छारहितस्यैव मोक्षप्राप्त्यै व्रतनियमतपश्चरणादिकं सार्थकं भवति, नान्यस्य परलोकदृष्टेः।

उक्तं च कार्तिकेयानुप्रेक्षाग्रन्थे (गाथा-४००)—

इहपरलोयसुहाणं णिरवेक्खो जो करेदि समभावो।
विविहं कायकिलेसं तवधम्मो णिम्मलो तस्स।।

(मिथ्यात्वभावं न छिनत्ति, मोक्षसौख्यं प्राप्नोति किम्?) जिस समय तक वह मिथ्यात्व भाव का उच्छेद नहीं करता, उसका नाश नहीं करता, उस समय तक वह मोक्ष-सुख प्राप्त करता है क्या? अर्थात् नहीं प्राप्त करता। वह मोक्ष के सुख को प्राप्त कर ही नहीं पाता —यह भाव है।

यहाँ तात्पर्य यह है —बहिरात्मा के लौकिक व पारलौकिक सुख की अभिलाषा तो मन से नष्ट होती नहीं, अपितु जागृत ही रहती है। इस प्रकार का वह (मिथ्यादृष्टि) मोक्ष की प्राप्ति हेतु व्रत, तप आदि भी करता है, उसकी वह क्रिया शरीर को दण्ड देने जैसी अर्थात् कायक्लेश रूप ही होती है। लौकिक व पारलौकिक सुख की वाञ्छा से रहित होने वाले व्यक्ति द्वारा मोक्ष-प्राप्ति हेतु किया गया व्रत, नियम व तप आदि सार्थक होता है, अन्य परलोकदृष्टि व्यक्ति द्वारा नहीं।

कार्तिकेयानुप्रेक्षा ग्रन्थ (गाथा-400) में कहा भी गया है—

"जो समभावी (साधक) इस लोक व परलोक के सुख की अपेक्षा नहीं रखता, और फिर अनेक प्रकार का कायक्लेश करता है, उस (ही) के निर्मल 'तप' धर्म होता है।"

किम्बहुना, परलोकसुखप्राप्तिहेतुभूतस्य पुण्यस्य वाञ्छाऽपि नोचिता, पुण्येच्छा संसारेच्छैव, अतः पुण्येच्छावतो मोक्षो लक्ष्यमेव न भवति, तदा लक्ष्यभ्रष्टः कथं मोक्षं प्राप्तुं समर्थो भविष्यति ?

उक्तं च कार्तिकेयानुप्रेक्षाग्रन्थे (गाथा ४१०-४१२)—

पुण्णं पि जो समिच्छदि संसारो तेण ईहिदो होदि।
पुण्णं सुगईहेदुं पुण्णखएणेव णिव्वाणं।।

जो अहिलसेदि पुण्णं सकसाओ विसयसोक्खतण्हाए।
दूरे तस्स विसोही विसोहिमूलाणि पुण्णाणि।।

पुण्णासाए ण पुण्णं जदो णिरीहस्स पुण्णसंपत्ती।
इय जाणिऊण जइणो पुण्णे वि म (ण) आयरं कुणह।।

अधिक क्या कहा जाय, परलोक के सुख को प्राप्त करने में कारणभूत पुण्य की इच्छा करना भी अनुचित होता है, क्योंकि पुण्य की इच्छा संसारविषयक इच्छा ही तो है, इसलिए पुण्य-इच्छा वाले का लक्ष्य ही मोक्ष नहीं होता, तब लक्ष्यभ्रष्ट व्यक्ति मोक्ष को प्राप्त करने में समर्थ किस प्रकार होगा ?

कार्तिकेयानुप्रेक्षा ग्रन्थ (गाथा 410-412) में कहा भी गया है—

"जो पुण्य को भी चाहता है, वह संसार को चाहता है, क्योंकि पुण्य सुगति का कारण है। (किन्तु) मोक्ष तो पुण्य का क्षय करने से ही प्राप्त होता है।"

"यदि कषायसहित होकर, विषय-सुख की तृष्णा से पुण्य की अभिलाषा करता है, उससे विशुद्धि दूर रहती है किन्तु पुण्य-कर्म का मूल विशुद्धि है।"

"पुण्य की इच्छा करने से पुण्य का बन्ध नहीं होता, अपितु निरीह (पुण्य की इच्छा रहित) व्यक्ति को ही पुण्य की प्राप्ति होती है। अतः ऐसा जानकर यतीश्वरों! पुण्य में भी आदर भाव मत रखो।"

वस्तुतो निःकांक्षितगुणेन युक्तः सम्यग्दृष्टिः स्वर्गसुखस्याकांक्षां नैव करोति। उक्तं च कार्तिकेयानुप्रेक्षाग्रन्थे (गाथा-४१६)—

जो सग्गसुहणिमित्तं धम्मं णायरदि दूसहतवेहिं।
मोक्खं समीहमाणो णिक्खंखा जायदे तस्स।।

समयसारग्रन्थेऽपि (गाथा १५२-१५४) **श्रीकुन्दकुन्दस्वामिनः प्राहुः—**

परमट्ठम्मि दु अठिदो जो कुणदि तवं वदं च धारेई।
तं सव्वं बालतवं बालवदं विंति सव्वण्हू।।

वदणियमाणि धरंता सीलाणि तहा तवं च कुव्वंता।
परमट्ठबाहिरा जे णिव्वाणं ते ण विंदंति।।

परमट्ठबाहिरा जे तो अण्णाणेण पुण्णमिच्छंति।
संसारगमणहेदुं वि मोक्खहेउं अजाणंता।।

वस्तुतः निःकांक्षित गुण से युक्त सम्यग्दृष्टि स्वर्गसुख की आकांक्षा नहीं करता। कार्तिकेयानुप्रेक्षा ग्रन्थ (गाथा-416) में कहा भी है—

"दुर्धर तप द्वारा मोक्ष की इच्छा करता हुआ जो प्राणी स्वर्गसुख के लिए धर्म का आचरण नहीं करता, उसके निःकांक्षित गुण होता है।"

समयसार ग्रन्थ (गाथा 152-154) में भी श्रीकुन्दकुन्द स्वामी ने यह कहा है—

"जो (मुनि) ज्ञान स्वरूप आत्मा में स्थित न होकर तप करते हैं और व्रत धारण करते हैं, उस समस्त तप व व्रत को सर्वज्ञ देव ने बालतप व बालव्रत कहा है।"

"जो व्यक्ति परमार्थ से बाहर हैं, वे व्रत व नियमों को धारण करते हुए तथा शील व तप को करते हुए भी मोक्ष को नहीं पाते हैं।"

"जो परमार्थ से बाहर हैं (ज्ञानस्वरूप आत्मा के अनुभव से दूर हैं), वे अज्ञानवश संसार-परिभ्रमण का कारण होने पर भी पुण्य की इच्छा करते हैं। ऐसे जीव मोक्ष के (यथार्थ) हेतु से भी अपरिचित हैं।"

इत्येवं सम्यग्ज्ञात्वा हे भव्य! विषयसुखनिरपेक्षः सन्नेव मोक्षसाधनानुष्ठानं विधत्स्वेति गाथायास्तात्पर्यम्।

अथ, कषायदण्डेन विना, केवलेन शरीरदण्डेन कर्मक्षयो न कदाचित् सम्भवतीति शास्त्रकाराः गाहाछन्दसा निरूपयन्ति—

ण हु दंडदि कोहादिं, देहं दंडदि कहं खवदि कम्मं।
सप्पो किं मुवदि तहा वम्मीए मारिदे लोए।। ६६।।

छाया— न खलु दण्डयति क्रोधादीन्, देहं दण्डयति, कथं क्षिपति कर्म।
सर्पः किं म्रियते तथा वल्मीके मारिते लोके।।

रत्नत्रयवर्धिनी टीका— ण हु कोहादिं दंडदि, देहं दंडदि, कहं कम्मं खवदि। लोए वम्मीए मारिदे किं सप्पो मुवदि, तथा इति गाथान्वयः।

(देहं दंडदि) **स बहिरात्मा, शरीरं दण्डयति, पीडयति, घोरव्रतनियमतपश्चरणादिभिः कायक्लेशं करोतीत्यर्थः।**

इस प्रकार, सम्यग्ज्ञान प्राप्त कर हे भव्य! विषय-सुख से निरपेक्ष होते हुए ही मोक्ष के साधनों का आचरण करो —यह गाथा का तात्पर्य है।

अब, कषाय, दण्ड के बिना मात्र शरीर-दण्ड से कर्मों का क्षय सम्भव नहीं है —इसे शास्त्रकार गाहा छन्द द्वारा बता रहे हैं—

गाथा-अर्थ— जो (बहिरात्मा जीव) देह को तो दण्ड (क्लेशादि) देता है, किन्तु क्रोध आदि (कषायों) को दंडित (क्षीण, कृश) नहीं करता, (भला) वह कर्मक्षय किस प्रकार करेगा ? लोक में सांप के बिल को मारने से (कहीं) सर्प मरता है क्या ? वही स्थिति यहाँ है।।66।।

रत्नत्रयवर्धिनी टीका— न खलु क्रोधादीन् दण्डयति, देहं दण्डयति, कथं कर्म क्षिपति। लोके वल्मीके मारिते किं सर्पः म्रियते, तथा —यह गाथा का अन्वय है।

(देहं दण्डयति) वह बहिरात्मा शरीर को दंडित करता है, पीड़ित करता है, अर्थात् घोर व्रत, नियम व तपश्चरण आदि द्वारा कायक्लेश करता है।

(ण हु कोहादिं दंडदि) **न खलु क्रोधादीन् निजान्तरङ्गशत्रून् दण्डयति, न तेषां निग्रहं करोति, न चोपशमयति, न तान् तनूकरोति यद्वा निर्बलीकरोति, न चोन्मूलयति —इत्यादिकमूह्यम्।**

आदि-पदेन क्रोधातिरिक्तमानमायालोभकषायाः, तथैव आर्तरौद्रध्याने, कृष्णनील-कापोतेतिलेश्याः इत्यादिकानां ग्रहणमत्र कार्यम्। (कहं खवदि कम्मं) **कथं स जीवः कषायादि-निग्रहाभावे कर्म क्षपयितुं समर्थो भवति? कथमपि न भवतीत्यर्थः।**

अत्र दृष्टान्तमाध्यमेन प्रोक्ततथ्यं समर्थ्यते— यथा (लोए) **लोके, लौकिकव्यवहारे,** (वम्मीए मारिदे किं सप्पो मुवदि? तहा) **वल्मीके मारिदे, यष्ट्यादिभिः तीक्ष्णप्रहारे तस्योपरि कृते सत्यपि, किं सर्पो म्रियते? न म्रियते एवेति भावः। प्रत्युत यष्टिप्रहारजनितध्वनिं श्रुत्वा स सर्पोऽन्यत्र शीघ्रमेव पलायते। तथैव शरीरदण्डो वल्मीकोपरि प्रहारवदेव भवति, कषायरूपः सर्पस्तु न म्रियते, तन्निग्रहाभावे शाश्वतसौख्यप्राप्तिः कथमपि न सुकरेति भावः।**

(न खलु क्रोधादीन् दण्डयति) किन्तु अपने आन्तरिक शत्रु क्रोध आदि को तो दण्डित नहीं करता, उनका निग्रह नहीं करता, न उनका उपशमन करता है, न ही उन्हें कृश या निर्बल करता है, उनका उन्मूलन नहीं करता है —इत्यादि अर्थ किये जा सकते हैं।

'आदि' पद से क्रोध के अतिरिक्त, मान, माया व लोभ कषायों, इसी तरह आर्त व रौद्र ध्यान एवं कृष्ण, नील व कापोत लेश्या इत्यादि का ग्रहण यहाँ करना चाहिए। **(कथं क्षिपति कर्म)** वह जीव कषाय आदि के निग्रह के अभाव में किस प्रकार कर्म का क्षय करने में समर्थ होता है? अर्थात् किसी प्रकार भी नहीं होता।

यहाँ उपर्युक्त तथ्य का दृष्टान्त के माध्यम से समर्थन किया जा रहा है— **(लोके)** लोक में (अर्थात्) लौकिक-व्यवहार में, **(वल्मीके मारिते लोके किं सर्पो म्रियते ? तथा)** साँप के बिल को मारने पर, (अर्थात्) लाठी आदि से उस पर तीखा प्रहार करने से भी क्या सर्प मरता है? नहीं मरता है —यह आशय है। प्रत्युत लाठी के प्रहार से होने वाली ध्वनि को सुनकर वह साँप शीघ्र ही अन्यत्र पलायन कर जाता है। इसी प्रकार, शरीर-दण्ड साँप के बिल पर प्रहार करने जैसा ही (निरर्थक) होता है, किन्तु कषाय रूपी सर्प तो मरता नहीं, उसके निग्रह न होने से, शाश्वत सुख की प्राप्ति किसी प्रकार भी सुकर नहीं है—यह भाव है।

अध्यात्मसाधनायां मोक्षमार्गे वा कषायविजयस्य महतीमपेक्षां मनसि निर्धार्य शास्त्रकारैर्बहु उपदिष्टम्। यथा, भगवती-आराधनाग्रन्थे (गाथा-१८३०) **प्रोक्तम्—**

उवसमदयादमाउहकरेण रक्खा कसायचोरेहिं।
सक्का काउं आउहकरेण रक्खा व चोराणं।।

किञ्च, तत्रैव (गाथा-२६२, २६४, २६९) **परामृष्टम्—**

कोहं खमाए माणं च मद्दवेणाज्जवेण मायं च।
संतोसेण य लोहं जिणदु खु चत्तारि वि कसाए।।

तं वत्थुं मोत्तव्वं जं पडिउप्पज्जदे कसायग्गि।
तं वत्थु मल्लिएज्जो जत्थोवसमो कसायाणं।।

तम्हा हु कसायग्गी पावं उप्पज्जमाणयं चेव।
इच्छामिच्छादुक्कडवंदणसलिलेण विज्झाहि।।

अध्यात्म-साधना में या मोक्षमार्ग में कषाय-विजय की अधिक अपेक्षा को ध्यान में रख कर शास्त्रकारों ने बहुत कुछ उपदेश दिया है। उदाहरणार्थ, भगवती-आराधना ग्रन्थ (गाथा-1830) में कहा गया है—

"जिस प्रकार, हाथ गें आयुध हो तो चोरों से रक्षा की जा सकती है, उसी प्रकार उपशम, दया व दम (चित्त-निग्रह) —इन अस्त्रों को धारण करने वाला कषाय रूपी चोरों से अपनी रक्षा कर सकता है।"

और, वहीं (गाथा-262, 264 व 269) में यह परामर्श दिया गया है—

"क्रोध को क्षमा से, मान को मार्दव से, माया को आर्जव से और लोभ को सन्तोष से, इस प्रकार चारों ही कषायों को जीतना चाहिए।"

"उस वस्तु को छोड़ देना चाहिए जिसको लेकर कषाय रूपी आग उत्पन्न होती हो। और उस वस्तु को अपनाना चाहिए जिसके अपनाने से कषायों का उपशम हो।"

"इसलिए पाप रूपी कषाय-अग्नि को उत्पन्न होते ही बुझा देना चाहिए। उसको बुझाने का जल है —"मैं भगवान् जिनेन्द्र की शिक्षा की इच्छा करता हूँ, मेरा खोटा कर्म मिथ्या हो और मेरा जिनेन्द्र देव को नमस्कार है।"

आत्मानुशासनग्रन्थे (श्लोक-२१३) **च प्रेरणा प्रदत्ता—**

हृदयसरसि यावन्निर्मलेऽप्यत्यगाधे, वसति खलु कषायग्राहचक्रं समन्तात्।
श्रयति गुणगणोऽयं तन्न तावद् विशङ्कं, सयमशमविशेषैस्तान् विजेतुं यतस्व।।

प्रशमरतिप्रकरणग्रन्थे (श्लोक ५२-५३) **च कषायैरनिष्टमेव भवतीति निरूपितम्—**

तानेवार्थान् द्विषतस्तानेवार्थान् प्रलीयमानस्य।
निश्चयतोऽस्यानिष्टं न विद्यते किञ्चिदिष्टं वा।।

रागद्वेषोपहतस्य केवलं कर्मबन्ध एवास्य।
नान्यः स्वल्पोऽपि गुणोऽस्ति यः परत्रेह च श्रेयान्।।

एवं हे भव्य! कषायविजयाय निरन्तरं प्रयतस्वेति गाथायास्तात्पर्यम्।

आत्मानुशासन ग्रन्थ (श्लोक-213) में भी यह प्रेरणा दी गई है—

"निर्मल व अथाह हृदय रूपी सरोवर में जब तक कषाय रूप हिंसक जल-जन्तुओं का समूह निवास करता है, तब तक निश्चय से यह उत्तम क्षमा आदि गुणों का समुदाय निःशंक होकर उस हृदय रूप सरोवर का आश्रय नहीं लेता है। इसीलिए हे भव्य! तू व्रतों के साथ तीव्र-मध्यमादि उपशम —भेदों से उन कषायों को जीतने का प्रयत्न कर।"

प्रशमरतिप्रकरण ग्रन्थ (श्लोक 52-53) में कषायों से अनिष्ट ही होता है— यह कहा गया है—

"यह जीव उन्हीं पदार्थों से द्वेष करता है और उन्हीं विषयों से राग करता है। अतः निश्चय से ही इसका न कोई इष्ट है और न कोई अनिष्ट।"

"राग व द्वेष से युक्त जीव के केवल कर्मबन्ध ही होता है। इसके सिवाय कोई थोड़ा भी गुण ऐसा नहीं होता जो इस लोक व परलोक में कल्याणकारी हो।"

इस प्रकार, हे भव्य! कषाय-विजय हेतु ही निरन्तर प्रयत्नशील रहो —यह गाथा का तात्पर्य है।

सम्प्रति संयमाद्यनुष्ठानेऽपि कषायनिग्रह आवश्यक इति शास्त्रकाराः उग्गाहा-छन्दसा निरूपयन्ति—

उवसमतवभावजुदो णाणी सो ताव संजदो होदि।
णाणी कसायवसगो असंजदो होदि सो ताव।। ६७।।

छाया— उपशमतपोभावयुतः ज्ञानी स तावत् संयतो भवति।
ज्ञानी कषायवशगः असंयतो भवति स तावत्।।

रत्नत्रयवर्धिनी टीका— उवसमतवभावजुदो णाणी सो ताव संजदो होदि। कसायवसगो णाणी सो ताव असंजदो होदि —इति गाथाया अन्वयः।

(णाणी) **यो ज्ञानी, सम्यग्ज्ञानसम्पन्नः, यदि** (उवसमतवभावजुदो) **उपशमः तपोभावश्च ताभ्यां युक्तो भवति, यद्वा उपशमभावयुक्तेन तपसा समन्वितो भवति। उपशमश्च कषायवेदनीयस्य कर्मणः उपशमनम् तदुदयावस्थायाः तिरोभवनम्। कर्मक्षयार्थं यत्तप्यते, तत्तपः इच्छानिरोधो यद्वा अनिगूहितवीर्यस्य मोक्षमार्गाविरुद्धं कायक्लेशानुष्ठानं तपः।**

अब, संयम आदि के अनुष्ठान में भी कषाय का निग्रह आवश्यक है —इसे शास्त्रकार उग्गाहा छन्द द्वारा बता रहे हैं—

गाथा-अर्थ— (मोह के) उपशम (रूप सम्यग्दर्शन) तथा तप-भाव से युक्त ज्ञानी तो (भाव) संयत होता है। किन्तु कषायों के वशीभूत हुआ वह ज्ञानी तो 'असंयमी' होता है।।67।।

रत्नत्रयवर्धिनी टीका— उपशमतपोभावयुतः ज्ञानी स तावत् संयतो भवति। कषायवशगो ज्ञानी स तावत् असंयतो भवति —यह गाथा का अन्वय है।

(ज्ञानी) जो ज्ञानी यानी सम्यग्ज्ञान से युक्त व्यक्ति, यदि **(उपशमतपोभावयुतः)** उपशम व तप —इन दोनों से युक्त होता है, अथवा प्रशमभाव से युक्त तप से सहित होता है। उपशम से तात्पर्य है— कषायवेदनीय कर्मों का उपशमन अर्थात् उनकी उदयावस्था का न होना। कर्मों के क्षय हेतु जो तपा जाता है, वह 'तप' है, अथवा इच्छाओं का निरोध करना 'तप' है अथवा अपनी शक्ति को नहीं छिपाते हुए मोक्ष-मार्ग से अविरुद्ध कायक्लेश का अनुष्ठान 'तप' होता है।

तच्च देहस्य इन्द्रियाणां च तापं करोतीत्यतोऽनशनादिकं तपःसंज्ञयाऽभिधीयते। एव मुपशमतपोभावेन युक्तो यो ज्ञानी भवति, (सो ताव संजदो होदि) **स तदा संयतो भवति। स एव संयमी कथ्यते। उपशमरहितस्तु कायक्लेशादिना युक्तोऽपि संयतो नैव भवति। तथैव, यः** (कसायवसगो णाणी) **कषायवशीभूतो ज्ञान्यपि,** (सो ताव असंजदो होदि) **स तदा असंयत एव भवति। कषायनिग्रहं विना संयमसद्भावो न भवतीति तात्पर्यम्। वस्तुत इन्द्रियमनःसंयमेनैव कषायजयः सम्भवति, अतः संयमस्य सार्थकता कषायविजय एव। एवं कषायजयी एव यथार्थतया 'संयमी' इति विशेषणेन समलंकृतो भवितुं शक्नोति। उक्तं च ज्ञानार्णवग्रन्थे** (१८/११५-११८)

अजिताक्षः कषायाग्निं विनेतुं न प्रभुर्भवेत्।
अतः क्रोधादिकं जेतुमक्षरोधः प्रशस्यते।।

विषयाशाभिभूतस्य विक्रियन्तेऽक्षदन्तिनः।
पुनस्स एवं दृप्यन्ति क्रोधादिगहनं श्रिताः।।

वह देह व इन्द्रियों को तपाता है, इसलिए उस 'अनशनादि' को 'तप' नाम से कहा जाता है। इस प्रकार, उपशमतपोभाव से युक्त जो ज्ञानी होता है **(स तावत् संयतो भवति)** वह तब (ही) 'संयत' होता है। वही संयमी कहलाता है। उपशम-रहित कायक्लेश आदि से युक्त हो तो भी वह 'संयत' नहीं है। इसी प्रकार, जो **(कषायवशगो ज्ञानी)** कषायों के वशीभूत ज्ञानी भी हो, **(स तावत् असंयतो भवति)** वह तब असंयत ही होता है। कषाय-निग्रह के बिना संयम का सद्भाव नहीं होता —यह तात्पर्य है। वस्तुतः इन्द्रिय व मन के संयम से ही कषायों पर विजय सम्भव हो पाती है, इसलिए संयम की सार्थकता कषाय-विजय होने पर ही है। इस प्रकार, कषायों पर जय प्राप्त करने वाला ही यथार्थ रूप में 'संयमी' इस विशेषण से अलंकृत हो सकता है। ज्ञानार्णव ग्रन्थ (18/115-118) में कहा भी गया है—

"जिसने अपनी इन्द्रियों पर विजय प्राप्त की है, वह कषाय रूपी अग्नि को नष्ट करने में समर्थ नहीं होता। इसलिए उन क्रोध आदि कषायों को जीतने के लिए इन्द्रिय-निग्रह की प्रशंसा की जाती है।"

"जो प्राणी विषय-तृष्णा से पराभूत होता है, उसके इन्द्रिय रूपी हाथी विकार को प्राप्त होते हैं और फिर वे ही क्रोधादि रूप वन का आश्रय लेकर उन्मत्त स्थिति को प्राप्त करते हैं।"

इदमक्षकुलं धत्ते मदोद्रेकं यथा यथा।
कषायदहनं पुंसां विसर्पति तथा तथा।।

कषायवैरिव्रजनिर्जयं यमी करोति पूर्वं यदि संवृतेन्द्रियः।
किलानयोर्निग्रहलक्षणे विधिः, न हि क्रमेणात्र बुधैर्विधीयते।।

कषायैर्मनः क्षुब्धं व्याकुलं च भवति, तेन संयमः कथमपि न सम्भवति, तदा च कर्मबन्धनं भवत्येव। प्रोक्तं च ज्ञानार्णवग्रन्थे (२/१२२)—

कषायदहनोद्दीप्तं विषयैर्व्याकुलीकृतम्।
संचिनोति मनः कर्म जन्मसम्बन्धसूचकम्।।

किञ्च तपसोऽपि प्रयोजनं कषायक्षय एव भवति। कषायेषु सत्सु तपोऽपि निरर्थकमेव। भणितं च ज्ञानार्णवग्रन्थे (१८/११३)—

"जैसे-जैसे इन्द्रियों का यह समूह मद की तीव्रता को धारण किये रहता है (मदोन्मत्त होता है), वैसे-वैसे मनुष्यों की कषाय रूपी अग्नि बढ़ती ही जाती है।"

"पहले जिसने इन्द्रियों का निरोध कर लिया है, वही कषायों पर विजय प्राप्त करे। विद्वान् इन दोनों में निग्रह की विधि को क्रम से सम्पन्न नहीं करते हैं। कभी इन्द्रिय-विजय के बाद कषाय-विजय करते हैं तो कभी कषाय-निग्रह के बाद इन्द्रिय-जय करते हैं।

कषायों से मन क्षुब्ध (अविचलित) व व्याकुल हो जाता है, जिससे संयम कभी सम्भव नहीं हो पाता। और तब कर्म-बन्धन होता ही है। ज्ञानार्णव ग्रन्थ (2/122) में कहा भी है—

"कषाय रूपी अग्नि से संतप्त होकर विषयों द्वारा व्याकुल किया गया मन संसार (परिभ्रमण) के कारणभूत कर्म का संचय करता रहता है।"

और, तप का प्रयोजन भी कषाय पर विजय प्राप्त करना होता है। कषायें यदि बनी रहें तो तप भी करना व्यर्थ है। ज्ञानार्णव ग्रन्थ (18/113) में कहा भी गया है—

यदि क्रोधादयः क्षीणाः, तदा किं खिद्यते वृथा।
तपोभिरथ तिष्ठन्ति तपस्तत्राप्यनर्थकम्।।

एवं कषायोपशमेन कषायनिर्दहनक्षमेण तपसा च युक्तो यो ज्ञानी भवति, स एव पूर्णतया 'संयतः' अन्यथा सोऽसंयतः इति गाथासारः।

एवं हे भव्य! कषायविजयहेतवे सम्यग्ज्ञानसमन्विते तपसि प्रवृत्तः संयमाराधनां विधत्स्वेति गाथायास्तात्पर्यम्।

अथ ज्ञानमात्रेण न कर्मक्षयः इति सोदाहरणं शास्त्रकाराः 'चपला'-छन्दसा निरूपयन्ति—

णाणी खवेदि कम्मं णाणबलेणेदि बोल्लदे अण्णाणी।
वेज्जो भेसज्जमहं जाणे इदि णस्सदे वाही।। ६८।।

छाया— ज्ञानी क्षपयति कर्म ज्ञानबलेन —इति वदति अज्ञानी।
वैद्यो भैषजमहं जानामि इति नश्यते व्याधिः।।

"यदि वे क्रोधादि विकार नष्ट हो चुके हैं तो फिर प्राणी तपश्चरण द्वारा व्यर्थ क्यों खेद को प्राप्त होता है? और यदि वे नष्ट नहीं हुए हैं तो भी तप करना व्यर्थ ही है।"

इस तरह, कषायों के उपशमन से एवं कषायों को नष्ट करने में सक्षम तप से युक्त जो ज्ञानी होता है, वही पूर्णतः 'संयत' है, अन्यथा वह असंयत है —यह गाथा का सार है।

इस तरह, हे भव्य! कषाय-विजय हेतु सम्यग्ज्ञान-सहित तप में प्रवृत्त होकर संयम की आराधना करो —यह गाथा का तात्पर्य है।

अब, मात्र ज्ञान से कर्म-क्षय नहीं होता— इसे 'चपला' छन्द द्वारा उदाहरण सहित शास्त्रकार बता रहे हैं—

गाथा-अर्थ— अज्ञानी कहता है कि ज्ञानी ज्ञान-बल से कर्मों का क्षय कर लेता है। (किन्तु) 'मैं औषधि जानता हूँ' मात्र इतने से व्याधि (क्या) नष्ट होती है? (अर्थात् नहीं होती)।।68।।

रत्नत्रयवर्धिनी टीका— णाणी णाणबलेण कम्मं खवेदि इदि अण्णाणी बोल्लदे। अहं वेज्जो भेसजं जाणे —इति वाही णस्सदे ? इति गाथान्वयः। (अण्णाणी बोल्लदे) **अज्ञानी, तत्त्वानभिज्ञो जनो वदति, ब्रूते। तस्य कथनं पूर्णतया अज्ञानमूलकमेव। स किं कथयति ? उच्यते—** (णाणबलेण णाणी कम्मं खवेदि इदि) **ज्ञानी अर्थात् सम्यग्ज्ञानी कर्मक्षयं करोति, निजसम्यग्ज्ञान-माहात्म्येनैव —इति वदति। एवं ज्ञानमात्रान्मोक्ष इति सिद्धान्तविपरीतकथनं प्रतिफलति, इत्यतः कारणात्तस्य कथनमज्ञानमूलकमेवेति भावः।**

अत एव 'सम्यग्दर्शनज्ञानचारित्राणि मोक्षमार्गः' (तत्त्वार्थसूत्र-१/१) **इति सूत्रस्य व्याख्याने** (राजवार्तिके-१/१/३४) **अकलङ्काचार्येण निर्दिष्टम्—** ''यतस्त्रयाणामपि दर्शनादीनां सहितानां परस्परापेक्षाणां मोक्षमार्गत्वं प्रति प्राधान्यं नैकस्य द्वयोः'' **इति।**

वस्तुतो मोक्षमार्गस्य सम्यग्ज्ञानमंशभूतं, न हि सम्यग्ज्ञानं केवलं पूर्णमोक्षमार्गरूपत्वं बिभर्ति। अत एव राजवार्तिके (१/१/३८) **प्रोक्तम्—** ''त्र्यंशेन मोक्षमार्गेण सुखं मोक्षं गच्छन्ति।''

रत्नत्रयवर्धिनी टीका— ज्ञानी ज्ञानबलेन कर्म क्षपयति इति अज्ञानी वदति। अहं वैद्यः भैषजं जानामि —इति व्याधिः नश्यते ? यह गाथा का अन्वय है। **(अज्ञानी वदति)** अज्ञानी, अर्थात् तत्त्वों से अनभिज्ञ व्यक्ति बोलता है, कहता है। उसका कथन पूर्णरूप से अज्ञानमूलक ही है। वह क्या कहता है ? बता रहे हैं— **(ज्ञानबलेन ज्ञानी कर्म क्षपयति —इति)** 'ज्ञानी अर्थात् सम्यग्ज्ञानी कर्मों का क्षय करता है, ऐसा वह अपने सम्यग्ज्ञान के माहात्म्य (प्रभाव) से ही करता है' —ऐसा वह (अज्ञानी) कहता है। इस प्रकार, 'मात्र ज्ञान से मोक्ष है' —ऐसा सिद्धान्त-विपरीत कथन प्रतिफलित होता है, इस कारण से उसका (उक्त) कथन अज्ञानमूलक ही है —यह आशय है।

इसीलिए **'सम्यग्दर्शन-सम्यग्ज्ञान-सम्यक्चारित्राणि मोक्षमार्गः'** (तत्त्वार्थसूत्र-1/1) इस सूत्र की व्याख्या (राजवार्तिक-1/1/34) में आचार्य अकलङ्क ने बताया है— ''चूँकि (सम्यक्) दर्शन आदि तीनों के समुदित व परस्पर-सापेक्ष होने पर ही 'मोक्षमार्ग' सम्पन्न होता है, अतः इनमें से किसी एक की या दो की प्रधानता नहीं होती है।''

वस्तुतः 'मोक्षमार्ग' का एक अंश ही सम्यग्ज्ञान है, अतः मात्र सम्यग्ज्ञान 'पूर्ण मोक्षमार्ग' का रूप नहीं ले सकता। इसीलिए राजवार्तिक (1/1/38) में कहा गया है— ''तीन अंशों वाले मोक्षमार्ग से सुख (या) मोक्ष को प्राप्त करता है।''

अतो मोक्षमार्गस्य पूर्णता सम्यग्दर्शन-सम्यग्ज्ञान-सम्यक्चारित्रेतिसमुदितानामेव भवति, न केवलं सम्यग्दर्शनस्य, न च केवलं सम्यग्ज्ञानस्य, न च सम्यग्दर्शन-सम्यग्ज्ञानयोः पूर्णता मोक्षमार्ग इति स्पष्टतयाऽवगन्तव्यम्। प्रवचनसारग्रन्थे (३/३७) **च भणितम्—**

ण हि आगमेण सिज्झदि, सद्दहणं जदि वि णत्थि अत्थेसु।
सद्दहमाणो अत्थे, असंजदो वा ण णिव्वादि।।

मोक्षप्राभृतग्रन्थे (गाथा-५९) **च प्रोक्तम्—**

तवरहियं जं णाणं णाणविजुत्तो तवो वि अकयत्थो।
तम्हा णाणतवेणं संजुत्तो लहइ णिव्वाणं।।

शास्त्रकाराः प्रोक्तमेव तथ्यं लौकिकदृष्टान्तमाध्यमेन समर्थयन्तः प्राहुः— (वेज्जो भेसज्जमहं जाणे इति वाही णस्सदे) **यथा कश्चिद् वैद्यः कथयति यदहं रोगनिवारकमौषधं जानामि, किन्तु स भैषजं न रोगिणे ददाति, किमेतेन व्याधिः नश्यति? अर्थात् नैव नश्यति।**

इसलिए मोक्षमार्ग की पूर्णता सम्यग्दर्शन, सम्यग्ज्ञान व सम्यक्चारित्र —इनके समन्वित रूप की ही होती है, न कि मात्र सम्यग्दर्शन की, और न ही मात्र सम्यग्ज्ञान की, और न ही सम्यग्दर्शन व सम्यग्ज्ञान —इन दोनों की पूर्णता मोक्षमार्ग है —यह स्पष्ट रूप से समझ लेना चाहिए। प्रवचनसार ग्रन्थ (3/37) में भी कहा गया है—

''यदि जीव आदि पदार्थों में श्रद्धान नहीं है तो मात्र आगम के ज्ञान से ही जीव को सिद्धि (मुक्ति) नहीं प्राप्त होती। अथवा पदार्थों का श्रद्धान करता हुआ भी यदि असंयत (चारित्रहीन) हो तो भी निर्वाण को प्राप्त नहीं कर सकता है।''

मोक्षप्राभृत ग्रन्थ (गाथा-59) में भी कहा गया है—

''जो ज्ञान तप से रहित है, वह व्यर्थ है और जो तप ज्ञान से रहित है, वह भी व्यर्थ है, इसलिए ज्ञान व तप से युक्त व्यक्ति ही निर्वाण को प्राप्त होता है।''

शास्त्रकार उपर्युक्त तथ्य का लौकिक दृष्टान्त के माध्यम से समर्थन करते हुए कह रहे हैं— **(वैद्यो भैषजमहं जानामि इति व्याधिः नश्यते?)** जैसे कोई वैद्य कहे कि मैं रोग-निवारण की दवा जानता हूँ, किन्तु वह औषधि रोगी को नहीं दे, क्या इससे व्याधि नष्ट होती है? अर्थात् नहीं नष्ट होती है।

भैषजज्ञानेन सह भैषजस्य रोगिणा सेवनं यदा क्रियते, तदैव व्याधेः शमनं सम्भवति, नान्यथा। रोगी स्वयमपि भैषजज्ञानेन न कदाचिदपि स्वस्थः सम्भवति। स यदा औषधे, वैद्ये च श्रद्धानं करोति, तथैव को रोगः किं च तस्यौषधं, किञ्च पथ्यादिपालनम् इति सम्यग् विज्ञाय तदौषधसेवनमपि करोति, तदैव तस्य स्वास्थ्यप्राप्तिः सुकरेति भावः। एवं मात्रसम्यग्ज्ञानेन कर्मक्षयो न भवति, अपितु चारित्रसेवनमपि आवश्यकमेवेति सिद्ध्यति। अनेके ज्ञानिनः शास्त्राणि बहून्यधीत्यापि यदि चारित्रभ्रष्टाः भवन्ति, तदा तेषां संसारभ्रमणमेव। प्रोक्तं च समयसारग्रन्थे (गाथा-३१७)—

ण मुयइ पयडिमभव्वो सुट्ठुवि अज्झाइऊण सत्थाणि।
गुडदुद्धं वि पिबंता ण पण्णया णिव्विसा हुंति।।

दर्शनप्राभृतग्रन्थे (गाथा-४) **च भणितम्—**

सम्मत्तरयणभट्ठा जाणंता बहुविहाइं सत्थाइं।
आराहणाविरहिया भमंति तत्थेव तत्थेव।।

औषधि के ज्ञान के साथ रोगी द्वारा जब औषधि का सेवन किया जाता है, तभी व्याधि का शमन हो सकता है, अन्यथा नहीं। रोगी स्वयं भी औषधि-ज्ञान मात्र से कभी स्वस्थ नहीं हो सकता। वह (रोगी) जब औषधि में और वैद्य में श्रद्धान करता है, उसी तरह रोग क्या है, उसकी औषधि क्या है, इसके पथ्य आदि का पालन क्या है —इसे ठीक तरह जानकर, जब वह उस औषधि का सेवन भी करता है, तभी उसे स्वास्थ्य की प्राप्ति सुकर होती है —यह भाव है। इस तरह, मात्र सम्यग्ज्ञान से कर्म-क्षय नहीं होता, अपितु चारित्र-सेवन भी जरूरी है —यह सिद्ध हो जाता है। अनेक ज्ञानी बहुत से शास्त्रों को पढ़कर भी यदि चारित्र से भ्रष्ट (रहित) हैं तो उन्हें संसार में ही भ्रमण करना होता है। समयसार ग्रन्थ (गाथा-317) में कहा गया है—

"अभव्य प्राणी अच्छी तरह शास्त्रों को पढ़कर भी अपनी (अज्ञान की) प्रकृति को नहीं छोड़ता है, क्योंकि साँप गुड़ व दूध पीकर भी कभी विषहीन नहीं होते।"

दर्शनप्राभृत ग्रन्थ (गाथा-4) में भी बताया गया है—

"जो सम्यक्त्व रूपी रत्न से भ्रष्ट हैं, वे बहुत प्रकार के शास्त्रों को जानते हुए भी आराधनाओं से रहित होने के कारण उसी संसार में भ्रमण करते रहते हैं।"

वर्ण्यते च शास्त्रेषु यत् मिथ्यादृष्टिरभव्योऽपि एकादशाङ्गश्रुतज्ञानस्य धारको भवितुं शक्नोति। समयसारग्रन्थस्य (गाथा-२७४) **आत्मख्यातिटीकायां तस्य निर्देशो द्रष्टव्यः। कश्चिदभव्यसेनो नामा मिथ्यादृष्टिरेकादशाङ्गधारी जातः —इति भावप्राभृते** (गाथा-५२) **तथा बृहद्द्रव्यसंग्रहस्य** (गाथा-४१) **ब्रह्मदेवसूरिकृतवृत्तौ च संकेतितम्।**

[यत्तु स्याद्वादमञ्जरीग्रन्थे (कारिका-२३) तु मिथ्यादृष्टेः द्वादशाङ्गज्ञानमपि भवतीति संकेतितम् तथा च भावप्राभृतस्य (गाथा-५२) पाठान्तरेऽपि द्वादशाङ्गधारित्वं मिथ्यादृष्टि-अभव्यसेनस्य सूचितं, तदतिशयोक्तिपूर्णमेवेति ज्ञेयम्]। **एवं प्राणिनः शास्त्राण्यधीत्यापि सम्यग्दर्शनाभावे तदनु सम्यक्चारित्राभावे संसारान्मुक्तिं न प्राप्नुवन्ति।**

इत्येवं हे भव्य! सम्यगवबुद्ध्य सम्यग्ज्ञानेन सह सम्यक्चारित्रानुष्ठानेऽपि सदैव प्रयतस्वेति गाथायास्तात्पर्यम्।

अथ पूर्वं सम्यग्दर्शनं (सम्यग्ज्ञानं) **तदनु सम्यक्चारित्रम् सेवनीयमिति सोदाहरणं शास्त्रकारा गाहा-छन्दसा निरूपयन्ति—**

शास्त्रों में यह निरूपण भी प्राप्त होता है कि मिथ्यादृष्टि अभव्य भी ग्यारह अङ्ग रूपी श्रुतज्ञान का धारक हो सकता है। समयसार ग्रन्थ (गाथा-274) की आत्मख्याति टीका में इसका निर्देश देखा जा सकता है। कोई अभव्यसेन नाम का मिथ्यादृष्टि भी ग्यारह अङ्गों का धारी हुआ है —ऐसा भावप्राभृत (गाथा-52) में तथा बृ. द्रव्यसंग्रह (गाथा-41) की ब्रह्मदेवसूरि-कृत वृत्ति में संकेत किया गया है।

[किन्तु स्याद्वादमञ्जरी (कारिका-23 की टीका) में और भावप्राभृत (गाथा-52) के पाठान्तर में मिथ्यादृष्टि अभव्यसेन को बारह अङ्गों के ज्ञान होने का जो संकेत किया गया है, वस्तुतः यह कथन अतिशयोक्तिपरक ही है —ऐसा जानें।] इस तरह, शास्त्रों का अध्ययन करके भी सम्यग्दर्शन और उसके अनुवर्ती सम्यक् चारित्र के अभाव में प्राणी संसार से मुक्ति नहीं प्राप्त करते।

इस तरह, हे भव्य! इसे अच्छी तरह जानकर सम्यग्ज्ञान के साथ-साथ सम्यक्चारित्र के अनुष्ठान में भी सदा प्रयत्नशील रहो —यह गाथा का तात्पर्य है।

अब, 'पहले सम्यग्दर्शन (सम्यग्ज्ञान) और उसके बाद सम्यक्चारित्र का आश्रयण करना चाहिए' —इसे शास्त्रकार गाहा छन्द द्वारा बता रहे हैं—

पुव्वं सेवदि मिच्छामलसोहणहेदु सम्मभेसज्जं।
पच्छा सेवदि कम्मामयणासण चरिय सम्मभेसज्जं।। ६९।।

छाया— पूर्वं सेवते (सेवेत) मिथ्यात्वमलशोधनहेतु सम्यक्त्व-भैषज्यम्।
पश्चात् सेवते (सेवेत) कर्मामयनाशनं चारित्रं सम्यग्भैषज्यम्।।

रत्नत्रयवर्धिनी टीका— पुव्वं मिच्छामलसोहणहेतु सम्मभेसज्जं सेवदि, पच्छा कम्मामयणासण सम्मभेसज्जं चरिय सेवदि —इति गाथान्वयः।

सम्यक्त्व-सम्यक्चारित्रयोर्मध्ये कस्य पूर्वं सेवनं, कस्य च तत्पश्चात् —इति जिज्ञासां मनसि निधाय शास्त्रकारास्तत्समाधानं कुर्वन्ति— (पुव्वं सम्म भेसज्जं सेवदि) **सम्यक्त्वरूपमौषधं पूर्वं सेवते, ज्ञानी इति अध्याह्रियते। किमर्थं सेवते? उच्यते—** (मिच्छामलसोहणहेदु) **मिथ्यात्वमलशोधनस्य हेतु कारणभूतं तत्सम्यक्त्वभेषजं सेवते। सम्यक्त्वे सति मिथ्यात्व-मलापगमनं, ततश्चात्मशुद्धिर्भवति (या सम्यक्चारित्रस्य पृष्ठभूमिर्भवति)।**

गाथा-अर्थ— मिथ्यात्व-मल का शोधन करने हेतु सम्यक्त्व रूपी औषध का सेवन किया जाता है, उसके बाद कर्म-रोग नष्ट करने वाली सम्यक्चारित्र रूपी औषध का सेवन किया जाता है।।69।।

रत्नत्रयवर्धिनी टीका— पूर्वं मिथ्यात्वमलशोधनहेतु राम्यग्भैषज्यं सेवते, पश्चात् कर्मामयनाशनं सम्यग्भैषज्यं चारित्रं सेवते —यह गाथा का अन्वय है।

सम्यक्त्व (सम्यग्ज्ञान) तथा सम्यक्चारित्र —इन दोनों में किसका पहले सेवन करणीय है और किसका बाद में? इस जिज्ञासा को मन में रखकर (मानो) शास्त्रकार उसका समाधान कर रहे हैं— **(पूर्वं सम्यक्त्वभैषज्यं सेवते)** पहले सम्यक्त्व रूपी औषधि का सेवन करता है, 'ज्ञानी' यह पद पिछली गाथा से अध्याहृत किया गया है। (अर्थात् सम्यक्त्व का सेवन ज्ञानी, संज्ञी करता है।) किसलिए करता है? बता रहे हैं— **(मिथ्यात्वमलशोधनहेतु)** मिथ्यात्व रूपी मल के शोधन में (वह औषध) हेतु या कारणभूत है, उस सम्यक्त्व रूपी औषधि का सेवन (ज्ञानी) करता है। सम्यक्त्व होने पर ही मिथ्यात्व मल का नाश और उसके परिणामस्वरूप आत्म-शुद्धि होती है (जो सम्यक्चारित्र की पृष्ठभूमि बनती है)।

अत्रेदं ज्ञेयम्— यस्योदयात् सर्वज्ञप्रणीतमार्गपराङ्मुखः, तत्त्वार्थश्रद्धान-निरुत्सुको हिताहितविभागासमर्थो मिथ्यादृष्टिर्भवति, तत् मिथ्यात्वमिति राजवार्तिके (९/१/१२) **प्रोक्तम्। तच्च मिथ्यात्वं मलमेव, यदनादिकालादेव जीवश्लिष्टम्। उक्तं च ज्ञानार्णवग्रन्थे** (६/२२)—

यथा धातोर्मलैः सार्धं सम्बन्धोऽनादिसम्भवः।
तथा कर्ममलैर्ज्ञेयः संश्लेषोऽनादिदेहिनाम्।।

सम्यक्त्वजलेन तस्य मलस्य शुद्धिर्भवति। अतएव ज्ञानार्णवग्रन्थे (६/५८) 'दर्शनाख्यं पुण्यतीर्थं प्रधानम्' **इत्युक्तं सङ्गच्छते।**

सम्यक्त्वमलशुद्धौ सत्यामेव भावशुद्धिर्भवति, येन सदाचारसमनुष्ठानं सम्यक्तया सम्भवति। उक्तं च राजवार्तिके (९/६/१६)— "तत्र भावशुद्धिः कर्मक्षयोपशमजनिता मोक्षमार्गरुच्याहितप्रसादा रागाद्युपप्लवरहिता। तस्यां सत्यामाचारः प्रकाशते परिशुद्धभित्तिगतचित्रकर्मवत्।"

यहाँ यह ज्ञातव्य है— जिसके उदय (सद्भाव) से सर्वज्ञ-प्रणीत मार्ग से व्यक्ति पराङ्मुख रहता है, तत्त्वार्थविषयक श्रद्धान में निरुत्सुक रहता है और हित-अहित के विवेक में असमर्थ और मिथ्यादृष्टि रहता है, वह 'मिथ्यात्व' होता है —ऐसा राजवार्तिक (9/1/12) में कहा गया है। वह मिथ्यात्व 'मल' ही होता है जो अनादि काल से जीव के साथ चिपका हुआ है। ज्ञानार्णव ग्रन्थ (6/22) में कहा भी गया है—

"जिस प्रकार खान में (सोना आदि) धातु मल से युक्त होती है, उसी प्रकार अनादि काल से जीव व कर्मरूपी मल का परस्पर-श्लेष (सम्बन्ध) चला आ रहा है —ऐसा जानना चाहिए।"

सम्यक्त्व रूपी जल से (ही) उस मल की शुद्धि होती है। इसीलिए ज्ञानार्णव ग्रन्थ (6/58) में 'सम्यग्दर्शन एक प्रमुख पुण्यतीर्थ है' —यह कथन संगत होता है।

सम्यक्त्व-मल की शुद्धि हो जाने पर ही भाव-शुद्धि हो पाती है, जिससे सदाचार का सम्यक् रूप से अनुष्ठान उसी प्रकार हो पाता है, जिस प्रकार साफ-सुथरी दीवार पर चित्र बनाना। राजवार्तिक (9/6/16) में भी कहा गया है— "कर्म के क्षयोपशम से उत्पन्न है, मोक्षमार्ग की रुचि से जिसमें विशुद्धि आ गई है, और जो रागादि उपद्रव (विक्षोभ) से रहित है, वह 'भावशुद्धि' होती है।"

एवं वीतरागतां पूर्णस्वास्थ्यरूपां प्राप्तुं यदि कश्चित् प्रयतेत, तर्हि स पूर्वं मिथ्यात्वमलशुद्धिं कुर्यात्, तस्यां कृतायामेव संयमादिचारित्ररूपविशेषौषधसेवनं कर्मजनितरोगस्य समूलोच्छेदनं कर्तुं प्रभवतीति शास्त्रकाराः परामृशन्ति।

(पच्छा चरिय सम्मभेसज्जं सेवदि) **मिथ्यात्वमलशुद्धेः पश्चात् चारित्ररूपं सम्यग्भैषज्यं, यद्वा सम्यक्चारित्ररूपं भेषजं सेवते। किमर्थम्? उच्यते—** (कम्मामयणासण) **कर्मरूपः योऽमयः रोगः, तस्य नाशार्थं, यद्वा कर्मरोगनाशे समर्थं तच्चारित्रभेषजं भवतीत्यतः तस्य सेवनं मुमुक्षुः रोगी करोति। यथा मलशुद्ध्यां कृतायामेव रोगविशेषस्य पूर्णतया चिकित्सा सफला सम्भवति, तथैव मिथ्यात्वमलशुद्ध्यां कृतायामेव चारित्ररूपभेषजसेवनं कार्यकारि भवति। सम्यक्त्वं विना चारित्रं बालचारित्रमेव, न तन्मोक्षप्राप्त्यै समर्थमिति गाथासारः। एवं सम्यक्त्वे लब्धे सत्येव चारित्रानुष्ठानं कर्तव्यमिति विषये शास्त्रीयवचनानि मननीयानि। यथा पुरुषार्थसिद्ध्युपायग्रन्थे** (श्लोक ३७-३८) **प्रोक्तम्—**

इस प्रकार, वीतरागता स्वरूप पूर्ण स्वास्थ्य को प्राप्त करने का यदि कोई प्रयास करे तो वह पहले मिथ्यात्व रूपी मल की शुद्धि करे, उसके होने पर ही संयम आदि चारित्र रूपी विशेष औषधि का सेवन जो किया जाएगा, वह कर्मजनित रोग का समूल उच्छेद करने में सक्षम हो पाएगा —यही शास्त्रकार (यहाँ) परामर्श देने जा रहे हैं।

(पश्चात् चारित्रं सम्यग्भैषज्यं सेवते) मिथ्यात्व मल की शुद्धि होने के बाद, चारित्र रूपी समीचीन औषधि का अथवा सम्यक्चारित्र रूपी औषधि का सेवन करता है। किसलिए? बता रहे हैं— **(कर्मामयनाशनम्)** कर्म रूपी जो अमय यानी रोग है, उसके नाश के लिए, अथवा कर्मरोग के नाश में समर्थ जो चारित्र रूपी औषध होती है, उसका सेवन मुमुक्षु रूपी रोगी करता है। जिस प्रकार मल-शुद्धि किये जाने पर ही रोग-विशेष की पूर्ण रूप से चिकित्सा सफल हो पाती है, उसी प्रकार मिथ्यात्व रूपी मल की शुद्धि किये जाने पर ही चारित्र रूपी औषधि का सेवन कार्यकारी (प्रभावकारी) होता है। सम्यक्त्व के बिना किया गया चारित्र 'बालचारित्र' ही है, वह मोक्ष-प्राप्ति कराने में सक्षम नहीं होता —यह गाथा का सार है। इस प्रकार, सम्यक्त्व प्राप्त होने पर ही चारित्र का पालन करना चाहिए —इस विषय में शास्त्रीय वचन भी यहाँ मननयोग्य है। उदाहरणार्थ, पुरुषार्थसिद्ध्युपाय ग्रन्थ (श्लोक 37-38) में कहा गया है—

विगलितदर्शनमोहैः समंजसज्ञानविदिततत्त्वार्थैः।
नित्यमपि निःप्रकम्पैः सम्यक्चारित्रमालम्ब्यम्।।

न हि सम्यग्व्यपदेशं चारित्रमज्ञानपूर्वकं लभते।
ज्ञानानन्तरमुक्तं चारित्राराधनं तस्मात्।।

रत्नकरण्डश्रावकाचारग्रन्थे (श्लोक-४७) **च निर्दिष्टम्—**

मोहतिमिरापहरणे दर्शनलाभादवाप्तसंज्ञानः।
रागद्वेषनिवृत्त्यै चरणं प्रतिपद्यते साधुः।।

एवं हे भव्य! सम्यग्ज्ञान-सम्यक्चारित्रयोः पूर्वापरक्रमं सम्यगवबोध्य निर्दोष-निरतिचार-सम्यक्त्वं संधार्य चारित्रानुष्ठाने प्रयतितव्यमिति गाथायास्तात्पर्यम्।

अथ विषयविरक्त्यपेक्षया कषायविरतेरधिकं महत्त्वं शास्त्रकारा गाहा-छन्दसा निरूपयन्ति—

"जिन्होंने दर्शन-मोह को नष्ट कर दिया है, सम्यग्ज्ञान से तत्त्वार्थों को जान लिया है और जो (अपने सम्यक्त्व में) सदा अकम्प (दृढ़) हैं, ऐसे प्राणियों को सम्यक्चारित्र का आलम्बन करना चाहिए।"

"चूँकि अज्ञान (मिथ्याज्ञान) के साथ जो चारित्र किया जाता है, वह 'सम्यक्चारित्र' नहीं कहलाता, इसलिए ज्ञान (सम्यग्ज्ञान) होने के बाद चारित्र की आराधना कही गई है।"

रत्नकरण्डश्रावकाचार ग्रन्थ (श्लोक-47) में भी कहा गया है—

"(मिथ्यात्व या) मोह रूपी अन्धकार का नाश होकर सम्यग्दर्शन हुआ, जिससे 'सम्यग्ज्ञान' की प्राप्ति हुई, अब साधु राग-द्वेष के नाश हेतु (वीतरागता की प्राप्ति हेतु) सम्यक्चारित्र को अङ्गीकार करता है।"

इस तरह, हे भव्य! सम्यग्ज्ञान व सम्यक्चारित्र —इनमें पूर्वापरक्रम को अच्छी तरह समझकर, निर्दोष व निरतिचार सम्यक्त्व को सम्यक्तया धारण कर चारित्र के अनुष्ठान में प्रयत्नशील होना चाहिए —यह गाथा का तात्पर्य है।

अब, विषय-विरक्ति की अपेक्षा कषाय-विरति का अधिक महत्त्व है —इसे शास्त्रकार गाहा छन्द द्वारा बता रहे हैं—

अण्णाणीदो विसयविरत्तादो होदि सयसहस्सगुणो।
णाणी कसायविरदो विसयासत्तो जिणुद्दिट्ठं।। ७०।।

छाया— अज्ञानिनः विषयविरक्ताद् भवति शतसहस्रगुणः।
ज्ञानी कषायविरतो विषयासक्तः, जिनोद्दिष्टम्।।

रत्नत्रयवर्धिनी टीका— विसयविरत्तादो अण्णाणीदो कसायविरदो विसयासत्तो णाणी सयसहस्सगुणो होदि जिणुद्दिट्ठं —इति गाथाया अन्वयः।

(विसयविरत्तादो अण्णाणीदो सयसहस्सगुणो होदि) **विषायविरक्ताद् अज्ञानिनोऽपेक्षया शतसहस्रगुणः अर्थात् लक्षगुणाधिकः श्रेष्ठो भवति, यद्वा मोक्षमार्गे लक्षगुणितं साफल्यं प्राप्नोति। कः सः? उच्यते—** (णाणी कसायविरदो विसयासत्तो) **यः ज्ञानी, सम्यग्ज्ञानसम्पन्नः, अतः कषायविरतः, कषायरहितः, वस्तुतः तीव्रकषायरहितो यद्वा कषायमन्दतां दधानः, किन्तु विषयासक्तः, विषयसेवनाद् पूर्णतया न विरक्तः, यद्वा कदाचिद् विषयसेवनं बाह्यरूपेण कुर्वाणः, स विषयविरक्ताद् अज्ञानिजनात् लक्षगुणितां श्रेष्ठतां सफलतां वा दधाति।**

गाथा-अर्थ— विषय-विरक्त अज्ञानी की अपेक्षा वह ज्ञानी लाख गुना (सफल) होता है जो विषय-आसक्त (विषय-सेवन करता हुआ) भले ही (दृष्टिगोचर) हो, किन्तु कषायों से विरत हो —ऐसा सर्वज्ञ देव ने कहा है।।70।।

रत्नत्रयवर्धिनी टीका— विषयविरक्ताद् अज्ञानिनः कषायविरतो ज्ञानी शतसहस्रगुणो भवति (इति) जिनोद्दिष्टम् —यह गाथा का अन्वय है।

(विषयविरक्ताद् अज्ञानिनः शतसहस्रगुणो भवति) विषय-विरक्त अज्ञानी की अपेक्षा से शतसहस्रगुना यानी लाख गुना अधिक श्रेष्ठ होता है, अथवा मोक्षमार्ग में लाख गुना अधिक सफल होता है। वह कौन है? बता रहे हैं— **(ज्ञानी कषायविरतः विषयासक्तः)** जो ज्ञानी है अर्थात् सम्यग्ज्ञानसम्पन्न है, इसलिए वह कषायविरत अर्थात् कषायरहित है। वस्तुतः (इसका तात्पर्य है—) तीव्र कषाय से रहित है, या कषायों की मन्दता वाला है, किन्तु विषयासक्त है, अर्थात् विषय-सेवन से पूर्णतया विरक्त नहीं हो पाया है— अथवा कदाचिद् बाह्य रूप से विषय-सेवन कर भी रहा है, (किन्तु) वह विषयविरक्त अज्ञानी व्यक्ति से लाख गुना श्रेष्ठता या सफलता वाला होता है।

(जिणुद्दिट्ठं) **इति सर्वं जिनेन, जिनेन्द्रेण सर्वज्ञेन उद्दिष्टं कथितम्, तस्मात् प्रोक्तं यथार्थमेव, सर्वथा श्रद्धेयमेवेति भावः।**

अत्रेदं ज्ञेयम्— विषयविरतस्य 'अज्ञानिनः' **इति विशेषणं सूचयति यत्सोऽज्ञानी मिथ्यादृष्टिः, बहिरात्मा वा बाह्यरूपेण क्वचित् कदाचिद् विरतोऽपि आन्तरिकतीव्ररागादिसद्भावात् मनसि विषयासक्तिं दधात्येव, किन्तु निमित्तकारणविशेषाद् वस्तुविशेषं प्रति द्वेषं धृत्वा तद्वस्तु-सेवनाद् विरतो भवन् दृश्यते। मिथ्यादृष्टिरज्ञानी वा परद्रव्यरतिस्वभावेन, आन्तरिकतीव्रकषायेन च युक्तः प्रायो भवति, यथोक्तं कार्तिकेयानुप्रेक्षाग्रन्थे** (गाथा-१९३)—

मिच्छत्तपरिणदप्पा तिव्वकसाएण सुट्ठु आविट्ठो।
जीवं देहं एक्कं मण्णंतो होदि बहिरप्पा।।

स च मूढः बाह्यविषयसेवने कदाचिद् विरक्तिमपि दधाति। उक्तं च समाधिशतकग्रन्थे (श्लोक-४७)— 'त्यागादाने बहिर्मूढः करोति' **इति।**

(जिनोद्दिष्टम्) यह सब जिन, अर्थात् सर्वज्ञ जिनेन्द्र देव ने कहा है, इसलिए जो यहाँ कहा गया है, वह यथार्थ ही है, सर्वथा श्रद्धानयोग्य ही है —यह भाव है।

यहाँ यह ज्ञातव्य है— यहाँ विषयविरक्त का 'अज्ञानी' यह विशेषग सूचित करता है कि वह अज्ञानी यानी मिथ्यादृष्टि है, या बहिरात्मा है जो बाह्य रूप से कहीं व कभी विरत होते हुए भी आन्तरिक तीव्र राग आदि के कारण मन में विषय-आसक्ति रखता है, किन्तु किसी विशेष निमित्त के कारण विशेष वस्तु के प्रति द्वेष भाव रखकर उस वस्तु के सेवन से विरत होता हुआ दृष्टिगोचर होता है। मिथ्यादृष्टि या अज्ञानी स्वभावतः परद्रव्यरत होता है, जिसके कारण प्रायः आन्तरिक तीव्र कषायों से युक्त रहता है। जैसा कि कार्तिकेयानुप्रेक्षा ग्रन्थ (गाथा-193) में कहा गया है—

"जो जीव मिथ्यात्व रूप कर्म के उदय रूप परिणत हो, तीव्र कषाय से जो आविष्ट (ग्रस्त) हो और जीव व देह को एक मानता हो, वह 'बहिरात्मा' है।"

वह मूढ़ (अज्ञानी) बाह्य विषय-सेवन में कभी विरक्त भी होता है। समाधिशतक ग्रन्थ (श्लोक-47) में कहा है —"मूढ़ बाह्य रूप में (ही) त्याग व ग्रहण करता है"।

एवं तस्य विषयसेवनविरतिः बाह्यरूपेणैव भवति, न भावतः, अन्तरङ्गस्थरागादिकालुष्य-सद्भावात्। अस्यां वस्तुस्थितौ, तस्माद् विषयविरक्ताद् अज्ञानिनोऽपेक्षया ज्ञानिनः श्रेष्ठताऽत्र प्रतिपादिता। तत्र श्रेष्ठतायां हेतुः कषायविरतिरेव। किञ्च, 'ज्ञानी' इति कथनेन तस्य सम्यग्ज्ञानयुक्तता सूच्यते। तच्च सम्यग्ज्ञानं विषयसेवनेऽपि तस्य ज्ञातुर्द्रष्टुरिव स्थितौ हेतु भवति। अविरतसम्यग्दृष्टिरपि विषयसेवनं कुर्वन्नपि मनसि तस्य हेयतामेव मनुते।

उक्तं च कार्तिकेयानुप्रेक्षाग्रन्थे (गाथा-३१४)—

विसयासत्तो वि सया सव्वारंभेसु वट्टमाणो वि।
मोहविलासो एसो इदि सव्वं मणणदे हेयं।।

सर्वविरतोऽपि साधुः बाह्यरूपेण विषयसेवनं कुर्वन्नपि, तथा वीक्ष्यमाणोऽपि, अन्तरङ्गरूपेण कषायविरतो भवति। यद्यपि तस्य सूक्ष्मः संज्वलनकषायस्तिष्ठति, तथापि तस्यापि नाशार्थं तन्मनोभावो भवति, तदर्थं स प्रयततेऽपि।

इस प्रकार, उस (अज्ञानी) का विषय-सेवन से विरत होना बाह्य रूप में होता है, भाव से नहीं होता, क्योंकि अन्तरङ्ग में रागादि रूप कालुष्य परिणाम उसके रहता (ही) है। ऐसी वस्तुस्थिति में, उस विषयविरक्त अज्ञानी की अपेक्षा ज्ञानी की श्रेष्ठता यहाँ प्रतिपादित की गई है। उसकी श्रेष्ठता का कारण 'कषायविरति' ही है। और, 'ज्ञानी' इस कथन से उसका सम्यग्ज्ञान से युक्त होना सूचित है। विषय-सेवन करने की स्थिति में भी उसका सम्यग्ज्ञान ज्ञाता-द्रष्टा भाव बनाये रखने में साधन बनता है। अविरत सम्यग्दृष्टि भी, विषय-सेवन करता है तो भी, मन में उस (विषय-सेवन) को हेय ही मानता है।

कार्तिकेयानुप्रेक्षा ग्रन्थ (गाथा-314) में कहा भी गया है—

"विषयों में आसक्त होता हुआ भी तथा समस्त आरम्भों, सावद्य कार्यों को करता हुआ भी, वह 'यह सब मोह का विलास है', ऐसा मान उन सबको हेय मानता है।"

सर्वविरत (महाव्रती) साधु भी बाह्य रूप से विषय-सेवन करते हुए भी, वैसा करते हुए दिखाई देने पर भी, अन्तरङ्ग में कषाय-विरत होता है। यद्यपि उसके सूक्ष्म संज्वलन कषाय रहती भी है, तो भी उसे नष्ट करने का भाव वह रखता है और तदर्थ प्रयत्नशील भी रहता है।

इत्येवं स विषयसेवनं कुर्वन्नपि सम्यग्ज्ञान-वैराग्यबलेन ज्ञाता, द्रष्टा इव स्थितः नवीनकर्मबन्धान्मुक्तः प्राग्बद्धकर्मनिर्जरां च करोति। अत एव मिथ्या-दृष्ट्यपेक्षया अविरत-सम्यग्दृष्टिः, तदपेक्षयाऽपि व्रतधारिणोऽसंख्यातगुणिता कर्मनिर्जरा भवतीति कार्तिकेयानुप्रेक्षाग्रन्थे (गाथा-१०६) विशदीकृतम्—

मिच्छादो सद्दिट्ठी असंखगुणकम्मणिज्जरा होदि।
तत्तो अणुव्वयधारी तत्तो य महव्वई णाणी।।

सर्वार्थसिद्धिग्रन्थे (९/४५) च प्रोक्तमतं समर्थितमस्ति। इत्येवं प्रोक्तदृष्ट्या विषयसेवनविरक्ताद् अज्ञानिजीवात् तस्य ज्ञानिनः श्रेष्ठताऽत्र प्रतिपादिता।

अत्रेदमपि बोध्यम्— 'विषयासक्तो ज्ञानी' **इतिकथने अब्रह्मसेवनादिसेवनं नान्तर्भावितव्यम्, यतो हि तत्कार्यं तीव्रकषायाविष्टस्यैव सम्भवति, न सम्यग्ज्ञानिनः। तीव्रकषायाविष्टत्वात् स सम्यक्त्वच्युत एव भवति।**

इस प्रकार वह विषय-सेवन करता हुआ भी सम्यग्ज्ञान व वैराग्य के बल (प्रभाव) से ज्ञाता व द्रष्टा भाव से स्थित रहते हुए नवीन कर्म-बन्ध से मुक्त रहता है और पूर्वबद्ध कर्मों की निर्जरा भी करता है। इसीलिए मिथ्यादृष्टि की अपेक्षा से अविरत सम्यग्दृष्टि के, उसकी अपेक्षा से भी व्रतधारी के असंख्यातगुणित कर्मनिर्जरा होती है —ऐसा कार्तिकेयानुप्रेक्षा ग्रन्थ (गाथा-106) में इस प्रकार स्पष्ट किया गया है—

"मिथ्यादृष्टि की अपेक्षा सम्यग्दृष्टि के असंख्यातगुणी कर्म-निर्जरा होती है, उस सम्यग्दृष्टि की अपेक्षा से अणुव्रती के, अणुव्रती की अपेक्षा से महाव्रती के असंख्यातगुणी कर्मनिर्जरा होती है।"

सर्वार्थसिद्धि ग्रन्थ (9/45) में भी उपर्युक्त मत का समर्थन किया गया है। इस प्रकार उपर्युक्त दृष्टि से विषय-सेवन से विरक्त अज्ञानी की तुलना में उक्त ज्ञानी की श्रेष्ठता यहाँ प्रतिपादित की गई है।

यहाँ यह भी ज्ञातव्य है— 'विषयासक्त ज्ञानी' इस कथन में अब्रह्मसेवन आदि का अन्तर्भाव नहीं करना चाहिए, क्योंकि वह कार्य तीव्र कषाय से आविष्ट व्यक्ति द्वारा ही सम्भव होता है, सम्यग्ज्ञानी द्वारा नहीं। तीव्रकषाय से आविष्ट होने पर व्यक्ति सम्यक्त्वच्युत ही होता है।

अत एव रयणसारग्रन्थेऽत्र (गाथा-१००) **प्रोक्तं स्वयं शास्त्रकारैः**— 'कसायसंजुत्ता विसयासत्ता साहू सम्मपरिचत्ता' **इति। अतः सम्यक्त्वे अविराधिते सति, अबुद्धिपूर्वक-रागादिवशाद्, यद्वा चारित्रमोहनीयकर्मोदयात् विषयसेवनात्मिका या कदाचिद् चेष्टा जायते, न सा बन्धकारिका भवति, तत्र ज्ञातुर्द्रष्टुः रूपेण तस्य स्थितत्वात्, इतिदृष्ट्या तस्य श्रेष्ठत्वम्।**

वस्तुतोऽध्यवसानमेव बन्धः। आन्तरिकवैराग्ययुक्तस्य बाह्यरूपेण विषयसेवनमपि न बन्धायेति विषये समर्थकानि शास्त्रीयाणि वाक्यानि तत्र मननीयानि। यथा प्रोक्तं समयसारग्रन्थराजस्य (गाथा-१९३) **आत्मख्यातिटीकायाम्**— ''विरागस्योपभोगो निर्जरायै एव....रागादीनामभावेन सम्यग्दृष्टेः निर्जरानिमित्तमेव स्यात्।''

समयसारकलशग्रन्थे (सं. १३५) **च समर्थितम्**—

नाश्नुते विषयसेवनेऽपि यत् स्वं फलं विषयसेवनस्य ना।
ज्ञानवैभवविरागताबलात् सेवकोऽपि तदसावसेवकः।।

इसीलिए इसी रयणसार ग्रन्थ में (गाथा-100) स्वयं शास्त्रकार ने कहा है— 'कषाययुक्त विषयासक्त साधु सम्यक्त्वच्युत होते हैं।' इसलिए सम्यक्त्व की विराधना न करते हुए, अबुद्धिपूर्वक राग आदि के वश, या चारित्रमोहनीय कर्म के उदय से विषय-सेवन रूप चेष्टा कभी हो जाती है, तो वह बन्ध करने वाली नहीं होती, प्रत्युत निर्जरा का कारण होती है, क्योंकि वहाँ ज्ञाता-द्रष्टा भाव की स्थिति बनी रहती है। इसी दृष्टि से उस (ज्ञानी) की श्रेष्ठता है।

वस्तुतः अध्यवसान ही बन्ध (का हेतु) है। आन्तरिक वैराग्य से युक्त व्यक्ति द्वारा बाह्य रूप से किया गया विषय-सेवन भी बन्ध के लिए नहीं होता —इस विषय में शास्त्रीय समर्थक वाक्यों पर मनन अपेक्षित है। जैसा कि समयसार ग्रन्थराज (गाथा-193) की आत्मख्याति टीका में कहा गया है— ''विराग व्यक्ति द्वारा किया गया उपभोग (कर्म की) निर्जरा के लिए ही होता है..........रागादि के अभाव के कारण सम्यग्दृष्टि के लिए (वह उपभोग) कर्मनिर्जरा का ही निमित्त होता है।''

समयसारकलश ग्रन्थ (सं. 135) में इसी का समर्थन इस प्रकार किया गया है—

''वह (सम्यग्दृष्टि) विषयों का सेवन करते हुए भी निज फल को नहीं भोगता, क्योंकि वह ज्ञान-वैभव व वैराग्य के बल से विषय-सेवन करते हुए भी 'असेवक' (अकर्ता) होता है।''

समयसारग्रन्थराजेऽपि (गाथा-१९७) **समुद्घोषितम्—**

सेवंतो वि ण सेवइ असेवमाणो वि सेवगो कोइ।
पगरणचेट्ठा कस्स वि ण य पायरणो त्ति सो होइ।।

स सम्यग्दृष्टिः पूर्वसञ्चितकर्मोदयसम्पन्नान् विषयान् सेवमानोऽपि रागादिभावानामभावेन विषयफलस्वामित्वाभावाद् असेवक एव। एवमत्र गाथायां प्रमुखतः कषायविरतेः रागाद्यभावस्य वा महत्त्वं ख्यापितं वर्तते, न तु विषयसेवनस्य। किञ्च, विषयसेवनं तु नैवोचितम्, किन्तु विषयसेवनविरतोऽज्ञानी न श्रेष्ठः, तदपेक्षया कषायविरतो ज्ञानी श्रेष्ठः, स विषयसेवनं कुर्वन् वीक्ष्यमाणोऽपि श्रेष्ठतां न त्यजति, इत्येवं ज्ञानवैराग्य-सम्पन्नज्ञानिनो महत्त्वं ख्यापयितुं गाथायामत्र कथनं विज्ञेयम्।

इत्येवं सम्यगवबुद्ध्य, हे भव्य! ज्ञान-वैराग्यबलेन बलिष्ठो भव, तदर्थमेव प्रयतस्वेति गाथायास्तात्पर्यम्।

समयसार ग्रन्थराज (गाथा-197) में भी उद्घोषित किया गया है—

"कोई (सम्यग्दृष्टि) तो विषयों का सेवन करता हुआ भी नहीं सेवन करता है और कोई नहीं सेवन करता हुआ भी सेवन करने वाला होता है, जैसे किसी पुरुष की किसी कार्य (प्रकरण) करने की चेष्टा तो है, फिर भी वह कार्य का स्वामी है —ऐसा नहीं कहा जाता।"

वह सम्यग्दृष्टि पूर्वसञ्चित कर्मों के उदय से प्राप्त इन्द्रियविषयों का सेवन करते हुए भी रागादि भावों के अभाव के कारण उस विषय-सेवन के फल का स्वामी न होने से असेवक (विषय-सेवन का अकर्ता) है। इस प्रकार इस गाथा में प्रमुख रूप से कषाय-विरति या रागादि-अभाव का महत्त्व विज्ञापित किया गया है, न कि विषय-सेवन का। और, विषय-सेवन तो उचित है ही नहीं, किन्तु विषय-सेवन से विरत अज्ञानी श्रेष्ठ नहीं है, उसकी अपेक्षा से कषायविरत ज्ञानी श्रेष्ठ है, वह विषयसेवन करता हुआ दिखाई पड़े तो भी श्रेष्ठता नहीं छोड़ता —इस तरह ज्ञान-वैराग्यसम्पन्न ज्ञानी के महत्त्व को बताने के उद्देश्य से इस गाथा में कथन है —यह जानें।

इस तरह, हे भव्य! सम्यक् रूप से ज्ञान प्राप्त कर, ज्ञान-वैराग्य बल से युक्त-बलिष्ठ बनो, उसी के लिए प्रयत्नशील रहो —यह गाथा का तात्पर्य है।

सम्प्रति वैराग्यं विना त्यागस्य निरर्थकतां शास्त्रकाराः गाहा-छन्दसा निरूपयन्ति—

विणओ भत्तिविहीणो महिलाणं रोदणं विणा णेहं।
चागो वेरग्ग विणा एदेदो वारिदा भणिदा।। ७१।।

छाया— विनयो भक्तिविहीनः महिलानां रोदनं विना स्नेहम्।

त्यागो वैराग्यं विना, एते इतः वारिताः भणिताः।।

रत्नत्रयवर्धिनी टीका— भत्तिविहीणो विणओ, णेहं विणा महिलाणं रोदणं, वेरग्ग विणा चागो एदेदो वारिदा भणिदा —इति गाथान्वयः।

(एदेदो वारिदा भणिदा) **एते अत्र वारिताः वर्जनीयाः कथिताः सन्ति। एषां निरर्थकत्वम्, व्यवहारानुपयोगित्वं वेत्यादि वर्जनीयत्वे कारणम्। के च एते सन्ति? उच्यते**— (विणओ भत्तिविहीणो) **भक्त्या विरहितो विनयः, स वर्ज्य एव। अन्तरङ्गे मानकषायाविष्टोऽपि भयादिवशात्, यद्वा लोकव्यवहारचालनार्थं जनो विनयाचरणं करोति, किन्तु नान्तरिकभक्तिभावं श्रद्धानं वा स दधाति, एतादृशो भक्तिशून्यो विनयो धार्मिकाध्यात्मिकक्षेत्रे न किञ्चिदपि प्रयोजनं साधयति।**

अब, वैराग्य के विना त्याग की निरर्थकता का निरूपण शास्त्रकार गाहा छन्द द्वारा कर रहे हैं—

गाथा-अर्थ— भक्ति से विहीन विनय, स्नेह-रहित महिलाओं का रोना, और वैराग्य के बिना त्याग —इस प्रकार ये निषिद्ध बताये गये हैं।।71।।

रत्नत्रयवर्धिनी टीका— भक्तिविहीनः विनयः स्नेहं विना महिलानां रोदनं वैराग्यं विना त्यागः एते इतः वारिताः भणिताः —यह गाथा का अन्वय है।

(एते इतो वारिताः भणिताः) इन्हें यहाँ वारित यानी वर्जनीय कहा गया है। इनके वर्जनीय होने में कारण है— उनका निरर्थक या व्यवहार में अनुपयोगी होना। वे कौन हैं? बता रहे हैं— **(विनयो भक्तिविहीनः)** भक्ति से रहित विनय, वह वर्जनीय ही होती है। अन्तरङ्ग में मानकषाय से युक्त व्यक्ति भी भय आदि के कारण, या लौकिक व्यवहार की पालना हेतु विनीत आचरण करता है, किन्तु उसके आन्तरिक भक्ति के भाव या श्रद्धान नहीं होता। ऐसी भक्ति से शून्य, विनय से धार्मिक व आध्यात्मिक क्षेत्र में कुछ भी प्रयोजन सिद्ध नहीं होता।

यतो हि पूज्येषु परमेष्ठिप्रभृतिषु आदरो भावः, यद्वा सम्यग्ज्ञानादिषु मोक्षसाधनेषु, तत्साधकेषु गुरुप्रभृतिषु च स्वयोग्यवृत्त्या सत्कारः, आदरः, कषायनिवृत्तिर्वा विनयो भवति। तत्र आदरसत्कार-भावो भक्तिरहितेन न प्रकटयितुं शक्यते, यतो हि भक्तिश्च भावविशुद्धियुक्तानुराग एव भवति।

अत्रेदं ज्ञेयम्— लोकानुवृत्तिविनयः, अर्थनिमित्तकविनयः, कामतन्त्रविनयः, भयविनयः, मोक्षविनयश्चेति पञ्च प्रकारा विनयस्य मूलाचारग्रन्थे (गाथा-५८२) **प्रतिपादिताः। एतेषु मोक्षविनयं विहाय शेषाश्चत्वारो विनयाः सांसारिकाः तथा लौकिकप्रयोजनसाधकाः। अत्र प्रकरणवशात् मोक्षविनयस्यैव ग्रहणं कार्यम्। मोक्षमार्गे च ज्ञानविनयः, दर्शनविनयः, चारित्रविनयः, तपोविनयः, उपचारविनयश्चेति पञ्च प्रकारा भगवती-आराधनाग्रन्थे** (गाथा-११२) **निरूपिताः।**

धवलाग्रन्थे (पु. ८, खण्ड-३, सू. ४१, पृ. ८०) **तु ज्ञान-दर्शन-चारित्रेतिभेदात् विनयस्य त्रिविधत्वं स्वीकृतमस्ति। एतेषु सबहुमानं मोक्षार्थं ज्ञानग्रहणाभ्यासस्मरणादिः ज्ञानविनयः।**

चूँकि पूज्य व्यक्तियों-परमेष्ठी आदि के प्रति जो आदर भाव होता है, उसे 'विनय' कहा जाता है, अथवा सम्यग्ज्ञान आदि मोक्ष-साधनों के प्रति या उस (मोक्ष) के साधक गुरुजन आदि के प्रति अपनी यथायोग्य वृत्ति (भावना) से सत्कार या आदर भाव या कषाय-निवृत्ति होना—इसे विनय कहा जाता है। भक्ति से रहित कोई हो तो वह (उक्त) आदर या सत्कार भाव प्रकट नहीं कर सकता, क्योंकि भक्ति तो (एक प्रकार से) भावविशुद्धि-युक्त अनुराग ही होती है।

यहाँ यह ज्ञातव्य है— मूलाचार ग्रन्थ (गाथा-582) में विनय के पाँच प्रकार इस प्रकार बताये गये हैं— लोकानुवृत्ति विनय, अर्थनिमित्तक विनय, कामतन्त्रविनय, भयविनय व मोक्षविनय। इनमें मोक्षविनय को छोड़कर शेष चार विनय सांसारिक व लौकिक प्रयोजन (मात्र) के साधक हैं। यहाँ प्रकरणवश मोक्षविनय का ही ग्रहण करना उचित होगा। मोक्षमार्ग में विनय के ज्ञानविनय, दर्शनविनय, चारित्रविनय, तपोविनय व उपचारविनय —ये पाँच प्रकार भगवती-आराधना ग्रन्थ (गाथा-112) में बताये गये हैं।

धवला ग्रन्थ (पु. 8, खण्ड-3, सू. 41, पृ. 80) में तो ज्ञानविनय, दर्शनविनय व चारित्रविनय —इन 'भेदों' द्वारा विनय के तीन प्रकार माने गये हैं। इनमें बहुमान के साथ मोक्ष-प्राप्ति के उद्देश्य से ज्ञान का ग्रहण, उसका अभ्यास व स्मरण आदि 'ज्ञानविनय' है।

शङ्कादिदोषरहितं तत्त्वार्थश्रद्धानं दर्शनविनयः। तद्वतः चारित्रे समाहितचित्तता चारित्रविनयः —इत्यादिकं सर्वार्थसिद्धौ (९/२३), **राजवार्तिके च निरूपितमस्ति। एतेषु सर्वेष्वपि विनयप्रकारेषु श्रद्धानात्मकभक्तिरनिवार्यैव भवति। भक्तिं विना विनयस्य कश्चिदपि प्रकारः सार्थकतां न वहति, अपितु निरर्थकतैव तस्येति शास्त्रकाराशयः।**

तथैव, (महिलाणं रोदणं विणा णेहं) **स्नेहेन रहितं यत् महिलानां रोदनं तच्च वर्जनीयम्। स्त्रियः पारिवारिकजनस्य मृत्यौ, यद्वा कस्याञ्चिदमाङ्गलिकघटनायां सत्याम्, दुःखपरितापादि-स्थितिषु वा रुदन्ति, करुणक्रन्दनं कुर्वन्ति। न तत्र स्नेहसद्भावः, अपितु रोदन-आक्रोशादिरूपमेव तद्भवतीत्यतः तत्क्रन्दनममङ्गलसूचकत्वात् सर्वेषां कृते वर्जनीयमेव भवति** (अर्थात् एषा अशुभा स्थितिः कदाचिदपि न भवेत् इति सर्वे मन्यन्ते)। **किन्तु स्त्रीपुरुषयोः परस्परप्रणयस्नेहवार्तादिषु, स्वाभिप्रेतवस्तुप्राप्तिकामनया स्वपतिं द्रवीकर्तुं स्त्रियोऽश्रुपातं कुर्वन्ति, तत्तु प्रणयस्नेहवर्धकत्वात् न वर्जनीयं भवतीत्यतस्तन्निराकरणाय स्नेहरहितस्यैव स्त्रीजनस्य रोदनं वर्जनीयमिति कथितम्।**

शङ्का आदि दोषों से रहित यथार्थ तत्त्वों के प्रति श्रद्धान 'दर्शनविनय' है। उक्त विनय से सम्पन्न व्यक्ति का चारित्र के प्रति 'समाहितचित्त' होना —यह 'चारित्रविनय' है, इत्यादि निरूपण सर्वार्थसिद्धि (9/23) व राजवार्तिक (आदि) में किया गया है। इन सभी विनय-प्रकारों में श्रद्धान रूप भक्ति की अनिवार्यता होती है। भक्ति के बिना विनय का कोई भी प्रकार हो, सार्थक नहीं होता, अपितु वह निरर्थक ही होता है —यह शास्त्रकार का आशय है।

इसी तरह, **(महिलानां रोदनं विना स्नेहम्)** स्नेह से रहित महिलाओं का जो रोदन होता है, वह वर्जनीय होता है। स्त्रियाँ किसी पारिवारिक व्यक्ति की मृत्यु होने पर अथवा किसी अमाङ्गलिक घटना के घटित होने पर, या दुःख व परिताप आदि की स्थितियों में रोती-कलपती हैं और करुण क्रन्दन करती हैं। वहाँ स्नेह का सद्भाव नहीं होता, प्रत्युत वह रोदन, आक्रोश आदि (की अभिव्यक्ति) के रूप में होता है, इस दृष्टि से वह (रोना-पीटना) अमंगल का सूचक होता है और सभी के लिए वर्जनीय होता है (अर्थात् ऐसी अशुभ घड़ी कभी न आए —ऐसा सभी मानते हैं)। किन्तु स्त्री व पुरुष के बीच परस्पर-प्रणय या स्नेहभरी बातचीत आदि हो रही होती है, वहाँ अपने अभीष्ट वस्तु को पाने की इच्छा से अपने पति को करुणाद्रवित करने हेतु (भी) स्त्रियाँ अश्रुपात करती हैं, वह (अश्रुपात) तो प्रणय व स्नेह का वर्धक होने से वर्जित नहीं (माना जाता) है, इसलिए उसका यहाँ (वर्जनीय रूप में) ग्रहण न हो —इसलिए यहाँ स्नेहरहित स्त्रीजनों के रोने को (ही) वर्जनीय कहा गया है।

तथा (चागो वेरग्ग विणा) **वैराग्येण रहितस्य त्यागो वर्जनीयः। वस्तुनस्त्यागे बाह्यरूपेण कृतेऽपि भावतस्त्यागं विना बाह्यत्यागस्य निष्प्रयोजनतैव भवति, अन्तरङ्गे तद् वस्तु प्रति बाह्य त्यागिन आसक्तेर्मूर्च्छाया वा सद्भावात्। ममत्वत्यागपूर्वकं यद् वस्तु दीयते, तदेव समीचीनं वास्तविकं वा दानं त्यागो वा भण्यते, अन्यथा तस्य दानस्य निरर्थकतैवेत्याशयः। अत एव वस्तुविषयकमोहत्यागे सत्येव त्यागधर्मः इति** 'बारस अणुवेक्खा' **ग्रन्थे** (गाथा-७८) **प्रोक्तम्—**

> णिव्वेगतियं भावइ मोहं चइउण सव्वदव्वेसु।
> जो तस्स हवे चागो इदि भणिदं जिणवरिंदेहिं।।

भावप्राभृते (गाथा-८७) **च भणितम्—**

> बाहिरसंगच्चाओ गिरिसरिदरिकंदराइ आवासो।
> सयलो णाणज्झयणो णिरत्थओ भावरहियाणं।।

और, **(त्यागो वैराग्यं विना)** वैराग्य से रहित व्यक्ति का त्याग वर्जित (माना गया) है। वस्तु का बाह्य रूप से त्याग कर भी दिया जाय, फिर भी भाव से त्याग किये बिना किया गया बाह्य त्याग निष्प्रयोजन ही होता है, क्योंकि वहाँ अन्तरङ्ग में उस (त्याग की गई) वस्तु के प्रति बाह्य रूप से त्याग करने वाले के (मन में) आसक्ति या मूर्च्छा बनी रहती है। (और) ममत्व के त्याग किये बिना जो वस्तु दी जाती है, वही समीचीन या वास्तविक दान या त्याग कहा जाता है, अन्यथा उस दान की निरर्थकता ही है —यह आशय है। इसीलिए वस्तु-विषयक मोह का त्याग होने पर ही त्याग धर्म होता है —ऐसा बारस अणुवेक्खा ग्रन्थ (गाथा-78) में कहा गया है—

"जिनेन्द्र भगवान् ने कहा है कि जो जीव सारे पर-द्रव्यों के प्रति मोह छोड़कर, संसार, देह व भोगों से उदासीन रूप परिणाम रखता है, उसका ही वह त्याग धर्म होता है।"

भावप्राभृत (गाथा-87) में भी कहा गया है—

"भावरहित मुनियों द्वारा किया गया बाह्यपरिग्रह का त्याग तथा पर्वत, नदी, गुफा आदि में निवास और ज्ञान के लिए शास्त्रों का अध्ययन —ये सब व्यर्थ हैं।"

एवं हे भव्य! आत्मेतरबाह्यवस्तुविषयकं ममत्वं परिहृत्य, बाह्यद्रव्येभ्यो विरज्य त्यागस्त्वया विधेयः इतिगाथायास्तात्पर्यम्।

अथ वैराग्यादिं विना श्रमणचर्या निरर्थिका भवतीति शास्त्रकाराः उग्गाहा-छन्दसा निरूपयन्ति—

सुहडो सूरत्त विणा महिला-सोहग्गरहिय-परिसोहा।
वेरग्गणाणसंजमहीणा खवणा ण किंपि लब्भंते।। ७२।।

छाया— सुभटः शूरत्वं विना, महिला-सौभाग्यरहितपरिशोभा।
वैराग्य-ज्ञान-संयमहीनाः क्षपणाः न किमपि लभन्ते।।

रत्नत्रयवर्धिनी टीका— गाथान्वयः सुगमः। (खवणा किंपि ण लब्भंते) **क्षपणाः, निर्ग्रन्थाः, अनगाराः, ते किमपि न प्राप्नुवन्ति, किञ्चिदपि प्रयोजनं साधयितुं न प्रभवन्ति —इत्यर्थः। क्षपणं कर्मक्षयात्मकम्, तद्वन्तः क्षपणाः क्षपका वा भण्यन्ते।**

इस प्रकार, हे भव्य! आत्मा से भिन्न सभी बाह्य वस्तुओं के प्रति ममत्व को छोड़कर बाह्य द्रव्यों से विरक्त होकर तुम्हें त्याग (धर्म का पालन) करना चाहिए —यह गाथा का तात्पर्य है।

वैराग्य आदि के बिना श्रमण-चर्या निरर्थक ही होती है— इसे उग्गाहा छन्द के द्वारा शास्त्रकार बता रहे हैं—

गाथा-अर्थ— शूरता के बिना सुभट (योद्धा शोभित नहीं होता), सौभाग्य-रहित (विधवा) महिला शोभित नहीं होती, (उसी तरह) वैराग्य, ज्ञान व संयम से रहित क्षपण (मुनि) कुछ भी प्राप्त नहीं करते।।72।।

रत्नत्रयवर्धिनी टीका— गाथा का अन्वय सुगम है। **(क्षपणाः किमपि न लभन्ते)** क्षपण यानी निर्ग्रन्थ, अनगार, वे कुछ भी नहीं प्राप्त कर पाते, अर्थात् किसी भी प्रयोजन की सिद्धि नहीं कर पाते। क्षपण का अर्थ है— कर्मक्षय करना, उसे करने वाले 'क्षपण' या 'क्षपणक' कहे जाते हैं।

उक्तं च धवलाग्रन्थे (पु. १, खण्ड-१, भाग-१, सू. २७)— ''तत्थ जे कम्मक्खवणम्हि वावादा ते जीवा खवगा उच्चंति।''

सर्वार्थसिद्धिग्रन्थे (९/४५) **च भणितम्**— ''स एव पुनश्चारित्रमोहं प्रत्यभिमुखः परिणाम-विशुद्ध्या वर्धमानः क्षपकव्यपदेशमनुभवन्-...।'' **एवं क्षपणानां प्रयोजनं कर्मक्षयरूपमेव भवति, ते स्वप्रयोजनस्य साफल्यं न लभन्ते, कर्मक्षये न सफला भवन्ति, तेषां श्रमणचर्यायां न कोऽपि लाभः —इत्याशयः। कीदृशाः साधवः कर्मक्षयं कर्तुं न समर्थाः ? उच्यते—** (वेरग्ग-णाणसंजमहीणा) **वैराग्येण हीनाः ज्ञानेन सम्यग्ज्ञानेन हीनाः, तथा संयमेन हीनाः ये मुनयो भवन्ति, तेषां कर्मक्षयप्रयोजनं न सिद्ध्यति।**

अत्र लौकिकंदृष्टान्तौ द्वावत्र प्रोक्ततथ्यसमर्थनदृष्ट्या उपस्थापितौ। तद्यथा— (सुहडो सूरत्त विणा) **सुभटो यथा शूरत्वं विना न शोभते। शूरस्तु युद्धे स्वप्राणानपि त्यक्तुं समुद्यतो भवति, किन्तु शत्रूणां समक्षं न कदाचिदपि नमति। उक्तं पद्मपुराणे** (१२/१७७)—

धवला ग्रन्थ (पु. 1, खण्ड-1, भाग-1, सू. 27) में कहा गया है— ''जो कर्म-क्षय करने में व्यापाररत हैं, वे जीव क्षपक कहे जाते हैं।''

सर्वार्थसिद्धि ग्रन्थ (9/45) में कहा गया है— ''वही (जीव) फिर चारित्र-मोहनीय की क्षपणा के लिए सम्मुख होता हुआ तथा परिणामों की विशुद्धि से वृद्धि को प्राप्त होकर क्षपक संज्ञा को अनुभव करता हुआ....।'' इस तरह, 'क्षपणों' का प्रयोजन 'कर्म-क्षय' ही होता है, और वे जीव अपने प्रयोजन को सफल नहीं कर पाते, कर्मक्षय में सफल नहीं होते, उनकी श्रमणचर्या का कोई लाभ नहीं होता —यह आशय है। किस प्रकार के साधु कर्म-क्षय करने में सक्षम नहीं होते? बता रहे हैं— **(वैराग्य-ज्ञान-संयमहीनाः)** वैराग्य से हीन ज्ञान यानी सम्यग्ज्ञान से हीन, तथा संयम से हीन, जो मुनि होते हैं, उनके कर्मक्षय का प्रयोजन सिद्ध नहीं होता।

यहाँ दो लौकिक दृष्टान्तों को उपर्युक्त तथ्य के समर्थन की दृष्टि से उपस्थापित किया गया है। उदाहरणार्थ— **(सुभटः शूरत्वं विना)** जिस प्रकार सुभट (योद्धा) शूरता के बिना शोभित (प्रतिष्ठावान्) नहीं होता। (क्योंकि) शूर तो युद्ध में अपने प्राणों को गवांने के लिए भी उद्यत रहता है, किन्तु शत्रुओं के सामने कभी झुकता नहीं है। पद्मपुराण (12/177) में कहा भी है—

संग्रामे शस्त्रसंपातजातज्वलनजालके।
वरं प्राणपरित्यागो न तु प्रतिनरानति।।

वस्तुतः शूरत्वरहितं जनं न कश्चिदपि 'सुभटं' मन्यते, शूरताप्रदर्शननेनैव तस्य सुभटत्वरूपेण यशः ख्यातिर्वा लोके भवति, अन्यथा तस्य सुभटत्वमेव निष्प्रयोजनमित्याशयः। तद्वदेव वैराग्यादिहीनानां श्रमणानां श्रमणत्वमेव संशयास्पदमित्येवं दृष्टान्तदार्ष्टान्तसमन्वयो विज्ञेयः।

तथा द्वितीयदृष्टान्तः प्रस्तूयते —(महिला-सोहग्गरहियपरिसोहा) **सौभाग्येन रहिता या महिला— अर्थात् पतिविहीना वैधव्यस्थितिमनुभवन्ती यथा काचिदपि भवति, तस्याः शोभा इव।**

विधवा स्त्री बाह्यतोऽलङ्कारान् भूषणानि दधन्ती अपि वैधव्यदुःखेनान्तरिकेण युक्ता सती वास्तविकशोभां न दधाति, तथैव वैराग्यादिहीनानां श्रमणानां चर्या निष्प्रयोजना, यथार्थतया न शोभते —इति दृष्टान्तदार्ष्टान्तसमन्वयः।

"शस्त्रों के गिरने से उत्पन्न हुई आग की लपटों वाले युद्ध में प्राणों का त्याग करना तो अच्छा है, किन्तु शत्रु के सामने झुकना अच्छा नहीं है।"

वस्तुतः शूरता से रहित व्यक्ति को कोई भी व्यक्ति 'सुभट' नहीं मानता, शूरता प्रदर्शित करने से ही उस (योद्धा) की 'सुभट' रूप से यश या प्रतिष्ठा लोक में होती है, अन्यथा उसकी सुभटता ही निष्प्रयोजन हो जाती है —यह आशय है। इसी तरह, वैराग्य आदि से हीन श्रमणों का श्रमणत्व ही संशयास्पद हो जाता है —इस प्रकार दृष्टान्त व दार्ष्टान्त का समन्वय जानना चाहिए।

और, द्वितीय दृष्टान्त प्रस्तुत किया जा रहा है— **(महिला-सौभाग्यरहितपरिशोभा)** सौभाग्य से रहित जो महिला, अर्थात् पतिहीन व वैधव्य की स्थिति को अनुभव करती हुई जो कोई भी महिला हो, उसकी शोभा की तरह।

विधवा स्त्री बाह्य रूप में अलंकार व भूषण धारण भी कर ले, तो भी आन्तरिक वैधव्य-दुःख से युक्त होने के कारण, वास्तविक शोभा वाली नहीं होती, उसी तरह वैराग्य आदि से हीन श्रमणों की चर्या निष्प्रयोजन (निरर्थक) होती है और यथार्थ रूप में शोभित (प्रशस्त) नहीं होती है —यह दृष्टान्त व दार्ष्टान्त का समन्वय है।

अत्रायं विस्तरः। अत्र गाथायां वैराग्य-सम्यग्ज्ञानसंयमेतित्रयाणां श्रमणचर्यायां महत्त्वं प्रतिपादितं वर्तते। वैराग्यादिं विना श्रमणचर्या निष्फला, अयथार्था, अशोभनीया वा भवतीति शास्त्रकारप्रतिपाद्यम्।

तत्र विरागस्य भावः कर्म वा वैराग्यम्, यद्वा संसारदेहभोगेषु विरक्तिभावो वैराग्यम्। इन्द्रियविषयसेवनाद् या वितृष्णा जायते, तदेव वैराग्यम्। एतदध्यात्ममार्गपथिकस्य प्रथमं सोपानम्। तदेव विकासं पूर्णतां वा प्राप्नुवानं पूर्णवीतरागतारूपेण परिणमति। अत एव वैराग्यस्य समता साम्यं शान्तिरित्यादिकाः पर्यायाः भण्यन्ते। उक्तं च तत्त्वानुशासनग्रन्थे (श्लोक-१३९)—

माध्यस्थ्यं समतोपेक्षा वैराग्यं साम्यमस्पृहा।
वैतृष्ण्यं प्रशमः शान्तिरित्येकार्थोऽभिधीयते।।

साम्यस्यापि पर्यायाः पद्मनन्दिपञ्चविंशतिकाग्रन्थे (श्लोक-४/६४) **प्रोक्ताः—**

साम्यं स्वास्थ्यं समाधिश्च योगश्चेतोनिरोधनम्।
शुद्धोपयोग इत्येते भवन्त्येकार्थवाचकाः।।

(अब) इसे ही विस्तार से बता रहे हैं। इस गाथा में वैराग्य, सम्यग्ज्ञान व संयम —इन तीनों का श्रमण-चर्या में महत्त्व बताया गया है। वैराग्य आदि के बिना, श्रमण-चर्या निष्फल, अयथार्थ या अशोभनीय होती है —यह शास्त्रकार बताना चाह रहे हैं।

इनमें, विराग (विरक्त) का भाव या कार्य 'वैराग्य' होता है। अथवा संसार, शरीर व भोगों से विरक्ति भाव वैराग्य है। इन्द्रिय-विषयों के सेवन से जो वितृष्णा होती है, वही वैराग्य है। यह अध्यात्म-मार्ग के पथिक का प्राथमिक सोपान है। यही (वैराग्य) विकास या पूर्णता को प्राप्त होकर पूर्ण वीतरागता में परिणत हो जाता है। इसीलिए वैराग्य के समता, साम्य, शांति आदि पर्याय कहे जाते हैं। तत्त्वानुशासन ग्रन्थ (श्लोक-139) में कहा भी गया है—

"माध्यस्थ्य, समता, उपेक्षा, वैराग्य, साम्य, अस्पृहा, वैतृष्ण्य, प्रशम, शान्ति —ये सब एकार्थक कहे गये हैं।"

साम्य के पर्यायों का निरूपण भी पद्मनन्दिपञ्चविंशतिका ग्रन्थ (श्लोक-4/64) में इस प्रकार किया गया है—

"साम्य, स्वास्थ्य, समाधि, योग, चित्तनिरोध, शुद्धोपयोग —ये एकार्थवाची हैं।"

विषयतृष्णा, विषयासक्तिः, भोगाकांक्षा वेत्यादिकाः मोक्ष-साधनायां बाधिकाः, वैराग्येण युक्तस्यैव मोक्षमार्गः —इत्यादिकाः विचाराः शास्त्रेषु बहुशः प्रकटिताः। यथा प्रवचनसारग्रन्थे (गाथा-३/३९, ४४) **निर्दिष्टम्—**

परमाणुपमाणं वा मुच्छा देहादियेसु जस्स पुणो।
विज्जदि जदि सो सिद्धिं ण लहदि सव्वागमधरो वि।।

अट्ठेसु जो ण मुज्झदि, ण हि रज्जदि णेव दोसमुवयादि।
समणो जदि सो णियदं खवेदि कम्माणि विविहाणि।।

समयसारग्रन्थे (गाथा-१५०) **च स्पष्टं परामृष्टम्—**

रत्तो बंधदि कम्मं मुंचदि जीवो विरागसंपत्तो।
एसो जिणोवदेसो तम्हा कम्मेसु मा रज्ज।।

भावप्राभृतग्रन्थे (गाथा-७२) **च कथितम्—**

विषयतृष्णा, विषयासक्ति या भोगाकांक्षा —इत्यादि मोक्षमार्ग में बाधक होती हैं और वैराग्य से युक्त का (ही मार्ग) मोक्षमार्ग होता है —इत्यादि विचार शास्त्रों में बहुत बार प्रकट किये गये हैं। उदाहरणार्थ— प्रवचनसार ग्रन्थ (गाथा-3/39, 44) गें बताया गया है—

"जिसके शरीर आदि पर पदार्थों में परमाणु-प्रमाण भी ममता भाव होता है, वह समस्त आगम का धारक होता हुआ भी सिद्धि को प्राप्त नहीं होता है।"

"जो मुनि बाह्य पदार्थों में न मोह करता है, न राग करता है, और न द्वेष करता है, वह निश्चित ही अनेक कर्मों का क्षय करता है।"

समयसार ग्रन्थ (गाथा-150) में भी स्पष्ट परामर्श दिया गया है—

"रागी जीव कर्म को बांधता है और वैराग्य को प्राप्त हुआ जीव कर्म से छूटता है —यह जिनेन्द्र भगवान् का उपदेश है, इसलिए कर्मों में राग मत करो।"

भावप्राभृत ग्रन्थ (गाथा-72) में भी कहा गया है—

जे रायसंगजुत्ता जिणभावणरहियदव्वणिग्गंथा।
ण लहंति ते समाहिं बोहिं जिणसासणे विमले।।

सम्यग्ज्ञानमपि कर्मक्षयप्रक्रियायां विशिष्टं साधनं मन्यते। तेन विनाऽपि मुनयो न कर्मक्षयं कर्तुं प्रभवन्ति। उक्तं च शीलप्राभृतग्रन्थे (गाथा-४, ८)—

ताव ण जाणदि णाणं विसयबलो जाव वट्टदे जीवो।
विसए विरत्तमेत्तो ण खवेइ पुराइयं कम्मं।।

जे पुण विसयविरत्ता णाणं णाऊण भावणासहिदा।
छिंदंति चादुरगदिं तवगुणजुत्ता न संदेहो।।

चारित्रप्राभृतग्रन्थे (गाथा-३८, ४१) **च भणितम्—**

जीवाजीवविभत्ती जो जाणइ सो हवेइ सण्णाणी।
रायादिदोसरहिओ जिणसासणे मोक्खमग्गुत्ति।।

"जो मुनि राग रूपी परिग्रह से युक्त हैं और जो जिनभावना से रहित मात्र बाह्यरूप में निर्ग्रन्थ हैं—नग्न हैं, वे पवित्र जिन-शासन में समाधि व बोधि (रत्नत्रय) को नहीं प्राप्त कर पाते हैं।"

सम्यग्ज्ञान को भी कर्मक्षय की प्रक्रिया में एक विशिष्ट साधन माना जाता है। उसके बिना भी मुनि कर्मक्षय नहीं कर पाते हैं। शीलप्राभृत ग्रन्थ (गाथा-4 व 8) में कहा गया है—

"जब तक जीव विषयों के वशीभूत रहता है, तब तक ज्ञान को नहीं प्राप्त करता और ज्ञान के बिना पाँच (इन्द्रिय-) विषयों से विरक्त हुआ भी जीव पुराने बंधे हुए कर्मों का क्षय नहीं करता।"

"किन्तु जो ज्ञान को जानकर उसकी भावना करते हैं अर्थात् पदार्थ के स्वरूप को जान कर उसका चिन्तन करते हैं और विषयों से विरक्त होते हुए तपश्चरण, मूलगुण व उत्तरगुण से युक्त होते हैं, वे ही चतुर्गति रूप संसार को छेदते हैं अर्थात् नष्ट करते हैं।"

चारित्रप्राभृत ग्रन्थ (गाथा-38 व 41) में भी कहा गया है—

"जो मनुष्य जीव व अजीव का अन्तर जानता है (शरीरादि अजीव व आत्मा को पृथक्-पृथक् समझता है), वह सम्यग्ज्ञानी है। जो राग-द्वेष से रहित है, वह जिन-शासन में मोक्षमार्ग है—ऐसा कहा गया है।"

णाणगुणेहिं विहीणा ण लहंते ते सुइच्छियं लाहं।
इय णाउं गुणदोसं तं सण्णाणं वियाणेहि।।

समयसारग्रन्थे (गाथा-२०५) **च प्रोक्तम्—**

णाणगुणेण विहीणा एयं तु पयं बहूवि ण लहंति।
तं गिण्ह णियदभेदं जदि इच्छसि कम्मपरिमोक्खं।।

तथैव संयमस्य महत्त्वमपि शास्त्रेषु प्रख्यापितम्। यथा प्रोक्तं च शीलप्राभृतग्रन्थे (गाथा ५-६)—

णाणं चरित्तहीणं लिंगग्गहणं च दंसणविहूणं।
संजमहीणो य तवो जइ चरइ णिरत्थयं सव्वं।।

णाणं चरित्तसुद्धं लिंगग्गहणं च दंसणविसुद्धं।
संजमसहिदो य तवो थोओ वि महाफलो होइ।।

"जो मनुष्य ज्ञान गुण से रहित हैं, वे अपनी इष्ट वस्तु को नहीं प्राप्त करते हैं, इसलिए गुण-दोषों को जानने के लिए तू सम्यग्ज्ञान को अच्छी तरह जान।"

समयसार ग्रन्थ (गाथा-205) में भी कहा गया है—

"यदि तू कर्म से सर्वथा छुटकारा चाहता है तो इस निश्चित ज्ञान को ग्रहण कर, क्योंकि ज्ञान गुण से रहित बहुत पुरुष इस पद को नहीं पाते हैं।"

इसी तरह, संयम का महत्त्व भी शास्त्रों में विशेष रूप से कहा गया है। उदाहरणार्थ—शीलप्राभृत ग्रन्थ (गाथा 5-6) में कहा गया है—

"यदि कोई साधु चारित्ररहित ज्ञान का, सम्यग्दर्शनरहित लिङ्ग का और संयमरहित तप का आचरण करता है तो उसका यह सब आचरण निरर्थक है।"

"चारित्र से शुद्ध ज्ञान, दर्शन से शुद्ध लिङ्गधारण और संयम से सहित तप थोड़ा भी हो तो वह महाफलदायक होता है।"

एवं वैराग्य-ज्ञान-संयमादीनां महत्त्वं सम्यग् विज्ञाय, तान्यङ्गीकृत्य मोक्षमार्गेऽग्रेसरत्वं विधत्स्व —इति गाथायास्तात्पर्यम्।

सम्प्रति, लोभाविष्टजनवदेव विषयासक्तेन अज्ञानिजनेन (परिणामे दुःखादिकं) **फलं प्राप्यते —इति शास्त्रकारा गाहा-छन्दसा निरूपयन्ति—**

वत्थुसमग्गो मूढो, लोही लब्भदि फलं जहा पच्छा।
अण्णाणी जो विसयासत्तो लहदि तहा चेवं।। ७३।।

छाया —वस्तुसमग्रो मूढः लोभी लभते फलं यथा पश्चात्।
अज्ञानी यो विषयासक्तो लभते तथा चैवम्।।

रत्नत्रयवर्धिनी टीका— जहा वत्थुसमग्गो मूढो लोही पच्छा फलं लब्भदि, तहा चेवं जो विसयासत्तो अण्णाणी, (सो) लहदि —इति गाथान्वयः।

(वत्थुसमग्गो मूढो लोही) **समग्रवस्तुसम्पन्नः धनधान्यसमृद्धो वा, यद्वा आत्मेतरपदार्थमेव समग्रं सर्वस्वं यो मन्यते, कदाचिदपि न स आत्ममहत्त्वमनुभवति, एवम्भूतः मूढः, मोहग्रस्तः,**

इस प्रकार, वैराग्य, ज्ञान व संयम आदि के महत्त्व को अच्छी तरह जानकर, उन्हें अङ्गीकार करते हुए मोक्षमार्ग में अग्रसर होते रहो —यह गाथा का तात्पर्य है।

अब, लोभाविष्ट व्यक्ति की तरह ही, विषयासक्त अज्ञानी को (परिणाम में दुःख रूप) फल भोगना होता है —इसे शास्त्रकार गाहा छन्द द्वारा निरूपित कर रहे हैं—

गाथा-अर्थ— (धनादि) समग्र वस्तुओं से समृद्ध मूढ़ व लोभी व्यक्ति जिस प्रकार बाद में (दुःखादि अशुभ) फल को प्राप्त करता है, उसी तरह विषयासक्त अज्ञानी भी बाद में (कुत्सित) फल प्राप्त करता है।।73।।

रत्नत्रयवर्धिनी टीका— यथा वस्तुसमग्रो मूढो लोभी पश्चात् फलं लभते, तथा चैव यो विषयासक्तः अज्ञानी (सः) लभते —यह गाथा का अन्वय है।

(वस्तुसमग्रो मूढो लोभी) समग्र वस्तुओं से सम्पन्न या धनधान्य से समृद्ध। अथवा (वस्तु यानी) आत्मा से इतर पदार्थ, उसे ही जो अपना (समग्र यानी) सर्वस्व मानता हो, वह कभी आत्मा के महत्त्व का अनुभव नहीं करता, इस प्रकार का मूढ़ यानी मोहग्रस्त, मिथ्यात्वयुक्त,

मिथ्यात्वसम्पन्नः, तथा लोभी लोभाविष्टश्च स्याद्, मिथ्यात्वग्रस्ततया स्वात्महिताद् विमुखो भूत्वा विषयसेवने एव तत्परः, लोभाविष्टतया च निरन्तरमतृप्तः सुखाधिक्यप्राप्त्यै प्रयतमानो जनः —इत्याशयः। एवम्भूतः (लब्भदि फलं जहा पच्छा) **यथा लोभी मूढश्च जनः स्वंमिथ्यात्वलोभसमन्वित चेष्टां कुरुते, तदनन्तरं च यथासमयं कर्मोदयकाले फलं लभते च। तत्फलं दुःखात्मकमेव भवति —इति प्रकरणसामर्थ्याद् अवगम्यते।**

इदानीं प्रोक्तदृष्टान्तमाध्यमेन स्वाभिधेयं शास्त्रकाराः समर्थयन्ति— (तहा जो अण्णाणी विसयासत्तो तहा चेवं लहदि) **यः कश्चिदपि अज्ञानी विषयासक्तो भवति, सोऽपि तथैव पश्चात्, किञ्चित्कालानन्तरं फलं प्राप्नोत्येव इत्यर्थः। यथा लोभी मूढो जनः समयानन्तरं दुष्परिणामं भुंक्ते, तथैव विषयासक्तः अज्ञानी जनोऽपि दुष्परिणामं प्राप्नोत्येव इत्याशयः। लोभी जनः इह लोके परत्र च दुःखानि कष्टानि वाऽनुभवति, स्वभावतश्च सावद्यकार्येष्वेव प्रवृत्तः पापकर्मार्जनेन दुर्गतिं प्राप्नोति, स यत् किञ्चित् करोति, तत्सर्वं तस्मै दुःखफलान्येव प्रयच्छति।**

और लोभी यानी लोभ (कषाय) से आविष्ट जो व्यक्ति हो। आशय यह है कि मिथ्यात्व से ग्रस्त होने के कारण निज आत्मा के हित से विमुख होकर विषय-सेवन में ही तत्पर रहने वाला, और लोभ से ग्रस्त होने के कारण निरन्तर अतृप्त, असन्तुष्ट होकर अधिक से अधिक सुख की प्राप्ति हेतु प्रयत्नशील व्यक्ति, ऐसा वह व्यक्ति **(लभते फलं यथा पश्चात्)** जिस प्रकार लोभी व मूढ़ व्यक्ति निज मिथ्यात्व व लोभ से युक्त चेष्टा करता है, करने के बाद यथासमय (कर्मोदय काल में) फल भी प्राप्त करता है। वह फल दुःखात्मक ही होता है—ऐसा प्रकरण के सामर्थ्य से (स्वतः) ज्ञात होता है।

अब, पूर्वोक्त दृष्टान्त के माध्यम से अपने कथन का शास्त्रकार समर्थन कर रहे हैं—**(तथा यः अज्ञानी विषयासक्तः तथा चैवं लभते)** जो कोई भी अज्ञानी विषयों में आसक्त रहता है, वह भी उसी (मूढ़ लोभी) की तरह बाद में कुछ काल बाद फल पाता ही है —यह अर्थ है। आशय यह है कि जिस प्रकार लोभी मूढ़ व्यक्ति कालान्तर में दुष्परिणाम भोगता है, उसी प्रकार विषय-आसक्त अज्ञानी व्यक्ति भी दुष्परिणाम प्राप्त करता ही है। लोभी व्यक्ति इस लोक में, तथा परलोक में भी दुःख या कष्ट अनुभव करता है, स्वभाववश वह सावद्य (पाप) कार्यों में ही प्रवृत्त होता हुआ पाप कर्मों के अर्जन से दुर्गति प्राप्त करता है, वह जो कुछ भी करता है, वह सब उसे दुःख रूप फल ही देता है।

उक्तं च ज्ञानार्णवग्रन्थे (१८/१०५, १०७-१०८)—

नयन्ति विफलं जन्म प्रयासैर्मृत्युगोचरैः।
वराकाः प्राणिनोऽजस्रं लोभादप्राप्तवाञ्छिताः॥

स्वामिगुरुबन्धुवृद्धान् अबलाबालांश्च जीर्णदीनादीन्।
व्यापाद्य विगतशूको लोभार्तो वित्तमादत्ते॥

ये केचित् सिद्धान्ते दोषाः श्वभ्रस्य साधकाः प्रोक्ताः।
प्रभवन्ति निर्विचारं ते लोभादेव जन्तूनाम्॥

भगवती-आराधनाग्रन्थे (गाथा १३८६-१३८७) **च भणितम्**—

तेलोक्केण वि चित्तस्स णिव्वुदी णत्थि लोभघत्थस्स।
संतुट्ठो हु अलोभो लभदि दरिद्दो वि णिव्वाणं॥

ज्ञानार्णव ग्रन्थ (18/105, 107-108) में कहा भी गया है—

"पामर प्राणी निरन्तर लोभ कषाय के वशीभूत होकर वाञ्छित फल को नहीं प्राप्त करते, अपितु मृत्यु तक पहुँचाने वाले अनेक उपायों से वे अपने जन्म को व्यर्थ ही नष्ट कर देते हैं।"

"लोभी आदमी स्वामी, गुरु, बन्धुबान्धव, वृद्ध (माता-पिता आदि), स्त्री, बच्चे, बूढ़े व गरीबों को भी मारकर उनका धन (हड़प) लेता है।"

"नरक को ले जाने वाले जो-जो दोष शास्त्रों में कहे गये हैं, वे सभी निस्सन्देह जीवों के लोभ से ही प्रकट होते हैं (अर्थात् लोभ का परिणाम नरक गति ही होता है)।"

भगवती-आराधना ग्रन्थ (गाथा 1386-1387) में भी बताया गया है—

"लोभ से ग्रस्त व्यक्ति को त्रैलोक्य भी मिल जाए, तो भी शान्ति (सन्तुष्टि) नहीं होती, किन्तु लोभहीन व्यक्ति दरिद्र भी हो तो भी वह सन्तुष्ट रहता है और निर्वाण (परम सुख) प्राप्त करता है।"

सव्वे वि गंथदोसा लोभकसायस्स हुंति णादव्वा।
लोभेण चेव मेहुणहिंसालियचोज्जमाचरदि।।

ज्ञानार्णवे च (१६/४०) **विशदीकृतम्—**

एनः केन धनप्रसक्तमनसा नासादि हिंसादिना,
कस्तस्यार्जनरक्षणक्षयकृतैर्नादाहि दुःखानलैः।
तत्प्रागेव विचार्य वर्जय वरं व्यामूढवित्तस्पृहाम्,
येनैकास्पदतां न यासि विषयं पापस्य तापस्य च।।

अज्ञानिनो विषयासक्तस्य नरके गतिर्निश्चिता। पापार्जनेन नरके गतः शोकमेवानुभवति। उक्तं च ज्ञानार्णवे (३३/३४-३६)—

अविद्याक्रान्तचित्तेन विषयान्धीकृतात्मना।
चरस्थिराङ्गिसंघातो निर्दोषोऽपि हतो मया।।

"परिग्रह के जो-जो दोष (दुष्परिणाम) कहे गये हैं, वे सभी दोष (दुष्परिणाम) लोभकषाय वाले के अथवा लोभ कषाय के होते हैं —ऐसा जानें, क्योंकि लोभ के कारण ही व्यक्ति हिंसा, असत्य, चोरी, अब्रह्मचर्य —इनका सेवन करता है।"

ज्ञानार्णव (16/40) में इसे इस प्रकार स्पष्ट किया गया है—

"जिसका मन धन में अनुरक्त रहता है, वह हिंसा आदि दोषों में कौन सा दोष नहीं करता? (सभी दोष करता है।) वैसा कौन-सा व्यक्ति धन के उपार्जन, रक्षण एवं नाश से सम्बद्ध दुःख रूप अग्नि से संतप्त नहीं होता? अर्थात् सभी व्यक्ति कष्ट पाते ही हैं।) इसलिए हे मूर्ख! तू भलीभांति सोच-विचार कर पहले ही मोहयुक्त धन-लालसा को छोड़ दे, ताकि तू (बाद में) न ही पाप का और न ही सन्ताप का भागी बने।"

अज्ञानी विषयासक्त प्राणी की तो नरक-गति निश्चित ही होती है। वह पाप का अर्जन करता है, इसलिए नरक में जाकर शोक (पश्चात्ताप) ही अनुभव करता है। ज्ञानार्णव (33/34-36) में कहा भी है—

"(नरक में जाकर वह सोचता है—) मैंने अज्ञानवश विषयों में अन्धा होकर निरपराध त्रस व स्थावर प्राणियों के समूह का घात किया है।"

परवित्तामिषासक्तः, परस्त्रीसंगलालसः।
बहुव्यसनविध्वस्तो रौद्रध्यानपरायणः।।

यत् स्थितः प्राक् चिरं कालं तस्यैतत्फलमागतम्।
अनन्तयातनासारे दुरन्ते श्वभ्रसागरे।।

तत्रैव (१८/११९) इदमपि विषयसेवनदुष्फलं समुद्घोषितम्—

यदक्षविषयोद्भूतं दुःखमेव न तत्सुखम्।
अनन्तजन्मसन्तानक्लेशसम्पादकं यतः।।

एवं विषयासक्तानामज्ञानिनां दुःखदपरिणामं विज्ञाय हे भव्य! पञ्चेन्द्रियविषयासक्तिं सर्वथा परित्यजेति गाथायास्तात्पर्यम्।

सम्प्रति ज्ञानिनो विषयविरक्तेर्महनीयफलं शास्त्रकाराः गाहा-छन्दसा प्रतिपादयन्ति—

"पूर्व भव में चिरकाल तक परधन रूप मांस में आसक्त, पर स्त्री की लालसा वाला, अनेक व्यसनों में अपने को नष्ट करता हुआ तथा रौद्र ध्यान में तत्पर रहा हूँ, उसका यह दुष्फल है कि मैं अनन्त यातनाओं से पूर्ण एवं दुष्ट परिणाम वाले नरक रूपी समुद्र में पड़ा हुआ हूँ।"

और, वहीं (18/119) विषयसेवन के दुष्परिणाम के रूप में यह भी कहा गया है—

"जो इन्द्रिय-विषयों से उत्पन्न होता है, वह दुःख ही है, सुख नहीं है। क्योंकि वह अनन्त जन्मों की परम्परा तक क्लेश को ही उत्पन्न करता है।"

इस प्रकार, विषय-आसक्त अज्ञानी जनों को मिलने वाले दुःखदायी परिणाम को जान कर हे भव्य! पञ्चेन्द्रिय विषयों में आसक्ति को सर्वथा छोड़ दो —यह गाथा का तात्पर्य है।

अब, ज्ञानी की विषयविरक्ति के महनीय फल का शास्त्रकार गाहा छन्द द्वारा निरूपण कर रहे हैं—

वत्थुसमग्गो णाणी सुपत्तदाणी फलं जहा लहदि।
णाणसमग्गो विसयपरिचत्तो लहदि तहा चेव।। ७४।।

छाया— वस्तुसमग्रो ज्ञानी सुपात्रदानी फलं यथा लभते।

ज्ञानसमग्रो परित्यक्तविषयः लभते तथा चैव।।

रत्नत्रयवर्धिनी टीका— जहा वत्थुसमग्गो णाणी सुपत्तदाणी फलं लहदि, तहा चेव विसयपरिचत्तो णाणसमग्गो लहदि —इति गाथान्वयः।

(जहा वत्थुसमग्गो णाणी सुपत्तदाणी फलं लहदि) **यथा वस्तुसमग्रः, धनधान्यादिसमृद्धियुक्तः कश्चिद् ज्ञानी, सम्यग्ज्ञानसम्पन्नः, तथा सुपात्रदानी निर्ग्रन्थश्रमणादिउत्तमादिपात्रेषु दानक्रियातत्परः। अत्र** 'णाणी' (ज्ञानी) **इतिविशेषणेन सूच्यते यत्स दानकर्ता शास्त्रोक्तपात्रापात्रविचारकुशलः, सम्यक्श्रद्धानयुक्तः, दानविधिदेयवस्तुविषयज्ञानवानपि अस्तीति।** 'वत्थुसमग्गो' (वस्तुसमग्रः) **इति विशेषणेन सूच्यते यत्स पूर्वस्मिन्नपि जन्मनि जन्मान्तरे वा दानादिशुभकर्मप्रवृत्त आसीद् येन स पुण्यात्मा मनुष्यगतौ उत्पन्नः, तत्रापि धनधान्यवैभवयुक्तः, तथैव जैनधर्मसेवनावसरं च प्राप्तवानस्ति।**

गाथा-अर्थ— (धन-धान्यादि) पदार्थों से समृद्ध ज्ञानी सुपात्रदान देकर जैसा (प्रशस्त) फल प्राप्त करता है, वैसा ही (सुफल) विषयों का त्याग करने वाला ज्ञान-समृद्ध व्यक्ति प्राप्त करता है।।74।।

रत्नत्रयवर्धिनी टीका— यथा वस्तुसमग्रो ज्ञानी सुपात्रदानी फलं लभते, तथा चैव परित्यक्तविषयो ज्ञानसमग्रो लभते —यह गाथा का अन्वय है।

(यथा वस्तुसमग्रो ज्ञानी सुपात्रदानी फलं लभते) जिस प्रकार वस्तु-समग्र यानी धन-धान्य आदि की समृद्धि से युक्त कोई ज्ञानी अर्थात् सम्यग्ज्ञान से सम्पन्न, तथा सुपात्र-दान करने वाला, अर्थात् निर्ग्रन्थ श्रमण आदि उत्तम आदि पात्रों के प्रति दान क्रिया में तत्पर रहने वाला। यहाँ 'णाणी' (ज्ञानी) यह विशेषण यह सूचित कर रहा है कि वह दान करने वाला शास्त्रोक्त पात्र-अपात्र सम्बन्धी विचार में कुशल है, सम्यक् श्रद्धा वाला है, और दान की विधि व देय वस्तु के बारे में भी ज्ञान रखने वाला है। 'वत्थुसमग्गो' (वस्तुसमग्रः) इस विशेषण से सूचित होता है कि उस व्यक्ति ने अपने पूर्व भव में या अन्य जन्मों में दान आदि शुभ कर्म किये थे जिसके फलस्वरूप वह पुण्यात्मा मनुष्य गति में उत्पन्न हुआ, और वहाँ भी धन-धान्य व वैभव वाला हुआ है, उसी तरह जैन धर्म के सेवन का अवसर भी उसे प्राप्त हुआ है।

एवंविधो जनः सुपात्रदानं विधाय यादृशं फलं लभते। नूनमेव तत्फलं प्रशस्तमेव भवति, यतः स्वयं शास्त्रकारेण अस्मिन्नेव ग्रन्थे प्राक् (षोडशगाथायां तथा त्रिंशत्तमगाथायां च) **सुपात्रदानेन स्वर्गादिसुखं, क्रमशश्च निर्वाणप्राप्तिरिति स्पष्टमेव निर्दिष्टम्।**

इदानीं स्वाभिधेयकथनेन वाक्यमुपसंहरति— (तहा चेव णाणसमग्गो विसयपरिचत्तो लहदि) **यत्प्रशस्तफलं सुपात्रदानेन सम्यग्ज्ञानी प्राप्नोति, तदेव फलं स लभते। यः ज्ञानसमग्रः, सम्यग्ज्ञान-वैभवसम्पन्नः तथा त्यक्तपञ्चेन्द्रियविषयः, अर्थात् विषयसेवनविरक्तो जनो भवति, स सुपात्रदानवदेव स्वर्गादिसुखरूपं फलं प्राप्नोतीत्याशयः। विषयसेवनप्रवृत्तानामिन्द्रियाणां निरोधमज्ञानी अपि कर्तुं प्रभवति, तस्य च सुफलं व्यवहारदृष्ट्या स प्राप्नोति, किन्तु मिथ्यात्ववशेन पुनरपि विषयसेवने तस्य प्रवृत्तिः सम्भवति, अत एतदपेक्षया सम्यग्ज्ञानी आन्तरिकदृढवैराग्यबलेन विषयसेवनाद् सदैव विरक्तस्तिष्ठति, अतस्तस्य फलमपि अधिकतरम्, उत्कृष्टं वा प्राप्नोति —इति ज्ञेयम्।**

ऐसा व्यक्ति सुपात्रदान देकर जिस प्रकार का फल प्राप्त करता है, निश्चय ही वह फल प्रशस्त ही होता है, क्योंकि स्वयं शास्त्रकार ने इसी ग्रन्थ में पहले (सोलहवीं गाथा तथा तीसवीं गाथा में) यह स्पष्ट रूप से बताया है कि सुपात्रदान से स्वर्ग आदि के सुख और क्रमशः निर्वाण-सुख भी प्राप्त होता है।

अब अपने कथनीय (जो वे कहना चाहते हैं, उस) को कहते हुए वाक्य का उपसंहार कर रहे हैं— **(तथा चैव ज्ञानसमग्रः परित्यक्तविषयो लभते)** जो प्रशस्त फल सुपात्र-दान कर सम्यग्ज्ञानी प्राप्त करता है, उसी फल को वह प्राप्त करता है। आशय यह है कि जो ज्ञानसमग्र यानी सम्यग्ज्ञान रूपी वैभव से सम्पन्न है, और साथ ही जिसने पञ्चेन्द्रिय-विषयों का त्याग भी कर दिया है अर्थात् विषय-सेवन से विरक्त हो गया है, वह सुपात्रदान की तरह ही स्वर्गादि-सुख रूप फल को प्राप्त करता है। विषय-सेवन में प्रवृत्त होने वाली इन्द्रियों का निरोध अज्ञानी भी कर सकता है, और उसका सुफल भी व्यावहारिक दृष्टि से प्राप्त करता है, किन्तु मिथ्यात्व के वशीभूत होने से वह पुनः विषय-सेवन में प्रवृत्त हो जाता है, इसलिए उसकी अपेक्षा से सम्यग्ज्ञानी आन्तरिक दृढ़ वैराग्य के बल से विषय-सेवन से सदैव विरक्त रहता है, इसलिए उसका फल भी अपेक्षाकृत अधिक या उत्कृष्ट प्राप्त करता है —यह ज्ञातव्य है।

विषयसेवनविरक्तेः फलानि ज्ञानार्णवग्रन्थे (१८/१२५-१२६) **प्रोक्तानि—**

यथा यथा हृषीकाणि स्ववशं यान्ति देहिनाम्।
तथा तथा स्फुरत्युच्चैः हृदि विज्ञानभास्करः।।

विषयेषु यथा चित्तं जन्तोर्मग्नमनाकुलम्।
तथा यद्यात्मनस्तत्त्वे सद्यः को न शिवीभवेत्।।

तथा च तत्रैव (१८/१५१-१५२) **प्रोक्तम्—**

संवृणोत्यक्षसैन्यं यः कूर्मोऽङ्गानीव संयमी।
स लोके दोषपङ्काढ्ये चरन्नपि न लिप्यते।।

अयत्नेनापि जायन्ते तस्यैता दिव्यसिद्धयः।
विषयैर्न मनो यस्य मनागपि कलङ्कितम्।।

विषय-सेवन से विरक्ति के फलों को ज्ञानार्णव ग्रन्थ (18/125-126) में इस प्रकार बताया गया है—

"जैसे-जैसे देहधारियों की इन्द्रियाँ उनके वश में हो जाती हैं, वैसे-वैसे उनके हृदय में विज्ञान का सूर्य स्फुरित (उदित) होता जाता है।"

"जैसे मनुष्यों का मन विषयों में अनाकुल (स्थिर) होकर मग्न हो जाता है, वैसे ही यदि वह आत्मा तत्त्व में मग्न हो जाए तो कौन ऐसा है जो मोक्ष न पा सके?"

और, वहीं (18/151-152) यह भी कहा गया है—

"कछुआ जैसे अपने अंगों को सिकोड़ लेता है, इसी तरह जो संयमी इन्द्रिय-सेना का संवरण कर लेता है, वह दोष रूपी कीचड़ से भरे हुए इस लोक में चलता हुआ भी कर्मों से लिप्त नहीं होता।"

"जिसका मन विषयों से थोड़ा भी कलंकित नहीं होता, उसको बिना यत्न के ही (सहज ही) दिव्य सिद्धियाँ प्राप्त हो जाती हैं।"

अन्यच्च, तत्रैव (२०/११) निर्दिष्टम्—

एक एव मनोरोधः सर्वाभ्युदयसाधकः।
यमेवालम्ब्य संप्राप्ता योगिनस्तत्त्वनिश्चयम्॥

एवं हे भव्य! विषयसेवनस्य दुष्परिणामं, विषयविरक्तेश्च सुपरिणामं च विज्ञाय इन्द्रिय-मनोनिरोधपूर्वकं विषयसेवनत्यागं विधत्स्वेति गाथायास्तात्पर्यम्।

सम्प्रति, सम्यक्त्वज्ञानवैराग्यबलेनैव लोभस्य निग्रहः सम्भवतीति तथ्यं गाहा-छन्दसा शास्त्रकारा उपदिशन्ति—

भू-महिला-कणयादि-लोहादिविसहरं कहं पि हवे।
सम्मत्त-णाण-वेरग्गोसहमंतेण जिणुद्दिट्ठं॥७५॥

छाया— भूमहिलाकनकादि-लोभादिविषधरः कथमपि भवेत्।
सम्यक्त्व-ज्ञान-वैराग्य-औषधमन्त्रेण जिनोद्दिष्टम्॥

और भी, वहीं (20/11) यह भी बताया गया है—

"अकेले मन को वश में करना ही समस्त अभ्युदयों का साधक है, भले ही वे लौकिक हों या आध्यात्मिक। मनोरोध का अवलम्बन करके ही योगी जन तत्त्व-निश्चय को प्राप्त हुए हैं।"

इस प्रकार हे भव्य! विषय-सेवन के दुष्परिणाम को तथा विषय-विरक्ति के अच्छे परिणाम को जानकर, इन्द्रिय व मन का निरोध करते हुए विषय-सेवन का त्याग करो —यह गाथा का तात्पर्य है।

अब, सम्यक्त्व, ज्ञान व वैराग्य के बल से ही लोभ का निग्रह करना सम्भव है— यह गाहा छन्द के द्वारा शास्त्रकार समझा रहे हैं—

गाथा-अर्थ— जमीन-जायदाद, कामिनी, काञ्चन आदि का लोभ रूपी कैसा भी विषधर साँप हो, उसे सम्यक्त्व, सम्यग्ज्ञान व वैराग्य रूपी औषधि या मन्त्र से (वश में किया जा सकता है) —यह जिनेन्द्र देव ने कहा है॥75॥

रत्नत्रयवर्धिनी टीका— गाथान्वयः सुगमः। (लोहादिविसहरं कहं पि हवे) **लोभप्रभृति-** (कषाय)-**रूपः विषधरः, कथमपि कीदृशोऽपि भयंकरो भवेत्। कषायेषु विशिष्टः कषायो लोभः, स लोभः कान् कान् पदार्थान् विषयीकरोति? उच्यते—** (भू-महिला-कणयादि) **भूः, पृथ्वी, क्षेत्रं वा, महिला दासी-कलत्रादिरूपा, तथा कनकं स्वर्णम्, आदिपदेन अन्यवैभवसूचकद्रव्याणां ग्रहणम्। एतद्विषयको लोभः विषधरसर्प इव विनाशको घातको वा भवति। स कियानपि घोरो भयंकरो यद्वा प्रचण्डघातकशक्तियुक्तो भवेत्, तस्य निग्रहो विशिष्टमन्त्रेण सम्भवति। तद्विषस्य उपचारश्चिकित्सा च भेषजेन सम्भवति। लोभरूपसर्पस्य सद्भावे किमौषधं मन्त्रो वा संकटनिवारणे प्रभवति? उच्यते—** (सम्मत्त-णाण-वेरग्गोसहमंतेण) **सम्यक्त्वं, ज्ञानं सम्यग्ज्ञानं वा, वैराग्यम्—इत्यादिरूपमौषधं मन्त्ररूपं वा भवति, तद्द्वारा लोभरूपविषधरस्य निग्रहः, यद्वा तद्विषोपचारः कर्तुं शक्यते —इत्याशयः।**

(जिणुद्दिट्ठं) **इति यन्निरूपितं, तत्सर्वं जिनेन्द्रेण तीर्थंकरसर्वज्ञदेवेन कथितं प्ररूपितमित्यर्थः।**

रत्नत्रयवर्धिनी टीका— गाथा का अन्वय सुगम है। **(लोभादिविषधरः कथमपि भवेत्)** लोभ आदि (कषायों) के रूप में कैसा भी भयंकर विषधर सर्प हो। कषायों में लोभ एक विशिष्ट कषाय है, वह लोभ किन-किन पदार्थों को विषय करता है? बता रहे हैं— **(भू-महिला-कनकादि)** भू यानी पृथिवी (जमीन-जायदाद) या क्षेत्र (खेत-खलिहान), महिला यानी दासी (नौकरानी) या पत्नी रूप वाली, तथा कनक यानी स्वर्ण (सोना-चाँदी)। आदिपद से अन्य वैभवसूचक (स्वामित्व वाले) द्रव्यों का ग्रहण किया गया है। इन पदार्थों को लेकर जो लोभ होता है, वह विषधर सांप की तरह विनाशक या घातक होता है। वह (विषधर) भी कितना घोर, भयंकर या प्रचण्ड घातक शक्ति से युक्त क्यों न हो, उसका निग्रह विशिष्ट मन्त्र से सम्भव हो जाता है। उसके विष का उपचार या चिकित्सा औषधि द्वारा सम्भव होती ही है। लोभ रूप सर्प की स्थिति हो तो कौन सी औषध व कौन सा मन्त्र संकटनिवारक होता है? बता रहे हैं— **(सम्यक्त्वज्ञान-वैराग्य-औषधमन्त्रेण)** सम्यक्त्व, ज्ञान यानी सम्यग्ज्ञान, व वैराग्य-इत्यादि रूप (ही वहाँ) औषध या मन्त्र के रूप में होते हैं, उनके द्वारा लोभ रूपी विषधर का निग्रह या उसके विष का उपचार किया जा सकता है —यह आशय है।

(जिनोद्दिष्टम्) यह जो बताया गया है, वह सब जिनेन्द्र तीर्थंकर सर्वज्ञ देव ने कहा है, बताया है —यह अर्थ है।

अत्रेदं ज्ञेयम्— अत्र गाथायां पूर्वार्द्धे लोभकषायस्य अनिष्टकारिता, दुष्परिणामप्रदाता, यद्वा भयंकरता प्रतिपादिता, उत्तरार्द्धे च तस्योपायोऽपि परामृष्टः शास्त्रकारेण। लोभोऽयं चतुर्षु कषायेष्वन्यतमः। प्रत्येककषायो जीवं पापकार्येषु प्रवर्तयति तथा दुःखकारण-असद्वेद्यार्जने निमित्तं भवति। एवं कषायेनैव कर्मणां स्थितिबन्धो दीर्घीभवति। तेषु कषायेषु लोभो महाननर्थकारी भण्यते।

उक्तं च हेमचन्द्राचार्यकृते योगशास्त्रे (४/१८)—

आकरः सर्वदोषाणां गुणग्रसनराक्षसः।
कन्दो व्यसनवल्लीनां लोभः सर्वार्थबाधकः।।

शास्त्रकारेणात्र लोभकषायस्य विषधरसर्पेण सह सादृश्यं सूचितम्, तद्यथार्थमेव। विषधरेण सर्पेण दष्टो जनस्तदीयविषेण मूर्च्छितो भवति, म्रियते च। लोभाविष्टोऽपि जनः परिग्रहसंज्ञया मूर्च्छितो जायते, तथा तदात्मनः शुद्धं मूलस्वरूपमेव नश्यति। वस्तुतः सर्पविषेण तु एकवारं मरणं भवति, लोभमूलकविषयसेवनं तु अनन्तवारं विनाशकं भवति।

यहाँ यह ज्ञातव्य है— इस गाथा के पूर्वार्द्ध में लोभ कषाय अनिष्टकारी है, दुष्परिणाम देने वाला है या वह भयंकर है —यह प्रतिपादित किया गया है। उत्तरार्द्ध में उसका उपाय भी शास्त्रकार ने सुझाया है। यह लोभ चारों कषायों में एक है। प्रत्येक कषाय जीव को पाप कार्यों में प्रवृत्त करती है और दुःख के कारण असातावेदनीय कर्म के अर्जन (बन्ध) में निमित्त होती है। इस प्रकार, कषाय से ही कर्मों का स्थिति-बन्ध दीर्घ होता है। इन कषायों में लोभ को महान् अनर्थकारी कहा जाता है।

आ. हेमचन्द्रकृत योगशास्त्र (4/18) में भी कहा गया है—

"लोभ समस्त दोषों का घर है, गुणों को अपना ग्रास बनाने वाला राक्षस है, और व्यसन रूपी लताओं का मूल है, इस प्रकार लोभ समस्त (अभीष्ट) अर्थों का बाधक है।"

यहाँ शास्त्रकार ने लोभ कषाय की समानता एक विषधर सर्प से बताई है, जो यथार्थ ही है। विषधर साँप द्वारा डसा गया व्यक्ति उसके विष से मूर्च्छित हो जाता है और मर भी जाता है। लोभ से आविष्ट व्यक्ति भी परिग्रह संज्ञा से मूर्च्छित हो जाता है और उस आत्मा का शुद्ध मूल स्वरूप नष्ट हो जाता है। वस्तुस्थिति तो यह है कि सर्प के जहर से तो व्यक्ति एक बार मरता है, किन्तु लोभमूलक विषय-सेवन तो अनन्त बार विनाश का कारण होता है।

उक्तं च आदिपुराणे (३६/७४, ७७)—

वरं विषं यदेकस्मिन् भवे हन्ति न हन्ति वा।
विषयास्तु पुनर्घ्नन्ति हन्त जन्तूननन्तशः।।

शस्त्रप्रहारदीप्ताग्निवज्राशनिमहोरगाः ।
न तथोद्वेजकाः पुंसां यथाऽमी विषयद्विषः।।

लोभी जनो यद्यपि हिंसादिषु पञ्चसु पापेषु तु प्रवर्तते एव, विशेषतः परिग्रहे तस्य तत्परता भवति। एवं लोभस्य परिग्रहसंज्ञायाश्च विशेषसम्बन्धो मन्यते। लोभकषायोदयेन आत्मनो लोभपरिणामो यो जायते, स परिणाम एव बाह्यपदार्थानवलम्ब्य परिग्रहसंज्ञारूपेण प्रकटितो भवति।

उक्तं च धवलाग्रन्थे (पु. २, खण्ड-१, भाग-१, पृ. ४१६)— ''लोभोदयसामान्यस्यालीढबाह्यार्थलोभतः परिग्रहसंज्ञाव्यपदेशम् आदधानतः...... ।''

आदिपुराण (36/74, 77) में कहा भी गया है—

''विष खा लेना कहीं अच्छा है, क्योंकि वह एक ही भव में प्राणी को मारता है अथवा (कभी) नहीं भी मारता है, परन्तु विषय-सेवन करना अच्छा नहीं है क्योंकि ये विषय प्राणियों को अनन्त बार पुनः-पुनः मारते हैं।''

''ये विषय रूपी शत्रु प्राणियों को जैसा उद्वेग देते हैं, वैसा उद्वेग शस्त्रों का प्रहार प्रज्ज्वलित अग्नि, वज्र, बिजली और बड़े-बड़े सर्प भी नहीं कर सकते हैं।''

लोभी व्यक्ति यद्यपि हिंसा आदि पाँचों पाप कार्यों में तो प्रवृत्त होता ही है, विशेषकर परिग्रह में उसकी (विशेष) तत्परता होती है। इस प्रकार, लोभ का और परिग्रह संज्ञा का विशेष सम्बन्ध माना जाता है। आत्मा में लोभ का परिणाम लोभ कषाय के उदय से होता है, वह परिणाम ही बाह्य पदार्थों का आलम्बन लेकर परिग्रह संज्ञा के रूप में प्रकट होता है।

धवला ग्रन्थ (पु. 2, खण्ड-1, भाग-1, पृ. 416) में कहा गया है— ''बाह्य पदार्थों को विषय करने वाला होने के कारण परिग्रह संज्ञा 'नाम' को धारण करने वाले लोभ से लोभकषाय के उदय रूप सामान्य लोभ की भिन्नता है। (अर्थात् बाह्य पदार्थों के निमित्त से जो लोभ होता है, उसे परिग्रह संज्ञा कहते हैं और सामान्य कषाय के उदय से उत्पन्न परिणामों को लोभ कहते हैं, यही दोनों में अन्तर है।)''

अतएव भगवती-आराधनाग्रन्थे (गाथा-१३८७) **प्रोक्तम्—**

सव्वे वि गंथदोसा लोभकसायस्स हुंति णादव्वा।
लोभे चेव मेहुणहिंसालियचोज्जमाचरदि।।

परिग्रहस्य च प्रमुखतो दश भेदाः (बाह्यरूपेण) **स्वीकृताः। दर्शनप्राभृतग्रन्थस्य** (गाथा-१४) **टीकायामुद्धृते पद्ये तेषां नामानि प्रोक्तानि—**

क्षेत्रं वास्तु धनं धान्यं द्विपदं च चतुष्पदम्।
कुप्यं भाण्डं हिरण्यं च सुवर्णं च बहिर्दश।।

परिग्रहपरिमाणव्रतप्रसङ्गे तु तस्य नवविधत्वं तत्त्वार्थसूत्रे (७/२९) **सूच्यते। तेषां नामानि भवन्ति— क्षेत्रम्, वास्तु, हिरण्यम्, सुवर्णम्, धनम्, धान्यम्, दासी, दासः, कुप्यम् —इति।**

इसीलिए (अर्थात् लोभ व परिग्रह के विशेष सम्बन्ध को दृष्टि में रखकर) भगवती-आराधना ग्रन्थ (गाथा-1387) में कहा गया है—

"परिग्रह (पाप) के जो दोष कहे गये हैं उन सब दोषों को लोभ कषाय वाले के अथवा लोभ नामक कषाय के भी जानना चाहिए। लोभ से ही मनुष्य हिंसा, झूठ, चोरी व स्त्री-सेवन करता है।"

परिग्रह के प्रमुख रूप से दस भेद (बाह्य रूप से) माने जाते हैं। दर्शनप्राभृत ग्रन्थ (गाथा-14) की टीका में उद्धृत पद्य में उनके नाम इस प्रकार बताये गये हैं—

"क्षेत्र, वास्तु, धन, धान्य, द्विपद, चतुष्पद, कुप्य, भाण्ड, हिरण्य, सुवर्ण —ये दस बाह्य परिग्रह होते हैं।"

परिग्रह-परिमाण व्रत के प्रसंग में तो इस (परिग्रह) के नौ भेद तत्त्वार्थसूत्र (7/29) में बताये गये हैं, जिनके नाम हैं— (1) क्षेत्र (खेत आदि), (2) वास्तु (घर, मकान), (3) हिरण्य (चाँदी), (4) सुवर्ण (सोना), (5) धन (पशुधन, आभूषण आदि), (6) धान्य (अनाज), (7) दासी (नौकरानियाँ), (8) दास (नौकर-चाकर), (9) कुप्य (रेशम, कपास आदि के वस्त्र, बर्तन आदि)।

अतिचारदृष्ट्या एतेषां नवानां परिग्रहाणां पञ्च वर्गाः स्वीकृताः, यथा— क्षेत्र-वास्तु, हिरण्यसुवर्णम्, धन-धान्यम्, दास-दासी, कुप्यम् —इति। सिरिभूवलयग्रन्थे स्थिते तत्त्वार्थसूत्रग्रन्थे दशविधाः परिग्रहा वर्णिताः, तत्र भाण्डरूपेण भाजनादीनामपि संग्रहः कृतो दृश्यते।

अत्र गाथायां परिग्रहस्य प्रमुखतस्त्रीणि रूपाणि निर्दिष्टानि— भूमिः (क्षेत्रं वास्तु च) **महिला** (दासीप्रभृतयः), **कनकं** (सुवर्णम्) **इति। अन्येषां परिग्रहरूपाणामपि संग्रहोऽत्र आदिपदेन क्रियते— इति ज्ञेयम्। परिग्रहोऽयं संसारस्थितेर्मूलमेव। उक्तं च पद्मपुराणग्रन्थे** (२/१८१)—

यावत्परिग्रहासक्तिः, तावत्प्राणिनिपीडनम्।
हिंसातः संसृतेर्मूलम्, दुःखं संसारसंज्ञकम्।।

सम्प्रति लोभपरिग्रहदुष्परिणामनिराकरणोपायः प्रोच्यते। सम्यक्त्वम्, सम्यक् ज्ञानम्, वैराग्यं चेति त्रीणि लोभसर्पनिग्रहं कर्तुं यद्वा तदीयविषचिकित्सायै समर्थानि सन्तीति गाथार्थः।

अतीचार की दृष्टि से उपर्युक्त नौ परिग्रहों को पाँच वर्गों में रखा जाता है— क्षेत्र-वास्तु, हिरण्य-सुवर्ण, धन-धान्य, दास-दासी व कुप्य। सिरिभूवलय ग्रन्थ में स्थित तत्त्वार्थसूत्र ग्रन्थ में दस प्रकार के परिग्रह वर्णित हैं, वहाँ भाण्ड रूप से बर्तनों को भी संगृहीत किया गया है।

इस गाथा में परिग्रह के इन प्रमुख तीन रूपों का निर्देश है— (1) भूमि (क्षेत्र व वास्तु), (2) महिला (दासी आदि), (3) कनक (सुवर्ण आदि)। यहाँ आदि पद से अन्य परिग्रह रूपों का संग्रह किया गया है —यह जानना चाहिए। यह परिग्रह संसार-स्थिति का मूल (कारण) ही है। पद्मपुराण ग्रन्थ (2/181) में कहा गया है—

"जब तक परिग्रह में आसक्ति रहती है, तब तक प्राणियों का पीड़न जरूर होगा। हिंसा से ही भव-भ्रमण का मूल 'संसार'-नाम का दुःख होता है।"

अब, लोभ व परिग्रह के दुष्परिणामों के निराकरण का उपाय भी बताया जा रहा है। सम्यक्त्व, सम्यक् ज्ञान, वैराग्य —ये तीन (उस) लोभ रूपी सर्प का निग्रह करने में या उसके विष की चिकित्सा करने में समर्थ हैं —यह गाथा का (सार रूप) अर्थ है।

सम्यक्त्वादीनि औषधरूपाण्यपि, मन्त्ररूपाण्यपि प्रोक्तानि। औषधचिकित्सावदेव मन्त्रचिकित्साऽपि सद्यःफलदायिनी भवति। सर्पविषचिकित्सायां तु मन्त्रचिकित्सायाः अपेक्षाकृतमधिकं महत्त्वं वर्तते, औषधापेक्षया मन्त्रशक्त्या अधिकप्रभविष्णुत्वम्।

सर्पविषचिकित्सा मन्त्रेण भवति, तत्प्रभावश्च प्रत्यक्षं दृश्यते —इति राजवार्तिके (८/१/२४) **निर्दिष्टम्—** "मन्त्रेण संस्क्रियमाणं विषं गौरवहीनं प्रत्यक्षतः उपलभ्यते।"

आदिपुराणग्रन्थे (२१/२१४) **च भणितम्—** 'सर्वाङ्गीणं विषं यद्वत् मन्त्रशक्त्या प्रकृष्यते।' **वस्तुतो जिनवचनमेवौषधरूपम्, तत्प्रतिपाद्यसम्यक्त्वादिकमपि औषधरूपतां वहत्येवेति न किमपि आश्चर्यम्। उक्तं च मूलाचारग्रन्थे** (गाथा-८४३) **तथा दर्शनप्राभृतग्रन्थे** (गाथा-१७) **च—**

जिणवयणमोसहमिणं विसयसुहविरेयणं अमिदभूदं।
जरामरणवाहिवेयणखयकरणं सव्वदुक्खाणं।।

सम्यक्त्व आदि (तीनों) को औषधि रूप और मन्त्र रूप दोनों कहा गया है। औषध-चिकित्सा की तरह ही मन्त्रचिकित्सा भी तुरन्त फल देने वाली होती है। सर्प के विष की चिकित्सा में तो मन्त्रचिकित्सा का अपेक्षाकृत अधिक महत्त्व होता है, क्योंकि औषधि की अपेक्षा मन्त्र-शक्ति अधिक प्रभावपूर्ण होती है।

सर्प-विष की चिकित्सा मन्त्र से होती है और उसका प्रभाव भी प्रत्यक्ष दृष्टिगोचर होता है —ऐसा राजवार्तिक (8/1/24) में कहा गया है— "मन्त्र से संस्कारित होने पर प्रत्यक्ष में विष प्रभावहीन होता हुआ उपलब्ध (दृष्टिगोचर) होता है।"

आदिपुराण ग्रन्थ (21/214) में भी कहा गया है— "सारे अङ्ग में फैले हुए विष को मन्त्रशक्ति से खींच लिया जाता है।" वस्तुतः जिनवचन ही (स्वयं) औषध रूप है। उसमें प्रतिपादित किये गये सम्यक्त्व आदि भी औषध स्वरूप को लिए हुए हों तो क्या आश्चर्य है? मूलाचार ग्रन्थ (गाथा 843) तथा दर्शनप्राभृत ग्रन्थ (गाथा-17) में कहा भी गया है—

"यह जिन-वचन औषधि ही है जो विषय-सुखों का विरेचन करती है, यह अमृत स्वरूप है, जरा, मरण व रोगों का एवं समस्त दुःखों का क्षय करती है।"

मन्त्राणां प्रमुखं नमस्कारमहामन्त्रमपि मङ्गलरूपं स्वीक्रियते। वस्तुतस्तु सर्वमन्त्राणि भगवन्नामस्मरणरूपाणि भवन्ति। अत एव विषापहारस्तोत्रे (श्लोक-१४) **प्रोक्तम्—**

विषापहारं मणिमौषधानि, मन्त्रं समुद्दिश्य रसायनं च।
भ्राम्यन्त्यहो न त्वमिति स्मरन्ति पर्यायनामानि तवैव तानि।।

भक्तामरस्तोत्रे (श्लोक-४१) **च भगवन्नामैव विषधरसर्पवशीकरणे समर्थमिति च स्पष्टं भणितम्—**

रक्तेक्षणं समदकोकिलकण्ठनीलम्, क्रोधोद्धतं फणिनमुत्फणमापतन्तम्।
आक्रामति क्रमयुगेन निरस्तशंकः, त्वन्नामनागदमनी हृदि यस्य पुंसः।।

तथा च तत्रैव (श्लोक-४६) **भगवन्नाममन्त्रस्य महत्त्वं प्रोक्तम्—** "त्वन्नाममन्त्रमनिशं मनुजाः स्मरन्तः, सद्यः स्वयं विगतबन्धभया भवन्ति"।

नमस्कारमहामन्त्र को भी मङ्गलरूप माना जाता है, क्योंकि वह मन्त्रों में प्रमुख है। वस्तुतः तो सभी मन्त्र भगवान् के नामों का स्मरण रूप होते हैं। इसीलिए विषापहार स्तोत्र (श्लोक-14) में कहा गया है—

"हे भगवन्! आश्चर्य है कि विष को दूर करने वाले मणि, औषध, मन्त्र व रसायन की ओर आकृष्ट होकर लोग व्यर्थ ही इधर-उधर भटकते-फिरते हैं। वे यह नहीं सगझते कि ये सब तो तुम्हारी ही पर्यायवाची संज्ञाएँ हैं। सच तो यह है कि विष को दूर करने वाली मणि, औषध, मंत्र व रसायन तुम्हीं हो।"

भक्तामर स्तोत्र (श्लोक-41) में यह स्पष्ट कहा गया है कि भगवान् का नाम ही विषधर सर्प को वश में कर लेने में समर्थ है—

"लाल आँखों वाला, मदमत्त कोयल के कण्ठ की तरह नीले वर्ण वाला क्रोध से आगबबूला कोई सर्प अपना फण उठाये हुए अपनी ओर आक्रमण कर रहा हो, उसे भी वह व्यक्ति निःशंक होकर पार कर जाता है, जिसके हृदय में आपके नाम रूपी 'नागदमनी' औषधि विद्यमान हो।"

और, वहीं (श्लोक-46) में भी भगवान् के नाम-स्मरण का महत्त्व इस प्रकार बताया गया है— "(हे भगवान्!) जो मनुष्य आपके नाम रूपी मन्त्र को अहर्निश स्मरण करते हैं, वे स्वयं शीघ्र बन्धन-भय से रहित हो जाते हैं।"

अतएव आदिपुराणग्रन्थे (जिनसहस्रनामस्तोत्रे, २५/१२९) **परमात्मा** 'मन्त्रमूर्तिः' **कथितः—** "मन्त्रवित् मन्त्रकृत्, मन्त्री मन्त्रमूर्तिरनन्तगः।" **एवं जिनप्रवचनान्तर्गतानां सम्यक्त्व-सम्यग्ज्ञान-वैराग्यप्रभृतीनां शाश्वतसुखोपायभूतानां सम्यग्ज्ञानं विधाय हे भव्य! लोभकषायविजयाय सततं प्रयतस्वेति गाथायास्तात्पर्यम्।**

सम्प्रति पञ्चेन्द्रियमनोवशीकरणेनैव मोक्षगतिः सुलभेति शास्त्रकाराः गाहा-छन्दसा प्रतिपादयन्ति—

पुव्वं जो पंचिंदिय-तणु-मण-वचि-हत्थ-पायमुंडाओ।
पच्छा सिरमुंडाओ सिवगदिपहणायगो होदि।। ७६।।

छाया— पूर्वं यः पञ्चेन्द्रियतनुमनोवचोहस्तपादमुण्डः।
पश्चात् शिरोमुण्डः शिवगतिपथनायको भवति।।

रत्नत्रयवर्धिनी टीका— गाथान्वयः सुगमः। स प्राणी, भव्यः संज्ञी पञ्चेन्द्रियो लब्धसम्यक्त्वः, (सिवगदिपहणायगो होदि) **शिवगतिमार्गस्य नेता भवति। शिवगतिः मोक्षगतिः।**

इसीलिए आदिपुराण ग्रन्थ (जिनसहस्रनाम स्तोत्र, 25/129) में परमात्मा को 'मन्त्रमूर्ति' कहा गया है— "मन्त्रवित्, मन्त्रकृत, मन्त्री, मन्त्रमूर्ति, अनन्तज्ञानी (ये भी परमात्मा के हजार नामों में कुछ हैं)। इस प्रकार, जिन-प्रवचन के अन्तर्गत सम्यक्त्व, सम्यग्ज्ञान व वैराग्य आदि का —जो शाश्वत सुख के उपाय हैं —सम्यग्ज्ञान प्राप्त कर, हे भव्य! लोभ कषाय के विजय हेतु निरन्तर प्रयत्नशील रहो —यह गाथा का तात्पर्य है।

अब, पाँचों इन्द्रियों को तथा मन को वश में करने से ही मोक्षगति सुलभ होती है —इसे शास्त्रकार गाहा छन्द द्वारा बता रहे हैं—

गाथा-अर्थ— जो (साधु) पहले पाँचों इन्द्रियों, शरीर, मन, वचन, हाथ-पांव को मुँडाता है (प्रभावहीन करता है), बाद में सिर मुँडाता है (केशलोच करता है), वही मोक्षमार्ग का नेता (अग्रगामी) बनता है।।76।।

रत्नत्रयवर्धिनी टीका— गाथा का अन्वय सुगम है। वह प्राणी, यानी भव्य, संज्ञी, पञ्चेन्द्रिय, सम्यक्त्वधारी (जीव) **(शिवगतिपथनायको भवति)** शिवगति के मार्ग का नायक होता है। शिवगति यानी मोक्ष गति।

अत्र शिवपदं मोक्षस्य वाचकम्। सूत्रप्राभृतग्रन्थे (गाथा-२) **च मोक्षमार्गस्य शिवमार्गेति-नाम्ना निर्देशः कृतोऽस्त्येव। तस्या शिवगतेः यः पन्थाः सम्यक्त्वसम्यग्ज्ञानसम्यक्-चारित्रेतित्रयात्मकः, तस्य नायकः, अग्रेसरो भवति, मोक्षसिद्धिं प्राप्नोतीत्यर्थः।**

किं कृत्वा भवति? तदेव उच्यते— (जो पुव्वं पंचिंदिय-तणु-मण-वचि-हत्थ-पायमुंडाओ) **पूर्वं प्रथमतया, पञ्चेन्द्रियाणां, स्वतनोः शरीरस्य वा, मनसः वचसः, हस्तयोः पादयोश्च मुण्डनं करोति। मुण्डनशब्दः केशकर्तनार्थे लोके प्रयुक्तः। उपलक्षणेन स निग्रहण-संयमन-क्रियानिरोध-निःशक्तीकरण-वशीकरणाद्यर्थानां च वाचको भवति। एव पञ्चेन्द्रिय-योगत्रयादीन् समितिगुप्तिपालनद्वारा यो नियमयति, निगृह्णाति, सावद्यप्रवृत्तेः रुणद्धि, उन्मार्गगमनाद् वारयति, शास्त्रीयभाषायां भावमुण्डनं पूर्वं करोतीत्यर्थो विज्ञेयः। यद्वा संसारासक्तित्याग एव भावमुण्डनम्। यथोक्तम् उपासकाध्ययनग्रन्थे** (श्लोक-४४/८७५)—

यहाँ शिव पद मोक्ष का वाचक है। सूत्रप्राभृत ग्रन्थ (गाथा-2) में मोक्षमार्ग को शिवमार्ग के नाम से निर्दिष्ट किया ही है। उस शिवगति का जो पथ, यानी अर्थात् सम्यग्दर्शन-सम्यग्ज्ञान-सम्यक्चारित्र —इन तीनों का समन्वित रूप मार्ग है, उसका वह जीव नायक या उसमें अग्रसर होता है, अर्थात् मोक्ष रूप सिद्धि को प्राप्त करता है।

क्या करके (प्राप्त करता है)? वही बता रहे हैं— **(यः पूर्वं पञ्चेन्द्रिय-तनु-गनो वचो-हस्त-पाद-मुण्डः)** पूर्व में यानी सबसे पहले, पाँचों इन्द्रियों का, अपने तनु यानी शरीर का, तथा मन, वचन एवं दोनों हाथों व दोनों पाँवों का भी मुण्डन करता है। मुण्डन शब्द का प्रयोग लोक में केश काटने में होता है। उपलक्षण से यह शब्द निग्रह, संयम, क्रियानिरोध, निःशक्तीकरण व वशीकरण इत्यादि अर्थों का वाचक है। इस तरह, समिति व गुप्ति का पालन करते हुए पाँचों इन्द्रियों व तीनों योगों का जो नियमन करता है, निग्रह करता है, उन्हें सावद्य (पापपूर्ण) प्रवृत्तियों से रोकता है, उन्मार्ग में जाने से रोकता है, और शास्त्रीय भाषा में पहले भावमुण्डन करता है— यह अर्थ जानना चाहिए। अथवा संसार की आसक्ति का त्याग ही भावमुण्डन (केश और चोटी दोनों से रहित होना) है। जैसा कि उपासकाध्ययन ग्रन्थ (44/875 श्लोक) में कहा गया है—

संसाराग्निशिखाच्छेदः, येन ज्ञानासिना कृतः।
तं शिखाच्छेदिनं प्राहुः, न तु मुण्डितमस्तकम्।।

किं भावमुण्डनमेव पर्याप्तम्? नैव। द्रव्यमुण्डनमपि अपेक्ष्यते —इत्याशयेन शास्त्रकारा गाथाया उत्तरार्द्धे निरूपयन्ति— (पच्छा सिरमुंडाओ) **पूर्वोक्तभावमुण्डनानन्तरम्, शिरोमुण्डनं केशलोचात्मकं द्रव्यमुण्डनं करोति, एवं भावद्रव्योभयमुण्डनयुक्तः सम्यक्चारित्रबलेन शिवगतिं प्राप्नोतीत्याशयः। भावमुण्डनपूर्वकमेव विधीयमानं द्रव्यमुण्डनं सार्थकं, प्रभविष्णु, स्वाभीष्टलक्ष्य-प्रापकं भवति, नान्यथा, तथा द्रव्यलिङ्गधारणमात्रेण न मोक्षमार्गः सिद्ध्यतीति गाथायाः सारः।**

अत्रायं विस्तरः। गाथायाः पूर्वार्द्धे इन्द्रियादीनां मुण्डनं यदुक्तम्, तदेव मूलाचारग्रन्थे (गाथा-१२१) **दशविधमुण्डनरूपेण निरूपितमस्ति—**

"जिसने ज्ञानरूपी तलवार के द्वारा संसार रूपी, अग्नि-शिखा (लपटों) को नष्ट कर दिया है, उसे ही शिखाच्छेदी (कटी हुई सिर की चोटी वाला) कहते हैं, न कि सिर मुंडाने वाले को।"

क्या मात्र भावमुण्डन ही पर्याप्त है? नहीं, द्रव्यमुण्डन भी अपेक्षित है— इसी आशय को शास्त्रकार गाथा के उत्तरार्द्ध में व्यक्त कर रहे हैं— **(पश्चात् शिरोमुण्डः)** पूर्वोक्त भावमुंडन करने के बाद, केशलोच रूप शिरोमुण्डन यानी द्रव्यमुण्डन करता है, इस तरह भावमुण्डन व द्रव्यमुण्डन दोनों से युक्त जीव सम्यक्चारित्र के बल से शिवगति को प्राप्त करता है —यह आशय है। भावमुण्डनपूर्वक ही किया जाने वाला द्रव्यमुण्डन सार्थक, प्रभावकारी और अपने अभीष्ट फल को प्राप्त करने वाला होता है, अन्यथा नहीं। और द्रव्यलिङ्ग के धारण मात्र से मोक्षमार्ग सिद्ध नहीं होता —यह गाथा का सार है।

यहाँ कुछ विस्तार से कह रहे हैं— गाथा के पूर्वार्द्ध में इन्द्रियों आदि का मुण्डन कहा गया है, उसे ही मूलाचार ग्रन्थ (गाथा-121) में दस प्रकार के मुण्डनों के रूप में इस प्रकार प्रस्तुत किया गया है—

पंचवि इंदियमुंडा वचमुंडा हत्थपायमणमुंडा।
तणुमुंडेण वि सहिया दस मुंडा वण्णिया समए।।

तत्र पञ्चेन्द्रियाणि स्पर्शन-रसना-घ्राण-चक्षुःश्रोत्राणि ज्ञानेन्द्रियाणि। तेषां क्रमेण विषयाः स्पर्श-रस-गन्ध-वर्ण-शब्दाः भवन्ति। हस्त-पाद-पायु-उपस्थ-वागितिपञ्चकर्मेन्द्रियाणि च भवन्ति। स्पर्शश्च विषयोऽष्टविधः— मृदुकठिनगुरुलघुशीतोष्णस्निग्धरूक्षभेदात्। रसश्च मूलतः पञ्चविधः— तिक्त-कटु-कषाय-अम्ल-मधुर-भेदात्। गन्धश्च द्विविधः सुगन्धदुर्गन्धभेदात्।

वर्णश्च पञ्चविधः— कृष्ण-नील-रुधिर-हारिद्र-शुक्लभेदात्। शब्दश्च षड्विधः— तत-वितत-घन-सुषिर-घोष-भाषाभेदात्। एतेषां विस्तृतानि स्वरूपाणि तत्तच्छास्त्रेभ्यो ज्ञातव्यानि। एतेषामिन्द्रियाणां स्वविषयव्यापारात् निवर्तनमेव मुण्डनमिति मूलाचारग्रन्थस्य (गाथा १२१) **वसुनन्दिविरचितायामाचारवृत्तौ सूचितम्।**

"पाँचों इन्द्रियों के (पाँच) मुण्डन, वचनमुण्डन, हस्तमुण्डन, पादमुण्डन, मनोमुण्डन, और शरीरमुण्डन —ये दस मुण्डन सिद्धान्त में कहे गये हैं।"

स्पर्शन, रसना, घ्राण, नेत्र व श्रोत्र —ये पाँच इन्द्रियाँ ज्ञानेन्द्रिय हैं। क्रम से इनके स्पर्श, रस, गन्ध, वर्ण व शब्द —ये विषय होते हैं। हाथ, पाँव, पायु, उपस्थ व वाणी —ये कर्मेन्द्रियाँ हैं। स्पर्श विषय आठ प्रकार के होते हैं— मृदु, कठिन, हल्का, भारी, चिकना, रूखा, शीतल व उष्ण। रस के मूलतः पाँच भेद होते हैं— तीखा, कडुआ, कसैला, खट्टा व मीठा। गन्ध दो प्रकार के होते हैं— सुगन्ध व दुर्गन्ध।

वर्ण के पाँच प्रकार हैं— कृष्ण, नील, रुधिर (रक्त), हारिद्र (पीला) व सफेद। शब्द के छः प्रकार हैं— तत, वितत, घन, सुषिर, घोष व भाषा। इनका विस्तार से ज्ञान उन-उन शास्त्रों से जानना चाहिए। इन इन्द्रियों को उनके अपने-अपने विषयों से व्यापाररत होने से रोकना— यही उन (इन्द्रियों) का मुण्डन है —ऐसा मूलाचार ग्रन्थ (गाथा-121) की वसुनन्दि-विरचित आचारवृत्ति (टीका) में सूचित किया गया है।

एवमेव अनर्थक-अप्रासङ्गिक-परपीडाकारक-असत्यभाषणात् निवर्तनमेव वचनमुण्डनम्। अप्रशस्तरूपेण हस्त-पाद-शरीराणां या चेष्टा, तस्या निवर्तनमेव हस्त-पाद-शरीरमुण्डनम्।

एवं यदप्रशस्तचिन्तनं तस्मात् मनसो निवर्तनं मनोमुण्डनं भवति। ईर्यासमितिपूर्वकमेव पादयोः प्रवर्तनं, जीवहिंसादिसावद्यप्रवृत्तेर्निवर्तनं च, तदेव पादमुण्डनम्। एतानि पञ्चेन्द्रियादि-मुण्डनानि भावलिङ्गस्योपकारकाणि ज्ञेयानि। केशमुण्डनं तु साक्षात् द्रव्यलिङ्गस्योपकारकम्। भावलिङ्गस्य द्रव्यलिङ्गापेक्षया प्राथम्यं श्रेष्ठत्वं च शास्त्रकारैरत्र समर्थितम्। अथ च 'पश्चात्' इत्यादिना द्रव्यलिङ्गस्यापि उपयोगिता सूचितेति विज्ञेयम्।

प्राभृतग्रन्थेषु च शास्त्रकारा अमुमेवाशयं प्राचीकटन्। यथोक्तं मोक्षप्राभृतग्रन्थे (गाथा-६१)—

बाहिरलिंगेण जुदो अब्भंतरलिङ्गरहिदपरियम्मो।
सो सगचरित्तभट्टो मोक्खपहविणासगो साहू।।

इसी तरह, अनर्थक, अप्रासंगिक, दूसरों के लिए पीड़ादायी, ऐसे असत्य भाषण से रोकना —यही वचनमुण्डन है। हाथ, पाँव व शरीर की जो अप्रशस्त रूप से चेष्टा होती है, उससे निवृत्त करना —यही हस्तमुण्डन, पादमुण्डन व शरीरमुण्डन हैं।

इसी तरह, जो चिन्तन-मनन अप्रशस्त हो, उससे मन को रोकना ही मनोमुण्डन है। ईर्यासमितिपूर्वक पांवों को प्रयुक्त करना तथा उन्हें जीवहिंसा आदि सावद्य प्रवृत्ति से रोकना—यही पादमुण्डन है। ये पाँचों इन्द्रियों के मुण्डन भावलिङ्ग के उपकारक हैं —ऐसा जानें। केशमुण्डन (केशलोच) तो द्रव्यलिङ्ग का (साक्षात्) उपकारक होता है। द्रव्यलिङ्ग की अपेक्षा से भावलिङ्ग की श्रेष्ठता व प्राथमिकता का शास्त्रकारों ने समर्थन किया है, और 'पश्चात्' इत्यादि कथन से द्रव्यलिङ्ग की भी उपयोगिता सूचित की गई है —यह जानें।

प्राभृतग्रन्थों में शास्त्रकार ने इसी भाव को प्रकट भी किया है। उदाहरणार्थ, मोक्षप्राभृत ग्रन्थ (गाथा-61) में कहा गया है—

"जो साधु बाह्य लिङ्ग से तो सहित है परन्तु जिसके शरीर का संस्कार (शारीरिक प्रवृत्ति) आभ्यन्तर लिङ्ग से रहित है, वह आत्मचारित्र से भ्रष्ट है तथा मोक्षमार्ग का नाश करने वाला है।"

भावप्राभृतग्रन्थे (गाथा-५५, ६७, ६९-७०, ७३, १०९) **च समुद्घोषितम्—**

णग्गत्तणं अकज्जं भावणरहियं जिणेहि पण्णत्तं।

दव्वेण सयलणग्गा नारयतिरिया य सयलसंघाया।
परिणामेण असुद्धा ण भावसवणत्तणं पत्ता।।

अयसाण भायणेण य किं ते णग्गेण पावमलिणेण।
पेसुण्णहासमच्छरमायाबहुलेण सवणेण।।

पयडहिं जिणवरलिंगं अब्भिंतरभावदोसपरिसुद्धो।
भावमलेण य जीवो बाहिरसंगम्मि मइलियई।।

भावेण होइ णग्गो मिच्छत्ताइं य दोस चइऊणं।
पच्छा दव्वेण मुणी पयडदि लिंगं जिणाणाए।।

भावप्राभृत (गाथा-55, 67, 69-70, 73 व 109) में भी इसकी घोषणा की गई है—

''जिनेन्द्र भगवान् ने कहा है कि भावरहित नगनता निरर्थक होती है।''

''नारकी, तिर्यञ्च और अन्य सब जीव-समूह द्रव्य से (बाह्य रूप से) नंगे रहते हैं। किन्तु भाव से वे भावश्रमणपने को प्राप्त नहीं होते।''

''हे मुनि! अपयश के पात्र और पाप से मलिन तेरी इस नग्नता से तथा चुगली, हँसी-मजाक, डाह व माया से भरे हुए तेरे इस मुनिपने से क्या लाभ है?

''हे मुनि! अन्तरङ्ग भाव-दोष से पूर्णतया शुद्ध होकर तू जिन-लिङ्ग को धारण कर, क्योंकि भावों की मलिनता से जीव बाह्य परिग्रह में मलिनता पैदा कर लेता है।''

''पहले मुनि मिथ्यात्व आदि दोषों को छोड़कर भाव से नग्न होता है, बाद में जिन भगवान् की आज्ञानुसार द्रव्य रूप से लिङ्ग को प्रकट-(ग्रहण) करता है।''

सेवहि चउविहलिंगं अब्भंतरलिंगसुद्धिमावण्णो।
बाहिरलिंगमकज्जं होइ फुडं भावरहियाणं।।

लिङ्गप्राभृतग्रन्थे (गाथा-२) **च प्रोक्तम्—**

धम्मेण होइ लिंगं ण लिंगमत्तेण धम्मसंपत्ती।
जाणेहि भावधम्मं किं ते लिंगेण कायव्वो।।

एवं हे भव्य! भावमुण्डनधारणपूर्वकं द्रव्यमुण्डनं त्वं स्वीकुरु —इति गाथायास्तात्पर्यम्।

एवं 'सम्मविसोही-तव-गुण' **इत्यादिकां गाथामादिं कृत्वा** 'पुव्वं जो पंचिंदिय' **इत्यादिगाथां यावत् एकोनचत्वारिंशद्गाथात्मकः षष्ठोऽधिकारः सम्पन्नतां गतः।**

[इति श्रीमद्गणाचार्यडॉ.विरागसागरमुनीन्द्रविरचितायां रत्नत्रयवर्धिनीटीकायां षष्ठाधिकारः सम्पन्नः।।]

"हे मुनि! तू भावलिङ्ग की शुद्धि को प्राप्त होकर (केशलोच, वस्त्र-त्याग, स्नान त्याग व पिच्छीकमण्डलु का धारण —इन) चार प्रकार के बाह्य लिङ्गों का सेवन कर, क्योंकि भावरहित जीवों का बाह्यलिङ्ग स्पष्ट ही अकार्यकारी (निरर्थक) ही होता है।"

लिङ्गप्राभृत ग्रन्थ (गाथा-2) में भी कहा गया है—

"धर्म से लिङ्ग होता है और लिङ्ग मात्र धारण करने से धर्म की प्राप्ति नहीं होती। इसलिए भाव को धर्म जानो। भावरहित लिङ्ग से तू क्या करेगा?"

इस प्रकार हे भव्य! भावमुण्डन स्वीकार करने के बाद द्रव्यमुण्डन भी स्वीकार करो—यह गाथा का तात्पर्य है।

इस प्रकार, **'सम्मविसोही-तव-गुण'** इत्यादि गाथा (सं. 38) से लेकर **'पुव्वं जो पंचिंदिय'** इत्यादि गाथा (सं. 76) तक उनतालीस गाथाओं वाला —यह छठा अधिकार सम्पन्न हुआ।

[श्रीमद्गणाचार्य डॉ. विरागसागरकृत 'रत्नत्रयवर्धिनी' नामक टीका में छठा अधिकार सम्पन्न हुआ।]

।। इति षष्ठोऽधिकारः।।

परिशिष्ट

पूर्वार्द्ध

पूर्वार्द्ध (गाथा 1-76)

गाहाणुक्कमणिका

(मूलगाथानुक्रमणिका)